Dr. Oetker

1000 Ofengerichte

Dr. Oetker

1000 Ofengerichte

Dr. Oetker Verlag

Rezepte aus dem Ofen

Tausend Ofengerichte:
Das ist kulinarische Rezeptvielfalt aus dem Backofen, von Suppen und Eintöpfen, über Vegetarisches, Aufläufe und Gratins bis hin zu süßen Mahlzeiten.

Fleisch, Fisch oder Vegetarisches gelingen im Ofen ohne Probleme – ob geschmort, gebraten, gebacken oder bei 80 °C und 95 °C sanft gegart.

So bleibt ganz nebenbei Zeit für Gespräche mit Freunden und das Zusammensein mit der Familie. Für ein gastliches Ambiente können Sie in dieser Ofenzeit in Ruhe sorgen – für einen schön gedeckten Tisch und die passenden Getränke.

Mit diesen Gerichten überraschen und verwöhnen Sie Familie und Freunde genauso wie Nachbarn und Kollegen – im kleinen Kreis oder bei großen Partys.

Lassen Sie sich zum Nachkochen anregen. Probieren Sie vegetarische Ofengerichte wie kleine Pilzquiches, überbackene Kartoffelschnecken oder Wirsingwickel mit Austernpilzen und Kümmel.

Fleisch- und Fischliebhaber freuen sich auf Fisch Caprese, Lachsschnitten mit Dill, Roastbeef in Malzbier oder Maishuhn mit Zuckermöhren.

Wer es lieber süß mag, der kommt mit Apple-Crumble, Kirschmichel oder Mohn-Topfen-Auflauf auf seine Kosten.

Alle Rezepte wurden wie immer von Dr. Oetker getestet und Schritt für Schritt so beschrieben, dass dem Genuss nichts im Wege steht. Guten Appetit!

Kapitel 01

Rezepte 001–100

Suppen und Eintöpfe

Kalbfleisch in Weißwein

Kalbfleisch in Weißwein

4 Portionen

Zubereitungszeit: 25 Minuten
Garzeit: etwa 70 Minuten

700 g Kalbsbrust
6–8 EL Olivenöl
1 Zwiebel
Salz, gem. Pfeffer
1 EL Weizenmehl
250 ml Weißwein
250 ml heiße Fleischbrühe
2 Knoblauchzehen
1 Lorbeerblatt
gerebelter Thymian
200 g frische Champignons
500 g Tomaten
3–4 EL klein geschnittene Petersilie

Pro Portion:
E: 36 g, F: 29 g, Kh: 6 g,
kJ: 1964, kcal: 468

1. Die Kalbsbrust mit Küchenpapier trocken tupfen und in große Würfel schneiden.
2. Den Backofen vorheizen.
Ober-/Unterhitze: etwa 200 °C
Heißluft: etwa 180 °C
3. Olivenöl in einem Bräter erhitzen. Fleischwürfel darin von allen Seiten anbraten. Zwiebel abziehen, in kleine Würfel schneiden, zu den Fleischwürfeln geben und mit anbraten. Mit Salz und Pfeffer würzen. Fleischwürfel mit Mehl bestäuben und unterrühren. Wein und heiße Brühe hinzugießen. Knoblauch abziehen, in kleine Würfel schneiden, zusammen mit dem Lorbeerblatt und Thymian hinzufügen. Die Zutaten unter Rühren zum Kochen bringen. Dann den Bräter zugedeckt auf dem Rost in den vorgeheizten Backofen schieben. Den Eintopf etwa 60 Minuten garen.
4. In der Zwischenzeit Champignons putzen, evtl. kurz abspülen, trocken tupfen und in Scheiben schneiden. Tomaten kreuzweise einschneiden und mit kochendem Wasser übergießen. Nach 1–2 Minuten herausnehmen und mit kaltem Wasser abschrecken. Tomaten häuten, halbieren und die Stängelansätze herausschneiden. Tomaten entkernen und in Würfel schneiden.
5. Champignonscheiben und Tomatenwürfel zum gegarten Fleisch in den Bräter geben und den Eintopf bei gleicher Backofentemperatur in weiteren etwa 10 Minuten fertig garen.
6. Kalbfleisch in Weißwein anrichten und mit Petersilie bestreut servieren.

Tipp: Kalbsbrust kann auch durch Hühner- oder Schweinefleisch ersetzt werden.

Geschmortes Kraut mit Schweinefleisch

4 Portionen

Zubereitungszeit: 25 Minuten
Garzeit: etwa 60 Minuten

750 g Schweinefleisch (ohne Knochen), z. B. Nacken
3 EL Speiseöl
500 g Weißkohl, 2 Zwiebeln
1 Stange Porree (Lauch)
1 Lorbeerblatt
250 ml heiße Fleischbrühe
Salz, gem. Pfeffer
Paprikapulver edelsüß
300 g Sauerkraut (aus der Dose)
1 TL gem. Kümmelsamen

Pro Portion:
E: 42 g, F: 28 g, Kh: 8 g,
kJ: 2066, kcal: 493

1. Schweinefleisch mit Küchenpapier trocken tupfen, in etwa 3 cm große Würfel schneiden.
2. Den Backofen vorheizen.
Ober-/Unterhitze: etwa 200 °C
Heißluft: etwa 180 °C
3. Speiseöl in einem Bräter erhitzen, die Fleischwürfel darin portionsweise von allen Seiten kräftig anbraten.
4. Vom Weißkohl die äußeren Blätter entfernen und den Strunk herausschneiden. Kohl vierteln, in Streifen schneiden, abspülen und abtropfen lassen. Zwiebeln abziehen und in Scheiben schneiden. Porree putzen, die Stange längs halbieren, gründlich waschen, abtropfen lassen und in Streifen schneiden.
5. Das vorbereitete Gemüse mit dem Lorbeerblatt zu den Fleischwürfeln in den Bräter geben und unterrühren, etwas heiße Brühe hinzugießen. Den Bräter auf dem Rost in den vorgeheizten Backofen schieben und die Fleisch-Gemüse-Mischung etwa 45 Minuten garen, dann mit Salz, Pfeffer und Paprika würzen.
6. Sauerkraut auseinanderzupfen, mit der restlichen heißen Brühe und der Kümmel zur Fleisch-Gemüse-Mischung in den Bräter geben. Den Eintopf in weiteren etwa 15 Minuten fertig garen.
7. Den Eintopf mit Salz und Pfeffer abschmecken.

Frischkäsesuppe mit Frühlingszwiebeln

(Römertopf® 3-Liter-Inhalt)
4 Portionen

Zubereitungszeit: 20 Minuten
Garzeit: etwa 60 Minuten

2 Zwiebeln (etwa 150 g)
200 g durchwachsener Speck
300 g mehligkochende Kartoffeln
Salz, gem. Pfeffer
1 l Gemüsebrühe
1 Bund Frühlingszwiebeln (etwa 200 g)
1 Bund Schnittlauch
200 g Doppelrahm-Frischkäse

Pro Portion:
E: 13 g, F: 50 g, Kh: 19 g,
kJ: 2521, kcal: 601

1. Zwiebeln abziehen und klein würfeln. Speck ebenfalls in kleine Würfel schneiden. Kartoffeln schälen, abspülen und abtropfen lassen.
2. Zwiebel- und Speckwürfel in einen gewässerten Römertopf® geben. Die Kartoffeln auf einer Küchenreibe grob raspeln und hinzufügen.
3. Die Zutaten gut vermischen, mit Salz und Pfeffer würzen. Brühe hinzugießen.
4. Den Römertopf® mit dem Deckel verschließen und auf dem Rost in den kalten Backofen schieben.
Ober-/Unterhitze: etwa 200 °C
Heißluft: etwa 180 °C
5. Die Suppe etwa 60 Minuten garen.
6. In der Zwischenzeit Frühlingszwiebeln putzen, abspülen, abtropfen lassen und in Scheiben schneiden. Nach etwa 45 Minuten Garzeit die Frühlingszwiebelscheiben zur Suppe in den Römertopf® geben.
7. Die Suppe wieder mit dem Deckel verschließen und in weiteren etwa 15 Minuten fertig garen.
8. Schnittlauch abspülen, trocken tupfen und in Röllchen schneiden. Den Römertopf® aus dem Backofen nehmen.
9. Frischkäse in die gegarte Suppe rühren und schmelzen lassen.
10. Die Suppe mit Salz und Pfeffer abschmecken, in Suppentassen verteilen und mit Schnittlauchröllchen bestreut servieren.

Geschmortes Kraut mit Schweinefleisch

Frischkäsesuppe mit Frühlingszwiebeln

Türkischer Lamm-Gemüse-Topf

8–10 Portionen (ohne Foto)

Zubereitungszeit: 25 Minuten
Garzeit: etwa 60 Minuten

800 g Lammfleisch (aus der Keule, ohne Knochen)
3 Gemüsezwiebeln (etwa 750 g)
2 Fleischtomaten
2 Auberginen (je etwa 250 g)
250 g Kürbisfruchtfleisch
4 Knoblauchzehen
5 EL Olivenöl
500 g abgetropfte weiße Bohnen (aus der Dose)
400 ml Lammfond
gerebelter Thymian
Salz, gem. Pfeffer

Pro Portion:
E: 28 g, F: 18 g, Kh: 25 g,
kJ: 1696, kcal: 405

1. Lammfleisch mit Küchenpapier trocken tupfen und würfeln.
2. Gemüsezwiebeln abziehen, halbieren und in Scheiben schneiden. Tomaten und Auberginen abspülen, abtrocknen und die Stängelansätze herausschneiden. Tomaten, Auberginen und Kürbisfruchtfleisch in Würfel schneiden. Knoblauch abziehen, durch eine Knoblauchpresse drücken.
3. Den Backofen vorheizen.
Ober-/Unterhitze: etwa 200 °C
Heißluft: etwa 180 °C
4. Das Olivenöl in einem Bräter oder feuerfesten, großen Topf erhitzen. Lammfleischwürfel darin von allen Seiten anbraten. Zwiebelscheiben hinzugeben und mit anbraten.
5. Tomaten-, Auberginen-, Kürbiswürfel und Bohnen hinzufügen. Den Lammfond hinzugießen. Mit Thymian, Knoblauch, Salz und Pfeffer würzen. Die Zutaten aufkochen lassen. Den Bräter oder Topf mit dem Deckel verschließen und auf dem Rost in den vorgeheizten Backofen schieben. Den Lamm-Gemüse-Topf etwa 60 Minuten garen.

Kanincheneintopf

Kanincheneintopf

4 Portionen

Zubereitungszeit: 30 Minuten
Garzeit: etwa 90 Minuten

1 kg Kaninchenteile, z. B. Brust, Läufe, Keule
Salz, gem. Pfeffer
3 EL Olivenöl
2 Zwiebeln
60 g Schinkenwürfel (aus dem Kühlregal)
1 EL Tomatenmark
700 ml heiße Geflügelbrühe
1/2 TL gerebelter Rosmarin
3–4 Pimentkörner
2 Gewürznelken
150 g Knollensellerie
200 g Möhren
250 g festkochende Kartoffeln
80 g Backpflaumen, ohne Stein
2 Stängel Rosmarin

Pro Portion:
E: 50 g, F: 14 g, Kh: 24 g,
kJ: 1786, kcal: 427

1. Die Kaninchenteile kurz unter fließendem kalten Wasser abspülen, trocken tupfen, evtl. enthäuten, mit Salz und Pfeffer würzen.
2. Den Backofen vorheizen.
Ober-/Unterhitze: etwa 200 °C
Heißluft: etwa 180 °C
3. Olivenöl in einem Bräter erhitzen. Die Kaninchenteile darin von allen Seiten anbraten. Zwiebeln abziehen und in kleine Würfel schneiden. Zwiebel- und Schinkenwürfel hinzugeben, mit anbraten. Tomatenmark unterrühren.
4. Die heiße Brühe hinzugießen und zum Kochen bringen. Rosmarin, Piment und Gewürznelken unterrühren.
5. Den Bräter auf dem Rost in den vorgeheizten Backofen schieben und die Kaninchenteile zugedeckt etwa 60 Minuten garen.
6. In der Zwischenzeit Sellerie und Möhren putzen. Sellerie, Möhren und Kartoffeln schälen, abspülen, abtropfen lassen und in etwa 1 cm große Würfel schneiden.
7. Den Bräter aus dem Backofen nehmen. Die garen Kaninchenteile mit einer Schaumkelle aus der Brühe nehmen, etwas abkühlen lassen. Die Sellerie-, Möhren- und Kartoffelwürfeln in die Brühe geben. Den Bräter wieder auf dem Rost in den heißen Backofen schieben und die Suppe bei gleicher Backofentemperatur weitere etwa 30 Minuten garen.
8. Das Fleisch von den Knochen lösen und in kleine Stücke schneiden. Backpflaumen vierteln.
9. Die Fleischstücke mit den Backpflaumen kurz vor Ende der Garzeit zur Suppe in den Bräter geben und miterhitzen.
10. Rosmarin abspülen und trocken tupfen. Die Spitzen von den Stängeln schneiden. Restliche Nadeln abzupfen.
11. Den gegarten Eintopf mit Salz und Pfeffer abschmecken, in Tellern anrichten, mit Rosmarinnadeln bestreuen und mit den Rosmarinspitzen garnieren.

Mallorquinische Kohlsuppe

4–6 Portionen

Zubereitungszeit: 50 Minuten
Garzeit: 30–40 Minuten

2 Stangen Porree (Lauch, etwa 300 g)
1 Bund Frühlingszwiebeln
1 Knoblauchzehe
400 g Tomaten
500–600 g junger Weißkohl
oder Wirsing
3 EL Speiseöl
1–1 1/4 l heiße Gemüsebrühe
4–6 Scheiben Weißbrot vom Vortag
50 g Butter
Salz, gem. Pfeffer

Pro Portion:
E: 7 g, F: 19 g, Kh: 30 g,
kJ: 1346, kcal: 321

1. Porree putzen, die Stangen längs halbieren, gründlich waschen und abtropfen lassen. Frühlingszwiebeln putzen, abspülen und abtropfen lassen. Porree und Frühlingszwiebeln in Streifen oder Scheiben schneiden. Knoblauch abziehen und in Scheiben schneiden.
2. Den Backofen vorheizen.
Ober-/Unterhitze: etwa 200 °C
Heißluft: etwa 180 °C
3. Die Tomaten abspülen, abtrocknen und die Stängelansätze herausschneiden. Tomaten in kleine Würfel schneiden. Weißkohl oder Wirsing von den äußeren, schlechten Blättern befreien. Den Kohl vierteln und den Strunk herausschneiden. Kohlviertel abspülen, abtropfen lassen und in feine Streifen schneiden.
4. Speiseöl in einem Bräter erhitzen. Die Porree- und Frühlingszwiebelstreifen oder -scheiben, Kohlstreifen und Knoblauchscheiben darin evtl. in 2 Portionen unter Rühren andünsten.
5. Heiße Brühe hinzugießen und zum Kochen bringen. Dann den Bräter zugedeckt auf dem Rost in den vorgeheizten Backofen schieben. Die Kohlsuppe 30–40 Minuten garen.
6. Etwa 5 Minuten vor Ende der Garzeit Tomatenwürfel hinzufügen und mitgaren lassen.
7. Inzwischen die Weißbrotscheiben in Würfel schneiden. Butter in einer großen Pfanne zerlassen. Die Brotwürfel darin unter Wenden anrösten.
8. Die Kohlsuppe mit Salz und Pfeffer würzen, in Schalen anrichten und mit Brotwürfel bestreut sofort servieren.

Lamm-Gemüse-Eintopf

4 Portionen

Zubereitungszeit: 60 Minuten
Garzeit: etwa 2 Stunden

1 kg Lammkeule (ohne Knochen)
750 g Kartoffeln
je 1 rote, grüne, gelbe oder
2 rote und 1 grüne Paprikaschote
500 g kleine Zucchini
500 g Tomaten
3 mittelgroße Zwiebeln
4–5 Knoblauchzehen
4 EL Speiseöl, 2 Lorbeerblätter
1 EL gehackte Rosmarinnadeln
Salz, gem. Pfeffer
125 ml Fleischbrühe
125 ml trockener Weißwein

Pro Portion:
E: 56 g, F: 47 g, Kh: 40 g,
kJ: 3688, kcal: 881

1. Lammkeule mit Küchenpapier trocken tupfen und in Würfel schneiden.
2. Kartoffeln schälen, abspülen, abtropfen lassen und in Scheiben schneiden. Paprikaschoten halbieren, entstielen, entkernen und die weißen Scheidewände entfernen. Schoten abspülen, abtropfen lassen und grob zerkleinern. Zucchini abspülen, abtrocknen und die Enden abschneiden. Zucchini in Scheiben schneiden.
3. Den Backofen vorheizen.
Ober-/Unterhitze: etwa 180 °C
Heißluft: etwa 160 °C
4. Tomaten kreuzweise einschneiden und mit kochendem Wasser übergießen. Nach 1–2 Minuten herausnehmen und mit kaltem Wasser abschrecken. Tomaten häuten, halbieren und die Stängelansätze herausschneiden. Tomaten ebenfalls in Scheiben schneiden. Zwiebeln und Knoblauch abziehen, klein würfeln.
5. Speiseöl in einem Bräter erhitzen, die Fleischwürfel mit den Lorbeerblättern und Rosmarin hinzufügen, mit Salz und Pfeffer würzen. Die restlichen vorbereiteten Zutaten auf das Fleisch schichten, jede Schicht mit Salz und Pfeffer würzen. Brühe und Wein hinzugießen. Den Bräter zugedeckt auf dem Rost in den vorgeheizten Backofen schieben.
6. Den Eintopf etwa 2 Stunden garen.

Mallorquinische Kohlsuppe

Lamm-Gemüse-Eintopf

Mexikanische Hühnersuppe

(Römertopf® 4-Liter-Inhalt)
4 Portionen

Zubereitungszeit: 40 Minuten
Garzeit: etwa 80 Minuten

1 junges küchenfertiges Suppenhuhn oder Hähnchen (etwa 1 kg)
2–3 Knoblauchzehen
120 g Zwiebeln
2–3 rote Chilischoten
1 TL Korianderkörner
1 1/2 l heiße Hühnerbrühe
1 Kartoffel (etwa 100 g)
500 g Tomaten
2 reife Avocados (je etwa 200 g)
Salz, gem. Pfeffer
2–3 EL Zitronensaft
1 EL klein geschnittene Petersilie

Pro Portion:
E: 41 g, F: 29 g, Kh: 7 g,
kJ: 1912, kcal: 457

1. Das Suppenhuhn oder Hähnchen innen und außen unter fließendem kalten Wasser abspülen, trocken tupfen und mit der Geflügelschere der Länge nach halbieren. Knoblauch und Zwiebeln abziehen, halbieren. Chilischoten abspülen, abtrocknen, entstielen, längs aufschneiden und entkernen.

2. Huhn oder Hähnchen, Zwiebel-, Knoblauchhälften, Chilischoten, Koriander und Brühe in einen gewässerten Römertopf® geben. Den Römertopf® mit dem Deckel verschließen und auf dem Rost in den kalten Backofen schieben.
Ober-/Unterhitze: etwa 200 °C
Heißluft: etwa 180 °C

3. Das Huhn oder Hähnchen etwa 70 Minuten garen.

4. In der Zwischenzeit die Kartoffel schälen, abspülen, abtropfen lassen. Tomaten kreuzweise einschneiden und mit kochendem Wasser übergießen. Nach 1–2 Minuten herausnehmen und mit kaltem Wasser abschrecken. Tomaten häuten, halbieren und die Stängelansätze herausschneiden. Tomaten vierteln.

5. Das gegarte Huhn oder Hähnchen mit den Chilischoten aus der Suppe nehmen. Das Fleisch etwas abkühlen lassen. Die Suppe durch ein feines Sieb geben, entfetten und wieder zurück in den Römertopf® geben.

6. Von dem Huhn oder Hähnchen die Haut entfernen. Das Fleisch von den Knochen lösen und in Würfel schneiden. Hähnchenwürfel in die Suppe geben. Die Kartoffel auf der feinen Seite der Haushaltsreibe in die Suppe reiben. Tomatenviertel hinzugeben. Den Römertopf® ohne Deckel wieder auf dem Rost in den heißen Backofen schieben und die Suppe bei gleicher Backofentemperatur in weiteren etwa 10 Minuten fertig garen.

7. Von den Avocados das Fruchtfleisch vom Stein schneiden, Fruchtfleisch schälen und in Scheiben schneiden.

8. Die Suppe mit Salz, Pfeffer und Zitronensaft würzen und in Tellern anrichten. Die Avocadoscheiben in die Suppe geben und mit Petersilie bestreuen.

Mexikanische Hühnersuppe

Zwiebeleintopf

(Römertopf® 3-Liter-Inhalt)
4 Portionen (ohne Foto)

Zubereitungszeit: 25 Minuten
Garzeit: etwa 75 Minuten

500 g Zwiebeln
500 g Möhren
500 g Kartoffeln
375 g Gehacktes (halb Rind-, halb Schweinefleisch)
Salz, gem. Pfeffer
500 ml Fleisch- oder Gemüsebrühe
1 EL klein geschnittene Petersilie

Pro Portion:
E: 27 g, F: 26 g, Kh: 32 g,
kJ: 2078, kcal: 496

1. Zwiebeln abziehen. Die Möhren putzen. Möhren und Kartoffeln schälen, abspülen, abtropfen lassen. Zwiebeln, Möhren und Kartoffeln in Scheiben schneiden.

2. Gehacktes mit Salz und Pfeffer würzen, mit den Gemüsescheiben abwechselnd in einen gewässerten Römertopf® schichten. Die einzelnen Schichten mit Salz und Pfeffer würzen, Brühe hinzugießen.

3. Den Römertopf® mit dem Deckel verschließen und auf dem Rost in den kalten Backofen schieben.
Ober-/Unterhitze: etwa 200 °C
Heißluft: etwa 180 °C

4. Den Zwiebeleintopf etwa 75 Minuten garen.

5. Den Eintopf in Tellern anrichten und mit Petersilie bestreuen.

Ungarische Gulaschsuppe

Meeresfrüchte-Suppe

Ungarische Gulaschsuppe

4 Portionen

Zubereitungszeit: 45 Minuten
Garzeit: 45–60 Minuten

400 g Rindergulasch
2 Zwiebeln
2 Knoblauchzehen
2 große gelbe Paprikaschoten (je etwa 250 g)
1 große grüne Paprikaschote (etwa 250 g)
1 Peperoni
4 EL Speiseöl
Salz
gem. Pfeffer
2 gestr. EL Paprikapulver edelsüß
2 EL Tomatenmark
1 1/2 l Fleischbrühe
125 ml Rotwein
Cayennepfeffer

Pro Portion:
E: 24 g, F: 20 g, Kh: 12 g,
kJ: 1412, kcal: 337

1. Gulasch mit Küchenpapier trocken tupfen. Fleischwürfel nach Belieben etwas kleiner schneiden. Zwiebeln und Knoblauch abziehen, in kleine Würfel schneiden.
2. Paprikaschoten halbieren, entstielen, entkernen und die weißen Scheidewände entfernen. Schoten abspülen, abtropfen lassen und in Würfel schneiden.
3. Die Peperoni längs halbieren, entstielen und entkernen. Peperonihälften abspülen, trocken tupfen und in Streifen schneiden.
4. Den Backofen vorheizen.
Ober-/Unterhitze: etwa 200 °C
Heißluft: etwa 180 °C
5. Jeweils etwas Speiseöl in einem Bräter erhitzen. Gulasch darin portionsweise von allen Seiten anbraten. Mit Salz, Pfeffer und Paprika würzen.
6. Zwiebel-, Knoblauch-, Paprikawürfel und Peperonistreifen portionsweise zum Gulasch in den Bräter geben und unter Rühren mit andünsten. Das Tomatenmark unterrühren. Brühe und Rotwein hinzugießen und zum Kochen bringen.
7. Den Bräter auf dem Rost in den vorgeheizten Backofen schieben. Die Suppe zugedeckt 45–60 Minuten garen.
8. Suppe kräftig mit Salz, Pfeffer, Paprika und Cayennepfeffer würzen.

Meeresfrüchte-Suppe

(Römertopf® 3-Liter-Inhalt)
4 Portionen

Zubereitungszeit: 25 Minuten, ohne Auftauzeit
Garzeit: etwa 75 Minuten

500 g gemischte TK-Meeresfrüchte
8 TK-Garnelen (etwa 200 g)
2 rote Peperoni (etwa 20 g)
je 1 rote und grüne Paprikaschote (etwa 400 g)
1 Stängel Zitronengras
100 g Langkornreis
Salz, gem. Pfeffer
1 EL rosa Pfefferbeeren
2 EL Fischsauce (erhältlich im Asialaden) oder Sojasauce
400 ml Kokosmilch

Pro Portion:
E: 33 g, F: 20 g, Kh: 30 g,
kJ: 1812, kcal: 436

1. Meeresfrüchte und Garnelen nach Packungsanleitung auftauen oder antauen lassen.
2. Peperoni längs aufschneiden, entstielen und entkernen. Paprikaschoten halbieren, entstielen, entkernen und die weißen Scheidewände entfernen. Peperoni und Paprikaschoten abspülen und trocken tupfen. Peperoni quer in schmale Streifen, Paprikaschoten in grobe Würfel schneiden. Zitronengrasstängel von der äußeren Schale befreien, abspülen, trocken tupfen und längs vierteln (so kann das Aroma besser in das Kochgut übergehen).
3. Meeresfrüchte und Garnelen kurz unter fließendem kalten Wasser abspülen, trocken tupfen und in eine Schüssel geben. Peperonistreifen, Paprikawürfel und Reis hinzufügen und gut untermischen. Mit Salz, Pfeffer, Pfefferbeeren, Fischsauce oder Sojasauce und Zitronengrasstücken würzen. Die Meeresfrüchte-Garnelen-Mischung in einen gewässerten Römertopf® geben und die Kokosmilch hinzugießen.
4. Den Römertopf® mit dem Deckel verschließen und auf dem Rost in den kalten Backofen schieben.
Ober-/Unterhitze: etwa 220 °C (untere Schiene)
Heißluft: etwa 200 °C
5. Die Suppe etwa 75 Minuten garen.
6. Den Römertopf® aus dem Backofen nehmen. Zitronengrasstücke entfernen. Die Suppe in Suppenschalen anrichten und servieren.

Tomateneintopf mit Grießklößchen

Rindfleischtopf mit Rotwein

Tomateneintopf mit Grießklößchen

(Römertopf® 3-Liter-Inhalt)
4 Portionen

Zubereitungszeit: 30 Minuten
Garzeit: etwa 75 Minuten

3 Zwiebeln (etwa 150 g)
2 Knoblauchzehen
1 kg Fleischtomaten
150 g Chorizo (spanische Paprikawurst)
500 ml Gemüsebrühe

Für die Grießklößchen:
250 ml Wasser
1 EL Olivenöl
80 g Hartweizengrieß
Salz
ger. Muskatnuss
1 Ei (Größe M)

350 g gelbe Zucchini
1 Bund Oregano
1 Prise Zucker
30 g ger. alter Gouda

Pro Portion:
E: 19 g, F: 23 g, Kh: 26 g,
kJ: 1635, kcal: 390

1. Zwiebeln und Knoblauch abziehen, fein würfeln. Tomaten abspülen, trocken tupfen, halbieren und die Stängelansätze herausschneiden. Tomatenhälften grob würfeln. Chorizo in Scheiben schneiden.

2. Die vorbereiteten Zutaten mit der Gemüsebrühe in einen gewässerten Römertopf® geben und vermischen. Den Römertopf® mit dem Deckel verschließen und auf dem Rost in den kalten Backofen schieben.
Ober-/Unterhitze: etwa 200 °C
Heißluft: etwa 180 °C

3. Den Tomateneintopf etwa 75 Minuten garen.

4. In der Zwischenzeit für die Grießklößchen Wasser und Olivenöl in einem Topf aufkochen. Grieß einrühren und kurz aufkochen lassen. Den Topf von der Kochstelle nehmen. Grieß mit Salz und Muskat würzen, das Ei unterrühren. Die Grießmasse etwas abkühlen lassen.

5. Zucchini abspülen, abtrocknen und die Enden abschneiden. Zucchini in Stücke schneiden. Den Oregano abspülen und trocken tupfen. Die Blättchen von den Stängeln zupfen, Blättchen klein schneiden.

6. Nach etwa 60 Minuten Garzeit den Römertopf® aus dem Backofen nehmen und den Deckel abnehmen. Die Zucchinistücke und Oregano unter den vorgegarten Eintopf rühren, mit Salz und Zucker abschmecken. Aus der Grießmasse mithilfe von 2 angefeuchteten Teelöffeln Klößchen abstechen und auf den Eintopf setzen. Die Klößchen mit Gouda bestreuen.

7. Den Römertopf® ohne Deckel wieder auf dem Rost in den heißen Backofen schieben. Den Eintopf bei gleicher Backofentemperatur in weiteren etwa 15 Minuten fertig garen.

Rindfleischtopf mit Rotwein

4 Portionen

Zubereitungszeit: 40 Minuten
Garzeit: etwa 60 Minuten

700 g Rindfleisch (aus der Schulter, ohne Knochen)
3 EL Speiseöl
2 EL Tomatenmark
750 ml Fleischbrühe
2 Möhren (etwa 200 g)
1 Kohlrabi (etwa 200 g)
150 g Knollensellerie
300 g festkochende Kartoffeln
1 Gemüsezwiebel (etwa 200 g)
200 ml trockener Rotwein
Salz
gem. Pfeffer
gerebelter Thymian
1–2 TL mittelscharfer Senf

Pro Portion:
E: 39 g, F: 23 g, Kh: 17 g,
kJ: 1931, kcal: 460

1. Das Rindfleisch mit Küchenpapier trocken tupfen und in kleine Würfel schneiden. Speiseöl in einem Bräter erhitzen. Fleischwürfel darin portionsweise von allen Seiten gut anbraten.

2. Tomatenmark unterrühren und kurz mit andünsten. Etwas von der Brühe hinzugießen, zum Kochen bringen und unter gelegentlichem Rühren etwas einkochen lassen.

3. Den Backofen vorheizen.
Ober-/Unterhitze: etwa 200 °C
Heißluft: etwa 180 °C
4. In der Zwischenzeit Möhren, Kohlrabi und Sellerie putzen, schälen, abspülen, abtropfen lassen und in große Würfel schneiden. Kartoffeln schälen, abspülen, abtropfen lassen und ebenfalls in große Würfel schneiden. Zwiebel abziehen, halbieren und fein würfeln.
5. Vorbereitete Gemüse- und Kartoffelwürfel zu den Fleischwürfeln in den Bräter geben und mit andünsten. Restliche Brühe und Rotwein hinzugießen. Mit Salz, Pfeffer, Thymian und Senf würzen.
6. Die Zutaten zum Kochen bringen. Den Bräter auf dem Rost in den vorgeheizten Backofen schieben und den Rindfleischtopf zugedeckt etwa 60 Minuten garen, dabei gelegentlich umrühren.
7. Rindfleischtopf mit den Gewürzen abschmecken und sofort servieren.

Stielmuseintopf (Streifrüben)

4 Portionen (ohne Foto)

Zubereitungszeit: 30 Minuten
Garzeit: etwa 50 Minuten

600 g Schweinenacken
(ohne Knochen)
750 g Stielmus
500 g Kartoffeln
40 g Butter oder Margarine
Salz, gem. Pfeffer
250 ml heißes Wasser

Pro Portion:
E: 34 g, F: 28 g, Kh: 23 g,
kJ: 2164, kcal: 517

1. Schweinefleisch mit Küchenpapier trocken tupfen und in kleine Würfel schneiden.
2. Den Backofen vorheizen.
Ober-/Unterhitze: etwa 200 °C
Heißluft: etwa 180 °C
3. Das Stielmus putzen und die welken Blätter entfernen. Stielmus abspülen, abtropfen lassen und klein schneiden. Kartoffeln schälen, abspülen, abtropfen lassen und klein würfeln.
4. Butter oder Margarine in einem Bräter zerlassen. Die Fleischwürfel darin von allen Seiten leicht bräunen, mit Salz und Pfeffer würzen.
5. Stielmus und Kartoffelwürfel zu den Fleischwürfeln in den Bräter geben, heißes Wasser hinzugießen und zum Kochen bringen.
6. Den Bräter zugedeckt auf dem Rost in den vorgeheizten Backofen schieben. Den Eintopf etwa 50 Minuten garen.
7. Den Stielmuseintopf mit Salz und Pfeffer abschmecken.

Rinderpörkölt in Biersauce

8–10 Portionen

Zubereitungszeit: 55 Minuten
Garzeit: etwa 70 Minuten

1 kg Rindfleisch (aus der Schulter)
500 g frische Perlzwiebeln oder 300 g abgetropfte Perlzwiebeln (aus dem Glas)
4 EL Speiseöl
Salz, gem. Pfeffer
500 ml heiße Gemüsebrühe
500 g Staudensellerie
5 Möhren (etwa 500 g)
2 EL Tomatenmark
500 ml Malzbier (dunkles Bier)
1 Bund Oregano

Pro Portion:
E: 25 g, F: 11 g, Kh: 17 g,
kJ: 1122, kcal: 268

1. Rindfleisch mit Küchenpapier trocken tupfen und in Würfel schneiden. Frische Perlzwiebeln abziehen. Eingelegte Perlzwiebeln etwa 1 Stunde in kaltes Wasser legen, um den Essiggeschmack zu mildern.
2. Den Backofen vorheizen.
Ober-/Unterhitze: etwa 200 °C
Heißluft: etwa 180 °C
3. Speiseöl in einem großen Bräter erhitzen. Die Fleischwürfel darin portionsweise von allen Seiten kräftig anbraten. Mit Salz und Pfeffer würzen. Die Hälfte der heißen Brühe hinzugießen und zum Kochen bringen. Den Bräter zugedeckt auf dem Rost in den vorgeheizten Backofen schieben. Die Fleischwürfel etwa 40 Minuten garen.
4. Inzwischen den Sellerie putzen und die harten Außenfäden abziehen. Die Selleriestangen abspülen, abtropfen lassen und in Scheiben schneiden. Möhren putzen, schälen, abspülen, abtropfen lassen und ebenfalls in Scheiben schneiden (größere Möhren vorher längs halbieren).
5. Den Bräter aus dem Backofen nehmen. Die Perlzwiebeln, Sellerie- und Möhrenscheiben zu den Fleischwürfeln geben, Tomatenmark unterrühren. Restliche heiße Brühe und Malzbier hinzugießen und auf der Kochstelle zum Kochen bringen. Den Bräter wieder zugedeckt auf dem Rost in den heißen Backofen schieben. Den Eintopf bei gleicher Backofentemperatur in weiteren etwa 30 Minuten fertig garen, dabei gelegentlich umrühren.
6. Oregano abspülen und trocken tupfen. Die Blättchen von den Stängeln zupfen. Oreganoblättchen unter den Eintopf rühren. Mit Salz und Pfeffer abschmecken.

Rinderpörkölt in Biersauce

Gulaschsuppe mit Saure-Sahne-Dip

12 Portionen

Zubereitungszeit: 60 Minuten
Garzeit: etwa 70 Minuten

je 750 g Schweine- und Rindergulasch
3 Gemüsezwiebeln (je etwa 225 g)
3 Knoblauchzehen
600 g rote und gelbe Paprikaschoten
120 g Butterschmalz
750 g mehligkochende Kartoffeln
60 g (3 EL) Tomatenmark
2 1/2 l heiße Gemüsebrühe
Salz, Cayennepfeffer
Paprikapulver rosenscharf
Zucker
1 1/2 TL gerebelter Thymian
1 Bund Petersilie
450 g saure Sahne (10 % Fett)
gem. Pfeffer
3 gestr. EL dunkler Saucenbinder

Pro Portion:
E: 30 g, F: 23 g, Kh: 18 g,
kJ: 1671, kcal: 399

1. Gulasch mit Küchenpapier trocken tupfen und in etwas kleinere Stücke schneiden. Gemüsezwiebeln abziehen, halbieren und in kleine Würfel schneiden. Knoblauch ebenfalls abziehen und klein würfeln. Paprikaschoten halbieren, entstielen, entkernen und die weißen Scheidewände entfernen. Schoten abspülen, abtropfen lassen und in kleine Würfel schneiden.
2. Jeweils etwas Butterschmalz in einem großen Bräter erhitzen. Die Fleischstücke darin portionsweise von allen Seiten kräftig anbraten. Zwiebel-, Knoblauch- und Paprikawürfel portionsweise hinzugeben und unter Rühren mit anbraten.
3. Den Backofen vorheizen.
Ober-/Unterhitze: etwa 200 °C
Heißluft: etwa 180 °C
4. Kartoffeln schälen, abspülen, abtropfen lassen und in kleine Würfel schneiden. Kartoffelwürfel und Tomatenmark zu dem angebratenen Fleisch in den Bräter geben und 2–3 Minuten mitbraten lassen. Heiße Brühe hinzugießen, mit Salz, Cayennepfeffer, Paprika und Zucker würzen. Die Zutaten wieder zum Kochen bringen. Dann den Bräter zugedeckt auf dem Rost in den vorgeheizten Backofen schieben. Die Gulaschsuppe etwa 60 Minuten garen.
5. Thymian nach etwa 60 Minuten Garzeit unter die Suppe rühren und die Gulaschsuppe in weiteren etwa 10 Minuten fertig garen.
6. In der Zwischenzeit die Petersilie abspülen und trocken tupfen. Die Blättchen von den Stängeln zupfen. Blättchen klein schneiden. Saure Sahne mit der Petersilie in einer Schüssel verrühren. Den Dip mit Salz und Pfeffer abschmecken.
7. Den Bräter aus dem Backofen nehmen und auf die Kochstelle stellen. Den Saucenbinder in die gegarte Suppe rühren und nochmals unter Rühren aufkochen lassen. Mit Salz, Paprika und Pfeffer abschmecken. Die Gulaschsuppe in Tellern anrichten und jeweils einen Klecks des Dips in die Suppe geben oder den Saure-Sahne-Dip dazureichen.

Gulaschsuppe mit Saure-Sahne-Dip

Gemüse-Hühnchen-Eintopf

6 Portionen

Zubereitungszeit: 40 Minuten
Garzeit: 50–60 Minuten

1 küchenfertiges Hähnchen oder Poularde (etwa 1 kg)
2 l Hühnerbrühe
500 g festkochende Kartoffeln
300 g Kürbis
1 kleine Chilischote
500 g Tomaten
2 Maiskolben
100 g TK-Erbsen
Salz, gem. weißer Pfeffer
3 EL Schnittlauchröllchen

Pro Portion:
E: 59 g, F: 23 g, Kh: 87 g,
kJ: 3541, kcal: 846

1. Den Backofen vorheizen.
Ober-/Unterhitze: etwa 200 °C
Heißluft: etwa 180 °C
2. Das Hähnchen oder die Poularde in etwa 8 gleich große Portionen teilen. Nach Belieben die Haut entfernen. Die Fleischstücke kurz unter fließendem kalten Wasser abspülen, trocken tupfen und in einen großen Bräter geben. Brühe hinzugießen und zum Kochen bringen. Die Brühe abschäumen. Den Bräter zugedeckt auf dem Rost in den vorgeheizten Backofen schieben. Die Fleischstücke 30–40 Minuten garen.
3. In der Zwischenzeit Kartoffeln schälen, abspülen, abtropfen las-

Gemüse-Hühnchen-Eintopf

Gutshof Pott

sen und in Würfel schneiden. Kürbis schälen und die Kerne mit einem Löffel herauskratzen. Kürbisfleisch kurz abspülen, abtropfen lassen und grob würfeln. Chilischote längs aufschneiden, entstielen, entkernen, abspülen, trocken tupfen und in schmale Ringe schneiden.
4. Tomaten kreuzweise einschneiden und mit kochendem Wasser übergießen. Nach 1–2 Minuten herausnehmen und mit kaltem Wasser abschrecken. Tomaten häuten, halbieren und die Stängelansätze herausschneiden. Tomaten entkernen und in grobe Stücke schneiden.
5. Den Bräter aus dem Backofen nehmen. Die garen Fleischstücke mit einer Schaumkelle aus der Brühe nehmen und beiseitelegen. Kartoffel-, Kürbiswürfel, Chiliringe und Tomatenstücke in die Brühe geben.
6. Maiskolben evtl. von Blättern und Fäden befreien und die Stiele abschneiden. Maiskolben abspülen, trocken tupfen und in etwa 2 cm lange Stücke schneiden.
7. Maiskolbenstücke und die gefrorenen Erbsen ebenfalls in die Hühnerbrühe geben. Mit Salz und Pfeffer würzen. Die Zutaten zum Kochen bringen. Den Bräter wieder zugedeckt auf dem Rost in den heißen Backofen schieben. Die Eintopf bei gleicher Backofentemperatur in weiteren etwa 20 Minuten fertig garen.
8. Die beiseitegelegten Fleischstücke von den Knochen lösen, in den Eintopf geben und miterhitzen. Den Eintopf nochmals mit Salz und Pfeffer abschmecken.
9. Den Eintopf mit Schnittlauchröllchen bestreut servieren.

Gutshof Pott

(Römertopf® 3-Liter-Inhalt)
4 Portionen

Zubereitungszeit: 40 Minuten
Garzeit: etwa 60 Minuten

400 g Kartoffeln
2 Zwiebeln
2 Stangen Porree (Lauch)
500 g Wirsing (etwa 500 g)
je 1/2 rote und grüne Paprikaschote
250 g Rettich
600 g Schweinefleisch
(aus der Keule)
3 EL Speiseöl
Salz, gem. Pfeffer
125 ml Gemüsebrühe
3 Tomaten
gerebelter Thymian
1 Bund glatte Petersilie
75 g Schafskäse

Pro Portion:
E: 44 g, F: 17 g, Kh: 25 g,
kJ: 1828, kcal: 436

1. Kartoffeln schälen, abspülen, abtropfen lassen und in Scheiben schneiden. Zwiebeln abziehen, in Scheiben schneiden. Porree putzen, die Stangen längs halbieren, gründlich waschen, abtropfen lassen und in Streifen schneiden. Wirsing putzen, halbieren und den Strunk herausschneiden. Wirsing abspülen, abtropfen lassen und in Streifen schneiden.
2. Paprikahälften vierteln, entkernen und die weißen Scheidewände entfernen. Schotenviertel abspülen, abtropfen lassen und in Streifen schneiden. Rettich putzen, schälen, abspülen, abtropfen lassen und in Stifte schneiden.
3. Das Schweinefleisch mit Küchenpapier trocken tupfen und in kleine Würfel schneiden.
4. Das Speiseöl in einen gewässerten Römertopf® geben. Kartoffelscheiben und Paprikastreifen daraufgeben, mit Salz und Pfeffer würzen. Fleischwürfel darauf verteilen, mit Salz und Pfeffer würzen. Dann die Porree-, Wirsingstreifen und Rettichstifte daraufgeben, mit Salz und Pfeffer würzen. Brühe hinzugießen.
5. Den Römertopf® mit dem Deckel verschließen und auf dem Rost in den kalten Backofen schieben.
Ober-/Unterhitze: etwa 200 °C
Heißluft: etwa 180 °C
6. Den Eintopf etwa 60 Minuten garen.
7. In der Zwischenzeit die Tomaten kreuzweise einschneiden und mit kochendem Wasser übergießen. Nach 1–2 Minuten herausnehmen und mit kaltem Wasser abschrecken. Tomaten häuten, halbieren und die Stängelansätze herausschneiden. Tomaten entkernen und in Stücke schneiden.
8. Die Tomatenstücke nach Ende der Garzeit in den Eintopf geben und noch weitere etwa 10 Minuten im ausgeschalteten noch heißen Backofen ziehen lassen.
9. Den Eintopf mit Salz, Pfeffer und Thymian abschmecken.
10. Petersilie abspülen und trocken tupfen. Die Blättchen von den Stängeln zupfen, Blättchen klein schneiden. Schafskäse etwas zerbröseln und mit der Petersilie auf den fertigen Eintopf geben.

Backofensuppe

4 Portionen

Zubereitungszeit: 20 Minuten
Garzeit: etwa 60 Minuten

500 g Putenbrust
3 EL Sojasauce
1 EL Currypulver
Salz, gem. Pfeffer
250 g abgetropfte Pfirsichhälften (aus der Dose)
315 g abgetropfte Champignonscheiben (aus dem Glas)
150 g TK-Erbsen
500 g Schlagsahne
1 Pck. Currysauce mit Paprikastücken (für 250 ml Wasser)
100 ml Curryketchup
250 ml Gemüsebrühe

Pro Portion:
E: 34 g, F: 37 g, Kh: 28 g,
kJ: 2553, kcal: 610

1. Den Backofen vorheizen.
Ober-/Unterhitze: etwa 200 °C
Heißluft: etwa 180 °C
2. Putenbrust kurz unter fließendem kalten Wasser abspülen und trocken tupfen. Putenbrust zuerst in Scheiben, dann in Streifen schneiden. Die Fleischstreifen mit Sojasauce und Curry mischen, in einen Bräter geben, mit etwas Salz und Pfeffer würzen.
3. Pfirsichhälften in Spalten schneiden und zu den Fleischstreifen in den Bräter geben. Champignonscheiben mit den gefrorenen Erbsen ebenfalls hinzugeben und unterrühren.
4. Sahne mit Currysaucenpulver verrühren, Ketchup und Brühe unterrühren. Die Sauce in den Bräter geben und gut unter die Zutaten mischen. Den Bräter auf dem Rost in den vorgeheizten Backofen schieben. Die Backofensuppe etwa 60 Minuten garen.

Bohneneintopf mit Knoblauchwurst

(Römertopf® 4-Liter-Inhalt)
4 Portionen

Zubereitungszeit: 25 Minuten, ohne Einweichzeit
Garzeit: etwa 60 Minuten

250 g weiße getrocknete Bohnen
150 g Zwiebeln
1 rote Chilischote
600 g Knoblauchwurst
1 gelbe Paprikaschote
Salz
gem. Pfeffer
750 ml Rinderfleischbrühe
1 Bund Bohnenkraut
4 mittelgroße Tomaten (etwa 200 g)
4 EL Olivenöl

Pro Portion:
E: 39 g, F: 56 g, Kh: 36 g,
kJ: 3331, kcal: 796

1. Bohnen in ein Sieb geben und mit kaltem Wasser abspülen. Die Bohnen in eine große Schüssel geben und mit reichlich kaltem Wasser übergießen. Die Bohnen über Nacht einweichen. Anschließend die Bohnen in einem Sieb abtropfen lassen.
2. Zwiebeln abziehen und in Spalten schneiden. Chilischote abspülen, trocken tupfen, halbieren, entstielen, entkernen und klein hacken. Knoblauchwurst in etwa 1 cm dicke Scheiben schneiden. Paprikaschote halbieren, entstielen, entkernen und die weißen Scheidewände entfernen. Schote abspülen, trocken tupfen und in Größe der Bohnen schneiden.
3. Bohnen, Zwiebelspalten, Chilistücke, Wurstscheiben und Paprikastücke in einen gewässerten Römertopf® geben und gut vermischen. Mit Salz und Pfeffer würzen. Brühe hinzugießen. Die Zutaten nochmals gut vermischen. Bohnenkraut abspülen und trocken tupfen. Die Hälfte des Bohnenkrautes hinzufügen.
4. Den Römertopf® mit dem Deckel verschließen und auf dem Rost in den kalten Backofen schieben.
Ober-/Unterhitze: etwa 200 °C
Heißluft: etwa 180 °C
5. Den Bohneneintopf etwa 60 Minuten garen.
6. Von dem restlichen Bohnenkraut die Blättchen von den Stängeln zupfen. Blättchen klein schneiden. Die Tomaten abspülen, abtrocknen, vierteln und die Stängelansätze entfernen, Tomatenviertel entkernen und in feine Streifen schneiden.
7. Nach etwa 50 Minuten Garzeit die Tomatenstreifen unter den Bohneneintopf rühren. Den Bohneneintopf mit Deckel fertig garen.
8. Den Bohneneintopf nochmals mit Salz und Pfeffer abschmecken und in Tellern verteilen. Den Bohneneintopf mit Olivenöl beträufeln und mit Bohnenkraut bestreut servieren.

Bosnischer Fleisch-Kartoffel-Eintopf

(Römertopf® 4-Liter-Inhalt)
4–6 Portionen (ohne Foto)

Zubereitungszeit: 40 Minuten
Garzeit: etwa 2 Stunden

400 g Rindfleisch (aus der Hüfte)
500 g Lammfleisch (aus der Keule, ohne Knochen)
200 g Möhren
100 g Knollensellerie
100 g Petersilienwurzel
500 g Kartoffeln
150 g Zwiebeln
1 kleine grüne Paprikaschote
1 Fleischtomate (etwa 200 g)
400 g Weißkohl
100 g grüne Bohnen
5 Knoblauchzehen
Salz, gem. Pfeffer
Paprikapulver edelsüß
2 Gewürznelken
1 Lorbeerblatt
50 g Tomatenmark
250 ml Weißwein
2 EL Olivenöl

Pro Portion:
E: 43 g, F: 11 g, Kh: 22 g,
kJ: 1677, kcal: 400

1. Rind- und Lammfleisch mit Küchenpapier trocken tupfen. Das Fleisch in etwa 2 cm große Würfel schneiden.
2. Möhren, Sellerie und Petersilienwurzel putzen, schälen, abspülen, abtropfen lassen. Kartoffeln schälen, abspülen, abtropfen lassen. Zwiebeln abziehen. Paprikaschote halbieren, entstielen, entkernen und die weißen Scheidewände entfernen. Die Schote abspülen, abtropfen lassen.
3. Tomate kreuzweise einschneiden und mit kochendem Wasser übergießen. Nach 1–2 Minuten herausnehmen und mit kaltem Wasser abschrecken. Tomate häuten, halbieren und den Stängelansatz herausschneiden. Das vorbereitete Gemüse würfeln.
4. Weißkohl putzen, vierteln und den Strunk herausschneiden. Weißkohl abspülen, abtropfen lassen und in Streifen schneiden. Von den Bohnen die Enden abschneiden, evtl. abfädeln. Bohnen abspülen, abtropfen lassen und in Stücke schneiden oder brechen. Knoblauchzehen abziehen und durch eine Knoblauchpresse drücken.
5. Die vorbereiteten Fleischwürfel, das Gemüse und die Kartoffelwürfel abwechselnd in einen gewässerten Römertopf® schichten. Dabei jede Schicht mit Salz, Pfeffer und Paprika würzen. Gewürznelken und Lorbeerblatt hinzugeben. Tomatenmark mit Wein und Olivenöl verrühren und hinzugießen.
6. Den Römertopf® mit dem Deckel verschließen und auf dem Rost in den kalten Backofen schieben.
Ober-/Unterhitze: etwa 200 °C
Heißluft: etwa 180 °C
7. Den Fleisch-Kartoffel-Eintopf etwa 2 Stunden garen.
8. Vor dem Servieren Gewürznelken und Lorbeerblatt entfernen.

Afrikanischer Lammeintopf

4 Portionen

Zubereitungszeit: 40 Minuten
Garzeit: etwa 30 Minuten

500 g Lammkeule (ohne Knochen)
4 EL Speiseöl
Salz, gem. Pfeffer
gerebelter Thymian
500 g kleine Kartoffeln
250 g Zwiebeln
500 g Tomaten
40 g Tomatenmark
375–500 ml Fleischbrühe
klein geschnittene, glatte Petersilie

Pro Portion:
E: 31 g, F: 34 g, Kh: 29 g,
kJ: 2442, kcal: 583

1. Die Lammkeule von Haut und Fett befreien, kurz unter fließendem kalten Wasser abspülen, trocken tupfen und in dünne Scheiben schneiden.
2. Speiseöl in einer Pfanne erhitzen, die Lammscheiben darin von jeder Seite etwa 2 Minuten anbraten, mit Salz, Pfeffer und Thymian würzen.
3. Den Backofen vorheizen.
Ober-/Unterhitze: etwa 200 °C
Heißluft: etwa 180 °C
4. Kartoffeln schälen, abspülen, abtropfen lassen und in eine Auflaufform (gefettet) geben. Mit Salz und Pfeffer würzen. Die Fleischscheiben darauflegen.
5. Zwiebeln abziehen, vierteln und auf den Fleischscheiben verteilen.
6. Tomaten kreuzweise einschneiden und mit kochendem Wasser übergießen. Nach 1–2 Minuten herausnehmen und mit kaltem Wasser abschrecken. Die Tomaten häuten, vierteln, entkernen und die Stängelansätze herausschneiden. Tomatenviertel mit Tomatenmark vermischen und auf den Zwiebelspalten verteilen.
7. Brühe hinzugießen. Die Form mit dem Deckel verschließen und auf dem Rost in den vorgeheizten Backofen schieben. Den Lammeintopf etwa 30 Minuten garen.
8. Den Lammeintopf nochmals mit den Gewürzen abschmecken und mit Petersilie bestreut servieren.

Afrikanischer Lammeintopf

Bretonischer Eintopf

4 Portionen (ohne Foto)

Zubereitungszeit: 30 Minuten
Garzeit: etwa 90 Minuten

2 Beinscheiben vom Kalb (etwa 500 g)
1 Schweinshaxe (etwa 500 g)
Salz
4 kleine Zwiebeln
500 g weiße Rüben (Navets)
3–4 kleine Bundmöhren
1/2 Kopf Wirsing
2 Mettwürste (etwa 250 g)
2 l Kalbsbrühe oder -fond
gem. Pfeffer
2 abgezogene Knoblauchzehen
1 Lorbeerblatt
einige Gewürznelken

1 kleines Bund Petersilie

Pro Portion:
E: 103 g, F: 50 g, Kh: 14 g,
kJ: 3942, kcal: 941

1. Beinscheiben und Schweinshaxe kurz unter fließendem kalten Wasser abspülen, trocken tupfen. Beinscheiben und Schweinehaxe in kochendem Salzwasser etwa 2 Minuten blanchieren, herausnehmen, in ein Sieb geben, mit kaltem Wasser abspülen und abtropfen lassen.
2. Den Backofen vorheizen.
Ober-/Unterhitze: etwa 200 °C
Heißluft: etwa 180 °C
3. Zwiebeln abziehen. Rüben und Möhren putzen (von den Möhren etwas Grün stehen lassen), schälen, abspülen und abtropfen lassen.
4. Vom Wirsing die groben, äußeren Blätter lösen. Den Wirsing vierteln und den Strunk herausschneiden. Wirsingviertel abspülen, abtropfen lassen und in grob würfeln.
5. Vorbereitetes Gemüse, Beinscheiben, Haxe und Mettwürste in einen großen Bräter geben. Kalbsbrühe oder -fond hinzugießen und zum Kochen bringen. Mit Salz, Pfeffer, Knoblauch, Lorbeerblatt und Nelken würzen.
6. Petersilie abspülen und trocken tupfen. Die Blättchen von den Stängeln zupfen. Petersilienblättchen in den Eintopf geben. Den Bräter zugedeckt auf dem Rost in den vorgeheizten Backofen schieben. Den Eintopf etwa 90 Minuten garen.
7. Den Eintopf mit Salz und Pfeffer abschmecken und servieren.

Cancha Mexicana (Mexikanischer Bohnen-Geflügel-Topf)

8–10 Portionen

Zubereitungszeit: 35 Minuten
Garzeit: etwa 50 Minuten

2 gelbe Paprikaschoten (je etwa 150 g)
5 Hähnchenbrustfilets (je etwa 150 g)
4 EL Speiseöl
2 l heiße Hühnerbrühe
250 g grüne Bohnenkerne (Flageolets, aus der Dose)
250 g abgetropfte Kidneybohnen (aus der Dose)
285 g abgetropfter Gemüsemais (aus der Dose)
Salz, gem. Pfeffer
4 EL süße Chilisauce

Pro Portion:
E: 34 g, F: 7 g, Kh: 24 g,
kJ: 1254, kcal: 300

1. Den Backofen vorheizen.
Ober-/Unterhitze: etwa 200 °C
Heißluft: etwa 180 °C
2. Paprikaschoten halbieren, entstielen, entkernen und die weißen Scheidewände entfernen. Schoten abspülen, abtropfen lassen und in Würfel schneiden.
3. Hähnchenbrustfilets kurz unter fließendem kalten Wasser abspülen, trocken tupfen und klein würfeln.
4. Speiseöl in einem großen Bräter erhitzen. Die Fleischwürfel darin von allen Seiten anbraten, Paprikawürfel hinzugeben und mitbraten lassen. Heiße Hühnerbrühe hinzugießen und zum Kochen bringen. Den Bräter zugedeckt auf dem Rost in den vorgeheizten Backofen schieben. Die Fleisch- und Paprikawürfel etwa 35 Minuten garen.
5. Beide Sorten Bohnen und den Mais in ein Sieb geben, mit kaltem Wasser abspülen, abtropfen lassen und zu den Fleisch- und Paprikawürfeln in den Bräter geben.
6. Den Eintopf mit Salz, Pfeffer und Chilisauce pikant würzen. Den mexikanischen Bohnen-Geflügel-Topf zugedeckt in weiteren etwa 15 Minuten fertig garen.

Cancha Mexicana (Mexikanischer Bohnen-Geflügel-Topf)

Gemüse-Fisch-Eintopf

Fischeintopf mit Gemüse

Gemüse-Fisch-Eintopf

(Römertopf® 3-Liter-Inhalt)
4 Portionen

Zubereitungszeit: 40 Minuten
Garzeit: etwa 65 Minuten

250 g grüne Bohnen
400 g Kartoffeln
1/2 Gemüsezwiebel (etwa 150 g)
250 g Champignons
Salz, gem. Pfeffer
gerebeltes Bohnenkraut
50 g Butter
600 g Kabeljaufilet
evtl. 4 EL Schmand (Sauerrahm)

Pro Portion:
E: 33 g, F: 12 g, Kh: 18 g,
kJ: 1294, kcal: 310

1. Von den Bohnen die Enden abschneiden, evtl. abfädeln. Bohnen abspülen, abtropfen lassen und in Stücke schneiden oder brechen. Kartoffeln schälen, abspülen, abtropfen lassen und klein würfeln.
2. Die Zwiebel abziehen, in Scheiben schneiden. Die Champignons putzen, evtl. kurz abspülen, trocken tupfen und in Stücke schneiden.
3. Die vorbereiteten Gemüsezutaten mit den Kartoffelwürfeln in einer Schüssel gut vermischen. Mit Salz, Pfeffer und Bohnenkraut würzen und in einen gewässerten Römertopf® geben. Butter in Flöckchen daraufsetzen. Den Römertopf® mit dem Deckel verschließen und auf dem Rost in den kalten Backofen schieben.
Ober-/Unterhitze: etwa 220 °C
Heißluft: etwa 200 °C
4. Eintopf etwa 65 Minuten garen.
5. In der Zwischenzeit Kabeljaufilet kurz unter fließendem kalten Wasser abspülen, trocken tupfen und in grobe Würfel schneiden. Mit Salz und Pfeffer würzen.
6. Nach etwa 50 Minuten Garzeit die Fischwürfel auf die Gemüse-Kartoffel-Mischung in den Römertopf® geben. Den Eintopf mit Deckel in weiteren etwa 15 Minuten fertig garen. Nach Belieben Schmand unter den gegarten Eintopf rühren.

Fischeintopf mit Gemüse

(Römertopf® 3-Liter-Inhalt)
4 Portionen

Zubereitungszeit: 40 Minuten
Gar- und Überbackzeit: 63–65 Minuten

120 g Naturreis (Vollkornreis)
600 ml kochendes Wasser
250 g Möhren
250 g Porree (Lauch)
250 g Staudensellerie
2–3 Knoblauchzehen
1 Gemüsezwiebel (etwa 300 g)
1–2 Pck. Safran (je 0,2 g)
400 ml Fischfond (aus dem Glas)
400 g TK-Fischfilet,
z. B. Kabeljaufilet
8 Scheiben Baguette
20 g Kräuterbutter
Salz, gem. Pfeffer

Pro Portion:
E: 29 g, F: 5 g, Kh: 50 g,
kJ: 1592, kcal: 380

1. Reis mit dem kochenden Wasser übergießen und etwa 30 Minuten quellen lassen.
2. In der Zwischenzeit die Möhren putzen, schälen, abspülen, abtropfen lassen und schräg in Scheiben schneiden. Porree putzen, die Stangen längs halbieren, gründlich waschen, abtropfen lassen und schräg in Stücke schneiden.
3. Staudensellerie putzen und die harten Außenfäden abziehen. Die Selleriestangen abspülen, abtropfen lassen und schräg in Scheiben schneiden. Knoblauch und Zwiebel abziehen. Zwiebel halbieren und in Würfel, Knoblauch in Scheiben schneiden.
4. Vorbereitetes Gemüse mit Safran, Fischfond und Reis mit dem Einweichwasser in einen gewässerten Römertopf® geben und umrühren. Den Römertopf® mit dem Deckel verschließen und auf dem Rost in den kalten Backofen schieben.
Ober-/Unterhitze: etwa 200 °C
Heißluft: etwa 180 °C
5. Den Fischeintopf etwa 60 Minuten garen.
6. In der Zwischenzeit Fischfilet antauen lassen. Die Baguettescheiben mit Kräuterbutter bestreichen. Fischfilet kurz unter fließendem kalten Wasser abspülen, trocken tupfen und in Scheiben schneiden.
7. Nach Ende der Garzeit den Eintopf mit Salz und Pfeffer würzen. Die Backofentemperatur um etwa 20 °C erhöhen. Die Fischfiletscheiben unter den Eintopf heben und die Baguettescheiben darauflegen. Den Eintopf ohne Deckel 3–5 Minuten überbacken.

Altdeutsche Kartoffelsuppe

Altdeutsche Kartoffelsuppe

4 Portionen

Zubereitungszeit: 40 Minuten
Garzeit: etwa 40 Minuten

700 g mehligkochende Kartoffeln
50–75 g Knollensellerie
250 g Möhren
1 Zwiebel
1 Lorbeerblatt
1 Gewürznelke
40 g Butter
1 1/2 l heiße Gemüsebrühe
1 Stange Porree (Lauch, etwa 200 g)
125 g Schlagsahne oder
150 g Crème fraîche
Salz, gem. Pfeffer
gerebelter Majoran
ger. Muskatnuss
200 g Pfifferlinge
1 Zwiebel
25 g Butter
2 EL klein geschnittene Kräuter,
z. B. Kerbel, Schnittlauch,
glatte Petersilie

Pro Portion:
E: 7 g, F: 24 g, Kh: 27 g,
kJ: 1483, kcal: 354

1. Den Backofen vorheizen.
Ober-/Unterhitze: etwa 200 °C
Heißluft: etwa 180 °C
2. Kartoffeln schälen, abspülen, abtropfen lassen. Sellerie und Möhren putzen, schälen, abspülen und abtropfen lassen. Kartoffeln, Sellerie und Möhren in Würfel schneiden. Zwiebel abziehen, mit Lorbeerblatt und Nelke spicken.
3. Butter in einem Bräter zerlassen. Die Sellerie- und Möhrenwürfel darin unter Rühren andünsten. Kartoffelwürfel, gespickte Zwiebel und die heiße Brühe hinzugeben, zum Kochen bringen. Den Bräter zugedeckt auf dem Rost in den vorgeheizten Backofen schieben. Die Kartoffel- und Gemüsewürfel etwa 25 Minuten garen.
4. In der Zwischenzeit Porree putzen, die Stange längs halbieren, gründlich waschen, abtropfen lassen und in Streifen schneiden. Porreestreifen nach etwa 25 Minuten Garzeit zu den Kartoffel- und Gemüsewürfeln in den Bräter geben und weitere etwa 10 Minuten garen.
5. Bräter aus dem Backofen nehmen. Gespickte Zwiebel entfernen. Etwa ein Drittel der Kartoffel-Gemüse-Würfel mit einem Schaumlöffel aus der Suppe nehmen, pürieren, mit Sahne oder Crème fraîche verrühren und zu der restlichen Suppe in den Bräter geben. Die Suppe nochmals erhitzen, mit Salz, Pfeffer, Majoran und Muskat würzen.
6. Für die Einlage Pfifferlinge putzen, evtl. kurz abspülen und abtropfen lassen. Zwiebel abziehen und in kleine Würfel schneiden. Butter in einer Pfanne zerlassen. Die Zwiebelwürfel darin andünsten. Pfifferlinge hinzugeben und unter mehrmaligem Wenden etwa 5 Minuten dünsten.
7. Die Pfifferlinge in die Suppe geben und etwa 5 Minuten ziehen lassen. Die Kartoffelsuppe mit den Kräutern bestreut servieren.

Fasaneneintopf mit Gemüse und Brezelklößchen

4 Portionen

Zubereitungszeit: 30 Minuten
Garzeit: 60–70 Minuten

500 g Fasanenkeulen
(ohne Knochen)
2 EL Speiseöl
300 g Möhren
300 g Knollensellerie
1 Petersilienwurzel
(etwa 40 g)
1/2 Stange Porree (Lauch,
etwa 100 g)
1 kleine Zwiebel
Salz
gem. Pfeffer
Wacholderbeeren, gestoßen
und fein gehackt
2 Stängel Thymian
1 Lorbeerblatt
1 TL rosa Pfefferbeeren
1,6 l heiße Wildbrühe oder
Gemüsebrühe

Für die Brezelklößchen:
3 Laugenbrezeln (je etwa 70 g)
frisch oder vom Vortag
200 ml Milch (3,5 % Fett)
1 kleines Bund Petersilie
1 Ei (Größe M)
1 TL Speisestärke
1 l heiße Gemüsebrühe

Pro Portion:
E: 41 g, F: 17 g, Kh: 40 g,
kJ: 2081, kcal: 496

1. Den Backofen vorheizen.
Ober-/Unterhitze: etwa 200 °C
Heißluft: etwa 180 °C
2. Fasanenkeulen kurz unter fließendem kalten Wasser abspülen, trocken tupfen und in grobe Würfel schneiden. Speiseöl in einem Bräter erhitzen. Die Fleischwürfel darin von allen Seiten kräftig anbraten.
3. Möhren, Sellerie und Petersilienwurzel putzen, schälen, abspülen, abtropfen lassen, in Würfel schnei-

den. Den Porree putzen, die Stange längs halbieren, gründlich waschen, abtropfen lassen und in Streifen schneiden. Zwiebel abziehen und in kleine Würfel schneiden.
4. Das vorbereitete Gemüse zu den Fleischwürfeln in den Bräter geben, mit Salz, Pfeffer, Wacholderbeeren, abgespülten, trocken getupften Thymianstängeln, Lorbeerblatt und Pfefferbeeren würzen. Heiße Brühe hinzugießen und zum Kochen bringen. Den Bräter zugedeckt auf dem Rost in den vorgeheizten Backofen schieben. Den Fasaneneintopf 60–70 Minuten garen.
5. Für die Brezelklößchen in der Zwischenzeit Brezeln in kleine Stücke schneiden und in eine Schüssel geben. Milch erhitzen, die Brezelstücke damit übergießen, abkühlen lassen.
6. Petersilie abspülen und trocken tupfen. Die Blättchen von den Stängeln zupfen, klein schneiden und zu den eingeweichten Brezelstücken geben. Mit Salz und Pfeffer würzen. Ei und Speisestärke hinzufügen. Die Zutaten vorsichtig zu einem Teig verkneten.
7. Heiße Brühe in einem Topf zum Kochen bringen. Aus der Brezelmasse mit einem Esslöffel kleine, ovale Klößchen abstechen und in der Brühe etwa 5 Minuten gar ziehen lassen. Die Klößchen mit einer Schaumkelle herausnehmen und mit dem Eintopf servieren (Thymianstängel und Lorbeerblatt entfernen).

Gemüseeintopf

(Römertopf® 3-Liter-Inhalt)
4 Portionen

Zubereitungszeit: 50 Minuten
Garzeit: etwa 50 Minuten

1 Bund Suppengrün (Möhren, Petersilienwurzel, Sellerie, Porree)
200 g Kartoffeln
2 Kohlrabi (je etwa 300 g)
250 g Schneidebohnen
2 Lorbeerblätter
1 TL weiße Pfefferkörner
3 Gewürznelken
800 ml Gemüsefond oder Gemüsebrühe
500 ml kaltes Wasser
250 g grüner Spargel
1/2 Bund Kerbel
1/2 Bund glatte Petersilie
Salz, evtl. gem. Pfeffer

Außerdem:
1 Teefilter oder 1 Gewürzbeutel
Küchengarn

Pro Portion:
E: 17 g, F: 9 g, Kh: 24 g,
kJ: 1067, kcal: 255

1. Das Suppengemüse putzen, evtl. schälen, abspülen, abtropfen lassen und in Scheiben schneiden.
2. Kartoffeln schälen, abspülen, abtropfen lassen und in Würfel schneiden. Den Kohlrabi putzen, schälen, abspülen, abtropfen lassen und in Streifen schneiden. Von den Bohnen die Enden abschneiden, evtl. abfädeln. Bohnen abspülen, abtropfen lassen und schräg in etwa 2 cm lange Stücke schneiden.
3. Lorbeerblätter, Pfefferkörner und Gewürznelken in einen Teefilter oder Gewürzbeutel geben und mit Küchengarn zusammenbinden. Das vorbereitete Gemüse mit den Kartoffelwürfeln, Gewürzbeutel, Gemüsefond oder -brühe und Wasser in einen gewässerten Römertopf® geben. Den Römertopf® mit dem Deckel verschließen und auf dem Rost in den kalten Backofen schieben.
Ober-/Unterhitze: etwa 200 °C
Heißluft: etwa 180 °C
4. Eintopf etwa 50 Minuten garen.
5. In der Zwischenzeit von dem Spargel das untere Drittel schälen und die unteren Enden abschneiden. Die Stangen abspülen, abtropfen lassen, in etwa 4 cm lange Stücke schneiden.
6. Spargelstücke nach etwa 20 Minuten Garzeit mit in den Römertopf® geben. Den Eintopf mit Deckel in weiteren etwa 30 Minuten fertig garen.
7. Kerbel und Petersilie abspülen, trocken tupfen. Blättchen von den Stängeln zupfen. Blättchen (einige Petersilienblättchen zum Garnieren beiseitelegen) klein schneiden.
8. Den Gewürzbeutel aus dem Eintopf entfernen. Den Eintopf mit Salz abschmecken. Kräuter unterrühren.
8. Eintopf mit den beiseitegelegten Petersilienblättchen garnieren und evtl. mit Pfeffer bestreuen.

Fasaneneintopf mit Gemüse und Brezelklößchen

Gemüseeintopf

Linsensuppe

4 Portionen

Zubereitungszeit: 30 Minuten
Garzeit: 90–95 Minuten

250 g getrocknete Linsen
1 l heiße Fleisch- oder Gemüsebrühe
250 g Kartoffeln
1 Bund Suppengrün
(Sellerie, Möhren, Porree)
1 mittelgroße Zwiebel
1/2 gestr. TL Salz
gem. Pfeffer
2 Mettenden (Rauchenden)
etwas Weißweinessig
1 Prise Zucker
2 EL gehackte Petersilie

Pro Portion:
E: 25 g, F: 16 g, Kh: 38 g,
kJ: 1689, kcal: 406

1. Den Backofen vorheizen.
Ober-/Unterhitze: etwa 200 °C
Heißluft: etwa 180 °C
2. Linsen abspülen, abtropfen lassen, mit der heißen Brühe in einem Bräter zum Kochen bringen. Dann den Bräter zugedeckt auf dem Rost in den vorgeheizten Backofen schieben. Die Linsen etwa 1 Stunde garen.
3. In der Zwischenzeit die Kartoffeln schälen, abspülen, abtropfen lassen und würfeln. Sellerie und die Möhren putzen, schälen, abspülen, abtropfen lassen und klein würfeln. Porree putzen, die Stange längs halbieren, gründlich waschen, abtropfen lassen und in Streifen schneiden. Zwiebel abziehen und klein würfeln.
4. Kartoffelwürfel, vorbereitetes Suppengrün und Zwiebelwürfel zu den Linsen in den Bräter geben. Mit Salz und Pfeffer würzen. Den Eintopf zugedeckt in weiteren 30–35 Minuten fertig garen.
5. Die Mettenden in dicke Scheiben schneiden, in den gegarten Eintopf geben und noch etwa 1 Minute mitgaren lassen. Eintopf mit Essig und Zucker abschmecken, in Tellern anrichten und mit Petersilie bestreut servieren.

Gemischter Bohneneintopf mit Bündnerfleischklößchen

4 Portionen

Zubereitungszeit: 30 Minuten, ohne Einweichzeit
Garzeit: etwa 60 Minuten

100 g rote Bohnen
100 g Wachtelbohnen
100 g weiße Bohnen
3 l heiße Gemüsebrühe
250 g Kartoffeln
je 1/2 grüne und gelbe Paprikaschote
60 g Bündnerfleisch
150 g feiner roher Bratwurstbrät
2 EL klein geschnittene Petersilie
Salz, gem. Pfeffer
Paprikapulver edelsüß

Pro Portion:
E: 30 g, F: 13 g, Kh: 37 g,
kJ: 1629, kcal: 389

1. Bohnen in ein hohes Gefäß geben. Mit so viel Wasser übergießen, dass die Bohnen ganz bedeckt sind. Bohnen über Nacht einweichen lassen.
2. Den Backofen vorheizen.
Ober-/Unterhitze: etwa 200 °C
Heißluft: etwa 180 °C
3. Heiße Brühe in einem großen Bräter zum Kochen bringen. Eingeweichte, abgetropfte Bohnen hinzugeben und wieder zum Kochen bringen. Den Bräter zugedeckt auf dem Rost in den vorgeheizten Backofen schieben. Die Bohnen etwa 45 Minuten garen.
4. In der Zwischenzeit Kartoffeln schälen, abspülen, abtropfen lassen und in kleine Würfel schneiden. Paprikaschotenhälften, entstielen, entkernen und die weißen Scheidewände entfernen. Schotenhälften abspülen, trocken tupfen und ebenfalls in kleine Würfel schneiden. Kartoffel- und Paprikawürfel zu den Bohnen in den Bräter geben und zugedeckt weitere etwa 15 Minuten garen.
5. Für die Fleischklößchen Bündnerfleisch in kleine Würfel schneiden und in eine Schüssel geben. Bratwurstbrät und Petersilie untermengen. Aus der Masse mit angefeuchteten Händen oder mit 2 Teelöffeln kleine Klößchen formen und in kochendem Wasser etwa 2 Minuten blanchieren.
6. Die Bündner Fleischklößchen mit einer Schaumkelle herausnehmen und in den gegarten Eintopf geben. Den Eintopf mit Salz, Pfeffer und Paprika abschmecken.

Linsensuppe

Gemischter Bohneneintopf mit Bündnerfleischklößchen

Indonesischer Fischtopf

Gemüseeintopf mit Putenkeule

Indonesischer Fischtopf

4 Portionen

Zubereitungszeit: 40 Minuten
Garzeit: etwa 25 Minuten

4 Kabeljaufilets (je etwa 150 g)
Zitronensaft
Salz, gem. Pfeffer
gem. Ingwer
500 g abgetropfte Sojabohnenkeime (aus dem Glas)
2 Knoblauchzehen
250 g Schlagsahne
1 Bund Dill
2 EL Butter
40 g gestiftete Mandeln

Pro Portion:
E: 32 g, F: 29 g, Kh: 10 g,
kJ: 1934, kcal: 462

1. Kabeljaufilets kurz unter fließendem kalten Wasser abspülen und trocken tupfen. Kabeljaufilets mit Zitronensaft beträufeln und trocken tupfen. Mit Salz, Pfeffer und Ingwer würzen.
2. Die Sojabohnenkeime in ein Sieb geben, mit kaltem Wasser abspülen und abtropfen lassen. Die Sojabohnenkeime in einer flachen, feuerfesten Form (gefettet) verteilen.
3. Den Backofen vorheizen.
Ober-/Unterhitze: etwa 200 °C
Heißluft: etwa 180 °C
4. Kabeljaufilets nebeneinander auf die Sojabohnenkeime legen. Knoblauch abziehen, fein zerdrücken und mit der Sahne verrühren.
5. Dill abspülen und trocken tupfen. Die Spitzen von den Stängeln zupfen. Spitzen klein schneiden und zu der Knoblauchsahne geben. Mit Salz und Pfeffer würzen. Die Dillsahne auf den Kabeljaufilets verteilen. Butter in Flöckchen daraufsetzen. Mit Mandeln bestreuen. Die Form auf dem Rost in den vorgeheizten Backofen schieben. Den Fischtopf etwa 25 Minuten garen.

Gemüseeintopf mit Putenkeule

(Römertopf® 4-Liter-Inhalt)
4 Portionen

Zubereitungszeit: 50 Minuten
Garzeit: 1 3/4 Stunden

1 Putenoberkeule (etwa 1 kg)
Salz, gem. Pfeffer
250 g Zwiebeln
500 g Kartoffeln
2 rote Paprikaschoten
Paprikapulver edelsüß
2 EL frischer Oregano, in Streifen
evtl. 1 entkernte Peperoni, in Ringen
30 g zerlassene Butter
500 g Tomaten

Pro Portion:
E: 57 g, F: 16 g, Kh: 30 g,
kJ: 2240, kcal: 536

1. Putenoberkeule kurz unter fließendem kalten Wasser abspülen und trocken tupfen. Mit Salz und Pfeffer würzen.
2. Zwiebeln abziehen und klein würfeln. Kartoffeln schälen, abspülen, abtropfen lassen und ebenfalls in Würfel schneiden. Paprikaschoten halbieren, entstielen, entkernen und die weißen Scheidewände entfernen. Schoten abspülen, abtropfen lassen und in Streifen schneiden.
3. Paprikastreifen abwechselnd mit den Zwiebel- und Kartoffelwürfeln in einen gewässerten Römertopf® schichten. Mit Salz, Pfeffer, Paprika und Oreganostreifen würzen. Nach Belieben Peperoniringe unterrühren.
4. Die Putenoberkeule auf das eingeschichtete Gemüse legen und mit Butter bestreichen. Den Römertopf® mit dem Deckel verschließen und auf dem Rost in den kalten Backofen schieben.
Ober-/Unterhitze: etwa 200 °C
Heißluft: etwa 180 °C
5. Den Eintopf etwa 1 3/4 Stunden garen.
6. Tomaten kreuzweise einschneiden und mit kochendem Wasser übergießen. Nach 1–2 Minuten herausnehmen und mit kaltem Wasser abschrecken. Tomaten häuten, halbieren und die Stängelansätze herausschneiden. Tomaten in kleine Würfel schneiden, mit Salz und Pfeffer würzen.
7. Tomatenwürfel etwa 30 Minuten vor Ende der Garzeit zum Gemüseeintopf in den Römertopf® geben. Den Eintopf ohne Deckel fertig garen.
8. Putenkeule aus dem Römertopf® nehmen. Das Fleisch von den Knochen lösen, in Scheiben schneiden. Den Gemüseeintopf umrühren und mit den Gewürzen abschmecken.

Grünkohleintopf

Grüne-Bohnen-Eintopf mit Rindfleisch

Grünkohleintopf

4 Portionen

Zubereitungszeit: 30 Minuten
Garzeit: etwa 60 Minuten

750 g Grünkohl
2 Zwiebeln
4 EL Olivenöl
60 g geräucherte Schinkenwürfel (aus dem Kühlregal)
1 l heiße Fleischbrühe
1 EL mittelscharfer Senf
6 Pimentkörner
Salz, gem. Pfeffer
500 g Kartoffeln
200 g Möhren
4 geräucherte Mettwürstchen (je etwa 100 g)

Pro Portion:
E: 34 g, F: 41 g, Kh: 24 g,
kJ: 2525, kcal: 603

1. Von dem Grünkohl die welkfleckigen Blätter und Blattrippen entfernen. Grünkohl gründlich waschen, abtropfen lassen und in kochendem Wasser etwa 2 Minuten blanchieren. Anschließend kurz mit kaltem Wasser abschrecken, in einem Sieb abtropfen und etwas abkühlen lassen. Grünkohl fein hacken.
2. Den Backofen vorheizen.
Ober-/Unterhitze: etwa 200 °C
Heißluft: etwa 180 °C
3. Zwiebeln abziehen und in kleine Würfel schneiden. Olivenöl in einem Bräter erhitzen, die Zwiebelwürfel darin andünsten, Schinkenwürfel hinzugeben und mit anbraten. Heiße Fleischbrühe hinzugießen. Grünkohl hinzugeben. Den Grünkohl zum Kochen bringen, mit Senf, Pimentkörnern, Salz und Pfeffer würzen. Den Bräter auf dem Rost in den vorgeheizten Backofen schieben. Grünkohl etwa 30 Minuten garen.
4. In der Zwischenzeit Kartoffeln schälen, abspülen, abtropfen lassen und in kleine Würfel schneiden. Möhren putzen, schälen, abspülen, abtropfen lassen und in Scheiben schneiden. Kartoffelwürfel und Möhrenscheiben nach etwa 30 Minuten Garzeit zum Grünkohl in den Bräter geben, mit Salz und Pfeffer würzen. Den Eintopf zugedeckt in weiteren etwa 30 Minuten fertig garen.
5. Die Mettwürstchen in Scheiben schneiden und etwa 5 Minuten vor Ende der Garzeit in den Eintopf geben und miterhitzen. Den Grünkohleintopf nochmals abschmecken, in tiefen Tellern anrichten und servieren.

Grüne-Bohnen-Eintopf mit Rindfleisch

4 Portionen

Zubereitungszeit: 35 Minuten
Garzeit: etwa 60 Minuten

500 g Rindfleisch (aus der Schulter)
1 Zwiebel
2–3 Stängel Bohnenkraut oder etwas gerebeltes Bohnenkraut
30 g Butterschmalz oder 3 EL Speiseöl, z. B. Sonnenblumenöl
Salz, gem. Pfeffer
500 ml heiße Gemüsebrühe
1 kg grüne Bohnen
500 g vorwiegend festkochende Kartoffeln
1–2 EL klein geschnittene Petersilie

Pro Portion:
E: 33 g, F: 15 g, Kh: 27 g,
kJ: 1592, kcal: 380

1. Rindfleisch mit Küchenpapier trocken tupfen und in etwa 2 cm große Würfel schneiden. Zwiebel abziehen und klein würfeln. Bohnenkraut abspülen und trocken tupfen.
2. Den Backofen vorheizen.
Ober-/Unterhitze: etwa 200 °C
Heißluft: etwa 180 °C
3. Butterschmalz oder Speiseöl in einem Bräter erhitzen. Die Fleischwürfel darin von allen Seiten leicht bräunen lassen, Zwiebelwürfel hinzufügen und kurz andünsten, mit Salz und Pfeffer würzen.
4. Bohnenkraut und heiße Gemüsebrühe zu den Fleischwürfeln in den Bräter geben und zum Kochen bringen. Den Bräter zugedeckt auf dem Rost in den vorgeheizten Backofen schieben und die Fleischwürfel etwa 40 Minuten garen.
5. In der Zwischenzeit von den Bohnen die Enden abschneiden, evtl. abfädeln. Bohnen abspülen, abtropfen lassen und in kleine Stücke schneiden oder brechen. Kartoffeln schälen, abspülen, abtropfen lassen und in Würfel schneiden.
6. Bohnenstücke und Kartoffelwürfel in den Bräter geben, mit Salz und Pfeffer würzen. Den Eintopf zugedeckt in weiteren etwa 20 Minuten fertig garen.

7. Bohnenkrautstängel aus dem Eintopf entfernen. Den Eintopf mit Salz und Pfeffer abschmecken, in tiefen Tellern anrichten mit Petersilie bestreut servieren.

Jägereintopf

4 Portionen (ohne Foto)

Zubereitungszeit: 35 Minuten
Garzeit: etwa 75 Minuten

750 g Rindfleisch (aus der Keule)
1 gestr. TL Salz
1 Msp. gem. weißer Pfeffer
2 Zwiebeln
500 g Champignons
4 EL Speiseöl
125 ml Rotwein
125 ml heiße Rinderbrühe
3 Möhren (etwa 150 g)
3 Kartoffeln (etwa 150 g)

Pro Portion:
E: 44 g, F: 34 g, Kh: 10 g,
kJ: 2439, kcal: 582

1. Das Rindfleisch mit Küchenpapier trocken tupfen, in Würfel schneiden, mit Salz und Pfeffer würzen. Zwiebeln abziehen und in kleine Würfel schneiden. Champignons putzen, evtl. kurz abspülen, trocken tupfen und in Scheiben schneiden.
2. Den Backofen vorheizen.
Ober-/Unterhitze: etwa 200 °C
Heißluft: etwa 180 °C
3. Speiseöl in einem Bräter erhitzen. Die Fleischwürfel darin bei starker Hitze von allen Seiten anbraten. Die Zwiebelwürfel hinzugeben und mit andünsten.
4. Mit Rotwein ablöschen und zum Kochen bringen. Den Bräter zugedeckt auf dem Rost in den vorgeheizten Backofen schieben. Fleischwürfel etwa 30 Minuten vorgaren. Dann die heiße Rinderbrühe hinzugießen und die Fleischwürfel zugedeckt weitere etwa 15 Minuten garen.
5. Inzwischen Möhren putzen, schälen, abspülen, abtropfen lassen und in Scheiben schneiden. Kartoffeln schälen, abspülen, abtropfen lassen und ebenfalls in Scheiben schneiden. Möhren- und Kartoffelscheiben nach insgesamt 45 Minuten Garzeit zu den Fleischwürfeln in den Bräter geben und den Eintopf zugedeckt in weiteren etwa 30 Minuten fertig garen.
6. Etwa 10 Minuten vor Ende der Gesamtgarzeit Champignonscheiben hinzufügen, den Eintopf fertig garen.
7. Den Eintopf mit Salz und Pfeffer abschmecken und anrichten.

Lammgyrossuppe

8–10 Portionen

Zubereitungszeit: 40 Minuten, ohne Durchziehzeit
Garzeit: etwa 75 Minuten

1 kg Lammfleisch (aus der Keule, ohne Knochen)
4 Knoblauchzehen
6 EL Olivenöl
2 EL Gyros-Gewürzsalz
1 EL gerebelter Oregano
3 kleine Gemüsezwiebeln (etwa 600 g)
je 1 rote, gelbe und grüne Paprikaschote
2 mittelgroße Zucchini
250 g abgetropfte Kidneybohnen (aus der Dose)
400 g geschälte Tomaten (aus der Dose)
Salz, gem. Pfeffer
Paprikapulver edelsüß
1 1/2 l heiße Gemüsebrühe
2 Bund glatte Petersilie

Pro Portion:
E: 24 g, F: 29 g, Kh: 20 g,
kJ: 1952, kcal: 466

1. Lammfleisch mit Küchenpapier trocken tupfen. Lammfleisch zuerst in Scheiben, dann in Würfel schneiden und in eine Schüssel geben.
2. Knoblauch abziehen, durch eine Knoblauchpresse drücken und zu dem Fleisch geben. Olivenöl, Gyros-Gewürzsalz und Oregano gut untermischen, das Fleisch etwas durchziehen lassen.
3. Gemüsezwiebeln abziehen, halbieren, in Streifen schneiden und mit dem Fleisch vermischen.
4. Den Backofen vorheizen.
Ober-/Unterhitze: etwa 200 °C
Heißluft: etwa 180 °C
5. Paprikaschoten halbieren, entstielen, entkernen und die weißen Scheidewände entfernen. Die Schoten abspülen, trocken tupfen und in Streifen schneiden. Zucchini abspülen, abtrocknen und die Enden abschneiden. Zucchini in dünne Scheiben schneiden.
6. Kidneybohnen in ein Sieb geben, mit kaltem Wasser abspülen und abtropfen lassen.
7. Die Fleisch-Zwiebel-Gewürz-Mischung abwechselnd mit den Paprikastreifen, Zucchinischeiben, Kidneybohnen und geschälten Tomaten in einen großen Bräter schichten. Die einzelnen Gemüseschichten mit Salz, Pfeffer und Paprika würzen. Heiße Gemüsebrühe hinzugießen.
8. Den Bräter zugedeckt auf dem Rost in den vorgeheizten Backofen schieben. Die Suppe etwa 75 Minuten garen.
9. Petersilie abspülen und trocken tupfen. Die Blättchen von den Stängeln zupfen. Blättchen in feine Streifen schneiden. Die gegarte Suppe in Tellern anrichten und mit Petersilienstreifen bestreut servieren.

Lammgyrossuppe

Clam Chowder (Muschelsuppe)

Brühkartoffeln mit Hähnchenfleisch und Fleischklößchen

Clam Chowder (Muschelsuppe)

6 Portionen

Zubereitungszeit: 45 Minuten, ohne Auftauzeit
Garzeit: 35–45 Minuten

400 g TK-Chowder-Clam-Muschelfleisch
100 g mild geräucherter Speck
1 Zwiebel
1 kleine Stange Porree (Lauch)
3 große Kartoffeln
4 Stängel Thymian
Salz, gem. Pfeffer
2 EL Sonnenblumenöl
1 l Hühnerbrühe
500 ml Milch (3,5 % Fett)

Pro Portion:
E: 15 g, F: 12 g, Kh: 20 g,
kJ: 1054, kcal: 252

1. Clam-Muschelfleisch nach Packungsanleitung auftauen lassen. Muschelfleisch kurz unter fließendem kalten Wasser abspülen, trocken tupfen und grob würfeln.
2. Den Backofen vorheizen.
Ober-/Unterhitze: etwa 200 °C
Heißluft: etwa 180 °C
3. Speck in kleine Würfel schneiden. Zwiebel abziehen und ebenfalls klein würfeln. Porree putzen, die Stange längs halbieren, gründlich waschen, gut abtropfen lassen und in Streifen schneiden. Kartoffeln schälen, abspülen, abtropfen lassen und in etwa 1 cm große Würfel schneiden. Thymian abspülen und trocken tupfen. Die Blättchen von den Stängeln zupfen.
4. Muschelfleisch mit Porreestreifen und Kartoffelwürfeln mischen. Thymianblättchen untermengen. Mit Salz und Pfeffer würzen.
5. Sonnenblumenöl in einem feuerfesten, weiten, flachen Topf erhitzen. Zwiebel- und Speckwürfel darin andünsten. Muschel-Kartoffel-Mischung hinzugeben. Hühnerbrühe und Milch hinzugießen.
6. Den Topf mit dem Deckel verschließen und auf dem Rost in den vorgeheizten Backofen schieben. Die Muschelsuppe 35–45 Minuten garen (die Kartoffelwürfel sollen gar, aber nicht zerfallen sein).

Brühkartoffeln mit Hähnchenfleisch und Fleischklößchen

4 Portionen

Zubereitungszeit: 45 Minuten
Garzeit: etwa 60 Minuten

600 g festkochende Kartoffeln
4 Hähnchenbrustfilets (je etwa 400 g)
3 Möhren
1 Stange Porree (Lauch)
1/4 Stück Knollensellerie
1 Bund Frühlingszwiebeln
1 Bund Petersilie
1 l Geflügelfond oder -brühe
Salz, gem. Pfeffer
250 g Bratwurstbrät

Pro Portion:
E: 40 g, F: 16 g, Kh: 29 g,
kJ: 1803, kcal: 430

1. Kartoffeln schälen, abspülen, abtropfen lassen und in etwas größere Würfel schneiden. Die Hähnchenbrustfilets kurz unter fließendem kalten Wasser abspülen, trocken tupfen und ebenfalls würfeln.
2. Den Backofen vorheizen.
Ober-/Unterhitze: etwa 200 °C
Heißluft: etwa 180 °C
3. Möhren putzen, schälen, abspülen und abtropfen lassen. Porree putzen, die Stange längs halbieren, gründlich waschen und abtropfen lassen. Sellerie putzen, schälen, abspülen, abtropfen lassen. Das vorbereitete Gemüse in feine Würfel schneiden. Frühlingszwiebeln putzen, abspülen, abtropfen lassen und in Scheiben schneiden.
4. Petersilie abspülen und trocken tupfen. Die Blättchen von den Stängeln zupfen. Blättchen klein schneiden.
5. Geflügelfond oder -brühe mit Kartoffel-, Gemüse- und Fleischwürfeln in einen Bräter geben und zum Kochen bringen, mit Salz und Pfeffer würzen, Petersilie unterrühren. Den Bräter auf dem Rost in den vorgeheizten Backofen schieben. Die Brühkartoffeln etwa 60 Minuten garen.
6. In der Zwischenzeit Salzwasser in einem Topf zum Kochen bringen. Aus dem Bratwurstbrät mit angefeuchteten Händen kleine Klößchen formen und in dem heißen Salzwasser etwa 5 Minuten ziehen lassen. Anschließend mit einer Schaumkelle herausnehmen und warm stellen.
7. Kurz vor Ende der Garzeit die Fleischklößchen in die Brühe geben und miterhitzen.

Eintopf von Kraut und Rüben

6 Portionen

Zubereitungszeit: 40 Minuten
Garzeit: etwa 35 Minuten

je 1/2 kleiner Kopf Weißkohl und Wirsing
300 g Steckrüben
300 g festkochende Kartoffeln
1 Gemüsezwiebel
1 kleine Stange Porree (Lauch)
1 Bund glatte Petersilie
6 EL Speiseöl
1 1/2 l heiße Gemüsebrühe
Salz
gem. Pfeffer
ger. Muskatnuss

Pro Portion:
E: 6 g, F: 15 g, Kh: 18 g,
kJ: 983, kcal: 234

1. Von dem Weißkohl und Wirsing die äußeren schlechten Blätter entfernen und jeweils den Strunk herausschneiden. Weißkohl- und Wirsinghälfte abspülen, abtropfen lassen und ohne Blattrippen in feine Streifen schneiden.
2. Die Steckrüben putzen, schälen, abspülen, abtropfen lassen und in kleine Würfel schneiden. Kartoffeln schälen, abspülen, abtropfen lassen und ebenfalls klein würfeln. Zwiebel abziehen, halbieren und in kleine Würfel schneiden.
3. Den Backofen vorheizen.
Ober-/Unterhitze: etwa 200 °C
Heißluft: etwa 180 °C
4. Porree putzen, die Stange längs halbieren, gründlich waschen, abtropfen lassen und in feine Streifen schneiden. Petersilie abspülen und trocken tupfen. Die Blättchen von den Stängeln zupfen. Blättchen grob zerkleinern.
5. Speiseöl in einem Bräter erhitzen, vorbereitete Gemüsezutaten und Kartoffelwürfel darin portionsweise unter Rühren andünsten. Heiße Brühe hinzugießen und zum Kochen bringen. Den Bräter zugedeckt auf dem Rost in den vorgeheizten Backofen schieben und den Eintopf etwa 35 Minuten garen.
6. Den gegarten Eintopf mit Salz, Pfeffer und Muskat abschmecken.

Bohneneintopf mit Wirsing und Salsiccia

4–6 Portionen

Zubereitungszeit: 25 Minuten, ohne Einweichzeit
Garzeit: etwa 90 Minuten

300 g getrocknete weiße Bohnenkerne
1 dicke Scheibe durchwachsener Speck mit Schwarte (etwa 100 g)
3 ungebrühte italienische Bratwurst (Salsiccia)
1 Zwiebel
1/2 Kopf Wirsing (etwa 400 g)
2 EL Olivenöl
1 TL Fenchelsamen
1 l heiße Fleischbrühe
1 Bund glatte Petersilie
Salz, gem. Pfeffer
50 g ger. Pecorino

Pro Portion:
E: 28 g, F: 43 g, Kh: 23 g,
kJ: 2470, kcal: 590

1. Die Bohnen in kaltem Wasser über Nacht einweichen.
2. Den Backofen vorheizen.
Ober-/Unterhitze: etwa 200 °C
Heißluft: etwa 180 °C
3. Bohnen in einem Sieb abtropfen lassen, dabei das Einweichwasser auffangen. Speck in 6 gleich große Stücke schneiden. Bratwurst in etwa 2 cm dicke Scheiben schneiden. Die Zwiebel abziehen und grob würfeln. Von dem Wirsing die groben, äußeren Blätter entfernen, Strunk herausschneiden. Wirsing in Streifen schneiden, abspülen und abtropfen lassen.
4. Olivenöl in einem Bräter erhitzen. Speckstücke, Wurstscheiben und Zwiebelwürfel darin andünsten. Fenchelsamen mit andünsten. Die abgetropften Bohnen und Wirsingstreifen hinzufügen. Heiße Brühe hinzugießen und zum Kochen bringen. Den Bräter zugedeckt auf dem Rost in den vorgeheizten Backofen schieben. Den Eintopf etwa 90 Minuten garen.
5. In der Zwischenzeit die Petersilie abspülen und trocken tupfen. Die Blättchen von den Stängeln zupfen und in grobe Streifen schneiden.
6. Eintopf mit Salz und Pfeffer abschmecken. Evtl. mit dem aufgefangenen Einweichwasser auffüllen.
7. Den Eintopf in Suppenschalen verteilen, mit Pecorino und Petersilie bestreut servieren.

Bunte Graupensuppe

(Römertopf® 3-Liter-Inhalt)
4 Portionen (ohne Foto)

Zubereitungszeit: 20 Minuten
Garzeit: etwa 100 Minuten

500 g Suppenknochen
1 1/2 l kaltes Wasser
2 Lorbeerblätter
75 g Graupen
1–2 Bund Suppengrün
(Sellerie, Möhren, Porree)
100 g TK-Erbsen
150 g Rinderfilet
Salz, gem. Pfeffer
ger. Muskatnuss
klein geschnittene Petersilie

Pro Portion:
E: 15 g, F: 3 g, Kh: 22 g,
kJ: 729, kcal: 174

1. Die Suppenknochen unter fließendem kalten Wasser abspülen, abtropfen lassen, mit Wasser und Lorbeerblättern in einen gewässerten Römertopf® geben. Mit dem Deckel verschließen und auf dem Rost in den kalten Backofen schieben.
Ober-/Unterhitze: etwa 220 °C
Heißluft: etwa 200 °C
2. Die Fleischknochen etwa 100 Minuten garen.
3. Nach etwa 60 Minuten Garzeit die Graupen hinzugeben und mit Deckel weitere etwa 30 Minuten garen.
4. In der Zwischenzeit das Suppengrün putzen, abspülen, abtropfen lassen und in Stücke schneiden. Nach etwa 90 Minuten Garzeit die Knochen aus der Brühe nehmen, das vorbereitete Suppengrün und die gefrorenen Erbsen in die Brühe geben. Die Graupensuppe mit Deckel in weiteren etwa 10 Minuten fertig garen.
5. Das Rinderfilet mit Küchenpapier trocken tupfen, enthäuten und in sehr dünne Scheiben schneiden.
6. Die gegarte Graupensuppe mit Salz, Pfeffer und Muskat abschmecken und in tiefen Tellern verteilen. In jeden Teller einige Filetscheiben geben und mit Petersilie bestreuen.

Bohnentopf mit Tafelspitz

6 Portionen

Zubereitungszeit: 45 Minuten
Garzeit: etwa 75 Minuten

1 kg Tafelspitz
Salz
gem. Pfeffer
4 Schalotten
2 EL Butter
200 g Schneidebohnen
300 g grüne Bohnen (Brechbohnen)
1 kg festkochende Kartoffeln
1 Bund Bohnenkraut
200 g gepulte, dicke Bohnenkerne ohne weiße Haut

Pro Portion:
E: 42 g, F: 9 g, Kh: 27 g,
kJ: 1572, kcal: 375

1. Den Backofen vorheizen.
Ober-/Unterhitze: etwa 200 °C
Heißluft: etwa 180 °C
2. Tafelspitz von Fett und Sehnen befreien. Tafelspitz mit Küchenpapier trocken tupfen und in etwa 2 cm große Würfel schneiden. Mit Salz und Pfeffer würzen. Schalotten abziehen, zuerst in Scheiben schneiden, dann in Ringe teilen.
3. Butter in einem großen Bräter zerlassen. Schalottenwürfel darin andünsten. Fleischwürfel hinzugeben und von allen Seiten leicht anbraten. So viel kaltes Wasser hinzugießen, dass die Fleischwürfel bedeckt sind. Das Wasser zum Kochen bringen und abschäumen. Den Bräter zugedeckt auf dem Rost in den vorgeheizten Backofen schieben. Die Fleischwürfel etwa 45 Minuten garen.
4. Inzwischen von den Schneidebohnen die Enden abschneiden. Schneidebohnen abfädeln, abspülen, abtropfen lassen und schräg in etwa 3 cm lange Stücke schneiden. Von den grünen Bohnen ebenfalls die Enden abschneiden, evtl. abfädeln. Bohnen abspülen, abtropfen lassen und halbieren. Kartoffeln schälen, abspülen, abtropfen lassen und in kleine Würfel schneiden.
5. Nach etwa 45 Minuten Garzeit den Bräter aus dem Backofen nehmen und den Deckel abnehmen. Die Bohnen und Kartoffelwürfel zu den Fleischwürfeln in den Bräter geben. Wieder so viel heißes Wasser hinzugießen, dass die Zutaten bedeckt sind, mit Salz würzen.
6. Bohnenkraut abspülen und trocken tupfen. Drei Stängel von dem Bohnenkraut in den Eintopf geben. Den Eintopf wieder zum Kochen bringen. Dann den Bräter wieder zugedeckt auf dem Rost in den heißen Backofen schieben. Den Eintopf bei gleicher Backofentemperatur weitere etwa 30 Minuten garen.
7. Etwa 5 Minuten vor Ende der Garzeit die Bohnenkerne hinzufügen und mitgaren lassen. Bohnenkrautstängel entfernen. Den Eintopf mit Salz und Pfeffer abschmecken. Restliches Bohnenkraut in kleine Stücke zupfen und in den Eintopf geben.

Bohnentopf mit Tafelspitz

Bunter Bohnen-Gemüse-Eintopf

Feuertopf, süßsauer

Bunter Bohnen-Gemüse-Eintopf

(Römertopf® 3-Liter-Inhalt)
4 Portionen

Zubereitungszeit: 30 Minuten
Garzeit: 80–90 Minuten

600 g grüne Bohnen
250 g Zwiebeln
250 g Möhren
250 g Rindfleisch
Salz
gem. Pfeffer
375 ml Gemüsebrühe
350 g Tomaten
gerebeltes oder frisches Bohnenkraut

Pro Portion:
E: 18 g, F: 6 g, Kh: 16 g,
kJ: 812, kcal: 194

1. Von den Bohnen die Enden abschneiden, evtl. abfädeln. Bohnen abspülen, abtropfen lassen und in Stücke schneiden oder brechen. Die Zwiebeln abziehen und in Scheiben schneiden.
2. Die Möhren putzen, schälen, abspülen, abtropfen lassen und in Scheiben oder Stifte schneiden.
3. Das Rindfleisch mit Küchenpapier trocken tupfen und in etwa 1 1/2 cm große Würfel schneiden. Die Fleischwürfel mit dem vorbereiteten Gemüse vermischen und in einen gewässerten Römertopf® geben, mit Salz und Pfeffer würzen. Die Gemüsebrühe hinzugießen.
4. Den Römertopf® mit dem Deckel verschließen und auf dem Rost in den kalten Backofen schieben.
Ober-/Unterhitze: etwa 200 °C
Heißluft: etwa 180 °C
5. Den Eintopf 80–90 Minuten garen.
6. In der Zwischenzeit die Tomaten kreuzweise einschneiden und mit kochendem Wasser übergießen. Nach 1–2 Minuten herausnehmen und mit kaltem Wasser abschrecken. Tomaten häuten, halbieren und die Stängelansätze herausschneiden. Tomaten in Stücke schneiden.
7. Nach etwa 75 Minuten Garzeit die Tomatenstücke in den Eintopf geben, unterrühren, mit Salz, Pfeffer und Bohnenkraut würzen. Den Eintopf mit Deckel fertig garen.

Feuertopf, süßsauer

12 Portionen

Zubereitungszeit: 40 Minuten
Garzeit: etwa 25 Minuten

1 1/2 kg Schnitzelfleisch
7 EL Speiseöl
3 rote Paprikaschoten
2 grüne Paprikaschoten
190 g abgetropfte Silberzwiebeln (aus dem Glas)
340 g abgetropfte Champignons (aus dem Glas)
560 g Ananasstücke mit dem Saft (aus der Dose)
200 ml süße Chilisauce
2 TL Paprikapulver edelsüß
4 EL Tomatenmark
250 ml heißes Wasser oder heiße Gemüsebrühe
2 Spritzer Tabasco
etwas Cayennepfeffer
Salz, gem. Pfeffer
1 Prise Zucker

Pro Portion:
E: 31 g, F: 9 g, Kh: 22 g,
kJ: 1242, kcal: 296

1. Schnitzelfleisch mit Küchenpapier trocken tupfen und in Streifen schneiden.
2. Den Backofen vorheizen.
Ober-/Unterhitze: etwa 200 °C
Heißluft: etwa 180 °C
3. Speiseöl in einem großen Bräter erhitzen. Das Fleisch darin portionsweise unter Rühren anbraten.
4. Paprikaschoten halbieren, entstielen, entkernen und die weißen Scheidewände entfernen. Schoten abspülen, abtropfen lassen und in Streifen schneiden. Paprikastreifen zu den Fleischstreifen in den Bräter geben. Den Bräter zugedeckt auf dem Rost in den vorgeheizten Backofen schieben. Die Fleisch-Paprika-Mischung etwa 10 Minuten garen.
5. Dann Silberzwiebeln, Champignons, Ananasstücke mit dem Saft, Chilisauce, Paprika und Tomatenmark hinzugeben und unterrühren. Heißes Wasser oder heiße Brühe hinzugießen. Den Feuertopf zugedeckt in weiteren etwa 15 Minuten fertig garen.
6. Den Feuertopf mit Tabasco, Cayennepfeffer, Salz, Pfeffer und etwas Zucker würzen.

Gelbe Mungobohnensuppe mit Curry

Feuertopf

Gelbe Mungobohnen-suppe mit Curry

(Römertopf® 3-Liter-Inhalt)
4 Portionen

Zubereitungszeit: 15 Minuten
Garzeit: etwa 40 Minuten

175 g geschälte Mungobohnen (aus dem Asialaden)
1 Knoblauchzehe
1 Zwiebel
1 Stange Porree (Lauch)
750 ml heiße Gemüsebrühe
1 EL Currypulver
1/2 TL Paprikapulver edelsüß
1/4 TL gem. Kreuzkümmel (Cumin)
Salz, 1/2 TL gem. Pfeffer
3 EL Rosinen
2 EL Tomatenmark
1 Bund glatte Petersilie
evtl. etwas Gemüsebrühe

Pro Portion:
E: 12 g, F: 2 g, Kh: 32 g,
kJ: 879, kcal: 210

1. Mungobohnen in ein Sieb geben, mit kaltem Wasser abspülen, abtropfen lassen und in einen gewässerten Römertopf® geben. Knoblauch und Zwiebel abziehen, fein würfeln. Porree putzen, die Stange längs halbieren, gründlich waschen, abtropfen lassen und in Streifen schneiden.
2. Knoblauch-, Zwiebelwürfel und Porreestreifen in einen Topf geben. Die Gemüsebrühe hinzugießen, Curry, Paprika, Kreuzkümmel, Salz, Pfeffer, Rosinen und Tomatenmark unterrühren. Die Masse auf den Mungobohnen in dem Römertopf® verteilen.
3. Den Römertopf® mit dem Deckel verschließen und auf dem Rost in den kalten Backofen schieben.
Ober-/Unterhitze: etwa 220 °C
Heißluft: etwa 200 °C
4. Mungobohnensuppe etwa 40 Minuten garen.
5. Die Petersilie abspülen und trocken tupfen, die Blättchen von den Stängeln zupfen, klein schneiden.
6. Die gegarte Mungobohnensuppe nochmals umrühren, mit den Gewürzen abschmecken, evtl. noch etwas Gemüsebrühe hinzugießen. Suppe mit Petersilie bestreut servieren.

Feuertopf

12 Portionen

Zubereitungszeit: 45 Minuten
Garzeit: etwa 40 Minuten

2 mittelgroße Gemüsezwiebeln
je 3 grüne und rote Paprikaschoten
2 kg Schweinegulasch
3 EL Steakgewürz
6 EL Speiseöl
500 ml Zigeunersauce (aus dem Glas)
250 ml Barbecuesauce (aus der Flasche)
500 g Schlagsahne
1 EL Currypulver
1 EL Paprikapulver edelsüß
1 gestr. TL Cayennepfeffer
1 gestr. TL gem. Kümmelsamen
1 gestr. TL gem. Pfeffer
340 g abgetropfte Kürbisstücke (aus der Dose)
630 g abgetropfte Pilzscheiben (aus Gläsern)
150 g ger. Käse, z. B. Gouda

Pro Portion:
E: 39 g, F: 51 g, Kh: 22 g,
kJ: 2941, kcal: 703

1. Die Zwiebeln abziehen, halbieren und grob würfeln. Paprikaschoten halbieren, entstielen, entkernen und die weißen Scheidewände entfernen. Schoten abspülen, abtropfen lassen, in Streifen schneiden.
2. Gulasch mit Küchenpapier trocken tupfen. Größere Fleischstücke etwas kleiner schneiden. Gulasch mit Steakgewürz würzen.
3. Den Backofen vorheizen.
Ober-/Unterhitze: etwa 180 °C
Heißluft: etwa 160 °C
4. Jeweils etwas Speiseöl in einer großen Pfanne erhitzen. Die Fleischwürfel darin portionsweise von allen Seiten anbraten und herausnehmen. Zwiebelwürfel und Paprika portionsweise in dem verbliebenen Bratfett unter Rühren kurz andünsten (evtl. noch etwas Speiseöl hinzufügen).
5. Die Zigeuner- und Barbecuesauce mit Sahne und den Gewürzen verrühren. Kürbisstücke mit den Pilzscheiben mischen. Zuerst die Hälfte der Zwiebel-Paprika-Mischung in eine feuerfeste, große Form geben. Dann nacheinander die Hälfte der Fleischwürfel, die Hälfte der Kürbis-Pilz-Mischung und die Hälfte der Saucenmischung einschichten.
6. Die restlichen Zutaten in der gleichen Reihenfolge einschichten. Die Form zugedeckt auf dem Rost in den vorgeheizten Backofen schieben. Den Feuertopf etwa 40 Minuten garen.
7. Nach etwa der Hälfte der Garzeit den Feuertopf mit Käse bestreuen. Eintopf ohne Deckel fertig garen.

Klassische Gulaschsuppe

6–8 Portionen

Zubereitungszeit: 50 Minuten
Garzeit: etwa 55 Minuten

600 g Rindfleisch (aus der Schulter)
80 g Margarine
2 l heiße Fleischbrühe
400 g Zwiebeln
2 Knoblauchzehen
je 2 gelbe und grüne Paprikaschoten (etwa 800 g)
400 g Tomaten
6 schwach geh. EL Tomatenmark
Salz, gem. Pfeffer
Paprikapulver rosenscharf
1 TL gem. Kümmelsamen
gerebelter Majoran
einige Spritzer Tabasco

Pro Portion:
E: 21 g, F: 16 g, Kh: 10 g,
kJ: 1118, kcal: 267

1. Den Backofen vorheizen.
Ober-/Unterhitze: etwa 200 °C
Heißluft: etwa 180 °C
2. Rindfleisch mit Küchenpapier trocken tupfen und in 1 1/2–2 cm große Würfel schneiden. Die Margarine in einem großen Bräter zerlassen. Die Fleischwürfel darin portionsweise von allen Seiten gut anbraten. Heiße Fleischbrühe hinzugießen. Den Bräter zugedeckt auf dem Rost in den vorgeheizten Backofen schieben. Die Fleischwürfel etwa 40 Minuten garen.
3. In der Zwischenzeit Zwiebeln abziehen und in Scheiben schneiden. Knoblauch abziehen und klein würfeln. Paprikaschoten halbieren, entstielen, entkernen und die weißen Scheidewände entfernen. Schoten abspülen, abtropfen lassen und in Stücke schneiden.
4. Tomaten kreuzweise einschneiden und mit kochendem Wasser übergießen. Nach 1–2 Minuten herausnehmen und mit kaltem Wasser abschrecken. Tomaten häuten, halbieren und die Stängelansätze herausschneiden. Tomaten vierteln.
5. Das vorbereitete Gemüse mit dem Tomatenmark zu den Fleischwürfeln in den Bräter geben. Mit Salz, Pfeffer, Paprika, Kümmel und Majoran würzen. Die Suppe zugedeckt in weiteren etwa 15 Minuten fertig garen.
6. Die Suppe mit Salz, Pfeffer, Paprika und Tabasco abschmecken.

Kürbis-Linsen-Eintopf

(Römertopf® 4-Liter-Inhalt)
4 Portionen

Zubereitungszeit: 25 Minuten
Garzeit: etwa 90 Minuten

3 Zwiebeln (etwa 150 g)
2 Knoblauchzehen
500 g Kürbis
200 g Staudensellerie
450 g Kartoffeln
100 g Tellerlinsen
Salz, gem. Pfeffer
1 l Gemüsebrühe
4 EL Kürbiskernöl
200 g Wiener Würstchen
1 Bund Zitronenthymian

Pro Portion:
E: 20 g, F: 27 g, Kh: 42 g,
kJ: 2090, kcal: 497

1. Zwiebeln und Knoblauch abziehen, in kleine Würfel schneiden. Kürbis schälen, halbieren und die Kerne mit einem Löffel herauskratzen. Kürbisfleisch abspülen, trocken tupfen und in Stücke schneiden.
2. Staudensellerie putzen und die harten Außenfäden abziehen. Sellerie abspülen, abtropfen lassen und in Würfel schneiden. Kartoffeln schälen, abspülen und ebenfalls würfeln. Tellerlinsen in ein Sieb geben, mit kaltem Wasser abspülen und abtropfen lassen.
3. Die vorbereiteten Zutaten in einen gewässerten Römertopf® geben und vermischen, mit Salz und Pfeffer würzen. Brühe und 2 Esslöffel des Kürbiskernöls hinzugießen, unterrühren. Den Römertopf® mit dem Deckel verschließen und auf dem Rost in den kalten Backofen schieben.
Ober-/Unterhitze: etwa 200 °C
Heißluft: etwa 180 °C
4. Eintopf etwa 90 Minuten garen.
5. In der Zwischenzeit Würstchen in Scheiben schneiden. Zitronenthymian abspülen und trocken tupfen. Die Blättchen von den Stängeln zupfen.
6. Nach etwa 75 Minuten Garzeit Würstchenscheiben und Thymianblättchen unter den Eintopf rühren. Den Eintopf mit Deckel in weiteren etwa 15 Minuten fertig garen.
7. Den Eintopf mit Salz und Pfeffer abschmecken, in tiefen Tellern verteilen und mit dem restlichen Kürbiskernöl beträufeln.

Klassische Gulaschsuppe

Kürbis-Linsen-Eintopf

Kürbis-Möhren-Suppe mit Chili und Koriander

(Römertopf® 4-Liter-Inhalt)
4 Portionen

Zubereitungszeit: 35 Minuten
Garzeit: etwa 60 Minuten

300 g rotfleischiger Kürbis, z. B. Muskatkürbis
200 g Möhren
100 g rote Zwiebeln
2 kleine rote Chilischoten
2 Knoblauchzehen
Salz
1 1/2 l Geflügelbrühe
1 Bund Koriander
100 ml Sonnenblumenkernöl

Pro Portion:
E: 3 g, F: 25 g, Kh: 7 g,
kJ: 1110, kcal: 265

1. Kürbis schälen und halbieren. Die Kerne mit einem Löffel herauskratzen. Kürbisfleisch abspülen, trocken tupfen und in große Würfel schneiden. Möhren putzen, schälen, abspülen, abtropfen lassen und ebenfalls in Würfel schneiden. Zwiebeln abziehen und klein würfeln. Chilischoten abspülen, abtrocknen, halbieren, entstielen, entkernen und in feine Ringe schneiden. Knoblauch abziehen und durch eine Knoblauchpresse drücken.

Kürbis-Möhren-Suppe mit Chili und Koriander

2. Kürbis-, Möhren-, Zwiebelwürfel, Chiliringe und Knoblauch in einen gewässerten Römertopf® geben und gut vermengen. Mit Salz würzen. Die Brühe hinzugießen.
3. Den Römertopf® mit dem Deckel verschließen und auf dem Rost in den kalten Backofen schieben.
Ober-/Unterhitze: etwa 200 °C
Heißluft: etwa 180 °C
4. Die Suppe etwa 60 Minuten garen.
5. In der Zwischenzeit Koriander abspülen und trocken tupfen. Die Blättchen von den Stängeln zupfen. Blättchen klein schneiden und in einen Becher geben. Die Hälfte des Sonnenblumenöls und 1 Prise Salz hinzufügen. Die Zutaten fein pürieren. Restliches Sonnenblumenöl hinzugeben, nochmals pürieren.
6. Die Kürbis-Möhren-Suppe in eine hohe Rührschüssel geben und mit einem Pürierstab pürieren. Die Suppe mit Salz abschmecken und in 4 Tellern verteilen.
7. Die Kürbis-Möhren-Suppe jeweils mit einem Klecks Korianderöl garnieren und sofort servieren.

Lammeintopf mit Couscous

(Römertopf® 4-Liter-Inhalt)
4 Portionen (ohne Foto)

Zubereitungszeit: 40 Minuten, ohne Marinierzeit
Garzeit: etwa 60 Minuten

1 Pck. Safran (0,2 g)
1–2 TL Paprikapulver rosenscharf
1–2 TL gem. Zimt
1 Msp. gem. Piment
700 g Lammgulasch
3 El Speiseöl
1 Gemüsezwiebel (etwa 300 g)
Salz
500 ml kaltes Wasser
300 g Möhren
300 g Staudensellerie
100 g Couscous
500 ml heißes Wasser
200 g Tomaten

Pro Portion:
E: 37 g, F: 33 g, Kh: 16 g,
kJ: 2219, kcal: 531

1. Safran, Paprika, Zimt und Piment mischen. Das Lammgulasch mit Küchenpapier trocken tupfen und in der Gewürzmischung wenden, mit Speiseöl beträufeln und etwa 30 Minuten marinieren.
2. Zwiebel abziehen, halbieren und in grobe Würfel schneiden.
3. Das marinierte Lammgulasch mit Salz würzen. Zwiebelwürfel mit dem Lammgulasch und dem kalten Wasser in einen gewässerten Römertopf® geben. Den Römertopf® mit dem Deckel verschließen und auf dem Rost in den kalten Backofen schieben.
Ober-/Unterhitze: etwa 220 °C
Heißluft: etwa 200 °C
4. Lammgulasch etwa 60 Minuten garen.
5. In der Zwischenzeit Möhren putzen, schälen, abspülen, abtropfen lassen und in dicke Scheiben schneiden. Staudensellerie putzen und die harten Außenfäden abziehen. Selleriestangen abspülen, abtropfen lassen und in 3–4 cm lange Stücke schneiden.
6. Nach etwa 30 Minuten Garzeit den Römertopf® aus dem Backofen nehmen und den Deckel abnehmen. Möhrenscheiben, Staudenselleriestücke und Couscous zum Lammfleisch in den Römertopf® geben und unterrühren, heißes Wasser hinzugießen. Den Römertopf® wieder mit dem Deckel verschließen, auf dem Rost in den heißen Backofen schieben und den Eintopf in weiteren etwa 30 Minuten fertig garen.
7. Tomaten abspülen, abtropfen lassen, achteln und die Stängelansätze herausschneiden. Die Tomatenspalten in den gegarten Eintopf geben und noch weitere etwa 5 Minuten im ausgeschalteten Backofen erhitzen. Den Eintopf mit Salz abschmecken.

Ofensuppe

Kohlrabi-Apfel-Suppe mit Lachs

Ofensuppe

12 Portionen

Zubereitungszeit: 60 Minuten
Garzeit: etwa 90 Minuten

1 1/2 kg Schnitzelfleisch
Salz, gem. Pfeffer
gekörnte Fleischbrühe
6 mittelgroße Zwiebeln
1060 g Champignonscheiben (aus Gläsern)
330 g abgetropfte Tomatenpaprikastreifen (aus Gläsern)
500 g TK-Erbsen
490 g abgetropfte Ananasstücke (aus der Dose)
640 ml Chilisauce (Fonduesauce, aus Flaschen)
1 kg Schlagsahne
225 ml scharfer Curryketchup
etwa 750 ml Wasser

Pro Portion:
E: 31 g, F: 39 g, Kh: 32 g,
kJ: 2678, kcal: 637

1. Den Backofen vorheizen.
Ober-/Unterhitze: etwa 200 °C
Heißluft: etwa 180 °C

2. Schnitzelfleisch mit Küchenpapier trocken tupfen und in Würfel schneiden. Die Fleischwürfel in einen feuerfesten, großen Topf geben. Mit Salz, Pfeffer und Fleischbrühe würzen.

3. Die Zwiebeln abziehen, in Würfel schneiden und zu den Fleischwürfeln in den Topf geben. Die Champignons mit der Flüssigkeit, Tomatenpaprikastreifen und gefrorene Erbsen hinzufügen.

4. Ananasstücke evtl. kleiner schneiden, mit Chilisauce, Sahne und Curryketchup in den Topf geben. So viel Wasser hinzugießen, dass die Zutaten ganz bedeckt sind, etwas umrühren. Den Topf zugedeckt auf dem Rost in den vorgeheizten Backofen schieben. Die Suppe etwa 90 Minuten garen.

5. Die Ofensuppe während der Garzeit gelegentlich umrühren, evtl. etwas Wasser hinzufügen.

Kohlrabi-Apfel-Suppe mit Lachs

(Römertopf® 4-Liter-Inhalt)
4 Portionen

Zubereitungszeit: 35 Minuten
Garzeit: etwa 75 Minuten

3 Kohlrabi (etwa 600 g)
3 Äpfel (etwa 300 g), z. B. Elstar
3 Schalotten
1 l Geflügelbrühe
2 TL ger. Meerrettich (aus dem Glas)
300 g Schlagsahne
Saft von 1 Zitrone
Salz, gem. Pfeffer
1/2 Bund Zitronenmelisse
8 Scheiben Räucherlachs

Pro Portion:
E: 13 g, F: 29 g, Kh: 17 g,
kJ: 1609, kcal: 385

1. Kohlrabi putzen, schälen, abspülen und abtropfen lassen. Kohlrabi zuerst in dicke Scheiben, danach in große Würfel schneiden. 2 Äpfel schälen, vierteln und entkernen. Apfelviertel ebenfalls in große Würfel schneiden. Schalotten abziehen und in feine Streifen schneiden.

2. Kohlrabi-, Apfelwürfel und Schalotten in einen gewässerten Römertopf® geben, Brühe hinzugießen.

3. Den Römertopf® mit dem Deckel verschließen und auf dem Rost in den kalten Backofen schieben.
Ober-/Unterhitze: etwa 200 °C
Heißluft: etwa 180 °C

4. Die Suppe etwa 75 Minuten garen.

5. Nach etwa 60 Minuten Garzeit Meerrettich und Sahne unter die Suppe rühren. Den Römertopf® wieder mit dem Deckel verschließen. Die Suppe in weiteren etwa 15 Minuten fertig garen.

6. Restlichen Apfel waschen, abtrocknen und mit der Schale in gleich große Spalten schneiden. Apfelspalten mit Zitronensaft beträufeln und in einem kleinen Topf kurz dünsten (nicht zerfallen lassen).

7. Die gegarte Suppe in eine hohe Rührschüssel füllen, mit einem Pürierstab fein pürieren und anschließend durch ein Haarsieb passieren. Mit Salz, Pfeffer und evtl. etwas Zitronensaft abschmecken.

8. Melisse abspülen und trocken tupfen. Die Blättchen von den Stängeln zupfen. Lachsscheiben in Streifen schneiden.

9. Die Kohlrabi-Apfel-Suppe in Suppenschalen verteilen, mit Lachsstreifen, Apfelspalten und Melisseblättchen garniert servieren.

Paprika-Sahne-Suppe

Oldenburger Ententopf

Paprika-Sahne-Suppe

(Römertopf® 4-Liter-Inhalt)
4 Portionen

Zubereitungszeit: 25 Minuten
Garzeit: etwa 65 Minuten

500 g Paprikaschoten
(rot, gelb und grün)
250 g Gemüsezwiebeln
300 g Sauerkraut
1 l Gemüsebrühe
Salz, gem. Pfeffer
1–2 EL Weißwein
125 g Schlagsahne
etwas Zucker
150 g saure Sahne

Pro Portion:
E: 5 g, F: 16 g, Kh: 14 g,
kJ: 972, kcal: 232

1. Die Paprikaschoten halbieren, entstielen, entkernen und die weißen Scheidewände entfernen. Schoten abspülen, abtropfen lassen und in Streifen schneiden. Die Gemüsezwiebeln abziehen, halbieren und in Scheiben schneiden.
2. Sauerkraut auseinanderzupfen, evtl. klein schneiden. Paprika mit Zwiebeln und Sauerkraut vermengen und in einen gewässerten Römertopf® geben, Gemüsebrühe hinzugießen und mit Salz und Pfeffer würzen. Den Römertopf® mit dem Deckel verschließen und auf dem Rost in den kalten Backofen schieben.
Ober-/Unterhitze: etwa 200 °C
Heißluft: etwa 180 °C
3. Die Suppe etwa 65 Minuten garen.
4. Etwa 5 Minuten vor Ende der Garzeit den Römertopf® aus dem Backofen nehmen und den Deckel abnehmen. Weißwein und Sahne unter die Suppe rühren, mit Salz, Pfeffer und Zucker abschmecken. Dann die saure Sahne unterrühren und die Suppe in weiteren etwa 5 Minuten fertig garen lassen.

Oldenburger Ententopf

6 Portionen

Zubereitungszeit: 45 Minuten, ohne Einweich- und Abkühlzeit
Garzeit: etwa 90 Minuten

100 g getrocknete weiße Bohnen
1 Bund Suppengrün
(Möhren, Sellerie, Porree)
2 Zwiebeln
2 Knoblauchzehen
4 große Entenkeulen (je etwa 300 g)
Salz, gem. Pfeffer
2–3 EL Olivenöl
2 EL Tomatenmark
200 ml Rotwein
1 Bund Thymian
evtl. Wasser oder Hühnerbrühe

Pro Portion:
E: 23 g, F: 18 g, Kh: 12 g,
kJ: 1337, kcal: 319

1. Bohnen in kaltem Wasser über Nacht (mindestens 12 Stunden) einweichen.
2. Suppengrün putzen, abspülen, abtropfen lassen und etwa 2 cm groß würfeln. Zwiebeln und Knoblauch abziehen und klein würfeln.
3. Entenkeulen kurz unter fließendem kalten Wasser abspülen, trocken tupfen, mit Salz und Pfeffer würzen.
4. Den Backofen vorheizen.
Ober-/Unterhitze: etwa 160 °C
Heißluft: etwa 140 °C
5. Olivenöl in einem breiten, feuerfesten Topf erhitzen. Entenkeulen darin von allen Seiten anbraten und herausnehmen. Die Zwiebel-, Knoblauchwürfel und das vorbereitete Suppengrün in dem verbliebenen Bratfett unter Rühren andünsten. Tomatenmark kurz mitdünsten lassen, mit Rotwein ablöschen.
6. Thymian abspülen und trocken tupfen. Die Blättchen von den Stängeln zupfen. Bohnen mit dem Einweichwasser und der Hälfte der Thymianblättchen zu dem Gemüse in den Topf geben. Mit Salz und Pfeffer würzen. Entenkeulen auf das Gemüse geben. Sie sollen in der Flüssigkeit schwimmen. Evtl. mit etwas Wasser oder Hühnerbrühe auffüllen.
7. Den Topf mit dem Deckel verschließen und auf dem Rost in den vorgeheizten Backofen schieben. Entenkeulen etwa 90 Minuten garen.
8. Danach die Entenkeulen mit einer Gabel einstechen und prüfen, ob das Fleisch weich ist. Falls nicht, die Garzeit um etwa 15 Minuten verlängern und verdampfte Flüssigkeit durch Wasser ersetzen.
9. Die garen Entenkeulen aus dem Topf nehmen und etwas abkühlen lassen. Das Fleisch von den Knochen lösen und die Haut entfernen. Das Fleisch in mundgerechte Stücke schneiden und wieder zum Gemüse in den Topf geben. Ententopf mit Salz und Pfeffer abschmecken. Restliche Thymianblättchen unterrühren.

Queller Topf

(Römertopf® 3 Liter-Inhalt)
4 Portionen

Zubereitungszeit: 35 Minuten, ohne Abkühlzeit
Garzeit: etwa 45 Minuten

600 g Kartoffeln
40 g Butter (zimmerwarm)
2 Zwiebeln
75 g durchwachsener Speck
Salz, gem. Pfeffer
500 g Schweinefilet
gerebelter Liebstöckel
3 Tomaten, 3 Gewürzgurken
125 ml Gemüsebrühe
30 g Semmelbrösel
50 g ger. Emmentaler

Pro Portion:
E: 38 g, F: 27 g, Kh: 31 g,
kJ: 2242, kcal: 535

1. Kartoffeln gründlich waschen und in einem Topf knapp mit Wasser bedeckt, zugedeckt zum Kochen bringen, in 20–25 Minuten gar kochen. Kartoffeln abgießen, abdämpfen und heiß pellen. Kartoffeln abkühlen lassen und in Scheiben schneiden.
2. Die Butter in einen gewässerten Römertopf® geben. Die Zwiebeln abziehen und fein würfeln. Den Speck in Würfel schneiden. Zwiebel- und Speckwürfel in den Römertopf® geben, Kartoffelscheiben darauf verteilen, mit Salz und Pfeffer würzen.
3. Das Schweinefilet mit Küchenpapier trocken tupfen, Haut und Sehnen entfernen. Schweinefilet in etwa 2 cm dicke Scheiben schneiden und dachziegelartig auf die Kartoffelscheiben legen. Mit Salz, Pfeffer und Liebstöckel würzen.
4. Tomaten kreuzweise einschneiden und mit kochendem Wasser übergießen. Nach 1–2 Minuten herausnehmen und mit kaltem Wasser abschrecken. Die Tomaten häuten, vierteln, entkernen und die Stängelansätze herausschneiden. Tomaten in Stücke schneiden.
5. Die Gurken in Scheiben schneiden. Gurkenscheiben und Tomatenstücke auf den Filetscheiben verteilen.
6. Gemüsebrühe hinzugießen. Die Zutaten mit Semmelbröseln und Käse bestreuen. Den Römertopf® mit dem Deckel verschließen, auf dem Rost in den kalten Backofen schieben.
Ober-/Unterhitze: etwa 200 °C
Heißluft: etwa 180 °C
7. Eintopf etwa 45 Minuten garen.

Scharfer Sellerie-Pfeffer-Topf

(Römertopf® 4-Liter-Inhalt)
4 Portionen

Zubereitungszeit: 20 Minuten
Garzeit: etwa 60 Minuten

800 g Staudensellerie
1 Knoblauchzehe
1 TL grüne Pfefferkörner (in Lake, aus dem Glas)
1 TL getrocknete rosa Pfefferbeeren
1/2–1 TL Sambal Oelek, Salz
500 ml Gemüsebrühe
3 EL Olivenöl
2 dicke Scheiben Kochschinken (etwa 400 g)
300 g TK-Muschelfleisch
1/2 Bund glatte Petersilie

Pro Portion:
E: 33 g, F: 24 g, Kh: 15 g,
kJ: 1747, kcal: 417

1. Staudensellerie putzen und die harten Außenfäden abziehen. Selleriestangen abspülen, abtropfen lassen und in Würfel schneiden. Knoblauch abziehen und fein würfeln. Grüne Pfefferkörner abspülen und abtropfen lassen.
2. Sellerie-, Knoblauchwürfel, Pfefferkörner und -beeren in einen gewässerten Römertopf® geben, mit Sambal Oelek und etwas Salz mischen. Gemüsebrühe hinzugießen, Olivenöl daraufträufeln. Den Römertopf® mit dem Deckel verschließen und auf dem Rost in den kalten Backofen schieben.
Ober-/Unterhitze: etwa 200 °C
Heißluft: etwa 180 °C
3. Den Sellerie-Pfeffer-Topf etwa 60 Minuten garen.
4. In der Zwischenzeit den Schinken in etwa 1 cm große Würfel schneiden. Nach etwa 45 Minuten Garzeit Schinkenwürfel und das gefrorene Muschelfleisch in den Römertopf® geben und unterrühren. Den Sellerie-Pfeffer-Topf zugedeckt in weiteren etwa 15 Minuten fertig garen.
5. Petersilie abspülen und trocken tupfen. Die Blättchen von den Stängeln zupfen und die Blättchen klein schneiden.
6. Den Sellerie-Pfeffer-Topf mit Salz und Sambal Oelek abschmecken, in Tellern anrichten und mit Petersilie bestreut servieren.

Queller Topf

Scharfer Sellerie-Pfeffer-Topf

Sizilianische Caponata

4 Portionen

Zubereitungszeit: 50 Minuten
Garzeit: etwa 30 Minuten

1 kleiner Staudensellerie
3 große Auberginen
1 Bund Frühlingszwiebeln
3 dicke Fleischtomaten
2 Knoblauchzehen
1 Topf Basilikum
4 EL Olivenöl
Salz, gem. Pfeffer
200 g abgetropfte grüne Oliven, ohne Stein (aus dem Glas)
200 g abgetropfte schwarze Oliven, ohne Stein (aus dem Glas)
200 g abgetropfte Kapernäpfel oder Kapern (aus dem Glas)

Pro Portion:
E: 9 g, F: 27 g, Kh: 22 g,
kJ: 1594, kcal: 380

1. Staudensellerie putzen und die harten Außenfäden abziehen. Selleriestangen abspülen, abtropfen lassen. Auberginen abspülen, abtrocknen, Stängelansätze entfernen.
2. Den Backofen vorheizen.
Ober-/Unterhitze: etwa 160 °C
Heißluft: etwa 140 °C
3. Frühlingszwiebeln putzen, abspülen, abtropfen lassen. Tomaten abspülen, abtropfen lassen, halbieren und die Stängelansätze herausschneiden. Das vorbereitete Gemüse grob würfeln. Knoblauch abziehen und durch eine Knoblauchpresse drücken. Basilikum abspülen und trocken tupfen. Die Blättchen von den Stängeln zupfen.
4. Olivenöl in einem großen Bräter erhitzen, die Gemüsewürfel darin portionsweise andünsten. Mit Salz und Pfeffer würzen. Knoblauch und Basilikumblättchen unterrühren. Das Gemüse etwa 10 Minuten leicht kochen lassen.
5. Oliven und Kapern zum angedünsteten Gemüse in den Bräter geben. Den Bräter auf dem Rost in den vorgeheizten Backofen schieben.
6. Caponata etwa 30 Minuten garen.

Spanische Gemüsesuppe

(Römertopf® 3-Liter-Inhalt)
4 Portionen

Zubereitungszeit: 50 Minuten
Garzeit: etwa 60 Minuten

175 g Möhren
125 g weiße Rübchen
100 g Knollensellerie
200 g Kartoffeln
1 Stange Porree (Lauch, etwa 200 g)
1 kleine Zucchini (etwa 200 g)
100 g grüne Bohnen
1 Zwiebel
Salz, gem. Pfeffer
ger. Muskatnuss
1 l Gemüsefond oder -brühe
80 g Butter
4 Scheiben Weißbrot
2 Salatblätter, z. B. Römersalat
1 Bund Kerbel

Pro Portion:
E: 7 g, F: 18 g, Kh: 44 g,
kJ: 1461, kcal: 348

1. Möhren, Rübchen und Sellerie putzen, schälen, abspülen und abtropfen lassen. Kartoffeln schälen, abspülen, abtropfen lassen. Porree putzen, die Stange längs halbieren, gründlich waschen, abtropfen lassen. Zucchini abspülen, abtrocknen und die Enden abschneiden. Das vorbereitete Gemüse in feine Streifen schneiden.
2. Von den Bohnen die Enden abschneiden, evtl. abfädeln. Bohnen abspülen, abtropfen lassen und halbieren. Zwiebel abziehen und ebenfalls in Streifen schneiden.
3. Das vorbereitete Gemüse in einen gewässerten Römertopf® geben und vermischen, mit Salz, Pfeffer und Muskat würzen. Gemüsefond oder -brühe hinzugießen. 30 g Butter in Flöckchen auf dem Gemüse verteilen. Den Römertopf® mit dem Deckel verschließen und auf dem Rost in den kalten Backofen schieben.
Ober-/Unterhitze: etwa 200 °C
Heißluft: etwa 180 °C
4. Die Suppe etwa 60 Minuten garen.
5. In der Zwischenzeit Brotscheiben entrinden und in Würfel schneiden. Die restliche Butter in einer Pfanne zerlassen. Die Brotwürfel darin von allen Seiten goldbraun rösten, herausnehmen und abkühlen lassen.
6. Salatblätter putzen, abspülen, abtropfen lassen und in Streifen schneiden. Kerbel abspülen und trocken tupfen. Die Blättchen von den Stängeln zupfen.
7. Die Salatstreifen unter die gegarte Suppe rühren. Die Suppe in Suppenschalen oder tiefen Tellern verteilen, mit Kerbelblättchen und den Brotwürfeln bestreuen.

Selleriesuppe mit Birnen und Gorgonzola

(Römertopf® 3-Liter-Inhalt)
4 Portionen

Zubereitungszeit: 25 Minuten
Garzeit: etwa 55 Minuten

1 Knollensellerie (400–450 g)
1 große mehligkochende Kartoffel
100 g Zwiebeln
2 reife Birnen, z. B. Williams oder Abate
Salz
750 ml Geflügelbrühe
125 g Schlagsahne
Saft von 1 Zitrone
gem. Pfeffer
125 g Gorgonzola
4 EL Preiselbeerkompott (aus dem Glas)

Pro Portion:
E: 10 g, F: 20 g, Kh: 26 g,
kJ: 1370, kcal: 327

1. Sellerie putzen, schälen, abspülen, abtropfen lassen und in etwa 1 cm große Würfel schneiden. Kartoffel schälen, abspülen, abtropfen lassen und ebenfalls in kleine Würfel schneiden. Zwiebeln abziehen und klein würfeln. Eine Birne waschen, trocken tupfen, vierteln und das Kerngehäuse herausschneiden. Birnenviertel mit der Schale in Würfel schneiden.
2. Sellerie-, Kartoffel-, Zwiebel- und Birnenwürfel in einen gewässerten Römertopf® geben. Mit Salz würzen, Brühe hinzugießen.
3. Den Römertopf® mit dem Deckel verschließen und auf dem Rost in den kalten Backofen schieben.
Ober-/Unterhitze: etwa 200 °C
Heißluft: etwa 180 °C
4. Die Selleriesuppe etwa 55 Minuten garen.
5. Nach etwa 45 Minuten Garzeit den Römertopf® aus dem Backofen nehmen und den Deckel abnehmen. Die Suppe in dem Römertopf mit einem Pürierstab pürieren, Sahne unterrühren. Den Römertopf® wieder auf dem Rost in den heißen Backofen schieben und die Suppe in weiteren etwa 10 Minuten fertig garen.
6. Restliche Birne waschen, trocken tupfen, halbieren und das Kerngehäuse herausschneiden. Birnenhälften mit der Schale in Würfel schneiden und mit Zitronensaft beträufeln.
7. Die Suppe mit Salz und Pfeffer abschmecken. Birnenwürfel unterheben. Die Suppe in 4 vorgewärmte Teller füllen. Gorgonzola evtl. entrinden, zerbröseln und auf die Suppe streuen. Die Suppe je mit 1 Esslöffel Preiselbeeren garnieren.

Steckrüben-Pastinaken-Topf

4 Portionen

Zubereitungszeit: 35 Minuten
Garzeit: etwa 50 Minuten

500 g Schweinebauch (ohne Knochen und Schwarte)
500 g Steckrüben
250 g Pastinaken
500 g Kartoffeln
40 g Margarine
2 mittelgroße Zwiebeln
Salz, gem. weißer Pfeffer
375–500 ml heiße Fleischbrühe
1 EL klein geschnittene, glatte Petersilie

Pro Portion:
E: 24 g, F: 45 g, Kh: 29 g,
kJ: 2575, kcal: 615

1. Den Backofen vorheizen.
Ober-/Unterhitze: etwa 200 °C
Heißluft: etwa 180 °C
2. Schweinebauch mit Küchenpapier trocken tupfen und würfeln.
3. Steckrüben und Pastinaken putzen, schälen, abspülen, abtropfen lassen. Steckrüben in Stifte und Pastinaken in etwa 1 cm dicke Würfel schneiden. Kartoffeln schälen, abspülen, abtropfen lassen und ebenfalls in Stifte schneiden.
4. Margarine in einem Bräter zerlassen. Die Fleischwürfel darin von allen Seiten andünsten. Zwiebeln abziehen, klein würfeln, hinzufügen und kurz mitdünsten lassen. Fleischwürfel mit Salz und Pfeffer würzen. Einen Teil der heißen Brühe hinzugießen und zum Kochen bringen. Den Bräter zugedeckt auf dem Rost in den vorgeheizten Backofen schieben. Die Fleischwürfel etwa 30 Minuten garen.
5. Dann Steckrüben-, Kartoffelstifte und Pastinakenwürfel sowie restliche heiße Brühe hinzugeben, mit Salz und Pfeffer würzen. Den Bräter wieder zugedeckt auf dem Rost in den heißen Backofen schieben. Den Eintopf in weiteren etwa 20 Minuten fertig garen.
6. Den Eintopf mit Salz und Pfeffer abschmecken, in tiefen Tellern verteilen und mit Petersilie bestreuen.

Selleriesuppe mit Birnen und Gorgonzola

Steckrüben-Pastinaken-Topf

Spanischer Bohnentopf

(Römertopf® 3-Liter-Inhalt)
4 Portionen

Zubereitungszeit: 30 Minuten, ohne Einweichzeit
Garzeit: etwa 60 Minuten

800 g Schweinenacken (ohne Knochen)
3–4 Knoblauchzehen
1 gestr. EL Salz
200 g getrocknete weiße Bohnen
250 ml Wasser
150 g Zwiebeln
250 ml Gemüsebrühe
500 g Mangold
1 TL Zitronensaft
250 g Tomaten
1 Bund Minze
Salz
gem. Pfeffer

Pro Portion:
E: 52 g, F: 28 g, Kh: 35 g,
kJ: 2632, kcal: 627

1. Schweinenacken mit Küchenpapier trocken tupfen. Knoblauch abziehen, durch eine Knoblauchpresse drücken und mit dem Salz mischen. Das Fleisch rundherum mit dem Knoblauchsalz einreiben und zugedeckt mindestens 8 Stunden in den Kühlschrank stellen.
2. Die Bohnen in eine Schüssel geben, mit dem Wasser übergießen, sodass die Bohnen ganz bedeckt sind. Die Bohnen mindestens 8 Stunden einweichen.
3. Zwiebeln abziehen und in Spalten schneiden. Eingeweichte Bohnen abgießen, in ein Sieb geben, mit kaltem Wasser abspülen und abtropfen lassen. Bohnen und Zwiebelspalten in einen gewässerten Römertopf® geben und vermischen. Den Schweinenacken darauflegen und die Gemüsebrühe hinzugießen. Den Römertopf® mit dem Deckel verschließen und auf dem Rost in den kalten Backofen schieben.
Ober-/Unterhitze: etwa 200 °C
Heißluft: etwa 180 °C
4. Den Bohnentopf etwa 60 Minuten garen.
5. In der Zwischenzeit Mangold putzen, gründlich waschen und abtropfen lassen. Die Blätter von den Stielen schneiden und beiseitelegen. Die Stiele abziehen, quer in feine Streifen schneiden und mit Zitronensaft mischen.
6. Nach etwa 50 Minuten Garzeit des Bohnentopfes die Mangoldstiele in den Römertopf® geben und unterrühren. Den Bohnentopf zugedeckt in weiteren etwa 10 Minuten fertig garen.
7. Tomaten abspülen, trocken tupfen, halbieren und die Stängelansätze herausschneiden. Tomaten in Spalten schneiden. Mangoldblätter in Streifen schneiden. Minze abspülen und trocken tupfen. Die Blättchen von den Stängeln zupfen (einige zum Garnieren beiseitelegen), Blättchen klein schneiden.
8. Nach Ende der Garzeit das Fleisch aus dem Römertopf® nehmen und warm stellen. Mangoldstreifen, Tomatenspalten und Minze unter den Bohnentopf heben. Den Römertopf® wieder mit dem Deckel verschließen und weitere etwa 10 Minuten auf dem Rost in den ausgeschalteten, heißen Backofen schieben.
9. Den Bohnentopf mit Salz und Pfeffer abschmecken. Das warm gestellte Fleisch in Scheiben schneiden und auf dem Bohnentopf anrichten, mit den beiseitegelegten Minzeblättchen garnieren.

Lammeintopf mit Bohnen

4 Portionen

Zubereitungszeit: 40 Minuten
Garzeit: etwa 90 Minuten

750 g Lammfleisch (mit Knochen, aus der Schulter)
1 Zwiebel
2–3 Stängel Bohnenkraut
1 EL Speiseöl
gut 1 l heißes Wasser
Salz
1 Lorbeerblatt
4 Pfefferkörner
1 kg grüne Bohnen
500 g vorwiegend festkochende Kartoffeln
750 g Fleischtomaten
gem. Pfeffer
1–2 EL klein geschnittene Petersilie

Pro Portion:
E: 55 g, F: 37 g, Kh: 32 g,
kJ: 2877, kcal: 686

1. Den Backofen vorheizen.
Ober-/Unterhitze: etwa 200 °C
Heißluft: etwa 180 °C
2. Lammfleisch kurz unter fließendem kalten Wasser abspülen und trocken tupfen. Zwiebel abziehen und klein würfeln. Bohnenkraut abspülen und trocken tupfen. Speiseöl in einem Bräter erhitzen. Das Lammfleisch darin von allen Seiten kräftig anbraten.

Spanischer Bohnentopf

Lammeintopf mit Bohnen

Borschtsch, klassisch

3. Zwiebelwürfel hinzugeben und glasig dünsten, heißes Wasser hinzugießen. Salz, Bohnenkraut, Lorbeerblatt und Pfefferkörner hinzugeben und zum Kochen bringen. Dann den Bräter zugedeckt auf dem Rost in den vorgeheizten Backofen schieben. Das Lammfleisch etwa 50 Minuten garen.
4. In der Zwischenzeit von den Bohnen die Enden abschneiden, evtl. abfädeln. Bohnen abspülen, abtropfen lassen und in kleine Stücke schneiden oder brechen. Kartoffeln schälen, abspülen, abtropfen lassen und würfeln. Bohnenstücke und Kartoffelwürfel zu dem Lammfleisch in den Bräter geben. Den Eintopf zugedeckt weitere etwa 30 Minuten garen.
5. Tomaten kreuzweise einschneiden und mit kochendem Wasser übergießen. Nach 1–2 Minuten herausnehmen und mit kaltem Wasser abschrecken. Tomaten häuten, halbieren und die Stängelansätze herausschneiden. Tomaten entkernen und in kleine Stücke schneiden.
6. Die Tomatenstücke zu dem Eintopf geben. Eintopf zugedeckt in weiteren etwa 10 Minuten fertig garen.
7. Den Bräter aus dem Backofen nehmen. Bohnenkraut und Lorbeerblatt aus dem Eintopf entfernen. Das Fleisch herausnehmen und etwas abkühlen lassen. Das Fleisch vom Knochen lösen, würfeln, in den Eintopf geben und nochmals kurz erhitzen.
8. Den Eintopf mit Salz und Pfeffer abschmecken, in tiefen Tellern anrichten und mit Petersilie bestreut servieren.

Borschtsch, klassisch
6 Portionen

Zubereitungszeit: 50 Minuten
Garzeit: etwa 2 Stunden

750 g–1 kg hohe Rippe
500 g Rindfleischknochen
1 Bund Suppengrün
(Sellerie, Möhren, Porree)
1 1/2 l Salzwasser
1 Knoblauchzehe
250 g Zwiebeln
1 Weißkohl (800–900 g)
430 g eingelegte Rote Bete
(aus dem Glas)
400 g geschälte Tomaten
(aus der Dose)
2 grüne Paprikaschoten
75 g Tomatenmark
Salz, gem. Pfeffer
Zucker
1–2 EL Weißweinessig
150 g saure Sahne

Pro Portion:
E: 34 g, F: 15 g, Kh: 15 g,
kJ: 1419, kcal: 339

1. Den Backofen vorheizen.
Ober-/Unterhitze: etwa 200 °C
Heißluft: etwa 180 °C
2. Rindfleisch und -knochen kurz unter fließendem kalten Wasser abspülen und trocken tupfen. Rindfleisch in Würfel schneiden.
3. Suppengrün putzen, abspülen, abtropfen lassen und grob zerkleinern, mit dem Rindfleisch und den -knochen in einen Bräter geben. Salzwasser zum Kochen bringen und zu den Fleischwürfeln bzw. -knochen in den Bräter geben. Den Bräter zugedeckt auf dem Rost in den vorgeheizten Backofen schieben. Fleisch mit den Knochen etwa 1 1/2 Stunden garen.
4. Den Bräter aus dem Backofen nehmen. Die Brühe durch ein Sieb in einen Topf gießen. Rindfleischwürfel erkalten lassen und die Knochen entfernen. Die Brühe zurück in den Bräter gießen.
5. Knoblauch und Zwiebeln abziehen, in Scheiben schneiden. Weißkohl putzen, vierteln und den Strunk herausschneiden. Kohlviertel in dünne Streifen schneiden, abspülen und abtropfen lassen.
6. Von der Roten Bete und den Tomaten jeweils getrennt den Saft auffangen. Rote Bete und Tomaten grob zerkleinern.
7. Paprikaschoten halbieren, entstielen, entkernen und die weißen Scheidewände entfernen. Schoten abspülen, abtropfen lassen und in Streifen schneiden.
8. Das vorbereitete Gemüse mit dem Tomatenmark und aufgefangenem Tomatensaft zur Rindfleischbrühe in den Bräter geben und zum Kochen bringen, mit Salz und Pfeffer würzen. Den Bräter zugedeckt wieder auf dem Rost in den heißen Backofen schieben. Suppe bei gleicher Backofentemperatur etwa 30 Minuten garen.
9. Den Rote-Bete-Saft und die Rindfleischwürfel in die gegarte Suppe geben und miterhitzen. Den Borschtsch mit Salz, Pfeffer, Zucker und Essig abschmecken. Die saure Sahne dazureichen.

Wirsingeintopf

Zucchini-Kartoffel-Suppe mit Garnelen

Wirsingeintopf

4 Portionen

Zubereitungszeit: 30 Minuten
Garzeit: etwa 50 Minuten

500 g Rind- oder Lammfleisch (aus der Schulter)
2 Zwiebeln
30 g Schweineschmalz
Salz, gem. Pfeffer
gem. Kümmelsamen
750 ml heiße Gemüsebrühe
1 kg Wirsing
375 g mehligkochende Kartoffeln
2 EL klein geschnittene Petersilie

Pro Portion:
E: 33 g, F: 16 g, Kh: 17 g,
kJ: 1461, kcal: 350

1. Den Backofen vorheizen.
Ober-/Unterhitze: etwa 200 °C
Heißluft: etwa 180 °C
2. Rind- oder Lammfleisch mit Küchenpapier trocken tupfen und in etwa 2 cm große Würfel schneiden. Zwiebeln abziehen, halbieren und in Scheiben schneiden.
3. Schmalz in einem Bräter erhitzen. Die Fleischwürfel darin von allen Seiten leicht bräunen. Zwiebelscheiben hinzufügen und kurz mit andünsten. Mit Salz, Pfeffer und Kümmel würzen.
4. Heiße Gemüsebrühe hinzugießen und zum Kochen bringen. Den Bräter zugedeckt auf dem Rost in den vorgeheizten Backofen schieben. Die Fleischwürfel etwa 30 Minuten garen.
5. In der Zwischenzeit von dem Wirsing die groben, äußeren Blätter entfernen. Wirsing vierteln und den Strunk herausschneiden. Wirsingviertel in Streifen schneiden, abspülen und abtropfen lassen. Kartoffeln schälen, abspülen, abtropfen lassen und in Würfel schneiden.
6. Den Bräter nach etwa 30 Minuten Garzeit aus dem Backofen nehmen. Wirsingstreifen und Kartoffelwürfel zu den Fleischwürfeln in den Bräter geben. Den Bräter wieder zugedeckt auf dem Rost in den heißen Backofen schieben. Den Eintopf bei gleicher Backofentemperatur in weiteren etwa 20 Minuten fertig garen.
7. Den gegarten Eintopf nochmals mit den Gewürzen abschmecken, in tiefen Tellern anrichten und mit Petersilie bestreut servieren.

Zucchini-Kartoffel-Suppe mit Garnelen

(Römertopf® 3-Liter-Inhalt)
4 Portionen

Zubereitungszeit: 30 Minuten
Garzeit: etwa 60 Minuten

300 g mehligkochende Kartoffeln
150 g Zwiebeln
300 g Zucchini
750 ml heiße Gemüsebrühe
200 g Eismeergarnelen (ohne Schale)
50 g Hummer-Suppen-Paste
200 g Schlagsahne
Salz, gem. Pfeffer
Cayennepfeffer
1/2 Topf Basilikum

Pro Portion:
E: 15 g, F: 23 g, Kh: 18 g,
kJ: 1473, kcal: 352

1. Kartoffeln schälen, abspülen, abtropfen lassen und in Würfel schneiden. Zwiebeln abziehen. Zucchini abspülen, abtrocknen und die Enden abschneiden. Zwiebeln und Zucchini ebenfalls würfeln.
2. Zwiebel-, Kartoffel-, Zucchiniwürfel und 500 ml von der heißen Brühe in einen gewässerten Römertopf® geben. Den Römertopf® mit dem Deckel verschließen und auf dem Rost in den kalten Backofen schieben.
Ober-/Unterhitze: etwa 200 °C
Heißluft: etwa 180 °C
3. Suppe etwa 40 Minuten vorgaren.
4. Die Garnelen kurz unter fließendem kalten Wasser abspülen und trocken tupfen.
5. Die vorgegarte Suppe aus dem Römertopf® in ein hohes Gefäß füllen und mit dem Pürierstab pürieren.
6. Die pürierte Suppe mit der Suppenpaste, Sahne und restlichen heißen Gemüsebrühe wieder in den Römertopf® geben. Die Suppe mit Salz, Pfeffer und Cayennepfeffer würzen. Garnelen hinzugeben.
7. Den Römertopf® ohne Deckel wieder auf dem Rost in den heißen Backofen schieben. Die Suppe bei gleicher Backofentemperatur weitere etwa 20 Minuten garen.
8. Basilikum abspülen und trocken tupfen. Die Blättchen von den Stängeln zupfen, in Streifen schneiden. Die Zucchini-Kartoffel-Suppe mit Basilikumstreifen bestreut servieren.

Steckrübeneintopf
8 Portionen

Zubereitungszeit: 30 Minuten
Garzeit: etwa 50 Minuten

1 kg Kasseler (ohne Knochen)
4 Zwiebeln
2 EL Speiseöl,
z. B. Sonnenblumenöl
Salz, gem. Pfeffer
etwa 1 l heiße Gemüsebrühe
1 1/2 kg Steckrüben
1 kg vorwiegend festkochende Kartoffeln
2 EL klein geschnittene Petersilie

Pro Portion:
E: 26 g, F: 13 g, Kh: 25 g,
kJ: 1390, kcal: 332

1. Kasseler mit Küchenpapier trocken tupfen und in kleine Würfel schneiden. Zwiebeln abziehen und ebenfalls klein würfeln.
2. Den Backofen vorheizen.
Ober-/Unterhitze: etwa 200 °C
Heißluft: etwa 180 °C
3. Speiseöl in einem Bräter erhitzen. Die Fleischwürfel darin von allen Seiten hellbraun anbraten. Zwiebelwürfel hinzufügen und kurz mitdünsten lassen. Mit Salz und Pfeffer würzen. Etwa die Hälfte der heißen Gemüsebrühe hinzugießen und zum Kochen bringen. Den Bräter zugedeckt auf dem Rost in den vorgeheizten Backofen schieben. Die Fleischwürfel etwa 30 Minuten garen.
4. In der Zwischenzeit die Steckrüben und Kartoffeln schälen, abspülen, abtropfen lassen und in Stifte schneiden. Steckrüben-, Kartoffelstifte und die restliche heiße Brühe zu den Fleischwürfeln in den Bräter geben. Mit Salz und Pfeffer würzen. Den Eintopf zugedeckt in weiteren etwa 20 Minuten fertig garen.
5. Den Eintopf nochmals mit den Gewürzen abschmecken und mit Petersilie bestreut servieren.

Serbische Bohnensuppe
8–10 Portionen

Zubereitungszeit: 40 Minuten
Garzeit: etwa 2 Stunden

1 kg Hohe Rippe vom Rind
(ohne Knochen)
1 1/2 l kochende Fleischbrühe
8 Zwiebeln
4 Knoblauchzehen
je 2 rote und grüne Paprikaschoten
2 Stangen Porree (Lauch)
250 g Knollensellerie
800 g geschälte Tomaten
(aus der Dose)
500 g weiße Bohnen (aus der Dose)
Salz, gem. Pfeffer
Cayennepfeffer
Paprikapulver rosenscharf

Pro Portion:
E: 38 g, F: 14 g, Kh: 26 g,
kJ: 1672, kcal: 400

1. Den Backofen vorheizen.
Ober-/Unterhitze: etwa 200 °C
Heißluft: etwa 180 °C
2. Hohe Rippe mit Küchenpapier trocken tupfen, in Würfel schneiden und in einen großen Bräter geben. Die kochende Fleischbrühe hinzugeben und wieder zum Kochen bringen. Den Bräter zugedeckt auf dem Rost in den vorgeheizten Backofen schieben. Das Fleisch etwa 1 1/2 Stunden garen.
3. In der Zwischenzeit Zwiebeln und Knoblauch abziehen, klein würfeln. Paprikaschoten halbieren, entstielen, entkernen und die weißen Scheidewände entfernen. Schoten abspülen abtropfen lassen und in Streifen schneiden.
4. Den Porree putzen, die Stangen längs halbieren, gründlich waschen, abtropfen lassen und in Streifen schneiden. Sellerie putzen, schälen, abspülen, abtropfen lassen und in Würfel schneiden.
5. Nach etwa 1 Stunde Garzeit die Zwiebel- und Selleriewürfel zu den Fleischwürfeln in den Bräter geben. Die Suppe zugedeckt weitere etwa 30 Minuten garen. Dann die Knoblauchwürfel, Paprikastreifen und Porreestreifen hinzugeben und zugedeckt weitere 10–15 Minuten garen.
6. Die Tomaten in der Dose etwas zerkleinern, mit den weißen Bohnen (beides mit der Flüssigkeit) hinzufügen. Die Suppe in weiteren etwa 10 Minuten fertig garen.
7. Die Suppe mit Salz, Pfeffer, Cayennepfeffer und Paprika würzen.

Steckrübeneintopf

Serbische Bohnensuppe

Scharfes Putenchili

4 Portionen

Zubereitungszeit: 45 Minuten
Garzeit: etwa 30 Minuten

400 g Putenbrustfilet
3 Paprikaschoten (rot, grün, gelb)
400 g Kartoffeln
3 EL Speiseöl
400 g stückige Tomaten (aus der Dose)
200 ml Geflügelfond oder -brühe
300 ml süße Chilisauce
2 kleine Chilischoten
Sambal Oelek
Salz, gem. Pfeffer

Pro Portion:
E: 29 g, F: 6 g, Kh: 19 g,
kJ: 1091, kcal: 260

1. Putenbrustfilet kurz unter fließendem kalten Wasser abspülen, trocken tupfen und klein würfeln.
2. Paprikaschoten halbieren, entstielen, entkernen und die weißen Scheidewände entfernen. Schoten abspülen, abtropfen lassen, würfeln. Kartoffeln schälen, abspülen, abtropfen lassen und ebenfalls würfeln.
3. Den Backofen vorheizen.
Ober-/Unterhitze: etwa 200 °C
Heißluft: etwa 180 °C
4. Jeweils die Hälfte des Speiseöls in einem Bräter erhitzen. Die Fleisch-, Kartoffel- und Paprikawürfel darin in 2 Portionen von allen Seiten anbraten. Stückige Tomaten, Geflügelfond oder -brühe und Chilisauce hinzugeben und zum Kochen bringen.
5. Den Bräter zugedeckt auf dem Rost in den vorgeheizten Backofen schieben. Putenchili etwa 30 Minuten garen, dabei gelegentlich umrühren.
6. Chilischoten abspülen, trocken tupfen, halbieren, entstielen und entkernen. Schoten in kleine Würfel schneiden und kurz vor Ende der Garzeit zum Putenchili geben.
7. Putenchili mit Sambal Oelek, Salz und Pfeffer feurig abschmecken.

Sächsisches Zwiebelfleisch

4 Portionen

Zubereitungszeit: 20 Minuten
Garzeit: etwa 60 Minuten

500 g Gemüsezwiebeln
800 g Rindfleisch (aus Schulter oder Nacken, ohne Knochen)
etwa 600 ml heißes Wasser
Salz, gem. Pfeffer
1/2–1 TL Kümmelsamen
1 Lorbeerblatt
etwa 350 g Salatgurken
125 g Pumpernickel
evtl. 1–2 TL klein geschnittene Petersilie

Pro Portion:
E: 41 g, F: 16 g, Kh: 19 g,
kJ: 1621, kcal: 387

1. Den Backofen vorheizen.
Ober-/Unterhitze: etwa 200 °C
Heißluft: etwa 180 °C
2. Gemüsezwiebeln abziehen, halbieren und in Scheiben schneiden. Rindfleisch mit Küchenpapier trocken tupfen und in etwa 2 cm große Würfel schneiden, dabei Haut und Fett entfernen.
3. Heißes Wasser mit knapp 1 Teelöffel Salz in einem Bräter zum Kochen bringen. Zwiebelscheiben, Fleischwürfel, Pfeffer, Kümmel und Lorbeerblatt hinzugeben, wieder zum Kochen bringen.
4. Den Bräter zugedeckt auf dem Rost in den vorgeheizten Backofen schieben und den Eintopf etwa 50 Minuten garen.
5. In der Zwischenzeit Gurken schälen und die Enden abschneiden. Gurken abspülen, trocken tupfen und in Würfel schneiden. Pumpernickel fein hacken.
6. Pumpernickel und Gurkenwürfel nach etwa 50 Minuten Garzeit zu den Fleischwürfeln in den Bräter geben, mit Salz und Pfeffer würzen. Den Eintopf zugedeckt in weiteren etwa 10 Minuten fertig garen.
7. Das Zwiebelfleisch mit Salz und Pfeffer abschmecken. Nach Belieben mit Petersilie bestreut servieren.

Scharfes Putenchili

Sächsisches Zwiebelfleisch

Schlesischer Bigos

6 Portionen

Zubereitungszeit: 45 Minuten
Garzeit: etwa 60 Minuten

1 kg Schweinebug
(Schweineschulter)
Salz, gem. Pfeffer
100 g durchwachsener Speck
3 Zwiebeln, 3 Äpfel
2 EL Schweineschmalz
1 kg frisches Sauerkraut
Zucker
1 Gewürzbeutel (bestehend aus 1 TL Kümmelsamen, 6 Wacholderbeeren, 1 Lorbeerblatt)
500 ml trockener Riesling
1 kg festkochende Kartoffeln
200 g Knoblauchwurst

Pro Portion:
E: 47 g, F: 37 g, Kh: 30 g,
kJ: 2990, kcal: 715

1. Schweinebug mit Küchenpapier trocken tupfen und in etwa 30 g schwere Würfel schneiden. Fleischwürfel mit Salz und Pfeffer würzen. Speck in Streifen schneiden. Zwiebeln abziehen und in kleine Würfel schneiden. Äpfel schälen, vierteln und entkernen. Apfelviertel in Spalten schneiden.
2. Den Backofen vorheizen.
Ober-/Unterhitze: etwa 200 °C
Heißluft: etwa 180 °C
3. Schmalz in einem großen Bräter zerlassen. Zwiebelwürfel und Speckstreifen darin andünsten. Fleischwürfel hinzugeben und kurz mitdünsten lassen. Das Sauerkraut mit einer Gabel auseinanderzupfen und darauf verteilen. Apfelspalten daraufgeben und mit etwas Zucker bestreuen. Den Gewürzbeutel hineinlegen. Die Zutaten mit Wein übergießen und zum Kochen bringen. Den Bräter zugedeckt auf dem Rost in den vorgeheizten Backofen schieben. Bigos etwa 30 Minuten garen.
4. In der Zwischenzeit die Kartoffeln schälen, abspülen, abtropfen lassen und in dünne Scheiben schneiden oder hobeln. Die Knoblauchwurst in Scheiben schneiden.
5. Nach etwa 30 Minuten Garzeit zuerst die Kartoffelscheiben, dann die Wurstscheiben auf das Sauerkraut schichten. Evtl. etwas Wasser hinzugießen. Die Backofentemperatur um etwa 20 °C herunterschalten. Bigos zugedeckt weitere etwa 30 Minuten garen. Gewürzbeutel entfernen
6. Bigos in tiefen Tellern anrichten und servieren.

Schnittlauch-Fleischtopf

(Römertopf® 4-Liter-Inhalt)
4 Portionen

Zubereitungszeit: 40 Minuten
Garzeit: etwa 2 Stunden 25 Minuten

800 g mageres Rindfleisch
aus der Hüfte (Tafelspitz)
Salz, gem. Pfeffer
4 Möhren (etwa 350 g)
1 Stck. Petersilienwurzel oder
1 kleines Bund glatte Petersilie
250 g Wirsing
400 g festkochende Kartoffeln
2 Bund Schnittlauch
500 ml Gemüsebrühe

Pro Portion:
E: 47 g, F: 5 g, Kh: 18 g,
kJ: 1311, kcal: 314

1. Rindfleisch mit Küchenpapier trocken tupfen, mit Salz und Pfeffer würzen.
2. Möhren putzen, schälen, abspülen, abtropfen lassen und in Scheiben schneiden. Petersilienwurzel schälen, abspülen, abtropfen lassen und in Scheiben schneiden oder glatte Petersilie abspülen und trocken tupfen. Die Blättchen von den Stängeln zupfen. Von dem Wirsing die groben, äußeren Blätter entfernen und den Strunk herausschneiden. Wirsing abspülen, abtropfen lassen und in grobe Würfel schneiden.
3. Kartoffeln schälen, abspülen, abtropfen lassen und würfeln.
4. Schnittlauch abspülen und trocken tupfen. Einige Schnittlauchhalme zum Garnieren beiseitelegen. Restlichen Schnittlauch in etwa 3 cm lange Stücke schneiden.
5. Die vorbereiteten Gemüsezutaten in einer Schüssel mischen, mit Salz und Pfeffer würzen, in einen gewässerten Römertopf® geben und gleichzeitig eine Vertiefung hineindrücken. Rindfleisch in die Vertiefung legen, die Brühe hinzugießen.
6. Den Römertopf® mit dem Deckel verschließen und auf dem Rost in den kalten Backofen schieben.
Ober-/Unterhitze: etwa 180 °C
(untere Schiene)
Heißluft: etwa 160 °C
7. Den Fleischtopf etwa 2 Stunden 25 Minuten garen.
8. Schnittlauch-Fleischtopf mit den beiseitegelegten Schnittlauchhalmen garnieren.

Reisbällchensuppe

Provenzalischer Eintopf

Reisbällchensuppe
(Römertopf® 4-Liter-Inhalt)
4 Portionen

Zubereitungszeit: 35 Minuten
Garzeit: etwa 60 Minuten

70 g Parboiled Reis
150 ml Salzwasser
250 g Möhren
1 Stange Porree (Lauch, etwa 200 g)
250 g Knollensellerie
800 ml Gemüsefond
1 EL Olivenöl
200 g feines Kalbsbrät
1/2 Bund Kerbel
gem. Pfeffer, ger. Muskatnuss

Pro Portion:
E: 11 g, F: 16 g, Kh: 23 g,
kJ: 1174, kcal: 280

1. Reis in 150 ml kochendem Salzwasser nach Packungsanleitung bissfest garen. Den Reis so lange ohne Deckel weitergaren, bis die Flüssigkeit verdampft ist. Den Reis etwas abkühlen lassen.
2. In der Zwischenzeit Möhren putzen, schälen, abspülen, abtropfen lassen. Porree putzen, die Stange längs halbieren, gründlich waschen und abtropfen lassen. Sellerie putzen, schälen, abspülen, abtropfen lassen. Das vorbereitete Gemüse in etwa 3 cm lange Streifen schneiden, in einen gewässerten Römertopf® geben und gut vermischen. Gemüsefond und Olivenöl unterrühren.
3. Kalbsbrät mit dem abgekühlten Reis verrühren. Aus der Masse mit angefeuchteten Händen kleine Bällchen formen und auf das Gemüse in den Römertopf® geben. Den Römertopf® mit dem Deckel verschließen und auf dem Rost in den kalten Backofen schieben.
Ober-/Unterhitze: etwa 200 °C
Heißluft: etwa 180 °C
4. Suppe etwa 60 Minuten garen.
5. Kerbel abspülen und trocken tupfen. Die Blättchen von den Stängeln zupfen.
6. Die gegarte Suppe mit Salz, Pfeffer und Muskat würzen, in Tellern anrichten und mit Kerbelblättchen bestreut servieren.

Provenzalischer Eintopf
4 Portionen

Zubereitungszeit: 30 Minuten, ohne Marinierzeit
Garzeit: etwa 90 Minuten

750 g Rindfleisch
2 Lorbeerblätter
4 abgezogene Knoblauchzehen
gerebelter Thymian
Salz, gem. Pfeffer
500 ml Weißwein
2 EL Weinbrand
3 EL Olivenöl

125 g durchwachsener Speck
4 Möhren
2 Zwiebeln
250 g Tomaten
100 g schwarze Oliven, mit Stein
1 EL Schnittlauchröllchen
1 EL klein geschnittene Petersilie
gerebelter Rosmarin
gerebelter Majoran
1 EL klein geschnittene Petersilie

Pro Portion:
E: 44 g, F: 51 g, Kh: 11 g,
kJ: 3437, kcal: 820

1. Das Rindfleisch mit Küchenpapier trocken tupfen, in etwa 4 cm große Stücke schneiden und in eine flache Schüssel legen. Mit Lorbeerblättern, Knoblauchzehen, Thymian, Salz und Pfeffer würzen. Wein mit Weinbrand und Olivenöl verrühren und auf den Fleischstücken verteilen. Die Fleischstücke zugedeckt etwa 12 Stunden im Kühlschrank marinieren.
2. Den Backofen vorheizen.
Ober-/Unterhitze: etwa 180 °C
Heißluft: etwa 160 °C
3. Den Speck in Scheiben schneiden. Möhren putzen, schälen, abspülen, abtropfen lassen und in Scheiben schneiden. Zwiebeln abziehen und ebenfalls in Scheiben schneiden. Tomaten kreuzweise einschneiden und mit kochendem Wasser übergießen. Nach 1–2 Minuten herausnehmen und mit kaltem Wasser abschrecken. Tomaten häuten, halbieren und die Stängelansätze herausschneiden. Tomaten in Scheiben schneiden. Die Oliven vom Stein schneiden.
4. Die Fleischstücke aus der Marinade nehmen, mit den Speck-, Möhren-, Tomatenscheiben, Schnittlauchröllchen und Petersilie in eine feuerfeste Form schichten, dabei jede Schicht mit Salz, Pfeffer, Ros-

marin und Majoran würzen, die Marinade darauf verteilen. Die Form zugedeckt auf dem Rost in den vorgeheizten Backofen schieben und den Eintopf etwa 90 Minuten garen.
5. Den Eintopf mit Petersilie bestreut servieren.

Möhren-Zwiebel-Eintopf

(Römertopf® 4-Liter-Inhalt)
4 Portionen (ohne Foto)

Zubereitungszeit: 20 Minuten
Garzeit: etwa 70 Minuten

500 g Zwiebeln
500 g Möhren
500 g Kartoffeln
500 g Gehacktes (halb Rind-, halb Schweinefleisch)
Salz, gem. Pfeffer
gerebelter Majoran
500 ml Fleischbrühe
etwas klein geschnittene Petersilie

Pro Portion:
E: 28 g, F: 21 g, Kh: 26 g,
kJ: 1710, kcal: 409

1. Zwiebeln abziehen. Möhren putzen, schälen, abspülen und abtropfen lassen. Kartoffeln schälen, abspülen und abtropfen lassen. Die Zwiebeln, Möhren und Kartoffeln in Scheiben schneiden.
2. Gehacktes in eine Schüssel geben. Mit Salz und Pfeffer würzen. Gehacktes und das vorbereitete Gemüse abwechselnd in einen gewässerten Römertopf® schichten. Die einzelnen Gemüseschichten mit Salz, Pfeffer und Majoran würzen. Fleischbrühe hinzugießen.
3. Den Römertopf® mit dem Deckel verschließen und auf dem Rost in den kalten Backofen schieben.
Ober-/Unterhitze: etwa 200 °C
Heißluft: etwa 180 °C
4. Den Eintopf etwa 70 Minuten garen.
5. Den gegarten Eintopf umrühren und nochmals mit Salz und Pfeffer abschmecken. Den Eintopf in tiefen Tellern anrichten und mit Petersilie bestreut servieren.

Mitternachtssuppe

12 Portionen

Zubereitungszeit: 50 Minuten
Garzeit: etwa 2 Stunden

350 g Rindfleisch
350 g Schweinefleisch
75 g Schweineschmalz
Salz
gem. Pfeffer
1 Prise Zucker
1 EL Paprikapulver rosenscharf
1–2 EL Tabasco
2 TL Cayennepfeffer
6 EL Madeira
2 1/2 l heiße Fleischbrühe
400 g Zwiebeln
2 Stangen Porree (Lauch)
2 rote Paprikaschoten
1 Stück Knollensellerie (etwa 250 g)
2 Möhren
425 g rote Bohnen (aus der Dose)
425 g weiße Bohnenkerne (aus der Dose)

Pro Portion:
E: 27 g, F: 18 g, Kh: 23 g,
kJ: 1670, kcal: 399

1. Den Backofen vorheizen.
Ober-/Unterhitze: etwa 200 °C
Heißluft: etwa 180 °C
2. Rind- und Schweinefleisch mit Küchenpapier trocken tupfen und in Würfel schneiden. Schmalz in einem großen Bräter zerlassen, die Fleischwürfel darin von allen Seiten gut anbraten. Mit Salz, Pfeffer, Zucker, Paprika, Tabasco, Cayennepfeffer und Madeira würzen. Heiße Brühe hinzugießen und zum Kochen bringen. Den Bräter auf dem Rost in den vorgeheizten Backofen schieben. Die Fleischwürfel zugedeckt etwa 1 1/2 Stunden garen.
3. Zwiebeln abziehen, halbieren und in Streifen schneiden. Porree putzen, die Stangen längs halbieren, gründlich waschen, abtropfen lassen und in dünne Streifen schneiden.
4. Paprikaschoten halbieren, entstielen, entkernen und die weißen Scheidewände entfernen. Schoten abspülen und abtropfen lassen. Den Sellerie und Möhren putzen, schälen, abspülen, abtropfen lassen.
5. Paprikaschoten, Sellerie und Möhren in Streifen schneiden. Die Gemüsestreifen nach etwa 1 1/2 Stunden Garzeit zu den Fleischwürfeln in den Bräter geben. Die Suppe zugedeckt weitere etwa 35 Minuten garen.
6. Etwa 10 Minuten vor Ende der Garzeit Bohnenkerne mit der Flüssigkeit hinzufügen und die Suppe fertig garen. Die Suppe mit den Gewürzen abschmecken.

Mitternachtssuppe

Wirsing-Kartoffel-Topf mit Perlhuhn

Kartoffel-Frühlingszwiebel-Suppe mit Speck und Majoran

Wirsing-Kartoffel-Topf mit Perlhuhn

4 Portionen

Zubereitungszeit: 40 Minuten
Garzeit: etwa 60 Minuten

1 kleiner Kopf Wirsing (etwa 600 g)
400 g festkochende Kartoffeln
2 Perlhuhnbrüste
2 Perlhuhnkeulen
3 EL Speiseöl
1–2 Stängel Thymian
Salz, gem. Pfeffer
500 ml heißer Gemüsefond
oder heiße Gemüsebrühe
2 Fleischtomaten

Pro Portion:
E: 38 g, F: 12 g, Kh: 25 g,
kJ: 1588, kcal: 378

1. Vom Wirsing die groben, äußeren Blätter entfernen. Den Wirsing vierteln und den Strunk herausschneiden. Wirsingviertel in grobe Würfel schneiden, abspülen und abtropfen lassen. Kartoffeln schälen, abspülen, abtropfen lassen und würfeln.
2. Den Backofen vorheizen.
Ober-/Unterhitze: etwa 200 °C
Heißluft: etwa 180 °C
3. Die Perlhuhnbrüste und -keulen kurz unter fließendem kalten Wasser abspülen und trocken tupfen. Das Fleisch jeweils von den Knochen lösen und in Würfel schneiden.
4. Speiseöl in einem Bräter erhitzen. Perlhuhnfleischwürfel darin von allen Seiten anbraten. Wirsing- und Kartoffelwürfel hinzugeben und mit andünsten. Thymian abspülen und trocken tupfen. Die Blättchen von den Stängeln zupfen. Thymianblättchen mit in den Bräter geben. Die Zutaten mit Salz und Pfeffer würzen. Heißen Gemüsefond oder heiße Gemüsebrühe hinzugießen und zum Kochen bringen. Den Bräter zugedeckt auf dem Rost in den vorgeheizten Backofen schieben. Wirsing-Kartoffel-Topf etwa 50 Minuten garen.
5. In der Zwischenzeit Tomaten abspülen, trocken tupfen, halbieren, entkernen und die Stängelansätze herausschneiden. Tomaten in grobe Würfel schneiden.
6. Tomatenwürfel nach etwa 50 Minuten Garzeit in den Eintopf geben und in weiteren etwa 10 Minuten fertig garen.

Kartoffel-Frühlingszwiebel-Suppe mit Speck und Majoran

(Römertopf® 4-Liter-Inhalt)
4 Portionen

Zubereitungszeit: 20 Minuten
Garzeit: etwa 70 Minuten

1 Bund Frühlingszwiebeln
1 kg mehligkochende Kartoffeln
Salz, gem. Pfeffer
1,2 l kräftige Rinderbrühe
100 g Frühstücksspeck in Scheiben (Bacon)
1/2 Bund Majoran

Pro Portion:
E: 10 g, F: 3 g, Kh: 35 g,
kJ: 859, kcal: 205

1. Frühlingszwiebeln putzen, abspülen, abtropfen lassen und in schmale Scheiben schneiden. Frühlingszwiebelgrün beiseitelegen. Kartoffeln schälen, abspülen, abtropfen lassen und auf einer Haushaltsreibe grob raspeln.
2. Frühlingszwiebelscheiben mit den Kartoffelraspeln vermengen und in einen gewässerten Römertopf® geben. Mit Salz und Pfeffer würzen. Brühe hinzugießen.
3. Den Römertopf® mit dem Deckel verschließen und auf dem Rost in den kalten Backofen schieben.
Ober-/Unterhitze: etwa 200 °C
Heißluft: etwa 180 °C
4. Die Suppe etwa 70 Minuten garen.
5. Beiseitegelegtes Frühlingszwiebelgrün abspülen, abtropfen lassen und in sehr feine Ringe schneiden. Bacon in Streifen schneiden und in einer Pfanne ohne Fett kross ausbraten. Baconscheiben herausnehmen und auf Küchenpapier abtropfen lassen.
6. Majoran abspülen und trocken tupfen. Die Blättchen von den Stängeln zupfen.
7. Die Suppe in einen großen, hohen Rührbecher geben und mit einem Pürierstab pürieren. Mit Salz und Pfeffer abschmecken.
8. Die Kartoffel-Frühlingszwiebel-Suppe in 4 vorgewärmte tiefe Teller geben. Baconstreifen darauf verteilen, mit Zwiebelgrünringen und Majoranblättchen bestreut servieren.

Lammtopf mit Chinakohl

4 Portionen

Zubereitungszeit: 40 Minuten
Garzeit: etwa 65 Minuten

600 g Lammfleisch (aus der Schulter, ohne Knochen)
2 EL Speiseöl
1–2 EL Tomatenmark
etwa 300 ml Wasser
2–3 Zwiebeln (etwa 150 g)
1 Würfel Bratenfond (Fertigprodukt)
300 g festkochende Kartoffeln
1/2 Chinakohl (etwa 300 g)
2 Knoblauchzehen
Salz, gem. Pfeffer

Pro Portion:
E: 32 g, F: 15 g, Kh: 13 g,
kJ: 1342, kcal: 321

1. Lammfleisch mit Küchenpapier trocken tupfen und würfeln.
2. Den Backofen vorheizen.
Ober-/Unterhitze: etwa 200 °C
Heißluft: etwa 180 °C
3. Speiseöl in einem Bräter erhitzen. Die Fleischwürfel darin von allen Seiten kräftig anbraten. Tomatenmark unterrühren. 3–4 Esslöffel von dem Wasser hinzugeben, zum Kochen bringen und einkochen lassen. Zwiebeln abziehen, vierteln, hinzugeben und unter Rühren etwa 5 Minuten kräftig anbraten.
4. Bratenfond und restliches Wasser hinzufügen, zum Kochen bringen. Dann den Bräter auf dem Rost in den vorgeheizten Backofen schieben. Das Lammfleisch etwa 30 Minuten garen, dabei gelegentlich umrühren.
5. In der Zwischenzeit die Kartoffeln schälen, abspülen, abtropfen lassen, in Würfel schneiden und zum Lammfleisch in den Bräter geben.
6. Chinakohl putzen, vierteln und den Strunk herausschneiden. Chinakohl abspülen, abtropfen lassen, in Stücke schneiden und in den Bräter geben. Lammtopf zugedeckt in weiteren etwa 35 Minuten fertig garen.
7. Knoblauch abziehen, klein schneiden und unterrühren. Den Lammtopf mit Salz und Pfeffer abschmecken.

Geschichteter Pichelsteiner

4–6 Portionen

Zubereitungszeit: 50 Minuten
Garzeit: etwa 90 Minuten

500 g Wirsing
500 g Möhren
500 g Kartoffeln
1 große Stange Porree (Lauch)
1 Gemüsezwiebel
500 g Gulasch (halb Rind-, halb Schweinefleisch)
Salz, gem. Pfeffer
gem. Kümmelsamen
2 Lorbeerblätter
1 l Fleisch- oder Gemüsebrühe
60 g Butter
200 g Schmand (Sauerrahm)

Pro Portion:
E: 33 g, F: 40 g, Kh: 29 g,
kJ: 2689, kcal: 643

1. Wirsing putzen, vierteln und den Strunk herausschneiden. Wirsingviertel abspülen, abtropfen lassen und in Streifen schneiden. Möhren putzen, schälen, abspülen, abtropfen lassen und in Scheiben schneiden.
2. Die Kartoffeln schälen, abspülen, abtropfen lassen und in Scheiben schneiden. Porree putzen, die Stange längs halbieren, gründlich waschen, abtropfen lassen und in Streifen schneiden. Gemüsezwiebel abziehen, halbieren, zuerst in Scheiben, dann in Streifen schneiden.
3. Den Backofen vorheizen.
Ober-/Unterhitze: etwa 180 °C
Heißluft: etwa 160 °C
4. Gulasch mit Küchenpapier trocken tupfen. Fleischstücke halbieren.
5. Vorbereitetes Gemüse, Kartoffel- und Fleischwürfel nacheinander in einen großen Bräter oder eine feuerfeste Form (gefettet) schichten. Zuerst die Hälfte des Wirsings, dann die Hälfte des restlichen Gemüses und die Hälfte der Kartoffelscheiben einschichten. Danach die Fleischwürfel hinzufügen und zuletzt das restliche Gemüse mit den Kartoffelscheiben einschichten. Die oberste Schicht sollte aus Wirsing bestehen. Dabei die einzelnen Schichten kräftig mit Salz, Pfeffer und Kümmel würzen. Die Lorbeerblätter mit einschichten.
6. Brühe hinzugießen. Die Butter in Flöckchen daraufsetzen. Den Bräter bzw. die Form mit dem Deckel verschließen und auf dem Rost in den vorgeheizten Backofen schieben. Pichelsteiner etwa 90 Minuten garen.
7. Lorbeerblätter entfernen. Den Eintopf in Tellern anrichten. Je einen Klecks Schmand daraufsetzen.

Lammtopf mit Chinakohl

Geschichteter Pichelsteiner

Chinakohl-Stew
8–10 Portionen

Zubereitungszeit: 50 Minuten
Garzeit: etwa 75 Minuten

400 g Rindfleisch
400 g Lammfleisch
400 g Schweinefleisch
4 Zwiebeln
2 Knoblauchzehen
4–5 EL Speiseöl
Salz, gem. Pfeffer
600 ml Wasser oder Fleischbrühe
1 kg Chinakohl
4 Tomaten
250 ml Wasser oder Fleischbrühe
250 ml Weißwein

Pro Portion:
E: 26 g, F: 25 g, Kh: 3 g,
kJ: 1511, kcal: 360

1. Das Rind-, Lamm- und Schweinefleisch mit Küchenpapier trocken tupfen und in kleine Würfel schneiden. Zwiebeln abziehen und in Scheiben schneiden. Knoblauch abziehen und sehr klein hacken.
2. Den Backofen vorheizen.
Ober-/Unterhitze: etwa 200 °C
Heißluft: etwa 180 °C
3. Speiseöl in einem großen Bräter erhitzen. Die Fleischwürfel darin portionsweise anbraten, mit Salz und Pfeffer würzen.
4. Zwiebelscheiben und Knoblauch zu den angebratenen Fleischwürfeln geben und kurz mitbraten lassen. Wasser oder Brühe hinzufügen und zum Kochen bringen. Den Bräter auf dem Rost in den vorgeheizten Backofen schieben. Die Fleischwürfel zugedeckt etwa 45 Minuten garen.
5. In der Zwischenzeit Chinakohl putzen, Kohl halbieren und den Strunk herausschneiden. Die Kohlhälften in schmale Streifen schneiden, abspülen und gut abtropfen lassen.
6. Tomaten kreuzweise einschneiden und mit kochendem Wasser übergießen. Nach 1–2 Minuten herausnehmen und mit kaltem Wasser abschrecken. Tomaten häuten, halbieren und die Stängelansätze herausschneiden. Tomaten vierteln.
7. Tomatenviertel mit den Chinakohlstreifen und Wasser oder Brühe zu den Fleischwürfeln in den Bräter geben, nochmals mit Salz und Pfeffer würzen. Chinakohl-Stew zugedeckt weitere etwa 30 Minuten garen.
8. Chinakohl-Stew vorsichtig umrühren, Weißwein hinzugießen und noch einige Minuten erhitzen.

Chinakohl-Stew

Dicke-Bohnen-Eintopf
(Römertopf® 3-Liter-Inhalt)
4 Portionen (ohne Foto)

Zubereitungszeit: 30 Minuten, ohne evtl. Auftauzeit
Garzeit: etwa 60 Minuten

600–750 g frische, ausgepalte dicke Bohnen (3–4 kg mit Hülsen) oder 600 g TK-Dicke Bohnen
750 g Kartoffeln
400 g Schweinebauch
3 Stängel Bohnenkraut
Salz, gem. Pfeffer
250 ml Fleischbrühe

Pro Portion:
E: 34 g, F: 31 g, Kh: 51 g,
kJ: 2665, kcal: 635

1. Frische Bohnen abspülen und abtropfen lassen oder TK-Bohnen nach Packungsanleitung auftauen lassen.
2. Kartoffeln schälen, abspülen, abtropfen lassen und in kleine Würfel schneiden. Schweinebauch mit Küchenpapier trocken tupfen und in Scheiben schneiden.
3. Bohnen, Kartoffelwürfel, Schweinebauchscheiben und abgespülte, trocken getupfte Bohnenkrautstängel abwechselnd in einen gewässerten Römertopf® schichten. Jede Schicht mit Salz und Pfeffer würzen, Fleischbrühe hinzugießen.
4. Den Römertopf® mit dem Deckel verschließen und auf dem Rost in den kalten Backofen stellen.
Ober/Unterhitze: etwa 200 °C
Heißluft: etwa 180 °C
5. Eintopf etwa 60 Minuten garen.
6. Den Eintopf in Tellern anrichten, die Bohnenkrautstängel entfernen.

Bunter Hackfleischeintopf

4 Portionen

Zubereitungszeit: 30 Minuten
Garzeit: etwa 2 Stunden

500 g Fleischknochen
1 1/2 l Salzwasser
375 g Kartoffeln
900 g TK-Suppengemüse
Salz, gem. Pfeffer
evtl. gehackte Bohnenkraut-, Thymian- und Majoranblättchen

Für die Hackfleischbällchen:
1 Brötchen (Semmel) vom Vortag
1 mittelgroße Zwiebel
500 g Gehacktes (halb Rind-, halb Schweinefleisch)
1 TL mittelscharfer Senf

1 EL klein geschnittene Petersilie

Pro Portion:
E: 34 g, F: 31 g, Kh: 31 g,
kJ: 2387, kcal: 569

Bunter Hackfleischeintopf

Elsässer Krauttöpfle mit Mettenden

1. Den Backofen vorheizen.
Ober-/Unterhitze: etwa 200 °C
Heißluft: etwa 180 °C
2. Fleischknochen kurz unter fließendem kalten Wasser abspülen, abtropfen lassen und in einen Bräter geben. Salzwasser zum Kochen bringen und zu den Fleischknochen in den Bräter geben. Den Bräter zugedeckt auf dem Rost in den vorgeheizten Backofen schieben. Die Fleischknochen etwa 1 1/2 Stunden garen.
3. Die Kartoffeln schälen, abspülen, abtropfen lassen und klein würfeln.
4. Den Bräter aus dem Backofen nehmen und die Fleischknochen aus der Brühe nehmen. Die Brühe durch ein Sieb gießen und wieder zurück in den Bräter geben. Kartoffelwürfel und das gefrorene Suppengemüse hinzugeben. Mit Salz und Pfeffer würzen. Nach Belieben zusätzlich mit Bohnenkraut, Thymian und Majoran würzen. Die Zutaten zum Kochen bringen.
5. Den Bräter wieder zugedeckt auf dem Rost in den heißen Backofen schieben. Den Eintopf bei gleicher Backofentemperatur weitere etwa 15 Minuten garen.
6. Für die Hackfleischbällchen in der Zwischenzeit Brötchen in kaltem Wasser einweichen. Zwiebel abziehen und in kleine Würfel schneiden.
7. Gehacktes in eine Rührschüssel geben. Gut ausgedrücktes Brötchen, Zwiebelwürfel und Senf unterarbeiten. Mit Salz und Pfeffer würzen.
8. Aus der Hackfleischmasse mit angefeuchteten Händen kleine Bällchen formen, in den Eintopf geben und in weiteren etwa 10 Minuten gar ziehen lassen.
9. Den gegarten Eintopf nochmals mit den Gewürzen abschmecken und mit Petersilie bestreuen.

Elsässer Krauttöpfle mit Mettenden

8 Portionen

Zubereitungszeit: 30 Minuten
Garzeit: etwa 2 Stunden

1 kg frisches rohes Sauerkraut
2 Zwiebeln
2 dicke Möhren
225 g abgetropfte weiße Bohnen (aus der Dose)
1 große Speckschwarte
4 fingerdicke Scheiben durchwachsener Speck
8 Mettenden (Rauchenden)
4 dicke Scheiben Kasseler (ohne Knochen)
1 Gewürzbeutel (10 weiße Pfefferkörner, 4 Gewürznelken, 8 Wacholderbeeren, 1 Lorbeerblatt)
500 ml trockener Riesling
500 ml Wasser
4 große festkochende Kartoffeln

mittelscharfer Senf

Pro Portion:
E: 32 g, F: 44 g, Kh: 14 g,
kJ: 2624, kcal: 631

1. Den Backofen vorheizen.
Ober-/Unterhitze: etwa 180 °C
Heißluft: etwa 160 °C
2. Das Sauerkraut in ein Sieb geben, unter fließendem kalten Wasser abspülen, abtropfen lassen und auseinanderzupfen. Zwiebeln abziehen und in Streifen schneiden. Möhren putzen, schälen, abspülen, abtropfen lassen und in dünne Scheiben schneiden. Die Bohnen in ein Sieb geben, mit kaltem Wasser abspülen und abtropfen lassen.
3. Speckschwarte in einen großen Bräter legen. Die Hälfte des Sauerkrauts darauf verteilen. Die Zwiebelstreifen und Möhrenscheiben daraufgeben. Speckscheiben, Mettenden, Kasselerscheiben und den Gewürzbeutel darauflegen. Restliches Sauerkraut darauf verteilen. Riesling und Wasser hinzugießen.
4. Den Bräter auf dem Rost in den vorgeheizten Backofen schieben. Den Eintopf etwa 2 Stunden garen.
5. In der Zwischenzeit die Kartoffeln schälen, abspülen, abtropfen lassen und in etwa 2 cm dicke Würfel schneiden. Die Kartoffelwürfel nach etwa 90 Minuten Garzeit zum Eintopf in den Bräter geben. Den Eintopf weitere etwa 30 Minuten garen. Den Gewürzbeutel entfernen. Elsässer Krauttöpfle mit Senf servieren.

Schnippelbohneneintopf

4 Portionen

Zubereitungszeit: 35 Minuten
Garzeit: etwa 75 Minuten

500 g Kasseler Nacken (ohne Knochen)
30 g Pflanzenfett
1 Zwiebel
750 g Kartoffeln
500 ml heißes Wasser
600 g Schneidebohnen
Salz, gem. Pfeffer

Pro Portion:
E: 30 g, F: 20 g, Kh: 33 g,
kJ: 1926, kcal: 459

1. Den Backofen vorheizen.
Ober-/Unterhitze: etwa 200 °C
Heißluft: etwa 180 °C
2. Kasseler mit Küchenpapier trocken tupfen und in Würfel schneiden. Pflanzenfett in einem Bräter erhitzen, die Fleischwürfel darin von allen Seiten leicht bräunen.
3. Die Zwiebel abziehen und in Würfel schneiden. Kartoffeln schälen, abspülen, abtropfen lassen und klein würfeln. Die Zwiebel- und Kartoffelwürfel zu den angebratenen Fleischwürfeln in den Bräter geben. 250 ml heißes Wasser hinzugießen und zum Kochen bringen. Den Bräter zugedeckt auf dem Rost in den vorgeheizten Backofen schieben. Die Fleisch- und Kartoffelwürfel etwa 25 Minuten garen.
4. Von den Bohnen die Enden abschneiden, Bohnen abfädeln, abspülen, abtropfen lassen, klein schnippeln und zum Eintopf in den Bräter geben.
5. Restliches heißes Wasser hinzugießen. Den Eintopf zugedeckt in weiteren etwa 50 Minuten fertig garen. Den Eintopf mit Salz und Pfeffer abschmecken.

Frühlingseintopf

(Römertopf® 4-Liter-Inhalt)
4 Portionen (ohne Foto)

Zubereitungszeit: 40 Minuten
Garzeit: etwa 70 Minuten

200 g Möhren
200 g Kohlrabi
200 g grüne Bohnen
200 g Porree (Lauch)
500 g Kartoffeln
300 g mageres Rindfleisch
300 g mageres Schweinefleisch
2 EL Speiseöl
Salz, gem. Pfeffer
1 Lorbeerblatt
750 ml Gemüsebrühe
200 g Blumenkohlröschen

Pro Portion:
E: 23 g, F: 12 g, Kh: 26 g,
kJ: 1359, kcal: 324

1. Möhren putzen, Kohlrabi und Möhren schälen, abspülen, abtropfen lassen und in kleine Würfel schneiden. Von den Bohnen die Enden abschneiden, evtl. abfädeln. Die Bohnen in kleine Stücke schneiden oder brechen. Porree putzen, die Stange längs halbieren, gründlich waschen, abtropfen lassen und in Streifen schneiden. Die Kartoffeln schälen, abspülen, abtropfen lassen und in Würfel schneiden.
2. Die vorbereiteten Gemüsezutaten und Kartoffelwürfel in einen gewässerten Römertopf® geben.
3. Rind- und Schweinefleisch mit Küchenpapier trocken tupfen und in Würfel schneiden.
4. Das Speiseöl in einer Pfanne erhitzen, die Fleischwürfel darin von allen Seiten anbraten, mit Salz und Pfeffer würzen. Die Fleischwürfel aus der Pfanne nehmen und unter das Gemüse heben, Lorbeerblatt hinzugeben, Brühe hinzugießen. Den Römertopf® mit dem Deckel verschließen und auf dem Rost in den kalten Backofen schieben.
Ober-/Unterhitze: etwa 220 °C
Heißluft: etwa 200 °C
5. Den Frühlingseintopf etwa 70 Minuten garen.
6. In der Zwischenzeit die Blumenkohlröschen abspülen und trocken tupfen. Nach etwa 45 Minuten Garzeit die Blumenkohlröschen zum Eintopf in den Römertopf® geben. Den Eintopf mit Deckel in weiteren etwa 25 Minuten fertig garen.

Wirsing-Schichttopf

4–6 Portionen

Zubereitungszeit: 50 Minuten
Garzeit: etwa 45 Minuten

1 Kopf Wirsing (etwa 1 kg)
150 g Zwiebeln
600 g Kartoffeln
400 g Kasseler Nacken (ohne Knochen)
2 kleine Mettwürste (Rauchenden)
30 g Schweineschmalz
Salz
gem. Pfeffer
Kümmelsamen
250 g Thüringer Mett (gewürztes Schweinemett)
100 ml Weißwein
400 ml Gemüsebrühe
150 g Crème fraîche
2 EL klein geschnittene Petersilie

Pro Portion:
E: 36 g, F: 45 g, Kh: 23 g,
kJ: 2768, kcal: 663

1. Den Backofen vorheizen.
Ober-/Unterhitze: etwa 200 °C
Heißluft: etwa 180 °C
2. Wirsing putzen und die äußeren schlechten Blätter entfernen. Den Wirsing vierteln und den Strunk herausschneiden. Wirsingviertel abspülen, abtropfen lassen und in etwa 2 cm breite Streifen schneiden.
3. Zwiebeln abziehen und klein würfeln. Kartoffeln schälen, abspülen, abtropfen lassen und in Scheiben schneiden.
4. Den Kasseler Nacken mit Küchenpapier trocken tupfen und in etwa 1 1/2 cm große Würfel schneiden. Mettwürste in Scheiben schneiden.
5. Schweineschmalz in einem feuerfesten, großen Topf oder Bräter zerlassen. Die Zwiebelwürfel darin andünsten. Ein Drittel der Wirsingstreifen hinzugeben, mit Salz, Pfeffer und Kümmelsamen würzen. Die Kasselerwürfel darauf verteilen und mit den Mettwurstscheiben belegen. Ein Drittel der Kartoffelscheiben und ein Drittel der Kohlstreifen daraufgeben. Wieder mit Salz, Pfeffer und Kümmelsamen würzen.
6. Mett in kleine Stücke zupfen und auf den Kohlstreifen verteilen. Die restlichen Kartoffelscheiben und Kohlstreifen daraufschichten. Mit Salz, Pfeffer und Kümmelsamen würzen. Wein und Brühe verrühren und über die eingeschichteten Zutaten gießen.
7. Die Zutaten zum Kochen bringen. Den Topf oder Bräter auf dem Rost in den vorgeheizten Backofen schieben. Den Wirsing-Schicht-Topf zugedeckt etwa 30 Minuten garen. Dann Crème fraîche auf den Schichttopf geben und weitere etwa 15 Minuten garen.
8. Den Wirsing-Schichttopf in tiefen Tellern verteilen und mit Petersilie bestreut servieren.

Italienischer Puten-Gemüse-Topf

4 Portionen

Zubereitungszeit: 60 Minuten
Garzeit: etwa 45 Minuten

500 g Putenfleisch (aus Keule und Brust, ohne Haut und Knochen)
1 Bund Suppengrün
(Sellerie, Möhren, Porree)
200 g Brokkoli
450 g abgetropfte weiße Bohnen
(aus der Dose)
2 EL Olivenöl
Salz, gem. Pfeffer
etwas Knoblauchpulver
500 ml heiße Gemüsebrühe
250 g stückige Tomaten (Tetrapak)
25 g TK-Kräuter der Provence
1/2 Topf Basilikum

Pro Portion:
E: 40 g, F: 7 g, Kh: 23 g,
kJ: 1351, kcal: 322

1. Putenfleisch kurz unter fließendem kalten Wasser abspülen, trocken tupfen und klein würfeln.
2. Sellerie und Möhren putzen, schälen, abspülen, abtropfen lassen und in kleine Würfel schneiden. Porree putzen, die Stange längs halbieren, gründlich waschen, abtropfen lassen und in Streifen schneiden.
3. Den Backofen vorheizen.
Ober-/Unterhitze: etwa 200 °C
Heißluft: etwa 180 °C
4. Von dem Brokkoli die Blätter entfernen. Brokkoli in kleine Röschen teilen, abspülen und abtropfen lassen. Bohnen in ein Sieb geben, mit kaltem Wasser abspülen und abtropfen lassen.
5. Olivenöl in einem großen Bräter erhitzen. Putenwürfel darin von allen Seiten anbraten, mit Salz, Pfeffer und Knoblauch würzen. Vorbereitetes Suppengrün hinzufügen und kurz mit andünsten. Heiße Brühe hinzugießen und zum Kochen bringen. Den Bräter auf dem Rost in den vorgeheizten Backofen schieben. Das Fleisch mit dem Gemüse etwa 30 Minuten garen.
6. Die Brokkoliröschen, Bohnen und Tomatenstücke mit der Flüssigkeit zu dem Putenfleisch in den Bräter geben. Kräuter der Provence unterrühren, mit Salz, Pfeffer und Knoblauch würzen. Den Bräter wieder auf dem Rost in den heißen Backofen schieben. Eintopf zugedeckt in weiteren etwa 15 Minuten fertig garen.
7. In der Zwischenzeit Basilikum abspülen und trocken tupfen. Die Blättchen von den Stängeln zupfen. Den Eintopf nochmals mit den Gewürzen abschmecken und mit Basilikumblättchen bestreut servieren.

Wirsing-Schichttopf

Italienischer Puten-Gemüse-Topf

Erbsensuppe mit Speck und Zwiebeln

8 Portionen

Zubereitungszeit: 50 Minuten
Garzeit: etwa 2 Stunden

2 Zwiebeln
2 EL Speiseöl
500 g getrocknete geschälte Erbsen
2 l heiße Gemüsebrühe
500 g mehligkochende Kartoffeln
2 Bund Suppengrün
(Möhren, Sellerie, Porree)
70 g Frühstücksspeck (Bacon)
2 kleine Zwiebeln
2 TL Speiseöl
2 TL Weißweinessig
Salz
gem. Pfeffer
einige glatte Petersilienblättchen

Pro Portion:
E: 20 g, F: 6 g, Kh: 39 g,
kJ: 1239, kcal: 296

1. Den Backofen vorheizen.
Ober-/Unterhitze: etwa 200 °C
Heißluft: etwa 180 °C
2. Zwiebeln abziehen und in kleine Würfel schneiden. Speiseöl in einem Bräter erhitzen. Zwiebelwürfel darin etwa 3 Minuten unter gelegentlichem Rühren andünsten. Erbsen hinzufügen und 1–2 Minuten mit andünsten. Heiße Brühe hinzugießen und zum Kochen bringen.
3. Den Bräter zugedeckt auf dem Rost in den vorgeheizten Backofen schieben. Die Erbsen etwa 2 Stunden garen, bis sie weich sind, dabei gelegentlich umrühren.
4. In der Zwischenzeit die Kartoffeln schälen, abspülen, abtropfen lassen und in Stücke schneiden. Suppengrün putzen, abspülen und abtropfen lassen. Suppengrün in mundgerechte Stücke schneiden.
5. Den Frühstücksspeck in kleine Würfel schneiden. Zwiebeln abziehen und ebenfalls klein würfeln. Speiseöl in einer Pfanne erhitzen. Speckwürfel darin 2–3 Minuten unter gelegentlichem Rühren auslassen. Zwiebelwürfel hinzugeben und 2–3 Minuten mit andünsten. Speck- und Zwiebelwürfel herausnehmen und beiseitelegen.
6. Nach etwa 1 1/2 Stunden Garzeit Kartoffel- und Suppengrünstücke zur Suppe in den Bräter geben und den Eintopf in weiteren etwa 30 Minuten fertig garen, dabei gelegentlich umrühren.
7. Den Bräter aus dem Backofen nehmen. Die Suppe fein pürieren. Wenn die Suppe zu dickflüssig ist, etwas Wasser unterrühren. Die Erbsensuppe mit Essig, Salz und Pfeffer abschmecken.
8. Die Suppe mit den beiseitegelegten Speck- und Zwiebelwürfeln anrichten. Mit den abgespülten, trocken getupften Petersilienblättchen garnieren.

Erbsensuppe mit Speck und Zwiebeln

Deftiger Gemüseeintopf

4 Portionen (ohne Foto)

Zubereitungszeit: 50 Minuten
Garzeit: etwa 2 Stunden

400 g Schweinefleisch
(aus der Schulter)
750 g Kartoffeln
je 1 rote und grüne Paprikaschote
250 g Zucchini
250 g Tomaten
3 Zwiebeln
4 Knoblauchzehen
4 EL Speiseöl
2 Lorbeerblätter
1 EL gehackte Rosmarinnadeln
Salz, gem. Pfeffer
125 ml Fleischbrühe
125 ml trockener Weißwein

Pro Portion:
E: 27 g, F: 22 g, Kh: 36 g,
kJ: 2079, kcal: 496

1. Schweinefleisch mit Küchenpapier trocken tupfen und in Würfel schneiden. Kartoffeln schälen, abspülen, abtropfen lassen in Scheiben schneiden.
2. Paprikaschoten halbieren, entstielen, entkernen und die weißen Scheidewände entfernen. Schoten abspülen, abtropfen lassen und grob zerkleinern. Zucchini abspülen, trocken tupfen und die Enden abschneiden. Tomaten kreuzweise einschneiden und mit kochendem Wasser übergießen. Nach 1–2 Minuten herausnehmen und mit kaltem Wasser abschrecken. Tomaten häuten, halbieren und die Stängelansätze herausschneiden. Zucchini und Tomaten in Scheiben schneiden. Zwiebeln und Knoblauch abziehen, klein würfeln.
3. Den Backofen vorheizen.
Ober-/Unterhitze: etwa 180 °C
Heißluft: etwa 160 °C
4. Das Speiseöl in einem feuerfesten Schmortopf erhitzen, die Fleischwürfel darin von allen Seiten anbraten,

Fischsuppe

Schneller Schweinegulaschtopf

Lorbeerblätter und Rosmarin hinzufügen, mit Salz und Pfeffer würzen. Das vorbereitete Gemüse und die Kartoffelscheiben auf das Fleisch schichten. Jede Schicht mit Salz und Pfeffer würzen, Fleischbrühe und Wein hinzugießen. Den Schmortopf zugedeckt auf dem Rost in den vorgeheizten Backofen schieben. Den Eintopf etwa 2 Stunden garen.

Fischsuppe

(Römertopf® 3-Liter-Inhalt)
4 Portionen

Zubereitungszeit: 40 Minuten
Garzeit: etwa 35 Minuten

1 Bund Frühlingszwiebeln
750 ml Gemüsebrühe oder Fischfond
50 g durchwachsener Speck
250 g Tomaten
500 g verschiedene Sorten Fischfilet, z. B. Seelachs, Pangasius, Kabeljau
200 g Miesmuscheln
einige Safranfäden
1/4 TL Zucker
Salz, gem. Pfeffer
2 Stängel glatte Petersilie

Pro Portion:
E: 9 g, F: 11 g, Kh: 11 g,
kJ: 791, kcal: 189

1. Frühlingszwiebeln putzen, abspülen, abtropfen lassen, in feine Streifen schneiden und in einen gewässerten Römertopf® geben. Brühe oder Fond hinzugießen.

2. Speck in Würfel schneiden und zu den Frühlingszwiebelscheiben geben. Den Römertopf® mit dem Deckel verschließen und auf dem Rost in den kalten Backofen schieben.
Ober-/Unterhitze: etwa 200 °C
Heißluft: etwa 180 °C

3. Die Suppe etwa 35 Minuten garen.

4. In der Zwischenzeit die Tomaten kreuzweise einschneiden und mit kochendem Wasser übergießen. Nach 1–2 Minuten herausnehmen und mit kaltem Wasser abschrecken. Die Tomaten häuten, halbieren und die Stängelansätze herausschneiden. Tomaten entkernen und würfeln.

5. Fischfilets kurz unter fließendem kalten Wasser abspülen, trocken tupfen und etwa 4 cm groß würfeln.

6. Muscheln in reichlich kaltem Wasser gründlich waschen. Muscheln einzeln abbürsten, bis sie nicht mehr sandig sind (Muscheln, die sich beim Waschen öffnen, sind ungenießbar). Evtl. die Fäden (Bartbüschel) entfernen.

7. Etwa 20 Minuten vor Ende der Garzeit die Fischwürfel mit den Tomatenwürfeln, einigen zerdrückten Safranfäden, Zucker und Muscheln zu der Zwiebel-Speck-Mischung in den Römertopf® geben, mit Salz und Pfeffer würzen. Die Fischsuppe mit Deckel in etwa 15 Minuten fertig garen (Muscheln, die sich nach dem Garen nicht öffnen, sind ungenießbar).

8. Petersilie abspülen und trocken tupfen. Die Blättchen von den Stängeln zupfen. Blättchen klein schneiden. Die Fischsuppe mit Petersilie bestreuen und sofort servieren.

Schneller Schweinegulaschtopf

8 Portionen

Zubereitungszeit: 25 Minuten
Garzeit: etwa 2 Stunden

1 1/2 kg Schweinegulasch
1 kg Zwiebeln
750 ml Chilisauce
1 l Jägersauce
(aus dem Glas)
760 g abgetropfte Champignonscheiben (aus Gläsern)
400 g Schlagsahne

Pro Portion:
E: 45 g, F: 34 g, Kh: 30 g,
kJ: 2570, kcal: 615

1. Den Backofen vorheizen.
Ober-/Unterhitze: etwa 200 °C
Heißluft: etwa 180 °C

2. Das Fleisch mit Küchenpapier trocken tupfen, evtl. etwas kleiner schneiden und in eine große Auflaufform (gefettet) oder in einen Bräter geben. Zwiebeln abziehen, in Scheiben schneiden und mit dem Fleisch vermengen. Chili- und Jägersauce hinzugeben und untermischen.

3. Die Form (ohne Deckel) oder den Bräter auf dem Rost in den vorgeheizten Backofen schieben. Den Gulaschtopf etwa 1 Stunde garen, dabei zwischendurch umrühren.

4. Die Champignonscheiben mit der Sahne auf das Fleisch geben und gut vermischen. Das Gulasch in etwa 1 Stunde fertig garen.

Sauerkrauteintopf mit weißen Bohnen

Pichelsteiner mit Fisch

Sauerkrauteintopf mit weißen Bohnen

(Römertopf® 3-Liter-Inhalt)
4 Portionen

Zubereitungszeit: 15 Minuten
Garzeit: etwa 80 Minuten

500 g Kartoffeln
2 Zwiebeln
500 g Sauerkraut
(aus der Dose)
4 Mettwürstchen
(Rauchenden)
Salz
1 l Fleischbrühe
200 g weiße Bohnen mit Suppengrün
(aus der Dose)

Pro Portion:
E: 41 g, F: 16 g, Kh: 39 g,
kJ: 2084, kcal: 498

1. Kartoffeln schälen, abspülen, abtropfen lassen und in Würfel schneiden. Zwiebeln abziehen und klein würfeln.
2. Sauerkraut auseinanderzupfen, abwechselnd mit den Kartoffel-, Zwiebelwürfeln und Mettwürstchen in einen gewässerten Römertopf® schichten. Jede Schicht mit Salz würzen, Brühe hinzugießen.
3. Den Römertopf® mit dem Deckel verschließen und auf dem Rost in den kalten Backofen schieben.
Ober-/Unterhitze: etwa 200 °C
Heißluft: etwa 180 °C
4. Sauerkrauteintopf etwa 80 Minuten garen.
5. Nach etwa 60 Minuten die Bohnen mit Suppengrün unter den Eintopf rühren. Den Eintopf in weiteren etwa 20 Minuten fertig garen.

Pichelsteiner mit Fisch

(Römertopf® 4-Liter-Inhalt)
4 Portionen

Zubereitungszeit: 50 Minuten
Garzeit: etwa 75 Minuten

2 Knoblauchzehen
300 g Kartoffeln, 200 g Möhren
1 kleiner Kohlrabi (etwa 200 g)
1 Stange Porree
(Lauch, etwa 150 g)
150 g Brokkoliröschen
1 Lorbeerblatt
Salz, gem. Pfeffer
500 ml Gemüsebrühe
3 EL Olivenöl
2 Forellenfilets (ohne Haut,
etwa 250 g)
250 g Doradenfilet
8 küchenfertige Garnelen
(ohne Schale, etwa 160 g)
200 g TK-Muschelfleisch
etwas Zitronensaft
einige Kerbelblättchen

Pro Portion:
E: 42 g, F: 15 g, Kh: 28 g,
kJ: 1782, kcal: 425

1. Knoblauch abziehen und in Scheiben schneiden. Die Kartoffeln schälen, abspülen, abtropfen lassen und in Spalten schneiden. Möhren und Kohlrabi putzen, schälen, abspülen, abtropfen lassen. Porree putzen, die Stange längs halbieren, gründlich waschen und abtropfen lassen. Möhren, Kohlrabi und Porree in feine Streifen schneiden. Brokkoliröschen putzen, abspülen und abtropfen lassen.
2. Das vorbereitete Gemüse in einen gewässerten Römertopf® geben und vermischen.
3. Lorbeerblatt hinzufügen, mit Salz und Pfeffer würzen. Gemüsebrühe hinzugießen, Olivenöl auf dem Gemüse verteilen.
4. Den Römertopf® mit dem Deckel verschließen und auf dem Rost in den kalten Backofen schieben.
Ober-/Unterhitze: etwa 200 °C
Heißluft: etwa 180 °C
5. Das Gemüse etwa 75 Minuten garen.
6. In der Zwischenzeit Forellen- und Doradenfilets kurz unter fließendem kalten Wasser abspülen, trocken tupfen und in Stücke schneiden. Die Garnelen ebenfalls kurz unter fließendem kalten Wasser abspülen und trocken tupfen.
7. Nach etwa 60 Minuten Garzeit das gefrorene Muschelfleisch, die Fischstücke und Garnelen zum Gemüse geben und unterheben. Das Gemüse mit dem Fisch in weiteren etwa 15 Minuten fertig garen.
8. Den Pichelsteiner Eintopf mit Salz, Pfeffer und Zitronensaft abschmecken, in tiefen Tellern anrichten und mit abgespülten, trocken getupften Kerbelblättchen bestreut servieren.

Gurkensuppe mit Rucola

(Römertopf® 3-Liter-Inhalt)
4 Portionen (ohne Foto)

Zubereitungszeit: 15 Minuten
Garzeit: etwa 45 Minuten

2 Zwiebeln (etwa 100 g)
2 Knoblauchzehen
2 Salatgurken (etwa 1 kg)
30 g Weizenmehl
Salz
gem. Pfeffer
750 ml Gemüsebrühe
125 g Rucola (Rauke)
80 g luftgetrockneter Schinken
150 g Crème fraîche

Pro Portion:
E: 8 g, F: 19 g, Kh: 13 g,
kJ: 1114, kcal: 265

1. Zwiebeln und Knoblauch abziehen, fein würfeln. Gurken schälen und die Enden abschneiden. Gurken abspülen, abtropfen lassen und der Länge nach halbieren. Gurkenhälften entkernen und in Stücke schneiden.
2. Die vorbereiteten Gemüsezutaten mit Mehl vermischen und in einen gewässerten Römertopf® geben, mit Salz und Pfeffer würzen. Gemüsebrühe hinzugießen und unterrühren. Den Römertopf® mit dem Deckel verschließen und auf dem Rost in den kalten Backofen schieben.
Ober-/Unterhitze: etwa 200 °C
Heißluft: etwa 180 °C
3. Die Gurkensuppe etwa 45 Minuten garen.
4. In der Zwischenzeit Rucola putzen und die dicken Stiele abschneiden. Rucola abspülen, trocken tupfen und klein schneiden. Schinken in Streifen schneiden.
5. Den Römertopf aus dem Backofen nehmen und den Deckel abnehmen. Crème fraîche unter die Suppe rühren. Die Suppe mit Salz und Pfeffer abschmecken, in Tellern anrichten, mit Rucola und Schinkenstreifen bestreut servieren.

Grüner Schmortopf

(Römertopf® 4-Liter-Inhalt)
4 Portionen

Zubereitungszeit: 40 Minuten, ohne Auftau- und Saftziehzeit
Garzeit: etwa 70 Minuten

250 g TK-Dicke Bohnen
2 Salatgurken (etwa 700 g)
2 Zucchini (etwa 400 g)
100 g Staudensellerie
2 TL Senfkörner
1 gestr. TL Salz
20 g Butter
250 g Blattspinat
150 g rote Zwiebeln
1 EL Speiseöl
1 EL Zucker
Salz, gem. Pfeffer
ger. Muskatnuss
150 g Crème fraîche

Pro Portion:
E: 12 g, F: 20 g, Kh: 23 g,
kJ: 1410, kcal: 336

1. Dicke Bohnen nach Packungsanleitung auftauen lassen. Aufgetaute Bohnen evtl. kurz abspülen und in einem Sieb abtropfen lassen.
2. Gurken schälen und die Enden abschneiden. Gurken abspülen, abtropfen lassen, längs halbieren und entkernen. Gurkenhälften in etwa 1 cm dicke Streifen schneiden. Zucchini abspülen, abtrocknen und die Enden abschneiden. Zucchini längs halbieren und in etwa 1 cm breite Scheiben schneiden. Staudensellerie putzen und die harten Außenfäden abziehen. Selleriestangen abspülen, abtropfen lassen und in etwa 1 cm dicke Stücke schneiden.
3. Gurkenstreifen, Zucchinischeiben, Selleriestücke, dicke Bohnen, Senfkörner und Salz in einen gewässerten Römertopf® geben. Die Zutaten gut vermischen und etwa 15 Minuten zum Saftziehen stehen lassen.
4. Butter in Flöckchen auf dem Gemüse verteilen. Den Römertopf® mit dem Deckel verschließen und auf dem Rost in den kalten Backofen schieben.
Ober-/Unterhitze: etwa 200 °C
Heißluft: etwa 180 °C
5. Den Schmortopf etwa 70 Minuten garen.
6. In der Zwischenzeit Spinat verlesen, gründlich waschen und abtropfen lassen. Die Blätter von den Stielen zupfen. Blätter in breite Streifen schneiden. Zwiebeln abziehen, zuerst in Scheiben schneiden, dann in Ringe teilen.
7. Spinatstreifen nach etwa 60 Minuten Garzeit unter den Eintopf mischen. Den Römertopf® zugedeckt wieder auf dem Rost in den ausgeschalteten Backofen schieben. Eintopf etwa 10 Minuten weitergaren.
8. Speiseöl in einer Pfanne erhitzen. Zwiebelringe darin anbraten. Mit Zucker bestreuen und karamellisieren lassen. Den Schmortopf mit Salz, Pfeffer und Muskat abschmecken.
9. Den Schmortopf mit Crème fraîche und den karamellisierten Zwiebelringen anrichten.

Grüner Schmortopf

Grüne-Bohnen-Eintopf, pikant

(Römertopf® 4-Liter-Inhalt)
4 Portionen (ohne Foto)

Zubereitungszeit: 30 Minuten, ohne Auftauzeit
Garzeit: etwa 90 Minuten

600 g TK-Brechbohnen
500 g Tomaten
1 kleine rote Paprikaschote
350 g Kartoffeln
375 g Schweinefleisch (ohne Knochen)
125 g Zwiebeln
1 Knoblauchzehe
50 g durchwachsener Speck
1–2 Stängel Bohnenkraut
Salz, gem. Pfeffer
500 ml heiße Fleischbrühe

Pro Portion:
E: 26 g, F: 20 g, Kh: 25 g,
kJ: 1617, kcal: 386

1. Die Bohnen nach Packungsanleitung auftauen lassen.
2. Tomaten kreuzweise einschneiden und mit kochendem Wasser übergießen. Nach 1–2 Minuten herausnehmen und mit kaltem Wasser abschrecken. Tomaten häuten, halbieren, entkernen und die Stängelansätze herausschneiden. Tomaten achteln.
3. Die Paprikaschote halbieren, entstielen, entkernen und die weißen Scheidewände entfernen. Schote abspülen, abtropfen lassen und in Streifen schneiden. Die Kartoffeln schälen, abspülen, abtropfen lassen und in Scheiben schneiden.
4. Das Schweinefleisch mit Küchenpapier trocken tupfen und in kleine Würfel schneiden. Zwiebeln und Knoblauch abziehen, klein würfeln.
5. Den Speck in Würfel schneiden. Bohnenkraut abspülen und trocken tupfen. Alle vorbereiteten Zutaten in einer Schüssel vermischen, mit Salz und Pfeffer würzen und in einen gewässerten Römertopf® geben. Die Fleischbrühe hinzugießen. Den Römertopf® mit dem Deckel verschließen und auf dem Rost in den kalten Backofen schieben.
Ober-/Unterhitze: etwa 200 °C
Heißluft: etwa 180 °C
6. Den Grüne-Bohnen-Eintopf etwa 90 Minuten garen.

Vegetarisches Chili

(Römertopf® 4-Liter-Inhalt)
4 Portionen

Zubereitungszeit: 50 Minuten
Garzeit: etwa 60 Minuten

je 2 rote und gelbe Paprikaschoten
150 g Zwiebeln
3 Knoblauchzehen
150 g Staudensellerie
225 g abgetropfte Kidneybohnen (aus der Dose)
225 abgetropfter Gemüsemais (aus der Dose)
200 ml Chilisauce
200 ml Tomatenketchup
Salz
1 Msp. Kreuzkümmel (Cumin)
1 Msp. gem. Zimt
250 g reife Tomaten
1 Bio-Orange (unbehandelt, ungewachst)
1/2 TL Chilipulver
1 Bund Koriander

Pro Portion:
E: 13 g, F: 3 g, Kh: 53 g,
kJ: 1272, kcal: 304

1. Paprikaschoten halbieren, entstielen, entkernen und die weißen Scheidewände entfernen. Die Schoten abspülen, trocken tupfen und in etwa 2 cm große Würfel schneiden.
2. Zwiebeln und Knoblauch abziehen. Zwiebeln in Spalten schneiden. Knoblauch durch eine Knoblauchpresse drücken. Sellerie putzen und die harten Außenfäden abziehen. Selleriestangen abspülen, abtropfen lassen und in Würfel schneiden.
3. Paprikawürfel, Zwiebelspalten, Knoblauch, Bohnen, Mais und Selleriewürfel in einen gewässerten Römertopf® geben und gut vermischen. Chilisauce und Ketchup unterrühren. Mit Salz, Kreuzkümmel und Zimt würzen.
4. Den Römertopf® mit dem Deckel verschließen und auf dem Rost in den kalten Backofen schieben.
Ober-/Unterhitze: etwa 200 °C
Heißluft: etwa 180 °C
5 . Chili etwa 60 Minuten garen.
6. In der Zwischenzeit Tomaten abspülen, trocken tupfen, vierteln, entkernen und die Stängelansätze herausschneiden. Tomatenviertel in Spalten schneiden. Orange heiß abwaschen, abtrocknen und die Schale abreiben. Orange halbieren und den Saft auspressen.
7. Nach etwa 50 Minuten Garzeit die Tomatenspalten unter das Chili heben. Chili zugedeckt in weiteren etwa 10 Minuten fertig garen.
8. Dann Orangensaft und -schale unterrühren. Mit Chili und Salz abschmecken.

Vegetarisches Chili

Gemüsetopf mit Mettbällchen

Schottische Graupensuppe

9. Koriander abspülen und trocken tupfen. Die Blättchen von den Stängeln zupfen. Das Chili mit Korianderblättchen bestreut servieren.

Gemüsetopf mit Mettbällchen

4–6 Portionen

Zubereitungszeit: 60 Minuten
Garzeit: etwa 25 Minuten

1 Kohlrabi
600 g Blumenkohl
600 g Brokkoli
4 Möhren
400 g gegarte Pellkartoffeln
100 g Zuckerschoten oder
200 g Stangenbohnen
500 ml Wasser oder Gemüsebrühe
Salz
500 g Thüringer Mett
(gewürztes Schweinemett)
250 g Schmand (Sauerrahm)
250 g Schlagsahne
gem. Pfeffer, evtl. Currypulver

Pro Portion:
E: 27 g, F: 59 g, Kh: 25 g,
kJ: 3161, kcal: 756

1. Kohlrabi putzen, schälen, abspülen, abtropfen lassen und vierteln. Kohlrabiviertel in Scheiben schneiden. Von dem Blumenkohl die Blätter und schlechten Stellen entfernen, den Strunk abschneiden. Den Blumenkohl in Röschen teilen, abspülen und abtropfen lassen. Von dem Brokkoli die Blätter entfernen. Brokkoli in Röschen teilen, abspülen und abtropfen lassen.
2. Möhren putzen, schälen, abspülen, abtropfen lassen und der Länge nach vierteln. Möhrenviertel in etwa 3 cm lange Stücke schneiden. Pellkartoffeln pellen, längs vierteln und in Scheiben schneiden. Von den Zuckerschoten oder Stangenbohnen die Enden abschneiden und abfädeln. Zuckerschoten oder Stangenbohnen abspülen, abtropfen lassen und evtl. einmal durchschneiden.
3. Den Backofen vorheizen.
Ober-/Unterhitze: etwa 200 °C
Heißluft: etwa 180 °C
4. Wasser oder Gemüsebrühe in einem Topf zum Kochen bringen. Salz und Möhrenstücke hinzugeben, etwa 5 Minuten kochen lassen. Blumenkohl-, Brokkoliröschen, Kohlrabischeiben und Zuckerschoten oder Bohnen hinzufügen, wieder zum Kochen bringen und weitere etwa 5 Minuten kochen lassen.
5. Das vorgegarte Gemüse mit den Kartoffelscheiben vermengen und mit der Kochflüssigkeit in eine Auflaufform (gefettet) geben.
6. Thüringer Mett mit angefeuchteten Händen zu kleinen Klößchen formen und auf der Gemüse-Kartoffel-Mischung verteilen.
7. Den Schmand mit Sahne verrühren, mit Salz, Pfeffer und nach Belieben mit Curry kräftig würzen. Die Gemüse-Kartoffel-Mischung mit der Schmandsahne übergießen. Die Form auf dem Rost in den vorgeheizten Backofen schieben.
8. Den Gemüsetopf etwa 25 Minuten garen. Nach der Hälfte der Garzeit den Gemüsetopf einmal umrühren.

Schottische Graupensuppe

4 Portionen

Zubereitungszeit: 25 Minuten
Garzeit: etwa 50 Minuten

250 g Lammfleisch (aus der Keule)
2 EL Speiseöl
100 g Möhrenwürfel
100 g Staudenselleriewürfel
100 g gewürfelter Wirsing
125 g Graupen
1 l Lammfond oder -brühe
Salz, gem. Pfeffer
2 EL klein geschnittene Petersilie

Pro Portion:
E: 18 g, F: 9 g, Kh: 26 g,
kJ: 1070, kcal: 256

1. Den Backofen vorheizen.
Ober-/Unterhitze: etwa 200 °C
Heißluft: etwa 180 °C
2. Lammfleisch mit Küchenpapier trocken tupfen und klein würfeln. Speiseöl in einem feuerfesten Topf oder Bräter erhitzen. Gemüsewürfel darin leicht andünsten.
3. Graupen in ein Sieb geben, mit kaltem Wasser abspülen, abtropfen lassen und hinzufügen.
4. Lammfond oder -brühe hinzugießen und zum Kochen bringen. Den Topf oder Bräter zugedeckt auf dem Rost in den vorgeheizten Backofen schieben. Die Graupensuppe etwa 50 Minuten garen. Die gegarte Suppe mit Salz und Pfeffer abschmecken.
5. Die Graupensuppe in Tellern verteilen und mit Petersilie bestreut servieren.

Kapitel **02**

Rezepte 101–200

Vegetarisch

Backofengemüse

Backofengemüse

8 Portionen

Zubereitungszeit: 30 Minuten
Garzeit: 40–45 Minuten

2 kg festkochende mittelgroße Kartoffeln
Salz
gem. Pfeffer
etwa 120 ml Olivenöl
4 rote Paprikaschoten
2 gelbe Paprikaschoten
3 Zucchini
4 Stängel Rosmarin
8 Knoblauchzehen

Pro Portion:
E: 8 g, F: 16 g, Kh: 45 g,
kJ: 1521, kcal: 362

1. Den Backofen vorheizen.
Ober-/Unterhitze: etwa 180 °C
Heißluft: etwa 160 °C

2. Kartoffeln unter fließendem Wasser gründlich abbürsten, trocken tupfen, längs vierteln und auf ein Backblech legen, mit Salz und Pfeffer würzen. 4 Esslöffel Olivenöl darauftr äufeln. Das Backblech in den vorgeheizten Backofen schieben. Die Kartoffelviertel etwa 20 Minuten garen.

3. In der Zwischenzeit Paprikaschoten vierteln, entstielen, entkernen und die weißen Scheidewände entfernen. Schoten abspülen, abtropfen lassen und klein schneiden.

4. Zucchini abspülen, abtrocknen und die Enden abschneiden. Zucchini in kleine Stücke schneiden. Das Gemüse mit Salz und Pfeffer würzen und mit dem restlichen Olivenöl vermischen.

5. Rosmarin abspülen und trocken tupfen. Knoblauch abziehen, mit dem Gemüse und den Rosmarinstängeln zu den vorgegarten Kartoffeln auf das Backblech geben und gut untermischen. Das Backblech wieder in den vorgeheizten Backofen schieben. Backofengemüse in weiteren 20–25 Minuten fertig garen.

Beilage: **Tomatensauce.** Dafür 2 gewürfelte Zwiebeln und 2 gewürfelte Knoblauchzehen in 4 Esslöffel Olivenöl andünsten. 800 g geschälte Tomaten (aus Dosen) hinzufügen, mit Salz und Pfeffer würzen. Die Tomatenmasse zum Kochen bringen und zugedeckt etwa 15 Minuten unter gelegentlichem Rühren garen. Nach Belieben die Sauce pürieren und mit Salz, Pfeffer, 1 Prise Zucker und Oregano abschmecken.

Dicke-Bohnen-Auflauf

4 Portionen

Zubereitungszeit: 30 Minuten
Garzeit: 50–60 Minuten

600 g festkochende Kartoffeln
250 g Frühlingszwiebeln
Salz
etwa 400 g dicke Bohnenkerne (frisch, TK oder abgetropfte Bohnen aus dem Glas)
1 Bund glatte Petersilie
250 g Schlagsahne
200 g saure Sahne
3 Eier (Größe M)
gem. Pfeffer

Pro Portion:
E: 18 g, F: 31 g, Kh: 40 g,
kJ: 2179, kcal: 521

1. Kartoffeln schälen, abspülen, abtropfen lassen und in kleine Würfel schneiden. Frühlingszwiebeln putzen, abspülen, abtropfen lassen und in Stücke schneiden.
2. Wasser in einem Topf zugedeckt zum Kochen bringen, Salz hinzufügen. Nacheinander darin die frischen oder TK-Bohnenkerne etwa 15 Minuten, die Kartoffelwürfel etwa 5 Minuten garen. Bohnen und Kartoffelwürfel in einem Sieb abtropfen lassen.
3. Petersilie abspülen und trocken tupfen. Die Blättchen von den Stängeln zupfen. Einige Blättchen zum Garnieren beiseitelegen. Die restlichen Blättchen klein schneiden.
4. Den Backofen vorheizen.
Ober-/Unterhitze: etwa 180 °C
Heißluft: etwa 160 °C
5. Bohnen, Kartoffelwürfel, Frühlingszwiebelstücke und klein geschnittene Petersilie in einer Auflaufform (gefettet) mischen. Beide Sahnesorten mit den Eiern verschlagen, mit Salz und Pfeffer würzen. Die Eiersahne auf der Gemüse-Kartoffel-Mischung verteilen.
6. Die Form auf dem Rost in den vorgeheizten Backofen schieben. Den Auflauf 50–60 Minuten garen.
7. Den Auflauf mit den beiseitegelegten Petersilienblättchen garnieren und servieren.

Kartoffelauflauf aus der Normandie

10 Portionen

Zubereitungszeit: 40 Minuten
Garzeit: 70–80 Minuten

1,2 kg festkochende Kartoffeln
6 Äpfel, z. B. Cox Orange
250 g Honigkuchen (Frühstückskuchen)
Salz, gem. Pfeffer

Für den Guss:
150 g Crème fraîche
400 g Schlagsahne
4 Eier (Größe M)
80 g Semmelbrösel
200 g Butter

Pro Portion:
E: 7 g, F: 27 g, Kh: 46 g,
kJ: 2480, kcal: 592

1. Den Backofen vorheizen.
Ober-/Unterhitze: etwa 180 °C
Heißluft: etwa 160 °C
2. Die Kartoffeln schälen, abspülen und abtropfen lassen. Äpfel schälen, vierteln und entkernen. Kartoffeln und Apfelviertel in dünne Scheiben schneiden. Honigkuchen würfeln.
3. Kartoffel-, Apfelscheiben und Kuchenwürfel in einer Schüssel gut vermischen. Mit Salz und Pfeffer würzen.
4. Die Kartoffel-Apfel-Mischung in einer großen oder zwei kleinen Auflaufformen (gefettet) verteilen.
5. Für den Guss Crème fraîche mit Sahne und Eiern verschlagen, mit Salz und Pfeffer würzen. Die Eiersahne auf der Kartoffel-Apfel-Mischung verteilen und mit Semmelbröseln bestreuen. Butter zerlassen und auf den Auflauf träufeln.
6. Die Form oder Formen auf dem Rost in den vorgeheizten Backofen schieben. Den Auflauf 70–80 Minuten garen.

Dicke-Bohnen-Auflauf

Kartoffelauflauf aus der Normandie

Mexikanisches Maisgemüse

(Römertopf® 3-Liter-Inhalt)
4 Portionen

Zubereitungszeit: 25 Minuten
Garzeit: etwa 75 Minuten

4 Maiskolben (je etwa 200 g)
1–2 Chilischoten
500 g Möhren
220 g kleine Zwiebeln
1–2 Knoblauchzehen
750 ml Gemüsebrühe
2 grüne Paprikaschoten (je etwa 150 g)
1 Bund Koriander
Salz, gem. Pfeffer
Paprikapulver rosenscharf

Pro Portion:
E: 22 g, F: 10 g, Kh: 142 g,
kJ: 3287, kcal: 784

1. Die Maiskolben putzen, abspülen, abtropfen lassen und quer vierteln. Chilischoten abspülen, trocken tupfen, entstielen und in breite Stücke schneiden.
2. Möhren putzen, schälen, abspülen, abtropfen lassen und in dicke Scheiben schneiden. Zwiebeln abziehen und in Spalten schneiden. Knoblauch abziehen und in Scheiben schneiden.
3. Maiskolben, Chilischotenstücke, Möhrenscheiben, Zwiebelspalten und Knoblauchscheiben mit der Brühe in einen gewässerten Römertopf® geben und vermischen. Den Römertopf® mit dem Deckel verschließen und auf dem Rost in den kalten Backofen schieben.
Ober-/Unterhitze: etwa 220 °C
Heißluft: etwa 200 °C
4. Das Maisgemüse etwa 75 Minuten garen.
5. In der Zwischenzeit Paprikaschoten halbieren, entstielen, entkernen und die weißen Scheidewände entfernen. Schoten abspülen, abtropfen lassen und in grobe Würfel schneiden. Die Paprikawürfel nach etwa 60 Minuten Garzeit zu dem Gemüse in den Römertopf® geben und alles zugedeckt fertig garen.
6. Koriander abspülen und trocken tupfen. Die Blättchen von den Stängeln zupfen, die Blättchen grob zerschneiden. Das Maisgemüse mit Salz, Pfeffer und Paprika würzen und mit Koriander bestreut servieren.

Mexikanisches Maisgemüse

Kartoffelkuchen mit Spinat-Käse-Füllung

12 Stücke (ohne Foto)

Zubereitungszeit: 35 Minuten, ohne Abkühlzeit
Garzeit: etwa 60 Minuten

500 g mehligkochende Kartoffeln
1 EL Butter
200 g Weizenmehl
1 Ei (Größe M)
1 gestr. TL Salz

Für den Belag:
50 g Pinienkerne
1 kg junger Spinat
500 g Magerquark
2 Eigelb (Größe M)
125 g Crème double
1 gestr. TL Salz
gem. Pfeffer
2 Eiweiß (Größe M)

Pro Stück:
E: 13 g, F: 11 g, Kh: 21 g,
kJ: 984, kcal: 236

1. Die Kartoffeln gründlich waschen, in einem Topf knapp mit Wasser bedeckt, zugedeckt zum Kochen bringen und dann in 20–25 Minuten gar kochen. Kartoffeln abgießen, abdämpfen, heiß pellen und durch eine Kartoffelpresse drücken. Kartoffeln abkühlen lassen und in eine Rührschüssel geben.
2. Butter, Mehl, Ei und Salz zur Kartoffelmasse geben und zu einem festen Teig verkneten. Den Teig aus der Schüssel nehmen und auf einer bemehlten Arbeitsfläche zu einer runden Platte (Ø etwa 32 cm) ausrollen, in eine Springform (Ø 26 cm, gefettet) legen, dabei die Ränder hochziehen.
3. Den Backofen vorheizen.
Ober-/Unterhitze: etwa 200 °C
Heißluft: etwa 180 °C
4. Für den Belag Pinienkerne in einer Pfanne ohne Fett hellbraun rösten und auf einem Teller abkühlen lassen. Spinat verlesen, gründlich waschen, abtropfen lassen und die dicken Stiele entfernen. Den Spinat evtl. trocken schleudern, in Streifen schneiden und in eine Schüssel geben. Quark, Eigelb, Crème double, Salz und Pfeffer hinzugeben und cremig verrühren. Eiweiß steif schlagen und mit den Pinienkernen unter die Quarkmasse heben.
5. Die Spinat-Quark-Masse auf dem Teigboden in der Form verteilen. Die Form auf dem Rost in den vorgeheizten Backofen schieben. Den Kartoffelkuchen etwa 60 Minuten garen.
6. Die Form auf einen Rost stellen. Den Kartoffelkuchen etwas abkühlen lassen, dann aus der Form lösen und auf eine Platte gleiten lassen.
7. Den Kartoffelkuchen lauwarm oder kalt servieren.

Kürbis-Frischkäse-Torte

16 Stücke

Zubereitungszeit: 45 Minuten, ohne Abkühlzeit
Backzeit: etwa 65 Minuten

Für den Knetteig:
175 g Weizenmehl
1/2 gestr. TL Dr. Oetker Backin
75 g Zucker
1 Pck. Dr. Oetker Vanillin-Zucker
1 Prise Salz
1 Ei (Größe M)
75 g Butter oder Margarine

Für den Belag:
500 g Kürbisfleisch (geputzt, ohne faserigen Innenteil)
200 g Doppelrahm-Frischkäse
50 g Zucker, 2 Eier (Größe M)
20 g Speisestärke
50 g geröstete, gesalzene Erdnusskerne

Pro Stück:
E: 5 g, F: 11 g, Kh: 19 g,
kJ: 845, kcal: 202

1. Für den Teig Mehl mit Backpulver mischen und in eine Rührschüssel geben. Zucker, Vanillin-Zucker, Salz, Ei und Butter oder Margarine hinzufügen. Die Zutaten mit einem Mixer (Rührstäbe) zunächst kurz auf niedrigster, dann auf höchster Stufe gut durcharbeiten.
2. Den Backofen vorheizen.
Ober-/Unterhitze: etwa 180 °C
Heißluft: etwa 160 °C
3. Den Teig auf einer bemehlten Arbeitsfläche zu einem glatten Teig verkneten. Sollte er kleben, ihn in Frischhaltefolie gewickelt eine Zeit lang in den Kühlschrank legen.
4. Zwei Drittel des Teiges auf dem Boden einer Springform (Ø 26 cm, Boden gefettet) ausrollen. Den Springformrand darumstellen. Die Form auf dem Rost in den vorgeheizten Backofen schieben, den Boden etwa 10 Minuten vorbacken.

Kürbis-Frischkäse-Torte

5. Form auf einen Kuchenrost stellen, Boden etwas abkühlen lassen.
6. Restlichen Teig zu einer Rolle formen, sie als Rand auf den vorgebackenen Boden legen und so an die Form drücken, dass ein etwa 2 cm hoher Rand entsteht.
7. Für den Belag Kürbisfleisch in kleine Würfel schneiden. Frischkäse, Zucker, Eier, Speisestärke, Kürbiswürfel und Erdnusskerne in einer Schüssel verrühren. Die Masse auf dem vorgebackenen Boden verteilen. Die Form wieder auf dem Rost in den heißen Backofen schieben. Die Torte bei gleicher Backofentemperatur in etwa 55 Minuten fertig backen.
8. Die Form auf einen Kuchenrost stellen. Torte etwas abkühlen lassen, dann aus der Form lösen und auf einem Kuchenrost erkalten lassen.

Currygemüse mit Nüssen

(Römertopf® 3-Liter-Inhalt)
4 Portionen

Zubereitungszeit: 20 Minuten
Garzeit: etwa 80 Minuten

1 Spitzkohl (etwa 600 g)
4 Möhren (etwa 400 g)
600 g Staudensellerie
50 g Kokos-Chips (erhältlich im Reformhaus)

Currygemüse mit Nüssen

50 g geröstete, gesalzene Cashewkerne
50 g geröstete, gesalzene Erdnusskerne
1 EL grüne Currypaste
Salz
gem. Pfeffer
200 ml Gemüsebrühe

Pro Portion:
E: 11 g, F: 21 g, Kh: 16 g,
kJ: 1229, kcal: 296

1. Spitzkohl putzen, vierteln und den Strunk herausschneiden. Spitzkohl in grobe Würfel schneiden, abspülen und abtropfen lassen. Möhren putzen, schälen, abspülen, abtropfen lassen und in Scheiben schneiden.
2. Sellerie putzen und die harten Außenfäden abziehen. Selleriestangen abspülen, abtropfen lassen und in etwa 3 cm lange Stücke schneiden.
3. Vorbereitetes Gemüse in einer Schüssel mischen, Kokos-Chips-, Cashew- und Erdnusskerne untermengen. Mit Currypaste, Salz und Pfeffer würzen. Die Gemüsemischung in einen gewässerten Römertopf® geben, Brühe hinzugießen.
4. Den Römertopf® mit dem Deckel verschließen und auf dem Rost in den kalten Backofen schieben.
Ober-/Unterhitze: etwa 200 °C (untere Schiene)
Heißluft: etwa 180 °C
5. Das Currygemüse etwa 80 Minuten garen.

Mangoldpäckchen auf Gemüse

reiteten Gemüsezutaten (außer Mangoldblätter) darin evtl. portionsweise andünsten, mit dem aufgefangenen Sud ablöschen, mit Mango-Chutney, Soja- und Chilisauce kräftig würzen. Die Gemüsemasse in eine Fettpfanne oder eine große Auflaufform (gefettet) füllen.
6. Mangoldblätter auf einer Arbeitsfläche ausbreiten, auf jedes Blatt 1 Esslöffel Klebreis geben, zusammenfalten und mit dem Bast oder Küchengarn verschnüren. Die Päckchen auf das Gemüse setzen und die Fettpfanne oder die Form auf dem Rost in den vorgeheizten Backofen schieben. Die Mangoldpäckchen mit dem Gemüse etwa 15 Minuten garen.

Mangoldpäckchen auf Gemüse

10–12 Portionen

Zubereitungszeit: 50 Minuten, ohne Einweich- und Abkühlzeit
Garzeit: etwa 15 Minuten

400 g Klebreis (erhältlich im Asialaden)
500 ml kaltes Wasser
1/2 gestr. TL Salz
4 Stauden Mangold (etwa 1 kg, kurzstielige Sorte, pro Staude etwa 10 Blätter)
4 dicke Möhren (etwa 450 g)
440 g abgetropfte Bambussprossen in Streifen (aus der Dose)
440 abgetropfte Sojabohnenkeimlinge (aus der Dose)
150 g Shiitakepilze
120 g Butter oder Margarine
100 ml Sud (von den Sojabohnen und Bambussprossen)
50 g Mango-Chutney (aus dem Glas)
Sojasauce
süße Chilisauce

Außerdem:
Bastfäden oder Küchengarn

Pro Portion:
E: 22 g, F: 31 g, Kh: 109 g, kJ: 3393, kcal: 812

1. Klebreis in kaltem Wasser etwa 60 Minuten einweichen. Klebreis mit dem Einweichwasser und Salz etwa 15 Minuten kochen, bis ein Brei entstanden ist. Den Brei in eine flache Form geben und erkalten lassen.
2. Den Backofen vorheizen.
Ober-/Unterhitze: etwa 180 °C
Heißluft: etwa 160 °C
3. Mangold putzen, mehrmals gründlich waschen und abtropfen lassen. Die Stiele von den Blättern schneiden, Stiele in Streifen schneiden. Die Mangoldblätter in kochendem Salzwasser etwa 2 Minuten blanchieren, in ein Sieb geben, mit kaltem Wasser abschrecken, abtropfen lassen und mit Küchenpapier trocken tupfen.
4. Möhren putzen, schälen, abspülen, abtropfen lassen und in feine Streifen schneiden. Von den Bambussprossen und Sojabohnenkeimlinge den Sud auffangen und 100 ml abmessen. Shiitakepilze putzen, evtl. kurz abspülen, trocken tupfen und in Scheiben schneiden.
5. Butter oder Margarine in einem großen Topf zerlassen. Die vorbe-

Raclette-Kartoffeln aus der Folie

4 Portionen

Zubereitungszeit: 50 Minuten, ohne Abkühlzeit
Garzeit: etwa 20 Minuten

800 g festkochende Kartoffeln
Salz
1 Bund Frühlingszwiebeln
400 g kleine Tomaten
2 grüne Pfefferschoten (mittelscharfe Peperoni)

Zum Bestreichen:
etwas Butter (zimmerwarm)

gem. Pfeffer
250 g Raclette-Käse, in Scheiben
8 EL Weißwein

Außerdem:
4 Bögen Alufolie

Pro Portion:
E: 32 g, F: 18 g, Kh: 34 g, kJ: 1895, kcal: 464

1. Die Kartoffeln gründlich waschen, in einem Topf knapp mit Wasser bedeckt, zugedeckt zum Kochen bringen, Salz hinzufügen. Kartoffeln in 20–25 Minuten gar kochen. Kartoffeln abgießen, abdämpfen und heiß pellen. Kartoffeln erkalten lassen und in Scheiben schneiden.

2. Den Backofen vorheizen.
Ober-/Unterhitze: etwa 220 °C
Heißluft: etwa 200 °C

3. Frühlingszwiebeln putzen, abspülen, abtropfen lassen und in Scheiben schneiden. Tomaten abspülen, trocken tupfen, halbieren, entkernen und die Stängelansätze herausschneiden. Die Tomaten in Scheiben schneiden. Pfefferschoten abspülen, trocken tupfen, entstielen, längs halbieren, entkernen und in dünne Streifen schneiden.

4. Aus der Alufolie 4 Rechtecke (etwa 30 x 35 cm) schneiden, auf einer Arbeitsfläche ausbreiten und mit Butter bestreichen.

5. Jeweils ein Viertel der Kartoffel- und Tomatenscheiben dachziegelartig auf die Alufolie schichten, mit Salz und Pfeffer würzen. Frühlingszwiebelscheiben und Pfefferschotenstreifen darauf verteilen. Mit Käsescheiben belegen.

6. Alufolie an den Rändern hochschlagen, damit keine Flüssigkeit herausläuft. Die Zutaten mit Weißwein beträufeln und anschließend zu je einem Päckchen verschließen.

7. Die Päckchen auf ein Backblech legen. Das Backblech in den vorgeheizten Backofen schieben und die Raclette-Kartoffeln etwa 20 Minuten garen.

8. Die Päckchen öffnen und die Raclette-Kartoffeln in der Alufolie servieren.

Peperonata

4 Portionen

Zubereitungszeit: 35 Minuten
Garzeit: etwa 40 Minuten

400 g Cocktailtomaten
je 1 rote, gelbe und grüne Paprikaschote (etwa 600 g)
4 mittelgroße Zucchini (etwa 400 g)
4 milde Peperoni (etwa 100 g)
3–4 Knoblauchzehen
1 Bund Majoran
2 EL Olivenöl
4 EL süße Chilisauce
Salz, gem. Pfeffer

Außerdem:
1 Stück Bratfolie oder Bratschlauch

Pro Portion:
E: 4,5 g, F: 6 g, Kh: 14,5 g,
kJ: 590, kcal: 141

1. Tomaten abspülen, trocken tupfen, halbieren, entkernen und die Stängelansätze herausschneiden. Tomaten evtl. vierteln. Paprikaschoten halbieren, entstielen, entkernen und die weißen Scheidewände entfernen. Die Schoten abspülen, trocken tupfen und in grobe Stücke schneiden.

2. Den Backofen vorheizen.
Ober-/Unterhitze: etwa 200 °C
Heißluft: etwa 180 °C

3. Zucchini abspülen, abtrocknen und die Enden abschneiden. Zucchini in Stücke schneiden. Peperoni längs halbieren, entstielen, entkernen, abspülen, trocken tupfen und ebenfalls in Stücke schneiden. Knoblauch abziehen und in sehr kleine Würfel schneiden. Majoran abspülen und trocken tupfen. Die Blättchen von den Stängeln zupfen, Blättchen klein schneiden.

4. Die vorbereiteten Zutaten in einer Schüssel vermischen. Olivenöl und Chilisauce daraufgeben, mit Salz und Pfeffer würzen.

5. Ein Stück Bratfolie oder den Bratschlauch auf ein Backblech geben. Die Gemüsemischung auf die Bratfolie oder in den Bratschlauch geben und nach Packungsanleitung verschließen. Das Backblech in den vorgeheizten Backofen schieben. Peperonata etwa 40 Minuten garen.

6. Anschließend Bratfolie oder Bratschlauch aufschneiden. Peperonata herausnehmen und auf einem vorgewärmten Teller anrichten.

Beilage: Frisch geröstetes Knoblauchbrot.

Raclette-Kartoffeln aus der Folie

Peperonata

Polenta-Rouladen

8–10 Portionen

Zubereitungszeit: 60 Minuten, ohne Antau- und Abkühlzeit
Backzeit: 20–25 Minuten je Backblech

Für die Füllung:
450 g TK-Blattspinat
1 kg Porree (Lauch)
50 g Butter
Salz
gem. Pfeffer
ger. Muskatnuss

Für die Polenta:
1 l Gemüsebrühe
2 EL Olivenöl
250 g Polentagrieß
1 Ei (Größe M)
100 g Sonnenblumenkerne
300 g Tomatenmark
150 g ger. Höhlenkäse oder mittelalter Gouda
50 g ger. Parmesan

Für die Sauce:
4 Tomaten (etwa 250 g)
450 g Sahnejoghurt
100 g Tomatenmark
4–5 EL Tomatenketchup
150 g Crème fraîche
Zucker

Pro Portion:
E: 19 g, F: 30 g, Kh: 35 g,
kJ: 2057, kcal: 492

1. Für die Füllung Spinat antauen lassen. Porree putzen, die Stangen längs halbieren, gründlich waschen, abtropfen lassen und quer in Streifen schneiden. Butter in einem Topf zerlassen, Porreestreifen darin evtl. in 2 Portionen andünsten. Spinat hinzugeben und zugedeckt etwa 10 Minuten bei mittlerer Hitze garen, dabei gelegentlich umrühren. Dann den Deckel abnehmen und den Spinat mit den Porreestreifen noch weitere etwa 5 Minuten garen, bis die Flüssigkeit verdampft ist. Das Gemüse mit Salz, Pfeffer und Muskat würzen, abkühlen lassen.
2. Für die Polenta Brühe und Olivenöl in einem hohen Topf zum Kochen bringen, den Topf von der Kochstelle nehmen, Grieß einstreuen, unter Rühren zum Kochen bringen (Achtung, spritzt!) und etwa 15 Minuten bei schwacher Hitze unter Rühren garen. Das Ei unterrühren. Mit Salz würzen. Polenta auf 2 Backbleche (30 x 40 cm, mit Backpapier belegt) streichen, abkühlen lassen.
3. Den Backofen vorheizen.
Ober-/Unterhitze: etwa 200 °C
Heißluft: etwa 180 °C
4. Sonnenblumenkerne in einer Pfanne ohne Fett unter Rühren goldbraun rösten, herausnehmen und auf einem Teller abkühlen lassen. Die Polentaplatten quer halbieren. Tomatenmark daraufstreichen. Mit Salz und Pfeffer würzen. Das Gemüse darauf verteilen, dabei rundherum einen etwa 2 cm breiten Rand frei lassen. Das Gemüse mit Sonnenblumenkernen bestreuen.
5. Die Platten jeweils von der langen Seite her aufrollen, in je 4–5 Stücke schneiden und auf zwei Backbleche (mit Backpapier belegt) legen. Höhlenkäse oder Gouda und Parmesan mischen, auf den Polenta-Rouladen verteilen. Die Backbleche nacheinander (bei Heißluft zusammen) in den vorgeheizten Backofen schieben.
6. Die Polenta-Rouladen 20–25 Minuten je Backblech backen.
7. Für die Sauce in der Zwischenzeit Tomaten kreuzweise einschneiden und mit kochendem Wasser übergießen. Nach 1–2 Minuten herausnehmen und mit kaltem Wasser abschrecken. Tomaten häuten, halbieren und die Stängelansätze herausschneiden. Tomaten in Würfel schneiden. Joghurt mit Tomatenmark, Ketchup, Crème fraîche und Tomatenwürfeln verrühren. Mit Salz, Pfeffer und Zucker würzen. Die Rouladen heiß oder kalt mit der Sauce servieren.

Polenta-Rouladen

Porree mit Fetakäse und gerösteten Bärlauch-Croûtons

(Römertopf® 3-Liter-Inhalt)
4 Portionen

Zubereitungszeit: 30 Minuten
Garzeit: etwa 55 Minuten

4 Stangen Porree (Lauch, etwa 1 kg)
3 Schalotten (etwa 150 g)
4 Knoblauchzehen, 2 EL Speiseöl
Salz, gem. Pfeffer
200 ml Brühe oder Gemüsefond
400 g Fetakäse

Porree mit Fetakäse und gerösteten Bärlauch-Croûtons

Tomaten mit Champignonfüllung

Für die Croûtons:
1 kleines Bund Bärlauch
80 g gesalzene Butter (zimmerwarm)
1 kleines Baguette

Pro Portion:
E: 26 g, F: 42 g, Kh: 38 g,
kJ: 2665, kcal: 637

1. Porree putzen, die Stangen längs halbieren, gründlich waschen und abtropfen lassen. Porreestangen in Größe des Römertopfes schneiden. Die Porreestangen in einen gewässerten Römertopf® schichten.
2. Schalotten und Knoblauch abziehen, in Scheiben schneiden. Speiseöl in einer Pfanne erhitzen. Schalotten- und Knoblauchscheiben darin andünsten und auf den Porreestangen verteilen. Mit Salz und Pfeffer würzen. Porreestangen mit Brühe oder Fond übergießen.
3. Den Römertopf® mit dem Deckel verschließen und auf dem Rost in den kalten Backofen schieben.
Ober-/Unterhitze: etwa 220 °C (untere Schiene)
Heißluft: etwa 200 °C
4. Den Porree etwa 50 Minuten garen.
5. In der Zwischenzeit Käse in Würfel schneiden. Nach etwa 50 Minuten Garzeit den Deckel abnehmen. Die Käsewürfel auf den Porreestangen verteilen und ohne Deckel weitere etwa 5 Minuten bei gleicher Backofentemperatur garen.
6. Bärlauch putzen, abspülen und trocken tupfen. Bärlauch klein schneiden und mit der Butter verrühren.
7. Baguette in Scheiben schneiden und mit der Bärlauchbutter bestreichen. Die Baguettescheiben in einer beschichteten Pfanne von beiden Seiten rösten.
8. Porree mit Fetakäse mit den Bärlauch-Croûtons servieren.

Tomaten mit Champignonfüllung

4 Portionen

Zubereitungszeit: 40 Minuten
Überbackzeit: etwa 20 Minuten

12 mittelgroße Tomaten
Salz
gem. Pfeffer

Für die Füllung:
1 große Zwiebel
600 g Champignons
3 EL Speiseöl
1 EL Weizenmehl
2 EL klein geschnittene, glatte Petersilie

2 EL zerbröseltes Weißbrot
2 EL ger. Parmesan
60 g Butter

Pro Portion:
E: 11 g, F: 24 g, Kh: 14 g,
kJ: 1352, kcal: 322

1. Die Tomaten abspülen, abtrocknen und jeweils einen Deckel abschneiden. Tomaten vorsichtig mit einem Löffel aushöhlen. Die Tomaten mit der Öffnung nach oben in eine flache, feuerfeste Auflaufform (gefettet) setzen. Die Tomaten innen mit Salz und Pfeffer würzen.
2. Für die Füllung Zwiebel abziehen und klein würfeln. Die Champignons putzen, evtl. kurz abspülen, trocken tupfen und in Scheiben schneiden. Pilzscheiben nach Belieben nochmals durchschneiden.
3. Den Backofen vorheizen.
Ober-/Unterhitze: etwa 200 °C
Heißluft: etwa 180 °C
4. Speiseöl in einer Pfanne erhitzen. Zwiebelwürfel darin glasig dünsten. Champignonscheiben zu den Zwiebelwürfeln in die Pfanne geben und unter Rühren mitdünsten lassen. Mehl darüberstäuben, unterrühren und dünsten lassen. Die Champignonmasse mit Salz, Pfeffer und Petersilie würzen. Das ausgehöhlte Tomatenfleisch hinzufügen.
5. Die Champignonmasse in die ausgehöhlten Tomaten füllen.
6. Weißbrotbrösel mit Parmesan vermischen und auf die Tomaten streuen. Butter in Flöckchen daraufsetzen. Die Tomatendeckel darauflegen.
7. Die Form auf dem Rost in den vorgeheizten Backofen schieben. Tomaten etwa 20 Minuten überbacken.

Tipp: Zu den Tomaten frischen Feldsalat und Baguette servieren.

Gemüse-Kartoffel-Wedges

4 Portionen

Zubereitungszeit: 40 Minuten
Garzeit: etwa 45 Minuten

500 g festkochende Kartoffeln
4 Möhren (etwa 350 g)
500 g Staudensellerie
1 Bund Frühlingszwiebeln
5 EL Olivenöl
300 ml Gemüsebrühe
1 Knoblauchzehe
25 g TK-Küchenkräuter
Salz
gem. Pfeffer
2 milde rote Peperoni (etwa 60 g)

Pro Portion:
E: 5 g, F: 13 g, Kh: 29 g,
kJ: 1089, kcal: 261

1. Kartoffeln unter fließendem kalten Wasser gründlich abbürsten, abtropfen lassen und vierteln.
2. Den Backofen vorheizen.
Ober-/Unterhitze: etwa 180 °C
Heißluft: etwa 160 °C
3. Möhren putzen, schälen, abspülen und abtropfen lassen. Möhren längs vierteln. Staudensellerie putzen und die harten Außenfäden abziehen. Sellerie abspülen und abtropfen lassen. Dickere Selleriestangen längs halbieren oder vierteln. Frühlingszwiebeln putzen, abspülen und abtropfen lassen.
4. Möhren, Selleriestangen und Frühlingszwiebeln in etwa 5 cm lange Stücke schneiden.
5. Olivenöl in einer großen Pfanne erhitzen. Kartoffel-, Möhren- und Selleriestücke darin portionsweise andünsten, herausnehmen und in eine Fettpfanne geben. Brühe hinzugießen. Die Fettpfanne in den vorgeheizten Backofen schieben. Gemüse-Kartoffel-Wedges etwa 45 Minuten garen.
6. Knoblauch abziehen und durch eine Knoblauchpresse drücken. Nach 10–15 Minuten Garzeit Kräuter, Knoblauch und Frühlingszwiebelstücke unter die Kartoffel- und Gemüsestücke rühren, mit Salz und Pfeffer würzen. Die Kartoffel- und Gemüsestücke während der Garzeit mehrmals wenden.
7. Peperoni abspülen, abtrocknen, entstielen, längs halbieren, entkernen und in feine Streifen schneiden.
8. Gemüse-Kartoffel-Wedges auf 4 große Teller geben. Die Peperonistreifen darauf verteilen.

Gebackene Tomaten mit Käseschaum

4 Portionen

Zubereitungszeit: 30 Minuten
Backzeit: etwa 15 Minuten

8 mittelgroße Tomaten
125 ml Milch (3,5 % Fett)
100 g Blauschimmelkäse
2 TL Speisestärke
2 EL Wasser
2 Eigelb (Größe M)
2 Eiweiß (Größe M)
Salz
gem. Pfeffer
1 EL klein geschnittene Estragonblättchen

Pro Portion:
E: 11 g, F: 11 g, Kh: 7 g,
kJ: 771, kcal: 184

1. Tomaten abspülen und trocken tupfen. Von den Tomaten jeweils einen Deckel abschneiden und das Fruchtfleisch herauslösen. Die Tomaten umgedreht auf Küchenpapier abtropfen lassen.
2. Den Backofen vorheizen.
Ober-/Unterhitze: etwa 220 °C
Heißluft: etwa 200 °C
3. Milch in einem Topf erhitzen, Käse zerbröseln und in der heißen Milch unter Rühren schmelzen. Speisestärke mit Wasser anrühren, unter die Käsemilch rühren und unter Rühren aufkochen lassen. Käsemilch etwas abkühlen lassen.
4. Eigelb verschlagen und unterrühren. Eiweiß steif schlagen (der Eischnee muss so fest sein, dass ein Messerschnitt sichtbar bleibt) und unter die Käse-Milch-Masse heben. Mit Salz und Pfeffer würzen, die Estragonblättchen unterrühren.
5. Die Käse-Milch-Masse in die Tomaten füllen und die Deckel jeweils darauflegen. Tomaten in eine feuerfeste, flache Auflaufform (gefettet) setzen. Die Form auf dem Rost in den vorgeheizten Backofen schieben. Die Tomaten etwa 15 Minuten backen.

Zucchinirouladen mit Polenta und Pilzen

8–10 Portionen

Zubereitungszeit: 55 Minuten, ohne Einweich- und Abkühlzeit
Backzeit: 20–25 Minuten

40 g getrocknete Steinpilze
750 ml Gemüsebrühe
8 Zucchini (je etwa 200 g)
Salz, 1 Möhre
1 Bund Schnittlauch
70 g Butter
300 g Maisgrieß (Polenta)
3 Eier (Größe M)
gem. Pfeffer
6 EL Olivenöl

Für die Gemüsesauce:
200 g Zwiebeln
2–3 Knoblauchzehen
2 rote Paprikaschoten (etwa 300 g)
4 EL Olivenöl
2 TL gerebelter Thymian
1 Bund glatte Petersilie

Außerdem:
Holzstäbchen

Pro Portion:
E: 10 g, F: 21 g, Kh: 32 g,
kJ: 1493, kcal: 356

1. Pilze mit kaltem Wasser abspülen und abtropfen lassen. Brühe in einem Topf zum Kochen bringen. Den Topf von der Kochstelle nehmen. Pilze darin einweichen.
2. Zucchini abspülen, abtrocknen und die Enden abschneiden. 5 Zucchini in dünne Scheiben hobeln (etwa 16 Scheiben je Zucchini), auf ein Backblech legen und mit Salz bestreuen. Die restlichen Zucchini in Würfel schneiden und beiseitelegen. Möhre putzen, schälen, abspülen, abtropfen lassen und klein würfeln. Schnittlauch abspülen, trocken tupfen und in Röllchen schneiden.
3. Die eingeweichten Pilze mit Brühe und Butter zum Kochen bringen. Möhrenwürfel hinzugeben. Maisgrieß unter Rühren einstreuen, zum Kochen bringen und etwa 2 Minuten unter Rühren bei schwacher Hitze kochen lassen. Den Topf von der Kochstelle nehmen. Eier einzeln mit einem Mixer (Knethaken) unter die Masse rühren. Mit Salz und Pfeffer kräftig würzen. Schnittlauchröllchen unterrühren. Die Polentamasse abkühlen lassen.
4. Den Backofen vorheizen.
Ober-/Unterhitze: etwa 200 °C
Heißluft: etwa 180 °C
5. Die Zucchinischeiben vom Backblech nehmen und trocken tupfen. Für jede Roulade 4 Zucchinischeiben der Länge nach überlappend aneinanderlegen. Die Polentamasse auf die untere Hälfte der Zucchinischeiben streichen, von unten nach oben aufrollen, leicht andrücken (insgesamt 20 Rouladen) und mit Holzstäbchen zusammenhalten.
6. Etwas Olivenöl in einem Bräter erhitzen. Die Rouladen darin portionsweise von allen Seiten anbraten, herausnehmen und auf ein Backblech (mit Backpapier belegt) legen. Das Backblech in den vorgeheizten Backofen schieben und die Rouladen 20–25 Minuten garen.
7. Für die Sauce in der Zwischenzeit Zwiebeln und Knoblauch abziehen, klein würfeln. Paprikaschoten halbieren, entstielen, entkernen und die weißen Scheidewände entfernen. Schoten abspülen, abtropfen lassen und klein würfeln. Olivenöl in einem Topf erhitzen. Zwiebel-, Knoblauch-, Paprikawürfel und Thymian hinzugeben, mit Salz würzen und zugedeckt etwa 10 Minuten bei schwacher Hitze dünsten.
8. Beiseitegelegte Zucchiniwürfel hinzufügen und weitere etwa 10 Minuten dünsten. Petersilie abspülen und trocken tupfen. Die Blättchen von den Stängeln zupfen (einige Blättchen beiseitelegen) und klein schneiden. Sauce mit Salz und Pfeffer würzen, Petersilie unterrühren.
9. Die Gemüsesauce auf einer großen, vorgewärmten Platte anrichten. Die Rouladen (Holzstäbchen entfernen) aus dem Bräter nehmen und auf der Gemüsesauce verteilen. Mit beiseitegelegten Petersilienblättchen garnieren.

Gebackene Tomaten mit Käseschaum

Zucchinirouladen mit Polenta und Pilzen

Eier im Béchamel-Safran-Spinatbett

Blätterteigtaschen mit Spinat-Schafskäse-Füllung

Eier im Béchamel-Safran-Spinatbett

4 Portionen

Zubereitungszeit: 30 Minuten, ohne Auftauzeit
Garzeit: etwa 20 Minuten

1 kg TK-Blattspinat
2 Schalotten
1–2 Knoblauchzehen
1 EL Butter
Salz, gem. Pfeffer
1 Msp. Safran
250 ml Béchamelsauce (Tetrapak)
100 g ger. Emmentaler
4 Eier (Größe M)
1 EL Butter

Pro Portion:
E: 21 g, F: 37 g, Kh: 4 g,
kJ: 1832, kcal: 440

1. TK-Spinat nach Packungsanleitung auftauen, anschließend in einem Sieb abtropfen lassen und evtl. noch etwas ausdrücken.
2. Schalotten und Knoblauch abziehen, in kleine Würfel schneiden. Die Butter in einem Topf zerlassen. Schalotten- und Knoblauchwürfel darin andünsten. Spinat hinzugeben und unter Rühren mitdünsten lassen. Den Spinat so lange dünsten, bis die Flüssigkeit fast verdampft ist. Spinat mit Salz und Pfeffer würzen.
3. Den Backofen vorheizen.
Ober-/Unterhitze: etwa 200 °C
Heißluft: etwa 180 °C
4. Den Safran unter die Béchamelsauce rühren. Den Spinat mit der Safran-Béchamel-Sauce und etwa der Hälfte des Käses in eine Auflaufform (gefettet) geben und vermischen.
5. Vier Mulden in die Spinat-Saucen-Mischung drücken und je 1 aufgeschlagenes Ei in die Mulde geben. Den restlichen Käse darauf verteilen. Butter in Flöckchen daraufsetzen. Die Form auf dem Rost in den vorgeheizten Backofen schieben. Die Eier im Béchamel-Safran-Spinatbett etwa 20 Minuten garen.
6. Eier im Béchamel-Safran-Spinatbett vor dem Servieren mit frisch gemahlenem Pfeffer bestreuen.

Blätterteigtaschen mit Spinat-Schafskäse-Füllung

4 Portionen

Zubereitungszeit: 50 Minuten, ohne Auftauzeit
Garzeit: etwa 20 Minuten

Für den Teig:
450 g TK-Blätterteig
(10 quadratische Scheiben)

Für die Füllung:
1 Zwiebel, 1 EL Speiseöl
225 g TK-Blattspinat
Salz, gem. Pfeffer
ger. Muskatnuss
100 g Schafskäse
evtl. 4 getrocknete Tomaten

Zum Bestreichen und Bestreuen:
1 Ei
2 EL Milch
40 g Pinienkerne oder
40 g gewürfelter Schafskäse

Pro Portion:
E: 17 g, F: 45 g, Kh: 41 g,
kJ: 2698, kcal: 645

1. Für den Teig Blätterteigscheiben nebeneinander nach Packungsanleitung auftauen lassen.
2. Für die Füllung Zwiebel abziehen und in kleine Würfel schneiden. Speiseöl in einer Pfanne erhitzen. Zwiebelwürfel darin andünsten. Den gefrorenen Spinat hinzufügen und bei schwacher Hitze auftauen lassen. Mit Salz, Pfeffer und Muskat würzen.
3. Schafskäse und Tomaten in kleine Würfel schneiden.
4. Den Backofen vorheizen.
Ober-/Unterhitze: etwa 200 °C
Heißluft: etwa 180 °C
5. Zum Bestreichen Ei trennen. Eiweiß verschlagen, die Ränder der Blätterteigscheiben damit bestreichen. Jeweils etwas Spinat, einige Schafskäsewürfel und Tomatenwürfel in die Mitte der Teigscheiben geben. Die Teigscheiben zu Dreiecken zusammenfalten und die Teigränder mithilfe einer Gabel gut zusammendrücken. Die Teigdreiecke auf ein Backblech (gefettet, mit Backpapier belegt) legen.

6. Das Eigelb mit Milch verschlagen, die Teigoberfläche damit bestreichen, mit Pinienkernen oder Schafskäsewürfeln bestreuen. Das Backblech in den vorgeheizten Backofen schieben. Die Blätterteigtaschen etwa 20 Minuten backen.

Brotauflauf mit Datteln und Walnusskernen

4–6 Portionen

Zubereitungszeit: 20 Minuten, ohne Abkühl-, Zieh- und Ruhezeit
Garzeit: etwa 40 Minuten

1 kleine Zwiebel
50 g Butter
250 ml Milch (3,5 % Fett)
1/2 TL gem. Zimt
150 g Weißbrot oder Croissants
140 g Laugenbrot oder Laugenbrezeln
5 Eigelb (Größe M)
150 g entsteinte Datteln
150 g Walnusskerne
5 Eiweiß (Größe M)
Salz, gem. Pfeffer
ger. Muskatnuss

Pro Portion:
E: 18 g, F: 43 g, Kh: 53 g,
kJ: 2806, kcal: 670

1. Die Zwiebel abziehen und in feine Würfel schneiden. Butter in einem Topf zerlassen. Die Zwiebelwürfel darin andünsten. Die Milch unter Rühren hinzugießen, Zimt unterrühren. Die Milch unter Rühren kurz aufkochen, etwas abkühlen lassen.
2. Inzwischen Backofen vorheizen.
Ober-/Unterhitze: etwa 200 °C
Heißluft: etwa 180 °C
3. Das Brot in kleine Würfel schneiden und in eine Schüssel geben. Die etwas abgekühlte Milch und Eigelb hinzugeben und mit den Brotwürfeln vermengen. Die Masse etwas stehen lassen, bis die Flüssigkeit vollständig von den Brotwürfeln aufgesogen ist.
4. Datteln in Ringe schneiden und die Walnusskerne grob hacken. Eiweiß steif schlagen, zusammen mit den Dattelringen und Walnusskernen nach und nach unter die Brotmasse heben. Die Masse mit Salz, Pfeffer und Muskat abschmecken.
5. Die Brotmasse in einer Auflaufform (gefettet, etwa 25 x 30 cm) verteilen. Die Form sollte etwa zu drei Viertel gefüllt sein.
6. Die Form auf dem Rost in den vorgeheizten Backofen (unteres Drittel) schieben. Den Auflauf etwa 40 Minuten garen.
7. Die Form auf einen Rost stellen. Den Auflauf etwa 10 Minuten ruhen lassen und anschließend servieren.

Camembert mit Kartoffeln und Sauergemüse

4 Portionen

Zubereitungszeit: 15 Minuten
Backzeit: etwa 10 Minuten

400 g kleine festkochende Kartoffeln
Salz, Kümmelsamen
2 Knoblauchzehen
4 Camemberts (je 250 g, 45 % Fett)
2 EL Olivenöl
gem. Pfeffer
100 ml trockener kräftiger Weißwein
185 g abgetropfte Cornichons (aus dem Glas)
180–200 g Maiskolben (aus dem Glas)

Außerdem:
4 Bratschläuche

Pro Portion:
E: 54 g, F: 61 g, Kh: 17 g,
kJ: 3609, kcal: 862

1. Kartoffeln gründlich unter fließendem kalten Wasser abbürsten. Kartoffeln in einem Topf knapp mit Wasser bedeckt, zugedeckt zum Kochen bringen, Salz und Kümmel hinzufügen. Die Kartoffeln in 20–25 Minuten gar kochen.
2. Den Backofen vorheizen.
Ober-/Unterhitze: etwa 180 °C
Heißluft: etwa 160 °C
3. In der Zwischenzeit Knoblauch abziehen und sehr klein schneiden. Camembert aus der Packung nehmen und jeweils in die Mitte eine Vertiefung drücken. Camembert mit Olivenöl bestreichen, mit Pfeffer und Knoblauch bestreuen.
4. Den Camembert in jeweils einen Bratschlauch legen und die Vertiefungen mit Wein auffüllen. Die Bratschläuche nach Packungsanleitung verschließen und auf ein Backblech setzen. Das Backblech in den vorgeheizten Backofen schieben. Camembert etwa 10 Minuten backen (der Camembert ist je nach Reifegrad fast zerlaufen).
5. Die garen Kartoffeln abgießen.
6. Die Bratschläuche aufschneiden. Camembert herausnehmen und auf einer vorgewärmten Platte anrichten. Kartoffeln, Cornichons und Maiskolben als Beilage zum Camembert reichen.

Brotauflauf mit Datteln und Walnusskernen

Camembert mit Kartoffeln und Sauergemüse

Gemüsefladen

insgesamt 24 Fladen

Zubereitungszeit: 65 Minuten, ohne Teiggehzeit
Backzeit: 15–20 Minuten je Backblech

Für den Hefeteig (für 24 Fladen):
42 g frische Hefe
500 ml lauwarmes Wasser
600 g Vollkorn-Weizenmehl
Salz

Für den Tomatenbelag (für 12 Fladen):
8–9 Tomaten
1/2 Topf Basilikum
gem. Pfeffer
ger. Käse

Für den Zucchinibelag (für 12 Fladen):
8–9 kleine Zucchini
3–4 Knoblauchzehen
4–5 TL Olivenöl
1/2 Topf Basilikum
ger. Käse

Pro Stück Fladen mit Tomatenbelag:
E: 11 g, F: 10 g, Kh: 17 g,
kJ: 851, kcal: 203
Pro Stück Fladen mit Zucchinibelag:
E: 13 g, F: 12 g, Kh: 18 g,
kJ: 973, kcal: 233

1. Für den Teig die Hefe in einer kleinen Schüssel zerbröseln, 5–6 Esslöffel von dem Wasser hinzugeben und mit einer Gabel vermischen. Das Mehl in eine Rührschüssel geben und in die Mitte eine Vertiefung eindrücken. Die Hefemischung hineingeben und mit etwas Mehl verrühren. Etwas von dem Mehl darüberstäuben. Die Rührschüssel zugedeckt etwa 15 Minuten an einem warmen Ort stehen lassen.
2. Anschließend das restliche Wasser (gut 400 ml) und etwas Salz hinzugeben und alles mit einem Mixer (Knethaken) zunächst kurz auf niedrigster, dann auf höchster Stufe in etwa 5 Minuten zu einem glatten Teig verkneten. Den Teig nochmals zugedeckt so lange an einem warmen Ort gehen lassen, bis er sich sichtbar vergrößert hat (etwa 30 Minuten).
3. Den gegangenen Hefeteig leicht mit Mehl bestäuben, aus der Schüssel nehmen, dann auf der bemehlten Arbeitsfläche nochmals gut durchkneten und etwa 1 cm dick ausrollen. 24 runde Fladen (Ø etwa 12 cm) ausschneiden oder mit einer kleinen Glasschüssel ausstechen. 12 Fladen zunächst zugedeckt in den Kühlschrank stellen.
4. Den Backofen vorheizen.
Ober-/Unterhitze: etwa 200 °C
Heißluft: etwa 180 °C
5. Für den Tomatenbelag die Tomaten abspülen, abtrocknen und die Stängelansätze entfernen. Tomaten in Scheiben schneiden. Basilikum abspülen und trocken tupfen, die Blättchen von den Stängeln zupfen, Blättchen in Streifen schneiden.
6. Tomatenscheiben auf 12 Fladen legen, mit Salz und Pfeffer würzen, mit Basilikumstreifen und Käse bestreuen. Die Fladen auf ein Backblech (mit Backpapier belegt) legen. Das Backblech in den vorgeheizten Backofen schieben. Die Fladen 15–20 Minuten backen.
7. In der Zwischenzeit die kalt gestellten 12 Fladen mit einem Zucchinibelag zubereiten. Dazu Zucchini abspülen, abtrocknen und die Enden abschneiden. Zucchini in dünne Scheiben schneiden. Knoblauch abziehen und klein schneiden. Olivenöl in einer Pfanne erhitzen. Die Zucchinischeiben darin von beiden Seiten anbraten, mit Knoblauch und etwas Salz würzen. Basilikum abspülen und trocken tupfen. Die Blättchen von den Stängeln zupfen, Blättchen in Streifen schneiden.
8. Die restlichen 12 Fladen mit den Zucchinischeiben belegen, mit Basilikumstreifen und Käse bestreuen und auf ein Backblech (mit Backpapier belegt) legen. Das Backblech in den heißen Backofen schieben und restliche Gemüsefladen bei gleicher Backofentemperatur 15–20 Minuten backen.

Folienkartoffeln mit Kräuterquark

4 Portionen

Zubereitungszeit: 20 Minuten
Garzeit: 45–60 Minuten

8 mittelgroße Kartoffeln
Salz
1–2 EL Speiseöl

Gemüsefladen

Für die Füllung:
200 g Speisequark (40 % Fett)
2 EL Crème fraîche
1 große Zwiebel
1 EL Schnittlauchröllchen
1 EL gehackte Pimpinelle
gem. Pfeffer

Außerdem:
8 Bögen Alufolie

Pro Portion:
E: 11 g, F: 13 g, Kh: 42 g,
kJ: 1411, kcal: 337

1. Den Backofen vorheizen.
Ober-/Unterhitze: etwa 200 °C
Heißluft: etwa 180 °C
2. Kartoffeln unter fließendem kalten Wasser sehr gründlich abbürsten, trocken tupfen und schräg einschneiden. Die Einschnitte mit Salz bestreuen.
3. Acht Bögen Alufolie mit Speiseöl bestreichen. Die Kartoffeln einzeln darin einwickeln und auf ein Backblech legen. Das Backblech in den vorgeheizten Backofen schieben. Die Kartoffeln 45–60 Minuten garen.
4. Für die Füllung in der Zwischenzeit Quark mit Crème fraîche verrühren. Zwiebel abziehen, sehr klein würfeln, mit Schnittlauch und Pimpinelle unter die Quark-Crème-fraîche-Masse rühren, mit Salz und Pfeffer würzen.
5. Die garen Kartoffeln vom Backblech nehmen und die Alufolie öffnen. Die Kartoffeln mit 2 Gabeln aufbrechen und den Kräuterquark darauf verteilen.

Tipp: Die Kartoffeln statt mit Kräuterquark mit Kräuterbutter füllen. Dafür in jeder Kartoffel mit einem Apfelausstecher ein Loch ausstechen und mit Kräuterbutter füllen. Die Kartoffeln in Alufolie gewickelt wie unter Punkt 3 beschrieben garen.

Gefüllte Rote Bete mit grünen Linsen und Schafskäse

2 Portionen

Zubereitungszeit: 25 Minuten
Garzeit: etwa 25 Minuten

Zum Vorbereiten:
100 g grüne Linsen

500 g gegarte Rote Bete (vakuumverpackt)
1 kleine Möhre (etwa 60 g)
60 g Staudensellerie
1 rote Zwiebel
1 Knoblauchzehe
1 rote Chilischote
1 EL Olivenöl
Salz
gem. Pfeffer
2 EL Crème fraîche
2 EL Schnittlauchröllchen
60 g Schafskäse
100 ml Gemüsebrühe

Pro Portion:
E: 22 g, F: 38 g, Kh: 51 g,
kJ: 2679, kcal: 640

1. Zum Vorbereiten Linsen nach Packungsanleitung zubereiten. Linsen in einem Sieb abtropfen und abkühlen lassen.
2. Von den Rote-Bete-Kugeln die Kappen abschneiden und die Böden evtl. gerade schneiden. Rote-Bete-Kugeln so mit einem Ausstecher aushöhlen, dass ein Rand stehen bleibt. Das ausgehöhlte Fruchtfleisch grob hacken.
3. Möhre putzen, abspülen, abtropfen lassen und sehr klein würfeln. Staudensellerie putzen und die harten Außenfäden abziehen. Sellerie klein würfeln. Zwiebel und Knoblauch abziehen, ebenfalls in kleine Würfel schneiden. Chilischote abspülen, abtropfen lassen und entstielen. Chili in feine Ringe schneiden.
4. Den Backofen vorheizen.
Ober-/Unterhitze: etwa 200 °C
Heißluft: etwa 180 °C
5. Olivenöl in einem Topf erhitzen. Möhren-, Sellerie-, Zwiebel-, Knoblauchwürfel und Chiliringe darin andünsten. Die vorbereiteten Linsen hinzugeben. Mit Salz und Pfeffer würzen. Crème fraîche, Rote-Bete-Fruchtfleisch und die Schnittlauchröllchen unterrühren.
6. Die Linsenmasse in den ausgehöhlten Rote-Bete-Kugeln verteilen und in eine feuerfeste Form (gefettet) setzen. Schafskäse zerbröseln und daraufstreuen. Die Gemüsebrühe hinzugießen. Die Form auf dem Rost in den vorgeheizten Backofen schieben. Die gefüllte Rote Bete etwa 25 Minuten garen.

Fenchelschalen mit Zucchinifüllung

4 Portionen

Zubereitungszeit: 40 Minuten, ohne Abkühlzeit
Garzeit: etwa 20 Minuten

4 mittelgroße Fenchelknollen
250 ml Salzwasser

Für die Füllung:
1 kleine Zucchini
1 kleine Zwiebel
4 EL Olivenöl
2 Knoblauchzehen
2 Tomaten
1 Brötchen (Semmel) vom Vortag
1 Bund Petersilie
2 fein geschnittene Basilikumblätter
Salz, gem. Pfeffer
1 Ei (Größe M)
40 g ger. Parmesan
40 g Butter

Zum Garnieren:
einige Dillspitzen

Außerdem:
4 Bögen Alufolie

Pro Portion:
E: 13 g, F: 24 g, Kh: 15 g,
kJ: 1390, kcal: 333

1. Von den Fenchelknollen die Stiele dicht oberhalb der Knollen abschneiden, braune Stellen und Blätter entfernen, Fenchelgrün abspülen, trocken tupfen, klein schneiden und beiseitelegen. Fenchelknollen abspülen, abtropfen lassen und halbieren. Die Fenchelhälften so aushöhlen, dass jeweils die äußere Schale ganz bleibt. Fenchelfleisch in kleine Würfel schneiden. Fenchelschalen in kochendem Salzwasser etwa 8 Minuten garen, mit einer Schaumkelle herausnehmen und in einem Sieb abtropfen lassen.
2. Für die Füllung Zucchini abspülen, abtrocknen und die Enden abschneiden. Zucchini in kleine Würfel schneiden. Zwiebel abziehen und fein würfeln. Olivenöl in einem Topf erhitzen. Fenchel-, Zucchini-, Zwiebelwürfel und beiseitegelegtes Fenchelgrün darin unter Rühren andünsten, abkühlen lassen.
3. Knoblauch abziehen und fein würfeln. Tomaten kreuzweise einschneiden und mit kochendem Wasser übergießen. Nach 1–2 Minuten herausnehmen und mit kaltem Wasser abschrecken. Tomaten häuten, halbieren und die Stängelansätze herausschneiden. Tomaten in kleine Würfel schneiden. Die vorbereiteten Gemüsezutaten in eine Schüssel geben.
4. Den Backofen vorheizen.
Ober-/Unterhitze: etwa 200 °C
Heißluft: etwa 180 °C
5. Brötchen in kaltem Wasser einweichen, ausdrücken und mit den Gemüsezutaten vermengen. Petersilie abspülen und trocken tupfen. Die Blättchen von den Stängeln zupfen. Blättchen klein schneiden. Petersilie und Basilikum unter die Gemüsemasse mischen, mit Salz und Pfeffer würzen. Ei untermischen. Die Füllung in den Fenchelschalen verteilen, mit Käse bestreuen und Butterflöckchen daraufsetzen.
6. Jeweils 2 gefüllte Fenchelschalen auf ein großes Stück Alufolie (gefettet) setzen, fest verschließen und auf ein Backblech legen. Das Backblech in den vorgeheizten Backofen schieben. Die Fenchelschalen etwa 10 Minuten garen.

Fenchelschalen mit Zucchinifüllung

7. Die Folienpäckchen öffnen und alles noch weitere etwa 10 Minuten bei gleicher Backofentemperatur garen. Die Fenchelschalen mit abgespülten und trocken getupften Dillspitzen garniert servieren.

Frühlings-Gemüse-Wähe

4 Portionen

Zubereitungszeit: 25 Minuten
Garzeit: 20–25 Minuten

Für den Belag:
150 g Möhren
150 g Kohlrabi
150 g Zuckerschoten
250 ml Gemüsebrühe

Für den Guss:
200 g ger. Gouda
150 g Crème fraîche
2 Eier (Größe M)
1–2 EL Milch
1 TL Speisestärke
Salz
gem. Pfeffer

230 g Blätterteig
(aus dem Kühlregal, Ø 32 cm)
einige Stängel Kerbel

Pro Portion:
E: 22 g, F: 42 g, Kh: 27 g,
kJ: 2390, kcal: 573

1. Für den Belag die Möhren putzen. Kohlrabi und Möhren schälen, abspülen, abtropfen lassen und in dünne Scheiben schneiden. Von den Zuckerschoten die Enden abschneiden, evtl. abfädeln. Schoten abspülen und abtropfen lassen.
2. Gemüsebrühe in einem Topf zum Kochen bringen. Die einzelnen Gemüsesorten darin nacheinander jeweils etwa 3 Minuten garen. Das Gemüse jeweils mit einem Schaumlöffel herausnehmen und in einem Sieb gut abtropfen lassen.
3. Den Backofen vorheizen.
Ober-/Unterhitze: etwa 200 °C
Heißluft: etwa 180 °C
4. Für den Guss den Käse mit Crème fraîche, Eiern, Milch und Speisestärke verrühren, mit Salz und Pfeffer würzen.
5. Den Blätterteig in eine Tarteform (Ø etwa 28 cm, gefettet) legen. Etwa ein Drittel von dem Guss auf den Teigboden geben und glatt streichen. Das Gemüse daraufgeben und den restlichen Guss darauf verteilen. Die Form auf dem Rost in den vorgeheizten Backofen (unteres Drittel) schieben. Die Wähe 20–25 Minuten garen.
6. Kerbel abspülen und trocken tupfen. Die Blättchen von den Stängeln zupfen.
7. Die Frühlings-Gemüse-Wähe mit den Kerbelblättchen garniert warm servieren.

Enchiladas

4–6 Portionen

Zubereitungszeit: 30 Minuten
Garzeit: etwa 20 Minuten

Für die Tomatensauce:
1 Zwiebel
2 EL Olivenöl
400 g passierte Tomaten (Tetrapak)
1 Knoblauchzehe
1 EL Balsamico-Essig
2 EL Tomatenmark
1 TL flüssiger Honig
Salz, gem. Pfeffer

Für die Füllung:
2 rote Zwiebeln
2 EL Olivenöl
255 g abgetropfte Kidneybohnen (aus der Dose)
240 g abgetropfter Gemüsemais (aus der Dose)
500 g Tomaten
1/2 Bund Oregano
Cayennepfeffer
300 g mittelalter Gouda

8 Wraps (Tortilla-Weizenmehl-Fladen, 360 g)

Pro Portion:
E: 26 g, F: 35 g, Kh: 58 g,
kJ: 2774, kcal: 662

1. Für die Sauce die Zwiebel abziehen und fein würfeln. Olivenöl in einem Topf erhitzen, die Zwiebelwürfel darin andünsten. Passierte Tomaten hinzugeben und einige Minuten mitdünsten lassen. Knoblauch abziehen, durch eine Knoblauchpresse drücken und hinzugeben. Mit Balsamico-Essig, Tomatenmark, Honig, Salz und Pfeffer würzen.
2. Für die Füllung Zwiebeln abziehen, vierteln und in Streifen schneiden. Olivenöl in einer Pfanne erhitzen. Zwiebelstreifen darin andünsten. Bohnen und Mais hinzugeben.
3. Tomaten abspülen, abtropfen lassen, vierteln und die Stängelansätze herausschneiden, Tomaten würfeln. Oregano abspülen und trocken tupfen. Die Blättchen von den Stängeln zupfen, Blättchen klein schneiden. Tomatenwürfel und Oregano zu dem Gemüse in die Pfanne geben, unterrühren, mit Salz und Cayennepfeffer würzen.
4. Den Backofen vorheizen.
Ober-/Unterhitze: etwa 200 °C
Heißluft: etwa 180 °C
5. Gouda reiben. Tortillas auf der Arbeitsfläche ausbreiten. Die Füllung und etwa zwei Drittel des Käses darauf verteilen. Die Tortillas aufrollen, nebeneinander in eine Auflaufform (gefettet) legen und mit der Tomatensauce übergießen. Restlichen Käse daraufstreuen.
6. Die Form auf dem Rost in den vorgeheizten Backofen schieben. Enchiladas etwa 20 Minuten garen.

Frühlings-Gemüse-Wähe

Enchiladas

French-Toast-Auflauf

4 Portionen

Zubereitungszeit: 45 Minuten, ohne Abkühlzeit
Garzeit: 30–35 Minuten

3 rote Paprikaschoten (je etwa 250 g)
275 g Zucchini
1 Knoblauchzehe
2 EL Olivenöl
Salz, gem. Pfeffer
12 Scheiben Toastbrot
50 g Pesto rosso (aus getrockneten Tomaten)
200 g abgetropfter Mozzarella
2 Eier (Größe M)
200 ml Milch (3,5 % Fett)
75 g fein ger. Parmesan
1 Stängel Rosmarin

Pro Portion:
E: 29 g, F: 36 g, Kh: 51 g, kJ: 2696, kcal: 646

1. Den Backofengrill vorheizen.
2. Paprikaschoten vierteln, entstielen, entkernen, weiße Scheidewände entfernen. Schotenviertel abspülen, trocken tupfen, mit der Hautseite nach oben auf ein Backblech (gefettet) legen. Das Backblech unter den vorgeheizten Backofengrill schieben. Paprikaviertel so lange rösten, bis die Haut dunkel wird und Blasen wirft (6–8 Minuten). Das Backblech auf einen Rost stellen. Paprikaviertel mit einem feuchten Geschirrtuch belegen, etwas abkühlen lassen und anschließend häuten.
3. Zucchini abspülen, abtrocknen und die Enden abschneiden. Zucchini in etwa 1 cm dicke Scheiben schneiden. Den Knoblauch abziehen und in dünne Scheiben schneiden. Olivenöl in einer großen Pfanne erhitzen. Zucchini- und Knoblauchscheiben darin bei starker Hitze von beiden Seiten kurz anbraten. Mit Salz und Pfeffer würzen.
4. Die Toastbrotscheiben im Toaster goldbraun rösten oder unter dem vorgeheizten Backofengrill von beiden Seiten rösten.
5. Den Backofen vorheizen.
Ober-/Unterhitze: etwa 180 °C
Heißluft: etwa 160 °C
6. Die Toastbrotscheiben auf einer Seite mit Pesto bestreichen. Die Hälfte der Brotscheiben mit der bestrichenen Seite nach oben nebeneinander in eine rechteckige Auflaufform (gefettet) legen. Mit Paprikavierteln und Zucchinischeiben belegen. Mozzarella etwas auseinanderzupfen und auf den Brotscheiben verteilen. Die restlichen Brotscheiben mit der bestrichenen Seite nach unten darauflegen und etwas andrücken. Eier mit Milch und Parmesan verschlagen, mit Salz und Pfeffer würzen. Die Eier-Parmesan-Milch auf dem Auflauf verteilen.
7. Rosmarin abspülen und trocken tupfen. Die Nadeln von dem Stängel zupfen. Den Auflauf mit Rosmarinnadeln bestreuen. Die Form auf dem Rost in den vorgeheizten Backofen (unteres Drittel) schieben. Den Auflauf 30–35 Minuten garen.
8. Die Form aus dem Backofen nehmen. Den Auflauf sofort servieren.

French-Toast-Auflauf

Kürbis, vegetarisch gefüllt

4 Portionen

Zubereitungszeit: 30 Minuten, ohne Durchziehzeit
Garzeit: etwa 2 Stunden

1 Markkürbis (etwa 3 kg mit weicher Schale)
3 EL Sojasauce
2 EL Zitronensaft
1 EL Worcestersauce
1 TL flüssiger Honig
1 abgezogene, zerdrückte Knoblauchzehe, gem. Pfeffer

Für die Füllung:
je 1 rote, grüne und gelbe Paprikaschote (je etwa 200 g)
2 EL Butter
200 g Langkornreis
500 ml Gemüsebrühe
400 g Ananas-Fruchtfleisch (aus dem Kühlregal)
6 Frühlingszwiebeln
200 g abgetropfter Mozzarella
250 g Sojabohnenkeimlinge
1/2 TL abgeriebene Bio-Zitronenschale (unbehandelt, ungewachst)
1 abgezogene, zerdrückte Knoblauchzehe
Sojasauce

Pro Portion:
E: 23 g, F: 22 g, Kh: 71 g, kJ: 2437, kcal: 583

Kürbis, vegetarisch gefüllt

Gefüllte Kartoffeln mit Rahmkraut

1. Den Kürbis waschen und abtrocknen. Vom Kürbis einen Deckel abschneiden. Kürbis aushöhlen, dabei einen etwa 2 cm breiten Rand stehen lassen. Den faserigen Innenteil und die Kerne entfernen. Wurzelansatz gerade schneiden, damit der Kürbis gerade steht. Dabei darauf achten, dass der Boden geschlossen bleibt.
2. Die Sojasauce mit Zitronensaft, Worcestersauce, Honig und Knoblauch verrühren, mit Pfeffer würzen. Den Kürbis innen mit der Marinade ausstreichen und etwa 1 Stunde durchziehen lassen.
3. In der Zwischenzeit für die Füllung Paprikaschoten halbieren, entstielen, entkernen und die weißen Scheidewände entfernen. Schoten abspülen, abtropfen lassen und in kleine Würfel schneiden.
4. Butter in einem Topf zerlassen. Die Paprikawürfel darin andünsten, Langkornreis hinzugeben und mitdünsten lassen, mit Brühe ablöschen, zum Kochen bringen und etwa 15 Minuten garen.
5. Den Backofen vorheizen.
Ober-/Unterhitze: etwa 200 °C
Heißluft: etwa 180 °C
6. Die Ananas in Stücke schneiden. Frühlingszwiebeln putzen, abspülen, abtropfen lassen und in Scheiben schneiden. Mozzarella in Würfel schneiden. Sojabohnenkeimlinge in ein Sieb geben, mit kaltem Wasser abspülen und abtropfen lassen.
7. Ananasstücke, Frühlingszwiebelscheiben, Mozzarellawürfel, Sojabohnenkeimlinge, Zitronenschale und Knoblauch zum gegarten Paprika-Reis geben und gut untermischen, mit Sojasauce abschmecken. Die Füllung in dem Kürbis verteilen und den Deckel auflegen.
8. Den gefüllten Kürbis in eine Fettpfanne setzen und in den vorgeheizten Backofen schieben. Den Kürbis etwa 2 Stunden garen. Während der Garzeit ab und zu etwas Wasser in die Fettpfanne gießen.

Gefüllte Kartoffeln mit Rahmkraut

4 Portionen

Zubereitungszeit: 40 Minuten
Überbackzeit: etwa 10 Minuten

12 mittelgroße festkochende Kartoffeln (etwa 1,2 kg)
460 g abgetropftes Sauerkraut (fertig gekocht, aus der Dose)
2 Knoblauchzehen
1 EL Sonnenblumenöl
125 g Crème double
Salz, gem. Pfeffer
2 EL flüssiger Honig
2 EL Speisestärke
etwas Sauerkrautsaft (aus der Dose)
2 EL TK-Petersilie, 60 g ger. Gouda

Pro Portion:
E: 9 g, F: 25 g, Kh: 42 g,
kJ: 1846, kcal: 443

1. Die Kartoffeln gründlich unter fließendem kalten Wasser abbürsten, in einem Topf knapp mit Wasser bedeckt, zugedeckt zum Kochen bringen und etwa 20 Minuten kochen lassen.
2. In der Zwischenzeit von dem Sauerkraut den Saft auffangen. Knoblauch abziehen und durch eine Knoblauchpresse drücken. Sonnenblumenöl in einem Topf erhitzen. Den Knoblauch darin andünsten, Sauerkraut hinzugeben und mitdünsten lassen. Crème double unterrühren. Rahmkraut zum Kochen bringen und etwa 10 Minuten kochen lassen. Das Rahmkraut mit Salz, Pfeffer und Honig würzen.
3. Den Backofen vorheizen.
Ober-/Unterhitze: etwa 220 °C
Heißluft: etwa 200 °C
4. Speisestärke mit etwas von dem aufgefangenen Sauerkrautsaft anrühren, unter das Rahmkraut rühren und unter Rühren kurz aufkochen lassen, sodass das Rahmkraut leicht gebunden ist. Danach die Petersilie unterrühren.
5. Die garen Kartoffeln abgießen. Von den Kartoffeln waagerecht einen Deckel abschneiden. Kartoffeln mit einem Ausstecher aushöhlen. Das Rahmkraut in den Kartoffeln verteilen und den geriebenen Käse darauf streuen.
6. Die gefüllten Kartoffeln mit Rahmkraut in eine Auflaufform (gefettet) setzen. Die Kartoffeln etwa 10 Minuten überbacken.

Gemischtes, gedünstetes Kohlgemüse

6 Portionen

Zubereitungszeit: 40 Minuten
Garzeit: etwa 20 Minuten

1 kleiner Blumenkohl (etwa 500 g)
250 g Brokkoli
1 Kohlrabi (etwa 400 g)
400 g Rosenkohl
350 g Wirsing
Salz, gem. Pfeffer
ger. Muskatnuss
100 g Butter oder Margarine
100 g gehackte Erdnusskerne
50 g Semmelbrösel

Pro Portion:
E: 14 g, F: 23 g, Kh: 15 g,
kJ: 1337, kcal: 319

1. Von dem Blumenkohl und Brokkoli die Blätter und schlechten Stellen entfernen. Von dem Blumenkohl den Strunk abschneiden. Blumenkohl und Brokkoli abspülen, abtropfen lassen und in Röschen teilen. Kohlrabi putzen, schälen, abspülen, abtropfen lassen. Kohlrabi zunächst in Scheiben, dann in Stifte schneiden.
2. Rosenkohl von den schlechten, äußeren Blättern befreien und etwas vom Strunk abschneiden. Röschen am Strunk kreuzweise einschneiden, abspülen und abtropfen lassen. Von dem Wirsing die groben, äußeren Blätter lösen. Wirsing vierteln und den Strunk herausschneiden. Wirsing abspülen, abtropfen lassen und grob würfeln.
3. Den Backofen vorheizen.
Ober-/Unterhitze: etwa 180 °C
Heißluft: etwa 160 °C
4. Das vorbereitete Gemüse getrennt voneinander in kochendem Salzwasser 3–4 Minuten bissfest garen. Anschließend das Gemüse in ein Sieb geben, mit eiskaltem Wasser abschrecken und abtropfen lassen.
5. Die einzelnen Gemüsesorten nebeneinander in eine große, flache Auflaufform (gefettet, mit Backpapier belegt) legen. Mit Salz, Pfeffer und Muskat würzen.
6. Butter oder Margarine in einer Pfanne zerlassen. Erdnusskerne und Semmelbrösel darin unter Rühren leicht anrösten, herausnehmen und auf den Gemüsesorten verteilen. Die Form auf dem Rost in den vorgeheizten Backofen schieben. Das Kohlgemüse etwa 20 Minuten garen.

Gemischtes, gedünstetes Kohlgemüse

Gemüseauflauf

4 Portionen (ohne Foto)

Zubereitungszeit: 45 Minuten
Garzeit: etwa 45 Minuten

1 kg mehligkochende Kartoffeln
1 gestr. TL Salz
250 g Porree (Lauch)
250 g Auberginen
250 g Zucchini
125 ml heiße Milch (3,5 % Fett)
150 g Schlagsahne
Salz
ger. Muskatnuss
30 g Butter oder Margarine
gem. Pfeffer
2 EL klein geschnittene, glatte Petersilie
150 g ger. mittelalter Gouda
etwa 3 EL Sonnenblumenkerne

Pro Portion:
E: 20 g, F: 38 g, Kh: 37 g,
kJ: 2449, kcal: 585

1. Die Kartoffeln schälen, abspülen, abtropfen lassen und in Stücke schneiden. Kartoffelstücke in einem Topf knapp mit Wasser bedeckt, zugedeckt zum Kochen bringen, Salz hinzufügen. Die Kartoffeln 20–25 Minuten garen.
2. In der Zwischenzeit Porree putzen, die Stangen längs halbieren, gründlich waschen, abtropfen lassen und in Streifen schneiden.
3. Auberginen und Zucchini abspülen, abtrocknen und die Stängelansätze bzw. Enden abschneiden. Auberginen und Zucchini in Scheiben schneiden.
4. Den Backofen vorheizen.
Ober-/Unterhitze: etwa 200 °C
Heißluft: etwa 180 °C
5. Die gegarten Kartoffeln abgießen, abdämpfen und sofort durch eine Kartoffelpresse drücken oder mit einem Kartoffelstampfer zerdrücken. Die Kartoffelmasse mit Milch und Sahne verrühren, mit Salz und Muskat würzen.
6. Butter oder Margarine in einer Pfanne zerlassen. Das vorbereitete Gemüse darin 1–2 Minuten unter Rühren dünsten. Gemüse mit Salz und Pfeffer würzen und in eine flache Auflaufform (gefettet, etwa 2 1/2-Liter-Inhalt) geben und mit Petersilie bestreuen. Die Hälfte des Käses daraufstreuen. Die Kartoffelmasse darauf verteilen und mit dem restlichen Käse und den Sonnenblumenkernen bestreuen.
7. Die Form auf dem Rost in den vorgeheizten Backofen schieben. Den Gemüseauflauf etwa 45 Minuten garen.
8. Die Form aus dem Backofen nehmen. Den Auflauf etwas abkühlen lassen und servieren.

Veggie-Moussaka
6 Portionen

Zubereitungszeit: 40 Minuten
Garzeit: etwa 20 Minuten

2 Zwiebeln
2 Knoblauchzehen
3 Zucchini (je etwa 250 g)
5 Tomaten
1 Stängel Thymian
1 Stängel Rosmarin
3 große Auberginen (je etwa 400 g)
Salz, gem. bunter Pfeffer
3 EL Weizenmehl
150 ml Olivenöl
100 g frisch ger. Parmesan

Pro Portion:
E: 11 g, F: 30 g, Kh: 14 g,
kJ: 1541, kcal: 367

1. Zwiebeln und Knoblauch abziehen, in kleine Würfel schneiden. Zucchini abspülen, abtrocknen und die Stängelansätze entfernen. Zucchini in Würfel schneiden.
2. Tomaten abspülen, abtropfen lassen, halbieren, entkernen und die Stängelansätze herausschneiden. Tomaten in Würfel schneiden.
3. Den Backofen vorheizen.
Ober-/Unterhitze: etwa 200 °C
Heißluft: etwa 180 °C
4. Thymian und Rosmarin abspülen und trocken tupfen. Die Blättchen bzw. Nadeln von den Stängeln zupfen und klein schneiden.
5. Auberginen abspülen, abtrocknen und die Enden abschneiden. Auberginen in etwa 1/2 cm dicke Scheiben schneiden. Auberginen mit Salz, Pfeffer und Knoblauchwürfeln würzen. Auberginenscheiben in Mehl wenden.
6. Jeweils etwas Olivenöl in einer großen Pfanne erhitzen. Die Auberginenscheiben darin portionsweise von beiden Seiten anbraten, herausnehmen und in einer großen, flachen Auflaufform fächerartig anrichten, warm stellen.
7. Vier Esslöffel des restlichen Olivenöls in einer Pfanne erhitzen. Die Zwiebelwürfel darin andünsten. Zucchini-, Tomatenwürfel und Kräuter unterrühren und mitdünsten lassen, mit Salz und Pfeffer würzen.
8. Die Gemüsemasse in den Zwischenräumen der Auberginenscheiben verteilen und mit Parmesan bestreuen. Mit restlichem Olivenöl beträufeln. Die Form auf dem Rost in den vorgeheizten Backofen schieben. Moussaka etwa 20 Minuten garen.

Veggie-Moussaka

Kleine Pilzquiches
12 Stück

Zubereitungszeit: 50 Minuten, ohne Auftau-, Abkühl- und Ruhezeit
Backzeit: 25–30 Minuten

Für den Teig:
450 g TK-Blätterteig (6 Platten)

Für die Füllung:
500 g Champignons
2 Frühlingszwiebeln
2 EL Olivenöl
Salz, gem. Pfeffer
1 Scheibe Toastbrot
30 g ger. Emmentaler
200 g Schmand (Sauerrahm)
2 Eier (Größe M)
Paprikapulver rosenscharf

Pro Stück:
E: 6 g, F: 15 g, Kh: 14 g,
kJ: 898, kcal: 215

1. Für den Teig Blätterteigplatten nebeneinander nach Packungsanleitung auftauen lassen.

Kleine Pilzquiches

2. Für die Füllung Champignons putzen, evtl. kurz abspülen, trocken tupfen und vierteln. Frühlingszwiebeln putzen, abspülen, abtropfen lassen, in dünne Scheiben schneiden.
3. Olivenöl in einer Pfanne erhitzen. Champignonviertel darin unter Rühren goldbraun braten. Mit Salz und Pfeffer würzen, Frühlingszwiebelscheiben unterheben. Die Champignonmasse erkalten lassen.
4. Den Backofen vorheizen.
Ober-/Unterhitze: etwa 200 °C
Heißluft: etwa 180 °C
5. Die Toastbrotscheibe mit einem Schneidstab zerbröseln, mit Emmentaler vermischen.
6. Schmand und Eier verschlagen, mit Salz, Pfeffer und Paprika würzen.
7. Je 3 Blätterteigplatten aufeinanderlegen, auf einer leicht bemehlten Arbeitsfläche zu je einem Rechteck (etwa 33 x 23 cm) ausrollen und etwa 5 Minuten ruhen lassen.
8. Aus den Blätterteigrechtecken jeweils 6 runde Platten (Ø etwa 11 cm) ausstechen. Die Teigplatten in eine Muffinform (für 12 Muffins, gefettet) legen. Teigboden jeweils mit einer Gabel mehrmals einstechen. Die Champignonmasse auf dem Teig verteilen. Schmand-Eier-Masse darauf geben und mit der Brot-Käse-Mischung bestreuen. Die Form auf dem Rost in den vorgeheizten Backofen schieben. Die Pilzquiches 25–30 Minuten backen.
9. Die Form auf einen Kuchenrost stellen. Die Pilzquiche etwa 10 Minuten in der Form abkühlen lassen, dann aus der Form lösen und sofort servieren.

Paprika-Auberginen-Pie

4–6 Portionen

Zubereitungszeit: 65 Minuten, ohne Kühlzeit
Backzeit: 35–40 Minuten

Für den Teig:
325 g Weizenmehl
100 g Maismehl
1/2 gestr. TL Salz
1 TL Zucker
125 g kalte Butter
175 g gut gekühlte Buttermilch

700 g Auberginen
450 g rote Paprikaschoten
125 g Zwiebeln
2 Knoblauchzehen
6 EL Olivenöl
1 TL Fenchelsamen
125 ml trockener Weißwein
2 Stängel Rosmarin
etwa 20 schwarze Oliven, mit Stein
Salz, gem. schwarzer Pfeffer
200 g Cocktailtomaten
125 g Parmesan (am Stück)
100 g Semmelbrösel
10 schöne Basilikumblättchen

Pro Portion:
E: 23 g, F: 47 g, Kh: 90 g,
kJ: 3747, kcal: 895

1. Für den Teig Mehl, Maismehl, Salz und Zucker in einer Rührschüssel mischen. Klein gewürfelte Butter mit den Händen krümelig untermischen (nicht kneten). Buttermilch schnell untermengen. Die Zutaten kurz geschmeidig kneten. Den Teig flach drücken, in Frischhaltefolie wickeln und 3–4 Stunden in den Kühlschrank legen.
2. Auberginen abspülen, abtrocknen und die Stängelansätze entfernen. Auberginen in etwa 2 cm große Würfel schneiden. Paprikaschoten halbieren, entstielen, entkernen und die weißen Scheidewände entfernen. Schoten abspülen, abtropfen lassen, in etwa 2 cm große Stücke schneiden. Zwiebeln und Knoblauch abziehen. Zwiebeln in kleine Würfel, Knoblauchzehen in dünne Scheiben schneiden.
3. Olivenöl in einem Topf erhitzen. Auberginenwürfel, Paprikastücke, Zwiebelwürfel, Knoblauchscheiben und Fenchelsamen darin evtl. in 2 Portionen kräftig andünsten. Die Zutaten mit Wein ablöschen, ganz einkochen lassen.
4. Den Backofen vorheizen.
Ober-/Unterhitze: etwa 200 °C
Heißluft: etwa 180 °C
5. Rosmarin abspülen, trocken tupfen. Die Nadeln von den Stängeln zupfen. Nadeln fein hacken, unter das Auberginen-Paprika-Gemüse geben. Oliven vom Stein schneiden und untermischen. Mit Salz und Pfeffer würzen. Tomaten abspülen, trocken tupfen, halbieren und evtl. die Stängelabsätze herausschneiden. Parmesan grob reiben.
6. Den Teig auf einer bemehlten Arbeitsfläche zu einem Oval (etwa 48 x 35 cm) ausrollen und vorsichtig auf ein Backblech (30 x 40 cm, mit Backpapier belegt) legen, dabei die Teigränder überhängen lassen. Den Teig so belegen, dass ein etwa 10 cm breiter Rand frei bleibt. Dafür zuerst den Teig mit Semmelbröseln bestreuen. Dann den Parmesan darauf verteilen. Zuletzt Auberginen-Paprika-Gemüse daraufgeben und mit den Tomatenhälften belegen. Den überhängenden Teigrand darüberschlagen und leicht nachformen. Das Backblech in den vorgeheizten Backofen (untere Schiene) schieben. Pie 35–40 Minuten goldbraun backen.
7. Die Pie heiß oder kalt mit abgespülten, trocken getupften Basilikumblättchen bestreut servieren.

Paprika-Auberginen-Pie

Überbackene Nudelspieße

2 Portionen (8 Spieße)

Zubereitungszeit: 30 Minuten
Garzeit: etwa 22 Minuten

250 g Cocktailtomaten
200 g Zucchini
200 g kleine Champignons
500 g Tortelloni Formaggia (aus dem Kühlregal)
400 g stückige Tomaten (aus der Dose)
3–4 EL Tomatenketchup
Salz
gem. Pfeffer
2 EL Olivenöl
100 g ger. Pecorino
etwa 4 Stängel Basilikum

Außerdem:
8 Holzspieße

Pro Portion:
E: 53 g, F: 53 g, Kh: 130 g,
kJ: 5120, kcal: 1217

1. Tomaten abspülen, abtropfen lassen und evtl. die Stängelansätze herausschneiden. Zucchini abspülen, abtrocknen und die Enden abschneiden. Zucchini in etwa 1 cm dicke Scheiben schneiden. Champignons putzen, evtl. kurz abspülen und trocken tupfen.
2. Abwechselnd Tortelloni mit Tomaten, Zucchinischeiben und Champignons auf die Holzspieße stecken (auf jeden Spieß 4–5 Tortelloni).
3. Den Backofen vorheizen.
Ober-/Unterhitze: etwa 200 °C
Heißluft: etwa 180 °C
4. Stückige Tomaten mit Ketchup verrühren, mit Salz und Pfeffer würzen und in einer großen Auflaufform (gefettet) verteilen. Die Nudelspieße hineinlegen. Die restlichen Tomaten, Zucchinischeiben und Champignons dazwischen verteilen. Spieße mit Salz und Pfeffer würzen, mit Olivenöl beträufeln. Mit Käse bestreuen.
5. Die Form auf dem Rost in den vorgeheizten Backofen schieben. Die Nudelspieße etwa 10 Minuten garen.
6. Nach etwa 10 Minuten Garzeit die Backofentemperatur auf Ober-/Unterhitze: etwa 180 °C, Heißluft: etwa 160 °C herunterschalten. Spieße weitere etwa 12 Minuten garen.
7. Inzwischen Basilikum abspülen und trocken tupfen. Die Blättchen von den Stängeln zupfen und klein schneiden. Nudelspieße mit Basilikumblättchen bestreut servieren.

Wirsingwickel mit Austernpilzen und Kümmel

4 Portionen

Zubereitungszeit: 30 Minuten
Garzeit: etwa 25 Minuten

Salz
1 Kopf Wirsing (etwa 1 1/2 kg)
100 g Austernpilze
1 Zwiebel
4 EL Butter
1/2 TL Kümmelsamen
200 ml Gemüsebrühe
2 EL Schnittlauchröllchen
1 EL klein geschnittene Petersilie
gem. Pfeffer

Pro Portion:
E: 9 g, F: 19 g, Kh: 10 g,
kJ: 1026, kcal: 245

1. In einem großen Topf reichlich Wasser zum Kochen bringen. Salz hinzufügen (auf 1 Liter Wasser 1 Teelöffel Salz).
2. In der Zwischenzeit von dem Wirsing die äußeren, welken Blätter entfernen. Den Kohl abspülen, abtropfen lassen und den Strunk keilförmig herausschneiden. Den Wirsing so lange in das kochende Wasser legen, bis sich die äußeren Blätter lösen. Diesen Vorgang wiederholen, bis sich etwa 12 Blätter lösen lassen (nicht zu weich kochen!). Restlichen Wirsingkopf vierteln und in feine Streifen schneiden.
3. Austernpilze putzen, evtl. kurz abspülen, trocken tupfen und in kleine Stücke schneiden. Die Zwiebel abziehen und klein würfeln.
4. Die Hälfte der Butter in einem Topf zerlassen. Zwiebelwürfel, Pilzstücke und Kümmel darin andünsten. Die Kohlstreifen hinzugeben und kurz mitdünsten lassen. 100 ml der Gemüsebrühe hinzugießen und zum Kochen bringen. Das Gemüse zugedeckt etwa 10 Minuten garen. Die Schnittlauchröllchen und Petersilie unterrühren. Die Gemüsemasse mit Salz und Pfeffer würzen und in 12 Portionen teilen.
5. Den Backofen vorheizen.
Ober-/Unterhitze: etwa 200 °C
Heißluft: etwa 180 °C
6. Ein sauberes, angefeuchtetes Geschirrtuch in eine Suppentasse legen. Ein Wirsingblatt hineinlegen. Eine Gemüseportion in das Wirsingblatt legen. Das Wirsingblatt mithilfe des Geschirrtuches über der Füllung zu einem Wickel formen. Die Wirsingwickel mit der gefalteten Seite nach unten in eine Form (gefettet) setzen. Restliche Gemüsebrühe hinzugießen. Restliche Butter in Flöckchen daraufsetzen.
7. Die Form auf dem Rost in den vorgeheizten Backofen schieben. Die Wirsingwickel etwa 25 Minuten garen.

Überbackene Nudelspieße

Wirsingwickel mit Austernpilzen und Kümmel

Pak Choi und breite grüne Bohnen

4 Portionen

Zubereitungszeit: 30 Minuten
Garzeit: etwa 20 Minuten

600 g Pak Choi (chinesischer Senfkohl)
600 g breite grüne Bohnen
Salz
1 walnussgroßes Stück frischer Ingwer
200 ml Gemüsebrühe
1 EL Wasabipaste
gem. Pfeffer
2 EL geschälte Sesamsamen (etwa 15 g)

Außerdem:
2 Bratschläuche

Pro Portion:
E: 6 g, F: 3 g, Kh: 10 g,
kJ: 398, kcal: 95

1. Die Pak-Choi-Stauden putzen und die Stielenden abschneiden. Die Pak-Choi-Stauden abspülen und abtropfen lassen.
2. Von den Bohnen die Enden abschneiden, evtl. abfädeln. Bohnen abspülen, abtropfen lassen und in etwa 5 cm lange Stücke schneiden.
3. Wasser in einem großen Topf zugedeckt zum Kochen bringen, Salz hinzufügen. Pak Choi und Bohnenstücke darin nacheinander je etwa 3 Minuten blanchieren, mit kaltem Wasser abschrecken und abtropfen lassen.
4. Ingwer schälen und fein hacken. Die Gemüsebrühe mit gehacktem Ingwer und Wasabipaste verrühren, mit Salz und Pfeffer würzen.
5. Den Backofen vorheizen.
Ober-/Unterhitze: etwa 180 °C
Heißluft: etwa 160 °C
6. Die Bratschläuche zunächst von einer Seite nach Packungsanleitung fest verschließen. Jeweils die Hälfte von dem Pak-Choi-Gemüse und den Bohnenstücken in einen Bratschlauch füllen und je die Hälfte der gewürzten Gemüsebrühe hinzugießen.
7. Die Bratschläuche nach Packungsanleitung verschließen und nebeneinander auf ein Backblech legen.
8. Das Backblech in den vorgeheizten Backofen schieben. Das Gemüse etwa 20 Minuten garen.
9. Zum Servieren die Bratschläuche öffnen, das Gemüse herausnehmen, auf Tellern anrichten und mit Sesam bestreut servieren.

Pak Choi und breite grüne Bohnen

Ratatouille

Ratatouille

(Römertopf® 3-Liter-Inhalt)
4 Portionen

Zubereitungszeit: 30 Minuten
Garzeit: etwa 50 Minuten

300 g Gemüsezwiebeln
600 g Auberginen
600 g kleine Zucchini
600 g Flaschentomaten
je 1 grüne und rote Paprikaschote
2 Knoblauchzehen
100 g abgetropfte schwarze Oliven
Salz
gem. Pfeffer
Kräuter der Provence

evtl. 50 g Pinienkerne

Pro Portion:
E: 10 g, F: 11 g, Kh: 20 g,
kJ: 924, kcal: 223

1. Die Gemüsezwiebeln abziehen, halbieren und in Scheiben schneiden. Die Auberginen abspülen, abtrocknen und die Enden abschneiden. Auberginen längs halbieren und in etwa 2 cm dicke Scheiben schneiden. Die Zucchini abspülen, abtrocknen und die Enden abschneiden. Zucchini in Scheiben schneiden.
2. Tomaten kreuzweise einschneiden und mit kochendem Wasser übergießen. Nach 1–2 Minuten herausnehmen und mit kaltem Wasser abschrecken. Tomaten häuten, halbieren und die Stängelansätze herausschneiden. Tomaten in Stücke schneiden.
3. Die Paprikaschoten halbieren, entstielen, entkernen und die weißen Scheidewände entfernen. Schoten abspülen, abtropfen lassen und in mundgerechte Stücke schneiden. Knoblauch abziehen und sehr fein würfeln.
4. Das vorbereitete Gemüse mit den Oliven vermengen und in einen gewässerten Römertopf® geben, mit Salz, Pfeffer und Kräutern der Provence würzen. Den Römertopf® mit dem Deckel verschließen und auf

dem Rost in den kalten Backofen schieben.
Ober-/Unterhitze: etwa 200 °C
Heißluft: etwa 180 °C
5. Die Ratatouille etwa 50 Minuten garen.
6. Nach Belieben die Pinienkerne in einer Pfanne ohne Fett unter Rühren hellbraun rösten, auf die Ratatouille streuen und servieren.

Winterwurzel-Kartoffel-Gemüse aus dem Bratschlauch

Schichtkürbis mit Gerstenkeimlingen

4 Portionen (ohne Foto)

Zubereitungszeit: 45 Minuten
Garzeit: etwa 25 Minuten

1 TL Butter
2 Tassen (je 250 ml) Gerstenkeimlinge
1 kg Markkürbis
125 ml Gemüsebrühe
Meersalz
1 TL abgetropfte grüne Pfefferkörner (in Lake)
1 TL gerebelter Majoran
100 g Crème fraîche
1 EL Sojasauce
200 g Camembert

Pro Portion:
E: 23 g, F: 21 g, Kh: 60 g,
kJ: 2286, kcal: 545

1. Butter in einer Pfanne zerlassen, Gerstenkeimlinge darin unter Rühren etwa 4 Minuten rösten und abkühlen lassen.
2. Markkürbis schälen, halbieren, entkernen und den faserigen Innenteil entfernen. Kürbisfleisch würfeln und in einen Topf geben, Brühe hinzugießen, mit Meersalz, Pfefferkörnern und Majoran würzen. Die Kürbiswürfel etwa 10 Minuten dünsten.
3. Den Backofen vorheizen.
Ober-/Unterhitze: etwa 200 °C
Heißluft: etwa 180 °C
4. Kürbiswürfel mit einem Schaumlöffel aus dem Sud nehmen. Den Sud mit Crème fraîche und Sojasauce verrühren.
5. Camembert entrinden und in kleine Würfel schneiden. Drei Viertel der Camembertwürfel unter den Crème-fraîche-Sud rühren.
6. Die Kürbiswürfel mit den Keimlingen und der Käsecreme im Wechsel in eine Auflaufform (gefettet) schichten. Die letzte Schicht sollte aus Keimlingen bestehen.
7. Auflauf mit restlichen Camembertwürfeln belegen. Die Form auf dem Rost in den vorgeheizten Backofen schieben. Den Auflauf etwa 25 Minuten garen.
8. Den Auflauf evtl. nach etwa 15 Minuten Garzeit mit Backpapier oder Alufolie belegen.

Winterwurzel-Kartoffel-Gemüse aus dem Bratschlauch

4 Portionen

Zubereitungszeit: 30 Minuten
Garzeit: etwa 40 Minuten

400 g Pastinaken
600 g Möhren
750 g festkochende Kartoffeln
1 Zwiebel
einige Stängel Dill
1 TL Kümmelsamen
Salz
gem. Pfeffer
1/2 TL Kurkuma (Gelbwurz)
250 ml Gemüsebrühe

Außerdem:
2 Bratschläuche

Pro Portion:
E: 6 g, F: 1 g, Kh: 42 g,
kJ: 863, kcal: 206

1. Pastinaken und Möhren putzen. Pastinaken, Möhren und Kartoffeln schälen, abspülen und abtropfen lassen. Pastinaken und Möhren in Scheiben schneiden, Kartoffeln würfeln.
2. Zwiebel abziehen, klein würfeln. Dill abspülen und trocken tupfen. Die Spitzen von den Stängeln zupfen, Spitzen fein schneiden. Einige Dillspitzen zum Garnieren beiseitelegen.
3. Gemüsescheiben und Kartoffelwürfel mit den Zwiebelwürfeln in eine Schüssel geben. Klein geschnittenen Dill und Kümmel untermischen, mit Salz, Pfeffer und Kurkuma würzen.
4. Den Backofen vorheizen.
Ober-/Unterhitze: etwa 200 °C
Heißluft: etwa 180 °C
5. Die Bratschläuche zunächst an einer Seite nach Packungsanleitung fest verschließen. Jeweils die Hälfte der Gemüsemischung und der Brühe in die Bratschläuche füllen. Bratschläuche nach Packungsanleitung verschließen und nebeneinander auf ein Backblech legen.
6. Das Backblech in den vorgeheizten Backofen schieben. Das Gemüse etwa 40 Minuten garen.
7. Zum Servieren die Bratschläuche öffnen, das Gemüse auf Tellern anrichten und mit den beiseitegelegten Dillspitzen bestreut servieren.

Wirsingrouladen mit Schafskäse

Wirsingrouladen mit Schafskäse

4 Portionen

Zubereitungszeit: 65 Minuten, ohne Einweichzeit
Garzeit: etwa 30 Minuten

Zum Vorbereiten für die Füllung:
130 g Weizenkörner
200 ml Wasser

Für die Füllung:
2 Zwiebeln, 2 Knoblauchzehen
3 EL Olivenöl
60 g getrocknete Tomaten
50 g schwarze Oliven, trocken eingelegt
1 Ei (Größe M)
3 EL Semmelbrösel
200 g Schafskäse
Salz, gem. Pfeffer
gerebelter Thymian

1 großer Kopf Wirsing (etwa 1 kg)

Für die Sauce:
1 Pck. Zwiebelsuppenpulver (für 750 ml Suppe)

Pro Portion:
E: 22 g, F: 25 g, Kh: 40 g,
kJ: 2090, kcal: 499

1. Zum Vorbereiten die Weizenkörner in kaltem Wasser über Nacht einweichen.

2. Für die Füllung die Zwiebeln und Knoblauch abziehen, in feine Würfel schneiden. Olivenöl in einem Topf erhitzen. Zwiebel- und Knoblauchwürfel darin andünsten. Die eingeweichten Weizenkörner mit der Flüssigkeit hinzugeben und zum Kochen bringen. Weizenkörner zugedeckt etwa 15 Minuten bei schwacher Hitze garen und anschließend abkühlen lassen.

3. Tomaten in Streifen schneiden, Oliven halbieren. Die Weizenkörnermasse in eine Schüssel geben. Ei, Tomatenstreifen, Olivenhälften, Semmelbrösel und grob zerbröselten Schafskäse hinzugeben und gut untermischen. Mit Salz, Pfeffer und Thymian würzen.

4. Vom Wirsing die groben, äußeren Blätter lösen und den Strunk herausschneiden. Wirsing abspülen, abtropfen lassen und vorsichtig 8 große Blätter ablösen. Wirsingblätter in kochendem Wasser etwa 2 Minuten blanchieren, mit kaltem Wasser abschrecken und in einem Sieb abtropfen lassen. Von den Wirsingblättern evtl. die dicken Blattrippen etwas flach schneiden.

5. Den Backofen vorheizen.
Ober-/Unterhitze: etwa 200 °C
Heißluft: etwa 180 °C

6. Die Wirsingblätter auf einer Arbeitsfläche ausbreiten und die Weizenkörnermasse darauf verteilen. Die Wirsingblätter zum Stielende hin aufrollen, dabei die Seiten etwas einschlagen. Die Wirsingrouladen mit der Öffnung nach unten in eine feuerfeste Form legen.

7. Für die Sauce Zwiebelsuppenpulver nach Packungsanleitung zubereiten, dabei aber nur 600 ml Wasser verwenden. Die Wirsingrouladen mit der Sauce übergießen. Die Form auf dem Rost in den vorgeheizten Backofen (untere Schiene) schieben. Die Wirsingrouladen etwa 30 Minuten garen.

Zucchini, mit Amaranth, Mandeln und Büffelmozzarella gefüllt

4 Portionen

Zubereitungszeit: 70 Minuten
Garzeit: etwa 20 Minuten

1 l Gemüsebrühe
200 g Amaranth (hirseähnliches Produkt)
4 mittelgroße Zucchini (etwa 800 g)
1 rote Zwiebel
1 Knoblauchzehe
je 1 rote und gelbe Paprikaschote
2 große Tomaten
1 Topf Basilikum
250 g abgetropfter Büffelmozzarella
3 EL Olivenöl
Salz
gem. Pfeffer
50 g gehobelte Mandeln
8 Stängel Zitronenthymian

Pro Portion:
E: 26 g, F: 40 g, Kh: 45 g,
kJ: 2688, kcal: 643

1. Brühe mit Amaranth in einem Topf zum Kochen bringen und zugedeckt etwa 30 Minuten bei schwacher Hitze garen.

2. In der Zwischenzeit Zucchini abspülen, abtrocknen und die Enden abschneiden. Zucchini der Länge nach halbieren. Zucchinihälften mit einem Löffel so aushöhlen, dass ein Rand stehen bleibt.

3. Zwiebel und Knoblauch abziehen, klein würfeln. Paprikaschoten halbieren, entstielen, entkernen und die weißen Scheidewände entfernen. Schoten abspülen, abtropfen lassen, klein würfeln.
4. Die Tomaten abspülen, trocken tupfen, vierteln und die Stängelansätze herausschneiden. Tomatenviertel ebenfalls klein würfeln. Basilikum abspülen und trocken tupfen. Die Blättchen von den Stängeln zupfen. Blättchen grob zerschneiden. Mozzarella klein würfeln.
5. Den Backofen vorheizen.
Ober-/Unterhitze: etwa 180 °C
Heißluft: etwa 160 °C
6. Olivenöl in einem Topf erhitzen. Die Zwiebel- und Knoblauchwürfel darin andünsten. Paprika-, Tomatenwürfel und Basilikum hinzufügen. Den Topf von der Kochstelle nehmen. Gemüse mit Salz und Pfeffer würzen. Amaranth in ein feines Sieb geben, dabei die Brühe auffangen. Amaranth mit den Gemüsewürfeln, den Mandeln und den Mozzarellawürfeln vermischen.
7. Die Gemüse-Mozzarella-Masse in den Zucchinihälften verteilen und in eine Gratinform (gefettet) setzen. Zucchinihälften mit der aufgefangenen Brühe umgießen. Thymian abspülen und trocken tupfen. Die gefüllten Zucchini mit je 1 Stängel Zitronenthymian belegen.
8. Die Form auf dem Rost in den vorgeheizten Backofen schieben. Die gefüllten Zucchini etwa 20 Minuten garen.

Gemüsetorte mit Tacos

4 Portionen

Zubereitungszeit: 30 Minuten, ohne Kühlzeit
Garzeit: etwa 35 Minuten

Für den Knetteig:
175 g Weizenmehl
1 Msp. Dr. Oetker Backin
1 Eigelb (Größe M)
100 g Butter
Salz

je 1/2 gelbe und rote Paprikaschote
1 Chilischote
1 Bund Frühlingszwiebeln
285 g abgetropfter Gemüsemais (aus der Dose)
2 Eier (Größe M)
250 g Schlagsahne
gem. Pfeffer
Cayennepfeffer
100 g Schafskäse
30 g Butter
6 Tacoschalen

Pro Portion:
E: 23 g, F: 74 g, Kh: 86 g, kJ: 4630, kcal: 1107

1. Für den Teig Mehl mit Backpulver mischen und in eine Rührschüssel geben. Eigelb, Butter und etwas Salz hinzufügen. Die Zutaten mit einem Mixer (Knethaken) zunächst kurz auf niedrigster, dann auf höchster Stufe gut durcharbeiten.
2. Anschließend auf einer bemehlten Arbeitsfläche zu einem glatten Teig verkneten. Den Teig in Frischhaltefolie gewickelt etwa 60 Minuten in den Kühlschrank legen.
3. Inzwischen Paprikaschotenhälften entkernen und die weißen Scheidewände entfernen. Schotenhälften abspülen, abtropfen lassen und in Streifen schneiden. Chilischote halbieren, entstielen, entkernen, abspülen, abtropfen lassen und in Streifen schneiden.
4. Den Backofen vorheizen.
Ober-/Unterhitze: etwa 200 °C
Heißluft: etwa 180 °C
5. Frühlingszwiebeln putzen, abspülen, abtropfen lassen und in Scheiben schneiden. Das vorbereitete Gemüse mit dem Mais vermengen.
6. Den Teig auf der bemehlten Arbeitsfläche zu einer runden Platte (Ø etwa 34 cm) ausrollen und eine Quicheform (Ø 28 cm, gefettet) damit auskleiden, den Rand etwas andrücken. Das vorbereitete Gemüse auf dem Teigboden verteilen.
7. Eier mit Sahne verschlagen, mit Salz, Pfeffer und Cayennepfeffer würzen. Den Schafskäse zerbröseln und unterrühren. Den Guss auf dem Gemüse verteilen. Butter in Flöckchen daraufsetzen. Die Form auf dem Rost in den vorgeheizten Backofen schieben. Die Gemüsetorte etwa 35 Minuten backen.
8. Nach Ende der Backzeit die Tacoschalen längs durchbrechen, in die Oberfläche der Torte stecken (so 12 Tortenstücke bilden) und die Torte noch etwa 5 Minuten in den ausgeschalteten Backofen schieben.

Zucchini, mit Amaranth, Mandeln und Büffelmozzarella gefüllt

Gemüsetorte mit Tacos

Zwiebeltarte

8 große Stücke

Zubereitungszeit: 70 Minuten, ohne Kühlzeit
Backzeit: 33–38 Minuten

Für den Teig:
100 g kalte Butter
250 g Weizenmehl
1 gestr. TL Salz
100 ml sehr kaltes Wasser
1 TL Weißweinessig

Für den Belag:
700 g Gemüsezwiebeln
2 Knoblauchzehen
5 EL Olivenöl
1 TL Fenchelsamen
Salz
gem. schwarzer Pfeffer
175 ml trockener Weißwein
75 g Crème fraîche
50 g Schlagsahne
1 Ei (Größe L)
1 Eigelb (Größe L)
je 3 Stängel Thymian und Oregano
50 g schwarze Oliven, mit Stein, z. B. Kalamata
75 g Parmesan (am Stück)

Pro Stück:
E: 9 g, F: 28 g, Kh: 29 g,
kJ: 1771, kcal: 424

1. Für den Teig kalte Butter in kleine Würfel schneiden. Mehl mit Salz in einer Rührschüssel mischen. Die Butterwürfel darauf verteilen. Kaltes Wasser mit Essig verrühren und in die Mitte des Mehls geben. Die Zutaten schnell mit den Händen zu einem Teig verkneten und zu einer Kugel formen. Die Teigkugel in Frischhaltefolie gewickelt etwa 30 Minuten in den Kühlschrank legen.
2. Für den Belag Zwiebeln und Knoblauch abziehen. Die Zwiebeln längs halbieren und in etwa 1/2 cm dicke Spalten schneiden. Knoblauch sehr klein schneiden. Olivenöl in einem weiten Topf erhitzen. Zwiebelspalten, Knoblauch und Fenchelsamen darin bei starker Hitze unter Rühren kräftig andünsten. Mit Salz und Pfeffer würzen. Mit Weißwein ablöschen und einkochen lassen, bis fast keine Flüssigkeit mehr vorhanden ist. Dabei ab und zu umrühren.
3. Den Backofen vorheizen.
Ober-/Unterhitze: etwa 200 °C
Heißluft: etwa 180 °C
4. Den Teig auf der leicht bemehlten Arbeitsfläche zu einer runden Platte (Ø 31–32 cm) ausrollen, in eine Tarteform (Ø 28 cm, Boden gefettet) legen, leicht andrücken. Den Teigrand glatt abschneiden, den Teigboden mehrmals mit einer Gabel einstechen. Die Form auf dem Rost in den vorgeheizten Backofen (unteres Drittel) schieben und den Boden 15–18 Minuten vorbacken.
5. Die Form auf einen Kuchenrost stellen. Die Backofentemperatur auf Ober-Unterhitze: etwa 180 °C, Heißluft: etwa 160 °C herunterschalten.
6. Crème fraîche mit Sahne, Ei und Eigelb verrühren, mit etwas Salz würzen. Thymian und Oregano abspülen und trocken tupfen. Die Blättchen von den Stängeln zupfen. Blättchen klein schneiden und unter die Eiersahne rühren. Die Oliven vom Stein schneiden. Die Zwiebelmasse mit den Oliven auf den vorgebackenen Boden geben. Die Eier-Kräuter-Sahne darauf verteilen. Den Käse grob raffeln und daraufstreuen. Die Form wieder auf dem Rost in den heißen Backofen (unteres Drittel) schieben. Die Zwiebeltarte 18–20 Minuten backen.
7. Die Form auf einen Kuchenrost stellen. Tarte lauwarm servieren.

Zwiebeltarte

Überbackene Kartoffelschnecken

4 Portionen

Zubereitungszeit: 50 Minuten
Garzeit: etwa 20 Minuten

1 kg mehligkochende Kartoffeln
2 Zwiebeln
1 rote Paprikaschote
2 EL Speiseöl
Salz, gem. Pfeffer
1 Ei (Größe M)
ger. Muskatnuss
etwa 80 g Weizenmehl
2 EL Kräuter -Crème-fraîche
1 Ei (Größe M)
60 g ger. Greyerzer Käse

Pro Portion:
E: 15 g, F: 19 g, Kh: 56 g,
kJ: 1928, kcal: 461

1. Die Kartoffeln gründlich waschen, abtropfen lassen, in einem Topf

Überbackene Kartoffelschnecken

Tomaten auf Berner Art

knapp mit Wasser bedeckt, zugedeckt zum Kochen bringen und in etwa 25 Minuten gar kochen. Kartoffeln abgießen, abdämpfen und heiß pellen. Sofort durch eine Kartoffelpresse geben und abkühlen lassen.
2. Zwiebeln abziehen und fein würfeln. Paprikaschote halbieren, entstielen, entkernen und die weißen Scheidewände entfernen. Schote abspülen, abtropfen lassen, würfeln. Öl in einer Pfanne erhitzen. Zwiebel- und Paprikawürfel darin andünsten, mit Salz und Pfeffer würzen.
3. Den Backofen vorheizen.
Ober-/Unterhitze: etwa 180 °C
Heißluft: etwa 160 °C
4. Unter die abgekühlte Kartoffelmasse Ei, Salz, Pfeffer und Muskat rühren. So viel Mehl unterarbeiten, bis ein fester Teig entstanden ist.
5. Den Kartoffelteig auf einer gut bemehlten Arbeitsfläche zu einem Rechteck (etwa 40 x 25 cm) ausrollen. Crème fraîche daraufstreichen, dann die Zwiebel- und Paprikawürfel darauf verteilen.
6. Den Kartoffelteig von der längeren Seite her vorsichtig zu einer Roulade einrollen. Die Teigrolle in 10 Scheiben schneiden und in eine Gratinform (gefettet) legen.
7. Die Kartoffelschnecken mit verschlagenem Ei bestreichen und mit Käse bestreuen. Die Form auf dem Rost in den vorgeheizten Backofen schieben. Die Kartoffelschnecken etwa 20 Minuten garen.

Tomaten auf Berner Art
4 Portionen

Zubereitungszeit: 30 Minuten
Garzeit: 30–35 Minuten

1 kg festkochende Kartoffeln
Salz
8 Tomaten (etwa 750 g)
2 Stängel Rosmarin
2 Stängel Oregano
1 Stängel Thymian
1 Bund glatte Petersilie
2 Knoblauchzehen
gem. Pfeffer
150 g ger. Greyerzer Käse
4 EL Olivenöl

Pro Portion:
E: 16 g, F: 25 g, Kh: 37 g,
kJ: 1830, kcal: 436

1. Kartoffeln schälen, abspülen, abtropfen lassen. Kartoffeln zuerst in Scheiben, dann in Stifte schneiden.
2. Wasser in einem Topf zugedeckt zum Kochen bringen, Salz hinzufügen. Die Kartoffelstifte darin etwa 10 Minuten vorgaren.
3. In der Zwischenzeit Tomaten abspülen, abtrocknen, längs halbieren und die Stängelansätze herausschneiden.
4. Die Kräuter abspülen, trocken tupfen und die Blättchen bzw. Nadeln von den Stängeln zupfen. Einige Kräuterblättchen zum Garnieren beiseitelegen. Die restlichen Blättchen bzw. Nadeln fein schneiden. Knoblauch abziehen, durch eine Knoblauchpresse drücken und mit den Kräutern vermischen.
5. Die vorgegarten Kartoffelstifte in ein Sieb geben und abtropfen lassen.
6. Den Backofen vorheizen.
Ober-/Unterhitze: etwa 180 °C
Heißluft: etwa 160 °C
7. Die vorgegarten Kartoffelstifte in einer großen, flachen Auflaufform (gefettet) oder 2 kleinen, flachen Auflaufformen (gefettet) mit der Hälfte der Kräuter-Knoblauch-Mischung mischen, mit Salz und Pfeffer würzen. Den geriebenen Käse daraufstreuen.
8. Die Form oder Formen auf dem Rost in den vorgeheizten Backofen schieben. Die Kartoffel-Käse-Masse 5–10 Minuten garen, bis der Käse zerlaufen ist.
9. Die Form oder Formen aus dem Backofen nehmen und die Tomatenhälften mit der Schnittfläche nach oben auf die Kartoffelstifte setzen.
10. Tomatenhälften mit dem Olivenöl beträufeln, mit der restlichen Kräuter-Knoblauch-Mischung sowie Salz und Pfeffer bestreuen.
11. Die Form oder Formen wieder auf dem Rost in den heißen Backofen schieben. Die Tomaten auf Berner Art bei gleicher Backofentemperatur weitere etwa 25 Minuten garen.
12. Die Tomaten auf Berner Art mit den beiseitegelegten Kräuterblättchen garnieren und servieren.

Zwiebeltarte mit Feigen

8 Stücke

Zubereitungszeit: 60 Minuten
Backzeit: etwa 30 Minuten

Für den Belag:
600 g rote Zwiebeln
3 Stängel Rosmarin
8 Stängel Thymian
2 EL Olivenöl
500 ml roter Traubensaft
Salz, gem. Pfeffer

Für den Quark-Öl-Teig:
150 g Dinkelmehl (Type 630)
1 gestr. TL Dr. Oetker Backin
80 g Magerquark
50 ml Milch (3,5 % Fett)
50 ml Speiseöl, z. B. Sonnenblumenöl

1 EL Semmelbrösel
8 reife Feigen (etwa 500 g)
150 g Schafskäse
50 g Walnusskerne
2 EL Weizenmehl

Pro Stück:
E: 10 g, F: 18 g, Kh: 41 g,
kJ: 1530, kcal: 366

1. Für den Belag Zwiebeln abziehen und in Spalten schneiden. Rosmarin und Thymian abspülen, trocken tupfen. Die Blättchen bzw. Nadeln von den Stängeln zupfen. Einige Thymianblättchen und Rosmarinnadeln zum Garnieren beiseitelegen.

2. Olivenöl in einem breiten Topf erhitzen. Zwiebelspalten, Thymianblättchen und Rosmarinnadeln darin kurz andünsten. Die Hälfte des Traubensaftes hinzugießen und zum Kochen bringen. Die Zwiebelspalten darin zugedeckt etwa 20 Minuten bei mittlerer Hitze garen. Mit Salz und Pfeffer würzen.

3. Zwiebelspalten in einem Sieb abtropfen lassen, dabei den Sud auffangen, Zwiebelspalten etwas abkühlen lassen.

4. Für den Teig Mehl mit Backpulver und 1/2 Teelöffel Salz in einer Rührschüssel mischen. Quark, Milch und Speiseöl hinzufügen.

5. Die Zutaten mit einem Mixer (Knethaken) zunächst kurz auf niedrigster, dann auf höchster Stufe zu einem glatten Teig verarbeiten (nicht zu lange, der Teig klebt sonst).

6. Den Backofen vorheizen.
Ober-/Unterhitze: etwa 200 °C
Heißluft: etwa 180 °C

7. Den Teig auf einer leicht bemehlten Arbeitsfläche zu einer runden Platte (Ø etwa 32 cm) ausrollen und in eine Tarteform (Ø 28 cm, gefettet, mit Semmelbröseln bestreut) legen. Den Rand dabei andrücken. Teigboden mehrmals mit einer Gabel einstechen.

8. Feigen abspülen, abtrocknen und evtl. die Haut abziehen. Feigen entstielen und halbieren. Schafskäse trocken tupfen. Walnusskerne grob hacken.

9. Mehl unter die lauwarmen Zwiebelspalten heben. Zwiebelspalten auf dem Teig verteilen. Die Feigen mit der Schnittfläche nach oben darauflegen. Walnusskerne in die Zwischenräume geben. Schafskäse grob zerbröseln und auf den Zwiebelspalten und Feigen verteilen.

10. Die Form auf dem Rost in den vorgeheizten Backofen (untere Schiene) schieben. Zwiebeltarte etwa 30 Minuten backen.

11. In der Zwischenzeit den restlichen Traubensaft und aufgefangenen Zwiebelsud in einen weiten Topf geben, zum Kochen bringen und so lange einkochen lassen, bis ein dickflüssiger Sirup entstanden ist (etwa 3 Esslöffel).

12. Die Form auf einen Rost stellen. Die Tarte in Stücke schneiden, mit beiseitegelegten Kräuterblättchen bzw. Nadeln garnieren und mit dem Sirup beträufeln.

13. Sollte der Sirup zu fest geworden sein, etwas Wasser unter den Sirup geben und unter Rühren kurz erhitzen.

Rotkohlrouladen mit Körnerfüllung

4–6 Portionen (ohne Foto)

Zubereitungszeit: 30 Minuten
Garzeit: etwa 40 Minuten

1 Rotkohl (etwa 1,2 kg)
5 l Wasser
Salz
50 ml Weißweinessig

Für die Füllung:
2 Zwiebeln
3 EL Maiskeimöl
120 g Grünkernschrot
500 ml Gemüsebrühe
80 g gehackte Sonnenblumenkerne
70 g Rosinen
1 TL Pfefferkuchengewürz

Für die Sauce:
250 ml Traubensaft
5 EL süßscharfe Chilisauce (Sweet Chickensauce)

Pro Portion:
E: 9 g, F: 11 g, Kh: 48 g, kJ: 1385, kcal: 331

1. Von dem Rotkohl die groben, äußeren Blätter ablösen und den Strunk herausschneiden. Rotkohl abspülen, abtropfen lassen. Wasser in einem großen, breiten Topf zugedeckt zum Kochen bringen, etwas Salz und den Essig hinzugeben. Den Rotkohl darin unter häufiger Bewegung etwa 3 Minuten kochen lassen. Den Kohl herausnehmen, 2–3 Blätter ablösen und ihn wieder ins kochende Wasser geben. So weiterarbeiten, bis 8 große Blätter abgelöst sind. Die Blätter in einem Sieb abtropfen lassen.
2. Für die Füllung Zwiebeln abziehen und in feine Würfel schneiden. Das Maiskeimöl in einem Topf erhitzen, Zwiebelwürfel darin andünsten. Grünkernschrot hinzufügen und kurz anrösten. Gemüsebrühe hinzugießen und zum Kochen bringen. Den Grünkernschrot etwa 10 Minuten bei schwacher Hitze quellen lassen. Sonnenblumenkerne und Rosinen hinzugeben, mit Salz und Pfefferkuchengewürz kräftig würzen.
3. Inzwischen Backofen vorheizen.
Ober-/Unterhitze: etwa 200 °C
Heißluft: etwa 180 °C
4. Die 8 Kohlblätter jeweils mit dem Stielende nach oben auf die Arbeitsfläche legen. Die Grünkernmasse darauf verteilen, locker aufrollen, dabei die Kohlblattseiten etwas nach innen klappen. Die Rouladen in eine Auflaufform legen.
5. Für die Sauce Traubensaft mit süßscharfer Chilisauce verrühren und auf den Rouladen verteilen. Form auf dem Rost in den vorgeheizten Backofen (unteres Drittel) schieben. Die Rouladen etwa 40 Minuten garen.
6. Die Rotkohlrouladen evtl. nach etwa 30 Minuten Garzeit mit Backpapier belegen.

Spinat-Spätzle-Auflauf

4 Portionen

Zubereitungszeit: 35 Minuten
Garzeit: etwa 20 Minuten

4 l Wasser
4 gestr. TL Salz
400 g getrocknete Spätzle

1 kg Blattspinat
1 Zwiebel
1 EL Olivenöl
1–2 EL Crème légère mit Kräutern
Salz, gem. Pfeffer
ger. Muskatnuss
150 g Butterkäse
2 rote Zwiebeln
2 EL Olivenöl
2 EL Sonnenblumenkerne

Pro Portion:
E: 31 g, F: 25 g, Kh: 77 g, kJ: 2806, kcal: 666

1. Das Wasser in einem großen Topf zugedeckt zum Kochen bringen. Dann Salz und Spätzle hinzugeben. Die Spätzle im geöffneten Topf bei mittlerer Hitze nach Packungsanleitung bissfest kochen, dabei gelegentlich umrühren. Die Spätzle in ein Sieb geben, mit heißem Wasser abspülen und abtropfen lassen.
2. In der Zwischenzeit den Blattspinat verlesen und die dicken Stiele entfernen. Spinat gründlich waschen und in einem Sieb abtropfen lassen. Zwiebel abziehen und fein würfeln.
3. Olivenöl in einer großen Pfanne erhitzen, die Zwiebelwürfel darin andünsten. Die Spinatblätter hinzufügen und unter gelegentlichem Rühren zusammenfallen lassen. Crème légère unterrühren. Den Spinat mit Salz, Pfeffer und Muskat würzen.
4. Käse in kleine Würfel schneiden. Die Zwiebeln abziehen, zuerst in Scheiben schneiden, dann in Ringe teilen. Olivenöl in einer Pfanne erhitzen. Die Zwiebelringe darin unter gelegentlichem Rühren anbraten.
5. Den Backofen vorheizen.
Ober-/Unterhitze: etwa 200 °C
Heißluft: etwa 180 °C
6. Zuerst die Spätzle, dann ein Drittel der Käsewürfel und der Zwiebelringe und zuletzt den Spinat in eine Auflaufform (gefettet) geben. Die restlichen Käsewürfel mit den Zwiebelringen mischen und darauf verteilen. Die Sonnenblumenkerne daraufstreuen.
7. Die Form auf dem Rost in den vorgeheizten Backofen schieben. Den Auflauf etwa 20 Minuten garen.

Spinat-Spätzle-Auflauf

Dill-Knoblauch-Brot
2 Portionen

Zubereitungszeit: 20 Minuten
Backzeit: etwa 10 Minuten

2 Bund Dill
3 Knoblauchzehen
100 g Butter (zimmerwarm)
1 EL Zitronensaft
1/2 gestr. TL Salz
2 kleine Baguettes

Außerdem:
2 Bögen Alufolie

Pro Portion:
E: 8 g, F: 43 g, Kh: 52 g,
kJ: 2659, kcal: 635

1. Den Backofen vorheizen.
Ober-/Unterhitze: etwa 220 °C
Heißluft: etwa 200 °C
2. Dill abspülen und trocken tupfen. Die Spitzen von den Stängeln zupfen. Spitzen klein schneiden.
3. Knoblauch abziehen und durch eine Knoblauchpresse drücken. Butter mit Zitronensaft, Dill, Knoblauch und Salz verrühren.
4. Baguettes waagerecht aufschneiden und mit der Dill-Knoblauch-Butter bestreichen. Die Baguettes in je einen Bogen Alufolie wickeln, auf den Rost des Backofens legen und in den vorgeheizten Backofen schieben. Dill-Knoblauch-Brot etwa 10 Minuten backen.

Schmorgurken mit Mais
4 Portionen

Zubereitungszeit: 35 Minuten
Garzeit: etwa 50 Minuten

500 ml Gemüsebrühe
250 ml Milch (3,5 % Fett)
250 ml Kefir, 300 g Maisgrieß
1 EL gerebelter Dill
100 g Hüttenkäse
gem. Pfeffer
100 g Schafskäse
1 1/2 kg Schmorgurken
5–6 EL Olivenöl

Pro Portion:
E: 21 g, F: 30 g, Kh: 71 g,
kJ: 2738, kcal: 653

1. Brühe mit Milch und Kefir in einem Topf zum Kochen bringen. Maisgrieß einstreuen, unter Rühren bei mittlerer Hitze etwa 15 Minuten kochen. Dill, Hüttenkäse und Pfeffer unterrühren.
2. Schafskäse durch ein Sieb streichen und unter den Grieß ziehen.
3. In der Zwischenzeit Schmorgurken schälen und die Enden abschneiden. Schmorgurken evtl. kurz abspülen, trocken tupfen und längs halbieren. Die Kerne mit einem Löffel herausschaben. Gurkenhälften in etwa 1 cm dicke Stücke schneiden.
4. Den Backofen vorheizen.
Ober-/Unterhitze: etwa 200 °C
Heißluft: etwa 180 °C
5. Dann eine große Auflaufform mit 1–2 Esslöffeln Olivenöl ausstreichen, mit der Maisgrießmasse füllen und glatt streichen.
6. Die Gurkenhalbringe dicht an dicht hineindrücken und mit dem restlichem Olivenöl beträufeln. Die Form auf dem Rost in den vorgeheizten Backofen schieben. Schmorgurken mit Mais etwa 50 Minuten garen.

Paprikapastete mit Blätterteig

4 Portionen

Zubereitungszeit: 30 Minuten, ohne Auftauzeit
Backzeit: 30–35 Minuten

225 g TK-Blätterteig
je 1 rote, gelbe und grüne Paprikaschote
2 Zwiebeln
1 Zucchini (etwa 150 g)
1 Topf glatte Petersilie
Salz
gem. Pfeffer
200 g Doppelrahm-Frischkäse
4 Eier (Größe M)
1/4 TL Pul Biber (geschrotete Pfefferschoten)

Pro Portion:
E: 18 g, F: 36 g, Kh: 31 g,
kJ: 2168, kcal: 518

Dill-Knoblauch-Brot

Schmorgurken mit Mais

Paprikapastete mit Blätterteig

Kürbisgemüse mit Ananas und Birnen

1. Blätterteigplatten nebeneinander nach Packungsanleitung auftauen lassen.
2. Die Paprikaschoten halbieren, entstielen, entkernen und die weißen Scheidewände entfernen. Schoten abspülen, abtropfen lassen und in Viertel schneiden. Wasser in einem Topf zum Kochen bringen. Die Paprikaviertel darin etwa 6 Minuten kochen, danach in ein Sieb geben, mit kaltem Wasser abschrecken, abtropfen lassen und die Haut abziehen.
3. Die Zwiebeln abziehen, halbieren und in Scheiben schneiden. Zucchini abspülen, abtropfen lassen und die Enden abschneiden. Zucchini längs halbieren und in kleine Würfel schneiden.
4. Petersilie abspülen und trocken tupfen. Die Blättchen von den Stängeln zupfen. Blättchen klein schneiden. Zwiebel- und Zucchiniwürfel mit der Petersilie mischen, mit Salz und Pfeffer würzen. Frischkäse mit Eiern verschlagen, mit Salz, Pfeffer und Pul Biber würzen.
5. Den Backofen vorheizen.
Ober-/Unterhitze: etwa 200 °C
Heißluft: etwa 180 °C
6. Die Blätterteigplatten aufeinanderlegen und auf einer leicht bemehlten Arbeitsfläche zu einer runden Platte (Ø 30–32 cm) ausrollen. Die Blätterteigplatte in eine Tarte- oder Pizzaform (Ø 28 cm, gefettet) legen und den Teigboden mehrmals mit einer Gabel einstechen.
7. Zucchinimischung auf dem Teigboden verteilen und Paprikaviertel darauflegen. Frischkäsemasse daraufgeben und vorsichtig verstreichen. Die Form auf dem Rost in den vorgeheizten Backofen (unteres Drittel) schieben. Pastete 30–35 Minuten backen.
8. Nach dem Backen die Paprikapastete vierteln und sofort servieren.

Kürbisgemüse mit Ananas und Birnen

(Römertopf® 3-Liter-Inhalt)
4 Portionen

Zubereitungszeit: 45 Minuten
Garzeit: etwa 30 Minuten

1 Kürbis, z. B. Hokkaido (etwa 1,4 kg)
1 frische Ananas
(Fruchtfleisch etwa 600 g)
3 festkochende Birnen
(Forelle, etwa 500 g)
etwas getrocknete Zitronenverbene
(gibt es als Tee im Bioladen) oder
einige Stängel Zitronenverbene
50 g Pinienkerne, 40 g Butter
1 EL rote Pfefferbeeren
2 EL Crema di Balsamico
1 EL Currypaste

Pro Portion:
E: 7 g, F: 16 g, Kh: 46 g,
kJ: 1539, kcal: 368

1. Den Kürbis vierteln oder achteln. Die Kerne mit einem Löffel herauskratzen. Die Kürbisspalten schälen. Das Kürbisfleisch (etwa 800 g) in mundgerechte Stücke schneiden.
2. Von der Ananas Blatt- und Strunkende entfernen. Die Ananas längs halbieren und den holzigen Mittelstrunk herausschneiden. Ananas-Fruchtfleisch (etwa 600 g) in Stücke schneiden.
3. Birnen heiß abspülen, abtrocknen, vierteln und entkernen. Birnenviertel mit der Schale in grobe Stücke schneiden.
4. Frische Zitronenverbene abspülen, trocken tupfen und in Stücke zupfen. Pinienkerne in einer Pfanne ohne Fett unter Rühren goldbraun anrösten.
5. Die Butter in einem großen Topf zerlassen. Kürbis-, Ananas- und Birnenstücke darin portionsweise unter Rühren andünsten. Pinienkerne, getrocknete oder frische Zitronenverbene und Pfefferbeeren hinzugeben.
6. Die Masse in einen gewässerten Römertopf® füllen und mit dem Deckel verschließen. Den Römertopf® auf dem Rost in den kalten Backofen schieben.
Ober-/Unterhitze: etwa 220 °C
(untere Schiene)
Heißluft: etwa 200 °C
7. Kürbisgemüse etwa 30 Minuten garen.
8. Crema di Balsamico und Currypaste kurz vor dem Servieren unter das Kürbisgemüse rühren.

Kürbis-Käsekuchen vom Blech

Kürbis-Käsekuchen vom Blech

20 Stücke

Zubereitungszeit: 40 Minuten, ohne Abkühlzeit
Backzeit: etwa 40 Minuten

Für den Knetteig:
400 g Weizenmehl
1 gestr. TL Salz
1 Ei (Größe M)
200 g Butter oder Margarine
2 EL kaltes Wasser
60 g gehackte Kürbiskerne

Für den Belag:
1 kleiner Kürbis, z. B. Hokkaido (etwa 500 g)
150 g Greyerzer Käse (im Stück)
6 Eier (Größe M)
250 ml Milch (3,5 % Fett)
400 g Schmand (Sauerrahm)
Salz, gem. Pfeffer
gem. Koriander
gem. Zimt
Kurkuma (Gelbwurz)

Pro Stück:
E: 9 g, F: 19 g, Kh: 17 g,
kJ: 1214, kcal: 290

1. Den Backofen vorheizen.
Ober-/Unterhitze: etwa 180 °C
Heißluft: etwa 160 °C
2. Für den Teig Mehl in eine Rührschüssel geben. Salz, Ei, Butter oder Margarine und Wasser hinzufügen. Die Zutaten mit einem Mixer (Knethaken) zunächst kurz auf niedrigster, dann auf höchster Stufe gut durcharbeiten. Anschließend auf einer leicht bemehlten Arbeitsfläche zu einem glatten Teig verkneten. Kürbiskerne unterarbeiten. Sollte der Teig kleben, ihn in Frischhaltefolie gewickelt eine Zeit lang in den Kühlschrank legen.
3. Den Knetteig auf einem Backblech (30 x 40 cm, gefettet) ausrollen. Das Backblech in den vorgeheizten Backofen schieben und den Boden etwa 10 Minuten vorbacken.
4. Das Backblech auf einen Kuchenrost stellen. Den Boden etwas abkühlen lassen.
5. Für den Belag in der Zwischenzeit Kürbis abspülen, abtrocknen, nach Belieben schälen und halbieren. Die Kerne herauskratzen. Das Kürbisfleisch in Spalten schneiden und grob raspeln. Käse entrinden und raspeln.
6. Eier mit Milch und Schmand geschmeidig rühren. Mit Salz, Pfeffer, Koriander, Zimt und Kurkuma würzen. Kürbis- und Käseraspel unterrühren. Die Kürbis-Käse-Masse auf dem vorgebackenen Boden verteilen. Das Backblech wieder in den heißen Backofen schieben und den Kuchen bei gleicher Backofentemperatur in weiteren etwa 30 Minuten fertig backen.
7. Das Backblech auf einen Kuchenrost stellen. Den Kürbis-Käsekuchen abkühlen lassen und in Stücke schneiden. Warm oder kalt servieren.

Kartoffel-Kräuter-Terrine

4–6 Portionen (ohne Foto)

Zubereitungszeit: 25 Minuten, ohne Abkühlzeit
Garzeit: etwa 60 Minuten

800 g Kartoffeln
1 TL Kümmelsamen
Salz
250 g Blattspinat
20 g Butter
gem. Pfeffer, ger. Muskatnuss
60 g frische Kräuter, z. B. Sauerampfer, Petersilie, Kerbel, Schnittlauch
4 Eier (Größe M)
300 g Crème fraîche
Cayennepfeffer
125 g ger. mittelalter Gouda
1 EL Semmelbrösel

Pro Portion:
E: 20 g, F: 35 g, Kh: 31 g,
kJ: 2231, kcal: 532

1. Kartoffeln gründlich waschen, abtropfen lassen, in einem Topf knapp mit Wasser bedeckt, zugedeckt zum Kochen bringen. Kümmel und Salz hinzugeben. Kartoffeln 20–25 Minuten kochen, abgießen, abdämpfen, heiß pellen und etwas abkühlen lassen. Kartoffeln in Scheiben schneiden.
2. Spinat verlesen und dicke Stiele entfernen. Spinat gründlich waschen und abtropfen lassen. Die Butter in

einem Topf zerlassen, Spinat hinzugeben und 3–5 Minuten dünsten, mit Salz, Pfeffer und Muskat würzen.

3. Den Backofen vorheizen.
Ober-/Unterhitze: etwa 200 °C
Heißluft: etwa 180 °C

4. Kräuter abspülen und trocken tupfen. Die Blättchen von den Stängeln zupfen, Blättchen klein schneiden, den Schnittlauch in Röllchen schneiden. Den Spinat fein hacken und mit den Kräutern vermischen.

5. Eier mit Crème fraîche verschlagen, mit Salz, Pfeffer, und Cayennepfeffer würzen, Spinat-Kräuter-Mischung und die Hälfte des Käses unterheben.

6. Eine dünne Schicht der Eier-Kräuter-Creme in eine Kastenform (25 x 11 cm, gefettet, mit Semmelbröseln ausgestreut) geben, eine Schicht Kartoffelscheiben daraufgeben, etwas andrücken, mit Salz und Pfeffer bestreuen. Wieder eine dünne Schicht Eier-Kräuter-Creme daraufgeben und mit den restlichen Kartoffelscheiben belegen. Die Eier-Kräuter-Creme darauf verteilen.

7. Die Form mit Alufolie zudecken und in eine Fettpfanne setzen, diese bis zur Hälfte mit Wasser füllen und in den vorgeheizten Backofen schiebenund die Terrine insgesamt etwa 60 Minuten garen.

8. Nach der Hälfte der Garzeit die Alufolie entfernen. Die Terrine mit dem restlichen Käse bestreuen und in weiteren etwa 30 Minuten goldbraun backen.

9. Die Form auf einen Rost stellen, Terrine etwas abkühlen lassen, auf eine Platte stürzen, in Scheiben schneiden und anrichten.

Grünkohlkuchen mit Käsesauce

4 Portionen

Zubereitungszeit: 30 Minuten, ohne Abkühlzeit
Garzeit: etwa 60 Minuten

2 Zwiebeln
4 Knoblauchzehen
3 EL Olivenöl
120 g Grünkernschrot
300 ml Gemüsebrühe
40 g Sojabohnen, geröstet
50 g Dinkelflocken
40 g ger. Parmesan
3 Eier (Größe M)
600 g TK-Grünkohl, aufgetaut
1/2 TL gem. Gewürznelken
1 TL gem. Piment
Salz
gem. schwarzer Pfeffer

Für die Sauce:
1 Zwiebel
60 g Butter
1 EL Weizenmehl
300 ml Milch (3,5 % Fett)
ger. Muskatnuss
80 g geraspelter Bergkäse
70 ml Noilly Prat (trockener Wermut)

Außerdem:
1 Bratschlauch (etwa 40 cm)

Pro Portion:
E: 27 g, F: 40 g, Kh: 41 g,
kJ: 2862, kcal: 683

1. Zwiebeln und Knoblauch abziehen, in feine Würfel schneiden. Olivenöl in einem Topf erhitzen, Zwiebel- und Knoblauchwürfel darin andünsten. Grünkernschrot hinzugeben und kurz mit andünsten. Gemüsebrühe hinzugießen, kurz aufkochen und anschließend abkühlen lassen.

2. Den Backofen vorheizen.
Ober-/Unterhitze: etwa 180 °C
Heißluft: etwa 160 °C

3. Sojabohnen, Dinkelflocken, Parmesan, Eier und Grünkohl unter die abgekühlte Grünkernschrot-Mischung mischen. Mit Nelken, Piment, Salz und Pfeffer würzen. Eine Kastenform (25 x 11 cm) mit dem aufgeschnittenen Bratschlauch auslegen. Die Grünkohlmasse hineingeben, fest andrücken und glatt streichen. Die Form auf dem Rost in den vorgeheizten Backofen (unteres Drittel) schieben. Den Grünkohlkuchen etwa 60 Minuten garen.

4. Die Form auf einen Rost stellen. Den Grünkohlkuchen etwa 10 Minuten in der Form stehen lassen.

5. Für die Sauce in der Zwischenzeit Zwiebel abziehen und klein würfeln. Butter in einer Pfanne zerlassen, die Zwiebelwürfel darin andünsten. Mehl hinzugeben und unter Rühren so lange erhitzen, bis es hellgelb ist. Milch hinzugießen, mit einem Schneebesen durchschlagen. Darauf achten, dass keine Klümpchen entstehen. Die Sauce unter Rühren zum Kochen bringen und bei schwacher Hitze unter gelegentlichem Rühren etwa 5 Minuten kochen lassen, mit Salz, Pfeffer und Muskat würzen. Zuletzt den Bergkäse und Noilly Prat unter die Sauce rühren.

6. Den Kuchen aus der Form nehmen und den Bratschlauch entfernen. Den Kuchen in Scheiben schneiden und mit der Käsesauce servieren.

Grünkohlkuchen mit Käsesauce

Gratiniertes Kartoffel-Ragout nach griechischer Art

2 Portionen

Zubereitungszeit: 30 Minuten
Überbackzeit: 8–10 Minuten

2 Zwiebeln
2 kleine Knoblauchzehen
500 g festkochende Kartoffeln
2 TL Olivenöl
2 Stängel Rosmarin
1 Stück Zitronenschale von 1 Bio-Zitrone (unbehandelt, ungewachst)
150 ml Gemüsebrühe
2 kleine rote Paprikaschoten (etwa 360 g)
4 kleine Zucchini (etwa 500 g)
Salz, gem. Pfeffer
100–150 g fettreduzierter Fetakäse (9 % Fett)

Pro Portion:
E: 23 g, F: 11 g, Kh: 51 g,
kJ: 1704, kcal: 408

1. Zwiebeln und Knoblauch abziehen, in kleine Würfel schneiden. Kartoffeln schälen, abspülen, abtropfen lassen und in etwa 1/2 cm dicke Scheiben schneiden.
2. Olivenöl in einem Topf erhitzen, Zwiebel- und Knoblauchwürfel darin andünsten. Kartoffelscheiben hinzugeben und etwa 2 Minuten unter Wenden mit anbraten. Rosmarin abspülen, trocken tupfen und mit der Zitronenschale zu den Kartoffeln geben. Brühe hinzugießen und zum Kochen bringen. Die Kartoffeln zugedeckt bei schwacher Hitze etwa 2 Minuten kochen lassen.
3. In der Zwischenzeit Paprikaschoten halbieren, entstielen, entkernen und die weißen Scheidewände entfernen. Schoten abspülen, abtropfen lassen und in grobe Würfel schneiden. Zucchini abspülen, abtrocknen und die Enden abschneiden. Zucchini evtl. längs halbieren, in etwa 1/2 cm dicke Scheiben schneiden.
4. Die Paprikawürfel und Zucchinischeiben zu den Kartoffeln in den Topf geben, wieder zum Kochen bringen und zugedeckt weitere etwa 6 Minuten unter gelegentlichem Rühren dünsten.
5. Den Backofen vorheizen.
Ober-/Unterhitze: etwa 220 °C
Heißluft: etwa 200 °C
6. Das gedünstete Gemüse mit den Kartoffeln und der Brühe in eine Auflaufform geben. Zitronenschale und Rosmarinstängel nach Belieben entfernen. Gemüse und Kartoffeln mit Salz und Pfeffer würzen. Fetakäse fein zerbröseln und daraufstreuen. Die Form auf dem Rost in den vorgeheizten Backofen schieben. Das Gratin 8–10 Minuten überbacken.

Gratiniertes Kartoffel-Ragout nach griechischer Art

Junges Gemüse aus der Bratfolie

4 Portionen

Zubereitungszeit: 30 Minuten
Garzeit: etwa 30 Minuten

1 Bund junge Möhren (etwa 400 g)
1 Kohlrabi (etwa 250 g)
1 Fenchelknolle (etwa 250 g)
250 g Zuckerschoten
400 g neue kleine Kartoffeln
2 Bund Kerbel
4 Knoblauchzehen
2 EL Olivenöl
Salz, gem. bunter Pfeffer

Außerdem:
1 Stück Bratfolie oder Bratschlauch

Pro Portion:
E: 7 g, F: 6 g, Kh: 31 g,
kJ: 868, kcal: 206

1. Möhren putzen, dabei das Grün bis auf etwa 2 cm abschneiden. Möhren schälen, abspülen und abtropfen lassen. Kohlrabi schälen, abspülen, abtropfen lassen. Kohlrabi zuerst in Scheiben, dann in Stifte schneiden. Fenchelknolle putzen, abspülen, abtropfen lassen, halbieren und in Stücke schneiden.
2. Den Backofen vorheizen.
Ober-/Unterhitze: etwa 200 °C
Heißluft: etwa 180 °C
3. Von den Zuckerschoten die Enden abschneiden, evtl. abfädeln. Schoten abspülen und abtropfen lassen. Kartoffeln unter fließendem kalten Wasser gründlich abbürsten und abtropfen lassen. Kerbel abspülen und trocken tupfen. Blättchen von den Stängeln zupfen, grob zerkleinern.
4. Die vorbereiteten Zutaten in einer Schüssel mischen. Knoblauch mit der Haut in Scheiben schneiden und mit dem Olivenöl untermischen, mit Salz und Pfeffer würzen.
5. Ein großes Stück Bratfolie oder einen Bratschlauch auf ein Backblech legen. Gemüse-Kartoffel-Mischung auf die Folie oder in den

Junges Gemüse aus der Bratfolie

Folienkartoffeln mit Crème-fraîche-Sauce

Bratschlauch geben und nach Packungsanleitung verschließen. Das Backblech in den vorgeheizten Backofen schieben. Das Gemüse mit den Kartoffeln etwa 30 Minuten garen.
6. Die Folie oder den Bratschlauch aufschneiden. Das Gemüse mit den Kartoffeln in einer vorgewärmten Schale anrichten und servieren.

Folienkartoffeln mit Crème-fraîche-Sauce

4 Portionen

Zubereitungszeit: 60 Minuten
Garzeit: 45–60 Minuten

8 mehligkochende Kartoffeln (etwa 1 kg)
Salz
1–2 EL Speiseöl

Für die Crème-fraîche-Sauce:
150 g Crème fraîche
1 EL klein geschnittene Petersilie
gem. Pfeffer
evtl. etwas gem. Kümmelsamen

Außerdem:
8 Bögen Alufolie

Pro Portion:
E: 6 g, F: 15 g, Kh: 41 g,
kJ: 1366, kcal: 327

1. Den Backofen vorheizen.
Ober-/Unterhitze: etwa 200 °C
Heißluft: etwa 180 °C
2. Kartoffeln unter fließendem kalten Wasser sehr gründlich abbürsten, trocken tupfen und der Länge nach mit einem scharfen Messer etwa 1 cm tief einschneiden. Die Einschnitte mit Salz bestreuen. Die Kartoffeln einzeln in Alufolie (mit Speiseöl bestrichen) wickeln, auf den Backofenrost legen und in den vorgeheizten Backofen schieben. Die Kartoffeln 45–60 Minuten je nach Größe der Kartoffeln garen.
3. In der Zwischenzeit für die Crème-fraîche-Sauce Crème fraîche mit Petersilie verrühren, mit Salz und Pfeffer würzen. Nach Belieben mit etwas Kümmel abschmecken.
4. Die Kartoffeln vom Backofenrost nehmen und die Alufolie öffnen. Die Kartoffeln mit 2 Gabeln aufbrechen und mit der Sauce füllen.

Basilikum-Bohnen-Auflauf

4 Portionen (ohne Foto)

Zubereitungszeit: 40 Minuten
Garzeit: etwa 30 Minuten

800 g grüne Bohnen
Salz
500 g Kartoffeln
2 Zwiebeln, 2 Knoblauchzehen
2 EL Olivenöl
1 EL Kürbiskernöl
25 g Pinienkerne
250 g getrocknete Tomaten
2 Bund Basilikum
gem. Pfeffer
150 g abgetropfte schwarze Oliven
150 g Crème fraîche
200 g Joghurt (3,5 % Fett)

Pro Portion:
E: 11 g, F: 31 g, Kh: 31 g,
kJ: 1870, kcal: 452

1. Von den Bohnen die Enden abschneiden, evtl. abfädeln. Bohnen abspülen, abtropfen lassen und in etwa 4 cm lange Stücke schneiden. Bohnenstücke in kochendem Salzwasser zugedeckt etwa 10 Minuten garen. Bohnen abgießen, mit kaltem Wasser abschrecken und in einem Sieb abtropfen lassen.
2. Kartoffeln schälen, abspülen, abtropfen lassen und in etwa 1 cm große Würfel schneiden. Zwiebeln und Knoblauch abziehen und fein würfeln.
3. Olivenöl in einer Pfanne erhitzen, die Kartoffelwürfel darin von allen Seiten etwa 5 Minuten knusprig braun braten. Zwiebel- und Knoblauchwürfel kurz mit anbraten. Kürbiskernöl hinzugeben.
4. Den Backofen vorheizen.
Ober-/Unterhitze: etwa 200 °C
Heißluft: etwa 180 °C
5. Pinienkerne in einer Pfanne ohne Fett unter Rühren goldbraun rösten.
6. Tomaten in grobe Stücke schneiden. Basilikum abspülen und trocken tupfen. Die Blättchen von den Stängeln zupfen, in Streifen schneiden.
7. Vorbereitete Zutaten mischen, mit Salz und Pfeffer würzen und Oliven unterheben. Die Kartoffel-Bohnen-Mischung in eine Auflaufform (gefettet) geben. Crème fraîche und Joghurt verrühren und auf der Kartoffel-Bohnen-Mischung verteilen. Die Form auf dem Rost in den vorgeheizten Backofen schieben. Den Auflauf etwa 30 Minuten garen.

Chili sin Carne

4 Portionen

Zubereitungszeit: 20 Minuten
Garzeit: etwa 30 Minuten

1 kleine rote Chilischote
1 Gemüsezwiebel (etwa 250 g)
2 Knoblauchzehen, 1 große Möhre
je 1 rote, gelbe und grüne Paprikaschote (etwa 600 g)
1 kleine Aubergine (etwa 250 g)
1 Zucchini (etwa 300 g)
2–3 EL Olivenöl
Salz, gem. Pfeffer
125 ml Gemüsebrühe
800 g geschälte Tomaten (aus der Dose)
500 g Kidneybohnen (aus Dosen)
1 Stängel Rosmarin
1 kleines Bund Thymian
evtl. 1/2 Bund Petersilie

Pro Portion:
E: 13 g, F: 8 g, Kh: 29 g,
kJ: 1015, kcal: 243

1. Die Chilischote entstielen, längs aufschneiden und entkernen. Schote abspülen, trocken tupfen und in feine Streifen schneiden. Zwiebel abziehen, halbieren, klein würfeln. Knoblauch abziehen, klein würfeln. Möhre putzen, schälen, abspülen, abtropfen lassen und in kleine Würfel schneiden. Paprikaschoten vierteln, entstielen, entkernen und die weißen Scheidewände entfernen. Aubergine und Zucchini abspülen, abtrocknen und die Enden bzw. Stängelansatz entfernen. Aubergine und Zucchini in 1/2–1 cm große Würfel schneiden.
2. Den Backofen vorheizen.
Ober-/Unterhitze: etwa 200 °C
Heißluft: etwa 180 °C
3. Olivenöl in einem großen Bräter erhitzen. Zuerst Chilistreifen, dann Zwiebel- und Möhrenwürfel darin bei mittlerer Hitze leicht anbraten. Paprikaviertel, Knoblauch- und zuletzt Auberginen- und Zucchiniwürfel hinzugeben, mitdünsten lassen. Mit Salz und Pfeffer würzen. Brühe hinzugießen, zum Kochen bringen und etwa 5 Minuten kochen lassen.
4. Tomaten pürieren, mit den Kidneybohnen (mit der Flüssigkeit) zu dem angedünsteten Gemüse geben und zum Kochen bringen. Den Bräter zugedeckt auf dem Rost in den vorgeheizten Backofen schieben. Chili etwa 30 Minuten garen.
5. Rosmarin und Thymian abspülen, trocken tupfen. Die Nadeln bzw. Blättchen von den Stängeln zupfen. Nadeln bzw. Blättchen klein schneiden. Petersilie abspülen und trocken tupfen. Die Blättchen von den Stängeln zupfen, Blättchen klein schneiden. Etwas Petersilie beiseitelegen.
6. Etwa 10 Minuten vor Ende der Garzeit die Kräuter in den Eintopf geben und Chili sin carne fertig garen. Nochmals mit Salz und Pfeffer abschmecken. Chili sin Carne in Schalen anrichten und mit der beiseitegelegten Petersilie bestreuen.

Cannelloni auf Blattspinat

4 Portionen

Zubereitungszeit: 65 Minuten
Garzeit: 20–30 Minuten

1 Zwiebel
1 EL Speiseöl
600 g TK-Blattspinat
2–3 EL Wasser
Salz
gem. Pfeffer
ger. Muskatnuss

Für die Sauce:
60 g Butter oder Margarine
40 g Weizenmehl
375 ml Milch (3,5 % Fett)
125 g Schlagsahne
60 g ger. Parmesan

etwa 125 g Cannelloni (ohne Vorgaren)

Zum Bestreuen:
60 g ger. Parmesan

40 g Butter

Pro Portion:
E: 22 g, F: 47 g, Kh: 36 g,
kJ: 2822, kcal: 674

1. Zwiebel abziehen und in kleine Würfel schneiden. Speiseöl in einem Topf erhitzen, Zwiebelwürfel darin glasig dünsten. Spinat unaufgetaut hinzufügen, Wasser hinzugießen. Den Spinat etwa 15 Minuten dünsten, mit Salz, Pfeffer und Muskat würzen. Spinat evtl. in einem Sieb abtropfen lassen und in eine flache Auflaufform (gefettet) geben (etwas Spinat für die Cannelloni beiseitestellen).
2. Den Backofen vorheizen.
Ober-/Unterhitze: etwa 200 °C
Heißluft: etwa 180 °C
3. Für die Sauce Butter oder Margarine in einem Topf zerlassen. Mehl darin unter Rühren so lange erhitzen, bis es hellgelb ist. Nach und nach Milch und Sahne hinzugießen, mit einem Schneebesen durchschlagen. Darauf achten, dass keine Klümpchen entstehen.
4. Die Sauce zum Kochen bringen und etwa 2 Minuten unter gelegentlichem Rühren kochen lassen. Mit Salz und Pfeffer würzen. Etwa ein Drittel der Sauce mit dem Käse verrühren. Restliche Sahnesauce beiseitestellen.
5. Die Cannelloni zuerst mit je 1 Teelöffel des beiseitegestellten Spinats füllen, damit die Käsesauce nicht herausläuft. Dann die Hälfte der Käsesauce in einen Spritzbeutel ohne Tülle füllen und in die Cannelloni spritzen.
6. Restliche Käsesauce auf den Spinat in die Auflaufform geben. Die gefüllten Cannelloni auf den Spinat legen, mit der beiseitegestellten Sahnesauce übergießen und mit Käse bestreuen. Butter in Flöckchen daraufsetzen. Die Form auf dem Rost in den vorgeheizten Backofen schieben. Cannelloni auf Blattspinat 20–30 Minuten garen.

Bunte Paprikaspieße mit Couscous

4 Portionen

Zubereitungszeit: 40 Minuten
Garzeit: etwa 15 Minuten

4 Paprikaschoten
(rot, gelb, grün gemischt)
2 rote Zwiebeln
120 g Instant-Couscous
2 Tomaten, 4 Frühlingszwiebeln
4 Stängel Minze
1 Bio-Limette
(unbehandelt, ungewachst)
Salz, gem. Pfeffer
5 EL Olivenöl
4 Stängel Koriander

Außerdem:
8 Holzspieße

Pro Portion:
E: 7 g, F: 11 g, Kh: 36 g,
kJ: 1131, kcal: 270

1. Die Paprikaschoten halbieren, entstielen, entkernen und die weißen Scheidewände entfernen. Schoten abspülen, abtropfen lassen und in gleich große Stücke schneiden. Zwiebeln abziehen, vierteln, in Größe der Paprikastücke schneiden. Die Paprika- und Zwiebelstücke abwechselnd auf 8 Holzspieße stecken.
2. Den Backofen vorheizen.
Ober-/Unterhitze: etwa 180 °C
Heißluft: etwa 160 °C
3. Couscous nach Packungsanleitung zubereiten. Tomaten abspülen, trocken tupfen, halbieren und die Stängelansätze herausschneiden, Tomatenhälften in kleine Würfel schneiden. Frühlingszwiebeln putzen, abspülen, abtropfen lassen und in feine Scheiben schneiden. Minze abspülen und trocken tupfen. Die Blättchen von den Stängeln zupfen und in feine Streifen schneiden.
4. Limette heiß abwaschen, abtrocknen und die Schale fein abreiben. Limette halbieren und den Saft auspressen.
5. Das vorbereitete Gemüse mit Couscous vermischen. Couscous mit Limettensaft, -schale, Salz und Pfeffer würzen. 3 Esslöffel Olivenöl und die Minzestreifen unterheben.
6. Restliches Olivenöl in einer hitzebeständigen Pfanne erhitzen. Die Paprikaspieße darin von allen Seiten anbraten, mit Salz und Pfeffer würzen. Die Pfanne auf dem Rost in den vorgeheizten Backofen schieben. Die Spieße etwa 15 Minuten garen.
7. Koriander abspülen und trocken tupfen. Die Blättchen von den Stängeln zupfen.
8. Die Paprikaspieße mit dem Couscous anrichten und mit Korianderblättchen garnieren.

Bunte Paprikaspieße mit Couscous

Champignon-Porree-Torte mit Senfquark

8 Portionen

Zubereitungszeit: 50 Minuten, ohne Kühlzeit
Backzeit: 30–40 Minuten

Für den Knetteig:
150 g Weizenmehl
100 g gem. Haselnusskerne
125 g Butter (zimmerwarm)
1 Eigelb (Größe M)
1 TL Zucker
1 gestr. TL Salz
2–3 EL kaltes Wasser

Für den Belag:
200 g Champignons
2 Schalotten
2 Stängel Thymian
2 EL Butterschmalz
Salz
gem. Pfeffer
2 Stangen Porree (Lauch, etwa 400 g)
200 g Schlagsahne
4 Eier (Größe M)
ger. Muskatnuss
80 g ger. Bergkäse

Für den Senfquark:
1 Bund Schnittlauch
150 g Speisequark (40 % Fett)
1 EL scharfer Senf
1 EL grober Senf
1 EL Traubenkernöl

Zum Garnieren:
2 Stängel Thymian

Pro Portion:
E: 15 g, F: 45 g, Kh: 20 g, kJ: 2279, kcal: 544

1. Für den Teig Mehl und Nusskerne in einer Rührschüssel gut mit einem Schneebesen verrühren. Butter, Eigelb, Zucker, Salz und Wasser hinzufügen. Die Zutaten mit dem Mixer (Rührstäbe) zunächst kurz auf niedrigster, dann auf höchster Stufe gut durcharbeiten.

2. Anschließend auf einer bemehlten Arbeitsfläche zu einem glatten Teig verkneten. Den Teig in Frischhaltefolie wickeln und etwa 1 Stunde in den Kühlschrank legen.

3. Für den Belag Champignons putzen, evtl. kurz abspülen, abtropfen lassen und vierteln. Schalotten abziehen und klein würfeln.

4. Thymian abspülen und trocken tupfen. Die Blättchen von den Stängeln zupfen. Butterschmalz in einer Pfanne zerlassen. Champignonviertel darin andünsten, Schalottenwürfel und Thymianblättchen hinzugeben und mitdünsten lassen. Mit Salz und Pfeffer würzen.

5. Den Backofen vorheizen.
Ober-/Unterhitze: etwa 180 °C
Heißluft: etwa 160 °C

6. Porree putzen. Die Stangen längs halbieren, gründlich waschen, abtropfen lassen und schräg in etwa 2 cm lange Stücke schneiden. Porreestücke in kochendem Salzwasser kurz blanchieren, mit kaltem Wasser abschrecken und in einem Sieb abtropfen lassen.

7. Zwei Drittel des Teiges auf der leicht bemehlten Arbeitsfläche zu einer runden Platte (Ø etwa 30 cm) ausrollen. Die Teigplatte in eine Tarteform (Ø 28 cm, Boden gefettet) legen. Teig mit einer Gabel mehrmals einstechen. Die Form auf dem Rost in den vorgeheizten Backofen schieben. Den Tarteboden etwa 10 Minuten vorbacken.

8. Die Form aus dem Backofen nehmen und auf einen Kuchenrost stellen. Den Boden abkühlen lassen.

9. Den restlichen Teig zu einer etwa 75 cm langen Rolle formen, an den Tarteformrand und den vorgebackenen Boden drücken. Die Champignonmasse und Porreestücke in der Form verteilen.

10. Sahne mit Eiern verschlagen, mit Salz, Pfeffer und Muskat würzen. Die Eiersahne auf der Porree-Masse verteilen und mit Käse bestreuen. Die Form auf dem Rost in den vorgeheizten Backofen schieben. Die Tarte bei gleicher Backofentemperatur in 20–30 Minuten fertig backen.

11. Für den Senfquark Schnittlauch abspülen, gut trocken tupfen und in Röllchen schneiden. Quark, beide Senfsorten und Schnittlauchröllchen in einer Schüssel verrühren, mit Salz abschmecken. Das Traubenkernöl unterrühren, damit der Quark sämiger wird.

12. Zum Garnieren Thymian abspülen, trocken tupfen und in Zweige zupfen. Die Torte aus dem Backofen nehmen, auf einem Kuchenrost etwas abkühlen lassen, mit Thymianzweigen garnieren und mit dem Senfquark servieren.

Champignon-Porree-Torte mit Senfquark

Schafskäse-Tarte

4–6 Portionen

Zubereitungszeit: 45 Minuten
Backzeit: 35–45 Minuten

5 Stängel Rosmarin
150 g Zucchini
300 g Schafskäse
100 g Weizenmehl (Type 550)
30 g Vollkorn-Weizengrieß
2 gestr. TL Dr. Oetker Backin
1 gestr. TL Salz
1 gestr. TL Dr. Oetker Finesse
Geriebene Zitronenschale
50 ml Wasser
2 Eier (Größe M)
80 ml Olivenöl
1 EL Semmelbrösel
30 g Pinienkerne
1–2 EL Olivenöl
grob gem. schwarzer Pfeffer

Pro Portion:
E: 9 g, F: 37 g, Kh: 22 g,
kJ: 2039, kcal: 487

1. Rosmarin abspülen und trocken tupfen. Von 3 Stängeln die Nadeln abzupfen und grob hacken. Zucchini abspülen, abtrocknen und die Enden abschneiden. Die Zucchini in kleine Würfel schneiden. 150 g von dem Schafskäse zerbröseln.
2. Den Backofen vorheizen.
Ober-/Unterhitze: etwa 200 °C
Heißluft: etwa 180 °C
3. Mehl, Grieß, Backpulver, Salz, gehackten Rosmarin und Zitronenschale in eine Rührschüssel geben und verrühren. Wasser, Eier und Olivenöl hinzufügen und mit einem Mixer (Rührstäbe) unterrühren. Die Zucchiniwürfel und Schafskäsebrösel vorsichtig unterrühren.
4. Den Teig in eine Tarteform (Ø 26–28 cm, gefettet, mit Semmelbröseln ausgestreut) füllen und glatt streichen. Restlichen Schafskäse grob zerbröseln und auf dem Teig verteilen. Restlichen Rosmarin in kleine Zweige zupfen, zusammen mit den Pinienkernen auf den mit Schafskäse belegten Teig streuen. Die Tarte mit Olivenöl beträufeln und mit Pfeffer bestreuen.
5. Die Form auf dem Rost in den vorgeheizten Backofen schieben. Die Tarte 35–45 Minuten backen.
6. Die Form auf einen Kuchenrost stellen. Die Tarte in der Form etwas abkühlen lassen.

Käse-Gemüse auf mediterrane Art

4 Portionen

Zubereitungszeit: 30 Minuten
Garzeit: 30–35 Minuten

4 Romatomaten (längliche Strauchtomaten, etwa 300 g)
1 Aubergine (etwa 300 g)
1 Zucchini (etwa 300 g)
750 g Halloumi-Käse (Käse aus Zypern)
1 Topf Basilikum
250 g abgetropfte italienische, weiße Bohnen
Salz, gem. Pfeffer
Knoblauchpulver
2 EL Olivenöl

Außerdem:
1 Stück Bratfolie oder Bratschlauch

Pro Portion:
E: 61 g, F: 67 g, Kh: 15 g,
kJ: 3638, kcal: 876

1. Den Backofen vorheizen.
Ober-/Unterhitze: etwa 180 °C
Heißluft: etwa 160 °C
2. Tomaten abspülen, trocken tupfen, halbieren und die Stängelansätze herausschneiden. Aubergine und Zucchini abspülen, abtrocknen und den Stängelansatz bzw. Enden abschneiden. Tomaten, Aubergine und Zucchini in gleich große Würfel schneiden. Käse ebenfalls in gleich große Würfel schneiden.
3. Basilikum abspülen und trocken tupfen. Die Blättchen von den Stängeln zupfen. Bohnen und Basilikumblättchen zu den Käse- und Gemüsewürfeln geben und untermischen. Mit Salz, Pfeffer und Knoblauch würzen. Olivenöl hinzufügen.
4. Die Käse-Gemüse-Mischung auf ein großes Stück Bratfolie oder in den Bratschlauch geben, nach Packungsanleitung verschließen und auf ein Backblech legen. Das Backblech in den vorgeheizten Backofen schieben. Käse-Gemüse 30–35 Minuten garen.
5. Die Folie aufschneiden. Das Käse-Gemüse herausnehmen und in einer vorgewärmten Schale anrichten.

Camembert-Torte

Kohlrabi-Möhren-Flan

Camembert-Torte
12 Stücke

Zubereitungszeit: 30 Minuten, ohne Teiggeh- und Abkühlzeit
Backzeit: etwa 30 Minuten

Für den Hefeteig:
250 g Vollkorn-Weizenmehl
1 Pck. Dr. Oetker Trockenbackhefe
175 ml lauwarmes Wasser
1 EL Speiseöl
1 gestr. TL Salz

Für den Belag:
1 kleine Stange Porree (Lauch)
200 g frische Champignons
3 EL Speiseöl

Für den Weizenbrei:
3 EL Vollkorn-Weizenmehl
125 ml Milch (3,5 % Fett)
1/2 TL Meersalz
gem. weißer Pfeffer
1 EL heißes Wasser
1 EL gekörnte Instant-Brühe
1 TL Zitronensaft
2 EL Sojasauce
250 g Camembert

Zum Belegen:
100 g halbierte, gefüllte Oliven

Pro Stück:
E: 9 g, F: 9 g, Kh: 18 g, kJ: 795, kcal: 190

1. Für den Teig Mehl in eine Rührschüssel geben, mit der Trockenbackhefe sorgfältig vermischen. Wasser, Öl und Salz hinzufügen.
2. Zutaten mit einem Mixer (Knethaken) zunächst kurz auf niedrigster, dann auf höchster Stufe in etwa 5 Minuten zu einem glatten Teig verarbeiten. Den Teig mit etwas Mehl bestäuben und zugedeckt so lange an einem warmen Ort gehen lassen, bis er sich sichtbar vergrößert hat (etwa 20 Minuten).
3. Für den Belag Porree putzen, die Stange längs halbieren, gründlich waschen, abtropfen lassen und in Streifen schneiden. Champignons putzen, evtl. kurz abspülen, trocken tupfen und in dünne Scheiben schneiden.
4. Speiseöl in einer Pfanne erhitzen. Die Porreestreifen und Champignonscheiben darin kurz andünsten, herausnehmen und erkalten lassen.
5. Für den Weizenbrei Mehl in eine Rührschüssel geben, mit Milch gut verrühren. Salz, Pfeffer, in heißem Wasser aufgelöste Brühe und Zitronensaft unterrühren. Mit Sojasauce würzen. Camembert in Scheiben schneiden.
6. Den gegangenen Teig leicht mit Mehl bestäuben, aus der Schüssel nehmen und auf der bemehlten Arbeitsfläche nochmals kurz durchkneten. Zwei Drittel des Teiges auf dem Boden einer Springform (Ø 28 cm, gefettet) ausrollen. Restlichen Teig zu einer Rolle formen, sie als Rand auf den Teigboden legen und so an die Form drücken, dass ein 2–3 cm hoher Rand entsteht. Den Teigboden mehrmals mit einer Gabel einstechen.
7. Den Backofen vorheizen.
Ober-/Unterhitze: etwa 200 °C
Heißluft: etwa 180 °C
8. Den Weizenbrei auf dem Teigboden verteilen. Porreestreifen, Camembert-, Champignonscheiben und Olivenhälften dekorativ darauflegen. Den Teig nochmals so lange an einem warmen Ort gehen lassen, bis er sich sichtbar vergrößert hat (etwa 30 Minuten). Die Form auf dem Rost in den vorgeheizten Backofen schieben. Die Torte etwa 30 Minuten backen.
9. Die Camembert-Torte aus der Form lösen, auf eine Platte legen, in Stücke schneiden und lauwarm servieren.

Kohlrabi-Möhren-Flan
4 Portionen

Zubereitungszeit: 60 Minuten
Garzeit: etwa 35 Minuten

500 g Möhren
500 g Kohlrabi
30 g Butter
2 EL Sojasauce
Salz, gem. Pfeffer
1 Stange Porree (Lauch)

1 Knoblauchzehe
2 EL Speiseöl
250 g Magerquark
200 g Schmand (Sauerrahm)
2 Eier (Größe M)
125 g Schlagsahne
3 EL klein geschnittene Petersilie
10 EL Sesamsamen
1/2 gestr. TL Kräutersalz
40 g ger. Gouda
30 g Butter

Pro Portion:
E: 26 g, F: 58 g, Kh: 18 g,
kJ: 3050, kcal: 728

1. Möhren und Kohlrabi putzen, schälen, abspülen, abtropfen lassen und in dünne Scheiben schneiden. Butter in einer großen Pfanne zerlassen. Möhren- und Kohlrabischeiben darin evtl. in 2 Portionen etwa 10 Minuten unter Rühren dünsten, mit Sojasauce, Salz und Pfeffer würzen.
2. Den Backofen vorheizen.
Ober-/Unterhitze: etwa 180 °C
Heißluft: etwa 160 °C
3. Porree putzen, die Stange längs halbieren, gründlich waschen, abtropfen lassen und in dünne Streifen schneiden. Knoblauch abziehen und fein würfeln. Speiseöl in einer kleinen Pfanne erhitzen. Die Porreestreifen und Knoblauchwürfel darin andünsten.
4. Quark mit Schmand, Eiern und Sahne verrühren. Petersilie, 6 Esslöffel der Sesamsamen und Kräutersalz unterrühren, mit Pfeffer würzen. Die Porree-Mischung unterrühren.
5. Die Hälfte der Möhren- und Kohlrabischeiben in eine Auflaufform (gefettet) geben, die Hälfte der Quarkcreme darauf verteilen. Restliche Möhren- und Kohlrabischeiben darauflegen, restliche Quarkcreme daraufstreichen. Den Auflauf mit Käse bestreuen und Butter in Flöckchen daraufsetzen. Mit restlichem Sesam bestreuen.
6. Die Form auf dem Rost in den vorgeheizten Backofen schieben. Kohlrabi-Möhren-Flan etwa 35 Minuten garen.

Kohlrouladen

4 Portionen

Zubereitungszeit: 40 Minuten
Garzeit: etwa 40 Minuten

1 Kopf Wirsing (etwa 500 g)
Salz
6 EL Speiseöl
60 g Margarine
2 EL Möhrenwürfel
2 EL Zwiebelwürfel
gem. Pfeffer
2 EL gehackter Liebstöckel
1 TL gem. Kümmelsamen
200 ml Gemüsebrühe
20 g Butter
je 2 EL rote und gelbe Paprikawürfel

Außerdem:
Küchengarn oder
Rouladennadeln

Pro Portion:
E: 2 g, F: 18 g, Kh: 3 g,
kJ: 789, kcal: 189

1. Vom Wirsing die groben, äußeren Blätter lösen. Den Wirsing abspülen und den Strunk keilförmig herausschneiden. Den Wirsing so lange in kochendes Salzwasser legen, bis sich die äußeren Blätter lösen. Diesen Vorgang wiederholen, bis etwa 8 große Blätter sich lösen und etwas weich sind. Blätter beiseitelegen. Restlichen Wirsing in feine Streifen schneiden.
2. Zwei Esslöffel Speiseöl in einem Topf erhitzen, 20 g der Margarine darin zerlassen. Wirsingstreifen, Möhren- und Zwiebelwürfel darin unter Rühren andünsten. Mit Salz, Pfeffer, Liebstöckel und Kümmel würzen.
3. Den Backofen vorheizen.
Ober-/Unterhitze: etwa 180 °C
Heißluft: etwa 160 °C
4. Die beiseitegelegten Wirsingblätter auf einer Arbeitsfläche ausbreiten, die Gemüsemasse darauf verteilen. Die Blätter seitlich einschlagen und aufrollen. Die Rouladen mit Küchengarn festbinden oder mit Rouladennadeln feststecken.
5. Restliches Speiseöl in einem Bräter erhitzen. Die Rouladen darin von allen Seiten anbraten. Restliche Margarine hinzugeben, Gemüsebrühe hinzugießen. Den Bräter auf dem Rost in den vorgeheizten Backofen schieben. Die Rouladen etwa 40 Minuten garen.
6. Butter in einer Pfanne zerlassen. Rote und gelbe Paprikawürfel darin kurz andünsten. Die Kohlrouladen aus dem Bräter nehmen, Küchengarn oder Rouladennadeln entfernen. Die Kohlrouladen mit den Paprikawürfeln anrichten.

Kohlrouladen

Pikante Ratatouille-Pizza mit Kapernäpfeln und Oliven

4 Portionen

Zubereitungszeit: 35 Minuten, ohne Teiggehzeit
Backzeit: 12–15 Minuten

Für den Hefeteig:
250 g Weizenmehl
15 g frische Hefe
125 ml warmes Wasser
1 EL Zucker
Salz
2 EL Olivenöl

Für den Belag:
2 rote Paprikaschoten
1 Zucchini
2 rote Zwiebeln
2 Knoblauchzehen
2 EL Olivenöl
1 Msp. Chilipulver
250 ml Tomatensaft
50 g abgetropfte Kapernäpfel
50 g abgetropfte schwarze Oliven
1 Bund Basilikum

Pro Portion:
E: 11 g, F: 16 g, Kh: 63 g,
kJ: 1850, kcal: 442

1. Für den Teig Mehl in eine Rührschüssel geben. In die Mitte eine Vertiefung drücken und die Hefe hineinbröckeln. 125 ml warmes Wasser, Zucker, 1 Prise Salz und das Olivenöl hinzufügen. Die Zutaten mit einem Mixer (Knethaken) zunächst kurz auf niedrigster, dann auf höchster Stufe zu einem glatten Teig verarbeiten. Den Teig auf der bemehlten Arbeitsfläche nochmals kräftig durchkneten und zugedeckt an einem warmen Ort etwa 45 Minuten gehen lassen.
2. In der Zwischenzeit für den Belag die Paprikaschoten halbieren, entstielen, entkernen und die weißen Scheidewände entfernen. Schoten abspülen, abtropfen lassen und in etwa 1 cm große Würfel schneiden. Zucchini abspülen, abtrocknen und die Enden abschneiden. Zucchini ebenfalls in etwa 1 cm große Würfel schneiden. Die Zwiebeln abziehen und klein würfeln. Knoblauch abziehen und durch eine Knoblauchpresse drücken.
3. Olivenöl in einer großen Pfanne erhitzen. Das vorbereitete Gemüse darin unter Rühren andünsten. Mit Chili und Salz würzen. Tomatensaft hinzugießen, zum Kochen bringen und unter Rühren kräftig aufkochen lassen.
4. Den Backofen vorheizen.
Ober-/Unterhitze: etwa 240 °C
Heißluft: etwa 220 °C
5. Den gegangenen Teig leicht mit Mehl bestäuben, aus der Schüssel nehmen und auf der bemehlten Arbeitsfläche zu einem Rechteck (etwa 30 x 40 cm) ausrollen. Die Teigplatte auf ein Backblech (30 x 40 cm, gefettet) legen. Das Ratatouille-Gemüse darauf verteilen. Das Backblech in den vorgeheizten Backofen schieben. Die Pizza in 12–15 Minuten knusprig braun backen.
6. Das Backblech auf einen Rost stellen. Die Pizza mit Kapernäpfeln und Oliven belegen. Basilikum abspülen und trocken tupfen. Die Blättchen von den Stängeln zupfen. Die Basilikumblättchen auf der Pizza verteilen.

Pikante Ratatouille-Pizza mit Kapernäpfeln und Oliven

Gefüllte gelbe Paprikaschoten

4 Portionen

Zubereitungszeit: 35 Minuten
Garzeit: etwa 40 Minuten

4 gelbe Paprikaschoten
(je etwa 250 g)
Salz

Für die Füllung:
1 Zucchini (etwa 250 g)
1 Aubergine (etwa 250 g)
2 Fleischtomaten (je etwa 150 g)
1 grüne Paprikaschote (etwa 250 g)
4 Stängel Rosmarin
3 Knoblauchzehen
4 EL Olivenöl
je 1 EL abgetropfte grüne und rote Pfefferkörner (in Lake)

200 ml Gemüsebrühe
einige Rosmarinspitzen

Pro Portion:
E: 5 g, F: 11 g, Kh: 16 g,
kJ: 801, kcal: 191

1. Paprikaschoten abspülen, abtropfen lassen und jeweils am Stielende einen flachen Deckel abschneiden. Aus den Paprikaschoten mithilfe eines Löffels die Kerne und weißen Scheidewände entfernen. Schoten evtl. nochmals von innen ausspülen und abtropfen lassen, Paprikadeckel beiseitelegen.
2. Die gelben Paprikaschoten etwa 5 Minuten, Deckel etwa 2 Minuten in kochendem Salzwasser blanchieren,

Gefüllte gelbe Paprikaschoten

Paprika „Mexikanisch“

mit einer Schaumkelle herausnehmen, in ein Sieb geben, mit kaltem Wasser abschrecken und abtropfen lassen.

3. Den Backofen vorheizen.
Ober-/Unterhitze: etwa 180 °C
Heißluft: etwa 160 °C

4. Für die Füllung Zucchini und Aubergine abspülen, abtrocknen und die Enden bzw. Stängelansatz entfernen. Zucchini und Aubergine in Würfel schneiden. Tomaten abspülen, trocken tupfen und die Stängelansätze herausschneiden. Grüne Paprikaschote halbieren, entstielen, entkernen und die weißen Scheidewände entfernen. Schote abspülen und abtropfen lassen. Tomaten und Paprikaschote in Würfel schneiden.

5. Rosmarin abspülen und trocken tupfen. Knoblauch abziehen und sehr klein schneiden. Olivenöl in einer Pfanne erhitzen. Gemüsewürfel und Rosmarinstängel darin unter Rühren andünsten. Knoblauch unterrühren. Mit Salz würzen. Grüne und rote Pfefferkörner untermengen.

6. Die Paprikaschoten mit der Gemüsemasse füllen. Die Deckel wieder auflegen. Die gefüllten Paprikaschoten in eine Auflaufform (gefettet) geben, Brühe hinzugießen. Die Form auf dem Rost in den vorgeheizten Backofen schieben. Die gefüllten Paprikaschoten etwa 40 Minuten garen.

7. Die gefüllten Paprikaschoten mit abgespülten, trocken getupften Rosmarinspitzen garniert servieren.

Paprika „Mexikanisch“

4 Portionen

Zubereitungszeit: 40 Minuten
Garzeit: etwa 45 Minuten

4 große grüne Paprikaschoten
1 kleine Aubergine (etwa 250 g)
2 Zwiebeln
3 Knoblauchzehen
8 EL Olivenöl
120 g Arborio-Reis (Rundkornreis)
350 g Tomaten
400 ml Gemüsebrühe
Salz, Chilipulver
1 Bund Koriander
1 Bund glatte Petersilie

Pro Portion:
E: 6 g, F: 25 g, Kh: 35 g,
kJ: 1688, kcal: 402

1. Die Paprikaschoten abspülen, abtrocknen und am Stielende jeweils einen Deckel abschneiden. Aus den Paprikaschoten mithilfe eines Löffels die Kerne und weißen Scheidewände entfernen. Die Schoten evtl. nochmals von innen ausspülen und abtropfen lassen. Aubergine abspülen, abtrocknen und den Stängelansatz entfernen. Aubergine in etwa 1 cm große Würfel schneiden. Zwiebeln und Knoblauch abziehen, in kleine Würfel schneiden.

2. Olivenöl in einer Pfanne erhitzen. Die Auberginenwürfel darin von allen Seiten kräftig anbraten. Die Zwiebel- und Knoblauchwürfel hinzugeben und mitdünsten lassen. Dann den Reis hinzugeben und unter Rühren glasig dünsten.

3. Den Backofen vorheizen.
Ober-/Unterhitze: etwa 200 °C
Heißluft: etwa 180 °C

4. Tomaten abspülen, abtropfen lassen, halbieren und die Stängelansätze herausschneiden. Tomaten grob würfeln und zu der Reismischung in die Pfanne geben. 300 ml der Brühe hinzugießen, zum Kochen bringen und etwa 10 Minuten bei schwacher Hitze kochen lassen. Die Reismischung noch etwa 5 Minuten auf der abgeschalteten Kochstelle ausquellen lassen. Mit Salz und Chili würzen.

5. Koriander abspülen und trocken tupfen. Die Blättchen von den Stängeln zupfen, Blättchen klein schneiden und unter die Reismischung geben. Die Reismasse in die vorbereiteten Paprikaschoten füllen und in eine Auflaufform (gefettet) setzen. Die restliche Reismasse und restliche Brühe darum verteilen. Die Paprikadeckel wieder aufsetzen.

6. Die Form auf dem Rost in den vorgeheizten Backofen schieben. Paprikaschoten etwa 45 Minuten garen.

7. Petersilie abspülen und trocken tupfen. Die Blättchen von den Stängeln zupfen, Blättchen klein schneiden. Die Paprikaschoten anrichten, mit Petersilie bestreuen und nach Belieben mit etwas Garflüssigkeit servieren.

Reis-Gemüse-Auflauf

Rosmarinkartoffeln mit Schmandsauce

Reis-Gemüse-Auflauf

2 Portionen

Zubereitungszeit: 30 Minuten
Garzeit: 15–20 Minuten

1 EL Speiseöl, z. B. Sonnenblumenöl
125 g 8-Minuten-Reis
1 EL Currypulver
250 ml heiße Gemüsebrühe
150 g Möhren
20 g Butter oder Margarine
150 g TK-Erbsen
Salz, gem. Pfeffer
1 Prise Zucker
1 Ei (Größe M)
100 g Schlagsahne
ger. Muskatnuss
75 g ger. mittelalter Gouda

Pro Portion:
E: 25 g, F: 47 g, Kh: 67 g,
kJ: 3331, kcal: 796

1. Speiseöl in einem Topf erhitzen. Reis hinzugeben und unter Rühren glasig dünsten. Mit Curry bestäuben und kurz mit andünsten. Heiße Brühe hinzugießen und zum Kochen bringen. Den Reis zugedeckt bei schwacher Hitze ausquellen lassen.
2. Den Backofen vorheizen.
Ober-/Unterhitze: etwa 180 °C
Heißluft: etwa 160 °C
3. In der Zwischenzeit Möhren putzen, schälen, abspülen, abtropfen lassen und klein würfeln.
4. Butter oder Margarine in einem Topf zerlassen. Die Möhrenwürfel darin 2–3 Minuten unter Rühren andünsten. Gefrorene Erbsen hinzugeben und 2–3 Minuten mitdünsten lassen. Mit Salz, Pfeffer und Zucker würzen.
5. Ei mit Sahne verschlagen, mit Salz, Pfeffer und Muskat würzen. Gouda unter die Eiersahne rühren.
6. Den garen Reis mit dem Gemüse vermengen und in eine flache Auflaufform (gefettet) geben. Eier-Käse-Sahne darauf verteilen. Die Form auf dem Rost in den vorgeheizten Backofen schieben. Den Reis-Gemüse-Auflauf 15–20 Minuten garen.

Rosmarinkartoffeln mit Schmandsauce

4 Portionen

Zubereitungszeit: 20 Minuten
Garzeit: 50–60 Minuten

800 g kleine mehligkochende Kartoffeln
1 Topf Rosmarin

Für die Schmandsauce:
250 g Schmand (Sauerrahm)
1 TL körniger Senf
34 EL Schlagsahne
Salz, gem. Pfeffer
2 EL klein geschnittene Kräuter, z. B. Petersilie, Schnittlauch

Pro Portion:
E: 6 g, F: 24 g, Kh: 33 g,
kJ: 1590, kcal: 379

1. Den Backofen vorheizen.
Ober-/Unterhitze: etwa 200 °C
Heißluft: etwa 180 °C
2. Kartoffeln unter fließendem kalten Wasser gründlich abbürsten, abtropfen lassen und an der oberen Seite kreuzweise einschneiden. Rosmarin abspülen und trocken tupfen. Die kleinen Spitzen abschneiden und die restlichen Nadeln von den Stängeln zupfen. Die Kartoffeln mit den Rosmarinspitzen und -nadeln mischen und in eine feuerfeste Form (gefettet) geben.
3. Die Form auf dem Rost in den vorgeheizten Backofen schieben. Die Kartoffeln 50–60 Minuten garen.
4. Für die Schmandsauce in der Zwischenzeit Schmand mit Senf, Sahne, Salz und Pfeffer verrühren, Kräuter unterrühren. Die Rosmarinkartoffeln mit der Schmandsauce servieren.

Schwarzwurzelauflauf

4 Portionen

Zubereitungszeit: 50 Minuten
Garzeit: etwa 40 Minuten

1375 ml Wasser
4 EL Weißweinessig
1 kg Schwarzwurzeln
1 gestr. TL Salz
40 g frischer Ingwer
1 Stange Porree (Lauch)
400 g Eierspätzle oder Gnocchi (aus dem Kühlregal)
3 Eier (Größe M)

100 ml Schwarzwurzel-Kochsud
150 g Crème fraîche
Salz, gem. Pfeffer
ger. Muskatnuss
125 g ger. Emmentaler
2 EL Sesamsamen

Pro Portion:
E: 24 g, F: 33 g, Kh: 40 g,
kJ: 2296, kcal: 551

1. Ein Liter von dem Wasser mit der Hälfte des Essigs verrühren. Die Schwarzwurzeln unter fließendem kalten Wasser gründlich abbürsten, dünn schälen, abspülen und abtropfen lassen.
2. Die Schwarzwurzeln einige Zeit in das Essigwasser legen, damit die Stangen weiß bleiben, abtropfen lassen und in Stücke schneiden.
3. Das restliche Wasser mit Salz und dem restlichen Essig zum Kochen bringen. Die Schwarzwurzeln hinzugeben, wieder zum Kochen bringen und in etwa 15 Minuten knapp gar kochen.
4. Die Schwarzwurzeln in einem Sieb abtropfen lassen, dabei den Kochsud auffangen, 100 ml abmessen und beiseitestellen.
5. Den Backofen vorheizen.
Ober-/Unterhitze: etwa 200 °C
Heißluft: etwa 180 °C
6. Ingwer schälen und in kleine Würfel schneiden. Porree putzen, die Stange längs halbieren, gründlich waschen, abtropfen lassen und in etwa 2 cm lange Stücke schneiden.
7. Schwarzwurzeln mit Spätzle oder Gnocchi, Porreestücken und Ingwerwürfeln vermischen und in eine Auflaufform (gefettet) geben.
8. Eier mit dem abgemessenen Kochsud und Crème fraîche verschlagen, mit Salz, Pfeffer und Muskat würzen. Die Eier-Crème-fraîche-Sauce auf dem Auflauf verteilen. Den Auflauf zuerst mit Käse und anschließend mit den Sesamsamen bestreuen.
9. Die Form auf dem Rost in den vorgeheizten Backofen (unteres Drittel) schieben. Den Schwarzwurzelauflauf etwa 40 Minuten garen.

Schwarzwurzelauflauf

Gebackene Rote Bete mit Spaghetti-Fritters

4 Portionen (ohne Foto)

Zubereitungszeit: 20 Minuten, ohne Abkühlzeit
Garzeit: etwa 60 Minuten

800 g Rote Bete
(etwa gleich groß)
125 g Röstzwiebel-Butter
300 g Spaghetti
2 1/2 l Wasser
2 1/2 gestr. TL Salz
4 Eier (Größe M)
gem. schwarzer Pfeffer
3 EL Speiseöl

Außerdem:
Alufolie

Pro Portion:
E: 21 g, F: 39 g, Kh: 65 g,
kJ: 3045, kcal: 728

1. Den Backofen vorheizen.
Ober-/Unterhitze: etwa 180 °C
Heißluft: etwa 160 °C
2. Die Rote Bete unter fließendem kalten Wasser gründlich abbürsten. Die Blattansätze dünn abschneiden. Wurzelansätze nur so weit abschneiden, dass die Rote Bete auf der Schnittfläche stehen bleibt.
3. Jeweils 1 Rote Bete auf 1 Stück Alufolie setzen. Je 1 dünne Scheibe von der Röstzwiebel-Butter auf je 1 Rote Bete legen. Alufolie fest verschließen. Die Rote Bete-Päckchen auf ein Backblech setzen. Das Backblech in den vorgeheizten Backofen schieben. Rote Bete etwa 60 Minuten garen.
4. In der Zwischenzeit Spaghetti einmal durchbrechen. Wasser in einem Topf zugedeckt zum Kochen bringen. Dann Salz und Spaghetti hinzugeben. Die Spaghetti im geöffneten Topf bei mittlerer Hitze nach Packungsanleitung bissfest kochen, dabei gelegentlich umrühren. Anschließend die Spaghetti in ein Sieb geben, mit heißem Wasser abspülen und abtropfen lassen.
5. Spaghetti in eine Schüssel geben, 40 g der restlichen Röstzwiebel-Butter untermischen, Spaghetti etwas abkühlen lassen.
6. Eier verschlagen und unter die Spaghetti rühren. Mit Pfeffer würzen.
7. Speiseöl in einer Pfanne erhitzen. Nacheinander etwa 12 kleine Fritters (Plätzchen) backen. Dafür die Spaghettimasse mit einer Gabel zu Plätzchen formen und in dem erhitzten Speiseöl backen.
8. Rote-Bete-Päckchen vom Backblech nehmen und die Alufolie öffnen. Rote Bete mit einem Messer kreuzweise einschneiden. Die restliche Röstzwiebel-Butter in Scheiben schneiden und auf der Roten Bete verteilen. Die gebackenen Rote Bete in der Alufolie mit Spaghetti-Fritters auf Tellern anrichten und servieren.

Tomaten mit Basmati-Linsenfüllung

4 Portionen

Zubereitungszeit: 40 Minuten, ohne Einweichzeit
Garzeit: etwa 20 Minuten

100 g Puy-Linsen
200 ml Gemüsebrühe
8 große Tomaten (je etwa 225 g)
75 g getrocknete Datteln, ohne Stein
8 Stängel glatte Petersilie
1 Zwiebel (etwa 75 g)
30 g Butter
1 Döschen Safranfäden (0,1 g)
250 g gekochter Basmatireis (vakuumverpackt)
200 g Fetakäse
Salz, Cayennepfeffer
8 frische Lorbeerblätter
4 EL Olivenöl

Pro Portion:
E: 21 g, F: 30 g, Kh: 56 g,
kJ: 2445, kcal: 581

1. Die Linsen in eine Schüssel geben, mit kalten Wasser übergießen, sodass sie ganz bedeckt sind. Linsen über Nacht einweichen.
2. Am nächsten Tag die Linsen abgießen, mit der Gemüsebrühe in einem Topf zum Kochen bringen, 15–18 Minuten bei schwacher Hitze kochen lassen. Die Linsen in einem Sieb abtropfen lassen, dabei die Brühe auffangen.
3. Tomaten abspülen, trocken tupfen und je einen Deckel abschneiden. Das innere Fruchtfleisch vorsichtig mit einem Teelöffel herauslösen. Die Hälfte davon beiseitestellen. Tomaten mit der Öffnung nach unten auf Küchenpapier gut abtropfen lassen.
4. Datteln fein schneiden. Petersilie abspülen und trocken tupfen. Die Blättchen von den Stängeln zupfen. Blättchen klein schneiden. Zwiebel abziehen und fein würfeln.
5. Den Backofen vorheizen.
Ober-/Unterhitze: etwa 200 °C
Heißluft: etwa 180 °C
6. Butter in einem Topf zerlassen. Die Zwiebelwürfel darin andünsten. Safran, Basmatireis, das beiseitegestellte Tomatenfruchtfleisch und die aufgefangene Brühe hinzugeben. Die Zutaten zum Kochen bringen und bei schwacher Hitze so lange kochen lassen, bis der Reis auseinanderfällt und fast keine Flüssigkeit mehr vorhanden ist. Dann Datteln, Petersilie und Linsen untermischen.
7. Fetakäse zerbröseln und unter den Reis mischen, mit etwas Salz (Vorsicht, Käse ist schon sehr salzig!) und Cayennepfeffer würzen.
8. Die Tomaten mit der Reismischung füllen. Die Tomatendeckel darauflegen. Die Tomaten in eine feuerfeste Form (gefettet) setzen. Lorbeerblätter abspülen, trocken tupfen, etwas kleiner zupfen und mit in die Form geben. Tomaten mit Olivenöl beträufeln.
9. Die Form auf dem Rost in den vorgeheizten Backofen schieben. Die Tomaten etwa 20 Minuten garen.

Tipp: Restliches Tomatenfruchtfleisch pürieren und frisch trinken. Ein kleiner Vitaminkick für den Koch oder die Köchin.

Spinat vom Blech, gebackener

6 Portionen

Zubereitungszeit: 35 Minuten, ohne Auftauzeit
Überbackzeit: 15–20 Minuten

1 1/2 kg TK-Blattspinat
4 EL Olivenöl
1 1/2 Knoblauchzehen
40 g Pinienkerne
125 g abgetropfter Mozzarella
50 g ger. Parmesan
Salz, gem. Pfeffer

Pro Portion:
E: 21 g, F: 18 g, Kh: 4 g,
kJ: 1141, kcal: 273

1. Den Blattspinat nach Packungsanleitung auftauen und anschließend in einem Sieb abtropfen lassen. Ein Backblech (30 x 40 cm) mit 2 Esslöffeln des Olivenöls bestreichen.
2. Den Backofen vorheizen.
Ober-/Unterhitze: etwa 220 °C
Heißluft: etwa 200 °C
3. Knoblauch abziehen, sehr fein schneiden und auf das Backblech

Tomaten mit Basmati-Linsenfüllung

Spinat vom Blech, gebackener

Süßkartoffeln, in Salz gebacken

streuen. Blattspinat etwas ausdrücken, auf dem Backblech verteilen und etwas andrücken. Mit Pinienkernen bestreuen. Restliches Olivenöl daraufträufeln.
4. Mozzarella in kleine Würfel schneiden, mit dem Parmesan auf dem Spinat verteilen. Mit Salz und Pfeffer würzen.
5. Das Backblech in den vorgeheizten Backofen schieben und den Spinat 15–20 Minuten überbacken.

Süßkartoffeln, in Salz gebacken

4 Portionen

Zubereitungszeit: 40 Minuten
Gar- und *Backzeit:* etwa 62 Minuten

20 frische Lorbeerblätter
3 EL Pimentkörner
3 EL gem. Ingwer
6 EL Koriandersamen
4 kg grobes Salz
8 Süßkartoffeln (je etwa 250 g)
1 Bio-Limette (unbehandelt, ungewachst)
1 kleine Orange
5 Stängel Koriander
1/4–1/2 grüne Chilischote
25 g frischer Ingwer
500 g reife Avocado
Salz
125 g Cheddar
4 Tortillafladen für Wraps (Ø etwa 20 cm)
1 EL Paprikapulver edelsüß

Pro Portion:
E: 22 g, F: 26 g, Kh: 151 g,
kJ: 3961, kcal: 944

1. Den Backofen vorheizen.
Ober-/Unterhitze: etwa 200 °C
Heißluft: etwa 180 °C
2. Lorbeerblätter kurz abspülen, trocken tupfen und grob zerreißen. Mit Pimentkörnern, Ingwer, Koriander und dem groben Salz mischen. Die Kartoffeln gründlich unter fließendem kalten Wasser abbürsten und abtrocknen. 1 kg der Salzmischung in einem großen Bräter verteilen. Die Kartoffeln darauflegen und mit der restlichen Salzmischung bedecken.
3. Den Bräter auf dem Rost in den vorgeheizten Backofen (unteres Drittel) schieben. Die Kartoffeln etwa 55 Minuten garen.
4. Die Limette heiß abwaschen, abtrocknen und die Schale fein abreiben. Limette halbieren und den Saft auspressen. Die Orange so dick schälen, dass die weiße Haut vollständig mitentfernt wird. Die Orange filetieren, Filets in kleine Stücke schneiden.
5. Koriander abspülen und trocken tupfen. Die Blättchen von den Stängeln zupfen. Blättchen klein schneiden. Chilischote entstielen, abspülen, trocken tupfen und mit den Kernen fein hacken. Ingwer schälen und in kleine Würfel schneiden. Avocado halbieren und den Stein herausnehmen. Das Fruchtfleisch mit einem Esslöffel aus der Schale lösen. Avocado-Fruchtfleisch mit Limettensaft und etwas Salz in einem hohen Rührbecher mit einem Pürierstab fein pürieren. Die Ingwerwürfel, Chili, Koriander, Orangenstücke und Limettenschale untermischen.
6. Den Käse grob reiben. Je 2 Tortillafladen auf ein Backblech (mit Backpapier belegt) legen. Tortillafladen zuerst mit Cheddar bestreuen, danach mit Paprika bestäuben.
7. Den Bräter mit den Kartoffeln auf einen Rost stellen. Die Backbleche mit den Tortillafladen nacheinander (bei Heißluft zusammen) in den heißen Backofen schieben. Die Tortillafladen bei gleicher Backofentemperatur etwa 7 Minuten backen, bis der Käse zerlaufen ist.
8. In der Zwischenzeit die Kartoffeln aus dem Salz lösen, dazu das Salz evtl. etwas aufklopfen.
9. Kartoffeln mit der Avocado-Orangen-Guacamole anrichten. Tortillas zusammenklappen und dazulegen. Kartoffeln heiß servieren.

Auberginen „Französisch“

Artischocken mit sahniger Champignonfüllung

Auberginen „Französisch“

4 Stück (im Foto Mitte)

Zubereitungszeit: 30 Minuten
Garzeit: etwa 30 Minuten

4 kleine Auberginen
1 kleine Gemüsezwiebel
2 Knoblauchzehen
Salz
4 Fleischtomaten
8 Stängel Basilikum
4 Esslöffel Speiseöl
gem. Pfeffer
5 EL ger. Emmentaler

Für die Sauce:
1 EL Speiseöl
400 g stückige Tomaten
(aus der Dose)
25 g TK- Gemischte Kräuter

einige Basilikumblättchen

Pro Stück:
E: 15 g, F: 22 g, Kh: 22 g,
kJ: 1450, kcal: 345

1. Auberginen abspülen, abtrocknen und die Stängelansätze entfernen. Von den Auberginen der Länge nach einen Deckel abschneiden. Das Fruchtfleisch mit einem Teelöffel herauslösen, dabei einen etwa 1/2 cm breiten Rand stehen lassen. Fruchtfleisch fein würfeln.

2. Gemüsezwiebel abziehen, halbieren und in kleine Würfel schneiden. Knoblauch abziehen, mit 1 Prise Salz zu einer Paste zerdrücken. Tomaten abspülen, abtrocknen, halbieren, entkernen und die Stängelansätze herausschneiden. Tomaten in kleine Stücke schneiden. Basilikum abspülen und trocken tupfen. Die Blättchen von den Stängeln zupfen. Blättchen klein schneiden.

3. Den Backofen vorheizen.
Ober-/Unterhitze: etwa 200 °C
Heißluft: etwa 180 °C

4. Die Auberginen in kochendem Salzwasser etwa 3 Minuten blanchieren, in ein Sieb geben, mit kaltem Wasser abschrecken und abtropfen lassen. Auberginen in eine Auflaufform (gefettet) setzen.

5. Speiseöl in einem Topf erhitzen, etwa drei Viertel der Zwiebelwürfel hinzugeben und glasig dünsten. Auberginenwürfel und Tomatenstücke hinzufügen, etwa 10 Minuten schmoren. Knoblauchpaste und Basilikum unterrühren, mit Salz und Pfeffer würzen. Auberginen mit der Auberginen-Tomaten-Masse füllen und mit Käse bestreuen. Die Form auf dem Rost in den vorgeheizten Backofen schieben und die Auberginen etwa 30 Minuten garen.

6. In der Zwischenzeit für die Sauce Speiseöl in einem Topf erhitzen, die restlichen Zwiebelwürfel darin glasig dünsten, stückige Tomaten hinzugeben. Die Sauce unter Rühren aufkochen lassen, Kräuter unterrühren, mit Salz und Pfeffer würzen.

7. Gefüllte Auberginen mit der Sauce servieren und nach Belieben mit abgespülten und trocken getupften Basilikumblättchen garnieren.

Artischocken mit sahniger Champignonfüllung

4 Portionen

Zubereitungszeit: 30 Minuten
Gar- und Backzeit: 45–50 Minuten

8 große Artischocken (je etwa 400 g)
2 Bio-Zitronen
(unbehandelt, ungewachst)
Salz

Für die Füllung:
250 g Champignons
250 g Zwiebeln
200 g ger. Emmentaler
150 g Semmelbrösel
200 g Schlagsahne
2 Eier (Größe M)
gem. Pfeffer

Außerdem:
Küchengarn

Pro Portion:
E: 34 g, F: 35 g, Kh: 43 g,
kJ: 2617, kcal: 625

1. Die Stiele der Artischocken entfernen, mit einer Schere die Spitzen der einzelnen Artischocken abschneiden. Artischocken abspülen und abtropfen lassen.
2. Die Zitronen heiß abwaschen, abtrocknen und in insgesamt 16 dünne Scheiben schneiden. Jede Artischocke oben und unten mit jeweils 1 Zitronenscheibe belegen und mit Küchengarn kreuzweise festbinden.
3. In einem großen Topf oder 2 Töpfen Wasser zum Kochen bringen, Salz hinzufügen. Die Artischocken darin etwa 30 Minuten garen. Die Artischocken sind gar, wenn sich ein Blatt leicht lösen lässt.
4. Anschließend die Artischocken mit einer Schaumkelle aus dem Sud nehmen und umgedreht auf einem Rost abtropfen lassen. Küchengarn und Zitronenscheiben entfernen.
5. In der Zwischenzeit für die Füllung Champignons putzen, evtl. kurz abspülen und trocken tupfen. Die Champignons in sehr kleine Stücke schneiden.
6. Die Zwiebeln abziehen und fein würfeln. Champignonstücke und Zwiebelwürfel in eine Schüssel geben. Geriebenen Käse, Semmelbrösel, Sahne und Eier hinzugeben, die Zutaten gut verkneten. Mit Salz und Pfeffer würzen.
7. Den Backofen vorheizen.
Ober-/Unterhitze: etwa 180 °C
Heißluft: etwa 160 °C
8. Das Herz der abgetropften Artischocken (die inneren 6 Blätter) herausdrehen, mit einem Teelöffel das „Heu" von den Böden entfernen.
9. Die Champignon-Käse-Masse in den Artischocken verteilen und glatt streichen. Die Artischocken auf ein Backblech (mit Backpapier belegt) setzen.
10. Das Backblech in den vorgeheizten Backofen schieben. Die Artischocken 15–20 Minuten backen.

Tipps: Dazu Sauce hollandaise oder Sauce béarnaise reichen und die Artischocken mit klein geschnittener Petersilie bestreut servieren.

Fenchel in Tomatensauce, überbacken

4 Portionen

Zubereitungszeit: 20 Minuten
Garzeit: 15–20 Minuten

250 ml Wasser
600 g Fenchelknollen
1/4 gestr. TL Salz

Für die Tomatensauce:
1 Zwiebel
30 g Butter
400 g stückige Tomaten (aus der Dose)
100 ml Kochsud (von den Fenchelknollen)
1 TL Kräuter der Provence
Salz, gem. Pfeffer
Zucker

100 g ger. Käse, z. B. Gouda oder Emmentaler

Pro Portion:
E: 10 g, F: 16 g, Kh: 8 g, kJ: 921, kcal: 219

1. Wasser in einem Topf zum Kochen bringen. Von den Fenchelknollen die Stiele dicht oberhalb der Knollen abschneiden. Braune Stellen und Blätter entfernen. Die Wurzelenden gerade schneiden. Das Fenchelgrün beiseitelegen. Knollen abspülen, abtropfen lassen und vierteln.
2. Die Fenchelhälften mit dem Salz in das kochende Wasser geben und zugedeckt etwa 10 Minuten bei schwacher Hitze garen. Fenchelhälften dabei einmal wenden.
3. Die Fenchelviertel in einem Sieb abtropfen lassen, dabei den Kochsud auffangen und 100 ml abmessen.
4. Für die Sauce Zwiebel abziehen und in kleine Würfel schneiden. Butter in einem Topf zerlassen, die Zwiebelwürfel darin andünsten. Stückige Tomaten mit dem Kochsud hinzugeben, mit Kräutern der Provence, Salz, Pfeffer und Zucker würzen. Die Sauce etwa 5 Minuten dünsten.
5. Den Backofen vorheizen.
Ober-/Unterhitze: etwa 200 °C
Heißluft: etwa 180 °C
6. Fenchelviertel in eine Auflaufform (gefettet) geben. Die Tomatensauce darauf verteilen und mit Käse bestreuen. Die Form auf dem Rost in den vorgeheizten Backofen (unteres Drittel) schieben. Fenchel in Tomatensauce etwa 30 Minuten garen.
7. Beiseitegelegtes Fenchelgrün abspülen, trocken tupfen und klein schneiden. Fenchel mit dem Fenchelgrün bestreut servieren.

Fenchel in Tomatensauce, überbacken

Artischocken-Mangold-Gemüse

4 Portionen

Zubereitungszeit: 60 Minuten
Garzeit: 80–90 Minuten

8 kleine Artischocken (je 250–300 g)
8 EL Olivenöl, 3 EL Zitronensaft
Salz, gem. Pfeffer
1–2 Knoblauchzehen
100 ml Madeira (Dessertwein)
225 ml trockener Weißwein
375–400 ml Gemüsebrühe
400 g Mangold
30 getrocknete Soft-Tomaten
4 Stängel Thymian
16 abgetropfte schwarze Oliven, mit Stein, z. B. Kalamata
5 Stängel glatte Petersilie
4 Stängel Basilikum
50 g gehobelter Parmesan

Pro Portion:
E: 13 g, F: 27 g, Kh: 12 g,
kJ: 1724, kcal: 411

1. Den Backofen vorheizen.
Ober-/Unterhitze: etwa 180 °C
Heißluft: etwa 160 °C

2. Von den Artischocken die äußeren harten, grünen Blätter entfernen. Das dunkle Grün am Stielansatz der Artischocken mit einem scharfen Messer entfernen. Die Stiele dick schälen. Das Heu mit einem Kugelausstecher aus der Artischockenmitte herauslösen.

3. Artischocken vierteln, mit 4 Esslöffeln des Olivenöls und dem Zitronensaft mischen, mit Salz und Pfeffer würzen. Die Artischockenviertel in einen großen Bräter oder eine Fettpfanne legen. Die Knoblauchzehen mit der Schale hinzugeben. Madeira, Weißwein und Brühe hinzugießen.

4. Den Bräter auf dem Rost oder die Fettpfanne in den vorgeheizten Backofen (untere Schiene) schieben. Die Artischocken 80–90 Minuten garen, dabei ab und zu wenden.

5. Mangold putzen, gründlich waschen, abtropfen lassen. Stiele von den Blättern schneiden. Die Blätter in große Stücke zupfen, Stiele in etwa 8 cm lange Stücke schneiden. Tomaten in dünne Streifen schneiden. Thymian abspülen und trocken tupfen. Die Blättchen von den Stängeln zupfen. Nach etwa 65 Minuten Garzeit die Mangoldstiele mit Thymianblättchen, Tomatenstreifen und Oliven zu den Artischocken in den Bräter oder in die Fettpfanne legen und fertig garen.

6. Etwa 10 Minuten vor Ende der Garzeit das restliche Olivenöl in einer großen Pfanne erhitzen. Die Mangoldblätter darin 4–5 Minuten unter Wenden leicht anbraten. Mit Salz und Pfeffer würzen. Kräuter abspülen und trocken tupfen. Die Blättchen von den Stängeln zupfen. Blättchen klein schneiden und kurz vor dem Servieren mit den Mangoldblättern unter die Artischocken mischen.

7. Artischocken-Mangold-Gemüse auf Tellern anrichten und mit Parmesan bestreut servieren.

Artischocken-Mangold-Gemüse

Gefüllte Auberginen

(Römertopf® 3-Liter-Inhalt)
4 Portionen

Zubereitungszeit: 60 Minuten, ohne Ziehzeit
Garzeit: etwa 60 Minuten

4 Auberginen (je etwa 200 g)
Salz
150 g Porree (Lauch)
140 g getrocknete Tomaten, in Öl
200 g Vollkornreis
2–3 TL Kräuter der Provence
500 ml Gemüsebrühe
gem. Pfeffer
Paprikapulver rosenscharf
850 g stückige Tomaten (aus Dosen)

Pro Portion:
E: 9 g, F: 3 g, Kh: 48 g,
kJ: 1123, kcal: 267

1. Auberginen abspülen, abtrocknen und die Stängelansätze entfernen. Auberginen der Länge nach halbieren. Das Fruchtfleisch kreuzweise einschneiden, dabei rundherum einen etwa 1 cm breiten Rand lassen. Die Auberginenhälften mit Salz bestreuen und etwa 30 Minuten ziehen lassen.

2. Porree putzen, die Stange längs halbieren, gründlich waschen, abtropfen lassen und in feine Streifen schneiden. Getrocknete Tomaten ab-

Gefüllte Auberginen

tropfen lassen, dabei das Öl auffangen und 2 Esslöffel davon in einem Topf erhitzen.

3. Die Tomaten klein schneiden, mit Porreestreifen, Reis und 1 Teelöffel Kräuter der Provence in den Topf geben und in dem erhitzten Öl unter Rühren andünsten. Mit Brühe ablöschen und zum Kochen bringen. Den Reis zugedeckt bei schwacher Hitze etwa 25 Minuten garen.

4. Auberginenhälften umdrehen und auf Küchenpapier abtropfen lassen. Anschließend das Fruchtfleisch (bis auf den markierten Rand) auslösen und in Würfel schneiden. Die Reismasse mit Salz, Pfeffer und Paprika würzen und in die ausgehöhlten Auberginenhälften füllen.

5. Stückige Tomaten mit Auberginenwürfeln und restlichen Kräutern mischen und in einen gewässerten Römertopf® geben. Die gefüllten Auberginen daraufsetzen. Den Römertopf® mit dem Deckel verschließen und auf dem Rost in den kalten Backofen schieben.

Ober-/Unterhitze: etwa 200 °C
Heißluft: etwa 180 °C

6. Die gefüllten Auberginen etwa 60 Minuten garen.

7. Die gegarten Auberginen aus dem Römertopf nehmen.

8. Die Tomatenmasse durch ein Sieb streichen, mit Salz, Pfeffer und Paprika würzen. Gefüllte Auberginen mit der Tomatensauce anrichten.

Brokkoli-Spätzle-Auflauf

4 Portionen (ohne Foto)

Zubereitungszeit: 50 Minuten, ohne Einweichzeit
Garzeit: etwa 40 Minuten

25 g Mu-err-Pilze
kochendes Wasser
400 g Spätzle
Salz
700 g Brokkoli
300 g Champignons
3 EL Olivenöl
1 Bund Frühlingszwiebeln
250 g Joghurt (3,5 % Fett)
4 Eier (Größe M)
gem. Pfeffer
ger. Muskatnuss

Zum Bestreuen:
150 g ger. Höhlenkäse
50 g gehobelte Mandeln

Pro Portion:
E: 33 g, F: 39 g, Kh: 24 g,
kJ: 2587, kcal: 618

1. Mu-err-Pilze in eine flache Schale legen, mit kochendem Wasser übergießen und danach etwa 30 Minuten einweichen.

2. Spätzle in kochendem Salzwasser nach Packungsanleitung garen. Spätzle in ein Sieb geben, mit heißem Wasser übergießen und abtropfen lassen.

3. Vom Brokkoli die Blätter entfernen, Brokkoli in Röschen teilen. Die Stiele am Strunk schälen und kreuzförmig einschneiden. Brokkoliröschen abspülen, abtropfen lassen und in kochendem Salzwasser etwa 5 Minuten garen. Brokkoliröschen herausnehmen, kurz in eiskaltem Wasser abschrecken und in einem Sieb abtropfen lassen.

4. Den Backofen vorheizen.

Ober-/Unterhitze: etwa 200 °C
Heißluft: etwa 180 °C

5. Champignons putzen, evtl. kurz abspülen, trocken tupfen und vierteln. Olivenöl in einer Pfanne erhitzen. Champignonviertel darin unter Rühren anbraten.

6. Die Frühlingszwiebeln putzen, abspülen, abtropfen lassen, in etwa 1 cm lange Stücke schneiden, zu den Champignonvierteln geben und kurz mitdünsten lassen.

7. Mu-err-Pilze abgießen, evtl. etwas kleiner schneiden, abtropfen lassen.

8. Vorbereitete Zutaten mischen und in eine Auflaufform (gefettet) geben.

9. Joghurt und Eier verschlagen, kräftig mit Salz, Pfeffer und Muskat würzen. Den Joghurt-Eier-Guss auf dem Auflauf verteilen. Mit Käse und Mandeln bestreuen. Die Form auf dem Rost in den vorgeheizten Backofen schieben und den Auflauf etwa 40 Minuten garen.

Gefüllte Kartoffeln

Gefüllte Gemüsezwiebeln

4 Portionen (ohne Foto)

Zubereitungszeit: 70 Minuten
Backzeit: etwa 50 Minuten

4 kleine Gemüsezwiebeln
1 l Gemüsebrühe
30 g Butter
3 EL Schlagsahne
3 EL Semmelbrösel
1 Ei (Größe M)
1 TL mittelscharfer Senf
1 TL Tomatenmark
Salz, gem. Pfeffer
2 EL klein geschnittene Petersilie
gerebelter Majoran
200 ml Brühe (von den Zwiebeln)
200 g Champignons
1 EL Butterschmalz
200 g Kräuterschmelzkäse
1 EL Zitronensaft
1/2 Bund Petersilie
2 EL Schnittlauchröllchen

Pro Portion:
E: 15 g, F: 28 g, Kh: 20 g,
kJ: 1717, kcal: 410

1. Die Gemüsezwiebeln abziehen. Gemüsebrühe in einem Topf zum Kochen bringen, die Gemüsezwiebeln in die Brühe geben und etwa 15 Minuten kochen lassen. Die Zwiebeln mit einem Schaumlöffel herausnehmen und etwas abkühlen lassen. Brühe beiseitestellen.

2. Von den Zwiebeln jeweils einen Deckel abschneiden, das Innere mit einem Teelöffel aushöhlen, sodass 2–3 Wandungen erhalten bleiben. Das herausgenommene Zwiebelfleisch und die Deckel klein hacken.

3. Den Backofen vorheizen.
Ober-/Unterhitze: etwa 200 °C
Heißluft: etwa 180 °C

4. Butter in einem Topf zerlassen, die gehackten Zwiebeln darin unter Rühren andünsten. Sahne unterrühren, mit Semmelbröseln, Ei, Senf, Tomatenmark, Salz, Pfeffer, Petersilie und Majoran verrühren.

5. Zwiebeln mit der Masse füllen und in eine feuerfeste Form oder Auflaufform (gefettet) setzen. 200 ml von der beiseitegestellten Brühe abmessen und zu den Zwiebeln in die Form geben. Die Form auf dem Rost in den vorgeheizten Backofen schieben. Die gefüllten Zwiebeln etwa 30 Minuten garen.

6. In der Zwischenzeit Champignons putzen, evtl. kurz abspülen, trocken tupfen und 50 g davon beiseitelegen, restliche Champignons klein schneiden. Butterschmalz in einer Pfanne zerlassen, Champignonstücke darin andünsten. Schmelzkäse hinzufügen und schmelzen lassen, mit Salz, Pfeffer und Zitronensaft würzen.

7. Petersilie abspülen und trocken tupfen. Die Blättchen von den Stängeln zupfen, Blättchen klein schneiden (1 Esslöffel davon beiseitelegen) und mit den Schnittlauchröllchen unter die Champignon-Käse-Sauce rühren, nochmals mit den Gewürzen abschmecken.

8. Die Form aus dem Backofen nehmen. Die Champignon-Käse-Masse auf die Gemüsezwiebeln geben. Die beiseitegelegten Champignons in Scheiben schneiden und in die Brühe geben. Die Form wieder auf dem Rost in den heißen Backofen schieben. Die gefüllten Zwiebeln bei gleicher Backofentemperatur in weiteren etwa 20 Minuten fertig garen.

9. Gemüsezwiebeln mit beiseitegelegter Petersilie bestreut servieren.

Gefüllte Kartoffeln

(Römertopf® 3-Liter-Inhalt)
4 Portionen

Zubereitungszeit: 30 Minuten
Garzeit: etwa 60 Minuten

4 große Kartoffeln (je etwa 300 g)

Für die Füllung:
30 g getrocknete Tomaten
1 Bund Frühlingszwiebeln (etwa 150 g)
1/2 Bund Oregano
4 EL Olivenöl
1 EL Semmelbrösel
50 g Crème fraîche
Salz, gem. Pfeffer
Paprikapulver rosenscharf

150 ml Gemüsebrühe
1–2 EL ger. Parmesan

Pro Portion:
E: 9 g, F: 20 g, Kh: 50 g,
kJ: 1773, kcal: 423

1. Kartoffeln schälen, abspülen und abtropfen lassen. Von jeder Kartoffel etwa ein Drittel mit der groben Seite der Haushaltsreibe abreiben (ergibt etwa 250 g Kartoffelmasse). Dabei darauf achten, dass die Kartoffeln waagerecht nebeneinander in den Römertopf passen, damit die Füllung anschließend nicht herunterrutschen kann.
2. Für die Füllung die Tomaten fein würfeln. Frühlingszwiebeln putzen, abspülen, abtropfen lassen, längs halbieren und in sehr kleine Stücke schneiden.
3. Oregano abspülen und trocken tupfen, die Hälfte der Stängel zum Garnieren beiseitelegen. Von den restlichen Stängeln die Blättchen abzupfen und klein schneiden.
4. Olivenöl in einer Pfanne erhitzen. Semmelbrösel darin kurz anrösten. Oregano, Tomatenwürfel, Frühlingszwiebelstücke, abgeriebene Kartoffeln und Crème fraîche unterheben. Das Ganze mit Salz, Pfeffer und Paprika würzen.
5. Kartoffeln von allen Seiten mit Salz bestreuen. Die Füllung auf den Kartoffeln verteilen und andrücken. Gemüsebrühe in einen gewässerten Römertopf® gießen. Kartoffeln hineinsetzen.
6. Den Römertopf® mit dem Deckel verschließen und auf dem Rost in den kalten Backofen schieben.
Ober-/Unterhitze: etwa 200 °C
Heißluft: etwa 180 °C
7. Die gefüllten Kartoffeln etwa 60 Minuten garen.
8. Nach Ende der Garzeit den Deckel abnehmen und den Parmesan auf die Kartoffeln streuen. Den Römertopf® weitere etwa 10 Minuten im ausgeschalteten Backofen stehen lassen, bis der Käse beginnt zu schmelzen.
9. Die gefüllten Kartoffeln mit dem Garsud anrichten und mit den beiseitegelegten Oreganostängeln garniert servieren.

Kartoffel-Schichttorte

6 Portionen

Zubereitungszeit: 40 Minuten, ohne Ruhezeit
Garzeit: etwa 60 Minuten

750 g dicke Möhren
750 g festkochende Kartoffeln
500 g Blattspinat
Salz
300 g Schlagsahne
6 Eier (Größe M)
gem. Pfeffer
ger. Muskatnuss
1 Bund Kerbel

Außerdem:
1 Bogen Alufolie

Pro Portion:
E: 12 g, F: 24 g, Kh: 22 g,
kJ: 1510, kcal: 362

1. Möhren putzen. Kartoffeln und Möhren schälen, abspülen, abtropfen lassen und in dünne Scheiben schneiden. Spinat putzen und die dicken Stiele abschneiden. Spinat gründlich waschen und gut abtropfen lassen.
2. Salzwasser in einem Topf zum Kochen bringen. Nacheinander die Kartoffelscheiben darin etwa 8 Minuten, die Möhrenscheiben etwa 3 Minuten und den Spinat etwa 10 Sekunden garen. Jeweils mit kaltem Wasser abschrecken und getrennt in Sieben gut abtropfen lassen.
3. Den Backofen vorheizen.
Ober-/Unterhitze: etwa 180 °C
Heißluft: etwa 160 °C
4. Sahne mit Eiern verschlagen, mit Salz, Pfeffer und Muskat kräftig würzen. Spinat, Kartoffel- und Möhrenscheiben abwechselnd lagenweise in eine dicht schließende Springform (Ø 26 cm, gefettet, die Form in Alufolie einschlagen, da evtl. Flüssigkeit austreten kann) schichten. Die Eiersahne darauf verteilen. Die Form auf dem Rost in den vorgeheizten Backofen (unteres Schiene) schieben. Die Schichttorte etwa 60 Minuten garen, evtl. nach etwa 45 Minuten Garzeit mit Backpapier belegen.
5. Die Form auf einen Rost stellen. Kartoffel-Schichttorte etwa 10 Minuten ruhen lassen, dann aus der Form lösen und auf eine Tortenplatte legen.
6. Kerbel abspülen und trocken tupfen. Die Blättchen von den Stängeln zupfen. Die Kartoffel-Schichttorte mit den Kerbelblättchen garnieren und sofort servieren.

Kartoffel-Schichttorte

Gefüllte Zwiebeln auf dem Kartoffelbett

12 Portionen

Zubereitungszeit: 40 Minuten, ohne Einweichzeit
Garzeit: etwa 60 Minuten

12 Gemüsezwiebeln (etwa 2,4 kg)

Für die Füllung:
7 Brötchen (Semmeln) vom Vortag
300 ml warme Milch (3,5 % Fett)
3 Eier (Größe M)
30 g Speisestärke
25 g TK-Kräuter der Provence
Salz, gem. Pfeffer
ger. Muskatnuss

1,2 kg festkochende Kartoffeln
4 Knoblauchzehen
4 EL Speiseöl
500 ml Gemüsebrühe
1 Bund Thymian

Pro Portion:
E: 10 g, F: 8 g, Kh: 47 g,
kJ: 1293, kcal: 309

1. Zwiebeln abziehen, waagerecht durchschneiden und in kochendem Wasser etwa 5 Minuten vorgaren. Anschließend mit einem Schaumlöffel herausnehmen und erkalten lassen.
2. Für die Füllung Brötchen in Würfel schneiden, mit erwärmter Milch übergießen und etwa 10 Minuten einweichen. Dann mit Eiern und Speisestärke verrühren, mit Kräutern der Provence, Salz, Pfeffer und Muskat würzen. Die Masse gut durchkneten.
3. Den Backofen vorheizen.
Ober-/Unterhitze: etwa 180 °C
Heißluft: etwa 160 °C
4. Die halbierten Zwiebeln vorsichtig mit einem Löffel aushöhlen, sodass noch drei Wandungen erhalten bleiben. Das herausgenommene Zwiebelfleisch klein schneiden. Die ausgehöhlten Zwiebelhälften mit der Brotmasse füllen.
5. Kartoffeln schälen, abspülen, abtropfen lassen und in Würfel schneiden. Knoblauch abziehen und klein würfeln. Speiseöl in einer Pfanne erhitzen. Kartoffelwürfel, klein geschnittenes Zwiebelfleisch und Knoblauch darin unter Wenden anbraten, herausnehmen und in einer Fettpfanne oder großen Auflaufform verteilen. Die gefüllten Zwiebeln daraufsetzen. Brühe hinzugießen. Die Fettpfanne oder die Form auf dem Rost in den vorgeheizten Backofen schieben. Die gefüllten Zwiebeln etwa 60 Minuten garen.
6. Thymian abspülen und trocken tupfen (einige Spitzen zum Garnieren beiseitelegen). Nach etwa 20 Minuten Garzeit die Thymianzweige zu den Zwiebeln geben. Mit Salz und Pfeffer würzen. Die Zwiebeln fertig garen.
7. Die gefüllten Zwiebeln mit den beiseitegelegten Thymianspitzen garnieren.

Gefüllte Zwiebeln auf dem Kartoffelbett

Kürbisauflauf mit Schafskäse

4 Portionen (ohne Foto)

Zubereitungszeit: 25 Minuten
Garzeit: etwa 40 Minuten

750 g Kürbisfleisch (geputzt, ohne faserigen Innenteil)
500 g Kartoffeln
Salz
gem. Pfeffer
1 Knoblauchzehe
2 Zwiebeln
1 EL Sonnenblumenöl
75 g Weizenmehl
2 EL Sonnenblumenöl
400 g Schafskäse
2 Eier (Größe M)
125 g Schlagsahne
ger. Muskatnuss
1 Bund glatte Petersilie

Pro Portion:
E: 25 g, F: 47 g, Kh: 39 g,
kJ: 2864, kcal: 684

1. Kürbisfleisch evtl. kurz abspülen, trocken tupfen und in Scheiben schneiden. Kartoffeln schälen, abspülen, abtropfen lassen und ebenfalls in Scheiben schneiden. Kürbis- und Kartoffelscheiben mit Salz und Pfeffer bestreuen.
2. Knoblauch und Zwiebeln abziehen, Knoblauch zerdrücken und Zwiebeln in kleine Würfel schneiden. Sonnenblumenöl in einer kleinen Pfanne er-

hitzen. Knoblauch und Zwiebelwürfel darin goldgelb dünsten.

3. Den Backofen vorheizen.
Ober-/Unterhitze: etwa 220 °C
Heißluft: etwa 200 °C

4. Kartoffel- und Kürbisscheiben in Mehl wenden. Sonnenblumenöl in einer großen Pfanne erhitzen. Kartoffel- und Kürbisscheiben darin kurz von beiden Seiten braun anbraten und herausnehmen. Schafskäse grob zerbröseln.

5. Eine runde Auflaufform (gefettet) mit der Hälfte der Kartoffel- und Kürbisscheiben auslegen. Die Hälfte der Schafskäsebrösel mit den angedünsteten Zwiebelwürfeln und Knoblauch daraufgeben. Restliche Kartoffel- und Kürbisscheiben darauflegen und mit den restlichen Schafskäsebröseln bestreuen.

6. Eier mit Sahne verschlagen, mit Salz, Pfeffer und Muskat würzen. Petersilie abspülen und trocken tupfen. Die Blättchen von den Stängeln zupfen. Blättchen klein schneiden und unter die Eiersahne rühren. Die Eiersahne auf dem Auflauf verteilen. Die Form auf dem Rost in den vorgeheizten Backofen schieben. Den Auflauf etwa 40 Minuten garen.

Pikante Gemüsetorte

Pikante Gemüsetorte

12 Stücke

Zubereitungszeit: 60 Minuten
Backzeit: etwa 60 Minuten

Für den Knetteig:
275 g Weizenmehl
2 Eier (Größe M)
Salz, ger. Muskatnuss
1 TL Weißweinessig
1 TL Wasser
100 g Butter oder Margarine

Für das Gemüse:
je 150 g Möhren und Zucchini
150 g Cocktailtomaten
150 g Brokkoliröschen
150 g Blumenkohlröschen
100 g weiße Champignons

Für den Guss:
200 g Schlagsahne
3 Eier (Größe M)
gem. Pfeffer
50 g TK-Kräuter der Provence

Pro Stück:
E: 7 g, F: 15 g, Kh: 21 g,
kJ: 1049, kcal: 251

1. Für den Teig das Mehl in eine Rührschüssel geben. Eier, Salz, Muskat, Essig, Wasser und Butter oder Margarine hinzufügen. Die Zutaten mit einem Mixer (Knethaken) zunächst kurz auf niedrigster, dann auf höchster Stufe gut durcharbeiten.

2. Anschließend auf einer bemehlten Arbeitsfläche zu einem glatten Teig verkneten. Sollte der Teig kleben, noch etwas Mehl unterarbeiten. Den Teig in Frischhaltefolie gewickelt etwa 30 Minuten in den Kühlschrank legen.

3. Für das Gemüse in der Zwischenzeit Möhren putzen, schälen, abspülen, abtropfen lassen. Zucchini abspülen, abtrocknen und die Enden abschneiden.

4. Cocktailtomaten abspülen, abtropfen lassen und die Stängelansätze entfernen, Cocktailtomaten halbieren. Brokkoli- und Blumenkohlröschen abspülen und abtropfen lassen.

5. Champignons putzen, evtl. kurz abspülen und trocken tupfen. Möhren, Zucchini und Champignons in Scheiben schneiden. Möhren-, Brokkoli- und Blumenkohlröschen in kochendem Salzwasser etwa 5 Minuten bissfest vorgaren.

6. Für den Guss Sahne und Eier verschlagen, mit Salz, Pfeffer und Kräutern der Provence würzen.

7. Den Backofen vorheizen.
Ober-/Unterhitze: etwa 180 °C
Heißluft: etwa 160 °C

8. Den Teig auf der leicht bemehlten Arbeitsfläche zu einer runden Platte (Ø etwa 32 cm) ausrollen und in eine Springform (Ø 28 cm, gefettet) legen, dabei einen Rand andrücken.

9. Vorbereitetes Gemüse fächerartig auf dem Teigboden einschichten. Den Guss vorsichtig darauf verteilen. Die Form auf dem Rost in den vorgeheizten Backofen schieben. Die Torte etwa 60 Minuten backen.

10. Die Form auf einen Kuchenrost stellen. Die Gemüsetorte lauwarm oder kalt servieren.

Tipps: Wenn Sie die Gemüsetorte kalt servieren möchten, dann die Torte in der Form auf einem Kuchenrost erkalten lassen. Anschließend die Torte aus der Form lösen und in Stücke schneiden. Nach Belieben mit einem Kräutersträußchen garnieren.

Rote Bete mit Kartoffelpüree-Walnuss-Haube

Sauerkrautschiffchen

Rote Bete mit Kartoffelpüree-Walnuss-Haube

4 Portionen

Zubereitungszeit: 30 Minuten
Garzeit: etwa 18 Minuten

500 g mehligkochende Kartoffeln
Salz
etwa 125 ml heiße Milch (3,5 % Fett)
25 g Butter, ger. Muskatnuss
1 kleines Bund frischer Salbei
4 EL Butter
500 g gegarte Rote Bete (vakuumverpackt)
gem. Pfeffer
50–75 g milder Gorgonzola
75 g Schlagsahne
75 g Walnusskernhälften

Pro Portion:
E: 12 g, F: 49 g, Kh: 29 g,
kJ: 2556, kcal: 610

1. Die Kartoffeln schälen, abspülen, abtropfen lassen und in Stücke schneiden. Die Kartoffelstücke in einem Topf knapp mit Wasser bedeckt, zugedeckt zum Kochen bringen, Salz hinzufügen. Die Kartoffeln in 15–20 Minuten gar kochen.

2. Kartoffeln abgießen und sofort mit einem Stampfer zerdrücken. Die heiße Milch nach und nach unter die Kartoffelmasse rühren (je nach Beschaffenheit der Kartoffeln kann die Milchmenge etwas variieren).

3. Das Püree bei schwacher Hitze mit einem Schneebesen rühren, bis eine lockere, einheitliche Masse entstanden ist. Die Butter unterrühren. Das Püree mit wenig Salz und Muskat abschmecken.

4. Den Backofen vorheizen.
Ober-/Unterhitze: etwa 220 °C
Heißluft: etwa 200 °C

5. Salbei abspülen und trocken tupfen. Die Blättchen von den Stängeln zupfen. Butter in einer Pfanne zerlassen. Die Salbeiblättchen darin bei mittlerer Hitze anbraten. Die Pfanne beiseitestellen.

6. Rote Bete in Viertel oder Achtel schneiden und in einer großen, flachen Auflaufform (gefettet) verteilen. Rote Bete mit Pfeffer und etwas Salz würzen. Einige angebratene Salbeiblättchen darauf verteilen. Gorgonzola fein zerbröseln und daraufstreuen. Sahne hinzugießen.

7. Die Form auf dem Rost in den vorgeheizten Backofen schieben. Die Rote Bete etwa 8 Minuten vorgaren. Walnusskerne grob hacken.

8. Die Form auf einen Kuchenrost stellen. Das Kartoffelpüree in Klecksen auf den vorgegarten Rote-Bete-Stücken verteilen. Walnusskerne daraufstreuen. Restliche Salbeiblättchen mit der Butter aus der Pfanne darauf verteilen.

9. Die Form wieder auf dem Rost in den heißen Backofen schieben und den Auflauf bei gleicher Backofentemperatur weitere etwa 10 Minuten garen.

Sauerkrautschiffchen

32 Stück

Zubereitungszeit: 60 Minuten, ohne Teiggehzeit
Backzeit: 20–25 Minuten

Für den Hefeteig:
200 g dunkles Roggenmehl
200 g Vollkorn-Weizenmehl
21 g frische Hefe
3–4 EL lauwarmes Wasser
1 TL flüssiger Honig
200–250 ml lauwarmes Wasser
75 g Natursauerteig (erhältlich im Reformhaus)
1 gestr. TL Salz

Für den Belag:
4 Zwiebeln
2 EL Maiskeimöl
570 g Sauerkraut (aus der Dose)
2 säuerliche Äpfel (etwa 325 g)
100 g Walnusskerne
Salz
gem. Pfeffer
etwas flüssiger Honig

2–3 EL Schmand (Sauerrahm) oder Crème fraîche
4–5 EL Nussöl

Außerdem:
Schiffchenformen

Pro Stück:
E: 2 g, F: 3 g, Kh: 10 g,
kJ: 354, kcal: 85

1. Für den Teig beide Mehlsorten in einer Rührschüssel mischen. In die Mitte eine Vertiefung drücken und die Hefe hineinbröckeln. Wasser und Honig hinzufügen. Mit einem kleinen Teil des Mehls mit einer Gabel vorsichtig verrühren und etwa 15 Minuten gehen lassen.
2. Dann Wasser, Natursauerteig und Salz hinzufügen. Die Zutaten mit einem Mixer (Knethaken) zunächst kurz auf niedrigster, dann auf höchster Stufe in etwa 3 Minuten zu einem glatten Teig verarbeiten. Den Teig mit etwas Mehl bestäuben und zugedeckt so lange an einem warmen Ort gehen lassen, bis er sich sichtbar vergrößert hat (etwa 30 Minuten).
3. Für den Belag Zwiebeln abziehen, würfeln. Öl in einem Topf erhitzen. Zwiebelwürfel darin 2–3 Minuten unter Rühren andünsten. Sauerkraut mit der Flüssigkeit unterrühren.
4. Äpfel schälen, vierteln, entkernen und in kleine Stücke schneiden. Walnusskerne grob hacken, mit den Apfelstücken zu dem Sauerkraut geben. Mit Salz, Pfeffer und Honig würzen.
5. Den gegangenen Teig leicht mit Mehl bestäuben, aus der Schüssel nehmen, auf einer leicht bemehlten Arbeitsfläche nochmals kurz durchkneten und dünn ausrollen.
6. Den Backofen vorheizen.
Ober-/Unterhitze: etwa 180 °C
Heißluft: etwa 160 °C
7. Die Schiffchenformen (gefettet) mit dem Teig auslegen. Den Hefeteig mit Schmand oder Crème fraîche bestreichen und mit einer Gabel mehrmals einstechen. Die Sauerkrautmischung auf dem Teig in den Formen verteilen. Die Schiffchenformen auf ein Backblech setzen. Den Teig nochmals zugedeckt an einem warmen Ort etwa 10 Minuten gehen lassen.
8. Das Backblech in den vorgeheizten Backofen schieben. Die Sauerkrautschiffchen 20–25 Minuten backen.
9. Sollte die Füllung zu stark bräunen, die Schiffchen mit Alufolie zudecken. Die fertigen Schiffchen aus dem Backofen nehmen und noch heiß mit Nussöl beträufeln.

Schmorgurken mit Feta-Reis-Füllung

4 Portionen

Zubereitungszeit: 25 Minuten
Garzeit: etwa 40 Minuten

175 g Langkornreis
Salz
200 g Fetakäse
etwa 130 g getrocknete Tomaten, in Öl
6 Stängel Basilikum
gem. Pfeffer
2 mittelgroße Schmorgurken (etwa 800 g)
3 große Fleischtomaten
2 Knoblauchzehen
2 EL Olivenöl
2 EL abgetropfte Kapern (aus dem Glas)
1–2 EL Balsamico-Essig
1 EL flüssiger Honig
1 Prise gem. Piment
100 ml Gemüsebrühe
einige vorbereitete Basilikumstreifen

Pro Portion:
E: 17 g, F: 21 g, Kh: 53 g,
kJ: 2004, kcal: 478

1. Den Langkornreis in kochendem Salzwasser etwa 18 Minuten nach Packungsanleitung gut ausquellen lassen.
2. In der Zwischenzeit den Fetakäse in kleine Würfel schneiden. Getrocknete Tomaten abtropfen lassen, dabei das Öl auffangen. 1–2 Esslöffel des Tomatenöls mit den Käsewürfeln mischen.
3. Den gegarten Reis in einem Sieb abtropfen lassen und mit den Käsewürfeln vermischen. Getrocknete Tomaten in feine Streifen schneiden und unterheben.
4. Basilikum abspülen und trocken tupfen. Die Blättchen von den Stängeln zupfen. Blättchen in Streifen schneiden. Die Hälfte der Basilikumstreifen unter die Reis-Käse-Masse heben. Mit Pfeffer würzen.
5. Die Schmorgurken schälen, evtl. kurz abspülen, trocken tupfen und der Länge nach halbieren. Die Kerne mit einem Löffel herausschaben. Die Gurkenhälften in eine große Auflaufform (gefettet) setzen. Die Reis-Käse-Masse darauf verteilen.
6. Den Backofen vorheizen.
Ober-/Unterhitze: etwa 200 °C
Heißluft: etwa 180 °C
7. Tomaten abspülen, trocken tupfen, halbieren und die Stängelansätze herausschneiden. Tomatenhälften grob würfeln. Knoblauch abziehen und in kleine Würfel schneiden.
8. Olivenöl in einer Pfanne erhitzen. Tomaten- und Knoblauchwürfel darin unter Rühren etwa 5 Minuten dünsten. Kapern hinzugeben. Mit Essig, Honig, Salz, Piment und Pfeffer pikant würzen. Restliche Basilikumstreifen unterrühren.
9. Tomatensugo um die Gurkenhälften herum verteilen, die Brühe hinzugießen. Die Form mit Alufolie zudecken und auf dem Rost in den vorgeheizten Backofen schieben. Die Schmorgurken etwa 40 Minuten garen.
10. Die Form aus dem Backofen nehmen. Schmorgurken mit dem Tomatensugo auf Tellern anrichten. Die Feta-Reis-Füllung zusätzlich mit Basilikumstreifen bestreuen.

Schmorgurken mit Feta-Reis-Füllung

Paprika „Olé"

4 Stück

Zubereitungszeit: 30 Minuten
Garzeit: etwa 45 Minuten

4 große grüne Paprikaschoten
1 Aubergine (etwa 250 g)
2 Zwiebeln
1 Knoblauchzehe
6 Tomaten (etwa 350 g)
8 EL Olivenöl
120 g Rundkornreis
400 ml Gemüsebrühe
Salz
Chilipulver
1/2 Bund Koriander
8 Stängel glatte Petersilie

Pro Stück:
E: 6 g, F: 24 g, Kh: 35 g,
kJ: 1582, kcal: 377

1. Paprikaschoten abspülen, abtrocknen, jeweils am Stielende einen Deckel abschneiden und mithilfe eines Löffels die Kerne und die weißen Scheidewände entfernen. Schoten evtl. nochmals von innen ausspülen und gut abtropfen lassen. Aubergine abspülen, abtrocknen und das Ende abschneiden. Aubergine in etwa 1 cm kleine Würfel schneiden.
2. Zwiebeln und Knoblauch abziehen, fein würfeln. Tomaten abspülen, abtrocknen, halbieren und die Stängelansätze herausschneiden. Tomaten in grobe Würfel schneiden.
3. Backofen vorheizen.
Ober-/Unterhitze: etwa 200 °C
Heißluft: etwa 180 °C
4. Olivenöl in einer Pfanne erhitzen. Die Auberginenwürfel darin von allen Seiten bei mittlerer bis starker Hitze kräftig anbraten. Die Zwiebel- und Knoblauchwürfel hinzugeben und andünsten. Reis hinzugeben und unter Rühren glasig dünsten.
5. Die Tomatenwürfel zu der Reismasse geben, 250 ml von der Brühe hinzugießen und zum Kochen bringen. Die Reis-Gemüse-Masse etwa 12 Minuten bei schwacher Hitze kochen lassen, dann noch etwa 5 Minuten auf der ausgeschalteten Kochstelle garen lassen. Die Reis-Masse mit Salz und Chili würzen.
6. In der Zwischenzeit Koriander abspülen und trocken tupfen. Die Blättchen von den Stängeln zupfen. Blättchen fein schneiden und unter die Reis-Gemüse-Masse mischen. Die Masse in die vorbereiteten Paprikaschoten füllen und in eine Auflaufform (gefettet) setzen, restliche Brühe darum verteilen. Die Paprikadeckel wieder auflegen. Die Form auf dem Rost in den vorgeheizten Backofen schieben. Die Paprikaschoten etwa 45 Minuten garen.
7. Petersilie abspülen und trocken tupfen. Die Blättchen von den Stängeln zupfen, Blättchen klein schneiden. Die Paprikaschoten mit Petersilie bestreuen und nach Belieben mit etwas Garflüssigkeit servieren.

Paprika „Olé"

Asiatische Gemüserollen

8 Portionen

Zubereitungszeit: 60 Minuten, ohne Ruhezeit
Garzeit: etwa 50 Minuten

400 g Hartweizengrieß
3 EL Olivenöl
1 gestr. TL Salz
225 ml lauwarmes Wasser
400 g Möhren
400 g Porree (Lauch)
1 Bund Frühlingszwiebeln
2 EL Sojaöl
220 g abgetropfte Bambussprossen (aus der Dose)
235 g abgetropfte Bohnenkeimlinge (aus der Dose)
2 EL Sojasauce
1 TL Sambal Oelek
1 TL Currypulver
Paprikapulver edelsüß
Salz, evtl. etwas Weizenmehl
2 Eigelb, 2 EL Wasser

Pro Portion:
E: 11 g, F: 10 g, Kh: 43 g,
kJ: 1357, kcal: 324

1. Grieß in eine Schüssel geben und eine Vertiefung hineindrücken, das Olivenöl und Salz in die Vertiefung geben. Nach und nach Wasser hinzufügen. Die Zutaten geschmeidig rühren. Mit einem Mixer (Knethaken) zunächst kurz auf niedrigster, dann auf höchster Stufe in etwa 5 Minuten zu einem glatten Teig verkneten, zu einer Kugel formen und zugedeckt etwa 30 Minuten ruhen lassen.
2. Die Teigkugel auf einer bemehlten Arbeitsfläche nochmals gut durch-

Asiatische Gemüserollen

Paprika mit Pilz-Grünkern-Füllung

kneten, zu einer Rolle formen und diese in 8 gleich große Portionen teilen. Die Teigportionen jeweils zu einer Kugeln formen.

3. Möhren putzen, schälen, abspülen, abtropfen lassen. Porree putzen, die Stangen längs halbieren, gründlich waschen und abtropfen lassen. Frühlingszwiebeln putzen, abspülen, abtropfen lassen. Möhren, Porree und Zwiebeln in Streifen schneiden.

4. Sojaöl in einem Topf erhitzen. Möhren-, Porree-, Zwiebelstreifen, Bambussprossen und Bohnenkeimlinge portionsweise hinzugeben und unter Rühren andünsten. Mit Sojasauce, Sambal Oelek, Curry, Paprika und Salz würzen. Gemüse etwas abkühlen lassen.

5. Den Backofen vorheizen.
Ober-/Unterhitze: etwa 200 °C
Heißluft: etwa 180 °C

6. Die Teigkugeln auf der bemehlten Arbeitsfläche zu dünnen, rechteckigen Fladen ausrollen, evtl. etwas Mehl hinzufügen. Die Gemüsemischung auf den Teigfladen verteilen, dabei rundherum einen 3–4 cm breiten Rand frei lassen. Eigelb mit Wasser verschlagen. Die Teigränder damit bestreichen. Die Fladen aufrollen, dabei die beiden äußeren Teigränder über die Füllung schlagen.

7. Die Gemüserollen auf ein Backblech (mit Backpapier belegt) legen und mit dem restlichen verschlagenen Eigelb bestreichen. Das Backblech in den vorgeheizten Backofen schieben. Die Gemüserollen etwa 50 Minuten garen.

Paprika mit Pilz-Grünkern-Füllung

4 Portionen

Zubereitungszeit: 30 Minuten
Garzeit: etwa 40 Minuten

4 große gelbe Paprikaschoten (je etwa 220 g)

Für die Füllung:
1 Zwiebel
2 Knoblauchzehen
3 EL Olivenöl
80 g Grünkernschrot
400 ml Gemüsebrühe
450 g Austernpilze
3 Frühlingszwiebeln
3 EL Maiskeimöl
1 TL Garam Masala (indische Gewürzmischung)
Salz, gem. Pfeffer

Für die Sauce:
400 g passierte Tomaten (aus der Dose)
200 ml Gemüsebrühe
1 Topf Basilikum

Pro Portion:
E: 8 g, F: 21 g, Kh: 27 g, kJ: 1537, kcal: 366

1. Paprikaschoten abspülen, abtrocknen und am Stielende je einen Deckel abschneiden. Aus den Paprikaschoten mithilfe eines Löffels die Kerne und weißen Scheidewände entfernen. Schoten evtl. nochmals von innen ausspülen und abtropfen lassen.

2. Für die Füllung Zwiebel und Knoblauch abziehen und in feine Würfel schneiden. Olivenöl in einem Topf erhitzen, Zwiebel- und Knoblauchwürfel darin andünsten. Grünkernschrot und Brühe hinzugeben, zum Kochen bringen und zugedeckt etwa 10 Minuten ausquellen lassen.

3. Austernpilze putzen, evtl. kurz abspülen, trocken tupfen und in etwa 2 cm große Würfel schneiden. Frühlingszwiebeln putzen, abspülen, abtropfen lassen und in große Stücke schneiden.

4. Den Backofen vorheizen.
Ober-/Unterhitze: etwa 180 °C
Heißluft: etwa 160 °C

5. Maiskeimöl in einer großen Pfanne erhitzen. Die Austernpilzwürfel darin von allen Seiten kräftig anbraten. Frühlingszwiebelstücke und die Grünkernmasse hinzufügen, mit Garam Masala, Salz und Pfeffer würzen. Die Masse in die Paprikaschoten füllen und die Deckel daraufsetzen.

6. Für die Sauce Tomaten und Brühe in einer Auflaufform (gefettet) mischen, mit Salz und Pfeffer würzen. Die Paprikaschoten in die Form setzen und die Form auf dem Rost in den vorgeheizten Backofen (untere Schiene) schieben. Die gefüllten Paprikaschoten etwa 40 Minuten garen.

7. Basilikum abspülen und trocken tupfen. Die Blättchen von den Stängeln zupfen, Blättchen in Streifen schneiden und vor dem Servieren in die Sauce geben.

Griechische Schafskäsepastete

Griechische Schafskäsepastete

4–6 Portionen

Zubereitungszeit: 40 Minuten, ohne Teiggeh- und Ruhezeit
Backzeit: etwa 40 Minuten

Für den Hefeteig:
350 g Weizenmehl
150 g Vollkorn-Weizenmehl
1 Pck. Dr. Oetker Trockenbackhefe
200 ml lauwarmes Wasser
1 Ei (Größe M)
3 EL Olivenöl
1 gestr. TL Salz

Für die Füllung:
750 g frischer Spinat
2 Zwiebeln
1 Knoblauchzehe
5 EL Olivenöl
gem. Pfeffer
ger. Muskatnuss
300 g Schafskäse

1 verschlagenes Eigelb

Pro Portion:
E: 27 g, F: 32 g, Kh: 69 g,
kJ: 2841, kcal: 679

1. Für den Teig Weizenmehl in eine Schüssel geben, mit Vollkorn-Weizenmehl und Trockenbackhefe sorgfältig vermischen. Restliche Zutaten für den Teig hinzufügen und mit einem Mixer (Knethaken) zunächst kurz auf niedrigster, dann auf höchster Stufe zu einem glatten Teig verarbeiten. Den Teig zugedeckt so lange an einem warmen Ort gehen lassen, bis er sich sichtbar vergrößert hat (etwa 30 Minuten).
2. Für die Füllung in der Zwischenzeit Spinat verlesen, dicke Stiele abschneiden. Spinat gründlich waschen und abtropfen lassen. Zwiebeln und Knoblauch abziehen, fein würfeln.
3. Olivenöl in einem Topf erhitzen. Zwiebel- und Knoblauchwürfel darin andünsten. Spinat hinzufügen, mit Pfeffer und Muskat würzen und zugedeckt etwa 5 Minuten garen, bis der Spinat zusammengefallen ist. Schafskäse zerbröseln, unterrühren.
4. Gegangenen Teig leicht mit Mehl bestäuben, aus der Schüssel nehmen. Zwei Drittel des Teiges auf der leicht bemehlten Arbeitsfläche zu einer runden Platte (Ø etwa 30 cm) ausrollen. Teigplatte so in eine Pie- oder Tarteform (Ø 26 cm, gefettet) legen, dass der Rand etwa 1 cm übersteht. Den Teigboden mehrmals mit einer Gabel einstechen und die Spinat-Käse-Masse darauf verteilen.
5. Den Rand über die Füllung legen und mit etwas Eigelb bestreichen. Den restlichen Teig auf der leicht bemehlten Arbeitsfläche zu einem Deckel in Größe der Form ausrollen. In der Mitte des Deckels mit einem runden Ausstechförmchen (Ø etwa 2 cm) ein Loch ausstechen. Den Teigdeckel auf die Pastete legen und den Rand gut andrücken.
6. Die Teigreste ausrollen. Mit Ausstechförmchen Motive ausstechen. Die Pastetenoberfläche mit Eigelb bestreichen und mit den ausgestochenen Teigmotiven belegen. Diese ebenfalls mit Eigelb bestreichen. Die Pastete 15–20 Minuten ruhen lassen.
7. In der Zwischenzeit den Backofen vorheizen.
Ober-/Unterhitze: etwa 200 °C
Heißluft: etwa 180 °C
8. Die Form auf dem Rost in den vorgeheizten Backofen schieben. Die Pastete etwa 40 Minuten backen.

Gefüllte Zwiebeln mit Bulgur, Haselnüssen und Portulak

4 Portionen

Zubereitungszeit: 60 Minuten, ohne Quellzeit
Garzeit: etwa 30 Minuten

6 milde weiße Zwiebeln (je etwa 150 g)
Salz
50 g Bulgur
2 große Tomaten
1/2 Bund Petersilie
2 EL Rosinen
2 EL gehobelte Haselnusskerne
gem. Pfeffer
etwas Zitronesaft
200 ml Gemüsebrühe

200 g Portulak
200 g Cocktailtomaten
1 EL Himbeeressig
flüssiger Honig
1 EL Walnussöl
2 EL Sonnenblumenöl

Pro Portion:
E: 7 g, F: 22 g, Kh: 28 g,
kJ: 1428, kcal: 341

1. Die Zwiebeln abziehen und in kochendem Salzwasser etwa 15 Minuten vorgaren. Zwiebeln vorsichtig mit einer Schaumkelle herausnehmen, in ein Sieb geben, mit kaltem Wasser abschrecken und abtropfen lassen. Zwiebeln waagerecht halbieren. Zwiebelhälften mit einem Ausstecher aushöhlen, dabei einen Rand stehen lassen. Das ausgehöhlte Zwiebelfleisch klein schneiden.

2. Bulgur mit kochendem Wasser übergießen und etwa 10 Minuten quellen lassen. Anschließend Bulgur in einem Sieb abtropfen lassen.
3. Den Backofen vorheizen.
Ober-/Unterhitze: etwa 180 °C
Heißluft: etwa 160 °C
4. Die Tomaten abspülen, abtropfen lassen, vierteln, klein würfeln. Petersilie abspülen, trocken tupfen. Die Blättchen von den Stängeln zupfen, Blättchen in Streifen schneiden. Bulgur mit dem klein geschnittenen Zwiebelfleisch, Tomatenwürfeln, Petersilienstreifen, Rosinen und Haselnusskernen vermischen. Mit Salz, Pfeffer und etwas Zitronensaft würzen. Die Bulgurmasse in den Zwiebelhälften verteilen.
5. Die gefüllten Zwiebeln in eine feuerfeste Form (gefettet) setzen, Brühe hinzugießen. Die Form auf dem Rost in den vorgeheizten Backofen schieben. Die gefüllten Zwiebeln etwa 30 Minuten garen.
6. In der Zwischenzeit Portulak putzen, abspülen, trocken tupfen. Die Tomaten abspülen, trocken tupfen, halbieren, evtl. die Stängelansätze herausschneiden. Himbeeressig mit Honig verrühren. Beide Öle unterschlagen. Mit Salz und Pfeffer würzen. Portulak mit den Tomatenhälften und dem Dressing vermischen. Die gefüllten Zwiebeln mit dem Salat servieren.

Bohnen-Schafskäse-Strudel

4 Portionen

Zubereitungszeit: 30 Minuten
Backzeit: etwa 30 Minuten je Backblech

750 g junge Bohnen
1 kleines Bund Bohnenkraut
4 Tomaten (etwa 500 g)
1 Knoblauchzehe
Salz
gem. Pfeffer
7 EL Olivenöl
4 Blätter fertiger Strudelteig (etwa 125 g, aus dem Kühlregal)
150 g Crème fraîche
400 g Schafskäse

Zum Bestreichen:
3–4 EL Olivenöl

Pro Portion:
E: 26 g, F: 59 g, Kh: 29 g,
kJ: 3123, kcal: 746

1. Von den Bohnen die Enden abschneiden, evtl. abfädeln. Bohnen abspülen, abtropfen lassen, halbieren und in kochendem Wasser 1–2 Minuten blanchieren.
2. Die Bohnen mit kaltem Wasser abschrecken und in einem Sieb abtropfen lassen.
3. Bohnenkraut abspülen und trocken tupfen. Die Blättchen von den Stängeln zupfen.
4. Die Tomaten abspülen, vierteln, entkernen und die Stängelansätze herausschneiden. Tomatenviertel in Würfel schneiden.
5. Knoblauch abziehen und zerdrücken, mit Salz, Pfeffer und Olivenöl verrühren.
6. Den Backofen vorheizen.
Ober-/Unterhitze: etwa 180 °C
Heißluft: etwa 160 °C
7. Die Strudelteigblätter je auf ein zur Hälfte zusammengelegtes Geschirrtuch legen. Die Strudelblätter mit Crème fraîche bestreichen und mit Bohnenkrautblättchen bestreuen.
8. Schafskäse zerbröseln, mit den Bohnen und Tomatenwürfel auf den Strudelteigblättern verteilen. Vorbereitetes Knoblauchöl daraufträufeln.
9. Die belegten Strudelteigblätter jeweils mithilfe des Geschirrtuchs aufrollen und nebeneinander auf Backbleche (mit Backpapier belegt) legen. Die Strudel mit Olivenöl bestreichen.
10. Die Backbleche nacheinander (bei Heißluft zusammen) in den vorgeheizten Backofen schieben. Strudel etwa 30 Minuten je Backblech backen.
11. Die Strudel von den Backblechen nehmen, anrichten und servieren.

Gefüllte Zwiebeln mit Bulgur, Haselnüssen und Portulak

Bohnen-Schafskäse-Strudel

Kapitel **03**

Rezepte 201–300

Fisch und Meeresfrüchte

Italienische Fischlasagne

Italienische Fischlasagne

6 Portionen

Zubereitungszeit: 50 Minuten
Garzeit: 50–60 Minuten

750 g Kabeljaufilet
750 g Blattspinat
Salz
1 Gemüsezwiebel (etwa 250 g)
3 große Fleischtomaten (etwa 450 g)
1 Bund Thymian
1–2 EL Speiseöl
750 ml Béchamelsauce
(3 Tetrapak, je 250 ml)
gem. Pfeffer
250 g Lasagneplatten
(ohne Vorgaren)
150 g frisch ger. Parmesan
150 g frisch ger. Käse

Pro Portion:
E: 50 g, F: 47 g, Kh: 42 g,
kJ: 3509, kcal: 838

1. Kabeljaufilet kurz unter fließendem kalten Wasser abspülen, trocken tupfen und in Würfel schneiden.
2. Blattspinat verlesen, gründlich waschen, abtropfen lassen. Spinat in kochendem Salzwasser 1–2 Minuten blanchieren, in ein Sieb geben, mit eiskaltem Wasser übergießen, gut abtropfen lassen. Zwiebel abziehen, halbieren und klein würfeln.
3. Den Backofen vorheizen.
Ober-/Unterhitze: etwa 180 °C
Heißluft: etwa 160 °C
4. Tomaten abspülen, trocken tupfen, halbieren und die Stängelansätze herausschneiden. Tomatenhälften entkernen und in Würfel schneiden. Thymian abspülen und trocken tupfen. Die Blättchen von den Stängeln zupfen. Blättchen klein schneiden.
5. Speiseöl in einer großen Pfanne erhitzen, die Zwiebelwürfel darin andünsten. Fischwürfel hinzugeben und vorsichtig mit andünsten. Blattspinat, Tomatenwürfel, Thymian und Béchamelsauce (etwas Sauce davon abnehmen und beiseitestellen) hinzugeben und vorsichtig untermischen. Mit Salz und Pfeffer würzen.
6. Eine dünne Schicht der Gemüse-Fisch-Masse in eine große, flache Auflaufform (gefettet) geben, mit etwas Parmesan bestreuen und mit je 3 Lasagneplatten belegen. Diesen Vorgang zweimal wiederholen. Die oberste Schicht sollte aus Lasagneplatten bestehen.
7. Die oberen Lasagneplatten mit der beiseitegestellten Sauce bestreichen. Mit dem geriebenen Käse bestreuen.
8. Die Form auf dem Rost in den vorgeheizten Backofen schieben. Fischlasagne 50–60 Minuten garen.
9. Die italienische Fischlasagne aus dem Backofen nehmen und sofort servieren.

Lachsforellen-Sellerie-Auflauf

4 Portionen

Zubereitungszeit: 25 Minuten
Garzeit: etwa 20 Minuten

600 g festkochende Kartoffeln
1 EL Butter
1 Zwiebel
Salz, gem. Pfeffer
1/2 TL Instant-Gemüsebrühe-Pulver
200 g Schlagsahne
100 ml heißes Wasser
1–2 TL körniger Senf
500 g Knollensellerie
2 EL Zitronensaft
500 g Lachsforellenfilet (ohne Haut)
60 g Frühstücksspeck in feinen Scheiben (Bacon)
2 EL Semmelbrösel
1 1/2 EL Butter

Pro Portion:
E: 34 g, F: 30 g, Kh: 28 g,
kJ: 2182, kcal: 521

1. Die Kartoffeln schälen, abspülen, abtropfen lassen und in etwa 1/2 cm dicke Scheiben schneiden. Butter in einem weiten Topf zerlassen. Zwiebel abziehen, fein würfeln und darin andünsten.
2. Kartoffelscheiben hinzufügen, unter Wenden andünsten, mit Salz, Pfeffer und Instant-Gemüsebrühe würzen. Sahne mit Wasser verrühren, hinzugießen und alles zugedeckt aufkochen lassen, Senf unterrühren.
3. Sellerie putzen, schälen, abspülen, abtropfen lassen. Sellerieknolle zuerst in etwa 1/2 cm dicke Scheiben, dann in Stücke schneiden.
4. Selleriestücke unter die Kartoffelscheiben mischen, zum Kochen bringen und zugedeckt weitere etwa 7 Minuten garen, mit Salz, Pfeffer und Zitronensaft würzen.
5. Inzwischen Backofen vorheizen.
Ober-/Unterhitze: etwa 200 °C
Heißluft: etwa 180 °C
6. Lachsforellenfilet kurz unter fließendem kalten Wasser abspülen, trocken tupfen und in 4 gleich große Stücke schneiden. Die Sellerie-Kartoffel-Mischung in einer großen, flachen Auflaufform (gefettet) verteilen. Die Lachsforellenstücke daraufgeben. Den Frühstücksspeck in feine Streifen schneiden, mit den Semmelbröseln mischen und auf den Lachsforellenstücken verteilen. Butter in Flöckchen daraufsetzen.
7. Die Form auf dem Rost in den vorgeheizten Backofen schieben. Den Auflauf etwa 20 Minuten garen.

Kabeljau „Ungarisch"

6 Portionen

Zubereitungszeit: 55 Minuten
Garzeit: etwa 45 Minuten

1 Kabeljau (ohne Kopf, geschuppt, etwa 1,2 kg)
Salz, gem. Pfeffer
Zitronensaft
je 1 rote, grüne und gelbe Paprikaschote (etwa 600 g)
400 g festkochende Kartoffeln
2 EL Speiseöl
400 ml Brühe oder Fischfond
25 g TK-Gemischte Kräuter
2 EL Speiseöl
etwas Weizenmehl

Pro Portion:
E: 40 g, F: 5 g, Kh: 14 g,
kJ: 1183, kcal: 282

1. Kabeljau innen und außen kurz unter fließendem kalten Wasser abspülen und trocken tupfen. Die Haut mit einem scharfen Messer dreimal einritzen. Mit Salz, Pfeffer und Zitronensaft würzen.
2. Paprikaschoten halbieren, entstielen, entkernen und die weißen Scheidewände entfernen. Schoten abspülen, abtropfen lassen. Kartoffeln schälen, abspülen, abtropfen lassen. Paprikaschoten und Kartoffeln in Würfel schneiden.
3. Speiseöl in einem Bräter erhitzen. Paprika- und Kartoffelwürfel darin leicht anbraten. Brühe oder Fond hinzugießen, zum Kochen bringen und etwa 10 Minuten kochen lassen. Mit Salz, Pfeffer und Kräutern würzen.
4. Den Backofen vorheizen.
Ober-/Unterhitze: etwa 200 °C
Heißluft: etwa 180 °C
5. Speiseöl in einer beschichteten Pfanne erhitzen. Kabeljau in Mehl wenden, überschüssiges Mehl abklopfen. Kabeljau in dem erhitztem Speiseöl von beiden Seiten anbraten. Kabeljau auf das Paprika-Kartoffel-Gemüse legen. Den Bräter auf dem Rost in den vorgeheizten Backofen schieben. Kabeljau etwa 45 Minuten garen.

Lachsforellen-Sellerie-Auflauf

Kabeljau „Ungarisch"

Röllchen von Atlantikzungen „Kreolische Art“

12 Portionen

Zubereitungszeit: 40 Minuten, ohne Auftauzeit
Garzeit: etwa 30 Minuten

24 TK-Atlantikzungenfilets (je etwa 80 g)
1 Staudensellerie (etwa 500 g)
2 rote Paprikaschoten (je etwa 200 g)
1 Bund Frühlingszwiebeln (etwa 250 g)
4 EL Speiseöl
170 g abgetropfte grüne Oliven, in Scheiben (aus dem Glas)
450 g stückige Tomatensauce (Tetrapak)
400 ml Gemüsebrühe oder Fischfond
Salz, gem. Pfeffer
Knoblauchpulver
2 getrocknete Chilischoten oder 1 frische Chilischote

Außerdem:
24 kleine Holzstäbchen

Pro Portion:
E: 29 g, F: 8 g, Kh: 5 g,
kJ: 880, kcal: 210

1. Atlantikzungenfilets nach Packungsanleitung auftauen lassen. Anschließend kurz unter fließendem kalten Wasser abspülen und trocken tupfen. Die Filets evtl. längs halbieren und mit der Hautseite nach innen zu Röllchen drehen. Röllchen mit einem Holzstäbchen feststecken.
2. Staudensellerie putzen und die harten Außenfäden abziehen. Selleriestangen abspülen, abtropfen lassen und in etwa 1 cm lange Stücke schneiden. Paprikaschoten halbieren, entstielen, entkernen und die weißen Scheidewände entfernen. Schoten abspülen, abtropfen lassen und grob würfeln. Frühlingszwiebeln putzen, abspülen, abtropfen lassen, in 1–2 cm lange Stücke schneiden.
3. Den Backofen vorheizen.
Ober-/Unterhitze: etwa 200 °C
Heißluft: etwa 180 °C
4. Speiseöl in einem großen Bräter erhitzen. Selleriestücke und Paprikawürfel darin unter Rühren andünsten. Die Frühlingszwiebelstücke und Olivenscheiben hinzugeben und mitdünsten lassen, das Gemüse zugedeckt etwa 10 Minuten schmoren. Tomatensauce und Brühe oder Fond hinzugießen. Mit Salz, Pfeffer, Knoblauch und Chili (frische Chili abspülen und trocken tupfen) herzhaft würzen. Den Bräter auf dem Rost in den vorgeheizten Backofen schieben. Das Gemüse etwa 30 Minuten garen.
5. Nach etwa 20 Minuten Garzeit die Atlantikzungenröllchen auf das Gemüse legen, das Gericht fertig garen.

Röllchen von Atlantikzungen „Kreolische Art“

Provenzalische Kabeljaufilets

4 Portionen (ohne Foto)

Zubereitungszeit: 20 Minuten, ohne Auftau-, Abkühl- und Durchziehzeit
Garzeit: etwa 30 Minuten

800 g TK-Kabeljaufilet
150 ml trockener Weißwein, z. B. herber Cidre
25 g TK-Kräuter der Provence
1 1/2–2 EL Olivenöl
Saft von 1 Zitrone
Salz, gem. Pfeffer

Außerdem:
Alufolie für die Päckchen

Pro Portion:
E: 35 g, F: 6 g, Kh: 1 g,
kJ: 948, kcal: 227

1. Kabeljaufilets nach Packungsanleitung auftauen lassen.
2. Weißwein mit Kräutern und Olivenöl in einem Topf mischen, aufkochen und anschließend erkalten lassen.
3. Kabeljaufilets kurz unter fließendem kalten Wasser abspülen, gut trocken tupfen und in eine flache Schale legen.
4. Den Weißweinsud mit Zitronensaft, Salz und Pfeffer würzen. Den Sud auf den Fischfilets verteilen und zugedeckt etwa 1 Stunde im Kühlschrank durchziehen lassen.
5. Den Backofen vorheizen.
Ober-/Unterhitze: etwa 200 °C
Heißluft: etwa 180 °C
6. Die Fischfiletstücke aus dem Sud nehmen. Je ein Stück Fischfilet in einen Bogen Alufolie wickeln. Die Fischpäckchen auf ein Backblech legen. Das Backblech in den vorgeheizten Backofen schieben. Die Kabeljaufilets etwa 30 Minuten garen.
7. Restlichen Sud in einen kleinen Topf geben, zum Kochen bringen und etwa um die Hälfte einkochen lassen. Den gegarten Fisch damit beträufeln.

Seelachsfilet, in Folie gegart

Seelachsfilet auf Sauerkraut

Seelachsfilet, in Folie gegart

4 Portionen

Zubereitungszeit: 35 Minuten
Garzeit: 20–25 Minuten

4 Scheiben Seelachsfilet (je etwa 180 g)
Salz, gem. Pfeffer
2 kleine Stangen Porree (Lauch)
2 EL Speiseöl, 4 Tomaten
1/2 Bund glatte Petersilie
3 EL Röstzwiebeln

Außerdem:
4 Bögen Alufolie (je etwa 20 x 30 cm)

Pro Portion:
E: 32 g, F: 12 g, Kh: 8 g,
kJ: 1127, kcal: 269

1. Seelachsfilets kurz unter fließendem kalten Wasser abspülen, trocken tupfen, mit Salz und Pfeffer würzen.
2. Porree putzen, die Stangen längs halbieren. Porree gründlich waschen, abtropfen lassen und in feine Streifen schneiden. Speiseöl in einem Topf erhitzen, Porreestreifen hinzugeben und unter mehrmaligem Wenden etwa 3 Minuten dünsten. Mit Salz und Pfeffer würzen.
3. Den Backofen vorheizen.
Ober-/Unterhitze: etwa 200 °C
Heißluft: etwa 180 °C
4. Vier Bögen Alufolie auf einer Arbeitsfläche ausbreiten. Die Porreestreifen darauf verteilen. Je 1 Scheibe Seelachsfilet darauflegen.
5. Tomaten abspülen, abtrocknen, halbieren und die Stängelansätze herausschneiden. Tomaten in große Würfel schneiden. Petersilie abspülen und trocken tupfen. Die Blättchen von den Stängeln zupfen. Blättchen grob zerschneiden. Tomatenwürfel mit Petersilie und Röstzwiebeln mischen, auf dem Seelachs verteilen.
6. Fisch und Gemüse jeweils in der Alufolie fest einpacken und auf ein Backblech legen. Das Backblech in den vorgeheizten Backofen schieben. Seelachsfilets 20–25 Minuten garen.
7. Je 1 Seelachsfilet-Päckchen auf einen Teller legen, Alufolie öffnen. Seelachsfilets sofort servieren.

Seelachsfilet auf Sauerkraut

4 Portionen

Zubereitungszeit: 50 Minuten
Garzeit: etwa 15 Minuten

500 g Sauerkraut (aus der Dose)
1 Apfel, 2 EL Speiseöl
200 ml trockener Weißwein
Salz, gem. Pfeffer
1 Prise Zucker
4 Seelachsfilets (je etwa 180 g)
1 EL Zitronensaft
80 g Butter (zimmerwarm)
2 EL Rotisseur-Senf mit Körnern
2 EL Schnittlauchröllchen
1 Zwiebel
125 ml Rieslingwein
150 g Schmand (Sauerrahm)
1 EL mittelscharfer Dijon-Senf

Pro Portion:
E: 37 g, F: 39 g, Kh: 10 g,
kJ: 2588, kcal: 618

1. Sauerkraut ausdrücken und locker zupfen. Apfel schälen, halbieren, entkernen und fein würfeln.
2. Speiseöl in einem Topf erhitzen, Sauerkraut und Apfelstücke hinzugeben, kurz andünsten, Wein hinzugießen, zum Kochen bringen und zugedeckt etwa 20 Minuten dünsten. Mit Salz, Pfeffer und Zucker würzen. Sauerkraut in eine Gratinform (gefettet) füllen.
3. Den Backofen vorheizen.
Ober-/Unterhitze: etwa 200 °C
Heißluft: etwa 180 °C
4. Seelachsfilets kurz unter fließendem kalten Wasser abspülen, trocken tupfen, mit etwas Salz und Pfeffer würzen und mit Zitronensaft beträufeln, auf das Sauerkraut legen.
5. Die Hälfte der Butter mit Rotisseur-Senf und Schnittlauchröllchen verrühren. Die Seelachsfilets damit bestreichen. Die Form auf dem Rost in den vorgeheizten Backofen schieben. Seelachsfilets auf Sauerkraut etwa 15 Minuten garen.
6. In der Zwischenzeit Zwiebel abziehen und fein würfeln. Restliche Butter in einem kleinen Topf zerlassen, die Zwiebelwürfel darin glasig dünsten. Wein hinzugießen, zum Kochen bringen und bei starker Hitze fast ganz verdampfen lassen.
7. Schmand unterrühren und leicht cremig einkochen. Mit Dijon-Senf, Salz und Pfeffer würzen.
8. Seelachs auf Sauerkraut mit der Sauce anrichten und servieren.

Porree-Pfifferlings-Fisch

2 Portionen

Zubereitungszeit: 25 Minuten
Garzeit: etwa 20 Minuten

1 Stange Porree (Lauch)
2–3 Möhren, 200 g Pfifferlinge
2 Seelachsfilets (je etwa 200 g)
Salz, gem. Pfeffer
1 TL abgeriebene Schale von 1 Bio-Zitrone (unbehandelt, ungewachst)
etwa 60 g Mozzarella
1 EL Speiseöl, z. B. Rapsöl
30 g ger. Gouda

Pro Portion:
E: 49 g, F: 19 g, Kh: 7 g,
kJ: 1687, kcal: 403

1. Den Backofen vorheizen.
Ober-/Unterhitze: etwa 200 °C
Heißluft: etwa 180 °C
2. Porree putzen, die Stange längs halbieren, gründlich waschen, abtropfen lassen und in dünne Scheiben schneiden. Die Möhren putzen, schälen, abspülen, abtropfen lassen und in feine Stifte schneiden. Pfifferlinge putzen, evtl. kurz abspülen und gut abtropfen lassen. Große Pfifferlinge evtl. halbieren.
3. Fischfilets kurz unter fließendem kalten Wasser abspülen und trocken tupfen. Filets mit Salz, Pfeffer und Zitronenschale würzen, in eine Auflaufform (gefettet) legen.
4. Die Form auf dem Rost in den vorgeheizten Backofen schieben. Fischfilets etwa 10 Minuten vorgaren.
5. Inzwischen Mozzarella in kleine Stücke schneiden. Speiseöl in einer Pfanne erhitzen. Möhrenstifte, Pfifferlinge und Porree darin etwa 5 Minuten unter Wenden bei starker Hitze anbraten. Mit Salz und Pfeffer würzen. Mozzarellastücke unterheben.
6. Die Form aus dem Backofen nehmen und auf einen Rost stellen. Die Gemüse-Mozzarella-Mischung auf den vorgegarten Fischfilets verteilen und mit Käse bestreuen. Die Form wieder auf dem Rost in den heißen Backofen schieben. Die Gemüse-Mozzarella-Mischung mit den Fischfilets bei gleicher Backofentemperatur weitere etwa 10 Minuten garen.

Pangasiusfilet mit Paprikagemüse

(Römertopf® 3-Liter-Inhalt)
4 Portionen

Zubereitungszeit: 65 Minuten
Garzeit: etwa 60 Minuten

700 g Gemüsezwiebeln
1–2 Knoblauchzehen
125 ml Fischfond (aus dem Glas)
3 EL Olivenöl
je 1 kleine grüne, rote und gelbe Paprikaschote
30 g abgetropfte schwarze Oliven, ohne Stein
4 Scheiben Pangasiusfilet (je etwa 150 g)
1 EL Zitronensaft
Salz, gem. Pfeffer
1 TL klein geschnittene Rosmarinnadeln
3 EL Olivenöl

Pro Portion:
E: 32 g, F: 21 g, Kh: 13 g,
kJ: 1639, kcal: 392

1. Die Gemüsezwiebeln abziehen, halbieren und in halbe Ringe schneiden. Knoblauch abziehen und in Scheiben schneiden.
2. Zwiebeln und Knoblauch mit dem Fischfond und Olivenöl in einen gewässerten Römertopf® geben. Den Römertopf®, mit dem Deckel verschließen und auf dem Rost in den kalten Backofen schieben.
Ober-/Unterhitze: etwa 200 °C
Heißluft: etwa 180 °C
3. Das Zwiebelgemüse etwa 60 Minuten garen.
4. In der Zwischenzeit Paprikaschoten halbieren, entstielen, entkernen und die weißen Scheidewände entfernen. Schoten abspülen, abtropfen lassen und in Würfel schneiden. Die Oliven in Spalten schneiden.
5. Pangasiusfilets kurz unter fließendem kalten Wasser abspülen, trocken tupfen, mit Zitronensaft beträufeln und trocken tupfen.
6. Nach etwa 30 Minuten Garzeit das Zwiebelgemüse mit Salz und Pfeffer würzen. Die Pangasiusfilets darauf verteilen. Mit Salz würzen, mit Rosmarin, Paprikawürfeln und Olivenspalten bestreuen. Olivenöl daraufträufeln. Pangsiusfilets mit dem Zwiebel-Paprika-Gemüse (mit Deckel) in weiteren etwa 30 Minuten fertig garen.

Pfefferlachs
4 Portionen

Zubereitungszeit: 25 Minuten
Garzeit: 5–7 Minuten

1 TL weiße Pfefferkörner
1 TL schwarze Pfefferkörner
50 g Butter
2 Stängel Petersilie
1–2 EL flüssiger Honig
5 EL Semmelbrösel
einige rote Pfefferkörner
Salz
750 g Lachsfilet
3 EL Olivenöl
gem. Pfeffer
1 Prise Zucker

Pro Portion:
E: 37 g, F: 25 g, Kh: 21 g,
kJ: 1920, kcal: 459

1. Die Pfefferkörner im Mörser zerstoßen und in einer Pfanne ohne Fett rösten, bis ein duftender Rauch aufsteigt. Pfefferkörner in eine Schüssel geben. Butter zerlassen.
2. Petersilie abspülen und trocken tupfen. Blättchen von den Stängeln zupfen, Blättchen klein schneiden.
3. Butter, Honig, Semmelbrösel und Petersilie zu den zerstoßenen Pfefferkörnern in die Schüssel geben und gut vermischen. Rote Pfefferkörner unterrühren. Die Masse mit Salz abschmecken.
4. Den Backofen vorheizen.
Ober-/Unterhitze: etwa 220 °C
Heißluft: etwa 200 °C
5. Das Lachsfilet kurz unter fließendem kalten Wasser abspülen, trocken tupfen und in 4 gleich große Stücke schneiden.
6. Olivenöl in einer großen Pfanne erhitzen. Lachsstücke darin von beiden Seiten kurz anbraten, mit Salz, Pfeffer und 1 Prise Zucker würzen.
7. Die Lachsstucke aus der Pfanne nehmen und mit der Hautseite nach oben auf ein Backblech (mit Backpapier belegt) legen. Die Pfefferbröselmasse auf den Lachsstücken verteilen und etwas andrücken.
8. Das Backblech in den vorgeheizten Backofen schieben. Die Lachsstücke 5–7 Minuten garen.

Meeräsche, gedünstet
4 Portionen

Zubereitungszeit: 35 Minuten
Garzeit: etwa 20 Minuten

2–4 küchenfertige Meeräschen
(je 1–1 1/4 kg, geschuppt, ersatzweise Makrelen)
6 EL Olivenöl
6 EL Zitronensaft
Salz, evtl. gem. Pfeffer
1 EL klein geschnittener Thymian
4 EL klein geschnittene Petersilie
2 Tomaten
1 EL klein geschnittene Petersilie

Außerdem:
2–4 Bögen Alufolie

Pro Portion:
E: 88 g, F: 33 g, Kh: 2 g,
kJ: 2817, kcal: 673

1. Den Backofen vorheizen.
Ober-/Unterhitze: etwa 200 °C
Heißluft: etwa 180 °C
2. Die Fische innen und außen kurz unter fließendem kalten Wasser abspülen und trocken tupfen. Die Fische innen mit etwas Olivenöl bestreichen.
3. Zitronensaft mit Salz verrühren, restliches Olivenöl unterschlagen. Nach Belieben mit Pfeffer würzen.
4. Die Fische einzeln auf je einen Bogen Alufolie legen. Die Marinade darauf verteilen, Kräuter daraufstreuen.
5. Die Fische in der Alufolie einwickeln, fest verschließen und auf ein Backblech legen. Das Backblech in den vorgeheizten Backofen schieben. Meeräsche etwa 20 Minuten garen.
6. Tomaten abspülen, abtrocknen, halbieren, Stängelansätze entfernen. Tomaten in Scheiben schneiden.
7. Meeräschen aus der Folie nehmen, auf einer Platte mit Tomatenscheiben anrichten und mit Petersilie bestreut servieren.

Pfefferlachs

Meeräsche, gedünstet

Provenzalischer Fischtopf

4 Portionen

Zubereitungszeit: 40 Minuten
Garzeit: 15–20 Minuten

2 Zwiebeln
1 Stange Porree (Lauch)
400 g rote, grüne und gelbe Paprikaschoten
3 Fleischtomaten
2 Knoblauchzehen
3 EL Olivenöl
1/2 TL gerebelter Thymian
etwas gerebelter Salbei
1 Lorbeerblatt
125 ml Weißwein
800 g Fischfilet, z. B. Seelachs
150 g Crème fraîche
Cayennepfeffer, Salz
etwas Zitronensaft
einige Salbeiblättchen

Pro Portion:
E: 12 g, F: 22 g, Kh: 20 g,
kJ: 1534, kcal: 367

1. Zwiebeln abziehen und klein würfeln. Porree putzen, die Stange längs halbieren, gründlich waschen, abtropfen lassen, in etwa 1 cm lange Stücke schneiden.

Provenzalischer Fischtopf

2. Den Backofen vorheizen.
Ober-/Unterhitze: etwa 200 °C
Heißluft: etwa 180 °C

3. Paprikaschoten halbieren, entstielen, entkernen und die weißen Scheidewände entfernen. Schoten abspülen, abtropfen lassen und in Streifen schneiden. Die Tomaten kreuzweise einschneiden und mit kochendem Wasser übergießen. Nach 1–2 Minuten herausnehmen und mit kaltem Wasser abschrecken. Tomaten häuten, vierteln und die Stängelansätze herausschneiden.

4. Knoblauch abziehen und zerdrücken. Olivenöl in einem feuerfesten Topf erhitzen. Das vorbereitete Gemüse darin unter Rühren andünsten, mit Thymian und Salbei würzen, Lorbeerblatt hinzufügen, Wein hinzugießen.

5. Fischfilet kurz unter fließendem kalten Wasser abspülen, trocken tupfen und in Würfel schneiden.

6. Crème fraîche und Fischwürfel auf dem Gemüse verteilen, mit Cayennepfeffer, Salz und Zitronensaft würzen. Den Topf auf dem Rost in den vorgeheizten Backofen schieben. Den Fischtopf 15–20 Minuten garen.

7. Den Fischtopf mit abgespülten, trocken getupften Salbeiblättchen garnieren.

Meeresfrüchteauflauf

8–10 Portionen (ohne Foto)

Zubereitungszeit: 45 Minuten, ohne Abkühlzeit
Garzeit: etwa 50 Minuten

1 kg Kartoffeln
2 mittelgroße Zwiebeln
3 Knoblauchzehen
6 EL Olivenöl
1 kg TK-Meeresfrüchte
Salz, gem. Pfeffer
je 1 rote und grüne Chilischote
2 mittelgroße Zucchini (je etwa 250 g)
gerebelter Oregano
2 Fleischtomaten

Für den Guss:
4 Eier (Größe M)
250 g Schlagsahne
300 ml Gemüsebrühe
1 Bund glatte Petersilie

150 g ger. Emmentaler
50 g Semmelbrösel

Pro Portion:
E: 30 g, F: 25 g, Kh: 28 g,
kJ: 2006, kcal: 479

1. Die Kartoffeln gründlich waschen, knapp mit Wasser bedeckt, zugedeckt zum Kochen bringen und in 20–25 Minuten gar kochen. Kartoffeln abgießen, abdämpfen, heiß pellen und etwas abkühlen lassen. Kartoffeln in Scheiben oder Würfel schneiden.

2. Zwiebeln und Knoblauch abziehen, klein würfeln. 4 Esslöffel Olivenöl in einer großen Pfanne erhitzen. Die unaufgetauten Meeresfrüchte darin andünsten. Die sich bildende Flüssigkeit abgießen. Zwiebel- und Knoblauchwürfel zu den Meeresfrüchten geben und kurz mitdünsten.

3. Die Meeresfrüchte-Mischung mit Salz und Pfeffer würzen, mit den Kartoffeln vermengen und in eine große, flache Auflaufform (gefettet) geben. Chilischoten abspülen, abtropfen lassen, halbieren, entstielen, entkernen, in Streifen schneiden und zu der Meeresfrüchte-Mischung geben.

4. Zucchini abspülen, abtropfen lassen und die Enden abschneiden. Zucchini in Würfel schneiden. Restliches Olivenöl in der Pfanne erhitzen. Die Zucchiniwürfel darin andünsten, mit Salz, Pfeffer und Oregano würzen und zu den Zutaten in die Form geben.

5. Den Backofen vorheizen.
Ober-/Unterhitze: etwa 200 °C
Heißluft: etwa 180 °C

6. Tomaten abspülen, trocken tupfen, vierteln und die Stängelansätze herausschneiden. Tomatenviertel entkernen, in Stücke schneiden und ebenfalls in die Form geben.

7. Für den Guss Eier mit Sahne und Gemüsebrühe verschlagen, mit Salz und Pfeffer würzen. Petersilie abspü-

Neapolitanisches Fischfilet aus dem Römertopf

Gefüllte Schollenfilets in der Pergamenthülle

len und trocken tupfen. Die Blättchen von den Stängeln zupfen, klein schneiden und unterrühren. Den Guss auf dem Auflauf verteilen.

8. Emmentaler mit Semmelbröseln mischen und auf den Auflauf streuen. Die Form auf dem Rost in den vorgeheizten Backofen schieben. Den Auflauf etwa 50 Minuten garen.

Neapolitanisches Fischfilet aus dem Römertopf

(Römertopf® 3-Liter-Inhalt)
4 Portionen

Zubereitungszeit: 20 Minuten
Garzeit: etwa 45 Minuten

400 g Tomaten
250 g Champignons
1 Zwiebel
Salz, gem. Pfeffer
4 Scheiben Pangasiusfilet
(je etwa 125 g)
75 g ger. Emmentaler
1 EL klein geschnittene Petersilie
1 EL Schnittlauchröllchen
30 g Butter

Pro Portion:
E: 27 g, F: 14 g, Kh: 3 g,
kJ: 1060, kcal: 253

1. Tomaten kreuzweise einschneiden und mit kochendem Wasser übergießen. Nach 1–2 Minuten herausnehmen und mit kaltem Wasser abschrecken. Tomaten häuten, halbieren und die Stängelansätze herausschneiden. Tomaten in Stücke schneiden.

2. Die Champignons putzen, evtl. kurz abspülen, trocken tupfen und in Scheiben schneiden. Die Zwiebel abziehen, fein würfeln, mit den Tomatenstücken und Champignonscheiben vermengen. Mit Salz und Pfeffer würzen und in einen gewässerten Römertopf® geben.

3. Pangasiusfilets kurz unter fließendem kalten Wasser abspülen, trocken tupfen, mit Salz und Pfeffer würzen und auf dem Gemüse verteilen.

4. Emmentaler mit Petersilie und Schnittlauchröllchen vermengen, auf den Fischscheiben verteilen und Butterflöckchen daraufsetzen. Den Römertopf® mit dem Deckel verschließen und auf dem Rost in den kalten Backofen schieben.

Ober-/Unterhitze: etwa 200 °C
(untere Schiene)
Heißluft: etwa 180 °C

5. Das neapolitanische Fischfilet etwa 45 Minuten garen.

Gefüllte Schollenfilets in der Pergamenthülle

4 Portionen

Zubereitungszeit: 30 Minuten
Garzeit: 30–35 Minuten

4 doppelte Schollenfilets
(je etwa 140 g)
Salz, gem. weißer Pfeffer
200 g Staudensellerie
160 g frische Champignons
1 Zwiebel (etwa 60 g)
1 Bio-Limette
(unbehandelt, ungewachst)
2 EL Olivenöl

Außerdem:
2 Bögen Pergamentpapier

Pro Portion:
E: 27 g, F: 8 g, Kh: 2 g,
kJ: 790, kcal: 190

1. Schollenfilets kurz unter fließendem kalten Wasser abspülen und trocken tupfen. Filets längs halbieren, sodass 8 Filets entstehen. Mit Salz und Pfeffer würzen. Je 1 Filet mit der Hautseite nach innen aufrollen.

2. Den Backofen vorheizen.
Ober-/Unterhitze: etwa 200 °C
Heißluft: etwa 180 °C

3. Sellerie putzen und die harten Außenfäden abziehen. Selleriestangen abspülen, abtropfen lassen und in dünne Scheiben schneiden. Champignons putzen, evtl. kurz abspülen, trocken tupfen und vierteln. Zwiebel abziehen und klein würfeln. Limette heiß abwaschen, abtrocknen und in schmale Spalten schneiden.

4. Vorbereitetes Gemüse mit Limettenspalten in einer Schüssel mischen, mit Salz und Pfeffer würzen, Olivenöl unterrühren. Die Gemüsemasse auf 2 Pergamentpapierbögen verteilen. Jeweils 4 Schollenfiletröllchen darauflegen. Das Gemüse so in dem Pergamentpapier einpacken, dass der Falzrand oben liegt. Die Päckchen auf ein Backblech legen. Das Backblech in den vorgeheizten Backofen schieben. Schollenfilets 30–35 Minuten garen.

Zanderfilet mit Kraut im Blätterteig

Welspaprikasch (Wels in Paprikasauce)

Zanderfilet mit Kraut im Blätterteig

4 Portionen

Zubereitungszeit: 50 Minuten, ohne Auftauzeit
Garzeit: etwa 30 Minuten

400 g TK-Zanderfilet
450 g TK-Blätterteig (10 Scheiben)
Salz, 1 Bund Dill
400 g abgetropftes mildes Sauerkraut (aus der Dose)
150 g Crème fraîche
gem. Pfeffer, 1 Ei (Größe M)

Pro Portion:
E: 31 g, F: 45 g, Kh: 40 g,
kJ: 2989, kcal: 715

1. Zanderfilet und Blätterteig jeweils zugedeckt nach Packungsanleitung auftauen lassen.
2. Den Backofen vorheizen.
Ober-/Unterhitze: etwa 180 °C
Heißluft: etwa 160 °C
3. Zanderfilet kurz unter fließendem kalten Wasser abspülen, trocken tupfen und in größere Würfel oder breite Streifen schneiden. Fischwürfel oder -streifen in kochendem Salzwasser etwa 1 Minute blanchieren, mit einer Schaumkelle vorsichtig herausnehmen und abtropfen lassen.
4. Dill abspülen und trocken tupfen. Die Spitzen von den Stängeln zupfen. Spitzen klein schneiden.
5. Sauerkraut ausdrücken. Sauerkraut mit Dill und Crème fraîche mischen, mit Salz und Pfeffer würzen.
6. Je 2 1/2 Blätterteigplatten dünn auf einer bemehlten Arbeitsfläche zu einem Quadrat (etwa 15 cm) ausrollen. Ei mit etwas Wasser verschlagen.
7. Die Mitte der 4 ausgerollten Blätterteigquadrate mit der Sauerkrautmasse und den Fischwürfeln oder -streifen belegen, Teigränder mit dem verschlagenen Ei bestreichen und so zusammenlegen, dass Päckchen entstehen. Ränder andrücken. Die Päckchen mit der Nahtseite nach unten auf ein Backblech (gefettet, mit Backpapier belegt) legen. Den Teig mit einer Gabel mehrmals einstechen und mit dem restlichen verschlagenen Ei bestreichen.
8. Das Backblech in den vorgeheizten Backofen schieben. Zanderfilet mit Kraut etwa 30 Minuten garen.

Welspaprikasch (Wels in Paprikasauce)

4 Portionen

Zubereitungszeit: 45 Minuten
Garzeit: etwa 15 Minuten

800 g Welsfilet
2 gestr. TL Salz
3 Zwiebeln, 5 EL Maiskeimöl
4 EL Paprikapulver edelsüß
500 ml kaltes Wasser
150 g gewürfelte Paprikaschoten
150 g enthäutete, gewürfelte Tomaten
200 g saure Sahne
25 g Weizenmehl
vorbereitete Paprikaringe
vorbereitete Tomatenscheiben

Pro Portion:
E: 35 g, F: 44 g, Kh: 14 g,
kJ: 2462, kcal: 688

1. Welsfilet kurz unter fließendem kalten Wasser abspülen und trocken tupfen. Die Filets mit Salz würzen und nebeneinander in eine flache Auflaufform (gefettet) legen.
2. Zwiebeln abziehen und in kleine Würfel schneiden. Maiskeimöl in einem Topf erhitzen. Zwiebelwürfel darin leicht anbraten. Den Topf von der Kochstelle nehmen. Paprika daraufstreuen, Wasser hinzugießen und zum Kochen bringen.
3. Paprika- und Tomatenwürfel hinzugeben, mit Salz würzen. Die Zutaten bei schwacher Hitze 15–20 Minuten kochen lassen.
4. In der Zwischenzeit den Backofen vorheizen.
Ober-/Unterhitze: etwa 180 °C
Heißluft: etwa 160 °C
5. Saure Sahne und Mehl glatt rühren, in den Saucenfond rühren, unter Rühren zum Kochen bringen und so lange kochen lassen, bis die Sauce eingedickt ist. Die Sauce auf den Fischfilets verteilen. Die Form auf dem Rost in den vorgeheizten Backofen schieben. Welspaprikasch etwa 15 Minuten garen.
6. Die Welsfilets vorsichtig aus der Form heben und auf einer Fischplatte anrichten. Die Paprikasauce darauf verteilen. Nach Belieben mit Paprika und Tomaten garnieren.

Tunfischsteaks in Kräutern und Knoblauch

4 Portionen

Zubereitungszeit: 40 Minuten, ohne Durchziehzeit
Garzeit: etwa 12 Minuten

4 Tunfischsteaks (je etwa 130 g, etwa 2 cm dick)
2–3 Knoblauchzehen
15 g TK-Kräuter der Provence
Salz
gem. grober, bunter Pfeffer

Außerdem:
4 Bögen Alufolie

Pro Portion:
E: 29 g, F: 23 g, Kh: 1 g,
kJ: 1360, kcal: 325

1. Tunfischsteaks kurz unter fließendem kalten Wasser abspülen und trocken tupfen.
2. Knoblauch abziehen, in sehr dünne Scheiben schneiden und mit den Kräutern mischen.
3. Je ein Tunfischsteak auf ein Stück Alufolie (mit Speiseöl bestrichen) legen. Die Tunfischsteaks mit der Kräuter-Knoblauch-Masse bestreichen, mit Salz und Pfeffer würzen. Die Tunfischsteaks jeweils in der Alufolie zu einem Päckchen einpacken, in den Kühlschrank legen und über Nacht durchziehen lassen.
4. Den Backofen vorheizen.
Ober-/Unterhitze: etwa 200 °C
Heißluft: etwa 180 °C
5. Die Tunfischsteak-Päckchen auf ein Backblech legen. Das Backblech in den vorgeheizten Backofen schieben. Die Tunfischsteaks etwa 12 Minuten garen.

Schollenfilets „Frühlingsart"

6 Portionen

Zubereitungszeit: 70 Minuten
Garzeit: etwa 15 Minuten

12 Schollenfilets (je etwa 80 g)
Salz, gem. Pfeffer
etwas Zitronensaft
1 EL mittelscharfer Senf
60 g feine Semmelbrösel
500 g Zuckerschoten
300 g kleine weiße Champignons
500 g festkochende Kartoffeln
100 g Butter oder Margarine
200 g Schlagsahne
1 kleines Bund Kerbel
einige Kerbelblättchen

Pro Portion:
E: 35 g, F: 27 g, Kh: 31 g,
kJ: 2227, kcal: 532

1. Schollenfilets kurz unter fließendem kalten Wasser abspülen und trocken tupfen. Schollenfilets mit Salz und Pfeffer würzen, mit Zitronensaft beträufeln und dünn mit Senf bestreichen. Schollenfilets mit Semmelbröseln bestreuen und leicht andrücken.
2. Von den Zuckerschoten die Enden abschneiden, evtl. abfädeln. Zuckerschoten abspülen und abtropfen lassen. Champignons putzen, evtl. kurz abspülen, trocken tupfen und halbieren. Kartoffeln schälen, abspülen, abtropfen lassen und in kleine Stücke schneiden. Kartoffelstücke in kochendem Salzwasser zugedeckt etwa 5 Minuten kochen, anschließend in einem Sieb abtropfen lassen.
3. Etwa 60 g von der Butter oder Margarine in einem Bräter zerlassen. Zuckerschoten, Champignonhälften und Kartoffelstücke darin evtl. in 2 Portionen unter Rühren andünsten, Sahne hinzugießen, zum Kochen bringen und etwa 10 Minuten kochen lassen.
4. Den Backofen vorheizen.
Ober-/Unterhitze: etwa 180 °C
Heißluft: etwa 160 °C
5. Kerbel abspülen und trocken tupfen. Die Blättchen von den Stängeln zupfen, Blättchen klein schneiden. Kerbel zum Gemüse geben. Das Gemüse mit Salz und Pfeffer würzen.
6. Restliche Butter oder Margarine in einer beschichteten Pfanne erhitzen. Die Schollenfilets darin portionsweise von beiden Seiten anbraten. Schollenfilets auf das Gemüse in den Bräter legen.
7. Den Bräter auf dem Rost in den vorgeheizten Backofen schieben. Die Schollenfilets mit dem Gemüse etwa 15 Minuten garen.
8. Die Schollenfilets mit dem Gemüse auf Tellern anrichten und mit abgespülten, trocken getupften Kerbelblättchen garnieren.

Tunfischsteaks in Kräutern und Knoblauch

Schollenfilets „Frühlingsart"

Zander auf dem Fenchelbett

(Römertopf® 3-Liter-Inhalt)
4 Portionen

Zubereitungszeit: 30 Minuten
Garzeit: etwa 50 Minuten

2 Fenchelknollen (etwa 400 g)
200 g Cocktailtomaten
2 Zucchini (etwa 200 g)
1 Limette
einige Stängel Zitronenthymian
Salz, gem. Pfeffer
evtl. etwas Knoblauchpulver oder
2 abgezogene Knoblauchzehen
4 kleine Zanderfilets (je etwa 130 g)
Bio-Limettenspalten

Pro Portion:
E: 28 g, F: 2 g, Kh: 5 g,
kJ: 668, kcal: 159

1. Von den Fenchelknollen die Stiele dicht oberhalb der Knollen abschneiden. Die braunen Stellen und Blätter entfernen, etwas Fenchelgrün zum Garnieren beiseitelegen und die Wurzelenden gerade schneiden. Knollen abspülen, abtropfen lassen, längs halbieren und quer in Streifen schneiden.
2. Tomaten abspülen, trocken tupfen und halbieren, evtl. Stängelansätze herausschneiden. Zucchini abspülen, abtrocknen und die Enden abschneiden. Zucchini in Stücke schneiden. Limette halbieren und den Saft auspressen. Zitronenthymian abspülen und trocken tupfen, einen Zitronenthymianstängel beiseitelegen.
3. Fenchelstreifen mit Tomatenhälften und Zucchinistücken in einer Schüssel mischen. Mit Salz, Pfeffer, Thymian und der Hälfte des Limettensaftes würzen. Nach Belieben zusätzlich mit Knoblauchpulver oder zerdrückten Knoblauchzehen würzen.
4. Zanderfilets kurz unter fließendem kalten Wasser abspülen und trocken tupfen. Zanderfilets mit Salz und Pfeffer würzen, mit dem restlichen Limettensaft beträufeln.
5. Die Gemüsemischung in einen gewässerten Römertopf® geben. Zanderfilets darauf verteilen. Den Römertopf® mit dem Deckel verschließen und auf dem Rost in den kalten Backofen schieben.
Ober-/Unterhitze: etwa 220 °C (untere Schiene)
Heißluft: etwa 200 °C
6. Zander auf dem Fenchelbett etwa 50 Minuten garen.
7. Zander auf dem Fenchelbett mit beiseitegelegtem Fenchelgrün, Zitronenthymianstängel und Limettenspalten garnieren.

Zander auf dem Fenchelbett

Tomatenfisch auf Gurkengemüse

4 Portionen (ohne Foto)

Zubereitungszeit: 25 Minuten
Garzeit: etwa 15 Minuten

4 Pangasius- oder Seelachsfilets (je etwa 150 g)
1 Zwiebel
1 Knoblauchzehe
2 Tomaten (etwa 200 g)
2 Salatgurken (etwa 800 g)
2 EL Speiseöl, z. B. Sonnenblumenöl
Salz, gem. Pfeffer
40 g ger. Parmesan
1–2 Stängel Dill

Außerdem:
1 Bratfolienschlauch (etwa 60 cm)

Pro Portion:
E: 30 g, F: 11 g, Kh: 6 g,
kJ: 1031, kcal: 245

1. Den Backofen vorheizen.
Ober-/Unterhitze: etwa 200 °C
Heißluft: etwa 180 °C
2. Fischfilets kurz unter fließendem kalten Wasser abspülen und trocken tupfen.
3. Zwiebel und Knoblauch abziehen, in kleine Würfel schneiden. Tomaten abspülen, abtrocknen und die Stängelansätze herausschneiden. Tomaten in Scheiben schneiden.
4. Die Gurken nach Belieben schälen oder abwaschen und abtrocknen. Von den Gurken die Enden abschneiden. Die Gurken längs halbieren und die Kerne mit einem Teelöffel herausschaben. Die Gurkenhälften in schmale Streifen schneiden.
5. Speiseöl in einem Topf erhitzen. Zwiebel- und Knoblauchwürfel darin andünsten. Gurkenstreifen hinzufügen und kurz unter gelegentlichem Rühren mitdünsten lassen. Gurkengemüse mit Salz und Pfeffer würzen.
6. Den Bratfolienschlauch an einer Seite verschließen (Packungsanleitung beachten) und auf ein Backblech legen. Gurkengemüse in den Bratschlauch legen. Fischfilets mit Salz und Pfeffer würzen und auf das Gemüse legen. Die Tomaten darauf verteilen und mit Käse bestreuen.
7. Die zweite Seite des Bratfolienschlauchs fest verschließen und den Schlauch nach Packungsanleitung einschneiden.
8. Das Backblech in den vorgeheizten Backofen (unteres Drittel) schieben. Den Tomatenfisch etwa 15 Minuten garen, bis der Fisch gar und der Käse zerlaufen ist.
9. Dill abspülen und trocken tupfen, die Spitzen von den Stängeln zupfen. Den Bratfolienschlauch vorsichtig aufschneiden. Tomatenfisch auf Gurkengemüse anrichten, mit Dillspitzen garniert servieren.

Tomaten-Krabben-Gratin

Seeteufel mit geschmolzenen Tomaten und Oliven

Tomaten-Krabben-Gratin

1 Portion

Zubereitungszeit: 15 Minuten
Backzeit: etwa 5 Minuten

2 Tomaten
2–3 Stängel Basilikum
1 dicke Scheibe Butterkäse (etwa 75 g)
Salz, gem. Pfeffer
100–125 g Nordsee-Krabbenfleisch (ohne Schale)

Pro Portion:
E: 38 g, F: 27 g, Kh: 5 g,
kJ: 1787, kcal: 426

1. Backofen oder -grill vorheizen.
Ober-/Unterhitze: etwa 220 °C
Heißluft: etwa 200 °C
2. Tomaten kreuzweise einschneiden und mit kochendem Wasser übergießen. Nach 1–2 Minuten herausnehmen und mit kaltem Wasser abschrecken. Tomaten häuten, halbieren und die Stängelansätze herausschneiden. Eine Tomatenhälfte in Würfel, restliche Tomatenhälften in Scheiben schneiden.
3. Basilikum abspülen und trocken tupfen. Die Blättchen von den Stängeln zupfen. Die Hälfte der Blättchen klein schneiden. Restliche Blättchen zum Garnieren beiseitelegen. Käsescheibe in Würfel schneiden.
4. Tomatenscheiben in eine flache Auflauf- oder Gratinform (gefettet) legen. Mit Salz und Pfeffer würzen, mit klein geschnittenem Basilikum bestreuen. Das Krabbenfleisch und die Käsewürfel darauf verteilen.
5. Form auf dem Rost in den vorgeheizten Backofen schieben. Gratin etwa 5 Minuten backen (oder unter dem heißen Grill bei etwa 220 °C etwa 5 Minuten gratinieren), bis der Käse zu zerlaufen beginnt.
6. Tomaten-Krabben-Gratin herausnehmen, mit Tomatenwürfeln und beiseitegelegten Basilikumblättchen garniert servieren.

Seeteufel mit geschmolzenen Tomaten und Oliven

2 Portionen

Zubereitungszeit: 30 Minuten
Garzeit: etwa 10 Minuten

6 Seeteufelmedaillons (je etwa 70 g)
etwas Olivenöl
1 EL Butter
etwas Meersalz
gem. schwarzer Pfeffer
1 Knoblauchzehe
etwa 12 Oliven
1 EL Kräuter der Provence
2 Rispen Cocktailtomaten

Pro Portion:
E: 33 g, F: 16 g, Kh: 5 g,
kJ: 1256, kcal: 299

1. Seeteufelmedaillons kurz unter fließendem kalten Wasser abspülen und trocken tupfen. Olivenöl in einer Pfanne erhitzen. Die Medaillons darin scharf anbraten. Sobald sie anfangen braun zu werden, die Butter hinzufügen.
2. Den Backofen vorheizen.
Ober-/Unterhitze: etwa 200 °C
Heißluft: etwa 180 °C
3. Medaillons umdrehen und weitere etwa 3 Minuten braten. Medaillons aus der Pfanne nehmen, mit Salz und Pfeffer bestreuen, auf einen vorgewärmten Teller legen, warm stellen.
4. Die Knoblauchzehe mit der flachen Hand aufdrücken. Oliven, Kräuter der Provence und Knoblauch mit der Schale in die heiße Pfanne geben. Die Zutaten unter mehrmaligem Schwenken erwärmen und anschließend ebenfalls warm stellen.
5. Die Cocktailtomaten (mit Rispe) vorsichtig abspülen und trocken tupfen. Die Tomatenrispen auf ein Backblech legen und mit Olivenöl bestreichen. Das Backblech in den vorgeheizten Backofen schieben. Die Tomaten etwa 10 Minuten garen, bis die Haut aufplatzt.
6. Je 3 Medaillons auf einen Teller legen. Die Oliven darum anrichten. Je 1 Cocktailtomatenrispe dazulegen, mit Salz und Pfeffer bestreuen.

Brokkolitorte mit Garnelen

Bunter Garnelenauflauf

Brokkolitorte mit Garnelen

6–8 Portionen

Zubereitungszeit: 45 Minuten, ohne Auftau- und Abkühlzeit
Garzeit: 50–60 Minuten

300 g TK-Blätterteig
300 g TK-Garnelen (ohne Schale)
800 g Brokkoli
250 ml Salzwasser

Für die Eiermilch:
6 Eier (Größe M)
125 ml Milch (3,5 % Fett)
200 g Schlagsahne
Salz, gem. Pfeffer
ger. Muskatnuss

Pro Portion:
E: 20 g, F: 25 g, Kh: 21 g,
kJ: 1635, kcal: 391

1. Die Blätterteigplatten und die Garnelen nach Packungsanleitung auftauen lassen.
2. In der Zwischenzeit von dem Brokkoli die Blätter entfernen. Den Strunk abschneiden. Brokkoli in Röschen teilen, Stiele kreuzweise einschneiden. Den Strunk schälen und in Scheiben schneiden. Brokkoli abspülen, abtropfen lassen und in kochendem Salzwasser 4–5 Minuten garen. Brokkoli in einem Sieb abtropfen und erkalten lassen.
3. Den Backofen vorheizen.
Ober-/Unterhitze: etwa 180 °C
Heißluft: etwa 160 °C
4. Die aufgetauten Garnelen kurz unter fließendem kalten Wasser abspülen und gut trocken tupfen.
5. Aufgetaute Blätterteigteigplatten aufeinanderlegen und auf einer bemehlten Arbeitsfläche zu einer runden Platte (Ø etwa 32 cm) ausrollen. Eine mit kaltem Wasser ausgespülte Springform (Ø 26 cm) mit der Teigplatte auslegen und einen Rand andrücken. Brokkoli und Garnelen auf dem Teigboden verteilen.
6. Für die Eiermilch Eier, Milch und Sahne verschlagen, mit Salz, Pfeffer und Muskat kräftig würzen. Brokkoli mit der Eiermilch übergießen.
7. Form auf dem Rost in den vorgeheizten Backofen (untere Schiene) schieben und die Brokkolitorte 50–60 Minuten garen.

Bunter Garnelenauflauf

4 Portionen

Zubereitungszeit: 60 Minuten
Garzeit: etwa 30 Minuten

je 200 g weißer und grüner Spargel
Salz
250 g Cocktailtomaten
400 g geschälte Garnelen
je 5 abgetropfte schwarze und grüne Oliven, ohne Stein
1 Bund Dill
200 g Schlagsahne
150 g Crème fraîche
2 Eier (Größe M)
2 TL abgetropfte grüne Pfefferkörner (in Lake)
1 TL zerstoßene rosa Pfefferkörner
50 g Butter in Flöckchen

Pro Portion:
E: 27 g, F: 44 g, Kh: 10 g,
kJ: 2398, kcal: 573

1. Den weißen Spargel von oben nach unten schälen. Darauf achten, dass die Schalen vollständig entfernt, die Köpfe aber nicht verletzt werden. Die unteren Enden abschneiden (holzige Stellen vollständig entfernen).
2. Von dem grünen Spargel nur das untere Drittel schälen und die Enden abschneiden. Spargelstangen abspülen, abtropfen lassen und in mundgerechte Stücke schneiden.
3. Salzwasser in einem Topf zum Kochen bringen, zuerst die weißen Spargelstücke hinzugeben und etwa 5 Minuten garen. Dann die grünen Spargelstücke hinzugeben und weitere etwa 4 Minuten garen.
4. Den Backofen vorheizen.
Ober-/Unterhitze: etwa 180 °C
Heißluft: etwa 160 °C
5. Die Spargelstücke in ein Sieb geben, mit kaltem Wasser abschrecken und abtropfen lassen.
6. Tomaten abspülen, trocken tupfen, evtl. halbieren und die Stängelansätze herausschneiden. Garnelen evtl. entdarmen, kurz unter fließendem Wasser abspülen und trocken tupfen.
7. Spargelstücke mit Garnelen, Oliven und Tomaten vermischen, in eine Auflaufform (gefettet) geben.

8. Dill abspülen und trocken tupfen. Die Spitzen von den Stängeln zupfen (einige Spitzen zum Garnieren beiseitelegen). Spitzen klein schneiden. Sahne mit Crème fraîche und Eiern verschlagen, mit Salz, grünen und rosa Pfefferkörnern würzen. Dill unterrühren. Den Guss auf dem Auflauf verteilen. Butter daraufsetzen.
9. Die Form auf dem Rost in den vorgeheizten Backofen schieben. Den Auflauf etwa 30 Minuten garen.
10. Den Auflauf mit den beiseitegelegten Dillspitzen garnieren.

Cannelloni mit Lachs

2–3 Portionen (ohne Foto)

Zubereitungszeit: 30 Minuten
Garzeit: 15–20 Minuten

8 Lasagneplatten (zum Vorkochen)
Salz

Für die Tomatensauce:
1 Knoblauchzehe
250 g passierte Tomaten (Tetrapak)
gem. Pfeffer

Für die Lachsfüllung:
500 g Lachsfilet (ohne Haut und Gräten)
Saft von 1/2 Zitrone
einige Stängel Basilikum

100 g ger. Parmesan

Pro Portion:
E: 60 g, F: 39 g, Kh: 42 g,
kJ: 3187, kcal: 761

1. Lasagneplatten nach Packungsanleitung in reichlich Salzwasser bissfest kochen.
2. In der Zwischenzeit für die Tomatensauce Knoblauch abziehen, fein würfeln und mit den passierten Tomaten vermengen, mit Salz und Pfeffer würzen.
3. Die garen Lasagneplatten evtl. einzeln in einem Sieb abtropfen lassen und auf einem feuchten Geschirrtuch verteilen.
4. Den Backofen vorheizen.
Ober-/Unterhitze: etwa 200 °C
Heißluft: etwa 180 °C
5. Für die Lachsfüllung Lachsfilet kurz unter fließendem kalten Wasser abspülen, trocken tupfen und in etwa 2 cm dicke Stücke schneiden. Die Lachsstücke mit Salz, Pfeffer und Zitronensaft würzen. Basilikum abspülen und trocken tupfen, die Blättchen von den Stängeln zupfen. Einige Blättchen beiseitelegen.
6. Lachsstücke mit jeweils 1–2 Basilikumblättchen auf den Nudelplatten verteilen, einwickeln und in eine Auflaufform (gefettet) legen.
7. Die Tomatensauce auf den Röllchen verteilen und mit Käse bestreuen. Die Form auf dem Rost in den vorgeheizten Backofen schieben. Cannelloni 15–20 Minuten garen.
8. Die Cannelloni auf Tellern anrichten und mit den beiseitegelegten Basilikumblättchen garniert servieren.

Asiatische Fischpfanne

6 Portionen

Zubereitungszeit: 20 Minuten
Garzeit: etwa 10 Minuten

6 Lachsmedaillons (je etwa 80 g)
6 Tunfischmedaillons (je etwa 80 g)
2 rote Paprikaschoten (etwa 750 g)
1 Bund Frühlingszwiebeln (etwa 500 g)
2 EL Speiseöl
240 g abgetropfte Sojabohnenkeimlinge (aus dem Glas)
175 g abgetropfte Bambussprossen (aus der Dose)
Salz, gem. Pfeffer
3 EL Sojasauce
1 kleines Bund Koriander

150 ml klare, milde Chilisauce

Pro Portion:
E: 41 g, F: 30 g, Kh: 15 g,
kJ: 2042, kcal: 488

1. Lachs und Tunfisch kurz unter fließendem kalten Wasser abspülen und trocken tupfen. Bei den Lachsmedaillons evtl. vorhandene Gräten mit einer Pinzette herausziehen.
2. Paprikaschoten halbieren, entstielen, entkernen und die weißen Scheidewände entfernen. Schoten abspülen, abtropfen lassen und in kleine Stücke schneiden. Frühlingszwiebeln putzen, abspülen, abtropfen lassen, in Scheiben schneiden.
3. Den Backofen vorheizen.
Ober-/Unterhitze: etwa 180 °C
Heißluft: etwa 160 °C
4. Einen Esslöffel Speiseöl in einem Bräter erhitzen. Paprikastücke darin etwa 5 Minuten dünsten. Frühlingszwiebelscheiben, Sojabohnenkeimlinge und Bambussprossen hinzugeben. Gemüse mit wenig Salz, Pfeffer und Sojasauce würzen.
5. Koriander abspülen und trocken tupfen. Die Blättchen von den Stängeln zupfen, zum Gemüse geben.
6. Lachs- und Tunfischmedaillons mit Salz und Pfeffer würzen. Restliches Speiseöl in einer Pfanne erhitzen. Die Medaillons darin kurz von beiden Seiten anbraten und auf das Gemüse legen. Den Bräter auf dem Rost in den vorgeheizten Backofen schieben und die Fischpfanne etwa 10 Minuten garen.
7. Die asiatische Fischpfanne auf einer vorgewärmten Platte anrichten und mit der Chilisauce servieren.

Asiatische Fischpfanne

Fächerkartoffeln mit Fischfüllungen

4 Portionen

Zubereitungszeit: 45 Minuten
Garzeit: etwa 60 Minuten

8 große mehligkochende Kartoffeln (je etwa 250 g)
4 Knoblauchzehen
Salz, gem. Pfeffer
etwas Olivenöl oder zerlassene Kräuterbutter

Für die Heringssalat-Füllung:
200 g Heringsfilet
100 g Rote Bete
1 abgetropfte Gewürzgurke (etwa 100 g)
4 EL Salatmayonnaise

Für die Matjes-Füllung:
200 g Matjesfilet
1 Stück Apfel (etwa 150 g)
1 Bund Dill
100 g Crème fraîche

Für die Schillerlocken-Füllung:
200 g Schillerlocken
100 g abgetropfte grüne Oliven, ohne Stein
1 kleine rote Paprikaschote
1 EL Weißweinessig
2 EL Speiseöl

Fächerkartoffeln mit Fischfüllungen

Zum Garnieren:
einige Dillspitzen

Außerdem:
8 kleine Bögen Alufolie

Pro Portion:
E: 38 g, F: 58 g, Kh: 70 g,
kJ: 4032, kcal: 963

1. Den Backofen vorheizen.
Ober-/Unterhitze: etwa 180 °C
Heißluft: etwa 160 °C
2. Kartoffeln schälen und abtropfen lassen (neue Kartoffeln können ungeschält zubereitet werden, dann die Kartoffeln unter fließendem kalten Wasser gründlich abbürsten). Kartoffeln mit einem scharfen Messer fächerförmig ein-, aber nicht durchschneiden.
3. Knoblauch abziehen und in dünne Scheiben schneiden. Die Knoblauchscheiben in die Kartoffeleinschnitte stecken (Knoblauchscheiben in jeden zweiten Einschnitt stecken). Kartoffeln mit Salz und Pfeffer würzen, mit Olivenöl oder Kräuterbutter beträufeln.
4. Je 1 Kartoffel in einen Bogen Alufolie einschlagen, auf ein Backblech legen und in den vorgeheizten Backofen schieben. Die Kartoffeln etwa 60 Minuten garen.
5. Für die Heringssalat-Füllung Heringsfilet, Rote Bete und Gurke in gleich große Würfel schneiden und in eine Schüssel geben, Mayonnaise unterrühren, mit Salz und Pfeffer abschmecken.
6. Für die Matjes-Füllung Matjes in kleine Würfel schneiden. Apfel schälen, entkernen, ebenfalls klein würfeln. Dill abspülen, trocken tupfen. Die Spitzen von den Stängeln zupfen. Spitzen klein schneiden. Matjes, Apfelwürfel und Dill in einer Schüssel mischen, Crème fraîche unterrühren, mit Salz und Pfeffer abschmecken.
7. Für die Schillerlocken-Füllung Schillerlocken und Oliven in dünne Scheiben schneiden. Paprikaschote halbieren, entstielen, entkernen und die weißen Scheidewände entfernen. Schote abspülen, trocken tupfen und in kleine Würfel schneiden. Schillerlocken-, Olivenscheiben und Paprikawürfel in einer Schüssel mischen, Essig und Speiseöl unterrühren, mit Salz und Pfeffer abschmecken.
8. Die Fächerkartoffeln vom Backblech nehmen und die Alufolie öffnen. Kartoffeln vorsichtig auseinanderdrücken und mit den Füllungen belegen. Kartoffeln in der Alufolie servieren. Nach Belieben mit abgespülten und trocken getupften Dillspitzen garnieren.

Seelachsfilet, gefüllt

4 Portionen

Zubereitungszeit: 55 Minuten
Garzeit: etwa 30 Minuten

750 g Seelachsfilet
2 EL Zitronensaft

Für die Füllung:
300 g TK-Blattspinat
Salz, gem. Pfeffer

Für den Belag:
150 g Crème fraîche
1 EL ger. Parmesan

Pro Portion:
E: 39 g, F: 14 g, Kh: 2 g,
kJ: 1272, kcal: 304

1. Seelachsfilet kurz unter fließendem kaltem Wasser abspülen, trocken tupfen und quer halbieren. Seelachsfiletstücke mit Zitronensaft beträufeln.
2. Den Backofen vorheizen.
Ober-/Unterhitze: etwa 200 °C
Heißluft: etwa 180 °C
3. Für die Füllung Spinat nach Packungsanleitung zubereiten. Mit Salz und Pfeffer würzen.
4. Seelachsfiletstücke mit Salz und Pfeffer würzen. Ein Filetstück in eine Auflaufform (gefettet) legen. Den Spinat darauf verteilen und mit dem restlichen Filetstück bedecken.

Seelachsfilet, gefüllt

Gedünstete Schollenrouladen

5. Für den Belag Crème fraîche mit Salz und Käse verrühren, das obere Fischfiletstück damit bestreichen.
6. Die Form auf dem Rost in den vorgeheizten Backofen schieben. Fisch etwa 30 Minuten garen.

Gedünstete Schollenrouladen

8 Portionen

Zubereitungszeit: 65 Minuten, ohne Kühlzeit
Garzeit: 30–35 Minuten

Für die Füllung:
250 g Schollenfilet
(ohne Haut und Gräten)
150 g gebeizter Lachs
(Graved Lachs), in Scheiben
1 Ei (Größe M)
100 g Schlagsahne
Salz, Cayennepfeffer

Für den Sud:
1 Zwiebel, 200 ml Weißwein
1/2 TL Fenchelsamen
300 ml Fischfond oder Gemüsebrühe
2 Lorbeerblätter
1 TL weiße Pfefferkörner
1 Bund Dill
2–3 EL Zitronensaft

8 Schollenfilets (je 100 g, ohne Haut und Gräten)

Für die Sauce:
1 Bund Dill
200 g Schlagsahne
1–2 EL Speisestärke
gem. Pfeffer
Zucker

Außerdem:
8 Holzstäbchen

Pro Portion:
E: 26 g, F: 16 g, Kh: 3 g,
kJ: 1122, kcal: 268

1. Für die Füllung Schollenfilet kurz unter fließendem kalten Wasser abspülen und trocken tupfen. Schollenfilet und Lachsscheiben in sehr kleine Würfel schneiden und vermischen.
2. Fischwürfel mit dem Ei und der Sahne in einen hohen Rührbecher geben und in 2 Portionen sehr fein pürieren, bis eine homogene Masse entstanden ist. Mit Salz und Cayennepfeffer würzen. Die pürierte Fischmasse zugedeckt etwa 30 Minuten in den Kühlschrank stellen.
3. Für den Sud die Zwiebel abziehen, halbieren und in Streifen schneiden. Zwiebelstreifen, Wein, Fenchelsamen, Fond oder Brühe, Lorbeerblätter, Salz und Pfefferkörner in einen Topf geben, zum Kochen bringen und zugedeckt bei schwacher Hitze etwa 20 Minuten ziehen lassen.
4. Den Backofen vorheizen.
Ober-/Unterhitze: etwa 180 °C
Heißluft: etwa 160 °C
5. Dill abspülen und trocken tupfen. Die Spitzen von den Stängeln zupfen. Den Sud durch ein Sieb gießen, mit Salz und Zitronensaft würzen.
6. Schollenfilets kurz unter fließendem kalten Wasser abspülen, trocken tupfen und mit der Außenseite (graue Seite) nach oben auf eine Arbeitsfläche legen. Schollenfilets mit Salz würzen und mit der Füllung bestreichen, dabei die Spitzen der Filets frei lassen. Dillspitzen darauf verteilen. Die Filets zur Spitze hin aufrollen. Je 1 Holzstäbchen quer durch die Röllchen stecken.
7. Den Sud in eine Fettpfanne gießen. Die Rouladen aufrecht hineinstellen. Die Fettpfanne in den vorgeheizten Backofen schieben. Die Schollenrouladen 30–35 Minuten garen.
8. Die garen Rouladen aus der Fettpfanne nehmen (Holzstäbchen entfernen), auf einer vorgewärmten Platte anrichten und warm stellen.
9. Für die Sauce Dill abspülen und trocken tupfen. Die Spitzen von den Stängeln zupfen. Spitzen grob zerschneiden. Den Fond (etwa 300 ml) durch ein Sieb in einen Topf gießen und zum Kochen bringen. Sahne und Speisestärke verrühren. Angerührte Speisestärke unter Rühren in den Sud geben und unter Rühren kurz aufkochen lassen. Mit Salz, Pfeffer und Zucker abschmecken. Dill unterrühren. Die Schollenrouladen mit der Sauce servieren.

Fisch Caprese mit Basilikum

Dorade, gebacken

Fisch Caprese mit Basilikum

4 Portionen

Zubereitungszeit: 40 Minuten
Garzeit: 25–30 Minuten

4 Tomaten, 2 kleine Zucchini
250 g abgetropfter Mozzarella
Salz, gem. Pfeffer
1 EL Tessiner Gewürzmischung oder getrocknete, italienische Kräuter
4 EL Olivenöl
4 Pangasius- oder Seelachsfilets (je etwa 130 g)
einige Stängel Basilikum

Pro Portion:
E: 38 g, F: 27 g, Kh: 4 g,
kJ: 1718, kcal: 412

1. Tomaten abspülen, trocken tupfen und die Stängelansätze herausschneiden. Die Tomaten in Scheiben schneiden. Zucchini abspülen, abtrocknen, die Enden abschneiden. Zucchini in 1–2 cm dicke Scheiben schneiden. Mozzarella in 12 Scheiben schneiden.
2. Den Backofen vorheizen.
Ober-/Unterhitze: etwa 200 °C
Heißluft: etwa 180 °C
3. Die Hälfte der Tomaten-, Zucchini- und Mozzarellascheiben dachziegelartig in eine flache Auflaufform (gefettet) schichten. Mit Salz, Pfeffer und der Hälfte der Gewürzmischung oder der Kräuter bestreuen. 2 Esslöffel des Olivenöls darauf träufeln.
4. Fischfilets kurz unter fließendem kalten Wasser abspülen und trocken tupfen. Mit Salz und Pfeffer würzen. Fischfilets auf der Gemüse-Mozzarella-Mischung verteilen. Die restlichen Tomaten-, Zucchini- und Mozzarellascheiben dachziegelartig darauflegen. Mit Salz, Pfeffer, der restlichen Gewürzmischung oder den Kräutern bestreuen und mit dem restlichen Olivenöl beträufeln.
5. Die Form ohne Deckel auf dem Rost in den vorgeheizten Backofen schieben. Fisch Caprese 25–30 Minuten garen.
6. Basilikum abspülen und trocken tupfen. Die Blättchen von den Stängeln zupfen. Blättchen in Streifen schneiden. Fisch Caprese mit Basilikumstreifen bestreut servieren.

Dorade, gebacken

6 Portionen

Zubereitungszeit: 30 Minuten
Garzeit: etwa 55 Minuten

250 g Zwiebeln
3 Knoblauchzehen
1 kg festkochende Kartoffeln
7 EL Olivenöl
Salz, gem. Pfeffer
1/2 TL gerebelter Thymian
250 ml Gemüsebrühe
1 küchenfertige Dorade (etwa 1 1/2 kg)
Zitronensaft
3 Tomaten
1 Bund Petersilie
2 Knoblauchzehen
2 EL Semmelbrösel

Pro Portion:
E: 41 g, F: 26 g, Kh: 27 g,
kJ: 2148, kcal: 513

1. Zwiebeln und Knoblauch abziehen, in Scheiben schneiden. Kartoffeln schälen, abspülen, abtropfen lassen und in dünne in Scheiben schneiden. Kartoffelscheiben mit den Zwiebel-, Knoblauchscheiben und 5 Esslöffeln Olivenöl vermengen, mit Salz, Pfeffer und Thymian würzen.
2. Den Backofen vorheizen.
Ober-/Unterhitze: etwa 200 °C
Heißluft: etwa 180 °C
3. Die Kartoffelmischung in eine große Auflaufform (gefettet) geben. Brühe hinzugießen. Form mit Alufolie zudecken, auf dem Rost in den vorgeheizten Backofen schieben. Die Kartoffeln etwa 25 Minuten garen.
4. In der Zwischenzeit die Dorade innen und außen kurz unter fließendem kalten Wasser abspülen, trocken tupfen, innen und außen mit Zitronensaft beträufeln, mit Salz und Pfeffer würzen.
5. Tomaten abspülen, abtrocknen, halbieren, die Stängelansätze herausschneiden. Tomaten in Scheiben schneiden. Petersilie abspülen, trocken tupfen, die Blättchen von den Stängeln zupfen, klein schneiden. Knoblauch abziehen, fein würfeln.
6. Die Form aus dem Backofen nehmen, die Alufolie entfernen. Die Dorade auf die vorgegarten Kartoffeln legen. Tomatenscheiben darum verteilen. Petersilie mit Knoblauchwürfeln und Semmelbröseln mischen. Die Mischung auf der Dorade und den Tomatenscheiben verteilen und mit dem restlichen Olivenöl beträufeln.
7. Die Form wieder auf dem Rost in den heißen Backofen schieben. Die Dorade mit den Kartoffeln weitere etwa 30 Minuten bei gleicher Backofentemperatur garen.

Fischfilet im Kartoffelbett

8–10 Portionen

Zubereitungszeit: 20 Minuten, ohne Auftauzeit
Backzeit: etwa 35 Minuten

1 kg TK-Kabeljaufilet
1 1/2 kg Bratkartoffeln mit Speck und Zwiebeln (aus dem Kühlregal)
6 EL Olivenöl
Salz, gem. Pfeffer
Paprikapulver edelsüß
60 g Semmelbrösel
2 Eier (Größe M)
150 g Crème fraîche
2 EL Dijon-Senf
200 g geraspelter Gouda

Zum Bestreuen:
1 Bund Petersilie

Pro Portion:
E: 35 g, F: 42 g, Kh: 35 g,
kJ: 2863, kcal: 684

1. Kabeljaufilet nach Packungsanleitung auftauen lassen.
2. Den Backofen vorheizen.
Ober-/Unterhitze: etwa 200 °C
Heißluft: etwa 180 °C
3. Bratkartoffeln in einer Fettpfanne (mit Olivenöl bestrichen) verteilen, mit Salz, Pfeffer und Paprika würzen.
4. Semmelbrösel mit Eiern, Crème fraîche, Senf und Gouda verrühren. Die aufgetauten Fischfilets kurz unter fließendem kalten Wasser abspülen und trocken tupfen. Die Fischfilets auf die Kartoffeln legen und die Eier-Käse-Masse gleichmäßig auf den Fischfilets verteilen.
5. Die Fettpfanne in den vorgeheizten Backofen schieben. Fischfilets im Kartoffelbett in etwa 35 Minuten goldbraun backen.
6. Petersilie abspülen und trocken tupfen. Die Blättchen von den Stängeln zupfen, klein schneiden.
7. Fischfilet im Kartoffelbett anrichten und mit Petersilie bestreuen.

Chinakohlrouladen mit Lachs-Füllung

4 Portionen

Zubereitungszeit: 50 Minuten
Garzeit: etwa 30 Minuten

1 großer Chinakohl (etwa 1 kg)
2 Zwiebeln, 3 EL Maiskeimöl
120 g rote Linsen
280 ml Gemüsebrühe
1 Pck. Sauce hollandaise (Trockenprodukt oder Tetrapak)
150 g Crème fraîche
Salz, gem. Pfeffer
250 g Lachsfilet
2 EL Semmelbrösel
1/2 TL Currypulver

Pro Portion:
E: 22 g, F: 28 g, Kh: 17 g,
kJ: 2096, kcal: 502

1. Chinakohl putzen, äußere Blätter entfernen, vom Wurzelende etwa 3 cm abschneiden. 12 große Blätter ablösen, kurz abspülen und etwa 1 Minute in kochendem Wasser blanchieren. Kohlblätter mit kaltem Wasser abschrecken und in einem Sieb gut abtropfen lassen.
2. Zwiebeln abziehen und in feine Würfel schneiden. Keimöl in einem Topf erhitzen. Die Zwiebelwürfel darin glasig dünsten, Linsen und Gemüsebrühe hinzugeben, zum Kochen bringen und zugedeckt etwa 10 Minuten bei schwacher Hitze quellen lassen. Linsen abkühlen lassen.
3. Sauce hollandaise nach Packungsanleitung zubereiten, mit Crème fraîche verrühren, mit Salz und Pfeffer würzen. Den restlichen Chinakohl vierteln und den Strunk herausschneiden. Die Kohlviertel in feine Streifen schneiden und in einer Auflaufform (gefettet) verteilen. Die Sauce daraufgeben.
4. Den Backofen vorheizen.
Ober-/Unterhitze: etwa 180 °C
Heißluft: etwa 160 °C
5. Jeweils 3 Kohlblätter mit dem Stielende nach oben zusammenlegen. Lachs kurz unter fließendem kalten Wasser abspülen, trocken tupfen, in 4 Stücke teilen, auf das vordere Stück der Kohlblätter legen.
6. Semmelbrösel unter die abgekühlten Linsen rühren und mit Curry würzen. Jeweils 1–2 Esslöffel der Linsenmasse auf die Kohlblätter vor den Lachs legen, alles mit Salz und Pfeffer würzen und vorsichtig zum Stielende hin locker aufrollen.
7. Die Rouladen auf den Kohlstreifen in der Form verteilen. Die Form auf dem Rost in den vorgeheizten Backofen (unteres Drittel) schieben. Die Rouladen etwa 30 Minuten garen.

Fischfilet im Kartoffelbett

Chinakohlrouladen mit Lachs-Füllung

Fischrouladen in Senf-Sahne-Sauce

4–5 Portionen

Zubereitungszeit: 40 Minuten
Garzeit: etwa 25 Minuten

600 g Fischfilet, z. B. Kabeljau
Salz, Zitronensaft
etwa 1 EL Dijon-Senf

Für die Senf-Sahne-Sauce:
125 g Crème double
15 g Weizenmehl
1 1/2–2 schwach geh. EL Dijon-Senf
125 g Schlagsahne
50 g ger. Käse, z. B. Gouda

einige vorbereitete Dillspitzen

Außerdem:
evtl. Holzstäbchen

Pro Portion:
E: 29 g, F: 27 g, Kh: 5 g,
kJ: 1567, kcal: 376

1. Den Backofen vorheizen.
Ober-/Unterhitze: etwa 180 °C
Heißluft: etwa 160 °C
2. Fischfilet kurz unter fließendem kalten Wasser abspülen und trocken tupfen. Die Filets mit Salz würzen, mit Zitronensaft beträufeln und in 4–5 große flache Streifen schneiden, sodass sie gut zu Rouladen gerollt werden können.
3. Die Fischstreifen mit Senf bestreichen und von der schmalen Seite her aufrollen, evtl. mit Holzstäbchen zusammenstecken. Rouladen mit der Nahtseite nach unten in eine flache Auflaufform (gefettet) legen.
4. Für die Sauce Crème double, Mehl und Senf gut verrühren. Sahne unterrühren. Die Sauce mit Salz und Zitronensaft abschmecken und auf den Fischrouladen verteilen. Rouladen mit Käse bestreuen. Die Form auf dem Rost in den vorgeheizten Backofen schieben. Die Fischrouladen etwa 25 Minuten garen.
5. Die Fischrouladen (Holzstäbchen entfernen) mit Dillspitzen garniert servieren.

Garnelen-Muffins
12 Stück

Zubereitungszeit: 30 Minuten, ohne Marinier- und Abkühlzeit
Backzeit: etwa 30 Minuten

Zum Marinieren:
150 g kleine küchenfertige Garnelen
1 Bund Koriander
250 ml chinesische Sauce, süßsauer (aus der Flasche)

Für den Teig:
250 g Weizenmehl
2 gestr. TL Dr. Oetker Backin
1 gestr. TL Salz
3 Eier (Größe M)
5 EL Speiseöl
1 EL dunkles Sesamöl
100 ml Milch (3,5 % Fett)

Pro Stück:
E: 7 g, F: 13 g, Kh: 24 g,
kJ: 1048, kcal: 250

1. Zum Marinieren die Garnelen evtl. halbieren und den Darm entfernen. Garnelen kurz unter fließendem kalten Wasser abspülen, trocken tupfen und in eine flache Schale legen. Koriander abspülen und trocken tupfen. Die Blättchen von den Stängeln zupfen, Blättchen klein schneiden. Koriander mit 100 ml der chinesischen Sauce verrühren, auf den Garnelen verteilen und zugedeckt etwa 1 Stunde im Kühlschrank marinieren.
2. Den Backofen vorheizen.
Ober-/Unterhitze: etwa 180 °C
Heißluft: etwa 160 °C
3. Für den Teig Mehl mit Backpulver in einer Rührschüssel mischen. Salz, Eier, Speise-, Sesamöl und Milch kurz unterrühren. Garnelen unterheben.
4. Den Teig in einer Muffinform (für 12 Muffins, gefettet) verteilen. Die Form auf dem Rost in den vorgeheizten Backofen schieben. Die Muffins etwa 30 Minuten backen.
5. Die Muffins etwa 10 Minuten in der Form abkühlen lassen, dann aus der Form lösen und auf einem Kuchenrost erkalten lassen. Restliche chinesische Sauce dazureichen.

Fischrouladen in Senf-Sahne-Sauce

Garnelen-Muffins

Gebackene Sardinen

4 Portionen

Zubereitungszeit: 35 Minuten
Backzeit: etwa 20 Minuten

1 1/4 kg küchenfertige Sardinen
1 Bio-Zitrone
(unbehandelt, ungewachst)
1 Tomate
Saft von 1 Zitrone
5 EL Olivenöl
4 Knoblauchzehen
1 EL klein geschnittene
Petersilie
Salz
gem. Pfeffer

evtl. einige Majoranblättchen

Pro Portion:
E: 49 g, F: 25 g, Kh: 3 g,
kJ: 1845, kcal: 441

1. Sardinen innen und außen kurz unter fließendem kalten Wasser abspülen und trocken tupfen.
2. Die Sardinen nebeneinander in eine flache Gratin- oder Auflaufform (gefettet) legen.
3. Den Backofen vorheizen.
Ober-/Unterhitze: etwa 200 °C
Heißluft: etwa 180 °C
4. Zitrone heiß abwaschen, abtrocknen und in Scheiben schneiden. Die Tomate abspülen, trocken tupfen, halbieren und den Stängelansatz herausschneiden. Tomate in Scheiben schneiden. Zitronen- und Tomatenscheiben in die Zwischenräume der Sardinen legen.
5. Zitronensaft mit Olivenöl verrühren und auf den Sardinen verteilen. Knoblauch abziehen und in kleine Würfel schneiden.
6. Die Sardinen mit Knoblauchwürfeln, Petersilie, Salz, Pfeffer und nach Belieben mit abgespülten, trocken getupften Majoranblättchen bestreuen.
7. Die Form auf dem Rost in den vorgeheizten Backofen schieben. Die gebackenen Sardinen etwa 20 Minuten backen.

Gebackene Sardinen

Fischfilet, überbacken mit Curryreis

4 Portionen (ohne Foto)

Zubereitungszeit: 20 Minuten
Garzeit: etwa 45 Minuten

Für den Fisch:
400 g Fischfilet, z. B. Kabeljau
Saft von 1 Zitrone
2 Zwiebeln
4 Scheiben Kochschinken
20 g Butter
5 Tomaten
200 g Champignons
je 1 Bund Dill und Petersilie
4 EL Schnittlauchröllchen
Salz, gem. Pfeffer
Paprikapulver edelsüß
150 g Joghurt (3,5 % Fett)
125 g Crème double
2 EL Semmelbrösel
100 g ger. Emmentaler
20 g Butter

Für den Curryreis:
etwa 300 g (2 Tassen) Brühreis
600 ml (4 Tassen) heißes Salzwasser
20 g Butter
1 EL Currypulver

Pro Portion:
E: 49 g, F: 40 g, Kh: 73 g,
kJ: 3577, kcal: 857

1. Den Backofen vorheizen.
Ober-/Unterhitze: etwa 200 °C
Heißluft: etwa 180 °C
2. Für den Fisch Fischfilet kurz unter fließendem kalten Wasser abspülen, trocken tupfen und mit Zitronensaft beträufeln.
3. Zwiebeln abziehen. Zwiebeln und Schinken in Würfel schneiden. Butter in einer Pfanne zerlassen, die Zwiebelwürfel darin andünsten. Tomaten abspülen, trocken tupfen, halbieren und die Stängelansätze herausschneiden. Tomatenhälften in Scheiben schneiden. Champignons putzen, evtl. kurz abspülen, trocken tupfen und in Scheiben schneiden. Dill und Petersilie abspülen und trocken tupfen. Spitzen bzw. Blättchen von den Stängeln zupfen, klein schneiden.
4. Für den Curryreis Brühreis mit Salzwasser und Butter in eine runde, feuerfeste Form geben, mit Curry verrühren. Form zugedeckt auf dem Rost in den vorgeheizten Backofen schieben. Den Reis etwa 15 Minuten vorgaren.
5. Die Champignonscheiben mit Dill, Petersilie und Schnittlauchröllchen vermischen. Mit Salz, Pfeffer und Paprika würzen. Fischfilet trocken tupfen und mit Salz würzen.
6. Fischfilet in eine längliche, feuerfeste Form (gefettet) legen. Schinkenwürfel, Zwiebelwürfel, Kräuter-Champignons und Tomatenscheiben daraufschichten, mit Salz und Pfeffer würzen. Joghurt und Crème double verrühren, die eingeschichteten Zutaten damit übergießen. Semmelbrösel und Käse daraufstreuen, Butter in Flöckchen daraufsetzen.
7. Die Form nach etwa 15 Minuten Garzeit zum Reis in den Backofen geben und beides in etwa 30 Minuten fertig garen.

Gefüllte Makrelen

Pikante Garnelen aus dem Ofen

Gefüllte Makrelen

4 Portionen

Zubereitungszeit: 25 Minuten
Garzeit: etwa 30 Minuten

2 rote Zwiebeln
2 Knoblauchzehen
2–3 Stangen Staudensellerie (etwa 150 g)
1 Bund glatte Petersilie
3 EL Tomatenmark
30 g abgezogene, gem. Mandeln
Salz, gem. Pfeffer
2 küchenfertige Makrelen oder Forellen (je etwa 400 g)
2 rote Zwiebeln
4 EL Olivenöl

Pro Portion:
E: 33 g, F: 26 g, Kh: 6 g,
kJ: 1634, kcal: 390

1. Den Backofen vorheizen.
Ober-/Unterhitze: etwa 180 °C
Heißluft: etwa 160 °C

2. Zwiebeln und Knoblauch abziehen, in kleine Würfel schneiden. Staudensellerie putzen (Selleriegrün beiseitelegen) und die harten Außenfäden abziehen. Sellerie abspülen, abtropfen lassen und in sehr kleine Würfel schneiden. Petersilie abspülen und trocken tupfen. Blättchen von den Stängeln zupfen, klein schneiden.

3. Knoblauch-, Selleriewürfel und Petersilie mit dem Tomatenmark und Mandeln mischen. Mit Salz und Pfeffer würzen.

4. Makrelen oder Forellen innen und außen kurz unter fließendem kalten Wasser abspülen und trocken tupfen. Einen Teil der Kräuter-Mandel-Mischung in die Makrelen oder Forellen füllen. Restliche Kräuter-Mandel-Mischung in eine flache Auflaufform (gefettet) geben.

5. Die Zwiebeln abziehen, zuerst in Scheiben schneiden, dann in Ringe teilen. Makrelen oder Forellen auf die Kräuter-Mandel-Mischung legen. Die Form auf dem Rost in den vorgeheizten Backofen schieben. Die Makrelen etwa 30 Minuten garen.

6. Das beiseitegelegte Selleriegrün abspülen und trocken tupfen. Die Makrelen oder Forellen damit bestreuen.

Pikante Garnelen aus dem Ofen

2 Portionen

Zubereitungszeit: 30 Minuten, ohne Auftauzeit
Garzeit: etwa 15 Minuten

16 Riesengarnelen (TK oder frisch)
2 Knoblauchzehen
1 rote Zwiebel
10 Cocktailtomaten (etwa 250 g)
4 Stängel Thymian
2 Stängel Petersilie
1–2 getrocknete Chilischoten
etwas Meersalz
1 EL grob gem. schwarzer Pfeffer
2–3 EL Olivenöl

Pro Portion:
E: 43 g, F: 16 g, Kh: 12 g,
kJ: 1552, kcal: 371

1. Den Backofen vorheizen.
Ober-/Unterhitze: etwa 200 °C
Heißluft: etwa 180 °C

2. TK-Garnelen nach Packungsanleitung auftauen lassen. Die Garnelen kurz unter fließendem kalten Wasser abspülen und trocken tupfen, den Darm entfernen.

3. Knoblauch mit der flachen Hand aufdrücken. Zwiebel abziehen, zuerst in dünne Scheiben schneiden, dann in Ringe teilen. Tomaten abspülen, abtrocknen, halbieren und evtl. die Stängelansätze herausschneiden.

4. Thymian und Petersilie abspülen, trocken tupfen und die Blättchen von den Stängeln zupfen, fein hacken.

5. Garnelen in eine Schüssel geben. Die Knoblauchzehen mit der Schale sowie Zwiebelringe, Thymianblättchen, Petersilie und Tomatenhälften untermischen. Chilischote darauf zerbröseln, mit Salz und Pfeffer kräftig würzen. Das Olivenöl unterheben.

6. Die Garnelenmischung in eine Auflaufform (evtl. leicht gefettet) geben. Die Form auf dem Rost in den vorgeheizten Backofen schieben. Die Garnelen etwa 15 Minuten garen.

7. Die Garnelen während der Garzeit einmal umrühren und mit dem entstandenen Fischfond begießen.

Heilbutt mit Gemüse, in Folie

4 Portionen

Zubereitungszeit: 35 Minuten
Garzeit: etwa 20 Minuten

4 frische Heilbuttfilets (je etwa 200 g)
400 g Möhren
300 g Knollensellerie
1 Stange Porree (Lauch)
60 g Butter, Salz
etwas Zitronensaft und -schale von 1 Bio-Zitrone (unbehandelt, ungewachst)
gem. Pfeffer
einige Kerbelblättchen

Außerdem:
4 Bögen Alufolie

Pro Portion:
E: 52 g, F: 17 g, Kh: 4 g,
kJ: 1597, kcal: 382

1. Heilbuttfilets kurz unter fließendem kalten Wasser abspülen und trocken tupfen.
2. Den Backofen vorheizen.
Ober-/Unterhitze: etwa 200 °C
Heißluft: etwa 180 °C
3. Möhren und Sellerie putzen, schälen, abspülen, abtropfen lassen und in sehr kleine Würfel schneiden. Porree putzen, die Stange längs halbieren, gründlich waschen, abtropfen lassen und in Streifen schneiden.
4. Butter in einem Topf zerlassen. Möhren-, Selleriewürfel und Porreestreifen darin evtl. portionsweise andünsten. Mit 1 gestrichenen Teelöffel Salz, Zitronensaft und -schale würzen.
5. Jeweils ein Viertel des Gemüses auf ein Stück Alufolie geben. Je ein Stück Heilbuttfilet darauflegen. Mit Salz und Pfeffer würzen. Die Heilbuttfilets und das Gemüse in der Alufolie fest verschließen.
6. Die Gemüse-Heilbuttfilet-Päckchen auf ein Backblech legen. Das Backblech in den vorgeheizten Backofen schieben. Heilbutt mit Gemüse etwa 20 Minuten garen.
7. Die Heilbutt-Päckchen öffnen und jeweils auf einen Teller legen. Heilbuttfilets mit abgespülten und trocken getupften Kerbelblättchen garnieren und in der Folie servieren.

Heilbuttwürfel auf Wurzelgemüse

4 Portionen

Zubereitungszeit: 60 Minuten, ohne Auftauzeit
Garzeit: 10–15 Minuten

600 g Heilbuttfilet (TK oder frisch)
2 Bund Suppengrün (500–600 g, Sellerie, Möhren, Porree)
1 Bund Kerbel
80 g Butter (zimmerwarm)
400 ml heißer Fischfond
Salz
gem. Pfeffer
Saft von 1 Zitrone
einige Stängel Zitronenthymian
glatte Petersilie

Pro Portion:
E: 33 g, F: 19 g, Kh: 7 g,
kJ: 1462, kcal: 349

1. TK-Heilbuttfilet nach Packungsanleitung auftauen lassen. Heilbuttfilet kurz unter fließendem kalten Wasser abspülen, trocken tupfen und in mundgerechte Würfel schneiden.
2. Den Backofen vorheizen.
Ober-/Unterhitze: etwa 180 °C
Heißluft: etwa 160 °C
3. Suppengrün putzen, abspülen, abtropfen lassen und in Würfel, Rauten oder Streifen schneiden. Kerbel abspülen und trocken tupfen. Die Blättchen von den Stängeln zupfen.
4. Die Hälfte der Butter in einem Bräter zerlassen. Die Gemüsestücke darin unter Rühren andünsten und zugedeckt etwa 5 Minuten dünsten. Die Fischwürfel auf dem Gemüse verteilen, den Fischfond hinzugießen, mit Salz, Pfeffer und Kerbelblättchen würzen. Den Bräter auf dem Rost in den vorgeheizten Backofen schieben. Die Heilbuttwürfel auf Wurzelgemüse 10–15 Minuten garen.
5. Restliche Butter mit Zitronensaft verrühren, auf dem Gemüse verteilen.
6. Zitronenthymian und Petersilie abspülen, trocken tupfen. Von der Petersilie die Blättchen abzupfen.
7. Heilbuttwürfel auf Wurzelgemüse auf einem großen Teller anrichten. Mit Zitronenthymian und Petersilienblättchen garnieren.

Heilbutt mit Gemüse, in Folie

Heilbuttwürfel auf Wurzelgemüse

Hamburger Pannfisch

4 Portionen

Zubereitungszeit: 50 Minuten, ohne Abkühlzeit
Garzeit: etwa 15 Minuten

500 g etwa gleich große Kartoffeln
150 g Butter
500 g gemischte Fischfilets, z. B. Schellfisch, Scholle und Kabeljau (ohne Haut und Gräten)
4 Schalotten
2 TL mittelscharfer Senf
250 g junger Wirsing
Salz
gem. Pfeffer

Für die Senfsauce:
2 Schalotten
1 EL Sonnenblumenöl
100 ml Fisch- oder Gemüsefond
100 g Schlagsahne
2 EL mittelscharfer Senf
80 g kalte Butter
1 Prise Chilipulver

Pro Portion:
E: 28 g, F: 61 g, Kh: 20 g,
kJ: 3137, kcal: 749

1. Kartoffeln schälen, abspülen und trocken tupfen. Kartoffeln in etwa 1/2 cm dicke Scheiben schneiden.
2. Von der Butter 50 g in einer Pfanne zerlassen. Kartoffeln darin unter mehrmaligem Wenden anbraten.
3. Den Backofen vorheizen.
Ober-/Unterhitze: etwa 200 °C
Heißluft: etwa 180 °C
4. Fischfilets kurz unter fließendem kalten Wasser abspülen, trocken tupfen und in etwa 2 cm dicke Scheiben schneiden.
5. Die Schalotten abziehen, zuerst in Scheiben schneiden, dann in Ringe teilen. 50 g der restlichen Butter in einer zweiten Pfanne zerlassen. Die Schalottenringe darin glasig dünsten, abkühlen lassen und mit Senf verrühren.
6. Den Wirsing putzen, abspülen, abtropfen lassen und den Strunk entfernen. Wirsing in feine Streifen schneiden. Die Wirsingstreifen in kochendem Salzwasser etwa 2 Minuten blanchieren, mit eiskaltem Wasser abschrecken und in einem Sieb abtropfen lassen.
7. Ein Drittel der Kartoffelscheiben kreisförmig in eine Springform (Ø 24 cm, gefettet, evtl. außen einen Streifen Alufolie darumlegen) legen, mit Salz und Pfeffer würzen.
8. Die Hälfte der Wirsingstreifen daraufgeben und die Hälfte der Fischfiletscheiben darauf verteilen, mit Salz und Pfeffer würzen. Die Hälfte der Schalotten-Senf-Masse daraufstreichen.
9. Den Vorgang wiederholen und mit den restlichen Kartoffelscheiben abschließen. Die Kartoffelscheiben mit Salz und Pfeffer würzen. Restliche Butter zerlassen, abkühlen lassen und daraufträufeln.
10. Die Form auf dem Rost in den vorgeheizten Backofen schieben. Hamburger Pannfisch etwa 15 Minuten garen. Die Form auf einen Rost stellen. Den Pannfisch in der Form etwas abkühlen lassen.
11. Für die Senfsauce Schalotten abziehen, fein würfeln. Sonnenblumenöl in einem Topf erhitzen, die Schalottenwürfel darin glasig dünsten.
12. Fond und Sahne hinzugießen, den Senf unterrühren. Sauce erhitzen.
13. Butter in grobe Würfel schneiden und in die Sauce mixen. Die Sauce mit Salz, Pfeffer und Chili abschmecken. Den Topf von der Kochstelle nehmen, die Sauce warm halten.
14. Den Springformrand entfernen. Den Pannfisch auf einer vorgewärmten Platte anrichten und in Tortenstücke schneiden. Die Senfsauce dazureichen.

Jakobsmuscheln und Garnelen, überbacken

4 Portionen

Zubereitungszeit: 40 Minuten
Überbackzeit: etwa 10 Minuten

8 Riesengarnelen (mit Schale)
2 EL Speiseöl
150 g Suppengrün (Sellerie, Möhren, Porree)
250 ml Weißwein
250 ml Wasser
40 g Butter, 25 g Weizenmehl
125 g Schlagsahne
2 Eigelb (Größe M)
Salz, gem. Pfeffer
1 Stange Staudensellerie
2–3 Frühlingszwiebeln
20 g Butter
12 Jakobsmuscheln
20 g Butter in Flöckchen
20 g junger ger. Gouda

Außerdem:
4 Jakobsmuschelschalen

Jakobsmuscheln und Garnelen, überbacken

Wolfsbarschfilet, gekräutert

Pro Portion:
E: 22 g, F: 40 g, Kh: 13 g,
kJ: 2281, kcal: 545

1. Von den Riesengarnelen jeweils die Schalen und evtl. den Darm entfernen. Garnelen kurz unter fließendem kalten Wasser abspülen und trocken tupfen. Öl in einer großen Pfanne erhitzen. Garnelen darin andünsten, herausnehmen und beiseitelegen.
2. Suppengrün putzen, abspülen, abtropfen lassen, in kleine Stücke schneiden, zum verbliebenen Bratfett in die Pfanne geben und andünsten. Mit Weißwein und Wasser ablöschen, zum Kochen bringen und etwa 15 Minuten bei schwacher Hitze kochen lassen. Anschließend durch ein Sieb geben und den Fond evtl. noch etwas einkochen lassen.
3. Butter in einem Topf zerlassen. Mehl hinzufügen und unter Rühren so lange erhitzen, bis es hellgelb ist. Sahne und den etwas eingekochten Fond hinzugießen und mit einem Schneebesen durchschlagen. Dabei darauf achten, dass keine Klümpchen entstehen. Die Sauce zum Kochen bringen und etwa 2 Minuten kochen lassen.
4. Das Eigelb mit etwas Wasser verschlagen und unter die Sauce rühren und erhitzen (nicht mehr kochen lassen), mit Salz und Pfeffer würzen.
5. Den Backofen vorheizen.
Ober-/Unterhitze: etwa 220 °C
Heißluft: etwa 200 °C
6. Staudensellerie putzen und die harten Außenfäden abziehen. Frühlingszwiebeln putzen. Selleriestange und Frühlingszwiebeln abspülen, abtropfen lassen und in Scheiben schneiden. Die Butter in einem Topf zerlassen, das Gemüse darin unter Rühren etwa 5 Minuten dünsten, mit Salz und Pfeffer würzen.
7. Die Muscheln kurz unter fließendem kalten Wasser abspülen und trocken tupfen.
8. Die Jakobsmuscheln und das Gemüse in die heiße Sauce geben. Die Muschel-Gemüse-Masse in die Muschelschalen (gefettet) geben und die beiseitegelegten Garnelen darauf verteilen. Butterflöckchen daraufsetzen und mit Gouda bestreuen.
9. Die Muscheln in eine flache Auflaufform (gefettet) legen. Die Form auf dem Rost in den vorgeheizten Backofen (oberes Drittel) schieben. Jakobsmuscheln und Garnelen etwa 10 Minuten goldgelb überbacken.

Wolfsbarschfilet, gekräutert

6 Portionen

Zubereitungszeit: 30 Minuten
Garzeit: etwa 25 Minuten

900 g Wolfsbarschfilet
Salz, gem. Pfeffer
Worcestersauce
Zitronensaft
je 1 1/2 Bund Kerbel, Petersilie und Dill
300 g Cocktailtomaten
3 EL Speiseöl
100 ml Gemüsebrühe oder Fischfond
100 g Knoblauchbutter

Pro Portion:
E: 29 g, F: 17 g, Kh: 4 g,
kJ: 1175, kcal: 283

1. Wolfsbarschfilet kurz unter fließendem kalten Wasser abspülen und trocken tupfen. Filet in Streifen oder Würfel schneiden. Mit Salz, Pfeffer, Worcestersauce und Zitronensaft würzen.
2. Kerbel, Petersilie und Dill abspülen und trocken tupfen. Die Blättchen bzw. Spitzen von den Stängeln zupfen. Blättchen und Spitzen klein schneiden. Cocktailtomaten abspülen, abtropfen lassen und die Stängelansätze herausschneiden.
3. Den Backofen vorheizen.
Ober-/Unterhitze: etwa 200 °C
Heißluft: etwa 180 °C
4. Speiseöl in einer beschichteten Pfanne erhitzen. Die Fischstreifen oder -würfel darin portionsweise von allen Seiten kross anbraten, herausnehmen und in einen Bräter geben. Cocktailtomaten in dem verbliebenen Bratfett andünsten und zu den Fischstücken in den Bräter geben. Kräuter darauf verteilen. Brühe oder Fischfond hinzugießen. Knoblauchbutter zerlassen und darauftäufeln.
5. Den Bräter auf dem Rost in den vorgeheizten Backofen schieben. Die Fischfilets etwa 25 Minuten garen.
6. Das Fischgericht sofort servieren.

Kartoffelpuffer-Lachs-Auflauf

Hummer, überbacken

Kartoffelpuffer-Lachs-Auflauf

2 Portionen

Zubereitungszeit: 20 Minuten
Garzeit: etwa 10 Minuten

3 EL Keimöl
6 TK-Kartoffelpuffer (Reibekuchen)
125 g geräucherter Stremel-Lachs
1/2 Bund Dill
1 Ei (Größe M)
2–3 EL Crème fraîche
1 EL Sahnemeerrettich
1 TL Dijon-Senf
1 TL flüssiger Akazien-Honig
Salz, gem. Pfeffer
etwas Zitronensaft

Pro Portion:
E: 20 g, F: 37 g, Kh: 46 g,
kJ: 2501, kcal: 596

1. Den Backofen vorheizen.
Ober-/Unterhitze: etwa 220 °C
Heißluft: etwa 200 °C
2. Keimöl in einer Pfanne erhitzen. Die Kartoffelpuffer darin portionsweise nach Packungsanleitung von beiden Seiten knusprig braten. Die Kartoffelpuffer herausnehmen und dachziegelartig in eine große, flache Auflaufform (gefettet) schichten.
3. Von dem Lachs die Haut abziehen. Die Lachsstücke halbieren und auf den Kartoffelpuffern verteilen.
4. Dill abspülen und trocken tupfen. Die Spitzen von den Stängeln zupfen. Spitzen klein schneiden.
5. Ei mit Crème fraîche, Sahnemeerrettich, Senf und Honig verrühren. Mit Salz, Pfeffer und Zitronensaft würzen, Dill unterrühren. Die Eimasse auf den Kartoffelpuffern verteilen.
6. Die Form auf dem Rost in den vorgeheizten Backofen schieben. Den Auflauf etwa 10 Minuten garen, bis die Eimasse gestockt ist.

Hummer, überbacken

4 Portionen

Zubereitungszeit: 35 Minuten, ohne Auftauzeit
Überbackzeit: etwa 6 Minuten

2 TK-Hummer (je etwa 400 g)
2 Schalotten
250 g Champignons
3 Frühlingszwiebeln
40 g Butter
1 EL Weizenmehl
125 ml Fischfond
125 g Crème double
Salz, gem. Pfeffer
75 g ger. mittelalter Gouda
40 g Butter

Pro Portion:
E: 40 g, F: 39 g, Kh: 8 g,
kJ: 2435, kcal: 581

1. Hummer nach Packungsanleitung auftauen lassen. Die Hummer kurz unter fließendem kalten Wasser abspülen und trocken tupfen. Die Hummer der Länge nach halbieren, dazu die Hummer auf den Bauch legen und ein großes Messer an dem Punkt des Rückens ansetzen, wo der Schwanz beginnt. Mit kräftigem Druck zuerst in Schwanz-, dann in Kopfrichtung in 2 Hälften teilen, den schwarzen Darmstrang (er zieht sich wie ein Faden durch das Fleisch) entfernen, die Hummerscheren mit einer Hummerschere aufschneiden und das Hummerfleisch auslösen.
2. Den Backofen vorheizen.
Ober-/Unterhitze: etwa 220 °C
Heißluft: etwa 200 °C
3. Schalotten abziehen und in kleine Würfel schneiden. Champignons putzen, evtl. kurz abspülen, trocken tupfen und in Stücke schneiden. Frühlingszwiebeln putzen, abspülen, abtropfen lassen und in Scheiben schneiden.
4. Butter in einem Topf zerlassen. Die Schalottenwürfel darin andünsten. Champignonstücke und Frühlingszwiebelscheiben hinzugeben und mitdünsten lassen. Mit Mehl bestäuben. Fischfond hinzugießen und Crème double unterrühren. Die Zutaten zum Kochen bringen, mit Salz und Pfeffer würzen. Das ausgelöste Hummerfleisch hinzugeben. Die Masse in die Hummerhälften füllen und mit Käse bestreuen. Butter in Flöckchen daraufsetzen.
5. Die Hummerhälften auf einem Backblech verteilen. Das Backblech in den vorgeheizten Backofen schieben. Hummerhälften etwa 6 Minuten überbacken.

Kabeljau auf Currywirsing

4 Portionen

Zubereitungszeit: 25 Minuten
Garzeit: 15–20 Minuten

1 kg Wirsing
2 Tomaten (etwa 200 g)
50 g Butter
Salz
gem. Pfeffer
ger. Muskatnuss
1–2 TL Currypulver
150 g Crème fraîche

600 g Kabeljaufilet
2 EL klein geschnittene Petersilie oder Schnittlauchröllchen
etwas Tomatenwürzsalz

Pro Portion:
E: 29 g, F: 27 g, Kh: 8 g,
kJ: 1643, kcal: 395

1. Den Wirsing putzen, vierteln und den Strunk herausschneiden. Den Wirsing abspülen, abtropfen lassen und in Streifen schneiden. Die Tomaten abspülen, abtrocknen, halbieren und die Stängelansätze herausschneiden. Tomaten entkernen und in Würfel schneiden.
2. Die Butter in einer großen Pfanne zerlassen. Die Wirsingstreifen darin 5–6 Minuten unter Rühren andünsten, mit Salz, Pfeffer und Muskat würzen. Mit Curry bestäuben und miterhitzen. Knapp 1 Esslöffel Crème fraîche unterrühren. Etwa zwei Drittel der angedünsteten Wirsingstreifen in einer großen Auflaufform (gefettet) oder in 2 kleineren Auflaufformen (gefettet) verteilen.
3. Den Backofen vorheizen.
Ober-/Unterhitze: etwa 180 °C
Heißluft: etwa 160 °C
4. Kabeljaufilet kurz unter fließendem kalten Wasser abspülen, trocken tupfen und in Stücke (Medaillons) schneiden, mit Salz und Pfeffer würzen. Die Kabeljaustücke nebeneinander mit etwas Abstand auf das Wirsinggemüse legen. Restliche Wirsingstreifen dazwischen verteilen.
5. Die Tomatenwürfel, 1 Esslöffel Petersilie oder Schnittlauchröllchen mit der restlichen Crème fraîche verrühren, mit Pfeffer und Tomatenwürzsalz würzen. Die Crème-fraîche-Masse in Klecksen auf dem Auflauf verteilen.
6. Die Auflaufform oder -formen auf dem Rost in den vorgeheizten Backofen (untere Schiene) schieben. Kabeljau auf Currywirsing 15–20 Minuten garen.
7. Kabeljau auf Currywirsing mit der restlichen Petersilie oder den Schnittlauchröllchen bestreuen und servieren.

Kabeljaufilet in Senf-Zwiebel-Kruste

4 Portionen

Zubereitungszeit: 90 Minuten
Garzeit: etwa 25 Minuten

1 Möhre (etwa 100 g)
1 Stck. Knollensellerie (etwa 100 g)
400 g festkochende Kartoffeln
1 Stange Porree (Lauch), nur das Weiße (etwa 100 g)
Salz
50 g Butter oder Margarine
1 kleines Bund Majoran
250 ml Gemüsebrühe
4 kleine Schalotten oder Zwiebeln (etwa 100 g)
4 Kabeljaufilets (je etwa 150 g)
gem. Pfeffer
Zitronensaft
2 EL mittelscharfer Senf
1 EL Weizenmehl
50 g Butter oder Margarine

Pro Portion:
E: 30 g, F: 22 g, Kh: 24 g,
kJ: 1824, kcal: 435

1. Möhre und Sellerie putzen, schälen, abspülen, abtropfen lassen. Kartoffeln schälen, abspülen, abtropfen lassen. Porree putzen, die Stange längs halbieren, gründlich waschen, abtropfen lassen. Möhre, Sellerie und Kartoffeln in nicht zu feine Stifte, Porree in Streifen schneiden.
2. Vorbereitetes Gemüse und Kartoffelstifte in kochendem Salzwasser etwa 10 Minuten garen, anschließend in ein Sieb geben, mit kaltem Wasser übergießen und abtropfen lassen.
3. Butter oder Margarine in einer Pfanne erhitzen, Gemüse und Kartoffelstifte darin unter Rühren andünsten, herausnehmen und in eine feuerfeste Form (gefettet) geben. Majoran abspülen und trocken tupfen. Die Blättchen von den Stängeln zupfen, auf der Gemüse-Mischung verteilen. Brühe hinzugießen.
4. Den Backofen vorheizen.
Ober-/Unterhitze: etwa 200 °C
Heißluft: etwa 180 °C
5. Die Schalotten oder Zwiebeln abziehen, in kleine Würfel schneiden.
6. Kabeljaufilets kurz unter fließendem kalten Wasser abspülen, trocken tupfen, mit Salz, Pfeffer und Zitronensaft würzen. Die Filets von der oberen Seite mit Senf bestreichen, Schalotten- oder Zwiebelwürfel darauf verteilen, mit Mehl bestäuben und fest andrücken.
7. Butter oder Margarine in einer Pfanne zerlassen. Die mit Zwiebelwürfeln belegte Seite darin anbraten, vorsichtig mithilfe eines Pfannenwenders herausnehmen und auf der Gemüse-Kartoffel-Mischung verteilen. Die Form auf dem Rost in den vorgeheizten Backofen schieben. Kabeljaufilets etwa 25 Minuten garen.
8. Kabeljaufilets aus der Form nehmen, mit dem Gemüse und den Kartoffeln auf Tellern anrichten.

Kabeljau auf Currywirsing

Kabeljaufilet in Senf-Zwiebel-Kruste

Kräuterfisch mit Gurken und Dill

4 Portionen

Zubereitungszeit: 30 Minuten
Garzeit: 10–15 Minuten

4 Fischfilets, z. B. Kabeljau (je etwa 150 g)
etwas Zitronensaft
Salz, gem. Pfeffer
2 EL Weizenmehl
3 EL Speiseöl
25 g TK-Kräuter der Provence
2 kleine Salatgurken (je 400–500 g)
1 Zwiebel, 20 g Butter
1 Knoblauchzehe
25 g gehackter TK-Dill

Außerdem:
Alufolie

Pro Portion:
E: 29 g, F: 13 g, Kh: 7 g,
kJ: 1109, kcal: 265

1. Den Backofen vorheizen.
Ober-/Unterhitze: etwa 140 °C
Heißluft: etwa 120 °C
2. Fischfilets kurz unter fließendem kalten Wasser abspülen und trocken tupfen. Mit Zitronensaft beträufeln, mit Salz und Pfeffer würzen, leicht mit Mehl bestäuben.
3. Das Speiseöl in einer feuerfesten, großen Pfanne erhitzen. Die Fischfiletstücke darin kurz von beiden Seiten anbraten. Kräuter der Provence auf die Oberseite der Filetstücke streuen. Die Pfanne auf dem Rost in den vorgeheizten Backofen schieben. Kräuterfisch 10–15 Minuten garen.
4. In der Zwischenzeit Salatgurken schälen und die Enden abschneiden. Die Gurken längs halbieren und entkernen. Gurkenhälften in etwa 1 cm dicke Stücke schneiden. Die Zwiebel abziehen und sehr klein würfeln.
5. Butter in einer Pfanne zerlassen. Zwiebelwürfel und Gurkenstücke darin unter Rühren andünsten, mit Salz und Pfeffer würzen. Knoblauch abziehen, durch eine Knoblauchpresse drücken und mit dem Dill unter die Gurkenstücke rühren. Gurkengemüse etwa 5 Minuten garen.
6. Den Kräuterfisch auf dem Gurkengemüse anrichten. Mit der ausgetretenen Flüssigkeit (Kräuterfisch) beträufeln und sofort servieren.

Kräuterfisch mit Gurken und Dill

Karpfen mit Sauce Vinaigrette

4 Portionen (ohne Foto)

Zubereitungszeit: 20 Minuten, ohne Abkühlzeit
Garzeit: etwa 40 Minuten

1 küchenfertiger Karpfen (1 1/2–2 kg)
Salz, gem. Pfeffer
2 EL Speiseöl
10 EL Speiseöl
2 EL Weißweinessig
2 hart gekochte Eier
1 geh. EL klein geschnittene Petersilie
1 TL Schnittlauchröllchen
je 1 EL klein geschnittene Kerbel- und Basilikumblättchen
Petersilienblättchen
Tomatenspalten
Eierscheiben

Außerdem:
Alufolie extrastark

Pro Portion:
E: 47 g, F: 52 g, Kh: 2 g,
kJ: 2994, kcal: 717

1. Den Backofen vorheizen.
Ober-/Unterhitze: etwa 220 °C
Heißluft: etwa 200 °C
2. Den Karpfen innen und außen kurz unter fließendem kalten Wasser abspülen und trocken tupfen. Den Karpfen innen und außen mit Salz und Pfeffer würzen.
3. Ein Stück Alufolie extrastark mit Speiseöl bestreichen, den Karpfen darin einwickeln, die Folie locker, aber dicht verschließen und auf ein Backblech legen. Das Backblech in den vorgeheizten Backofen schieben. Den Karpfen etwa 40 Minuten garen.
4. Den garen Karpfen aus der Folie nehmen, auf einer Platte anrichten und erkalten lassen.
5. Speiseöl mit Essig gut verschlagen. Eier pellen, fein hacken, mit Petersilie, Schnittlauchröllchen, Kerbel und Basilikum unter die Sauce rühren, mit Salz und Pfeffer würzen.
6. Den Karpfen mit Petersilienblättchen, Tomatenspalten und Eierscheiben garnieren. Sauce dazureichen.

Kohlrabi-Lachs-Lasagne

4 Portionen

Zubereitungszeit: 35 Minuten
Garzeit: etwa 50 Minuten

2 mittelgroße Kohlrabi
1 Zwiebel
2 EL Butter oder Margarine
Salz, gem. Pfeffer
ger. Muskatnuss
300 ml Gemüsebrühe
200 ml Milch (3,5 % Fett)
100 g Schlagsahne
2 EL Weizenmehl
1/2 Bund glatte Petersilie

Kohlrabi-Lachs-Lasagne

Asiatische Lachsstücke

75 g ger. Gouda
600 g Lachsfilet (ohne Haut)
8–10 Lasagneplatten
(ohne Vorgaren, weiß oder grün)
1 große Fleischtomate
125 g Crème fraîche
3 EL ger. Parmesan

Pro Portion:
E: 46 g, F: 47 g, Kh: 37 g,
kJ: 3178, kcal: 761

1. Kohlrabi putzen, schälen, abspülen, abtropfen lassen (etwas von dem feinen Grün beiseitelegen). Kohlrabi zuerst in Scheiben, dann in sehr feine Stifte schneiden. Zwiebel abziehen und klein würfeln.
2. Butter oder Margarine in einem Topf zerlassen. Zwiebelwürfel und Kohlrabistifte darin unter Rühren andünsten. Mit Salz, Pfeffer und Muskat würzen. Brühe und Milch hinzugießen, zum Kochen bringen. Kohlrabistifte zugedeckt 3–5 Minuten bei schwacher Hitze garen.
3. Die Sahne mit Mehl anrühren, unter vorsichtigem Rühren unter die Kohlrabistifte rühren und weitere etwa 2 Minuten bei schwacher Hitze kochen lassen, dabei gelegentlich umrühren.
4. Den Backofen vorheizen.
Ober-/Unterhitze: etwa 180 °C
Heißluft: etwa 160 °C
5. Petersilie abspülen und trocken tupfen. Die Blättchen von den Stängeln zupfen. Blättchen klein schneiden. Beiseitegelegtes Kohlrabigrün ebenfalls klein schneiden. Geriebenen Käse, Petersilie und Kohlrabigrün unter die Kohlrabisauce rühren.
6. Lachsfilet kurz unter fließendem kalten Wasser abspülen, trocken tupfen und in Streifen schneiden. Etwas von der Kohlrabisauce in einer Lasagne- oder Auflaufform (gefettet) verteilen. 2–3 Lasagneplatten darauflegen. Die Lachstreifen und die Kohlrabisauce abwechselnd in die Form schichten, bis alle Zutaten aufgebraucht sind. Die letzte Schicht sollte aus Lasagneplatten bestehen.
7. Die Tomate abspülen, trocken tupfen und den Stängelansatz herausschneiden. Tomate in Scheiben schneiden und auf die Lasagneplatten legen. Crème fraîche mit Parmesan verrühren und auf den Lasagneplatten verteilen.
8. Die Form auf dem Rost in den vorgeheizten Backofen schieben. Die Lasagne etwa 50 Minuten garen, evtl. kurz vor Ende der Garzeit mit Alufolie zudecken.

Asiatische Lachsstücke

4 Portionen

Zubereitungszeit: 25 Minuten, ohne Einweichzeit
Garzeit: etwa 20 Minuten

600 g Lachsfilet (frisch oder TK, ohne Haut und Gräten)
25 g getrocknete Mu-err-Pilze
1 Bund Frühlingszwiebeln
(etwa 250 g)
175 g abgetropfte Sojabohnenkeimlinge (aus der Dose)
175 g abgetropfte Bambussprossen in Streifen (aus der Dose)
2 EL Sojasauce
2 EL Fischsauce
gem. Pfeffer

Außerdem:
1 Stück Bratfolie oder Bratschlauch

Pro Portion:
E: 36 g, F: 13 g, Kh: 9 g,
kJ: 1219, kcal: 292

1. TK-Lachsfilet nach Packungsanleitung auftauen lassen. Lachsfilet kurz unter fließendem kalten Wasser abspülen und trocken tupfen.
2. Mu-err-Pilze nach Packungsanleitung einweichen. Frühlingszwiebeln putzen, abspülen, abtropfen lassen und in etwa 3 cm lange Stücke schneiden.
3. Den Backofen vorheizen.
Ober-/Unterhitze: etwa 200 °C
Heißluft: etwa 180 °C
4. Eingeweichte Pilze in einem Sieb abtropfen lassen und in kleine Stücke schneiden. Lachsfiletstücke mit Frühlingszwiebelstücken, Sojabohnenkeimlingen und Bambussprossen in einer Schüssel mischen. Pilzstücke, Sojasauce und Fischsauce hinzufügen, mit Pfeffer würzen.
5. Die Fisch-Gemüse-Mischung auf ein großes Stück Bratfolie oder in den Bratschlauch geben, nach Packungsanleitung verschließen und auf ein Backblech legen. Das Backblech in den vorgeheizten Backofen schieben. Die asiatischen Lachsstücke etwa 20 Minuten garen.
6. Folie aufschneiden. Asiatische Lachsstücke auf einer vorgewärmten Platte anrichten und servieren.

Fisch mit Chipskruste

Doppeltes Fischfilet

Fisch mit Chipskruste
4 Portionen

Zubereitungszeit: 55 Minuten
Garzeit: 15–20 Minuten

2 Schalotten
100 g Butter (zimmerwarm)
2 EL körniger Senf
1 EL Weizenmehl
1 EL abgetropfte Kapern
2 EL klein geschnittene Kräuter, z. B. Petersilie, Dill, Estragon
4 Scheiben Seelachsfilet (je etwa 150 g)
Salz, gem. Pfeffer
8 gekochte, heiße, mittelgroße Pellkartoffeln
5 EL Weißwein
60 g Kartoffelchips

Pro Portion:
E: 32 g, F: 29 g, Kh: 40 g,
kJ: 2394, kcal: 572

1. Schalotten abziehen und in kleine Würfel schneiden. Butter mit Senf, Mehl, Kapern und Schalottenwürfeln gut verrühren. Kräuter unterrühren.
2. Den Backofen vorheizen.
Ober-/Unterhitze: etwa 200 °C
Heißluft: etwa 180 °C
3. Fischfilets kurz unter fließendem kalten Wasser abspülen, trocken tupfen, mit Salz und Pfeffer würzen.
4. Die Kartoffeln pellen, in Scheiben schneiden und in eine flache Auflaufform (gefettet) legen. Kartoffelscheiben mit Salz und Pfeffer würzen, mit Wein beträufeln. Seelachsfilets darauflegen und mit der Butter-Schalotten-Masse bestreichen.
5. Kartoffelchips in einen Gefrierbeutel geben, Beutel fest verschließen. Kartoffelchips mit einer Teigrolle grob zerbröseln. Chipsbrösel auf der Butter-Schalotten-Masse verteilen. Die Form auf dem Rost in den vorgeheizten Backofen schieben. Fisch mit Chipskruste 15–20 Minuten garen.

Doppeltes Fischfilet
2 Portionen

Zubereitungszeit: 20 Minuten
Garzeit: 12–15 Minuten

80 g etwas abgetropfte getrocknete Tomaten, in Öl
30 g Pinienkerne
3 EL Semmelbrösel
3 EL Olivenöl
1 Bio-Limette (unbehandelt, ungewachst)
1/2 Topf Basilikum
200 g Kabeljaufilet
200 g Dorschfilet
Salz, gem. Pfeffer

Pro Portion:
E: 45 g, F: 30 g, Kh: 28 g,
kJ: 2393, kcal: 572

1. Den Backofen vorheizen.
Ober-/Unterhitze: etwa 220 °C
Heißluft: etwa 200 °C
2. Tomaten in Streifen schneiden. Tomatenstreifen mit Pinienkernen, Semmelbröseln und Olivenöl gut vermischen. Limette heiß abwaschen, abtrocknen und in Stücke schneiden.
3. Basilikum abspülen und trocken tupfen. Die Blättchen von den Stängeln zupfen. Jeweils die Hälfte der Tomatenmischung, der Limettenstücke und der Basilikumblättchen auf dem Boden einer Auflaufform (gefettet) verteilen.
4. Fischfilets kurz unter fließendem kalten Wasser abspülen, trocken tupfen, mit Salz und Pfeffer würzen. Die Fischfilets in die Form legen. Die restliche Tomatenmischung mit den restlichen Limettenstücken auf den Fischfilets verteilen.
5. Die Form auf dem Rost in den vorgeheizten Backofen schieben. Die Fischfilets 12–15 Minuten garen.
6. Die Form aus dem Backofen nehmen. Fischfilets mit den restlichen Basilikumblättchen bestreuen und sofort servieren.

Balatoner Karpfen
4 Portionen

Zubereitungszeit: 45 Minuten
Garzeit: etwa 25 Minuten

800 g Karpfenfilet
80 g Räucherspeck
50 g Weizenmehl
1 EL Paprikapulver rosenscharf
100 ml Speiseöl
600 g gegarte Pellkartoffeln
250 g Spitzpaprika
150 g Tomaten, 4 Zwiebeln
1 1/2 gestr. TL Salz
1 EL Paprikapulver edelsüß
300 g saure Sahne
etwas klein geschnittene Petersilie

Pro Portion:
E: 47 g, F: 65 g, Kh: 43 g,
kJ: 4217, kcal: 1007

1. Fischfilet kurz unter fließendem kalten Wasser abspülen und trocken tupfen. Fischfilet mit einem scharfen Messer mehrmals einschneiden, ohne die Haut zu verletzen. Anschließend in 4 gleich große Stücke schneiden.
2. Räucherspeck in dünne Streifen schneiden, den Fisch damit spicken. Mehl mit Paprika in einem flachen Teller mischen. Die Fischfiletstücke darin wenden.
3. Speiseöl in einer großen Pfanne erhitzen, die Fischfiltetstücke mit der Hautseite nach unten in die Pfanne legen und vorsichtig von beiden Seiten kurz braten. Fischfiletstücke herausnehmen.
4. Eine feuerfeste Form mit dem verbliebenen Bratfett ausstreichen.
5. Den Backofen vorheizen.
Ober-/Unterhitze: etwa 180 °C
Heißluft: etwa 160 °C
6. Kartoffeln pellen und in Scheiben schneiden. Die Form mit den Kartoffelscheiben auslegen. Die Fischfiletstücke darauf verteilen.
7. Von den Paprikaschoten jeweils den Stängelansatz abschneiden. Schoten entkernen und die weißen Scheidewände entfernen. Schoten abspülen, trocken tupfen und in Ringe schneiden. Tomaten kreuzweise einschneiden und mit kochendem Wasser übergießen. Nach 1–2 Minuten herausnehmen und mit kaltem Wasser abschrecken. Tomaten häuten, halbieren und die Stängelansätze herausschneiden. Tomaten in Scheiben schneiden. Zwiebeln abziehen, zuerst in Scheiben schneiden, dann in Ringe teilen.
8. Das vorbereitete Gemüse auf den Fischfiletstücken verteilen. Mit Salz und Paprika würzen. Saure Sahne glatt rühren und über das Gemüse gießen. Den Bräter oder die Form auf dem Rost in den vorgeheizten Backofen schieben. Fischfilets mit dem Gemüse etwa 25 Minuten garen.
9. Den Balatoner Karpfen nach Belieben in der Form servieren und mit Petersilie bestreuen.

Asiatischer Fischauflauf

(Römertopf® 3-Liter-Inhalt)
4 Portionen

Zubereitungszeit: 40 Minuten, ohne Marinierzeit
Garzeit: etwa 80 Minuten

600 g Pangasiusfilet
250 g asiatische Weizennudeln (Mie-Nudeln)
Salz
je 1 rote und gelbe Paprikaschote (etwa 300 g)
1 Bund Frühlingszwiebeln (etwa 250 g)
1 kleines Stück frischer Ingwer
2 Knoblauchzehen
5 EL Sojasauce
150 ml Asia-Sauce Sweet & Sour (erhältlich im Asialaden)
Saft von 2 Limetten, gem. Pfeffer
150 g abgetropfte Sojabohnenkeimlinge (aus dem Glas)
200 g Ananasstücke (aus der Dose)

Pro Portion:
E: 36 g, F: 7 g, Kh: 80 g,
kJ: 2369, kcal: 562

1. Pangasiusfilet kurz unter fließendem kalten Wasser abspülen, trocken tupfen und in etwas größere Würfel schneiden.
2. Mie-Nudeln in kochendem Salzwasser nach Packungsanleitung 3–5 Minuten garen. Mie-Nudeln in ein Sieb geben und abtropfen lassen.
3. Paprikaschoten halbieren, entstielen, entkernen und die weißen Scheidewände entfernen. Schoten abspülen, abtropfen lassen und in Würfel schneiden. Frühlingszwiebeln putzen, abspülen, abtropfen lassen, in 2–3 cm lange Stücke schneiden.
4. Für die Marinade den Ingwer schälen. Knoblauch abziehen. Ingwer und Knoblauch in kleine Würfel schneiden. Sojasauce mit Asia-Sauce, Limettensaft, Ingwer- und Knoblauchwürfeln verrühren. Mit Salz und Pfeffer würzen.
5. Die Fischwürfel, Mie-Nudeln, Sojabohnenkeimlinge, Ananasstücke, Paprikawürfel und Frühlingszwiebelstücke in einer Schüssel mischen. Die Marinade hinzugeben und gut untermengen. Die Fischwürfel etwa 30 Minuten marinieren.
6. Fisch-Nudel-Gemüse-Mischung in einen gewässerten Römertopf® geben. Den Römertopf® mit dem Deckel verschließen und auf dem Rost in den kalten Backofen schieben.
Ober-/Unterhitze: etwa 220 °C (untere Schiene)
Heißluft: etwa 200 °C
7. Den Fischauflauf etwa 80 Minuten garen.

Balatoner Karpfen

Asiatischer Fischauflauf

Kabeljaukoteletts auf Zucchini-Risotto

4 Portionen

Zubereitungszeit: 40 Minuten
Garzeit: 15–20 Minuten

2 Zwiebeln
1 gelbe oder grüne Zucchini (etwa 300 g)
1 Fenchelknolle (etwa 350 g)
3 EL Olivenöl
200 g Risottoreis, z. B. Arborio-Reis
400 ml Fischfond
200 g Schlagsahne
Salz, gem. Pfeffer
Cayennepfeffer
4 Kabeljaukoteletts (je etwa 150 g) oder 600 g Kabeljaufilet
einige Dillspitzen

Pro Portion:
E: 33 g, F: 25 g, Kh: 46 g,
kJ: 2302, kcal: 551

1. Zwiebeln abziehen und in kleine Würfel schneiden. Zucchini abspülen, abtrocknen und die Enden abschneiden. Zucchini in kleine Würfel schneiden.
2. Von der Fenchelknolle die Stiele dicht oberhalb der Knolle abschneiden. Braune Stellen und Blätter entfernen, das Wurzelende gerade schneiden. Die Knolle abspülen, abtropfen lassen, vierteln und in kleine Würfel schneiden. Fenchelgrün abspülen, trocken tupfen, klein schneiden und beiseitelegen.
3. Olivenöl in einem Topf erhitzen. Reis hinzufügen und unter Rühren andünsten. Fischfond hinzugießen und zum Kochen bringen. Den Reis etwa 10 Minuten bei schwacher Hitze quellen lassen.
4. Den Backofen vorheizen.
Ober-/Unterhitze: etwa 200 °C
Heißluft: etwa 180 °C
5. Sahne und das vorbereitete Gemüse zum Reis geben, zum Kochen bringen und weitere etwa 10 Minuten garen. Gemüsereis mit Salz und Pfeffer würzen und in eine Auflaufform (gefettet) geben.
6. Kabeljaukoteletts oder -filet kurz unter fließendem kalten Wasser abspülen, trocken tupfen und mit Salz würzen. Kabeljaukoteletts oder -filet auf den Gemüsereis legen. Die Form auf dem Rost in den vorgeheizten Backofen schieben. Kabeljaukoteletts oder -filet 15–20 Minuten je nach Dicke der Koteletts garen.
7. Die Kabeljaukoteletts oder -filet mit Zucchini-Risotto anrichten, mit abgespülten, trocken getupften Dillspitzen und beiseitegelegtem Fenchelgrün garniert servieren.

Kabeljaukoteletts auf Zucchini-Risotto

Garnelen und Fenchel

4 Portionen

Zubereitungszeit: 25 Minuten, ohne Auftauzeit
Garzeit: etwa 30 Minuten

600 g TK-Garnelen, geschält
2 Fenchelknollen (etwa 600 g)
200 g abgetropfter Feta-Käse
1 Bund glatte Petersilie
2 Knoblauchzehen
2–3 EL Olivenöl
Salz
gem. Pfeffer
1 Bio-Zitrone (unbehandelt, ungewachst)
glatte Petersilienblättchen

Außerdem:
2 große Bögen Alufolie

Pro Portion:
E: 43 g, F: 21 g, Kh: 6 g,
kJ: 1611, kcal: 385

1. Garnelen nach Packungsanleitung auftauen lassen. Anschließend kurz unter fließendem kalten Wasser abspülen und trocken tupfen.
2. Den Backofen vorheizen.
Ober-/Unterhitze: etwa 200 °C
Heißluft: etwa 180 °C
3. Von den Fenchelknollen die Stiele dicht oberhalb der Knollen abschneiden, braune Stellen und Blätter entfernen, Wurzelenden gerade schneiden. Die Fenchelknollen abspülen, abtropfen lassen, halbieren und in dünne Scheiben oder Stifte schneiden. Das zarte Fenchelgrün ebenfalls abspülen, abtropfen lassen und klein schneiden.
4. Feta-Käse in kleine Würfel schneiden. Petersilie abspülen und trocken tupfen. Die Blättchen von den Stängeln zupfen. Blättchen grob zerkleinern. Knoblauch abziehen und durch eine Knoblauchpresse drücken.
5. Garnelen mit den vorbereiteten Zutaten in eine Schüssel geben, Olivenöl untermischen, mit Salz und Pfeffer würzen. Auf je einen Bogen Alufolie (gefettet) die Hälfte der

Garnelen und Fenchel

Gefüllte Muschelnudeln

Garnelen-Gemüse-Mischung geben. Die Alufolie jeweils so zu einem Päckchen zusammenfalten, dass keine Flüssigkeit auslaufen kann. Die Päckchen auf ein Backblech legen und in den vorgeheizten Backofen schieben. Garnelen und Fenchel etwa 30 Minuten garen.

6. Zitrone heiß abwaschen, abtrocknen und in Spalten schneiden. Petersilienblättchen abspülen und trocken tupfen.

7. Die Päckchen aus dem Backofen nehmen, öffnen, Garnelen und Fenchel herausnehmen und auf einer vorgewärmten Platte anrichten. Mit Zitronenspalten und Petersilienblättchen garniert servieren.

Gefüllte Muschelnudeln

4 Portionen

Zubereitungszeit: 35 Minuten, ohne Auftauzeit
Garzeit: etwa 40 Minuten

400 g TK-Lachsfilet
2 l Wasser
2 gestr. TL Salz
30 große oder 60 mittelgroße Muschelnudeln (etwa 200 g)
1 Ei (Größe M)
1 EL abgetropfte Kapern
Salz, gem. Pfeffer
etwas Zitronensaft
2 Bund Dill

Für die Sauce:
50 g Butter
oder Margarine
3 Schalotten
100 ml Weißwein
250 ml Gemüse- oder Fischfond
400 g Schlagsahne
25 g Weizenmehl
1 geh. EL körniger Senf

Pro Portion:
E: 32 g, F: 46 g, Kh: 48 g,
kJ: 3780, kcal: 904

1. Lachsfilet nach Packungsanleitung auftauen lassen.

2. Wasser in einem großen Topf zugedeckt zum Kochen bringen. Dann Salz und Nudeln hinzugeben. Die Nudeln im geöffneten Topf bei mittlerer Hitze nach Packungsanleitung kochen lassen, dabei gelegentlich umrühren.

3. Anschließend die Nudeln in ein Sieb geben, mit heißem Wasser abspülen und abtropfen lassen.

4. Den Backofen vorheizen.
Ober-/Unterhitze: etwa 200 °C
Heißluft: etwa 180 °C

5. Aufgetautes Lachsfilet kurz unter fließendem kalten Wasser abspülen, trocken tupfen und mit einem Pürierstab pürieren.

6. Lachspüree mit dem Ei und den Kapern verrühren. Mit Salz, Pfeffer und Zitronensaft würzen.

7. Dill abspülen und trocken tupfen. Spitzen von den Stängeln zupfen. Die Spitzen klein schneiden. Die Hälfte des Dills unter das Lachspüree rühren.

8. Für die Sauce die Butter oder Margarine in einem Topf zerlassen. Die Schalotten abziehen, klein würfeln und darin andünsten.

9. Wein, Gemüse- oder Fischfond und Die Sahne hinzugießen und die Sauce aufkochen lassen. Sauce durch ein Sieb geben.

10. Mehl mit etwas Wasser anrühren, unter Rühren in die von der Kochstelle genommene Sauce rühren, unter Rühren zum Kochen bringen und etwa 2 Minuten unter Rühren kochen lassen. Senf unterrühren. Mit Salz und Pfeffer würzen.

11. Die Muschelnudeln mit jeweils etwas von dem Lachspüree füllen und nebeneinander in eine flache Auflaufform (gefettet) legen. Die Sauce darauf verteilen. Die Form mit Alufolie zudecken.

12. Die Form auf dem Rost in den vorgeheizten Backofen schieben. Die gefüllten Muschelnudeln etwa 40 Minuten garen.

13. Nach etwa 25 Minuten Garzeit die Alufolie entfernen, die Muschelnudeln fertig garen.

14. Die Muschelnudeln vor dem Servieren mit dem restlichen Dill bestreuen.

Tipps: Zum Pürieren sollte das Lachsfilet gut gekühlt sein. Ersatzweise eignet sich auch Forellenfilet.

Fisch, indisch

4 Portionen

Zubereitungszeit: 55 Minuten
Garzeit: etwa 30 Minuten

1 kleiner Blumenkohl
500 ml Wasser
Salz
Zitronensaft
1 reife Mango
40 g Butter
265 g Mango-Chutney (aus dem Glas)
2 TL Currypulver
gem. Koriander
200 ml Gemüsebrühe
4 Scheiben Steinbuttfilet (je etwa 130 g)
100 g Cornflakes
einige glatte Petersilienblättchen

Pro Portion:
E: 27 g, F: 12 g, Kh: 54 g,
kJ: 1898, kcal: 453

1. Vom Blumenkohl die Blätter und schlechten Stellen entfernen. Den Strunk abschneiden, Blumenkohl in kleine Röschen teilen, abspülen und abtropfen lassen. Salzwasser mit etwas Zitronensaft in einem Topf zum Kochen bringen. Blumenkohlröschen hinzugeben, wieder zum Kochen bringen und zugedeckt in etwa 8 Minuten bissfest garen. Blumenkohlröschen in ein Sieb geben, mit kaltem Wasser übergießen und abtropfen lassen.
2. Den Backofen vorheizen.
Ober-/Unterhitze: etwa 200 °C
Heißluft: etwa 180 °C
3. Mango halbieren und das Fruchtfleisch vom Stein lösen. Fruchtfleisch schälen und in Würfel schneiden.
4. Butter in einem Topf zerlassen, Mangowürfel darin kurz andünsten. Mango-Chutney, Curry und Koriander unterrühren. Brühe hinzugießen und kurz aufkochen lassen.
5. Steinbuttfilets kurz unter fließendem kalten Wasser abspülen, trocken tupfen, mit Salz würzen. Steinbuttfilets nebeneinander in eine flache Auflaufform (gefettet) legen.
6. Blumenkohlröschen und die Mangomasse darauf verteilen. Mit Cornflakes bestreuen. Die Form auf dem Rost in den vorgeheizten Backofen schieben. Den Fisch etwa 30 Minuten garen.
7. Den Fisch nach Belieben mit abgespülten, trocken getupften Petersilienblättchen bestreut servieren.

Fisch, indisch

Karpfen auf buntem Gemüse

4 Portionen (ohne Foto)

Zubereitungszeit: 35 Minuten
Garzeit: 50–60 Minuten

2 Fenchelknollen (etwa 800 g)
500 g Salatgurke
300 g Möhren
1 Bund Dill
Salz, gem. Pfeffer
20 g Butter in Flöckchen
1 küchenfertiger Karpfen (etwa 1,7 kg)
125 ml Weißweinessig
250 ml Wasser
125 ml Weißwein
125 g Schlagsahne
evtl. 2–3 EL heller Saucenbinder

Außerdem:
Küchengarn

Pro Portion:
E: 58 g, F: 29 g, Kh: 13 g,
kJ: 2384, kcal: 570

1. Fenchelknollen putzen, abspülen, abtropfen lassen, halbieren und in Stücke schneiden. Fenchelgrün beiseitelegen. Gurke schälen und die Enden abschneiden. Möhren putzen, schälen, abspülen, abtropfen lassen. Gurke und Möhren ebenfalls in Stücke schneiden.
2. Dill abspülen und trocken tupfen. Die Spitzen von den Stängeln zupfen. Die Stängel mit Küchengarn zusammenbinden. Beiseitegelegtes Fenchelgrün abspülen und trocken tupfen. Die Hälfte der Dillspitzen und das Fenchelgrün klein schneiden.
3. Den Backofen vorheizen.
Ober-/Unterhitze: etwa 200 °C
Heißluft: etwa 180 °C
4. Das vorbereitete Gemüse mit dem klein geschnittenen Dill und Fenchelgrün vermischen, mit Salz und Pfeffer würzen und in einen Bräter geben. Dillstängel darauflegen. Die Butterflöckchen daraufsetzen.
5. Den Karpfen innen und außen vorsichtig unter fließendem kalten Wasser abspülen, trocken tupfen und von innen mit Salz würzen. Den Karpfen mit den restlichen Dillspitzen füllen. Essig und Wasser in einem Topf zum Kochen bringen. Den Karpfen mit der heißen Flüssigkeit übergießen, damit er blau wird.
6. Den Karpfen auf das Gemüse in den Bräter legen. Wein und Sahne hinzugießen. Den Bräter zugedeckt auf dem Rost in den vorgeheizten Backofen schieben. Den Karpfen 50–60 Minuten garen.
7. Karpfen auf einer vorgewärmten Platte anrichten. Dillstängel entfernen. Die Gemüse-Sud-Mischung nach Belieben mit etwas Saucenbinder andicken und dazureichen.

Fischrollen auf Porreegemüse

(Römertopf® 3-Liter-Inhalt)
4 Portionen (ohne Foto)

Zubereitungszeit: 80 Minuten
Garzeit: etwa 60 Minuten

4 Scheiben Seelachsfilet (je etwa 150 g)
Zitronensaft, Salz
8 Scheiben Schinkenspeck
mittelscharfer Senf
gem. Pfeffer
etwa 800 g Porree (Lauch)
50 g Butter
1 EL Schnittlauchröllchen
Scheiben von 1 Bio-Zitrone (unbehandelt, ungewachst)

Pro Portion:
E: 40 g, F: 18 g, Kh: 5 g,
kJ: 1439, kcal: 345

1. Die Seelachsfiletscheiben kurz unter fließendem kalten Wasser abspülen, trocken tupfen, mit Zitronensaft beträufeln, wieder trocken tupfen und mit Salz würzen.
2. Je eine Fischfiletscheibe zwischen 2 Scheiben Speck legen. Jeweils die obere Speckscheibe mit Senf bestreichen und mit Pfeffer würzen. Die Fischfiletscheiben jeweils aufrollen.
3. Den Porree putzen, die Stangen längs halbieren, gründlich waschen, abtropfen lassen und in etwa 2 cm lange Stücke schneiden. Die Porreestücke in einen gewässerten Römertopf® geben, mit Salz und Pfeffer würzen. Fischrollen darauf verteilen.
4. Die Butter in Flöckchen daraufsetzen. Den Römertopf® mit dem Deckel verschließen und auf dem Rost in den kalten Backofen schieben.
Ober-/Unterhitze: etwa 200 °C
Heißluft: etwa 180 °C
5. Die Fischrollen auf Porreegemüse etwa 60 Minuten garen.
6. Die garen Fischrollen mit Schnittlauchröllchen bestreuen und mit Zitronenscheiben auf dem Porreegemüse anrichten.

Kräuter-Schollen-Filet mit Gemüsestreifen

Kräuter-Schollen-Filet mit Gemüsestreifen

4 Portionen

Zubereitungszeit: 45 Minuten
Garzeit: etwa 15 Minuten

180 g Möhren
1 Stange Porree (Lauch, etwa 200 g)
250 g Staudensellerie
1 Gemüsezwiebel
Salz

Für das Kräuter-Schollen-Filet:
1–2 Stängel Koriander
1 Bund glatte Petersilie
1 EL mittelscharfer Senf
1 TL ger. Meerrettich oder Wasabipaste
50 g Semmelbrösel
3 EL Olivenöl
4 Schollenfilets (je etwa 120 g)
gem. Pfeffer
Saft von 1/2 Zitrone

2 EL Olivenöl
160 g frische Sojabohnenkeimlinge oder abgetropfte (aus dem Glas)
4 TL Sojasauce

Pro Portion:
E: 27 g, F: 18 g, Kh: 20 g,
kJ: 1485, kcal: 355

1. Möhren putzen, schälen, abspülen und abtropfen lassen. Porree putzen, die Stange längs halbieren, gründlich waschen und abtropfen lassen. Staudensellerie putzen und die harten Außenfäden abziehen. Sellerie abspülen und abtropfen lassen. Die Gemüsezwiebel abziehen.
2. Das Gemüse in feine Streifen schneiden. Salzwasser in einem Topf zum Kochen bringen. Die Gemüsestreifen darin kurz blanchieren, dann mit kaltem Wasser abschrecken und in einem Sieb abtropfen lassen.
3. Für das Fischfilet Koriander und Petersilie abspülen, trocken tupfen. Die Blättchen von den Stängeln zupfen. Einige Blättchen zum Garnieren beiseitelegen. Die restlichen Blättchen klein schneiden, mit Senf, Meerrettich oder Wasabipaste, Semmelbröseln und Olivenöl vermischen.
4. Schollenfilets kurz unter fließendem kalten Wasser abspülen, trocken tupfen, mit Salz, Pfeffer und Zitronensaft würzen.
5. Den Backofen vorheizen.
Ober-/Unterhitze: etwa 180 °C
Heißluft: etwa 160 °C
6. Olivenöl in einer großen Pfanne erhitzen, die vorbereiteten Gemüsestreifen darin evtl. portionsweise kurz andünsten.
7. Frische Sojabohnenkeimlinge in ein Sieb geben, abspülen und abtropfen lassen. Die Sojabohnenkeimlinge unter die Gemüsestreifen rühren. Das Gemüse mit Salz, Pfeffer und Sojasauce abschmecken.
8. Das Gemüse in eine große Auflaufform (gefettet) geben. Die Schollenfilets nebeneinander darauflegen und mit der Semmelbrösel-Kräuter-Mischung belegen. Die Form auf dem Rost in den vorgeheizten Backofen schieben. Die Schollenfilets mit dem Gemüse etwa 15 Minuten garen.
9. Das Kräuter-Schollen-Filet mit Gemüsestreifen mit den beiseitegelegten Kräuterblättchen garniert servieren.

Fisch mit Gemüse in der Hülle

Fisch mit Gemüse in der Hülle

4 Portionen

Zubereitungszeit: 40 Minuten
Garzeit: 15–20 Minuten

4 Zanderfilets (ohne Haut, je etwa 160 g)
1 Bund Suppengrün (Möhren, Sellerie, Porree)
1 kleine Fenchelknolle
1 Zwiebel
1 Knoblauchzehe
je 1 Stängel Petersilie, Basilikum und Dill
1 Bio-Zitrone (unbehandelt, ungewachst)
Salz, gem. Pfeffer
4 EL Butter

Außerdem:
4 Bögen gutes Pergamentpapier
1,2 m Paketschnur

Pro Portion:
E: 33 g, F: 18 g, Kh: 7 g,
kJ: 1389, kcal: 332

1. Zanderfilets kurz unter fließendem kalten Wasser abspülen und trocken tupfen. Suppengrün putzen, schälen, abspülen, abtropfen lassen und in feine Streifen schneiden. Von der Fenchelknolle die Stiele dicht oberhalb der Knolle abschneiden. Braune Stellen und Blätter entfernen (Fenchelgrün beiseitelegen). Fenchelknolle abspülen, abtropfen lassen, halbieren und in dünne Scheiben schneiden.

2. Den Backofen vorheizen.
Ober-/Unterhitze: etwa 220 °C
Heißluft: etwa 200 °C

3. Zwiebel und Knoblauch abziehen, in kleine Würfel schneiden. Petersilie, Basilikum, Dill und beiseitegelegtes Fenchelgrün abspülen und trocken tupfen. Die Blättchen bzw. Spitzen von den Stängeln zupfen. Zitrone heiß abwaschen, abtrocknen und 4 gleich große Scheiben davon abschneiden. Von der restlichen Zitrone den Saft auspressen.

4. Zanderfilets mit Zitronensaft beträufeln, mit Salz und Pfeffer würzen.

5. Die Paketschnur in jeweils 15 cm lange Stücke schneiden. Pergamentpapierbögen auf ein Backblech legen. Vorbereitetes Gemüse und die Kräuterblättchen bzw. -spitzen gleichmäßig in die Mitte der Papierbögen legen. Zanderfilets darauf verteilen. Mit jeweils 1 Zitronenscheibe belegen und je 1 Esslöffel Butter daraufsetzen.

6. Die beiden langen Seiten der Papierbögen jeweils oben zueinander führen und wie eine Ziehharmonika bis zur Butter runter zusammenfalten. Die Enden wie bei einem Bonbon zusammendrehen und mit der Paketschnur zubinden. Das Backblech in den vorgeheizten Backofen schieben. Den Fisch mit dem Gemüse 15–20 Minuten garen.

7. Backblech auf einen Rost stellen. Die Fischpäckchen etwa 5 Minuten ruhen lassen, auf Tellern verteilen. Päckchen öffnen und servieren.

Kabeljaufilet Müllerin

4 Portionen (ohne Foto)

Zubereitungszeit: 50 Minuten
Garzeit: etwa 15 Minuten

2 Stangen Porree (Lauch, etwa 400 g)
6 Tomaten (etwa 500 g)
4 EL Speiseöl
Salz, gem. Pfeffer
4 Kabeljaufilets (je etwa 150 g)
1 Zitrone
1 Bund Petersilie
40 g Butter oder Margarine

Pro Portion:
E: 28 g, F: 17 g, Kh: 5 g,
kJ: 1214, kcal: 290

1. Porree putzen, die Stangen längs halbieren, gründlich waschen, abtropfen lassen und in Streifen schneiden.

2. Tomaten kreuzweise einschneiden und mit kochendem Wasser übergießen. Nach 1–2 Minuten herausnehmen und mit kaltem Wasser abschrecken. Tomaten häuten, halbieren und die Stängelansätze herausschneiden. Tomaten in Würfel schneiden.

3. Den Backofen vorheizen.
Ober-/Unterhitze: etwa 200 °C
Heißluft: etwa 180 °C

4. Die Hälfte des Speiseöls in einer Pfanne erhitzen. Porreestreifen und Tomatenwürfel darin unter Rühren andünsten, mit Salz und Pfeffer würzen. Die Porree-Tomaten-Masse in eine feuerfeste Form oder Auflaufform (gefettet) geben.

5. Die Kabeljaufilets kurz unter fließendem kalten Wasser abspülen und trocken tupfen. Restliches Speiseöl in der gesäuberten Pfanne erhitzen. Kabeljaufilets darin von beiden Seiten anbraten, mit Salz und Pfeffer würzen. Kabeljaufilets herausnehmen und auf der Porree-Tomaten-Masse verteilen. Die Form auf dem Rost in den vorgeheizten Backofen schieben. Kabeljau Müllerin etwa 15 Minuten garen.

6. In der Zwischenzeit Zitrone so schälen, dass auch die weiße Haut mitentfernt wird. Zitrone in Scheiben schneiden. Petersilie abspülen und trocken tupfen. Die Blättchen von den Stängeln zupfen. Blättchen grob zerkleinern. Butter oder Margarine in einer Pfanne zerlassen.

7. Die Form auf einen Rost stellen. Die garen Fischfilets mit den Zitronenscheiben belegen und mit Petersilie bestreuen. Mit Butter oder Margarine beträufeln. Sofort servieren.

Forellen im Silberkleid

4 Portionen (ohne Foto)

Zubereitungszeit: 55 Minuten
Garzeit: etwa 25 Minuten

4 küchenfertige Forellen
(je etwa 300 g)
Salz, gem. Pfeffer

Für die Füllung:
2 kleine Fenchelknollen
(je etwa 200 g)
40 g Butter
2 Orangen
1 Bund Dill

Außerdem:
4 Bögen Alufolie

Pro Portion:
E: 53 g, F: 17 g, Kh: 10 g,
kJ: 1697, kcal: 405

1. Forellen innen und außen kurz unter fließendem kalten Wasser abspülen und trocken tupfen. Forellen innen und außen mit Salz und Pfeffer würzen.
2. Für die Füllung die Stiele der Fenchelknollen dicht oberhalb der Knollen abschneiden. Braune Stellen und Blätter entfernen. Die Wurzelenden gerade schneiden. Die Knollen abspülen, abtropfen lassen, halbieren und in Scheiben schneiden. Scheiben halbieren.
3. Den Backofen vorheizen.
Ober-/Unterhitze: etwa 200 °C
Heißluft: etwa 180 °C
4. Butter in einem Topf zerlassen. Die halbierten Fenchelscheiben darin unter Rühren andünsten. Mit Salz und Pfeffer würzen.
5. Orangen so dick mit einem Messer schälen, dass die weiße Haut mitentfernt wird. Orangen filetieren, dabei den Saft in einer Schüssel auffangen. Orangenfilets und -saft unter die Fenchelscheiben heben. Dill abspülen und trocken tupfen. Die Spitzen von den Stängeln zupfen, klein schneiden und ebenfalls unter die Fenchelscheiben heben.
6. Die Forellen mit der Fenchelmasse füllen. Jeweils 1 Forelle auf ein Stück Alufolie legen und fest verschließen.
7. Die Forellen in der Folie auf ein Backblech legen. Das Backblech in den vorgeheizten Backofen schieben. Die Forellen etwa 25 Minuten garen.

Gratinierter Lachs mit Spargelduo

4 Portionen

Zubereitungszeit: 60 Minuten
Garzeit: etwa 10 Minuten

500 g weißer Spargel
500 g grüner Spargel
1 Bund junge Möhren (etwa 500 g)
375 ml Wasser
1 gestr. TL Salz

4 EL Butter (zimmerwarm)
2 EL Semmelbrösel
4 EL gemischte, klein geschnittene Kräuter, z. B. Kerbel, Petersilie, Dill, Schnittlauch
4 Lachsscheiben (je etwa 180 g)
Salz
gem. Pfeffer

2 EL Butter
1/2 TL Zucker

Pro Portion:
E: 42 g, F: 48 g, Kh: 18 g,
kJ: 2806, kcal: 670

1. Den weißen Spargel von oben nach unten schälen, darauf achten, dass die Schalen vollständig entfernt, die Köpfe aber nicht verletzt werden. Die unteren Enden abschneiden (holzige Stellen vollkommen entfernen).
2. Vom grünen Spargel das untere Drittel schälen und die unteren Enden abschneiden. Möhren putzen und evtl. schälen. Spargel und Möhren abspülen und abtropfen lassen.
3. Den Backofen vorheizen.
Ober-/Unterhitze: etwa 140 °C
Heißluft: etwa 120 °C
4. Wasser mit Salz in einem Topf zum Kochen bringen. Nacheinander den weißen Spargel zugedeckt in etwa 10 Minuten, den grünen Spargel in etwa 5 Minuten und die Möhren zugedeckt in 5–7 Minuten darin bissfest kochen. Gemüse jeweils mit einem Schaumlöffel herausnehmen, mit kaltem Wasser abschrecken und abtropfen lassen.
5. In der Zwischenzeit Butter mit Semmelbröseln und Kräutern verrühren. Die Lachsscheiben kurz unter fließendem kalten Wasser abspülen, trocken tupfen, mit Salz und Pfeffer würzen und auf ein Backblech (gefettet) legen. Die Butter-Kräuter-Masse gleichmäßig auf den Lachsscheiben verteilen. Das Backblech in den vorgeheizten Backofen schieben. Die Lachsscheiben etwa 10 Minuten garen.
6. Den Backofen ausschalten und den Grill einschalten (etwa 240 °C). Den Lachs so lange grillen, bis die Kruste goldgelb ist.
7. In der Zwischenzeit Butter in einer großen Pfanne zerlassen. Zucker unterrühren. Spargel und Möhren hinzufügen und unter gelegentlichem Wenden etwa 3 Minuten garen. Gemüse mit Salz abschmecken und auf 4 vorgewärmten Tellern verteilen. Den gratinierten Lachs darauf anrichten.

Gratinierter Lachs mit Spargelduo

Würziges Muschelragout

(Römertopf® 3-Liter-Inhalt)
4 Portionen

Zubereitungszeit: 25 Minuten, ohne Auftauzeit
Garzeit: etwa 60 Minuten

500 g TK-Muschelfleisch (Miesmuscheln)
2 Zucchini (etwa 300 g)
200 g festkochende Kartoffeln
200 g getrocknete Tomaten
240 g abgetropfte Artischockenherzen (aus der Dose)
einige Stängel Zitronenthymian
1 Döschen Safranfäden oder -pulver (0,2 g)
Salz, gem. Pfeffer
100 ml Fischfond oder Gemüsebrühe

Pro Portion:
E: 25 g, F: 2 g, Kh: 39 g,
kJ: 1181, kcal: 280

1. Muschelfleisch nach Packungsanleitung auftauen lassen.
2. Zucchini abspülen, abtrocknen und die Enden abschneiden. Zucchini längs vierteln und in kleine Stücke schneiden. Kartoffeln schälen, abspülen, abtropfen lassen und in kleine Würfel schneiden.

Würziges Muschelragout

3. Getrocknete Tomatenstücke nochmals halbieren. Artischockenherzen vierteln. Zitronenthymian abspülen und trocken tupfen. Muschelfleisch kurz unter fließendem kalten Wasser abspülen und trocken tupfen.
4. Zucchinistücke mit Kartoffelwürfeln, Tomatenstücken, Artischockenherzen, Zitronenthymian und Muschelfleisch in einer Schüssel mischen. Mit Safran, Salz und Pfeffer herzhaft würzen.
5. Das Muschelragout in einen gewässerten Römertopf® geben, Fond oder Brühe hinzugießen. Den Römertopf® mit dem Deckel verschließen und auf dem Rost in den kalten Backofen schieben.
Ober-/Unterhitze: etwa 220 °C (untere Schiene)
Heißluft: etwa 200 °C
6. Das Muschelragout etwa 60 Minuten garen.

Zanderrouladen

8–10 Portionen

Zubereitungszeit: 60 Minuten, ohne Abkühlzeit
Garzeit: etwa 30 Minuten

300 g Tomaten
250 g Endiviensalat (etwa 1/2 Kopf)
20 g Butter
1/2 TL abgeriebene Zitronenschale von 1 Bio-Zitrone (unbehandelt, ungewachst)
Salz
1 Stange Porree (Lauch, etwa 450 g)
4 Zanderfilets (ohne Haut, je etwa 300 g)
250 ml Fischfond oder Gemüsebrühe
125 ml Weißwein
20 g Butter
2 Bund Kerbel
1–2 EL Speisestärke
150 g Schlagsahne
gem. Pfeffer
Zitronensaft

Außerdem:
Küchengarn

Pro Portion:
E: 31 g, F: 11 g, Kh: 4 g,
kJ: 1079, kcal: 257

1. Tomaten kreuzweise einschneiden und mit kochendem Wasser übergießen. Nach 1–2 Minuten herausnehmen und mit kaltem Wasser abschrecken. Tomaten häuten, halbieren und die Stängelansätze herausschneiden. Tomaten in Würfel schneiden. Salat putzen, abspülen, trocken tupfen. Salatblätter in feine Streifen schneiden.
2. Butter in einem Topf zerlassen, Salatstreifen darin unter Rühren andünsten, bis sie zusammengefallen sind. Zitronenschale unterrühren. Mit Salz würzen, abkühlen lassen. Porree putzen, die Stange zuerst quer, dann beide Stücke längs halbieren, abspülen, abtropfen lassen und das Wurzelende abschneiden. Porree in Blätter teilen, kurz in kochendem Salzwasser blanchieren, mit kaltem Wasser abschrecken und in einem Sieb abtropfen lassen.
3. Den Backofen vorheizen.
Ober-/Unterhitze: etwa 180 °C
Heißluft: etwa 160 °C
4. Von den Zanderfilets evtl. die Gräten entfernen. Zanderfilets kurz unter fließendem kalten Wasser abspülen und trocken tupfen. Filets jeweils in 4 Stücke schneiden. 8 Fischstücke mit der Innenseite nach oben auf eine Arbeitsfläche legen. Mit Salz würzen. Nacheinander Salatstreifen und Tomatenwürfel darauf verteilen. Restliche Fischstücke auf der Innenseite mit Salz würzen und mit der gesalzenen Seite nach unten auf die Füllung legen. Jeweils 3–4 breite Porreeblätter der Länge nach leicht überlappend in der Breite der Fischstücke nebeneinanderlegen. Fischstücke darin einrollen, mit Küchengarn wie zu einem Päckchen verschnüren.
5. Die restlichen Porreeblätter klein schneiden und in eine Fettpfanne legen. Fond oder Brühe, Weißwein und Butter hinzugeben. Rouladen in der Fettpfanne verteilen. Die Fett-

Zanderrouladen

Seelachs mit Joghurthaube

pfanne in den vorgeheizten Backofen schieben. Die Zanderrouladen etwa 30 Minuten garen.

6. Die garen Rouladen aus der Fettpfanne nehmen (Küchengarn entfernen) und warm stellen. Kerbel abspülen und trocken tupfen. Die Blättchen von den Stängeln zupfen. Blättchen (einige Blättchen beiseitelegen) klein schneiden.

7. Den Sud (etwa 350 ml) durch ein Sieb in einen Topf gießen. Speisestärke mit Sahne anrühren, in den Sud rühren und unter Rühren kurz aufkochen lassen. Mit Salz, Pfeffer und Zitronensaft würzen. Kerbel unterrühren. Die Rouladen mit der Sauce anrichten und mit den Kerbelblättchen garnieren.

Seelachs mit Joghurthaube

4 Portionen

Zubereitungszeit: 50 Minuten
Garzeit: etwa 25 Minuten

Für das Kartoffel-Möhren-Püree:
500 g Möhren
500 g Kartoffeln
1 gestr. TL Salz

400 g Seelachsfilet
Saft von 1 Zitrone
Salz
2 mittelgroße Zwiebeln
3 EL Olivenöl
175 g abgetropfte Champignonscheiben (aus der Dose)
5 Tomaten
je 1 Bund Petersilie, Dill und Schnittlauch
300 g Joghurt (3,5 % Fett)
1 EL Speisestärke
gem. weißer Pfeffer
Paprikapulver edelsüß
2 EL Semmelbrösel
40 g Butter
100 g saure Sahne (10 % Fett)
gem. Pfeffer
ger. Muskatnuss
evtl. 1 Bio-Limette
oder Bio-Zitrone
(unbehandelt, ungewachst)

Pro Portion:
E: 28 g, F: 24 g, Kh: 35 g,
kJ: 2000, kcal: 477

1. Für das Kartoffel-Möhren-Püree die Kartoffeln schälen, abspülen und trocken tupfen. Möhren putzen, schälen, abspülen, abtropfen lassen. Kartoffeln und Möhren in Würfel schneiden. Möhren- und Kartoffelwürfel knapp mit Wasser bedeckt, zugedeckt zum Kochen, Salz hinzufügen. Kartoffel- und Möhrenwürfel 10–15 Minuten garen.

2. Seelachsfilet kurz unter fließendem kalten Wasser abspülen, trocken tupfen, mit Zitronensaft beträufeln und mit Salz würzen.

3. Den Backofen vorheizen.
Ober-/Unterhitze: etwa 200 °C
Heißluft: etwa 180 °C

4. Zwiebeln abziehen und in Würfel schneiden. Olivenöl in einer Pfanne erhitzen. Die Zwiebelwürfel darin andünsten. Champignonscheiben hinzufügen und kurz mit andünsten.

5. Tomaten abspülen, trocken tupfen, halbieren und die Stängelansätze herausschneiden. Tomaten in Scheiben schneiden. Petersilie, Dill und Schnittlauch abspülen, trocken tupfen, einige Stängel Petersilie und einige Schnittlauchhalme beiseitelegen. Von den restlichen Kräuterstängeln die Blättchen bzw. die Spitzen abzupfen. Petersilienblättchen und Dillspitzen klein schneiden, Schnittlauch in Röllchen schneiden.

6. Joghurt mit Speisestärke und Kräutern verrühren. Mit Salz, Pfeffer und Paprika würzen.

7. Seelachsfilet in eine längliche, flache Auflaufform (gefettet) legen. Zwiebel-Champignon-Masse und Tomatenscheiben darauf verteilen. Vorsichtig mit der Joghurt-Kräuter-Sauce übergießen. Semmelbrösel daraufstreuen, Butter in Flöckchen daraufsetzen. Die Form auf dem Rost in den vorgeheizten Backofen schieben. Seelachsfilet mit Joghurthaube etwa 25 Minuten garen.

8. Gare Möhren- und Kartoffelwürfel abgießen (etwas von der Kochflüssigkeit auffangen), abtropfen lassen und pürieren. Saure Sahne unterrühren. Mit Salz, Pfeffer und Muskat würzen, evtl. etwas von der Kochflüssigkeit unterrühren.

9. Nach Belieben zum Garnieren Limette oder Zitrone heiß abwaschen, abtrocknen und in dünne Scheiben schneiden. Die Scheiben halbieren. Das Seelachsfilet mit dem Kartoffel-Möhren-Püree, den beiseitegelegten Kräuterstängeln, Schnittlauchhalmen und Limetten- oder Zitronenscheiben garniert servieren.

Kabeljaustücke auf Tomaten-Porree-Gemüse

Lachspäckchen

Kabeljaustücke auf Tomaten-Porree-Gemüse

4 Portionen

Zubereitungszeit: 20 Minuten, ohne Auftauzeit
Garzeit: 25–30 Minuten

640 g TK-Kabeljaufilet
1 Stange Porree (Lauch, etwa 200 g)
400 g Cocktailtomaten
Salz, gem. Pfeffer
100 ml Weißwein
2 EL Speiseöl
einige Schnittlauchhalme

Außerdem:
1 Stück Bratfolie oder Bratschlauch

Pro Portion:
E: 29 g, F: 6 g, Kh: 4 g,
kJ: 865, kcal: 207

1. Kabeljaufilet nach Packungsanleitung auftauen lassen. Kabeljaufilet kurz unter fließendem kalten Wasser abspülen und trocken tupfen.
2. Den Backofen vorheizen.
Ober-/Unterhitze: etwa 200 °C
Heißluft: etwa 180 °C
3. Porree putzen, die Stange längs halbieren, gründlich waschen, abtropfen lassen und in kleine Stücke schneiden. Tomaten abspülen, trocken tupfen, halbieren, entkernen und die Stängelansätze herausschneiden. Tomaten in große Würfel schneiden.
4. Kabeljaufilet in mundgerechte Stücke schneiden und in eine Schüssel geben. Porreestücke und Tomatenwürfel untermengen. Mit Salz und Pfeffer würzen, Weißwein und Speiseöl hinzufügen.
5. Die Fisch-Gemüse-Mischung auf ein großes Stück Bratfolie oder in den Bratschlauch geben, nach Packungsanleitung verschließen und auf ein Backblech legen. Das Backblech in den vorgeheizten Backofen (unteres Drittel) schieben. Die Kabeljaustücke auf Tomaten-Porree-Gemüse 25–30 Minuten garen.
6. Die Folie aufschneiden, Kabeljaustücke mit dem Gemüse herausnehmen, auf einer vorgewärmten Platte anrichten, mit abgespülten, trocken getupften Schnittlauchhalmen garnieren und sofort servieren.

Lachspäckchen

6 Portionen

Zubereitungszeit: 30 Minuten, ohne Auftauzeit
Backzeit: etwa 30 Minuten

450 g TK-Blätterteig (7 Platten)
300 g Brokkoli
Salz
200 g Räucherlachs, in feinen Scheiben
150 g Crème légère
gem. Pfeffer
1 Eigelb (Größe M)
1 TL mittelscharfer Senf

Pro Portion:
E: 13 g, F: 25 g, Kh: 29 g,
kJ: 1635, kcal: 391

1. Die Blätterteigplatten nebeneinander nach Packungsanleitung auftauen lassen.
2. Brokkoli putzen und in Röschen teilen. Die Röschen abspülen, abtropfen lassen. Salzwasser in einem Topf zum Kochen bringen, die Brokkoliröschen darin etwa 5 Minuten bissfest vorgaren. Brokkoliröschen in ein Sieb geben, mit kaltem Wasser abspülen und abtropfen lassen.
3. Den Backofen vorheizen.
Ober-/Unterhitze: etwa 200 °C
Heißluft: etwa 180 °C
4. Jeweils 3 Blätterteigplatten aufeinanderlegen und vorsichtig zu je einem Rechteck (etwa 25 x 20 cm) ausrollen. Die restliche Teigplatte etwas länglich ausrollen, daraus etwa 6 schmale Streifen zum Garnieren schneiden. Die Teigrechtecke mit den Lachsscheiben belegen und rundherum einen Rand frei lassen. Die Brokkoliröschen darauf verteilen, etwa 50 g Crème légère daraufträufeln, mit Salz und Pfeffer würzen.
5. Eigelb mit Wasser verschlagen, die Teigränder damit bestreichen. Die belegten Blätterteigrechtecke zu Päckchen zusammenfalten, dabei die Ränder gut festdrücken.
6. Die Blätterteigpäckchen mit der Nahtseite nach unten auf ein Backblech (mit Backpapier belegt) legen und anschließend mit den Teigstreifen garnieren.

7. Das Backblech in den vorgeheizten Backofen schieben. Die Lachspäckchen etwa 30 Minuten backen.
8. Restliche Crème légère mit Senf verrühren, abschmecken. Lachspäckchen halbieren, Dip dazureichen.

Kabeljaufilet „Italienische Art"

6 Portionen

Zubereitungszeit: 40 Minuten
Garzeit: etwa 30 Minuten

3 Zucchini (etwa 600 g)
1 kleines Bund Zitronenthymian
3 EL Speiseöl
700 g stückige Tomatensauce
Salz, gem. Pfeffer
12 Kabeljaufilets (je etwa 75 g)
Zitronensaft
3 Eier (Größe M)
200 ml Milch (3,5 % Fett)
100 g ger. Parmesan
50 g Weizenmehl
2 EL Speiseöl

Pro Portion:
E: 36 g, F: 16 g, Kh: 9 g,
kJ: 1387, kcal: 331

1. Zucchini abspülen, abtrocknen und die Enden abschneiden. Zucchini längs halbieren und in Scheiben schneiden. Zitronenthymian abspülen und trocken tupfen. Die Blättchen von den Stängeln zupfen. Blättchen klein schneiden.
2. Speiseöl in einem Bräter erhitzen. Die Zucchinischeiben darin portionsweise anbraten. Tomatensauce hinzugießen. Mit Salz und Pfeffer würzen, Zitronenthymian hinzufügen. Die Zutaten zum Kochen bringen und 5–10 Minuten bei schwacher Hitze kochen lassen.
3. Den Backofen vorheizen.
Ober-/Unterhitze: etwa 200 °C
Heißluft: etwa 180 °C
4. Kabeljaufilets kurz unter fließendem kalten Wasser abspülen und trocken tupfen. Mit Salz und Pfeffer würzen. Mit Zitronensaft beträufeln.
5. Eier mit Milch und Käse in einer Schüssel verschlagen. Kabeljaufilets zuerst in Mehl wenden, dann durch die Eier-Käse-Milch ziehen (Filets am Schüsselrand etwas abstreifen).
6. Speiseöl in einer großen Pfanne erhitzen. Die Kabeljaufilets darin kurz bei schwacher Hitze von beiden Seiten anbraten.
7. Kabeljaufilets herausnehmen und auf das Zucchinigemüse in den Bräter legen. Den Bräter auf dem Rost in den vorgeheizten Backofen schieben. Filets etwa 30 Minuten garen.
8. Die Kabeljaufilets mit dem Gemüse auf einem vorgewärmten Teller anrichten und sofort servieren.

Lachs in Sahnesauce

4 Portionen

Zubereitungszeit: 45 Minuten
Garzeit: etwa 20 Minuten

600 g Lachsfilet
(ohne Haut und Gräten)
Salz, gem. Pfeffer
1 Bund Suppengrün
(Sellerie, Möhren, Porree, Petersilie)
1 mittelgroße Zwiebel
10 g Butter
1 geh. EL Weizenmehl
400 g Schlagsahne
125 ml Gemüsebrühe
Saft von 1/2 Zitrone
1 kleines Bund Kerbel

Pro Portion:
E: 32 g, F: 49 g, Kh: 10 g,
kJ: 2602, kcal: 623

1. Lachsfilet kurz unter fließendem kalten Wasser abspülen, trocken tupfen, mit Salz und Pfeffer würzen. Lachsfilet in 4–6 gleich große Stücke schneiden. Die Lachsfilets in eine Auflaufform (Boden gefettet) legen.
2. Den Backofen vorheizen.
Ober-/Unterhitze: etwa 200 °C
Heißluft: etwa 180 °C
3. Suppengrün putzen, evtl. schälen, abspülen und abtropfen lassen. Möhren, Porree und Sellerie in sehr kleine Würfel schneiden, Petersilie klein schneiden. Zwiebel abziehen und ebenfalls klein würfeln.
4. Butter in einem Topf erhitzen, die Zwiebel- und Suppengrünwürfel darin andünsten, Petersilie hinzufügen. Mehl und Sahne mit einem Schneebesen verrühren, mit der Gemüsebrühe zu den Gemüsewürfeln geben und gut unterrühren.
5. Die Sauce unter Rühren zum Kochen bringen und unter Rühren etwa 2 Minuten kochen lassen, mit Salz, Pfeffer und Zitronensaft abschmecken. Die Sauce auf den Lachsfiletstücken verteilen.
6. Die Form ohne Deckel auf dem Rost in den vorgeheizten Backofen schieben. Lachs in Sahnesauce etwa 20 Minuten garen.
7. Kerbel abspülen und trocken tupfen. Die Blättchen von den Stängeln zupfen. Den Lachs mit Kerbelblättchen garniert sofort servieren.

Kabeljaufilet „Italienische Art"

Lachs in Sahnesauce

Seelachsfilet mit Ofentomaten

2 Portionen

Zubereitungszeit: 25 Minuten
Garzeit: etwa 15 Minuten

200 g Cocktailtomaten
1 TL Olivenöl
Salz, gem. Pfeffer
2 Seelachsfilets (je etwa 150 g)
1 TL Olivenöl
2 Scheiben Pancetta (italienischer Bauchspeck, etwa 20 g)
1 TL Butter
einige Stängel Basilikum

Pro Portion:
E: 32 g, F: 14 g, Kh: 3 g,
kJ: 1101, kcal: 263

1. Den Backofen vorheizen.
Ober-/Unterhitze: etwa 160 °C
Heißluft: etwa 140 °C
2. Die Tomaten abspülen, abtropfen lassen, halbieren und evtl. die Stängelansätze herausschneiden. Die Tomatenhälften auf einem Backblech (gefettet) verteilen. Die Tomatenhälften mit Olivenöl beträufeln, mit Salz und Pfeffer würzen. Das Backblech in den vorgeheizten Backofen schieben. Die Tomatenhälften etwa 15 Minuten garen.

Seelachsfilet mit Ofentomaten

3. In der Zwischenzeit Fischfilets kurz unter fließendem kalten Wasser abspülen, trocken tupfen, mit Pfeffer und nur etwas Salz (da der Speck salzig ist) würzen.
4. Olivenöl in einer Pfanne erhitzen. Die Speckscheiben darin kross ausbraten, dann aus der Pfanne nehmen und auf Küchenpapier abtropfen lassen.
5. Butter zum Speckfett in die Pfanne geben. Die Fischfiletstücke darin von jeder Seite etwa 4 Minuten braten.
6. Basilikum abspülen und trocken tupfen. Die Blättchen von den Stängeln zupfen.
7. Die Fischfilets mit Speckscheiben und den Ofentomaten auf vorgewärmten Tellern anrichten. Tomaten mit Basilikumblättchen bestreuen.

Bunte Gemüsetorte mit Lachs

6–8 Portionen (ohne Foto)

Zubereitungszeit: 45 Minuten
Garzeit: etwa 45 Minuten

Für den Teig:
200 g Weizenmehl
1 gestr. TL Dr. Oetker Backin
100 g Butter oder Margarine
1 Ei (Größe M)
1 Prise Salz

Für den Belag:
150 g Möhren
150 g Blumenkohl
150 g Brokkoli
150 g kleine Zucchini
Salz
150 g geräucherter Lachs
1 Zwiebel
gem. Pfeffer
gerebelter Thymian
50 g Butter
1 EL Semmelbrösel

Pro Portion:
E: 10 g, F: 22 g, Kh: 27 g,
kJ: 1478, kcal: 353

1. Für den Teig Mehl mit Backpulver in einer Rührschüssel mischen. Butter oder Margarine, Ei und Salz hinzufügen. Die Zutaten mit einem Mixer (Knethaken) zunächst kurz auf niedrigster, dann auf höchster Stufe gut durcharbeiten. Anschließend auf einer leicht bemehlten Arbeitsfläche kurz zu einem Teig verkneten und zu einer Kugel formen. Die Teigkugel in Frischhaltefolie gewickelt etwa 30 Minuten in den Kühlschrank legen.
2. In der Zwischenzeit für den Belag Möhren putzen, schälen, abspülen, abtropfen lassen und in Scheiben schneiden. Blumenkohl putzen und den Strunk abschneiden. Blumenkohl in Röschen teilen, abspülen und abtropfen lassen. Von dem Brokkoli die Blätter entfernen. Den Strunk abschneiden. Brokkoli in Röschen teilen und die Stiele kreuzweise einschneiden. Brokkoli abspülen und abtropfen lassen. Zucchini abspülen, abtropfen lassen und die Enden abschneiden. Zucchini in Scheiben schneiden.
3. Das vorbereitete Gemüse getrennt in kochendem Salzwasser 3–4 Minuten blanchieren. Anschließend jeweils in ein Sieb geben, mit kaltem Wasser abschrecken und sehr gut abtropfen lassen.
4. Den Backofen vorheizen.
Ober-/Unterhitze: etwa 180 °C
Heißluft: etwa 160 °C
5. Lachs in Würfel schneiden. Zwiebel abziehen und klein würfeln.
6. Kalt gestellten Teig auf einer bemehlten Arbeitsfläche zu einer runden Platte (Ø etwa 32 cm) ausrollen, in eine Springform (Ø 28 cm, gefettet) legen und einen Rand fest andrücken. Das blanchierte Gemüse dekorativ auf dem Teigboden verteilen, mit Lachs- und Zwiebelwürfeln bestreuen. Mit Salz, Pfeffer und Thymian bestreuen.
7. Butter zerlassen, mit Semmelbröseln verrühren und auf das Gemüse träufeln. Die Form auf dem Rost in den vorgeheizten Backofen schieben. Die Gemüsetorte etwa 45 Minuten backen.

8. Die Form auf einen Rost stellen. Die Gemüsetorte etwas abkühlen lassen, aus der Form lösen, in Stücke schneiden und warm servieren.

Lachsschnitten mit Dill und Gurken-Tomaten-Salat

4 Portionen

Zubereitungszeit: 35 Minuten, ohne Durchzieh- und Antauzeit
Garzeit: etwa 30 Minuten

Für den Gurken-Tomaten-Salat:
350 g Cocktailtomaten
1/2 Salatgurke (etwa 400 g)
1 1/2–2 EL Kräuteressig
Salz, gem. Pfeffer
2–3 EL Speiseöl

500 g TK-Lachsfilet
25 g gehackter TK-Dill
1/2 Bio-Zitrone
(unbehandelt, ungewachst)

Außerdem:
4 Bögen Alufolie

Pro Portion:
E: 27 g, F: 17 g, Kh: 4 g,
kJ: 1159, kcal: 277

1. Für den Salat die Tomaten abspülen, trocken tupfen und die Stängelansätze herausschneiden. Tomaten halbieren. Gurke schälen, in dünne Scheiben schneiden oder hobeln. Essig mit Salz und Pfeffer würzen, Speiseöl unterschlagen. Gurkenscheiben und Tomatenhälften in eine Schüssel geben, mit der Marinade vermischen und mit dem restlichen Dill bestreuen.
2. Den Salat zugedeckt im Kühlschrank etwa 1 Stunde durchziehen lassen.
3. Nach etwa 20 Minuten Durchziehzeit den Backofen vorheizen.
Ober-/Unterhitze: etwa 200 °C
Heißluft: etwa 180 °C

Lachsschnitten mit Dill und Gurken-Tomaten-Salat

4. Lachsfilets antauen lassen, mit Salz und Pfeffer würzen. Je 1 Stück Lachsfilet auf 1 Bogen Alufolie (mit Speiseöl bestrichen) legen.
5. Lachsfilets mit zwei Dritteln des Dills bestreuen. Zitrone heiß abwaschen, abtrocknen und in Scheiben schneiden. Die Lachsfiletstücke mit je 1 Zitronenscheibe belegen und in der Alufolie einpacken.
6. Die Lachsfilet-Päckchen auf ein Backblech legen. Das Backblech in den vorgeheizten Backofen schieben. Die Lachsschnitten etwa 30 Minuten garen.
7. Die Lachsfilets aus der Alufolie nehmen, auf einer vorgewärmten Platte anrichten und mit dem Salat servieren.

Seelachsfilet auf Wirsing

4 Portionen

Zubereitungszeit: 45 Minuten
Garzeit: 15–20 Minuten

1 kleiner Kopf Wirsing (etwa 750 g)
100 g Butter
Salz, gem. weißer Pfeffer
1 TL gem. Kümmelsamen
250 g Schlagsahne
2 Eigelb (Größe M)
750 g Seelachsfilet
2 EL Zitronensaft
3 EL Semmelbrösel

Seelachsfilet auf Wirsing

Pro Portion:
E: 45 g, F: 51 g, Kh: 15 g,
kJ: 2932, kcal: 702

1. Von dem Wirsing die groben, äußeren Blätter lösen. Wirsing vierteln und den Strunk herausschneiden. Wirsing in schmale Streifen schneiden, abspülen und abtropfen lassen.
2. Ein Drittel der Butter in einem Topf zerlassen, Wirsingstreifen darin unter Rühren andünsten. Mit Salz, Pfeffer und Kümmel würzen. Etwas Wasser hinzugießen, Wirsingstreifen zugedeckt etwa 10 Minuten garen.
3. Sahne mit Eigelb verschlagen, mit Salz und Pfeffer würzen. Eiersahne mit den Wirsingstreifen vermischen, in eine Auflaufform (gefettet) füllen.
4. Den Backofen vorheizen.
Ober-/Unterhitze: etwa 200 °C
Heißluft: etwa 180 °C
5. Seelachsfilet kurz unter fließendem kalten Wasser abspülen, trocken tupfen und in 4 gleich große Stücke schneiden. Seelachsfilets mit Zitronensaft beträufeln.
6. Die Hälfte der restlichen Butter in einer Pfanne zerlassen. Die Seelachsfiletstücke darin von beiden Seiten kurz anbraten, herausnehmen und auf die Wirsingmasse legen, mit Salz würzen.
7. Semmelbrösel unter die restliche Butter rühren und auf den Seelachsfiletstücken verteilen. Form auf dem Rost in den vorgeheizten Backofen schieben und den Auflauf 15–20 Minuten garen.

Seelachsfilet mit Frischkäsehaube

Seelachs alla pizzaiola

Seelachsfilet mit Frischkäsehaube

4 Portionen

Zubereitungszeit: 20 Minuten
Garzeit: etwa 25 Minuten

4 Schalotten
2 EL Butter
900 g abgetropfte Prinzessbohnen (aus Dosen)
Salz, gem. Pfeffer
4 Scheiben Seelachsfilet (je etwa 150 g)
200 g Kräuter-Frischkäse
100 ml Milch (3,5 % Fett)
125 g ungesalzene, geröstete Erdnusskerne

Pro Portion:
E: 46 g, F: 39 g, Kh: 12 g,
kJ: 2422, kcal: 577

1. Den Backofen vorheizen.
Ober-/Unterhitze: etwa 200 °C
Heißluft: etwa 180 °C
2. Die Schalotten abziehen, zuerst in Scheiben schneiden, dann in Ringe teilen.
3. Die Butter in einer Pfanne zerlassen. Die Zwiebelringe darin unter Rühren andünsten. Die Bohnen hinzugeben und kurz miterwärmen, mit Salz und Pfeffer würzen. Das Bohnengemüse in eine Auflaufform (gefettet) geben.
4. Die Fischfilets kurz unter fließendem kalten Wasser abspülen und trocken tupfen. Fischfilets mit Salz und Pfeffer würzen und nebeneinander auf das Bohnengemüse legen.
5. Den Frischkäse mit der Milch verrühren. Erdnusskerne grob hacken und unter den Frischkäse rühren. Die Frischkäsemasse gleichmäßig auf den Fischfilets verteilen und etwas andrücken.
6. Die Form auf dem Rost in den vorgeheizten Backofen schieben. Seelachsfilet mit Frischkäsehaube etwa 25 Minuten garen.
7. Die Seelachsfilets mit den Bohnen auf Tellern anrichten und servieren.

Seelachs alla pizzaiola

4 Portionen

Zubereitungszeit: 20 Minuten
Garzeit: 12–15 Minuten

4 Seelachsfilets (je 180–200 g)
Salz
gem. Pfeffer
3 Knoblauchzehen
1 rote Zwiebel
1 kleine rote Chilischote
1 Fleischtomate
4 Sardellenfilets
8 abgetropfte schwarze Oliven, ohne Stein
3 EL Olivenöl
1 Prise Zucker
370 g Tomatenstücke mit Basilikum (Tetrapak)
60 g abgetropfte Kapernäpfel
2 EL Kapernsaft
2–3 Stängel Thymian

Pro Portion:
E: 38 g, F: 16 g, Kh: 8 g,
kJ: 1394, kcal: 332

1. Seelachsfilets kurz unter fließendem kalten Wasser abspülen und trocken tupfen. Die Filets mit Salz und Pfeffer würzen, nebeneinander in eine Auflaufform (gefettet) legen.
2. Knoblauch und Zwiebel abziehen, in kleine Würfel schneiden.
3. Chilischote halbieren, entstielen und entkernen. Schote abspülen, abtropfen lassen und in kleine Stücke schneiden.
4. Tomate abspülen, abtrocknen, halbieren und den Stängelansatz herausschneiden. Die Tomate in kleine Würfel schneiden.
5. Sardellenfilets kurz abspülen, trocken tupfen und grob hacken. Oliven in Ringe schneiden.
6. Den Backofen vorheizen.
Ober-/Unterhitze: etwa 200 °C
Heißluft: etwa 180 °C
7. Olivenöl in einem Topf erhitzen. Knoblauch-, Zwiebelwürfel und Chilistücke darin kurz andünsten. Tomatenwürfel hinzugeben und kurz mitdünsten lassen. Mit Salz, Pfeffer und Zucker würzen. Die Tomatenstücke mit Basilikum unterrühren. Die Sauce unter Rühren kurz aufkochen lassen.
8. Gehackte Sardellenfilets, Olivenringe, Kapernäpfel und Kapernsaft unter die Sauce rühren. Die Sauce auf den Seelachsfilets in der Form verteilen.
9. Die Form auf dem Rost in den vorgeheizten Backofen (unteres Drittel) schieben. Die Fischfilets 12–15 Minuten garen.
10. Thymian abspülen und trocken tupfen, die Blättchen von den Stängeln zupfen. Seelachs alla pizzaiola mit Thymian garniert servieren.

Seelachs mit Gemüse und Kartoffeln

(Römertopf® 3-Liter-Inhalt)
4 Portionen (ohne Foto)

Zubereitungszeit: 40 Minuten, ohne Auftauzeit
Garzeit: etwa 60 Minuten

4 TK-Seelachsfilets (je etwa 180 g)
400 g Kartoffeln
1 Zwiebel (etwa 150 g)
2 Möhren (etwa 200 g)
2 Fenchelknollen (etwa 400 g)
1 rote Paprikaschote (etwa 200 g)

1 Bund Dill
250 g Crème fraîche
150 g Joghurt (3,5 % Fett)
100 ml Wermut
Saft von 1 Zitrone
Salz
gem. Pfeffer

150 g frisch ger. Gouda
2 EL Semmelbrösel
2 EL Sonnenblumenkerne

Pro Portion:
E: 54 g, F: 42 g, Kh: 34 g,
kJ: 3184, kcal: 763

1. Seelachsfilets nach Packungsanleitung auftauen.
2. Kartoffeln schälen, abspülen und abtropfen lassen. Zwiebel abziehen. Möhren putzen, schälen, abspülen, abtropfen lassen. Von den Fenchelknollen die Stiele dicht oberhalb der Knollen abschneiden. Braune Stellen und Blätter entfernen. Die Wurzelenden gerade schneiden. Knollen abspülen, abtropfen lassen und halbieren. Paprikaschote halbieren, entstielen, entkernen und die weißen Scheidewände entfernen. Schote abspülen und abtropfen lassen.
3. Kartoffeln und vorbereitete Gemüsezutaten in gleich große Würfel schneiden. Wasser in einem Topf zum Kochen bringen. Die Gemüsewürfel darin etwa 10 Minuten garen. Anschließend in ein Sieb geben, mit kaltem Wasser übergießen und abtropfen lassen.
4. Dill abspülen und trocken tupfen. Die Spitzen von den Stängeln zupfen. Spitzen klein schneiden. Crème fraîche mit Joghurt, Wermut, Zitronensaft und Dill verrühren, mit Salz und Pfeffer würzen. Die Gemüsewürfel mit der Crème-fraîche-Joghurt-Sauce in einer Schüssel mischen und in einen gewässerten Römertopf® geben.
5. Seelachsfilets kurz unter fließendem kalten Wasser abspülen, trocken tupfen, mit Salz und Pfeffer würzen. Evtl. vorhandene Gräten entfernen. Seelachsfilets auf den Gemüsewürfeln verteilen. Den Römertopf® mit dem Deckel verschließen und auf dem Rost in den kalten Backofen schieben.
Ober-/Unterhitze: etwa 220 °C (untere Schiene)
Heißluft: etwa 200 °C
6. Seelachs mit Gemüse und Kartoffeln etwa 50 Minuten garen.
7. Den Deckel abnehmen und die Backofentemperatur um etwa 20 °C erhöhen. Seelachsfilets mit Käse, Semmelbröseln und Sonnenblumenkernen bestreuen. Den Römertopf® (ohne Deckel) wieder auf dem Rost in den heißen Backofen schieben. Die Seelachsfilets etwa 10 Minuten überbacken.

Seehecht aus dem Ofen

4 Portionen

Zubereitungszeit: 25 Minuten
Garzeit: etwa 35 Minuten

1 küchenfertiger Seehecht (geschuppt, etwa 1,2 kg)
Salz
gem. Pfeffer
je 2 Stängel Rosmarin und Thymian
2 Fleischtomaten
4 EL Olivenöl
1 Topf Basilikum
1 Bio-Zitrone (unbehandelt, ungewachst)

Pro Portion:
E: 42 g, F: 16 g, Kh: 3 g,
kJ: 1376, kcal: 328

1. Den Backofen vorheizen.
Ober-/Unterhitze: etwa 180 °C
Heißluft: etwa 160 °C
2. Den Seehecht innen und außen kurz unter fließendem kalten Wasser abspülen und trocken tupfen. Seehecht innen und außen mit Salz und Pfeffer würzen.
3. Rosmarin und Thymian abspülen, trocken tupfen. Tomaten abspülen, trocken tupfen, halbieren, entkernen und die Stängelansätze herausschneiden. Die Tomaten in Würfel schneiden.
4. Rosmarin- und Thymianstängel in eine große, längliche Auflaufform (mit Olivenöl gefettet) geben. Den Seehecht darauflegen und mit Olivenöl beträufeln. Tomatenwürfel darauf verteilen. Die Form auf dem Rost in den vorgeheizten Backofen schieben. Den Seehecht etwa 35 Minuten garen.
5. Basilikum abspülen und trocken tupfen. Die Blättchen von den Stängeln zupfen. Zitrone heiß abwaschen, abtrocknen und die Schale abreiben.
6. Den gegarten Seehecht mit Basilikumblättchen und Zitronenschale bestreut servieren.

Seehecht aus dem Ofen

Sardische Fischmakkaroni

4 Portionen

Zubereitungszeit: 60 Minuten
Garzeit: etwa 30 Minuten

250 g Makkaroni
2 1/2 l Wasser
2 1/2 gestr. TL Salz
400 g Fischfilet, z. B. Seelachs
2–3 TL Zitronensaft
Salz
125 ml Fleischbrühe
125 ml Weißwein
200 g geraspelter Gouda
1 Stange Porree (Lauch)
2 kleine Fenchelknollen
4 Tomaten, 4 EL Olivenöl
200 g Schlagsahne
gem. Pfeffer, 25 g Butter

Pro Portion:
E: 42 g, F: 46 g, Kh: 50 g,
kJ: 3280, kcal: 784

1. Makkaroni in fingerlange Stücke brechen. Wasser in einem großen Topf zugedeckt zum Kochen bringen. Dann Salz und Makkaroni hinzugeben. Die Makkaroni im geöffneten Topf bei mittlerer Hitze nach Packungsanleitung bissfest kochen, dabei gelegentlich umrühren.

2. In der Zwischenzeit Fischfilet kurz unter fließendem kalten Wasser abspülen, trocken tupfen und in eine flache Schale legen. Fischfilet mit Zitronensaft beträufeln und mit Salz würzen.

3. Fleischbrühe mit Weißwein in einem Topf zum Kochen bringen, Fischfilet hineingeben und etwa 10 Minuten bei schwacher Hitze gar ziehen lassen.

4. Die garen Makkaroni in ein Sieb geben, mit heißem Wasser abspülen und abtropfen lassen.

5. Den Backofen vorheizen.
Ober-/Unterhitze: etwa 200 °C
Heißluft: etwa 180 °C

6. Die Makkaroni in eine große, flache Auflaufform (gefettet) geben. Fischfilet aus der Weinbrühe nehmen und auf die Makkaroni legen. Ein Drittel von dem Gouda auf dem Fischfilet verteilen.

7. Den Porree putzen, die Stange längs halbieren, gründlich waschen, abtropfen lassen und in Streifen schneiden. Von den Fenchelknollen die Stiele dicht oberhalb der Knollen abschneiden. Braune Stellen und Blätter entfernen. Knollen abspülen, abtropfen lassen, halbieren und in kleine Stücke schneiden.

8. Tomaten kreuzweise einschneiden und mit kochendem Wasser übergießen. Nach 1–2 Minuten herausnehmen und mit kaltem Wasser abschrecken. Die Tomaten häuten, vierteln und die Stängelansätze herausschneiden.

9. Olivenöl in einem Topf erhitzen. Porreestreifen und Fenchelstücke darin etwa 5 Minuten dünsten. Tomatenviertel hinzufügen und kurz miterhitzen, Sahne unterrühren. Mit Salz und Pfeffer würzen. Die Gemüsemasse auf dem Fischfilet verteilen. Restlichen Käse daraufstreuen und Butter in Flöckchen daraufsetzen.

10. Die Form auf dem Rost in den vorgeheizten Backofen schieben. Sardische Fischmakkaroni etwa 30 Minuten garen.

Sardische Fischmakkaroni

Ofenfilet all' italiana

4 Portionen

Zubereitungszeit: 20 Minuten
Garzeit: etwa 25 Minuten

600 g festes Fischfilet, z. B. Atlantik-Seelachs, Lachsforelle (frisch oder TK)
1 Bio-Zitrone (unbehandelt, ungewachst)
500 g Fleischtomaten
Salz, gem. Pfeffer
etwas frischer Rosmarin, Thymian oder Basilikum
125 g abgetropfter Mozzarella
4 EL frisch ger. Parmesan
1 EL Vollkorn-Semmelbrösel
einige Basilikumblättchen

Pro Portion:
E: 40 g, F: 15 g, Kh: 6 g,
kJ: 1347, kcal: 322

1. Fischfilet (TK-Fischfilet vorher auftauen lassen) kurz unter fließendem kalten Wasser abspülen, trocken tupfen und in 4 Portionen teilen.

2. Zitrone heiß abwaschen, abtrocknen und die Schale abreiben. Von der Zitronenschale etwa 1 Teelöffel abmessen. Zitrone halbieren, den Saft auspressen und 2 Esslöffel abmes-

Ofenfilet all' italiana

Schmorgurken, mit Lachs gefüllt

sen. Fischfiletstücke mit 2 Esslöffeln Zitronensaft beträufeln.
3. Den Backofen vorheizen.
Ober-/Unterhitze: etwa 180 °C
Heißluft: etwa 160 °C
4. Tomaten kreuzweise einschneiden und mit kochendem Wasser übergießen. Nach 1–2 Minuten herausnehmen und mit kaltem Wasser abschrecken. Tomaten häuten, halbieren und die Stängelansätze herausschneiden. Tomatenhälften in dicke Scheiben schneiden.
5. Die Fischfiletstücke in einer flachen Auflaufform (gefettet) verteilen. Fischfiletstücke mit Salz, Pfeffer und 1 Teelöffel Zitronenschale würzen. Die Tomatenscheiben dachziegelartig auf die Fischfiletstücke legen, mit Salz und Pfeffer würzen.
6. Kräuter abspülen und trocken tupfen. Die Blättchen bzw. Nadeln von den Stängeln zupfen. Blättchen und Nadeln klein schneiden und auf den Tomatenscheiben verteilen.
7. Den Mozzarella in dünne Scheiben schneiden und auf die Tomatenscheiben legen. Parmesan mit Semmelbröseln mischen und daraufstreuen. Die Form auf dem Rost in den vorgeheizten Backofen schieben. Ofenfilets etwa 25 Minuten garen.
8. Basilikumblättchen abspülen und trocken tupfen. Die Ofenfilets auf einer vorgewärmten Platte anrichten und mit den Basilikumblättchen bestreut servieren.

Schmorgurken, mit Lachs gefüllt

4 Portionen

Zubereitungszeit: 50 Minuten
Garzeit: etwa 30 Minuten

4 Schmorgurken (je etwa 400 g)
Salz

Für die Füllung:
600 g Lachsfilet
1 Zwiebel (etwa 50 g)
1 Bund Dill
20 g Butter, 2 EL Speiseöl
250 g Schlagsahne
1 EL Speisestärke
gem. Pfeffer
400 ml Gemüsebrühe

einige Dillspitzen
rote Pfefferbeeren

Pro Portion:
E: 33 g, F: 50 g, Kh: 8 g,
kJ: 2571, kcal: 614

1. Gurken unter fließendem kalten Wasser gründlich abbürsten oder evtl. schälen, Stängel und Blütenansätze abschneiden. Von den Gurken das obere Drittel der Länge nach abschneiden und in kleine Würfel schneiden. Die Kerne der Gurken mit einem Löffel oder Kugelausstecher vorsichtig herauslösen.
2. Gurken in kochendem Salzwasser etwa 2 Minuten blanchieren. Anschließend mit kaltem Wasser abschrecken und in einem Sieb abtropfen lassen.
3. Den Backofen vorheizen.
Ober-/Unterhitze: etwa 200 °C
Heißluft: etwa 180 °C
4. Für die Füllung Lachsfilet kurz unter fließendem kalten Wasser abspülen und trocken tupfen. Lachsfilet in große Würfel schneiden. Zwiebel abziehen und in kleine Würfel schneiden. Dill abspülen und trocken tupfen. Die Spitzen von den Stängeln zupfen, Spitzen klein schneiden.
5. Butter in einer Pfanne zerlassen, Speiseöl miterhitzen. Zwiebel- und Gurkenwürfel darin glasig dünsten. Lachswürfel hinzugeben und von allen Seiten kurz anbraten. Sahne mit Speisestärke anrühren, unter die Lachs-Gurken-Masse rühren und unter Rühren kurz aufkochen lassen. Mit Salz und Pfeffer würzen. Dill unterrühren. Die Gurkenhälften mit der Lachs-Gurken-Masse füllen und in einen Bräter oder in eine Fettpfanne legen. Brühe hinzugießen.
6. Den Bräter auf dem Rost oder die Fettpfanne in den vorgeheizten Backofen schieben. Die Schmorgurken etwa 30 Minuten garen.
7. Die gefüllten Schmorgurken mit abgespülten, trocken getupften Dillspitzen und Pfefferbeeren garniert servieren.

Makrelenfilets „Bretonische Art“

Seelachsröllchen in pikanter Sauce

Makrelenfilets „Bretonische Art“

12 Portionen

Zubereitungszeit: 65 Minuten
Garzeit: etwa 25 Minuten

24 Makrelenfilets (mit Haut, je etwa 150 g)
Salz, gem. Pfeffer
3 EL Zitronensaft

Für das Bohnenkern-Gemüse:
600 g festkochende Kartoffeln
2 Gemüsezwiebeln (etwa 450 g)
4 EL Speiseöl
425 g rote Bohnenkerne (aus der Dose)
je 425 g weiße und grüne Bohnenkerne (aus Dosen)
1 Bund Bohnenkraut oder
2 TL gerebeltes Bohnenkraut

6 EL Speiseöl
50 g Weizenmehl

Pro Portion:
E: 73 g, F: 45 g, Kh: 40 g,
kJ: 3879, kcal: 925

1. Makrelenfilets kurz unter fließendem kalten Wasser abspülen, trocken tupfen und die Haut mit einem scharfen Messer einritzen, damit beim Garen überflüssiges Fett austreten kann. Filets mit Salz, Pfeffer und Zitronensaft würzen.
2. Für das Gemüse Kartoffeln schälen, abspülen, abtropfen lassen und würfeln. Die Gemüsezwiebeln abziehen, halbieren und ebenfalls würfeln.
3. Speiseöl in einem großen Bräter erhitzen. Zwiebel- und Kartoffelwürfel darin unter Rühren andünsten. Die roten, weißen und grünen Bohnenkerne mit dem Saft hinzugeben. Mit Salz und Pfeffer würzen. Bohnenkraut abspülen und trocken tupfen. Die Blättchen von den Stängeln zupfen, Blättchen klein schneiden. Bohnenkraut zum Gemüse geben, zum Kochen bringen und etwa 10 Minuten bei schwacher Hitze kochen lassen.
4. Den Backofen vorheizen.
Ober-/Unterhitze: etwa 200 °C
Heißluft: etwa 180 °C
5. Speiseöl in einer großen Pfanne erhitzen. Fischfilets mit Mehl bestäuben und portionsweise in dem erhitzten Speiseöl von beiden Seiten anbraten. Fischfilets herausnehmen und auf das Bohnenkern-Gemüse legen. Den Bräter auf dem Rost in den vorgeheizten Backofen schieben. Die Makrelenfilets mit dem Gemüse etwa 25 Minuten garen.
6. Die Makrelenfilets mit dem Bohnenkern-Gemüse anrichten und sofort servieren.

Tipps: Anstelle der Makrelenfilets können auch andere Fischfiletsorten, z.B. Zander oder Scholle, verwendet werden. Bei Plattfischen, z. B. Scholle, ist die Garzeit kürzer.

Seelachsröllchen in pikanter Sauce

4 Portionen

Zubereitungszeit: 40 Minuten
Garzeit: 15–20 Minuten

750 g Seelachsfilet
2 EL Zitronensaft
50 g durchwachsener Speck
2 EL Zwiebelwürfel
2 abgetropfte Essiggurken
2 schwach geh. TL mittelscharfer Senf
Salz, gem. Pfeffer

Für die pikante Sauce:
1 Zwiebel
150 g Crème fraîche
1 Prise Zucker
2 EL Wermut (Noilly Prat)
30 g ger. Käse, z. B. Gouda
2 EL Butter

einige Kerbelblättchen

Pro Portion:
E: 38 g, F: 25 g, Kh: 5 g,
kJ: 1801, kcal: 430

1. Seelachsfilet kurz unter fließendem kaltem Wasser abspülen, trocken tupfen und mit Zitronensaft beträufeln.
2. Speck in kleine Würfel schneiden. Speck in einer Pfanne auslassen, Zwiebelwürfel hinzugeben und hell-

braun dünsten lassen. Die Pfanne von der Kochstelle nehmen. Speck-Zwiebel-Masse erkalten lassen.

3. Die Gurken in Würfel schneiden, mit der Speck-Zwiebel-Masse und Senf verrühren, mit Salz und Pfeffer würzen.

4. Den Backofen vorheizen.
Ober-/Unterhitze: etwa 200 °C
Heißluft: etwa 180 °C

5. Fischfilet mit Küchenpapier trocken tupfen und in schmale Streifen schneiden. Die Fischstreifen mit der Speck-Zwiebel-Masse bestreichen, aufrollen und in eine Auflaufform (gefettet) legen.

6. Für die Sauce Zwiebel abziehen, klein würfeln und mit Crème fraîche verrühren. Mit Salz und Zucker würzen. Wermut unter die Sauce rühren, auf den Fischröllchen verteilen und mit Käse bestreuen. Butter in Flöckchen daraufsetzen.

7. Die Form auf dem Rost in den vorgeheizten Backofen schieben. Die Seelachsröllchen 15–20 Minuten garen.

8. Die Seelachsröllchen auf Tellern mit der Sauce anrichten, mit abgespülten und trocken getupften Kerbelblättchen bestreuen.

Meeräsche in der Salzkruste mit Artischocken

2 Portionen

Zubereitungszeit: 40 Minuten
Garzeit: etwa 25 Minuten

1 küchenfertige Meeräsche (ungeschuppt, etwa 700 g)
2 Stängel Rosmarin
2 Knoblauchzehen
1 Bio-Zitrone (unbehandelt, ungewachst)
1 1/2 kg grobes Meersalz
etwa 50 ml Wasser
1 Eiweiß (Größe M)
1 kleine Zucchini
175 g Artischockenherzen in Öl (aus dem Glas)
4 Stängel Thymian
Salz
gem. Pfeffer

Pro Portion:
E: 51 g, F: 29 g, Kh: 6 g,
kJ: 2035, kcal: 487

1. Den Backofen vorheizen.
Ober-/Unterhitze: etwa 180 °C
Heißluft: etwa 160 °C

2. Meeräsche innen und außen kurz unter fließendem kalten Wasser abspülen und trocken tupfen. Rosmarin abspülen, trocken tupfen und in Stücke schneiden. Knoblauch ungeschält grob zerhacken. Zitrone heiß abwaschen, abtrocknen und die Schale mit einem Sparschäler abschälen.

3. Rosmarin, Knoblauch und Zitronenschale in die Bauchhöhle der Meeräsche füllen.

4. Salz mit Wasser und Eiweiß zu einem Teig verrühren. Den Boden einer feuerfesten Form oder eines Backblechs mit einem Drittel des Salzteiges belegen. Die gefüllte Meeräsche darauflegen und mit dem restlichen Salzteig so belegen, dass der Fisch komplett verhüllt ist.

5. Die Form auf dem Rost oder das Backblech in den vorgeheizten Backofen schieben. Die Meeräsche etwa 25 Minuten garen.

6. Zucchini abspülen, abtrocknen und die Enden abschneiden. Zucchini in etwa 1/2 cm dicke Scheiben schneiden. Die Artischockenherzen in einem Sieb abtropfen lassen und das Öl dabei auffangen. Artischockenherzen halbieren. Thymian abspülen und trocken tupfen. Die Blättchen von den Stängeln zupfen.

7. Das aufgefangene Öl in einer Pfanne erhitzen. Zucchinischeiben darin von beiden Seiten braten. Artischockenherzen und Thymian hinzufügen, etwa 2 Minuten mitbraten lassen. Mit Salz und Pfeffer würzen.

8. Zum Servieren die Salzkruste aufschlagen und vorsichtig vom Fisch lösen. Meeräsche mit dem Artischocken-Zucchini-Gemüse anrichten und servieren.

Meeräsche in der Salzkruste mit Artischocken

Lachsforelle in Wirsinghülle

(Römertopf® 3-Liter-Inhalt)
4 Portionen

Zubereitungszeit: 60 Minuten
Garzeit: etwa 50 Minuten

1 Kopf Wirsing (etwa 1,2 kg)
Salz
80 g rote Linsen
15 g frischer Ingwer
1 EL flüssiger Honig
1/2 TL gem. Anis
Cayennepfeffer
2 Schalotten
1 filetierte Lachsforelle
(ohne Haut, etwa 600 g)
100 ml trockener Weißwein
100 ml Fischfond (aus dem Glas)
100 g Schlagsahne
evtl. 2–3 EL Schnittlauchröllchen

Pro Portion:
E: 43 g, F: 13 g, Kh: 30 g,
kJ: 1884, kcal: 449

1. Die groben, äußeren Blätter von dem Wirsing lösen. Dann 12 Blätter vorsichtig abtrennen, abspülen, abtropfen lassen und die dicken Blattrippen flach schneiden. Wirsingblätter in kochendem Salzwasser etwa 4 Minuten blanchieren, anschließend mit kalten Wasser abschrecken und in einem Sieb abtropfen lassen. Den restlichen Wirsing vierteln und den Strunk herausschneiden. Wirsingviertel abspülen, abtropfen lassen und 250 g davon in sehr feine Streifen schneiden.
2. Kohlstreifen und 30 g Linsen in kochendes Salzwasser geben und etwa 2 Minuten kochen lassen, dann in ein Sieb geben und abtropfen lassen.
3. Ingwer schälen und fein hacken. Vorgegarte Linsen und Kohlstreifen mit Honig, Ingwer und Anis mischen, mit Salz und Cayennepfeffer würzen. Schalotten abziehen und würfeln. Die blanchierten Kohlblätter mit Küchenpapier trocken tupfen und leicht überlappend auf einem Geschirrtuch auf der Arbeitsplatte zu einem Quadrat (etwa 35 x 35 cm) auslegen.
4. Forellenfilets kurz unter fließendem kalten Wasser abspülen, trocken tupfen, evtl. Gräten mit einer Pinzette entfernen, Forellenfilets mit Salz würzen. Zunächst ein Forellenfilet auf die Kohlblätter legen, dann die Linsen-Kohl-Mischung daraufgeben und mit dem zweiten Forellenfilet bedecken. Die Forelle mithilfe des Geschirrtuchs in die Kohlblätter wickeln, leicht andrücken, falls nötig, mit Küchengarn umwickeln und in den gewässerten Römertopf® legen.
5. Schalottenwürfel, Weißwein, Fischfond und die restlichen Linsen in den Römertopf® geben. Den Römertopf® mit dem Deckel verschließen und auf dem Rost in den kalten Backofen schieben.
Ober-/Unterhitze: etwa 200 °C
Heißluft: etwa 180 °C
6. Die Lachsforelle in der Wirsinghülle etwa 50 Minuten garen.
7. Die Lachsforelle aus dem Römertopf® nehmen.
8. Den Kochsud mit den Zwiebeln und Linsen in einen Topf gießen, Sahne unterrühren, einmal aufkochen lassen und pürieren.
9. Die Lachsforelle in Scheiben schneiden und mit der Sauce auf Tellern anrichten. Nach Belieben mit Schnittlauchröllchen garnieren.

Lachsforelle in Wirsinghülle

Lachsforelle auf Blattspinat

4 Portionen

Zubereitungszeit: 25–30 Minuten
Garzeit: kleine Forellen etwa 35 Minuten, große Forelle etwa 55 Minuten

1 1/2 kg Blattspinat
200 g Schalotten
2 Knoblauchzehen
300 g Champignons
150 g Tomaten
2 EL Butter oder Margarine
Salz
gem. Pfeffer
ger. Muskatnuss
1 große Lachsforelle (etwa 1,3 kg)
oder 2 kleine Lachsforellen
(je etwa 600 g)
75 g geräucherter,
durchwachsener Speck
1 Bund Petersilie
1 Bio-Zitrone
(unbehandelt, ungewachst)
6 dünne Scheiben
durchwachsener Speck

Lachsforelle auf Blattspinat

Lachsfilet mit Paprikasauce

Pro Portion:
E: 42 g, F: 18 g, Kh: 4 g,
kJ: 1468, kcal: 351

1. Den Spinat verlesen, dicke Stiele entfernen. Den Spinat gründlich waschen, abtropfen lassen. Schalotten und Knoblauch abziehen. Die Hälfte der Schalotten achteln, die restlichen Schalotten und den Knoblauch fein würfeln.
2. Champignons putzen, evtl. kurz abspülen und gut abtropfen lassen. Die Hälfte der Champignons in Scheiben schneiden. Restliche Champignons fein würfeln. Die Tomaten abspülen, gut abtrocknen, halbieren, entkernen und die Stängelansätze herausschneiden. Tomaten würfeln.
3. Die Butter oder Margarine in einem Topf zerlassen. Schalottenachtel, Knoblauch und Champignonscheiben darin kurz andünsten. Spinat hinzufügen, unter Rühren dünsten, bis der Spinat zusammenfällt. Den Spinat mit Salz, Pfeffer und Muskat würzen. Die Tomatenwürfel unterheben.
4. Den Backofen vorheizen.
Ober-/Unterhitze: etwa 200 °C
Heißluft: etwa 180 °C
5. Lachsforelle innen und außen kurz unter fließendem kalten Wasser abspülen, trocken tupfen. Innen und außen mit Salz und Pfeffer einreiben. Speck fein würfeln. Petersilie abspülen und trocken tupfen. Die Blättchen von den Stängeln zupfen, Blättchen klein schneiden.
6. Die Zitrone heiß abwaschen, abtrocknen und die Schale abreiben. Die Zitrone halbieren und den Saft auspressen. Speckwürfel mit Champignon-, Schalottenwürfeln, Petersilie, Zitronenschale und -saft verrühren. Die Masse in die Bauchhöhle der Forelle füllen.
7. Das Spinatgemüse in eine große Auflaufform (gefettet) geben. Die gefüllte Forelle darauflegen und evtl. restliche Füllung darum verteilen. Die Speckscheiben auf die Forelle legen. Dann die Form auf dem Rost in den vorgeheizten Backofen (unteres Drittel) schieben. Kleine Forellen etwa 35 Minuten, große Forelle etwa 55 Minuten garen.

Lachsfilet mit Paprikasauce

4 Portionen

Zubereitungszeit: 45 Minuten, ohne Auftauzeit
Garzeit: etwa 20 Minuten

500 g TK-Lachsfilet (4 Stück)
Salz
gem. Pfeffer
8–10 große Mangold- oder Spinatblätter

Für die Paprikasauce:
3–4 rote Paprikaschoten (etwa 800 g)
2 EL Schlagsahne oder Crème fraîche
Paprikapulver edelsüß

Außerdem:
4 Bögen Alufolie

Pro Portion:
E: 26 g, F: 4 g, Kh: 6 g,
kJ: 1411, kcal: 338

1. Lachsfilets nach Packungsanleitung auftauen lassen. Anschließend kurz unter fließendem kalten Wasser abspülen, trocken tupfen, mit Salz und Pfeffer würzen.
2. Den Backofen vorheizen.
Ober-/Unterhitze: etwa 180 °C
Heißluft: etwa 160 °C
3. Die Mangold- oder Spinatblätter gründlich abspülen und abtropfen lassen, dicke Blattstiele abschneiden. Mangold- oder Spinatblätter in kochendem Wasser kurz blanchieren, mit einem Schaumlöffel herausnehmen, mit kalten Wasser abschrecken, abtropfen lassen und trocken tupfen. Jeweils ein Lachsfilet so in die Blätter einschlagen, sodass das Lachsfilet ganz bedeckt ist. Die eingeschlagenen Lachsfilets einzeln in Alufolie wickeln und auf ein Backblech legen. Das Backblech in den vorgeheizten Backofen schieben. Die Lachsfilets etwa 20 Minuten garen.
4. Für die Paprikasauce in der Zwischenzeit Paprikaschoten vierteln, entstielen, entkernen und die weißen Scheidewände entfernen, Schoten abspülen und abtropfen lassen. Die Paprikastücke in kochendem Wasser etwa 10 Minuten garen, in einem Sieb abtropfen lassen.
5. Paprikastücke häuten, grob zerkleinern und mit Sahne oder Crème fraîche pürieren. Die Sauce erhitzen, mit Salz, Pfeffer und Paprika abschmecken und dazu servieren.

Lachs mit Spargelkruste

Kürbis-Fisch-Gratin

Lachs mit Spargelkruste

4 Portionen

Zubereitungszeit: 40 Minuten
Backzeit: etwa 35 Minuten

350 g grüner Spargel
40 g Haselnusskerne
2 Schalotten
60 g Semmelbrösel
3 Eier (Größe M)
Salz
gem. Pfeffer
4 Lachsfilets (je etwa 160 g)

Pro Portion:
E: 42 g, F: 41 g, Kh: 14 g,
kJ: 2497, kcal: 597

1. Vom Spargel das untere Drittel schälen und die unteren Enden abschneiden. Spargelstangen abspülen, abtropfen lassen, halbieren und in feine Scheiben schneiden. Spargelscheiben in eine große, flache Schüssel geben.
2. Den Backofen vorheizen.
Ober-/Unterhitze: etwa 180 °C
Heißluft: etwa 160 °C
3. Die Haselnusskerne grob hacken. Schalotten abziehen und in feine Würfel schneiden. Haselnusskerne, Schalottenwürfel, Semmelbrösel und Eier mit den Spargelscheiben gut vermischen. Mit Salz und Pfeffer würzen.
4. Lachsfilets kurz unter fließendem kalten Wasser abspülen und trocken tupfen. Mit Salz und Pfeffer würzen. Lachsfilets von beiden Seiten mit der Spargel-Haselnuss-Masse panieren und in eine flache, runde Auflaufform oder Gratinform (Ø 28 cm, gefettet) legen. Restliche Spargel-Haselnuss-Masse auf den Lachsfilets verteilen, dabei leicht andrücken. Die Form auf dem Rost in den vorgeheizten Backofen schieben. Lachs etwa 35 Minuten garen.
5. Die Lachsfilets auf Tellern anrichten und sofort servieren.

Kürbis-Fisch-Gratin

4 Portionen

Zubereitungszeit: 40 Minuten
Garzeit: etwa 60 Minuten

600 g Kürbisfleisch (geputzt, ohne faserigen Innenteil)
500 g Kartoffeln
1 Bund Dill
250 g Schlagsahne
2 Eier (Größe M)
Salz, gem. Pfeffer
400 g Lachsfilet oder Kabeljaufilet
4 TL körniger Senf
75 g Crème fraîche

Pro Portion:
E: 29 g, F: 30 g, Kh: 28 g,
kJ: 2684, kcal: 641

1. Den Backofen vorheizen.
Ober-/Unterhitze: etwa 180 °C
Heißluft: etwa 160 °C
2. Das Kürbisfleisch in dünne, große Scheiben schneiden. Die Kartoffeln schälen, abspülen, abtropfen lassen und in dünne Scheiben schneiden.
3. Dill abspülen und trocken tupfen. Die Spitzen von den Stängeln zupfen. Die Hälfte der Spitzen klein schneiden. Restliche Dillspitzen beiseitelegen.
4. Sahne und Eier verschlagen. Mit Salz, Pfeffer und klein geschnittenem Dill würzen.
5. Kürbis- und Kartoffelscheiben in eine Gratinform (Ø 28 cm, gefettet) schichten. Die Eiersahne auf den Kürbis- und Kartoffelscheiben verteilen. Die Form auf dem Rost in den vorgeheizten Backofen schieben. Die Kürbis-Kartoffelscheiben etwa 50 Minuten garen.
6. Die Form aus dem Backofen nehmen und auf einen Rost stellen. Die Backofentemperatur um etwa 20 °C heraufschalten.
7. Fischfilet kurz unter fließendem kalten Wasser abspülen, trocken tupfen, in je 4 gleich große Streifen schneiden und mit je 1 Teelöffel Senf bestreichen. Mit Salz und Pfeffer würzen.
8. Fischfiletstreifen auf das Gratin legen und die Crème fraîche darauf verteilen.
9. Die Form wieder auf dem Rost in den vorgeheizten Backofen schieben. Kürbis-Fisch-Gratin etwa 10 Minuten überbacken.
10. Das Kürbis-Fisch-Gratin mit den restlichen Dillspitzen garnieren und sofort servieren.

Tomatenfisch auf Mangold

4 Portionen

Zubereitungszeit: 25 Minuten
Garzeit: 25–30 Minuten

4 Stücke Kabeljaufilet (etwa 600 g)
Saft von 1 Zitrone
800 g Mangold
1 Knoblauchzehe
1 EL Speiseöl
Salz, gem. Pfeffer
2 große Tomaten (etwa 250 g)
50 g ger. Parmesan

Außerdem:
1 Bratfolienschlauch

Pro Portion:
E: 34,5 g, F: 8 g, Kh: 3 g,
kJ: 955, kcal: 228

1. Kabeljaufilets kurz unter fließendem kalten Wasser abspülen und trocken tupfen. Kabeljaufilets in eine flache Schale legen und mit Zitronensaft beträufeln.
2. Mangold putzen, dabei die großen Blattstiele entfernen. Mangold gründlich waschen, gut abtropfen lassen und in Streifen schneiden. Knoblauch abziehen und durch eine Knoblauchpresse drücken.
3. Den Backofen vorheizen.
Ober-/Unterhitze: etwa 200 °C
Heißluft: etwa 180 °C
4. Speiseöl in einem Topf erhitzen. Mangoldstreifen und Knoblauch darin unter Rühren andünsten. Mit Salz und Pfeffer würzen. Tomaten abspülen, abtrocknen und die Stängelansätze herausschneiden. Tomaten in Scheiben schneiden.
5. Einen großen Bratfolienschlauch auf ein Backblech legen. Mangold in den Bratfolienschlauch geben. Kabeljaufilets aus der Schale nehmen, auf dem Mangold verteilen, mit Tomatenscheiben belegen und mit Käse bestreuen. Den Bratfolienschlauch nach Packungsanleitung fest verschließen. Das Backblech in den vorgeheizten Backofen schieben. Den Fisch 25–30 Minuten garen.
6. Den Bratfolienschlauch vom Backblech nehmen und vorsichtig aufschneiden. Den Tomatenfisch und das Gemüse auf Tellern anrichten und servieren.

Lachsforelle auf dem Gemüsebett

4 Portionen

Zubereitungszeit: 25 Minuten
Garzeit: etwa 30 Minuten

4 Lachsforellenfilets (ohne Haut und Gräten, je etwa 150 g)
Salz, gem. Pfeffer
etwas Zitronen- oder Limettensaft
1 Bund Suppengrün (Sellerie, Möhren, Porree, etwa 500 g)
200 g festkochende Kartoffeln
100 ml trockener Weißwein

Außerdem:
2 Stück Bratfolie oder
2 Bratschläuche

Pro Portion:
E: 32 g, F: 4 g, Kh: 11 g,
kJ: 958, kcal: 228

1. Den Backofen vorheizen.
Ober-/Unterhitze: etwa 200 °C
Heißluft: etwa 180 °C
2. Forellenfilets kurz unter fließendem kalten Wasser abspülen und trocken tupfen, mit Salz und Pfeffer würzen, mit Limetten- oder Zitronensaft beträufeln.
3. Suppengrün putzen, abspülen, abtropfen lassen und in Streifen schneiden.
4. Die Kartoffeln schälen, abspülen, abtropfen lassen und in Würfel schneiden oder Kartoffeln auf dem Gemüsehobel grob zerkleinern. Vorbereitetes Suppengrün und Kartoffelwürfel in einer Schüssel mischen, Wein hinzugießen, mit Salz und Pfeffer würzen.
5. Jeweils die Hälfte der Gemüse-Kartoffel-Mischung auf je 1 großes Stück Bratfolie oder in je 1 Bratschlauch geben. Jeweils 2 Forellenfilets darauflegen.
6. Dann die Bratfolien oder die Bratschläuche nach Packungsanleitung verschließen und auf ein Backblech legen.
7. Das Backblech in den vorgeheizten Backofen (unteres Drittel) schieben. Die Lachsforelle mit dem Gemüse etwa 30 Minuten garen.

Tomatenfisch auf Mangold

Lachsforelle auf dem Gemüsebett

Tilapiafilet „Bordelaise"

2 Portionen

Zubereitungszeit: 30 Minuten
Garzeit: 8–10 Minuten

2 Tilapiafilets (je etwa 180 g)
Salz
gem. Pfeffer
6 EL Semmelbrösel
3–4 EL Olivenöl
1 Bund Schnittlauch
2–3 Stängel Dill
1 EL körniger Senf
1 EL Butter

2 kleine Salatgurken (etwa 300 g)
125 g Schmand (Sauerrahm)
1 Prise Zucker

Pro Portion:
E: 37 g, F: 49 g, Kh: 39 g,
kJ: 3110, kcal: 743

1. Den Backofen vorheizen.
Ober-/Unterhitze: etwa 200 °C
Heißluft: etwa 180 °C
2. Fischfilets kurz unter fließendem kalten Wasser abspülen, trocken tupfen, mit Salz und Pfeffer würzen. Die Fischfilets in eine Auflaufform (gefettet) legen.
3. Die Semmelbrösel mit dem Olivenöl zu einer feucht-bröseligen Masse verrühren. Schnittlauch und Dill abspülen und trocken tupfen. Schnittlauch in feine Röllchen schneiden. Einige Dillspitzen zum Garnieren beiseitelegen. Restliche Dillspitzen von den Stängeln zupfen. Spitzen klein schneiden.
4. Die Kräuter mit dem Senf unter die Bröselmasse rühren. Mit Salz und Pfeffer würzen. Die Kräuter-Brösel-Masse auf den Fischfilets verteilen. Butter in Flöckchen daraufsetzen.
5. Die Form auf dem Rost in den vorgeheizten Backofen schieben. Die Fischfilets 8–10 Minuten garen.
6. In der Zwischenzeit die Gurken waschen, abtrocknen und die Enden abschneiden. Die Gurken mit der Schale in dünne Scheiben schneiden oder hobeln.
7. Den Schmand glatt rühren, mit Salz, Pfeffer und Zucker würzen. Die Gurkenscheiben vorsichtig mit dem Schmand verrühren, nochmals abschmecken.
8. Die Fischfilets mit den beiseitegelegten Dillspitzen garnieren und mit den Schmandgurken servieren.

Kabeljaufilet auf Kartoffeln und Lauchzwiebeln

4 Portionen (ohne Foto)

Zubereitungszeit: 30 Minuten
Garzeit: 20–30 Minuten

700 g festkochende Kartoffeln
Salz
2 Bund Frühlingszwiebeln
50 g Butter
600 g Kabeljaufilet
(ohne Haut und Gräten)
gem. Pfeffer
2 Knoblauchzehen

Pro Portion:
E: 30 g, F: 12 g, Kh: 31 g,
kJ: 1491, kcal: 357

1. Kartoffeln schälen, abspülen, abtropfen lassen und der Länge nach vierteln. Kartoffelspalten in kochendem Salzwasser etwa 10 Minuten vorgaren. Anschließend in einem Sieb abtropfen lassen.
2. Den Backofen vorheizen.
Ober-/Unterhitze: etwa 200 °C
Heißluft: etwa 180 °C
3. Frühlingszwiebeln putzen, abspülen, abtropfen lassen und in etwas größere Stücke schneiden. Butter in einem Bräter zerlassen. Die Frühlingszwiebelstücke darin andünsten. Kartoffelspalten hinzugeben und unter Rühren kurz mitdünsten lassen.
4. Kabeljaufilet kurz unter fließendem kalten Wasser abspülen, trocken tupfen, in 4 Stücke teilen, mit Salz und Pfeffer würzen. Knoblauch abziehen, zerdrücken und auf den Fischstücken verteilen.
5. Die Fischstücke auf die Kartoffel-Frühlingszwiebel-Mischung in den Bräter legen. Den Bräter auf dem Rost in den vorgeheizten Backofen schieben. Kabeljaufilet auf Kartoffeln und Frühlingszwiebeln 20–30 Minuten garen.

Lachsfilet auf Pfefferbasilikum

(Römertopf® 3-Liter-Inhalt)
4 Portionen

Zubereitungszeit: 30 Minuten, ohne Durchziehzeit
Garzeit: etwa 60 Minuten

600 g Lachsfilet (ohne Haut, und Gräten)
Salz, gem. Pfeffer
einige Spritzer Worcestersauce
2 Schmorgurken (je etwa 600 g)
500 g festkochende Kartoffeln
160 g Cocktailtomaten
1 Bund Pfefferbasilikum oder Basilikum
2 kleine Lorbeerblätter
100 ml Fischfond
100 ml trockener Weißwein

Pro Portion:
E: 32 g, F: 10 g, Kh: 20 g,
kJ: 1350, kcal: 323

1. Lachsfilet kurz unter fließendem kalten Wasser abspülen, trocken tupfen, in 4 Stücke schneiden. Mit Salz, Pfeffer und Worcestersauce würzen und das Lachsfilet zugedeckt 20–30 Minuten im Kühlschrank durchziehen lassen.
2. Schmorgurken waschen, trocken tupfen und die Stängelansätze entfernen. Gurken streifenweise schälen, dabei etwas Schale daran lassen. Die Gurken längs halbieren und die Kerne mit einem Löffel herausschaben. Gurkenhälften in etwa 1 cm große Stücke oder Scheiben schneiden.
3. Kartoffeln schälen, abspülen, abtropfen lassen und in kleine Würfel schneiden. Cocktailtomaten abspülen, trocken tupfen, halbieren und evtl. die Stängelansätze herausschneiden.
4. Basilikum abspülen und trocken tupfen. Die Blättchen von den Stängeln zupfen. Einige Basilikumblättchen zum Garnieren beiseitelegen.
5. Gurkenstücke oder -scheiben mit Kartoffelwürfeln, Tomatenhälften und Basilikumblättchen in einer Schüssel mischen. Das Ganze mit Salz und Pfeffer würzen. Lorbeerblätter hinzufügen.
6. Die vorbereiteten Zutaten in einen gewässerten Römertopf® geben. Den Fischfond und Weißwein hinzugießen. Den Römertopf® mit dem Deckel verschließen und auf dem Rost in den kalten Backofen schieben.
Ober-/Unterhitze: etwa 200 °C (untere Schiene)
Heißluft: etwa 180 °C
7. Gurken-Kartoffel-Mischung etwa 60 Minuten garen.
8. Lachsfilet 10–15 Minuten (je nach Dicke der Scheiben) vor Ende der Garzeit in den Römertopf® geben und das Gericht fertig garen.
9. Lachsfilet auf Pfefferbasilikum mit den beiseitegelegten Basilikumblättchen garnieren und im Römertopf® servieren.

Lachsfilet mit Kartoffel-Kräuter-Haube

4 Portionen

Zubereitungszeit: 40 Minuten
Garzeit: etwa 30 Minuten

800 g Lachsfilet (ohne Haut und Gräten)
1 Bund Schnittlauch
1 Bund Dill
4 Schalotten
1 Stange Porree (Lauch)
400 g gekochte Kartoffeln
150 g Crème fraîche
1 Ei (Größe M)
Salz, gem. Pfeffer
40 g Butter
100 ml Fischfond oder Gemüsebrühe
100 ml Weißwein
einige Schnittlauchhalme

Pro Portion:
E: 43 g, F: 34 g, Kh: 18 g,
kJ: 2393, kcal: 574

1. Lachsfilet kurz unter fließendem kalten Wasser abspülen und trocken tupfen.
2. Den Backofen vorheizen.
Ober-/Unterhitze: etwa 180 °C
Heißluft: etwa 160 °C
3. Schnittlauch und Dill abspülen, trocken tupfen. Schnittlauch in Röllchen schneiden. Die Dillspitzen von den Stängeln zupfen, Spitzen klein schneiden.
4. Schalotten abziehen und in Scheiben schneiden. Porree putzen, die Stange gründlich waschen, gut abtropfen lassen, zuerst in Scheiben schneiden, dann in Ringe teilen.
5. Kartoffeln reiben, mit Schnittlauchröllchen, Dill, Crème fraîche und Ei verkneten. Mit Salz und Pfeffer würzen.
6. Butter in einer großen, feuerfesten Form zerlassen. Schalottenscheiben und Porreeringe darin andünsten. Fischfond oder Gemüsebrühe und Weißwein hinzugießen. Mit Salz und Pfeffer würzen.
7. Lachsfilet auf einer Seite mit der Kartoffelmasse bestreichen und auf das angedünstete Gemüse legen. Die Form auf dem Rost in den vorgeheizten Backofen schieben. Lachsfilet etwa 30 Minuten garen.
8. Lachsfilet mit Kartoffel-Kräuter-Haube mit abgespülten, trocken getupften Schnittlauchhalmen garniert servieren.

Lachsfilet auf Pfefferbasilikum

Lachsfilet mit Kartoffel-Kräuter-Haube

Hähnchenbrust mit Salbei

Hähnchenbrust mit Salbei

4 Portionen

Zubereitungszeit: 50 Minuten
Garzeit: etwa 15 Minuten

4 Hähnchenbrustfilets (180–200 g)
Salz, gem. Pfeffer
12 große Blätter Salbei
12 Scheiben magerer Schinkenspeck (etwa 240 g)
2 EL Speiseöl
250 g rote Cocktailtomaten
1 Zwiebel
40 g Butter
250 g abgetropfte grüne Bohnenkerne (Flageolets, aus der Dose)
Knoblauchpulver
1 EL gehackte Petersilie
einige Salbeiblätter

Außerdem:
Holzstäbchen

Pro Portion:
E: 62 g, F: 20 g, Kh: 12 g, kJ: 1993, kcal: 476

1. Den Backofen vorheizen.
Ober-/Unterhitze: etwa 180 °C
Heißluft: etwa 160 °C

2. Hähnchenbrustfilets kurz unter fließendem kalten Wasser abspülen und trocken tupfen. Mit Salz und Pfeffer würzen. Salbeiblätter abspülen, trocken tupfen. Hähnchenbrustfilets mit je 3 Salbeiblättern belegen, aufrollen und mit je 3 Speckscheiben umwickeln. Mit Holzstäbchen feststecken.

3. Das Speiseöl in einer feuerfesten Pfanne erhitzen. Hähnchenbrustrollen darin von allen Seiten anbraten. Die Pfanne auf dem Rost in den vorgeheizten Backofen schieben. Die Hähnchenbrustrollen etwa 15 Minuten garen.

4. Den Backofen auf Ober-/Unterhitze etwa 80 °C herunterschalten.

5. Die gegarten Hähnchenbrustrollen aus der Pfanne nehmen und auf einen vorgewärmten Teller legen. Den Teller auf dem Rost in den heißen Backofen schieben und die Hähnchenbrustrollen warm halten. Die Pfanne mit dem Bratfett beiseitestellen.

6. Tomaten abspülen, trocken tupfen, halbieren und die Stängelansätze entfernen. Zwiebel abziehen und in kleine Würfel schneiden.

7. Butter in dem verbliebenen Bratfett in der beiseitegestellten Pfanne zerlassen. Zwiebelwürfel darin glasig dünsten. Tomatenhälften hinzufügen und etwa 3 Minuten mitdünsten lassen. Bohnenkerne vorsichtig unterrühren und miterhitzen. Mit Salz, Pfeffer und Knoblauch würzen. Mit Petersilie bestreuen.

8. Die Hähnchenbrustrollen mit dem Bohnengemüse anrichten. Mit abgespülten und trocken getupften Salbeiblättern garnieren.

Lammhaxen in Merlot

(Römertopf® 4-Liter-Inhalt)
4 Portionen

Zubereitungszeit: 35 Minuten
Garzeit: etwa 90 Minuten

10 dicke Möhren
(etwa 650 g)
1 Bund Frühlingszwiebeln
(etwa 250 g)
einige kleine Stängel Thymian
Salz, gem. Pfeffer
4 Lammhaxen (je etwa 400 g)
2 EL Speiseöl
200 ml Rotwein (Merlot)
200 ml Lammfond oder
Gemüsebrühe

Pro Portion:
E: 61 g, F: 15 g, Kh: 12 g,
kJ: 1906, kcal: 456

1. Möhren putzen, schälen, abspülen, abtropfen lassen und in Scheiben schneiden. Frühlingszwiebeln putzen, abspülen, abtropfen lassen und in etwa 3 cm lange Stücke schneiden. Thymian abspülen und trocken tupfen.
2. Die vorbereiteten Zutaten in einer Schüssel mischen. Mit Salz und Pfeffer würzen.
3. Lammhaxen kurz unter fließendem kalten Wasser abspülen und trocken tupfen, mit Salz und Pfeffer würzen.
4. Speiseöl in einer großen Pfanne erhitzen. Lammhaxen darin von allen Seiten anbraten und herausnehmen. Den Bratensatz mit Wein und Fond oder Brühe ablöschen und unter Rühren aufkochen lassen.
5. Die Gemüsemischung in einen gewässerten Römertopf® geben. Die Lammhaxen darauf verteilen und mit der Bratenflüssigkeit übergießen.
6. Den Römertopf mit dem Deckel verschließen und auf dem Rost in den kalten Backofen schieben.
Ober-/Unterhitze: etwa 200 °C
(untere Schiene)
Heißluft: etwa 180 °C
7. Die Lammhaxen etwa 90 Minuten garen.

Maishuhn mit Zuckermöhren

4 Portionen

Zubereitungszeit: 30 Minuten
Garzeit: etwa 20 Minuten

4 Maishuhnbrüste (je 140–150 g,
mit Flügelknochen)
4 EL Speiseöl
Salz, gem. Pfeffer
2 Bund Möhren
1/2 Bund glatte Petersilie
2 EL Butter
1 TL Zucker

Pro Portion:
E: 47 g, F: 31 g, Kh: 16 g,
kJ: 2242, kcal: 536

1. Den Backofen vorheizen.
Ober-/Unterhitze: etwa 180 °C
Heißluft: etwa 160 °C
2. Maishuhnbrüste kurz unter fließendem kalten Wasser abspülen und trocken tupfen. 2–3 Esslöffel des Speiseöls in einer Pfanne erhitzen. Die Maishuhnbrüste darin von allen Seiten anbraten und herausnehmen. Mit Salz und Pfeffer würzen.
3. Die Maishuhnbrüste auf ein Backblech legen. Das Backblech in den vorgeheizten Backofen schieben. Maishuhnbrüste etwa 20 Minuten garen.
4. In der Zwischenzeit Möhren putzen, dabei etwas Grün stehen lassen. Möhren schälen, abspülen, abtropfen lassen und schräg in lange, dünne Stifte schneiden. Petersilie abspülen und trocken tupfen. Die Blättchen von den Stängeln zupfen. Blättchen klein schneiden.
5. Restliches Speiseöl in einer Pfanne erhitzen. Möhrenstifte darin in 2 Portionen unter Rühren braten. Alle Möhrenstifte wieder in die Pfanne geben. Butter, Zucker und etwas Salz unterrühren. Die Möhren mit Salz und Pfeffer abschmecken und die Petersilie unterheben.
6. Maishuhnbrüste aus dem Backofen nehmen und schräg halbieren. Die Möhren auf vorgewärmte Teller geben und jeweils 1 halbierte Maishuhnbrust darauf anrichten.

Lammhaxen in Merlot

Maishuhn mit Zuckermöhren

Fasan mit Apfelfüllung
4 Portionen

Zubereitungszeit: 30 Minuten
Garzeit: 50–60 Minuten

2 küchenfertige Fasane
(je 800 g–1 kg), Salz
2 TL gerebelter Majoran
2 Äpfel, Gewürznelken
200 g geräucherter Speck,
in feinen Scheiben
4 EL Maiskeimöl
evtl. etwas Wildfond oder Wasser

Außerdem:
Fleischnadeln

Pro Portion:
E: 96 g, F: 37 g, Kh: 7 g,
kJ: 3233, kcal: 773

1. Den Backofen vorheizen.
Ober-/Unterhitze: etwa 180 °C
Heißluft: etwa 160 °C
2. Fasane innen und außen kurz unter fließendem kalten Wasser abspülen, trocken tupfen, innen und außen mit Salz einreiben. Die Fasane innen zusätzlich mit Majoran würzen.
3. Äpfel waschen, abtrocknen und halbieren. Apfelhälften mit jeweils 2–3 Gewürznelken spicken. Die Fasane damit füllen. Die Öffnungen der Fasane anschließend mit Fleischnadeln verschließen.
4. Fasane in einen Bräter geben und mit Speckscheiben (besonders die Brust) belegen. Fasane mit heißem Maiskeimöl übergießen.
5. Den Bräter auf dem Rost in den vorgeheizten Backofen schieben. Die Fasane 50–60 Minuten garen.
6. Die Fasane während der Garzeit einige Male mit dem entstandenen Bratenfond begießen, evtl. etwas Wildfond oder Wasser hinzugießen.
7. Die Fasane aus dem Bräter nehmen, Fleischnadeln entfernen. Die Apfelfüllung herausnehmen, Gewürznelken entfernen. Apfelhälften in Stücke schneiden.
8. Fasane mit den belegten Speckscheiben und Apfelstücken auf einer vorgewärmten Platte anrichten.

Fränkisches Schäufele
4–6 Portionen

Zubereitungszeit: 30 Minuten
Garzeit: etwa 3 Stunden

1,8 kg Schweineschulter (ungepökelt, mit Knochen und Schwarte)
Salz, gem. Pfeffer
1 TL Kümmelsamen
600 ml Wasser oder Fleischbrühe
2 Zwiebeln
1 EL Weizenmehl

Pro Portion:
E: 55 g, F: 52 g, Kh: 3 g,
kJ: 2938, kcal: 703

1. Das Fleisch kurz unter fließendem kalten Wasser abspülen und trocken tupfen. Die Schwarte mit einem scharfen Messer in einem Abstand von etwa 1/2 cm rautenförmig einschneiden. Fleisch kräftig mit Salz, Pfeffer und Kümmel würzen.
2. Den Backofen vorheizen.
Ober-/Unterhitze: etwa 200 °C
Heißluft: etwa 180 °C
3. Die Schweineschulter mit der Schwarte nach oben in einen Bräter legen und etwa 200 ml vom Wasser oder der Fleischbrühe hinzugießen. Den Bräter auf dem Rost in den vorgeheizten Backofen schieben. Die Schweineschulter 30–45 Minuten vorgaren.
4. In der Zwischenzeit Zwiebeln abziehen und in Scheiben schneiden. Die Zwiebelscheiben mit dem restlichen Wasser oder der restlichen Brühe ebenfalls in den Bräter geben und die Schweineschulter bei gleicher Backofentemperatur weitere 2–2 1/2 Stunden garen. Dabei etwa alle 30 Minuten mit der Bratflüssigkeit übergießen. Das Fleisch ist gar, wenn es sich leicht vom Knochen löst.
5. Die gare Schweineschulter aus dem Bräter nehmen und warm stellen. Die Bratenflüssigkeit durch ein Sieb in einen Topf gießen und zum Kochen bringen. Das Mehl mit etwas kaltem Wasser anrühren und in die Sauce rühren. Die Sauce unter Rühren kurz aufkochen und dann etwa 5 Minuten unter gelegentlichem Rühren leicht kochen lassen.
6. Die Sauce nochmals mit Salz und Pfeffer abschmecken. Schäufele in Scheiben schneiden und mit der Sauce servieren.

Fasan mit Apfelfüllung

Fränkisches Schäufele

Calvadoshähnchen mit Äpfeln

4 Portionen

Zubereitungszeit: 25 Minuten
Garzeit: etwa 45 Minuten

1 küchenfertiges frisches Hähnchen (etwa 1,2 kg)
Salz, gem. Pfeffer
60 g Butterschmalz
3 Knoblauchzehen
3 Zwiebeln
700 g Äpfel, z. B. Cox Orange
1 rote Paprikaschote (etwa 250 g)
je 1 Stängel Thymian, Rosmarin, Salbei
250 ml Apfelsaft
50 ml Calvados
150 g Crème fraîche

Pro Portion:
E: 62 g, F: 46 g, Kh: 27 g,
kJ: 3428, kcal: 819

1. Den Backofen vorheizen.
Ober-/Unterhitze: etwa 200 °C
Heißluft: etwa 180 °C
2. Das Hähnchen innen und außen kurz unter fließendem kalten Wasser abspülen, trocken tupfen und in 8 Stücke teilen. Mit Salz und Pfeffer würzen.
3. Butterschmalz in einem großen Bräter erhitzen. Die Hähnchenteile darin von allen Seiten kräftig anbraten.
4. Knoblauch und Zwiebeln abziehen, grob zerteilen und zu den Hähnchenteilen in den Bräter geben. Den Bräter auf dem Rost in den vorgeheizten Backofen schieben. Die Hähnchenteile etwa 15 Minuten vorgaren.
5. Äpfel schälen, vierteln und entkernen. Paprikaschote halbieren, entstielen, entkernen und die weißen Scheidewände entfernen. Die Schote abspülen, abtropfen lassen und in grobe Würfel schneiden. Kräuter abspülen und trocken tupfen.
6. Apfelviertel, Paprikawürfel, Thymian, Rosmarin und Salbei zu den Hähnchenteilen in den Bräter geben.

Calvadoshähnchen mit Äpfeln

Apfelsaft und Calvados hinzugießen. Die Hähnchenteile bei gleicher Backofentemperatur in weiteren etwa 30 Minuten fertig garen.
7. Die Hähnchenteile aus dem Bräter nehmen. Den Bratenfond mit Crème fraîche verrühren.
8. Die Hähnchenteile mit dem Gemüse, den Apfelvierteln und dem Bratenfond auf Tellern anrichten.

Bratwurstpfanne

8–10 Portionen

Zubereitungszeit: 25 Minuten
Garzeit: etwa 50 Minuten

10 frische grobe Bratwürste (etwa 1,3 kg)
jeweils 1 rote, grüne und gelbe Paprikaschote
600 g Champignons (frisch oder TK)
1 Salatgurke
190 g abgetropfte Silberzwiebeln (aus dem Glas)
2 Beutel Champignon-Rahmsauce (für je 250 ml Flüssigkeit)
250 g Crème fraîche
2 TL Pul Biber (geschrotete Pfefferschoten)
1 Bund Petersilie

Pro Portion:
E: 30 g, F: 43 g, Kh: 10 g,
kJ: 2396, kcal: 572

1. Den Backofengrill vorheizen.

Bratwurstpfanne

2. Bratwürste in eine Fettpfanne (gefettet) legen, unter den Grill in den Backofen schieben und etwa 10 Minuten grillen.
3. In der Zwischenzeit Paprikaschoten halbieren, entstielen, entkernen und die weißen Scheidewände entfernen. Schoten abspülen, trocken tupfen und grob würfeln. Champignons putzen, evtl. kurz abspülen und trocken tupfen. Champignons (TK-Champignons vorher auftauen lassen) in Stücke schneiden.
4. Gurke schälen, längs halbieren und die Kerne mit einem Löffel herausschaben. Gurkenhälften in etwa 1 cm große Stücke schneiden.
5. Die Fettpfanne aus dem Backofen nehmen. Backofentemperatur auf Ober-/Unterhitze: etwa 200 °C, Heißluft: etwa 180 °C herunterschalten.
6. Paprikawürfel, Champignon-, Gurkenstücke und Silberzwiebeln auf den Bratwürsten verteilen. Die Fettpfanne wieder in den heißen Backofen schieben. Die Bratwurstpfanne etwa 40 Minuten garen.
7. Nach etwa 30 Minuten Garzeit das Champignon-Rahmsaucen-Pulver mit dem sich gebildeten Saft in der Fettpfanne verrühren und die Bratwurstpfanne fertig garen.
8. Die Sauce mit Crème fraîche verfeinern und mit Pul Biber würzen. Petersilie abspülen und trocken tupfen. Die Blättchen von den Stängeln zupfen, Blättchen klein schneiden.
9. Die Bratwurstpfanne mit Petersilie bestreut servieren.

Porreerollen mit Paprikareis

Porreerollen mit Paprikareis

4 Portionen

Zubereitungszeit: 20 Minuten, ohne Abkühlzeit
Garzeit: Reis etwa 35 Minuten, Porreerollen etwa 25 Minuten

4 mittelgroße Stangen Porree (Lauch)
Salz
4 Scheiben Kochschinken

Für den Paprikareis:
125 g Langkornreis
250 ml Fleischbrühe
1 EL Zwiebelwürfel
1 gestr. TL Paprikapulver edelsüß

1 geh. TL Speisestärke
6 EL Schlagsahne
1 Msp. gekörnte Brühe
gem. Pfeffer, ger. Muskatnuss

Außerdem:
1 Stück Bratfolie und 1 Bratschlauch oder 2 Bratschläuche

Pro Portion:
E: 17 g, F: 7 g, Kh: 30 g,
kJ: 1078, kcal: 258

1. Porree putzen, die Wurzelenden abschneiden und welken Blätter entfernen. Porreestangen gründlich waschen, abtropfen lassen und in Länge der Schinkenscheiben schneiden. Salzwasser in einem Topf zum Kochen bringen, Porreestangen hineingeben, wieder zum Kochen bringen und etwa 10 Minuten kochen lassen. Porreestangen in einem Sieb abtropfen und abkühlen lassen.
2. Den Backofen vorheizen.
Ober-/Unterhitze: etwa 200 °C
Heißluft: etwa 180 °C
3. Je 1 Stange Porree in 1 Scheibe Schinken einrollen. Die Porreerollen auf ein großes Stück Bratfolie oder in den Bratschlauch geben, nach Packungsanleitung verschließen und auf ein Backblech legen.
4. Den Reis in einen vorbereiteten Bratschlauch geben. Die Brühe mit Zwiebelwürfeln, Paprika und Salz verrühren, zum Reis geben. Den Bratschlauch nach Packungsanleitung sofort verschließen und ebenfalls auf das Backblech geben. Das Backblech in den vorgeheizten Backofen schieben. Den Reis etwa 35 Minuten, die Porreerollen etwa 25 Minuten garen.
5. Die Folien aufschneiden, den Paprikareis auf einer vorgewärmten Platte anrichten und die Porreestangen darauflegen.
6. Speisestärke mit etwas Wasser anrühren. Den Sud der Porreerollen und die Sahne in einen kleinen Topf geben, angerührte Speisestärke unterrühren und unter Rühren kurz aufkochen lassen. Die Sauce mit Brühe, Salz, Pfeffer und Muskat abschmecken, auf den Porreerollen verteilen und sofort servieren.

Roastbeef in Malzbier

(Römertopf® 3-Liter-Inhalt)
4 Portionen

Zubereitungszeit: 40 Minuten, ohne Abkühlzeit
Garzeit: 50–60 Minuten

800 g Roastbeef
2 EL Speiseöl
1 EL Estragonsenf
400 g Staudensellerie
1 Bund Frühlingszwiebeln (etwa 250 g)
3 Knoblauchzehen
Salz
gem. Pfeffer
200 ml Malzbier
etwas Estragon

Pro Portion:
E: 47 g, F: 12 g, Kh: 12 g,
kJ: 1468, kcal: 350

1. Roastbeef mit Küchenpapier trocken tupfen, evtl. die Fettkante abschneiden.
2. Speiseöl in einer Pfanne erhitzen. Roastbeef darin von allen Seiten anbraten, herausnehmen, etwas abkühlen lassen und mit Estragonsenf bestreichen.
3. Staudensellerie putzen und die harten Außenfäden abziehen. Sellerie abspülen, abtropfen lassen und in etwa 3 cm lange Stücke schneiden (Selleriegrün zum Garnieren beiseitelegen). Frühlingszwiebeln putzen, abspülen, abtropfen lassen und ebenfalls in etwa 3 cm lange Stücke schneiden. Knoblauch abziehen und sehr klein schneiden.
4. Sellerie- und Frühlingszwiebelstücke in einer Schüssel mischen. Knoblauch hinzugeben. Mit Salz und Pfeffer würzen.
5. Die Gemüsemischung in einen gewässerten Römertopf® geben. Roastbeef darauflegen, Malzbier hinzugießen. Den Römertopf® mit dem Deckel verschließen und auf dem Rost in den kalten Backofen schieben.

Ober-/Unterhitze: etwa 200 °C
(untere Schiene)
Heißluft: etwa 180 °C
6. Roastbeef 50–60 Minuten garen.
7. Roastbeef mit dem Gemüse auf Tellern anrichten. Mit beiseitegelegtem Selleriegrün und abgespülten und trocken getupften Estragonspitzen garnieren.

Hähnchenschnitzel in Zitronen-Ei-Hülle

8–10 Portionen

Zubereitungszeit: 60 Minuten
Garzeit: etwa 20 Minuten

8–10 Hähnchenbrustfilets
(je etwa 125 g)
Salz, gem. Pfeffer
1 Topf Zitronenmelisse
3 Eier (Größe M)
1 Pck. Dr. Oetker Finesse
Geriebene Zitronenschale
100 g Weizenmehl
60 g Butter oder Margarine
3 EL Speiseöl

Für den Safranreis:
2 EL Speiseöl, 500 g Langkornreis
1 Döschen Safran (0,2 g)
1 l Gemüsebrühe

Für das Frühlingsgemüse:
500 g grüner Spargel
250 ml Wasser, 1/2 gestr. TL Salz
etwas Zucker
500 g Kaiserschoten (Zuckerschoten)
80 g Butter
gem. Pfeffer

einige Zitronenmelisseblättchen

Pro Portion:
E: 38 g, F: 15 g, Kh: 52 g,
kJ: 2077, kcal: 496

1. Hähnchenbrustfilets kurz unter fließendem kalten Wasser abspülen und trocken tupfen. Die Filets in einen Gefrierbeutel legen, flach klopfen und herausnehmen. Filets mit Salz und Pfeffer würzen.
2. Zitronenmelisse abspülen und trocken tupfen. Die Blättchen von den Stängeln zupfen, klein schneiden.
3. Den Backofen vorheizen.
Ober-/Unterhitze: etwa 180 °C
Heißluft: etwa 160 °C
4. Eier in einer Schüssel verschlagen, Zitronenmelisse und Zitronenschale unterrühren.
5. Hähnchenbrustfilets zuerst in Mehl wenden, dann durch die Eiermasse ziehen und am Schüsselrand etwas abstreifen.
6. Butter oder Margarine in einer großen Pfanne zerlassen, Speiseöl miterhitzen. Hähnchenbrustfilets darin in 2 Portionen von beiden Seiten 2–3 Minuten anbraten, herausnehmen und auf ein Backblech legen. Das Backblech in den vorgeheizten Backofen schieben. Die Hähnchenschnitzel etwa 20 Minuten garen.
7. In der Zwischenzeit für den Safranreis Speiseöl in einem großen Topf erhitzen, Reis hinzufügen und unter Rühren anrösten. Safran unterrühren. Gemüsebrühe hinzugießen und zum Kochen bringen. Den Safranreis unter gelegentlichem Rühren 15–20 Minuten ausquellen lassen. Der Reis soll dabei die gesamte Flüssigkeit aufsaugen. Reis mit Salz abschmecken.
8. Für das Gemüse von dem Spargel das untere Drittel schälen und die unteren Enden abschneiden. Spargel abspülen, abtropfen lassen und in 2–3 cm lange Stücke schneiden. Wasser mit Salz und Zucker in einem Topf zum Kochen bringen. Spargelstücke hinzugeben und zugedeckt etwa 8 Minuten garen. Spargelstücke mit einem Schaumlöffel herausnehmen, in einem Sieb abtropfen lassen.
9. Von den Kaiserschoten die Enden abschneiden. Die Schoten evtl. abfädeln. Schoten abspülen, abtropfen lassen. Das Spargelwasser wieder zum Kochen bringen. Kaiserschoten darin etwa 3 Minuten blanchieren, in ein Sieb geben, mit kaltem Wasser abschrecken und abtropfen lassen.
10. Butter in einer Pfanne zerlassen. Spargelstücke und Kaiserschoten darin kurz andünsten. Mit Salz und Pfeffer würzen.
11. Die Hähnchenschnitzel mit dem Safranreis und dem Frühlingsgemüse anrichten, mit abgespülten und trocken getupften Zitronenmelisseblättchen garnieren und servieren.

Roastbeef in Malzbier

Hähnchenschnitzel in Zitronen-Ei-Hülle

Hähnchen „Jambalaja" (Reistopf mit Hähnchen)

Hackbällchen in Bohnenragout

Hähnchen „Jambalaja" (Reistopf mit Hähnchen)

4 Portionen

Zubereitungszeit: 40 Minuten
Garzeit: 30–40 Minuten

2 kleine küchenfertige Hähnchen (je etwa 700 g)
Salz, gem. Pfeffer
Paprikapulver edelsüß
4 EL Speiseöl
250 g Langkornreis
500 ml Salzwasser
je 2 rote und grüne Paprikaschoten
2 Schalotten
100 g roher Schinken
80 g Butter
einige Radicchioblätter und Basilikumblättchen

Pro Portion:
E: 70 g, F: 47 g, Kh: 57 g,
kJ: 3933, kcal: 940

1. Den Backofen vorheizen.
Ober-/Unterhitze: etwa 200 °C
Heißluft: etwa 180 °C
2. Die Hähnchen halbieren. Hähnchenhälften kurz unter fließendem kalten Wasser abspülen und trocken tupfen. Mit Salz, Pfeffer und Paprika würzen, mit etwas Speiseöl bestreichen. Hähnchenhälften auf ein Backblech legen. Das Backblech in den vorgeheizten Backofen schieben. Hähnchenhälften 30–40 Minuten garen, während der Garzeit ab und zu mit dem restlichen Öl bestreichen.
3. In der Zwischenzeit den Reis in kochendem Salzwasser nach Packungsanleitung garen. Reis in einem Sieb abtropfen lassen.
4. Paprikaschoten halbieren, entstielen, entkernen und die weißen Scheidewände entfernen. Schoten abspülen, abtropfen lassen und in Würfel schneiden. Schalotten abziehen, mit dem Schinken klein würfeln.
5. Die Hähnchenhälften vom Backblech nehmen. Das Fleisch von den Knochen lösen, in Portionsstücke schneiden und warm stellen.
6. Butter in einer Pfanne zerlassen. Paprika-, Schalotten- und Schinkenwürfel darin etwa 5 Minuten dünsten. Reis unterrühren, mit Salz und Pfeffer würzen, etwa 2 Minuten mitdünsten lassen.
7. Reis mit den Hähnchenfleischstücken in einer flachen Schale anrichten. Nach Belieben mit abgespülten und trocken getupften Radicchio- und Basilikumblättchen garnieren.

Hackbällchen in Bohnenragout

(Römertopf® 3-Liter-Inhalt)
4 Portionen

Zubereitungszeit: 30 Minuten
Garzeit: etwa 50 Minuten

600 g Gehacktes (halb Rind-, halb Schweinefleisch)
1 Ei (Größe M)
Salz, gem. Pfeffer
Knoblauchpulver
2–3 EL Rapsöl
250 g Chili-Bohnen (aus der Dose)
250 g Kidneybohnen (aus der Dose)
250 g abgetropfte dicke, weiße Bohnen (aus der Dose)
1 TL Paprikapulver edelsüß
1 TL gem. Koriander
1 Bund Petersilie
370 g stückige Tomaten (aus der Dose)

Pro Portion:
E: 44 g, F: 34 g, Kh: 26 g,
kJ: 2445, kcal: 583

1. Gehacktes in eine Schüssel geben, das Ei unterarbeiten, mit Salz, Pfeffer und Knoblauch würzen.
2. Aus der Hackfleischmasse mit angefeuchteten Händen kleine Bällchen (je etwa 30 g) formen.
3. Rapsöl in einer großen Pfanne erhitzen. Hackbällchen darin von allen Seiten anbraten.
4. Chili- und Kidneybohnen mit dem Saft und weiße Bohnen (ohne Saft) in einer Schüssel mischen. Mit Salz, Pfeffer, Paprika, Koriander und Knoblauch würzen.
5. Die Petersilie abspülen und trocken tupfen. Blättchen von den Stängeln zupfen (einige Blättchen zum Garnieren beiseitelegen). Blättchen klein schneiden.
6. Tomatenstücke und Petersilie unter die Bohnenmischung rühren, in einen gewässerten Römertopf® geben. Angebratene Hackbällchen auf dem Bohnenragout verteilen.
7. Den Römertopf® mit dem Deckel verschließen und auf dem Rost in den kalten Backofen (unteres Drittel) schieben.
Ober-/Unterhitze: etwa 200 °C
Heißluft: etwa 180 °C
8. Die Hackbällchen in Bohnenragout etwa 50 Minuten garen.
9. Die Hackbällchen mit dem Bohnenragout anrichten und mit den beiseitegelegten Petersilienblättchen garniert servieren.

Gefülltes Kräuterfilet

6 Portionen

Zubereitungszeit: 40 Minuten
Garzeit: 20–25 Minuten

2 Schweinefilets (je etwa 400 g)

Für die Füllung:
4 Schalotten
je 1/2 Bund Petersilie, Estragon und Schnittlauch
150 g Kräuter-Frischkäse
2 EL Kräutersenf
Salz, gem. Pfeffer
3 EL Olivenöl

Außerdem:
Holzstäbchen

Pro Portion:
E: 32 g, F: 11 g, Kh: 2 g,
kJ: 997, kcal: 238

1. Schweinefilets mit Küchenpapier trocken tupfen. In jedes Filet längs eine Tasche einschneiden, sodass die Filets auseinandergedrückt werden können.
2. Den Backofen vorheizen.
Ober-/Unterhitze: etwa 200 °C
Heißluft: etwa 180 °C
3. Für die Füllung Schalotten abziehen und in kleine Würfel schneiden. Kräuter abspülen und trocken tupfen. Die Blättchen von den Stängeln zupfen. Blättchen klein schneiden. Schnittlauch in kleine Röllchen schneiden.
4. Frischkäse mit Senf verrühren. Schalottenwürfel und Kräuter unterrühren. Mit Salz und Pfeffer würzen. Die Frischkäsemasse in die Filets füllen und mit Holzstäbchen feststecken.
5. Olivenöl in einer Pfanne erhitzen. Die gefüllten Filets darin von allen Seiten kross anbraten, herausnehmen und nebeneinander in eine Auflaufform legen. Die Form ohne Deckel auf dem Rost in den vorgeheizten Backofen schieben. Die gefüllten Kräuterfilets 20–25 Minuten garen.

Kalbshaxe mit jungen Gemüsen

(Römertopf® 4-Liter-Inhalt)
4 Portionen

Zubereitungszeit: 45 Minuten
Garzeit: etwa 2 Stunden

1 ganze Kalbshaxe (mit Knochen, etwa 1,4 kg)
Salz, gem. Pfeffer
2 EL Speiseöl

1 Bund junge Möhren (etwa 300 g)
2 junge Kohlrabi (etwa 300 g)
2 junge Knollensellerie (etwa 300 g)
1 Bund Petersilie
einige Stängel Oregano
40 g Knoblauchbutter (zimmerwarm)
200 ml Kalbsfond oder Fleischbrühe

Pro Portion:
E: 49 g, F: 21 g, Kh: 7 g,
kJ: 1749, kcal: 420

1. Kalbshaxe kurz unter fließendem kalten Wasser abspülen, trocken tupfen, mit Salz und Pfeffer würzen.
2. Speiseöl in einer großen Pfanne erhitzen. Die Kalbshaxe darin von allen Seiten kräftig anbraten.
3. Möhren, Kohlrabi und Sellerie putzen, schälen, abspülen, trocken tupfen. Sellerie und Kohlrabi halbieren und in Spalten schneiden. Möhren in Dreiecke schneiden. Petersilie und Oregano abspülen und trocken tupfen. Oreganostängel und einige Petersilienstängel beiseitelegen. Von der Petersilie die Blättchen von den Stängeln zupfen.
4. Vorbereitete Gemüsestücke mit den Petersilienblättchen in einer Schüssel mischen. Mit Salz und Pfeffer würzen. Die Gemüsemischung in einen gewässerten Römertopf® geben, sodass eine Mulde entsteht.
5. Die angebratene Kalbshaxe in die Mulde legen, mit dem verbliebenen Bratfett und der Knoblauchbutter bestreichen. Kalbsfond oder Brühe hinzugießen und einige der beiseitegelegten Oreganostängel hinzufügen.
6. Den Römertopf® mit dem Deckel verschließen und auf dem Rost in den kalten Backofen schieben.
Ober-/Unterhitze: etwa 220 °C (untere Schiene)
Heißluft: etwa 200 °C
Die Kalbshaxe mit dem Gemüse etwa 2 Stunden garen.
7. Das fertige Gericht nach Belieben mit den restlichen beiseitegelegten Oregano- und Petersilienstängeln garnieren.

Gefülltes Kräuterfilet

Kalbshaxe mit jungen Gemüsen

Käse-Hack-Rouladen
4 Portionen

Zubereitungszeit: 65 Minuten
Garzeit: Rouladen etwa 15 Minuten, Gemüse etwa 15 Minuten

Für die Rouladen:
1 Brötchen (Semmel) vom Vortag
1 Zwiebel
1–2 Knoblauchzehen
600 g Rindergehacktes
1 Ei (Größe M)
Salz, gem. Pfeffer
Paprikapulver edelsüß
4 dünne Scheiben durchwachsener, geräucherter Speck (etwa 80 g)
4 Scheiben Ziegenkäse (je etwa 20 g)
1 Bund glatte Petersilie
1 großer Apfel (etwa 200 g)
2–3 EL Speiseöl

Für das Gemüse:
750 g Staudensellerie
30 g Butter
125 ml Fleischbrühe
250 g rotschalige Äpfel

Außerdem:
4 Bögen Alufolie

Pro Portion:
E: 41 g, F: 39 g, Kh: 23 g,
kJ: 2541, kcal: 608

Käse-Hack-Rouladen

1. Für die Rouladen das Brötchen in kaltem Wasser einweichen und ausdrücken. Zwiebel und Knoblauch abziehen. Zwiebel und Knoblauch in kleine Würfel schneiden.
2. Den Backofen vorheizen.
Ober-/Unterhitze: etwa 200 °C
Heißluft: etwa 180 °C
3. Gehacktes in eine Schüssel geben. Ausgedrücktes Brötchen, Zwiebel-, Knoblauchwürfel und das Ei hinzugeben. Die Zutaten gut verkneten. Mit Salz, Pfeffer und Paprika würzen.
4. Den Fleischteig in 4 Portionen teilen und mit angefeuchteten Händen auf jeweils 1 Bogen Alufolie zu einem Rechteck (etwa 9 x 22 cm) formen. Jeweils 1 Scheibe Speck und 1 Scheibe Käse darauflegen.
5. Petersilie abspülen und trocken tupfen. Blättchen von den Stängeln zupfen. Apfel waschen, abtrocknen, entkernen, mit der Schale vierteln.
6. Je ein Apfelstück und einige Petersilienblättchen auf die Käsescheiben legen, mit angefeuchteten Händen zu einer Roulade aufrollen und in der Alufolie einwickeln. Darauf achten, dass der Käse gut in der Roulade „verpackt" ist.
7. Speiseöl in einer Pfanne erhitzen. Die Rouladen-Päckchen darin von allen Seiten anbraten, herausnehmen und auf ein Backblech legen. Das Backblech in den vorgeheizten Backofen schieben. Die Rouladen etwa 15 Minuten garen.
8. Für das Gemüse in der Zwischenzeit Sellerie putzen und die harten Außenfäden abziehen. Den Sellerie abspülen, abtropfen lassen und in 1–2 cm lange Stücke schneiden. Butter in einem Topf zerlassen. Selleriestücke darin etwa 5 Minuten unter mehrmaligem Wenden andünsten. Brühe hinzugießen und zum Kochen bringen. Sellerie zugedeckt etwa 10 Minuten garen.
9. Äpfel waschen, abtrocknen, vierteln, entkernen und mit der Schale in Scheiben schneiden. Apfelscheiben nach etwa 10 Minuten Garzeit zum Selleriegemüse geben und mitgaren lassen.
10. Die Rouladen vom Backblech nehmen und die Alufolie entfernen. Die Rouladen mit dem Sellerie-Apfel-Gemüse servieren.

Kalbsbrust, gefüllte
6 Portionen

Zubereitungszeit: 45 Minuten
Garzeit: etwa 90 Minuten

Für die Füllung:
3 Brötchen (Semmeln) vom Vortag
125 ml heiße Milch (3,5 % Fett)
2 Eier (Größe M)
25 g Butter
3 fein gewürfelte Schalotten
120 g Champignons
1 TL klein geschnittener Thymian
1 EL klein geschnittene, glatte Petersilie
Salz, gem. Pfeffer
ger. Muskatnuss

2 kg Kalbsbrust
25 g Butterschmalz
1 Bund Suppengrün (Sellerie, Möhren, Porree)
1 große gewürfelte Zwiebel
1 EL Tomatenmark
etwas Wasser oder Rindfleischbrühe
2–3 EL trockener Rotwein
30 g kalte Butter

Außerdem:
Küchengarn

Pro Portion:
E: 70 g, F: 55 g, Kh: 24 g,
kJ: 3624, kcal: 865

1. Für die Füllung die Brötchen in Würfel schneiden und mit der heißen Milch übergießen. Milch etwas abkühlen lassen. Die Brötchen-Milch-Masse in eine Schüssel geben und mit den Eiern gut vermengen. Butter in einer Pfanne zerlassen. Die Schalottenwürfel darin glasig dünsten.
2. Champignons putzen, evtl. kurz abspülen, trocken tupfen und klein schneiden, mit den Schalottenwür-

Kalbsbrust, gefüllte

feln und Kräutern zur Brötchen-Milch-Masse geben. Die Zutaten gut vermengen. Die Masse mit Salz, Pfeffer und Muskat würzen und zugedeckt in den Kühlschrank stellen.
3. Die Kalbsbrust mit Küchenpapier trocken tupfen. In die Kalbsbrust eine Tasche schneiden, von innen und außen mit Salz und Pfeffer würzen.
4. Die Füllung hineingeben, aber nicht zu viel, damit die Tasche nicht aufplatzt. Die Fleischtasche mit Küchengarn zunähen.
5. Den Backofen vorheizen.
Ober-/Unterhitze: etwa 180 °C
Heißluft: etwa 160 °C
6. Butterschmalz in einem Bräter zerlassen. Die Kalbsbrust darin von allen Seiten bei starker Hitze goldbraun anbraten.
7. Suppengrün putzen, schälen, abspülen, abtropfen lassen, klein schneiden, mit den Zwiebelwürfeln zu der Kalbsbrust in den Bräter geben und kurz mitbraten lassen, Tomatenmark unterrühren. Etwas Wasser oder Brühe und den Rotwein hinzugießen.
8. Den Bräter auf dem Rost in den vorgeheizten Backofen schieben. Die Kalbsbrust etwa 90 Minuten garen.
9. Falls nötig, immer etwas Wasser oder Brühe nachgießen. Wenn das Fleisch gar ist, es herausnehmen, in Alufolie wickeln und etwa 10 Minuten ruhen lassen.
10. In der Zwischenzeit den Bratensud durch ein feines Sieb gießen. Fett abschöpfen und die Sauce etwas einkochen lassen. Die kalte Butter langsam unter die Sauce rühren, mit Salz und Pfeffer abschmecken.

Peperonihähnchen mit Polenta

Peperonihähnchen mit Polenta

4 Portionen

Zubereitungszeit: 50 Minuten, ohne Abkühlzeit
Garzeit: etwa 20 Minuten

8 Hähnchenunterschenkel (etwa 680 g)
12 Hähnchenflügel (etwa 680 g)
Salz, gem. Pfeffer
Chilipulver
Paprikapulver edelsüß
2 EL Speiseöl

Für die Polenta:
1 Schalotte
20 g Butter oder Speiseöl
250 g Maisgrieß
750 ml Gemüsebrühe

6 milde Peperoni (etwa 200 g)
2 kleine scharfe Peperoni
40 g Butter
40 g Butter oder Speiseöl

Pro Portion:
E: 47 g, F: 60 g, Kh: 49 g,
kJ: 3854, kcal: 921

1. Den Backofen vorheizen.
Ober-/Unterhitze: etwa 180 °C
Heißluft: etwa 160 °C
2. Hähnchenschenkel und -flügel kurz unter fließendem kalten Wasser abspülen und trocken tupfen. Mit Salz, Pfeffer, Chili und Paprika würzen.
3. Speiseöl im Bräter erhitzen. Die Hähnchenschenkel und -flügel darin von allen Seiten anbraten. Den Bräter auf dem Rost in den vorgeheizten Backofen schieben. Hähnchenteile etwa 20 Minuten garen.
4. Für die Polenta in der Zwischenzeit Schalotte abziehen und in kleine Würfel schneiden. Butter oder Speiseöl in einem Topf zerlassen bzw. erhitzen, Schalottenwürfel darin glasig dünsten. Maisgrieß einstreuen und unter Rühren leicht andünsten. Brühe hinzugießen, zum Kochen bringen und etwa 5 Minuten unter Rühren kochen lassen.
5. Die Polentamasse in einer flachen Auflaufform (gefettet) verteilen und erkalten lassen.
6. Peperoni längs halbieren, entkernen und die weißen Scheidewände entfernen. Peperonihälften abspülen, abtropfen lassen und in Streifen schneiden. Die 2 kleinen scharfen Peperoni ebenfalls abspülen, abtropfen lassen und in feine Würfel schneiden.
7. Hähnchenschenkel und -flügel aus dem Bräter nehmen und auf einer vorgewärmten Platte anrichten.
8. Die Butter in dem verbliebenen Bratfett zerlassen. Peperonistreifen und -würfel darin andünsten. Mit Salz und Pfeffer würzen. Peperonistreifen und -würfel auf den Hähnchenteilen verteilen.
9. Polenta aus der Form stürzen und in beliebig große Rauten oder Würfel schneiden. Butter oder Speiseöl in einer Pfanne zerlassen bzw. erhitzen. Polentarauten oder -würfel darin von beiden Seiten anbraten und mit den Hähnchenschenkeln und -flügeln servieren.

Kräuter-Roastbeef

Kalbsragout mit Gemüse

Kräuter-Roastbeef

(Römertopf® 3-Liter-Inhalt)
4 Portionen

Zubereitungszeit: 20 Minuten
Garzeit: etwa 60 Minuten

800 g Roastbeef
Salz, gem. Pfeffer
2 EL Speiseöl
2 Knoblauchzehen
1 Brötchen (Semmel)
1 Ei (Größe M)
1 TL mittelscharfer Senf
1 EL gehackte glatte Petersilie
1 TL gehackte Thymianblättchen
1 TL gehackte Basilikumblättchen
2 EL Speiseöl
100 ml Fleischbrühe

Pro Portion:
E: 49 g, F: 23 g, Kh: 8 g,
kJ: 1859, kcal: 445

1. Das Roastbeef mit Küchenpapier trocken tupfen. Das Fleisch mit Salz und Pfeffer würzen. Das Speiseöl in den gewässerten Römertopf® geben und das Roastbeef hineinlegen.
2. Knoblauch abziehen, durch eine Knoblauchpresse drücken, mit Salz und Pfeffer verrühren. Das Brötchen in kleine Würfel schneiden und mit dem Knoblauch vermengen.
3. Ei, Senf, Petersilie, Thymian, Basilikum und Speiseöl unter die Brötchen-Knoblauch-Mischung rühren. Die Kräutermasse auf dem Roastbeef verteilen.
4. Fleischbrühe hinzugießen. Den Römertopf® mit dem Deckel verschließen und auf dem Rost in den kalten Backofen schieben.
Ober-/Unterhitze: etwa 200 °C
Heißluft: etwa 180 °C
5. Kräuter-Roastbeef etwa 60 Minuten garen.
6. Das gare Fleisch etwa 10 Minuten ruhen lassen, damit sich der Fleischsaft setzt. Das Fleisch anschließend in Scheiben schneiden.

Kalbsragout mit Gemüse

(Römertopf® 3-Liter-Inhalt)
4 Portionen

Zubereitungszeit: 30 Minuten
Garzeit: etwa 90 Minuten

600 g Kalbfleisch (ohne Knochen), z. B. Nacken
1 Bio-Zitrone (unbehandelt, ungewachst)
Salz
gem. Pfeffer
1 TL gerebelter Thymian
2 TL mittelscharfer Senf
2 Lorbeerblätter
4 Zwiebeln
2 Kartoffeln
3 Möhren
1 Stange Porree (Lauch)
150 g Wirsing
4 Scheiben durchwachsener Speck

Pro Portion:
E: 37 g, F: 33 g, Kh: 17 g,
kJ: 2308, kcal: 551

1. Das Kalbfleisch mit Küchenpapier trocken tupfen und in etwa 2 cm große Würfel schneiden.
2. Zitrone heiß abwaschen, abtrocknen und etwas von der Schale abreiben. Zitrone halbieren und den Saft auspressen. Zitronensaft und -schale mit Salz, Pfeffer, Thymian und Senf verrühren, mit den Lorbeerblättern und den Fleischwürfeln vermischen.
3. Die Zwiebeln abziehen und in Stücke schneiden. Die Kartoffeln schälen, abspülen, abtropfen lassen und in Würfel schneiden.
4. Die Möhren putzen, schälen, abspülen, abtropfen lassen und würfeln. Den Porree putzen, die Stange längs halbieren, gründlich waschen, abtropfen lassen und in Streifen schneiden. Den Wirsing putzen, abspülen, den Strunk herausschneiden. Wirsing in Streifen schneiden.
5. Das vorbereitete Gemüse mit der Fleischwürfelmischung vermischen und in einen gewässerten Römertopf® geben. Die Speckscheiben darauflegen. Den Römertopf® mit dem Deckel verschließen, auf dem Rost in den kalten Backofen schieben.
Ober-/Unterhitze: etwa 200 °C
Heißluft: etwa 180 °C
6. Kalbsragout mit dem Gemüse etwa 90 Minuten garen.
7. Das gare Ragout umrühren und mit den Gewürzen abschmecken.

Paprika „Dolma"
4 Portionen

Zubereitungszeit: 60 Minuten
Garzeit: etwa 40 Minuten

500 g hellgrüne Paprikaschoten (Dolma Biber, Spitzpaprika)
2 Zwiebeln
3 Knoblauchzehen
120 g Schafskäse
450 g Lammgehacktes
Pul Biber (geschrotete Pfefferschoten)
Salz, gem. Pfeffer
gem. Zimt
20 g Rosinen
20 g Pinienkerne
300 ml Fleischbrühe
2 EL Zitronensaft
2–3 Stängel Minze
Paprikapulver edelsüß
100 g Crème fraîche

Pro Portion:
E: 29 g, F: 46 g, Kh: 12 g,
kJ: 2648, kcal: 634

1. Den Backofen vorheizen.
Ober-/Unterhitze: etwa 200 °C
Heißluft: etwa 180 °C
2. Paprikaschoten abspülen, abtrocknen und am Stielende einen Deckel abschneiden. Aus den Paprikaschoten mithilfe eines Löffels die Kerne und die weißen Scheidewände entfernen. Zwiebeln und Knoblauch abziehen, in feine Würfel schneiden. Schafskäse ebenfalls klein würfeln.
3. Gehacktes in eine Schüssel geben. Zwiebel-, Knoblauch-, Schafskäsewürfel, Pul Biber, Salz, Pfeffer, Zimt, Rosinen und Pinienkernen hinzugeben. Die Zutaten gut vermischen. Die Paprikaschoten mit der Hackmasse füllen.
4. Die Paprikaschoten in eine Auflaufform (gefettet) legen, Brühe und Zitronensaft hinzugießen. Minze abspülen und trocken tupfen. Die Blättchen von den Stängeln zupfen, Blättchen klein schneiden und zu den Paprikaschoten in die Form geben. Die Form auf dem Rost in den vorgeheizten Backofen (untere Schiene) schieben. Die Paprikaschoten etwa 40 Minuten garen.
5. Die Paprikaschoten anrichten und mit Paprika bestäuben. Den Fond mit Crème fraîche verrühren und zu den Paprika reichen.

Kaninchen mit Paprika
(Römertopf® 3-Liter-Inhalt)
4 Portionen

Zubereitungszeit: 50 Minuten
Garzeit: etwa 70 Minuten

1 küchenfertiges Kaninchen (etwa 1 1/2 kg)
300 g Schalotten
je 1 gelbe, rote und grüne Paprikaschote
10 Salbeiblätter
1 Stängel Rosmarin
2 Knoblauchzehen
Salz, gem. Pfeffer
125 ml Hühnerbrühe
125 g Schlagsahne

Pro Portion:
E: 67 g, F: 35 g, Kh: 16 g,
kJ: 2919, kcal: 696

1. Das Kaninchen innen und außen kurz unter fließendem kalten Wasser abspülen, trocken tupfen und in 8 Teile schneiden.
2. Schalotten abziehen und je nach Größe halbieren oder vierteln. Paprika halbieren, entstielen, entkernen und die weißen Scheidewände entfernen. Schoten abspülen, abtropfen lassen, in Streifen schneiden.
3. Salbeiblätter und Rosmarin abspülen und trocken tupfen. Von dem Rosmarinstängel grob die Nadeln abzupfen. Knoblauch abziehen und klein würfeln. Die Kaninchenteile mit Salz und Pfeffer einreiben.
4. Die Paprikastreifen, Schalotten, Knoblauchwürfel, Salbeiblätter, Rosmarinnadeln und Hühnerbrühe in den gewässerten Römertopf® geben. Die Kaninchenteile – mit Ausnahme des Rückens – darauflegen. Den Römertopf® mit dem Deckel verschließen und auf dem Rost in den kalten Backofen schieben.
Ober-/Unterhitze: etwa 200 °C
Heißluft: etwa 180 °C
5. Das Kaninchen etwa 70 Minuten garen.
6. Nach etwa 40 Minuten Garzeit den Rücken hinzugeben und das Kaninchen fertig garen, gares Kaninchen herausnehmen und warm stellen.
7. Die Sahne zum Bratensatz geben und gut verrühren, evtl. nochmals abschmecken. Die Sauce zu dem Kaninchen servieren.

Paprika „Dolma"

Kaninchen mit Paprika

Pute, gefüllt mit Sherry-Pflaumen

6 Portionen

Zubereitungszeit: 50 Minuten
Garzeit: etwa 2 Stunden

100 g Backpflaumen
3–4 EL Sherry (Fino)
1 küchenfertige Babypute (etwa 2 kg)
Salz, gem. Pfeffer
1 TL gerebelter Thymian
1 TL gerebelter Rosmarin
1 EL abgeriebene Schale von 1 Bio-Zitrone (unbehandelt, ungewachst)
2 abgezogene Knoblauchzehen
4 EL Olivenöl
300 g gut gewürztes Bratwurstbrät
50 g gewürfelter Schinkenspeck
1 gewürfelte Zwiebel
1 Ei (Größe M)
1 Eigelb (Größe M)
2–3 EL Semmelbrösel
1 Msp. Cayennepfeffer
2 EL klein geschnittene Petersilie
100 g gewürfelter fetter Speck
6 große Scheiben luftgetrockneter Schinken
500 ml Weißwein
Zucker, Zitronensaft
evtl. Saucenbinder

Außerdem:
Küchengarn

Pute, gefüllt mit Sherry-Pflaumen

Pro Portion:
E: 91 g, F: 74 g, Kh: 15 g,
kJ: 4965, kcal: 1186

1. Den Backofen vorheizen.
Ober-/Unterhitze: etwa 180 °C
Heißluft: etwa 160 °C
2. Backpflaumen in Sherry marinieren. Babypute innen und außen kurz unter fließendem kalten Wasser abspülen und trocken tupfen. Mit Salz und Pfeffer kräftig würzen. Thymian mit Rosmarin, Zitronenschale und Knoblauch in einem Mörser zerreiben. Olivenöl unter die Gewürzmischung rühren. Die Babypute damit innen und außen dick einstreichen.
3. Die marinierten Backpflaumen klein schneiden. Bratwurstbrät mit Schinkenspeck-, Zwiebelwürfeln, Ei, Eigelb und den Backpflaumenstücken mit der Einweichflüssigkeit in einer Schüssel gut vermischen. Je nach Bedarf mit Semmelbröseln binden, mit Salz, Pfeffer und Cayennepfeffer kräftig würzen.
4. Petersilie unter die Bratwurstbrätmasse geben. Die Babypute damit füllen. Die Öffnung mit Küchengarn zunähen. Speckwürfel in einen Bräter geben.
5. Die Putenbrust mit Schinkenscheiben belegen. Die Babypute mit der Brust nach oben in einen Bräter setzen. Den Bräter auf dem Rost in den vorgeheizten Backofen schieben. Die Pute etwa 2 Stunden garen. Wenn der Bratensatz anfängt zu bräunen, etwas Wein hinzugießen. Verdampfte Flüssigkeit nach und nach durch Wein ersetzen.
6. Die gare Babypute aus dem Bräter nehmen und das Küchengarn entfernen. Babypute zugedeckt etwa 5 Minuten ruhen lassen, dann tranchieren und mit der Füllung auf einer vorgewärmten Platte anrichten. Den Bratenfond evtl. mit restlichem Wein oder Wasser auf 375 ml auffüllen, mit Salz, Pfeffer, Zucker und Zitronensaft abschmecken. Die Sauce nach Belieben mit Saucenbinder binden. Die Pute mit der Sauce servieren.

Pute, gefüllt

8 Portionen

Zubereitungszeit: 45 Minuten
Garzeit: 2 1/2–3 Stunden

1 küchenfertige Pute (etwa 3 kg)
Salz
gem. Pfeffer

Für die Füllung:
250 g Thüringer Mett (gewürztes Schweinemett)
gerebelter Thymian
gerebelter Beifuß
1 Ei (Größe M)
20 g Butter oder Margarine
30 g gewürfelte Putenleber
1 gewürfelte mittelgroße Zwiebel
125 g grüne kernlose Weintrauben
1 EL klein geschnittene Kräuter, z. B. Schnittlauch, Petersilie

125 g durchwachsener Speck, in Scheiben
heißes Wasser
30 g Weizenmehl
3 EL kaltes Wasser
2 EL Madeira (Dessertwein)

Außerdem:
Küchengarn

Pro Portion:
E: 14 g, F: 25 g, Kh: 6 g,
kJ: 1344, kcal: 321

1. Den Backofen vorheizen.
Ober-/Unterhitze: etwa 200 °C
Heißluft: etwa 180 °C
2. Pute innen und außen kurz unter fließendem kalten Wasser abspülen und trocken tupfen. Pute innen und außen mit Salz und Pfeffer einreiben.
3. Für die Füllung Mett mit Salz, Pfeffer, Thymian und Beifuß würzen, mit dem Ei vermengen.
4. Butter oder Margarine in einer kleinen Pfanne zerlassen. Leberstückchen darin anbraten. Zwiebelwürfel hinzugeben, mit andünsten.
5. Weintrauben abspülen, gut abtropfen lassen, entstielen und halbieren. Leber-Zwiebel-Masse, Wein-

Pute, gefüllt

Poularde mit Roquefortfüllung

traubenhälften und Kräuter zu der Mettmasse geben und gut untermengen. Die Pute damit füllen. Die Öffnung mit Küchengarn zunähen.
6. Die Pute mit der Brust nach oben in einen mit Wasser ausgespülten Bräter legen. Die Brust mit Speckscheiben belegen. Den Bräter auf dem Rost in den vorgeheizten Backofen (untere Schiene) schieben. Die Pute 2 1/2–3 Stunden garen.
7. Sobald der Bratensatz anfängt zu bräunen, etwas heißes Wasser hinzugießen. Die Pute ab und zu mit dem Bratensatz begießen. Verdampfte Flüssigkeit nach und nach durch heißes Wasser ersetzen. Nach etwa 2 Stunden Garzeit die Speckscheiben entfernen.
8. Etwa 10 Minuten vor Ende der Garzeit die Backofentemperatur um etwa 20 °C erhöhen. Die Pute mit kaltem Salzwasser bestreichen, damit die Haut schön kross wird. Pute fertig garen.
9. Die gare Pute aus dem Backofen nehmen. Küchengarn entfernen. Pute in Portionsstücke teilen. Die Füllung in Scheiben schneiden.
10. Die Pute mit der Füllung auf einer vorgewärmten Platte anrichten und warm stellen.
11. Den Bratensatz mit etwas Wasser loskochen, durch ein Sieb in einen Topf gießen, mit Wasser auf 500 ml auffüllen und zum Kochen bringen. Mehl mit Wasser anrühren, in die Sauce rühren und unter Rühren gut aufkochen lassen. Mit Salz und Pfeffer würzen, Madeira unterrühren. Die Sauce zu der Pute reichen.

Poularde mit Roquefortfüllung

4 Portionen

Zubereitungszeit: 30 Minuten
Garzeit: etwa 60 Minuten

Für die Füllung:
1 Brötchen (Semmel) vom Vortag
125 g Roquefort-Käse
150 g Crème fraîche
1 Ei (Größe M)
2 EL abgezogene, gem. Mandeln
1 EL Semmelbrösel
1 EL klein geschnittene Estragonblättchen

1 küchenfertige Poularde (etwa 1,2 kg)
Salz, gem. Pfeffer
2 EL Butterschmalz
3 Tomaten, 2 große Zwiebeln
3–4 kleine Stängel Thymian
250 ml Weißwein
etwas Weißwein
Worcestersauce

Außerdem:
Küchengarn

Pro Portion:
E: 70 g, F: 87 g, Kh: 17 g, kJ: 5246, kcal: 1252

1. Den Backofen vorheizen.
Ober-/Unterhitze: etwa 200 °C
Heißluft: etwa 180 °C
2. Für die Füllung Brötchen in kaltem Wasser einweichen und gut ausdrücken. Brötchen mit Roquefort und 100 g Crème fraîche pürieren. Ei, Mandeln, Semmelbrösel und Estragonblättchen unterrühren.
3. Die Poularde innen und außen kurz unter fließendem kalten Wasser abspülen, trocken tupfen, mit der Roquefortmasse füllen. Die Öffnung mit Küchengarn zunähen. Poularde außen mit Salz und Pfeffer einreiben.
4. Butterschmalz in einem Bräter erhitzen. Poularde darin von allen Seiten gut anbraten.
5. Tomaten abspülen, abtrocknen, vierteln und die Stängelansätze herausschneiden. Zwiebeln abziehen und vierteln. Tomaten- und Zwiebelviertel zu der Poularde in den Bräter geben und mitdünsten lassen.
6. Thymian abspülen, trocken tupfen, mit etwas Wein zu der Poularde geben. Den Bräter ohne Deckel auf dem Rost in den vorgeheizten Backofen schieben. Die Poularde etwa 60 Minuten garen. Verdampfte Flüssigkeit nach und nach durch Wein ersetzen. Die Poularde während der Garzeit ab und zu wenden.
7. Die Poularde aus dem Bräter nehmen. Küchengarn entfernen. Poularde in Portionsstücke schneiden. Die Füllung in Scheiben schneiden und warm stellen.
8. Den Bratensatz mit Wein loskochen, durch ein Sieb streichen und etwas einkochen lassen. Die Sauce mit Worcestersauce, Salz und Pfeffer abschmecken. Restliche Crème fraîche unterrühren. Die Poularde mit den Roquefortscheiben auf einer vorgewärmten Platte anrichten. Die Sauce dazureichen.

Orangen-Ente

Putenkeule, provenzalisch

Orangen-Ente
4 Portionen

Zubereitungszeit: 30 Minuten
Garzeit: etwa 90 Minuten

1 küchenfertige Ente (etwa 2,3 kg)
Salz, gem. Pfeffer
5 Stängel Thymian
300 ml Hühnerbrühe
150 ml Orangensaft
gem. Zimt
1 EL flüssiger Honig
4 Bio-Orangen
(unbehandelt, ungewachst)
2 TL Speisestärke

Pro Portion:
E: 89 g, F: 83 g, Kh: 23 g,
kJ: 5026, kcal: 1198

1. Den Backofen vorheizen.
Ober-/Unterhitze: etwa 180 °C
Heißluft: etwa 160 °C
2. Die Ente innen und außen kurz unter fließendem kalten Wasser abspülen und trocken tupfen, mit Salz und Pfeffer würzen. Thymianstängel abspülen, trocken tupfen und in die Ente legen.
3. Die Ente mit der Brustseite nach unten in einen Bräter legen und auf dem Rost in den vorgeheizten Backofen (unteres Drittel) schieben. Die Ente etwa 90 Minuten garen.
4. Nach etwa 45 Minuten Garzeit die Ente umdrehen, Hühnerbrühe und Orangensaft hinzugießen, mit Zimt würzen. Honig mit 2 Esslöffeln Bratenfond verrühren. Die Entenbrust kurz vor Ende der Garzeit mehrmals damit bestreichen.
5. Die Orangen heiß abwaschen, abtrocknen und von einer Orange die Schale spiralförmig in Streifen abschneiden. Anschließend alle Orangen so schälen, dass die weiße Haut vollständig entfernt wird. Orangen in etwa 1 cm dicke Scheiben schneiden.
6. Die gare Ente aus dem Bräter nehmen (Thymianstängel entfernen) und auf einer vorgewärmten Platte anrichten.
7. Speisestärke mit kaltem Wasser anrühren und in den Bratenfond rühren. Die Sauce unter Rühren aufkochen lassen. Nach Belieben Orangenscheiben in die heiße Sauce legen und mit der Ente servieren. Die Orangen-Ente mit der Orangenschalenspirale garnieren.

Putenkeule, provenzalisch

4 Portionen

Zubereitungszeit: 50 Minuten, ohne Ruhezeit
Garzeit: 60–75 Minuten

2 Putenoberkeulen (mit Knochen, je etwa 650 g)
Salz, gem. Pfeffer
Kräuter der Provence
2 Knoblauchzehen
2 EL Olivenöl
200 ml Rotwein
etwas heißes Wasser
150 g Crème fraîche
etwas klein geschnittene Petersilie

Pro Portion:
E: 45 g, F: 19 g, Kh: 2 g,
kJ: 1723, kcal: 413

1. Den Backofen vorheizen.
Ober-/Unterhitze: etwa 200 °C
Heißluft: etwa 180 °C
2. Putenkeulen kurz unter fließendem kalten Wasser abspülen, trocken tupfen, mit Salz, Pfeffer und Kräutern der Provence würzen. Knoblauch abziehen und durch eine Knoblauchpresse drücken. Die Putenkeulen damit einreiben.
3. Olivenöl in einem Bräter erhitzen. Die Putenkeulen darin von allen Seiten anbraten. Rotwein hinzugießen. Den Bräter ohne Deckel auf dem Rost in den vorgeheizten Backofen schieben. Putenkeulen 60–75 Minuten garen. Verdampfte Flüssigkeit nach und nach durch heißes Wasser ersetzen. Die Putenkeulen während der Garzeit ab und zu wenden.
4. Die garen Putenkeulen aus dem Bräter nehmen und zugedeckt etwa 10 Minuten ruhen lassen.
5. Den Bratenfond mit Crème fraîche verrühren und evtl. etwas einkochen lassen. Mit Salz und Pfeffer abschmecken.
6. Die Putenkeulen mit Petersilie bestreuen und mit der Sauce anrichten.

Putenragout mit Meerrettich

(Römertopf® 3-Liter-Inhalt)
4 Portionen

Zubereitungszeit: 25 Minuten
Garzeit: etwa 60 Minuten

500 g Porree (Lauch)
150 g Schlagsahne
100 ml Hühnerbrühe
800 g Putenbrustfilet
Salz, gem. Pfeffer
50 g ger. Meerrettich (aus dem Glas)
20 g Weizenmehl
1–2 TL Zitronensaft

Pro Portion:
E: 52 g, F: 14 g, Kh: 10 g,
kJ: 1733, kcal: 414

1. Porree putzen, die Stangen längs halbieren, gründlich waschen, abtropfen lassen und in etwa 2 cm lange Stücke schneiden. Porreestücke mit 50 g Sahne und der Hühnerbrühe in einen gewässerten Römertopf® geben und vermischen.
2. Putenbrustfilet kurz unter fließendem kalten Wasser abspülen, trocken tupfen und in 2–3 cm große Würfel schneiden. Fleischwürfel von allen Seiten mit Salz und Pfeffer würzen. Fleischwürfel in eine Schüssel geben. Nacheinander Meerrettich und Mehl unterrühren.
3. Die Fleischwürfel zu den Porreestücken in den Römertopf® geben und untermischen. Den Römertopf® mit dem Deckel verschließen und auf dem Rost in den kalten Backofen schieben.
Ober-/Unterhitze: etwa 220 °C
Heißluft: etwa 200 °C
4. Das Putenragout etwa 60 Minuten garen.
5. Nach Ende der Garzeit den Deckel abnehmen und die restliche Sahne unterrühren. Das Putenragout mit Salz, Pfeffer und Zitronensaft abschmecken.

Paprika-Knoblauch-Hähnchen

4 Portionen

Zubereitungszeit: 70 Minuten
Garzeit: etwa 50 Minuten

2 küchenfertige Hähnchen
(je etwa 800 g)
6 EL Knoblauchöl
Salz, gem. Pfeffer
2 gestr. EL Paprikapulver edelsüß
4 Zwiebeln, 6 Knoblauchzehen
8 gelbe und grüne Paprikaschoten
(Dolma Biber, Spitzpaprika)
200 ml Gemüsebrühe
200 g Schmand (Sauerrahm)
oder Crème fraîche

Pro Portion:
E: 63 g, F: 63 g, Kh: 11 g,
kJ: 3677, kcal: 878

1. Den Backofen vorheizen.
Ober-/Unterhitze: etwa 200 °C
Heißluft: etwa 180 °C
2. Die Hähnchen innen und außen kurz unter fließendem kalten Wasser abspülen und trocken tupfen. Die Hähnchen halbieren. Knoblauchöl mit Salz, Pfeffer und Paprika verrühren. Die Hähnchenteile damit einstreichen und in eine Fettpfanne legen (evtl. etwas Wasser hinzufügen). Die Fettpfanne in den vorgeheizten Backofen schieben. Die Hähnchen etwa 50 Minuten garen. Dabei zwischendurch wenden und mit dem Gewürzöl bestreichen. Evtl. etwas Wasser hinzugießen.
3. Inzwischen Zwiebeln und Knoblauch abziehen, in feine Scheiben schneiden und nach etwa 25 Minuten Garzeit zu den Hähnchen geben.
4. Paprikaschoten halbieren, entstielen, entkernen und die weißen Scheidewände entfernen. Schoten abspülen, abtropfen lassen, in Streifen schneiden und etwa 15 Minuten vor Ende der Garzeit zu den Hähnchen geben.
5. Die gebratenen Hähnchen aus der Fettpfanne nehmen, auf eine vorgewärmte Platte legen, warm stellen.
6. Den Bratensud mit dem Gemüse in einen Topf geben. Brühe hinzugießen, zum Kochen bringen und etwas einkochen lassen. Schmand oder Crème fraîche unterrühren und erwärmen.
7. Die Sauce mit den Gewürzen kräftig abschmecken und zu den Hähnchen servieren.

Putenragout mit Meerrettich

Paprika-Knoblauch-Hähnchen

Rinderfilet „Lukullus"
2 Portionen

Zubereitungszeit: 15 Minuten
Garzeit: etwa 16 Minuten

2 Rinderfiletsteaks
(je etwa 180 g)
Salz
gerebelter Majoran
grob gem. Pfeffer
1 TL Tomatenmark

evtl. etwas Majoran

Außerdem:
Alufolie

Pro Portion:
E: 38 g, F: 7 g, Kh: 1 g,
kJ: 928, kcal: 221

1. Den Backofen vorheizen.
Ober-/Unterhitze: etwa 240 °C
Heißluft: etwa 220 °C
2. Rinderfiletsteaks mit Küchenpapier trocken tupfen. Filetsteaks mit Salz, Majoran und Pfeffer einreiben, mit Tomatenmark bestreichen.
3. Die Filetsteaks in Alufolie wickeln und auf ein Backblech legen. Das Backblech in den vorgeheizten Backofen schieben. Die Filetsteaks etwa 16 Minuten garen.
4. Nach etwa 10 Minuten Garzeit die Alufolie öffnen. Die Filetsteaks in etwa 6 Minuten bräunen lassen.
5. Die Filetsteaks vom Backblech nehmen, auf einem vorgewärmten Teller anrichten, evtl. in der Alufolie servieren. Nach Belieben mit abgespülten, trocken getupften Majoranblättchen bestreuen.

Rinderfilet „Lukullus"

Putenröllchen, mit Tomate und Mozzarella gefüllt
4 Portionen

Zubereitungszeit: 65 Minuten
Garzeit: Putenröllchen etwa 10 Minuten, Gemüserosetten etwa 10 Minuten

Für die Gemüserosetten:
4 mittelgroße Kartoffeln
4 kleine Flaschentomaten
1 Zucchini
2–3 EL Olivenöl

500 g Putenbrustfilet
Salz, gem. Pfeffer

Für die Füllung:
125 g abgetropfter Mozzarella
100 g Tomatenwürfel von enthäuteten, entkernten Tomaten
8 fein geschnittene Basilikumblättchen
1 kleiner Stängel Rosmarin
4 EL Olivenöl
40 g ger. Parmesan
einige frische Thymianblättchen

100 ml Weißwein
125 ml Geflügelbrühe
50 g kalte Butter

Außerdem:
Holzstäbchen

Pro Portion:
E: 43 g, F: 36 g, Kh: 20 g,
kJ: 2516, kcal: 601

1. Den Backofen vorheizen.
Ober-/Unterhitze: etwa 200 °C
Heißluft: etwa 180 °C
2. Für die Gemüserosetten Kartoffeln schälen, abspülen, abtropfen lassen, in dünne Scheiben schneiden. Tomaten abspülen, trocken tupfen, die Stängelansätze herausschneiden. Tomaten in dünne Scheiben schneiden. Zucchini abspülen, abtrocknen, die Enden abschneiden. Zucchini in dünne Scheiben schneiden.
3. Olivenöl in einer großen Pfanne erhitzen. Kartoffel- und Zucchinischeiben darin von beiden Seiten leicht anbraten, herausnehmen und auf Küchenpapier abtropfen lassen.
4. Putenbrustfilet kurz unter fließendem kalten Wasser abspülen, trocken tupfen und in 8 dünne Schnitzel schneiden. Mit der flachen Seite eines breiten Messers leicht flach drücken, mit Salz und Pfeffer würzen.
5. Für die Füllung Mozzarella in Würfel schneiden, mit Tomatenwürfeln und Basilikum mischen, mit Salz und Pfeffer würzen. Die Füllung jeweils auf den Schnitzeln verteilen und die Schnitzel zu Röllchen rollen. Mit Holzstäbchen zusammenstecken. Die Röllchen von außen mit Salz und Pfeffer würzen.
6. Rosmarinstängel abspülen, trocken tupfen. Olivenöl mit Rosmarin in einer feuerfesten Pfanne erhitzen. Putenröllchen darin von allen Seiten anbraten. Die Pfanne auf dem Rost in den vorgeheizten Backofen schieben, die Putenröllchen etwa 10 Minuten garen.

Putenröllchen, mit Tomate und Mozzarella gefüllt

Heidschnuckenbraten mit Birnenrotkohl

7. Dann die Putenröllchen aus der Pfanne nehmen und warm stellen.
8. Für die Gemüserosetten abwechselnd Tomaten,- Zucchini- und Kartoffelscheiben auf einem Backblech (gefettet) zu insgesamt 4 Kreisen legen. Mit Salz und Pfeffer würzen, mit Parmesan und abgespülten, trocken getupften Thymianblättchen bestreuen. Das Backblech in den heißen Backofen schieben. Gemüserosetten bei gleicher Backofentemperatur etwa 10 Minuten überbacken.
9. Den Bratensatz mit Weißwein ablöschen, Geflügelbrühe hinzugießen und aufkochen lassen. Die kalte Butter in Stückchen mit dem Pürierstab unterschlagen. Die Sauce mit Salz und Pfeffer abschmecken.
10. Die Gemüserosetten auf 4 Teller legen. Die Putenröllchen nach Belieben halbieren, in der Mitte auf den Rosetten anrichten und mit der Sauce überziehen.

Heidschnuckenbraten mit Birnenrotkohl

6 Portionen

Zubereitungszeit: 60 Minuten
Garzeit: etwa 2 Stunden

1 1/2 kg Heidschnuckenkeule (mit ausgelöstem und zersägtem Knochen)
Salz, gem. Pfeffer
4 EL Rapsöl
3 Zwiebeln, 2 Knoblauchzehen
1 große Möhre (etwa 100 g)
100 g Knollensellerie
2 EL Tomatenmark
250 ml Rotwein
400 ml Wildfond
3 Wacholderbeeren
3 Gewürznelken
1 Lorbeerblatt

Für den Birnenrotkohl:
1 kg Rotkohl
3 mittelgroße Birnen
2 mittelgroße Zwiebeln
50 g Schweineschmalz
1 Lorbeerblatt
3 Gewürznelken
2 EL Weißweinessig
2 EL Quittengelee
125 ml Wasser
Zucker

125 g saure Sahne

Pro Portion:
E: 44 g, F: 46 g, Kh: 25 g,
kJ: 2972, kcal: 711

1. Das Fleisch und die Knochen kurz unter fließendem kalten Wasser abspülen und trocken tupfen. Das Fleisch mit Salz und Pfeffer würzen.
2. Rapsöl in einem großen Bräter erhitzen, das Fleisch mit den Knochen darin rundherum anbraten.
3. Den Backofen vorheizen.
Ober-/Unterhitze: etwa 180 °C
Heißluft: etwa 160 °C
4. Zwiebeln und Knoblauch abziehen, klein würfeln. Möhre und Sellerie putzen, schälen, abspülen, abtropfen lassen und ebenfalls in Würfel schneiden. Zwiebel-, Knoblauch-, Möhren- und Selleriewürfel zum Fleisch in den Bräter geben und kurz mit anbraten. Tomatenmark unterrühren.
5. Rotwein und Wildfond hinzugießen. Wacholderbeeren, Gewürznelken und Lorbeerblatt hinzugeben. Die Zutaten kurz aufkochen.
6. Den Bräter auf dem Rost in den vorgeheizten Backofen schieben. Den Braten etwa 2 Stunden garen, dabei den Braten ab und zu wenden. Die verkochte Flüssigkeit evtl. durch Wasser ersetzen.
7. Nach etwa 1 Stunde Bratzeit für den Birnenrotkohl vom Rotkohl die groben, äußeren Blätter entfernen. Den Kohl vierteln. Den Strunk herausschneiden. Kohlviertel abspülen, abtropfen lassen und fein hobeln.
8. Birnen schälen, vierteln und entkernen. Zwiebeln abziehen. Birnen und Zwiebeln in Würfel schneiden. Schweineschmalz in einem Topf zerlassen. Die Zwiebelwürfel darin andünsten, Kohlstreifen und Birnenwürfel hinzugeben und unter gelegentlichem Rühren andünsten. Lorbeerblatt, Gewürznelken, Essig, Quittengelee und Wasser hinzufügen.
9. Den Rotkohl etwa 45 Minuten garen, dabei gelegentlich umrühren. Den Rotkohl mit etwas Zucker, Salz und Pfeffer abschmecken.
10. Den garen Braten aus dem Bräter nehmen und warm stellen. Den Bratensatz durch ein Sieb streichen, mit saurer Sahne verrühren, kurz aufkochen lassen. Die Sauce mit Salz und Pfeffer abschmecken.
11. Den Braten in Scheiben schneiden, mit der Sauce und dem Birnenrotkohl servieren.

Würzige Poulardenbrust im Kohlblatt

Schweinebraten mit Zitronensauce

Würzige Poulardenbrust im Kohlblatt

(Römertopf® 3-Liter-Inhalt)
4 Portionen

Zubereitungszeit: 40 Minuten
Garzeit: etwa 60 Minuten

1 Spitzkohl (etwa 600 g)
Salz
2 Möhren (etwa 400 g)
gem. Pfeffer
4 Poulardenbrustfilets (etwa 750 g)
2 EL Speiseöl
1 Zwiebel (etwa 120 g)
80 g magerer, durchwachsener Speck
2 Knoblauchzehen
je 2 rote und grüne Peperoni (etwa 120 g)
20 g Butter
1 EL mittelscharfer Senf
250 ml Geflügelbrühe

Außerdem:
Küchengarn

Pro Portion:
E: 52 g, F: 10 g, Kh: 11 g,
kJ: 1466, kcal: 351

1. Von dem Spitzkohl 8 große Blätter vorsichtig lösen, gut abspülen und in kochendem Salzwasser etwa 2 Minuten blanchieren. Kohlblätter mit kaltem Wasser abschrecken und in einem Sieb abtropfen lassen.

2. Restlichen Spitzkohl halbieren und den Strunk herausschneiden. Kohlhälften abspülen, abtropfen lassen und in kleine Stücke schneiden. Möhren putzen, schälen, abspülen, abtropfen lassen, längs halbieren und in Scheiben schneiden.

3. Kohlstücke und Möhrenscheiben in einer Schüssel mischen, mit Salz und Pfeffer würzen. Die Kohl-Möhren-Mischung in einen gewässerten Römertopf® geben.

4. Poulardenbrustfilets kurz unter fließendem kalten Wasser abspülen und trocken tupfen. Mit Salz und Pfeffer würzen. Speiseöl in einer Pfanne erhitzen. Poulardenbrust darin von beiden Seiten anbraten.

5. Zwiebel abziehen und in kleine Würfel schneiden. Speck ebenfalls würfeln. Knoblauch abziehen und sehr klein schneiden. Peperoni abspülen, trocken tupfen, entstielen und in schmale Ringe schneiden. Butter in einer Pfanne zerlassen. Zwiebel-, Speckwürfel, Knoblauchstücke und Peperoniringe darin leicht andünsten.

6. Jeweils 2 blanchierte Kohlblätter leicht versetzt auf einer Arbeitsfläche ausbreiten. Poulardenbrustfilets darauflegen und mit Senf bestreichen. Gedünstete Zwiebel-Speck-Mischung darauf verteilen. Die Blätter seitlich einschlagen, aufrollen und mit Küchengarn umwickeln.

7. Rouladen auf die Kohl-Möhren-Mischung in den Römertopf® legen. Brühe hinzugießen. Den Römertopf® mit dem Deckel verschließen und auf dem Rost in den kalten Backofen schieben.

Ober-/Unterhitze: etwa 220 °C (untere Schiene)
Heißluft: etwa 200 °C

8. Poulardenbrust im Kohlblatt etwa 60 Minuten garen.

Schweinebraten mit Zitronensauce

(Römertopf® 4-Liter-Inhalt)
4–6 Portionen

Zubereitungszeit: 35 Minuten
Garzeit: etwa 100 Minuten

1 1/2 kg Schweinerollbraten (aus der Schulter)
4 EL Sojasauce
je 2 rote und grüne Chilischoten
3–4 Knoblauchzehen
250 ml Wasser
1 Bio-Zitrone (unbehandelt, ungewachst)
350 g Staudensellerie
2–3 EL heller Saucenbinder
Salz
gem. Pfeffer
2–3 EL Zitronensaft

Pro Portion:
E: 61 g, F: 33 g, Kh: 9 g,
kJ: 2405, kcal: 575

1. Rollbraten mit Küchenpapier trocken tupfen und mit 1 Esslöffel Sojasauce einreiben.
2. Chilischoten halbieren, entstielen, entkernen und die weißen Scheidewände entfernen. Schoten abspülen und trocken tupfen. Die Knoblauchzehen mit Schale mit einem Messer flach drücken.
3. Den Rollbraten mit Chilischoten und Knoblauch in den gewässerten Römertopf® geben. Wasser und restliche Sojasauce hinzugießen. Den Römertopf® mit dem Deckel verschließen und auf dem Rost in den kalten Backofen schieben.
Ober-/Unterhitze: etwa 200 °C
Heißluft: etwa 180 °C
4. Den Schweinebraten etwa 100 Minuten garen.
5. In der Zwischenzeit die Zitrone heiß abwaschen, abtrocknen und in Scheiben schneiden. Staudensellerie putzen und die harten Außenfäden abziehen. Selleriestangen abspülen, abtropfen lassen und in Scheiben schneiden. Evtl. Selleriegrün abspülen, abtropfen lassen und beiseitelegen.
6. Nach etwa 60 Minuten Garzeit Zitronen- und Sellerieschaiben zum Rollbraten in den Römertopf® geben und den Rollbraten fertig garen.
7. Den Rollbraten aus dem Römertopf® nehmen und warm stellen. Die Sauce durch ein Sieb in einen Topf gießen, zum Kochen bringen und mit Saucenbinder andicken. Die Sauce mit Salz, Pfeffer und Zitronensaft abschmecken.
8. Rollbraten in Scheiben schneiden, mit der Sauce anrichten und nach Belieben mit dem beiseitegelegten Selleriegrün garnieren.

Currywurst-Variationen in fruchtigen Saucen

Currywurst-Variationen in fruchtigen Saucen

4 Portionen

Zubereitungszeit: 30 Minuten, ohne Abkühlzeit
Garzeit: 15–20 Minuten

1 EL Speiseöl
6 Rostbratwürstchen, gebrüht (je etwa 90 g)

Für die Tomatensauce:
1 Fleischtomate (etwa 300 g)
250 ml Tomatenketchup
etwa 1/2 EL Currypulver
gem. Pfeffer

Für die Ananas-Chilisauce:
2 Scheiben frische Ananas oder abgetropfte Ananasscheiben (aus der Dose)
250 ml süße Chilisauce
etwa 1/2 EL Currypulver

5 abgetropfte Geflügelwürstchen (aus dem Glas, je etwa 50 g)

Außerdem:
2 Bögen Alufolie oder
2 Pergamentpapiertüten

Pro Portion:
E: 33 g, F: 55 g, Kh: 32 g,
kJ: 3208, kcal: 765

1. Speiseöl in einer Pfanne erhitzen. Rostbratwürstchen darin von beiden Seiten anbraten, herausnehmen und abkühlen lassen.
2. Für die Tomatensauce die Tomate abspülen, trocken tupfen, vierteln, entkernen und den Stängelansatz herausschneiden.
3. Tomatenviertel in kleine Würfel schneiden, mit Ketchup in einer Schüssel vermischen, mit Curry und Pfeffer pikant würzen.
4. Für die Ananas-Chilisauce Ananasscheiben in kleine Würfel schneiden, mit Chilisauce in einer Schüssel mischen, mit Curry und Pfeffer würzen.
5. Den Backofen vorheizen.
Ober-/Unterhitze: etwa 200 °C
Heißluft: etwa 180 °C
6. Brat- und Geflügelwürstchen getrennt voneinander in mundgerechte Stücke schneiden. Bratwurststücke mit der Tomatensauce und die Geflügelwurststücke mit der Ananas-Chilisauce mischen.
7. Auf einen Bogen Alufolie die Bratwurstmischung und auf dem zweiten Bogen die Geflügelwurstmischung geben. Die Alufolie jeweils so zu einem Päckchen zusammenfalten, dass keine Flüssigkeit auslaufen kann. Oder die Mischungen in je eine Pergamentpapiertüte füllen und die Tüte fest verschließen.
8. Die Päckchen oder Tüten auf ein Backblech legen. Das Backblech in den vorgeheizten Backofen schieben und die Currywurst-Variationen 15–20 Minuten garen.

Putenbrust mit Gemüsefüllung

4 Portionen

Zubereitungszeit: 30 Minuten
Garzeit: 60–75 Minuten

1 kg Putenbrustfilet
Salz
gem. Pfeffer
750 g Brokkoliröschen
500 g Möhren, in dünnen Scheiben
750 ml Salzwasser
50 g abgezogene, gem. Mandeln
8 Scheiben Frühstücksspeck (Bacon, etwa 100 g)
2 Zwiebeln
3 Möhren (etwa 200 g)
125 g Crème double
1 EL klein geschnittene Basilikumblättchen
30 g Butter

Außerdem:
Küchengarn oder Holzstäbchen

Pro Portion:
E: 72 g, F: 46 g, Kh: 14 g,
kJ: 3391, kcal: 810

1. Den Backofen vorheizen.
Ober-/Unterhitze: etwa 180 °C
Heißluft: etwa 160 °C
2. Putenbrustfilet kurz unter fließendem kalten Wasser abspülen, trocken tupfen und längs eine Tasche einschneiden. Putenbrustfilet innen und außen mit Salz und Pfeffer einreiben.
3. Brokkoliröschen und Möhrenscheiben in kochendem Salzwasser etwa 6 Minuten bissfest garen. Anschließend in einem Sieb abtropfen lassen, dabei die Brühe auffangen.
4. Die Hälfte der Brokkoliröschen und Möhrenscheiben pürieren, Mandeln unterrühren. Mit Salz und Pfeffer würzen.
5. Das Putenbrustfilet mit dem Gemüsepüree füllen. Die Öffnung mit Küchengarn oder Holzstäbchen verschließen.
6. Putenbrustfilet mit Speckscheiben belegen und in eine große Auflaufform (gefettet) oder Fettpfanne (gefettet) geben.
7. Zwiebeln abziehen und klein würfeln. Möhren putzen, schälen, abspülen, abtropfen lassen und in grobe Würfel schneiden. Zwiebel- und Möhrenwürfel zu der Putenbrust geben. Die Form auf dem Rost oder die Fettpfanne in den vorgeheizten Backofen (untere Schiene) schieben. Die Putenbrust 60–75 Minuten garen. Verdampfte Flüssigkeit nach und nach durch Gemüsekochbrühe (von den Brokkoliröschen und Möhren) ersetzen.
8. Die Putenbrust aus der Form oder Fettpfanne nehmen, zugedeckt etwa 10 Minuten ruhen lassen.
9. Den Bratensatz mit etwas Gemüsekochbrühe loskochen und anschließend durch ein Sieb streichen. Die Sauce in einen Topf geben und etwas einkochen lassen. Crème double unterrühren und erhitzen. Die Sauce mit Salz und Pfeffer abschmecken. Basilikumblättchen unterrühren.
10. Butter in einem Topf zerlassen, restliche Brokkoliröschen und Möhrenscheiben darin erhitzen, mit Salz und Pfeffer würzen. Die Putenbrust (Küchengarn oder Holzstäbchen entfernen) in Scheiben schneiden und mit dem Gemüse anrichten. Die Sauce dazureichen.

Hähnchen, pikant im Gemüsebett

4 Portionen

Zubereitungszeit: 45 Minuten, ohne Marinierzeit
Garzeit: etwa 30 Minuten

4 Hähnchenkeulen (je etwa 200 g)
2 EL Weißweinessig
3 EL Sojasauce
3 EL Sherry
3 EL Haselnussöl
Salz, gem. Pfeffer
2 Msp. Cayennepfeffer
etwas Zucker
4 große festkochende Kartoffeln
etwas gem. Ingwer
2 EL Speiseöl
50 g Zuckerschoten
300 g TK-Erbsen
2 rote Zwiebeln
1 Bund Frühlingszwiebeln

Pro Portion:
E: 47 g, F: 22 g, Kh: 31 g,
kJ: 2277, kcal: 544

1. Hähnchenkeulen kurz unter fließendem kalten Wasser abspülen, trocken tupfen und in eine flache Schale legen. Essig mit Sojasauce und Sherry verrühren, Haselnussöl unterschlagen. Mit Salz, Pfeffer, Cayennepfeffer und Zucker würzen. Die Hähnchenkeulen mit der Marina-

Putenbrust mit Gemüsefüllung

de bestreichen, zugedeckt im Kühlschrank über Nacht marinieren.
2. Den Backofen vorheizen.
Ober-/Unterhitze: etwa 200 °C
Heißluft: etwa 180 °C
3. Die Hähnchenkeulen aus der Marinade nehmen, Marinade beiseitestellen. Die Hähnchenkeulen in einem erhitzten Bräter von allen Seiten leicht anbraten. Den Bräter auf dem Rost in den vorgeheizten Backofen schieben. Die Hähnchenkeulen etwa 30 Minuten garen.
4. In der Zwischenzeit Kartoffeln schälen, abspülen, abtropfen lassen, halbieren und in Scheiben schneiden oder hobeln. Wasser mit Salz und Ingwer in einem Topf zum Kochen bringen. Kartoffelscheiben hinzugeben und 8–10 Minuten garen. Kartoffelscheiben abgießen und in einem Sieb abtropfen lassen. Speiseöl in einer Pfanne erhitzen, Kartoffelscheiben darin unter Wenden hellbraun braten.
5. Von den Zuckerschoten die Enden abschneiden, evtl. abfädeln. Zuckerschoten abspülen und abtropfen lassen. Die gefrorenen Erbsen mit den Zuckerschoten in etwas kochendem Salzwasser etwa 5 Minuten garen. Erbsen und Zuckerschoten in ein Sieb geben, mit kaltem Wasser abschrecken und abtropfen lassen.
6. Zwiebeln abziehen, halbieren und in Scheiben schneiden. Frühlingszwiebeln putzen, abspülen, abtropfen lassen und in 3–4 cm lange Stücke schneiden. Zwiebelscheiben und Frühlingszwiebelstücke in etwas Salzwasser etwa 2 Minuten garen, ebenfalls in ein Sieb geben und abtropfen lassen.
7. Die garen Hähnchenkeulen aus dem Bräter nehmen, warm stellen.
8. Das gegarte Gemüse mit der beiseitegestellten Marinade zum verbliebenen Bratfett in den Bräter geben und durchschwenken. Gemüse mit Salz abschmecken. Die gebratenen Kartoffelscheiben unterheben. Das Gemüse mit den Kartoffelscheiben auf einem vorgewärmten Teller anrichten. Hähnchen darauflegen.

Putenoberkeule in Paprikagemüse

4 Portionen

Zubereitungszeit: 75 Minuten
Garzeit: etwa 60 Minuten

1 Putenoberkeule (etwa 1,3 kg)
Salz, gem. Pfeffer
4 mittelgroße Zwiebeln
3 EL Speiseöl
250 ml heißes Wasser
4 Paprikaschoten (rot, gelb, grün)
500 g Tomaten
Paprikapulver edelsüß
100 g Schlagsahne
frischer, klein geschnittener Kerbel

Außerdem:
Küchengarn

Pro Portion:
E: 55 g, F: 27 g, Kh: 11 g,
kJ: 2299, kcal: 550

1. Den Backofen vorheizen.
Ober-/Unterhitze: etwa 240 °C
Heißluft: etwa 220 °C
2. Putenoberkeule kurz unter fließendem kalten Wasser abspülen, trocken tupfen, mit Salz und Pfeffer einreiben und mit Küchengarn umwickeln. Zwiebeln abziehen, vierteln.
3. Speiseöl in einem Bräter erhitzen. Die Putenkeule darin von allen Seiten anbraten. Zwiebelviertel hinzugeben und etwas heißes Wasser hinzugießen. Den Bräter ohne Deckel auf dem Rost in den vorgeheizten Backofen (unteres Drittel) schieben. Die Putenkeule etwa 60 Minuten garen.
4. Wenn der Bratensatz anfängt zu bräunen, nach und nach das restliche Wasser hinzugießen.
5. In der Zwischenzeit Paprikaschoten halbieren, entstielen, entkernen und die weißen Scheidewände entfernen. Schoten abspülen, abtropfen lassen und in breite Streifen schneiden. Tomaten kreuzweise einschneiden und mit kochendem Wasser übergießen. Nach 1–2 Minuten herausnehmen und mit kaltem Wasser abschrecken. Tomaten häuten, halbieren und die Stängelansätze herausschneiden. Tomaten in grobe Stücke schneiden.
6. Paprikastreifen und Tomatenstücke nach etwa 45 Minuten Garzeit zu der Putenkeule in den Bräter geben und alles fertig garen.
7. Die Putenoberkeule auf eine vorgewärmte Platte legen, mit Alufolie zudecken und etwa 10 Minuten ruhen lassen.
8. Paprika-Tomaten-Gemüse und Fond mit Salz, Pfeffer und Paprika abschmecken, Sahne hinzufügen, zum Kochen bringen und etwas einkochen lassen. Gemüse mit Kerbel bestreut zu der Putenkeule reichen.

Schweinefilet, süßsauer

4 Portionen

Zubereitungszeit: 25 Minuten
Garzeit: etwa 20 Minuten

500 g Schweinefilet
Salz, gem. Pfeffer
20 g Butter
175 g abgetropfte Ananasscheiben (aus der Dose)
je 1 rote und grüne Paprikaschote (etwa 400 g)
2 Knoblauchzehen
200 ml klare asiatische, süße Chilisauce (aus der Flasche)
3 EL asiatische Fischsauce

Außerdem:
1 Stück Bratfolie oder Bratschlauch

Pro Portion:
E: 32 g, F: 6 g, Kh: 24 g,
kJ: 1205, kcal: 288

1. Schweinefilet mit Küchenpapier trocken tupfen, in Scheiben (Medaillons) schneiden, evtl. mit einem Küchenband in Form binden. Mit Salz und Pfeffer würzen. Butter in einer Pfanne zerlassen. Medaillons darin von beiden Seiten kurz anbraten.
2. Den Backofen vorheizen.
Ober-/Unterhitze: etwa 200 °C
Heißluft: etwa 180 °C
3. Ananasscheiben in je 6 Stücke schneiden. Paprikaschoten halbieren, entstielen, entkernen und die weißen Scheidewände entfernen. Schoten abspülen, trocken tupfen und in kleine Würfel schneiden. Den Knoblauch abziehen und in sehr kleine Würfel schneiden.
4. Die Ananasstücke mit den Paprika- und Knoblauchwürfeln in einer Schüssel mischen. Chili- und Fischsauce hinzugeben und unterrühren, mit Salz und Pfeffer würzen.
5. Die Ananas-Paprika-Mischung auf ein großes Stück Bratfolie oder in den Bratschlauch geben, Schweinemedaillons darauf verteilen. Die Bratfolie oder den Bratschlauch nach Packungsanleitung verschließen und auf ein Backblech legen. Das Backblech in den vorgeheizten Backofen (unteres Drittel) schieben. Schweinefilet etwa 20 Minuten garen.

Wildschweinschulter in Burgunder

(Römertopf® 3-Liter-Inhalt)
4 Portionen

Zubereitungszeit: 30 Minuten
Garzeit: etwa 2 1/2 Stunden

900 g Wildschweinschulter
Salz
gem. Pfeffer
einige Lorbeerblätter
2 EL Speiseöl
200 g kleine braune Champignons
160 g Pfifferlinge
200 g Austernpilze
120 g Rosinen
100 g Preiselbeeren (aus dem Glas)
einige Wacholderbeeren
1 kleine Stange Zimt
1 Lorbeerblatt
200 ml Rotwein (Burgunder)
200 ml Wildfond oder Fleischbrühe

Außerdem:
evtl. Küchengarn

Pro Portion:
E: 49 g, F: 11 g, Kh: 32 g,
kJ: 1929, kcal: 461

1. Wildschweinschulter mit Küchenpapier trocken tupfen, mit Salz und Pfeffer würzen. Wildschweinschulter evtl. mit Küchengarn zu einem Rollbraten zusammenbinden, unter die Fäden die Lorbeerblätter schieben. Oder die Lorbeerblätter auf den Braten legen.
2. Speiseöl in einer Pfanne erhitzen. Wildschweinschulter darin von allen Seiten gut anbraten.
3. Alle Pilze putzen, evtl. kurz abspülen und gut trocken tupfen. Pilze in eine Schüssel geben. Rosinen und Preiselbeeren gut untermischen. Mit Salz, Pfeffer, zerdrückten Wacholderbeeren, Zimtstange und Lorbeerblatt würzen.
4. Die Pilz-Preiselbeer-Masse in einen gewässerten Römertopf® geben. Wildschweinschulter darauflegen. Rotwein und Fond oder Brühe hinzugießen. Den Römertopf® mit dem Deckel verschließen und auf dem Rost in den kalten Backofen schieben.
Ober-/Unterhitze: etwa 220 °C (untere Schiene)
Heißluft: etwa 200 °C
5. Die Wildschweinschulter etwa 2 1/2 Stunden garen.

Schlesischer Schwärtelbraten

6 Portionen

Zubereitungszeit: 30 Minuten
Garzeit: 1 1/2–2 Stunden

1 1/4 kg Schweinekeule (mit Schwarte, ohne Knochen)
Salz, gem. Pfeffer
2–3 EL Sonnenblumenöl
1 Bund Suppengrün (Möhren, Sellerie, Porree)
1 TL Kümmelsamen
etwa 250 ml Fleischbrühe

Pro Portion:
E: 45 g, F: 16 g, Kh: 3 g,
kJ: 1417, kcal: 339

1. Den Backofen vorheizen.
Ober-/Unterhitze: etwa 200 °C
Heißluft: etwa 180 °C
2. Schweinekeule mit Schwarte kurz unter fließendem kalten Wasser abspülen und trocken tupfen. Schwarte so einschneiden, dass Quadrate entstehen. Die Keule mit Salz und Pfeffer einreiben.
3. Das Öl in einem großen Bräter erhitzen. Die Schweinekeule darin von allen Seiten gut anbraten.
4. Suppengrün putzen, abspülen, abtropfen lassen, in Stücke schneiden und kurz mit anbraten, dafür evtl. die Keule aus dem Bräter nehmen.
5. Die Keule mit der Schwarte nach oben in den Bräter geben und mit Kümmelsamen bestreuen. Etwas Fleischbrühe hinzugießen. Den Bräter auf dem Rost in den vorgeheizten Backofen (untere Schiene) schieben. Den Schwärtelbraten 1 1/2–2 Stunden garen.
6. Die verdampfte Flüssigkeit nach und nach durch die restliche Fleischbrühe ersetzen. Den Schwärtelbraten ab und zu mit dem Bratensatz begießen.
7. Den garen Braten aus dem Bräter nehmen und zugedeckt warm stellen. Den Bratensatz mit dem Suppengrün durch ein Sieb streichen. Evtl. noch etwas Brühe hinzugießen, sodass eine gebundene Sauce entsteht. Die Sauce kurz aufkochen lassen, mit Salz und Pfeffer abschmecken.

Wildente, gebraten

2–3 Portionen

Zubereitungszeit: 35 Minuten
Garzeit: etwa 70 Minuten

1 küchenfertige Wildente (etwa 1 kg)
Salz, gem. Pfeffer
150 ml heiße Gemüsebrühe oder Entenfond
50 ml Wasser
1/2 gestr. TL Salz

Für die Sauce:
250 ml trockener Weißwein
100 ml Gemüsebrühe oder Entenfond
1 geh. EL Weizenmehl
50 ml kaltes Wasser

Pro Portion:
E: 57 g, F: 49 g, Kh: 4 g,
kJ: 3140, kcal: 750

1. Den Backofen vorheizen.
Ober-/Unterhitze: etwa 200 °C
Heißluft: etwa 180 °C
2. Wildente innen und außen kurz unter fließendem kalten Wasser abspülen, trocken tupfen, innen und außen mit Salz und Pfeffer einreiben.
3. Etwa 50 ml Wasser in einen großen Bräter oder in eine Fettpfanne gießen. Die Ente mit der Brust nach unten hineinlegen. Den Bräter auf dem Rost oder die Fettpfanne in den vorgeheizten Backofen schieben. Die Wildente etwa 70 Minuten garen.
4. Sobald der Bratensatz anfängt zu bräunen, etwas von der heißen Brühe oder dem Fond hinzugießen. Verdampfte Flüssigkeit nach und nach durch Brühe oder Fond ersetzen. Die Wildente vorsichtig ab und zu mit dem Bratensatz begießen. Nach etwa 45 Minuten Garzeit die Ente wenden.
5. Etwa 10 Minuten vor Ende der Garzeit die Backofentemperatur um etwa 20 °C erhöhen, damit die Haut schön kross wird. Die Ente wieder umdrehen. Wasser mit Salz verrühren, die Ente damit bestreichen. Die Ente fertig garen. Die gare Wildente aus dem Bräter oder der Fettpfanne nehmen, zugedeckt warm stellen.
6. Für die Sauce Weißwein und Gemüsebrühe oder Entenfond in den Bräter oder in die Fettpfanne gießen. Den Bratensatz loskochen und evtl. in einen Topf gießen.
7. Mehl mit Wasser anrühren, mit einem Schneebesen in die kochende Flüssigkeit rühren und unter Rühren aufkochen lassen. Mit Salz und Pfeffer abschmecken. Wildente tranchieren und mit der Sauce servieren.

Schlesischer Schwärtelbraten

Wildente, gebraten

Truthahn, gebraten

6 Portionen

Zubereitungszeit: 60 Minuten
Garzeit: 3–3 1/4 Stunden

1 küchenfertiger Truthahn (4–5 kg)
Salz, gem. Pfeffer
5 EL Speiseöl
heißes Wasser oder Hühnerbrühe
8 Cocktailtomaten
etwas Weizenmehl
80 g Butter
Apfelscheiben von
2 entkernten Äpfeln
200 g abgetropfte Spargelspitzen (aus der Dose)
500 g geputzte kleine Champignons
1 EL klein geschnittener Estragon
125 ml trockener Weißwein
250 g Schlagsahne

Pro Portion:
E: 105 g, F: 84 g, Kh: 10 g,
kJ: 5136, kcal: 1226

1. Den Backofen vorheizen.
Ober-/Unterhitze: etwa 200 °C
Heißluft: etwa 180 °C

2. Den Truthahn innen und außen kurz unter fließendem kalten Wasser abspülen, trocken tupfen, mit Salz und Pfeffer würzen. Den Truthahn mit der Brust nach unten in einen großen Bräter legen und mit etwas Speiseöl bestreichen. Den Bräter auf dem Rost in den vorgeheizten Backofen schieben. Den Truthahn 3–3 1/4 Stunden garen. Nach etwa 60 Minuten den Truthahn wenden.

3. Den Truthahn während des Garens ab und zu mit dem restlichen Speiseöl bestreichen. Sobald der Bratensatz anfängt zu bräunen, etwas heißes Wasser oder Hühnerbrühe hinzugießen. Verdampfte Flüssigkeit nach und nach durch heißes Wasser oder Hühnerbrühe ersetzen.

4. Die Tomaten abspülen, abtropfen lassen und die Stängelansätze herausschneiden. Tomaten an der Rundung kreuzweise einschneiden und etwa 10 Minuten vor Ende der Garzeit zu dem Truthahn in den Bräter geben und mitgaren lassen. Tomaten mit Pfeffer bestreuen.

5. Den garen Truthahn aus dem Bräter nehmen und warm stellen. Den Bratensatz mit Wasser loskochen und in einen kleinen Topf geben. Den Bratenfond entfetten. Mehl mit Wasser anrühren. Den Bratenfond zum Kochen bringen, angerührtes Mehl einrühren und unter Rühren aufkochen lassen. Die Sauce mit Salz und Pfeffer abschmecken.

6. Etwas von der Butter in dem Bräter zerlassen, die Apfelscheiben darin von beiden Seiten kurz anbraten und herausnehmen. Wieder etwas Butter in dem Bräter zerlassen. Spargelspitzen hinzugeben, kurz andünsten und herausnehmen. Apfelscheiben und Spargelspitzen warm stellen.

7. Restliche Butter in dem Bräter zerlassen. Champignons und Estragon darin andünsten, mit Weißwein ablöschen. Sahne hinzugießen, zum Kochen bringen und einkochen lassen, mit Salz und Pfeffer würzen.

8. Champignons, Tomaten, Apfelscheiben und Spargelspitzen mit dem tranchierten Truthahn anrichten, die Sauce dazureichen.

Scharfe Hähnchenflügel mit Chorizo

4 Portionen

Zubereitungszeit: 40 Minuten
Garzeit: etwa 35 Minuten

800 g Hähnchenflügel
1–2 EL Speiseöl
400 g milde Peperonischoten oder
4 kleine Paprikaschoten
1 Bund Frühlingszwiebeln (etwa 250 g)
150 g Chorizo-Wurst (spanische scharfe Salami)
1 kleine scharfe Peperoni
4 EL Chilisauce, mild
Salz, gem. Pfeffer
4 Wacholderbeeren, zerstoßen
2 EL Olivenöl

Zum Bestreichen:
2–3 EL Chilisauce, mild

Truthahn, gebraten

Scharfe Hähnchenflügel mit Chorizo

Außerdem:
1 Stück Bratfolie oder Bratschlauch

Pro Portion:
E: 33 g, F: 44 g, Kh: 13 g,
kJ: 2433, kcal: 581

1. Hähnchenflügel kurz unter fließendem kalten Wasser abspülen und trocken tupfen. Speiseöl in einer Pfanne erhitzen, Hähnchenflügel darin von beiden Seiten anbraten.
2. Den Backofen vorheizen.
Ober-/Unterhitze: etwa 200 °C
Heißluft: etwa 180 °C
3. Peperonischoten abspülen, längs halbieren, entkernen und die Stängelansätze entfernen. Peperoni in kleine Stücke schneiden oder Paprikaschoten halbieren, entstielen, entkernen und die weißen Scheidewände entfernen. Schoten abspülen, trocken tupfen und in kleine Stücke schneiden.
4. Frühlingszwiebeln putzen, abspülen, abtropfen lassen und in etwa 3 cm lange Stücke schneiden. Chorizo-Wurst in kleine Würfel schneiden. Scharfe Peperoni abspülen, trocken tupfen und in dünne Scheiben schneiden.
5. Die vorbereiteten Zutaten (außer den Hähnchenflügeln) in eine Schüssel geben, mit Chilisauce, Salz, Pfeffer und den zerstoßenen Wacholderbeeren würzen und vermischen. Mit Olivenöl beträufeln.
6. Die Gemüse-Wurst-Mischung auf ein großes Stück Bratfolie oder in den Bratschlauch geben, Hähnchenflügel dick mit Chilisauce bestreichen und auf die Gemüse-Wurst-Mischung legen.
7. Bratfolie oder den Bratschlauch nach Packungsanleitung verschließen und auf ein Backblech legen. Das Backblech in den vorgeheizten Backofen (unteres Drittel) schieben. Die Hähnchenflügel etwa 35 Minuten garen.
8. Die Folie aufschneiden, Hähnchenflügel mit Chorizo und dem Gemüse herausnehmen und auf einer vorgewärmten Platte anrichten.

Schweinelendchen im Wirsingmantel

Schweinelendchen im Wirsingmantel

4 Portionen

Zubereitungszeit: 50 Minuten
Garzeit: etwa 30 Minuten

600 g Schweinefilet (Lendchen)
4 EL Speiseöl
Salz, gem. Pfeffer
150 g Kalbfleisch
150 g Crème fraîche
6 große Wirsingblätter
2 Schalotten
150 g Champignons
100 g Butter
ger. Muskatnuss
4 cl Weinbrand
250 ml brauner Kalbsfond
125 g Schlagsahne, 6 cl Weißwein
1–2 Stängel Salbei

Pro Portion:
E: 47 g, F: 60 g, Kh: 9 g,
kJ: 3399, kcal: 811

1. Schweinefilet von Haut und Sehnen befreien und mit Küchenpapier trocken tupfen. Das Speiseöl in einer Pfanne erhitzen, das Schweinefilet darin kurz von allen Seiten anbraten, herausnehmen, mit Salz und Pfeffer würzen und erkalten lassen.
2. Das Kalbfleisch mit Küchenpapier trocken tupfen, durch die feinste Scheibe des Fleischwolfs drehen, mit Crème fraîche vermischen und kalt stellen.
3. Die Wirsingblätter abspülen, in kochendem Salzwasser kurz blanchieren, mit einem Schaumlöffel herausnehmen, trocken tupfen und jeweils die Mittelrippen entfernen. Schalotten abziehen, fein würfeln. Champignons putzen, evtl. kurz abspülen, trocken tupfen und würfeln.
4. Von der Butter 1 Esslöffel in einer Pfanne zerlassen. Schalotten- und Champignonwürfel darin andünsten, herausnehmen, abkühlen lassen.
5. Den Backofen vorheizen.
Ober-/Unterhitze: etwa 180 °C
Heißluft: etwa 160 °C
6. Die Champignonmasse mit der kalt gestellten Kalbfleischfarce vermengen, mit Salz, Pfeffer, Muskat und Weinbrand würzen.
7. Die Wirsingblätter nebeneinanderlegen und mit der Farce bestreichen. Das Schweinefilet darauflegen und in den Wirsingblättern einwickeln. Das Schweinefilet in eine Auflaufform (gefettet) legen. Die restliche Butter in Flöckchen darauf verteilen. Die Form auf dem Rost in den vorgeheizten Backofen schieben. Das Schweinefilet etwa 30 Minuten garen.
8. In der Zwischenzeit für die Sause Kalbsfond, Sahne und Weißwein in einen kleinen Topf geben, zum Kochen bringen und sämig einkochen lassen. Salbei abspülen und trocken tupfen. Die Blättchen von den Stängeln zupfen. Blättchen klein schneiden. Die Sauce mit Salbei, Salz und Pfeffer abschmecken.
9. Das gare Schweinefilet in Scheiben schneiden, auf einer vorgewärmten Platte anrichten und servieren. Die Sauce dazureichen.

Braten von der Rehkeule

Braten von der Rehkeule

(Römertopf® 4-Liter-Inhalt)
4 Portionen (Vorwortrezept)

Zubereitungszeit: 30 Minuten
Garzeit: etwa 2 1/2 Stunden

900 g ausgelöste Rehkeule
oder -schulter
Salz, gem. Pfeffer
1 kleiner Zweig Lorbeer
einige Wacholderbeeren
4 große Scheiben Parmaschinken
(etwa 100 g)
2 EL Speiseöl
2 Äpfel (etwa 400 g), z. B. Boskop
100 g frische Johannisbeeren oder
80 g Johannisbeerkonfitüre
500 g festkochende Kartoffeln
60 g gestiftelte Mandeln
200 ml Rotwein, z. B. Merlot
100 ml Fleischbrühe
oder Wildfond

Außerdem:
Küchengarn

Pro Portion:
E: 61 g, F: 21 g, Kh: 35 g,
kJ: 2541, kcal: 606

1. Rehkeule kurz unter fließendem kalten Wasser abspülen, trocken tupfen, mit Salz und Pfeffer würzen. Lorbeerzweig abspülen und trocken tupfen. Wacholderbeeren zerdrücken. Lorbeerzweig und Wacholderbeeren auf dem Fleisch verteilen. Das Fleisch aufrollen und den Parmaschinken darumlegen (umhüllen). Mit Küchengarn zu einem Rollbraten binden.
2. Speiseöl in einer Pfanne erhitzen. Den Rollbraten darin von allen Seiten anbraten.
3. Äpfel waschen, trocken tupfen, vierteln und entkernen. Apfelviertel mit der Schale nochmals quer halbieren. Johannisbeeren abspülen, abtropfen lassen und entstielen. Kartoffeln schälen, abspülen, abtropfen lassen und in grobe Würfel schneiden.
4. Apfelstücke, Johannisbeeren oder -konfitüre und die Kartoffelwürfel in einer Schüssel mischen. Mandeln hinzufügen. Mit Salz und Pfeffer würzen. Die Hälfte der Kartoffel-Frucht-Mischung in einen gewässerten Römertopf® geben. Den Rollbraten darauflegen und die restliche Kartoffel-Frucht-Mischung darauf verteilen. Rotwein und Brühe oder Fond hinzugießen.
5. Den Römertopf® mit dem Deckel verschließen und auf dem Rost in den kalten Backofen schieben.
Ober-/Unterhitze: etwa 220 °C
(untere Schiene)
Heißluft: etwa 200 °C
6. Rollbraten etwa 2 1/2 Stunden garen.
7. Küchengarn vom Rollbraten entfernen. Braten in Scheiben schneiden, mit Kartoffeln, Äpfeln und Johannisbeeren auf Tellern anrichten.

Gefüllter Schweinenacken mit Traubensauce

8 Portionen (ohne Foto)

Zubereitungszeit: 50 Minuten
Garzeit: etwa 90 Minuten

1,6 kg Schweinenacken
(ohne Knochen)
Salz, gem. Pfeffer

Für die Füllung:
250 g Champignons
1 Bund Frühlingszwiebeln
1 Brötchen (Semmel) vom Vortag
125 g Möhren
3 Knoblauchzehen
einige Stängel Thymian
1 Bund glatte Petersilie
2 Eigelb (Größe M)
3–4 EL Semmelbrösel

1 Bund Suppengrün
(Sellerie, Möhren, Porree)
75 ml Speiseöl
400 ml Fleischbrühe
250 ml trockener Weißwein
Gemüsebrühe
100 g Zwiebeln
je 250 g grüne und blaue
kernlose Weintrauben
evtl. 2 EL Saucenbinder

Außerdem:
Holzstäbchen

Pro Portion:
E: 42 g, F: 39 g, Kh: 25 g,
kJ: 2692, kcal: 642

1. Den Schweinenacken mit Küchenpapier trocken tupfen und längs eine tiefe Tasche einschneiden. Schweinenacken von innen und außen mit Salz und Pfeffer würzen.
2. Für die Füllung die Champignons putzen, evtl. kurz abspülen, trocken tupfen, in sehr kleine Würfel schneiden. Frühlingszwiebeln putzen, abspülen, abtropfen lassen.
3. Das Frühlingszwiebelgrün in dünne Scheiben schneiden, die weißen Teile in Stücke schneiden und beiseitele-

gen. Brötchen in kaltem Wasser einweichen. Möhren putzen, schälen, abspülen, abtropfen lassen und fein würfeln. Knoblauch abziehen und sehr klein schneiden.

4. Thymian und Petersilie abspülen und trocken tupfen. Die Blättchen jeweils von den Stängeln zupfen, Blättchen klein schneiden.

5. Den Backofen vorheizen.
Ober-/Unterhitze: etwa 220 °C
Heißluft: etwa 200 °C

6. Eingeweichtes Brötchen gut ausdrücken. Eigelb in einer Schüssel verschlagen. Champignonwürfel, Frühlingszwiebelscheiben, Möhrenwürfel, Knoblauch, Kräuter und Semmelbrösel hinzugeben und gut vermengen. Die Fleischtasche mit der Masse füllen und die Öffnung mit Holzstäbchen zusammenstecken.

7. Suppengrün putzen, abspülen, abtropfen lassen und in Würfel schneiden. 50 ml Speiseöl in einem Bräter erhitzen. Den gefüllten Schweinenacken darin von allen Seiten anbraten. Suppengrünwürfel und die beiseitegelegten weißen Frühlingszwiebelstücke hinzugeben und kurz mit andünsten. Mit Fleischbrühe und Wein ablöschen, mit Salz und Pfeffer würzen. Den Bräter auf dem Rost in den vorgeheizten Backofen schieben. Den Schweinenacken etwa 90 Minuten garen.

8. Nach etwa 30 Minuten Garzeit die Backofentemperatur auf Ober-/Unterhitze etwa 180 °C, Heißluft etwa 160 °C herunterschalten und den Schweinenacken fertig garen.

9. Den garen Schweinenacken aus dem Bräter nehmen, in Alufolie wickeln und etwa 10 Minuten ruhen lassen, damit sich der Fleischsaft setzt. Den Bratensud durch ein Sieb in einen Topf gießen, mit Gemüsebrühe auf 700 ml auffüllen.

10. Zwiebeln abziehen und in kleine Würfel schneiden. Weintrauben abspülen, trocken tupfen, entstielen und nach Belieben halbieren. Restliches Speiseöl in einem Topf erhitzen. Die Zwiebelwürfel darin glasig dünsten. Weintrauben hinzugeben. Den mit Brühe aufgefüllten Bratensud (700 ml) hinzugießen, zum Kochen bringen und etwa 2 Minuten kochen lassen. Die Sauce nach Belieben mit Saucenbinder andicken.

11. Den Schweinenacken in Scheiben schneiden, auf einer vorgewärmten Platte anrichten und mit der Traubensauce servieren.

Flugente mit Thymian

4 Portionen

Zubereitungszeit: 30 Minuten
Garzeit: etwa 90 Minuten

1 kg kleine Kartoffeln
Salz
3 EL Thymianblättchen
1 TL klein geschnittene Rosmarinnadeln
2 EL Olivenöl

1 küchenfertige Flugente (etwa 1,2 kg)
2 mittelgroße Zwiebeln
heißes Wasser
einige Stängel Thymian

Pro Portion:
E: 33 g, F: 66 g, Kh: 39 g,
kJ: 3931, kcal: 939

1. Die Kartoffeln gründlich waschen, in einem Topf knapp mit Wasser bedeckt, zugedeckt zum Kochen bringen, Salz hinzufügen. Die Kartoffeln etwa 20 Minuten garen.

2. Den Backofen vorheizen.
Ober-/Unterhitze: etwa 220 °C
Heißluft: etwa 200 °C

3. Die garen Kartoffeln abgießen, abdämpfen und heiß pellen. Kartoffeln mit Thymianblättchen, Rosmarinnadeln und Salz bestreuen. Mit Olivenöl beträufeln.

4. Die Flugente innen und außen kurz unter fließendem kalten Wasser abspülen und trocken tupfen. Flugente innen und außen mit Salz einreiben und mit einem Teil der Kräuterkartoffeln füllen.

5. Die Ente mit dem Rücken nach unten in einen Bräter legen. Etwas Wasser hinzugeben, sodass der Boden leicht bedeckt ist. Den Bräter auf dem Rost in den vorgeheizten Backofen schieben. Die Flugente etwa 90 Minuten garen.

6. Während des Garens ab und zu mit einer Nadel unterhalb der Flügel und Keulen in die Ente stechen, damit das Fett ausbraten kann.

7. Zwiebeln abziehen und vierteln. Nach etwa 30 Minuten Garzeit das angesammelte Fett abschöpfen und die Zwiebelspalten hinzugeben. Sobald der Bratensatz anfängt zu bräunen, etwas heißes Wasser hinzugießen. Die Ente ab und zu mit dem Bratensatz begießen. Verdampfte Flüssigkeit nach und nach durch heißes Wasser ersetzen.

8. Etwa 15 Minuten vor Ende der Garzeit die restlichen Kräuterkartoffeln zu der Ente in den Bräter geben und kurz mitbraten lassen.

9. Die Ente mit den Kräuterkartoffeln auf einer vorgewärmten Platte anrichten, mit abgespülten und trocken getupften Thymianstängeln garnieren. Den Bratensatz getrennt dazureichen.

Flugente mit Thymian

Hähnchen mit Kichererbsen

4 Portionen

Zubereitungszeit: 45 Minuten
Garzeit: 60–70 Minuten

1 Bio-Zitrone
(unbehandelt, ungewachst)
500 g abgetropfte Kichererbsen
(aus der Dose)
2 Gemüsezwiebeln (etwa 500 g)
1 Döschen Safran (0,2 g)
2–3 Knoblauchzehen
3 Bund glatte Petersilie
1 küchenfertiges Hähnchen
(etwa 1 1/4 kg)
Salz, gem. weißer Pfeffer
2 EL Zitronensaft
3–4 EL Olivenöl
2 TL gerebelter Thymian
6 EL Tomatenmark
500 ml Hühnerbrühe

Außerdem:
Küchengarn

Pro Portion:
E: 59 g, F: 35 g, Kh: 27 g,
kJ: 2881, kcal: 689

1. Die Zitrone heiß abwaschen, abtrocknen und in dünne Scheiben schneiden. Kichererbsen in ein Sieb geben, mit kaltem Wasser abspülen und abtropfen lassen. Zwiebeln abziehen, halbieren, in dünne Scheiben schneiden. Safran in 2 Esslöffeln lauwarmem Wasser einweichen.

Hähnchen mit Kichererbsen

2. Den Backofen vorheizen.
Ober-/Unterhitze: etwa 220 °C
Heißluft: etwa 200 °C
3. Knoblauch abziehen und durch eine Knoblauchpresse drücken. Petersilie abspülen und trocken tupfen. Von der Hälfte der Petersilie die Blättchen von den Stängeln zupfen. Blättchen klein schneiden.
4. Hähnchen innen und außen kurz unter fließendem kalten Wasser abspülen und trocken tupfen. Hähnchen innen und außen mit Salz und Pfeffer einreiben, mit Zitronensaft beträufeln. Die Beine des Hähnchens mit Küchengarn zusammenbinden.
5. Olivenöl in einem Bräter erhitzen. Das Hähnchen darin von allen Seiten kräftig anbraten und herausnehmen.
6. Knoblauch und Zwiebelscheiben in dem verbliebenen Bratfett glasig dünsten. Kichererbsen, Thymian, klein geschnittene Petersilie und Safran mit der Einweichflüssigkeit hinzugeben und gut verrühren.
7. Tomatenmark unterrühren und Brühe hinzugießen. Das Hähnchen drauflegen und die Zitronenscheiben auf den Kichererbsen verteilen. Den Bräter mit dem Deckel verschließen und auf dem Rost in den vorgeheizten Backofen schieben. Das Hähnchen 60–70 Minuten garen.
8. Nach etwa 45 Minuten Garzeit den Deckel abnehmen und das Hähnchen fertig garen.
9. Kurz vor Ende der Garzeit von der restlichen Petersilie die Blättchen von den Stängeln zupfen. Blättchen klein schneiden.
10. Das Hähnchen aus dem Bräter nehmen und das Küchengarn entfernen. Zitronenscheiben ebenfalls herausnehmen und beiseitelegen.
11. Kichererbsen mit Salz und Pfeffer abschmecken und auf einer vorgewärmten Platte anrichten. Das Hähnchen daraufsetzen und mit den beiseitegelegten Zitronenscheiben belegen. Kichererbsen dick mit Petersilie bestreuen.

Gefüllte Hähnchen nach Gödöllöer Art

4–6 Portionen

Zubereitungszeit: 60 Minuten, ohne Einweichzeit
Garzeit: etwa 45 Minuten

2 küchenfertige Hähnchen
(je etwa 1,2 kg)
3 Brötchen (Semmeln) vom Vortag
200 ml Milch (3,5 % Fett)
200 g Hähnchenleber
100 ml Maiskeimöl
100 g gewürfelter geräucherter,
durchwachsener Speck
3 gewürfelte Zwiebeln
250 g gewürfelte Champignons
Salz
gem. Pfeffer
1/2 Bund Petersilie
50 g Butter (zimmerwarm)
3 Eier (Größe M)
2 TL gerebelter Majoran
200 g Möhren
100 g Petersilienwurzeln
2 Zwiebeln
150 g Äpfel
3 EL Speiseöl
150 ml Gemüsebrühe
100 ml trockener Weißwein

Pro Portion:
E: 98 g, F: 83 g, Kh: 27 g,
kJ: 5428, kcal: 1297

1. Hähnchen innen und außen kurz unter fließendem kalten Wasser abspülen und trocken tupfen. Vorsichtig mit den Fingern die Haut vom Fleisch an Brust und Schenkeln lösen, ohne die Haut zu verletzen.
2. Die Brötchen dünn entrinden, in eine Schale legen, mit Milch übergießen und einweichen. Brötchen gut ausdrücken.
3. Hähnchenleber unter fließendem kalten Wasser abspülen, trocken tupfen und in Stücke schneiden.
4. Maiskeimöl in einer Pfanne erhitzen, Speckwürfel darin glasig dünsten. Zwiebelwürfel hinzugeben und goldgelb dünsten lassen. Hähnchen-

leberstücke und Champignonwürfel unterrühren. Mit Salz und Pfeffer würzen. Die Zutaten etwa 3 Minuten dünsten lassen.

5. Die Petersilie abspülen und trocken tupfen. Die Blättchen von den Stängeln zupfen. Blättchen klein schneiden und unter die Hähnchenleber-Pilz-Masse rühren. Butter geschmeidig rühren. Mit den ausgedrückten Brötchen und Eiern zu der Hähnchenleber-Pilz-Masse geben und zu einer Füllung verarbeiten.

6. Den Backofen vorheizen.
Ober-/Unterhitze: etwa 200 °C
Heißluft: etwa 180 °C

7. Die Füllmasse in einen Spritzbeutel mit großer Lochtülle geben, diesen am Hals der Hähnchen ansetzen und so die Füllung gleichmäßig unter die Haut der Brust und Schenkel der Hähnchen spritzen.

8. Die Hähnchen innen und außen mit Salz und Majoran einreiben. Die Form der Hähnchen gegebenenfalls korrigieren. Die Hähnchen in eine Fettpfanne setzen.

9. Möhren und Petersilienwurzeln putzen, schälen, abspülen, abtropfen lassen. Zwiebeln abziehen. Möhren, Petersilienwurzeln und Zwiebeln in dünne Scheiben schneiden. Äpfel schälen, vierteln, entkernen und ebenfalls in Scheiben schneiden.

10. Möhren-, Petersilienwurzeln, Apfel- und Zwiebelscheiben um die Hähnchen legen und mit Speiseöl beträufeln. Gemüsebrühe hinzugießen. Die Fettpfanne in den vorgeheizten Backofen schieben. Die Hähnchen etwa 45 Minuten garen.

11. Die Hähnchen während der Garzeit zunächst mit Weißwein, dann ab und zu mit dem entstandenen Bratenfond begießen.

12. Die Hähnchen aus der Fettpfanne nehmen und einige Minuten ruhen lassen.

13. Den Bratenfond durch ein Sieb geben.

14. Die gefüllten Hähnchen in Portionsstücke teilen und mit dem Bratenfond beträufeln. Das Gemüse dazureichen.

Gefüllte Hähnchen nach Gödöllöer Art

Schichtbraten

Schichtbraten

(Römertopf® 4-Liter-Inhalt)
8 Portionen

Zubereitungszeit: 35 Minuten
Garzeit: etwa 70 Minuten

500 g Suppengrün
(Sellerie, Möhren, Porree)
1 Gemüsezwiebel (etwa 300 g)
1 EL abgetropfte grüne Pfefferkörner (in Lake)
300 g Hähnchenbrustfilet
8 dünne große Scheiben Rumpsteak (ohne Fettkante, etwa 400 g)
8 dünne große Scheiben Schweineschnitzel (etwa 400 g)
1 EL gerebelter Estragon
Salz, gem. Pfeffer
75 g zerlassene Butter

Außerdem:
Küchengarn

Pro Portion:
E: 32 g, F: 11 g, Kh: 3 g,
kJ: 1033, kcal: 247

1. Das Suppengrün putzen, abspülen, abtropfen lassen, sehr klein würfeln. Zwiebel abziehen, zuerst in dünne Scheiben schneiden, dann in Ringe teilen. Pfefferkörner klein hacken.

2. Hähnchenbrustfilet kurz unter fließendem kalten Wasser abspülen, trocken tupfen, in dünne, möglichst große Scheiben schneiden. Rumpsteak und Schnitzel mit Küchenpapier trocken tupfen.

3. Acht etwa 30 cm lange Stücke Küchengarn abschneiden und im Abstand von etwa 2 cm nebeneinander auf die Arbeitsfläche legen. Eine Lage Rindfleischscheiben in Größe des Römertopfbodens darauflegen. Mit etwas Estragon, Salz und Pfeffer würzen. Mit einigen Gemüsewürfeln bestreuen und mit Zwiebelringen belegen.

4. Den Vorgang so lange wiederholen, bis die Fleischscheiben aufgebraucht sind. Dabei die Fleischsorten wechseln und mit einer Lage Fleisch abschließen. Die Küchengarnfäden auf dem Schichtbraten zusammenbinden.

5. Den Schichtbraten in einen gewässerten Römertopf® legen. Restliche Gemüsewürfel hinzugeben. Den Schichtbraten mit der zerlassenen Butter übergießen. Den Römertopf® mit dem Deckel verschließen und auf dem Rost in den kalten Backofen schieben.
Ober-/Unterhitze: etwa 200 °C (untere Schiene)
Heißluft: etwa 180 °C

6. Braten etwa 70 Minuten garen.

7. Den Schichtbraten aus dem Römertopf® nehmen und das Küchengarn entfernen.

8. Das Gemüse mit dem Bratensud in einen Topf gießen, aufkochen lassen und mit einem Pürierstab pürieren. Die Sauce nochmals mit den Gewürzen abschmecken. Den Schichtbraten in Scheiben schneiden und mit der Sauce servieren.

Hähnchen mit Kräuterfüllung

Hähnchen-Gurken-Ragout mit Dill

Hähnchen mit Kräuterfüllung

4 Portionen

Zubereitungszeit: 25 Minuten, ohne Ruhezeit
Garzeit: etwa 60 Minuten

Für die Füllung:
100 g Kochschinken
1 Bund glatte Petersilie
1 Kästchen Kresse
1 Bund Schnittlauch
1 Ei (Größe M)
4 EL Semmelbrösel
Salz, gem. Pfeffer

1 küchenfertiges Hähnchen (etwa 1,2 kg)
1 TL Paprikapulver edelsüß
40 g zerlassene Butter

Außerdem:
Küchengarn oder Holzstäbchen

Pro Portion:
E: 67 g, F: 42 g, Kh: 8 g,
kJ: 2915, kcal: 696

1. Den Backofen vorheizen.
Ober-/Unterhitze: etwa 200 °C
Heißluft: etwa 180 °C
2. Für die Füllung Schinken in kleine Würfel schneiden. Petersilie und Kresse abspülen, trocken tupfen. Die Kresse vom Beet abschneiden. Die Petersilienblättchen von den Stängeln zupfen und die Blättchen klein schneiden.
3. Schnittlauch abspülen, trocken tupfen und in Röllchen schneiden. Schinkenwürfel, Petersilie, Kresse und Schnittlauchröllchen in einer Schüssel mischen. Ei und Semmelbrösel untermischen, mit Salz und Pfeffer würzen.
4. Hähnchen innen und außen kurz unter fließendem kalten Wasser abspülen und trocken tupfen. Hähnchen innen und außen mit Salz und Pfeffer würzen und mit der Kräuter-Schinken-Masse füllen. Die Öffnung mit Küchengarn oder Holzstäbchen verschließen.
5. Das Hähnchen mit der Brust nach unten in eine große Auflaufform oder einen Bräter legen.
6. Paprika mit Butter verrühren, das Hähnchen mit etwa der Hälfte der Paprikabutter bestreichen. Die Form oder den Bräter zugedeckt auf dem Rost in den vorgeheizten Backofen schieben. Das Hähnchen etwa 60 Minuten garen.
7. Etwa 20 Minuten vor Ende der Garzeit das Hähnchen wenden und mit der restlichen Paprikabutter bestreichen. Hähnchen fertig garen.
8. Das Hähnchen aus der Form oder dem Bräter nehmen und etwas ruhen lassen. Küchengarn oder Holzstäbchen entfernen. Hähnchen in Portionsstücke schneiden, mit der Kräuterfüllung auf einer vorgewärmten Platte anrichten.

Hähnchen-Gurken-Ragout mit Dill

4 Portionen

Zubereitungszeit: 20 Minuten
Garzeit: etwa 30 Minuten

4 Hähnchenbrustfilets (je etwa 150 g)
1 Salat- oder Schmorgurke (etwa 600 g)
1 Bund frischer Dill
Salz
gem. Pfeffer
2 EL Olivenöl
einige Dillspitzen

Außerdem:
1 Stück Bratfolie oder Bratschlauch

Pro Portion:
E: 36 g, F: 6 g, Kh: 2 g,
kJ: 890, kcal: 213

1. Den Backofen vorheizen.
Ober-/Unterhitze: etwa 200 °C
Heißluft: etwa 180 °C
2. Hähnchenbrustfilets kurz unter fließendem kalten Wasser abspülen, trocken tupfen und in mundgerechte Würfel schneiden.
3. Salat- oder Schmorgurke gründlich waschen, abtrocknen, längs halbieren und entkernen. Gurkenhälften mit der Schale in Stücke schneiden. Dill abspülen und trocken tupfen.

Die Spitzen von den Stängeln zupfen. Spitzen grob zerkleinern.

4. Fleischwürfel, Gurkenstücke und Dill in einer Schüssel mischen, mit Salz und Pfeffer würzen, mit Olivenöl beträufeln.

5. Fleisch-Gurken-Mischung auf ein großes Stück Bratfolie oder in den Bratschlauch geben, nach Packungsanleitung verschließen und auf ein Backblech legen. Das Backblech in den vorgeheizten Backofen schieben. Das Hähnchen-Gurken-Ragout etwa 30 Minuten garen.

6. Die Folie aufschneiden. Das Hähnchen-Gurken-Ragout herausnehmen und in einer Schale anrichten. Mit abgespülten und trocken getupften Dillspitzen garniert servieren.

Tipp: Die Fleisch-Gurken-Mischung zusätzlich in einer beschichteten Pfanne unter Wenden anbraten, so entsteht ein besonderes Aroma.

Honigente auf Spitzkohl

(Römertopf® 2-Liter-Inhalt)
4 Portionen

Zubereitungszeit: 45 Minuten
Garzeit: etwa 70 Minuten

1 Spitzkohl (etwa 800 g)
1 Zwiebel (etwa 100 g)
40 g Butter oder Butterschmalz
Salz, gem. Pfeffer

2 große oder 4 kleine Entenbrustfilets (etwa 800 g)
1 EL Speiseöl
2 EL flüssiger Bienenhonig
100 ml Gemüsebrühe oder -fond

2 EL Crema di Balsamico
einige Kerbelblättchen

Pro Portion:
E: 40 g, F: 44 g, Kh: 13 g,
kJ: 2551, kcal: 609

1. Spitzkohl putzen, vierteln und den Strunk herausschneiden. Spitzkohlviertel in Streifen schneiden, abspülen und gut abtropfen lassen. Zwiebel abziehen und in kleine Würfel schneiden.

2. Butter oder Butterschmalz in einem Topf zerlassen. Die Zwiebelwürfel und Spitzkohlstreifen darin etwa 3 Minuten unter gelegentlichem Rühren andünsten. Mit Salz und Pfeffer würzen. Spitzkohl in einen gewässerten Römertopf® geben.

3. Entenbrustfilets kurz unter fließendem kalten Wasser abspülen, trocken tupfen und die Haut der Länge nach in schmalen Abständen einritzen. Entenbrustfilets mit Salz und Pfeffer würzen.

4. Speiseöl in einer großen Pfanne erhitzen. Entenbrustfilets darin zuerst auf der Hautseite kräftig anbraten, dann wenden und die andere Seite ebenfalls kräftig anbraten. Entenbrustfilets herausnehmen, auf den Spitzkohl legen und mit Honig bestreichen oder beträufeln. Brühe oder Fond hinzugießen.

5. Den Römertopf® mit dem Deckel verschließen und auf dem Rost in den kalten Backofen schieben.
Ober-/Unterhitze: etwa 220 °C (untere Schiene)
Heißluft: etwa 200 °C

6. Die Honigente etwa 70 Minuten garen.

7. Wenn die Entenbrustfilets saftiger und noch rosa sein sollen, dann nur etwa 45 Minuten bei der angegebenen Backofentemperatur garen.

8. Die Entenbrustfilets mit etwas Crema di Balsamico beträufeln und mit abgespülten, trocken getupften Kerbelblättchen garnieren.

Tipp: Für dieses Gericht eignen sich auch wunderbar Gänsebrustfilets (die Garzeit verlängert sich um 10–15 Minuten, falls die Gänsebrustfilets dicker sein sollten) oder Brustfilets von der Maispoularde (Garzeit etwa 45 Minuten).

Honigente auf Spitzkohl

Huhn à la Tante Martine

Karamellisierte Hähnchenflügel

Huhn à la Tante Martine

(Römertopf® 3-Liter-Inhalt)
4 Portionen

Zubereitungszeit: 50 Minuten
Garzeit: etwa 70 Minuten

1 küchenfertiges Huhn (etwa 1,2 kg)
Salz, gem. Pfeffer
2 Zwiebeln
50 g durchwachsener Speck
1 EL Speiseöl
4 cl Cognac oder Weinbrand
100 ml Rotwein
100 ml Geflügelbrühe
4 Knoblauchzehen
1/2 Bund Thymian
50 g abgetropfte schwarze Oliven
50 g Walnusskerne
1 Lorbeerblatt
1 Gewürznelke

Pro Portion:
E: 69 g, F: 40 g, Kh: 5 g,
kJ: 3146, kcal: 750

1. Das Huhn innen und außen kurz unter fließendem kalten Wasser abspülen, trocken tupfen, mit Salz und Pfeffer würzen. Das Huhn in einen gewässerten Römertopf® geben.
2. Zwiebeln abziehen und in kleine Würfel schneiden. Speck ebenfalls klein würfeln. Speiseöl in einer Pfanne erhitzen. Speckwürfel darin anbraten, Zwiebelwürfel hinzugeben und kurz mitdünsten lassen. Mit Cognac oder Weinbrand übergießen und flambieren.
3. Rotwein und Geflügelbrühe unter den Bratenfond rühren, aber nicht weiter erhitzen. Das Huhn mit der Sauce übergießen.
4. Knoblauch abziehen und längs halbieren. Thymian abspülen und trocken tupfen. Knoblauchhälften, Thymian, Oliven, Walnusskerne, Lorbeerblatt und Gewürznelke zu dem Huhn in den Römertopf® geben.
5. Den Römertopf® mit dem Deckel verschließen und auf dem Rost in den kalten Backofen schieben.
Ober-/Unterhitze: etwa 200 °C
Heißluft: etwa 180 °C
6. Das Huhn etwa 70 Minuten garen.

Karamellisierte Hähnchenflügel

4 Portionen

Zubereitungszeit: 45 Minuten
Garzeit: etwa 20 Minuten

1 kg Hähnchenflügel
(je Portion 6 Flügel)
Salz
gem. Pfeffer
320 g Kaiserschoten
(Zuckerschoten)
1 Topf Koriander
2 EL Speiseöl
20 g Zucker
200 ml Geflügelbrühe oder -fond
4 EL Sojasauce

Zum Garnieren:
1 Fleischtomate (etwa 200 g)

Pro Portion:
E: 30 g, F: 29 g, Kh: 15 g,
kJ: 1846, kcal: 440

1. Den Backofen vorheizen.
Ober-/Unterhitze: etwa 180 °C
Heißluft: etwa 160 °C
2. Hähnchenflügel kurz unter fließendem kalten Wasser abspülen, trocken tupfen, mit Salz und Pfeffer würzen.
3. Von den Kaiserschoten die Enden abschneiden, evtl. abfädeln. Die Kaiserschoten abspülen, abtropfen lassen und quer halbieren. Schotenhälften in leicht gesalzenem Wasser 1–2 Minuten blanchieren, mit einer Schaumkelle herausnehmen, mit eiskaltem Wasser abschrecken und in einem Sieb abtropfen lassen.
4. Koriander abspülen und trocken tupfen. Die Blättchen von den Stängeln zupfen (einige beiseitelegen).
5. Speiseöl in einem großen Bräter erhitzen. Hähnchenflügel darin von allen Seiten etwa 10 Minuten anbraten, mit Zucker bestreuen und unter Rühren karamellisieren.
6. Kaiserschoten hinzugeben, mit Brühe oder Fond ablöschen. Mit Sojasauce würzen, Korianderblättchen unterrühren.
7. Den Bräter auf dem Rost in den vorgeheizten Backofen schieben. Die Hähnchenflügel unter gelegentlichem Wenden etwa 20 Minuten garen. Evtl. nochmals mit Salz und Pfeffer würzen.
8. Zum Garnieren Tomate abspülen, abtrocknen, vierteln, entkernen und den Stängelansatz herausschneiden. Tomatenviertel in Würfel schneiden.
9. Die Hähnchenflügel mit den Kaiserschoten auf einer vorgewärmten Platte anrichten. Mit Tomatenwürfeln und den beiseitegelegten Korianderblättchen garnieren.

Gefüllter Hackbraten

4–6 Portionen

Zubereitungszeit: 20 Minuten
Garzeit: 45–50 Minuten

2 abgetropfte, eingelegte Paprikahälften (aus dem Glas)
1 Zwiebel
750 g Gehacktes (halb Rind-, halb Schweinefleisch)
2 Eier (Größe M)
1 TL mittelscharfer Senf
Salz, gem. Pfeffer
285 g abgetropftes Sauerkraut (aus der Dose)
1 TL gem. Kümmelsamen
Zucker
1 EL Semmelbrösel
7 Scheiben Bacon (Frühstücksspeck, etwa 125 g)

Pro Portion:
E: 37 g, F: 35 g, Kh: 5 g,
kJ: 2021, kcal: 483

1. Den Backofen vorheizen.
Ober-/Unterhitze: etwa 200 °C
Heißluft: etwa 180 °C
2. Paprikahälften fein würfeln. Zwiebel abziehen, ebenfalls klein würfeln.
3. Gehacktes in eine Rührschüssel geben. Eier, Zwiebelwürfel, Senf, Salz und Pfeffer unterkneten. Sauerkraut mit den Paprikawürfeln vermengen, mit Kümmel, Salz, Zucker und Pfeffer würzen.
4. Semmelbrösel auf die Arbeitsfläche streuen, die Hackfleischmasse daraufgeben und zu einem Rechteck (etwa 20 x 30 cm) formen. Die Sauerkraut-Paprika-Masse längs auf eine Fleischteighälfte geben und den Fleischteig von der belegten Seite aus der Länge nach aufrollen.
5. Den Hackbraten evtl. mit einer Palette in eine Auflaufform (gefettet) legen. Hackbraten mit den Baconscheiben belegen, sodass ein Gitter entsteht. Die Form zugedeckt auf dem Rost in den vorgeheizten Backofen (unteres Drittel) schieben. Den Hackbraten 45–50 Minuten garen.

Kapaun à la Chipolata

4 Portionen

Zubereitungszeit: 40 Minuten
Garzeit: etwa 60 Minuten

1 küchenfertiger Kapaun (etwa 1,4 kg)
Salz
gem. Pfeffer
100 g fetter Speck, in Scheiben
2 Zwiebeln
2 Möhren
100 g Knollensellerie
100 g Butter
etwa 300 ml Hühnerbrühe
100 g durchwachsener Speck
12 geschälte Esskastanien
20 Perlzwiebeln
12 abgetropfte Cocktailwürstchen (aus dem Glas)

Außerdem:
Küchengarn

Pro Portion:
E: 9 g, F: 63 g, Kh: 26 g,
kJ: 3044, kcal: 727

1. Den Backofen vorheizen.
Ober-/Unterhitze: etwa 200 °C
Heißluft: etwa 180 °C
2. Kapaun innen und außen kurz unter fließendem kalten Wasser abspülen und trocken tupfen. Kapaun innen und außen mit Salz und Pfeffer würzen. Brust mit Speckscheiben belegen, mit Küchengarn umwickeln.
3. Zwiebeln abziehen und grob würfeln. Möhren und Sellerie putzen, abspülen, abtropfen lassen und ebenfalls in grobe Würfel schneiden. Die Zwiebel-, Möhren-, Selleriewürfel und die Hälfte der Butter in einen Bräter geben. Den Kapaun daraufsetzen.
4. Den Bräter auf dem Rost in den vorgeheizten Backofen schieben. Den Kapaun etwa 60 Minuten garen.
5. Nach etwa 20 Minuten Garzeit etwas Brühe zum Kapaun in den Bräter geben. Die verdampfte Flüssigkeit nach und nach durch Brühe ersetzen.
6. Den Kapaun aus dem Bräter nehmen und das Küchengarn entfernen. Den Kapaun tranchieren und warm stellen.
7. Den Speck in Streifen schneiden und mit der restlichen Butter in einer Pfanne auslassen. Kastanien, Perlzwiebeln und Würstchen hinzugeben und leicht anbraten.
8. Den Bratenfond und das durch ein Sieb gestrichene Gemüse unterrühren, evtl. noch etwas Brühe oder Wasser hinzufügen, falls die Sauce zu dickflüssig ist.
9. Den Kapaun mit den Kastanien, Perlzwiebeln und Würstchen anrichten. Die Sauce dazureichen.

Gefüllter Hackbraten

Kapaun à la Chipolata

Badischer Rehrücken

4 Portionen

Zubereitungszeit: 30 Minuten
Bratzeit: 35–50 Minuten

etwa 1,6 kg Rehrücken (mit Knochen)
Salz, gem. Pfeffer
75 g durchwachsener Speck, in Scheiben
1 Zwiebel
50 g Knollensellerie
100 g Möhren
5 Wacholderbeeren
125 ml trockener Rotwein oder Gemüsebrühe
2–3 Birnen, z. B. Williams Christ
200 ml Weißwein
Saft von 1 Zitrone
200 ml trockener Rotwein
250 g Schlagsahne
180 g Preiselbeerkompott (aus dem Glas)
evtl. etwas dunkler Saucenbinder
evtl. einige Rosmarinspitzen

Pro Portion:
E: 64 g, F: 28 g, Kh: 36 g, kJ: 3002, kcal: 718

1. Den Backofen vorheizen.
Ober-/Unterhitze: etwa 200 °C
Heißluft: etwa 180 °C
2. Den Rehrücken kurz unter fließendem kalten Wasser abspülen, trocken tupfen und evtl. enthäuten. Rehrücken mit Salz und Pfeffer einreiben. Den Rehrücken in einen mit Wasser ausgespülten Bräter legen und mit Speckscheiben belegen.
3. Zwiebel abziehen und fein würfeln. Sellerie und Möhren putzen, schälen, abspülen, abtropfen lassen und in Würfel schneiden. Das Gemüse zum Rehrücken in den Bräter geben. Den Bräter ohne Deckel auf dem Rost in den vorgeheizten Backofen schieben. Den Rehrücken 35–50 Minuten braten. Sobald der Bratensatz anfängt zu bräunen, Wacholderbeeren und Rotwein oder Brühe hinzugeben.
4. In der Zwischenzeit die Birnen waschen, abtropfen lassen, nach Belieben schälen, halbieren und entkernen (am besten mit einem Kugelausstecher). Die Birnenhälften mit Weißwein und Zitronensaft in einem Topf zum Kochen bringen. Die Birnenhälften zugedeckt etwa 10 Minuten bei mittlerer Hitze dünsten. Birnenhälften mit einer Schaumkelle aus der Flüssigkeit nehmen und erkalten lassen.
5. Den gegarten Rehrücken aus dem Bräter nehmen und zugedeckt etwa 10 Minuten ruhen lassen, damit sich der Fleischsaft setzt. Den Bratensatz mit Rotwein loskochen, mit dem durch ein Sieb gestrichenen Gemüse in einem Topf zum Kochen bringen, die Sahne unterrühren.
6. Zwei Esslöffel Preiselbeerkompott hinzugeben, wieder zum Kochen bringen und 3–5 Minuten sprudelnd kochen. Evtl. ausgetretenen Fleischsaft von dem ruhenden Fleisch in die Sauce rühren. Sauce evtl. mit Saucenbinder andicken oder sirupartig einkochen lassen. Nochmals mit den Gewürzen abschmecken.
7. Die Speckscheiben entfernen. Das Fleisch vom Knochengerüst lösen, in Scheiben schneiden, wieder auf das Knochengerüst legen und auf einer vorgewärmten Platte anrichten. Nach Belieben mit abgespülten und trocken getupften Rosmarinspitzen garnieren.
8. Die Birnenhälften mit restlichem Preiselbeerkompott füllen und um den Rehrücken legen. Die Sauce getrennt dazureichen.

Gans mit Geflügelfüllung

8–10 Portionen

Zubereitungszeit: 65 Minuten
Garzeit: etwa 3 Stunden

500 g Zwiebeln
30 g Butter oder Margarine
200 g Risottoreis, z. B. Arborio-Reis
75 g Rosinen
1 Döschen Safran (0,2 g)
1 Msp. gem. Gewürznelken
1 gestr. TL gem. Ingwer
400 ml Gemüsebrühe
1 küchenfertige Gans (etwa 3 1/2 kg)
Salz
400 g Hähnchenbrustfilet
evtl. Gänseleber (von der Gans)
1 Ei (Größe M)
gem. Pfeffer, Cayennepfeffer
2 Lorbeerblätter
500 ml Gemüsebrühe
250 ml roter Portwein
etwa 2 EL Saucenbinder
gem. Zimt

Außerdem:
Holzstäbchen
Küchengarn

Pro Portion:
E: 54 g, F: 81 g, Kh: 32 g, kJ: 4912, kcal: 1174

1. Zwiebeln abziehen. Ein Drittel der Zwiebeln fein würfeln, die restlichen Zwiebeln in Scheiben schneiden und

Badischer Rehrücken

Gans mit Geflügelfüllung

Gans, gebraten

beiseitelegen. Butter oder Margarine in einem Topf zerlassen. Reis und Zwiebelwürfel darin andünsten. Rosinen, Safran, Nelken und Ingwer unterheben. Brühe hinzugießen, zum Kochen bringen und zugedeckt etwa 10 Minuten bei schwacher Hitze vorgaren. Den Topf von der Kochstelle nehmen. Die Masse abkühlen lassen.

2. Die Gans innen und außen kurz unter fließendem kalten Wasser abspülen, trocken tupfen und mit Salz einreiben. Das Fett an der Bauchöffnung entfernen.

3. Den Backofen vorheizen.
Ober-/Unterhitze: etwa 220 °C
Heißluft: etwa 200 °C

4. Hähnchenbrustfilet und nach Belieben die Gänseleber unter fließendem kalten Wasser abspülen und trocken tupfen. Hähnchenfleisch sehr fein würfeln. Die Gänseleber würfeln. Beide Zutaten mit der Reismasse und dem Ei vermengen, mit Salz, Pfeffer und Cayennepfeffer würzen.

5. Die Gans mit der Geflügel-Reis-Masse füllen. Die Bauchöffnung mit Holzstäbchen und Küchengarn wie einen Schnürschuh schließen. Die Keulen an den Enden zusammenbinden. Die Gans mit der Brustseite nach unten in eine Fettpfanne legen und etwa 250 ml Brühe hinzugießen. Die Fettpfanne in den vorgeheizten Backofen schieben. Die Gans etwa 30 Minuten vorgaren.

6. Die Backofentemperatur um etwa 20 °C herunterschalten, die beiseitegelegten Zwiebelscheiben und Lorbeerblätter um die Gans legen, die Gans weitere 2 1/2 Stunden braten.

7. Während der Bratzeit nach und nach 250 ml von der Gemüsebrühe und 125 ml von dem Portwein über die Gans gießen. Die Gans unterhalb der Flügel und der Keulen einstechen, damit das Fett ausbraten kann.

8. Die gare Gans auf eine Platte legen, im ausgeschalteten Backofen warm halten. Bratensatz mit Wasser auf 400 ml auffüllen und loskochen. Den Bratensud durch ein Sieb in einen Topf geben und entfetten.

9. Die aufgefangenen Zwiebelscheiben durch das Sieb streichen, zu dem entfetteten Bratensud geben und mit dem restlichen Portwein auffüllen. Die Sauce aufkochen lassen, Saucenbinder einstreuen und nochmals unter Rühren aufkochen lassen. Die Sauce mit Salz, Pfeffer und Zimt abschmecken.

10. Die Gans tranchieren (Holzstäbchen und Küchengarn entfernen) und mit der Geflügelfüllung und Sauce servieren.

Gans, gebraten

8 Portionen

Zubereitungszeit: 15 Minuten
Garzeit: etwa 3 Stunden

1 küchenfertige Gans (etwa 3 1/4 kg)
Salz, gem. Pfeffer
heißes Wasser
1 gestr. EL Speisestärke

Pro Portion:
E: 41 g, F: 79 g, Kh: 1 g,
kJ: 3961, kcal: 947

1. Den Backofen vorheizen.
Ober-/Unterhitze: etwa 200 °C
Heißluft: etwa 180 °C

2. Die Gans innen und außen kurz unter fließendem kalten Wasser abspülen, trocken tupfen, innen und außen mit Salz und Pfeffer einreiben. Die Gans mit dem Rücken nach unten in einen großen Bräter legen. Den Bräter auf dem Rost in den vorgeheizten Backofen (untere Schiene) schieben. Die Gans etwa 3 Stunden garen.

3. Während des Garens ab und zu unterhalb der Flügel und Keulen mit einer Nadel in die Gans einstechen, damit das Fett ausbraten kann. Nach etwa 45 Minuten Garzeit das angesammelte Fett abschöpfen.

4. Sobald der Bratensatz anfängt zu bräunen, etwas heißes Wasser hinzugießen. Die Gans ab und zu mit dem Bratensatz begießen. Verdampfte Flüssigkeit nach und nach durch heißes Wasser ersetzen. Etwa 10 Minuten vor Ende der Garzeit die Backofentemperatur um etwa 20 °C erhöhen. Die Gans mit kaltem Salzwasser bestreichen, damit die Haut schön kross wird. Die Gans fertig garen.

5. Die Gans aus dem Bräter nehmen, in Portionsstücke schneiden, auf einer vorgewärmten Platte anrichten und warm stellen.

6. Den Bratensatz mit etwas Wasser loskochen, durch ein Sieb gießen, entfetten und mit Wasser auf 500 ml auffüllen. Speisestärke mit 2 Esslöffeln Wasser anrühren, in die Sauce rühren und unter Rühren aufkochen lassen. Die Sauce mit Salz und Pfeffer abschmecken.

Kasselerfilet auf pikantem Gemüse

Kleine Frikadellen „Russische Art"

Kasselerfilet auf pikantem Gemüse

(Römertopf® 3-Liter-Inhalt)
4 Portionen

Zubereitungszeit: 35 Minuten
Garzeit: etwa 60 Minuten

je 1 rote, gelbe und grüne Paprikaschote (etwa 600 g)
4 kleine rote Zwiebeln (etwa 200 g)
Salz, gem. Pfeffer
1 EL mittelscharfer Senf
3 EL süße Chilisauce
evtl. 1 Knoblauchzehe
2 Kasselerrückenfilets (etwa 600 g, beim Metzger vorbestellen)
2 EL Speiseöl
200 ml Gemüsebrühe oder -fond

Pro Portion:
E: 29 g, F: 15 g, Kh: 12 g,
kJ: 1300, kcal: 310

1. Paprikaschoten halbieren, entstielen, entkernen und die weißen Scheidewände entfernen. Schoten abspülen, abtropfen lassen und in grobe Würfel schneiden. Zwiebeln abziehen und jeweils in etwa 6 gleich große Spalten schneiden.
2. Paprikawürfel und Zwiebelspalten in einer Schüssel mischen, mit Salz, Pfeffer, Senf und Chilisauce würzen. Nach Belieben Knoblauch abziehen, in sehr kleine Würfel schneiden und hinzufügen. Die Paprika-Zwiebel-Mischung in einen gewässerten Römertopf® geben.
3. Kasselerfilets mit Küchenpapier trocken tupfen. Speiseöl in einer Pfanne erhitzen. Kasselerfilets darin von allen Seiten anbraten, herausnehmen und auf die Paprika-Zwiebel-Mischung in den Römertopf® legen. Brühe oder Fond hinzugießen.
4. Den Römertopf® mit dem Deckel verschließen und auf dem Rost in den kalten Backofen schieben.
Ober-/Unterhitze: etwa 220 °C (untere Schiene)
Heißluft: etwa 200 °C
5. Kasselerfilet auf pikantem Gemüse etwa 60 Minuten garen.

Kleine Frikadellen „Russische Art"

4 Portionen

Zubereitungszeit: 20 Minuten
Garzeit: etwa 25 Minuten

500 g Gehacktes (halb Rind-, halb Schweinefleisch)
1 Ei (Größe M)
Salz, gem. Pfeffer
1–2 EL Speiseöl
1 Bund Frühlingszwiebeln (etwa 250 g)
250 g kleine Champignons
190 g abgetropfte Cornichons (aus dem Glas)
200 g Schlagsahne
1 TL Paprikapulver edelsüß
1 EL mittelscharfer Senf
Paprikapulver edelsüß
glatte Petersilienblättchen

Außerdem:
1 Stück Bratfolie oder Bratschlauch

Pro Portion:
E: 29 g, F: 42 g, Kh: 8 g,
kJ: 2202, kcal: 526

1. Gehacktes mit dem Ei in einer Schüssel vermengen, mit Salz und Pfeffer würzen. Aus der Gehacktesmasse mit angefeuchteten Händen 12 kleine Frikadellen formen. Speiseöl in einer Pfanne erhitzen, die Frikadellen darin von allen Seiten anbraten.
2. Den Backofen vorheizen.
Ober-/Unterhitze: etwa 200 °C
Heißluft: etwa 180 °C
3. Frühlingszwiebeln putzen, abspülen, abtropfen lassen und in kleine Stücke schneiden. Champignons putzen, evtl. kurz abspülen, trocken tupfen und halbieren. Cornichons längs vierteln.
4. Frühlingszwiebelstücke, Champignonhälften, Cornichons und Sahne in einer Schüssel mischen, mit Paprika, Senf, Salz und Pfeffer würzen.
5. Die Gemüse-Sahne-Mischung auf ein großes Stück Bratfolie oder in den Bratschlauch geben. Frikadellen mit Paprika bestäuben und auf der Gemüse-Sahne-Mischung verteilen. Die Bratfolie oder den Bratschlauch nach Packungsanleitung verschließen und auf ein Backblech legen. Das Backblech in den vorgeheizten Backofen (unteres Drittel) schieben. Die Frikadellen mit dem Gemüse etwa 25 Minuten garen.
6. Die Folie aufschneiden. Die Frikadellen mit dem Gemüse herausnehmen, auf einer Platte anrichten und mit abgespülten, trocken getupften Petersilienblättchen garnieren.

Lammlachs auf Käsekartoffeln

4 Portionen (ohne Foto)

Zubereitungszeit: 40 Minuten
Garzeit: Käsekartoffeln 30–35 Minuten, Lammlachs 8–10 Minuten

Für die Käsekartoffeln:
1 Gemüsezwiebel
2 Knoblauchzehen
2 EL Olivenöl
500 g Schlagsahne
Salz
gem. Pfeffer
ger. Muskatnuss
1 kg Pellkartoffeln
150 g Gruyère-Käse

600 g Lammlachs
klein geschnittene Majoranblättchen
klein geschnittene Thymianblättchen
50 g Butterschmalz
evtl. 1 Stängel Thymian

Pro Portion:
E: 48 g, F: 64 g, Kh: 41 g,
kJ: 4000, kcal: 956

1. Den Backofen vorheizen.
Ober-/Unterhitze: etwa 200 °C
Heißluft: etwa 180 °C
2. Für die Käsekartoffeln Zwiebel abziehen, halbieren und in kleine Würfel schneiden. Knoblauch ebenfalls abziehen und klein würfeln. Olivenöl in einem Topf erhitzen, Zwiebel- und Knoblauchwürfel darin unter Rühren goldgelb andünsten. Sahne hinzugießen und aufkochen lassen. Mit Salz, Pfeffer und Muskat würzen.
3. Kartoffeln pellen, in Scheiben schneiden und in eine ovale Auflaufform (gefettet) schichten. Kartoffelscheiben mit den Sahnezwiebeln übergießen.
4. Käse auf einer Haushaltsreibe reiben und die Kartoffeln damit bestreuen. Die Form auf dem Rost in den vorgeheizten Backofen schieben. Die Käsekartoffeln 30–35 Minuten goldbraun überbacken.
5. In der Zwischenzeit Lammlachs evtl. von Haut und Sehnen befreien. Lammlachs mit Küchenpapier trocken tupfen, mit Salz, Pfeffer, Majoran und Thymian bestreuen.
6. Butterschmalz in einer Pfanne zerlassen. Lammlachs darin von allen Seiten 8–10 Minuten braun braten.
7. Lammlachs auf den Käsekartoffeln anrichten und nach Belieben mit einem abgespülten und trocken getupften Stängel Thymian garnieren.

Lammhackbraten auf dem Gemüsebett

(Römertopf® 3-Liter-Inhalt)

4 Portionen

Zubereitungszeit: 35 Minuten
Garzeit: 90–100 Minuten

4 Scheiben Toastbrot (etwa 100 g)
100 g Schafskäse (Fetakäse)
4 Knoblauchzehen
1 kg Lammgehacktes
3 Eier (Größe M)
Salz, gem. Pfeffer

Für das Gemüsebett:
1 Bund Frühlingszwiebeln (etwa 250 g)
3 Tomaten (etwa 300 g)
1–2 Knoblauchzehen
140 g abgetropfte grüne, mit Paprika gefüllte Oliven (aus dem Glas)

Pro Portion:
E: 59 g, F: 45 g, Kh: 19 g,
kJ: 3025, kcal: 722

1. Toastbrotscheiben in kaltem Wasser einweichen. Schafskäse in kleine Würfel schneiden. Knoblauch abziehen und durch eine Knoblauchpresse drücken oder in kleine Würfel schneiden. Eingeweichte Brotscheiben ausdrücken.
2. Lammgehacktes in eine Schüssel geben. Käsewürfel, Knoblauch, Brotscheiben und Eier hinzugeben. Die Zutaten gut unterarbeiten. Mit Salz und Pfeffer würzen. Die Hackfleischmasse halbieren und mit angefeuchteten Händen jeweils zu einem ovalen Laib formen.
3. Für das Gemüsebett Frühlingszwiebeln putzen, abspülen, abtropfen lassen, in kleine Stücke schneiden. Tomaten abspülen, trocken tupfen, vierteln, entkernen und die Stängelansätze herausschneiden. Tomatenviertel ebenfalls in kleine Stücke schneiden. Knoblauch abziehen und in kleine Würfel schneiden.
4. Die vorbereiteten Gemüsezutaten mit den Oliven in einer Schüssel mischen, mit Salz und Pfeffer würzen. Die Gemüsemischung in einen gewässerten Römertopf® geben. Die Fleischlaibe darauflegen.
5. Den Römertopf® mit dem Deckel verschließen und auf dem Rost in den kalten Backofen schieben.
Ober-/Unterhitze: etwa 220 °C (untere Schiene)
Heißluft: etwa 200 °C
6. Den Lammhackbraten mit dem Gemüse 90–100 Minuten garen.

Lammhackbraten auf dem Gemüsebett

Brathähnchen auf texanische Art

4 Portionen

Zubereitungszeit: 50 Minuten, ohne Auftauzeit
Garzeit: etwa 60 Minuten

1 Brathähnchen (frisch oder TK, etwa 1 kg)
Salz, gem. Pfeffer
3 EL Speiseöl
200 g Gehacktes (halb Rind-, halb Schweinefleisch)
2 Zwiebeln
1 Knoblauchzehe
gerebelter Thymian
50 g Tomatenmark
375 ml Fleischbrühe
285 g abgetropfter Gemüsemais (aus der Dose)
300 g TK-Erbsen
Cayennepfeffer
gem. Zimt

2 EL klein geschnittene Petersilie
einige Basilikumblättchen

Pro Portion:
E: 89 g, F: 57 g, Kh: 26 g,
kJ: 3039, kcal: 933

1. Das gefrorene Hähnchen evtl. auftauen lassen. Hähnchen innen und außen kurz unter fließendem kalten Wasser abspülen, trocken tupfen und in 8 Stücke teilen. Mit Salz und Pfeffer würzen.
2. Den Backofen vorheizen.
Ober-/Unterhitze: etwa 200 °C
Heißluft: etwa 180 °C
3. Speiseöl in einem Bräter erhitzen, die Hähnchenteile darin kräftig anbraten und herausnehmen.
4. Gehacktes in dem verbliebenen Bratfett unter Rühren krümelig anbraten, dabei die Fleischklümpchen mit einer Gabel zerdrücken. Zwiebeln abziehen und in kleine Würfel schneiden. Knoblauch abziehen und zerdrücken. Zwiebelwürfel und Knoblauch zu der Hackfleischmasse geben und kurz mit anbraten. Mit Salz, Pfeffer und Thymian würzen. Tomatenmark hinzufügen. Fleischbrühe unterrühren.
5. Die Hähnchenteile auf die Hackfleischmasse in den Bräter legen. Den Bräter auf dem Rost in den vorgeheizten Backofen schieben. Die Hähnchen-Hackfleisch-Masse etwa 45 Minuten garen.
6. Die Hähnchenteile aus dem Bräter nehmen und kurz warm stellen. Mais und die gefrorenen Erbsen unter die Hackfleischmasse mischen. Mit Salz, Pfeffer, Cayennepfeffer und 1 Prise Zimt abschmecken.
7. Die Hähnchenteile wieder auf die Hackfleischmasse in den Bräter legen.
8. Den Bräter wieder auf dem Rost in den heißen Backofen schieben und das Gericht bei gleicher Backofentemperatur in etwa 15 Minuten fertig garen.
9. Die Hähnchenteile mit der Gemüsesauce anrichten. Mit Petersilie bestreuen und mit abgespülten, trocken getupften Basilikumblättchen garniert servieren.

Brathähnchen auf texanische Art

Griechische Lammsteaks

4–5 Portionen

Zubereitungszeit: 60 Minuten
Garzeit: etwa 45 Minuten

4 Lammsteaks (aus der Hüfte, je etwa 150 g)
Salz
gem. Pfeffer
gerebelter Oregano
2 EL Olivenöl
2 Knoblauchzehen
1 kleine Zwiebel
etwa 150 g TK-Blattspinat (aufgetaut)
ger. Muskatnuss
100 g Schafskäse
je 1/2 mittelgroße gelbe und grüne Zucchini
300 g gegarte Pellkartoffeln
1/2 rote Paprikaschote
200 g stückige Tomaten (Tetrapak)

Griechische Lammsteaks

Schweinerippchen „Asiatisch"

Pro Portion:
E: 33 g, F: 25 g, Kh: 14 g,
kJ: 1731, kcal: 413

1. Lammsteaks mit Küchenpapier trocken tupfen. Lammsteaks waagerecht halbieren. Mit Salz, Pfeffer und Oregano würzen. Olivenöl in einer großen Pfanne erhitzen. Die Lammsteaks darin von beiden Seiten anbraten, herausnehmen und in eine flache Auflaufform (gefettet) legen. Den Knoblauch abziehen, durch eine Knoblauchpresse drücken und auf den Lammsteaks verteilen.
2. Den Backofen vorheizen.
Ober-/Unterhitze: etwa 200 °C
Heißluft: etwa 180 °C
3. Zwiebel abziehen und in kleine Würfel schneiden. Blattspinat mit den Zwiebelwürfeln in einem kleinen Topf kurz andünsten. Mit Salz, Pfeffer und Muskat würzen. Spinat auf den Lammsteaks verteilen. Schafskäse in Scheiben schneiden und auf den Spinat legen.
4. Zucchini abspülen, abtrocknen und die Enden abschneiden. Zucchini in Scheiben schneiden und die Zwischenräume damit auslegen. Kartoffeln, evtl. pellen, längs halbieren und in Achtel schneiden.
5. Paprikaschote entstielen, entkernen und die weißen Scheidewände entfernen. Schotenhälfte abspülen, trocken tupfen und in Stücke schneiden. Kartoffelspalten und Paprikastücke ebenfalls in die Zwischenräume der Lammsteaks legen. Mit Salz, Pfeffer und Oregano würzen. Zuletzt die stückigen Tomaten daraufgeben.
6. Die Form auf dem Rost in den vorgeheizten Backofen schieben. Die Lammsteaks etwa 45 Minuten garen.

Schweinerippchen „Asiatisch"

(Römertopf® 5-Liter-Inhalt)
4 Portionen

Zubereitungszeit: 35 Minuten
Garzeit: 45–60 Minuten

3 kg Schälrippchen, in Stücke zerteilt
Salz
gem. Pfeffer
4 Bund Frühlingszwiebeln
(je etwa 250 g)
1 kg Sojabohnenkeimlinge oder
640 g abgetropfte Keimlinge
(aus Dose oder Glas)
4 EL Speiseöl
60 g Zucker
80 ml Sojasauce
400 ml Asia-Sauce Sweet & Sour
(erhältlich im Asialaden)
500 ml Fleischbrühe

Pro Portion:
E: 87 g, F: 48 g, Kh: 77 g,
kJ: 4930, kcal: 1176

1. Schälrippchen kurz unter fließendem kalten Wasser abspülen, trocken tupfen, mit Salz und Pfeffer würzen.
2. Frühlingszwiebeln und Sojabohnenkeimlinge putzen, abspülen und abtropfen lassen. Frühlingszwiebeln in etwa 3 cm lange Stücke schneiden.
3. Gut die Hälfte des Speiseöls in einem Bräter erhitzen. Die Rippchen darin von beiden Seiten kross anbraten. Rippchen mit der Hälfte des Zuckers bestreuen und karamellisieren lassen.
4. Sojasauce und Asia-Sauce verrühren. Die Rippchen dick damit bestreichen und in einen gewässerten Römertopf legen.
5. Restliches Speiseöl in einer Pfanne erhitzen. Frühlingszwiebelstücke und Sojabohnenkeimlinge darin unter mehrmaligem Wenden andünsten. Restlichen Zucker darauf verteilen und karamellisieren lassen. Mit Sojasauce und Asia-Sauce herzhaft würzen.
6. Die Gemüsemasse zu den Rippchen in den Römertopf® geben und gut untermischen. Fleischbrühe hinzugießen. Den Römertopf® mit dem Deckel verschließen, auf dem Rost in den kalten Backofen schieben.
Ober-/Unterhitze: etwa 220 °C
(untere Schiene)
Heißluft: etwa 200 °C
7. Rippchen 45–60 Minuten garen, je nach Dicke der Rippchen.

Lammrückenfilet mit Rosmarin

Maispoulardenbrust mit Preiselbeeren und Sahne

Lammrückenfilet mit Rosmarin

4 Portionen

Zubereitungszeit: 20 Minuten
Garzeit: 15–20 Minuten

600 g Lammrückenfilet
Salz, gem. Pfeffer
2 EL Speiseöl
4 Zucchini (etwa 480 g)
250 g Cocktailtomaten
4 Knoblauchzehen
2 kleine Stängel Rosmarin

Außerdem:
1 Stück Bratfolie oder Bratschlauch

Pro Portion:
E: 33 g, F: 10 g, Kh: 4 g,
kJ: 1012, kcal: 241

1. Lammrückenfilet mit Küchenpapier trocken tupfen, mit Salz und Pfeffer würzen. Etwas Speiseöl in einer Pfanne erhitzen. Lammrückenfilet darin kurz von beiden Seiten braun anbraten, herausnehmen und beiseitelegen.
2. Den Backofen vorheizen.
Ober-/Unterhitze: etwa 200 °C
Heißluft: etwa 180 °C
3. Zucchini abspülen, abtrocknen und die Enden abschneiden. Tomaten abspülen, trocken tupfen und evtl. die Stängelansätze herausschneiden. Zucchini und Tomaten in grobe Würfel schneiden. Knoblauch abziehen und fein würfeln.
4. Zucchini-, Tomaten- und Knoblauchwürfel in einer Schüssel mischen, mit Salz und Pfeffer würzen, restliches Speiseöl unterrühren. Rosmarinstängel abspülen und trocken tupfen.
5. Die Gemüsemischung auf ein großes Stück Bratfolie oder in den Bratschlauch geben, das beiseitegelegte Lammrückenfilet und die Rosmarinstängel darauflegen. Die Bratfolie oder den Bratschlauch nach Packungsanleitung verschließen und auf ein Backblech legen. Das Backblech in den vorgeheizten Backofen schieben. Das Lammrückenfilet 15–20 Minuten garen.

Maispoulardenbrust mit Preiselbeeren und Sahne

4 Portionen

Zubereitungszeit: 35 Minuten
Garzeit: etwa 30 Minuten

4 Maispoulardenbrüste
(je 140–150 g, mit Flügelknochen)
Salz
gem. Pfeffer
40 ml Speiseöl
600 g festkochende Kartoffeln
200 g Schlagsahne
2 EL Preiselbeeren (etwa 60 g, aus dem Glas)
4 Wacholderbeeren, zerstoßen
evtl. vorbereitete Minzeblättchen
einige Johannisbeerrispen

Außerdem:
1 Stück Bratfolie oder Bratschlauch

Pro Portion:
E: 37 g, F: 19 g, Kh: 22 g,
kJ: 1728, kcal: 413

1. Den Backofen vorheizen.
Ober-/Unterhitze: etwa 200 °C
Heißluft: etwa 180 °C
2. Poulardenbrüste kurz unter fließendem kalten Wasser abspülen, trocken tupfen, mit Salz und Pfeffer würzen. Speiseöl in einer Pfanne erhitzen. Die Poulardenbrüste von jeder Seite etwa 2 Minuten braun anbraten.
3. Kartoffeln schälen, abspülen, abtropfen lassen und in Stifte schneiden. Sahne in eine Rührschüssel geben, Preiselbeeren und Wacholderbeeren unterrühren, mit Salz und Pfeffer würzen. Kartoffelstifte untermengen.
4. Die Kartoffel-Sahne-Mischung auf ein großes Stück Bratfolie oder in den Bratschlauch geben. Poulardenbrüste darauflegen.
5. Die Bratfolie oder den -schlauch nach Packungsanleitung verschließen und auf ein Backblech legen. Das Backblech in den vorgeheizten Backofen (unteres Drittel) schieben. Die Poulardenbrüste etwa 30 Minuten garen.
6. Nach Belieben die Minzeblättchen und Johannisbeerrispen abspülen und trocken tupfen.
7. Die Poulardenbrüste aus dem Backofen nehmen. Die Folie aufschneiden, Poulardenbrüste mit den Kartoffelstiften herausnehmen und auf vorgewärmten Tellern anrichten.
8. Mit Minzeblättchen und Johannisbeerrispen garnieren.

Pfifferlings-Rindfleisch-Topf

8–10 Portionen

Zubereitungszeit: 65 Minuten
Garzeit: etwa 90 Minuten

200 g durchwachsener Speck
4 mittelgroße Zwiebeln
1 kg Möhren, 500 g Pfifferlinge
1 kg mageres Rindfleisch
Salz, gem. Pfeffer
Tabascosauce
2 Lorbeerblätter
375 ml Fleischbrühe
125 ml Weißwein
300 g saure Sahne

Pro Portion:
E: 29 g, F: 13 g, Kh: 7 g,
kJ: 1139, kcal: 272

1. Speck in kleine Würfel schneiden und in einer Pfanne auslassen. Zwiebeln abziehen, in Scheiben schneiden, zu den Speckwürfeln geben und glasig dünsten lassen.
2. Den Backofen vorheizen.
Ober-/Unterhitze: etwa 200 °C
Heißluft: etwa 180 °C
3. Möhren putzen, schälen, abspülen, abtropfen lassen und in Scheiben schneiden. Pfifferlinge putzen, evtl. kurz abspülen und trocken tupfen. Große Pfifferlinge halbieren.
4. Das Rindfleisch mit Küchenpapier trocken tupfen und in kleine Würfel schneiden. Speck-Zwiebel-Masse, Fleischwürfel, Möhrenscheiben und zuletzt Pfifferlinge in eine große, hohe Auflaufform oder in einen hohen Topf (Bräter) schichten, dabei jede Schicht mit Salz und Pfeffer und nach Belieben mit Tabascosauce würzen. Lorbeerblätter hinzufügen.
5. Brühe mit Wein und saurer Sahne verrühren und hinzugießen. Die Form oder den Topf (Bräter) zugedeckt auf dem Rost in den vorgeheizten Backofen schieben. Den Pfifferlings-Rindfleisch-Topf etwa 90 Minuten garen.

Lammspieße mit Joghurt-Minz-Sauce

4 Portionen

Zubereitungszeit: 35 Minuten, ohne Marinierzeit
Garzeit: etwa 15 Minuten

600 g Lammfilet
2 Zwiebeln
2 grüne Paprikaschoten
Saft von 2 Limetten
1 Msp. Cayennepfeffer
1/2 TL gem. Ingwer
1 Msp. gem. Kardamom
1/2 TL gem. Koriander
3 EL Olivenöl
4 EL Olivenöl
Salz

Für die Joghurt-Minz-Sauce:
150 g Joghurt (3,5 % Fett)
1–2 EL klein geschnittene Pfefferminzblättchen
gem. weißer Pfeffer

Außerdem:
4–6 Holzspieße

Pro Portion:
E: 33 g, F: 28 g, Kh: 6 g,
kJ: 1824, kcal: 438

1. Lammfilet mit Küchenpapier trocken tupfen und in etwa 3 cm große Würfel schneiden.
2. Zwiebeln abziehen, vierteln und die einzelnen Schichten trennen. Paprikaschoten halbieren, entstielen, entkernen und die weißen Scheidewände entfernen. Schoten abspülen, abtropfen lassen und in Stücke schneiden.
3. Limettensaft mit Cayennepfeffer, Ingwer, Kardamom und Koriander verrühren, Olivenöl unterschlagen. Das Lammfilet in eine flache Schale legen, die Marinade darauf verteilen und das Filet etwa 15 Minuten durchziehen lassen.
4. Den Backofen vorheizen.
Ober-/Unterhitze: etwa 120 °C
Heißluft: etwa 100 °C
5. Das Lammfilet aus der Marinade nehmen, mit Küchenpapier etwas trocken tupfen und abwechselnd mit Zwiebel- und Paprikastücken auf 4–6 Holzspieße stecken.
6. Olivenöl in einer großen Pfanne erhitzen. Die Lammspieße darin unter Wenden gut anbraten, mit Salz bestreuen, herausnehmen und in eine feuerfeste Form geben. Die Form auf dem Rost in den vorgeheizten Backofen schieben. Die Lammspieße in etwa 15 Minuten fertig garen.
7. Für die Joghurt-Minz-Sauce in der Zwischenzeit Joghurt mit Pfefferminze verrühren, mit Salz und Pfeffer abschmecken und zu den Lammspießen reichen.

Pfifferlings-Rindfleisch-Topf

Lammspieße mit Joghurt-Minz-Sauce

Martinsgans

8 Portionen

Zubereitungszeit: 45 Minuten, ohne Abkühlzeit
Bratzeit: etwa 4 1/2 Stunden

1 küchenfertige Gans (4–4 1/2 kg)
Salz, gem. Pfeffer
gerebelter Majoran
oder Beifuß

Für die Füllung:
50 g durchwachsener Speck
2 Zwiebeln
20 g Butter oder Margarine
etwa 8 Brötchen (Semmeln) vom Vortag
300 ml Milch (3,5 % Fett)
4 Eier (Größe M)
2 EL klein geschnittene Petersilie
2 Äpfel
etwa 500 ml heißes Wasser
1 Bund Suppengrün (Möhren, Sellerie, Porree)

etwa 100 ml kaltes Wasser
10 g Weizenmehl

Außerdem:
Küchengarn oder Holzstäbchen

Pro Portion:
E: 77 g, F: 75 g, Kh: 27 g,
kJ: 4552, kcal: 1087

1. Die Gans innen und außen kurz unter fließendem kalten Wasser abspülen und trocken tupfen. Die Gans innen mit Salz, Pfeffer, Majoran oder Beifuß einreiben.

2. Für die Füllung den Speck in Würfel schneiden. Zwiebeln abziehen und fein würfeln. Butter oder Margarine in einer Pfanne zerlassen. Speckwürfel darin knusprig braten. Zwiebelwürfel hinzufügen und glasig dünsten. Die Speck-Zwiebel-Masse beiseitestellen.

3. Den Backofen vorheizen.
Ober-/Unterhitze: etwa 200 °C
Heißluft: etwa 180 °C

4. Brötchen in kleine Würfel schneiden und in eine Schüssel geben. Die Milch in einem Topf erhitzen, über die Brötchenwürfel gießen und gut verrühren. Die Speck-Zwiebel-Masse unterrühren. Die Masse etwas abkühlen lassen. Eier und Petersilie unterrühren, mit Salz würzen. Äpfel schälen, halbieren, entkernen, raspeln, unter die Masse mischen.

5. Die Gans mit der Masse füllen. Die Öffnung mit Küchengarn zunähen oder mit Holzstäbchen verschließen. Die Gans außen mit Salz, Pfeffer und Majoran oder Beifuß einreiben.

6. Eine Fettpfanne in den vorgeheizten Backofen (unteres Drittel) schieben. 125 ml heißes Wasser hineingießen. Die Gans mit der Brust nach unten auf einen Rost legen und den Rost oberhalb der Fettpfanne in den vorgeheizten Backofen schieben. Die Gans etwa 1 1/2 Stunden braten. Die Gans während der Bratzeit mehrmals unterhalb der Flügel und Keulen einstechen, damit das Fett besser ausbraten kann. Das gesammelte Fett abschöpfen.

7. Sobald der Bratensatz anfängt zu bräunen, so viel heißes Wasser hinzugießen, dass das Wasser in der Fettpfanne etwa 1 cm hoch steht. Die Gans ab und zu mit dem Bratensatz begießen. Verdampfte Flüssigkeit nach und nach durch heißes Wasser ersetzen.

8. In der Zwischenzeit Suppengrün putzen, abspülen, abtropfen lassen und in kleine Stücke schneiden.

9. Die Gans nach etwa 1 1/2 Stunden Bratzeit wenden. Das vorbereitete Suppengrün in die Fettpfanne geben. Gans bei gleicher Backofentemperatur weitere etwa 3 Stunden garen.

10. 50 ml kaltes Wasser mit 1/2 Teelöffel Salz verrühren. Die Gans etwa 10 Minuten vor Ende der Bratzeit damit bestreichen und die Backofentemperatur um etwa 20 °C erhöhen, damit die Haut schön kross wird. Die Gans vom Rost nehmen und zugedeckt 5–10 Minuten ruhen lassen, damit sich der Fleischsaft setzt.

11. Den Bratensatz mit etwas heißem Wasser lösen. Den Bratensatz durch ein Sieb streichen, mit Wasser auf 600 ml Flüssigkeit auffüllen und in einen Topf geben. Bratenfond zum Kochen bringen.

12. Das Mehl mit dem restlichen Wasser (50 ml) anrühren und mit einem Schneebesen in den kochenden Bratenfond rühren. Dabei darauf achten, dass keine Klümpchen entstehen. Die Sauce zum Kochen bringen und ohne Deckel bei schwacher Hitze etwa 5 Minuten leicht kochen, dabei gelegentlich umrühren. Sauce mit Salz, Pfeffer und Majoran abschmecken.

13. Die Gans in Portionsstücke schneiden (tranchieren). Die Füllung in Scheiben schneiden. Die Gans mit der Füllung auf einer vorgewärmten Platte anrichten. Die gefüllte Gans mit der Sauce servieren.

Martinsgans

Nackensteaks mit Kartoffelkruste

Perlhuhnbrüstchen mit Mango-Kürbis-Ragout und Ingwer

Nackensteaks mit Kartoffelkruste

4 Portionen

Zubereitungszeit: 35 Minuten
Überbackzeit: etwa 20 Minuten

4 Schweinenackensteaks
(je etwa 150 g, ohne Knochen)
Salz, gem. Pfeffer
2 EL Speiseöl
400 g Rösti nach Schweizer Art (pfannenfertige Kartoffelzubereitung)
200 g Schmand (Sauerrahm)
100 g grob ger. Gratin-Käse

Pro Portion:
E: 41 g, F: 36 g, Kh: 14 g,
kJ: 2290, kcal: 546

1. Nackensteaks mit Küchenpapier trocken tupfen, mit Salz und Pfeffer würzen.
2. Speiseöl in einer Pfanne erhitzen. Die Steaks darin von beiden Seiten etwa 10 Minuten braten.
3. In der Zwischenzeit den Backofen vorheizen.
Ober-/Unterhitze: etwa 200 °C
Heißluft: etwa 180 °C
4. Die Steaks aus der Pfanne nehmen und nebeneinander in eine flache Auflaufform (gefettet) legen.
5. Die Rösti-Masse in eine Schüssel geben, mit Schmand und Käse vermengen, evtl. mit Salz und Pfeffer würzen. Die Kartoffelmasse auf den Steaks verteilen. Die Form auf dem Rost in den vorgeheizten Backofen schieben. Die Nackensteaks etwa 20 Minuten überbacken.

Perlhuhnbrüstchen mit Mango-Kürbis-Ragout und Ingwer

4 Portionen

Zubereitungszeit: 45 Minuten
Garzeit: etwa 15 Minuten

4 Perlhuhnbrüste (ohne Knochen, je etwa 150 g)
Salz, gem. Pfeffer
40 g Butterschmalz

Für das Mango-Kürbis-Ragout:
1 Schalotte
1 walnussgroßes Stück frischer Ingwer
120 g abgetropfte Kürbiswürfel, in Honig eingelegt (aus dem Glas)
120 g Mango-Fruchtfleisch
200 ml Gemüsebrühe
1 EL Crema di Balsamico

1 Bio-Limette
(unbehandelt, ungewachst)

Pro Portion:
E: 31 g, F: 21 g, Kh: 9 g,
kJ: 1482, kcal: 354

1. Den Backofen vorheizen.
Ober-/Unterhitze: etwa 180 °C
Heißluft: etwa 160 °C
2. Perlhuhnbrüste kurz unter fließendem kalten Wasser abspülen und trocken tupfen. Mit Salz und Pfeffer würzen.
3. Butterschmalz in einer Pfanne zerlassen. Perlhuhnbrüste darin von beiden Seiten anbraten, herausnehmen und in eine feuerfeste Form geben. Die Form auf dem Rost in den vorgeheizten Backofen schieben. Die Perlhuhnbrüste etwa 15 Minuten garen.
4. In der Zwischenzeit für das Mango-Kürbis-Ragout Schalotte abziehen. Ingwer schälen. Schalotte und Ingwer in kleine Würfel schneiden. Kürbiswürfel in kleinere Würfel schneiden. Mango-Fruchtfleisch ebenfalls in Größe der Kürbiswürfel schneiden.
5. Schalotten-, Ingwer-, Mango- und Kürbiswürfel in dem verbliebenen Bratfett andünsten. Mit Brühe ablöschen, zum Kochen bringen und um etwa ein Drittel einkochen lassen. Mit Salz, Pfeffer und Crema di Balsamico würzen.
6. Das Mango-Kürbis-Ragout auf einer vorgewärmten Platte anrichten. Die Perlhuhnbrüste darauflegen.
7. Die Limette heiß abwaschen, abtrocknen und die Schale mit einem Zestenreißer abziehen. Die Perlhuhnbrüste mit den Limettenstreifen garniert servieren.

Poulardenbrust auf Sahnelinsen

Poulardenbrust auf Sahnelinsen

(Römertopf® 3-Liter-Inhalt)
4 Portionen

Zubereitungszeit: 30 Minuten, ohne Abkühlzeit
Garzeit: etwa 70 Minuten

Für die Füllung:
50 g Pinienkerne
12 getrocknete Aprikosen (etwa 60 g)
160 g Doppelrahm-Frischkäse
Salz, gem. Pfeffer

4 Poulardenbrustfilets (etwa 750 g)
1 Bund Petersilie
320 g rote Linsen
200 g Schlagsahne
300 ml Gemüsebrühe

Außerdem:
4 dünne Holzstäbchen

Pro Portion:
E: 74 g, F: 37 g, Kh: 51 g,
kJ: 3534, kcal: 845

1. Für die Füllung Pinienkerne in einer Pfanne ohne Fett unter Rühren rösten und etwas abkühlen lassen. Aprikosen in kleine Würfel schneiden, mit Pinienkernen und Frischkäse in einer Schüssel vermischen, mit Salz und Pfeffer würzen.
2. Poulardenbrustfilets kurz unter fließendem kalten Wasser abspülen und trocken tupfen. Die Filets jeweils längs aufschneiden, sodass eine Tasche entsteht. Die Frischkäsemasse in die Taschen füllen. Die Öffnungen mit Holzstäbchen feststecken und verschließen.
3. Petersilie abspülen und trocken tupfen. Einige Spitzen zum Garnieren beiseitelegen. Die restlichen Blättchen von den Stängeln zupfen. Blättchen klein schneiden.
4. Linsen mit Sahne, Petersilie und evtl. restlicher Frischkäsemasse vermengen. Mit Salz und Pfeffer würzen.
5. Die Linsenmasse in einen gewässerten Römertopf® geben. Poulardenbrustfilets darauf verteilen, Gemüsebrühe hinzugießen. Den Römertopf® mit dem Deckel verschließen und auf dem Rost in den kalten Backofen schieben.
Ober-/Unterhitze: etwa 220 °C (untere Schiene)
Heißluft: etwa 200 °C
6. Die Poulardenbrust etwa 70 Minuten garen.
7. Das Gericht mit den beiseitegelegten Petersilienspitzen garnieren.

Putenbrustrouladen

4 Portionen (ohne Foto)

Zubereitungszeit: 45 Minuten
Garzeit: etwa 20 Minuten

4 Scheiben Putenbrustfilets (je etwa 180 g)
Salz, gem. Pfeffer

Für die Füllung:
2 Zwiebeln
1 EL Butter
1 EL Speiseöl
200 g gewürfelte Geflügelleber
3 EL Butter
100 g gewürfeltes Weißbrot
100 g TK-Blattspinat (aufgetaut)
1 EL gehackte Petersilie
1 Prise ger. Muskatnuss
2 Eigelb (Größe M)
1 EL Cognac
etwas Butter

Außerdem:
4 kleine Bögen Alufolie

Pro Portion:
E: 49 g, F: 17 g, Kh: 15 g,
kJ: 2199, kcal: 525

1. Den Backofen vorheizen.
Ober-/Unterhitze: etwa 200 °C
Heißluft: etwa 180 °C
2. Putenbrustfilets kurz unter fließendem kalten Wasser abspülen und trocken tupfen. Die Putenbrustfilets in einen großen Gefrierbeutel legen und etwas flach klopfen. Mit Salz und Pfeffer würzen.
3. Für die Füllung Zwiebeln abziehen und in kleine Würfel schneiden. Butter in einer Pfanne zerlassen, Speiseöl miterhitzen. Zwiebelwürfel darin goldgelb dünsten, Geflügelleberwürfel hinzugeben und mit andünsten.
4. Butter in einer zweiten Pfanne zerlassen. Weißbrotwürfel darin von allen Seiten goldgelb rösten, herausnehmen und unter die Geflügelleberwürfel rühren. Abgetropften Spinat, Petersilie und Muskat hinzufügen.
5. Die Pfanne von der Kochstelle nehmen, die Masse kurz abkühlen lassen, dann Eigelb und Cognac gut unterrühren. Mit Salz und Pfeffer würzen.
6. Die Füllung auf den Putenbrustfilets verteilen und von der längeren Seite her aufrollen. 4 Bögen Alufolie dünn mit Butter bestreichen. Die Putenbrustrouladen darauflegen und in der Folie fest einwickeln. Die Päckchen auf ein Backblech legen. Das Backblech in den vorgeheizten Backofen schieben. Putenbrustrouladen etwa 20 Minuten garen.
7. Putenbrustrouladen aus der Alufolie wickeln, in Scheiben schneiden und auf vorgewärmten Tellern anrichten.

Pute mit Ananas in Kokosmilch

(Römertopf® 3-Liter-Inhalt)
4 Portionen

Zubereitungszeit: 40 Minuten
Garzeit: etwa 45 Minuten

600 g Putenbrustfilet
Salz
gem. Pfeffer
2 EL Speiseöl
200 ml Milch (3,5 % Fett)
50 g Kokoscreme
je 1 rote und grüne Peperoni
einige Stängel Minze
1 Stängel Zitronengras
200 g Datteln, entsteint
400 g Ananaswürfel
(von 1 frischen Ananas)

Pro Portion:
E: 40 g, F: 17 g, Kh: 49 g,
kJ: 2203, kcal: 528

1. Putenbrustfilet kurz unter fließendem kalten Wasser abspülen, trocken tupfen und in Würfel schneiden. Mit Salz und Pfeffer würzen.
2. Speiseöl in einer Pfanne erhitzen. Fleischwürfel darin von allen Seiten anbraten und herausnehmen. Den Bratensatz mit Milch und Kokoscreme loskochen und etwa 2 Minuten einkochen lassen.
3. Peperoni abspülen, trocken tupfen, längs aufschneiden, entkernen und in dünne Scheiben schneiden. Minze abspülen und trocken tupfen. Die Blättchen von den Stängeln zupfen. Einige Blättchen zum Garnieren beiseitelegen. Das Zitronengras abspülen, trocken tupfen, etwas flach klopfen und längs halbieren. Datteln ebenfalls längs halbieren.
4. Ananaswürfel in eine Schüssel geben. Fleischwürfel, Peperonischeiben, Minzeblättchen, Zitronengras- und Dattelhälften hinzugeben und gut vermischen. Die Masse in einen gewässerten Römertopf® geben und mit der Braten-Kokos-Milch übergießen. Mit Salz und Pfeffer würzen.
5. Den Römertopf® mit dem Deckel verschließen und auf dem Rost in den kalten Backofen schieben.
Ober-/Unterhitze: etwa 200 °C (untere Schiene)
Heißluft: etwa 180 °C
6. Die Putenbrust mit Ananas und Kokosmilch etwa 45 Minuten garen.
7. Pute mit Ananas in Kokosmilch mit den beiseitegelegten Minzeblättchen garnieren.

Schmetterlingssteaks „Hawaii"

12 Portionen

Zubereitungszeit: 35 Minuten
Garzeit: etwa 25 Minuten

12 Schmetterlingssteaks vom Schwein (je etwa 180 g)
150 ml Sojasauce
gem. Pfeffer
Paprikapulver edelsüß
6 abgetropfte Ananasscheiben (aus der Dose)
6 Scheiben Kochschinken
6 kleine Scheiben Gouda
4 EL Speiseöl

Außerdem:
Holzstäbchen

Pro Portion:
E: 42 g, F: 39 g, Kh: 3 g,
kJ: 2386, kcal: 570

1. Schweinesteaks mit Küchenpapier trocken tupfen. In die Steaks jeweils eine Tasche einschneiden (evtl. Tasche beim Metzger einschneiden lassen). Die Steaks zusammengeklappt in einen Gefrierbeutel geben und flach klopfen.
2. Sojasauce mit Pfeffer und Paprika verrühren. Die Steaks innen und außen mithilfe eines Pinsels damit bestreichen.
3. Ananasscheiben halbieren. Schinkenscheiben ebenfalls halbieren. Käsescheiben vierteln.
4. Den Backofen vorheizen.
Ober-/Unterhitze: etwa 180 °C
Heißluft: etwa 160 °C
5. Die Steaks aufklappen und der Reihe nach mit je 1 Käsestück, mit 1/2 Schinkenscheibe, 1/2 Ananasscheibe und zuletzt wieder mit 1 Käsestück belegen. Die Steaks zusammenklappen und die Öffnungen mit Holzstäbchen feststecken.
6. Speiseöl in einer Pfanne erhitzen. Die Steaks darin portionsweise kurz von beiden Seiten anbraten und auf ein Backblech legen. Das Backblech in den vorgeheizten Backofen schieben. Die Schmetterlingssteaks etwa 25 Minuten garen.

Pute mit Ananas in Kokosmilch

Schmetterlingssteaks „Hawaii"

Ente

4 Portionen

Zubereitungszeit: 30 Minuten
Garzeit: 2 1/4–2 1/2 Stunden

1 küchenfertige Ente mit Innereien (2–2 1/2 kg)
Salz, gem. Pfeffer
etwa 900 ml Wasser
etwa 400 ml Wasser
1 geh. EL Speisestärke

Außerdem:
Küchengarn

Pro Portion:
E: 71 g, F: 33 g, Kh: 3 g,
kJ: 2479, kcal: 593

1. Den Backofen vorheizen.
Ober-/Unterhitze: etwa 180 °C
Heißluft: etwa 160 °C

2. Ente innen und außen kurz unter fließendem kalten Wasser abspülen, trocken tupfen, evtl. Fett aus der Bauchhöhle entfernen. Die Ente innen und außen mit Salz und Pfeffer einreiben.

3. Keulen und Flügel zusammenbinden. 50 ml von dem Wasser in einen Bräter geben. Die Ente mit der Brust nach unten hineinlegen. Den Bräter ohne Deckel auf dem Rost in den vorgeheizten Backofen (unteres Drittel) schieben. Die Ente 2 1/4–2 1/2 Stunden garen.

4. In der Zwischenzeit Magen, Herz und Hals unter fließendem kalten Wasser abspülen, mit 750 ml Wasser in einen Topf geben. 1 Teelöffel Salz hinzufügen, zum Kochen bringen und etwa 30 Minuten bei schwacher Hitze kochen. Anschließend durch ein Sieb gießen, dabei die Kochbrühe auffangen.

5. Die Ente während der Garzeit mehrmals unterhalb der Flügel und Keulen einstechen, damit das Fett besser ausbraten kann. Nach etwa 30 Minuten Garzeit das angesammelte Fett abschöpfen (den Vorgang wiederholen). Sobald der Bratensatz anfängt zu bräunen, etwas von der aufgefangenen Kochbrühe hinzugießen. Die verdampfte Flüssigkeit nach und nach durch Kochbrühe ersetzen. Nach etwa 60 Minuten Garzeit die Ente umdrehen.

6. Das restliche Wasser mit 1/2 Teelöffel Salz verrühren. Die Ente etwa 10 Minuten vor Ende der Garzeit damit bestreichen und die Backofentemperatur um etwa 20 °C erhöhen, damit die Haut kross wird. Gegarte Ente aus dem Bräter nehmen, zugedeckt 5–10 Minuten ruhen lassen.

7. Den Bratensatz mit etwas Wasser loskochen, durch ein Sieb gießen, entfetten, mit Wasser auf 375 ml auffüllen und zum Kochen bringen. Speisestärke mit 50 ml kaltem Wasser anrühren, mit einem Schneebesen einrühren, dabei darauf achten, dass keine Klümpchen entstehen. Die Sauce zum Kochen bringen und etwa 5 Minuten unter gelegentlichem Rühren kochen lassen. Die Sauce mit Salz und Pfeffer abschmecken.

8. Die Ente (Küchengarn entfernen) in Portionsstücke schneiden, auf einer vorgewärmten Platte anrichten und mit der Sauce servieren.

Ente mit Feigen

4 Portionen

Zubereitungszeit: 30 Minuten, ohne Quell- und Kühlzeit
Garzeit: 2 1/4–2 1/2 Stunden

1 küchenfertige Ente (2–2 1/2 kg)
Salz, gem. Pfeffer
heißes Wasser
1 EL Portwein
1 TL gem. weiße Gelatine
4–6 frische Feigen
1 Stängel Zitronenmelisse

Außerdem:
Küchengarn

Pro Portion:
E: 73 g, F: 33 g, Kh: 11 g,
kJ: 2671, kcal: 639

1. Den Backofen vorheizen.
Ober-/Unterhitze: etwa 180 °C
Heißluft: etwa 160 °C

Ente

Ente mit Feigen

2. Die Ente innen und außen kurz unter fließendem kalten Wasser abspülen und trocken tupfen, evtl. das Fett aus der Bauchhöhle entfernen. Die Ente innen und außen mit Salz und Pfeffer einreiben.
3. Jeweils Keulen und Flügel zusammenbinden. 50 ml heißes Wasser in einen Bräter geben. Ente mit der Brust nach unten hineinlegen. Den Bräter ohne Deckel auf dem Rost in den vorgeheizten Backofen schieben. Die Ente 2 1/4–2 1/2 Stunden garen.
4. Die Ente während des Garens mehrmals unterhalb der Flügel und Keulen mit einer Nadel einstechen, damit das Fett besser ausbraten kann. Nach etwa 30 Minuten Garzeit das angesammelte Fett abschöpfen (den Vorgang wiederholen). Sobald der Bratensatz anfängt zu bräunen, etwas heißes Wasser hinzugießen. Verdampfte Flüssigkeit nach und nach durch heißes Wasser ersetzen.
5. Nach etwa 60 Minuten Garzeit die Ente umdrehen. 100 ml Wasser mit 1/2 Teelöffel Salz verrühren. Die Ente etwa 10 Minuten vor Ende der Garzeit damit bestreichen. Die Backofentemperatur um etwa 20 °C erhöhen, damit die Haut kross wird. Ente aus dem Bräter nehmen und erkalten lassen, Küchengarn entfernen.
6. Den Bratensatz mit etwas Wasser loskochen, durch ein Sieb gießen, entfetten, mit Portwein und Wasser auf 375 ml auffüllen und erhitzen.
7. Gelatine mit 1 Esslöffel kaltem Wasser in einem kleinen Topf anrühren, etwa 10 Minuten quellen lassen. Gequollene Gelatine unter den heißen Bratenfond rühren. So lange rühren, bis die Gelatine vollständig gelöst ist. Mit Salz und Pfeffer würzen. Bratenfond abkühlen lassen und dann zugedeckt in den Kühlschrank stellen.
8. Das Brustfleisch der Ente vom Knochen lösen, das Fleisch in Scheiben schneiden, wieder auf das Knochengerüst legen und auf einer Platte anrichten.
9. Feigen abspülen, trocken tupfen, die Spitzen kreuzförmig einschneiden und etwas auseinanderbiegen. Den fest gewordenen Bratenfond in Würfel schneiden. Melisse abspülen und trocken tupfen. Die Blättchen von dem Stängel zupfen. Die Ente mit den Feigen, Bratenfondwürfeln und Melisseblättchen garnieren.

Entenbraten mit Zwiebeln in Folie

2 Portionen

Zubereitungszeit: 25 Minuten
Garzeit: etwa 60 Minuten

1 küchenfertige kleine Ente (etwa 1,2 kg)
Salz, gem. Pfeffer
Paprikapulver edelsüß
40 g zerlassene Butter

Für das Gemüse:
250 g Perlzwiebeln
300 g Tomaten
1 grüne Paprikaschote
250 ml Weißwein

150 g saure Sahne
Zucker
1 Bund glatte Petersilie

Außerdem:
1 Stück Bratfolie oder Bratschlauch

Pro Portion:
E: 94 g, F: 108 g, Kh: 32 g,
kJ: 6460, kcal: 1540

1. Die Ente innen und außen kurz unter fließendem kalten Wasser abspülen und trocken tupfen. Die Ente innen und außen mit Salz, Pfeffer und Paprika einreiben, mit Butter bestreichen.
2. Den Backofen vorheizen.
Ober-/Unterhitze: etwa 200 °C
Heißluft: etwa 180 °C
3. Für das Gemüse Zwiebeln abziehen. Tomaten kreuzweise einschneiden und mit kochendem Wasser übergießen. Nach 1–2 Minuten herausnehmen und mit kaltem Wasser abschrecken. Tomaten häuten, vierteln und die Stängelansätze herausschneiden. Paprikaschote halbieren, entstielen, entkernen und die weißen Scheidewände entfernen. Schote abspülen, trocken tupfen und in kleine Würfel schneiden.

Entenbraten mit Zwiebeln in Folie

4. Die Ente in die Mitte der Bratfolie oder in den Bratschlauch legen. Das vorbereitete Gemüse darum verteilen. Etwa 100 ml Wein hinzugießen. Die Bratfolie oder den Bratschlauch nach Packungsanleitung verschließen und auf ein Backblech legen. Das Backblech in den vorgeheizten Backofen schieben. Die Ente mit dem Gemüse etwa 60 Minuten garen.
5. Die Folie aufschneiden. Die Ente mit dem Gemüse herausnehmen und auf einer vorgewärmten Platte anrichten.
6. Den Bratensud mit dem restlichen Wein in einem Topf zum Kochen bringen und etwas einkochen lassen. Den Topf von der Kochstelle nehmen. Saure Sahne unterrühren. Die Sauce mit Salz, Pfeffer und Zucker abschmecken.
7. Petersilie abspülen und trocken tupfen. Die Blättchen von den Stängeln zupfen, Blättchen klein schneiden. Das Gemüse mit der Petersilie bestreuen. Die Ente mit dem Gemüse und der Sauce servieren.

Senfbraten

Stubenküken mit Buttergemüse

Senfbraten

4 Portionen

Zubereitungszeit: 25 Minuten, ohne Abkühlzeit
Garzeit: etwa 60 Minuten

1 kg Kotelettstück mit Filet vom Schwein (ohne Knochen)
Salz, gem. Pfeffer

Für die Füllung:
2 Zwiebeln
1 Knoblauchzehe
2 EL scharfer Senf
2 EL französischer Gewürzsenf
2 Bund gemischte, klein geschnittene Kräuter

evtl. einige Kerbelblättchen
evtl. einige Tomatenröschen

Außerdem:
Küchengarn
1 Stück Bratfolie oder Bratschlauch

Pro Portion:
E: 56 g, F: 14 g, Kh: 3 g,
kJ: 1514, kcal: 361

1. Das Kotelettstück mit Küchenpapier trocken tupfen. Das Fleisch mit einem scharfen Messer längs tief einschneiden. Fleischstück mit Salz und Pfeffer einreiben.
2. Den Backofen vorheizen.
Ober-/Unterhitze: etwa 200 °C
Heißluft: etwa 180 °C
3. Für die Füllung Zwiebeln und Knoblauch abziehen und in kleine Würfel schneiden. Beide Sorten Senf mit den Kräutern, Zwiebelwürfeln und Knoblauch verrühren.
4. Gut zwei Drittel der Kräutermasse in die Fleischtasche füllen. Das Fleischstück rundherum mit der restlichen Kräutermasse bestreichen und mit Küchengarn umwickeln.
5. Fleischstück auf ein großes Stück Bratfolie oder in den Bratschlauch geben und auf ein Backblech legen. Bratfolie oder den Bratschlauch nach Packungsanleitung verschließen. Das Backblech in den vorgeheizten Backofen schieben. Den Senfbraten etwa 60 Minuten garen.
6. Den Braten aus dem Backofen nehmen, kurze Zeit ruhen lassen, dann die Folie aufschneiden. Den Braten herausnehmen und erkalten lassen. Küchengarn entfernen.
7. Den Braten in Scheiben schneiden und auf einer Platte anrichten. Nach Belieben mit abgespülten, trocken getupften Kerbelblättchen und Tomatenröschen garnieren.

Stubenküken mit Buttergemüse

4 Portionen

Zubereitungszeit: 40 Minuten
Garzeit: etwa 40 Minuten

4 küchenfertige Stubenküken (je etwa 500 g)
Salz, gem. Pfeffer
gerebelter Thymian
4 EL Speiseöl

Für das Buttergemüse:
8 weiße Spargelspitzen
8 grüne Spargelspitzen
8 kleine tournierte (in Form geschnittene) Stücke Knollensellerie
8 kleine tournierte Möhren
8 kleine tournierte Zucchini
40 g Butter
8 Cocktailtomaten

Zum Bestreuen:
einige Thymianblättchen

Pro Portion:
E: 109 g, F: 73 g, Kh: 22 g,
kJ: 4990, kcal: 1192

1. Den Backofen vorheizen.
Ober-/Unterhitze: etwa 200 °C
Heißluft: etwa 180 °C
2. Stubenküken innen und außen kurz unter fließendem kalten Wasser abspülen und trocken tupfen. Stubenküken innen und außen mit Salz, Pfeffer und Thymian würzen.
3. Speiseöl in einem Bräter erhitzen. Stubenküken darin von allen Seiten anbraten. Den Bräter auf dem Rost in den vorgeheizten Backofen schieben. Die Stubenküken etwa 40 Minuten garen. Die Stubenküken während der Garzeit ab und zu mit dem Bratensaft begießen.
4. In der Zwischenzeit das Gemüse abspülen und trocken tupfen. Vorbereitetes Gemüse in kochendem Salzwasser etwa 5 Minuten knackig blanchieren, in Eiswasser abschrecken und in einem Sieb abtropfen lassen. Butter in einem Topf zerlassen. Das Gemüse darin andünsten. Cocktailtomaten abspülen, trocken tupfen und evtl. die Stängelansätze herausschneiden. Tomaten zum Buttergemüse geben und miterhitzen. Mit Salz und Pfeffer würzen.

5. Die garen Stubenküken aus dem Bräter nehmen und mit dem Buttergemüse auf vorgewärmten Tellern anrichten. Das Buttergemüse mit abgespülten und trocken getupften Thymianblättchen bestreuen.

Lammkeule in Pergamentpapier

6 Portionen

Zubereitungszeit: 15 Minuten, ohne Ruhezeit
Garzeit: etwa 2 1/2 Stunden

1 Lammkeule (etwa 2 kg, mit Knochen)
3 Knoblauchzehen
1 EL Kräuter der Provence
200 g Schafskäse

Außerdem:
1 großen Bogen Pergamentpapier
Küchengarn

Pro Portion:
E: 63 g, F: 19 g, Kh: 0 g,
kJ: 1782, kcal: 425

1. Den Backofen vorheizen.
Ober-/Unterhitze: etwa 200 °C
Heißluft: etwa 180 °C
2. Lammkeule kurz unter fließendem kalten Wasser abspülen und trocken tupfen. Das Fleisch mit einem Spieß, z. B. Schaschlikspieß, oder mit einem spitzen Messer schräg einstechen. Knoblauch abziehen und in Stifte schneiden. Fleisch damit spicken und mit Kräutern der Provence bestreuen.
3. Die Lammkeule auf ein großes Stück Pergamentpapier legen. Den Schafskäse in Scheiben schneiden und auf der Lammkeule verteilen. Das Pergamentpapier mehrmals um die Lammkeule wickeln und mit Küchengarn verschnüren.
4. Die eingewickelte Lammkeule in eine Fettpfanne legen. Die Fettpfanne in den vorgeheizten Backofen schieben. Die Lammkeule etwa 2 1/2 Stunden garen.
5. Die Fettpfanne auf einen Rost stellen. Die Lammkeule etwa 10 Minuten ruhen lassen, dann aus dem Pergamentpapier herausnehmen und in Scheiben schneiden.

Schweinerücken mit Kruste

(Römertopf® 4-Liter-Inhalt)
4 Portionen

Zubereitungszeit: 40 Minuten
Garzeit: 1 Stunde 50 Minuten

800 g Schweinerücken (mit Schwarte, ohne Knochen, Schwarte kreuzweise einschneiden, evtl. beim Metzger vorbestellen)
Salz
gem. Pfeffer
2 EL Speiseöl

1 kleiner Wirsing (etwa 400 g)
400 g festkochende Kartoffeln
1 Stange Porree (Lauch)
evtl. Kümmelsamen oder gem. Kümmelsamen
200 g Schlagsahne

Pro Portion:
E: 46 g, F: 38 g, Kh: 16 g,
kJ: 2527, kcal: 604

1. Fleisch mit Küchenpapier trocken tupfen, mit Salz und Pfeffer würzen.
2. Speiseöl in einem Bräter erhitzen. Schweinerücken darin von allen Seiten knusprig anbraten.
3. Von dem Wirsing die groben, äußeren Blätter lösen. Wirsing vierteln und den Strunk herausschneiden. Die Wirsingviertel abspülen, abtropfen lassen und in Streifen schneiden. Kartoffeln schälen, abspülen, abtropfen lassen und in Scheiben schneiden. Porree putzen, die Stange längs halbieren, gründlich waschen, abtropfen lassen und in Streifen schneiden.
4. Wirsing-, Porreestreifen und Kartoffelscheiben in einer Schüssel mischen, mit Salz, Pfeffer und nach Belieben mit Kümmel würzen.
5. Die Wirsing-Kartoffel-Porree-Mischung in einen gewässerten Römertopf® geben, sodass eine kleine Mulde entsteht. Den Schweinerücken in die Mulde legen und mit dem verbliebenen Bratfett (aus dem Bräter) übergießen. Sahne hinzugießen.
6. Den Römertopf® mit dem Deckel verschließen und auf dem Rost in den kalten Backofen schieben.
Ober-/Unterhitze: etwa 220 °C (untere Schiene)
Heißluft: etwa 200 °C
7. Den Schweinerücken etwa 1 Stunde 40 Minuten garen. Den Deckel abnehmen und den Schweinerücken weitere etwa 10 Minuten bei gleicher Backofentemperatur garen, damit die Schwarte knusprig wird.

Lammkeule in Pergamentpapier

Schweinerücken mit Kruste

Entenbrust mit Beifuß

4 Portionen

Zubereitungszeit: 45 Minuten
Garzeit: etwa 20 Minuten

2 Entenbrustfilets (je etwa 400 g)
Salz
gem. Pfeffer
150–180 g frische Rote Bete
250 g kernlose grüne und blaue Weintrauben
2 EL Speiseöl
4 kleine Stängel Beifuß oder gerebelter Beifuß
100 g Walnusskerne
1 TL Zucker
200 ml trockener Rotwein, z. B. Bordeaux oder einen leichten Merlot
200 ml Enten- oder Geflügelfond
1/2 EL Crema di Balsamico
evtl. 1 Stängel Beifuß

Pro Portion:
E: 41 g, F: 56 g, Kh: 16 g,
kJ: 3184, kcal: 760

1. Entenbrustfilets kurz unter fließendem kalten Wasser abspülen und trocken tupfen. Die Haut mit einem scharfen Messer einschneiden. Entenbrustfilets mit Salz und Pfeffer würzen.

2. Rote Bete putzen, schälen, abspülen, abtropfen lassen und in Stifte schneiden. Rote-Bete-Stifte in kochendem Salzwasser etwa 10 Minuten garen. Rote-Bete-Stifte in einem Sieb abtropfen lassen.

3. Weintrauben abspülen, trocken tupfen, entstielen und halbieren.

4. Den Backofen vorheizen.
Ober-/Unterhitze: etwa 180 °C
Heißluft: etwa 160 °C

5. Speiseöl in einer Pfanne erhitzen. Entenbrustfilets (Hautseite zuerst) darin von beiden Seiten 5–10 Minuten anbraten, herausnehmen und in eine feuerfeste Form oder Auflaufform legen. Die Form auf dem Rost in den vorgeheizten Backofen schieben. Die Entenbrustfilets etwa 20 Minuten garen.

6. In der Zwischenzeit Beifuß abspülen und trocken tupfen. Die Blättchen von den Stängeln zupfen, Blättchen klein schneiden.

7. Rote-Bete-Stifte, Walnusskerne und Weintraubenhälften in der Pfanne in dem verbliebenen Bratfett (von den Entenbrustfilets) unter mehrmaligem Wenden anbraten. Zucker daraufstreuen und karamellisieren lassen.

8. Rotwein und Fond hinzugießen. Beifuß und Crema di Balsamico unterrühren. Mit Salz und Pfeffer würzen. Die Zutaten zum Kochen bringen und etwa 10 Minuten einkochen lassen. Nochmals mit den Gewürzen abschmecken.

9. Entenbrustfilets mit der Rote-Bete-Weintrauben-Sauce anrichten. Nach Belieben mit einem abgespülten und trocken getupften Stängel Beifuß garniert servieren.

Fasan auf Weinsauerkraut

4 Portionen

Zubereitungszeit: 40 Minuten
Garzeit: etwa 65 Minuten

1 Zwiebel
770 g Sauerkraut (aus der Dose)
1 kleines Lorbeerblatt
einige Pfefferkörner
einige Wacholderbeeren
Salz
250 ml Weißwein
1 küchenfertiger Fasan (etwa 1 kg)
6 Scheiben durchwachsener Speck
je 200 g blaue und grüne Weintrauben
etwas Zucker
Kerbel oder Petersilie
vorbereitete Tomatenachtel

Entenbrust mit Beifuß

Fasan auf Weinsauerkraut

Pro Portion:
E: 58 g, F: 16 g, Kh: 19 g,
kJ: 2108, kcal: 503

1. Den Backofen vorheizen.
Ober-/Unterhitze: etwa 200 °C
Heißluft: etwa 180 °C
2. Zwiebel abziehen, in kleine Würfel schneiden. Zwiebelwürfel mit Sauerkraut, Lorbeerblatt, Pfefferkörnern und Wacholderbeeren vermengen. Mit Salz würzen und in eine Auflaufform (gefettet) oder einen kleinen Bräter geben. Wein hinzugießen.
3. Fasan innen und außen kurz unter fließendem kalten Wasser abspülen, trocken tupfen und vierteln. Die Fleischstücke von allen Seiten mit Salz einreiben und auf das Sauerkraut legen (das Sauerkraut sollte mit den Fleischstücken möglichst bedeckt sein). Die Fleischstücke mit Speckscheiben belegen. Die Form oder den Bräter mit dem Deckel verschließen und auf dem Rost in den vorgeheizten Backofen schieben. Fasan auf Weinsauerkraut etwa 55 Minuten garen.
4. Nach etwa 25 Minuten Garzeit den Deckel abnehmen und die Fleischstücke mit dem Sauerkraut in etwa 30 Minuten fertig garen.
5. In der Zwischenzeit blaue und grüne Weintrauben abspülen, abtropfen lassen, halbieren und entkernen.
6. Die garen Fleischstücke aus der Form oder dem Bräter nehmen und zugedeckt etwa 10 Minuten ruhen lassen.
7. Weintraubenhälften mit dem Sauerkraut vermengen und mit Zucker abschmecken. Die Form oder den Bräter mit dem Deckel verschließen und auf dem Rost in den heißen Backofen schieben. Das Sauerkraut noch etwa 10 Minuten bei gleicher Backofentemperatur erhitzen.
8. Die Fasanenstücke auf dem Sauerkraut auf einer vorgewärmten Platte anrichten. Mit Kerbel oder Petersilie (abgespült und trocken getupft) und Tomatenachteln garniert servieren.

Stubenküken mit Pestohaube auf Basilikum-Tomaten-Schaum

Stubenküken mit Pestohaube und Basilikum-Tomaten-Schaum

4 Portionen

Zubereitungszeit: 60 Minuten
Garzeit: etwa 10 Minuten

8 Kükenbrüste (je etwa 75 g)
Salz, gem. Pfeffer
2 EL Speiseöl
30 g Basilikum-Pesto
20 g grob gehackte Pinienkerne

Für den Basilikum-Tomaten-Schaum:
10 Cocktailtomaten (etwa 250 g)
1 Schalotte
20 g Butter
1 Topf Basilikum
200 ml Gemüsebrühe
200 g Schlagsahne

Pro Portion:
E: 39 g, F: 31 g, Kh: 4 g,
kJ: 1928, kcal: 461

1. Den Backofen vorheizen.
Ober-/Unterhitze: etwa 180 °C
Heißluft: etwa 160 °C
2. Kükenbrüste kurz unter fließendem kalten Wasser abspülen und trocken tupfen. Mit Salz und Pfeffer würzen. Speiseöl in einer Pfanne erhitzen. Kükenbrüste darin von beiden Seiten anbraten, herausnehmen und in eine feuerfeste Form legen.
3. Kükenbrüste mit Pesto bestreichen und mit Pinienkernen bestreuen. Die Form auf dem Rost in den vorgeheizten Backofen schieben. Die Kükenbrüste etwa 10 Minuten garen.
4. In der Zwischenzeit für den Basilikum-Tomaten-Schaum Tomaten abspülen, trocken tupfen, halbieren und die Stängelansätze herausschneiden. Schalotte abziehen und in kleine Würfel schneiden.
5. Die Kükenbrüste aus der Form nehmen und warm stellen.
6. Butter in dem Bratensatz zerlassen. Schalottenwürfel und Tomatenhälften darin andünsten.
7. Basilikum abspülen und trocken tupfen. Die Blättchen von den Stängeln zupfen (einige Blättchen zum Garnieren beiseitelegen). Blättchen klein schneiden und zu den Schalottenwürfeln und Tomatenhälften geben. Brühe und Sahne hinzugießen, zum Kochen bringen und um ein Drittel einkochen lassen.
8. Die Sauce mit Salz und Pfeffer würzen. Mit dem Pürierstab aufschäumen. Aufgeschäumte Sauce auf Tellern als Spiegel verteilen. Die Kükenbrüste darauf anrichten. Mit den beiseitegelegten Basilikumblättchen garnieren.

Fasan mit Bratäpfeln

Fasan mit Bratäpfeln
4 Portionen

Zubereitungszeit: 40 Minuten
Garzeit: 45–60 Minuten

2 küchenfertige Fasane
(je etwa 1 kg)
Salz
gem. Pfeffer
gerebelter Thymian
6–8 Wacholderbeeren
25 g Butterschmalz
heißes Wasser
4 Äpfel, z. B. Boskop
evtl. etwas Rot- oder Weißwein
dunkler Saucenbinder
einige Stängel glatte Petersilie
einige blaue kernlose Weintrauben
4 EL Preiselbeerkompott
(aus dem Glas)

Pro Portion:
E: 120 g, F: 42 g, Kh: 18 g,
kJ: 4269, kcal: 1021

1. Den Backofen vorheizen.
Ober-/Unterhitze: etwa 200 °C
Heißluft: etwa 180 °C
2. Die Fasane innen und außen kurz unter fließendem kalten Wasser abspülen und trocken tupfen. Die Fasane innen und außen mit Salz, Pfeffer und Thymian einreiben. Wacholderbeeren zerdrücken und in die Öffnungen der Fasane geben.
3. Butterschmalz in einem großen Bräter erhitzen. Die Fasane darin von allen Seiten anbraten. Den Bräter auf dem Rost in den vorgeheizten Backofen schieben und die Fasane 45–60 Minuten garen.
4. Sobald der Bratensatz anfängt zu bräunen, etwas heißes Wasser hinzugießen. Verdampfte Flüssigkeit nach und nach durch heißes Wasser ersetzen. Die Fasane ab und zu mit dem Bratensatz begießen.
5. In der Zwischenzeit Äpfel waschen und abtrocknen. Die Äpfel entstielen und die Blütenansätze entfernen. Äpfel je nach Dicke 20–30 Minuten vor Ende der Garzeit zu den Fasanen in den Bräter geben und mitgaren lassen.
6. Fasane und Äpfel aus dem Bräter nehmen. Den Bratensatz mit Wein oder Wasser loskochen. Saucenbinder unterrühren und unter Rühren kurz aufkochen lassen. Die Sauce mit Salz und Pfeffer abschmecken.
7. Petersilie abspülen und trocken tupfen. Die Blättchen von den Stängeln zupfen. Weintrauben abspülen, abtrocknen, entstielen, halbieren.
8. Von den Äpfeln jeweils einen Deckel abschneiden. Je 1 Esslöffel Preiselbeerkompott daraufgeben. Die Fasane mit den Bratäpfeln auf einer vorgewärmten Platte anrichten. Mit Petersilienblättchen und Weintraubenhälften garnieren.

China-Ente
4 Portionen

Zubereitungszeit: 30 Minuten, ohne Marinierzeit
Garzeit: 2 1/4–2 1/2 Stunden

1 küchenfertige Ente
(etwa 2 kg)
Salz
100 ml Wasser
3 EL Melasse oder flüssiger Honig
1 TL gem. Ingwer
heißes Wasser

Für die Sauce:
2 EL Wasser
4 EL süße Sojabohnenpaste
4 EL Zucker
2 EL Sesamöl

8 kleine Stangen Porree
(Lauch)

Außerdem:
Küchengarn

Pro Portion:
E: 69 g, F: 24 g, Kh: 31 g,
kJ: 2569, kcal: 615

1. Die Ente innen und außen kurz unter fließendem kalten Wasser abspülen und trocken tupfen, evtl. das Fett aus der Bauchhöhle entfernen. Die Ente innen mit Salz einreiben und in eine große Schüssel legen.
2. Wasser in einem kleinen Topf zum Kochen bringen. Melasse oder Honig darin unter Rühren schmelzen. 2 Teelöffel Salz und Ingwer unterrühren. Die Ente gleichmäßig mit der Marinade bestreichen und anschließend zugedeckt an einem kühlen, luftigen Ort 10–24 Stunden marinieren.
3. Den Backofen vorheizen.
Ober-/Unterhitze: etwa 180 °C
Heißluft: etwa 160 °C
4. Die Ente aus der Marinade nehmen. Keulen und Flügel zusammenbinden. 50 ml heißes Wasser in einen Bräter geben. Die Ente mit der Brust nach unten hineinlegen. Dann den Bräter ohne Deckel auf dem Rost in

den vorgeheizten Backofen schieben. Die Ente 2 1/4–2 1/2 Stunden garen.
5. Die Ente während der Garzeit mehrmals unterhalb der Flügel und Keulen mit einer Nadel einstechen, damit das Fett besser ausbraten kann. Nach etwa 30 Minuten Garzeit das angesammelte Fett abschöpfen (den Vorgang wiederholen). Sobald der Bratensatz bräunt, etwas heißes Wasser hinzugeben. Verdampfte Flüssigkeit nach und nach durch heißes Wasser ersetzen. Die Ente während der Garzeit mit der restlichen Marinade bestreichen.
6. Etwa 10 Minuten vor Ende der Garzeit die Backofentemperatur um etwa 40 °C erhöhen, damit die Haut knusprig und goldbraun wird.
7. Für die Sauce Wasser mit Sojabohnenpaste und Zucker in einem kleinen Topf verrühren. Sesamöl erhitzen, zur angerührten Paste geben und unter Rühren etwas einkochen.
8. Porree putzen, die Stangen gründlich waschen, trocken tupfen und in etwa 7 cm lange Stücke schneiden. Die Porreestangen an einem Ende mehrmals einschneiden und in Eiswasser legen. Dadurch biegen sich die geschnittenen Porreestreifen nach außen, sodass ein Pinsel entsteht.
9. Die Ente (Küchengarn entfernen) auf einer großen Platte mit den Porreepinseln anrichten. Die Sauce getrennt dazureichen.

Förstertopf
4–5 Portionen

Zubereitungszeit: 65 Minuten
Garzeit: etwa 40 Minuten

600 g Schweinefilet
3–4 EL Speiseöl
Salz, gem. Pfeffer
400 g Tomaten
500 g braune Champignons
8 Scheiben Schinkenspeck
4 Scheiben Kochschinken

Für die Sauce:
3–4 EL Tomatenketchup
1 geh. TL Weizenmehl
250 g Schmand (Sauerrahm)
250 g Schlagsahne
1 Knoblauchzehe
1 mittelgroße Zwiebel
je etwa 15 g TK-Italienische Kräuter und TK-Basilikum
gerebelter Oregano

20 g ger. Parmesan

Pro Portion:
E: 55 g, F: 45 g, Kh: 11 g, kJ: 2767, kcal: 660

1. Schweinefilet mit Küchenpapier trocken tupfen. Die Filets in dicke Scheiben (je etwa 80 g) schneiden. Die Hälfte des Speiseöls in einer großen Pfanne erhitzen. Die Filetscheiben darin von beiden Seiten anbraten, herausnehmen, mit Salz und Pfeffer würzen. Die Filetscheiben in eine große, flache Auflaufform legen.
2. Tomaten kreuzweise einschneiden und mit kochendem Wasser übergießen. Nach 1–2 Minuten herausnehmen und mit kaltem Wasser abschrecken. Tomaten häuten, halbieren und die Stängelansätze herausschneiden. Tomaten in Scheiben schneiden. Champignons putzen, evtl. kurz abspülen, trocken tupfen, in Stücke schneiden und in dem verbliebenen Bratfett mit dem restlichen Speiseöl unter Rühren anbraten. Schinkenspeck und Kochschinken in Streifen schneiden.
3. Den Backofen vorheizen.
Ober-/Unterhitze: etwa 200 °C
Heißluft: etwa 180 °C
4. Champignonstücke, Schinkenstreifen und zuletzt die Tomatenscheiben auf den Filetscheiben verteilen.
5. Für die Sauce Ketchup mit Mehl, Schmand und Sahne in einem Topf verrühren. Knoblauch und Zwiebel abziehen, fein würfeln und unterrühren. Die Sauce zum Kochen bringen und unter Rühren 2–3 Minuten kochen lassen. TK-Kräuter hinzufügen. Mit Salz, Pfeffer und Oregano abschmecken. Die Sauce auf dem Auflauf verteilen und mit Käse bestreuen. Die Form auf dem Rost in den vorgeheizten Backofen schieben. Den Förstertopf etwa 40 Minuten garen.

China-Ente

Förstertopf

Exotische Entenbrust

(Römertopf® 3-Liter-Inhalt)
4 Portionen

Zubereitungszeit: 40 Minuten
Garzeit: etwa 70 Minuten

2 Fenchelknollen (etwa 400 g)
2 Zucchini (etwa 400 g)
1 kleines Stück frischer Ingwer
2 Knoblauchzehen
1 Topf Koriander
2 kleine Entenbrustfilets (etwa 600 g)
2 EL Speiseöl
80 g Erdnusskerne
200 g Risottoreis
Salz
gem. Pfeffer
5-Gewürze-Pulver (asiatische Gewürzmischung)

Für die Sauce:
200 ml Geflügelbrühe
3 EL Sojasauce
2 EL flüssiger Honig
1 TL Speisestärke
Chiliflocken

Pro Portion:
E: 40 g, F: 41 g, Kh: 55 g,
kJ: 3170, kcal: 756

1. Von den Fenchelknollen die Stiele dicht oberhalb der Knollen abschneiden. Braune Stellen und Blätter entfernen. Knollen abspülen und abtropfen lassen. Zucchini abspülen, abtrocknen und die Enden abschneiden. Fenchelknollen und Zucchini zuerst vierteln, dann in nicht zu große Stücke schneiden.
2. Ingwer schälen, Knoblauch abziehen. Ingwer und Knoblauch in kleine Würfel schneiden. Koriander abspülen und trocken tupfen. Die Blättchen von den Stängeln zupfen (einige Blättchen zum Garnieren beiseitelegen). Blättchen klein schneiden.
3. Entenbrustfilets kurz unter fließendem kalten Wasser abspülen und trocken tupfen. Die Filets zunächst längs halbieren, dann in 1–2 cm breite Scheiben schneiden.
4. Speiseöl in einem Bräter erhitzen. Zuerst die Filetscheiben, dann Fenchel- und Zucchinistücke darin von allen Seiten anbraten. Erdnusskerne und Reis hinzufügen. Die Zutaten etwa 10 Minuten unter Wenden braten. Ingwer-, Knoblauchwürfel und Koriander unterrühren. Mit Salz, Pfeffer und Würzmischung kräftig würzen.
5. Für die Sauce Geflügelbrühe, Sojasauce und Honig in einem Topf erhitzen. Speisestärke mit etwas Wasser anrühren, in die Brühe rühren und unter Rühren aufkochen lassen. Die Sauce mit Chiliflocken und Pfeffer würzen.
6. Die Fleisch-Gemüse-Reis-Masse in einen gewässerten Römertopf® geben. Die Sauce darauf verteilen. Den Römertopf® mit dem Deckel verschließen und auf dem Rost in den kalten Backofen schieben.
Ober-/Unterhitze: etwa 220 °C (untere Schiene)
Heißluft: etwa 200 °C
7. Exotische Entenbrust etwa 70 Minuten garen.
8. Die exotische Entenbrust mit den beiseitegelegten Korianderblättchen garnieren.

Fenchel mit Meerrettich-Krusten-Koteletts

4 Portionen

Zubereitungszeit: 25 Minuten, ohne Abkühlzeit
Garzeit: etwa 35 Minuten

4 Fenchelknollen (je etwa 250 g)
1 Gemüsezwiebel
4 Tomaten (etwa 500 g)
2 EL Rapsöl
Salz
gem. Pfeffer
250 ml Gemüsebrühe

Für die Koteletts:
60 g ger. Meerrettich
20 g Semmelbrösel
1 Ei (Größe M)
4 Scheiben Kasseler Koteletts (ohne Knochen, je etwa 125 g)
2 EL Rapsöl

Pro Portion:
E: 30 g, F: 19 g, Kh: 20 g,
kJ: 1570, kcal: 374

1. Die Fenchelknollen putzen, evtl. die Stielansätze etwas kürzen, abspülen, abtropfen lassen und halbieren. Etwas Fenchelgrün abspülen,

Exotische Entenbrust

Fenchel mit Meerrettich-Krusten-Koteletts

Hähnchenbrustfilets auf Couscous

trocken tupfen, klein schneiden und zum Garnieren beiseitelegen.

2. Die Gemüsezwiebel abziehen und würfeln. Die Tomaten abspülen, abtrocknen, halbieren und die Stängelansätze herausschneiden. Die Tomaten in kleine Stücke schneiden.

3. Den Backofen vorheizen.

Ober-/Unterhitze: etwa 180 °C

Heißluft: etwa 160 °C

4. Das Rapsöl in einem Bräter erhitzen. Die Zwiebelwürfel darin glasig dünsten. Die Fenchelhälften darauflegen und die Tomatenstücke darum verteilen. Alles mit Salz und Pfeffer bestreuen. Die Brühe hinzugießen.

5. Den Bräter auf dem Rost in den vorgeheizten Backofen schieben. Das Gemüse etwa 30 Minuten garen.

6. In der Zwischenzeit für die Koteletts Meerrettich mit Semmelbröseln und Ei verrühren. Die Koteletts mit Küchenpapier trocken tupfen und mit Pfeffer würzen.

7. Rapsöl in einer feuerfesten Pfanne erhitzen. Die Koteletts darin von beiden Seiten braten. Die Meerrettichmischung auf den Koteletts verteilen. Wenn das Gemüse fertig ist, den Bräter aus dem Ofen nehmen und das Gemüse warm stellen.

8. Die Backofentemperatur um etwa 20 °C auf Ober-/Unterhitze: etwa 200 °C, Heißluft: etwa 180 °C heraufschalten. Die Pfanne auf dem Rost in den heißen Backofen schieben. Die Koteletts etwa 5 Minuten überbacken.

9. Das Gemüse mit den Koteletts anrichten und mit beiseitegelegtem Fenchelgrün bestreut servieren.

Tipp: Statt der Meerrettichkruste schmeckt auch folgende Senfkruste sehr gut. Dazu 2 Eiweiß (Größe M) sehr steif schlagen. 1 Esslöffel körnigen Senf mit 1 Esslöffel mittelscharfem Senf und 1 gehäuftem Esslöffel Semmelbröseln und etwas Salz mischen. Die Senfmischung unter den Eischnee heben. Eischneemasse mit einem Messer auf die Koteletts streichen.

Hähnchenbrustfilets auf Couscous

(Römertopf® 3-Liter-Inhalt)
4 Portionen

Zubereitungszeit: 25 Minuten
Garzeit: etwa 40 Minuten

4 Hähnchenbrustfilets (etwa 700 g)
Salz
gem. Pfeffer
2 EL Speiseöl
1 kleine Bio-Limette (unbehandelt, ungewachst)
2 EL Crema di Balsamico
1 Zwiebel (etwa 120 g)
2 kleine Bund glatte Petersilie
einige Minzeblättchen
250 g Instant-Couscous
300 ml Geflügelbrühe oder -fond
300 ml Wasser

Pro Portion:
E: 48 g, F: 7 g, Kh: 45 g,
kJ: 1869, kcal: 447

1. Hähnchenbrustfilets kurz unter fließendem kalten Wasser abspülen, trocken tupfen, mit Salz und Pfeffer würzen.

2. Speiseöl in einer Pfanne erhitzen. Hähnchenbrustfilets darin von beiden Seiten anbraten. Limette heiß abwaschen, abtrocknen, klein schneiden und zu den angebratenen Hähnchenbrustfilets in die Pfanne geben. Anschließend mit Crema di Balsamico beträufeln und die Hähnchenbrustfilets darin ringsum wenden. Die Pfanne mit den Hähnchenbrustfilets beiseitestellen.

3. Die Zwiebel abziehen und in kleine Würfel schneiden. Petersilie und Minze abspülen und trocken tupfen. Die Blättchen von den Stängeln zupfen. Blättchen grob zerschneiden.

4. Couscous in eine Schüssel geben, mit Petersilie, Minze und Zwiebelwürfeln mischen. Mit Salz und Pfeffer würzen.

5. Die Couscous-Mischung in einen gewässerten Römertopf® geben, sodass eine kleine Mulde entsteht. Die Hähnchenfilets darauf verteilen.

6. Den Bratensatz mit Brühe oder Fond und Wasser loskochen, etwas einkochen lassen. Hähnchenbrustfilets und Couscous-Mischung damit übergießen.

7. Den Römertopf® mit dem Deckel verschließen und auf dem Rost in den kalten Backofen schieben.

Ober-/Unterhitze: etwa 220 °C (untere Schiene)

Heißluft: etwa 200 °C

8. Die Hähnchenbrustfilets etwa 40 Minuten garen.

Hackklößchen in Tomatensauce

Lammschulter mit dicken weißen Bohnen

Hackklößchen in Tomatensauce

4 Portionen

Zubereitungszeit: 50 Minuten
Garzeit: 15–20 Minuten

Für die Tomatensauce:
3 mittelgroße Zwiebeln
1 Knoblauchzehe
3 EL Olivenöl
500 g passierte Tomaten (aus der Dose)
1–2 EL Tomatenmark
Salz
gem. Pfeffer
Cayennepfeffer
Zucker

Für die Hackklößchen:
500 g Rindergehacktes
2 mittelgroße Zwiebeln
1–2 Knoblauchzehen
1 Ei (Größe M)
Paprikapulver edelsüß
einige Spritzer Tabasco
1 TL gerebelter Majoran
2 EL Butter oder 4 EL Olivenöl

Pro Portion:
E: 29 g, F: 32 g, Kh: 13 g,
kJ: 2060, kcal: 492

1. Für die Sauce Zwiebeln und Knoblauch abziehen, halbieren und in Scheiben schneiden. Olivenöl in einer Pfanne erhitzen. Die Zwiebel- und Knoblauchscheiben darin bei schwacher Hitze etwa 5 Minuten dünsten, dann die passierten Tomaten und das Tomatenmark hinzugeben, mit Salz, Pfeffer, Cayennepfeffer und Zucker würzen. Die Sauce unter Rühren zum Kochen bringen und etwa 10 Minuten unter gelegentlichem Rühren kochen lassen. Die Sauce in eine flache Auflaufform (gefettet) geben.
2. Den Backofen vorheizen.
Ober-/Unterhitze: etwa 180 °C
Heißluft: etwa 160 °C
3. Für die Hackklößchen Gehacktes in eine Schüssel geben. Zwiebeln und Knoblauch abziehen. Die Zwiebeln in kleine Würfel schneiden und den Knoblauch durch eine Knoblauchpresse drücken. Zwiebelwürfel, Knoblauch und Ei zur Hackfleischmasse geben und gut unterkneten. Mit Salz, Pfeffer, Cayennepfeffer, Paprika, Tabasco und Majoran kräftig würzen.
4. Aus der Hackfleischmasse mit angefeuchteten Händen kleine Klößchen formen. Butter oder Speiseöl in einer Pfanne zerlassen bzw. erhitzen. Die Hackklößchen darin von allen Seiten braun braten, herausnehmen und auf Küchenpapier abtropfen lassen. Die Hackklößchen in die Sauce legen.
5. Die Form auf dem Rost in den vorgeheizten Backofen schieben. Die Hackklößchen 15–20 Minuten garen.

Lammschulter mit dicken weißen Bohnen

(Römertopf® 3-Liter-Inhalt)
4 Portionen

Zubereitungszeit: 30 Minuten
Garzeit: etwa 90 Minuten

800 g Lammschulter (ohne Knochen, beim Metzger vorbestellen)
1 EL abgetropfte grüne Pfefferkörner (in Lake)
1 EL Estragonsenf
2 Stängel Rosmarin
Salz, gem. Pfeffer
2 EL Olivenöl
2 Möhren (etwa 250 g)
500 g dicke weiße Bohnen (aus der Dose)
125 g abgetropfte grüne Oliven, mit Mandeln gefüllt (aus dem Glas)
2 Knoblauchzehen
einige Stängel Rosmarin
abgetropfter grüner Pfeffer (in Lake)

Außerdem:
Küchengarn

Pro Portion:
E: 48 g, F: 24 g, Kh: 23 g,
kJ: 2109, kcal: 503

1. Lammschulter mit Küchenpapier trocken tupfen.
2. Grüne Pfefferkörner mit einer Gabel zu einer groben Paste zerdrü-

cken, Estragonsenf unterrühren. Den Rosmarin abspülen, trocken tupfen.
3. Die Lammschulter mit der Pfefferpaste bestreichen und mit Salz würzen. Mit Rosmarinstängeln belegen.
4. Die Lammschulter zu einem Rollbraten aufrollen und mit Küchengarn umwickeln. Mit Salz und Pfeffer würzen.
5. Olivenöl in einer Pfanne erhitzen. Den Rollbraten darin von allen Seiten gut anbraten.
6. Möhren putzen, schälen, abspülen, abtropfen lassen und in Würfel schneiden. Möhren, die Bohnen mit der Flüssigkeit und die gefüllten Oliven in eine Schüssel geben und vermischen. Knoblauch abziehen, klein schneiden und hinzugeben. Mit Salz und Pfeffer würzen. Möhren-Bohnen-Oliven-Mischung in einen gewässerten Römertopf® geben. Den Rollbraten darauflegen.
7. Den Römertopf® mit dem Deckel verschließen und auf dem Rost in den kalten Backofen schieben.
Ober-/Unterhitze: etwa 220 °C (untere Schiene)
Heißluft: etwa 200 °C
8. Die Lammschulter mit den Bohnen etwa 90 Minuten garen.
9. Die Lammschulter (Küchengarn entfernen) mit abgespülten, trocken getupften Rosmarinstängeln und gehacktem grünen Pfeffer garnieren.

Lammkeule

4–6 Portionen

Zubereitungszeit: 25 Minuten
Bratzeit: etwa 60 Minuten

1 Lammkeule (mit Knochen, etwa 1 1/2 kg)
Salz, gem. Pfeffer
1–2 Knoblauchzehen
6 EL Speiseöl, z. B. Olivenöl
1–2 TL gerebelte Kräuter der Provence
etwa 375 ml Gemüsebrühe oder halb Rotwein, halb Gemüsebrühe
150 g Cocktailtomaten
2 gelbe Paprikaschoten
1 mittelgroße Zucchini
4 Stängel Thymian
1 TL Zucker
2 EL weißer Balsamico-Essig

Pro Portion:
E: 53 g, F: 20 g, Kh: 2 g,
kJ: 1657, kcal: 395

1. Den Backofen vorheizen.
Ober-/Unterhitze: etwa 180 °C
Heißluft: etwa 160 °C
2. Lammkeule kurz unter fließendem kalten Wasser abspülen, trocken tupfen, mit Salz und Pfeffer einreiben. Knoblauch abziehen und durch eine Knoblauchpresse drücken.
3. Von dem Speiseöl 4 Esslöffel in einem Bräter erhitzen. Die Lammkeule darin von allen Seiten kräftig anbraten. Die Keule mit dem Knoblauch bestreichen und mit den Kräutern bestreuen.
4. Ein Drittel der Gemüsebrühe oder Rotwein-Brühe-Mischung hinzugießen. Den Bräter ohne Deckel auf dem Rost in den vorgeheizten Backofen (unteres Drittel) schieben. Die Lammkeule etwa 60 Minuten braten.
5. Verdampfte Flüssigkeit nach und nach durch Brühe oder Rotwein-Brühe-Mischung ersetzen.
6. In der Zwischenzeit die Cocktailtomaten abspülen, abtrocknen, halbieren und evtl. die Stängelansätze herausschneiden. Paprikaschoten halbieren, entstielen, entkernen und die weißen Scheidewände entfernen. Schoten abspülen und abtropfen lassen. Zucchini abspülen, abtrocknen und die Enden abschneiden. Paprikaschoten und Zucchini in 1–2 cm große Stückchen schneiden. Thymian abspülen und trocken tupfen. Die Blättchen von den Stängeln zupfen, Blättchen klein schneiden.
7. Die gegarte Lammkeule aus dem Bräter nehmen und zugedeckt etwa 10 Minuten ruhen lassen, damit sich der Fleischsaft setzt. Den Bratensatz durch ein Sieb streichen. Evtl. mit der restlichen Brühe oder der Rotwein-Brühe-Mischung auffüllen, kurz aufkochen, mit Salz und Pfeffer abschmecken.
8. Das vorbereitete Gemüse in einer Pfanne in dem restlichen Speiseöl andünsten. Gemüse mit Zucker, Salz und Pfeffer würzen. Thymian unterrühren. Das Gemüse mit Balsamico-Essig ablöschen.
9. Lammkeule in Scheiben schneiden, auf einer vorgewärmten Platte anrichten, mit dem Gemüse und der Sauce servieren.

Lammkeule

Frühlingsplatte mit Schweinebraten

4 Portionen

Zubereitungszeit: 50 Minuten, ohne Marinier- und Abkühlzeit
Garzeit: etwa 90 Minuten

800 g Schweinefleisch (aus der Oberschale)
Salz, gem. Pfeffer

4 Stangen Staudensellerie
2 mittelgroße Stangen Porree (Lauch)
2 Fenchelknollen (etwa 400 g)
2 große Möhren
4–6 kleine Tomaten

Für die Marinade:
6 EL Speiseöl
3 EL Kräuteressig
Zucker

einige Petersilienblättchen

Für die Avocadocreme:
1 reife Avocado
1 EL Zitronensaft
1 Knoblauchzehe
125 ml Speiseöl
Zwiebelsalz
Zitronensaft

Außerdem:
1 Stück Bratfolie oder Bratschlauch

Pro Portion:
E: 52 g, F: 51 g, Kh: 13 g,
kJ: 2999, kcal: 716

1. Den Backofen vorheizen.
Ober-/Unterhitze: etwa 200 °C
Heißluft: etwa 180 °C

2. Schweinefleisch mit Küchenpapier trocken tupfen, mit Salz und Pfeffer würzen und auf ein großes Stück Bratfolie oder in den Bratschlauch geben, nach Packungsanleitung verschließen und auf ein Backblech legen. Das Backblech in den vorgeheizten Backofen schieben. Den Schweinebraten etwa 90 Minuten garen.

3. In der Zwischenzeit Sellerie putzen und die harten Außenfäden abziehen. Porree putzen und die Stangen längs halbieren. Sellerie und Porree waschen, abtropfen lassen. Sellerie und Porree in etwa 5 cm lange Stücke schneiden.

Frühlingsplatte mit Schweinebraten

4. Von den Fenchelknollen die Stiele dicht oberhalb der Knollen abschneiden, braune Stellen und Blätter entfernen, das Grün abschneiden. Knollen abspülen, abtropfen lassen und vierteln. Möhren putzen, schälen, gut abspülen, abtropfen lassen und in 1/2 cm dicke und 5 cm lange Stifte schneiden.

5. Das vorbereitete Gemüse nacheinander in kochendem Salzwasser blanchieren (Fenchel etwa 5 Minuten, Möhren etwa 3 Minuten, Porree 2–3 Minuten, Sellerie 1–2 Minuten). Gemüse mit kaltem Wasser abschrecken und in einem Sieb gut abtropfen lassen.

6. Tomaten kreuzweise einschneiden und mit kochendem Wasser übergießen. Nach 1–2 Minuten herausnehmen und mit kaltem Wasser abschrecken. Tomaten häuten, halbieren und die Stängelansätze herausschneiden. Tomaten vierteln. Die Gemüsezutaten in eine große Schale legen.

7. Für die Marinade das Speiseöl mit Essig verrühren, mit Salz, Pfeffer und Zucker würzen. Marinade auf den Gemüsezutaten verteilen und 2–3 Stunden durchziehen lassen, dabei ab und zu vorsichtig umrühren. Das Gemüse aus der Marinade nehmen und abtropfen lassen.

8. Den gegarten Schweinebraten aus der Folie nehmen und erkalten lassen. Schweinefleisch in dünne Scheiben schneiden, mit dem Gemüse auf einer Platte anrichten und mit abgespülten, trocken getupften Petersilienblättchen garnieren.

9. Für die Avocadocreme Avocado halbieren, entsteinen, das Fruchtfleisch ganz vorsichtig aus der Schale lösen. Fruchtfleisch mit einem Pürierstab pürieren, Zitronensaft unterrühren. Knoblauch abziehen, durch eine Knoblauchpresse drücken und hinzufügen.

10. Das Speiseöl esslöffelweise unter das Püree rühren, mit Pfeffer, Zwiebelsalz und Zitronensaft würzen. Die Creme in die ausgehöhlten Avocadohälften spritzen und dazureichen.

Rindfleisch in Portwein

Hähnchen mit Pastis

Rindfleisch in Portwein

(Römertopf® 4-Liter-Inhalt)
4 Portionen

Zubereitungszeit: 20 Minuten
Garzeit: etwa 2 Stunden

250 g Zwiebeln
800 g Tafelspitz
Salz, gem. Pfeffer
10 EL roter Portwein
200 g Wild-Preiselbeeren (aus dem Glas)
2 Lorbeerblätter
gem. Piment
ger. Muskatnuss
1 Bio-Zitrone (unbehandelt, ungewachst)

Pro Portion:
E: 43 g, F: 4 g, Kh: 30 g,
kJ: 1583, kcal: 379

1. Zwiebeln abziehen, halbieren und in Spalten schneiden. Fleisch mit Küchenpapier trocken tupfen und von allen Seiten mit Salz und Pfeffer einreiben.
2. Acht Esslöffel des Portweins, 100 g von den Preiselbeeren, die Zwiebelspalten und Lorbeerblätter in einen gewässerten Römertopf® geben und vermengen. Das Fleisch darauflegen. Den Römertopf® mit dem Deckel verschließen und auf dem Rost in den kalten Backofen schieben.
Ober-/Unterhitze: etwa 220 °C
Heißluft: etwa 200 °C
3. Rindfleisch etwa 2 Stunden garen.
4. Nach etwa 60 Minuten Garzeit das Fleisch umdrehen und im geschlossenem Römertopf® fertig garen.
5. Das gare Fleisch aus dem Römertopf® nehmen und zugedeckt warm stellen.
6. Die restlichen Preiselbeeren unter den Bratensud rühren. Die Sauce mit Salz, Pfeffer, Piment, Muskat und restlichem Portwein abschmecken.
7. Zitrone heiß abwaschen und abtrocknen. Die Zitrone längs halbieren und in Scheiben schneiden. Das Fleisch in dünne Scheiben schneiden. Rindfleisch mit der Portweinsauce und den Zitronenscheiben anrichten.

Hähnchen mit Pastis

4 Portionen

Zubereitungszeit: 35 Minuten
Garzeit: 50–60 Minuten

2 küchenfertige Hähnchen (je etwa 800 g)
Salz
gem. Pfeffer
je 2 Stängel Rosmarin und Thymian
4 Lorbeerblätter
3 EL Olivenöl
1 EL Fenchelsamen
4 EL Pastis (Spirituose aus Anis)
4 Knoblauchzehen
750 g kleine Kartoffeln
100 g kalte Butter
einige Stängel Thymian

Außerdem:
evtl. Holzstäbchen

Pro Portion:
E: 59 g, F: 57 g, Kh: 33 g,
kJ: 3908, kcal: 933

1. Den Backofen vorheizen.
Ober-/Unterhitze: etwa 200 °C
Heißluft: etwa 180 °C
2. Die Hähnchen innen und außen kurz unter fließendem kalten Wasser abspülen und trocken tupfen. Hähnchen innen und außen mit Salz und Pfeffer würzen.
3. Rosmarin und Thymian abspülen und trocken tupfen. Lorbeerblätter und Kräuterstängel in die Bauchhöhlen der Hähnchen geben. Die Öffnungen evtl. mit Holzstäbchen verschließen.
4. Olivenöl in einem großen Bräter erhitzen. Die Hähnchen darin von allen Seiten anbraten, mit Fenchel bestreuen und mit Pastis beträufeln. Knoblauch ungeschält mit in den Bräter geben.
5. Die Kartoffeln unter fließendem kalten Wasser gründlich abbürsten, abtropfen lassen und zu den Hähnchen in den Bräter geben.
6. Den Bräter mit dem Deckel verschließen und auf dem Rost in den vorgeheizten Backofen schieben. Die Hähnchen 50–60 Minuten garen. Etwa 15 Minuten vor Ende der Garzeit den Deckel abnehmen. Die Hähnchen bräunen lassen und fertig garen.
7. Die Hähnchen aus dem Bräter nehmen. Den Bratenfond in einen Topf gießen und entfetten. Butter in Stückchen unter den Bratenfond schlagen, bis eine sämige Sauce entstanden ist.
8. Die Hähnchen (evtl. Holzstäbchen entfernen) mit abgespülten und trocken getupften Thymianstängeln garniert servieren. Die Sauce dazureichen.

Kapitel 05

Rezepte 401–500

Schmorgerichte

Gefüllte Lammbrust

Gefüllte Lammbrust

4 Portionen

Zubereitungszeit: 25 Minuten
Garzeit: etwa 90 Minuten

1 Lammbrust (500 g, vom Metzger eine Tasche einschneiden lassen)
400 g Kalbsleber
1 Zwiebel
1 Bund Petersilie
400 g Bratwurstbrät
100 g Semmelbrösel
Salz
gem. Pfeffer
3 EL Speiseöl

600 g festkochende Kartoffeln
2 Knoblauchzehen
2 Stängel Rosmarin
200 ml Lammfond oder-brühe

Außerdem:
Küchengarn
oder Holzstäbchen

Pro Portion:
E: 60 g, F: 41 g, Kh: 46 g,
kJ: 3542, kcal: 846

1. Lammbrust und Kalbsleber kurz unter fließendem kalten Wasser abspülen und trocken tupfen. Kalbsleber in Würfel schneiden. Zwiebel abziehen und klein würfeln. Petersilie abspülen und trocken tupfen, die Blättchen von den Stängeln zupfen, Blättchen klein schneiden.
2. Bratwurstbrät in eine Schüssel geben. Die Semmelbrösel, Zwiebel-, Leberwürfel und Petersilie hinzugeben und gut unterkneten.
3. Den Backofen vorheizen.
Ober-/Unterhitze: etwa 180 °C
Heißluft: etwa 160 °C
4. Die Wurstbrätmasse in die Fleischtasche füllen, mit Küchengarn zunähen oder mit Holzstäbchen verschließen. Die Lammbrust mit Salz und Pfeffer würzen.
5. Speiseöl in einem Bräter erhitzen, die gefüllte Lammbrust darin von allen Seiten anbraten. Den Bräter ohne Deckel auf dem Rost in den vorgeheizten Backofen schieben. Die Lammbrust etwa 90 Minuten garen.
6. In der Zwischenzeit die Kartoffeln gründlich unter fließendem kalten Wasser abbürsten, abtropfen lassen und quer halbieren. Knoblauch abziehen und klein schneiden. Rosmarin abspülen und trocken tupfen. Die Nadeln von den Stängeln zupfen.
7. Kartoffelhälften nach etwa 30 Minuten Garzeit zu der Lammbrust in den Bräter geben und etwa 5 Minuten mitbraten lassen. Dann die Kartoffeln mit Salz, Pfeffer, Knoblauch und Rosmarinnadeln würzen, den Fond oder die Brühe hinzugießen.
8. Die gefüllte Lammbrust mit den Kartoffeln zugedeckt in weiteren etwa 60 Minuten fertig garen. Etwa 10 Minuten vor Ende der Gesamtgarzeit den Deckel abnehmen, damit die Lammbrust braun wird.

Geschmorte Schweinerippchen

4 Portionen

Zubereitungszeit: 20 Minuten
Garzeit: 55–60 Minuten

2 kg Schweinerippchen (Schälrippchen)
Salz, grob gem. Pfeffer
gerebelter Majoran
2 Zwiebeln, 2 EL Speiseöl
2 Lorbeerblätter
4 Pimentkörner
250 ml heißes Wasser
2–3 EL Zitronensaft

Pro Portion:
E: 44 g, F: 26 g, Kh: 4 g,
kJ: 1768, kcal: 421

1. Die Schweinerippchen kurz unter fließendem kalten Wasser abspülen, trocken tupfen und in Portionsstücke schneiden. Mit Salz, Pfeffer und Majoran einreiben. Zwiebeln abziehen und vierteln.
2. Den Backofen vorheizen.
Ober-/Unterhitze: etwa 200 °C
Heißluft: etwa 180 °C
3. Speiseöl in einem Bräter erhitzen. Die Rippchen darin von allen Seiten gut anbraten, Zwiebelspalten hinzugeben und mitbraten lassen. Lorbeerblätter und Pimentkörner hinzugeben, heißes Wasser und den Zitronensaft hinzugießen.
4. Den Bräter auf dem Rost in den vorgeheizten Backofen schieben. Die Rippchen zugedeckt 55–60 Minuten garen.
5. Etwa 10 Minuten vor Ende der Garzeit den Deckel abnehmen und die Rippchen bräunen lassen.

Gefüllte Wildente

2–3 Portionen

Zubereitungszeit: 30 Minuten
Garzeit: etwa 2 Stunden

80 g Weißbrot
1 Apfel
30 g Rosinen
1 Ei (Größe M)
100 g Schlagsahne
1 EL klein geschnittene Petersilie
Salz, gem. Pfeffer
1 Wildente (800–1000 g)
3 EL Speiseöl, z. B. Rapsöl
400 ml Entenfond
600 g Steckrübe
1 Zwiebel

Außerdem:
evtl. Rouladennadeln

Pro Portion:
E: 61 g, F: 73 g, Kh: 41 g,
kJ: 4444, kcal: 1062

1. Weißbrot in kleine Würfel schneiden. Apfel schälen, vierteln, entkernen und ebenfalls in kleine Würfel schneiden. Weißbrot-, Apfelwürfel und Rosinen in eine Schüssel geben. Ei, Sahne und Petersilie unterrühren, mit Salz und Pfeffer würzen.
2. Den Backofen vorheizen.
Ober-/Unterhitze: etwa 200 °C
Heißluft: etwa 180 °C
3. Wildente innen und außen kurz unter fließendem kalten Wasser abspülen und trocken tupfen. Die Füllung fest in die Ente drücken, die Öffnung evtl. mit Rouladennadeln feststecken. Die Ente mit Salz und Pfeffer würzen.
4. Speiseöl in einem Bräter erhitzen. Die Wildente mit der Brust nach unten hineinlegen. Den Bräter zugedeckt auf dem Rost in den vorgeheizten Backofen schieben. Die Wildente etwa 2 Stunden garen.
5. Nach und nach den Entenfond hinzugießen und die Ente gelegentlich damit begießen.
6. Nach etwa 60 Minuten Garzeit die Steckrübe schälen, abspülen, abtropfen lassen und in etwa 2 cm große Würfel schneiden. Zwiebel abziehen und fein würfeln. Steckrüben- und Zwiebelwürfel zu der Wildente in den Bräter geben und alles ohne Deckel in weiteren etwa 60 Minuten fertig garen.
7. Gegarte Wildente aus dem Bräter nehmen, Rouladennadeln entfernen. Die Wildente tranchieren, mit der Füllung und dem Steckrübengemüse anrichten und servieren.

Geschmorte Schweinerippchen

Gefüllte Wildente

Gefüllter Nackenbraten

Geschmorte Putenbrust

Gefüllter Nackenbraten
6 Portionen

Zubereitungszeit: 40 Minuten, ohne Durchziehzeit
Garzeit: etwa 3 Stunden

1 1/2 kg Schweinenacken (ohne Knochen)
Salz, gem. Pfeffer
Paprikapulver edelsüß
2–3 EL Weinbrand oder Rum
1–2 Gemüsezwiebeln
1/2 rote Chilischote
125 g Frühstücksspeck in Scheiben (Bacon)
evtl. 2–3 EL Weinbrand oder Rum

Außerdem:
2–3 Schaschlikspieße oder Küchengarn

Pro Portion:
E: 55 g, F: 30 g, Kh: 3 g,
kJ: 2165, kcal: 518

1. Den Schweinenacken mit Küchenpapier trocken tupfen. Den Schweinenacken in gleichmäßigen Abständen mit einem scharfen Messer etwa 5 cm tief einschneiden, jedoch nicht durchschneiden, sodass Scheiben entstehen.
2. Den Schweinenacken kräftig mit Salz, Pfeffer und Paprika würzen. Mit Weinbrand oder Rum beträufeln.
3. Gemüsezwiebeln abziehen, halbieren und in etwa 1 cm dicke Scheiben schneiden. Die Chilischote abspülen, abtrocknen und entkernen. Schotenhälfte in kleine Würfel schneiden. Die Zwiebelscheiben mit Chiliwürfeln bestreuen. Die Zwiebelscheiben mit je 1 Scheibe Frühstücksspeck umwickeln und senkrecht in die Fleischeinschnitte stecken. Den Schweinenacken nochmals mit Salz, Pfeffer und Paprika würzen. Nach Belieben nochmals mit Weinbrand oder Rum beträufeln. Den Schweinenacken mit Schaschlikspießen zusammenstecken oder mit Küchengarn fest umwickeln.
4. Den gefüllten Nackenbraten in einen Bräter legen und mit dem Deckel verschließen. Den Nackenbraten im Kühlschrank über Nacht durchziehen lassen.
5. Den Backofen vorheizen.
Ober-/Unterhitze: etwa 200 °C
Heißluft: etwa 180 °C
6. Den Bräter zugedeckt auf dem Rost in den vorgeheizten Backofen schieben. Den gefüllten Nackenbraten etwa 3 Stunden garen.

Geschmorte Putenbrust
(Römertopf® 4-Liter-Inhalt)
4 Portionen

Zubereitungszeit: 40 Minuten, ohne Abkühlzeit
Garzeit: etwa 90 Minuten

125 g Weißbrot
80 ml Milch (3,5 % Fett)
800 g Putenbrust (vom Metzger eine Tasche einschneiden lassen)
1 Ei (Größe M)
3–4 EL Weißwein
Salz, gem. Pfeffer
2 Stängel Salbei
100 ml Hühnerbrühe
800 g Kohlrabi
100 g geräucherter, durchwachsener Speck
190 g abgetropfte Silberzwiebeln (aus dem Glas)

Außerdem:
Holzstäbchen oder Küchengarn

Pro Portion:
E: 59 g, F: 23 g, Kh: 26 g,
kJ: 2492, kcal: 596

1. Das Weißbrot würfeln und in eine Schale legen. Milch erhitzen und auf den Brotwürfeln verteilen, etwas abkühlen lassen. Putenbrust kurz unter fließendem kalten Wasser abspülen und trocken tupfen. Ei und Wein mit den Brotwürfeln vermischen. Mit Salz und Pfeffer kräftig würzen.
2. Salbei abspülen und trocken tupfen. Die Blättchen von den Stängeln zupfen. Die Hälfte der Salbeiblättchen in die Fleischtasche geben, damit auslegen und mit der Brotmasse füllen. Die Öffnung mit Holzstäbchen verschließen oder mit Küchengarn zunähen.
3. Putenbrust rundherum mit Salz und Pfeffer würzen und in einen gewässerten Römertopf® legen, Brühe hinzugießen. Den Römertopf® mit dem Deckel verschließen und auf dem Rost in den kalten Backofen schieben.
Ober-/Unterhitze: etwa 220 °C
Heißluft: etwa 200 °C
4. Putenbrust etwa 90 Minuten garen.
5. In der Zwischenzeit Kohlrabi schälen, abspülen, abtropfen lassen und in Stifte schneiden. Speck fein würfeln. Die restlichen Salbeiblättchen klein schneiden.

6. Nach etwa 45 Minuten Garzeit die Kohlrabistifte, Silberzwiebeln, Speckwürfel und Salbei zu der Putenbrust in den Römertopf® geben. Die Putenbrust mit dem Gemüse zugedeckt in weiteren etwa 45 Minuten fertig garen.
7. Die Putenbrust aus dem Römertopf® nehmen. Holzstäbchen oder Küchengarn entfernen. Das Gemüse mit Salz und Pfeffer abschmecken und zu der Putenbrust servieren.

Gulasch

4 Portionen

Zubereitungszeit: 15 Minuten
Garzeit: 1 1/4–1 1/2 Stunden

500 g Zwiebeln
500 g schieres Rindfleisch (ohne Knochen), z. B. aus der Unterschale
30 g Margarine oder 3 EL Speiseöl
Salz, gem. Pfeffer
Paprikapulver edelsüß
2 schwach geh. EL Tomatenmark
etwa 250 ml heißes Wasser
1–2 Spritzer Tabascosauce

Pro Portion:
E: 27 g, F: 14 g, Kh: 7 g,
kJ: 1101, kcal: 264

1. Den Backofen vorheizen.
Ober-/Unterhitze: etwa 180 °C
Heißluft: etwa 160 °C
2. Zwiebeln abziehen, halbieren und in Scheiben schneiden. Rindfleisch mit Küchenpapier trocken tupfen und etwa 3 cm groß würfeln.
3. Etwas Margarine oder Speiseöl in einem Bräter erhitzen und die Fleischwürfel darin in 2 Portionen von allen Seiten kräftig anbraten. Restliche Margarine oder restliches Speiseöl und die Zwiebelscheiben hinzufügen, unter Rühren mitbraten lassen.
4. Mit Salz, Pfeffer und Paprika würzen. Das Tomatenmark unterrühren. 250 ml heißes Wassers hinzugießen und zum Kochen bringen. Den Bräter zugedeckt auf dem Rost in den vorgeheizten Backofen schieben. Gulasch 1 1/4–1 1/2 Stunden garen. Sollte zu viel Flüssigkeit verdampfen, evtl. noch etwas Wasser hinzugießen.
5. Gulasch mit Salz, Pfeffer, Paprika und Tabasco abschmecken.

Gefüllte Zucchiniröllchen auf Tomatenreis

2 Portionen (ohne Foto)

Zubereitungszeit: 30 Minuten
Garzeit: etwa 20 Minuten

300 g Tomaten
1 rote Zwiebel
1 Knoblauchzehe
2 Stängel Thymian
2 Stängel Rosmarin
1 Beutel (250 g) Express-Reis (vorgegarter Reis) oder
250 g gekochter Langkornreis
Salz, gem. Pfeffer
1 mittelgroße Zucchini
200 g Thüringer Mett (gewürztes Schweinemett)
1–2 EL Olivenöl

Pro Portion:
E: 24 g, F: 26 g, Kh: 38 g,
kJ: 2024, kcal: 483

1. Tomaten kreuzweise einschneiden und mit kochendem Wasser übergießen. Nach 1–2 Minuten herausnehmen und mit kaltem Wasser abschrecken. Tomaten häuten, halbieren und die Stängelansätze herausschneiden. Tomaten entkernen und in Stücke schneiden.
2. Den Backofen vorheizen.
Ober-/Unterhitze: etwa 200 °C
Heißluft: etwa 180 °C
3. Zwiebel und Knoblauch abziehen, in kleine Würfel schneiden. Thymian und Rosmarin abspülen und trocken tupfen. Die Blättchen bzw. Nadeln von den Stängeln zupfen. Blättchen und Nadeln klein schneiden.
4. Zwiebel- und Knoblauchwürfel mit Tomatenstücken, Reis und der Hälfte der Kräuter in eine feuerfeste Form (gefettet) geben und gut vermischen, mit Salz und Pfeffer würzen.
5. Zucchini abspülen, abtrocknen und die Enden abschneiden. Zucchini längs mit einer Aufschnittmaschine in 12 dünne Scheiben schneiden.
6. Mett evtl. mit Salz und Pfeffer nachwürzen. Aus dem Mett mit angefeuchteten Händen 4 Röllchen formen. Je 3 Zucchinischeiben längs leicht überlappend aneinanderlegen. Je 1 Mettröllchen darauflegen und einrollen.
7. Olivenöl in einer Pfanne erhitzen, Zucchiniröllchen darin kurz von allen Seiten anbraten, herausnehmen und auf die Tomaten-Reis-Mischung legen. Die Form zugedeckt auf dem Rost in den vorgeheizten Backofen schieben. Die gefüllten Zucchiniröllchen etwa 20 Minuten garen.
8. Zucchiniröllchen auf Tomatenreis auf Tellern anrichten, mit den restlichen Kräutern bestreut servieren.

Gulasch

Pfundstopf

6 Portionen

Zubereitungszeit: 40 Minuten
Garzeit: etwa 2 Stunden

250 g Rindfleisch
250 g Schweinefleisch
250 g Gehacktes (halb Rind-, halb Schweinefleisch)
250 g Mett
Salz
gem. Pfeffer
250 g durchwachsener Speck
250 g Zwiebeln
400 g geschälte Tomaten (aus der Dose)
250 g rote Paprikaschoten
250 g grüne Paprikaschoten
125 ml Zigeunersauce (Fertigprodukt)
125 ml heiße Fleischbrühe

Pro Portion:
E: 39 g, F: 58 g, Kh: 7 g,
kJ: 3106, kcal: 742

1. Rind- und Schweinefleisch mit Küchenpapier trocken tupfen. Das Fleisch in Würfel schneiden und in eine große Auflaufform (gefettet) geben.
2. Den Backofen vorheizen.
Ober-/Unterhitze: etwa 200 °C
Heißluft: etwa 180 °C
3. Gehacktes und Mett mit Salz und Pfeffer würzen, mit angefeuchteten Händen jeweils kleine Bällchen daraus formen und zu den Fleischwürfeln in die Auflaufform geben.
4. Speck in kleine Würfel schneiden. Zwiebeln abziehen und klein würfeln. Tomaten in der Dose etwas zerkleinern. Speck-, Zwiebelwürfel und Tomaten mit dem Saft in die Auflaufform geben.
5. Paprikaschoten halbieren, entstielen, entkernen und die weißen Scheidewände entfernen. Schoten abspülen, abtropfen lassen und in Streifen schneiden. Paprikastreifen ebenfalls in die Auflaufform geben.
6. Die Zigeunersauce und die heiße Fleischbrühe zuletzt auf dem Pfundstopf verteilen, gut untermischen. Die Form zugedeckt auf dem Rost in den vorgeheizten Backofen schieben. Den Pfundstopf etwa 2 Stunden garen.

Paprika-Schmortopf

(Römertopf® 3-Liter-Inhalt)
4 Portionen (ohne Foto)

Zubereitungszeit: 20 Minuten
Garzeit: etwa 60 Minuten

3 grüne türkische Paprikaschoten (etwa 100 g)
je 2 grüne, gelbe und rote Paprikaschoten (etwa 1 kg)
175 g Zwiebeln
2 Knoblauchzehen
1/2 gestr. TL Salz
1 TL Fenchelsamen
1 TL gem. Kreuzkümmel (Cumin)
gem. Pfeffer
3 EL Olivenöl
150 ml Gemüsebrühe

Für das Avocadopüree:
1 reife Avocado (250 g)
abgeriebene Schale von 1 Bio-Zitrone (unbehandelt, ungewachst)
3 EL Zitronensaft
200 g Joghurt (3,5 % Fett)
1 TL Schwarzkümmel (erhältlich im Reformhaus)
Salz, Cayennepfeffer

Pro Portion:
E: 7 g, F: 22 g, Kh: 18 g,
kJ: 1276, kcal: 304

1. Türkische Paprikaschoten abspülen, abtrocknen und von der Spitze her in dünne Ringe schneiden. Die Reste der weißen Scheidewände aus den Ringen herausschneiden und die Kerne entfernen.
2. Die anderen Paprikaschoten halbieren, entstielen, entkernen und die weißen Scheidewände entfernen. Schoten abspülen, abtropfen lassen und in Streifen schneiden. Zwiebeln abziehen und in Spalten schneiden.
3. Knoblauch abziehen und grob zerkleinern. Den Knoblauch mit Salz, Fenchelsamen und Kreuzkümmel in einem Mörser zerstoßen.
4. Paprikaringe und -streifen, Zwiebelspalten und die Knoblauchmischung in einen gewässerten Römertopf® geben und vermischen, mit Pfeffer würzen. Mit Olivenöl beträufeln und die Gemüsebrühe hinzugießen. Den Römertopf® mit dem Deckel verschließen und auf dem Rost in den kalten Backofen schieben.
Ober-/Unterhitze: etwa 200 °C
Heißluft: etwa 180 °C
5. Den Paprika-Schmortopf etwa 60 Minuten garen.
6. In der Zwischenzeit für das Avocadopüree Avocado halbieren und das Fruchtfleisch vom Stein schneiden. Das Fruchtfleisch schälen, in einen hohen Rührbecher geben, mit Zitronenschale und -saft pürieren. Joghurt unterrühren. Mit Schwarzkümmel, Salz, Pfeffer und Cayennepfeffer würzen. Das Avocadopüree zum Paprika-Schmortopf servieren.

Rosmarin-Bratkartoffeln mit Lammkoteletts

Ofengulasch mit Möhren und Kartoffeln

Rosmarin-Bratkartoffeln mit Lammkoteletts

4 Portionen

Zubereitungszeit: 50 Minuten
Garzeit: 30–40 Minuten

1 kg festkochende Kartoffeln
2 Stängel Rosmarin
2 Knoblauchzehen
6 EL Speiseöl
Salz, gem. Pfeffer
12 Lammkoteletts (je etwa 70 g)
300 ml Lammfond oder -brühe

Pro Portion:
E: 35 g, F: 42 g, Kh: 32 g,
kJ: 2692, kcal: 643

1. Die Kartoffeln schälen, abspülen, abtropfen lassen und in Scheiben schneiden. Rosmarin abspülen und trocken tupfen. Den Nadeln von den Stängeln zupfen. Knoblauch abziehen und ganz fein hacken.
2. Jeweils etwas Speiseöl in einer beschichteten Pfanne erhitzen, die Kartoffelscheiben darin portionsweise unter Wenden anbraten, mit Salz, Pfeffer, Rosmarinnadeln und Knoblauch würzen.
3. Den Backofen vorheizen.
Ober-/Unterhitze: etwa 180 °C
Heißluft: etwa 160 °C
4. Die Lammkoteletts kurz unter fließendem kalten Wasser abspülen und trocken tupfen. Restliches Speiseöl in einer großen Pfanne erhitzen. Die Lammkoteletts darin in 2 Portionen von beiden Seiten anbraten, mit Salz und Pfeffer würzen.
5. Kartoffelscheiben in einen Bräter geben bzw. schichten, angebratene Lammkoteletts dazwischenstecken, Lammfond oder -brühe hinzugießen. Den Bräter auf dem Rost in den vorgeheizten Backofen schieben. Die Rosmarin-Bratkartoffeln mit Lammkoteletts 30–40 Minuten garen.

Ofengulasch mit Möhren und Kartoffeln

4–6 Portionen

Zubereitungszeit: 40 Minuten
Garzeit: etwa 90 Minuten

1 kg Rindergulasch
500 g Zwiebeln
80 g Butter
Salz, gem. Pfeffer
15 g Paprikapulver edelsüß
15 g Paprikapulver rosenscharf
30 g Weizenmehl
1 EL Tomatenmark mit Würzgemüse
1 l Tomatensaft
1 l Rinderfond
150 g Pastinaken
300 g Möhren
600 g Kartoffeln
2 EL klein geschnittene Petersilie

Pro Portion:
E: 48 g, F: 32 g, Kh: 36 g,
kJ: 2646, kcal: 631

1. Rindergulasch mit Küchenpapier trocken tupfen und in ganz kleine Stücke schneiden (jedes Gulaschstück achteln).
2. Zwiebeln abziehen und in feine Würfel schneiden.
3. Den Backofen vorheizen.
Ober-/Unterhitze: etwa 200 °C
Heißluft: etwa 180 °C
4. Butter in einem Bräter zerlassen. Die Fleischstücke darin von allen Seiten 3–4 Minuten anbraten. Zwiebelwürfel hinzugeben und weitere 3–4 Minuten mitbraten lassen. Mit Salz und Pfeffer würzen.
5. Beide Paprikapulversorten und Mehl daraufstäuben, so lange verrühren (am besten mit einem Kochlöffel), bis von dem Paprikapulver und Mehl nichts mehr zu sehen ist.
6. Den Bräter auf dem Rost in den vorgeheizten Backofen (unteres Drittel) schieben. Das Fleisch etwa 10 Minuten garen.
7. Dann Tomatenmark unterrühren. Tomatensaft und Fond hinzugießen und unterrühren. Das Fleisch sollte jetzt mit Sauce bedeckt sein.
8. Den Bräter zugedeckt wieder in den heißen Backofen schieben und die Backofentemperatur um etwa 20 °C auf Ober-/Unterhitze: etwa 180 °C, Heißluft: etwa 160 °C herunterschalten. Das Gulasch weitere etwa 50 Minuten garen.
9. In der Zwischenzeit Pastinaken und Möhren putzen. Kartoffeln, Pastinaken und Möhren schälen, abspülen, abtropfen lassen und wie das Gulaschfleisch in ganz kleine Würfel schneiden.
10. Gemüsewürfel zum Fleisch in den Bräter geben und zugedeckt weitere etwa 30 Minuten garen.
11. Das Ofengulasch mit Petersilie bestreuen und servieren.

Schmorbraten mit Tomaten

Türkisches Würzfleisch

Schmorbraten mit Tomaten

6 Portionen

Zubereitungszeit: 50 Minuten, ohne Abkühl- und Marinierzeit
Garzeit: etwa 2 1/2 Stunden

Für die Marinade:
3 Zwiebeln
2 Knoblauchzehen
etwa 100 g Knollensellerie
1 Möhre, 4 EL Olivenöl
je 1 Stängel Thymian, Rosmarin, Majoran und Petersilie
375 ml Rotwein

1 1/2 kg Rindfleisch
3 Knoblauchzehen
Salz, gem. Pfeffer
1 TL frische Thymianblättchen
3 EL Olivenöl
etwa 150 g Knollensellerie
250 g Möhren
8 kleine Zwiebeln
500–750 g Tomaten
1 Prise Zucker

Pro Portion:
E: 52 g, F: 34 g, Kh: 12 g,
kJ: 2487, kcal: 592

1. Für die Marinade Zwiebeln und Knoblauch abziehen, in kleine Würfel schneiden. Sellerie und Möhre putzen, schälen, abspülen, abtropfen lassen und ebenfalls klein würfeln.
2. Olivenöl in einem Topf erhitzen. Die Zwiebel-, Knoblauch-, Sellerie- und Möhrenwürfel darin andünsten. Kräuterstängel abspülen, trocken tupfen und zu den Gemüsewürfeln geben. Rotwein hinzugießen, zum Kochen bringen und etwa 5 Minuten kochen lassen. Den Topf von der Kochstelle nehmen und die Marinade erkalten lassen.
3. Rindfleisch mit Küchenpapier trocken tupfen, in eine flache Schale legen und mit der Marinade übergießen. Das Rindfleisch zugedeckt etwa 24 Stunden marinieren.
4. Fleisch aus der Marinade nehmen, Kräuterstängel entfernen. Marinade mit Gemüse beiseitestellen.
5. Den Backofen vorheizen.
Ober-/Unterhitze: etwa 180 °C
Heißluft: etwa 160 °C
6. Knoblauch abziehen und durch eine Knoblauchpresse drücken. Das Rindfleisch damit einreiben, mit Salz und Pfeffer würzen. Thymianblättchen darauf verteilen.
7. Olivenöl in einem Bräter erhitzen. Das Rindfleisch darin von allen Seiten anbraten. Sellerie und Möhren putzen, schälen, abspülen, abtropfen lassen und in Würfel schneiden. Zwiebeln abziehen.
8. Die vorbereiteten Gemüsezutaten zum Rindfleisch in den Bräter geben und mitdünsten lassen. Die Hälfte der beiseitegestellten Marinade mit dem Gemüse (aus der Marinade) hinzugeben. Den Bräter zugedeckt auf dem Rost in den vorgeheizten Backofen schieben. Das Rindfleisch etwa 2 1/2 Stunden garen, dabei das Fleisch ab und zu wenden.
9. Nach etwa 1 1/2 Stunden Garzeit nach und nach restliche Marinade hinzugeben. Das Rindfleisch weitere etwa 45 Minuten ohne Deckel garen.
10. Tomaten kreuzweise einschneiden und mit kochendem Wasser übergießen. Nach 1–2 Minuten herausnehmen und mit kaltem Wasser abschrecken. Tomaten häuten, halbieren und die Stängelansätze herausschneiden. Tomaten entkernen und würfeln, zum Rindfleisch geben und in weiteren 10–15 Minuten ohne Deckel fertig garen.
11. Gegarten Braten aus dem Bräter nehmen, kurz ruhen lassen und in Scheiben schneiden. Die Fleischscheiben auf einer vorgewärmten Platte anrichten.
12. Gemüsesauce mit Salz, Pfeffer und Zucker abschmecken und getrennt dazureichen.

Türkisches Würzfleisch

6 Portionen

Zubereitungszeit: 25 Minuten
Garzeit: etwa 90 Minuten

1,2 kg Lammkeule, in Scheiben (je 200 g mit Knochen, beim Metzger sägen lassen)
2 große Gemüsezwiebeln
750 g mittelgroße Kartoffeln
5 EL Olivenöl
Salz
gem. Pfeffer
2 EL Tomatenmark
200 ml Lammfond
125 ml Fleischbrühe

Pro Portion:
E: 36 g, F: 16 g, Kh: 20 g,
kJ: 1565, kcal: 373

1. Lammscheiben kurz unter fließendem kalten Wasser abspülen und trocken tupfen. Gemüsezwiebeln abziehen, halbieren und in Scheiben schneiden. Kartoffeln schälen, abspülen, abtrocknen, längs vierteln.
2. Jeweils etwas Olivenöl in einer großen Pfanne erhitzen, die Lammscheiben darin in 2 Portionen von beiden Seiten anbraten, mit Salz und Pfeffer würzen und in einem großen Bräter verteilen.
3. Den Backofen vorheizen.
Ober-/Unterhitze: etwa 200 °C
Heißluft: etwa 180 °C
4. Restliches Olivenöl in der Pfanne erhitzen. Zwiebelscheiben darin portionsweise unter Rühren andünsten. Tomatenmark unterrühren. Die Zwiebelmasse und Kartoffelspalten auf den Lammscheiben verteilen. Lammfond und Brühe hinzugießen.
5. Den Bräter zugedeckt auf dem Rost in den vorgeheizten Backofen schieben und das Würzfleisch etwa 90 Minuten garen.

Scharfer Kräuterrollbraten

8–10 Portionen

Zubereitungszeit: 60 Minuten, ohne Ruhezeit
Garzeit: etwa 2 Stunden

2 1/2 kg Schweinekotelett (am Stück, ohne Knochen)
Salz, gem. Pfeffer
Paprikapulver edelsüß
Cayennepfeffer
75 g Butter (zimmerwarm)
75 g Semmelbrösel
5 Stängel Rosmarin
3 rote Peperoni, 8 Knoblauchzehen
2 EL klein geschnittene, gemischte Kräuter, z. B. Petersilie, Schnittlauch
5 EL Olivenöl, 125 ml Wasser
2 Tomaten
1 Bund glatte Petersilie
2 EL gerebelter Thymian
rosa Pfefferbeeren

Außerdem:
Küchengarn

Pro Portion:
E: 58 g, F: 31 g, Kh: 8 g,
kJ: 2471, kcal: 591

1. Das Fleisch mit Küchenpapier trocken tupfen. Das Fleischstück von der breiten Seite im oberen Drittel von rechts nach links waagerecht einschneiden, dabei etwa 1 cm Rand frei lassen (nicht durchschneiden!). Dann auf die gleiche Weise im unteren Drittel das Fleisch von links nach rechts einschneiden. Das Fleisch auseinanderklappen, sodass ein langes, flaches Stück entsteht. Das Fleischstück mit Salz, Pfeffer, Paprika und Cayennepfeffer würzen.
2. Für die Füllung Butter mit Semmelbröseln verrühren. 2 Rosmarinstängel abspülen, trocken tupfen und die Nadeln von den Stängeln zupfen. 2 Peperoni halbieren, entstielen, entkernen, abspülen, trocken tupfen und in dünne Streifen schneiden. 2 Knoblauchzehen abziehen und durch eine Knoblauchpresse drücken.
3. Den Backofen vorheizen.
Ober-/Unterhitze: etwa 200 °C
Heißluft: etwa 180 °C
4. Rosmarinnadeln, Peperonistreifen und Knoblauch mit den gemischten Kräutern unter die Butter-Semmelbrösel-Masse rühren. Die Masse auf das vorbereitete Fleischstück streichen, das Fleisch von der kürzeren Seite aus aufrollen. Das Fleisch von außen mit Salz und Pfeffer einreiben, mit Küchengarn zusammenbinden.
5. Olivenöl in einem Bräter erhitzen. Den Rollbraten darin von allen Seiten kräftig anbraten, etwas Wasser hinzufügen. Den Bräter zugedeckt auf dem Rost in den vorgeheizten Backofen schieben. Verdampfte Flüssigkeit nach und nach durch restliches Wasser ersetzen. Den Rollbraten etwa 75 Minuten garen.
6. In der Zwischenzeit Tomaten abspülen, abtrocknen und die Stängelansätze herausschneiden, Tomaten vierteln. Die restlichen Knoblauchzehen abziehen und in Scheiben schneiden. Die restliche Peperoni halbieren, entstielen, entkernen, abspülen, trocken tupfen und in dünne Streifen schneiden. Die restlichen Rosmarinstängel abspülen, trocken tupfen und in kleine Zweige zupfen. Petersilie abspülen und trocken tupfen. Die Blättchen von den Stängeln zupfen, Blättchen grob zerkleinern.
7. Tomatenviertel, Knoblauchscheiben, Peperonistreifen, Rosmarin, Thymian, Petersilie und Pfefferbeeren zum Rollbraten in den Bräter geben, umrühren. Den Bräter wieder zurück auf dem Rost in den heißen Backofen schieben und alles in weiteren etwa 45 Minuten bei gleicher Backofentemperatur garen (evtl. noch etwas Wasser hinzufügen).
8. Den Bräter aus dem Backofen nehmen. Den gegarten Rollbraten herausnehmen und zugedeckt etwa 10 Minuten ruhen lassen. Den Bratensatz mit Wasser loskochen und mit den Gewürzen abschmecken. Das Küchengarn entfernen, den Rollbraten in Scheiben schneiden und mit der Sauce servieren.

Scharfer Kräuterrollbraten

Wirsinggemüse

(Römertopf® 3-Liter-Inhalt)
4 Portionen (ohne Foto)

Zubereitungszeit: 20 Minuten
Garzeit: etwa 50 Minuten

2 Zwiebeln
1 Knoblauchzehe
1 Stange Porree (Lauch)
50 g Butter
250 ml Gemüsebrühe
2 EL Tomatenmark
gem. Pfeffer
1 TL gerebelter Oregano
1 Kopf Wirsing
(etwa 800 g)

Pro Portion:
E: 6 g, F: 11 g, Kh: 9 g,
kJ: 705, kcal: 168

1. Zwiebeln und Knoblauch abziehen, in kleine Würfel schneiden. Porree putzen, die Stange längs halbieren, gründlich waschen, abtropfen lassen und in Streifen schneiden.
2. Die Butter in einer Pfanne zerlassen. Zwiebelwürfel darin andünsten. Knoblauchwürfel und Porreestreifen unterrühren, Gemüsebrühe hinzugießen und aufkochen lassen.
3. Mit Tomatenmark, Pfeffer und Oregano würzen. Die Pfanne von der Kochstelle nehmen.
4. Von dem Wirsing die äußeren schlechten Blätter entfernen. Wirsing vierteln und den Strunk herausschneiden. Wirsingviertel abspülen und abtropfen lassen.
5. Die Hälfte der Zwiebel-Porree-Mischung in einen gewässerten Römertopf® füllen.
6. Die Wirsingviertel mit den Herzen (Spitzen) nach unten darauflegen. Restliche Zwiebel-Porree-Mischung darauf verteilen.
7. Den Römertopf® mit dem Deckel verschließen und auf dem Rost in den kalten Backofen schieben.
Ober-/Unterhitze: etwa 200 °C
Heißluft: etwa 180 °C
8. Das Wirsinggemüse etwa 50 Minuten garen.

Spanischer Hähnchentopf

Spanischer Hähnchentopf

8–10 Portionen

Zubereitungszeit: 35 Minuten
Garzeit: etwa 50 Minuten

2 küchenfertige Hähnchen
(je etwa 1,2 kg)
Salz, gem. Pfeffer
6 EL Olivenöl
4 mittelgroße rote Paprikaschoten
300 g Langkornreis
600 g TK-Erbsen
4 EL Tomatenmark
580 g Champignonscheiben
(aus Gläsern)
2 1/2 l heiße Fleischbrühe
gerebelter Rosmarin
25 g TK-Basilikum

Pro Portion:
E: 49 g, F: 27 g, Kh: 40 g,
kJ: 2519, kcal: 602

1. Hähnchen innen und außen kurz unter fließendem kalten Wasser abspülen, trocken tupfen und in je etwa 8 Stücke teilen. Hähnchenteile mit Salz und Pfeffer würzen.
2. Olivenöl in einem großen Bräter erhitzen. Die Hähnchenteile darin von allen Seiten gut anbraten und herausnehmen.
3. Den Backofen vorheizen.
Ober-/Unterhitze: etwa 200 °C
Heißluft: etwa 180 °C
4. Paprikaschoten halbieren, entstielen, entkernen und die weißen Scheidewände entfernen. Schoten abspülen, abtropfen lassen und in Streifen schneiden. Paprikastreifen in den Bräter geben und evtl. in 2 Portionen in dem verbliebenen Bratfett andünsten.
5. Reis und die gefrorenen Erbsen hinzufügen, Tomatenmark unterrühren. Die Hähnchenteile darauflegen, Champignonscheiben mit der Flüssigkeit darauf verteilen. Heiße Fleischbrühe hinzugießen, mit Salz, Pfeffer und Rosmarin würzen.
6. Den Hähnchentopf zum Kochen bringen. Den Bräter zugedeckt auf dem Rost in den vorgeheizten Backofen schieben. Den Hähnchentopf etwa 50 Minuten garen, dabei gelegentlich umrühren. Basilikum unterrühren. Mit Salz, Pfeffer und Rosmarin abschmecken.

Hähnchenbrustfilet in Safrangemüse

4 Portionen

Zubereitungszeit: 30 Minuten
Garzeit: etwa 25 Minuten

4 Hähnchenbrustfilets
(je etwa 150 g)
Salz, gem. Pfeffer
1 EL Weizenmehl
1 Bund Suppengrün (etwa 250 g, Sellerie, Möhren, Porree)
1 kleine Fenchelknolle
1 Bund Zitronenthymian
4 EL Olivenöl
300 ml Hühnerbrühe
1 Döschen Safran (0,2 g)
2 Tomaten

Pro Portion:
E: 37 g, F: 11 g, Kh: 6 g,
kJ: 1160, kcal: 278

1. Hähnchenbrustfilets kurz unter fließendem kalten Wasser abspülen, trocken tupfen, mit Salz und Pfeffer würzen, mit Mehl bestäuben.
2. Sellerie und Möhren putzen, schälen, abspülen, abtropfen lassen und in Würfel schneiden. Porree putzen, die Stange längs halbieren, gründlich waschen, abtropfen lassen und in kleine Stücke schneiden.
3. Den Backofen vorheizen.
Ober-/Unterhitze: etwa 200 °C
Heißluft: etwa 180 °C
4. Von der Fenchelknolle die Stiele dicht oberhalb der Knolle abschneiden. Braune Stellen und Blätter entfernen und die Wurzelenden gerade schneiden. Die Knolle abspülen, abtropfen lassen, halbieren, würfeln. Zitronenthymian abspülen und trocken tupfen. Die Blättchen von den Stängeln zupfen (einige Stängel zum Garnieren beiseitelegen). Blättchen klein schneiden.
5. Olivenöl in einem kleinen Bräter erhitzen. Die Hähnchenbrustfilets darin von allen Seiten anbraten und herausnehmen. Vorbereitete Gemüsewürfel, Porreestücke und Zitronenthymian hinzugeben und in dem verbliebenen Bratfett unter Rühren andünsten. Hähnchenbrustfilets auf dem angedünsteten Gemüse verteilen. Hühnerbrühe hinzugießen und kurz aufkochen lassen. Mit Safran, Salz und Pfeffer würzen.
6. Den Bräter zugedeckt auf dem Rost in den vorgeheizten Backofen schieben. Hähnchenbrustfilets mit dem Safrangemüse etwa 25 Minuten garen.
7. Tomaten abspülen, abtrocknen, halbieren, entkernen und die Stängelansätze herausschneiden. Tomaten in Würfel schneiden.
8. Die gegarten Hähnchenbrustfilets mit dem Gemüse auf 4 Tellern anrichten. Tomatenwürfel darauf verteilen. Mit beiseitegelegtem Zitronenthymian garnieren.

Wildbraten

4 Portionen

Zubereitungszeit: 15 Minuten, ohne Ruhezeit
Garzeit: etwa 1 1/2 Stunden

150 g fetter Speck, in dünnen Scheiben
750 g Wildfleisch (ohne Knochen) z. B. Wildschwein- oder Rehbraten (aus der Keule)
Salz, gem. Pfeffer
Paprikapulver edelsüß
1 Zwiebel
3–5 Gewürznelken
5 zerdrückte Wacholderbeeren
500 ml Rotwein
5 EL Wacholderschnaps
1 EL Weizenmehl
2 EL kaltes Wasser
75 g saure Sahne
1 EL Wild-Preiselbeeren (aus dem Glas)
einige glatte Petersilienblättchen

Pro Portion:
E: 41 g, F: 45 g, Kh: 11 g,
kJ: 2989, kcal: 713

1. Den Backofen vorheizen.
Ober-/Unterhitze: etwa 200 °C
Heißluft: etwa 180 °C
2. Einen Bräter mit der Hälfte der Speckscheiben auslegen. Das Wildfleisch mit Küchenpapier trocken tupfen, evtl. enthäuten, mit Salz, Pfeffer und Paprika würzen und auf die Speckscheiben in den Bräter legen.
3. Zwiebel abziehen, mit Gewürznelken spicken, mit Wacholderbeeren zum Wildfleisch geben.
4. Das Wildfleisch mit den restlichen Speckscheiben belegen. Etwas Rotwein hinzugießen. Den Bräter zugedeckt auf dem Rost in den vorgeheizten Backofen schieben. Den Wildbraten etwa 1 1/2 Stunden garen.
5. Verdampfte Flüssigkeit nach und nach durch restlichen Rotwein und Schnaps ersetzen.
6. Den gegarten Wildbraten aus dem Bräter nehmen und zugedeckt etwa 10 Minuten ruhen lassen.
7. Den Sud durch ein Sieb in einen Topf gießen. Mehl mit Wasser anrühren, unter den Sud rühren und unter Rühren aufkochen lassen. Saure Sahne unterrühren.
8. Von dem Wildbraten den ausgetretenen Bratensaft unter die Sauce rühren und unter gelegentlichem Rühren etwa 5 Minuten kochen lassen, Preiselbeeren unterrühren. Die Sauce mit Salz, Pfeffer und Paprika abschmecken.
9. Den Wildbraten in Scheiben schneiden, auf einer vorgewärmten Platte anrichten und mit abgespülten, trocken getupften Petersilienblättchen garniert servieren. Die Sauce dazureichen.

Hähnchenbrustfilet in Safrangemüse

Wildbraten

Rotkohlrouladen mit Grünkernfüllung

8–10 Portionen

Zubereitungszeit: 40 Minuten, ohne Quellzeit
Garzeit: etwa 45 Minuten

3 l Wasser
3 gestr. TL Salz
50 ml Weiß- oder Rotweinessig
1 großer Kopf Rotkohl (etwa 1 1/2 kg)

Für die Füllung:
3 Zwiebeln
5 EL Maiskeimöl
250 g Grünkernschrot
1 l Gemüsebrühe
150 g gehackte Haselnusskerne
100 g Sultaninen
Salz
gem. Pfeffer
gem. Gewürznelken
gem. Zimt

6 EL Speiseöl
200 ml Apfelsaft
250 ml Gemüsebrühe
3 EL flüssiger Honig
8 EL Tomatenketchup
evtl. etwas Speisestärke

Außerdem:
Küchengarn oder Rouladennadeln

Pro Portion:
E: 7 g, F: 24 g, Kh: 39 g,
kJ: 1667, kcal: 398

1. In einem großen Topf Wasser zum Kochen bringen. Salz und Essig hinzufügen. In der Zwischenzeit von dem Rotkohl die äußeren welken Blätter entfernen. Den Kohl abspülen und den Strunk keilförmig herausschneiden. Den Kohl so lange in kochendes Wasser legen, bis sich die äußeren Blätter lösen. Diesen Vorgang wiederholen, bis sich etwa 20 Blätter lösen lassen und etwas weich sind. Die Blätter abtropfen lassen und mit Küchenpapier trocken tupfen. Die dicken Blattrippen flach schneiden.

2. Für die Füllung Zwiebeln abziehen und in kleine Würfel schneiden. Maiskeimöl in einem Topf erhitzen. Zwiebelwürfel darin glasig dünsten. Grünkernschrot hinzufügen und ebenfalls kurz mit andünsten. Gemüsebrühe hinzugießen und zum Kochen bringen. Grünkernschrot etwa 15 Minuten bei schwacher Hitze ausquellen lassen, dabei häufig umrühren. Haselnusskerne und Sultaninen hinzugeben. Mit Salz, Pfeffer, Nelken und Zimt kräftig würzen.
3. Den Backofen vorheizen.
Ober-/Unterhitze: etwa 200 °C
Heißluft: etwa 180 °C
4. Jeweils 2 Kohlblätter übereinander auf eine Arbeitsfläche legen und je 2 Esslöffel von der Grünkern-Nuss-Füllung darauf verteilen. Die Kohlblätter seitlich einschlagen und aufrollen. Mit Küchengarn oder Rouladennadeln zusammenhalten. Speiseöl in einem großen Bräter erhitzen. Die Rouladen darin vorsichtig von allen Seiten anbraten.
5. Apfelsaft, Brühe, Honig und Ketchup verrühren, zu den Rouladen in den Bräter geben und zum Kochen bringen. Den Bräter zugedeckt auf dem Rost in den vorgeheizten Backofen schieben. Die Rotkohlrouladen etwa 45 Minuten garen.
6. Die gegarten Rouladen aus dem Bräter nehmen (Küchengarn oder Rouladennadeln entfernen) und auf einer vorgewärmten Platte anrichten. Sauce nach Belieben mit etwas angerührter Speisestärke binden.

Schweinekotelettbraten

4–5 Portionen

Zubereitungszeit: 40 Minuten
Garzeit: etwa 2 1/2 Stunden

100 g Kochschinken
50 g Butter (zimmerwarm)
75 g geriebener Meerrettich (aus dem Glas)
1 Schweinekotelettstrang (etwa 1 1/4 kg, mit Knochen)
75 g Frühstücksspeck in Scheiben (Bacon)
1 kleines Bund Suppengrün (Sellerie, Möhren, Porree)
1 Zwiebel
250 ml Gemüsebrühe
50 ml Weißwein
50–75 g Schlagsahne
evtl. etwas Saucenbinder

Außerdem:
Küchengarn

Pro Portion:
E: 48 g, F: 44 g, Kh: 6 g,
kJ: 2762, kcal: 660

1. Den Backofen vorheizen.
Ober-/Unterhitze: etwa 220 °C
Heißluft: etwa 200 °C
2. Schinken sehr fein würfeln. Schinkenwürfel, Butter und Meerrettich in einen hohen Rührbecher geben und mit einem Pürierstab zu einer Paste verarbeiten.

Rotkohlrouladen mit Grünkernfüllung

Schweinekotelettbraten

Gefüllte Kohlblätter

3. Kotelettstrang kurz unter fließendem kalten Wasser abspülen, trocken tupfen. Fleisch der Länge nach 3-mal etwa 3 cm tief einschneiden (nicht bis auf den Knochen durchschneiden). Die Füllung in die Einschnitte füllen und glatt streichen.
4. Die Baconscheiben quer, leicht überlappend, auf das Fleisch legen und den Braten mit Küchengarn umwickeln. Den Braten mit der Speckseite nach oben in einen Bräter legen. Den Bräter zugedeckt auf dem Rost in den vorgeheizten Backofen (unterste Schiene) schieben. Den Braten etwa 30 Minuten vorgaren.
5. In der Zwischenzeit Suppengrün vorbereiten: Sellerie und Möhren putzen, schälen, abspülen, abtropfen lassen und fein würfeln. Porree putzen, die Stange längs halbieren, gründlich waschen, abtropfen lassen und in dünne Streifen schneiden. Zwiebel abziehen und fein würfeln.
6. Nach Ende der Garzeit die Backofentemperatur um etwa 40 °C herunterschalten. Das vorbereitete Gemüse und etwas von der Brühe zum Braten in den Bräter geben. Den Braten mit dem Gemüse zugedeckt weitere etwa 90 Minuten garen. Dann den Deckel abnehmen und den Braten mit dem Gemüse in weiteren etwa 30 Minuten fertig garen.
7. Den Bräter aus dem Backofen nehmen. Den gegarten Braten zugedeckt etwa 10 Minuten ruhen lassen. Das Gemüse mit der Garflüssigkeit in einen Topf geben. Die restliche Brühe und den Weißwein hinzufügen und aufkochen lassen. Die Sauce pürieren, durch ein Sieb streichen und nochmals aufkochen lassen. Die Sahne unterrühren. Die Sauce nach Belieben etwas einkochen lassen oder mit Saucenbinder binden.
8. Das Küchengarn entfernen und den Braten zuerst der Länge nach von den Knochen schneiden und dann das Fleisch in Scheiben schneiden (evtl. mit einem elektrischen Messer). Den Schweinekotelettbraten mit der Sauce servieren.

Gefüllte Kohlblätter

4 Portionen

Zubereitungszeit: 65 Minuten, ohne Abkühlzeit
Garzeit: etwa 50 Minuten

Salzwasser (auf 1 l Wasser 1 TL Salz)
1 Rotkohl (1600–1800 g)
600 g Bratwurstbrät
1 Gemüsezwiebel (etwa 300 g)
200 g weiße oder rosa Champignons
4 EL Speiseöl
Salz, gem. Pfeffer
gem. Kümmelsamen
1 Bund Suppengrün (etwa 500 g, küchenfertig vorbereitet, z. B. Möhren, Sellerie Porree)
200 ml Fleischbrühe
einige Basilikumblättchen

Pro Portion:
E: 24 g, F: 48 g, Kh: 13 g,
kJ: 2433, kcal: 581

1. Das Salzwasser in einem großen, weiten Topf zum Kochen bringen. In der Zwischenzeit vom Rotkohl die äußeren welken Blätter entfernen. Rotkohl abspülen, abtropfen lassen und den Strunk unten keilförmig herausschneiden.
2. Den Rotkohl so lange in kochendes Wasser legen, bis sich die äußeren Blätter lösen. Diesen Vorgang wiederholen, bis sich etwa 8 Blätter lösen lassen und etwas weich sind. Die Blätter trocken tupfen. Dicke Blattrippen flach schneiden.
3. Das Bratwurstbrät in eine Schüssel geben. Die Gemüsezwiebel abziehen, halbieren und würfeln. Champignons putzen, evtl. kurz abspülen, abtropfen lassen und klein schneiden.
4. Zwei Esslöffel des Speiseöls in einer Pfanne erhitzen. Die Hälfte der Zwiebelwürfel darin glasig dünsten. Champignons hinzugeben und mit andünsten, etwas abkühlen lassen.
5. Den Backofen vorheizen.
Ober-/Unterhitze: etwa 180 °C
Heißluft: etwa 160 °C
6. Die Champignon-Zwiebel-Masse zu dem Bratwurstbrät in die Schüssel geben und gut unterkneten. Mit Salz, Pfeffer und Kümmel würzen.
7. Das vorbereitete Suppengrün in Würfel schneiden. Restliches Speiseöl in einem Bräter erhitzen. Suppengrünwürfel und die restlichen Zwiebelwürfel darin unter Rühren andünsten. Brühe hinzugießen. Den Bräter von der Kochstelle nehmen.
8. Jeweils 2 Rotkohlblätter übereinanderlegen. Die Brät-Champignon-Masse darauf verteilen. Die Blätter seitlich einschlagen und aufrollen. Die Rouladen mit der Nahtseite nach unten auf das Gemüse setzen.
9. Den Bräter auf dem Rost in den vorgeheizten Backofen schieben. Das Ganze etwa 50 Minuten garen.
10. Die gefüllten Rotkohlblätter mit dem Gemüse anrichten und mit abgespülten, trocken getupften Basilikumblättchen garniert servieren.

Rinderschmorbraten

Rehragout mit Weintrauben

Rinderschmorbraten

4 Portionen

Zubereitungszeit: 40 Minuten
Garzeit: etwa 90 Minuten

1 kg Rindfleisch (aus der Keule, ohne Knochen)
1 Bund Suppengrün (Möhren, Sellerie, Porree)
1 Zwiebel
je 1 Stängel Thymian und Rosmarin
3 EL Speiseöl, Salz
1 EL Tomatenmark
1 Lorbeerblatt
125 ml Rotwein
125–375 ml Rinderbrühe
evtl. etwas Weizenmehl

Pro Portion:
E: 52 g, F: 14 g, Kh: 6 g,
kJ: 1573, kcal: 376

1. Den Backofen vorheizen.
Ober-/Unterhitze: etwa 180 °C
Heißluft: etwa 160 °C
2. Das Rindfleisch mit Küchenpapier trocken tupfen. Suppengrün putzen, abspülen, abtropfen lassen und in Stücke schneiden. Zwiebel abziehen und vierteln. Thymian und Rosmarin abspülen und trocken tupfen.
3. Speiseöl in einem Bräter erhitzen. Das Fleisch darin von allen Seiten gut anbraten und mit Salz würzen. Tomatenmark, Lorbeerblatt, Thymian-, Rosmarinstängel und das vorbereitete Suppengrün hinzugeben, kurz mit andünsten. Mit etwas Rotwein ablöschen und zum Kochen bringen.
4. Den Bräter zugedeckt auf dem Rost in den vorgeheizten Backofen schieben. Rinderbraten etwa 90 Minuten garen. Verdampfte Flüssigkeit nach und nach durch restlichen Rotwein und Brühe ersetzen.
5. Rinderbraten aus dem Bräter nehmen und zugedeckt etwa 10 Minuten ruhen lassen. Rinderbraten in Scheiben schneiden und auf einer vorgewärmten Platte anrichten, warm stellen.
6. Den Bratenfond evtl. mit Wasser auffüllen (Lorbeerblatt und Kräuterstängel entfernen), mit dem Gemüse pürieren und durch ein Sieb streichen. Die Sauce entfetten, zum Kochen bringen und nach Belieben mit angerührtem Mehl binden. Die Sauce nochmals mit den Gewürzen abschmecken. Den Rinderschmorbraten mit der Sauce servieren.

Rehragout mit Weintrauben

(Römertopf® 4-Liter-Inhalt)
4 Portionen

Zubereitungszeit: 40 Minuten
Garzeit: etwa 75 Minuten

800 g Rehkeule (ohne Knochen)
200 g Schalotten
1 TL gem. Koriander
Salz, gem. Pfeffer
2 Lorbeerblätter
125 ml roter Traubensaft
350 g grüne kernlose Weintrauben
4 l Wasser
4 gestr. TL Salz
400 g breite Bandnudeln
einige Spritzer Zitronensaft

Pro Portion:
E: 57 g, F: 6 g, Kh: 89 g,
kJ: 2680, kcal: 640

1. Rehfleisch mit Küchenpapier trocken tupfen, evtl. enthäuten. Das Fleisch quer zur Faser in dünne Scheiben schneiden. Schalotten abziehen und in Spalten schneiden.
2. Die Fleischscheiben mit Koriander, Salz, Pfeffer, Schalottenspalten und Lorbeerblättern mischen und in einen gewässerten Römertopf® geben. Den Traubensaft hinzugießen. Römertopf® mit dem Deckel verschließen und auf dem Rost in den kalten Backofen schieben.
Ober-/Unterhitze: etwa 200 °C
Heißluft: etwa 180 °C
3. Fleisch etwa 75 Minuten garen.
4. Weintrauben abspülen, trocken tupfen, entstielen und halbieren. Nach etwa 60 Minuten Garzeit die Trauben zu den Fleischscheiben in den Römertopf® geben. Das Ragout zugedeckt in weiteren etwa 15 Minuten fertig garen.
5. Inzwischen Wasser in einem großen Topf zugedeckt zum Kochen bringen. Salz und Nudeln hinzugeben. Nudeln im geöffneten Topf nach Packungsanleitung bissfest kochen, dabei gelegentlich umrühren.
6. Die Nudeln in ein Sieb geben, mit heißem Wasser übergießen, abtropfen lassen und warm stellen.
7. Das gegarte Rehragout mit Salz, Pfeffer und Zitronensaft abschmecken und mit den Nudeln servieren.

Mallorquinischer Schmortopf

6 Portionen

Zubereitungszeit: 60 Minuten
Garzeit: 40–50 Minuten

6 festkochende Kartoffeln (etwa 500 g)
3 mittelgroße Zucchini (etwa 400 g)
3 mittelgroße rote Paprikaschoten (etwa 400 g)
1 Gemüsezwiebel (etwa 150 g)
3 Knoblauchzehen
3–4 große Fleischtomaten (etwa 400 g)
je 1 kleines Bund Basilikum, Oregano, glatte Petersilie
150 ml Olivenöl
Salz, gem. Pfeffer

Pro Portion:
E: 4 g, F: 25 g, Kh: 19 g, kJ: 1404, kcal: 335

1. Kartoffeln schälen, abspülen, abtropfen lassen. Zucchini abspülen, abtrocknen und die Enden abschneiden. Die Zucchini und Kartoffeln in Scheiben schneiden. Paprikaschoten halbieren, entstielen, entkernen und die weißen Scheidewände entfernen. Schoten abspülen, abtropfen lassen und in grobe Stücke schneiden.
2. Zwiebel und Knoblauch abziehen. Die Zwiebel achteln und in einzelne Schichten zerlegen. Knoblauch in feine Würfel schneiden. Fleischtomaten abspülen, trocken tupfen, vierteln und die Stängelansätze herausschneiden. Die Tomaten in nicht zu dünne Scheiben schneiden. Die Kräuter abspülen und trocken tupfen. Die Blättchen von den Stängeln zupfen. Blättchen grob zerschneiden.
3. Den Backofen vorheizen.
Ober-/Unterhitze: etwa 180 °C
Heißluft: etwa 160 °C
4. Jeweils etwas Olivenöl in einem großen Topf erhitzen. Vorbereitete Gemüsezutaten und Kartoffeln nacheinander darin andünsten, herausnehmen und dachziegelartig in der Reihenfolge Kartoffeln, Zucchini, Paprikastücke, Zwiebel- und Tomatenscheiben in eine große Auflaufform (gefettet) schichten. Die einzelnen Schichten jeweils mit Salz, Pfeffer, Knoblauch und den Kräutern bestreuen. Mit dem restlichen Olivenöl beträufeln.
5. Die Form auf dem Rost in den vorgeheizten Backofen schieben. Den Schmortopf 40–50 Minuten garen.

Mallorquinischer Schmortopf

Lammrückenfilet im Wirsingkleid

4 Portionen (ohne Foto)

Zubereitungszeit: 45 Minuten
Garzeit: etwa 20 Minuten

2 Lammrückenfilets (je etwa 500 g)
50 g Pflanzenfett
1 Kopf Wirsing (etwa 600 g)
Salz
300 g Bratwurstbrät
100 g gehackte Erdnusskerne
2 Schweinenetze (beim Metzger vorbestellen)
150 g Crème fraîche
gem. Pfeffer, Zucker

Außerdem:
Küchengarn

Pro Portion:
E: 42 g, F: 68 g, Kh: 5 g, kJ: 3318, kcal: 794

1. Lammrückenfilets mit Küchenpapier trocken tupfen. Etwas von dem Pflanzenfett in einem Bräter erhitzen. Die Filets darin von allen Seiten gut anbraten, herausnehmen und beiseitelegen.
2. Den Backofen vorheizen.
Ober-/Unterhitze: etwa 180 °C
Heißluft: etwa 160 °C
3. Von dem Wirsing die äußeren welken Blätter entfernen. Die grünen Blätter vorsichtig vom Strunk lösen. Wirsingblätter abspülen, in kochendem Salzwasser kurz blanchieren, mit eiskaltem Wasser abschrecken und abtropfen lassen.
4. Wirsingblätter auf der Arbeitsfläche in doppelter Lage ausbreiten, Bratwurstbrät mit Erdnusskernen vermengen. Die Lammrückenfilets gleichmäßig mit der Masse bestreichen, auf die Wirsingblätter legen und jeweils fest aufrollen.
5. Schweinenetze um die Wirsingrollen wickeln und mit Küchengarn wie einen Rollbraten umwickeln. Restliches Pflanzenfett in dem Bräter erhitzen. Eingewickelte Lammrückenfilets darin von allen Seiten anbraten. Dann den Bräter auf dem Rost in den vorgeheizten Backofen schieben.
6. Die Lammrückenfilets im Wirsingkleid etwa 20 Minuten garen.
7. Die Lammrückenfilets aus dem Bräter nehmen und eine Zeit lang ruhen lassen. Dann die Lammrückenfilets in Scheiben schneiden.
8. Für die Sauce Crème fraîche in den Bratenfond rühren und etwas einkochen lassen. Die Sauce mit Salz, Pfeffer und Zucker abschmecken und zu den Lammrückenfilets servieren.

Ragout vom Reh

4–6 Portionen

Zubereitungszeit: 50 Minuten
Garzeit: etwa 110 Minuten

100 g Zwiebeln
800 g Rehfleisch (aus der Schulter)
2 Stängel Rosmarin
4 Stängel Thymian
5 EL Olivenöl
1 EL Tomatenmark
2 EL Weizenmehl
Salz, gem. Pfeffer
250 ml Rotwein
500 ml Geflügelbrühe
3 Lorbeerblätter
2 Möhren
200 g Staudensellerie
4 Stängel glatte Petersilie
200 g Champignons
2 EL Butterschmalz

Pro Portion:
E: 39 g, F: 24 g, Kh: 8 g,
kJ: 1814, kcal: 433

1. Zwiebeln abziehen und in kleine Würfel schneiden. Rehfleisch mit Küchenpapier trocken tupfen und in etwa 2 cm große Würfel schneiden. Kräuter abspülen und trocken tupfen.
2. Den Backofen vorheizen.
Ober-/Unterhitze: etwa 160 °C
Heißluft: etwa 140 °C
3. Olivenöl in einem Bräter erhitzen. Die Fleischwürfel darin von allen Seiten gut anbraten. Zwiebelwürfel hinzufügen und mit andünsten. Tomatenmark unterrühren und kurz mit anrösten. Fleischwürfel mit Mehl bestäuben und unterrühren. Mit Salz und Pfeffer würzen.
4. Wein und Brühe hinzugießen, zum Kochen bringen, Lorbeerblätter, Rosmarin und Thymian hinzufügen. Den Bräter zugedeckt auf dem Rost in den vorgeheizten Backofen schieben.
5. Die Fleischwürfel etwa 90 Minuten garen.
6. Möhren putzen, schälen, abspülen, abtropfen lassen und in kleine Würfel schneiden. Sellerie putzen und die harten Außenfäden abziehen. Sellerie abspülen, abtropfen lassen und in kleine Stücke schneiden. Die Möhrenwürfel und Selleriestücke zu den Fleischwürfeln in den Bräter geben und in weiteren etwa 20 Minuten fertig garen, evtl. etwas Wasser hinzugießen.
7. Petersilie abspülen und trocken tupfen. Die Blättchen von den Stängeln zupfen. Einige Blättchen zum Garnieren beiseitelegen. Restliche Blättchen fein schneiden. Champignons putzen, evtl. kurz abspülen, abtropfen lassen und vierteln. Butterschmalz in einer Pfanne erhitzen, Champignonviertel darin gut anbraten. Mit Salz und Pfeffer würzen.
8. Champignonviertel in einen Topf geben. Die gegarten Fleischwürfel und das Gemüse mit einer Schaumkelle aus dem Bräter nehmen und zu den Champignonvierteln geben.
9. Den Bratenfond zum Kochen bringen und um ein Drittel einkochen lassen. Anschließend den Fond durch ein Sieb auf das Ragout gießen.
10. Das Rehragout auf vorgewärmten Tellern anrichten, mit klein geschnittener Petersilie bestreuen und mit den beiseitegelegten Petersilienblättchen garnieren.

Ragout vom Reh

Putenbrust mit Tomaten-Zwiebel-Füllung

4–5 Portionen

Zubereitungszeit: 45 Minuten
Garzeit: etwa 80 Minuten

100 g Möhren
75 g Petersilienwurzel
100 g Knollensellerie
100 g Porree (Lauch)

Für die Füllung:
2 Zwiebeln
1 Knoblauchzehe
50 g abgetropfte getrocknete Tomaten, in Öl
2 EL Semmelbrösel
90 g Butter (zimmerwarm)
Salz
gem. Pfeffer

etwa 800 g Putenbrust
2 Lorbeerblätter
375 ml Gemüsebrühe

Außerdem:
Holzstäbchen, Küchengarn

Pro Portion:
E: 46 g, F: 20 g, Kh: 12 g,
kJ: 1728, kcal: 414

1. Möhren, Petersilienwurzel und Sellerie putzen, schälen, abspülen, abtropfen lassen und in kleine Würfel

Putenbrust mit Tomaten-Zwiebel-Füllung

Hirschrollbraten mit Kirschsauce

schneiden. Porree putzen, die Stange längs halbieren, gründlich waschen, abtropfen lassen und in feine Streifen schneiden.

2. Den Backofen vorheizen.
Ober-/Unterhitze: etwa 180 °C
Heißluft: etwa 160 °C

3. Für die Füllung Zwiebeln und Knoblauch abziehen, fein würfeln. Tomaten klein schneiden. Zwiebeln, Knoblauch, Tomaten, Semmelbrösel und Butter in einen hohen Rührbecher geben und mit einem Pürierstab zu einer Paste verarbeiten, mit Salz und Pfeffer würzen.

4. Die Putenbrust kurz unter fließendem kalten Wasser abspülen und trocken tupfen. In die Putenbrust waagerecht eine möglichst tiefe Tasche einschneiden, dabei das Fleisch nicht durchschneiden.

5. Die Paste in die Öffnung geben. Die Öffnung mit Holzstäbchen zustecken (senkrecht zur Öffnung) und mit Küchengarn wie einen Schnürschuh verschließen. Die Putenbrust rundherum mit Salz und Pfeffer einreiben und in einen Bräter legen.

6. Das vorbereitete Gemüse mit den Lorbeerblättern und 125 ml von der Gemüsebrühe zu der Putenbrust in den Bräter geben. Den Bräter zugedeckt auf dem Rost in den vorgeheizten Backofen schieben. Die Putenbrust etwa 80 Minuten garen. Verdampfte Flüssigkeit nach und nach durch restliche Brühe ersetzen.

7. Den Bräter aus dem Backofen nehmen. Die Putenbrust zugedeckt etwa 10 Minuten ruhen lassen.

8. Das Gemüse mit der Garflüssigkeit in einen Topf geben, dabei Lorbeerblätter entfernen, aufkochen lassen und pürieren. Die Sauce mit Salz und Pfeffer abschmecken.

9. Die Putenbrust in Scheiben schneiden, dabei Küchengarn und Holzstäbchen entfernen. Das Fleisch mit der Sauce servieren.

Hirschrollbraten mit Kirschsauce

4 Portionen

Zubereitungszeit: 35 Minuten
Garzeit: etwa 90 Minuten

800 g Hirschkalbskeule (ohne Knochen)
80 g geräucherter Bauchspeck
100 g Fetakäse
Salz, gem. Pfeffer
5 EL Speiseöl, z. B. Rapsöl
1 Zwiebel
350 g abgetropfte Schattenmorellen (aus dem Glas)
400 ml Wildfond
200 ml Kirschsaft (aus dem Glas)
1 EL flüssiger Honig
1 TL gerebelter Thymian
1–2 EL Speisestärke
2 EL kaltes Wasser
1 EL klein geschnittene Thymianblättchen

Außerdem:
Küchengarn

Pro Portion:
E: 48 g, F: 42 g, Kh: 30 g,
kJ: 2922, kcal: 697

1. Hirschkalbskeule mit Küchenpapier trocken tupfen. Das Fleisch mit einem scharfen Messer waagerecht fast durchschneiden und aufklappen. Speck und Fetakäse in etwa 1 cm dicke Streifen schneiden.

2. Speck- und Käsestreifen abwechselnd auf das vorbereitete Fleisch legen und von der schmaleren Seite aus fest aufrollen. Mit Küchengarn fest umwickeln. Das Fleisch mit Salz und Pfeffer würzen.

3. Den Backofen vorheizen.
Ober-/Unterhitze: etwa 180 °C
Heißluft: etwa 160 °C

4. Speiseöl in einem Bräter erhitzen. Den Hirschrollbraten darin von allen Seiten gut anbraten. Zwiebel abziehen, klein würfeln, zu dem Rollbraten in den Bräter geben und mit anbraten.

5. Von den Schattenmorellen den Saft auffangen und 200 ml abmessen. Fond und Kirschsaft zum Rollbraten geben und zum Kochen bringen. Den Bräter zugedeckt auf dem Rost in den vorgeheizten Backofen (unteres Drittel) schieben. Den Rollbraten etwa 90 Minuten garen.

6. Den gegarten Rollbraten aus dem Bräter nehmen und warm gestellt kurz ruhen lassen. Den Bratenfond zum Kochen bringen. Mit Honig, Salz, Pfeffer und Thymian würzen. Speisestärke mit Wasser anrühren, in den Bratenfond rühren und unter Rühren aufkochen lassen. Kirschen in die Sauce geben und miterwärmen.

7. Das Küchengarn entfernen. Den Rollbraten in Scheiben schneiden, mit Thymian bestreuen und mit der Sauce servieren.

Schweineschmorbraten

Schweineschmorbraten

6 Portionen

Zubereitungszeit: 20 Minuten
Schmorzeit: etwa 1 1/2 Stunden

750 g Schweinefleisch
(aus der Keule, ohne Knochen)
Salz, gem. Pfeffer
Paprikapulver edelsüß
1 Bund Suppengrün
(Sellerie, Möhren, Porree)
4 Zwiebeln
3 EL Speiseöl
gerebelter Majoran oder Thymian
heißes Wasser

Pro Portion:
E: 28 g, F: 12 g, Kh: 4 g,
kJ: 1001, kcal: 240

1. Den Backofen vorheizen.
Ober-/Unterhitze: etwa 180 °C
Heißluft: etwa 160 °C
2. Schweinefleisch mit Küchenpapier trocken tupfen, mit Salz, Pfeffer und Paprika würzen.
3. Sellerie und Möhren putzen, schälen, abspülen und abtropfen lassen. Porree putzen, die Stange längs halbieren, gründlich waschen und abtropfen lassen. Zwiebeln abziehen. Vorbereitetes Suppengrün und Zwiebeln klein schneiden.
4. Speiseöl in einem Bräter erhitzen. Das Fleisch darin von allen Seiten kräftig anbraten, mit Majoran oder Thymian würzen.
5. Suppengrün- und Zwiebelstücke hinzufügen, kurz mit andünsten. So viel heißes Wasser hinzugießen, dass der Topfboden bedeckt ist.
6. Den Bräter zugedeckt auf dem Rost in den vorgeheizten Backofen schieben. Den Schweineschmorbraten etwa 1 1/2 Stunden garen. Verdampfte Flüssigkeit nach und nach durch heißes Wasser ersetzen.
7. Den gegarten Schmorbraten aus dem Bräter nehmen und zugedeckt etwa 10 Minuten ruhen lassen, damit sich der Fleischsaft setzt.
8. In der Zwischenzeit den Bratensatz mit dem Gemüse durch ein Sieb streichen, etwa 400 ml von dem Bratensatz, evtl. mit heißem Wasser aufgefüllt, abmessen und in einen Topf geben. Den aus dem Braten ausgetretenen Bratensaft hinzufügen, zum Kochen bringen und nach Belieben etwas einkochen lassen. Die Sauce mit Salz, Pfeffer und Majoran oder Thymian abschmecken.
9. Den Schweineschmorbraten in Scheiben schneiden, auf einer vorgewärmten Platte anrichten und die Sauce dazureichen.

Schweinebraten mit roten Bohnen

(Römertopf® 4-Liter-Inhalt)
4 Portionen

Zubereitungszeit: 30 Minuten
Garzeit: 95–110 Minuten

1–1,2 kg Schweinenackenbraten
(ohne Knochen)
Salz, gem. Pfeffer
150 ml Gemüsebrühe
200 g Zwiebeln, 200 g Möhren
500 g Kürbis
1 gelbe Paprikaschote
1 kleiner Topf Thymian
500 g rote Bohnen (aus Dosen)
Paprikapulver rosenscharf
1–2 Lorbeerblätter

Pro Portion:
E: 47 g, F: 19 g, Kh: 19 g,
kJ: 1802, kcal: 431

1. Den Nackenbraten mit Küchenpapier trocken tupfen, mit Salz und Pfeffer einreiben. Den Nackenbraten in einen gewässerten Römertopf geben und Brühe hinzugießen. Den Römertopf® mit dem Deckel verschließen und auf dem Rost in den kalten Backofen schieben.
Ober-/Unterhitze: etwa 200 °C
Heißluft: etwa 180 °C
2. Nackenbraten 95–110 Minuten garen.
3. In der Zwischenzeit Zwiebeln abziehen, zuerst in Scheiben schneiden, dann in Ringe teilen. Möhren putzen, schälen, abspülen, abtropfen lassen und in Scheiben schneiden. Kürbis putzen, halbieren, Kerne und den faserigen Innenteil entfernen. Den Kürbis schälen, abspülen, abtropfen lassen und in schmale Spalten schneiden. Kürbisspalten je nach Größe quer halbieren oder dritteln.
4. Paprikaschote vierteln, entstielen, entkernen und die weißen Scheidewände entfernen. Schote abspülen, trocken tupfen und quer in Streifen schneiden. Thymianstängel abspülen und trocken tupfen. Die Bohnen in ein Sieb geben, mit kaltem Wasser abspülen und abtropfen lassen.
5. Das vorbereitete Gemüse mit den Bohnen mischen. Mit Salz, Pfeffer und Paprika würzen.
6. Nach etwa 50 Minuten Garzeit die Gemüse-Bohnen-Mischung, Lorbeerblätter und die Hälfte des Thymians in den Römertopf geben und zugedeckt weitere 40–50 Minuten garen. Dann den Deckel abnehmen und den Nackenbraten mit dem Gemüse in weiteren 5–10 Minuten fertig garen.
7. Nackenbraten aus dem Römertopf nehmen und warm stellen. Das Gemüse nach Belieben mit den Gewürzen abschmecken. Restliche Thymianstängel etwas kleiner zupfen. Den Nackenbraten in Scheiben schneiden und mit dem Gemüse anrichten. Mit Thymian garniert servieren.

Spanferkelkeule, geschmort

4 Portionen (ohne Foto)

Zubereitungszeit: 25 Minuten
Garzeit: etwa 90 Minuten

1 Spanferkelkeule (ohne Knochen, 800–1000 g)
Salz, gem. Pfeffer
3 EL Speiseöl
1 Möhre
1 Stück Knollensellerie
1 große Zwiebel
gerebelter Thymian
gerebelter Majoran
1 EL Tomatenmark
100 g entsteinte Backpflaumen
200 ml trockener Rotwein
200 ml Kalbsfond

Pro Portion:
E: 51 g, F: 32 g, Kh: 9 g,
kJ: 2501, kcal: 597

1. Spanferkelkeule mit Küchenpapier trocken tupfen, mit Salz und Pfeffer würzen.
2. Den Backofen vorheizen.
Ober-/Unterhitze: etwa 200 °C
Heißluft: etwa 180 °C
3. Speiseöl in einem Bräter erhitzen, die Keule darin von allen Seiten kräftig anbraten.
4. Möhre und Sellerie putzen, schälen, abspülen und abtropfen lassen. Zwiebel abziehen. Gemüse in grobe Würfel schneiden, zu der Spanferkelkeule in den Bräter geben und mit anrösten.
5. Thymian, Majoran und Tomatenmark hinzufügen, gut verrühren und mit Wasser ablöschen, sodass der Boden gerade bedeckt ist.
6. Den Bräter auf dem Rost in den vorgeheizten Backofen schieben. Die Spanferkelkeule etwa 1 1/2 Stunden garen.
7. Verdampfte Flüssigkeit nach und nach durch Wasser ersetzen. Nach der Hälfte der Garzeit Backpflaumen, Wein und Fond hinzugeben und zugedeckt in weiteren etwa 45 Minuten fertig garen.
8. Die Spanferkelkeule aus dem Bräter nehmen und warm stellen.
9. Den Fond mit den Backpflaumen und dem Gemüse pürieren und etwa um ein Drittel einkochen lassen. Die Sauce evtl. nochmals mit den Gewürzen abschmecken und zu der Spanferkelkeule reichen.

Schweinekrustenbraten

4 Portionen

Zubereitungszeit: 20 Minuten
Garzeit: 1 3/4–2 Stunden

1 kg Schweinefleisch (mit Schwarte, aus der Keule)
Salz, gem. Pfeffer
gerebelter Thymian
gerebelter Salbei
gerebelter Rosmarin
250 ml Bier
250 ml Wasser
2 EL Weizenmehl
3 EL kaltes Wasser

Pro Portion:
E: 48 g, F: 30 g, Kh: 7 g,
kJ: 2160, kcal: 515

1. Den Backofen vorheizen.
Ober-/Unterhitze: etwa 200 °C
Heißluft: etwa 180 °C
2. Das Fleisch mit Küchenpapier trocken tupfen. Die Schwarte gitterartig einschneiden. Die Fleischeinschnitte mit Salz, Pfeffer, Thymian, Salbei und Rosmarin einreiben.
3. Das Fleisch mit der Schwarte nach oben in einen Bräter legen. Etwas Bier und Wasser hinzugießen. Den Bräter zugedeckt auf dem Rost in den vorgeheizten Backofen schieben. Den Krustenbraten 1 3/4–2 Stunden garen.
4. Nach etwa 1 Stunde Garzeit restliches Bier und Wasser zum Fleisch in den Bräter geben und zugedeckt weitere etwa 30 Minuten garen. Dann den Deckel abnehmen, den Krustenbraten in 15–30 Minuten fertig garen. Dabei den Krustenbraten ab und zu mit dem Bratensud begießen.
5. Krustenbraten aus dem Bräter nehmen und etwa 10 Minuten ruhen lassen. Krustenbraten in Scheiben schneiden, auf einer vorgewärmten Platte anrichten und warm stellen.
6. Den Bratensatz mit Wasser loskochen und durch ein Sieb gießen. Nach Belieben mit Wasser auf 500 ml auffüllen. Mehl mit Wasser anrühren, in die Sauce rühren und unter Rühren aufkochen lassen. Mit Salz und Pfeffer abschmecken.
7. Den Schweinekrustenbraten anrichten und mit der Sauce servieren.

Schweinebraten mit roten Bohnen

Schweinekrustenbraten

Kalbsschmorbraten mit fruchtiger Zimtsauce

Kalbsschmorbraten mit fruchtiger Zimtsauce

8 Portionen

Zubereitungszeit: 35 Minuten
Garzeit: 75–90 Minuten

1 1/2 kg Kalbsbraten (aus der Keule oder ausgelöstes Kotelettstück)
Salz, gem. Pfeffer
1 Stängel Rosmarin
3 EL Speiseöl
3 Schalotten
250–300 ml Kalbsfond oder -brühe

Für die Sauce:
100 ml Weißwein
1/2 TL gem. Zimt
Zucker
200 g grüne kernlose Weintrauben
150 g Crème fraîche
evtl. dunkler Saucenbinder

Pro Portion:
E: 38 g, F: 18 g, Kh: 5 g,
kJ: 1433, kcal: 343

1. Den Backofen vorheizen.
Ober-/Unterhitze: etwa 220 °C
Heißluft: etwa 200 °C
2. Den Kalbsbraten mit Küchenpapier trocken tupfen, mit Salz und Pfeffer würzen. Rosmarin abspülen und trocken tupfen. Die Nadeln von dem Stängel zupfen.
3. Speiseöl in einem Bräter erhitzen, das Fleisch darin von allen Seiten gut anbraten und mit den Rosmarinnadeln bestreuen. Die Schalotten abziehen, klein würfeln, zum Kalbsbraten geben und kurz mit anbraten. Etwas Kalbsfond oder -brühe hinzugießen. Den Bräter zugedeckt auf dem Rost in den vorgeheizten Backofen schieben. Den Kalbsschmorbraten 75–90 Minuten garen.
4. Nach und nach die verdampfte Flüssigkeit durch Fond oder Brühe ersetzen. Das Fleisch während der Garzeit mehrmals wenden.
5. Den gegarten Kalbsschmorbraten aus dem Bräter nehmen, in Alufolie wickeln und ruhen lassen.
6. Für die Sauce den Wein unter den Bratensatz rühren und loskochen. Die Sauce mit Salz, Zimt und 1 Prise Zucker abschmecken.
7. Die Weintrauben abspülen, trocken tupfen, mit Crème fraîche unter die Sauce rühren und erhitzen. Die Sauce nach Belieben mit Saucenbinder andicken.
8. Den Kalbsschmorbraten aus der Alufolie wickeln, in Scheiben schneiden und auf einer vorgewärmten Platte anrichten. Die Zimtsauce dazureichen.

Lammkoteletts, geschmort

4 Portionen (ohne Foto)

Zubereitungszeit: 40 Minuten, ohne Marinierzeit
Garzeit: etwa 20 Minuten

600 g Lammkoteletts
2 Zitronen
6 EL Olivenöl
Salz, gem. Pfeffer
1 kg Tomaten
1 Lorbeerblatt
1 Knoblauchzehe
einige frische Lorbeerblätter

Pro Portion:
E: 30 g, F: 48 g, Kh: 9 g,
kJ: 2634, kcal: 629

1. Lammkoteletts kurz unter fließendem kalten Wasser abspülen, trocken tupfen und auf einem großen flachen Teller verteilen.
2. Eine Zitrone halbieren und den Saft auspressen. Den Saft mit Olivenöl verschlagen und auf den Koteletts verteilen. Nach etwa 10 Minuten Marinierzeit die Koteletts wenden, darauf achten, dass die Marinade das Fleisch gleichmäßig überzogen hat. Das Fleisch mit Salz und Pfeffer würzen.
3. Den Backofen vorheizen.
Ober-/Unterhitze: etwa 200 °C
Heißluft: etwa 180 °C
4. Tomaten kreuzweise einschneiden und mit kochendem Wasser übergießen. Nach 1–2 Minuten herausnehmen und mit kaltem Wasser abschrecken. Tomaten häuten, halbieren und die Stängelansätze herausschneiden. Tomaten in Scheiben schneiden und dachziegelartig an den Rand einer feuerfesten Form (gefettet) legen. Die Koteletts dazwischen platzieren.
5. Die zweite Zitrone dick schälen und in Scheiben schneiden. Lorbeerblatt in Stücke brechen. Knoblauch abziehen und in sehr kleine Würfel schneiden.
6. Die Zitronenscheiben ebenfalls dachziegelartig an den Rand der Form legen. Lorbeerblatt und Knoblauchwürfel gleichmäßig zwischen den Koteletts verteilen. Die Form auf dem Rost in den vorgeheizten Backofen schieben. Die Koteletts mit den Tomaten und Zitronen etwa 20 Minuten garen.
7. Die geschmortenLammkoteletts nach Belieben mit frischen, abgespülten und trocken getupften Lorbeerblättern garnieren.

Kalbsschulter Fiorentina

6 Portionen

Zubereitungszeit: 40 Minuten
Garzeit: etwa 90 Minuten

1,2 kg Kalbsschulter (ohne Knochen)
2 EL Speiseöl
Salz, gem. Pfeffer
4 Knoblauchzehen
je 2 Stängel Thymian und Rosmarin
1/2 Bio-Limette (unbehandelt, ungewachst)
500 g kleine festkochende Kartoffeln
200 ml Kalbsfond oder -brühe

Pro Portion:
E: 41 g, F: 14 g, Kh: 13 g,
kJ: 1442, kcal: 344

1. Den Backofen vorheizen.
Ober-/Unterhitze: etwa 160 °C
Heißluft: etwa 140 °C
2. Kalbsschulter mit Küchenpapier trocken tupfen.
3. Speiseöl in einem Bräter erhitzen. Das Fleisch mit Salz und Pfeffer würzen, in den Bräter legen und von allen Seiten anbraten.
4. Knoblauch abziehen, Thymian und Rosmarin abspülen und trocken tupfen. Die Stängel grob zerkleinern. Limette heiß abwaschen, abtrocknen, halbieren und in sehr schmale Spalten schneiden. Vorbereitete Zutaten zum Fleisch in den Bräter geben.
5. Den Bräter ohne Deckel auf dem Rost in den vorgeheizten Backofen schieben. Die Kalbsschulter etwa 90 Minuten garen.
6. In der Zwischenzeit Kartoffeln unter fließendem kalten Wasser gründlich abbürsten und abtropfen lassen. Nach etwa 45 Minuten Garzeit die Kartoffeln zum Fleisch geben und etwa 10 Minuten anbraten. Dann Fond oder Brühe hinzugießen. Das Ganze zugedeckt in weiteren etwa 35 Minuten fertig garen.

Krustenbraten mit Malzbier

6 Portionen

Zubereitungszeit: 45 Minuten
Garzeit: etwa 60 Minuten

1 1/4 kg Schweinekeule (mit Schwarte, ohne Knochen)
6 Gewürznelken, Salz
1 TL gem. Kümmelsamen
2 Zwiebeln
1 Bund Suppengrün (Möhren, Sellerie, Porree)
2 EL Speiseöl
1 TL Tomatenmark
300 ml Malzbier
200 ml Schweinekeulen-Kochsud
1 TL Speisestärke
gem. Pfeffer

Pro Portion:
E: 40 g, F: 28 g, Kh: 8 g,
kJ: 1921, kcal: 459

1. Die Schweinekeule mit Küchenpapier trocken tupfen. Die Schwarte rautenförmig etwa 1 cm tief einschneiden (dabei darauf achten, dass das Fleisch nicht mit eingeschnitten wird). Die Nelken in die Kreuzungspunkte der Einschnitte stecken.
2. Die Schweinkeule in einem Topf in kochendem Salzwasser etwa 25 Minuten bei schwacher Hitze kochen lassen. Die Schweinekeule herausnehmen und mit Kümmel bestreuen. Den Kochsud beiseitestellen.
3. Den Backofen vorheizen.
Ober-/Unterhitze: etwa 180 °C
Heißluft: etwa 160 °C
4. In der Zwischenzeit Zwiebeln abziehen und in Würfel schneiden. Suppengrün putzen, abspülen, abtropfen lassen, in kleine Stücke schneiden.
5. Das Speiseöl in einem Bräter erhitzen. Die vorbereiteten Gemüsestücke darin unter Rühren anbraten. Tomatenmark unterrühren und kurz anrösten. Mit Malzbier ablöschen.
6. Die Schweinekeule auf die Gemüsestücke legen. Von dem beiseitegestellten Kochsud 200 ml abmessen und hinzugießen. Den Bräter zugedeckt auf dem Rost in den vorgeheizten Backofen schieben. Den Krustenbraten etwa 60 Minuten garen.
7. Die Schweinekeule aus dem Bräter nehmen und warm stellen. Den Bratensatz durch ein Sieb in einen Topf gießen. Speisestärke mit etwas Wasser anrühren, in den Bratensatz rühren und unter Rühren kurz aufkochen lassen. Die Sauce mit Salz und Pfeffer abschmecken.
8. Den Backofengrill vorheizen.
9. Den Krustenbraten kurz vor dem Servieren unter dem vorgeheizten Grill knusprig braun braten, dann etwa 5 Minuten ruhen lassen.
10. Den Krustenbraten in Scheiben schneiden, mit der Sauce anrichten.

Kalbsschulter Fiorentina

Krustenbraten mit Malzbier

Kasseler mit Sauerkraut

4 Portionen

Zubereitungszeit: 40 Minuten
Garzeit: etwa 50 Minuten

1 kg Kasseler Kotelettstück (ohne Knochen)
1 mittelgroße Zwiebel
1 Bund Suppengrün (Möhren, Sellerie, Porree)
1 kleines Lorbeerblatt
125 ml heißes Wasser
evtl. etwas Saucenbinder

Für das Sauerkraut:
2 Äpfel
1 Lorbeerblatt
4 Wacholderbeeren
1 TL Kümmelsamen
1 TL Pfefferkörner
500 g frisches Sauerkraut
125 ml Weißwein
125 ml Wasser
1 mittelgroße Kartoffel
Zucker
Salz, gem. Pfeffer

evtl. dunkler Saucenbinder

Pro Portion:
E: 47 g, F: 22 g, Kh: 19 g,
kJ: 2049, kcal: 488

1. Den Backofen vorheizen.
Ober-/Unterhitze: etwa 200 °C
Heißluft: etwa 180 °C
2. Den Kasseler mit Küchenpapier trocken tupfen und die Fettschicht gitterförmig einschneiden. Zwiebel abziehen. Suppengrün putzen, abspülen, abtropfen lassen. Das Gemüse fein würfeln.
3. Das Fleisch mit der Fettschicht nach oben in einen mit Wasser ausgespülten Bräter legen. Gemüse und Lorbeerblatt hinzugeben. Den Bräter auf dem Rost in den vorgeheizten Backofen schieben. Kasseler etwa 50 Minuten garen.
4. Wenn der Bratensaft bräunt, etwas von dem heißen Wasser hinzugeben. Die verdampfte Flüssigkeit nach und nach durch heißes Wasser ersetzen. Das Fleisch ab und zu mit dem Bratensatz begießen.
5. In der Zwischenzeit für das Sauerkraut die Äpfel schälen, vierteln und entkernen. Apfelviertel raspeln. Gewürze in einen Papier-Teebeutel oder Kaffeefilter geben und zubinden. Sauerkraut mit Apfelraspeln, Gewürzsäckchen, Wein und Wasser in einem Topf zum Kochen bringen und zugedeckt etwa 30 Minuten kochen lassen.
6. Die Kartoffel schälen, abspülen, fein reiben und nach der Hälfte der Garzeit unter das Sauerkraut rühren, damit es sämig wird. Das Gewürzsäckchen entfernen. Sauerkraut mit Salz und Pfeffer abschmecken.
7. Gegartes Kasseler aus dem Bräter nehmen und zugedeckt etwa 10 Minuten ruhen lassen.
8. Für die Sauce den Bratensatz mit etwas Wasser loskochen, mit dem Gemüse durch ein Sieb passieren und auf der Kochstelle zum Kochen bringen. Die Flüssigkeit nach Belieben mit Saucenbinder binden und nochmals kurz aufkochen lassen. Die Sauce mit Salz und Pfeffer abschmecken. Kasseler in Scheiben schneiden, mit der Sauce und dem Sauerkraut servieren.

Kräuter-Putenbraten mit Tomatensauce

8 Portionen

Zubereitungszeit: 20 Minuten, ohne Ruhezeit
Garzeit: etwa 90 Minuten

1 Gemüsezwiebel
1 Putenbrustfilet (etwa 2 kg, ohne Haut und Knochen)
Salz, gem. Pfeffer
250 ml Fleischbrühe

Für die Tomatensauce:
2 Zwiebeln
3–4 Knoblauchzehen
2 EL Rapsöl
1 EL gerebeltes Basilikum
2 EL Tomatenmark
400 g geschälte Tomaten (aus der Dose)
1–2 EL Tomatenketchup
2 EL flüssiger Honig
1 TL Sambal Oelek
Paprikapulver edelsüß

1 Bio-Zitrone (unbehandelt, ungewachst)
1 EL Olivenöl
2 EL flüssiger Honig
100 g Kräuterbutter
je 2–3 Stängel Thymian und Oregano

Kasseler mit Sauerkraut

Kräuter-Putenbraten mit Tomatensauce

Schmorhähnchen mit Aprikosen

Pro Portion:
E: 62 g, F: 17 g, Kh: 13 g,
kJ: 2058, kcal: 492

1. Den Backofen vorheizen.
Ober-/Unterhitze: etwa 200 °C
Heißluft: etwa 180 °C
2. Gemüsezwiebel abziehen, halbieren und in Spalten schneiden. Putenbrustfilet kurz unter fließendem kalten Wasser abspülen, trocken tupfen, mit Salz und Pfeffer würzen. Putenbrustfilet mit den Zwiebelspalten in einen großen Bräter legen. Den Bräter zugedeckt auf dem Rost in den vorgeheizten Backofen schieben. Putenbrustfilet etwa 90 Minuten garen.
3. Den Bratensatz nach etwa 30 Minuten mit etwas Fleischbrühe ablöschen. Verdampfte Flüssigkeit nach und nach durch restliche Fleischbrühe ersetzen.
4. In der Zwischenzeit für die Tomatensauce Zwiebeln und Knoblauch abziehen, in kleine Würfel schneiden. Rapsöl in einer Pfanne erhitzen, Zwiebel- und Knoblauchwürfel darin glasig dünsten, Basilikum hinzugeben, Tomatenmark unterrühren. Geschälte Tomaten etwas zerkleinern, mit der Flüssigkeit hinzufügen, zum Kochen bringen und etwa 2 Minuten kochen lassen. Sauce mit Ketchup, Honig, Salz, Pfeffer, Sambal Oelek und Paprika würzig abschmecken.
5. Zitrone heiß abwaschen, abtrocknen und die Schale abreiben. Zitronenschale mit Olivenöl, Honig und Kräuterbutter verrühren.
6. Putenbrustfilet etwa 15 Minuten vor Ende der Garzeit mit der Zitronen-Kräuterbutter-Mischung bestreichen. Thymian und Oregano abspülen und trocken tupfen. Die Blättchen von den Stängeln zupfen. Blättchen klein schneiden. Putenbrustfilet damit bestreuen und ohne Deckel fertig garen.
7. Putenbrustfilet aus dem Bräter nehmen, in Alufolie wickeln und etwa 10 Minuten ruhen lassen.
8. Das Putenbrustfilet in Scheiben schneiden und auf einer vorgewärmten Platte anrichten. Die Tomatensauce evtl. nochmals kurz erwärmen und dazureichen.

Schmorhähnchen mit Aprikosen

(Römertopf® 4-Liter-Inhalt)
4 Portionen

Zubereitungszeit: 35 Minuten
Garzeit: 70–80 Minuten

1 küchenfertiges Hähnchen (etwa 1,2 kg)
Salz
gem. Pfeffer
Paprikapulver edelsüß
150 g Schalotten
500 g Kartoffeln
gerebelter Oregano
100 g getrocknete Aprikosen
200 ml Hühnerbrühe
3 Fleischtomaten (etwa 500 g)

Pro Portion:
E: 97 g, F: 34 g, Kh: 37 g,
kJ: 3868, kcal: 923

1. Das Hähnchen innen und außen kurz unter fließendem kalten Wasser abspülen, trocken tupfen und in 8 Stücke teilen. Mit Salz, Pfeffer und Paprika würzen.
2. Die Schalotten abziehen und halbieren. Die Kartoffeln schälen, abspülen, abtropfen lassen und in Spalten schneiden. Hähnchenteile, Schalottenhälften, Kartoffelspalten, Oregano, Aprikosen und Hühnerbrühe in einen gewässerten Römertopf® geben. Den Römertopf® mit dem Deckel verschließen und auf dem Rost in den kalten Backofen schieben.
Ober-/Unterhitze: etwa 200 °C
Heißluft: etwa 180 °C
3. Alles 70–80 Minuten garen.
4. In der Zwischenzeit die Tomaten kreuzweise einschneiden und mit kochendem Wasser übergießen. Nach 1–2 Minuten herausnehmen und mit kaltem Wasser abschrecken. Tomaten häuten, halbieren und die Stängelansätze herausschneiden. Tomaten entkernen, klein schneiden.
5. Nach etwa 50 Minuten Garzeit die Tomatenstücke zu den Hähnchenteilen in den Römertopf® geben und das Gericht zugedeckt weitere 15–20 Minuten garen. Dann den Deckel entfernen und das Gericht in weiteren 5–10 Minuten fertig garen.
6. Hähnchenteile einmal umrühren und mit Salz, Pfeffer und Oregano abschmecken.

Springbockcurry

Gulasch von der Rinderhaxe mit Bier

Springbockcurry

4 Portionen

Zubereitungszeit: 30 Minuten
Garzeit: etwa 2 Stunden

800 g Springbockkeule (ohne Knochen)
4 EL Olivenöl
200 g Zwiebeln
2 Knoblauchzehen
2 EL Currypulver
100 ml Fleischbrühe
400 ml ungesüßte Kokosmilch
350 g Möhren, Salz

Pro Portion:
E: 43 g, F: 18 g, Kh: 9 g,
kJ: 1531, kcal: 365

1. Springbockkeule mit Küchenpapier trocken tupfen, entsehnen und in etwa 2 cm große Würfel schneiden.
2. Den Backofen vorheizen.
Ober-/Unterhitze: etwa 180 °C
Heißluft: etwa 160 °C
3. Olivenöl in einem Bräter erhitzen. Die Fleischwürfel darin von allen Seiten anbraten. Zwiebeln und Knoblauch abziehen, fein würfeln, zu den Fleischwürfeln in den Bräter geben und kurz mitbraten lassen.
4. Das Fleisch mit Curry bestäuben und unterrühren. Fleischbrühe und Kokosmilch hinzugießen und zum Kochen bringen. Den Bräter zugedeckt auf dem Rost in den vorgeheizten Backofen schieben. Springbockcurry etwa 2 Stunden garen.
5. Möhren putzen, schälen, abspülen, abtropfen lassen und in etwa 2 cm große Stücke schneiden.
6. Die Möhrenstücke nach etwa 1 Stunde Garzeit zu den Fleischwürfeln in den Bräter geben und in weiteren etwa 60 Minuten fertig garen.
7. Springbockcurry mit Curry und evtl. mit Salz abschmecken.

Gulasch von der Rinderhaxe mit Bier

8–10 Portionen

Zubereitungszeit: 40 Minuten
Garzeit: etwa 1 1/2 Stunden

1,6 kg Rinderhaxe (ohne Knochen, evtl. beim Metzger auslösen lassen)
Salz
gem. Pfeffer
3 EL Speiseöl
3 EL Tomatenmark
500 ml Rindfleischbrühe
300 ml Malzbier
evtl. Rindfleischbrühe oder Wasser
4 Möhren (etwa 400 g)
1/2 Knollensellerie (etwa 400 g)
2 Petersilienwurzeln (etwa 200 g)
1 Kohlrabi (etwa 400 g)
1 Bund Petersilie
1 EL mittelscharfer Senf

Pro Portion:
E: 41 g, F: 17 g, Kh: 9 g,
kJ: 1511, kcal: 360

1. Den Backofen vorheizen.
Ober-/Unterhitze: etwa 180 °C
Heißluft: etwa 160 °C
2. Rinderhaxe mit Küchenpapier trocken tupfen, evtl. vorhandene Sehnen entfernen. Das Fleisch in etwa 3 cm große Würfel schneiden. Mit Salz und Pfeffer würzen.
3. Speiseöl in einem Bräter erhitzen. Fleischwürfel darin evtl. in 2 Portionen von allen Seiten anbraten. Das Tomatenmark unterrühren. Brühe und Bier hinzugießen, zum Kochen bringen.
4. Den Bräter zugedeckt auf dem Rost in den vorgeheizten Backofen schieben und das Gulasch etwa 1 1/2 Stunden garen, dabei gelegentlich umrühren. Evtl. verdampfte Flüssigkeit durch etwas Brühe oder Wasser ersetzen.
5. Möhren, Sellerie, Petersilienwurzeln und Kohlrabi putzen, schälen, abspülen, abtropfen lassen und in gleich große Würfel schneiden. Petersilie abspülen und trocken tupfen (1 Petersilienstängel zum Garnieren beiseitelegen). Die Blättchen von den Stängeln zupfen. Blättchen klein schneiden.
6. Die vorbereiteten Gemüsewürfel nach etwa 1 Stunde Garzeit zu dem Gulasch in den Bräter geben und zugedeckt in weiteren etwa 30 Minuten fertig garen. Zuletzt Senf und Petersilie unterrühren. Gulasch mit Salz und Pfeffer abschmecken. Mit dem beiseitegelegten Petersilienstängel garniert servieren.

Hähnchenkeulen im Gemüsesud

(Römertopf® 4-Liter-Inhalt)
4 Portionen (ohne Foto)

Zubereitungszeit: 30 Minuten
Garzeit: etwa 75 Minuten

1 Zwiebel
2 Knoblauchzehen
2 rote Paprikaschoten (etwa 300 g)
2 gelbe Paprikaschoten (etwa 300 g)
300 g Zucchini
1 Bund Majoran
150 ml Gemüsebrühe
250 g passierte Tomaten (Tetrapak)
Salz
gem. Pfeffer
4 Hähnchenkeulen (mit Rückenstück, je etwa 250 g)
Paprikapulver edelsüß
1 Bund Frühlingszwiebeln
285 g abgetropfter Gemüsemais (aus der Dose)

Pro Portion:
E: 56 g, F: 9 g, Kh: 22 g,
kJ: 1764, kcal: 422

1. Zwiebel und Knoblauch abziehen, klein würfeln. Paprikaschoten halbieren, entstielen, entkernen und die weißen Scheidewände entfernen. Schoten abspülen, abtropfen lassen und in Würfel schneiden.
2. Zucchini abspülen, abtrocknen und die Enden abschneiden. Zucchini der Länge nach halbieren und in Stifte schneiden. Majoran abspülen und trocken tupfen. Die Blättchen von den Stängeln zupfen (einige zum Garnieren beiseitelegen), Blättchen klein schneiden.
3. Die vorbereiteten Gemüsezutaten mit der Gemüsebrühe und den Tomaten in einen gewässerten Römertopf® geben und vermischen, mit Salz und Pfeffer würzen.
4. Die Hähnchenkeulen kurz unter fließendem kalten Wasser abspülen, trocken tupfen, mit Salz, Pfeffer und Paprika würzen und auf das Gemüse legen. Den Römertopf® mit dem Deckel verschließen und auf dem Rost in den kalten Backofen schieben.
Ober-/Unterhitze: etwa 220 °C
Heißluft: etwa 200 °C
5. Die Hähnchenkeulen im Gemüsesud etwa 75 Minuten garen.
6. In der Zwischenzeit Frühlingszwiebeln putzen, abspülen, abtropfen lassen und in etwa 2 cm lange Stücke schneiden. Mais in ein Sieb geben, mit kaltem Wasser abspülen und abtropfen lassen.
7. Nach etwa 60 Minuten Garzeit die Hähnchenkeulen aus dem Gemüsesud nehmen. Mais und die Frühlingszwiebelstücke unter das Gemüse mischen. Die Hähnchenkeulen wieder darauflegen. Die Hähnchenkeulen im Gemüsesud ohne Deckel in weiteren etwa 15 Minuten fertig garen.
8. Die gegarten Hähnchenkeulen herausnehmen. Den Gemüsesud mit Salz, Pfeffer und Paprika abschmecken. Hähnchenkeulen im Gemüsesud anrichten und mit den beiseitegelegten Majoranblättchen garnieren.

Pikantes Kaninchen

4 Portionen

Zubereitungszeit: 45 Minuten
Garzeit: etwa 55 Minuten

1 küchenfertiges Kaninchen (etwa 1 1/2 kg)
Salz
4 EL Speiseöl
1 EL körniger Senf
4 rote Zwiebeln
250 ml Rotwein
200 g Schlagsahne
1 TL mittelscharfer Senf
1 EL Tomatenmark
1 EL Johannisbeergelee
evtl. etwas Saucenbinder

Pro Portion:
E: 65 g, F: 49 g, Kh: 11 g,
kJ: 3288, kcal: 786

1. Von dem Kaninchen die Vorder- und Hinterläufe abschneiden, alle Kaninchenteile kurz unter fließendem kalten Wasser abspülen, trocken tupfen und mit Salz einreiben.
2. Den Backofen vorheizen.
Ober-/Unterhitze: etwa 200 °C
Heißluft: etwa 180 °C
3. Speiseöl in einem Bräter erhitzen. Die Kaninchenteile darin von allen Seiten anbraten und mit Senf bestreichen. Den Rücken herausnehmen und beiseitelegen.
4. Zwiebeln abziehen, in Spalten schneiden und in den Bräter geben. Rotwein hinzugießen. Den Bräter zugedeckt auf dem Rost in den vorgeheizten Backofen schieben. Die Kaninchenteile etwa 40 Minuten garen.
5. Den beiseitegelegten Rücken zu den vorgegarten Kaninchenteilen in den Bräter geben. Die Kaninchenteile in weiteren etwa 15 Minuten fertig garen.
6. Die Kaninchenteile aus dem Bräter nehmen und warm stellen. Sahne, Senf, Tomatenmark und Johannisbeergelee unter den Bratenfond rühren. Die Sauce etwas einkochen lassen, nach Belieben mit Saucenbinder binden und mit den Gewürzen abschmecken.

Pikantes Kaninchen

Kalbshaxe nach bayerischer Art

4 Portionen

Zubereitungszeit: 30 Minuten
Garzeit: etwa 90 Minuten

1 Kalbshaxe (etwa 1 1/2 kg)
Salz, gem. Pfeffer
gem. Kümmel
5 EL Speiseöl, z. B. Sonnenblumenöl
200 g abgezogene Perlzwiebeln
400 ml Kalbsfond oder -brühe
1 EL Tomatenmark
gem. grober Pfeffer
ger. Meerrettich

Pro Portion:
E: 48 g, F: 24 g, Kh: 9 g,
kJ: 1851, kcal: 441

1. Den Backofen vorheizen.
Ober-/Unterhitze: etwa 180 °C
Heißluft: etwa 160 °C
2. Die Kalbshaxe kurz unter fließendem kalten Wasser abspülen und trocken tupfen. Haxe mit Salz, Pfeffer und Kümmel würzen.
3. Speiseöl in einem Bräter erhitzen. Die Haxe darin von allen Seiten scharf anbraten.
4. Den Bräter zugedeckt auf dem Rost in den vorgeheizten Backofen (unteres Drittel) schieben. Die Haxe etwa 30 Minuten garen.
5. Perlzwiebeln hinzufügen und etwa 15 Minuten mitschmoren. Kalbsfond oder -brühe hinzugießen. Tomatenmark unterrühren und die Kalbshaxe zugedeckt in weiteren etwa 45 Minuten fertig garen.
6. Die gegarte Kalbshaxe aus dem Bräter nehmen und auf einer vorgewärmten Platte anrichten. Das Fleisch vom Knochen lösen und in Scheiben schneiden. Die Sauce mit Salz, Pfeffer und Meerrettich abschmecken und dazu servieren.

Kaninchen in Tomatensauce

6 Portionen

Zubereitungszeit: 30 Minuten, ohne Marinierzeit
Garzeit: etwa 70 Minuten

1 küchenfertiges Kaninchen (etwa 1 1/2 kg)

Für die Marinade:
1 Knoblauchzehe
50 g Knollensellerie
250 ml Rotweinessig
250 ml Wasser
1 EL gerebelter Thymian
2 Lorbeerblätter
Salz, gem. Pfeffer

2 EL Weizenmehl
80 g Butterschmalz
125 ml Tomatensaft
125 ml Wild- oder Fleischbrühe
2 EL Tomatenmark
400 g stückige Tomaten (aus der Dose)
100 g durchwachsener Speck
3 EL Olivenöl
1 Knoblauchzehe
etwa 4 EL Weinbrand
einige Stängel Kräuter, z. B. glatte Petersilie

Pro Portion:
E: 44 g, F: 37 g, Kh: 7 g,
kJ: 2394, kcal: 572

1. Kaninchen in 6 Portionsstücke teilen, evtl. das Fett abschneiden. Kaninchenteile kurz unter fließendem kalten Wasser abspülen und trocken tupfen.
2. Für die Marinade Knoblauch abziehen und grob zerkleinern. Sellerie schälen, abspülen, abtropfen lassen und raspeln.
3. Den Backofen vorheizen.
Ober-/Unterhitze: etwa 180 °C
Heißluft: etwa 160 °C
4. Essig, Wasser, Knoblauch und Sellerieraspel in einer flachen Schale verrühren. Thymian, Lorbeerblätter, Salz und Pfeffer unterrühren. Kaninchenteile hineinlegen und zugedeckt im Kühlschrank etwa 24 Stunden marinieren, dabei ab und zu wenden.
5. Die Kaninchenteile aus der Marinade nehmen, trocken tupfen und mit Mehl bestäuben. Butterschmalz in einem Bräter erhitzen, die Kanin-

Kalbshaxe nach bayerischer Art

Kaninchen in Tomatensauce

chenteile darin von allen Seiten gut anbraten, etwas Tomatensaft hinzugießen und aufkochen lassen.
6. Den Bräter zugedeckt auf dem Rost in den vorgeheizten Backofen schieben. Die Kaninchenteile etwa 70 Minuten garen, dabei ab und zu mit dem Bratensatz begießen. Verdampfte Flüssigkeit nach und nach durch Tomatensaft und Brühe ersetzen.
7. Die gegarten Kaninchenteile aus dem Bräter nehmen und warm stellen. Restlichen Tomatensaft und restliche Brühe zum Bratensatz geben und loskochen. Tomatenmark und stückige Tomaten unterrühren, zum Kochen bringen und etwas einkochen lassen.
8. Speck in Würfel schneiden. Olivenöl in einer Pfanne erhitzen. Speckwürfel darin von allen Seiten braun braten und in die Tomatensauce geben. Knoblauch abziehen, sehr klein schneiden und unter die Sauce rühren. Mit Salz, Pfeffer und Weinbrand abschmecken. Die Kaninchenteile mit der Tomatensauce anrichten. Mit abgespülten, trocken getupften Kräuterstängeln garnieren.

Kalbsrouladen mit Gurkensauce

Kalbsrouladen mit Gurkensauce

4–5 Portionen

Zubereitungszeit: 55 Minuten
Garzeit: 25–30 Minuten

300 g Fenchel
100 g Zwiebeln
2 Knoblauchzehen
15 g Butter
2–3 EL Wasser
Salz
1 Salatgurke (etwa 500 g)
1 Bund Dill
8 dünne Kalbsschnitzel (je etwa 100 g)
etwa 175 g Bacon in sehr dünnen Scheiben (16 Scheiben)
35 g Butterschmalz
125 ml Gemüsebrühe
10 g Weizenmehl
15 g Butter
1 kleines Bund Dill
gem. Pfeffer

Außerdem:
Küchengarn

Pro Portion:
E: 48 g, F: 21 g, Kh: 7 g,
kJ: 1705, kcal: 407

1. Von den Fenchelknollen die Stiele dicht oberhalb der Knollen abschneiden. Braune Stellen und Blätter entfernen. Knollen und Fenchelgrün abspülen und abtropfen lassen. Fenchelknollen zuerst in Scheiben, dann in kleine Würfel schneiden. Fenchelgrün klein schneiden. Zwiebeln und Knoblauch abziehen, in kleine Würfel schneiden.
2. Butter in einem Topf zerlassen. Fenchel- und ein Drittel der Zwiebel- und Knoblauchwürfel darin andünsten. Wasser hinzugießen, zugedeckt bei schwacher Hitze etwa 10 Minuten dünsten, dabei gelegentlich umrühren. Mit Salz würzen. Fenchelgrün unterrühren. Gemüse abkühlen lassen.
3. Den Backofen vorheizen.
Ober-/Unterhitze: etwa 180 °C
Heißluft: etwa 160 °C
4. Gurke abspülen, abtrocknen und so schälen, dass etwas Schale stehen bleibt. Gurken der Länge nach halbieren und entkernen. Gurkenhälften in Streifen schneiden. Dill abspülen, trocken tupfen und in kleine Zweige zupfen.
5. Die Kalbsschnitzel mit Küchenpapier trocken tupfen, mit Salz würzen. Nacheinander Dillzweige und das Fenchelgemüse darauf verteilen. Kalbsschnitzel von der schmalen Seite aus aufrollen. Jeweils zwei Baconscheiben der Länge nach etwas überlappend aneinanderlegen. Je 1 Roulade wie ein Päckchen darin einschlagen und mit Küchengarn umwickeln.
6. 20 g Butterschmalz in einer Pfanne erhitzen, die Rouladen darin von allen Seiten anbraten und in einen Bräter legen. Den Bräter auf dem Rost in den vorgeheizten Backofen schieben und die Kalbsrouladen 25–30 Minuten garen.
7. Restliches Butterschmalz in einem Topf erhitzen, restliche Zwiebel- und Knoblauchwürfel darin glasig dünsten. Die Gurkenstreifen hinzugeben, Brühe hinzugießen und zugedeckt bei mittlerer Hitze etwa 10 Minuten dünsten.
8. Mehl und Butter mit einer Gabel verkneten. Dill abspülen und trocken tupfen. Die Spitzen von den Stängeln zupfen. Spitzen klein schneiden.
9. Die gegarten Rouladen aus dem Bräter nehmen (Küchengarn entfernen), auf einer vorgewärmten Platte anrichten und warm stellen. Den Rouladensud durch ein Sieb zum Gurkengemüse in den Topf gießen und zum Kochen bringen. Mehlbutter hinzugeben und unter Rühren etwa 5 Minuten kochen lassen. Mit Salz und Pfeffer abschmecken. Dill unterrühren. Die Rouladen mit der Gurkensauce servieren.

Tessiner Schmorbraten

Tessiner Schmorbraten
4 Portionen

Zubereitungszeit: 70 Minuten
Garzeit: etwa 115 Minuten

1 kg Rindfleisch (aus der Keule)
2 Scheiben fetter Speck
(je etwa 20 g)
Salz, gem. Pfeffer
Paprikapulver edelsüß
3 EL Speiseöl
2 Zwiebeln
2 Knoblauchzehen
2 Möhren
70 g Tomatenmark
125 ml Rotwein
375 ml Fleischbrühe
1 kg möglichst kleine,
gleich große Kartoffeln
6 Tomaten
2 TL Weizenmehl
etwas klein geschnittene Petersilie

Pro Portion:
E: 57 g, F: 36 g, Kh: 43 g,
kJ: 3125, kcal: 745

1. Rindfleisch mit Küchenpapier trocken tupfen. Speck in etwa 1/2 cm breite Streifen schneiden, das Fleisch mit den Speckstreifen spicken, mit Salz, Pfeffer und Paprika würzen.
2. Speiseöl in einem Bräter erhitzen, das Fleisch darin von allen Seiten gut anbraten und aus dem Bräter nehmen.
3. Den Backofen vorheizen.
Ober-/Unterhitze: etwa 200 °C
Heißluft: etwa 180 °C
4. Zwiebeln und Knoblauch abziehen, klein würfeln. Möhren putzen, schälen, abspülen, abtropfen lassen, in Stücke schneiden, mit den Zwiebel- und Knoblauchwürfeln in den Bräter geben und in dem verbliebenen Bratfett andünsten.
5. Tomatenmark unterrühren. Wein und etwas Brühe hinzugießen und erhitzen. Rindfleisch zum Gemüse in den Bräter geben. Den Bräter zugedeckt auf dem Rost in den vorgeheizten Backofen schieben. Rindfleisch etwa 75 Minuten garen.
6. Kartoffeln schälen, abspülen, abtropfen lassen und zum Rindfleisch in den Bräter geben, mit Salz würzen. Restliche Brühe hinzugießen (Kartoffeln müssen knapp mit Flüssigkeit bedeckt sein). Rindfleisch mit den Kartoffeln zugedeckt bei gleicher Backofentemperatur weitere etwa 30 Minuten garen.
7. Tomaten kreuzweise einschneiden und mit kochendem Wasser übergießen. Nach 1–2 Minuten herausnehmen und mit kaltem Wasser abschrecken. Tomaten häuten, halbieren und die Stängelansätze herausschneiden. Tomatenhälften in den Bräter geben und alles in weiteren etwa 10 Minuten fertig garen.
8. Den gegarten Schmorbraten aus dem Bräter nehmen, in Scheiben schneiden und auf einer vorgewärmten Platte anrichten. Tomaten um das Fleisch legen und warm stellen.
9. Mehl mit kaltem Wasser anrühren, in den Bratenfond rühren und unter Rühren aufkochen lassen. Die Sauce mit Salz, Pfeffer und Paprika abschmecken.
10. Die Sauce mit den Kartoffeln in eine Schüssel geben, mit Petersilie bestreuen und zu dem Fleisch reichen.

Jägerrouladen
8–10 Portionen

Zubereitungszeit: 50 Minuten
Garzeit: etwa 90 Minuten

4 große Scheiben Rindfleisch
(je etwa 500 g, aus der Keule)
Salz, gem. Pfeffer
300 g Schwarzwälder Speck,
in Scheiben
4 Zwiebeln
1 kg Champignons
250 g Schwarzwälder Speck
3 große Möhren
3 Knoblauchzehen
3 EL klein geschnittene Petersilie
60 g Butterschmalz
250 ml Weißwein
125 ml Fleischbrühe
250 g Schlagsahne

Außerdem:
Küchengarn

Pro Portion:
E: 57 g, F: 72 g, Kh: 5 g,
kJ: 4084, kcal: 974

1. Rindfleischscheiben mit Küchenpapier trocken tupfen, mit Salz und Pfeffer würzen und mit den Speckscheiben belegen.
2. Zwiebeln abziehen und würfeln. Champignons putzen, evtl. kurz abspülen, trocken tupfen und in Scheiben schneiden. Den Speck in Würfel schneiden. Möhren putzen, schälen, abspülen, abtropfen lassen und in Würfel schneiden. Knoblauch abziehen und durch eine Knoblauchpresse drücken.
3. Den Backofen vorheizen.
Ober-/Unterhitze: etwa 200 °C
Heißluft: etwa 180 °C

4. Die Speckwürfel in einer Pfanne ausbraten. Zwiebelwürfel und die Hälfte der Champignonscheiben evtl. portionsweise hinzugeben und in etwa 5 Minuten gar dünsten. Petersilie unterrühren. Die Masse gleichmäßig auf den Fleischscheiben verteilen. Die Fleischscheiben von der schmalen Seite aus aufrollen und mit Küchengarn umwickeln.
5. Butterschmalz in einem großen Bräter zerlassen. Die Rouladen darin von allen Seiten anbraten. Möhrenwürfel und Knoblauch hinzugeben, etwas Wein und Brühe hinzugießen. Den Bräter zugedeckt auf dem Rost in den vorgeheizten Backofen schieben. Die Jägerrouladen etwa 80 Minuten garen, dabei gelegentlich wenden. Verdampfte Flüssigkeit nach und nach durch restlichen Wein und restliche Brühe ersetzen.
6. Nach etwa 80 Minuten Garzeit die restlichen Champignonscheiben zu den Rouladen in den Bräter geben und zugedeckt in weiteren etwa 10 Minuten fertig garen.
7. Den Bräter aus dem Backofen nehmen. Die Rouladen zugedeckt etwa 10 Minuten ruhen lassen. Dann die Rouladen aus dem Bräter nehmen, in Scheiben schneiden und warm stellen. Sahne unter die Champignonsauce rühren, evtl. etwas einkochen lassen. Die Sauce mit den Gewürzen abschmecken und zu den Jägerrouladen servieren.

Gefüllter Schweinenacken mit Pflaumen

6 Portionen

Zubereitungszeit: 40 Minuten, ohne Einweichzeit
Garzeit: 2–2 1/2 Stunden

1 1/2 kg Schweinenacken (ohne Knochen)
Salz
gem. Pfeffer
3 mittelgroße Äpfel
300 g Soft-Pflaumen
1/2 TL rosa Pfefferbeeren
25 g Sonnenblumenkerne
etwa 200 ml Gemüsebrühe
evtl. 10 g Weizenmehl
evtl. einige frische Stängel Majoran

Außerdem:
Küchengarn
oder Rouladennadeln

Pro Portion:
E: 54 g, F: 27 g, Kh: 35 g,
kJ: 2529, kcal: 605

1. Den Backofen vorheizen.
Ober-/Unterhitze: etwa 220 °C
Heißluft: etwa 200 °C
2. Den Schweinenacken mit Küchenpapier trocken tupfen. Den Schweinenacken waagerecht mit einem scharfen Messer einschneiden, jedoch nicht durchschneiden, sodass eine Tasche entsteht. Den Schweinenacken kräftig mit Salz und Pfeffer würzen.
3. Äpfel schälen, vierteln, entkernen und in grobe Würfel schneiden. Apfelwürfel mit Pflaumen, Pfefferbeeren, Sonnenblumenkernen und 1 Prise Salz mischen, in die Fleischtasche füllen. Den Schweinenacken mit Küchengarn umwickeln oder die Fleischtasche vorsichtig mit Rouladennadeln zusammenstecken.
4. Den gefüllten Schweinenacken in einen großen Bräter legen. Gemüsebrühe hinzugießen und zum Kochen bringen. Den Bräter zugedeckt auf dem Rost in den vorgeheizten Backofen schieben. Den Schweinenacken 2–2 1/2 Stunden garen. Evtl. die verdampfte Flüssigkeit durch Wasser ersetzen.
5. Den gegarten Schweinenacken aus dem Bräter nehmen. Küchengarn oder Rouladennadeln entfernen. Den Schweinenacken in Scheiben schneiden und auf einer vorgewärmten Platte anrichten.
6. Nach Belieben Mehl mit etwas Wasser anrühren, in den Bratensatz (etwa 125 ml) rühren und unter Rühren kurz aufkochen lassen. Die Sauce mit Salz und Pfeffer abschmecken.
7. Den Schweinenacken mit der Sauce servieren, evtl. mit abgespülten und trocken getupften Majoranstängeln garnieren.

Jägerrouladen

Gefüllter Schweinenacken mit Pflaumen

Gefüllter Kürbis

6 Portionen

Zubereitungszeit: 50 Minuten
Garzeit: etwa 45 Minuten

1 mittelgroßer Kürbis (etwa 3 kg)

Für die Füllung:
40 g Pinienkerne
2 Zwiebeln (etwa 70 g)
1–2 Knoblauchzehen
3 EL Speiseöl
700 g Lammgehacktes oder Gehacktes (halb Rind-, halb Schweinefleisch)
300 ml Wasser
Salz
100 g Basmatireis
50 g Rosinen
gem. Pfeffer
gem. Kreuzkümmel (Cumin)
gem. Koriander
Paprikapulver rosenscharf

Pro Portion:
E: 26 g, F: 28 g, Kh: 25 g,
kJ: 1933, kcal: 462

1. Den Kürbis waschen und abtrocknen. Vom Kürbis einen Deckel abschneiden. Den Kürbis aushöhlen, dabei einen etwa 2 cm breiten Rand stehen lassen. Den faserigen Innenteil und die Kerne entfernen. 700 g von dem Kürbisfleisch in etwa 1 cm große Würfel schneiden.
2. Für die Füllung Pinienkerne in einer Pfanne ohne Fett unter Rühren goldbraun rösten, herausnehmen und abkühlen lassen. Zwiebeln und Knoblauch abziehen. Zwiebeln in kleine Würfel schneiden. Knoblauch durch eine Knoblauchpresse drücken.
3. Speiseöl in einer großen Pfanne erhitzen. Das Gehackte darin unter ständigem Rühren anbraten, dabei die Fleischklümpchen mit einer Gabel zerdrücken. Zwiebel-, Kürbiswürfel und Knoblauch hinzugeben, etwa 10 Minuten bei mittlerer Hitze garen.
4. Den Backofen vorheizen.
Ober-/Unterhitze: etwa 180 °C
Heißluft: etwa 160 °C
5. Das Wasser mit Salz in einem Topf zum Kochen bringen. Reis und Rosinen hinzufügen und zugedeckt etwa 12 Minuten ausquellen lassen, bis die Flüssigkeit aufgesogen ist.
6. Die Hackfleischmasse mit dem Rosinen-Reis und den Pinienkernen vermengen. Mit Salz, Pfeffer, Kreuzkümmel, Koriander und Paprika würzen. Die Masse in den ausgehöhlten Kürbis füllen. Den Kürbisdeckel darauflegen. Den Kürbis auf ein Backblech (mit Backpapier belegt) setzen. Das Backblech in den vorgeheizten Backofen schieben. Den gefüllten Kürbis etwa 45 Minuten garen.
7. Den gefüllten Kürbis vom Backblech nehmen, auf einen großen Teller legen und sofort servieren.

Rheinischer Sauerbraten

8 Portionen

Zubereitungszeit: 50 Minuten, ohne Marinierzeit
Garzeit: etwa 2 Stunden

Für die Marinade:
2 Möhren
3 Petersilienwurzeln
1 Stück Knollensellerie
1 Zwiebel
Salz
2 Lorbeerblätter
je 1/2 TL Pfeffer- und Senfkörner
3 Gewürznelken
1 Knoblauchzehe
1 Stängel Thymian
5 Pimentkörner
250 ml Kräuter- oder Weißweinessig
1 l Rindfleischbrühe
1 l Rotwein

2 kg Rindfleisch (aus der Keule, ohne Knochen)
2 EL Schweineschmalz
2 EL Zuckerrübensirup (Rübenkraut)
2 EL Preiselbeeren (aus dem Glas)

Für die Sauce:
2 EL Crème fraîche
evtl. etwas Speisestärke
100 g Rosinen
4 EL gehobelte, gebräunte Mandeln
gem. Pfeffer

Pro Portion:
E: 54 g, F: 30 g, Kh: 23 g,
kJ: 2765, kcal: 660

1. Für die Marinade Möhren, Petersilienwurzeln und Sellerie putzen, schälen, abspülen, abtropfen lassen, in Stücke schneiden. Zwiebel abziehen und grob würfeln. Vorbereitetes Gemüse in einen Topf geben. Restliche Zutaten für die Marinade hinzufügen, aufkochen und abkühlen lassen. Die Marinade in eine große Schale oder Auflaufform geben.
2. Rindfleisch mit Küchenpapier trocken tupfen, in die Marinade legen und zugedeckt in den Kühlschrank

Gefüllter Kürbis

Rheinischer Sauerbraten

Schweinerücken „Mecklenburger Art"

stellen. Das Rindfleisch mindestens 24 Stunden marinieren. Bei einem dicken Fleischstück sollte man die Einlegezeit noch etwas verlängern, damit die Marinade gut durchzieht.
3. Den Backofen vorheizen.
Ober-/Unterhitze: etwa 200 °C
Heißluft: etwa 180 °C
4. Rindfleisch aus der Marinade nehmen und trocken tupfen. Die Marinade durch ein Sieb in einen Topf gießen.
5. Schweineschmalz in einem Bräter erhitzen. Rindfleisch darin von allen Seiten scharf anbraten. Gut abgetropftes Gemüse (aus der Marinade) kurz mitbraten lassen.
6. Sirup und Preiselbeeren hinzugeben. Aufgefangene Marinade hinzugießen. Den Bräter zugedeckt auf dem Rost in den vorgeheizten Backofen schieben. Den Sauerbraten etwa 2 Stunden garen.
7. Den gegarten Sauerbraten aus dem Bräter nehmen, warm stellen.
8. Für die Sauce den Sud durch ein Sieb passieren und Crème fraîche unterrühren. Die Sauce nach Belieben mit angerührter Speisestärke binden. Rosinen und Mandeln unterrühren. Mit Salz und Pfeffer abschmecken.
9. Den Sauerbraten in Scheiben schneiden und in die Sauce legen.
10. Vor dem Servieren die Fleischscheiben aus der Sauce nehmen, auf einer Platte anrichten und mit der Sauce übergießen. Oder die Sauce dazureichen.

Schweinerücken „Mecklenburger Art"

6 Portionen

Zubereitungszeit: 45 Minuten
Garzeit: etwa 1 1/2 Stunden

1 1/4 kg Schweinerücken
Salz, gem. weißer Pfeffer
1 Zwiebel
50 g Butterschmalz
100 g Gehacktes (halb Rind-, halb Schweinefleisch)
1/2 TL gerebelter Majoran
100 g entsteinte Backpflaumen
400 ml heiße Fleischbrühe
1 EL Weizenmehl

Außerdem:
einige Holzstäbchen oder Küchengarn

Pro Portion:
E: 49 g, F: 22 g, Kh: 10 g,
kJ: 1833, kcal: 437

1. Schweinerücken mit Küchenpapier trocken tupfen. In den Schweinerücken längs eine ausreichend große Tasche einschneiden. Das Fleisch innen und außen mit Salz und Pfeffer würzen.
2. Zwiebel abziehen und fein würfeln. Etwa 20 g von dem Butterschmalz in einer Pfanne zerlassen. Die Zwiebelwürfel darin andünsten. Gehacktes mit Majoran hinzugeben und unter Rühren etwa 5 Minuten anbraten. Dabei die Fleischklümpchen mit der Gabel zerdrücken, mit Salz und Pfeffer würzen.
3. Die Pfanne von der Kochstelle nehmen. Die Backpflaumen unter die Gehacktesmasse arbeiten und in die vorbereitete Fleischtasche füllen. Die Öffnung mit Holzstäbchen zustecken oder mit Küchengarn zusammennähen.
4. Den Backofen vorheizen.
Ober-/Unterhitze: etwa 220 °C
Heißluft: etwa 200 °C
5. Restliches Butterschmalz in einem Bräter zerlassen. Den Schweinerücken darin von allen Seiten anbraten. 300 ml der heißen Fleischbrühe hinzugießen.
6. Den Bräter zugedeckt auf dem Rost in den vorgeheizten Backofen schieben. Den Schweinerücken etwa 1 1/2 Stunden garen, dabei ab und zu mit dem Bratenfond begießen.
7. Den gegarten Schweinerücken aus dem Bräter nehmen und zugedeckt warm stellen.
8. Die restliche Fleischbrühe zum Bratenfond in den Bräter gießen und zum Kochen bringen. Das Mehl mit etwas kaltem Wasser anrühren, in die Sauce rühren und unter Rühren etwa 5 Minuten kochen lassen, mit Salz und Pfeffer abschmecken.
9. Zum Servieren die Holzstäbchen oder das Küchengarn entfernen. Den Schweinerücken in Scheiben schneiden und mit der Sauce servieren.

Ungarisches Kartoffelgulasch

Wirsingrollen mit Senfsauce

Ungarisches Kartoffelgulasch

(Römertopf® 4-Liter-Inhalt)
4 Portionen

Zubereitungszeit: 35 Minuten
Garzeit: etwa 70 Minuten

250 g Zwiebeln
1 grüne Paprikaschote (etwa 200 g)
1 1/2 kg Kartoffeln
50 g fetter Speck
1–2 Knoblauchzehen
2 EL Paprikapulver edelsüß
1 Msp. gem. Kümmelsamen
500 ml Gemüsebrühe
1 EL Tomatenmark
Salz, gem. Pfeffer
150 g saure Sahne

Pro Portion:
E: 11 g, F: 15 g, Kh: 72 g,
kJ: 1947, kcal: 463

1. Zwiebeln abziehen und fein würfeln. Paprikaschote halbieren, entstielen, entkernen und die weißen Scheidewände entfernen. Schote abspülen, abtropfen lassen und in Streifen schneiden.
2. Kartoffeln schälen, abspülen, abtropfen lassen und in etwa 2 cm große Würfel schneiden. Speck sehr fein würfeln. Knoblauch abziehen und durch eine Knoblauchpresse drücken.
3. Zwiebelwürfel, Paprikastreifen und Kartoffelwürfel in einen gewässerten Römertopf® geben. Mit Knoblauch, Paprika und Kümmel würzen.
4. Gemüsebrühe hinzugießen. Speckwürfel darauf verteilen. Den Römertopf® mit dem Deckel verschließen und auf dem Rost in den kalten Backofen schieben.
Ober-/Unterhitze: etwa 200 °C
Heißluft: etwa 180 °C
5. Kartoffelgulasch etwa 70 Minuten garen.
6. Nach etwa 60 Minuten Garzeit den Deckel abnehmen und Tomatenmark unter das Kartoffelgulasch rühren. Kartoffelgulasch ohne Deckel in weiteren etwa 10 Minuten fertig garen.
7. Das Kartoffelgulasch mit Salz, Pfeffer und Kümmel abschmecken und mit saurer Sahne servieren.

Wirsingrollen mit Senfsauce

4 Portionen

Zubereitungszeit: 35 Minuten
Garzeit: etwa 45 Minuten

Für die Füllung:
1/2 Brötchen (Semmel) vom Vortag
1 Zwiebel
700 g Kasseler (Nacken, ohne Knochen)
1 Ei (Größe M)
1 EL gemischte, klein geschnittene Kräuter
gem. Pfeffer
1 Kopf Wirsing (etwa 1 kg)
Salz
30 g Butterschmalz
125 ml Fleischbrühe
2 TL Dijon-Senf
150 g Crème fraîche

Außerdem:
Küchengarn

Pro Portion:
E: 33 g, F: 40 g, Kh: 16 g,
kJ: 2419, kcal: 577

1. Für die Füllung die Brötchenhälfte in kaltem Wasser einweichen und gut ausdrücken. Zwiebel abziehen und klein würfeln. Kasseler mit Küchenpapier trocken tupfen, in Streifen schneiden, durch den Fleischwolf drehen und in eine Rührschüssel geben. Brötchen, Zwiebelwürfel, Ei und Kräuter hinzugeben und gut unterarbeiten. Die Füllung mit Pfeffer würzen.
2. Von dem Wirsing die äußeren schlechten Blätter entfernen. Die restlichen Blätter vom Strunk lösen und in kochendes Salzwasser geben. Die hellen Blätter etwa 3 Minuten, die dunklen Blätter etwa 5 Minuten kochen lassen.
3. Die vorgegarten Wirsingblätter in ein Sieb geben, mit kaltem Wasser abschrecken und abtropfen lassen. Die Blattrippen flach schneiden.
4. Den Backofen vorheizen.
Ober-/Unterhitze: etwa 200 °C
Heißluft: etwa 180 °C

5. Achtmal je 2 Wirsingblätter übereinanderlegen und die Fleischfüllung darauf verteilen, die Wirsingblätter aufrollen und mit Küchengarn umwickeln.
6. Butterschmalz in einem Bräter erhitzen, die Wirsingrollen darin von allen Seiten gut anbraten. 3–4 der restlichen Wirsingblätter sehr klein schneiden, hinzufügen und kurz anbraten. Brühe mit Senf verrühren und auf den Wirsingrollen verteilen. Den Bräter zugedeckt auf dem Rost in den vorgeheizten Backofen schieben. Die Wirsingrollen etwa 45 Minuten garen.
7. Die gegarten Wirsingrollen aus dem Bräter nehmen und das Küchengarn entfernen. Wirsingrollen auf eine vorgewärmte Platte geben und warm stellen.
8. Den klein geschnittenen Kohl in der Schmorflüssigkeit mit einem Pürierstab pürieren. Crème fraîche unterrühren und zum Kochen bringen. Die Sauce mit Salz und Pfeffer abschmecken. Die Sauce zu den Wirsingrollen reichen.

Gefüllter Kalbsbraten

(Römertopf® 4-Liter-Inhalt)
4 Portionen

Zubereitungszeit: 40 Minuten
Garzeit: etwa 110 Minuten

800 g Kalbfleisch (vom Nacken, vom Metzger eine Tasche einschneiden lassen)
Salz
gem. Pfeffer

Für die Füllung:
je 1 kleine rote und grüne Paprikaschote
1/2 kleine Zucchini (etwa 120 g)
1 Zwiebel
1 Knoblauchzehe
5 abgetropfte grüne Oliven, mit Paprika gefüllt
3 EL Olivenöl
1 EL Tomatenmark
1 EL Rotweinessig
40 g Salzstangen oder -brezeln
Cayennepfeffer

3 EL Olivenöl

Für die Sauce:
1 kleine Gemüsezwiebel
1 rote Paprikaschote
125 g Schlagsahne

Außerdem:
Küchengarn oder Holzstäbchen

Pro Portion:
E: 43 g, F: 37 g, Kh: 17 g,
kJ: 2435, kcal: 581

1. Kalbfleisch mit Küchenpapier trocken tupfen. Kalbfleisch innen und außen mit Salz und Pfeffer einreiben.
2. Für die Füllung Paprikaschoten vierteln, entstielen, entkernen und die weißen Scheidewände entfernen. Die Schoten abspülen und abtropfen lassen. Salzwasser in einem Topf zum Kochen bringen. Paprikaviertel darin 6–8 Minuten garen. Anschließend in ein Sieb geben, mit kaltem Wasser abschrecken, abtropfen lassen, enthäuten und in Würfel schneiden. Zucchini abspülen, abtrocknen und die Enden abschneiden. Zucchini in Würfel schneiden. Zwiebel und Knoblauch abziehen, fein würfeln. Oliven vierteln.
3. Olivenöl in einem Topf erhitzen, Zwiebel- und Knoblauchwürfel darin andünsten. Zucchini- und Paprikawürfel hinzufügen, kurz mitdünsten lassen. Tomatenmark, Essig und Olivenviertel unterrühren. Die Gemüsemasse etwas abkühlen lassen.
4. Die Salzstangen oder -brezeln zerbröseln und unter die Gemüsemasse heben. Mit Salz, Pfeffer und Cayennepfeffer würzen. Die Gemüsemasse in die Fleischtasche geben. Die Öffnung mit Küchengarn zunähen oder mit Holzstäbchen feststecken. Das Fleisch mit Olivenöl beträufeln und in einen gewässerten Römertopf® legen.
5. Den Römertopf® mit dem Deckel verschließen und auf dem Rost in den kalten Backofen schieben.
Ober-/Unterhitze: etwa 200 °C
Heißluft: etwa 180 °C
6. Den Kalbsbraten etwa 110 Minuten garen.
7. Für die Sauce Gemüsezwiebel abziehen und in Achtel schneiden. Paprikaschote halbieren, entstielen, entkernen und die weißen Scheidewände entfernen. Die Schote abspülen, trocken tupfen und vierteln.
8. Nach etwa 65 Minuten Garzeit den Backofen auf Ober-/Unterhitze: etwa 160 °C, Heißluft etwa 140 °C herunterschalten. Gleichzeitig die Zwiebelspalten und Paprikaviertel mit etwas Wasser zum Kalbsbraten in den Bräter geben. Den Kalbsbraten ohne Deckel in weiteren etwa 45 Minuten fertig garen.
9. Den gegarten Kalbsbraten aus dem Bräter nehmen, auf eine vorgewärmte Platte legen, Küchengarn oder Holzstäbchen entfernen. Den Kalbsbraten mit Alufolie zudecken und etwa 10 Minuten ruhen lassen. Das mitgegarte Gemüse in einen Topf geben und nach Belieben pürieren, Sahne unterrühren, mit Salz und Pfeffer würzen.
10. Den Kalbsbraten in Scheiben schneiden und mit der Sauce auf Tellern anrichten.

Gefüllter Kalbsbraten

Schweinerippchen, geschmort

Rosenkohl-Möhren-Gemüse

Schweinerippchen, geschmort

4 Portionen

Zubereitungszeit: 30 Minuten
Garzeit: etwa 60 Minuten

1 1/2 kg Schweinerippchen (Schälrippchen)
2–3 EL mittelscharfer Senf
Salz, gem. Pfeffer
1 TL gerebelter Majoran
2 Zwiebeln
4 EL Speiseöl, z. B. Olivenöl
2 Tomaten
2 Lorbeerblätter
250 ml Fleischbrühe
1–2 EL saure Sahne

Pro Portion:
E: 35 g, F: 27 g, Kh: 5 g,
kJ: 1687, kcal: 402

1. Die Schweinerippchen kurz unter fließendem kalten Wasser abspülen, trocken tupfen und in Portionsstücke schneiden. Die Rippchen mit Senf bestreichen, mit Salz, Pfeffer und Majoran würzen.
2. Den Backofen vorheizen.
Ober-/Unterhitze: etwa 200 °C
Heißluft: etwa 180 °C
3. Zwiebeln abziehen und vierteln. Speiseöl in einem Bräter erhitzen. Die Rippchen darin portionsweise von allen Seiten gut anbraten. Zwiebelspalten mitbraten lassen.
4. Tomaten abspülen, abtrocknen, halbieren und die Stängelansätze herausschneiden. Tomaten in Stücke schneiden und zu den Rippchen in den Bräter geben.
5. Lorbeerblätter hinzugeben. Brühe hinzugießen. Den Bräter zugedeckt auf dem Rost in den vorgeheizten Backofen (unteres Drittel) schieben. Die Rippchen etwa 60 Minuten garen.
6. Etwa 10 Minuten vor Ende der Garzeit den Deckel abnehmen und die Rippchen bräunen lassen.
7. Die Rippchen aus dem Bräter nehmen und warm stellen. Lorbeerblätter aus dem Bratenfond nehmen. Den Fond nach Belieben pürieren oder durch ein Sieb passieren. Saure Sahne unterrühren. Die Sauce nochmals kurz aufkochen lassen, mit Salz und Pfeffer abschmecken. Die Rippchen mit der Sauce servieren.

Rosenkohl-Möhren-Gemüse

(Römertopf® 4-Liter-Inhalt)
4 Portionen

Zubereitungszeit: 15 Minuten
Garzeit: etwa 75 Minuten

450 g TK-Rosenkohl
3 Zwiebeln
700 g Möhren
Salz, gem. Pfeffer
200 ml Gemüsebrühe
500 ml Milch (3,5 % Fett)
400 ml Wasser
1 Pck. Kartoffelpüree mit Milch (2 x 3 Portionen für je 500 ml Flüssigkeit)
30 g Butter
1 Bund glatte Petersilie
ger. Muskatnuss
120 g durchwachsener Speck

Pro Portion:
E: 26 g, F: 85 g, Kh: 75 g,
kJ: 3071, kcal: 731

1. Rosenkohl bis zur weiteren Verwendung antauen lassen. In der Zwischenzeit Zwiebeln abziehen und in Spalten schneiden. Möhren putzen, schälen, abspülen, abtropfen lassen und in etwa 1 cm dicke Scheiben schneiden. Angetauten Rosenkohl mit Möhrenscheiben und Zwiebelspalten in einen gewässerten Römertopf® geben und vermischen, mit Salz und Pfeffer würzen.
2. Gemüsebrühe hinzugießen. Den Römertopf® mit dem Deckel verschließen und auf dem Rost in den kalten Backofen schieben.
Ober-/Unterhitze: etwa 200 °C
Heißluft: etwa 180 °C
3. Das Gemüse etwa 75 Minuten garen.
4. In der Zwischenzeit Milch und Wasser in einem Topf aufkochen lassen. Püreepulver und Butter unterrühren. Das Püree abkühlen lassen.
5. Petersilie abspülen und trocken tupfen. Die Blättchen von den Stängeln zupfen, Blättchen klein schneiden. Petersilie unter das Kartoffelpüree heben, mit Salz, Pfeffer und Muskat würzen. Speck zuerst in dünne Scheiben, dann in breite Streifen schneiden.
6. Nach etwa 60 Minuten Garzeit das Gemüse mit Salz und Pfeffer abschmecken. Kartoffelpüree auf das Gemüse geben und die Speckstreifen darauf verteilen.
7. Das Rosenkohl-Möhren-Gemüse ohne Deckel in weiteren etwa 15 Minuten fertig garen.

Hase in Tomatensauce

6 Portionen (ohne Foto)

Zubereitungszeit: 50 Minuten, ohne Marinierzeit
Garzeit: etwa 60 Minuten

1 küchenfertiger Hase (etwa 1 1/2 kg)
250 ml Rotweinessig
250 ml Wasser
1 Knoblauchzehe
50 g Knollensellerie
1 EL gerebelter Thymian
2 Lorbeerblätter
Salz, gem. Pfeffer
20 g Weizenmehl
80 g Butterschmalz
125 ml Weißwein
125 ml Wildbrühe
2 EL Tomatenmark
200 g passierte Tomaten (Tetrapak)
100 g durchwachsener Speck
3 EL Olivenöl
1 Knoblauchzehe

Pro Portion:
E: 47 g, F: 29 g, Kh: 4 g,
kJ: 2014, kcal: 480

1. Hase enthäuten, von innen und außen unter fließendem kalten Wasser abspülen, trocken tupfen und von Fett befreien. Den Hase in 8 gleich große Portionsstücke schneiden.
2. Essig mit Wasser in einer Schüssel verrühren. Knoblauch abziehen und grob zerkleinern. Sellerie schälen, abspülen, abtropfen lassen und raspeln. Knoblauch, Sellerieraspel, Thymian, Lorbeerblätter, Salz und Pfeffer zum Essigwasser geben und gut verrühren. Fleischstücke hineinlegen und zugedeckt etwa 24 Stunden im Kühlschrank marinieren, dabei ab und zu wenden.
3. Den Backofen vorheizen.
Ober-/Unterhitze: etwa 200 °C
Heißluft: etwa 180 °C
4. Die Fleischstücke aus der Marinade nehmen, trocken tupfen und mit Mehl bestäuben.
5. Butterschmalz in einem Bräter erhitzen. Die Fleischstücke darin von allen Seiten gut anbraten, etwas Wein hinzugießen. Den Bräter zugedeckt auf dem Rost in den vorgeheizten Backofen schieben. Die Fleischstücke etwa 60 Minuten garen.
6. Fleischstücke ab und zu mit dem Bratensatz begießen und verdampfte Flüssigkeit nach und nach durch etwas Wein und Brühe ersetzen.
7. Die gegarten Fleischstücke aus dem Bräter nehmen, auf eine Platte legen und warm stellen. Den Bratensatz mit restlichem Wein loskochen. Tomatenmark und passierte Tomaten unterrühren, zum Kochen bringen und etwas einkochen lassen.
8. Speck in Würfel schneiden. Olivenöl in einer Pfanne erhitzen. Speckwürfel darin braun braten und in die Sauce geben. Knoblauch abziehen, klein schneiden und unterrühren.
9. Die Sauce mit Salz und Pfeffer abschmecken und auf den Fleischstücken verteilen.

Sommerliche Putenrouladen

(Römertopf® 4-Liter-Inhalt)
4 Portionen

Zubereitungszeit: 30 Minuten
Garzeit: etwa 70 Minuten

300 g Blattspinat, Salz
6 Stängel Thymian
700 g kleine Kartoffeln
4 EL Olivenöl
4 große dünne Putenschnitzel (je etwa 150 g)
gem. Pfeffer
20 g Kräuterbutter (zimmerwarm)
400 g Tomaten

Außerdem:
Küchengarn

Pro Portion:
E: 43 g, F: 17 g, Kh: 37 g,
kJ: 2111, kcal: 505

1. Den Spinat verlesen, gründlich waschen, abtropfen lassen und die dicken Stiele entfernen. Spinat in kochendes Salzwasser geben, aufkochen lassen und in einem Sieb gut abtropfen lassen. Thymian abspülen und trocken tupfen. Die Blättchen von den Stängeln zupfen.
2. Kartoffeln gründlich unter fließendem kalten Wasser abbürsten und abtropfen lassen. Größere Kartoffeln evtl. halbieren. Kartoffeln, Thymianblättchen und Olivenöl in einen gewässerten Römertopf® geben und gut vermischen.
3. Die Putenschnitzel kurz unter fließendem kalten Wasser abspülen, trocken tupfen, nebeneinander auf einer Arbeitsplatte oder einem Küchenbrett ausbreiten, mit Pfeffer bestreuen und mit Kräuterbutter bestreichen. Spinat ausdrücken und darauf verteilen. Die Schnitzel von der schmalen Seite aus aufrollen, mit Küchengarn umwickeln und auf die Kartoffeln legen. Den Römertopf® mit dem Deckel verschließen und auf dem Rost in den kalten Backofen schieben.
Ober-/Unterhitze: etwa 220 °C
Heißluft: etwa 200 °C
4. Rouladen etwa 70 Minuten garen.
5. In der Zwischenzeit Tomaten abspülen, abtrocknen, halbieren und die Stängelansätze herausschneiden. Tomaten grob würfeln.
6. Nach etwa 60 Minuten Garzeit die Rouladen aus dem Römertopf® nehmen. Tomatenhälften zu den Kartoffeln in den Römertopf® geben und untermischen. Mit Salz und Pfeffer würzen. Rouladen wieder auf das Gemüse legen und ohne Deckel in weiteren etwa 10 Minuten fertig garen.

Sommerliche Putenrouladen

Wirsingröllchen mit Tomaten

4 Portionen

Zubereitungszeit: 45 Minuten
Garzeit: etwa 45 Minuten

16 mittelgroße Wirsingblätter (etwa 500 g)
Salz
1/2 Brötchen (Semmel) vom Vortag
1 EL abgetropfte Kapern (aus dem Glas)
500 g Thüringer Mett (gewürztes Schweinemett)
abgeriebene Schale von 1/2–1 Bio-Zitrone (unbehandelt, ungewachst)
2 Eier (Größe M)
Paprikapulver edelsüß
gem. Pfeffer
3 EL Olivenöl
etwa 500 ml Wirsing-Kochwasser

Für die Tomatenmasse:
1 Zwiebel
1 Knoblauchzehe
500 g Fleischtomaten
1–2 EL Olivenöl
Cayennepfeffer
Zucker
einige Basilikumblättchen

Wirsingröllchen mit Tomaten

3–4 EL dunkler Saucenbinder
gekörnte Instant-Fleischbrühe

Außerdem:
Küchengarn

Pro Portion:
E: 31 g, F: 54 g, Kh: 22 g,
kJ: 2967, kcal: 710

1. Die Wirsingblätter abspülen, abtropfen lassen und etwa 3 Minuten in kochendem Salzwasser blanchieren, mit einer Schaumkelle herausnehmen, mit kaltem Wasser abspülen und abtropfen lassen. Von dem Kochwasser gut 500 ml abmessen.
2. Den Backofen vorheizen.
Ober-/Unterhitze: etwa 180 °C
Heißluft: etwa 160 °C
3. Die Brötchenhälfte in kaltem Wasser einweichen und gut ausdrücken. Kapern klein hacken. Mett in eine Rührschüssel geben. Ausgedrückte Brötchenhälfte, Zitronenschale, Eier und Kapern hinzugeben und gut unterarbeiten. Mit Salz, Paprika und Pfeffer würzen.
4. Die Blattrippen der Wirsingblätter flach schneiden und jeweils 2 Blätter übereinanderlegen. Die Mettmasse darauf verteilen. Die Blätter seitlich einschlagen und aufrollen. Wirsingröllchen mit Küchengarn umwickeln.
5. Das Olivenöl in einem Bräter erhitzen, die Wirsingröllchen darin von allen Seiten gut anbraten. Die Hälfte des Kochwassers hinzugießen und zum Kochen bringen. Den Bräter zugedeckt auf dem Rost in den vorgeheizten Backofen schieben. Die Wirsingröllchen etwa 45 Minuten garen.
6. Verdampfte Flüssigkeit nach und nach durch das restliche Kochwasser ersetzen.
7. In der Zwischenzeit für die Tomatenmasse Zwiebel und Knoblauch abziehen, klein würfeln. Tomaten kreuzweise einschneiden und mit kochendem Wasser übergießen. Nach 1–2 Minuten herausnehmen und mit kaltem Wasser abschrecken. Tomaten häuten, halbieren und die Stängelansätze herausschneiden. Die Tomaten entkernen und in Würfel schneiden.
8. Olivenöl in einem Topf erhitzen. Zwiebel- und Knoblauchwürfel darin andünsten. Tomatenwürfel hinzugeben und etwa 3 Minuten unter Rühren mitdünsten lassen. Mit Salz, Pfeffer, Cayennepfeffer, Paprika und etwas Zucker würzen.
9. Einige Basilikumblättchen abspülen, trocken tupfen, klein schneiden und unter die Tomatenmasse heben.
10. Die gegarten Wirsingröllchen aus dem Bräter nehmen, auf einer vorgewärmten Platte anrichten und warm stellen.
11. Den Bratenfond nach Belieben mit Saucenbinder andicken. Die Sauce mit etwas Fleischbrühe, Salz, Pfeffer und Paprika abschmecken.
12. Die Tomatenmasse auf den Wirsingröllchen verteilen und die Sauce dazureichen.

Weißkohl-Rote-Bete-Topf mit Schweinefilet

4 Portionen

Zubereitungszeit: 45 Minuten
Garzeit: etwa 30 Minuten

1 1/2 kg Weißkohl
600 g festkochende Kartoffeln
3 Zwiebeln
3 EL Sonnenblumenöl
750 ml Gemüsebrühe
1 TL Kümmelsamen
Salz
gem. Pfeffer
160 g gegarte Rote Bete (geschält, vakuumverpackt)
450 g Schweinefilet
1 EL Sonnenblumenöl
15 g Butter
1 EL Crème fraîche

Pro Portion:
E: 33 g, F: 18 g, Kh: 37 g,
kJ: 1900, kcal: 452

Weißkohl-Rote-Bete-Topf mit Schweinefilet

Kalbshaxe auf italienische Art

1. Vom Weißkohl die äußeren schlechten Blätter entfernen. Den Weißkohl abspülen, abtropfen lassen, viertel und jeweils den Strunk herausschneiden. Die Kohlviertel in grobe Stücke schneiden.
2. Die Kartoffeln schälen, abspülen, abtropfen lassen und in Würfel schneiden. Zwiebeln abziehen und grob würfeln. Das Sonnenblumenöl in einem Bräter erhitzen. Die Kohlstücke, Kartoffel- und Zwiebelwürfel darin portionsweise unter Rühren etwa 10 Minuten anbraten.
3. In der Zwischenzeit den Backofen vorheizen.
Ober-/Unterhitze: etwa 200 °C
Heißluft: etwa 180 °C
4. Die Brühe zum angedünsteten Gemüse und den Kartoffeln in den Bräter geben. Mit Kümmel, Salz und Pfeffer würzen. Den Bräter auf dem Rost in den vorgeheizten Backofen schieben. Das Gemüse mit den Kartoffeln etwa 30 Minuten garen.
5. In der Zwischenzeit Rote Bete in Streifen schneiden. Das Schweinefilet mit Küchenpapier trocken tupfen, evtl. entfetten und enthäuten. Das Filet in Würfel schneiden.
6. Das Sonnenblumenöl in einer Pfanne erhitzen. Die Filetwürfel mit Salz und Pfeffer würzen und in der Pfanne von allen Seiten braten. Die Filetwürfel aus der Pfanne nehmen und warm stellen.
7. Butter in der Pfanne zerlassen. Rote-Bete-Streifen darin andünsten und mit etwas Salz abschmecken.
8. Das Kohlgemüse mit den Kartoffeln mit Crème fraîche, Salz und Pfeffer abschmecken, mit den Filetwürfeln und den Rote-Bete-Streifen servieren.

Kalbshaxe auf italienische Art

4 Portionen

Zubereitungszeit: 30 Minuten
Garzeit: etwa 2 Stunden

1 Kalbshaxe (1 1/2–2 kg)
Salz, gem. Pfeffer
gerebelter Rosmarin
gerebelter Thymian
4 Tomaten
2 Zwiebeln
2 Knoblauchzehen
gerebeltes Basilikum
125 ml Weißwein
1–2 EL Weizenmehl
2 EL Schlagsahne
Weißwein
Zucker

Pro Portion:
E: 59 g, F: 19 g, Kh: 8 g,
kJ: 1958, kcal: 468

1. Den Backofen vorheizen.
Ober-/Unterhitze: etwa 180 °C
Heißluft: etwa 160 °C
2. Kalbshaxe kurz unter fließendem kalten Wasser abspülen und trocken tupfen. Mit Salz, Pfeffer, Rosmarin und Thymian würzen. Die Haxe in einen Bräter legen.
3. Tomaten abspülen, trocken tupfen, vierteln und die Stängelansätze herausschneiden. Zwiebeln und Knoblauch abziehen, vierteln.
4. Die Tomaten, Zwiebel- und Knoblauchspalten um die Haxe legen. Mit Salz, Pfeffer und Basilikum würzen, Weißwein hinzugießen. Den Bräter zugedeckt auf dem Rost in den vorgeheizten Backofen schieben. Die Kalbshaxe etwa 2 Stunden garen.
5. Verdampfte Flüssigkeit nach und nach durch Wasser ersetzen. Nach etwa 1 Stunde Garzeit den Deckel abnehmen und entfernen. Die Haxe in weiteren etwa 60 Minuten fertig garen, dabei ab und zu wenden, damit sie gleichmäßig bräunt.
6. Die gegarte Haxe aus dem Bräter nehmen, vom Knochen lösen und das Fleisch in Scheiben schneiden, auf einer vorgewärmten Platte anrichten und warm stellen.
7. Bratensatz mit Wasser loskochen, durch ein Sieb streichen und in einen Topf geben. Evtl. mit Wasser auffüllen, zum Kochen bringen. Mehl mit etwas Wasser anrühren, hineinrühren und unter Rühren zum Kochen bringen. Die Sauce unter mehrmaligem Rühren etwa 5 Minuten kochen lassen, Sahne unterrühren.
8. Die Sauce mit Salz, Pfeffer, Thymian, Wein und 1 Prise Zucker abschmecken. Die Kalbshaxe mit der Sauce servieren.

Kaninchen mit Oliven und Tomaten

Oliven-Schmorsteaks

Kaninchen mit Oliven und Tomaten

12 Portionen

Zubereitungszeit: 35 Minuten
Garzeit: etwa 60 Minuten

1 küchenfertiges Kaninchen (etwa 2 kg)
4 Kaninchenschenkel (je etwa 250 g)
Salz, gem. Pfeffer
2 EL Weizenmehl
8 EL Olivenöl
8 Knoblauchzehen
einige Stängel Rosmarin
1 l Weißwein
1 Bund Frühlingszwiebeln
400 g Cocktailtomaten
je etwa 25 g abgetropfte entsteinte, schwarze und grüne Oliven

Pro Portion:
E: 54 g, F: 27 g, Kh: 4 g,
kJ: 2390, kcal: 569

1. Den Backofen vorheizen.
Ober-/Unterhitze: etwa 200 °C
Heißluft: etwa 180 °C
2. Kaninchen in etwa 8 Stücke teilen. Kaninchenstücke und -schenkel enthäuten, dann kurz unter fließendem kalten Wasser abspülen und trocken tupfen. Die Kaninchenstücke und -schenkel mit Salz und Pfeffer würzen und mit Mehl bestäuben.
3. Olivenöl in einem großen Bräter erhitzen. Die Kaninchenteile darin portionsweise von allen Seiten anbraten.
4. Knoblauch abziehen und sehr klein schneiden. Rosmarin abspülen und trocken tupfen. Knoblauch und Rosmarin zu den Kaninchenteilen in den Bräter geben. Weißwein hinzugießen und zum Kochen bringen. Den Bräter auf dem Rost in den vorgeheizten Backofen schieben. Kaninchenteile etwa 60 Minuten garen.
5. Die Frühlingszwiebeln putzen, abspülen, abtropfen lassen und in etwa 5 cm lange Stücke schneiden. Tomaten abspülen, trocken tupfen und evtl. die Stängelansätze herausschneiden.
6. Nach etwa 45 Minuten Garzeit die Frühlingszwiebelstücke, Tomaten und Oliven zu den Kaninchenteilen in den Bräter geben, in weiteren etwa 15 Minuten fertig garen.
7. Die gegarten Kaninchenteile mit dem Gemüse vor dem Servieren umrühren und nochmals mit Salz und Pfeffer würzen.

Oliven-Schmorsteaks

4 Portionen

Zubereitungszeit: 30 Minuten
Garzeit: etwa 1 1/2 Stunden

2 Scheiben Hohe Rippe (je etwa 600 g)
gem. Pfeffer
1 Zwiebel
4 EL Speiseöl
15 abgetropfte grüne Oliven, mit Paprika gefüllt
2 EL abgetropfter grüner Pfeffer (in Lake)
750 ml Fleischbrühe
2 Tomaten, Salz
1 EL Weizenmehl
100 g saure Sahne

Pro Portion:
E: 63 g, F: 39 g, Kh: 6 g,
kJ: 2666, kcal: 637

1. Den Backofen vorheizen.
Ober-/Unterhitze: etwa 180 °C
Heißluft: etwa 160 °C
2. Hohe Rippe kurz unter fließendem kalten Wasser abspülen und trocken tupfen. Mit Pfeffer einreiben. Zwiebel abziehen und klein würfeln.
3. Speiseöl in einem Bräter erhitzen. Die Fleischscheiben darin von jeder Seite gut anbraten. Zwiebelwürfel und Oliven hinzufügen, kurz mitbraten lassen, grünen Pfeffer unterrühren. Brühe hinzugießen und zum Kochen bringen.
4. Den Bräter zugedeckt auf dem Rost in den vorgeheizten Backofen schieben. Die Schmorsteaks etwa 1 1/2 Stunden garen.
5. Tomaten kreuzweise einschneiden, mit kochendem Wasser übergießen. Nach 1–2 Minuten herausnehmen und mit kaltem Wasser abschrecken. Tomaten häuten, halbieren und die Stängelansätze herausschneiden. Tomaten entkernen und achteln.
6. Tomatenspalten etwa 10 Minuten vor Ende der Garzeit zu den Schmorsteaks in den Bräter geben und mitbraten lassen.
7. Die gegarten Schmorsteaks mit den Oliven aus dem Bräter nehmen, Schmorsteaks mit Salz würzen und warm stellen. Den Bratensatz durch ein Sieb in einen Topf streichen. Mehl mit saurer Sahne anrühren, in den Bratensatz rühren und unter Rühren aufkochen lassen.
8. Die Oliven-Schmorsteaks anrichten und mit der Sauce servieren.

Kasseler-Filet-Topf, geschmort

4–5 Portionen

Zubereitungszeit: 20 Minuten
Garzeit: etwa 40 Minuten

600 g Kasseler Filet
(aus dem Kotelettstück)
400 g festkochende Kartoffeln
1 Stange Porree (Lauch, etwa 200 g)
2 EL Speiseöl
810 g Sauerkraut (aus der Dose)
Salz, gem. Pfeffer
2 Lorbeerblätter
2 Wacholderbeeren
150 g Crème fraîche
1/2 gestr. TL Paprikapulver edelsüß

Pro Portion:
E: 28 g, F: 30 g, Kh: 19 g,
kJ: 1906, kcal: 456

1. Kasseler-Filet mit Küchenpapier trocken tupfen und in etwa 2 cm dicke Scheiben schneiden.
2. Den Backofen vorheizen.
Ober-/Unterhitze: etwa 200 °C
Heißluft: etwa 180 °C
3. Kartoffeln schälen, abspülen, abtropfen lassen und in gleich große Würfel schneiden. Porree putzen, die Stange längs halbieren, gründlich waschen, abtropfen lassen und in feine Streifen schneiden.

Kasseler-Filet-Topf, geschmort

4. Speiseöl in einem Bräter erhitzen, Kasseler darin von beiden Seiten anbraten. Kartoffeln und Porree hinzufügen und mitdünsten lassen.
5. Sauerkraut mit der Flüssigkeit hinzugeben und gut untermischen. Mit Salz und Pfeffer würzen. Lorbeerblätter und Wacholderbeeren hinzufügen. Die Zutaten zum Kochen bringen. Dann den Bräter zugedeckt auf dem Rost in den vorgeheizten Backofen schieben. Kasseler-Filet-Topf etwa 40 Minuten garen, dabei zwischendurch umrühren.
6. Crème fraîche mit Paprika verrühren, unter den Kasseler-Topf rühren.

Kabeljau im Speckmantel

(Römertopf® 4-Liter-Inhalt)
3 Portionen (ohne Foto)

Zubereitungszeit: 30 Minuten
Garzeit: etwa 45 Minuten

750 g Kabeljaufilet
2 EL Zitronensaft
750 g Kartoffeln
1 große Petersilienwurzel
(etwa 250 g)
1 Zwiebel
250 ml Gemüsebrühe
Salz
gem. Pfeffer
1–2 Lorbeerblätter
100 g durchwachsener Speck,
in dünnen Scheiben
1/2 Bund glatte Petersilie

Pro Portion:
E: 56 g, F: 12 g, Kh: 36 g,
kJ: 2005, kcal: 478

1. Kabeljaufilet kurz unter fließendem kalten Wasser abspülen, trocken tupfen, mit Zitronensaft beträufeln. Fischfilet 15–20 Minuten durchziehen lassen.
2. In der Zwischenzeit Kartoffeln und die Petersilienwurzel schälen, abspülen, abtropfen lassen und in dünne Scheiben hobeln oder schneiden. Zwiebel abziehen und in kleine Würfel schneiden. Gemüsebrühe in einem Topf zum Kochen bringen, Kartoffel-, Petersilienwurzelscheiben und Zwiebelwürfel hinzugeben, wieder zum Kochen bringen und etwa 3 Minuten kochen lassen. Die Kartoffel-Gemüse-Masse mit der Brühe in einen gewässerten Römertopf® geben. Mit Salz und Pfeffer würzen, Lorbeerblätter hinzugeben.
3. Das Fischfilet mit Küchenpapier trocken tupfen, mit Salz und Pfeffer würzen und auf die Kartoffel-Gemüse-Masse legen. Fischfilet mit den Speckscheiben belegen. Den Römertopf® mit dem Deckel verschließen und auf dem Rost in den kalten Backofen schieben.
Ober-/Unterhitze: etwa 220 °C (untere Schiene)
Heißluft: etwa 200 °C
4. Kabeljau im Speckmantel etwa 45 Minuten garen.
5. Nach etwa 40 Minuten Garzeit den Deckel abnehmen und den Fisch fertig garen.
6. Petersilie abspülen und trocken tupfen. Die Blättchen von den Stängeln zupfen, klein schneiden.
7. Den Kabeljau im Speckmantel anrichten und mit Petersilie bestreut servieren.

Beilage: Tomaten oder Blattsalat.

Currygemüse

(Römertopf® 3-Liter-Inhalt)
4 Portionen (ohne Foto)

Zubereitungszeit: 35 Minuten
Garzeit: etwa 70 Minuten

1 Stange Porree (Lauch, etwa 200 g)
250 g Staudensellerie
5 dünne Möhren (etwa 200 g)
2 kleine Fenchelknollen (etwa 300 g)
300 g Wirsing
500 g Kartoffeln
1 Zwiebel
Salz, gem. Pfeffer
1–2 TL Currypulver
200 ml Gemüsebrühe
40 g Butter in Flöckchen
200 g Cocktailtomaten

Pro Portion:
E: 9 g, F: 9 g, Kh: 34 g,
kJ: 1058, kcal: 252

1. Porree putzen, die Stange längs halbieren, gründlich waschen, abtropfen lassen und in etwa 5 cm lange Stücke schneiden. Staudensellerie putzen und die harten Außenfäden abziehen. Selleriestangen abspülen, abtropfen lassen, zunächst längs halbieren und in etwa 5 cm lange Stücke schneiden. Etwas Selleriegrün zum Garnieren beiseitelegen.
2. Möhren putzen, schälen, abspülen, abtropfen lassen und quer halbieren. Die Stiele der Fenchelknollen dicht oberhalb der Knollen abschneiden, braune Stellen und Blätter entfernen (etwas Grün beiseitelegen), die Wurzelenden gerade schneiden. Die Knollen abspülen, abtropfen lassen und in Spalten schneiden.
3. Von dem Wirsing die groben, äußeren Blätter entfernen. Wirsing halbieren und den Strunk herausschneiden. Wirsinghälften abspülen, abtropfen lassen und in Spalten schneiden. Kartoffeln schälen, abspülen, abtropfen lassen und ebenfalls in Spalten schneiden. Zwiebel abziehen und würfeln.
4. Die vorbereiteten Gemüsezutaten in einen gewässerten Römertopf® geben und vermischen, mit Salz, Pfeffer und Curry würzen. Gemüsebrühe hinzugießen. Butter daraufsetzen. Den Römertopf® mit dem Deckel verschließen und auf dem Rost in den kalten Backofen schieben.
Ober-/Unterhitze: etwa 200 °C
Heißluft: etwa 180 °C
5. Gemüse etwa 70 Minuten garen.
6. In der Zwischenzeit Tomaten abspülen, vierteln und die Stängelansätze herausschneiden. Nach etwa 60 Minuten Garzeit die Tomatenviertel in den Römertopf® geben und das Gemüse zugedeckt fertig garen.
7. Das Currygemüse mit den Gewürzen abschmecken. Beiseitegelegtes Sellerie- und Fenchelgrün abspülen, trocken tupfen, grob zerschneiden und auf das Currygemüse streuen.

Schweinerücken in Altbiersauce

6 Portionen

Zubereitungszeit: 30 Minuten
Garzeit: etwa 80 Minuten

1,3 kg Kotelettstrang (mit Knochen, Knochen evtl. vom Metzger auslösen und klein hacken lassen)
Salz, gem. Pfeffer
1 TL gem. Kümmelsamen
3 Zwiebeln
1 Knoblauchzehe
4 Möhren
150 g Knollensellerie
250 ml Altbier
250 ml Malzbier
150 g kalte Butter

Pro Portion:
E: 37 g, F: 29 g, Kh: 6 g,
kJ: 1918, kcal: 458

1. Den Backofen vorheizen.
Ober-/Unterhitze: etwa 200 °C
Heißluft: etwa 180 °C
2. Knochen vom Fleisch lösen, klein hacken. Fleisch kurz unter fließendem kalten Wasser abspülen, trocken tupfen. Mit Salz, Pfeffer und Kümmel würzen, in einen Bräter legen.
3. Zwiebeln und Knoblauch abziehen, in kleine Würfel schneiden. Möhren und Sellerie putzen, schälen, abspülen, abtropfen lassen und in kleine Würfel oder Stücke schneiden. Das vorbereitete Gemüse und die Knochen zum Fleisch in den Bräter geben. Den Bräter auf dem Rost in den vorgeheizten Backofen schieben. Das Ganze etwa 80 Minuten garen.
4. Während der Garzeit nach und nach beide Biersorten hinzufügen. Fleisch ab und zu damit begießen.
5. Den gegarten Schweinerücken aus dem Bräter nehmen, warm stellen.
6. Bratenfond mit den Knochen und dem Gemüse in ein Sieb geben. Den Bratenfond dabei auffangen und wieder zurück in den Bräter geben. Sauce evtl. etwas einkochen lassen.
7. Die Butter in Stückchen nach und nach unter die Sauce schlagen, bis sie sämig ist. Evtl. nochmals mit Salz und Pfeffer abschmecken.
8. Den Schweinerücken in Scheiben schneiden, mit der Sauce anrichten.

Schweinerücken in Altbiersauce

Schweinesteaks alla pizzaiola

4 Portionen (Titelrezept)

Zubereitungszeit: 20 Minuten
Garzeit: 17–20 Minuten

4 Schweinesteaks (je 180–200 g)
Salz, gem. Pfeffer
2 Knoblauchzehen
1 Zwiebel
1 Stängel Staudensellerie
1 frische rote Peperoni
2 Strauchtomaten (etwa 100 g)
1 Sardellenfilet
10 abgetropfte schwarze, entsteinte Oliven
3 EL Olivenöl
300 g stückige Tomaten
Zucker
gekörnte Brühe
60 g abgetropfte Kapern (aus dem Glas)
einige Oreganoblättchen

Pro Portion:
E: 44 g, F: 22 g, Kh: 6 g,
kJ: 1690, kcal: 403

1. Schweinesteaks mit Küchenpapier trocken tupfen, mit Salz und Pfeffer würzen und nebeneinander in eine Auflaufform (gefettet) legen.
2. Knoblauch und Zwiebel abziehen, fein würfeln. Sellerie putzen und die harten Außenfäden abziehen. Sellerie abspülen, abtropfen lassen und in Würfel schneiden. Peperoni entstielen, längs aufschneiden, entkernen und in Ringe schneiden. Tomaten abspülen, trocken tupfen und in Würfel schneiden. Sardellenfilet klein hacken. Oliven in Ringe schneiden.
3. Den Backofen vorheizen.
Ober-/Unterhitze: etwa 200 °C
Heißluft: etwa 180 °C
4. Olivenöl in einer großen Pfanne erhitzen. Zwiebel- und Knoblauchwürfel darin andünsten. Selleriewürfel und Peperoniringe hinzugeben und mitdünsten lassen. Stückige Tomaten untermischen, mit Salz, Pfeffer, Zucker und gekörnter Brühe würzen.

Schweinesteaks alla pizzaiola

Die Zutaten aufkochen lassen. Sardellenstückchen, Olivenringe, Kapern und Tomatenwürfel unterrühren.
5. Die Sauce auf den Schweinesteaks in der Auflaufform verteilen. Die Form auf dem Rost in den vorgeheizten Backofen schieben. Die Steaks 17–20 Minuten garen.
6. Die Schweinesteaks alla pizzaiola mit abgespülten, trocken getupften Oreganoblättchen bestreut servieren.

Schmorbraten mit Staudensellerie

4 Portionen

Zubereitungszeit: 40 Minuten
Garzeit: etwa 2 Stunden

1 1/2 kg Rindfleisch
Salz, gem. Pfeffer
4 EL Speiseöl
1 Bund Suppengrün (Sellerie, Möhren, Porree)
1 gestr. TL Paprikapulver edelsüß
125 ml Fleischbrühe
375 ml helles Bier
2 Möhren, 500 g Staudensellerie
250 g kleine Zwiebeln
200 g Schlagsahne
Paprikapulver edelsüß

Pro Portion:
E: 79 g, F: 59 g, Kh: 16 g,
kJ: 3904, kcal: 932

1. Das Rindfleisch mit Küchenpapier trocken tupfen, mit Salz und Pfeffer einreiben. Speiseöl in einem Bräter

Schmorbraten mit Staudensellerie

erhitzen. Rindfleisch darin von allen Seiten anbraten.
2. Den Backofen vorheizen.
Ober-/Unterhitze: etwa 180 °C
Heißluft: etwa 160 °C
3. Suppengrün putzen, abspülen, abtropfen lassen, in kleine Stücke schneiden, zum Rindfleisch in den Bräter geben und mitdünsten lassen. Paprika hinzufügen. Etwas von der Fleischbrühe und etwas Bier hinzugießen. Den Bräter zugedeckt auf dem Rost in den vorgeheizten Backofen schieben. Das Rindfleisch etwa 2 Stunden garen.
4. Nach etwa 1 Stunde Garzeit die Hälfte der restlichen Brühe und die Hälfte des restlichen Biers zum Rindfleisch in den Bräter geben.
5. Möhren putzen, schälen, abspülen, abtropfen lassen und in Würfel schneiden. Staudensellerie putzen und die harten Außenfäden abziehen. Selleriestangen abspülen, abtropfen lassen und in Stücke schneiden. Zwiebeln abziehen.
6. Das vorbereitete Gemüse mit der restlichen Brühe und des restlichen Biers etwa 45 Minuten vor Ende der Gesamtgarzeit zum Rindfleisch in den Bräter geben. Rindfleisch mit dem Gemüse zugedeckt fertig garen.
7. Das gegarte Rindfleisch und das Gemüse aus dem Bräter nehmen. Fleisch in Scheiben schneiden, mit dem Gemüse auf einer vorgewärmten Platte anrichten und warm stellen.
8. Den Bratensatz mit Sahne loskochen und etwas einkochen lassen. Sauce evtl. mit Salz, Pfeffer und Paprika abschmecken. Die Sauce nach Belieben auf dem Fleisch und dem Gemüse verteilen oder dazureichen.

Kaninchen nach Bauernart

Kaninchen nach Bauernart

6 Portionen

Zubereitungszeit: 30 Minuten
Garzeit: etwa 60 Minuten

1 küchenfertiges Wildkaninchen (etwa 1 1/2 kg)
Salz
gem. Pfeffer
3 EL Speiseöl
2 Knoblauchzehen
1 Lorbeerblatt
2 TL gerebelter Thymian
250 ml heiße Fleischbrühe
2 mittelgroße Zwiebeln
3 Möhren
5 große Tomaten
100 g durchwachsener Speck
25 g Butter
1 geh. EL Weizenmehl
einige Stängel Thymian
Zucker
1–2 EL Tomatenmark

Pro Portion:
E: 48 g, F: 18 g, Kh: 7 g,
kJ: 1624, kcal: 388

1. Den Backofen vorheizen.
Ober-/Unterhitze: etwa 200 °C
Heißluft: etwa 180 °C
2. Das Wildkaninchen innen und außen kurz unter fließendem kalten Wasser abspülen, trocken tupfen, enthäuten und in Portionsstücke teilen. Mit Salz und Pfeffer einreiben.
3. Speiseöl in einem Bräter erhitzen. Kaninchenteile darin von allen Seiten anbraten. Knoblauch abziehen, mit Lorbeerblatt und Thymian in den Bräter geben. Etwa die Hälfte der heißen Fleischbrühe hinzugießen und zum Kochen bringen. Den Bräter zugedeckt auf dem Rost in den vorgeheizten Backofen schieben. Alles etwa 60 Minuten garen. Verdampfte Flüssigkeit nach und nach durch die restliche Brühe ersetzen.
4. Zwiebeln abziehen und klein würfeln. Möhren putzen, schälen, abspülen, abtropfen lassen und in dünne Scheiben schneiden.
5. Tomaten kreuzweise einschneiden und mit kochendem Wasser übergießen. Nach 1–2 Minuten herausnehmen und mit kaltem Wasser abschrecken. Tomaten häuten, halbieren und die Stängelansätze herausschneiden. Tomaten entkernen und in Scheiben schneiden.
6. Speck in Würfel schneiden und in einer Pfanne auslassen. Butter hinzugeben und zerlassen. Das vorbereitete Gemüse darin andünsten, anschließend mit Mehl bestäuben und unterrühren. Das Gemüse nach etwa 40 Minuten Garzeit zu den Kaninchenteilen geben und in weiteren etwa 20 Minuten fertig garen.
7. Thymian abspülen, trocken tupfen. Die Blättchen von den Stängeln zupfen. Kaninchen nach Bauernart mit Salz, Pfeffer, Zucker und Tomatenmark abschmecken und mit Thymianblättchen bestreut servieren.

Putenoberkeule mit Gemüse

4 Portionen

Zubereitungszeit: 35 Minuten
Bratzeit: etwa 90 Minuten

4 EL Speiseöl, z. B. Sonnenblumenöl
1 Putenoberkeule (mit Knochen, etwa 1 kg)
Salz, gem. Pfeffer
1 l heißes Wasser oder Gemüsebrühe
500 g Zwiebeln, 200 g Möhren
200 g Knollensellerie
1 kleine Petersilienwurzel
200 g Porree (Lauch)
250 g Tomaten
1–2 Stängel Rosmarin oder Thymian
150 g saure Sahne
1 EL Speisestärke
1–2 EL klein geschnittener Thymian

Pro Portion:
E: 50 g, F: 42 g, Kh: 17 g,
kJ: 2723, kcal: 652

1. Den Backofen vorheizen.
Ober-/Unterhitze: etwa 200 °C
Heißluft: etwa 180 °C
2. Speiseöl in einer Fettpfanne verteilen und etwa 10 Minuten in den vorgeheizten Backofen schieben.
3. Putenoberkeule kurz unter fließendem kalten Wasser abspülen und trocken tupfen. Putenoberkeule mit Salz und Pfeffer einreiben, in die heiße Fettpfanne legen und etwa 70 Minuten garen.
4. Sobald der Bratensatz bräunt, etwas heißes Wasser oder Gemüsebrühe hinzugießen. Putenkeule ab und zu mit dem Bratensatz begießen. Verdampfte Flüssigkeit nach und nach durch Wasser oder Brühe ersetzen.
5. In der Zwischenzeit Zwiebeln abziehen und würfeln. Möhren putzen, schälen. Sellerie schälen. Petersilienwurzel putzen und schälen. Gemüse abspülen und abtropfen lassen. Möhren in etwa 1 1/2 cm dicke Scheiben schneiden. Sellerie und Petersilienwurzel grob würfeln.

6. Porree putzen, die Stange längs halbieren, gründlich waschen, abtropfen lassen und in etwa 3 cm lange Stücke schneiden. Tomaten abspülen, abtrocknen, halbieren und die Stängelansätze herausschneiden. Tomaten würfeln.
7. Rosmarin- oder Thymianstängel abspülen, trocken tupfen, die Nadeln oder Blättchen von den Stängeln zupfen, Nadeln oder Blättchen grob zerkleinern.
8. Nach etwa 50 Minuten Garzeit die Zwiebeln und das vorbereitete Gemüse zu der Putenkeule in die Fettpfanne geben, evtl. noch etwas Wasser oder Brühe hinzugießen. Putenkeule mit Salz, Pfeffer, Rosmarin oder Thymian würzen. Gemüse etwa 20 Minuten mitgaren.
9. Die Putenoberkeule mit dem Gemüse auf einer vorgewärmten Platte anrichten und warm stellen.
10. Bratensatz mit etwas Wasser loskochen, durch ein Sieb gießen. Bratensatz mit Wasser auf 400 ml auffüllen und zum Kochen bringen.
11. Saure Sahne mit Speisestärke verrühren und mit einem Schneebesen in die kochende Flüssigkeit rühren. Dabei darauf achten, dass keine Klümpchen entstehen. Die Sauce zum Kochen bringen und ohne Deckel bei schwacher Hitze etwa 5 Minuten leicht kochen lassen, dabei gelegentlich umrühren. Die Sauce mit Salz und Pfeffer abschmecken. Putenoberkeule und Gemüse mit Thymian bestreuen und mit der Sauce servieren.

Schmorsteaks vom Wildschwein

4 Portionen

Zubereitungszeit: 40 Minuten
Garzeit: etwa 20 Minuten

4 Wildschweinsteaks
(aus der Keule, je etwa 180 g)
4 EL Speiseöl
Salz
gem. Pfeffer
1 Gemüsezwiebel (etwa 150 g)
1 TL Tomatenmark
200 ml Wildfond oder -brühe
evtl. etwas Rotwein
3 zerstoßene Wacholderbeeren
2 EL Preiselbeerkonfitüre
150 g Steckrüben
150 g Rosenkohl
100 g Pfifferlinge
1 EL Butter
250 g Schlagsahne

Pro Portion:
E: 39 g, F: 40 g, Kh: 16 g,
kJ: 2464, kcal: 588

1. Wildschweinsteaks mit Küchenpapier trocken tupfen. Speiseöl in einem Bräter erhitzen. Die Steaks darin von beiden Seiten anbraten und herausnehmen. Mit Salz und Pfeffer würzen.
2. Den Backofen vorheizen.
Ober-/Unterhitze: etwa 200 °C
Heißluft: etwa 180 °C
3. Die Gemüsezwiebel abziehen, halbieren, in feine Streifen schneiden und in dem verbliebenen Bratfett andünsten. Tomatenmark hinzufügen und kurz anrösten.
4. Fond oder Brühe, nach Belieben Rotwein, Wacholderbeeren und Konfitüre hinzugeben und unterrühren. Die Steaks auf den Gemüsezwiebelstreifen verteilen. Den Bräter zugedeckt auf dem Rost in den vorgeheizten Backofen schieben.
5. Die Schmorsteaks etwa 20 Minuten garen.
6. In der Zwischenzeit Steckrüben putzen, schälen, abspülen, abtropfen lassen und in Würfel schneiden. Rosenkohl putzen und den Strunk kreuzweise einschneiden. Den Rosenkohl abspülen und abtropfen lassen, großen Rosenkohl halbieren. Pfifferlinge putzen, evtl. kurz abspülen und trocken tupfen.
7. Butter in einer Pfanne zerlassen. Steckrübenwürfel und Rosenkohl darin unter mehrmaligem Rühren etwa 5 Minuten andünsten. Pfifferlinge hinzugeben und kurz mitdünsten lassen.
8. Angedünstetes Gemüse nach etwa 15 Minuten Garzeit zu den Schmorsteaks in den Bräter geben und zugedeckt etwa 5 Minuten mitgaren lassen.
9. Die Schmorsteaks aus dem Bräter nehmen und warm stellen. Sahne zu dem Gemüse in den Bräter gießen und etwas einkochen lassen. Mit Salz und Pfeffer abschmecken.
10. Schmorsteaks mit dem Gemüse auf einem vorgewärmten, großen Teller anrichten und servieren.

Putenoberkeule mit Gemüse

Schmorsteaks vom Wildschwein

Rinderbraten „Mailänder Art“

4 Portionen

Zubereitungszeit: 25 Minuten
Garzeit: etwa 2 1/2 Stunden

1 kg Rindfleisch
100 g fetter Speck
2 EL Speiseöl
Salz, gem. Pfeffer
1 Zwiebel
1 Stange Staudensellerie
1 Möhre, 4 Tomaten
3 Gewürznelken
ger. Muskatnuss
150 ml Rotwein
125 ml Fleischbrühe
evtl. etwas Weizenmehl

Pro Portion:
E: 49 g, F: 21 g, Kh: 0 g,
kJ: 1628, kcal: 388

1. Rindfleisch mit Küchenpapier trocken tupfen. Speck in dicke Streifen schneiden. Das Rindfleisch damit spicken. Speiseöl in einem Bräter erhitzen. Rindfleisch darin von allen Seiten anbraten, mit Salz und Pfeffer würzen.
2. Zwiebel abziehen, zuerst in dünne Scheiben schneiden, dann in Ringe teilen. Sellerie putzen und die harten Außenfäden abziehen. Selleriestange abspülen, abtropfen lassen und in Scheiben schneiden. Möhre putzen, schälen, abspülen, abtropfen lassen und in Scheiben schneiden.
3. Den Backofen vorheizen.
Ober-/Unterhitze: etwa 180 °C
Heißluft: etwa 160 °C
4. Tomaten kreuzweise einschneiden und mit kochendem Wasser übergießen. Nach 1–2 Minuten herausnehmen und mit kaltem Wasser abschrecken. Tomaten häuten, halbieren, die Stängelansätze herausschneiden. Tomaten entkernen und in Würfel schneiden.
5. Vorbereitete Gemüsezutaten zum Rindfleisch in den Bräter geben und kurz anbraten. Gewürznelken und Muskat hinzufügen. Rotwein hinzugießen und etwas einkochen lassen.
6. Den Bräter zugedeckt auf dem Rost in den vorgeheizten Backofen schieben und das Rindfleisch etwa 2 1/2 Stunden garen.
7. Nach etwa 1 Stunde Garzeit die Brühe zum Rindfleisch in den Bräter geben. Rindfleisch zugedeckt in weiteren etwa 1 1/2 Stunden fertig garen.
8. Den gegarten Rinderbraten mit dem Gemüse auf einer vorgewärmten Platte anrichten.
9. Nach Belieben Mehl mit Wasser anrühren, in den Bratenfond rühren und unter Rühren aufkochen lassen. Mit Salz und Pfeffer würzen. Die Sauce zu dem Rinderbraten reichen.

Große Hackfleischroulade

8–10 Portionen

Zubereitungszeit: 60 Minuten
Garzeit: etwa 70 Minuten

500 g Zucchini
Salz
500 g große Kartoffeln
1 1/2 kg Schweinegehacktes
2 Eier (Größe M)
gem. Pfeffer
1 TL gerebelter Majoran
1 Bund Schnittlauch
3 EL körniger Dijon-Senf
1 EL Semmelbrösel
3 Zwiebeln
500 ml heißes Wasser
150 ml Gemüsebrühe
50 g Butter oder Margarine
30 g Weizenmehl
200 g Schlagsahne
4–5 EL mittelscharfer Senf
Zucker

Pro Portion:
E: 34 g, F: 50 g, Kh: 12 g,
kJ: 2663, kcal: 637

1. Zucchini abspülen, abtrocknen und die Enden abschneiden. Zucchini grob raspeln und mit 1 Teelöffel Salz mischen. Anschließend Zucciniraspel beiseitestellen.

2. Kartoffeln schälen, abspülen, abtropfen lassen und auf einer Haushaltsreibe fein reiben. Das Gehackte in eine Schüssel geben. Geriebene Kartoffeln und Eier hinzufügen. Die Zutaten mit einem Mixer (Knethaken) zu einem Teig verarbeiten. Mit Salz, Pfeffer und Majoran würzen.
3. Den Backofen vorheizen.
Ober-/Unterhitze: etwa 200 °C
Heißluft: etwa 180 °C
4. Schnittlauch abspülen, trocken tupfen und in feine Röllchen schneiden. Die Hackfleischmasse auf ein Stück Backpapier (etwa 50 cm lang) geben, mit angefeuchteten Händen zu einem Quadrat (etwa 30 x 30 cm) ausstreichen. Mit Senf bestreichen.
5. Die beiseitegestellten Zucchiniraspeln mit den Händen leicht ausdrücken. Schnittlauchröllchen mit den Zucchiniraspeln mischen und auf dem Hackfleischteig verteilen, dabei rundherum einen etwa 2 cm breiten Rand frei lassen.
6. Den belegten Hackfleischteig mithilfe des Backpapiers fest aufrollen und zu einer Rolle formen.
7. Die Hackfleischroulade vom Backpapier in eine Fettpfanne (gefettet) gleiten lassen und mit Semmelbröseln bestreuen. Die Fettpfanne in den vorgeheizten Backofen schieben. Die Hackfleischroulade etwa 70 Minuten garen.
8. Zwiebeln abziehen, halbieren und in dünne Streifen schneiden. Zwiebelstreifen nach etwa 30 Minuten Garzeit zur Hackfleischroulade in die Fettpfanne geben, heißes Wasser hinzugießen und die Roulade fertig garen.
9. Die Hackfleischroulade herausnehmen, auf einer vorgewärmten Platte anrichten, warm stellen.
10. Bratensatz mit Brühe loskochen und durch ein Sieb (etwa 350 ml) in einen Topf gießen.
11. Für die Sauce Butter oder Margarine in einem Topf zerlassen. Mehl darin unter Rühren so lange erhitzen, bis es hellgelb ist. Sahne, Brühe und den Bratensud nach und nach hinzugießen. Mit einem Schneebesen durchschlagen, darauf achten, dass keine Klümpchen entstehen. Die Sauce unter Rühren zum Kochen bringen und etwa 10 Minuten unter Rühren kochen lassen. Senf unterrühren. Die Sauce mit Salz, Pfeffer und Zucker abschmecken.
12. Die Hackfleischroulade in Scheiben schneiden und mit der Sauce servieren.

Hirschgulasch

4 Portionen

Zubereitungszeit: 25 Minuten, ohne Marinierzeit
Garzeit: etwa 70 Minuten

800 g Hirschkeule (ohne Knochen)
1 kg Buttermilch
Salz, gem. Pfeffer
4 große Zwiebeln
4 EL Olivenöl
750 ml heiße Fleischbrühe oder Wildfond
2 Gewürznelken
1/2 TL schwarze Pfefferkörner
1 gestr. TL gerebelter Thymian
1 gestr. TL Salz
4 EL Rosinen
8 Backpflaumen, ohne Stein
200 g Schalotten
100 ml Wasser
1 TL Zucker
20 g Butter

Pro Portion:
E: 43 g, F: 17 g, Kh: 12 g,
kJ: 1581, kcal: 377

1. Den Backofen vorheizen.
Ober-/Unterhitze: etwa 200 °C
Heißluft: etwa 180 °C
2. Die Hirschkeule mit Küchenpapier trocken tupfen, enthäuten und in etwa 2 cm große Würfel schneiden. Fleischwürfel in eine Schüssel geben, mit Buttermilch übergießen, zugedeckt in den Kühlschrank stellen und über Nacht marinieren.
3. Die Fleischwürfel aus der Marinade nehmen, gut abtropfen lassen, evtl. trocken tupfen, mit Salz und Pfeffer würzen. Zwiebeln abziehen und fein würfeln. Olivenöl in einem Bräter erhitzen, die Fleischwürfel darin von allen Seiten gut anbraten. Zwiebelwürfel hinzugeben und kurz mitbraten lassen.

Hirschgulasch

4. Heiße Brühe oder Fond hinzugießen, Gewürznelken, Pfefferkörner, Thymian und Salz unterrühren. Gulasch zum Kochen bringen. Den Bräter auf dem Rost in den vorgeheizten Backofen schieben. Hirschgulasch zugedeckt etwa 60 Minuten garen.
5. Dann die Rosinen und Backpflaumen zum Hirschgulasch in den Bräter geben und das Gulasch in weiteren etwa 10 Minuten fertig garen.
6. In der Zwischenzeit die Schalotten abziehen, mit Wasser, Zucker und Butter in einen Topf geben und bei schwacher Hitze 10–15 Minuten dünsten. Schalotten in einem Sieb abtropfen lassen.
7. Gegarte Fleischwürfel und Backpflaumen aus der Sauce nehmen. Die Sauce durch ein Sieb streichen, nochmals erhitzen, mit Salz und Pfeffer abschmecken. Fleischwürfel, Backpflaumen und Schalotten wieder in die Sauce geben.

Kräuter-Senf-Braten

Minirouladen aus dem Backofen

Kräuter-Senf-Braten
4 Portionen

Zubereitungszeit: 35 Minuten
Garzeit: 80–90 Minuten

800 g Schweinenacken (ohne Knochen)
Salz
gem. Pfeffer
1 EL mittelscharfer Senf
25 g TK-Kräuter der Provence
500 g Suppengrün (Sellerie, Möhren, Porree)
200 g festkochende Kartoffeln
150 ml Fleischbrühe oder -fond
einige Petersilienblättchen

Außerdem:
1 Stück Bratfolie oder Bratschlauch

Pro Portion:
E: 44 g, F: 20 g, Kh: 10 g,
kJ: 1664, kcal: 399

1. Schweinenacken mit Küchenpapier trocken tupfen. Mit Salz und Pfeffer würzen, mit Senf bestreichen und mit einigen Kräutern der Provence bestreuen.
2. Den Backofen vorheizen.
Ober-/Unterhitze: etwa 180 °C
Heißluft: etwa 160 °C
3. Sellerie und Möhren putzen, schälen, abtropfen lassen, in etwa 1 cm große Würfel schneiden. Porree putzen, die Stangen längs halbieren, gründlich waschen, abtropfen lassen und in sehr kleine Stücke schneiden. Kartoffeln waschen, schälen, abspülen, abtropfen lassen und ebenfalls in etwa 1 cm große Würfel schneiden.
4. Gemüse- und Kartoffelwürfel mit den restlichen Kräutern der Provence mischen, mit Salz und Pfeffer würzen, auf ein großes Stück Bratfolie oder in den Bratschlauch geben. Den vorbereiteten Schweinenacken darauflegen. Brühe oder Fond hinzugießen. Bratfolie oder Bratschlauch nach Packungsanleitung verschließen und auf ein Backblech legen.
5. Das Backblech in den vorgeheizten Backofen (unteres Drittel) schieben. Den Braten 80–90 Minuten garen.
6. Die Folie aufschneiden. Den Kräuter-Senf-Braten herausnehmen und auf einer vorgewärmten Platte mit dem Gemüse anrichten. Mit abgespülten, trocken getupften Petersilienblättchen garniert servieren.

Minirouladen aus dem Backofen

8–10 Portionen

Zubereitungszeit: 60 Minuten
Garzeit: 20–25 Minuten

10 Stängel Salbei
3 EL Olivenöl
800 g abgetropfte geschälte Tomaten (aus der Dose)
16 sehr dünne Kalbsschnitzel (je etwa 80 g), gem. Pfeffer
8 lange dünne Scheiben Emmentaler (je etwa 20 g)
4 dicke Scheiben Emmentaler (je etwa 40 g)
2 EL Speisestärke
Salz

Pro Portion:
E: 41 g, F: 19 g, Kh: 3 g,
kJ: 1448, kcal: 345

1. Salbei abspülen und trocken tupfen. Die Blättchen von 6 Stängeln zupfen. Blättchen in einer Fettpfanne (mit Olivenöl bestrichen) verteilen. Von den geschälten Tomaten den Saft auffangen. Tomaten in kleine Stücke schneiden.
2. Den Backofen vorheizen.
Ober-/Unterhitze: etwa 220 °C
Heißluft: etwa 200 °C
3. Schnitzelscheiben mit Küchenpapier trocken tupfen und mit Pfeffer würzen. Die dünnen Käsescheiben der Länge nach halbieren. Die Blättchen von den restlichen Salbeistängeln zupfen. Je 1–2 Blättchen auf die halbierten Käsescheiben legen.
4. Die Schnitzelscheiben mit je einer Käsescheibenhälfte belegen, sodass am oberen Ende etwa 1 cm Rand frei bleibt. Einige Tomatenstückchen darauf verteilen. Die belegten Schnitzelscheiben von unten nach oben aufrollen, leicht andrücken und mit der Nahtseite nach unten in die Fettpfanne legen.
5. Die dicken Käsescheiben waagerecht in 16 Streifen schneiden. Käsestreifen auf die Rouladen legen. Die Fettpfanne in den vorgeheizten Backofen schieben. Die Minirouladen 20–25 Minuten garen.
6. Die gegarten Minirouladen aus der Fettpfanne nehmen und auf einer vorgewärmten Platte anrichten. Speisestärke mit dem aufgefangenen Tomatensaft anrühren. Den Bratensud durch ein Sieb in einen

Topf gießen. Die angerührte Speisestärke in den von der Kochstelle genommenen Fond rühren, unter Rühren aufkochen und etwa 1 Minute unter Rühren kochen lassen. Mit Salz und Pfeffer würzen.
7. Die Minirouladen mit der Sauce servieren und mit den restlichen Salbeiblättchen garnieren.

Kasseler-Ananas-Pfanne

5–6 Portionen

Zubereitungszeit: 35 Minuten, ohne Durchziehzeit
Garzeit: etwa 90 Minuten

etwa 1 kg Kasseler (Nacken- oder Kotelettstück, ohne Knochen)
340 g abgetropfte Ananasscheiben (aus der Dose)
evtl. 4–5 getrocknete Tomaten
40 g Butter
200 g Sahne-Schmelzkäse
200 g Schlagsahne
evtl. gem. Pfeffer

Pro Portion:
E: 36 g, F: 43 g, Kh: 19 g,
kJ: 2576, kcal: 615

1. Kasseler mit Küchenpapier trocken tupfen und in etwa 1 cm dicke Scheiben schneiden.
2. Kasselerscheiben abwechselnd mit den Ananasscheiben und evtl. mit jeweils 1 halbierten, getrockneten Tomate hintereinander in eine große Auflaufform (gefettet) legen.
3. Butter in einem Topf zerlassen. Käse und Sahne hinzugeben, mit einem Schneebesen unter Rühren bei mittlerer Hitze zum Kochen bringen.
4. Die Käse-Sahne-Sauce auf den Fleisch- und Ananasscheiben verteilen. Die Form zugedeckt 3–4 Stunden in den Kühlschrank stellen.
5. Den Backofen vorheizen.
Ober-/Unterhitze: etwa 200 °C
Heißluft: etwa 180 °C
6. Die Form zugedeckt auf dem Rost in den vorgeheizten Backofen (untere Schiene) schieben. Die Kasseler-Ananas-Pfanne etwa 90 Minuten garen. Die Käse-Sahne-Sauce nach Belieben mit Pfeffer abschmecken.

Lammhaxen in Dillsauce

(Römertopf® 4-Liter-Inhalt)
4 Portionen

Zubereitungszeit: 20 Minuten
Garzeit: etwa 1 3/4 Stunden

75 g abgetropfte getrocknete Tomaten, in Öl
4 Lammhaxen (je etwa 350 g)
100 g durchwachsener Speck
1 Bund Dill
Salz, gem. Pfeffer
2 EL Tomatenöl
400 ml Lammfond
6–8 EL trockener Weißwein
evtl. 1–2 EL heller Saucenbinder

Pro Portion:
E: 53 g, F: 46 g, Kh: 5 g,
kJ: 2780, kcal: 664

1. Von den Tomaten das Öl auffangen. Tomaten in Würfel schneiden.
2. Lammhaxen kurz unter fließendem kalten Wasser abspülen und trocken tupfen. Speck in etwa 1/2 cm breite Stifte schneiden. Die Lammhaxen damit spicken. Dafür das Lammfleisch mehrmals mit einem spitzen Messer etwa 1 cm tief einstechen. Die Kerben mit dem Messer auseinanderdrücken und jeweils 1 Stück Speck hineinstecken.
3. Dill abspülen und trocken tupfen. Die Spitzen von den Stängeln zupfen. Die Hälfte der Dillspitzen klein schneiden. Die restlichen Dillspitzen beiseitelegen.
4. Die Lammhaxen von allen Seiten mit Salz, Pfeffer und klein geschnittenem Dill einreiben und in einen gewässerten Römertopf® legen. Tomatenwürfel, 2 Esslöffel des aufgefangenen Öls und den Lammfond zu den Lammhaxen in den Römertopf® geben und mit dem Deckel verschließen. Den Römertopf® auf dem Rost in den kalten Backofen schieben.
Ober-/Unterhitze: etwa 180 °C
Heißluft: etwa 160 °C
5. Die Lammhaxen etwa 90 Minuten garen.
6. Den Deckel abnehmen und die Lammhaxe in weiteren etwa 15 Minuten fertig garen.
7. Die gegarten Lammhaxen aus dem Römertopf® nehmen. Den Fond in einen Topf gießen, Weißwein hinzugeben und zum Kochen bringen. Die Sauce evtl. mit Saucenbinder andicken. Mit Salz und Pfeffer würzen.
8. Die Lammhaxen mit den beiseitegelegten Dillspitzen garniert servieren. Die Dillsauce dazureichen.

Kasseler-Ananas-Pfanne

Lammhaxen in Dillsauce

Rinderrouladen
4 Portionen

Zubereitungszeit: 20 Minuten
Garzeit: etwa 1 1/2 Stunden

4 Scheiben Rindfleisch
(je 180–200 g, aus der Keule)
Salz, gem. Pfeffer
mittelscharfer Senf
60 g durchwachsener Speck
4 Zwiebeln
2 mittelgroße Gewürzgurken
1 Bund Suppengrün
(Sellerie, Möhren, Porree)
3 EL Speiseöl, z. B. Sonnenblumenöl
350–400 ml heißes Wasser oder
Gemüsebrühe
etwa 1 geh. TL Speisestärke
3 EL Wasser

Außerdem:
Rouladennadeln oder Küchengarn

Pro Portion:
E: 44 g, F: 21 g, Kh: 8 g,
kJ: 1654, kcal: 395

1. Rindfleischscheiben mit Küchenpapier trocken tupfen, mit Salz und Pfeffer würzen. Fleischscheiben mit 2–3 Teelöffeln Senf bestreichen. Den Speck in Scheiben schneiden. Zwei Zwiebeln abziehen. Zwiebeln und Gewürzgurken in Scheiben schneiden.

2. Die vorbereiteten Zutaten auf die Fleischscheiben geben. Die Fleischscheiben von der schmalen Seite aus aufrollen und mit Rouladennadeln feststecken oder mit Küchengarn umwickeln.

3. Den Backofen vorheizen.
Ober-/Unterhitze: etwa 180 °C
Heißluft: etwa 160 °C

4. Die restlichen 2 Zwiebeln abziehen und vierteln. Sellerie und Möhren putzen, schälen, abspülen und abtropfen lassen. Porree putzen, die Stange längs halbieren, gründlich waschen, abtropfen lassen. Vorbereitetes Suppengrün klein schneiden.

5. Speiseöl in einem Bräter erhitzen. Die Rouladen darin von allen Seiten kräftig anbraten.

6. Die Zwiebel- und Suppengrünstücke kurz mitbraten lassen. Etwa 150 ml des heißen Wassers oder der Brühe hinzugießen und zum Kochen bringen.

7. Den Bräter zugedeckt auf dem Rost in den vorgeheizten Backofen schieben und die Rouladen etwa 1 1/2 Stunden garen, dabei gelegentlich wenden. Verdampfte Flüssigkeit nach und nach durch heißes Wasser oder Brühe ersetzen.

8. Die gegarten Rouladen (Rouladennadeln oder Küchengarn entfernen) auf einer vorgewärmten Platte anrichten und warm stellen.

9. Den Bratensatz durch ein Sieb streichen, mit Wasser oder Brühe auf 375 ml auffüllen und zum Kochen bringen. Speisestärke mit Wasser anrühren, in die kochende Sauce rühren und unter gelegentlichem Rühren bei schwacher Hitze etwa 5 Minuten leicht kochen. Die Sauce mit Salz, Pfeffer und Senf abschmecken.

Kalbshaxe, geschmort
6 Portionen

Zubereitungszeit: 60 Minuten
Garzeit: 2 1/2–3 Stunden

1 Zwiebel, 2 Möhren
300 g Knollensellerie
1 Stange Porree (Lauch)
je 3 Stängel Thymian und Rosmarin
2 Knoblauchzehen
2 Kalbshaxen (je etwa 1 1/2 kg)
Salz, gem. Pfeffer
40 g Butterschmalz
2 Lorbeerblätter
1 EL Pfefferkörner
2 EL Tomatenmark
250 ml Rotwein
1 l Geflügelbrühe
4 rote Zwiebeln
500 ml Rotwein
1–2 EL Zucker
60 g kalte Butter

Rinderrouladen

Kalbshaxe, geschmort

Rehrollbraten

Pro Portion:
E: 69 g, F: 29 g, Kh: 13 g,
kJ: 2765, kcal: 662

1. Die Zwiebel abziehen. Möhren und Sellerie putzen, schälen, abspülen, abtropfen lassen. Porree putzen, die Stange längs halbieren, gründlich waschen und abtropfen lassen. Das vorbereitete Gemüse in Stücke schneiden. Thymian und Rosmarin abspülen und trocken tupfen. Knoblauch abziehen.
2. Die Kalbshaxen kurz unter fließendem kalten Wasser abspülen, trocken tupfen, mit Salz und Pfeffer einreiben. Butterschmalz in einem Bräter erhitzen. Die Haxen darin nacheinander von allen Seiten anbraten und herausnehmen. Zwiebel, Möhren- und Selleriestücke in den Bräter geben, in dem verbliebenen Bratfett unter Rühren anbraten. Porreestücke hinzufügen und ebenfalls anbraten. Lorbeerblätter, Pfefferkörner, Tomatenmark, Kräuter und Knoblauch zum angebratenen Gemüse geben und kurz anrösten.
3. Gemüse mit so viel Rotwein und Geflügelbrühe ablöschen, dass es etwa halbhoch in der Rotwein-Geflügel-Brühe liegt. Das Ganze bei starker Hitze einkochen lassen, bis die Flüssigkeit verdampft ist.
4. Den Backofen vorheizen.
Ober-/Unterhitze: etwa 180 °C
Heißluft: etwa 160 °C
5. Das Gemüse ein zweites Mal kurz rösten. Wieder die gleiche Menge Rotwein und Geflügelbrühe hinzugießen und einkochen lassen. Das Gemüse nochmals anrösten. Restlichen Wein und restliche Geflügelbrühe hinzugeben und zum Kochen bringen.
6. Kalbshaxen auf das Gemüse legen. So viel Wasser hinzugießen, dass die Haxen zur Hälfte bedeckt sind. Den Bräter zugedeckt auf dem Rost in den vorgeheizten Backofen schieben. Die Haxen 2 1/2–3 Stunden garen.
7. Zwiebeln abziehen, fein würfeln, mit Rotwein, etwas Salz, Pfeffer und Zucker in einen Topf geben und zum Kochen bringen. So lange ohne Deckel kochen lassen, bis keine Flüssigkeit mehr vorhanden ist. Den Topf von der Kochstelle nehmen.
8. Die gegarten Haxen herausnehmen und zugedeckt warm stellen. Den Bratenfond durch ein feines Sieb in einen Topf gießen. Den Sud um die Hälfte einkochen lassen. Die Zwiebelmasse zum Haxensud geben und aufkochen. Die Sauce mit Salz und Pfeffer abschmecken. Den Topf von der Kochstelle nehmen. Butter in kleinen Stücken in die Sauce rühren. Die Haxen mit der Sauce servieren.

Rehrollbraten

4 Portionen

Zubereitungszeit: 30 Minuten
Garzeit: etwa 90 Minuten

1 Rehkeule (ohne Knochen, etwa 900 g)
2 Stangen Porree (Lauch)
Salz, gem. Pfeffer
220 g Thüringer Mett (gewürztes Schweinemett)
4 EL Olivenöl
400 ml heiße Fleischbrühe
1 EL Tomatenmark
1 TL Speisestärke
1 EL kaltes Wasser
150 g Crème fraîche

Küchengarn

Pro Portion:
E: 60 g, F: 35 g, Kh: 4 g,
kJ: 2384, kcal: 571

1. Die Rehkeule mit Küchenpapier trocken tupfen und entsehnen. Evtl. die Rehkeule etwas aufschneiden, sodass eine größere Fläche für die Füllung entsteht.
2. Den Backofen vorheizen.
Ober-/Unterhitze: etwa 200 °C
Heißluft: etwa 180 °C
3. Porree putzen, die Stangen längs halbieren, gründlich waschen und abtropfen lassen.
4. Die Rehkeule mit Salz und Pfeffer würzen, innen mit Mett bestreichen und 1 Porreestange mittig darauflegen. Das Fleisch zu einem Rollbraten aufrollen und mit Küchengarn fest zusammenbinden.
5. Olivenöl in einem Bräter erhitzen. Den Rollbraten darin von allen Seiten gut anbraten. Den Bräter zugedeckt auf dem Rost in den vorgeheizten Backofen schieben. Den Rehrollbraten etwa 90 Minuten garen.
6. Nach etwa 30 Minuten Garzeit die heiße Fleischbrühe zum Rollbraten in den Bräter gießen, Tomatenmark und die zweite Porreestange hinzufügen. Rollbraten in weiteren etwa 60 Minuten fertig garen.
7. Den gegarten Rehrollbraten aus dem Bräter nehmen und warm stellen. Den Bratenfond durch ein Sieb in einen Topf gießen und zum Kochen bringen. Speisestärke mit Wasser anrühren, in die Sauce rühren und unter Rühren aufkochen lassen, Crème fraîche unterrühren. Die Sauce mit Salz und Pfeffer abschmecken.
8. Rehrollbraten (Küchengarn entfernen) in Scheiben schneiden. Die Rehscheiben mit der Sauce servieren.

Rehkeule in Preiselbeersauce

6 Portionen

Zubereitungszeit: 40 Minuten, ohne Marinierzeit
Garzeit: etwa 2 1/2 Stunden

1 Rehkeule (mit Knochen, etwa 1 1/2 kg)
3 EL Speiseöl, z. B. Sonnenblumenöl
je 1 TL gerebelter Majoran und Thymian
1 TL gehackte Rosmarinnadeln
100 g fetter Speck
Salz, gem. Pfeffer
etwa 150 ml heißer Wildfond oder heiße Gemüsebrühe
1 Zwiebel, 100 g Möhren
150 g Porree (Lauch)

Für die Sauce:
125 ml Rotwein
250 ml Wildfond oder Gemüsebrühe
100 g Schlagsahne
20 g Weizenmehl
3 EL kaltes Wasser
2 EL Wild-Preiselbeeren (aus dem Glas)
1 TL gerebelter Thymian

Pro Portion:
E: 46 g, F: 19 g, Kh: 7 g,
kJ: 1634, kcal: 390

1. Rehkeule kurz unter fließendem kalten Wasser abspülen, trocken tupfen und enthäuten. Speiseöl mit Majoran, Thymian und Rosmarin verrühren, die Keule damit bestreichen, in eine Schale legen, zugedeckt über Nacht im Kühlschrank marinieren.

2. Den Backofen vorheizen.
Ober-/Unterhitze: etwa 200 °C
Heißluft: etwa 180 °C

3. Speck in dünne Scheiben schneiden. Einen großen Bräter (mit Wasser ausgespült) mit der Hälfte der Speckscheiben auslegen. Die Rehkeule mit Salz und Pfeffer würzen, auf die Speckscheiben in den Bräter legen und mit den restlichen Speckscheiben bedecken. Den Bräter ohne Deckel auf dem Rost in den vorgeheizten Backofen schieben. Die Rehkeule 2–2 1/2 Stunden garen.

4. Sobald der Bratensatz anfängt zu bräunen, etwa die Hälfte des heißen Wildfond oder der Gemüsebrühe hinzugießen. Den Bräter mit dem Deckel verschließen und die Rehkeule weitergaren. Verdampfte Flüssigkeit nach und nach durch restlichen Wildfond oder Brühe ersetzen.

5. Zwiebel abziehen. Möhren putzen, schälen, abspülen und abtropfen lassen. Porree putzen, die Stange längs halbieren, gründlich waschen und abtropfen lassen. Gemüse in Stücke schneiden, nach etwa 60 Minuten Garzeit zu der Rehkeule in den Bräter geben und zugedeckt weitere etwa 60 Minuten garen. Dann den Deckel abnehmen und die Rehkeule ohne Deckel in weiteren etwa 30 Minuten fertig garen.

6. Die gegarte Rehkeule aus dem Bräter nehmen und zugedeckt etwa 10 Minuten ruhen lassen. Die Speckscheiben aus dem Bräter nehmen.

7. Für die Sauce Rotwein und Wildfond oder Gemüsebrühe zum Bratenfond in den Bräter geben, unterrühren und zum Kochen bringen. Die Sauce pürieren oder durch ein Sieb streichen, Sahne unterrühren. Mehl mit Wasser anrühren und unter die Sauce rühren. Dabei darauf achten, dass keine Klümpchen entstehen.

8. Die Sauce unter gelegentlichem Rühren etwa 5 Minuten kochen lassen. Preiselbeeren, Thymian und evtl. ausgetretenen Fleischsaft unterrühren. Die Sauce mit Salz und Pfeffer würzen. Die Speckscheiben von der Rehkeule nehmen. Das Fleisch in Scheiben schneiden und mit der Sauce auf einer vorgewärmten Platte anrichten.

Skandinavisches Dillhähnchen

4 Portionen

Zubereitungszeit: 40 Minuten
Garzeit: etwa 60 Minuten

2 kleine küchenfertige Hähnchen (je etwa 1 kg)
Salz, gem. Pfeffer
Zitronen- oder Limettensaft
2 Bund Dill
4 EL Speiseöl
40 g zerlassene Butter
2 Knoblauchzehen
2 dicke Möhren (etwa 200 g)
1 Stange Porree (Lauch, 200 g)
2 kleine oder 1 große Fenchelknolle (etwa 300 g)
4 dicke festkochende Kartoffeln (350–400 g)
400 ml Geflügelbrühe
40 g zerlassene Butter

Pro Portion:
E: 88 g, F: 67 g, Kh: 16 g,
kJ: 4292, kcal: 1026

1. Den Backofen vorheizen.
Ober-/Unterhitze: etwa 200 °C
Heißluft: etwa 180 °C

2. Hähnchen innen und außen kurz unter fließendem kalten Wasser abspülen und trocken tupfen. Mit Salz und Pfeffer würzen, mit etwas Zitronen- oder Limettensaft einreiben.

3. Dill abspülen und trocken tupfen. Die Spitzen von den Stängeln zupfen. Spitzen klein schneiden (etwas Dill beiseitelegen).
4. Speiseöl in einem großen Bräter erhitzen. Die Hähnchen hineinlegen, mit zerlassener Butter bestreichen und mit Dill bestreuen. Den Bräter zugedeckt auf dem Rost in den vorgeheizten Backofen schieben. Die Hähnchen etwa 60 Minuten garen.
5. Die Hähnchen während der Garzeit ab und zu mit dem Bratenfond begießen, evtl. etwas Wasser hinzufügen.
6. In der Zwischenzeit den Knoblauch abziehen und in kleine Würfel schneiden. Möhren putzen, schälen, abspülen, abtropfen lassen und in Scheiben schneiden. Porree putzen, die Stange längs halbieren, gründlich waschen, abtropfen lassen und in Streifen schneiden.
7. Von den Fenchelknollen die Stiele dicht oberhalb der Knollen abschneiden. Braune Stellen und Blätter entfernen. Wurzelenden gerade schneiden. Die Knollen abspülen, abtropfen lassen, halbieren und in Würfel schneiden. Kartoffeln schälen, abspülen, abtropfen lassen und ebenfalls in Würfel schneiden.
8. Das vorbereitete Gemüse mit den Kartoffelwürfeln nach etwa 10 Minuten Garzeit zu den Hähnchen in den Bräter geben und die Brühe hinzugießen. Die Hähnchen mit dem Gemüse in weiteren etwa 50 Minuten fertig garen, evtl. noch etwas Wasser hinzugießen.
9. Die gegarten Hähnchen mit Butter bestreichen, mit dem Schmorgemüse anrichten und mit dem beiseitegelegten Dill bestreut servieren.

Rippe mit Backobst

4–5 Portionen

Zubereitungszeit: 30 Minuten, ohne Abkühlzeit
Garzeit: etwa 90 Minuten

125 ml Wasser
125 ml Madeira (portugiesischer Likörwein)
1/2 Stange Zimt
2 Gewürznelken
500 g gemischtes Backobst
1,3 kg Schweine- oder Kasseler Rippe (vom Metzger eine Tasche einschneiden lassen)
Salz, gem. Pfeffer
Paprikapulver edelsüß
evtl. dunkler Saucenbinder

Außerdem:
Küchengarn
1 Bratschlauch

Pro Portion:
E: 54 g, F: 46 g, Kh: 23 g,
kJ: 3180, kcal: 758

1. Wasser mit Madeira, Zimt und Gewürznelken in einem Topf zum Kochen bringen. Backobst hinzufügen, wieder zum Kochen bringen und unter gelegentlichem Rühren bei schwacher Hitze etwa 10 Minuten kochen lassen.
2. Den Topf von der Kochstelle nehmen und das Backobst in der Flüssigkeit etwas abkühlen lassen. In einem Sieb abtropfen lassen, dabei die Einweichflüssigkeit auffangen.
3. Das Fleisch innen und außen kurz unter fließendem kalten Wasser abspülen, trocken tupfen und innen und außen mit Salz, Pfeffer und Paprika einreiben. Das Backobst in die Fleischtasche füllen und die Öffnung mit Küchengarn zunähen. Die gefüllte Rippe in einen Bratschlauch legen, den Schlauch an einer Seite nach Packungsanleitung verschließen und das aufgefangene Einweichwasser hinzugeben. Die zweite Seite des Bratschlauchs ebenfalls verschließen. Den gefüllten Bratschlauch auf ein Backblech legen.
4. Das Backblech in den kalten Backofen schieben.
Ober-/Unterhitze: etwa 200 °C
Heißluft: etwa 180 °C
5. Die gefüllte Rippe etwa 90 Minuten garen.
6. Das Backblech aus dem Backofen nehmen und das gare Fleisch etwa 10 Minuten ruhen lassen. Erst dann den Bratschlauch öffnen, Fleisch herausnehmen und den Bratenfond in einen Topf geben. Gefüllte Rippe in Scheiben schneiden und auf einer vorgewärmten Platte anrichten.
7. Die aufgefangenen Bratenfond nach Belieben mit Saucenbinder binden. Die Rippe mit Backobst mit der Sauce servieren.

Skandinavisches Dillhähnchen

Rippe mit Backobst

Hirtentopf

Geschmorte Springbockkeule

Hirtentopf

12 Portionen

Zubereitungszeit: 40 Minuten
Garzeit: etwa 2 Stunden 40 Minuten

2 1/2 kg Gulasch (halb Schweine-, halb Rindfleisch)
2 gestr. TL Salz
2 TL gem. Pfeffer
2 TL Paprikapulver edelsüß
je 1 TL gerebelter Thymian und Oregano
1 gestr. TL Cayennepfeffer
500 g Zwiebeln
3–4 Knoblauchzehen
500 g Kidneybohnen (aus Dosen)
320 g abgetropfte Tomatenpaprika in Streifen (aus dem Glas)
370 g abgetropfte Brechbohnen (aus der Dose)
460 g abgetropfte Champignonköpfe (aus Gläsern)
500 ml Zigeunersauce (aus dem Glas)
500 g Tomaten

Pro Portion:
E: 50 g, F: 16 g, Kh: 19 g, kJ: 1778, kcal: 425

1. Den Backofen vorheizen.
Ober-/Unterhitze: etwa 180 °C
Heißluft: etwa 160 °C

2. Gulasch mit Küchenpapier trocken tupfen und in einen großen Bräter (gefettet) schichten, dabei die einzelnen Schichten mit den Gewürzen bestreuen.

3. Zwiebeln und Knoblauch abziehen. Zwiebeln zuerst in Scheiben schneiden, dann in Ringe teilen. Den Knoblauch in dünne Scheiben schneiden. Kidneybohnen in ein Sieb geben, mit kaltem Wasser abspülen und abtropfen lassen.

4. Zwiebelringe, Knoblauchscheiben, Kidneybohnen, Tomatenpaprika, Brechbohnen und Champignonköpfe auf das Gulasch schichten (ohne zu verrühren). Anschließend die Zigeunersauce darauf verteilen. Den Bräter zugedeckt auf dem Rost in den vorgeheizten Backofen schieben. Den Hirtentopf etwa 2 1/2 Stunden garen.

5. Die Tomaten abspülen, trocken tupfen, vierteln und die Stängelansätze herausschneiden. Nach Ende der Garzeit Tomatenviertel in den Bräter geben. Den Hirtentopf umrühren und evtl. nachwürzen. Den Hirtentopf in weiteren etwa 10 Minuten fertig garen.

Geschmorte Springbockkeule

4–5 Portionen

Zubereitungszeit: 30 Minuten
Garzeit: etwa 2 Stunden

1,2 kg Springbockkeule (ohne Knochen)
Salz, gem. Pfeffer
5 EL Speiseöl, z. B. Rapsöl
2 EL Tandori Masala (Gewürzmischung, erhältlich im Asialaden)
1 EL brauner Zucker
250 ml heiße Fleischbrühe
350 g Möhren
250 g Sellerie
250 g Zwiebeln
250 g saure Sahne

Pro Portion:
E: 59 g, F: 26 g, Kh: 12 g, kJ: 2186, kcal: 522

1. Den Backofen vorheizen.
Ober-/Unterhitze: etwa 200 °C
Heißluft: etwa 180 °C

2. Die Springbockkeule mit Küchenpapier trocken tupfen und entsehnen. Mit Salz und Pfeffer würzen. Speiseöl in einem Bräter erhitzen, das Fleisch darin von allen Seiten anbraten.

3. Die Springbockkeule mit Tandori Masala und braunem Zucker bestreuen, nochmals kurz von allen Seiten anbraten, dann die heiße Fleischbrühe hinzugießen und zum Kochen bringen.

4. Den Bräter auf dem Rost in den vorgeheizten Backofen schieben. Die Springbockkeule zugedeckt etwa 2 Stunden garen, dabei die Keule gelegentlich wenden.

5. Möhren und Sellerie putzen, schälen, abspülen und abtropfen lassen. Zwiebeln abziehen. Möhren, Sellerie und Zwiebeln in etwa 2 cm große Würfel schneiden.

6. Nach etwa 1 1/2 Stunden Garzeit die Gemüsewürfel zur Springbockkeule in den Bräter geben und zugedeckt in weiteren etwa 30 Minuten fertig garen.

7. Die Springbockkeule und das Gemüse aus dem Bräter nehmen und warm stellen. Die Sauce durch ein Sieb gießen und saure Sahne unterrühren, mit Salz und Pfeffer abschmecken.

8. Die Springbockkeule in Scheiben schneiden und mit dem Gemüse und der Sauce servieren.

Kaninchen mit Backobst

4 Portionen

Zubereitungszeit: 40 Minuten, ohne Einweichzeit
Garzeit: etwa 75 Minuten

250 g Backobst (Pflaumen, Aprikosen, Äpfel)
500 ml Rotwein
1 kg Kaninchenfleisch
Salz, gem. Pfeffer
gerebelter Thymian
3 EL Butterschmalz
250 g Zwiebeln
2 Lorbeerblätter
125 ml heißes Wasser
etwa 125 ml Rotwein
150 g Crème fraîche

Pro Portion:
E: 52 g, F: 46 g, Kh: 38 g,
kJ: 3349, kcal: 802

1. Backobst in eine Schale legen, mit Rotwein übergießen und 12–24 Stunden einweichen.
2. Den Backofen vorheizen.
Ober-/Unterhitze: etwa 180 °C
Heißluft: etwa 160 °C
3. Das Kaninchenfleisch kurz unter fließendem kalten Wasser abspülen und trocken tupfen. Mit Salz, Pfeffer und Thymian würzen. Butterschmalz in einem Bräter erhitzen. Das Kaninchenfleisch darin von allen Seiten gut anbraten.
4. Zwiebeln abziehen, vierteln, zum Fleisch in den Bräter geben und mitdünsten lassen. Lorbeerblätter und heißes Wasser hinzufügen, zum Kochen bringen. Den Bräter zugedeckt auf dem Rost in den vorgeheizten Backofen schieben. Das Kaninchenfleisch etwa 75 Minuten garen.
5. Nach etwa 30 Minuten Garzeit eingeweichtes Backobst mit dem Rotwein zum Fleisch in den Bräter geben. Das Kaninchenfleisch in weiteren etwa 45 Minuten fertig garen.
6. Das gegarte Fleisch aus dem Bräter nehmen und in eine vorgewärmte Servierschale legen.
7. Für die Sauce Rotwein unter den Bratenfond rühren und aufkochen lassen, Crème fraîche unterrühren und miterhitzen. Die Sauce mit Salz und Pfeffer abschmecken und auf dem Kaninchenfleisch verteilen.

Hirschschmorbraten mit Salbei und Beifuß

4 Portionen

Zubereitungszeit: 20 Minuten
Garzeit: etwa 1 1/2 Stunden

1 Bund Beifuß
1 Bund Salbei
2–3 Stängel Rosmarin
1 kg Hirschschulter (ohne Knochen)
Salz, gem. Pfeffer
1/2 TL ger. Muskatnuss
1 TL Paprikapulver edelsüß
2 Zwiebeln
5 EL Speiseöl, z. B. Olivenöl
250 ml trockener Rotwein
2 TL flüssiger Honig
2 TL zerdrückte Wacholderbeeren
2 Gewürznelken
150 g Crème fraîche

Außerdem:
Küchengarn

Pro Portion:
E: 54 g, F: 33 g, Kh: 10 g,
kJ: 2438, kcal: 583

1. Den Backofen vorheizen.
Ober-/Unterhitze: etwa 180 °C
Heißluft: etwa 160 °C
2. Beifuß, Salbei und Rosmarin abspülen, trocken tupfen. Die Blättchen bzw. Nadeln von den Stängeln zupfen.
3. Die Hirschschulter mit Küchenpapier trocken tupfen, evtl. enthäuten, flach drücken. Mit Salz und Pfeffer würzen. Die Kräuter darauf verteilen. Das Fleischstück zu einem Rollbraten aufrollen und mit Küchengarn fest umwickeln. Mit Salz, Pfeffer, Muskat und Paprika würzen.
4. Zwiebeln abziehen und achteln. Speiseöl in einem Bräter erhitzen. Den Rollbraten darin von allen Seiten anbraten. Zwiebeln hinzufügen, kurz mitbraten, mit Wein ablöschen.
5. Den Rollbraten mit Honig bestreichen, Wacholderbeeren und Nelken zum Rollbraten geben. Den Bräter mit Deckel auf dem Rost in den vorgeheizten Backofen schieben. Den Braten etwa 1 1/2 Stunden garen.
6. Den gegarten Braten aus dem Bräter nehmen und etwa 10 Minuten ruhen lassen, damit sich der Fleischsaft setzt. Crème fraîche unter die Sauce rühren und erhitzen (nicht mehr kochen lassen). Die Sauce mit den Gewürzen abschmecken.
7. Den Braten (Küchengarn entfernen) in dünne Scheiben schneiden und sofort servieren.

Kaninchen mit Backobst

Hirschschmorbraten mit Salbei und Beifuß

Gefüllte Schweineschulter

8–10 Portionen

Zubereitungszeit: 55 Minuten, ohne Ruhezeit
Garzeit: etwa 2 1/2 Stunden

3 Schalotten
150 g Knollensellerie
40 g Butter
1 Bund Petersilie
2 Scheiben Weißbrot
100 g Schlagsahne
400 g Thüringer Mett (gewürztes Schweinemett)
2 Eier (Größe M)
Salz, gem. Pfeffer
2,6 kg Schweineschulter (mit Schwarte)

Außerdem:
Küchengarn

Pro Portion:
E: 62 g, F: 66 g, Kh: 4 g,
kJ: 3571, kcal: 853

1. Schalotten abziehen und in Würfel schneiden. Sellerie schälen, abspülen, abtropfen lassen und fein würfeln. Butter in einer Pfanne zerlassen. Schalotten- und Selleriewürfel darin andünsten und abkühlen lassen.
2. Petersilie abspülen und trocken tupfen. Die Blättchen von den Stängeln zupfen und klein schneiden.
3. Den Backofen vorheizen.
Ober-/Unterhitze: etwa 220 °C
Heißluft: etwa 200 °C
4. Weißbrot entrinden, in Würfel schneiden und in einen tiefen Teller oder flache Schale geben, die Sahne darübergießen und die Brotwürfel einweichen. Das Mett in eine Rührschüssel geben, mit den Gemüse- und Weißbrotwürfeln vermengen. Eier und Petersilie unterarbeiten. Die Masse mit Salz und Pfeffer würzen.
5. Schweineschulter kurz unter fließendem kalten Wasser abspülen, trocken tupfen und waagerecht eine Tasche einschneiden, dabei etwas Fleisch aus der Mitte herausschneiden, damit die Tasche größer wird. Die Schwarte gitterförmig einschneiden (evtl. vom Metzger vorbereiten lassen).
6. Gut die Hälfte der Mettmasse in die Öffnung geben und etwas festdrücken. Das ausgeschnittene Stück Schweinefleisch in die Mitte geben, die restliche Mettmasse darauf verteilen und festdrücken. Die Öffnung mit Küchengarn zunähen. Das Fleisch mit Salz und Pfeffer einreiben und in einen großen Bräter legen, etwas Wasser hinzugießen. Den Bräter zugedeckt auf dem Rost in den vorgeheizten Backofen schieben. Den Schulterbraten etwa 60 Minuten vorgaren.
7. Nach Ende der Garzeit die Backofentemperatur um etwa 20 °C herunterschalten und den Braten zugedeckt weitere etwa 30 Minuten garen. Dann den Deckel abnehmen und den Schulterbraten in weiteren etwa 60 Minuten fertig garen.
8. Den Bräter aus dem Backofen nehmen. Den Schulterbraten zugedeckt etwa 10 Minuten ruhen lassen. Das Küchengarn entfernen, den Schulterbraten in Scheiben schneiden und auf einer vorgewärmten Platte anrichten. Nach Belieben den Bratensatz dazu servieren.

Gefüllte Schweineschulter

Große Putenroulade

8–10 Portionen

Zubereitungszeit: 50 Minuten
Garzeit: etwa 45 Minuten

100 g Schalotten
800 g Möhren
4 EL Speiseöl
100 g Kürbiskerne
1 EL Walnussöl
Salz
gem. Pfeffer
1 Putenbrust (etwa 1,8 kg, vom Metzger so einschneiden lassen, dass eine möglichst große flache Roulade entsteht)
500 ml heiße Gemüsebrühe
250 g Crème fraîche
glatte Petersilienblättchen

Außerdem:
Küchengarn

Pro Portion:
E: 53 g, F: 21 g, Kh: 7 g,
kJ: 1790, kcal: 430

1. Schalotten abziehen und in kleine Würfel schneiden. Möhren putzen, schälen, abspülen und abtropfen lassen. 300 g von den Möhren grob raspeln. Die Hälfte des Speiseöls in einem Topf erhitzen. Schalottenwürfel darin glasig dünsten. Möhrenras-

pel hinzufügen und zugedeckt etwa 5 Minuten dünsten.

2. Kürbiskerne hacken, mit Walnussöl verrühren und zu den Möhrenraspeln geben. Mit Salz und Pfeffer würzen.

3. Den Backofen vorheizen.
Ober-/Unterhitze: etwa 200 °C
Heißluft: etwa 180 °C

4. Putenbrust kurz unter fließendem kalten Wasser abspülen, trocken tupfen und auf eine Arbeitsfläche legen, evtl. etwas flach klopfen oder rollen. Mit Salz und Pfeffer würzen. Die Möhrenmasse darauf verteilen. Putenbrust aufrollen und mit Küchengarn fest umwickeln (wie bei einem Rollbraten). Die restlichen Möhren in Scheiben schneiden.

5. Restliches Speiseöl in einem großen Bräter erhitzen. Die Roulade darin von allen Seiten anbraten. Heiße Brühe hinzugießen, Möhrenscheiben hinzufügen und zum Kochen bringen.

6. Den Bräter zugedeckt auf dem Rost in den vorgeheizten Backofen schieben. Die Putenroulade etwa 45 Minuten garen.

7. Die gegarte Putenroulade aus dem Bräter nehmen (Küchengarn entfernen), in Scheiben schneiden, auf einer vorgewärmten Platte anrichten und warm stellen.

8. Den Bratensud mit den Möhrenscheiben in einen hohen Topf geben und pürieren. Crème fraîche unterrühren. Die Sauce mit Salz und Pfeffer abschmecken.

9. Die Rouladenscheiben mit abgespülten, trocken getupften Petersilienblättchen garnieren und mit der Sauce servieren.

Gefüllte Schmorgurken

4 Portionen

Zubereitungszeit: 40 Minuten
Garzeit: etwa 35 Minuten

Für die Füllung:
4 EL Speiseöl
600 g Gehacktes (halb Rind-, halb Schweinefleisch)
2 Möhren
1 Stange Porree (etwa 200 g)
1 EL Butter, 1 EL Speiseöl
2 Knoblauchzehen
200 g Schmand (Sauerrahm)
1 Bund Dill
Salz, gem. Pfeffer

4 kleine Schmorgurken (je etwa 250 g)
1 EL Semmelbrösel
2 EL ger. Parmesan
2 große Fleischtomaten
125 ml Gemüsebrühe

Pro Portion:
E: 34 g, F: 50 g, Kh: 12 g, kJ: 2664, kcal: 636

1. Für die Füllung Speiseöl in einer Pfanne erhitzen, Gehacktes darin unter Rühren anbraten, dabei die Fleischklümpchen mit einer Gabel zerdrücken.

2. Möhren putzen, schälen, abspülen, abtropfen lassen und grob raspeln oder in kleine Würfel schneiden. Porree putzen, die Stange längs halbieren, gründlich waschen, abtropfen lassen und in kurze Streifen schneiden.

3. Butter in einem Topf zerlassen, Speiseöl miterhitzen. Möhrenraspel oder -würfel und Porreestreifen darin unter Rühren gar dünsten, abkühlen lassen. Knoblauch abziehen und durch eine Knoblauchpresse drücken.

4. Den Backofen vorheizen.
Ober-/Unterhitze: etwa 200 °C
Heißluft: etwa 180 °C

5. Gehacktes, Möhrenraspel oder -würfel, Porreestreifen, Knoblauch und Schmand in einer Schüssel gut vermengen. Dill abspülen und trocken tupfen. Die Spitzen von den Stängeln zupfen, klein schneiden und unter die Gehacktesmasse rühren. Mit Salz und Pfeffer würzen.

6. Gurken schälen, abspülen, trocken tupfen und längs das obere Drittel abschneiden. Die Gurkenhälften nebeneinander in eine große, flache Auflaufform legen.

7. Die Füllung darauf verteilen. Semmelbrösel mit Käse mischen und daraufstreuen. Den Gurkendeckel darauflegen.

8. Tomaten kreuzweise einschneiden und mit kochendem Wasser übergießen. Nach 1–2 Minuten herausnehmen und mit kaltem Wasser abschrecken. Tomaten häuten, halbieren und die Stängelansätze herausschneiden. Tomaten entkernen und in Würfel schneiden.

9. Tomatenwürfel in die Zwischenräume der Gurkenhälften legen, die Brühe hinzugießen. Die Form auf dem Rost in den vorgeheizten Backofen schieben. Die gefüllten Schmorgurken etwa 35 Minuten garen.

Italienscher Hackbraten

Geschmorte Gemüse

Italienischer Hackbraten

4 Portionen

Zubereitungszeit: 25 Minuten, ohne Ruhezeit
Garzeit: etwa 50 Minuten

1 Brötchen (Semmel) vom Vortag
1 Zwiebel, 2 Knoblauchzehen
600 g Gehacktes (halb Rind-, halb Schweinefleisch)
2 Eier (Größe M)
2 EL Tomatenmark
Salz, gem. Pfeffer
Paprikapulver edelsüß
gerebelter Oregano
1 Bund Basilikum
200 g Schafskäse
8 Scheiben durchwachsener Speck (etwa 120 g)
125 ml Rotwein

Pro Portion:
E: 47 g, F: 50 g, Kh: 10 g,
kJ: 2886, kcal: 689

1. Den Backofen vorheizen.
Ober-/Unterhitze: etwa 200 °C
Heißluft: etwa 180 °C
2. Brötchen in kaltem Wasser einweichen, gut ausdrücken. Zwiebel und Knoblauch abziehen, klein würfeln.
3. Gehacktes in eine Schüssel geben. Brötchen, Zwiebel-, Knoblauchwürfel, Eier und Tomatenmark hinzugeben. Die Zutaten zu einem Teig verkneten, mit Salz, Pfeffer, Paprika und Oregano würzen.
4. Basilikum abspülen und trocken tupfen. Die Blättchen von den Stängeln zupfen, in feine Streifen schneiden. Schafskäse klein würfeln.
5. Basilikumstreifen und Schafskäsewürfel unter den Hackfleischteig arbeiten. Den Fleischteig zu einem ovalen Laib formen und in einen Bräter (gefettet) legen. Speckscheiben darauflegen, Rotwein hinzugießen.
6. Den Bräter auf dem Rost in den vorgeheizten Backofen (unteres Drittel) schieben. Den Hackbraten etwa 50 Minuten garen. Während der Garzeit evtl. etwas Wasser hinzugießen.
7. Den garen Hackbraten aus dem Bräter nehmen und etwa 10 Minuten ruhen lassen. Hackbraten in Scheiben schneiden und servieren.

Geschmorte Gemüse

4 Portionen

Zubereitungszeit: 40 Minuten
Garzeit: etwa 25 Minuten

2 Stangen Porree (Lauch)
1 Staudensellerie
12 junge dünne Möhren mit Grün
4 kleine Fenchelknollen
4 dicke Kartoffeln
300 g Wirsing
1 Zwiebel
1 Fleischtomate
1 Bund Petersilie
2 EL Speiseöl
Salz, gem. Pfeffer
200 ml heiße Gemüsebrühe

Pro Portion:
E: 9 g, F: 1 g, Kh: 32 g,
kJ: 742, kcal: 177

1. Porree putzen, die Stangen längs halbieren, gründlich waschen, abtropfen lassen. Staudensellerie putzen und die harten Außenfäden abziehen, Selleriestangen abspülen, abtropfen lassen. Möhren putzen, schälen, dabei etwas Grün stehen lassen. Möhren abspülen, abtropfen lassen. Von den Fenchelknollen die Stiele dicht oberhalb der Knollen abschneiden, braune Stellen und Blätter entfernen, die Wurzelenden gerade schneiden, die Knollen abspülen, abtropfen lassen und halbieren.
2. Den Backofen vorheizen.
Ober-/Unterhitze: etwa 180 °C
Heißluft: etwa 160 °C
3. Kartoffeln schälen, abspülen, abtropfen lassen. Vom Wirsing die groben, äußeren Blätter entfernen und den Strunk herausschneiden. Den Wirsing abspülen, abtropfen lassen. Zwiebel abziehen und würfeln.
4. Den Porree und Staudensellerie in 8–10 cm lange Stücke schneiden. Möhren ganz lassen. Fenchelknollen, Kartoffeln und Wirsing vierteln. Tomate abspülen, abtropfen lassen, halbieren und den Stängelansatz herausschneiden. Die Tomate in Würfel schneiden. Petersilie abspülen und trocken tupfen. Blättchen von den Stängeln zupfen, klein schneiden.
5. Speiseöl in einem großen Bräter erhitzen. Die Kartoffelstücke darin von allen Seiten etwa 8 Minuten andünsten, dann Zwiebel- und Tomatenwürfel hinzugeben und mitdünsten lassen. Das vorbereitete Gemüse darauf verteilen, mit Salz und Pfeffer würzen. Das Gemüse mit Petersilie bestreuen und die heiße Brühe hinzugießen. Den Bräter zugedeckt auf dem Rost in den vorgeheizten Backofen schieben. Das geschmorte Gemüse etwa 25 Minuten garen.

Geschmorte Kaninchenkeulen

(Römertopf 3-Liter-Inhalt)
4 Portionen (ohne Foto)

Zubereitungszeit: 25 Minuten
Garzeit: etwa 60 Minuten

6 Kaninchenkeulen (etwa 1 kg)
Salz, gem. Pfeffer
1 EL klein geschnittene Rosmarinnadeln
1 Knoblauchzehe, 1 Schalotte
65 g abgetropfte grüne Oliven mit Kräutern
85 g abgetropfte schwarze Oliven
Zucker
2 Lorbeerblätter
100 ml Rotwein
100 ml Kalbsfond (aus dem Glas)
2 EL Olivenöl
2 Bund Frühlingszwiebeln
250 g Cocktailtomaten

Pro Portion:
E: 45 g, F: 27 g, Kh: 10 g,
kJ: 2172, kcal: 518

1. Kaninchenkeulen kurz unter fließendem kalten Wasser abspülen, trocken tupfen, mit Salz, Pfeffer und Rosmarin würzen. Knoblauch und Schalotte abziehen, fein würfeln.
2. Kaninchenkeulen, Knoblauch-, Schalottenwürfel, Oliven, 1 Prise Zucker und Lorbeerblätter in einen gewässerten Römertopf® geben. Rotwein und Kalbsfond hinzugießen, Olivenöl darauftäufeln. Den Römertopf® mit dem Deckel verschließen und auf dem Rost in den kalten Backofen schieben.
Ober-/Unterhitze: etwa 220 °C
Heißluft: etwa 200 °C
3. Fleisch etwa 60 Minuten garen.
4. In der Zwischenzeit Frühlingszwiebeln putzen, abspülen, abtropfen lassen und in etwa 5 cm lange Stücke schneiden. Cocktailtomaten abspülen, trocken tupfen, vierteln und die Stängelansätze herausschneiden.
5. Nach etwa 45 Minuten Garzeit die Frühlingszwiebelstücke und Tomatenviertel zu den Kaninchenkeulen in den Römertopf® geben und in weiteren etwa 15 Minuten fertig garen.
6. Die geschmorten Kaninchenkeulen und das Gemüse mit Salz und Pfeffer abschmecken.

Gefüllte geschmorte Schweinebrust

4 Portionen

Zubereitungszeit: 35 Minuten, ohne Einweichzeit
Garzeit: 80–90 Minuten

250 g gemischtes Trockenobst
1,2 kg Schweinebrust (vom Metzger eine Tasche einschneiden lassen)
1 Bund Petersilie
Salz, gem. Pfeffer
1 Prise Zucker
1 Msp. gem. Zimt
2 EL Speiseöl
250 ml Fleischbrühe
600 g Kartoffeln
100 g kleine Champignons
100 g kleine Trockenpflaumen, ohne Stein

Außerdem:
einige Holzstäbchen

Pro Portion:
E: 63 g, F: 40 g, Kh: 34 g,
kJ: 3389, kcal: 809

1. Das Trockenobst etwa 2 Stunden in kaltem Wasser einweichen.
2. Den Backofen vorheizen.
Ober-/Unterhitze: etwa 200 °C
Heißluft: etwa 180 °C
3. Schweinebrust kurz unter fließendem kalten Wasser abspülen und trocken tupfen.
4. Petersilie abspülen und trocken tupfen. Die Blättchen von den Stängeln zupfen, Blättchen klein schneiden. Eingeweichtes Trockenobst in einem Sieb abtropfen lassen und mit der Petersilie vermischen, mit Salz, Pfeffer, Zucker und Zimt würzen.
5. Die Trockenobst-Petersilien-Mischung in die vorbereitete Fleischtasche füllen und mit Holzstäbchen feststecken. Die Schweinebrust mit Salz und Pfeffer würzen.
6. Speiseöl in einem Bräter erhitzen. Die Schweinebrust darin von allen Seiten kräftig anbraten, anschließend mit Brühe ablöschen. Den Bräter zugedeckt auf dem Rost in den vorgeheizten Backofen schieben. Das Fleisch 80–90 Minuten garen.
7. In der Zwischenzeit Kartoffeln abspülen, abtropfen lassen und in Würfel schneiden. Champignons putzen, evtl. kurz abspülen, trocken tupfen.
8. Nach etwa 50 Minuten Garzeit die Kartoffelwürfel, Champignons und Trockenpflaumen zu der Schweinebrust in den Bräter geben und zugedeckt in weiteren 30–40 Minuten fertig garen, dabei gelegentlich umrühren.

Gefüllte geschmorte Schweinebrust

Geschmortes Hähnchen, italienisch

4 Portionen

Zubereitungszeit: 40 Minuten
Garzeit: etwa 40 Minuten

1 Gemüsezwiebel
2 dicke Fleischtomaten
400 g kleine festkochende Kartoffeln
800 g Hähnchenfleisch (ohne Haut, Brust und Keule, ohne Knochen)
Salz, gem. Pfeffer
1 abgezogene, durchgepresste Knoblauchzehe
4 EL Olivenöl
100 ml Geflügelbrühe
3 kleine Stängel Rosmarin
1 EL klein geschnittene Petersilie

Pro Portion:
E: 52 g, F: 14 g, Kh: 21 g,
kJ: 1783, kcal: 426

1. Die Gemüsezwiebel abziehen, halbieren und in Würfel schneiden. Tomaten kreuzweise einschneiden und mit kochendem Wasser übergießen. Nach 1–2 Minuten herausnehmen und mit kaltem Wasser abschrecken. Tomaten häuten, halbieren und die Stängelansätze herausschneiden. Tomaten entkernen und in Würfel schneiden. Kartoffeln schälen, abspülen und abtropfen lassen.
2. Den Backofen vorheizen.
Ober-/Unterhitze: etwa 200 °C
Heißluft: etwa 180 °C
3. Das Hähnchenfleisch kurz unter fließendem kalten Wasser abspülen, trocken tupfen, mit Salz, Pfeffer und Knoblauch würzen. Olivenöl in einem Bräter erhitzen. Das Hähnchenfleisch darin von allen Seiten anbraten. Zwiebelwürfel und Kartoffeln hinzugeben, mitbraten lassen. Tomatenwürfel unterrühren. Brühe hinzugießen.
4. Rosmarin abspülen, gut trocken tupfen und mit der Petersilie zu dem Hähnchenfleisch in den Bräter geben. Den Bräter zugedeckt auf dem Rost in den vorgeheizten Backofen schieben. Das Hähnchenfleisch mit den Kartoffeln und den Tomaten etwa 40 Minuten garen.
5. Das geschmorte Hähnchen mit Salz und Pfeffer abschmecken und servieren.

Gefüllter Schweinerücken

10 Portionen

Zubereitungszeit: 45 Minuten, ohne Ruhezeit
Garzeit: 90–100 Minuten

1,8 kg Schweinerücken (ohne Knochen, evtl. 2 Schweinerücken)
je 1 rote, gelbe und grüne Paprikaschote (etwa 600 g)
600 g rohes Wurstbrät (beim Metzger vorbestellen)
Salz
gem. Pfeffer
100 ml Speiseöl
800 ml Fleischbrühe oder -fond
300 g Perlzwiebeln
800 g festkochende Kartoffeln
6 Möhren (etwa 400 g)

Außerdem:
Küchengarn

Pro Portion:
E: 41 g, F: 45 g, Kh: 15 g,
kJ: 2812, kcal: 672

Geschmortes Hähnchen, italienisch

Gefüllter Schweinerücken

1. Den Schweinerücken mit Küchenpapier trocken tupfen. In den Schweinerücken mit einem scharfen Messer längs eine große Tasche einschneiden.
2. Den Backofen vorheizen.
Ober-/Unterhitze: etwa 200 °C
Heißluft: etwa 180 °C
3. Paprikaschoten halbieren, entstielen, entkernen und die weißen Scheidewände entfernen. Schoten abspülen, abtropfen lassen und in kleine Würfel schneiden. Wurstbrät mit den Paprikawürfeln vermengen.
4. Den Schweinerücken mit der Wurstbrät-Paprika-Mischung füllen. Mit Salz und Pfeffer würzen. Mit Küchengarn zusammenbinden.
5. Speiseöl in einem großen Bräter erhitzen. Den Schweinerücken darin von allen Seiten anbraten. Den Bräter zugedeckt auf dem Rost in den vorgeheizten Backofen schieben. Den Schweinerücken 90–100 Minuten garen.
6. Nach etwa 15 Minuten Garzeit etwa 200 ml von der Brühe oder dem Fond mit in den Bräter geben und zugedeckt weitergaren.
7. In der Zwischenzeit Perlzwiebeln abziehen, Kartoffeln schälen, abspülen, abtropfen lassen und in große Würfel schneiden. Möhren putzen, schälen, abspülen, abtropfen lassen und in Scheiben schneiden.
8. Perlzwiebeln, Kartoffelwürfel und Möhrenscheiben nach etwa 50 Minuten Garzeit zum Schweinerücken in den Bräter geben und zugedeckt mitgaren lassen. Nach und nach Brühe oder Fond hinzugießen.
9. Etwa 15 Minuten vor Ende der Garzeit den Deckel abnehmen und das Gericht fertig garen.
10. Gegarten Schweinerücken aus dem Bräter nehmen und zugedeckt etwa 10 Minuten ruhen lassen, das Küchengarn entfernen. Schweinerücken in Scheiben schneiden.

Tipp: Sie können ein Drittel der Brühe oder des Fonds durch 0,3 l Bier ersetzen. Löschen Sie den Braten damit ab (Punkt 6).

Geschmorte Kalbsleber mit Balsamico-Essig

Geschmorte Kalbsleber mit Balsamico-Essig

(Römertopf® 3-Liter-Inhalt)
4 Portionen

Zubereitungszeit: 20 Minuten
Garzeit: etwa 90 Minuten

750 g Kartoffeln
1 Lorbeerblatt
Salz, gem. Pfeffer
150 ml Gemüsebrühe
3 EL Olivenöl
500 g Kalbsleber
200 g Cocktailtomaten
1 EL Tomatenmark
75 ml Rotwein
190 g abgetropfte Silberzwiebeln (aus dem Glas)
einige Stängel Basilikum
gem. Piment
etwas Zucker
2 EL Balsamico-Essig

Pro Portion:
E: 30 g, F: 15 g, Kh: 42 g,
kJ: 1882, kcal: 450

1. Kartoffeln schälen, abspülen, abtropfen lassen und in etwa 1 cm große Würfel schneiden. Kartoffeln und Lorbeerblatt in einen gewässerten Römertopf® geben, mit Salz und Pfeffer würzen. Gemüsebrühe hinzugießen, Olivenöl daraufträufeln. Den Römertopf® mit dem Deckel verschließen und auf dem Rost in den kalten Backofen schieben.
Ober-/Unterhitze: etwa 200 °C
Heißluft: etwa 180 °C
2. Die Kartoffelwürfel etwa 90 Minuten garen.
3. In der Zwischenzeit die Kalbsleber kurz unter fließendem kalten Wasser abspülen, trocken tupfen und evtl. die Sehnen entfernen. Die Leber in Stücke schneiden.
4. Cocktailtomaten abspülen, trocken tupfen und die Stängelansätze herausschneiden.
5. Nach etwa 60 Minuten Garzeit Leberstücke, Cocktailtomaten, Tomatenmark, Rotwein und Silberzwiebeln zu den Kartoffelwürfeln in den Römertopf® geben und unterrühren. Das Gericht zugedeckt in weiteren etwa 30 Minuten fertig garen.
6. Basilikum abspülen und trocken tupfen. Die Blättchen von den Stängeln zupfen. Geschmorte Kalbsleber und das Gemüse mit Salz, Pfeffer, Piment und Zucker abschmecken, in Schalen anrichten, mit Basilikumblättchen garnieren und mit Essig beträufeln.

Calzonebraten

Calzonebraten

6 Portionen

Zubereitungszeit: 35 Minuten
Garzeit: etwa 5 Stunden

1,4 kg Schweinefleisch (aus der Oberschale)
Salz, gem. Pfeffer
50 g abgetropfte getrocknete Tomaten, in Öl
etwa 10 abgetropfte kleine schwarze Oliven, ohne Stein
je 1 gelbe, rote und grüne Paprikaschote
3 mittelgroße Zwiebeln
2 Knoblauchzehen
1 Scheibe Toastbrot
4 EL Olivenöl
25 g TK-Kräuter-Mischung (aus dem Päckchen)
Paprikapulver edelsüß
800 g stückige Tomaten (aus Dosen)
100 ml heiße Gemüsebrühe

Außerdem:
Rouladennadeln

Pro Portion:
E: 55 g, F: 16 g, Kh: 10 g,
kJ: 1697, kcal: 405

1. Schweinefleisch mit Küchenpapier trocken tupfen. Das Fleisch der Länge nach mit einem scharfen Messer waagerecht einschneiden, sodass es an einer Seite noch zusammenhält. Das Fleischstück auseinanderklappen, flach klopfen, mit Salz und Pfeffer würzen.
2. Tomaten in Streifen schneiden. Oliven halbieren oder vierteln. Die Paprikaschoten halbieren, entstielen, entkernen und die weißen Scheidewände entfernen. Die Schoten abspülen, abtropfen lassen und in feine Streifen schneiden. Zwiebeln und Knoblauch abziehen. Zwiebeln halbieren und in Streifen schneiden. Knoblauch klein würfeln. Toastbrotscheibe entrinden und klein würfeln.
3. Den Backofen bei Ober-/Unterhitze auf 80 °C vorheizen.
4. Die Hälfte des Olivenöls in einer großen Pfanne erhitzen. Paprika-, Zwiebelstreifen und Knoblauchwürfel darin unter Rühren andünsten. Brotwürfel, Kräuter, Tomatenstreifen und Olivenstücke hinzufügen. Mit Salz, Pfeffer und Paprika würzen.
5. Das Fleischstück mit einem Teil der Gemüse-Brot-Masse füllen. Die Öffnung mit Rouladennadeln gut feststecken.
6. Restliches Olivenöl in einem Bräter erhitzen. Das Fleischstück darin etwa 10 Minuten von allen Seiten gut anbraten. Den Bräter auf dem Rost in den vorgeheizten Backofen schieben. Das Fleischstück etwa 5 Stunden garen.
7. Nach etwa 2 Stunden Garzeit die restliche Gemüse-Brot-Masse mit den stückigen Tomaten und der Gemüsebrühe verrühren. Die Masse zum Fleischstück in den Bräter geben. Den Bräter wieder auf dem Rost in den warmen Backofen schieben und das Fleischstück fertig garen.
8. Den gegarten Calzonebraten aus dem Backofen nehmen, Rouladennadeln oder Küchengarn entfernen. Calzonebraten in Scheiben schneiden und mit dem Gemüse servieren.

Barbecuebraten

4 Portionen

Zubereitungszeit: 20 Minuten
Garzeit: etwa 5 Stunden

etwa 800 g Schweinerollbraten
1 EL Grill-Barbecue-Gewürzmischung
4 EL Speiseöl, z. B. Rapsöl
je 1 rote und gelbe Paprikaschote
2 grüne Peperoni
1 Gemüsezwiebel
150 ml Fleischbrühe
250 ml Barbecuesauce
(aus der Flasche)

Pro Portion:
E: 43 g, F: 28 g, Kh: 23 g,
kJ: 2198, kcal: 525

1. Den Backofen bei Ober-/Unterhitze auf 80 °C vorheizen. Einen großen, feuerfesten Teller oder eine Auflaufform mit niedrigem Rand auf dem Rost (unteres Drittel) miterwärmen.
2. Den Rollbraten mit Küchenpapier trocken tupfen und mit der Gewürzmischung einreiben. Speiseöl in einer Pfanne erhitzen, den Rollbraten darin etwa 10 Minuten von allen Seiten gut anbraten.
3. Dann den Rollbraten aus der Pfanne nehmen und auf dem vorgewärmten Teller oder in der Auflaufform in den vorgeheizten Backofen schieben und den Rollbraten etwa 5 Stunden garen. Die Pfanne mit Bratensatz beiseitestellen.
4. Etwa 30 Minuten vor Ende der Garzeit Paprikaschoten und Peperoni halbieren, entstielen, entkernen und die weißen Scheidewände entfernen. Die Schoten abspülen, abtropfen lassen und in Streifen schneiden. Gemüsezwiebel abziehen, halbieren und ebenfalls in Streifen schneiden.
5. Beiseitegestellte Pfanne mit dem Bratensatz erhitzen. Die Gemüsezwiebelstreifen darin andünsten, Paprika- und Peperonistreifen ebenfalls in die Pfanne geben und unter Rühren mitdünsten. Fleischbrühe hinzugießen und kurz aufkochen lassen.
6. Die Barbecuesauce unterrühren, wieder zum Kochen bringen und etwa 10 Minuten kochen lassen. Den gegarten Rollbraten aus dem Backofen nehmen, in Scheiben schneiden und mit der Sauce servieren.

Kalbsbraten mit Petersilien-Pesto

4 Portionen

Zubereitungszeit: 30 Minuten
Garzeit: etwa 5 Stunden

3 Zwiebeln
800 g Kalbfleisch (aus der Keule)
Salz, gem. Pfeffer
5 EL Olivenöl
250 ml trockener Weißwein
150 ml Fleischbrühe
80 g Schlagsahne
50 g Pinienkerne
2 Knoblauchzehen
1 Bund glatte Petersilie
1 Bund Schnittlauch
80 g ger. Parmesan
100 ml Olivenöl
1 EL Weizenmehl

Pro Portion:
E: 54 g, F: 61 g, Kh: 7 g,
kJ: 3476, kcal: 830

1. Den Backofen bei Ober-/Unterhitze auf 80 °C vorheizen. Zwiebeln abziehen und fein würfeln.
2. Kalbfleisch mit Küchenpapier trocken tupfen, evtl. vorhandenes Fett und Sehnen abschneiden. Das Kalbfleisch mit Salz und Pfeffer würzen. Olivenöl in einem großen, flachen Bräter erhitzen. Das Kalbfleisch darin etwa 10 Minuten von allen Seiten gut anbraten.
3. Zwiebelwürfel hinzufügen und kurz unter Rühren mitbraten lassen. Wein, Brühe und Sahne unterrühren, kurz aufkochen lassen. Den Bräter auf dem Rost in den vorgeheizten Backofen (unteres Drittel) schieben. Das Kalbfleisch etwa 5 Stunden garen.
4. Die Pinienkerne in einer Pfanne ohne Fett unter Rühren goldbraun rösten, herausnehmen und erkalten lassen. Knoblauch abziehen und in feine Würfel schneiden.
5. Petersilie und Schnittlauch abspülen und trocken tupfen. Petersilienblättchen von den Stängeln zupfen. Einige Blättchen zum Garnieren beiseitelegen. Restliche Blättchen klein schneiden, Schnittlauch in Röllchen schneiden.
6. Pinienkerne, Knoblauchwürfel, Petersilie, Schnittlauchröllchen, Parmesan und Olivenöl in einen hohen Rührbecher geben und mit einem Pürierstab pürieren.
7. Den gegarten Kalbsbraten aus dem Bräter nehmen und warm stellen. Mehl mit etwas Wasser anrühren, in den Bratenfond rühren und unter Rühren kurz aufkochen lassen. Mit Salz und Pfeffer abschmecken.
8. Den Kalbsbraten in Scheiben schneiden, mit der Sauce und dem Petersilien-Pesto anrichten. Mit den beiseitegelegten Petersilienblättchen garniert servieren.

Barbecuebraten

Kalbsbraten mit Petersilien-Pesto

Fruchtige Nackensteaks

4 Portionen (ohne Foto)

Zubereitungszeit: 30 Minuten
Garzeit: etwa 60 Minuten

1 Zwiebel
1 kleines Stück frischer Ingwer (etwa 10 g)
420 g Aprikosenhälften (aus der Dose)
180 ml Tomatenketchup
Salz, gem. Pfeffer
1 Spritzer Tabasco
2 doppelte Nackensteaks (je etwa 400 g)
4 EL Speiseöl, z. B. Rapsöl
1–2 EL Schnittlauchröllchen

Pro Portion:
E: 44 g, F: 30 g, Kh: 39 g,
kJ: 2540, kcal: 607

1. Den Backofen bei Ober-/Unterhitze auf 80 °C vorheizen. Zwiebel abziehen und in kleine Würfel schneiden. Ingwer schälen und ebenfalls fein würfeln.
2. Aprikosenhälften mit dem Saft pürieren, Ketchup und Ingwerwürfel unterrühren. Mit Salz, Pfeffer und Tabasco würzen.
3. Nackensteaks mit Küchenpapier trocken tupfen, evtl. vorhandenes Fett abschneiden. Nackensteaks mit Salz und Pfeffer würzen. Speiseöl in einem großen, flachen Bräter erhitzen. Die Nackensteaks darin von allen Seiten etwa 10 Minuten gut anbraten.
4. Zwiebelwürfel hinzufügen und kurz mit anbraten. Aprikosensauce hinzufügen und aufkochen lassen. Den Bräter auf dem Rost (unteres Drittel) in den vorgeheizten Backofen schieben. Die Nackensteaks etwa 60 Minuten garen.
5. Die Nackensteaks in Scheiben schneiden, mit der Sauce und den Schnittlauchröllchen garnieren und servieren.

Entenbrust mit Orangensauce

Entenbrust mit Orangensauce

4 Portionen

Zubereitungszeit: 40 Minuten
Garzeit: etwa 30 Minuten

2 Entenbrustfilets (je etwa 350 g)
3 EL Speiseöl, z. B. Rapsöl
4 Orangen
40 ml Orangenlikör
Salz, gem. Pfeffer
einige Stängel glatte Petersilie

Pro Portion:
E: 30 g, F: 27 g, Kh: 15 g,
kJ: 1879, kcal: 448

1. Den Backofen bei Ober-/Unterhitze auf 80 °C vorheizen. Einen großen, feuerfesten Teller oder eine Auflaufform mit niedrigem Rand auf dem Rost (mittlere Schiene) miterwärmen.
2. Die Entenbrustfilets kurz unter fließendem kalten Wasser abspülen und trocken tupfen. Filets enthäuten, mit Salz und Pfeffer würzen.
3. Speiseöl in einer Pfanne erhitzen. Die Entenbrustfilets darin von allen Seiten etwa 6 Minuten gut anbraten. Die Entenbrustfilets herausnehmen, auf den vorgewärmten Teller oder in die Auflaufform legen und in den vorgeheizten Backofen schieben. Die Entenbrustfilets etwa 30 Minuten garen.
4. In der Zwischenzeit 2 Orangen so schälen, dass die weiße Haut mitentfernt wird. Orangen filetieren, dabei den Saft auffangen. Restliche Orangen halbieren und den Saft auspressen.
5. Den Orangensaft und -likör zum Bratensatz in die Pfanne geben und unter Rühren loskochen. Den Bratenfond etwas einkochen lassen, Orangenfilets hinzufügen, kurz erwärmen. Sauce mit Salz und Pfeffer würzen.
6. Petersilie abspülen und trocken tupfen. Die Blättchen von den Stängeln zupfen und klein schneiden.
7. Die gegarten Entenbrustfilets in Scheiben schneiden und mit der Orangensauce anrichten, mit Petersilie bestreut servieren.

Doppeltes Rinderfilet mit Maiskolben

4 Portionen

Zubereitungszeit: 20 Minuten
Garzeit: etwa 45 Minuten

2 doppelte Rinderfilets (je etwa 400 g)
Salz, gem. Pfeffer
4 EL Olivenöl
4 frische Maiskolben
1 gestr. TL Salz
100 g Cocktailtomaten
60 g Butter
einige Stängel Basilikum

Pro Portion:
E: 45 g, F: 24 g, Kh: 12 g,
kJ: 1875, kcal: 447

1. Den Backofen bei Ober-/Unterhitze auf 80 °C vorheizen. Einen feuerfesten Teller auf dem Rost (mittlere Schiene) miterwärmen.
2. Die Rinderfilets mit Küchenpapier trocken tupfen, mit Salz und Pfeffer würzen.
3. Olivenöl in einer Pfanne erhitzen. Die Rinderfilets darin etwa 10 Minuten von allen Seiten gut anbraten. Dann die Filets auf dem vorgewärmten Teller in den vorgeheizten Backofen schieben. Die Rinderfilets etwa 45 Minuten garen. Die Pfanne mit dem Bratensatz beiseitestellen.
4. Maiskolben putzen, die Enden abschneiden und die Fäden entfernen. Wasser mit Salz in einem großen Topf zum Kochen bringen, die Maiskolben darin etwa 12 Minuten garen. Anschließend in einem Sieb abtropfen lassen.
5. Tomaten abspülen und abtropfen lassen. Butter in einer großen Pfanne zerlassen. Maiskolben und Tomaten darin kurz erwärmen, evtl. mit Salz würzen.
6. Basilikum abspülen und trocken tupfen. Die Blättchen von den Stängeln zupfen. Etwa die Hälfte der Blättchen in Streifen schneiden.
7. Die gegarten Rinderfilets aus dem Backofen nehmen, in Scheiben schneiden, mit den Maiskolben, Basilikumstreifen und -blättchen garniert servieren.

Fasanenbrust mit Apfelgemüse und Kartoffelpüree

4 Portionen

Zubereitungszeit: 40 Minuten
Garzeit: etwa 40 Minuten

4 Fasanenbrustfilets (etwa 400 g)
Salz, gem. Pfeffer
4 EL Speiseöl, z. B. Rapsöl
1 kg mehligkochende Kartoffeln
2 Zwiebeln
4 säuerliche Äpfel, z. B. Cox Orange (etwa 800 g)
2 EL Speiseöl, z. B. Rapsöl
1 EL brauner Zucker
1 TL gerebelter Majoran
75 g Butter
250 ml heiße Milch
ger. Muskatnuss
einige Majoranblättchen

Pro Portion:
E: 29 g, F: 27 g, Kh: 56 g,
kJ: 2491, kcal: 595

1. Den Backofen bei Ober-/Unterhitze auf 80 °C vorheizen. Einen feuerfesten Teller oder eine Auflaufform mit niedrigem Rand auf dem Rost (mittlere Schiene) miterhitzen.
2. Die Fasanenbrustfilets kurz unter fließendem kalten Wasser abspülen, trocken tupfen, mit Salz und Pfeffer würzen. Speiseöl in einer großen Pfanne erhitzen. Fasanenbrustfilets darin etwa 5 Minuten von allen Seiten gut anbraten.
3. Fasanenbrustfilets aus der Pfanne nehmen, auf den vorgewärmten Teller oder in die Auflaufform legen und auf dem Rost in den vorgeheizten Backofen schieben. Die Fasanenbrustfilets etwa 40 Minuten garen.
4. In der Zwischenzeit die Kartoffeln schälen, abspülen, abtropfen lassen und in kleine Stücke schneiden. Kartoffelstücke in einem Topf knapp mit Wasser bedeckt, zugedeckt zum Kochen bringen, Salz hinzufügen. Die Kartoffelstücke etwa 20 Minuten garen.
5. Zwiebeln abziehen und in Scheiben schneiden. Äpfel schälen, vierteln, entkernen und grob würfeln. Speiseöl in einem Topf erhitzen. Zwiebelscheiben darin andünsten. Apfelwürfel hinzufügen und unter Rühren 3–4 Minuten mitdünsten lassen. Apfelgemüse mit Zucker, Salz, Pfeffer und Majoran abschmecken.
6. Die gegarten Kartoffelstücke abgießen, abdämpfen und sofort durch eine Kartoffelpresse drücken. Butter hinzugeben. Die heiße Milch mit einem Schneebesen nach und nach unter die Kartoffelmasse rühren. Das Püree bei schwacher Hitze so lange mit einem Schneebesen rühren, bis eine einheitlich lockere Masse entstanden ist. Mit Salz und Muskat würzen.
7. Die gegarten Fasanenbrustfilets aus dem Backofen nehmen, mit Apfelgemüse und Kartoffelpüree auf Tellern anrichten. Mit abgespülten, trocken getupften Majoranblättchen garniert servieren.

Doppeltes Rinderfilet mit Maiskolben

Fasanenbrust mit Apfelgemüse und Kartoffelpüree

Kalbsfilet in Senfsauce

4 Portionen

Zubereitungszeit: 30 Minuten
Garzeit: etwa 75 Minuten

1 Kalbsfilet (etwa 800 g)
Salz, gem. Pfeffer
1 TL gerebelter Thymian
4 EL Olivenöl
3 Schalotten
75 ml trockener Wermut
150 g Schlagsahne
2 EL Senf, z. B. Dijon-Senf
1 Topf Estragon

Pro Portion:
E: 42 g, F: 29 g, Kh: 4 g,
kJ: 1944, kcal: 464

1. Den Backofen bei Ober-/Unterhitze auf 80 °C vorheizen. Eine Auflaufform mit niedrigem Rand auf dem Rost (mittlere Schiene) miterwärmen.
2. Kalbsfilet mit Küchenpapier trocken tupfen, evtl. vorhandenes Fett und Sehnen abschneiden. Filet mit Salz, Pfeffer und Thymian würzen.
3. Olivenöl in einer Pfanne erhitzen. Das Filet darin etwa 8 Minuten von allen Seiten gut anbraten.
4. Das Kalbsfilet herausnehmen und in die vorgewärmte Auflaufform legen. Die Form auf dem Rost in den vorgeheizten Backofen schieben. Das Filet etwa 15 Minuten garen.
5. In der Zwischenzeit Schalotten abziehen und in Würfel schneiden. Schalottenwürfel in der beiseitegestellten Pfanne mit dem Bratensatz unter Rühren anbraten. Wermut, Sahne und Senf hinzugeben, unter Rühren aufkochen lassen. Die Sauce zum Kalbsfilet in die Auflaufform geben, das Kalbsfilet fertig garen.
6. Estragon abspülen und trocken tupfen. Die Blättchen von den Stängeln zupfen. Estragonblättchen klein schneiden, in die Senfsauce rühren.

Geschnetzeltes vom Rumpsteak

4 Portionen

Zubereitungszeit: 30 Minuten
Garzeit: 15 Minuten

2 Zwiebeln, 1 Knoblauchzehe
500 g Austernpilze
250 g Mini-Romatomaten
oder Cocktailtomaten
4 Rumpsteaks (je etwa 150 g)
Salz, gem. Pfeffer
6 EL Olivenöl
einige Salatblätter, z. B. Lollo bionda
3 Stängel glatte Petersilie

Pro Portion:
E: 39 g, F: 22 g, Kh: 4 g,
kJ: 1523, kcal: 363

1. Den Backofen bei Ober-/Unterhitze auf 80 °C vorheizen. Einen feuerfesten Teller oder eine Auflaufform mit niedrigem Rand auf dem Rost (mittlere Schiene) miterwärmen.
2. Zwiebeln und Knoblauch abziehen, fein würfeln. Austernpilze putzen, evtl. kurz abspülen und gut trocken tupfen. Große Pilze etwas kleiner schneiden. Tomaten abspülen, abtropfen lassen und die Stängelansätze herausschneiden.
3. Rumpsteaks mit Küchenpapier trocken tupfen, evtl. entsehnen und das Fett abschneiden. Rumpsteaks in fingerdicke, etwa 3 cm lange Streifen schneiden, mit Salz und Pfeffer würzen.
4. Etwa die Hälfte des Olivenöls in einer Pfanne erhitzen. Die Fleischstreifen darin etwa 4 Minuten unter Rühren gut anbraten, herausnehmen und auf dem vorgewärmten Teller oder in der Auflaufform in den vorgeheizten Backofen schieben. Fleischstreifen etwa 15 Minuten garen.
5. Restliches Olivenöl zum Bratensatz in die Pfanne geben und erhitzen. Die Austernpilze darin unter Rühren anbraten, dann etwa 6 Minuten schmoren lassen. Zwiebel- und Knoblauchwürfel unterrühren. Die Tomaten hinzugeben und kurz miterwärmen.
6. Salatblätter abspülen und trocken tupfen. Petersilie abspülen und trocken tupfen. Die Blättchen von den Stängeln zupfen. Blättchen fein schneiden. Geschnetzeltes mit dem Pilz-Tomaten-Gemüse vermengen, mit den Salatblättern auf Tellern anrichten und mit Petersilie bestreuen.

Kalbsfilet in Senfsauce

Geschnetzeltes vom Rumpsteak

Geschnetzeltes aus der Kalbsschulter

4 Portionen

Zubereitungszeit: 25 Minuten
Garzeit: etwa 15 Minuten

500 g magere Kalbsschulter
20 g frischer Ingwer
1–2 TL rote Currypaste
1 Bund Frühlingszwiebeln
1 Möhre
200 g Zuckerschoten
150 g Mungosprossenkeime
6 EL Speiseöl, z. B. Rapsöl
Salz, gem. Pfeffer
Saft von 1 Limette

Pro Portion:
E: 28 g, F: 19 g, Kh: 13 g,
kJ: 1414, kcal: 338

1. Den Backofen bei Ober-/Unterhitze auf 80 °C vorheizen. Einen feuerfesten Teller oder eine Auflaufform mit niedrigem Rand auf dem Rost (mittlere Schiene) miterwärmen.
2. Kalbsschulter mit Küchenpapier trocken tupfen, evtl. vorhandenes Fett abschneiden. Fleisch in etwa 3 cm lange Streifen schneiden. Den Ingwer schälen und fein würfeln. Fleischstreifen mit Currypaste und Ingwerwürfeln verrühren.
3. Frühlingszwiebeln putzen, abspülen, abtropfen lassen und in etwa 1 cm breite Scheiben schneiden. Möhre putzen, schälen, abspülen und abtropfen lassen. Möhre längs halbieren und in dünne, etwa 3 cm lange Streifen schneiden.
4. Von den Zuckerschoten die Enden abschneiden, evtl. abfädeln. Zuckerschoten abspülen und abtropfen lassen. Mungosprossenkeime in ein Sieb geben, mit kaltem Wasser abspülen und abtropfen lassen.
5. Etwa die Hälfte des Speiseöls in einer Pfanne erhitzen. Die Fleischstreifen darin etwa 2 Minuten unter Rühren gut anbraten, herausnehmen und auf dem vorgewärmten Teller oder in der Auflaufform auf dem Rost in den vorgeheizten Backofen schieben. Fleischstreifen etwa 15 Minuten garen.
6. Restliches Speiseöl zum Bratensatz in die Pfanne geben und erhitzen. Frühlingszwiebelscheiben, Möhrenstreifen und Zuckerschoten darin unter Rühren leicht anbraten. Das Gemüse mit Salz und Pfeffer würzen, Sprossenkeime unterrühren und kurz miterwärmen.
7. Gemüsemischung mit Limettensaft abschmecken, mit den Fleischstreifen vermischen und servieren.

Geschnetzeltes aus der Kalbsschulter

Filetsteaks mit Tomaten-Bohnen-Gemüse

Filetsteaks mit Tomaten-Bohnen-Gemüse

4 Portionen

Zubereitungszeit: 30 Minuten
Garzeit: etwa 20 Minuten

4 Rinderfiletsteaks (je etwa 150 g)
Salz, grob gem. Pfeffer
2 EL Olivenöl
500 g grüne Bohnen
1/2 gestr. TL Salz
4 Tomaten, 1 Zwiebel
2 EL Olivenöl
1/2 TL gerebeltes Bohnenkraut
4 Scheiben Vollkorntoast

Pro Portion:
E: 38 g, F: 18 g, Kh: 22 g,
kJ: 1699, kcal: 404

1. Den Backofen bei Ober-/Unterhitze auf 80 °C vorheizen. Einen feuerfesten Teller oder eine Auflaufform mit niedrigem Rand auf dem Rost (mittlere Schiene) miterwärmen.
2. Filetsteaks mit Küchenpapier trocken tupfen, mit Salz und Pfeffer würzen.
3. Olivenöl in einer Pfanne erhitzen. Die Filetsteaks darin etwa 2 Minuten von jeder Seite gut anbraten. Dann die Filetsteaks herausnehmen, auf dem vorgewärmten Teller oder in der Auflaufform in den vorgeheizten Backofen schieben. Die Filetsteaks etwa 20 Minuten garen. Die Pfanne mit dem Bratensatz beiseitestellen.
4. Von den Bohnen die Enden abschneiden, evtl. abfädeln. Bohnen abspülen, abtropfen lassen und in große Stücke schneiden. Wasser in einem Topf zum Kochen bringen, Salz hinzufügen. Die Bohnenstücke darin 7–10 Minuten garen.
5. Tomaten abspülen, abtrocknen, halbieren und die Stängelansätze herausschneiden. Tomaten in Stücke schneiden. Zwiebel abziehen und in kleine Würfel schneiden. Die gegarten Bohnen in ein Sieb geben, mit kaltem Wasser abschrecken und abtropfen lassen.
6. Olivenöl zum Bratensatz in die beiseitegestellte Pfanne geben und erhitzen. Zwiebelwürfel darin andünsten. Bohnenstücke hinzufügen, kurz unter gelegentlichem Rühren mitdünsten lassen. Tomatenstücke hinzufügen und kurz miterwärmen. Das Tomaten-Bohnen-Gemüse mit Bohnenkraut, Salz und Pfeffer abschmecken.
7. Toastscheiben toasten, diagonal halbieren und mit den Filetsteaks und dem Gemüse anrichten.

Kalbshaxe mit Semmelknödeln

Kalbshaxe mit Semmelknödeln

4 Portionen

Zubereitungszeit: 25 Minuten
Garzeit: etwa 5 Stunden

1 Kalbshaxe (etwa 2 kg, mit Knochen)
Salz, gem. Pfeffer
1 TL gerebelter Thymian
4 EL Speiseöl, z. B. Olivenöl
1 TL Tomatenmark
8 küchenfertige Semmelknödel (im Kochbeutel)

Für die Salatbeilage:
2 gelbe Paprikaschoten
2 Tomaten
einige Blätter Lollo bionda
1 EL Weißweinessig
2 EL Olivenöl

400 ml Kalbsfond
1 EL klein geschnittene Petersilie

Pro Portion:
E: 76 g, F: 30 g, Kh: 53 g,
kJ: 3317, kcal: 791

1. Den Knochen der Kalbshaxe vom Metzger auslösen lassen. Das Fleisch entsehnen. Kalbshaxe kurz unter fließendem kalten Wasser abspülen und trocken tupfen, mit Salz, Pfeffer und Thymian würzen.
2. Den Backofen bei Ober-/Unterhitze auf 80 °C vorheizen. Speiseöl in einem großen, flachen Bräter erhitzen, die Kalbshaxe darin etwa 12 Minuten von allen Seiten gut anbraten. Den Bräter auf dem Rost in den vorgeheizten Backofen (unteres Drittel) schieben. Die Kalbshaxe etwa 5 Stunden garen.
3. Während der Garzeit Kalbshaxe zweimal wenden. Nach etwa 3 Stunden Garzeit das Tomatenmark in den Bratensatz rühren und die Kalbshaxe fertig garen.
4. Etwa 40 Minuten vor Ende der Garzeit der Kalbshaxe die Semmelknödel nach Packungsanleitung zubereiten.
5. Für die Salatbeilage Paprikaschoten halbieren, entstielen, entkernen und die weißen Scheidewände entfernen. Schoten abspülen, trocken tupfen und in Würfel schneiden. Tomaten abspülen, abtrocknen, halbieren und die Stängelansätze herausschneiden. Tomaten in Scheiben schneiden. Salatblätter abspülen, trocken tupfen und in kleine Stücke zupfen.
6. Essig mit Salz und Pfeffer verrühren, Olivenöl unterschlagen.
7. Die gegarte Kalbshaxe aus dem Backofen nehmen und warm stellen. Den Kalbsfond zum Bratensatz geben und unter Rühren zum Kochen bringen. Die Sauce etwas einkochen lassen. Den vorbereiteten Salat mit der Salatsauce beträufeln und mit Petersilie bestreuen.
8. Die Kalbshaxe in Scheiben schneiden, mit Semmelknödeln, Salat und Sauce servieren.

Gefüllter Kalbsrücken mit Pfifferlingen, euroasiatisch

6–8 Portionen

Zubereitungszeit: 60 Minuten
Garzeit: etwa 5 Stunden

200 g Semmelknödel (aus der Packung)
200 ml Kokosmilch
2 Eier (Größe M)
60 g Parmaschinken, in Streifen
je 1 EL klein geschnittene Petersilien-, Basilikum- und Minzeblättchen
1 kleine Chilischote, in Ringen
Salz
1,4 kg Kalbsrücken (ohne Knochen)
gem. Pfeffer
3 EL Speiseöl
1 EL Sesamöl

1 kg Pfifferlinge
2 Zwiebeln
2 Knoblauchzehen
8–10 vorbereitete Limettenblätter
2 Stangen Zitronengras
1 Stängel Zitronenthymian oder Thymian
3 EL Speiseöl
1 EL Sesamöl
100 g gewürfelter Parmaschinken
1 kleine Chilischote, in Ringen
200 ml Kokosmilch

400 ml Kalbsfond
50 ml Sweet Chickensauce (aus der Flasche)
1 EL Speisestärke
2 EL kaltes Wasser

Außerdem:
Küchengarn

Pro Portion:
E: 74 g, F: 42 g, Kh: 38 g,
kJ: 3503, kcal: 837

1. Den Backofen bei Ober-/Unterhitze auf 80 °C vorheizen. Das Semmelknödelpulver (evtl. aus den Beuteln nehmen) in eine Rührschüssel

geben. Kokosmilch, Eier, Schinkenstreifen, Kräuter und Chilischotenringe hinzufügen. Die Zutaten gut vermengen. Mit Salz würzen.
2. Das Kalbfleisch mit Küchenpapier trocken tupfen und waagerecht mit einem scharfen Messer eine Tasche für die Füllung einschneiden (evtl. beim Metzger einschneiden lassen). Kalbfleisch innen und außen mit Salz und Pfeffer würzen und mit der Knödelmasse füllen. Die Öffnung mit Küchengarn zunähen.
3. Speise- und Sesamöl in einem großen Bräter erhitzen. Kalbfleisch darin etwa 10 Minuten von allen Seiten anbraten. Den Bräter auf dem Rost in den vorgeheizten Backofen (unteres Drittel) schieben. Kalbfleisch etwa 5 Stunden garen.
4. Etwa 30 Minuten vor Ende der Garzeit Pfifferlinge putzen, evtl. kurz abspülen und trocken tupfen. Zwiebeln und Knoblauch abziehen, fein würfeln. Limettenblätter, Zitronengrasstängel und Thymian abspülen, trocken tupfen.
5. Speise- und Sesamöl in einer großen Pfanne erhitzen. Zwiebel-, Knoblauch- und Schinkenwürfel darin anbraten. Pfifferlinge, Chilischotenringe, Limettenblätter, Zitronengras und Thymian hinzufügen, unter gelegentlichem Rühren etwa 5 Minuten mitbraten lassen. Kokosmilch unterrühren, zum Kochen bringen, etwa 5 Minuten bei schwacher Hitze kochen lassen. Zitronengrasstängel kurz vor dem Anrichten entfernen.
6. Das gegarte Kalbfleisch aus dem Backofen nehmen und Küchengarn entfernen. Kalbfleisch in Scheiben schneiden und warm stellen.
7. Kalbsfond und Chickensauce unter den Bratenfond rühren. Speisestärke mit Wasser anrühren, in die Sauce rühren und unter Rühren kurz aufkochen lassen. Die Sauce mit Salz und Pfeffer abschmecken.
8. Die Fleischscheiben auf den Pfifferlingen mit etwas Sauce anrichten, restliche Sauce dazureichen.

Schweinefilet mit Pfirsichen

4 Portionen

Zubereitungszeit: 30 Minuten
Garzeit: etwa 60 Minuten

2 Zwiebeln
je 1 gelbe und rote Paprikaschote
600 g Schweinefilet
Salz, gem. Pfeffer
4 EL Speiseöl, z. B. Rapsöl
80 ml Fleischbrühe
120 ml Tomatenketchup
1/4 TL Chilipulver, 4 Pfirsiche
einige Stängel Petersilie

Pro Portion:
E: 36 g, F: 14 g, Kh: 24 g,
kJ: 1520, kcal: 364

1. Den Backofen bei Ober-/Unterhitze auf 80 °C vorheizen. Zwiebeln abziehen und in kleine Würfel schneiden. Paprikaschoten halbieren, entstielen, entkernen und die weißen Scheidewände entfernen. Die Schoten abspülen, abtropfen lassen und in Streifen schneiden.
2. Schweinefilet mit Küchenpapier trocken tupfen, evtl. vorhandenes Fett und Sehnen abschneiden. Filet mit Salz und Pfeffer würzen. Speiseöl in einem großen, flachen Bräter erhitzen. Das Filet darin etwa 10 Minuten von allen Seiten gut anbraten.
3. Zwiebelwürfel und Paprikastreifen hinzufügen, kurz unter Rühren mitbraten lassen. Brühe und Ketchup unterrühren. Die Gemüse-Saucen-Mischung mit Salz, Pfeffer und Chili würzen. Den Bräter auf dem Rost in den vorgeheizten Backofen (unteres Drittel) schieben. Das Schweinefilet etwa 60 Minuten garen.
4. Etwa 30 Minuten vor Ende der Garzeit evtl. die Pfirsiche mit kochendem Wasser übergießen, etwa 1 Minute ziehen lassen, dann mit kaltem Wasser abschrecken und die Haut abziehen. Pfirsiche halbieren und entsteinen. Die Pfirsiche in Spalten schneiden und zum Schweinefilet in den Bräter geben. Das Schweinefilet mit den Pfirsichspalten fertig garen.
5. Petersilie abspülen und trocken tupfen. Die Blättchen von den Stängeln zupfen und klein schneiden.
6. Das gegarte Schweinefilet aus dem Backofen nehmen, in Scheiben schneiden, mit der Sauce und den Pfirsichspalten anrichten. Mit Petersilie bestreut servieren.

Gefüllter Kalbsrücken mit Pfifferlingen, euroasiatisch

Schweinefilet mit Pfirsichen

Marinierte Hüftsteaks

4 Portionen

Zubereitungszeit: 30 Minuten, ohne Marinierzeit
Garzeit: etwa 45 Minuten

4 Rindersteaks (aus der Hüfte, je etwa 150 g)

Für die Marinade:
2 Zwiebeln
1 Knoblauchzehe
4 EL Olivenöl
2 EL Sesamöl
1/4 TL gem. Gewürznelken
1/4 TL Chilipulver
1/2 TL gerebelter Rosmarin
gem. Pfeffer

2 EL Olivenöl
120 ml Barbecue-Sauce (aus dem Glas)
150 ml Gemüsebrühe
60 g Schlagsahne
Salz

1 TL gehackte Rosmarinnadeln

Pro Portion:
E: 35 g, F: 26 g, Kh: 9 g,
kJ: 1740, kcal: 414

1. Hüftsteaks mit Küchenpapier trocken tupfen, evtl. vorhandenes Fett abschneiden. Hüftsteaks in eine flache Schale legen.
2. Für die Marinade Zwiebeln und Knoblauch abziehen, fein würfeln. Olivenöl mit Sesamöl, Nelken, Chili, Rosmarin und Pfeffer verrühren. Die Zwiebel- und Knoblauchwürfel unterrühren.
3. Die Steaks mit der Marinade bestreichen und zugedeckt im Kühlschrank etwa 60 Minuten marinieren.
4. Den Backofen bei Ober-/Unterhitze auf 80 °C vorheizen. Eine Auflaufform mit niedrigem Rand auf dem Rost (mittlere Schiene) miterwärmen.
5. Die Hüftsteaks aus der Marinade nehmen, gut abtropfen lassen und mit Küchenpapier trocken tupfen. Die Marinade beiseitestellen. Olivenöl in einer Pfanne erhitzen. Die Steaks darin von jeder Seite etwa 4 Minuten gut anbraten, herausnehmen und nebeneinander in die vorgewärmte Auflaufform legen. Die Form auf dem Rost in den vorgeheizten Backofen schieben. Die Steaks etwa 45 Minuten garen.
6. Die beiseitegestellte Marinade zum Bratensatz in die Pfanne geben und unter Rühren erwärmen. Barbecue-Sauce und Brühe unterrühren, zum Kochen bringen und etwa 10 Minuten bei schwacher Hitze kochen lassen. Dann Sahne unterrühren und die Sauce mit Salz und Pfeffer abschmecken.
7. Die marinierten Hüftsteaks aus dem Backofen nehmen und mit Rosmarin bestreut servieren. Die Sauce dazureichen.

Marinierte Hüftsteaks

Lammrücken in Knoblauchsauce

4 Portionen

Zubereitungszeit: 30 Minuten
Garzeit: etwa 30 Minuten

400 g Lammrücken (ohne Knochen)
Salz, gem. Pfeffer
4 EL Olivenöl
500 g grüne Bohnen
1 gestr. TL Salz
3 Zwiebeln
5 Knoblauchzehen
200 g Schlagsahne
100 ml trockener Weißwein
1/2 TL gerebelter Thymian
1 Tomate
20 g Butter
1/2 TL gerebeltes Bohnenkraut

Pro Portion:
E: 23 g, F: 44 g, Kh: 8 g,
kJ: 2277, kcal: 543

1. Den Backofen bei Ober-/Unterhitze auf 80 °C vorheizen. Einen feuerfesten Teller oder eine Auflaufform mit niedrigem Rand auf dem Rost (mittlere Schiene) miterwärmen.
2. Lammrücken kurz unter fließendem kalten Wasser abspülen, trocken tupfen, evtl. vorhandenes Fett und Sehnen abschneiden. Lammrücken mit Salz und Pfeffer würzen.
3. Olivenöl in einer Pfanne erhitzen. Den Lammrücken darin etwa 6 Minuten von allen Seiten gut anbra-

Lammrücken in Knoblauchsauce

Putenbrust mit Fenchel

ten. Dann den Lammrücken auf dem vorgewärmten Teller oder in der Auflaufform auf dem Rost in den vorgeheizten Backofen schieben. Den Lammrücken etwa 30 Minuten garen. Die Pfanne mit dem Bratensatz beiseitestellen.

4. Von den Bohnen die Enden abschneiden, evtl. abfädeln. Bohnen abspülen und abtropfen lassen. Wasser in einem Topf zum Kochen bringen, dann Salz und die Bohnen hinzugeben und 7–10 Minuten kochen lassen.

5. Die Bohnen in ein Sieb geben, mit eiskaltem Wasser abschrecken und abtropfen lassen.

6. Zwiebeln und Knoblauch abziehen, in kleine Würfel schneiden. Beiseitegestellte Pfanne mit dem Bratensatz erhitzen. Zwiebel- und Knoblauchwürfel darin anbraten.

7. Sahne und Wein hinzugießen und unterrühren. Die Sauce etwa 5 Minuten kochen lassen, dann mit Thymian, Salz und Pfeffer würzen.

8. Tomate abspülen, abtrocknen, halbieren und den Stängelansatz herausschneiden. Tomatenhälften entkernen und in Streifen schneiden. Butter in einer Pfanne zerlassen. Die Bohnen darin erwärmen, mit Salz, Pfeffer und Bohnenkraut würzen. Tomatenstreifen hinzugeben und kurz miterwärmen.

9. Den gegarten Lammrücken aus dem Backofen nehmen, in Scheiben schneiden, mit der Knoblauchsauce und dem Bohnengemüse servieren.

Putenbrust mit Fenchel

4 Portionen

Zubereitungszeit: 50 Minuten
Garzeit: etwa 4 Stunden

1 kg Putenbrustfilet
Salz, gem. Pfeffer
3 EL Speiseöl, z. B. Rapsöl
2–3 Fenchelknollen (etwa 800 g)
200 ml trockener Weißwein
2 EL Zitronensaft
1 gestr. TL Salz
1 Prise Zucker
400 g Champignons
1 Bund Frühlingszwiebeln
80 g abgetropfte getrocknete Tomaten, in Öl
200 ml Geflügelfond
100 g Schlagsahne

Pro Portion:
E: 57 g, F: 17 g, Kh: 10 g,
kJ: 1876, kcal: 449

1. Den Backofen bei Ober-/Unterhitze auf 80 °C vorheizen. Einen großen, feuerfesten Teller oder eine Auflaufform mit niedrigem Rand auf dem Rost (mittlere Schiene) miterwärmen.

2. Das Putenbrustfilet kurz unter fließendem kalten Wasser abspülen, trocken tupfen, mit Salz und Pfeffer würzen. Speiseöl in einer Pfanne erhitzen. Putenbrustfilet darin etwa 6 Minuten von allen Seiten gut anbraten, herausnehmen und auf dem vorgewärmten Teller oder in der Auflaufform in den vorgeheizten Backofen schieben. Die Putenbrust etwa 4 Stunden garen. Die Pfanne mit dem Bratensatz beiseitestellen.

3. Etwa 45 Minuten vor Ende der Garzeit von den Fenchelknollen die Stiele dicht oberhalb der Knollen abschneiden, braune Stellen und Blätter entfernen, Wurzelenden gerade schneiden. Die Knollen abspülen, abtropfen lassen und halbieren.

4. Fenchelhälften in einen großen, flachen Topf legen. Weißwein mit Zitronensaft, Salz und Zucker verrühren, zu den Fenchelhälften in den Topf gießen und zum Kochen bringen. Die Fenchelhälften zugedeckt etwa 20 Minuten kochen lassen.

5. Die Champignons putzen, evtl. kurz abspülen, trocken tupfen und in Scheiben schneiden. Frühlingszwiebeln putzen, abspülen, abtropfen lassen und in etwa 2 cm lange Stücke schneiden. Tomaten in kleine Stücke schneiden.

6. Beiseitegestellte Pfanne mit dem Bratensatz erhitzen, die Champignonscheiben darin anbraten. Geflügelfond und Sahne hinzugießen und zum Kochen bringen. Die Sauce etwa 5 Minuten kochen lassen. Frühlingszwiebel- und Tomatenstücke in die Sauce geben und miterwärmen.

7. Die gegarte Putenbrust aus dem Backofen nehmen. Ausgetretenen Bratensaft in die Sauce rühren. Die Putenbrust in Scheiben schneiden, auf der Gemüsesauce anrichten und mit den Fenchelhälften servieren.

Kasselerbraten auf Weintraubensauerkraut

4 Portionen (ohne Foto)

Zubereitungszeit: 40 Minuten
Garzeit: etwa 3 Stunden

800 g Kasseler Kotelett (am Stück, ohne Knochen)
gem. Pfeffer
2 Zwiebeln
3 EL Speiseöl, z. B. Rapsöl
140 g abgetropfte Ananasstücke (aus der Dose)
200 g blaue Weintrauben
500 g abgetropftes frisches Sauerkraut
250 ml trockener Weißwein
2 Lorbeerblätter
2 EL Zucker
Salz

Pro Portion:
E: 37 g, F: 25 g, Kh: 26 g,
kJ: 2207, kcal: 527

1. Den Backofen bei Ober-/Unterhitze auf 80 °C vorheizen. Kasseler mit Küchenpapier trocken tupfen, mit Pfeffer würzen. Zwiebeln abziehen und in Scheiben schneiden.
2. Speiseöl in einem großen, flachen Bräter erhitzen. Das Kasseler darin etwa 6 Minuten von allen Seiten gut anbraten. Zwiebelscheiben hinzufügen und kurz unter Rühren mitbraten lassen.
3. Den Bräter auf dem Rost in den vorgeheizten Backofen (unteres Drittel) schieben. Kasseler etwa 3 Stunden garen.
4. Etwa 1 Stunde vor Ende der Garzeit Ananas in kleine Stücke schneiden. Weintrauben abspülen, abtropfen lassen, entstielen, halbieren oder vierteln und entkernen.
5. Sauerkraut mit Ananasstücken, Weintrauben, Wein und Lorbeerblättern zum Kasseler in den Bräter geben, mit Zucker, Salz und Pfeffer würzen. Kasseler mit dem Sauerkraut fertig garen.

Kasseler mit Kräuter-Pesto

6 Portionen

Zubereitungszeit: 25 Minuten
Garzeit: etwa 3 Stunden

1 1/4 kg Kasseler Kotelett (am Stück, ohne Knochen)
gem. Pfeffer
2 EL Speiseöl, z. B. Olivenöl

Für das Pesto:
50 g Pinienkerne
60 g abgetropfte getrocknete Tomaten, in Öl
1 Bund Petersilie
1 Topf Basilikum
1 Bund Schnittlauch
2 Knoblauchzehen
60 g Parmesan
100 ml Olivenöl
Salz, Paprikapulver edelsüß

Pro Portion:
E: 42 g, F: 45 g, Kh: 4 g,
kJ: 2457, kcal: 586

1. Den Backofen bei Ober-/Unterhitze auf 80 °C vorheizen. Einen großen, feuerfesten Teller oder eine Auflaufform mit niedrigem Rand auf dem Rost (mittlere Schiene) miterwärmen.
2. Kasseler mit Küchenpapier trocken tupfen und mit Pfeffer würzen.
3. Speiseöl in einer Pfanne erhitzen. Kasseler darin von allen Seiten etwa 8 Minuten gut anbraten, herausnehmen, auf dem vorgewärmten Teller oder in der Auflaufform in den vorgeheizten Backofen schieben. Kasseler etwa 3 Stunden garen.
4. Für das Pesto etwa 30 Minuten vor Ende der Garzeit Pinienkerne in einer Pfanne ohne Fett unter Rühren goldbraun rösten und etwas abkühlen lassen. Tomaten in kleine Würfel schneiden. Petersilie und Basilikum abspülen und trocken tupfen. Die Blättchen von den Stängeln zupfen (einige Basilikumblättchen zum Garnieren beiseitelegen). Blättchen grob zerschneiden. Schnittlauch abspülen, trocken tupfen und in Röllchen schneiden. Knoblauch abziehen und in kleine Würfel schneiden. Käse auf einer Haushaltsreibe reiben.
5. Die vorbereiteten Zutaten in einen hohen Rührbecher geben. Olivenöl hinzufügen und mit einem Pürierstab pürieren (evtl. in 2 Portionen). Das Kräuter-Pesto mit Salz, Pfeffer und Paprika würzen.
6. Das gegarte Kasseler aus dem Backofen nehmen und in Scheiben schneiden. Mit Pesto und den beiseitegelegten Basilikumblättchen garniert servieren.

Kasseler mit Kräuter-Pesto

Medaillons mit Speck

Kalbsfilet mit Gorgonzolaspinat

Medaillons mit Speck

4 Portionen

Zubereitungszeit: 15 Minuten
Garzeit: etwa 40 Minuten

4 Medaillons vom Rinderfilet (je etwa 120 g)
Salz, gem. Pfeffer
4 Scheiben Frühstücksspeck (Bacon)
3 EL Speiseöl, z. B. Rapsöl
1 große Tomate
125 g abgetropfter Mozzarella
etwa 3 Stängel Basilikum

Außerdem:
Küchengarn

Pro Portion:
E: 33 g, F: 13 g, Kh: 1 g,
kJ: 1071, kcal: 255

1. Den Backofen bei Ober-/Unterhitze auf 80 °C vorheizen. Einen feuerfesten Teller oder eine Auflaufform mit niedrigem Rand auf dem Rost (mittlere Schiene) miterwärmen.
2. Medaillons mit Küchenpapier trocken tupfen, evtl. vorhandenes Fett und Sehnen abschneiden. Medaillons mit Salz und Pfeffer würzen.
3. Die Medaillons mit jeweils 1 Scheibe Frühstücksspeck umwickeln und mit Küchengarn festbinden.
4. Speiseöl in einer Pfanne erhitzen. Die Medaillons darin etwa 3 Minuten von jeder Seite gut anbraten. Dann die Medaillons herausnehmen und nebeneinander auf dem vorgewärmten Teller oder in der Auflaufform auf dem Rost in den vorgeheizten Backofen schieben. Die Medaillons etwa 15 Minuten garen.
5. In der Zwischenzeit Tomate abspülen, abtrocknen und den Stängelansatz herausschneiden. Tomate in 4 Scheiben schneiden. Mozzarella ebenfalls in 4 Scheiben schneiden.
6. Die Medaillons mit je 1 Tomaten- und Mozzarellascheibe belegen. Die Medaillons in etwa 25 Minuten fertig garen.
7. Basilikum abspülen und trocken tupfen. Die Blättchen von den Stängeln zupfen. Blättchen in Streifen schneiden. Die gegarten Medaillons aus dem Backofen nehmen (Küchengarn entfernen), anrichten, mit Basilikumstreifen garniert und mit Pfeffer bestreut servieren.

Kalbsfilet mit Gorgonzolaspinat

4 Portionen

Zubereitungszeit: 30 Minuten
Garzeit: etwa 60 Minuten

800 g Kalbsfilet
Salz, gem. Pfeffer
3 EL Speiseöl, z. B. Rapsöl

900 g kleine festkochende Kartoffeln
50 g Schweineschmalz
600 g TK-Blattspinat mit Gorgonzola oder 600 g TK-Blattspinat und 100 g Gorgonzola
etwa 20 Cocktailtomaten

Pro Portion:
E: 50 g, F: 35 g, Kh: 39 g,
kJ: 2862, kcal: 679

1. Den Backofen bei Ober-/Unterhitze auf 80 °C vorheizen. Einen großen, feuerfesten Teller oder eine Auflaufform mit niedrigem Rand auf dem Rost (mittlere Schiene) miterwärmen.
2. Kalbsfilet mit Küchenpapier trocken tupfen, evtl. enthäuten. Kalbsfilet mit Salz und Pfeffer würzen.
3. Speiseöl in einer Pfanne erhitzen. Das Kalbsfilet darin etwa 10 Minuten von allen Seiten gut anbraten. Kalbsfilet herausnehmen, auf dem vorgewärmten Teller oder in der Auflaufform in den vorgeheizten Backofen schieben. Das Kalbsfilet etwa 60 Minuten garen. Die Pfanne mit dem Bratensatz beiseitestellen.
4. In der Zwischenzeit Kartoffeln schälen, abspülen, abtropfen lassen und in etwa 2 cm große Würfel schneiden. Beiseitegestellte Pfanne mit dem Bratensatz erhitzen. Schmalz hinzugeben und zerlassen, Kartoffelwürfel hinzufügen.
5. Kartoffeln mit Salz und Pfeffer würzen und zugedeckt etwa 30 Minuten garen, evtl. etwas Wasser hinzugeben. Die Bratkartoffeln gelegentlich umrühren. Kurz vor Ende der Garzeit den Deckel abnehmen, damit die Kartoffeln schön braun werden.
6. Spinat nach Packungsanleitung zubereiten. Tomaten abspülen, trocken tupfen und die Stängelansätze herausschneiden. Die Cocktailtomaten unter den Spinat heben und kurz miterwärmen.
7. Das gegarte Kalbsfilet aus dem Backofen nehmen und in Scheiben schneiden. Kalbsfiletscheiben mit Bratkartoffeln und Gorgonzolaspinat servieren.

Mariniertes Kräuterfleisch

Kalbsrouladen mit Salbeisauce

Mariniertes Kräuterfleisch

6 Portionen

Zubereitungszeit: 40 Minuten, ohne Abkühl- und Marinierzeit
Garzeit: Schweinefilet etwa 1 Stunde, Roastbeef etwa 3 Stunden

600 g Schweinefilet
600 g Roastbeef
Salz, gem. Pfeffer
6 EL Speiseöl

Für die Marinade:
4 EL Rotweinessig
2 TL Dijon-Senf
3 TL rosa Pfefferbeeren
6 EL Speiseöl
je 2 EL klein geschnittene Petersilie, Dill, Kerbel und Schnittlauchröllchen

Pro Portion:
E: 45 g, F: 19 g, Kh: 1 g,
kJ: 1505, kcal: 359

1. Den Backofen bei Ober-/Unterhitze auf 80 °C vorheizen. Einen großen, feuerfesten Teller oder eine Auflaufform mit niedrigem Rand auf dem Rost (mittlere Schiene) miterwärmen.
2. Schweinefilet und Roastbeef mit Küchenpapier trocken tupfen, evtl. enthäuten. Mit Salz und Pfeffer würzen.
3. Speiseöl in einer großen Pfanne erhitzen. Schweinefilet und Roastbeef darin etwa 8 Minuten von allen Seiten gut anbraten. Fleisch herausnehmen und auf dem vorgewärmten Teller oder in der Auflaufform in den vorgeheizten Backofen schieben. Das Schweinefilet etwa 1 Stunde, Roastbeef etwa 3 Stunden garen.
4. Das Fleisch jeweils nach der angegebenen Garzeit aus dem Backofen nehmen und erkalten lassen. Anschließend in etwa 1/2 cm dicke Scheiben schneiden und in eine flache Schale legen.
5. Für die Marinade den Rotweinessig mit Dijon-Senf, Bratensaft und Pfefferbeeren verrühren, Speiseöl unterschlagen. Mit Salz und Pfeffer würzen. Petersilie, Dill, Kerbel und Schnittlauchröllchen hinzufügen. Die Marinade auf den Fleischscheiben verteilen und zugedeckt mindestens 3–4 Stunden (evtl. im Kühlschrank) marinieren. Fleischscheiben dabei gelegentlich wenden.
6. Das Kräuterfleisch nochmals mit Salz, Pfeffer und Rotweinessig abschmecken und mit der Marinade auf einer Platte anrichten.

Kalbsrouladen mit Salbeisauce

4 Portionen

Zubereitungszeit: 50 Minuten
Garzeit: etwa 30 Minuten

etwa 20 frische Salbeiblätter
4 Kalbsrouladen (je etwa 100 g)
Salz, gem. Pfeffer
4 Scheiben Knochenschinken
4 Scheiben Butterkäse
4 EL Speiseöl, z. B. Olivenöl
4 l Wasser, 400 g Spätzle
4 gestr. TL Salz
1/2 Kopf Lollo bionda
8 große Erdbeeren
1–2 EL Weißweinessig
1/2 gestr. TL Salz
1 Prise Zucker
1 EL Olivenöl
180 ml trockener Sherry
100 g Schlagsahne

Außerdem:
Holzstäbchen

Pro Portion:
E: 52 g, F: 34 g, Kh: 74 g,
kJ: 3631, kcal: 867

1. Den Backofen bei Ober-/Unterhitze auf 80 °C vorheizen. Einen großen, feuerfesten Teller oder eine Auflaufform mit niedrigem Rand auf dem Rost (mittlere Schiene) miterwärmen.
2. Salbeiblätter abspülen und trocken tupfen. 8 Salbeiblätter fein schneiden und beiseitelegen. Kalbsrouladen mit Küchenpapier trocken tupfen und von beiden Seiten mit Salz und Pfeffer würzen.
3. Kalbsrouladen mit jeweils 1 Scheibe Schinken, Käse und 3 Salbeiblättern belegen. Kalbsrouladen von der schmalen Seite her fest aufrollen und mit Holzstäbchen feststecken.
4. Speiseöl in einer Pfanne erhitzen. Die Kalbsrouladen darin etwa 4 Minuten von allen Seiten gut anbraten. Die Kalbsrouladen herausnehmen und auf dem vorgewärmten Teller oder in der Auflaufform in den vorgeheizten Backofen schieben. Kalbsrouladen etwa 30 Minuten garen.
5. In der Zwischenzeit Wasser in einem großen Topf zum Kochen bringen. Spätzle und Salz hinzufügen, die Spätzle nach Packungsanleitung zubereiten. Dann die Spätzle in ein Sieb

geben, mit warmen Wasser abspülen, abtropfen lassen und warm stellen.

6. Vom Salat die äußeren, welken Blätter entfernen. Salat abspülen, trocken tupfen und in mundgerechte Stücke zupfen. Erdbeeren putzen, abspülen, abtropfen lassen, entstielen und in Scheiben schneiden.

7. Essig mit Salz, Zucker und Pfeffer verrühren, Olivenöl unterschlagen. Dressing mit den Salatblättern vermengen und den Salat auf Tellern anrichten. Jeweils einige Erdbeerscheiben auf den Salat geben und diese mit Pfeffer bestreuen.

8. Die gegarten Kalbsrouladen aus dem Backofen nehmen und zugedeckt warm stellen.

9. Sherry unter den Bratensatz rühren, in einen kleinen Topf geben, unter Rühren zum Kochen bringen und etwas einkochen lassen. Sahne unterrühren. Die Sauce mit Salz, Pfeffer und beiseitegelegtem Salbei abschmecken.

10. Die Kalbsrouladen (Holzstäbchen entfernen) in Scheiben schneiden, mit Sauce, Spätzle und Salat servieren.

Lummerbraten mit Tunfischsauce

4 Portionen

Zubereitungszeit: 30 Minuten
Garzeit: etwa 3 Stunden

800 g Lummerbraten (Schweinekotelett am Stück, ohne Knochen)
2 abgezogene, zerdrückte Knoblauchzehen
Salz, gem. Pfeffer
je 1 Stängel Oregano und Thymian
5 EL Speiseöl, z. B. Rapsöl
4 Frühlingszwiebeln
8 Cocktailtomaten
4 l Wasser
4 gestr. TL Salz
400 g Bandnudeln
2 Zwiebeln
1 Knoblauchzehe
5 abgetropfte Sardellenfilets (etwa 10 g)
280 g abgetropfter Tunfisch in Öl (aus Dosen)
2 TL abgetropfte Kapern
300 ml Fleischbrühe
150 g Crème fraîche
1 Bio-Limette (unbehandelt, ungewachst)
1 TL gerebelter Oregano
einige Thymianblättchen

Pro Portion:
E: 75 g, F: 48 g, Kh: 74 g,
kJ: 4318, kcal: 1032

1. Den Backofen bei Ober-/Unterhitze auf 80 °C vorheizen. Einen großen, feuerfesten Teller oder eine Auflaufform mit niedrigem Rand auf dem Rost (mittlere Schiene) miterwärmen. Das Fleisch mit Küchenpapier trocken tupfen. mit Knoblauch, Salz und reichlich Pfeffer einreiben. Oregano und Thymian abspülen und trocken tupfen.

2. Speiseöl in einer Pfanne erhitzen. Das Fleisch darin etwa 10 Minuten von allen Seiten gut anbraten, Kräuterstängel mit anbraten. Angebratenes Fleisch mit den Kräuterstängeln auf dem vorgewärmten Teller oder in der Auflaufform in den vorgeheizten Backofen schieben. Den Lummerbraten etwa 3 Stunden garen. Die Pfanne mit dem Bratenansatz beiseitestellen.

3. Nach etwa 1 Stunde Garzeit die Frühlingszwiebeln putzen, abspülen, abtropfen lassen und in Scheiben schneiden. Tomaten abspülen, trocken tupfen, halbieren und die Stängelansätze herausschneiden. Tomaten und Frühlingszwiebelscheiben zum Fleisch auf den Teller oder in die Auflaufform geben.

4. Etwa 30 Minuten vor Ende der Garzeit die Nudeln kochen. Dafür Wasser in einem großen Topf zugedeckt zum Kochen bringen. Dann Salz und Bandnudeln hinzufügen. Die Nudeln im geöffneten Topf bei mittlerer Hitze nach Packungsanleitung bissfest garen, dabei gelegentlich umrühren.

5. In der Zwischenzeit Zwiebeln und Knoblauch abziehen, in kleine Würfel schneiden. Beiseitegestellte Pfanne mit dem Bratensatz erhitzen, Zwiebeln und Knoblauch darin andünsten.

6. Sardellen in kleine Stücke schneiden. Tunfisch mit Sardellenstücken, Kapern und Fleischbrühe in die Pfanne geben, zum Kochen bringen und etwa 5 Minuten kochen lassen. Mitgegarte Tomaten und Frühlingszwiebelscheiben unterrühren. Die Sauce mit einem Pürierstab pürieren, Crème fraîche unterrühren.

7. Limette heiß abwaschen, abtrocknen und die Schale abreiben. Limette halbieren und den Saft auspressen.

8. Die Sauce mit Salz, reichlich Pfeffer, Oregano, Limettenschale und -saft abschmecken.

9. Die gegarten Nudeln in ein Sieb geben, mit heißem Wasser abspülen und abtropfen lassen.

10. Den gegarten Lummerbraten aus dem Backofen nehmen, in Scheiben schneiden, mit den Bandnudeln und der Tunfischsauce anrichten. Sauce mit abgespülten, trocken getupften Thymianblättchen bestreuen.

Lummerbraten mit Tunfischsauce

Schweinebraten mit Senfkruste

Kalbsbrust mit Pfifferlingen

Schweinebraten mit Senfkruste

4–6 Portionen

Zubereitungszeit: 25 Minuten
Garzeit: etwa 5 Stunden

1 kg magerer Schweinenacken (ohne Knochen)
Salz, gem. Pfeffer
500 g Zwiebeln
3 EL Speiseöl, z. B. Rapsöl
4 Knoblauchzehen
2 EL Dijon-Senf
2 EL Senfkörner
2 EL Kräuter der Provence
2 EL Speiseöl, z. B. Rapsöl

Pro Portion:
E: 45 g, F: 32 g, Kh: 8 g,
kJ: 2087, kcal: 499

1. Den Backofen bei Ober-/Unterhitze auf 80 °C vorheizen. Schweinenacken mit Küchenpapier trocken tupfen, mit Salz und Pfeffer würzen.
2. Zwiebeln abziehen, halbieren und in dünne Scheiben schneiden. Speiseöl in einem flachen Bräter erhitzen. Das Fleisch darin etwa 10 Minuten von allen Seiten gut anbraten.
3. Zwiebelscheiben portionsweise hinzugeben und kurz unter Rühren mitbraten lassen. Knoblauch abziehen und durch eine Knoblauchpresse drücken, mit Senf, Senfkörnern, Kräutern und Speiseöl verrühren.
4. Die Senfmasse auf den Schweinenacken streichen. Den Bräter auf dem Rost in den vorgeheizten Backofen (unteres Drittel) schieben. Den Schweinebraten etwa 5 Stunden garen.
5. Den gegarten Schweinebraten aus dem Backofen nehmen, in Scheiben schneiden, mit den Zwiebeln anrichten und servieren.

Kalbsbrust mit Pfifferlingen

4–6 Personen

Zubereitungszeit: 30 Minuten
Garzeit: etwa 5 Stunden

200 g Semmelknödel (aus der Packung)
220 ml heiße Milch (3,5 % Fett)
2 Eier (Größe M)
60 g Schinkenwürfel
1 EL klein geschnittene Petersilienblättchen
Salz, gem. Pfeffer
1 kg Kalbsbrust (ohne Knochen)
4 EL Speiseöl, z. B. Rapsöl
1 kg Pfifferlinge, 2 Zwiebeln
4 EL Speiseöl, z. B. Rapsöl
100 g Schinkenwürfel
250 g Crème fraîche
1 TL gerebelter Thymian
400 ml Kalbsfond
1 EL Speisestärke
2 EL kaltes Wasser

Außerdem:
Küchengarn

Pro Portion:
E: 57 g, F: 51 g, Kh: 35 g,
kJ: 3477, kcal: 830

1. Den Backofen bei Ober-/Unterhitze auf 80 °C vorheizen. Das Semmelknödelpulver (evtl. aus den Beuteln nehmen) in eine Schüssel geben, mit heißer Milch, Eiern, Schinkenwürfeln und Petersilie vermengen. Die Masse mit Salz und Pfeffer würzen.
2. Kalbsbrust mit Küchenpapier trocken tupfen und mit einem scharfen Messer waagerecht eine Tasche für die Füllung einschneiden. Die Kalbsbrust innen und außen mit Salz und Pfeffer würzen und mit der Knödelmasse füllen. Die Öffnung mit Küchengarn zunähen.
3. Speiseöl in einem großen, flachen Bräter erhitzen. Die Kalbsbrust darin etwa 10 Minuten von allen Seiten gut anbraten. Den Bräter auf dem Rost in den vorgeheizten Backofen (unteres Drittel) schieben. Die Kalbsbrust etwa 5 Stunden garen.
4. Etwa 30 Minuten vor Ende der Garzeit der Kalbsbrust Pfifferlinge putzen, evtl. kurz abspülen und trocken tupfen. Zwiebeln abziehen und in kleine Würfel schneiden.
5. Speiseöl in einer großen Pfanne erhitzen, die Zwiebel- und Schinkenwürfel darin unter Rühren anbraten. Pfifferlinge hinzufügen und unter gelegentlichem Rühren etwa 6 Minuten mitbraten lassen. Crème fraîche unterrühren. Die Pfifferlinge mit Salz, Pfeffer und Thymian würzen und warm stellen.
6. Die gegarte Kalbsbrust aus dem Backofen nehmen (Küchengarn entfernen), in Scheiben schneiden und warm stellen. Den Kalbsfond zum Bratensaft gießen und loskochen. Speisestärke mit Wasser anrühren, in die Sauce rühren und unter Rühren kurz aufkochen lassen, mit Salz und Pfeffer abschmecken.
7. Die Kalbsbrust mit den Pfifferlingen anrichten und servieren.

Putenrollbraten

4–6 Portionen

Zubereitungszeit: 30 Minuten
Garzeit: etwa 4 1/2 Stunden

80 g abgetropfte eingelegte, geröstete rote Paprikaschoten
50 g abgetropfte, entsteinte schwarze Oliven
1 kg Putenbrustfilet
Salz, gem. Pfeffer
Paprikapulver edelsüß
200 g Doppelrahm-Frischkäse
1 EL abgetropfte Kapern
4 EL Olivenöl

Außerdem:
Küchengarn

Pro Portion:
E: 53 g, F: 21 g, Kh: 2 g,
kJ: 1720, kcal: 412

1. Den Backofen bei Ober-/Unterhitze auf 80 °C vorheizen. Einen feuerfesten Teller oder eine Auflaufform mit niedrigem Rand auf dem Rost (mittlere Schiene) miterwärmen.
2. Paprikaschoten und Oliven in kleine Stücke schneiden.
3. Das Putenbrustfilet kurz unter fließendem kalten Wasser abspülen und trocken tupfen. Das Putenbrustfilet mit einem scharfen Messer waagerecht einschneiden, dabei das Fleisch nicht durchschneiden. Putenbrustfilet aufklappen, mit Salz, Pfeffer und Paprika würzen und mit Frischkäse bestreichen.
4. Kapern, Paprika- und Olivenstücke darauf verteilen. Fleisch von der längeren Seite her aufrollen und mit Küchengarn zusammenbinden.
5. Olivenöl in einer Pfanne erhitzen. Den Putenrollbraten darin von jeder Seite etwa 8 Minuten gut anbraten, herausnehmen und auf dem vorgewärmten Teller oder in der Auflaufform in den vorgeheizten Backofen schieben. Den Putenrollbraten etwa 4 1/2 Stunden garen.
6. Den gegarten Putenrollbraten aus dem Backofen nehmen und das Küchengarn entfernen. Den Putenrollbraten in Scheiben schneiden.

Steaks in gepfefferter Weinbrandsauce

4 Portionen

Zubereitungszeit: 25 Minuten
Garzeit: etwa 30 Minuten

4 Rinderfiletsteaks (je etwa 180 g)
Salz, gem. Pfeffer
4 EL Olivenöl
400 g Zuckerschoten
1 gestr. TL Salz
3 Schalotten
70 ml Weinbrand
150 g Crème fraîche
4 TL abgetropfte, eingelegte grüne Pfefferkörner
etwa 15 g Butter

Pro Portion:
E: 43 g, F: 32 g, Kh: 12 g,
kJ: 2299, kcal: 549

1. Den Backofen bei Ober-/Unterhitze auf 80 °C vorheizen. Einen feuerfesten Teller oder eine Auflaufform mit niedrigem Rand auf dem Rost (mittlere Schiene) miterwärmen.
2. Die Filetsteaks mit Küchenpapier trocken tupfen, evtl. vorhandenes Fett und Sehnen abschneiden. Filetsteaks mit Salz und Pfeffer würzen.
3. Olivenöl in einer Pfanne erhitzen. Die Filetsteaks darin etwa 3 Minuten von jeder Seite gut anbraten. Dann die Filetsteaks herausnehmen und nebeneinander auf dem vorgewärmten Teller oder in der Auflaufform auf dem Rost in den vorgeheizten Backofen schieben. Die Filetsteaks etwa 30 Minuten garen. Die Pfanne mit dem Bratensatz beiseitestellen.
4. Von den Zuckerschoten die Enden abschneiden, evtl. abfädeln. Zuckerschoten abspülen und abtropfen lassen. Wasser in einem Topf zugedeckt zum Kochen bringen. Dann Salz und Zuckerschoten hinzugeben, wieder zum Kochen bringen. Die Zuckerschoten etwa 2 Minuten garen. Anschließend in ein Sieb geben, mit eiskaltem Wasser abschrecken, abtropfen lassen. Zuckerschoten warm stellen.
5. Schalotten abziehen und fein würfeln. Beiseitegestellte Pfanne mit dem Bratensatz erhitzen. Die Schalottenwürfel darin andünsten. Weinbrand und Crème fraîche unterrühren, kurz miterwärmen, Pfefferkörner unterrühren. Die Sauce mit Salz abschmecken.
6. Butter in einer Pfanne zerlassen, die Zuckerschoten darin schwenken. Die Zuckerschoten evtl. mit Salz abschmecken.
7. Die gegarten Steaks aus dem Backofen nehmen, mit der gepfefferten Weinbrandsauce und den Zuckerschoten anrichten und sofort servieren.

Putenrollbraten

Steaks in gepfefferter Weinbrandsauce

Schweinebraten, in Holunderblütenöl gegart

4–6 Portionen

Zubereitungszeit: 45 Minuten
Garzeit: 5–6 Stunden

1 kg Schweinefleisch (aus der Schulter, mit Schwarte, Schwarte vom Metzger einritzen lassen)
10 frische Holunderblüten
1 Bio-Orange (unbehandelt, ungewachst)
100 ml Olivenöl
100 ml neutrales Speiseöl, z. B. Sonnenblumenöl
4 Wacholderbeeren, grob zerdrückt
2 EL Meersalz
gem. schwarzer Pfeffer

Für das Kohlrabigemüse:
1 kg Kohlrabi
Salz
50 g Butter
2 EL Weizenmehl
150 ml kalte Milch
Kohlrabi-Kochwasser
ger. Muskatnuss

Pro Portion:
E: 38 g, F: 61 g, Kh: 11 g,
kJ: 3195, kcal: 763

1. Den Backofen bei Ober-/Unterhitze auf etwa 80 °C vorheizen. Das Schweinefleisch mit Küchenpapier trocken tupfen.
2. Die Holunderblüten vorsichtig abspülen und trocken tupfen. Orange heiß abwaschen, abtrocknen und die Hälfte der Schale abreiben.
3. Das Schweinefleisch und die Holunderblüten in einen Bräter geben. Oliven- und Speiseöl, Wacholderbeeren, Meersalz und Pfeffer hinzufügen.
4. Den Bräter zugedeckt auf dem Rost in den vorgeheizten Backofen schieben und den Schweinebraten 5–6 Stunden garen.
5. Für das Gemüse vom Kohlrabi die zarten Blätter abschneiden, abspülen und abtropfen lassen. Blätter in feine Streifen schneiden, in etwas kochendem Salzwasser kurz blanchieren, in kaltem Wasser abschrecken und abtropfen lassen.
6. Kohlrabi schälen, abspülen und abtropfen lassen. Kohlrabi zuerst in Scheiben, dann in Stifte schneiden. Kohlrabistifte in kochendem Salzwasser (etwa 250 ml) bei schwacher Hitze etwa 8 Minuten bissfest garen. Kohlrabistifte in einem Sieb abtropfen lassen, dabei das Kohlrabiwasser auffangen.
7. Butter in einem Topf zerlassen. Mehl darin unter Rühren so lange erhitzen, bis es hellgelb ist. Nach und nach Milch und Kohlrabiwasser hinzugießen. Mit einem Schneebesen durchschlagen. Darauf achten, dass keine Klümpchen entstehen. Die Sauce zum Kochen bringen und etwa 5 Minuten bei schwacher Hitze kochen. Kohlrabistifte und Kohlrabiblätterstreifen unterheben. Mit Salz und etwas Muskat würzen. Gemüse nochmals aufkochen lassen und warm stellen.
8. Den Backofengrill vorheizen.
9. Den Bräter aus dem Backofen nehmen. Den Schweinebraten herausnehmen und etwas abtropfen lassen. Das Holunderblütenöl durch ein Sieb in einen Topf gießen. Den Braten wieder in den Bräter legen und auf dem Rost unter den heißen Backofengrill schieben. So lange grillen, bis die Schwarte knusprig ist.
10. Den Schweinebraten etwa 5 Minuten ruhen lassen. Von der restlichen Orangenhälfte die Schale mit einem Zestenreißer abziehen. Den Schweinebraten in Scheiben schneiden. Das Gemüse portionsweise auf Tellern anrichten. Die Fleischscheiben darauf verteilen und mit etwas lauwarmem Holunderblütenöl beträufeln. Mit Orangenschalenstreifen garnieren und mit Pfeffer bestreuen.

Putenbrust mit Feigen-Senf-Füllung

4 Portionen (ohne Foto)

Zubereitungszeit: 45 Minuten
Garzeit: etwa 4 1/2 Stunden

1 Bund Suppengrün (Möhren, Sellerie, Porree)

Für die Füllung:
75 g Soft-Feigen
50 g Feigen-Senf
Salz, gem. Pfeffer

1 Putenbrust (etwa 800 g)
2 EL Speiseöl
4 EL Gemüsebrühe
175 ml Gemüsebrühe

Außerdem:
Holzstäbchen, Küchengarn

Schweinebraten, in Holunderblütenöl gegart

Pro Portion:
E: 46 g, F: 20 g, Kh: 8 g,
kJ: 1774, kcal: 424

1. Den Backofen bei Ober-/Unterhitze auf 80 °C vorheizen. Eine Auflaufform mit niedrigem Rand auf dem Rost (mittlere Schiene) miterwärmen.
2. Möhren und Sellerie putzen, schälen, abspülen, abtropfen lassen und in kleine Würfel schneiden. Porree putzen, längs halbieren, gründlich waschen, abtropfen lassen und in feine Streifen schneiden.
3. Für die Füllung Feigen fein würfeln, mit dem Feigen-Senf vermischen, mit einem Pürierstab zu einer Paste verarbeiten, mit Salz und Pfeffer würzen.
4. Putenbrust kurz unter fließendem kalten Wasser abspülen und trocken tupfen. In die Putenbrust mit einem scharfen Messer waagerecht eine Tasche schneiden, dabei das Fleisch nicht durchschneiden.
5. Die Paste in die Öffnung geben. Die Öffnung mit Holzstäbchen zustecken (senkrecht zur Öffnung) und mit Küchengarn wie einen Schnürschuh verschließen. Putenbrust rundherum mit Salz und Pfeffer einreiben.
6. Das Speiseöl in einer großen Pfanne erhitzen. Die Putenbrust darin von jeder Seite etwa 8 Minuten gut anbraten. In den letzten 3 Minuten das vorbereitete Suppengrün hinzugeben und mitbraten lassen. Gemüsebrühe hinzugeben. Die Putenbrust mit dem Gemüse in die vorgewärmte Auflaufform legen und auf dem Rost in den vorgeheizten Backofen schieben. Die Putenbrust etwa 4 1/2 Stunden garen.
7. Die gegarte Putenbrust aus der Auflaufform nehmen und auf einem vorgewärmten Teller im ausgeschalteten Backofen ruhen lassen. Das Gemüse mit der Garflüssigkeit in einen Topf geben, Brühe hinzugießen, aufkochen lassen und pürieren. Mit Salz und Pfeffer abschmecken.
8. Von der Putenbrust Küchengarn und Holzstäbchen entfernen. Das Fleisch in Scheiben schneiden und mit der Sauce servieren.

Zigeunerbraten

Zigeunerbraten
6 Portionen

Zubereitungszeit: 50 Minuten
Garzeit: etwa 4 1/2 Stunden

2 Stücke Dicke Rippe (je etwa 1 kg)
Salz, gem. Pfeffer
1 Zwiebel
je 1/2 grüne, rote und gelbe Paprikaschote
4 EL Speiseöl, z. B. Rapsöl
265 g abgetropfte Champignonscheiben (aus dem Glas)
115 g abgetropfte Silberzwiebeln (aus dem Glas)
1/2 gest. TL Paprikapulver edelsüß
1/4 gest. TL Cayennepfeffer
200 ml Fleischbrühe
500 ml Zigeunersauce (aus dem Glas)

Außerdem:
evtl. Küchengarn oder Holzstäbchen

Pro Portion:
E: 57 g, F: 30 g, Kh: 10 g,
kJ: 2243, kcal: 536

1. Dicke Rippe kurz unter fließendem kalten Wasser abspülen und trocken tupfen. Das Fleisch oberhalb der Knochen so einschneiden, dass eine Tasche entsteht (evtl. vom Metzger einschneiden lassen). Das Fleisch innen und außen mit Salz und Pfeffer einreiben.
2. Zwiebel abziehen, halbieren und in Scheiben schneiden. Paprikaschotenhälften entstielen, entkernen und die weißen Scheidewände entfernen. Schotenhälften abspülen, abtropfen lassen und in Streifen schneiden.
3. Den Backofen bei Ober-/Unterhitze auf 80 °C vorheizen. Die Hälfte des Speiseöls in einer großen Pfanne erhitzen. Die Zwiebelscheiben darin andünsten. Paprikastreifen hinzufügen und mitdünsten. Champignonscheiben und Silberzwiebeln hinzugeben und miterhitzen. Mit Salz, Pfeffer, Paprika und Cayennepfeffer würzen.
4. Etwa zwei Drittel der Masse in die Fleischtaschen geben. Die Öffnungen evtl. mit Küchengarn zunähen oder mit Holzstäbchen gut feststecken. Restliches Speiseöl in einem Bräter erhitzen. Die Fleischstücke darin etwa 10 Minuten von allen Seiten anbraten. Dann den Bräter auf dem Rost in den vorgeheizten Backofen schieben. Die Fleischstücke etwa 4 1/2 Stunden garen.
5. Etwa 1 Stunde vor Ende der Garzeit die restliche Paprika-Champignon-Masse und Brühe zu den Fleischstücken in den Bräter geben.
6. Die gegarten Fleischstücke aus dem Backofen nehmen (Küchengarn oder Holzstäbchen entfernen). Die Zigeunersauce in die Gemüsesauce rühren und unter Rühren aufkochen lassen, evtl. nochmals mit den Gewürzen abschmecken. Das Fleisch in Scheiben schneiden und mit der Sauce servieren.

Wildschweinsteaks mit Bohnen-Pfifferlings-Gemüse

Vierländer Entenbraten

Wildschweinsteaks mit Bohnen-Pfifferlings-Gemüse

4 Portionen

Zubereitungszeit: 40 Minuten
Garzeit: 15–20 Minuten

4 Wildschweinsteaks (je etwa 180 g)
Salz, gem. Pfeffer
2 EL Speiseöl, z. B. Sonnenblumenöl
100 g geräucherter Speck
2 Zwiebeln
500 g abgetropfte grüne Bohnen (aus der Dose)
1 TL gerebeltes Bohnenkraut
30 g Butter
110 g abgetropfte Pfifferlinge (aus der Dose)

Pro Portion:
E: 39 g, F: 22 g, Kh: 5 g,
kJ: 1546, kcal: 368

1. Den Backofen bei Ober-/Unterhitze auf 80 °C vorheizen. Einen großen, feuerfesten Teller oder eine Auflaufform mit niedrigem Rand auf dem Rost (mittlere Schiene) miterwärmen.
2. Wildschweinsteaks mit Küchenpapier trocken tupfen, mit Salz und Pfeffer würzen. Speiseöl in einer großen Pfanne erhitzen. Die Steaks darin von jeder Seite etwa 2 Minuten anbraten, herausnehmen und auf dem vorgewärmten Teller oder in der Auflaufform auf dem Rost in den vorgeheizten Backofen schieben. Das Fleisch 15–20 Minuten garen.
3. Speck in kleine Würfel schneiden. Zwiebeln abziehen und fein würfeln. Speckwürfel in einer großen Pfanne auslassen, dann die Speckwürfel aus der Pfanne nehmen. Bohnen in der Pfanne erhitzen, mit Bohnenkraut, Salz und Pfeffer würzen. Bohnen aus der Pfanne nehmen, warm stellen.
4. Die Hälfte der Butter in der Pfanne zerlassen. Die Pfifferlinge darin anbraten, mit Salz und Pfeffer würzen, herausnehmen und ebenfalls warm stellen. Restliche Butter in der Pfanne zerlassen, die Zwiebelwürfel darin glasig dünsten.
5. Die gegarten Wildschweinsteaks aus dem Backofen nehmen und mit dem Bohnen-Pfifferlings-Gemüse auf Tellern anrichten. Die Zwiebelwürfel auf den Bohnen verteilen.

Vierländer Entenbraten

4–6 Portionen

Zubereitungszeit: 30 Minuten
Garzeit: etwa 6 Stunden

1 küchenfertige Ente (etwa 2 kg)
Salz
gem. Pfeffer
1–2 EL Speiseöl, z. B. Rapsöl
1 Zwiebel
250 g Zucchini
200 ml Apfelsaft
Saft von 1 Limette
etwa 10 frische Salbeiblätter
6 Nektarinen
100 g Schlagsahne

Pro Portion:
E: 60 g, F: 44 g, Kh: 25 g,
kJ: 3151, kcal: 751

1. Den Backofen bei Ober-/Unterhitze auf 80 °C vorheizen. Die Ente in 8 Stücke teilen. Entenstücke kurz unter fließendem kalten Wasser abspülen und trocken tupfen. Fett und Sehnen abschneiden. Entenstücke mit Salz und Pfeffer würzen.
2. Speiseöl in einem Bräter mit niedrigem Rand erhitzen. Die Entenstücke darin zuerst auf der Hautseite etwa 2 Minuten anbraten, dann etwa 10 Minuten von allen Seiten gut anbraten. Zwiebel abziehen, fein würfeln, zu den Entenstücken in den Bräter geben und mitbraten lassen.
3. Den Bräter auf dem Rost in den vorgeheizten Backofen (unteres Drittel) schieben. Die Entenstücke etwa 6 Stunden garen.
4. Etwa 3 Stunden vor Ende der Garzeit Zucchini abspülen, abtrocknen und die Enden abschneiden. Zucchini in etwa 1 cm große Würfel schneiden.
5. Apfel- und Limettensaft erwärmen, mit den Zucchiniwürfeln und den abgespülten, trocken getupften Salbeiblättern zu den Entenstücken in den Bräter geben, mit Salz und Pfeffer würzen. Die Entenstücke weitergaren.
6. Etwa 1 Stunde vor Ende der Gesamtgarzeit Nektarinen heiß abwaschen, abtrocknen, halbieren und entsteinen. Nektarinen in Spalten schneiden.
7. Die Sahne unter Rühren in den Bräter gießen und die Nektarinenspalten hinzufügen. Die Entenstücke fertig garen.
8. Die gegarten Entenstücke aus dem Backofen nehmen, mit dem Zucchinigemüse und den Nektarinenspalten anrichten.

Spareribs

4–6 Portionen

Zubereitungszeit: 30 Minuten
Grill- und Garzeit: etwa 4 Stunden

2 kg dünne Schweinerippchen (Schälrippchen)
1–2 EL Speiseöl, z. B. Rapsöl
Salz, gem. Pfeffer
230 g Mango-Chutney (aus dem Glas)
50 g rote Currypaste
2 EL Speiseöl, z. B. Rapsöl
2 Bananen
100 g Salatmayonnaise
1 TL Currypulver
evtl. einige Spitzen Rosmarin

Pro Portion:
E: 37 g, F: 42 g, Kh: 31 g,
kJ: 2734, kcal: 652

1. Den Backofengrill auf 240 °C vorheizen. Schweinerippchen kurz unter fließendem kalten Wasser abspülen, trocken tupfen, dünn mit Speiseöl bestreichen, mit Salz und Pfeffer würzen.
2. Schweinerippchen auf ein Backblech legen. Das Backblech unter den vorgeheizten Backofengrill schieben. Die Rippchen etwa 20 Minuten grillen, dabei die Schweinerippchen nach etwa 10 Minuten Grillzeit einmal wenden.
3. Den Backofengrill ausschalten und Backofen auf Ober-/Unterhitze 80 °C einstellen. Dabei die Backofentür einen kleinen Spalt öffnen, bis der Backofen die 80 °C erreicht hat. Backofentür wieder schließen. Die Rippchen unter mehrmaligem Wenden etwa 3 1/2 Stunden garen.
4. Mango-Chutney mit Currypaste und Speiseöl verrühren. Ober-/Unterhitze nach etwa 3 1/2 Stunden Garzeit ausschalten und den Backofengrill wieder auf 240 °C einstellen. Die Rippchen mit der Chutney-Mischung bestreichen und noch etwa 15 Minuten unter dem vorgeheizten Backofengrill grillen, dabei einmal wenden.
5. Die Bananen schälen. Bananen in kleine Stücke schneiden und mit der Mayonnaise pürieren. Dip mit Curry, Salz und Pfeffer abschmecken. Die Spareribs mit dem Dip servieren. Nach Belieben die Spareribs mit abgespülten, trocken getupften Rosmarinspitzen garnieren.

Spieße mit Schweinefleisch

4 Portionen

Zubereitungszeit: 30 Minuten
Garzeit: etwa 40 Minuten

200 ml Tomatenketchup
150 ml Fleischbrühe
2 TL Currypulver
500 g magere Schweineschulter (ohne Knochen)
1 gelbe Paprikaschote
8 entsteinte, getrocknete Pflaumen
8 geräucherte dünne Speckscheiben
1 Zwiebel
Salz, gem. Pfeffer
3 EL Speiseöl, z. B. Rapsöl

Außerdem:
4 Schaschlikspieße

Pro Portion:
E: 31 g, F: 21 g, Kh: 22 g,
kJ: 1707, kcal: 408

1. Den Backofen bei Ober-/Unterhitze auf 80 °C vorheizen. Ketchup mit Brühe und Curry in einer größeren Auflaufform mit niedrigem Rand verrühren. Die Form auf dem Rost in den vorgeheizten Backofen schieben.
2. Schweineschulter mit Küchenpapier trocken tupfen, evtl. Fett und Sehnen abschneiden. Das Fleisch in etwa 3 cm große Würfel schneiden.
3. Paprikaschote halbieren, entstielen, entkernen und die weißen Scheidewände entfernen. Schote abspülen, abtropfen lassen und in etwa 3 cm große Würfel schneiden.
4. Pflaumen mit jeweils 1 Speckscheibe umwickeln. Zwiebel abziehen, vierteln, in Segmente zupfen.
5. Abwechselnd Fleischwürfel, Paprikawürfel, Zwiebelstücke und die Speckpflaumen auf 4 Schaschlikspieße stecken. Die Spieße mit Salz und Pfeffer würzen.
6. Speiseöl in einer großen Pfanne erhitzen. Die Spieße darin etwa 8 Minuten von allen Seiten gut anbraten. Die Spieße herausnehmen und in die vorgewärmte Auflaufform legen. Die Form wieder auf dem Rost in den vorgeheizten Backofen schieben. Spieße etwa 40 Minuten garen.

Spareribs

Spieße mit Schweinefleisch

Schweinerollbraten mit Speckböhnchen

6 Portionen

Zubereitungszeit: 45 Minuten
Garzeit: etwa 5 Stunden

4 Zwiebeln
etwa 1,3 kg Schweinerollbraten
Salz, gem. Pfeffer
4 EL Speiseöl, z. B. Rapsöl
1 EL Tomatenmark
1 kg festkochende Kartoffeln
800 g grüne Bohnen
60 g Butter
125 g gewürfelter Schinkenspeck (aus dem Kühlregal)
1 EL gerebeltes Bohnenkraut
500 ml Fleischbrühe
1 EL Weizenmehl
1 EL kaltes Wasser

Pro Portion:
E: 54 g, F: 40 g, Kh: 28 g,
kJ: 2890, kcal: 690

1. Den Backofen bei Ober-/Unterhitze auf 80 °C vorheizen. Einen großen, feuerfesten Teller oder eine Auflaufform mit niedrigem Rand auf dem Rost (unteres Drittel) miterwärmen.
2. Zwiebeln abziehen und in kleine Würfel schneiden. Den Rollbraten mit Küchenpapier trocken tupfen, mit Salz und Pfeffer würzen. Speiseöl in einer Pfanne erhitzen. Den Rollbraten darin etwa 10 Minuten von allen Seiten gut anbraten.
3. Die Hälfte der Zwiebelwürfel hinzufügen und kurz mitbraten lassen, Tomatenmark unterrühren. Restliche Zwiebelwürfel beiseitelegen. Den angebratenen Rollbraten mit den Zwiebelwürfeln herausnehmen, auf dem vorgewärmten Teller oder in der Auflaufform auf dem Rost in den vorgeheizten Backofen schieben. Den Rollbraten etwa 5 Stunden garen. Die Pfanne mit dem Bratensatz beiseitestellen.
4. Etwa 40 Minuten vor Ende der Garzeit Kartoffeln schälen, abspülen und abtropfen lassen. Von den Bohnen die Enden abschneiden, evtl. abfädeln. Bohnen abspülen, abtropfen lassen und in etwa 3 cm lange Stücke schneiden oder brechen.
5. Kartoffeln in einem Topf knapp mit Wasser bedeckt, zugedeckt zum Kochen bringen, 1 Teelöffel Salz hinzugeben. Die Kartoffeln etwa 20 Minuten garen. Wasser in einem zweiten Topf zum Kochen bringen, 1 Teelöffel Salz und die Bohnenstücke hinzugeben, wieder zum Kochen bringen. Die Bohnen zugedeckt etwa 8 Minuten garen. Anschließend die Bohnen in ein Sieb geben, mit kaltem Wasser abschrecken und abtropfen lassen.
6. Butter in einer großen Pfanne zerlassen. Beiseitegelegte Zwiebelwürfel darin andünsten. Schinkenspeckwürfel hinzufügen und kurz mit anbraten. Bohnen hinzugeben und erhitzen. Mit Salz, Pfeffer und Bohnenkraut abschmecken.
7. Die gegarten Kartoffeln abgießen und warm stellen.
8. Brühe zum Bratensatz in die beiseitegestellte Pfanne gießen und den Bratensatz loskochen. Mehl mit Wasser anrühren, in die Sauce rühren und unter Rühren kurz aufkochen lassen. Mit Salz und Pfeffer abschmecken.
9. Den gegarten Rollbraten aus dem Backofen nehmen und in Scheiben schneiden. Den Schweinerollbraten mit Kartoffeln, Sauce und Speckböhnchen anrichten und servieren.

Tafelspitzbraten mit Spinatspätzle und Kohlrabigemüse

6 Portionen

Zubereitungszeit: 30 Minuten
Garzeit: 5–7 Stunden, je nach Dicke des Fleischstückes

1,6 kg Tafelspitz (ein besonderes Stück aus der Hüfte)
Salz
gem. Pfeffer
2 Zwiebeln
4 EL Speiseöl, z. B. Rapsöl
200 g TK-Rahmspinat
500 g Weizenmehl
4 Eier (Größe M)
1 gestr. TL Salz
100 ml Wasser
3–4 Kohlrabi (etwa 1,4 kg)
60 g Butter
3 EL Wasser
1 gestr. TL Salz
60 g Butter
ger. Muskatnuss
200 ml Fleischbrühe
2 EL Crème fraîche
evtl. 1 EL klein geschnittene Petersilie

Pro Portion:
E: 74 g, F: 38 g, Kh: 67 g,
kJ: 3767, kcal: 900

Schweinerollbraten mit Speckböhnchen

1. Den Backofen bei Ober-/Unterhitze auf 80 °C vorheizen. Tafelspitz mit Küchenpapier trocken tupfen, evtl. vorhandenes Fett und Sehnen entfernen. Mit Salz und Pfeffer würzen.
2. Zwiebeln abziehen und klein würfeln. Speiseöl in einem großen, flachen Bräter erhitzen. Das Fleisch darin etwa 10 Minuten von allen Seiten gut anbraten.
3. Zwiebelwürfel hinzugeben und kurz mitbraten lassen. Den Bräter auf dem Rost in den vorgeheizten Backofen (unteres Drittel) schieben. Tafelspitz 5–7 Stunden garen.
4. In der Zwischenzeit Spinat nach Packungsanleitung auftauen und in einem Sieb gut abtropfen lassen. Etwa 1 Stunde vor Ende der Garzeit Mehl in eine Rührschüssel geben. Eier mit Salz, Spinat und Wasser verschlagen. Nach und nach mit dem Mehl verrühren. Darauf achten, dass keine Klümpchen entstehen. Den Teig zugedeckt etwa 30 Minuten ruhen lassen.
5. Anschließend den Teig portionsweise durch eine Spätzlepresse in siedendes Salzwasser drücken und etwa 2 Minuten kochen lassen. Die Spätzle mit einem Schaumlöffel herausnehmen, mit kaltem Wasser abschrecken und abtropfen lassen.
6. Kohlrabi schälen, abspülen, abtropfen lassen, halbieren und in etwa 1 cm dicke Stifte schneiden. Butter in einem Topf zerlassen. Kohlrabistifte, Wasser und Salz hinzufügen, zum Kochen bringen und etwa 8 Minuten dünsten.
7. Butter in einer Pfanne zerlassen, die Spätzle darin unter Rühren anbraten, mit Muskat abschmecken.
8. Den gegarten Tafelspitzbraten aus dem Backofen nehmen und warm stellen. Brühe in den Bratenfond rühren und aufkochen lassen, Crème fraîche unterrühren. Die Sauce mit Salz und Pfeffer abschmecken.
9. Den Tafelspitzbraten in Scheiben schneiden, mit Spätzle, Kohlrabigemüse und der Sauce anrichten. Kohlrabigemüse nach Belieben mit Petersilie bestreuen.

Tafelspitzbraten mit Spinatspätzle und Kohlrabigemüse

Gefüllter Rollbraten

4 Portionen (ohne Foto)

Zubereitungszeit: 30 Minuten
Garzeit: etwa 6 Stunden

1 große doppelte Rinderroulade (etwa 800 g, etwa 30 x 25 cm, vom Metzger zuschneiden lassen)
1 Zwiebel
200 g Rindergehacktes
1 Ei (Größe M), 2 EL Semmelbrösel
Salz, gem. Pfeffer
1 gestr. TL Paprikapulver edelsüß
1/4 gestr. TL Chilipulver
2 rote Paprikaschoten
4 EL Speiseöl, z. B. Rapsöl
300 ml Fleischbrühe
400 g passierte Tomaten (Tetrapak)
3 mittelgroße Kohlrabi
50 g Butter
2 EL Wasser
1/2 gestr. TL Salz

Außerdem:
Küchengarn

Pro Portion:
E: 42 g, F: 36 g, Kh: 17 g,
kJ: 2352, kcal: 561

1. Den Backofen bei Ober-/Unterhitze auf 80 °C vorheizen. Rinderroulade mit Küchenpapier trocken tupfen, evtl. vorhandenes Fett und Sehnen abschneiden.
2. Zwiebel abziehen und fein würfeln. Gehacktes in eine Schüssel geben, mit Zwiebelwürfeln, Ei und Semmelbröseln vermengen, mit Salz, Pfeffer, Paprikapulver und Chili würzen.
3. Paprikaschoten vierteln, entstielen, entkernen und die weißen Scheidewände entfernen. Die Schoten abspülen und abtropfen lassen.
4. Die Rinderroulade mit Salz und Pfeffer würzen. Gehacktes mittig darauf verteilen und mit den Paprikavierteln belegen. Die Roulade von der längeren Seite her fest aufrollen und mit Küchengarn zusammenbinden.
5. Speiseöl in einem großen, flachen Bräter erhitzen. Den Rollbraten darin von allen Seiten etwa 10 Minuten gut anbraten. Brühe und passierte Tomaten unter Rühren hinzugießen und kurz aufkochen lassen. Den Bräter auf dem Rost in den vorgeheizten Backofen (unteres Drittel) schieben. Den Rollbraten etwa 6 Stunden garen, dabei 2–3-mal wenden.
6. Etwa 30 Minuten vor Ende der Garzeit des Rollbratens Kohlrabi schälen, abspülen, abtropfen lassen, halbieren und in Stücke schneiden. Butter in einem Topf zerlassen. Kohlrabistücke, Wasser und Salz hinzufügen, etwa 10 Minuten dünsten.
7. Den gegarten Rollbraten aus dem Backofen nehmen und das Küchengarn entfernen. Den Rollbraten in Scheiben schneiden, mit der Sauce und dem Kohlrabigemüse servieren.

Lammhaxen

Putenkeule in Altbiersauce

Lammhaxen

4 Portionen

Zubereitungszeit: 30 Minuten
Garzeit: etwa 5 1/2 Stunden

4 Lammhinterhaxen
(je etwa 400 g)
Salz, gem. Pfeffer
1/2 TL Pul Biber
(geschrotete Pfefferschoten)
3 EL Olivenöl
2 Zwiebeln
4 Knoblauchzehen
400 g Zucchini
4 Tomaten
1 EL gerebeltes Rosmarin
1 TL gerebelter Thymian

Pro Portion:
E: 61 g, F: 17 g, Kh: 6 g,
kJ: 1793, kcal: 429

1. Den Backofen bei Ober-/Unterhitze auf 80 °C vorheizen. Lammhaxen unter fließendem kalten Wasser abspülen, trocken tupfen, evtl. vorhandenes Fett und Sehnen abschneiden. Lammhaxen mit Salz, Pfeffer und Pul Biber würzen.
2. Olivenöl in einem großen, flachen Bräter erhitzen. Die Haxen darin etwa 8 Minuten von allen Seiten gut anbraten. Den Bräter auf dem Rost in den vorgeheizten Backofen (unteres Drittel) schieben. Die Lammhaxen etwa 5 1/2 Stunden garen.
3. Etwa 2 Stunden vor Ende der Garzeit Zwiebeln und Knoblauch abziehen und fein würfeln. Zucchini und Tomaten abspülen, trocken tupfen.
4. Von den Zucchini die Enden abschneiden, Zucchini in etwa 1 cm große Würfel schneiden. Tomaten halbieren und die Stängelansätze herausschneiden. Tomaten würfeln.
5. Zwiebel-, Knoblauch-, Zucchini- und Tomatenwürfel zu den Lammhaxen in den Bräter geben. Das Gemüse mit Rosmarin und Thymian würzen und die Lammhaxen fertig garen.
6. Die gegarten Lammhaxen aus dem Backofen nehmen. Das Fleisch von den Knochen lösen und in Scheiben schneiden. Lammhaxenscheiben auf dem Zucchini-Tomaten-Gemüse anrichten und servieren.

Putenkeule in Altbiersauce

4 Portionen

Zubereitungszeit: 60 Minuten
Garzeit: etwa 5 Stunden

1 Putenoberkeule (mit Knochen, etwa 1,2 kg)
Salz, gem. Pfeffer
2 EL Speiseöl
100 g Zwiebeln
75 g Möhren
75 g Knollensellerie
150 ml Hühnerbrühe
1 EL Tomatenmark
250 ml Altbier
100 g getrocknete Aprikosen
evtl. etwas Zucker

Pro Portion:
E: 56 g, F: 10 g, Kh: 23 g,
kJ: 1909, kcal: 457

1. Den Backofen bei Ober-/Unterhitze auf 80 °C vorheizen. Eine Auflaufform mit niedrigem Rand auf dem Rost (mittlere Schiene) miterwärmen.
2. Putenoberkeule kurz unter fließendem kalten Wasser abspülen, trocken tupfen und den Knochen herausschneiden. Das Fleisch mit Salz und Pfeffer einreiben. Speiseöl in einer Pfanne erhitzen, die Putenkeule darin von beiden Seiten unter mehrmaligem Wenden etwa 15 Minuten anbraten. Die Putenkeule herausnehmen, in die vorgewärmte Auflaufform legen und auf dem Rost in den vorgeheizten Backofen schieben. Die Pfanne mit dem Bratensatz beiseitestellen.
3. Die Zwiebeln abziehen. Möhren und Sellerie putzen, schälen, abspülen und abtropfen lassen. Zwiebeln, Möhren und Sellerie in feine Würfel schneiden. Die Gemüsewürfel im verbliebenen Bratfett in der beiseitegestellten Pfanne (sollte aus der Haut viel Fett ausgebraten sein, etwas Fett abgießen) andünsten, Hühnerbrühe hinzugießen, zum Kochen bringen und etwa 5 Minuten dünsten. Tomatenmark und Altbier hinzugeben, aufkochen lassen. Die Gemüsesauce um die Putenkeule herum in die Auflaufform geben. Die Putenkeule etwa 5 Stunden garen.
4. Die gegarte Putenkeule aus der Auflaufform nehmen, auf einer vorgewärmten Platte wieder in den ausgeschalteten Backofen geben.
5. Den Bratenfond mit dem Gemüse in einen hohen Topf geben und pürieren. Aprikosen in Streifen schneiden und kurz in der Sauce erhitzen. Die Sauce mit Salz, Pfeffer und evtl. Zucker abschmecken.
6. Das Fleisch in Scheiben schneiden und mit der Sauce servieren.

Schweinesteaks mit Steckrüben-Rosenkohl-Gemüse

4 Portionen (ohne Foto)

Zubereitungszeit: 30 Minuten
Garzeit: etwa 20 Minuten

4 Schweinesteaks
(je etwa 180 g)
Salz, gem. Pfeffer
4 EL Speiseöl, z. B. Rapsöl
250 g Steckrübe
200 g Rosenkohl
150 g kleine Pfifferlinge
1 gestr. TL Salz
200 g Schlagsahne

Pro Portion:
E: 42 g, F: 35 g, Kh: 5 g,
kJ: 2134, kcal: 509

1. Den Backofen bei Ober-/Unterhitze auf 80 °C vorheizen. Einen feuerfesten Teller oder eine Auflaufform mit niedrigem Rand auf dem Rost (mittlere Schiene) miterwärmen.
2. Steaks mit Küchenpapier trocken tupfen, mit Salz und Pfeffer würzen.
3. Speiseöl in einer Pfanne erhitzen. Die Schweinesteaks darin etwa 2 Minuten von jeder Seite gut anbraten, herausnehmen und nebeneinander auf dem vorgewärmten Teller oder in der Auflaufform auf dem Rost in den vorgeheizten Backofen schieben. Die Schweinesteaks etwa 20 Minuten garen. Die Pfanne mit dem Bratensatz beiseitestellen.
4. Steckrübe schälen, abspülen, abtropfen lassen und in Würfel schneiden. Rosenkohl putzen, abspülen und abtropfen lassen. Pfifferlinge putzen, evtl. kurz abspülen und gut abtropfen lassen.
5. Wasser in einem Topf zugedeckt zum Kochen bringen. Dann Salz, Rosenkohl und Steckrübenwürfel hinzugeben, wieder zum Kochen bringen und etwa 8 Minuten garen, anschließend in einem Sieb abtropfen lassen.
6. Beiseitegestellte Pfanne mit dem Bratensatz erhitzen. Die Pfifferlinge darin unter Rühren etwa 5 Minuten braten. Rosenkohl und Steckrübenwürfel kurz miterwärmen.
7. Sahne unterrühren, kurz aufkochen lassen. Das Gemüse mit Salz und Pfeffer abschmecken.
8. Die gegarten Schweinesteaks aus dem Backofen nehmen, auf dem Gemüse anrichten und servieren.

Roastbeef-Röllchen mit Kartoffelecken

4 Portionen

Zubereitungszeit: 20 Minuten
Garzeit: etwa 30 Minuten

8 dünne Scheiben Roastbeef
(je etwa 60 g)
1 kleine rote Paprikaschote
1 Bund Frühlingszwiebeln
80 g mittelalter Gouda (am Stück)
Salz, gem. Pfeffer
3 EL Olivenöl
40 ml Weinbrand
450 g TK-Kartoffelecken

Außerdem:
Holzstäbchen

Pro Portion:
E: 33 g, F: 32 g, Kh: 30 g,
kJ: 2373, kcal: 566

1. Den Backofen bei Ober-/Unterhitze auf 80 °C vorheizen. Eine Auflaufform mit niedrigem Rand auf dem Rost (mittlere Schiene) miterwärmen.
2. Die Fleischscheiben mit Küchenpapier trocken tupfen. Von den Scheiben den Fettrand abschneiden. Roastbeefscheiben nebeneinander auf die Arbeitsfläche legen.
3. Paprikaschote halbieren, entstielen, entkernen und die weißen Scheidewände entfernen. Schote abspülen, abtropfen lassen und in Streifen schneiden. Frühlingszwiebeln putzen, abspülen, abtropfen lassen und in etwa 3 cm lange Stücke schneiden.
4. Den Käse in 8 fingerdicke, etwa 3 cm lange Stücke schneiden. Die Fleischscheiben mit Salz und Pfeffer würzen, jeweils mit 1–2 Paprikastreifen, 1–2 Frühlingszwiebelstücken und 1 Käsestück belegen. Fleischscheiben von der schmalen Seite her fest aufrollen und mit Holzstäbchen feststecken.
5. Olivenöl in einer Pfanne erhitzen. Die Roastbeef-Röllchen darin etwa 5 Minuten von allen Seiten gut anbraten. Dann die Röllchen herausnehmen, in die vorgewärmte Auflaufform legen und auf dem Rost in den vorgeheizten Backofen schieben.
6. Den Weinbrand unter Rühren zum Bratensatz in die Pfanne geben und zu den Roastbeef-Röllchen in die Auflaufform geben. Die Roastbeef-Röllchen etwa 30 Minuten garen.
7. Die TK-Kartoffelecken in einer Pfanne nach Packungsanleitung zubereiten und mit den gegarten Roastbeef-Röllchen (Holzstäbchen entfernen) servieren.

Roastbeef-Röllchen mit Kartoffelecken

Räuberbraten mit Röstgemüse

4–6 Portionen (ohne Foto)

Zubereitungszeit: 40 Minuten
Garzeit: etwa 5 Stunden

1,4 kg magere Schweineschulter oder Schweinefleisch (aus der Keule)
Salz, gem. Pfeffer
1 EL Currypulver
2 Zwiebeln
4 EL Speiseöl, z. B. Rapsöl
500 g Möhren
600 g Kartoffeln
400 g Knollensellerie
1 Stange Porree (Lauch)
50 g Schweineschmalz

Pro Portion:
E: 53 g, F: 39 g, Kh: 22 g,
kJ: 2740, kcal: 656

1. Den Backofen bei Ober-/Unterhitze auf 80 °C vorheizen. Von der Schweineschulter das Fett abschneiden. Das Fleisch mit Küchenpapier trocken tupfen, mit Salz, Pfeffer und Curry würzen.
2. Zwiebeln abziehen und in kleine Würfel schneiden. Speiseöl in einem großen, flachen Bräter erhitzen. Das Fleisch darin etwa 10 Minuten von allen Seiten gut anbraten. Zwiebelwürfel hinzugeben und kurz mitbraten lassen.
3. Den Bräter auf dem Rost in den vorgeheizten Backofen (unteres Drittel) schieben. Das Fleisch etwa 5 Stunden garen.
4. Etwa 2 Stunden vor Ende der Garzeit Möhren putzen, schälen, abspülen und abtropfen lassen. Kartoffeln und Sellerie schälen, abspülen und abtropfen lassen. Möhren, Kartoffeln und Sellerie in etwa 1 cm große Würfel schneiden.
5. Porree putzen, die Stange längs halbieren, gründlich waschen, abtropfen lassen und in etwa 1 cm breite Streifen schneiden.
6. Schmalz in einer Pfanne zerlassen. Kartoffelwürfel darin unter Rühren etwa 5 Minuten anbraten. Dann Möhren- und Selleriewürfel hinzufügen und etwa 5 Minuten mitbraten lassen. Porreestreifen unterheben und kurz miterwärmen.
7. Das Röstgemüse mit Salz und Pfeffer abschmecken, zum Fleisch in den Bräter geben. Das Röstgemüse bis zum Ende der Garzeit mitgaren lassen.
8. Den gegarten Räuberbraten aus dem Backofen nehmen, in Scheiben schneiden und mit dem Röstgemüse servieren.

Asiatischer Schweinerollbraten

6 Portionen

Zubereitungszeit: 30 Minuten
Garzeit: etwa 5 Stunden

2 Zwiebeln
2 Knoblauchzehen
etwa 1,3 kg Schweinerollbraten (ausgelöster Schweinenacken, ohne Knochen)
Salz
gem. Pfeffer
3 EL Speiseöl
1 EL Sesamöl
1 TL rote Currypaste (erhältlich im Asialaden)
300 ml Fleischbrühe
150 ml frisch gepresster Orangensaft
evtl. 100 ml Sweet Chickensauce
evtl. 1 EL Weizenmehl
evtl. 1 EL kaltes Wasser
etwas Sojasauce

Pro Portion:
E: 43 g, F: 36 g, Kh: 4 g,
kJ: 2140, kcal: 512

1. Den Backofen bei Ober-/Unterhitze auf 80 °C vorheizen. Zwiebeln und Knoblauch abziehen, in kleine Würfel oder Streifen schneiden. Rollbraten mit Küchenpapier trocken tupfen, mit Salz und Pfeffer würzen.
2. Speise- und Sesamöl in einem Bräter erhitzen. Den Rollbraten darin von allen Seiten etwa 10 Minuten gut anbraten. Zwiebel- und Knoblauchwürfel oder -streifen kurz mit anbraten, Currypaste unterrühren. Etwas von der Brühe hinzugießen, gut verrühren und aufkochen lassen.
3. Den Bräter auf dem Rost in den vorgeheizten Backofen schieben. Den Rollbraten etwa 5 Stunden garen.
4. Den Bräter aus dem Backofen nehmen. Restliche Brühe und Orangensaft hinzugießen, zum Kochen bringen, nach Belieben Chickensauce unterrühren.
5. Evtl. Mehl mit Wasser anrühren, in die Sauce rühren und unter Rühren etwa 5 Minuten kochen lassen. Die Sauce mit Salz und Sojasauce abschmecken.
6. Den gegarten Rollbraten aus dem Bräter nehmen, in Scheiben schneiden und auf einer vorgewärmten Platte anrichten.

Asiatischer Schweinerollbraten

Ente mit Süßkartoffeln

4–6 Portionen

Zubereitungszeit: 30 Minuten
Garzeit: etwa 6 Stunden

1 küchenfertige Ente (etwa 2 kg)
Salz, gem. Pfeffer
2 Zwiebeln
2 Knoblauchzehen
800 g Süßkartoffeln
einige Stängel Thymian
250 ml heiße Hühnerbrühe
60 ml Rum (40 Vol.-%)

Pro Portion:
E: 59 g, F: 34 g, Kh: 33 g,
kJ: 3035, kcal: 723

1. Den Backofen bei Ober-/Unterhitze auf 80 °C vorheizen.
2. Die Ente innen und außen kurz unter fließendem kalten Wasser abspülen, trocken tupfen, in 8 Stücke teilen. Fett und Sehnen abschneiden. Ententeile mit Salz und Pfeffer würzen.
3. Einen Bräter mit flachem Rand erhitzen. Die Ententeile darin zuerst mit der Hautseite nach unten anbraten, sodass das Fett unter der Haut ausbraten kann. Dann die Ententeile in etwa 8 Minuten von allen Seiten gut anbraten.
4. Den Bräter auf dem Rost (unteres Drittel) in den vorgeheizten Backofen schieben. Die Ententeile etwa 6 Stunden garen.
5. Etwa 2 Stunden vor Ende der Garzeit Zwiebeln und Knoblauch abziehen, klein würfeln. Süßkartoffeln schälen, abspülen, abtropfen lassen und in etwa 1 cm große Würfel schneiden.
6. Thymian abspülen und trocken tupfen (1–2 Stängel etwas kleiner zupfen und zum Garnieren beiseitelegen). Die Blättchen von den Stängeln zupfen, klein schneiden.
7. Die Süßkartoffel-, Zwiebel- und Knoblauchwürfel zu den Ententeilen in den Bräter geben. Heiße Brühe und Rum hinzugießen, unterrühren, mit Salz, Pfeffer und Thymian würzen. Die Ententeile fertig garen.
8. Die gegarten Ententeile mit Süßkartoffeln und beiseitegelegtem Thymian garniert servieren.

Bio-Hähnchen, süßsauer

4 Portionen

Zubereitungszeit: 30 Minuten
Garzeit: etwa 5 Stunden

1 küchenfertiges Bio- oder Freilandhähnchen (etwa 1,2 kg)
Salz
gem. Pfeffer
4 EL Speiseöl, z. B. Rapsöl
2 Zwiebeln
200 ml Hühnerbrühe
je 1 gelbe und rote Paprikaschote
etwa 400 g Ananas-Fruchtfleisch (aus dem Frischeregal)
150 ml Tomatenketchup
1 TL rote Currypaste
2 gestr. TL gem. Zitronengras

Pro Portion:
E: 45 g, F: 21 g, Kh: 28 g,
kJ: 2113, kcal: 506

1. Den Backofen bei Ober-/Unterhitze auf 80 °C vorheizen. Das Hähnchen innen und außen kurz unter fließendem kalten Wasser abspülen und trocken tupfen. Fett und Sehnen abschneiden. Das Hähnchen in 8 Stücke teilen, mit Salz und Pfeffer würzen.
2. Speiseöl in einem Bräter mit niedrigem Rand erhitzen. Die Hähnchenteile darin etwa 10 Minuten von allen Seiten gut anbraten.
3. Zwiebeln abziehen, fein würfeln, zu den Hähnchenteilen in den Bräter geben und mit anbraten. Brühe hinzugießen, unter Rühren kurz aufkochen lassen. Den Bräter auf dem Rost in den vorgeheizten Backofen schieben. Die Hähnchenteile etwa 5 Stunden garen.
4. Etwa 2 Stunden vor Ende der Garzeit Paprikaschoten halbieren, entstielen, entkernen und die weißen Scheidewände entfernen. Schoten abspülen, abtropfen lassen und in Streifen schneiden. Paprikastreifen zu den Hähnchenteilen in den Bräter geben und mitgaren lassen.
5. Etwa 1 Stunde vor Ende der Garzeit das Ananas-Fruchtfleisch in Stücke schneiden.
6. Die vorgegarten Paprikastreifen mit Ketchup und Currypaste im Bräter verrühren, mit Salz, Pfeffer und Zitronengras würzen. Ananasstücke ebenfalls in den Bräter geben. Die Hähnchenteile fertig garen.

Lammkeule mit Ratatouille und Rosmarinkartoffeln

Hasenfilet mit Pfifferlings-Weintrauben-Sauce

Lammkeule mit Ratatouille und Rosmarinkartoffeln

6 Portionen

Zubereitungszeit: 50 Minuten
Grill- und Garzeit: etwa 7 1/4 Stunden

etwa 2 kg Lammkeule
3–4 EL Speiseöl, z. B. Olivenöl
Salz, gem. Pfeffer
2 EL Kräuter der Provence
3 Zwiebeln
3 Knoblauchzehen
100 ml trockener Wermut
400 ml Lammfond
1,2 kg kleine festkochende Kartoffeln
6 EL Speiseöl, z. B. Olivenöl
1 gestr. TL Salz
600 g Zucchini
350 g Auberginen
750 g Tomaten
1 rote Paprikaschote
3–4 EL Speiseöl, z. B. Olivenöl
1 EL Tomatenmark
Kräuter der Provence
1 TL Rosmarinnadeln

Pro Portion:
E: 66 g, F: 35 g, Kh: 41 g,
kJ: 3214, kcal: 766

1. Den Backofengrill auf etwa 240 °C vorheizen. Von der Lammkeule Fett und Sehnen entfernen. Lammkeule kurz unter fließendem kalten Wasser abspülen, trocken tupfen, mit Speiseöl bestreichen, mit Salz, Pfeffer und Kräutern der Provence würzen. Die Lammkeule auf ein Backblech legen.
2. Das Backblech unter den vorgeheizten Backofengrill (unteres Drittel) schieben. Die Lammkeule etwa 15 Minuten grillen, dabei die Keule einmal wenden. Den Backofengrill ausschalten und den Backofen auf Ober-/Unterhitze: 80 °C einstellen. Dabei die Backofentür einen kleinen Spalt öffnen, bis der Backofen die 80 °C erreicht hat. Dann die Backofentür wieder schließen.
3. Zwiebeln und Knoblauch abziehen und in kleine Würfel schneiden. Jeweils die Hälfte davon zur Lammkeule geben. Lammkeule etwa 7 Stunden garen.
4. Nach etwa 2 Stunden Garzeit die Lammkeule wenden und den Wermut hinzugießen. Nach weiteren etwa 2 Stunden Garzeit die Keule wieder wenden und den Lammfond hinzugießen.
5. Etwa 1 Stunde vor Ende der Garzeit Kartoffeln gründlich unter fließendem kalten Wasser abbürsten und abtropfen lassen. Speiseöl in einer großen Pfanne erhitzen. Die Kartoffeln hinzugeben und zugedeckt bei mittlerer Hitze etwa 40 Minuten garen. Salz und evtl. etwas Wasser hinzugeben. Die Kartoffeln während der Garzeit gelegentlich umrühren.
6. Zucchini, Auberginen und Tomaten abspülen und trocken tupfen. Von den Zucchini und Auberginen die Enden bzw. Stängelansätze abschneiden. Tomaten halbieren und die Stängelansätze herausschneiden. Paprikaschote halbieren, entstielen, entkernen und die weißen Scheidewände entfernen. Schote abspülen und abtropfen lassen. Die vorbereiteten Gemüsezutaten in Würfel schneiden.
7. Speiseöl in einer großen Pfanne erhitzen. Zuerst die Zucchiniwürfel darin anbraten. Restliche Zwiebel- und Knoblauchwürfel, dann Auberginen-, Paprika- und Tomatenwürfel nach und nach hinzufügen und mitbraten lassen, Tomatenmark unterrühren. Ratatouille etwa 20 Minuten schmoren, mit Salz, Pfeffer und Kräutern der Provence abschmecken. Die gegarten Kartoffeln mit Salz und Rosmarinnadeln würzen.
8. Die gegarte Lammkeule vom Backblech nehmen, in Scheiben schneiden und mit Rosmarinkartoffeln und Ratatouille servieren.

Hasenfilet mit Pfifferlings-Weintrauben-Sauce

4 Portionen

Zubereitungszeit: 30 Minuten
Garzeit: etwa 30 Minuten

600 g Hasenfilet
Salz, gem. Pfeffer
5 EL Speiseöl, z. B. Rapsöl
4 Schalotten
150 g Pfifferlinge
250 g grüne kernlose Weintrauben
250 ml trockener Rotwein
1–2 Stängel Rosmarin

150 g Crème fraîche
1 EL mittelscharfer Senf
1/2 TL gerebelter Thymian

Pro Portion:
E: 36 g, F: 29 g, Kh: 14 g,
kJ: 2060, kcal: 494

1. Den Backofen bei Ober-/Unterhitze auf 80 °C vorheizen. Einen feuerfesten Teller oder eine Auflaufform mit niedrigem Rand auf dem Rost (mittlere Schiene) miterwärmen.
2. Das Hasenfilet mit Küchenpapier trocken tupfen, evtl. vorhandenes Fett und Sehnen abschneiden. Das Filet mit Salz und Pfeffer würzen.
3. Speiseöl in einer Pfanne erhitzen. Das Hasenfilet darin etwa 8 Minuten von allen Seiten gut anbraten und herausnehmen. Das Hasenfilet auf dem vorgewärmten Teller oder in der Auflaufform in den vorgeheizten Backofen schieben. Hasenfilet etwa 30 Minuten garen. Die Pfanne mit dem Bratensatz beiseitestellen.
4. In der Zwischenzeit Schalotten abziehen und in Scheiben schneiden. Pfifferlinge putzen, evtl. kurz abspülen und trocken tupfen. Größere Pfifferlinge etwas kleiner schneiden. Weintrauben abspülen, abtropfen lassen und entstielen.
5. Beiseitegestellte Pfanne erhitzen, die Schalottenscheiben darin leicht anbraten. Pfifferlinge hinzufügen und unter gelegentlichem Rühren kurz mit anbraten. Rotwein unterrühren und zum Kochen bringen. Die Pfifferlinge etwa 10 Minuten kochen lassen.
6. Rosmarin abspülen und trocken tupfen. Die Nadeln von den Stängeln zupfen. Nadeln klein schneiden. Crème fraîche und Senf unter die Sauce rühren. Die Sauce mit Thymian, Salz und Pfeffer abschmecken, Weintrauben hinzugeben und miterwärmen.
7. Das gegarte Hasenfilet aus dem Backofen nehmen, in Scheiben schneiden, mit der Pfifferlings-Weintrauben-Sauce anrichten und mit Rosmarin bestreut servieren.

Rollbraten von der Lammschulter

4 Portionen

Zubereitungszeit: 30 Minuten
Garzeit: etwa 6 Stunden

1 Lammschulter (ohne Knochen, etwa 800 g, vom Metzger auslösen lassen)
Salz, gem. Pfeffer
2 Zwiebeln
2 Knoblauchzehen
5 EL Olivenöl
250 ml Fleischbrühe
150 ml trockener Weißwein
600 g Tomaten
2 Stängel Rosmarin

Außerdem:
Küchengarn

Pro Portion:
E: 40 g, F: 26 g, Kh: 6 g,
kJ: 1847, kcal: 440

1. Den Backofen bei Ober-/Unterhitze auf 80 °C vorheizen. Die Lammschulter mit Küchenpapier trocken tupfen, evtl. vorhandenes Fett und Sehnen abschneiden. Lammschulter mit Salz und Pfeffer würzen.
2. Die Lammschulter zu einem Rollbraten aufrollen und mit Küchengarn zusammenbinden. Zwiebeln und Knoblauch abziehen, fein würfeln. Olivenöl in einem großen, flachen Bräter erhitzen. Den Rollbraten darin etwa 10 Minuten von allen Seiten gut anbraten.
3. Zwiebel- und Knoblauchwürfel hinzugeben und kurz mitbraten lassen. Brühe und Wein hinzugießen, unterrühren und aufkochen lassen. Den Bräter auf dem Rost in den vorgeheizten Backofen (unteres Drittel) schieben. Den Rollbraten etwa 6 Stunden garen.
4. Etwa 3 Stunden vor Ende der Garzeit Tomaten abspülen, abtrocknen, halbieren und die Stängelansätze herausschneiden. Tomaten in Stücke schneiden. Rosmarin abspülen und trocken tupfen. Von einem Stängel die Nadeln zupfen. Nadeln klein hacken. Den zweiten Stängel in kleinere Zweige zupfen.
5. Die Tomatenstücke zum Rollbraten in den Bräter geben, mit Salz, Pfeffer und gehackten Rosmarinnadeln würzen. Den Rollbraten fertig garen.
6. Den gegarten Rollbraten aus dem Backofen nehmen und das Küchengarn entfernen. Den Rollbraten in Scheiben schneiden, mit dem Tomatengemüse anrichten und mit den kleinen Rosmarinzweigen garniert servieren.

Rollbraten von der Lammschulter

Doppeltes Rumpsteak

4 Portionen

Zubereitungszeit: 70 Minuten
Garzeit: etwa 30 Minuten

2 doppelte Rumpsteaks (je etwa 400 g)
Salz, gem. Pfeffer
1 gestr. TL Kräuter der Provence
3 EL Speiseöl, z. B. Rapsöl
600 g mehligkochende Kartoffeln
400 g Petersilienwurzeln
1 gestr. TL Salz
150 ml heiße Milch (3,5 % Fett)
30 g Butter
ger. Muskatnuss
60 ml Weinbrand

Pro Portion:
E: 50 g, F: 24 g, Kh: 24 g, kJ: 2314, kcal: 552

1. Den Backofen bei Ober-/Unterhitze auf 80 °C vorheizen. Einen großen, feuerfesten Teller oder eine Auflaufform mit flachem Rand auf dem Rost (mittlere Schiene) miterwärmen.
2. Steaks mit Küchenpapier trocken tupfen, evtl. entsehnen und das Fett abschneiden. Die Steaks mit Salz, Pfeffer und Kräutern der Provence würzen.
3. Speiseöl in einer Pfanne erhitzen. Die Steaks darin etwa 10 Minuten von allen Seiten gut anbraten, herausnehmen und auf den vorgewärmten Teller oder in die Auflaufform legen. Den Teller oder die Form auf dem Rost in den vorgeheizten Backofen schieben. Die Steaks etwa 30 Minuten garen. Die Pfanne mit dem Bratensatz beiseitestellen.
4. In der Zwischenzeit Kartoffeln und Petersilienwurzeln schälen, abspülen, abtropfen lassen und in Stücke schneiden. Kartoffel- und Petersilienwurzelstücke in einem Topf knapp mit Wasser bedeckt, zugedeckt zum Kochen bringen, Salz hinzufügen. Die Kartoffel- und Petersilienwurzelstücke etwa 20 Minuten garen, anschließend abgießen.
5. Dann Milch und Butter hinzufügen. Die Kartoffel- und Petersilienwurzelstücke mit einem Kartoffelstampfer zu einem Püree zerdrücken. Das Petersilienwurzel-Kartoffelpüree mit Salz und Muskat abschmecken.
6. Weinbrand in die beiseitegestellte Pfanne zum Bratensatz geben und unter Rühren loskochen. Ausgetretenen Bratensaft der Rumpsteaks hinzufügen. Die Sauce mit Salz und Pfeffer abschmecken.
7. Die gegarten Rumpsteaks aus dem Backofen nehmen und in dicke Scheiben schneiden. Mit Petersilienwurzel-Kartoffelpüree und der Sauce servieren.

Kasselerbraten mit Chutneykruste

4–6 Portionen (ohne Foto)

Zubereitungszeit: 30 Minuten
Garzeit: etwa 3 Stunden

800 g Kasseler Kotelettstück (ohne Knochen)
1 säuerlicher Apfel
1 Zwiebel
2 EL Olivenöl
200 ml Cidre (Apfelwein)
100 ml trockener Rotwein
1 Chilischote
1 Zwiebel
50 g Walnusskernhälften
2 Scheiben Toastbrot
230 g Mango-Chutney (aus dem Glas)

Pro Portion:
E: 31 g, F: 24 g, Kh: 28 g, kJ: 2009, kcal: 479

1. Den Backofen bei Ober-/Unterhitze auf 80 °C vorheizen. Kasseler mit Küchenpapier trocken tupfen, evtl. vorhandenes Fett abschneiden.
2. Apfel schälen, vierteln und entkernen. Apfelviertel in Würfel schneiden. Zwiebel abziehen und fein würfeln. Olivenöl in einem Bräter mit flachem Rand erhitzen. Kasseler darin etwa 10 Minuten von allen Seiten gut anbraten.
3. Die Apfel- und Zwiebelwürfel hinzufügen, kurz mitbraten lassen. Cidre und Rotwein unterrühren und aufkochen lassen.
4. Chilischote halbieren, entstielen, entkernen, abspülen, abtropfen lassen und in kleine Stücke schneiden. Zwiebel abziehen und in feine Würfel schneiden. Walnusskernhälften grob hacken. Toastbrotscheiben in kleine Stücke schneiden.
5. Mango-Chutney mit Chilistücken, Zwiebelwürfeln, Walnusskernen und Toastbrotstücken vermischen. Die Masse auf das Kasseler streichen.
6. Bräter auf dem Rost (unteres Drittel) in den vorgeheizten Backofen schieben. Kasseler etwa 3 Stunden garen.

Doppeltes Rumpsteak

Gyrosbraten

Dicke Rippe mit grünen Bohnen

Gyrosbraten

4 Portionen

Zubereitungszeit: 30 Minuten
Garzeit: etwa 5 1/2 Stunden

750 g Schweinefleisch
(aus der Keule)
Salz, gem. Pfeffer
100 g Fetakäse
400 g Krautsalat
5 EL Olivenöl
1–2 TL Gyros-Gewürzmischung
2 Gemüsezwiebeln
400 g Zaziki

Außerdem:
Küchengarn

Pro Portion:
E: 51 g, F: 42 g, Kh: 30 g,
kJ: 3091, kcal: 739

1. Den Backofen bei Ober-/Unterhitze auf 80 °C vorheizen. Das Fleisch mit Küchenpapier trocken tupfen, evtl. vorhandenes Fett abschneiden. Das Fleisch mit einem scharfen Messer der Länge nach waagerecht einschneiden, sodass es an der anderen Seite noch zusammenhält.
2. Das Fleisch aufklappen und etwas flach klopfen, mit Salz und Pfeffer würzen. Fetakäse in etwa 1 cm breite Streifen schneiden. Fleisch mit der Hälfte vom Krautsalat und den Käsestreifen belegen. Das Fleisch von der längeren Seite her fest aufrollen, mit Küchengarn zusammenbinden.
3. Olivenöl in einem großen, flachen Bräter erhitzen. Die Fleischrolle mit der Gyros-Gewürzmischung bestreuen und darin von allen Seiten etwa 10 Minuten gut anbraten. Zwiebeln abziehen, halbieren und in Scheiben schneiden. Zwiebelscheiben zu der Fleischrolle in den Bräter geben und mit anbraten.
4. Den Bräter auf dem Rost in den vorgeheizten Backofen (unteres Drittel) schieben. Den Gyrosbraten etwa 5 1/2 Stunden garen.
5. Etwa 1 1/2 Stunden vor Ende der Garzeit des Gyrosbratens den restlichen Krautsalat und Zaziki mit in den Bräter geben. Den Bräter wieder auf dem Rost in den warmen Backofen schieben und den Gyrosbraten fertig garen.
6. Den Bräter aus dem Backofen nehmen. Den gegarten Gyrosbraten herausnehmen und das Küchengarn entfernen. Den Gyrosbraten in Scheiben schneiden und mit dem Zazikikraut servieren.

Dicke Rippe mit grünen Bohnen

4 Portionen

Zubereitungszeit: 35 Minuten
Garzeit: etwa 5 Stunden

etwa 1 kg Dicke Rippe
Salz, gem. Pfeffer
3 EL Speiseöl, z. B. Olivenöl
600 g grüne Bohnen
1 Stängel Bohnenkraut
1 gestr. TL Salz
500 g Kartoffeln
1 gestr. TL Salz
40 g Butterschmalz
50 ml Gemüsebrühe

Pro Portion:
E: 46 g, F: 34 g, Kh: 19 g,
kJ: 2356, kcal: 562

1. Den Backofen bei Ober-/Unterhitze auf 80 °C vorheizen. Von der Dicken Rippe das Fett abschneiden. Dicke Rippe abspülen, trocken tupfen, mit Salz und Pfeffer würzen.
2. Speiseöl in einem großen, flachen Bräter erhitzen. Dicke Rippe darin von allen Seiten in etwa 10 Minuten gut anbraten. Bräter auf dem Rost in den vorgeheizten Backofen schieben. Fleisch etwa 5 Stunden garen.
3. Etwa 40 Minuten vor Ende der Garzeit von den Bohnen die Enden abschneiden, evtl. abfädeln. Bohnen abspülen, abtropfen lassen und in etwa 3 cm lange Stücke schneiden. Bohnenkrautstängel abspülen und abtropfen lassen.
4. Wasser mit Salz in einem Topf zum Kochen bringen. Bohnenstücke und Bohnenkrautstängel hinzufügen, wieder zum Kochen bringen und zugedeckt etwa 10 Minuten kochen lassen. Bohnen in ein Sieb geben, mit eiskaltem Wasser abschrecken und abtropfen lassen.
5. Kartoffeln schälen, abspülen, abtropfen lassen und in Würfel schneiden. Kartoffelwürfel in einem Topf knapp mit Wasser bedeckt, zugedeckt zum Kochen bringen, Salz hinzufügen. Die Kartoffelwürfel etwa 15 Minuten kochen lassen, anschließend abgießen und warm stellen.
6. Butterschmalz in einer großen Pfanne zerlassen. Bohnen und Kartoffeln darin unter Rühren andünsten. Brühe hinzugießen, zum Kochen bringen und etwa 5 Minuten dünsten lassen. Mit Salz und Pfeffer würzen.
7. Die gegarte Dicke Rippe aus dem Backofen nehmen. Das Fleisch von den Knochen lösen und in Scheiben schneiden. Mit Kartoffelwürfeln und Bohnengemüse servieren.

Lammrückenfilet mit Artischocken-Bohnen-Gemüse

Lammrückenfilet mit Artischocken-Bohnen-Gemüse

4 Portionen

Zubereitungszeit: 30 Minuten
Garzeit: etwa 40 Minuten

650 g Lammrückenfilet
Salz, gem. Pfeffer
3 EL Speiseöl, z. B. Rapsöl
500 g grüne Bohnen
1 gestr. TL Salz
4 Tomaten
1 Zwiebel, 2 Knoblauchzehen
240 g abgetropfte Artischockenherzen (aus der Dose)
2–3 EL Olivenöl
je 1–2 Stängel Rosmarin und Thymian

Pro Portion:
E: 41 g, F: 14 g, Kh: 8 g,
kJ: 1382, kcal: 329

1. Den Backofen bei Ober-/Unterhitze auf 80 °C vorheizen. Einen großen, feuerfesten Teller oder eine Auflaufform mit niedrigem Rand auf dem Rost (mittlere Schiene) miterwärmen.
2. Lammrückenfilet mit Küchenpapier trocken tupfen, mit Salz und Pfeffer würzen.
3. Speiseöl in einer Pfanne erhitzen. Lammrückenfilet darin etwa 5 Minuten von allen Seiten gut anbraten. Lammrückenfilet herausnehmen, auf dem vorgewärmten Teller oder in der Auflaufform in den vorgeheizten Backofen schieben. Lammrückenfilet etwa 40 Minuten garen. Die Pfanne mit dem Bratensatz beiseitestellen.
4. Von den Bohnen die Enden abschneiden, evtl. abfädeln. Bohnen abspülen, abtropfen lassen und in etwa 3 cm lange Stücke schneiden. Wasser in einem Topf zum Kochen bringen, Salz und die Bohnenstücke hinzufügen, wieder zum Kochen bringen und zugedeckt etwa 10 Minuten kochen lassen. Bohnenstücke in ein Sieb geben, mit eiskaltem Wasser abschrecken und abtropfen lassen.
5. Tomaten kreuzweise einschneiden und mit kochendem Wasser übergießen. Nach 1–2 Minuten herausnehmen und mit kaltem Wasser abschrecken. Tomaten häuten, halbieren und die Stängelansätze herausschneiden. Tomaten entkernen und in grobe Würfel schneiden. Zwiebel und Knoblauch abziehen, klein würfeln. Artischockenherzen vierteln.
6. Beiseitegestellte Pfanne mit dem Bratensatz erhitzen, Olivenöl miterhitzen. Zwiebel- und Knoblauchwürfel darin andünsten. Tomatenwürfel und Bohnenstücke hinzufügen. Das Gemüse etwa 5 Minuten schmoren. Dann die Artischockenviertel unterrühren und miterwärmen.
7. Kräuterstängel abspülen und trocken tupfen. Die Nadeln bzw. Blättchen von den Stängeln zupfen. Das Gemüse mit Salz, Pfeffer, Rosmarin und Thymian abschmecken.
8. Gegartes Lammrückenfilet aus dem Backofen nehmen, in Scheiben schneiden, mit dem Gemüse anrichten und servieren.

Lammkeule mit Minzsauce

6 Portionen

Zubereitungszeit: 45 Minuten
Garzeit: etwa 6 Stunden

Für die Minzsauce:
500 ml Wasser
1 gestr. TL Salz
1 EL Zucker
4 Beutel Pfefferminztee
250 ml Kräuteressig

1 Lammkeule (etwa 1,2 kg, ohne Knochen)
3 Knoblauchzehen
Salz, Chilipulver
3–4 EL Speiseöl, z. B. Olivenöl

Für die Bohnen:
1 kg grüne Bohnen
2 gestr. TL Salz
2 Zwiebeln
50 g Butter
gem. Pfeffer

1 EL Weizenmehl
2 EL kaltes Wasser
2 EL Minzeblättchen, in Streifen
evtl. einige Minzeblättchen

Außerdem:
Küchengarn

Pro Portion:
E: 44 g, F: 22 g, Kh: 11 g,
kJ: 1783, kcal: 425

1. Für die Minzsauce Wasser mit Salz und Zucker in einem Topf aufkochen. Pfefferminzteebeutel hinzufügen, den Tee nach Packungsanleitung ziehen lassen. Teebeutel herausnehmen. Essig unterrühren, etwas abkühlen lassen.
2. Den Backofen bei Ober-/Unterhitze auf 80 °C vorheizen. Von der Keule Fett und Sehnen entfernen. Lammkeule kurz unter fließendem kalten Wasser abspülen und trocken tupfen. Knoblauch abziehen, durch eine Knoblauchpresse drücken und mit

1/2 Teelöffel Salz vermengen. Die Lammkeule von innen damit einreiben. Keule mit Küchengarn zusammenbinden. Das Fleisch von außen mit Salz und Chili einreiben.

3. Speiseöl in einem großen, flachen Bräter erhitzen. Die Lammkeule darin etwa 10 Minuten von allen Seiten gut anbraten. Minzsauce hinzugießen. Den Bräter auf dem Rost in den vorgeheizten Backofen (unteres Drittel) schieben. Die Lammkeule etwa 6 Stunden garen.

4. Etwa 40 Minuten vor Ende der Garzeit von den Bohnen die Enden abschneiden, evtl. abfädeln. Bohnen abspülen, abtropfen lassen und in etwa 3 cm lange Stücke schneiden oder brechen.

5. Wasser in einem Topf zum Kochen bringen, Salz und die Bohnenstücke hinzufügen, etwa 10 Minuten kochen lassen. Bohnen in ein Sieb geben, mit kaltem Wasser abschrecken und abtropfen lassen.

6. Zwiebeln abziehen und in Würfel schneiden. Butter in einer großen Pfanne zerlassen, Zwiebelwürfel darin andünsten. Die Bohnenstücke hinzufügen und kurz mitdünsten lassen. Die Bohnen mit Salz und Pfeffer abschmecken.

7. Die gegarte Lammkeule aus dem Backofen nehmen und warm stellen. Den Bratensud zum Kochen bringen. Mehl mit Wasser anrühren, in den Sud rühren und unter Rühren kurz aufkochen lassen. Die Sauce mit Salz und Pfeffer abschmecken. Minzestreifen unterrühren.

8. Die Lammkeule (Küchengarn entfernen) in Scheiben schneiden, mit der Minzsauce und den Bohnen servieren. Nach Belieben mit abgespülten, trocken getupften Minzeblättchen garnieren.

Lammrückenfilets mit Gemüse

4 Portionen

Zubereitungszeit: 30 Minuten
Garzeit: etwa 40 Minuten

4 Lammrückenfilets (je etwa 150 g)
Salz, gem. Pfeffer
4 EL Olivenöl
1 Zwiebel
1 rote Paprikaschote (etwa 150 g)
1 kleine Zucchini (etwa 100 g)
12 abgetropfte, entsteinte schwarze Oliven
1/2 EL klein geschnittener Thymian
100 ml Fleischbrühe
150 ml Remoulade
einige Stängel Thymian

Pro Portion:
E: 31 g, F: 56 g, Kh: 9 g,
kJ: 2769, kcal: 662

1. Den Backofen bei Ober-/Unterhitze auf 80 °C vorheizen. Einen großen, feuerfesten Teller oder eine Auflaufform mit niedrigem Rand auf dem Rost (mittlere Schiene) miterwärmen.

2. Lammrückenfilets mit Küchenpapier trocken tupfen, mit Salz und Pfeffer würzen. Olivenöl in einer Pfanne erhitzen. Lammrückenfilets darin etwa 5 Minuten von allen Seiten gut anbraten, herausnehmen und auf dem vorgewärmten Teller oder in der Auflaufform in den vorgeheizten Backofen schieben. Das Fleisch etwa 40 Minuten garen. Die Pfanne mit dem Bratensatz beiseitestellen.

3. In der Zwischenzeit Zwiebel abziehen und in kleine Würfel schneiden. Paprikaschote halbieren, entstielen, entkernen und die weißen Scheidewände entfernen. Die Schote abspülen, trocken tupfen und ebenfalls klein würfeln (1 Esslöffel Paprikawürfel beiseitelegen). Die Zucchini abspülen, abtrocknen und die Enden abschneiden. Zucchini fein würfeln.

4. Die beiseitegestellte Pfanne mit dem Bratensatz erhitzen, die vorbereiteten Gemüsewürfel darin unter Rühren andünsten. 7 Oliven vierteln, restliche Oliven klein hacken und beiseitelegen. Olivenviertel und Thymian zu den Gemüsewürfeln geben, Brühe hinzugießen, mit Salz und Pfeffer würzen. Das Gemüse etwa 5 Minuten dünsten.

5. Remoulade mit den beiseitegelegten Olivenstücken und Paprikawürfeln vermengen und kurz durchziehen lassen.

6. Die gegarten Lammrückenfilets mit dem Gemüse und der Remoulade anrichten und mit abgespülten, trocken getupften Thymianstängeln garniert servieren.

Lammkeule mit Minzsauce

Lammrückenfilets mit Gemüse

Lammkarree mit weißen Bohnen

4 Portionen

Zubereitungszeit: 20 Minuten
Garzeit: etwa 70 Minuten

2 Knoblauchzehen
2 Zwiebeln
250 g Mini-Romatomaten oder Cocktailtomaten
750 g Lammkarree (Rippenstück mit frei geschnittenen Rippen)
Salz, gem. Pfeffer
4 EL Olivenöl
200 ml trockener Weißwein
490 g abgetropfte weiße Bohnen (aus der Dose)
1–2 Stängel Rosmarin
1/2 TL gerebelter Thymian

Pro Portion:
E: 36 g, F: 32 g, Kh: 22 g,
kJ: 2333, kcal: 556

1. Den Backofen bei Ober-/Unterhitze auf 80 °C vorheizen. Knoblauch und Zwiebeln abziehen, fein würfeln. Tomaten abspülen, trocken tupfen und die Stängelansätze herausschneiden.
2. Lammkarree kurz unter fließendem kalten Wasser abspülen, trocken tupfen, evtl. vorhandenes Fett abschneiden. Lammkarree mit Salz und Pfeffer würzen. Das Olivenöl in einem großen, flachen Bräter erhitzen. Lammkarree darin von allen Seiten etwa 10 Minuten gut anbraten.
3. Zwiebel- und Knoblauchwürfel hinzufügen und kurz mitbraten. Wein mit den Bohnen hinzugeben und kurz aufkochen lassen. Den Bräter auf dem Rost in den vorgeheizten Backofen (unteres Drittel) schieben. Das Lammkarree etwa 70 Minuten garen.
4. Etwa 20 Minuten vor Ende der Garzeit die Tomaten mit in den Bräter geben und das Lammkarree fertig garen.
5. Rosmarin abspülen, trocken tupfen und in kleinere Zweige zupfen. Das Bohnengemüse mit Salz, Pfeffer und Thymian abschmecken. Das gegarte Lammkarree in Stücke schneiden, auf den Bohnen anrichten und mit Rosmarin garniert servieren.

Lammkarree mit weißen Bohnen

Gänsebrust mit glasierten Apfelspalten

6 Portionen (ohne Foto)

Zubereitungszeit: 40 Minuten
Grill- und Garzeit: etwa 3 Stunden

3 Gänsebrüste (mit Haut, je etwa 1 kg)
Salz, gem. Pfeffer
3 Zwiebeln
600 ml Geflügelfond
7–8 Gewürznelken
1 1/2 TL Beifuß
1 1/2 Bund Frühlingszwiebeln
6 rote Äpfel
60 g Butter
3 EL brauner Zucker (Rohrzucker)
gem. Zimt
4–5 EL Schlagsahne

einige Stängel Rosmarin

Pro Portion:
E: 57 g, F: 61 g, Kh: 25 g,
kJ: 3675, kcal: 878

1. Den Backofen bei Ober-/Unterhitze auf 80 °C vorheizen.
2. Gänsebrüste kurz unter fließendem kalten Wasser abspülen und trocken tupfen. Das Fleisch von den Knochen lösen. Den äußeren Fettrand etwa 1 cm breit abschneiden. Die Haut der Gänsebrüste 2–3-mal etwa 1/2 cm tief einschneiden. Die Gänsebrüste mit Salz und Pfeffer würzen.
3. Gänsebrüste evtl. in 2 Portionen mit der Hautseite nach unten in einer großen Pfanne etwa 10 Minuten anbraten, dann die Gänsebrüste wenden und die zweite Seite etwa 5 Minuten anbraten. Das angesammelte Fett abgießen.
4. Zwiebeln abziehen, in kleine Würfel schneiden, zu den Gänsebrüsten in die Pfanne geben und kurz andünsten. Mit Fond ablöschen und zum Kochen bringen. Gänsebrüste herausnehmen und mit der Hautseite nach oben in eine Fettpfanne legen. Den Fond hinzugießen. Gewürznelken und Beifuß hinzufügen. Die Fettpfanne in den vorgeheizten Backofen (untere Schiene) schieben. Die Gänsebrüste etwa 3 Stunden garen.
5. Etwa 30 Minuten vor Ende der Garzeit die Frühlingszwiebeln putzen, abspülen, abtropfen lassen und in dünne Scheiben schneiden. Äpfel gründlich waschen, vierteln und entkernen. Apfelviertel mit der Schale nochmals durchschneiden. Butter in einer Pfanne zerlassen. Die Apfelspalten hinzugeben, mit Zucker und Zimt bestreuen und etwa 5 Minuten dünsten. Frühlingszwiebelscheiben und Sahne hinzugeben. Apfelspalten warm halten.
6. Nach etwa 2 1/2 Stunden Garzeit der Gänsebrüste den Backofengrill einschalten. Die Gänsebrusthaut 6–10 Minuten knusprig braun grillen. Die Gänsebrüste aus der Fettpfanne nehmen, evtl. in Scheiben schneiden, mit den Apfelspalten und Frühlingszwiebelscheiben auf einer großen Platte anrichten. Mit abgespülten und trocken getupften Rosmarinstängeln garnieren.

Rinderfilet mit Limettenbutter und Pfifferlingen

4 Portionen

Zubereitungszeit: 30 Minuten
Garzeit: etwa 20 Minuten

4 Rinderfiletsteaks
(je etwa 150 g)
70 g Butter
Salz, gem. weißer Pfeffer
400 g Pfifferlinge
3 Schalotten
2 EL Limettensaft
50 g Butter
1 EL frische Petersilienblättchen

Pro Portion:
E: 44 g, F: 46 g, Kh: 4 g,
kJ: 2553, kcal: 609

1. Den Backofen bei Ober-/Unterhitze auf 80 °C vorheizen. Einen großen, feuerfesten Teller oder eine Auflaufform mit niedrigem Rand auf dem Rost (mittlere Schiene) miterwärmen.
2. Filetsteaks mit Küchenpapier trocken tupfen, evtl. enthäuten.
3. 20 g der Butter in einer Pfanne zerlassen. Die Filetsteaks darin von jeder Seite etwa 2 Minuten anbraten, mit Salz und Pfeffer würzen, herausnehmen und auf den vorgewärmten Teller oder in die Auflaufform legen. Die Filetsteaks mit 25 g der restlichen Butter bestreichen. Den Teller oder die Form auf dem Rost in den vorgeheizten Backofen schieben. Die Filetsteaks etwa 20 Minuten garen. Die Pfanne mit dem Bratensatz beiseitestellen.
4. Pfifferlinge putzen, evtl. kurz abspülen und trocken tupfen. Pfifferlinge evtl. halbieren oder vierteln. Schalotten abziehen und in kleine Würfel schneiden.
5. Restliche Butter zum Bratensatz in die beiseitegestellte Pfanne geben und zerlassen. Die Schalottenwürfel darin andünsten. Pfifferlinge hinzugeben und unter mehrmaligem Wenden etwa 10 Minuten dünsten, mit Salz und Pfeffer würzen.
6. Limettensaft und Butter in einer Pfanne kurz aufkochen lassen.
7. Die gegarten Filetsteaks aus dem Backofen nehmen, mit der Limettenbutter beträufeln, mit den Pfifferlingen anrichten und mit Petersilienblättchen bestreut sofort servieren.

Rinderfilet mit Limettenbutter und Pfifferlingen

Kasselerbraten mit Spitzkohl

Kasselerbraten mit Spitzkohl

8 Portionen

Zubereitungszeit: 45 Minuten
Garzeit: etwa 3 Stunden

etwa 1,6 kg Kasseler Kotelett
(ohne Knochen)
gem. Pfeffer
6 Zwiebeln
8 EL Speiseöl, z. B. Rapsöl
2,4 kg Spitzkohl
1 l Wasser
2 gestr. TL Salz
3 EL Crème fraîche
Salz, ger. Muskatnuss
300 ml Fleischbrühe
2 EL mittelscharfer Senf
2 TL Paprikapulver edelsüß

Pro Portion:
E: 41 g, F: 31 g, Kh: 11 g,
kJ: 2026, kcal: 484

1. Den Backofen bei Ober-/Unterhitze auf 80 °C vorheizen. Kasseler mit Küchenpapier trocken tupfen und mit Pfeffer würzen. Zwiebeln abziehen, halbieren und in Scheiben schneiden.
2. Speiseöl in einem großen, flachen Bräter erhitzen. Das Kasseler darin etwa 6 Minuten von allen Seiten gut anbraten. Zwiebelscheiben hinzufügen und kurz unter Rühren mitbraten lassen.
3. Den Bräter auf dem Rost in den vorgeheizten Backofen (unteres Drittel) schieben. Kasseler etwa 3 Stunden garen.
4. Etwa 35 Minuten vor Ende der Garzeit vom Spitzkohl die äußeren Blätter entfernen. Den Kohl vierteln und den Strunk herausschneiden. Kohlviertel abspülen, abtropfen lassen, in mundgerechte Stücke schneiden.
5. Wasser in einem Topf zum Kochen bringen, Salz und die Kohlstücke darin portionsweise kurz blanchieren. Die Kohlstücke in ein Sieb geben, mit kaltem Wasser abschrecken und abtropfen lassen.
6. Crème fraîche mit den Kohlstücken in einem Topf unter Rühren erwärmen, etwa 5 Minuten dünsten, mit Salz und Muskat abschmecken und warm stellen.
7. Gegartes Kasseler aus dem Backofen nehmen und warm stellen. Die Fleischbrühe in den Bratenfond rühren und kurz aufkochen lassen. Die Sauce pürieren, mit Senf und Paprika abschmecken.
8. Kasseler in Scheiben schneiden, mit der Sauce und dem Spitzkohl servieren.

Schweinshaxe mit Linsengemüse

Schweinshaxe mit Linsengemüse

4 Portionen

Zubereitungszeit: 30 Minuten
Garzeit: etwa 5 1/2 Stunden

2 Zwiebeln
1 kg Schweinehinterhaxenfleisch (ohne Knochen, Fett und Schwarte)
Salz, gem. Pfeffer
5 EL Speiseöl, z. B. Rapsöl
180 g Knollensellerie
300 g Möhren
200 g Pardina-Linsen oder rote Linsen
350 ml heiße Hühnerbrühe
1 Stange Porree (Lauch)
50 ml Sojasauce
1 EL flüssiger Honig

Pro Portion:
E: 67 g, F: 31 g, Kh: 30 g,
kJ: 2808, kcal: 671

1. Den Backofen bei Ober-/Unterhitze auf 80 °C vorheizen. Zwiebeln abziehen und klein würfeln.
2. Das Schweinefleisch mit Küchenpapier trocken tupfen, mit Salz und Pfeffer würzen. Speiseöl in einem großen, flachen Bräter erhitzen. Das Fleisch darin etwa 10 Minuten von allen Seiten gut anbraten. Die Zwiebelwürfel hinzufügen und kurz mitbraten.
3. Den Bräter auf dem Rost in den vorgeheizten Backofen (unteres Drittel) schieben. Das Schweinefleisch etwa 5 1/2 Stunden garen.
4. Etwa 2 Stunden vor Ende der Garzeit Sellerie und Möhren putzen, schälen, abspülen, abtropfen lassen und in kleine Würfel schneiden. Gemüsewürfel mit den Linsen zum Fleisch in den Bräter geben. Heiße Hühnerbrühe hinzugießen. Schweinefleisch mit den Gemüsewürfeln und den Linsen fertig garen.
5. Etwa 1 Stunde vor Ende der Garzeit Porree putzen, die Stange längs halbieren, gründlich waschen und abtropfen lassen. Porree in feine Streifen schneiden, zum Fleisch und Gemüse in den Bräter geben und mitgaren lassen.
6. Den gegarten Schweinebraten aus dem Backofen nehmen. Das Linsengemüse mit Sojasauce, Honig, Salz und Pfeffer abschmecken. Den Schweinshaxenbraten in Scheiben schneiden und mit dem Linsengemüse anrichten.

Schweinshaxen in Biersauce

6 Portionen (ohne Foto)

Zubereitungszeit: 40 Minuten
Garzeit: etwa 7 Stunden

4 Schweinehinterhaxen (etwa 3,6 kg)
Salz
gem. Pfeffer
gem. Kümmelsamen
4 EL Speiseöl, z. B. Rapsöl
4 Zwiebeln
1 Kopf Weißkohl (etwa 1,2 kg)
50 g Schweineschmalz
150 g gewürfelter, roher Schinken
100 ml Gemüsebrühe
1 EL Tomatenmark
1 EL Paprikapulver edelsüß
500 ml Schwarzbier
250 ml Fleischbrühe
1 EL Speisestärke
1–2 EL kaltes Wasser

Pro Portion:
E: 90 g, F: 60 g, Kh: 14 g,
kJ: 4083, kcal: 974

1. Den Backofen bei Ober-/Unterhitze auf 80 °C vorheizen. Von den Haxen die Schwarte und das Fett entfernen. Die Haxen kurz unter fließendem kalten Wasser abspülen und trocken tupfen. Mit Salz, Pfeffer und Kümmel würzen.
2. Speiseöl in einem großen, flachen Bräter erhitzen. Die Haxen darin etwa 12 Minuten von allen Seiten gut anbraten.
3. Den Bräter auf dem Rost in den vorgeheizten Backofen (unteres Drittel) schieben. Die Haxen etwa 7 Stunden garen. Die Haxen nach der Hälfte der Garzeit einmal wenden.
4. Etwa 40 Minuten vor Ende der Garzeit die Zwiebeln abziehen und klein würfeln. Vom Weißkohl die äußeren schlechten Blätter entfernen. Weißkohl vierteln und den Strunk herausschneiden. Kohlviertel abspülen, abtropfen lassen und in schmale Streifen schneiden.
5. Schmalz in einem großen Topf zerlassen, Zwiebel- und Schinkenwürfel darin unter Rühren andünsten. Weißkohlstreifen evtl. portionsweise hinzufügen und mitdünsten lassen, Brühe hinzugießen. Mit Salz, Pfeffer und Kümmel würzen. Den Kohl zum Kochen bringen und zugedeckt bei mittlerer Hitze etwa 20 Minuten dünsten, dabei evtl. umrühren.
6. Die gegarten Haxen aus dem Backofen nehmen und warm stellen. Tomatenmark und Paprika unter den Bratenfond rühren. Schwarzbier und Brühe hinzugießen, zum Kochen bringen.
7. Speisestärke mit Wasser anrühren, in die Sauce rühren und unter Rühren kurz aufkochen lassen. Die Sauce mit Salz und Pfeffer abschmecken. Das Fleisch von den Knochen lösen, in Scheiben schneiden, mit dem Jägerkohl und der Biersauce anrichten.

Gefüllte Hähnchenbrustfilets mit Zucchinigemüse

4 Portionen (ohne Foto)

Zubereitungszeit: 30 Minuten
Garzeit: etwa 45 Minuten

3 kleine Zucchini
50 g Rucola (Rauke)
4 Hähnchenbrustfilets (je etwa 150 g)
Salz, gem. Pfeffer
60 g abgetropfte getrocknete Tomaten, in Öl
4 EL Olivenöl
1 Zwiebel
1 Knoblauchzehe

Außerdem:
Holzstäbchen

Pro Portion:
E: 39 g, F: 13 g, Kh: 8 g,
kJ: 1275, kcal: 305

1. Den Backofen bei Ober-/Unterhitze auf 80 °C vorheizen. Einen feuerfesten Teller oder eine Auflaufform mit niedrigem Rand auf dem Rost (mittlere Schiene) miterwärmen.
2. Zucchini abspülen, abtrocknen und die Enden abschneiden. Von einer Zucchini längs 8 dünne Scheiben abschneiden. Restliche Zucchini in Würfel schneiden. Rucola putzen, abspülen, trocken tupfen und die dicken Stiele abschneiden.
3. Hähnchenbrustfilets kurz unter fließendem kalten Wasser abspülen und trocken tupfen. Hähnchenbrustfilets mit einem scharfen Messer der Länge nach waagerecht bis etwa zur Mitte einschneiden. Filets aufklappen und etwas flach klopfen.
4. Filets mit Salz und Pfeffer würzen, mit je 2 Zucchinischeiben, Tomaten und Rucola belegen. Filets wieder zusammenklappen und mit Holzstäbchen feststecken. Nochmals mit Salz und Pfeffer würzen.
5. Olivenöl in einer Pfanne erhitzen. Die gefüllten Hähnchenfilets darin etwa 8 Minuten von allen Seiten gut anbraten. Dann die Filets herausnehmen, auf dem vorgewärmten Teller oder in der Auflaufform auf dem Rost in den vorgeheizten Backofen schieben. Hähnchenbrustfilets etwa 45 Minuten garen.
6. Zwiebel und Knoblauch abziehen, in kleine Würfel schneiden. Zwiebel- und Knoblauchwürfel zum Bratensatz in die Pfanne geben und anbraten. Zucchiniwürfel hinzufügen und unter gelegentlichem Rühren etwa 5 Minuten braten. Zucchinigemüse mit Salz und Pfeffer abschmecken.
7. Die gegarten Hähnchenbrustfilets aus dem Backofen nehmen, Holzstäbchen entfernen. Die Filets nach Belieben in Scheiben schneiden und auf dem Zucchinigemüse anrichten.

Gebratene Fasanenbrust auf Rote-Bete-Carpaccio

4 Portionen

Zubereitungszeit: 30 Minuten
Garzeit: etwa 25 Minuten

4 Fasanenbrustfilets (etwa 400 g)
Salz, gem. Pfeffer
3 EL Speiseöl, z. B. Rapsöl
50 g geräucherte Schinkenspeckwürfel
350 g gegarte Rote Bete (vakuumverpackt)
1 Schalotte
4 EL Himbeeressig
4 EL Olivenöl
20 g Walnusskerne
4 Friséesalatblätter

Pro Portion:
E: 27 g, F: 18 g, Kh: 7 g,
kJ: 1247, kcal: 298

1. Den Backofen bei Ober-/Unterhitze auf 80 °C vorheizen. Einen feuerfesten Teller oder eine Auflaufform mit niedrigem Rand auf dem Rost (mittlere Stufe) miterhitzen.
2. Fasanenbrustfilets kurz unter fließendem kalten Wasser abspülen, trocken tupfen. Mit Salz und Pfeffer würzen. Speiseöl in einer großen Pfanne erhitzen. Die Filets darin von allen Seiten etwa 8 Minuten gut anbraten und herausnehmen.
3. Fasanenbrustfilets auf dem Teller oder in der Auflaufform in den vorgeheizten Backofen schieben. Filets etwa 25 Minuten garen.
4. Die Schinkenwürfel zum verbliebenen Bratfett in die Pfanne geben und kross anbraten. Schinkenwürfel aus der Pfanne nehmen und auf Küchenpapier abtropfen lassen.
5. Die Rote Bete in feine Scheiben schneiden oder hobeln. 4 große Teller damit dekorativ belegen.
6. Schalotte abziehen und in kleine Würfel schneiden. Schalotten- und Schinkenwürfel vermischen. Die Rote-Bete-Scheiben damit bestreuen. Jeweils 1 Esslöffel Himbeeressig und Olivenöl darauftrāufeln.
7. Von den Walnusskernen 4 Nusshälften zum Garnieren beiseitelegen. Restliche Nusshälften fein hacken. Das Rote-Bete-Carpaccio mit Salz, Pfeffer und den gehackten Walnusskernen bestreuen.
8. Salatblätter abspülen und trocken tupfen. Die gegarten Fasanenbrustfilets aus dem Backofen nehmen, in Scheiben schneiden und auf dem Carpaccio anrichten. Carpaccio mit Salatblättern und den beiseitegelegten Walnusskernhälften garniert servieren.

Gebratene Fasanenbrust auf Rote-Bete-Carpaccio

Schlemmerstückchen mit Kruste, provenzalisch

4 Portionen

Zubereitungszeit: 35 Minuten
Garzeit: etwa 60 Minuten

600 g Lammkarree (ohne Knochen)
Salz
3 EL Olivenöl
1 EL abgetropfte grüne Pfefferkörner (in Lake)
1 geh. EL mittelscharfer Senf
50 g Semmelbrösel
1–2 EL Olivenöl

Für das Gemüse:
je 1 kleine rote, gelbe und grüne Paprikaschote
1 Zucchini (etwa 250 g)
6–8 kleine Schalotten (etwa 300 g)
200 g Cocktailtomaten
1/2 Topf Thymian
1 EL Olivenöl
gem. Pfeffer
1–2 klein geschnittene Knoblauchzehen
100 ml heiße Gemüsebrühe

Pro Portion:
E: 35 g, F: 25 g, Kh: 18 g,
kJ: 1828, kcal: 436

1. Den Backofen bei Ober-/Unterhitze auf 80 °C vorheizen. Einen großen, feuerfesten Teller oder eine Auflaufform mit niedrigem Rand auf dem Rost (mittlere Schiene) miterwärmen.
2. Lammkarree mit Küchenpapier trocken tupfen, mit Salz würzen. Olivenöl in einer Pfanne erhitzen. Lammkarree darin etwa 5 Minuten von allen Seiten gut anbraten.
3. Pfefferkörner mit einem Messer zerkleinern oder im Mörser fein zerdrücken und mit Senf verrühren, evtl. pürieren. Semmelbrösel und Olivenöl unterrühren. Lammkarree mit der Semmelbröselmasse bestreichen, auf dem vorgewärmten Teller oder in der Auflaufform in den vorgeheizten Backofen schieben. Lammkarree etwa 60 Minuten garen. Die Pfanne mit dem Bratensatz beiseitestellen.
4. Etwa 30 Minuten vor Ende der Garzeit für das Gemüse Paprikaschoten halbieren, entstielen, entkernen und die weißen Scheidewände entfernen. Schoten abspülen, abtropfen lassen und in Würfel schneiden.
5. Zucchini abspülen, abtrocknen und die Enden abschneiden. Zucchini in große Würfel schneiden. Schalotten abziehen. Tomaten abspülen, abtropfen lassen und die Stängelansätze herausschneiden. Thymian abspülen und trocken tupfen. Die Blättchen von den Stängeln zupfen (einige Blättchen beiseitelegen), Blättchen klein schneiden.
6. Beiseitegestellte Pfanne mit dem Bratensatz erhitzen, Olivenöl miterhitzen. Paprika-, Zucchiniwürfel, Schalotten und Tomaten darin evtl. portionsweise andünsten. Das Gemüse mit Salz, Pfeffer, Knoblauch und Thymian würzen. Brühe hinzugießen.
7. Die gegarten Schlemmerstücke aus dem Backofen nehmen, in dicke Scheiben schneiden, mit dem Gemüse anrichten und mit den beiseitegelegten Thymianblättchen garniert servieren.

Schlemmerstückchen mit Kruste, provenzalisch

Schweinebraten mit süßsaurer Sauce

6 Portionen

Zubereitungszeit: 35 Minuten
Garzeit: etwa 5 Stunden

1,4 kg Schweinefleisch (aus der Oberschale)
Salz
1/2 gestr. TL Currypulver
1/2 gestr. TL Chilipulver
1 Msp. gem. Koriander
4 EL Speiseöl, z. B. Sonnenblumenöl
185 g abgetropfte saure Gurken (aus dem Glas)
2 Zwiebeln, 3 Knoblauchzehen
30 g frischer Ingwer
1 rote Paprikaschote
1 Bund Frühlingszwiebeln
150 g Sojasprossen
500 ml Asia-Sauce süßsauer (aus der Flasche)
340 g Ananasstücke (aus der Dose)

Pro Portion:
E: 53 g, F: 12 g, Kh: 44 g,
kJ: 2093, kcal: 498

1. Den Backofen bei Ober-/Unterhitze auf 80 °C vorheizen. Einen großen, feuerfesten Teller oder eine Auflaufform mit niedrigem Rand auf dem Rost (unteres Drittel) miterwärmen.
2. Vom Schweinefleisch evtl. vorhandenes Fett und Sehnen entfernen. Schweinefleisch mit Küchenpapier trocken tupfen. Mit Salz, Curry-, Chilipulver und Koriander würzen.

Schweinebraten mit süßsaurer Sauce

Schweinebraten mit Rotkohl

3. Speiseöl in einer Pfanne erhitzen. Das Schweinefleisch darin etwa 10 Minuten von allen Seiten gut anbraten, herausnehmen und auf dem vorgewärmten Teller oder in der Auflaufform in den vorgeheizten Backofen schieben. Schweinefleisch etwa 5 Stunden garen. Die Pfanne mit dem Bratensatz beiseitestellen.
4. Etwa 30 Minuten vor Ende der Garzeit Gurken in Würfel schneiden. Zwiebeln und Knoblauch abziehen, in kleine Würfel schneiden. Ingwer schälen und ebenfalls klein würfeln.
5. Paprikaschote halbieren, entstielen, entkernen und die weißen Scheidewände entfernen. Schote abspülen, abtropfen lassen und in feine Streifen schneiden. Frühlingszwiebeln putzen, abspülen, abtropfen lassen, zuerst in feine Scheiben schneiden, dann in Ringe teilen. Sojasprossen verlesen, in ein Sieb geben, mit kaltem Wasser abspülen und gut abtropfen lassen.
6. Beiseitegestellte Pfanne mit dem Bratensatz erhitzen. Zwiebel-, Knoblauch- und Ingwerwürfel darin andünsten. Sojasprossen hinzufügen und unter Rühren kurz mitbraten lassen. Asia-Sauce unterrühren. Gurkenwürfel, Paprikastreifen und Ananasstücke mit dem Saft hinzugeben. Die Sauce kurz aufkochen lassen. Frühlingszwiebelringe in die Sauce geben und miterwärmen.
7. Den gegarten Schweinebraten aus dem Backofen nehmen. Den ausgetretenen Bratensaft in die Sauce rühren. Den Schweinebraten in Scheiben schneiden und mit der Sauce servieren.

Schweinebraten mit Rotkohl

6 Portionen

Zubereitungszeit: 45 Minuten
Garzeit: etwa 5 Stunden

1,4 kg Schweinefleisch (aus der Unterschale)
Salz, gem. Pfeffer
4 Zwiebeln
150 g Knollensellerie
4 EL Speiseöl, z. B. Rapsöl oder Sonnenblumenöl
1 EL Tomatenmark
1 EL mittelscharfer Senf
1 Kopf Rotkohl (etwa 1,4 kg)
50 g Schweineschmalz
120 g gewürfelter, roher Schinken
75 ml Rotweinessig
500 ml Fleischbrühe
8 Gewürznelken
3 Lorbeerblätter
¼ TL gem. Zimt
1 gestr. EL Zucker
2 Äpfel
120 g Johannisbeergelee
250 ml Fleischbrühe
100 g Schlagsahne

Pro Portion:
E: 58 g, F: 35 g, Kh: 28 g,
kJ: 2774, kcal: 664

1. Den Backofen bei Ober-/Unterhitze auf 80 °C vorheizen. Schweinefleisch mit Küchenpapier trocken tupfen, mit Salz und Pfeffer würzen.
2. Zwiebeln abziehen und in kleine Würfel schneiden. Sellerie schälen, abspülen, abtropfen lassen und ebenfalls klein würfeln. Speiseöl in einem großen, flachen Bräter erhitzen. Fleisch darin etwa 10 Minuten von allen Seiten gut anbraten.
3. Etwa die Hälfte der Zwiebelwürfel und die Selleriewürfel hinzugeben, kurz mit anbraten. Tomatenmark und Senf unterrühren.
4. Den Bräter auf dem Rost in den vorgeheizten Backofen (unteres Drittel) schieben. Den Schweinebraten etwa 5 Stunden garen.
5. Etwa 1 Stunde vor Ende der Garzeit vom Rotkohl die groben, äußeren Blätter entfernen. Den Kohl vierteln und den Strunk herausschneiden. Kohlviertel abspülen, abtropfen lassen und in feine Streifen schneiden.
6. Schweineschmalz in einem Topf zerlassen. Restliche Zwiebelwürfel und Schinkenwürfel darin anbraten. Essig und Brühe hinzugießen. Rotkohlstreifen, Nelken, Lorbeerblätter, Zimt, Zucker und Pfeffer hinzufügen. Die Zutaten zum Kochen bringen, zugedeckt etwa 40 Minuten bei schwacher Hitze kochen lassen.
7. Äpfel schälen, vierteln, entkernen und in kleine Würfel schneiden. Apfelwürfel mit dem Johannisbeergelee unter den Rotkohl rühren, nochmals kurz aufkochen lassen. Rotkohl mit Salz und Pfeffer abschmecken.
8. Gegarten Schweinebraten aus dem Backofen nehmen und warm stellen. Brühe zum Bratensatz in den Bräter geben und unter Rühren zum Kochen bringen, die Sahne unterrühren. Die Sauce pürieren, mit Salz und Pfeffer abschmecken. Den Schweinebraten in Scheiben schneiden, mit dem Rotkohl und der Sauce servieren.

Schweinerollbraten mit Backobst

Schweinerollbraten mit Backobst

4–6 Portionen

Zubereitungszeit: 30 Minuten
Garzeit: etwa 5 Stunden

1,2 kg Schweineschulter
Salz, gem. Pfeffer
1/2 gest. TL Pul Biber
(geschrotete Pfefferschoten)
150 g Backobst, entsteint
3 EL Speiseöl, z. B. Rapsöl
2 Zwiebeln
350 ml trockener Rotwein
350 ml Fleischbrühe
250 g Backobst, entsteint
1 EL Speisestärke
1 EL kaltes Wasser
gem. Piment

Außerdem:
Küchengarn

Pro Portion:
E: 51 g, F: 27 g, Kh: 45 g,
kJ: 2847, kcal: 681

1. Den Backofen bei Ober-/Unterhitze auf 80 °C vorheizen. Einen großen, feuerfesten Teller oder eine Auflaufform mit niedrigem Rand auf dem Rost (mittlere Schiene) miterwärmen.
2. Von der Schweineschulter Fett und Sehnen entfernen. Schweineschulter mit Küchenpapier trocken tupfen und evtl. etwas flach klopfen, mit Salz, Pfeffer und Pul Biber würzen.
3. Backobst in die Mitte des Fleischstückes legen. Das Fleisch von der breiten Seite her aufrollen und mit Küchengarn zusammenbinden.
4. Speiseöl in einer Pfanne erhitzen. Den Rollbraten darin etwa 12 Minuten von allen Seiten gut anbraten, herausnehmen und auf dem vorgewärmten Teller oder in der Auflaufform auf dem Rost in den vorgeheizten Backofen schieben. Den Rollbraten etwa 5 Stunden garen. Die Pfanne mit dem Bratensatz beiseitestellen.
5. Etwa 25 Minuten vor Ende der Garzeit Zwiebeln abziehen und in kleine Würfel schneiden. Beiseitegestellte Pfanne mit dem Bratensatz erhitzen, die Zwiebelwürfel darin anbraten. Rotwein und Brühe unter Rühren hinzugießen. Backobst ebenfalls in die Pfanne geben. Die Zutaten aufkochen lassen.
6. Speisestärke mit Wasser anrühren, in die Sauce rühren und unter Rühren kurz aufkochen lassen. Die Sauce mit Salz, Pfeffer, Pul Biber und Piment abschmecken.
7. Den gegarten Rollbraten aus dem Backofen nehmen. Den Bratensaft in die Sauce rühren. Den gefüllten Rollbraten (Küchengarn entfernen) in Scheiben schneiden, mit dem Backobst und der Sauce servieren.

Schweinenacken mit Blumenkohl

6 Portionen (ohne Foto)

Zubereitungszeit: 20 Minuten
Garzeit: etwa 5 Stunden

1 1/4 kg magerer Schweinenacken
Salz
gem. Pfeffer
1 EL Gyros-Gewürzmischung
2 Zwiebeln
4 EL Speiseöl, z. B. Rapsöl
1 großer Blumenkohl (etwa 1,2 kg)
750 ml Wasser
2 EL Zitronensaft
2 gestr. TL Salz
80 g Butter
1 EL Paprikapulver edelsüß
400 ml Fleischbrühe
1 EL Speisestärke
1 EL kaltes Wasser

Pro Portion:
E: 47 g, F: 39 g, Kh: 7 g,
kJ: 2356, kcal: 563

1. Den Backofen bei Ober-/Unterhitze auf 80 °C vorheizen. Schweinenacken mit Küchenpapier trocken tupfen. Mit Salz, Pfeffer und Gewürzmischung würzen.
2. Zwiebeln abziehen und in kleine Würfel schneiden. Speiseöl in einem großen, flachen Bräter erhitzen. Den Schweinenacken darin etwa 10 Minuten von allen Seiten gut anbraten. Zwiebelwürfel hinzugeben und kurz mitbraten lassen. Den Bräter auf dem Rost in den vorgeheizten Backofen (unteres Drittel) schieben. Schweinenacken etwa 5 Stunden garen.
3. Etwa 30 Minuten vor Ende der Garzeit von dem Blumenkohl die Blätter und schlechten Stellen entfernen. Den Strunk abschneiden, Blumenkohl in Röschen teilen, abspülen und abtropfen lassen.
4. Wasser mit Zitronensaft in einem Topf zum Kochen bringen, dann Salz und Blumenkohlröschen hinzugeben, wieder zum Kochen bringen und 8–10 Minuten garen. Blumenkohlröschen in einem Sieb abtropfen lassen, in eine Schüssel geben und warm stellen. Butter in einer kleinen Pfanne zerlassen und auf den Blumenkohlröschen verteilen.
5. Den gegarten Schweinenacken aus dem Backofen nehmen und warm stellen. Paprika und Brühe in den Bratenfond rühren, zum Kochen bringen. Speisestärke mit Wasser anrühren, in die Sauce rühren und unter Rühren kurz aufkochen lassen. Sauce mit Salz und Pfeffer würzen.
6. Den Schweinenacken in Scheiben schneiden, mit der Sauce und den Blumenkohlröschen anrichten und servieren.

Schweinekoteletts mit Tomaten

4 Portionen (ohne Foto)

Zubereitungszeit: 20 Minuten
Garzeit: etwa 30 Minuten

4 Schweinekoteletts
Salz, gem. Pfeffer
5 EL Olivenöl
2 Zwiebeln
2 Knoblauchzehen
5 große Tomaten
125 ml trockener Weißwein
2 EL Tomatenmark
je 1 TL gerebelter Oregano und Thymian
einige Stängel Basilikum

Pro Portion:
E: 37 g, F: 21 g, Kh: 7 g,
kJ: 1618, kcal: 386

1. Den Backofen bei Ober-/Unterhitze auf 80 °C vorheizen. Einen feuerfesten Teller oder eine Auflaufform mit niedrigem Rand auf dem Rost (mittlere Schiene) miterwärmen.
2. Schweinekoteletts kurz unter fließendem kalten Wasser abspülen, trocken tupfen, mit Salz und Pfeffer würzen.
3. Olivenöl in einer großen Pfanne erhitzen. Die Koteletts darin etwa 2 Minuten von jeder Seite gut anbraten. Dann die Koteletts herausnehmen und nebeneinander auf dem vorgewärmten Teller oder in der Auflaufform auf dem Rost in den vorgeheizten Backofen schieben. Die Schweinekoteletts etwa 30 Minuten garen. Die Pfanne mit dem Bratensatz beiseitestellen.
4. Zwiebeln und Knoblauch abziehen, in kleine Würfel schneiden. Tomaten abspülen, abtropfen lassen, halbieren und die Stängelansätze herausschneiden. Tomaten in Stücke schneiden.
5. Beiseitegestellte Pfanne mit dem Bratensatz erhitzen. Die Zwiebel- und Knoblauchwürfel darin anbraten. Wein und Tomatenmark unterrühren. Tomatenstücke hinzufügen und etwa 5 Minuten dünsten. Tomatengemüse mit Salz, Pfeffer, Oregano und Thymian würzen.
6. Basilikum abspülen und trocken tupfen. Die Blättchen von den Stängeln zupfen. Einige Blättchen zum Garnieren beiseitelegen. Restliche Blättchen fein schneiden und unter das Tomatengemüse rühren.
7. Die gegarten Koteletts aus dem Backofen nehmen, mit dem Tomatengemüse anrichten und mit den beiseitegelegten Basilikumblättchen garniert servieren.

Schulterbraten mit Spitzpaprika

4 Portionen

Zubereitungszeit: 30 Minuten
Garzeit: etwa 4 Stunden

800 g magere Schweineschulter
2 EL Gyros-Gewürzmischung
1 Gemüsezwiebel
2 Knoblauchzehen
5 EL Speiseöl, z. B. Rapsöl
1 EL Tomatenmark
600 g grüne Spitzpaprikaschoten
3 EL Speiseöl, z. B. Rapsöl
1 EL Gyros-Gewürzmischung
200 ml Gemüsebrühe
Salz, gem. Pfeffer

Pro Portion:
E: 43 g, F: 38 g, Kh: 11 g,
kJ: 2333, kcal: 558

1. Den Backofen bei Ober-/Unterhitze auf 80 °C vorheizen. Schweineschulter mit Küchenpapier trocken tupfen, evtl. vorhandenes Fett und Sehnen entfernen. Schweineschulter mit der Gyros-Gewürzmischung würzen.
2. Zwiebel und Knoblauch abziehen, Zwiebel halbieren und in kleine Würfel schneiden, Knoblauch ebenfalls würfeln. Speiseöl in einem großen, flachen Bräter erhitzen. Das Fleisch darin etwa 8 Minuten von allen Seiten gut anbraten. Zwiebel- und Knoblauchwürfel hinzugeben und kurz unter Rühren mitbraten lassen.
3. Den Bräter auf dem Rost in den vorgeheizten Backofen (unteres Drittel) schieben. Die Schweineschulter etwa 4 Stunden garen.
4. Nach etwa 2 Stunden Garzeit die Schulter einmal wenden und das Tomatenmark unter die Zwiebelmischung rühren.
5. Etwa 25 Minuten vor Ende der Gesamtgarzeit Paprikaschoten halbieren, entstielen, entkernen und die weißen Scheidewände entfernen. Die Schoten abspülen, abtropfen lassen und klein schneiden.
6. Speiseöl in einem Topf erhitzen, die Paprikastücke darin unter Rühren kurz anbraten, Gyros-Gewürzmischung unterrühren. Die Paprikastücke unter gelegentlichem Rühren etwa 5 Minuten dünsten, evtl. etwas Wasser hinzugeben.
7. Den gegarten Schulterbraten aus dem Backofen nehmen und warm stellen. Brühe in den Bratenfond rühren und kurz aufkochen lassen. Die Sauce mit Salz und Pfeffer abschmecken.
8. Den Schulterbraten in Scheiben schneiden, mit der Sauce und dem Paprikagemüse servieren.

Schulterbraten mit Spitzpaprika

Schweinebraten mit Rahmchampignons

4 Portionen

Zubereitungszeit: 25 Minuten
Garzeit: etwa 3 Stunden

800 g Schweinekotelett (am Stück, ohne Knochen)
Salz, gem. Pfeffer
4 EL Speiseöl, z. B. Olivenöl
2 rote Zwiebeln
1 Knoblauchzehe
800 g Champignons
125 g gewürfelter, roher Schinken
250 g Crème fraîche
1 EL Paprikapulver edelsüß
1 EL klein geschnittene Petersilie

Pro Portion:
E: 59 g, F: 41 g, Kh: 6 g,
kJ: 2597, kcal: 623

1. Den Backofen bei Ober-/Unterhitze auf 80 °C vorheizen. Einen großen, feuerfesten Teller oder eine Auflaufform mit niedrigem Rand auf dem Rost (mittlere Schiene) miterwärmen. Das Fleisch mit Küchenpapier trocken tupfen, mit Salz und Pfeffer würzen.

Schweinebraten mit Rahmchampignons

2. Speiseöl in einer Pfanne erhitzen. Das Fleisch darin etwa 10 Minuten von allen Seiten gut anbraten. Das Fleisch aus der Pfanne nehmen, auf dem vorgewärmten Teller oder in der Auflaufform in den vorgeheizten Backofen schieben. Den Schweinebraten etwa 3 Stunden garen. Die Pfanne mit Bratensatz beiseitestellen.
3. Etwa 40 Minuten vor Ende der Garzeit Zwiebeln und Knoblauch abziehen, in kleine Würfel schneiden. Champignons putzen, evtl. kurz abspülen, trocken tupfen und in Scheiben schneiden.
4. Beiseitegestellte Pfanne mit dem Bratensatz erhitzen. Knoblauch- und Zwiebelwürfel darin andünsten. Schinkenwürfel und die Champignonscheiben portionsweise hinzufügen und anbraten, Crème fraîche unterrühren. Die Champignon-Schinken-Masse etwa 5 Minuten garen. Rahmchampignons mit Salz, Pfeffer und Paprika würzen, warm stellen.
5. Den gegarten Schweinebraten aus dem Backofen nehmen, in Scheiben schneiden und mit den Rahmchampignons anrichten. Mit Petersilie bestreut servieren.

Schweinefilet in Crème-fraîche-Sauce mit Selleriegemüse

4 Portionen (ohne Foto)

Zubereitungszeit: 25 Minuten
Garzeit: etwa 40 Minuten

800 g Schweinefilet
Salz, gem. Pfeffer
3 EL Speiseöl, z. B. Rapsöl
750 g Staudensellerie
5 EL Wasser
1 gestr. TL Salz
1/2 TL Zucker
ger. Muskatnuss
1 Zwiebel
150 g Crème fraîche
75 ml Gemüsebrühe

Pro Portion:
E: 45 g, F: 23 g, Kh: 5 g,
kJ: 1715, kcal: 412

1. Den Backofen bei Ober-/Unterhitze auf 80 °C vorheizen. Einen großen, feuerfesten Teller oder eine Auflaufform mit niedrigem Rand auf dem Rost (mittlere Schiene) miterwärmen.
2. Schweinefilet mit Küchenpapier trocken tupfen, evtl. enthäuten. Schweinefilet mit Salz und Pfeffer würzen.
3. Speiseöl in einer Pfanne erhitzen. Schweinefilet darin etwa 6 Minuten von allen Seiten gut anbraten und herausnehmen.
4. Das Schweinefilet auf dem vorgewärmten Teller oder in der Auflaufform auf dem Rost in den vorgeheizten Backofen schieben. Das Filet etwa 40 Minuten garen. Die Pfanne mit dem Bratensatz beiseitestellen.
5. In der Zwischenzeit Staudensellerie putzen und die harten Außenfäden abziehen. Selleriestangen abspülen und abtropfen lassen. Etwas Selleriegrün abspülen, trocken tupfen und zum Garnieren beiseitelegen. Die Selleriestangen in etwa 2 cm lange Stücke schneiden.
6. Selleriestücke mit Wasser, Salz, Zucker und Muskat in einem Topf zum Kochen bringen und zugedeckt etwa 7 Minuten bei schwacher Hitze kochen lassen.
7. Zwiebel abziehen und in kleine Würfel schneiden. Beiseitegestellte Pfanne mit dem Bratensatz erhitzen, Zwiebelwürfel darin anbraten. Crème fraîche und Brühe hinzufügen, unter Rühren aufkochen lassen.
8. Die Crème-fraîche-Sauce mit Salz und Pfeffer abschmecken.
9. Das gegarte Schweinefilet aus dem Backofen nehmen und in Scheiben schneiden. Den ausgetretenen Bratensaft in die Crème-fraîche-Sauce rühren.
10. Das Schweinefilet mit Crème-fraîche-Sauce, Selleriegemüse und beiseitegelegtem Selleriegrün garniert servieren.

Schweinebauch mit Kruste

4 Portionen

Zubereitungszeit: 30 Minuten
Gar- und Grillzeit: etwa 5 Stunden und 10 Minuten

1 kg Schweinebauch (ohne Knochen)
Salz, gem. Pfeffer
3 Zwiebeln
4 EL Speiseöl, z.B. Rapsöl
300 g Möhren
250 g Knollensellerie
250 ml heiße Fleischbrühe

Pro Portion:
E: 42 g, F: 82 g, Kh: 6 g,
kJ: 3865, kcal: 923

1. Den Backofen bei Ober-/Unterhitze auf 80 °C vorheizen. Schweinebauch mit Küchenpapier trocken tupfen. Die Schwarte kreuzförmig einschneiden. Schweinebauch mit Salz und Pfeffer würzen.
2. Zwiebeln abziehen und fein würfeln. Speiseöl in einem großen, flachen Bräter erhitzen. Den Schweinebauch darin etwa 10 Minuten von allen Seiten gut anbraten.
3. Zwiebelwürfel hinzugeben und kurz mitbraten lassen. Den Bräter auf dem Rost in den vorgeheizten Backofen (unteres Drittel) schieben. Den Schweinebauch etwa 5 Stunden garen. Den Schweinebauch dabei 2–3-mal wenden.
4. Etwa 3 Stunden vor Ende der Garzeit Möhren und Sellerie putzen, schälen, abspülen, abtropfen lassen und in etwa 1 cm große Würfel schneiden. Möhren- und Selleriewürfel zum Schweinebauch in den Bräter geben, heiße Brühe hinzugießen. Schweinebauch fertig garen.
5. Nach der Gesamtgarzeit die Ober-/Unterhitze ausschalten und den Backofengrill auf etwa 240 °C einstellen. Den Schweinebauch mit der Schwarte nach oben etwa 10 Minuten grillen, sodass die Schwarte knusprig wird.

Schweinebauch mit Kruste

6. Schweinebauch in Portionsstücke schneiden, anrichten und mit dem Gemüse servieren.

Schweinerollbraten

Schweinerollbraten

4 Portionen

Zubereitungszeit: 45 Minuten
Garzeit: etwa 4 1/2 Stunden

1 Zwiebel
850 g Schweinerollbraten
Salz, gem. Pfeffer
4 EL Speiseöl, z. B. Rapsöl
400 g Champignons
30 g Butter
400 g Möhren
1 kleiner Blumenkohl
1 gestr. TL Salz
250 ml Fleischbrühe
2 EL Crème fraîche
1 EL klein geschnittene Petersilie

Pro Portion:
E: 52 g, F: 39 g, Kh: 8 g,
kJ: 2492, kcal: 598

1. Den Backofen bei Ober-/Unterhitze auf 80 °C vorheizen. Zwiebel abziehen und klein würfeln. Rollbraten mit Küchenpapier trocken tupfen, mit Salz und Pfeffer würzen.
2. Speiseöl in einem großen, flachen Bräter erhitzen. Den Rollbraten darin etwa 8 Minuten von allen Seiten gut anbraten. Zwiebelwürfel hinzufügen und kurz mitbraten lassen. Den Bräter auf dem Rost in den vorgeheizten Backofen (unteres Drittel) schieben. Den Rollbraten etwa 4 1/2 Stunden garen.
3. Etwa 1 Stunde vor Ende der Garzeit Champignons putzen, evtl. kurz abspülen und abtropfen lassen. Große Champignons halbieren.
4. Butter in einer Pfanne zerlassen, die Champignons darin unter Rühren anbraten, mit Salz und Pfeffer würzen. Champignons zu dem Rollbraten in den Bräter geben. Den Rollbraten mit den Champignons fertig garen. Die Pfanne beiseitestellen.
5. Möhren putzen, schälen, abspülen, abtropfen lassen und in etwa 1 cm dicke Scheiben schneiden. Vom Blumenkohl die Blätter und schlechten Stellen entfernen, den Strunk abschneiden, den Blumenkohl in Röschen teilen, abspülen und abtropfen lassen.
6. Wasser mit Salz in einem Topf zum Kochen bringen. Nacheinander die Blumenkohlröschen etwa 10 Minuten und die Möhren etwa 7 Minuten darin kochen. Das Gemüse getrennt abtropfen lassen und warm stellen.
7. Beiseitegestellte Pfanne mit dem verbliebenen Bratfett erwärmen, Fleischbrühe hinzugießen und kurz aufkochen. Crème fraîche unterrühren, die Sauce mit Salz und Pfeffer abschmecken.
8. Den gegarten Rollbraten aus dem Bräter nehmen und in Scheiben schneiden. Den Rollbraten mit der Sauce und dem Gemüse anrichten. Blumenkohl und Möhren mit Petersilie bestreuen und servieren.

Rehrückenfilets mit Pfifferlingen

Schulterscherzel in Rotweinmarinade

Rehrückenfilets mit Pfifferlingen

4 Portionen

Zubereitungszeit: 20 Minuten
Garzeit: etwa 60 Minuten

800 g Rehrückenfilets
Salz, gem. Pfeffer
4 EL Speiseöl, z. B. Rapsöl
800 g Pfifferlinge
2 Zwiebeln
3–4 Stängel Thymian
80 g gewürfelter, roher Schinken
200 g Schlagsahne
etwa 400 g TK-Kroketten

Pro Portion:
E: 56 g, F: 46 g, Kh: 34 g,
kJ: 3224, kcal: 769

1. Den Backofen bei Ober-/Unterhitze auf 80 °C vorheizen. Einen großen, feuerfesten Teller oder eine Auflaufform mit niedrigem Rand auf dem Rost (mittlere Schiene) miterwärmen.
2. Rehrückenfilets enthäuten, mit Küchenpapier trocken tupfen, mit Salz und Pfeffer würzen.
3. Speiseöl in einer Pfanne erhitzen. Die Filets darin etwa 8 Minuten von allen Seiten gut anbraten. Dann die Filets herausnehmen, auf dem vorgewärmten Teller oder in der Auflaufform in den vorgeheizten Backofen schieben. Die Rehrückenfilets etwa 60 Minuten garen. Die Pfanne mit dem Bratensatz beiseitestellen.
4. Pfifferlinge putzen, evtl. kurz abspülen und gut abtropfen lassen. Zwiebeln abziehen und in kleine Würfel schneiden. Thymian abspülen und trocken tupfen. Die Blättchen von den Stängeln zupfen.
5. Beiseitegestellte Pfanne mit dem Bratensatz erhitzen, die Zwiebel- und Schinkenwürfel darin anbraten. Die Pfifferlinge hinzugeben und etwa 7 Minuten mitbraten lassen. Sahne unterrühren und kurz aufkochen. Die Pfifferlinge mit Salz, Pfeffer und Thymianblättchen würzen.
6. TK-Kroketten in einer Pfanne nach Packungsanleitung zubereiten.
7. Die gegarten Rehrückenfilets aus dem Backofen nehmen, in Scheiben schneiden, mit den Kroketten und Pfifferlingen anrichten, servieren.

Schulterscherzel in Rotweinmarinade

6 Portionen

Zubereitungszeit: 25 Minuten, ohne Marinierzeit
Garzeit: etwa 7 1/2 Stunden

1,4 kg Rinderschulter
200 g Knollensellerie
200 g Möhren
1 Stange Porree (Lauch)
2 Zwiebeln
0,7 l trockener Rotwein
1 gestr. TL Salz
gem. Pfeffer
1 gestr. TL Zucker
6 Pimentkörner
1 Msp. Chilipulver
2 EL mittelscharfer Senf
3 Lorbeerblätter
4 EL Speiseöl, z. B. Rapsöl
200 ml Fleischbrühe
150 g Crème fraîche

Pro Portion:
E: 48 g, F: 27 g, Kh: 7 g,
kJ: 2074, kcal: 496

1. Rinderschulter mit Küchenpapier trocken tupfen, evtl. Fett und Sehnen entfernen. Rinderschulter in eine große Schüssel legen.
2. Sellerie und Möhren schälen, abspülen, abtropfen lassen und in etwa 1 cm große Würfel schneiden. Porree putzen, die Stange längs halbieren, gründlich waschen, abtropfen lassen und in etwa 2 cm lange Stücke schneiden.
3. Zwiebeln abziehen und in kleine Würfel schneiden. Gemüsewürfel und -stücke zum Fleisch in die Schüssel geben. Rotwein mit Salz, Pfeffer, Zucker, Pimentkörnern, Chili und Senf verrühren, Lorbeerblätter hinzufügen. Das Fleisch in der Schüssel mit der Rotweinmarinade übergießen und zugedeckt 3 Tage im Kühlschrank marinieren. Das Fleisch täglich einmal wenden.
4. Den Backofen bei Ober-/Unterhitze auf 80 °C vorheizen. Das Fleisch aus der Marinade nehmen, gut abtropfen lassen und trocken tupfen. Marinade beiseitestellen.
5. Speiseöl in einem großen, flachen Bräter erhitzen. Das Fleisch darin etwa 10 Minuten von allen Seiten gut anbraten. Den Bräter auf dem Rost in den vorgeheizten Backofen (unteres Drittel) schieben. Schulterscherzel etwa 7 1/2 Stunden garen.
6. Etwa 1 Stunde vor Ende der Garzeit die Marinade mit dem Gemüse und der Fleischbrühe in einem Topf zum Kochen bringen und zugedeckt etwa 40 Minuten bei schwacher Hitze kochen lassen. Dann das Gemüse in der Sauce mit einem Pürierstab fein pürieren, Crème fraîche unterrühren.
7. Die gegarte Schulterscherzel aus dem Backofen nehmen, in Scheiben schneiden, mit der Sauce servieren.

Rehmedaillons mit Fruchtspalten

4 Portionen

Zubereitungszeit: 20 Minuten
Garzeit: etwa 30 Minuten

4 Rehmedaillons (je etwa 125 g)
Salz, gem. Pfeffer
2 EL Speiseöl, z. B. Rapsöl
300 g Pfifferlinge
1 Zwiebel
1/2 Ogenmelone oder Honigmelone
1 Birne, z. B. Williams Christ

Pro Portion:
E: 28 g, F: 7 g, Kh: 7 g,
kJ: 849, kcal: 202

1. Den Backofen bei Ober-/Unterhitze auf 80 °C vorheizen. Einen feuerfesten Teller oder eine Auflaufform mit niedrigem Rand auf dem Rost (mittlere Schiene) miterwärmen.
2. Rehmedaillons mit Küchenpapier trocken tupfen, mit Salz und Pfeffer würzen.
3. Speiseöl in einer Pfanne erhitzen. Die Rehmedaillons darin von jeder Seite etwa 2 Minuten gut anbraten, herausnehmen und auf dem vorgewärmten Teller oder in der Auflaufform in den vorgeheizten Backofen schieben. Die Rehmedaillons etwa 30 Minuten garen. Die Pfanne mit dem Bratensatz beiseitestellen.
4. Pfifferlinge putzen, evtl. kurz abspülen und gut abtropfen lassen. Zwiebel abziehen und fein würfeln. Beiseitegestellte Pfanne mit dem Bratensatz erhitzen, die Zwiebelwürfel darin anbraten. Pfifferlinge hinzufügen und unter Rühren etwa 5 Minuten mitbraten, mit Salz und Pfeffer würzen.
5. Melone und Birne schälen. Birne vierteln und entkernen. Melone und Birne in Spalten schneiden.
6. Die gegarten Rehmedaillons aus dem Backofen nehmen, mit Pfifferlingen, Birnen- und Melonenspalten anrichten und sofort servieren.

Schweinebraten mit Kräuterkruste

4 Portionen

Zubereitungszeit: 40 Minuten
Garzeit: etwa 4 Stunden

800 g Schweinekotelett (am Stück, ohne Knochen)
1 EL Speiseöl, z. B. Rapsöl
1 Knoblauchzehe
1 Bio-Zitrone (unbehandelt, ungewachst)
1 Stängel Rosmarin
1 EL Fenchelsamen
1 EL Koriandersamen
2 EL Olivenöl
Salz, gem. Pfeffer
500 g Pfifferlinge
20 g Butter
200 g Schlagsahne
200 ml Fleischbrühe
1 TL Speisestärke oder Weizenmehl
1 EL kaltes Wasser

Pro Portion:
E: 45 g, F: 38 g, Kh: 7 g,
kJ: 2330, kcal: 556

1. Den Backofen bei Ober-/Unterhitze auf 80 °C vorheizen. Einen feuerfesten Teller oder eine Auflaufform mit flachem Rand auf dem Rost (mittlere Schiene) miterwärmen.
2. Das Fleisch mit Küchenpapier trocken tupfen und das Fett abschneiden. Speiseöl in einer großen Pfanne erhitzen. Das Fleisch darin etwa 10 Minuten von allen Seiten gut anbraten.
3. Knoblauch abziehen und klein würfeln. Zitrone heiß abwaschen, abtrocknen und die Schale fein abreiben. Rosmarin abspülen und trocken tupfen. Die Nadeln von dem Stängel zupfen, klein schneiden.
4. Knoblauch mit Fenchel-, Koriandersamen, Zitronenschale und Rosmarin in einem Mörser fein zerreiben, mit Olivenöl verrühren, mit Salz und Pfeffer würzen. Das angebratene Fleisch mit der Kräuter-Gewürz-Mischung bestreichen.
5. Das Kräuterfleisch auf dem vorgewärmten Teller oder in der Auflaufform in den vorgeheizten Backofen schieben. Den Schweinebraten etwa 4 Stunden garen.
6. Etwa 45 Minuten vor Ende der Garzeit Pfifferlinge putzen, evtl. kurz abspülen und auf Küchenpapier abtropfen lassen. Butter in einer Pfanne zerlassen, die Pfifferlinge darin unter Rühren anbraten.
7. Sahne und Brühe hinzugießen. Die Pfifferlingsmasse unter Rühren kurz aufkochen und etwa 5 Minuten leicht kochen lassen. Speisestärke oder Weizenmehl mit Wasser anrühren und in die Sauce rühren. Die Sauce nochmals unter Rühren kurz aufkochen lassen. Mit Salz und Pfeffer abschmecken.
8. Den gegarten Schweinebraten mit Kräuterkruste aus dem Backofen nehmen, in Scheiben schneiden und mit der Pfifferlingssauce servieren.

Rehmedaillons mit Fruchtspalten

Schweinebraten mit Kräuterkruste

Roastbeef mit Zwiebel-Rotwein-Sauce

4 Portionen

Zubereitungszeit: 45 Minuten, ohne Ruhezeit
Garzeit: etwa 2 1/2 Stunden

750 g Roastbeef
Salz, gem. Pfeffer
3 EL Speiseöl
1 kg Zwiebeln
6 Lorbeerblätter
250 ml Rotwein
150 g Crème fraîche
1 EL körniger Senf
evtl. 1–2 EL dunkler Saucenbinder

Pro Portion:
E: 46 g, F: 28 g, Kh: 14 g,
kJ: 2196, kcal: 526

1. Den Backofen bei Ober-/Unterhitze auf 80 °C vorheizen. Einen großen, feuerfesten Teller oder eine Auflaufform mit niedrigem Rand auf dem Rost (mittlere Schiene) miterwärmen.
2. Roastbeef mit Küchenpapier trocken tupfen. Die Fettseite mit einem Messer leicht einschneiden, Fleisch mit Salz und Pfeffer einreiben.

Roastbeef mit Zwiebel-Rotwein-Sauce

3. Speiseöl in einer Pfanne erhitzen. Das Roastbeef darin etwa 10 Minuten von allen Seiten gut anbraten, herausnehmen, auf den Teller oder in die Auflaufform legen und auf dem Rost in den vorgeheizten Backofen schieben. Roastbeef etwa 2 1/2 Stunden garen. Die Pfanne mit dem Bratensatz beiseitestellen.
4. Etwa 40 Minuten vor Ende der Garzeit die Zwiebeln abziehen, in Würfel schneiden, mit den Lorbeerblättern zum Bratensatz in die beiseitegestellte Pfanne geben und kurz braten lassen. Nach und nach Rotwein hinzugießen und zum Kochen bringen. Zwiebeln zugedeckt etwa 20 Minuten garen.
5. Kurz vor Ende der Garzeit des Roastbeefs Crème fraîche mit Senf verrühren, unter die Zwiebel-Burgundersauce rühren und kurz aufkochen lassen. Die Sauce mit Salz und Pfeffer abschmecken. Nach Belieben mit Saucenbinder andicken.
6. Das gegarte Roastbeef im ausgeschalteten Backofen 10–15 Minuten ruhen lassen, dann herausnehmen und in Scheiben schneiden. Roastbeefscheiben anrichten und mit der Sauce servieren.

Rinderfilet auf Pak Choi

4 Portionen (ohne Foto)

Zubereitungszeit: 30 Minuten
Garzeit: etwa 2 Stunden

600 g Rinderfilet (Mittelstück)
2 EL Speiseöl
Salz, gem. Pfeffer
gem. Zitronengras
1 TL gem. Ingwer
8 kleine Pak-Choi-Stauden (Chinesischer Senfkohl)
oder 1 kg Mangold
2 EL Sesamöl
etwa 50 ml Wasser
100 ml Soja- oder Teriyakisauce
grob gem. Pfeffer

Pro Portion:
E: 36 g, F: 12 g, Kh: 6 g,
kJ: 1160, kcal: 277

1. Den Backofen bei Ober-/Unterhitze auf 80 °C vorheizen. Einen großen, feuerfesten Teller oder eine Auflaufform mit niedrigem Rand auf dem Rost (mittlere Schiene) miterwärmen.
2. Rinderfilet mit Küchenpapier trocken tupfen. Speiseöl in einer Pfanne erhitzen. Das Rinderfilet etwa 8 Minuten von allen Seiten gut anbraten. Mit Salz, Pfeffer, Zitronengras und der Hälfte des gemahlenen Ingwers bestreichen. Das Rinderfilet auf dem vorgewärmten Teller oder in der Auflaufform in den vorgeheizten Backofen schieben. Das Rinderfilet etwa 2 Stunden garen. Die Pfanne mit dem Bratensatz beiseitestellen.
3. Pak Choi putzen, dabei die Stauden ganz lassen. Stauden gut abspülen und abtropfen lassen. Oder von dem Mangold die schlechten, braunen Blätter entfernen und die Stiele etwa 2 cm unterhalb der Blätter abschneiden. Mangoldblätter abspülen und abtropfen lassen.
4. Etwa 20 Minuten vor Ende der Garzeit Wasser in einem weiten Topf zum Kochen bringen. Salz, Pak Choi oder Mangold hinzugeben und etwa 5 Minuten kochen lassen. Anschließend in ein Sieb geben und gut abtropfen lassen.
5. Sesamöl in einer Pfanne erhitzen. Pak-Choi-Stauden oder Mangoldblätter hinzugeben, darin schwenken, mit Salz und Pfeffer würzen.
6. Wasser zum Bratensatz in die beiseitegestellte Pfanne geben und den Bratensatz unter Rühren loskochen. Soja- oder Teriyakisauce und restlichen Ingwer hinzugeben und miterwärmen. Die Sauce mit Salz und Pfeffer abschmecken.
7. Das gegarte Rinderfilet aus dem Backofen nehmen, in Scheiben schneiden und mit grobem Pfeffer bestreuen. Rinderfilet mit Pak Choi oder Mangold anrichten und mit der Sauce servieren.

Roastbeef mit Blattspinat

Rindersteaks mit Käsesauce

Roastbeef mit Blattspinat

6 Portionen

Zubereitungszeit: 45 Minuten
Garzeit: etwa 2 1/2 Stunden

1,2 kg Roastbeef
Salz, gem. Pfeffer
4 EL Speiseöl, z. B. Olivenöl
1 kg Blattspinat
4 EL Speiseöl, z. B. Olivenöl
etwa 600 g TK-Rösti
2 Zwiebeln
3 Knoblauchzehen
40 g Butter
ger. Muskatnuss

Pro Portion:
E: 50 g, F: 33 g, Kh: 27 g,
kJ: 2539, kcal: 606

1. Den Backofen bei Ober-/Unterhitze auf 80 °C vorheizen. Roastbeef mit Küchenpapier trocken tupfen, mit Salz und Pfeffer würzen.
2. Speiseöl in einem flachen Bräter erhitzen. Roastbeef darin etwa 10 Minuten von allen Seiten gut anbraten. Den Bräter auf dem Rost in den vorgeheizten Backofen (unteres Drittel) schieben. Das Roastbeef etwa 2 1/2 Stunden garen.
3. Etwa 35 Minuten vor Ende der Garzeit Spinat verlesen und die dicken Stiele entfernen. Spinat gründlich waschen, in ein Sieb geben und abtropfen lassen.
4. Speiseöl in einer Pfanne erhitzen. Rösti darin nach Packungsanleitung braten.
5. Zwiebeln und Knoblauch abziehen, in kleine Würfel schneiden. Butter in einem Topf zerlassen. Zwiebel- und Knoblauchwürfel darin unter Rühren andünsten.
6. Spinat hinzugeben, mit Salz, Pfeffer und Muskat würzen. Spinat zugedeckt bei schwacher Hitze etwa 5 Minuten garen.
7. Spinat vorsichtig umrühren, mit Salz und Pfeffer abschmecken.
8. Das gegarte Roastbeef aus dem Backofen nehmen und in Scheiben schneiden. Roastbeef mit Spinat und Rösti servieren.

Rindersteaks mit Käsesauce

4 Portionen

Zubereitungszeit: 20 Minuten
Garzeit: etwa 45 Minuten

4 Rindersteaks (aus der Hüfte, je etwa 150 g)
Salz, gem. Pfeffer
4 EL Speiseöl, z. B. Rapsöl

Für die Käsesauce:
1 Zwiebel
20 g Butter
150 ml Fleischbrühe
100 g Schlagsahne
150 g Sahne-Schmelzkäse
1 TL Speisestärke oder Weizenmehl
1 EL kaltes Wasser
ger. Muskatnuss

1 Topf Petersilie

Pro Portion:
E: 39 g, F: 32 g, Kh: 6 g,
kJ: 1956, kcal: 468

1. Den Backofen bei Ober-/Unterhitze auf 80 °C vorheizen. Einen feuerfesten Teller oder eine Auflaufform mit niedrigem Rand auf dem Rost (mittlere Schiene) miterwärmen.
2. Die Rindersteaks mit Küchenpapier trocken tupfen, evtl. vorhandenes Fett abschneiden. Steaks mit Salz und Pfeffer würzen.
3. Speiseöl in einer Pfanne erhitzen. Die Steaks darin von jeder Seite etwa 4 Minuten gut anbraten, herausnehmen und nebeneinander auf dem vorgewärmten Teller oder in der Auflaufform auf dem Rost in den vorgeheizten Backofen schieben. Die Rindersteaks etwa 45 Minuten garen.
4. Für die Käsesauce Zwiebel abziehen und fein würfeln. Butter in einem Topf zerlassen. Zwiebelwürfel darin andünsten. Brühe und Sahne hinzugießen, zum Kochen bringen und etwas einkochen lassen.
5. Schmelzkäse in die Sauce rühren, so lange rühren, bis der Käse geschmolzen ist.
6. Speisestärke oder Mehl mit Wasser anrühren, in die Sauce rühren und unter Rühren kurz aufkochen lassen. Die Sauce mit Salz, Pfeffer und Muskat abschmecken.
7. Petersilie abspülen und trocken tupfen. Die Blättchen von den Stängeln zupfen und die Blättchen klein schneiden.
8. Die Steaks mit der Käsesauce anrichten und mit Petersilie bestreut servieren.

Rumpsteaks mit Quarkkartoffeln

Rinderspeckbraten mit Polenta

Rumpsteaks mit Quarkkartoffeln

4 Portionen

Zubereitungszeit: 20 Minuten
Garzeit: etwa 45 Minuten

2 doppelte Rumpsteaks (je etwa 400 g)
Salz, gem. Pfeffer
4 EL Olivenöl
4 Ofen- oder Backkartoffeln (aus dem Kühlregal)
250 g Magerquark
2 EL Milch
3 EL klein geschnittene Kräuter, z. B. Petersilie, Schnittlauch, Kerbel, Dill

Pro Portion:
E: 57 g, F: 15 g, Kh: 30 g,
kJ: 2077, kcal: 496

1. Den Backofen bei Ober-/Unterhitze auf 80 °C vorheizen. Einen feuerfesten Teller oder eine Auflaufform mit niedrigem Rand auf dem Rost (mittlere Schiene) miterwärmen.
2. Die Rumpsteaks mit Küchenpapier trocken tupfen, evtl. entsehnen und das Fett abschneiden. Steaks mit Salz und Pfeffer würzen.
3. Olivenöl in einer Pfanne erhitzen, die Rumpsteaks darin etwa 10 Minuten von allen Seiten gut anbraten, herausnehmen und nebeneinander auf dem vorgewärmten Teller oder in der Auflaufform auf dem Rost in den vorgeheizten Backofen schieben. Die Rumpsteaks etwa 45 Minuten garen.
4. Die Ofen- oder Backkartoffeln mit auf den Teller oder in die Auflaufform legen und miterwärmen.
5. Den Quark mit Milch und Kräutern verrühren, mit Salz und Pfeffer abschmecken. Kartoffeln kreuzweise einschneiden, etwas aufdrücken und mit dem Kräuterquark füllen.
6. Die gegarten Rumpsteaks aus dem Backofen nehmen, in dicke Scheiben schneiden und mit den Quarkkartoffeln servieren.

Rinderspeckbraten mit Polenta

6 Portionen

Zubereitungszeit: 30 Minuten, ohne Gefrierzeit
Garzeit: etwa 6 Stunden

120 g fetter geräucherter Speck, in der Länge des Fleischstückes
1 Zwiebel
1,2 kg Rindfleisch (aus der Keule)
Salz, gem. Pfeffer
4 EL Olivenöl
300 ml Fleischbrühe
1 EL Tomatenmark
1 EL mittelscharfer Senf
500 ml Fleischbrühe
150 g Hartweizengrieß
2 Eigelb (Größe M)
30 g Butter

Pro Portion:
E: 45 g, F: 46 g, Kh: 19 g,
kJ: 2800, kcal: 669

1. Den Speck in 5 etwa fingerdicke, lange Streifen schneiden. Speckstreifen in einen Gefrierschrank legen, bis diese fest geworden sind. Den Backofen bei Ober-/Unterhitze auf 80 °C vorheizen. Zwiebel abziehen und fein würfeln.
2. Rindfleisch mit Küchenpapier trocken tupfen, evtl. vorhandenes Fett und Sehnen entfernen. Das Fleisch der Länge nach mit einem langen spitzen Messer 5-mal durchstechen und mit einem Holzlöffelstiel nachbohren.
3. Das Fleisch mit den Speckstreifen spicken, mit Salz und Pfeffer würzen. Olivenöl in einem Bräter mit flachem Rand erhitzen. Das gespickte Fleisch darin etwa 10 Minuten von allen Seiten gut anbraten. Zwiebelwürfel hinzufügen und kurz mitbraten.
4. Den Bräter auf dem Rost in den vorgeheizten Backofen (unteres Drittel) schieben. Den Rinderspeckbraten etwa 6 Stunden garen.
5. Nach etwa 2 Stunden Garzeit die Brühe erhitzen, mit Tomatenmark und Senf unter Rühren in den Bräter geben.
6. Etwa 1 Stunde vor Ende der Garzeit die Fleischbrühe in einem Topf zum Kochen bringen. Grieß unter Rühren einstreuen und unter Rühren etwa 5 Minuten kochen lassen.
7. Den Topf von der Kochstelle nehmen. Eigelb unter die Grießmasse rühren.
8. Ein Stück Frischhaltefolie auf die Arbeitsfläche legen und die Grießmasse etwa 1 cm dick daraufstreichen. Die Grießmasse fest werden lassen und anschließend in Stücke schneiden.
9. Butter in einer Pfanne zerlassen. Polentastücke darin von beiden Seiten goldgelb braten.
10. Den gegarten Rinderspeckbraten aus dem Backofen nehmen, in Stücke schneiden, mit der Sauce und Polenta servieren.

Putenbrust „Indische Art"

4 Portionen (ohne Foto)

Zubereitungszeit: 35 Minuten
Garzeit: etwa 50 Minuten

600 g Putenbrustfilet
Salz, gem. Pfeffer
2 Zwiebeln
3 EL Speiseöl, z. B. Rapsöl
400 g Knollensellerie
100 ml Hühnerbrühe
2 säuerliche Äpfel, z. B. Cox Orange
20 g frischer Ingwer
2 Bananen
1–2 EL Crème fraîche
1 TL Currypulver

Pro Portion:
E: 39 g, F: 12 g, Kh: 20 g,
kJ: 1469, kcal: 352

1. Den Backofen bei Ober-/Unterhitze auf 80 °C vorheizen. Einen feuerfesten Teller oder eine Auflaufform mit niedrigem Rand auf dem Rost (mittlere Schiene) miterwärmen.
2. Putenbrustfilet kurz unter fließendem kalten Wasser abspülen, trocken tupfen und in etwas größere Stücke schneiden, mit Salz und Pfeffer würzen. Zwiebeln abziehen und fein würfeln.
3. Speiseöl in einer Pfanne erhitzen. Zuerst die Zwiebelwürfel darin anbraten, dann die Fleischstücke hinzugeben und etwa 6 Minuten von allen Seiten anbraten. Die Fleischstücke mit den Zwiebelwürfeln auf dem vorgewärmten Teller oder in der Auflaufform auf dem Rost in den vorgeheizten Backofen schieben. Putenbruststücke etwa 50 Minuten garen. Die Pfanne mit dem Bratensatz beiseitestellen.
4. Sellerie schälen, abspülen, abtropfen lassen und klein würfeln. Beiseitegestellte Pfanne mit dem Bratensatz erhitzen, die Selleriewürfel darin etwa 10 Minuten unter gelegentlichem Rühren braten. Brühe hinzugießen und aufkochen lassen.
5. Die Äpfel schälen, vierteln und entkernen. Ingwer schälen, abspülen und abtropfen lassen, Bananen schälen. Apfelviertel, Ingwer und Bananen in kleine Würfel schneiden, zu den Selleriewürfeln in die Pfanne geben und miterwärmen, Crème fraîche unterrühren. Die Sauce mit Curry, Salz und Pfeffer abschmecken.
6. Die gegarten Putenbruststücke aus dem Backofen nehmen, mit der Sauce anrichten und servieren.

Putenbraten mit Aprikosensauce

6 Portionen

Zubereitungszeit: 25 Minuten
Garzeit: etwa 5 Stunden

1 1/4 kg Putenbrust
Salz, gem. Pfeffer
gem. Koriander
3 EL Speiseöl, z. B. Rapsöl

Für die Sauce:
200 g getrocknete Aprikosen
2 TL abgeriebene Schale von
1 Bio-Orange
(unbehandelt, ungewachst)
250 ml Orangensaft
2 TL fein gewürfelter frischer Ingwer
2 EL Weißweinessig
2 EL Aprikosenkonfitüre
250 ml Weißwein
4 EL Sojasauce

6 l Wasser, 6 gestr. TL Salz
600 g grüne Bandnudeln
1 EL Speisestärke
2 EL kaltes Wasser

Pro Portion:
E: 65 g, F: 10 g, Kh: 99 g,
kJ: 3321, kcal: 794

1. Den Backofen bei Ober-/Unterhitze auf 80 °C vorheizen. Putenbrust kurz unter fließendem kalten Wasser abspülen, trocken tupfen, mit Salz, Pfeffer und Koriander würzen.
2. Speiseöl in einem großen, flachen Bräter erhitzen. Die Putenbrust darin etwa 8 Minuten von allen Seiten gut anbraten.
3. Für die Sauce Aprikosen in kleine Stücke schneiden. Mit Orangenschale, -saft, Ingwerwürfeln, Essig, Salz, Konfitüre, Wein und Sojasauce verrühren. Die Sauce zu der angebratenen Putenbrust in den Bräter geben.
4. Den Bräter auf dem Rost in den vorgeheizten Backofen (unteres Drittel) schieben. Die Putenbrust etwa 5 Stunden garen.
5. Etwa 30 Minuten vor Ende der Garzeit Wasser in einem großen Topf zugedeckt zum Kochen bringen. Dann Salz und Nudeln hinzugeben. Die Nudeln im geöffneten Topf bei mittlerer Hitze nach Packungsanleitung bissfest garen, dabei gelegentlich umrühren.
6. Dann die Nudeln in ein Sieb geben, mit heißem Wasser abspülen und abtropfen lassen. Nudeln warm stellen.
7. Den Bräter aus dem Backofen nehmen. Die gegarte Putenbrust herausnehmen und warm stellen. Speisestärke mit Wasser anrühren, in die Aprikosensauce rühren und unter Rühren kurz aufkochen lassen. Sauce mit Salz und Pfeffer abschmecken.
8. Putenbrust in Scheiben schneiden, auf einer vorgewärmten Platte mit der Aprikosensauce anrichten und mit Bandnudeln servieren.

Putenbraten mit Aprikosensauce

Krustenbraten mit dicken Bohnen

4–6 Portionen

Zubereitungszeit: 45 Minuten
Garzeit: etwa 5 Stunden

1,6 kg gepökelter Schweinekrustenbraten
gem. Pfeffer
1–2 TL Gyros-Gewürzmischung
5 Zwiebeln
4 EL Speiseöl, z. B. Olivenöl
3 kg frische dicke Bohnen
1 Topf Bohnenkraut
3 EL Speiseöl, z. B. Olivenöl
120 g gewürfelter, roher Schinken
150 ml Wasser
150 g Schlagsahne
1 gestr. TL Salz
250 ml Fleischbrühe
1 EL Weizenmehl
2 EL kaltes Wasser

Pro Portion:
E: 75 g, F: 47 g, Kh: 43 g,
kJ: 3747, kcal: 895

1. Den Backofen bei Ober-/Unterhitze auf 80 °C vorheizen. Vom Krustenbraten Schwarte und Fett abschneiden. Das Fleisch mit Küchenpapier trocken tupfen. Mit Pfeffer und der Gewürzmischung würzen.
2. Zwiebeln abziehen und in kleine Würfel schneiden. Speiseöl in einem großen, flachen Bräter erhitzen. Das Fleisch darin etwa 10 Minuten von allen Seiten gut anbraten. Etwa zwei Drittel der Zwiebelwürfel hinzugeben und kurz mitbraten lassen.
3. Den Bräter auf dem Rost in den vorgeheizten Backofen (unteres Drittel) schieben. Den Krustenbraten etwa 5 Stunden garen.
4. Etwa 1 Stunde vor Ende der Garzeit die Bohnenkerne aus den Hülsen palen. Bohnen kurz abspülen und abtropfen lassen. Bohnenkraut ebenfalls abspülen und trocken tupfen.
5. Speiseöl in einem Topf erhitzen. Restliche Zwiebelwürfel und die Schinkenwürfel darin anbraten. Bohnenkerne, Bohnenkraut, Wasser, Sahne und Salz hinzufügen. Die Zutaten zum Kochen bringen und zugedeckt etwa 20 Minuten kochen lassen, Bohnenkraut entfernen. Bohnen mit Salz und Pfeffer abschmecken.
6. Den gegarten Krustenbraten aus dem Backofen nehmen und warm stellen. Brühe zum Bratenfond geben und zum Kochen bringen. Mehl mit Wasser anrühren, in die Sauce rühren und unter Rühren kurz aufkochen lassen. Mit Salz und Pfeffer würzen.
7. Den Krustenbraten in Scheiben schneiden, mit der Sauce und den dicken Bohnen servieren.

Lammkrone mit Tomaten-Bohnen-Gemüse

4 Portionen

Zubereitungszeit: 40 Minuten
Grill- und Garzeit: 72–75 Minuten

1 Lammkrone (etwa 1,2 kg, beim Metzger vorbestellen)
3 EL Speiseöl, z. B. Olivenöl
Salz, 1–2 TL Pul Biber (geschrotete Pfefferschoten)
3 EL Speiseöl, z. B. Olivenöl
500 g grüne Bohnen
2 Zwiebeln
2 Knoblauchzehen
3 EL Speiseöl, z. B. Olivenöl
400 g passierte Tomaten (aus der Dose)
gem. Pfeffer
gerebelter Thymian
1 EL klein geschnittene Petersilie

Außerdem:
Küchengarn

Pro Portion:
E: 40 g, F: 28 g, Kh: 29 g,
kJ: 2230, kcal: 532

1. Den Backofengrill auf etwa 240 °C vorheizen. Die Lammkrone kurz unter fließendem kalten Wasser abspülen und trocken tupfen. Lammkrone mit

Krustenbraten mit dicken Bohnen

Lammkrone mit Tomaten-Bohnen-Gemüse

Kalbstafelspitz mit Schmorkohl

Speiseöl bestreichen, mit Salz und Pul Biber würzen. Die Lammkrone mit Küchengarn fest zu einem Kreis zusammenbinden.

2. Speiseöl in einem flachen Bräter erhitzen. Die Lammkrone darin anbraten. Den Bräter auf dem Rost unter den vorgeheizten Backofengrill (unteres Drittel) schieben. Die Lammkrone 12–15 Minuten grillen.

3. Grill ausschalten und den Backofen auf Ober-/Unterhitze 80 °C einstellen. Dabei die Backofentür einen kleinen Spalt öffnen, bis der Backofen die 80 °C erreicht hat. Backofentür schließen. Die Lammkrone etwa 60 Minuten garen.

4. Von den Bohnen die Enden abschneiden, evtl. abfädeln. Bohnen abspülen, abtropfen lassen und in etwa 3 cm lange Stücke schneiden. Zwiebeln und Knoblauch abziehen, in kleine Würfel schneiden.

5. Speiseöl in einem Topf erhitzen. Zwiebel- und Knoblauchwürfel darin andünsten. Bohnenstücke hinzufügen und kurz mit andünsten. Passierte Tomaten unterheben, zum Kochen bringen und etwa 12 Minuten bei schwacher Hitze kochen lassen. Das Gemüse mit Salz, Pfeffer und Thymian kräftig abschmecken.

6. Die gegarte Lammkrone aus dem Backofen nehmen, Küchengarn entfernen. Lammkrone auf einer vorgewärmten großen Platte mit dem Tomaten-Bohnen-Gemüse anrichten. Gemüse mit Petersilie bestreuen.

Kalbstafelspitz mit Schmorkohl

4 Portionen

Zubereitungszeit: 40 Minuten
Garzeit: etwa 5 Stunden

750 g Tafelspitz vom Kalb
Salz
gem. Pfeffer
3 EL Olivenöl
600 g neue kleine Kartoffeln
200 g Rosenkohl
500 g Wirsing
1 Zwiebel
100 ml Gemüsebrühe
2 EL Schnittlauchröllchen

Pro Portion:
E: 46 g, F: 11 g, Kh: 21 g,
kJ: 1576, kcal: 376

1. Den Backofen bei Ober-/Unterhitze auf 80 °C vorheizen. Einen feuerfesten Teller oder eine Auflaufform mit niedrigem Rand auf dem Rost (unteres Drittel) miterwärmen.

2. Tafelspitz mit Küchenpapier trocken tupfen, mit Salz und Pfeffer würzen. Olivenöl in einer Pfanne erhitzen. Das Fleisch darin etwa 10 Minuten von allen Seiten gut anbraten und herausnehmen. Tafelspitz auf dem vorgewärmten Teller oder in der Auflaufform auf dem Rost in den vorgeheizten Backofen schieben. Den Tafelspitz etwa 5 Stunden garen. Die Pfanne mit dem Bratensatz beiseitestellen.

3. Etwa 1 Stunde vor Ende der Garzeit Kartoffeln schälen, abspülen, abtropfen lassen und in einem Topf knapp mit Wasser bedeckt, zugedeckt zum Kochen bringen. Kartoffeln etwa 10 Minuten kochen lassen, dann abgießen.

4. Rosenkohl putzen, abspülen und abtropfen lassen. Wasser in einem Topf zum Kochen bringen, Salz hinzugeben. Den Rosenkohl darin zugedeckt etwa 10 Minuten kochen lassen. Anschließend in ein Sieb geben und abtropfen lassen.

5. Von dem Wirsing die äußeren, welken Blätter entfernen, den Wirsing evtl. vierteln und den Strunk herausschneiden. Wirsing abspülen, abtropfen lassen und in Streifen schneiden. Zwiebel abziehen und fein würfeln.

6. Beiseitegestellte Pfanne erhitzen. Die Zwiebelwürfel darin anbraten, Wirsingstreifen hinzufügen und unter Rühren ebenfalls kurz mitbraten lassen. Brühe hinzugießen. Den Schmorkohl zugedeckt etwa 5 Minuten schmoren lassen.

7. Dann Rosenkohl und Kartoffeln mit in die Pfanne geben und alles zugedeckt weitere 8–10 Minuten garen, mit Salz und Pfeffer würzen.

8. Den gegarten Kalbstafelspitz aus dem Backofen nehmen, in Scheiben schneiden und mit dem Schmorkohl anrichten. Mit Schnittlauchröllchen bestreut servieren.

Lammkeulenbraten

Lammschulter mit orientalischem Reis

Lammkeulenbraten

6–8 Portionen

Zubereitungszeit: 30 Minuten
Grill- und Garzeit: etwa 7 1/2 Stunden

1 Lammkeule (ohne Knochen, etwa 1 1/2 kg)
4 Knoblauchzehen
3 EL Olivenöl
Salz, gem. Pfeffer

Zum Bestreichen:
1 Zwiebel
80 g Semmelbrösel
1 EL klein geschnittene Petersilienblättchen
1 EL fein gehackte Rosmarinnadeln
1 EL klein geschnittene Thymianblättchen
4 EL Olivenöl

Pro Portion:
E: 44 g, F: 20 g, Kh: 9 g, kJ: 1629, kcal: 389

1. Den Backofengrill auf etwa 240 °C vorheizen. Von der Keule Fett und Sehnen entfernen. Lammkeule kurz unter fließendem kalten Wasser abspülen und trocken tupfen.
2. Knoblauch abziehen und in Stifte schneiden. Die Lammkeule mit den Knoblauchstiften spicken. Dazu die Lammkeule in gleichmäßigen Abständen mit einem scharfen spitzen Messer vorsichtig einschneiden und jeweils einen Knoblauchstift hineinstecken.
3. Die Lammkeule mit Olivenöl bestreichen, mit Salz und Pfeffer würzen und auf ein Backblech legen. Das Backblech unter den vorgeheizten Backofengrill (unteres Drittel) schieben und die Lammkeule etwa 15 Minuten grillen, dabei die Lammkeule einmal wenden.
4. Dann den Grill ausschalten und den Backofen auf Ober-/Unterhitze 80 °C einstellen. Dabei die Backofentür einen kleinen Spalt öffnen, bis der Backofen die 80 °C erreicht hat. Die Backofentür wieder schließen.
5. Zum Bestreichen die Zwiebel abziehen und fein würfeln. Zwiebelwürfel mit Semmelbröseln, Kräutern und Olivenöl verrühren. Die Lammkeule damit bestreichen. Das Backblech wieder in den warmen Backofen (unteres Drittel) schieben. Die Lammkeule etwa 7 Stunden garen.
6. Nach Ende der Garzeit die Ober-/Unterhitze ausschalten und den Backofengrill auf etwa 240 °C einschalten. Lammkeule etwa 10 Minuten grillen, sodass die Kruste knusprig wird.
7. Die Lammkeule vom Backblech nehmen, in Scheiben schneiden und servieren.

Lammschulter mit orientalischem Reis

4–6 Portionen

Zubereitungszeit: 30 Minuten
Grill- und Garzeit: etwa 7 1/4 Stunden

1 Lammschulter (etwa 1,8 kg)
4 EL Speiseöl, z. B. Olivenöl
Salz
gem. Pfeffer
1 EL gerebelter Thymian
2 Zwiebeln
2 Knoblauchzehen
400 ml Lammfond
100 ml trockener Wermut

600 ml Fleischbrühe
300 g Basmatireis
265 g abgetropfte Kichererbsen (aus der Dose)
80 g Rosinen
80 g abgezogene Mandeln
0,2 g Safran (aus dem Döschen)
1/4 gestr. TL gem. Kreuzkümmel (Cumin)
1/4 gestr. TL Chilipulver

Für die Salatbeilage:
3 gelbe Paprikaschoten
1/2 Salatgurke
1/2 rote Zwiebel
einige vorbereitete Friséesalatblättchen

Pro Portion:
E: 72 g, F: 39 g, Kh: 77 g,
kJ: 4072, kcal: 973

1. Den Backofengrill auf etwa 240 °C vorheizen. Von der Schulter Fett und Sehnen entfernen. Die Lammschulter kurz unter fließendem kalten Wasser abspülen, trocken tupfen, mit Speiseöl bestreichen, mit Salz, Pfeffer und Thymian würzen. Lammschulter auf ein Backblech legen. Das Backblech unter den vorgeheizten Backofengrill schieben und von jeder Seite 7–8 Minuten grillen.
2. Dann den Backofengrill ausschalten und den Backofen auf Ober-/Unterhitze 80 °C einstellen. Die Backofentür einen kleinen Spalt öffnen, bis der Backofen die 80 °C erreicht hat. Backofentür wieder schließen und die Lammschulter etwa 7 Stunden garen.
3. Nach etwa 2 Stunden Garzeit die Zwiebeln und den Knoblauch abziehen, in kleine Würfel schneiden. Die Lammschulter wenden, Zwiebel- und Knoblauchwürfel hinzugeben.
4. Nach weiteren etwa 2 Stunden Garzeit die Lammschulter wieder wenden. Lammfond und Wermut hinzugießen.
5. Etwa 45 Minuten vor Ende der Garzeit Brühe in einem Topf zum Kochen bringen. Reis hinzufügen, zugedeckt bei schwacher Hitze etwa 20 Minuten quellen lassen. Nach etwa 10 Minuten Quellzeit Kichererbsen, Rosinen und Mandeln unterrühren. Den Reis mit Safran, Kreuzkümmel und Chili würzen, warm stellen.
6. Für die Salatbeilage Paprikaschoten halbieren, entstielen, entkernen und die weißen Scheidewände entfernen. Schoten abspülen und trocken tupfen. Die Gurke abspülen, abtrocknen und in dünne Scheiben hobeln. Zwiebel abziehen und klein würfeln. Jede Paprikahälfte mit Gurkenscheiben und Zwiebelwürfeln füllen. Mit abgespülten und trocken getupften Friséeblättern dekorativ auf den Tellern anrichten. Nach Belieben mit Salz und Pfeffer bestreuen.
7. Die gegarte Lammschulter aus dem Backofen nehmen. Das Fleisch vom Knochen lösen und in Scheiben schneiden. Die Lammschulter mit dem orientalischen Reis, Bratenfond und der Salatbeilage servieren.

Hüftbraten mit Balsamicosauce und Frühlingszwiebeln

6 Portionen

Zubereitungszeit: 40 Minuten, ohne Ruhezeit
Garzeit: etwa 4 Stunden

1,4 kg Rindfleisch (aus der Hüfte)
Salz, gem. Pfeffer
4 EL Speiseöl, z. B. Olivenöl
2 Zwiebeln
250 ml Balsamico-Essig
200 ml trockener Rotwein
400 ml Fleischbrühe
4 Bund Frühlingszwiebeln
70 g Butter, 1 EL Zucker

Pro Portion:
E: 52 g, F: 22 g, Kh: 15 g,
kJ: 2017, kcal: 483

1. Den Backofen bei Ober-/Unterhitze auf 80 °C vorheizen. Einen großen, feuerfesten Teller oder eine Auflaufform mit niedrigem Rand auf dem Rost (mittlere Schiene) mitерwärmen.
2. Rindfleisch mit Küchenpapier trocken tupfen, mit Salz und Pfeffer würzen.
3. Speiseöl in einer Pfanne erhitzen. Das Fleisch darin etwa 10 Minuten von allen Seiten gut anbraten, herausnehmen und auf dem vorgewärmten Teller oder in der Auflaufform in den vorgeheizten Backofen schieben. Das Fleisch etwa 4 Stunden garen. Die Pfanne mit Bratensatz beiseitestellen.
4. Etwa 45 Minuten vor Ende der Garzeit Zwiebeln abziehen und in kleine Würfel schneiden. Beiseitegestellte Pfanne mit dem Bratensatz erhitzen. Zwiebelwürfel darin andünsten. Balsamico-Essig, Rotwein und Brühe unter Rühren hinzugießen. Die Sauce zum Kochen bringen und etwa um die Hälfte einkochen lassen.
5. Frühlingszwiebeln putzen, abspülen, abtropfen lassen und in etwa 10 cm lange Stücke schneiden. Butter in einer Pfanne zerlassen, den Zucker darin unter Rühren schmelzen. Frühlingszwiebelstücke hinzufügen und unter gelegentlichem Wenden 3–5 Minuten garen.
6. Den gegarten Hüftbraten aus dem Backofen nehmen und zugedeckt etwa 10 Minuten ruhen lassen. Ausgetretenen Bratensaft in die Sauce rühren. Die Sauce mit Salz und Pfeffer abschmecken. Das Fleisch in Scheiben schneiden und auf einer vorgewärmten Platte anrichten. Mit Frühlingszwiebelstücken und Balsamicosauce servieren.

Hüftbraten mit Balsamicosauce und Frühlingszwiebeln

Gekräutertes Schweinefilet mit gebratenem Gemüse

4 Portionen

Zubereitungszeit: 45 Minuten
Garzeit: etwa 40 Minuten

800 g Schweinefilet
Salz
gem. Pfeffer
2 EL Speiseöl
1 großes Bund gemischte Kräuter, z. B. Petersilie, Estragon, Schnittlauch, Zitronenmelisse, Thymian
750 g buntes Gemüse, z. B. Zucchini, junge Bundmöhren, Frühlingszwiebeln, Champignons, Cocktailtomaten
50 g Butterschmalz

Pro Portion:
E: 48 g, F: 19 g, Kh: 4 g, kJ: 1599, kcal: 382

1. Den Backofen bei Ober-/Unterhitze auf 80 °C vorheizen. Einen großen, feuerfesten Teller oder eine Auflaufform mit niedrigem Rand auf dem Rost (mittlere Schiene) miterwärmen.
2. Schweinefilet evtl. enthäuten. Schweinefilet mit Küchenpapier trocken tupfen, mit Salz und Pfeffer würzen.
3. Speiseöl in einer Pfanne erhitzen, das Schweinefilet darin etwa 6 Minuten von allen Seiten gut anbraten.
4. In der Zwischenzeit die Kräuter abspülen, trocken tupfen, die Blättchen von den Stängeln zupfen, klein schneiden, Schnittlauch in Röllchen schneiden. Das Schweinefilet in den Kräutern wälzen und die Kräuter dabei gut andrücken. Das Schweinefilet auf dem vorgewärmten Teller oder in der Auflaufform in den vorgeheizten Backofen schieben. Schweinefilet etwa 40 Minuten garen. Die Pfanne mit dem Bratensatz beiseitestellen.
5. In der Zwischenzeit das Gemüse putzen. Zucchini abspülen, abtrocknen und die Enden abschneiden. Zucchini halbieren und in Scheiben schneiden. Von den Bundmöhren das Grün bis auf 2–3 cm abschneiden, Möhren evtl. schälen, abspülen, abtropfen lassen, halbieren oder vierteln. Champignons putzen, evtl. kurz abspülen, trocken tupfen und in Scheiben schneiden. Die Cocktailtomaten abspülen, trocken tupfen, halbieren oder vierteln. Die Bundmöhren 3–5 Minuten in kochendem Salzwasser vorgaren, anschließend in einem Sieb abtropfen lassen.
6. Butterschmalz zum verbliebenen Bratfett in die beiseitegestellte Pfanne geben und zerlassen. Das Gemüse bis auf die Tomaten darin 6–8 Minuten unter gelegentlichem Rühren braten, dann die Tomaten hinzugeben und noch weitere etwa 2 Minuten braten, mit Salz und Pfeffer würzen.
7. Das gegarte Schweinefilet aus dem Backofen nehmen und zugedeckt etwa 5 Minuten ruhen lassen.
8. Schweinefilet in Scheiben schneiden und mit dem Gemüse auf einer vorgewärmten Platte anrichten.

Kalbsbraten mit Gemüse

4–6 Portionen

Zubereitungszeit: 40 Minuten
Garzeit: etwa 4 Stunden

1,2 kg Kalbfleisch (aus der Unterschale)
Salz, gem. Pfeffer
1 TL gerebelter Thymian
4 EL Speiseöl, z. B. Olivenöl
2 EL gekörnter Senf, z. B. Rôtisseur-Senf
5–6 Möhren
400 g weißer Spargel
5 EL Wasser
1/2 gestr. TL Salz
1 Prise Zucker
300 g TK-Erbsen
200 ml Kalbsfond
1 EL Crème fraîche

Gekräutertes Schweinefilet mit gebratenem Gemüse

Kalbsbraten mit Gemüse

Pro Portion:
E: 57 g, F: 15 g, Kh: 14 g,
kJ: 1746, kcal: 417

1. Den Backofen bei Ober-/Unterhitze auf 80 °C vorheizen. Einen großen, feuerfesten Teller oder eine Auflaufform mit niedrigem Rand auf dem Rost (mittlere Schiene) miterwärmen.
2. Vom Kalbfleisch evtl. vorhandenes Fett und Sehnen entfernen. Das Kalbfleisch mit Küchenpapier trocken tupfen und mit Salz, Pfeffer und Thymian würzen.
3. Speiseöl in einer Pfanne erhitzen. Kalbfleisch darin etwa 8 Minuten von allen Seiten gut anbraten. Das Kalbfleisch herausnehmen, mit Senf bestreichen und auf dem vorgewärmten Teller oder in der Auflaufform in den vorgeheizten Backofen schieben. Den Kalbsbraten etwa 4 Stunden garen. Die Pfanne mit Bratensatz beiseitestellen.
4. Etwa 45 Minuten vor Ende der Garzeit Möhren putzen, schälen, abspülen, abtropfen lassen und in etwa 1 cm breite Scheiben schneiden. Den Spargel von oben nach unten schälen. Darauf achten, dass die Schalen vollständig entfernt, die Köpfe aber nicht verletzt werden. Die unteren Enden abschneiden (holzige Stellen vollständig entfernen).
5. Spargelstangen in etwa 2 cm lange Stücke schneiden, abspülen und abtropfen lassen. 5 Esslöffel Wasser in einem Topf zum Kochen bringen. Salz, Zucker, die Möhrenscheiben und Spargelstücke hinzufügen, etwa 8 Minuten dünsten. Gefrorene Erbsen hinzufügen. Das Gemüse wieder zum Kochen bringen und weitere 3–4 Minuten dünsten.
6. Beiseitegestellte Pfanne mit dem Bratensatz erhitzen, Kalbsfond hinzugießen und unter Rühren aufkochen lassen.
7. Den gegarten Kalbsbraten aus dem Backofen nehmen und warm stellen. Den ausgetretenen Bratensaft in die Sauce rühren, Crème fraîche unterrühren. Die Sauce mit Salz und Pfeffer abschmecken. Den Kalbsbraten in Scheiben schneiden, mit dem Gemüse und der Sauce anrichten.

Kalbsbraten mit Brokkoli und Gnocchi

Kalbsbraten mit Brokkoli und Gnocchi

6 Portionen

Zubereitungszeit: 35 Minuten
Garzeit: etwa 4 Stunden

1,2 kg Kalbsnuss
Salz, gem. Pfeffer
1 Zwiebel, 3 Tomaten
je 1 Stängel Rosmarin und Salbei
4 EL Speiseöl, z. B. Olivenöl
1 kg Brokkoli
1 gestr. TL Salz
750 g frische Gnocchi
(aus dem Kühlregal)
80 g Butter
ger. Muskatnuss
250 ml heiße Fleischbrühe

Pro Portion:
E: 50 g, F: 22 g, Kh: 47 g,
kJ: 2469, kcal: 587

1. Den Backofen bei Ober-/Unterhitze auf 80 °C vorheizen. Fleisch evtl. enthäuten. Kalbfleisch mit Küchenpapier trocken tupfen, mit Salz und Pfeffer würzen.
2. Zwiebel abziehen und in kleine Würfel schneiden. Tomaten abspülen, trocken tupfen, halbieren und die Stängelansätze herausschneiden. Tomaten in Würfel schneiden. Kräuterstängel abspülen und trocken tupfen. Die Nadeln bzw. Blättchen von den Stängeln zupfen. Nadeln und Blättchen klein schneiden.
3. Speiseöl in einem großen, flachen Bräter erhitzen. Kalbfleisch darin etwa 10 Minuten von allen Seiten gut anbraten. Zwiebelwürfel hinzugeben und kurz mit anbraten. Tomatenwürfel und Kräuter unterrühren.
4. Den Bräter auf dem Rost in den vorgeheizten Backofen (unteres Drittel) schieben. Das Kalbfleisch etwa 4 Stunden garen.
5. Etwa 40 Minuten vor Ende der Garzeit von dem Brokkoli die Blätter entfernen. Brokkoli in Röschen teilen, abspülen und abtropfen lassen. Wasser in einem Topf zum Kochen bringen, Salz und die Brokkoliröschen hinzugeben, wieder zum Kochen bringen und etwa 6 Minuten garen. Anschließend mit einer Schaumkelle herausnehmen und warm stellen.
6. Gnocchi nach Packungsanleitung zubereiten. Butter in einer kleinen Pfanne zerlassen, mit Muskat würzen und über die gegarten Brokkoliröschen gießen.
7. Den gegarten Kalbsbraten aus dem Backofen nehmen und warm stellen. Heiße Brühe zum Bratenfond geben und aufkochen lassen. Die Sauce pürieren, mit Salz und Pfeffer abschmecken.
8. Den Kalbsbraten in Scheiben schneiden. Mit Gnocchi, Brokkoliröschen und der Sauce servieren.

Chateaubriand

Chateaubriand

4 Portionen

Zubereitungszeit: 20 Minuten
Garzeit: etwa 55 Minuten

2 Rinderfiletstücke (je etwa 400 g)
40 g Butterschmalz
Salz, gem. Pfeffer
grob gem. Pfeffer
einige Stängel Thymian

Pro Portion:
E: 42 g, F: 11 g, Kh: 0 g,
kJ: 1114, kcal: 265

1. Den Backofen bei Ober-/Unterhitze auf 80 °C vorheizen. Einen großen, feuerfesten Teller oder eine Auflaufform mit niedrigem Rand auf dem Rost (mittlere Schiene) miterhitzen.
2. Die Filetstücke mit Küchenpapier trocken tupfen und mit der flachen Hand von der Schnittseite her etwas breit drücken, sodass ein etwa 5 cm dickes Steak entsteht.
3. Butterschmalz in einer Pfanne zerlassen, Filetsteaks hineinlegen und bei mittlerer Hitze von jeder Seite etwa 5 Minuten braten, dabei die Filetsteaks öfter wenden. Die Steaks mit Salz und Pfeffer würzen.
4. Die Filetsteaks aus der Pfanne nehmen, auf den vorgewärmten Teller oder in die Auflaufform legen und auf dem Rost in den vorgeheizten Backofen schieben. Die Filetsteaks etwa 45 Minuten garen.
5. Das gegarte Chateaubriand aus dem Backofen nehmen, in Scheiben schneiden, auf einer vorgewärmten Platte anrichten, mit grobem Pfeffer bestreuen und mit abgespülten, trocken getupften Thymianstängeln garnieren.

Kleine Schweinefleischrouladen

10 Portionen (ohne Foto)

Zubereitungszeit: 45 Minuten
Garzeit: etwa 3 Stunden

2 Zwiebeln
500 g Chicorée
2 EL Rapsöl
200 g gewürfelter Kochschinken
100 g Orangenmarmelade
Salz
gem. Pfeffer
16 kleine Schweineschnitzel
(je etwa 120 g)
100 g süßer Senf
4 EL Rapsöl
600 ml heiße Gemüsebrühe
3 EL Crème fraîche

Außerdem:
Holzstäbchen

Pro Portion:
E: 49 g, F: 13 g, Kh: 9 g,
kJ: 1477, kcal: 353

1. Zwiebeln abziehen und fein würfeln. Chicorée von den schlechten, äußeren Blättern befreien, der Länge nach halbieren und die bitteren Strünke keilförmig herausschneiden. Chicorée abspülen, abtropfen lassen und in feine Streifen schneiden.
2. Rapsöl in einer Pfanne erhitzen. Zwiebelwürfel darin glasig dünsten. Die Chicoréestreifen hinzufügen und zugedeckt etwa 5 Minuten dünsten. Schinkenwürfel und Marmelade unterrühren, kurz aufkochen lassen, mit Salz und Pfeffer würzen. Chicoréemasse in einem Sieb abtropfen lassen, den Sud dabei auffangen und beiseitestellen.
3. Den Backofen bei Ober-/Unterhitze auf 80 °C vorheizen. Eine große Auflaufform mit niedrigem Rand auf dem Rost miterwärmen.
4. Die Schnitzel mit Küchenpapier trocken tupfen und nebeneinander auf eine Arbeitsfläche legen. Schnitzel mit Salz würzen und mit Senf bestreichen. Chicoréemasse auf den Schnitzelscheiben verteilen und diese von der kurzen Seite her aufrollen, mit Holzstäbchen feststecken.
5. Rapsöl in einer Pfanne erhitzen. Rouladen darin evtl. portionsweise etwa 8 Minuten von allen Seiten gut anbraten. Die Rouladen nebeneinander in die Auflaufform legen. Die Form auf dem Rost in den vorgeheizten Backofen schieben. Die Rouladen etwa 3 Stunden garen. Die Pfanne mit dem Bratensatz beiseitestellen.
6. Etwa 20 Minuten vor Ende der Garzeit die beiseitegestellte Pfanne mit dem Bratensatz erhitzen. Brühe und beiseitegestellten Chicoréesud zum Bratensatz geben und unter Rühren aufkochen lassen, Crème fraîche unterrühren. Die Sauce mit Salz und Pfeffer abschmecken.
7. Die gegarten Rouladen aus dem Backofen nehmen, Holzstäbchen entfernen. Ausgetretenen Bratensaft in die Sauce rühren.

Schinkenbraten „Hawaii"

4 Portionen

Zubereitungszeit: 20 Minuten
Grill- und Garzeit: etwa 5 1/4 Stunden

800 g Schweinefleisch
(aus der Oberschale)
Salz, gem. Pfeffer
3 EL Speiseöl, z. B. Rapsöl
360 g abgetropfte Ananasscheiben
(aus der Dose)
12 Gewürznelken
720 g Sauerkraut (aus Dosen)

Ananassaft (aus den Dosen)
etwa 10 Gewürznelken
1 Lorbeerblatt
100 ml Fleischbrühe

Pro Portion:
E: 47 g, F: 12 g, Kh: 34 g,
kJ: 1845, kcal: 440

1. Den Backofengrill auf etwa 240 °C vorheizen. Das Fleisch mit Küchenpapier trocken tupfen, mit Salz und Pfeffer würzen.
2. Speiseöl in einem großen, flachen Bräter erhitzen. Das Fleisch darin etwa 10 Minuten von allen Seiten gut anbraten.
3. Von den Ananasscheiben den Saft auffangen. Die Ananasscheiben in Stücke schneiden. Das angebratene Schweinefleisch in gleichmäßigen Abständen mit einem scharfen Messer etwa 1 cm tief einschneiden (etwa 12 Einschnitte).
4. Jeweils 1 Ananasstück in einen Einschnitt legen. Das Fleisch gleichmäßig mit Gewürznelken spicken.
5. Den Bräter auf dem Rost unter den vorgeheizten Backofengrill (mittlere Schiene) schieben. Die gespickte Oberfläche des Schinkenbratens etwa 10 Minuten grillen. Dann den Backofengrill ausschalten. Die Backofentemperatur auf Ober-/Unterhitze 80 °C einschalten. Dabei die Backofentür einen kleinen Spalt öffnen, bis der Backofen die 80 °C erreicht hat. Backofentür wieder schließen und den Schinkenbraten etwa 5 Stunden garen.
6. Nach etwa 2 Stunden Garzeit das Sauerkraut mit einer Gabel etwas auseinanderzupfen. Die restlichen Ananasstücke, den Ananassaft, Gewürznelken, Lorbeerblatt und Fleischbrühe mit dem Sauerkraut zum Schinkenbraten in den Bräter geben. Den Schinkenbraten mit dem Sauerkraut fertig garen.
7. Den gegarten Schinkenbraten aus dem Backofen nehmen und in Scheiben schneiden. Ananassauerkraut mit Pfeffer abschmecken und mit dem Schinkenbraten servieren.

Scharfes Hähnchenbrustfilet mit Salat

4 Portionen

Zubereitungszeit: 20 Minuten
Garzeit: etwa 40 Minuten

4 Hähnchenbrustfilets
(je etwa 150 g)
Salz, gem. Pfeffer
4 EL Olivenöl
60 g Tomatenmark
2 TL Sambal Oelek
2 EL Olivenöl

Für den Salat:
1 rote Paprikaschote
1 rote Chilischote
1 kleine Zucchini
3 Frühlingszwiebeln
einige Stängel glatte Petersilie
2 EL Weißweinessig
1 Prise Zucker
2 EL Olivenöl

Pro Portion:
E: 38 g, F: 14 g, Kh: 9 g,
kJ: 1296, kcal: 310

1. Den Backofen bei Ober-/Unterhitze auf 80 °C vorheizen. Einen feuerfesten Teller oder eine Auflaufform mit niedrigem Rand auf dem Rost (mittlere Schiene) miterwärmen.
2. Hähnchenbrustfilets kurz unter fließendem kalten Wasser abspülen, trocken tupfen, mit Salz und Pfeffer würzen.
3. Olivenöl in einer Pfanne erhitzen. Die Hähnchenbrustfilets darin etwa 5 Minuten von jeder Seite gut anbraten.
4. Tomatenmark mit Sambal Oelek und Olivenöl verrühren, die Hähnchenbrustfilets damit bestreichen und auf dem vorgewärmten Teller oder in der Auflaufform auf dem Rost in den vorgeheizten Backofen schieben. Hähnchenbrustfilets etwa 40 Minuten garen.
5. Für den Salat Paprikaschote halbieren, entstielen, entkernen und die weißen Scheidewände entfernen. Chilischote entstielen, längs aufschneiden und entkernen. Paprika- und Chilischote abspülen und abtropfen lassen. Paprikaschote in Streifen und Chilischote in Ringe schneiden.
6. Zucchini abspülen, abtropfen lassen und die Enden abschneiden. Zucchini halbieren und in dünne Stifte schneiden. Frühlingszwiebeln putzen, abspülen, abtropfen lassen und in dünne Scheiben schneiden.
7. Petersilie abspülen und trocken tupfen. Die Blättchen von den Stängeln zupfen.
8. Essig mit Zucker verrühren, Olivenöl unterschlagen, mit Salz und Pfeffer würzen und mit den Salatzutaten vermischen. Den Salat mit Petersilienblättchen bestreuen.
9. Die gegarten Hähnchenbrustfilets aus dem Backofen nehmen. Die Hähnchenbrustfilets mit dem Salat servieren.

Schinkenbraten „Hawaii"

Scharfes Hähnchenbrustfilet mit Salat

Kapitel 07

Rezepte 601–700

Sanft garen 95 °C

Perlhuhn in Wacholderrahm

Perlhuhn in Wacholderrahm

4 Portionen

Zubereitungszeit: 25 Minuten, ohne Marinierzeit
Garzeit: etwa 70 Minuten

1 küchenfertiges Perlhuhn (etwa 1,2 kg)
4 Knoblauchzehen
einige Salbeiblättchen
250 ml Weißwein
1 EL Wacholderbeeren
Salz, gem. Pfeffer
4 EL Olivenöl
1 geh. EL Semmelbrösel
125 ml Fleischbrühe
100 g Schlagsahne
evtl. Speisestärke

Pro Portion:
E: 52 g, F: 36 g, Kh: 4 g,
kJ: 2298, kcal: 549

1. Perlhuhn innen und außen unter fließendem kalten Wasser abspülen, trocken tupfen, in 8 gleich große Stücke teilen und in eine flache Schale legen.
2. Knoblauch abziehen. Salbeiblättchen abspülen und trocken tupfen. Weißwein mit Knoblauch, Salbeiblättchen und 10 Wacholderbeeren verrühren. Marinade auf den Perlhuhnstücken verteilen. Die Perlhuhnstücke zugedeckt im Kühlschrank mindestens 4 Stunden marinieren.
3. Den Backofen bei Ober-/Unterhitze auf 95 °C vorheizen.
4. Die Perlhuhnstücke aus der Marinade nehmen und trocken tupfen, mit Salz und Pfeffer würzen. Olivenöl in einem großen Bräter erhitzen. Die Perlhuhnstücke darin etwa 10 Minuten von allen Seiten anbraten. Restliche Wacholderbeeren klein hacken, mit den Semmelbröseln zu den Perlhuhnstücken geben und etwa 1 Minute mitrösten lassen. Mit der Marinade und der Brühe ablöschen.
5. Den Bräter auf dem Rost in den vorgeheizten Backofen (unteres Drittel) schieben. Die Perlhuhnstücke etwa 70 Minuten garen.
6. Die gegarten Perlhuhnstücke aus dem Bräter nehmen und warm stellen. Den Bratensud durch ein Sieb in einen Topf gießen, Sahne unterrühren, zum Kochen bringen und etwas einkochen lassen.
7. Die Sauce mit einem Pürierstab kurz aufmixen. Nach Belieben Speisestärke mit etwas Wasser anrühren, unter die Sauce rühren und unter Rühren aufkochen lassen. Die Sauce mit Salz und Pfeffer abschmecken.
8. Das Perlhuhn in Wacholderrahm servieren.

Bäckerbraten

4 Portionen

Zubereitungszeit: 40 Minuten
Garzeit: etwa 4 1/2 Stunden

2 Zwiebeln
2 Möhren
1 kg Schweinefleisch (aus der Oberschale)
Salz, gem. Pfeffer
2 EL Speiseöl, z. B. Sonnenblumenöl
etwa 350 ml Fleischbrühe

Für die Brotkruste:
4 Scheiben Toastbrot
40 g Butter
1 EL gemischte, klein geschnittene Kräuter, z. B. Petersilie, Schnittlauch
1 Ei (Größe M)
Worcestersauce
1 TL mittelscharfer Senf

Pro Portion:
E: 57 g, F: 42 g, Kh: 12 g,
kJ: 2943, kcal: 702

1. Den Backofen bei Ober-/Unterhitze auf 95 °C vorheizen.
2. Zwiebeln abziehen. Möhren putzen, schälen, abspülen und abtropfen lassen. Die Zwiebeln und Möhren in Stücke schneiden.
3. Schweinefleisch mit Küchenpapier trocken tupfen, mit Salz und Pfeffer einreiben. Speiseöl in einem Bräter erhitzen. Das Schweinefleisch darin etwa 5 Minuten von allen Seiten anbraten. Das vorbereitete Gemüse hinzufügen und 3–4 Minuten mitbraten lassen, mit Fleischbrühe ablöschen. Den Bräter auf dem Rost in den vorgeheizten Backofen (unteres Drittel) schieben. Den Schweinebraten etwa 4 1/2 Stunden garen.
4. In der Zwischenzeit für die Brotkruste Toastbrot entrinden und in Würfel schneiden. Butter in einer Pfanne zerlassen. Brotwürfel darin von allen Seiten anrösten, herausnehmen, in eine Schüssel geben und etwas abkühlen lassen.
5. Kräuter und das Ei zu den Brotwürfeln geben und gut vermischen, mit Salz, Pfeffer, Worcestersauce und Senf würzen.
6. Nach etwa 4 1/2 Stunden Garzeit den Bräter mit dem Braten aus dem Backofen nehmen und den Backofengrill auf etwa 200 °C vorheizen.
7. Die Brot-Kräuter-Mischung auf dem Schweinefleisch verteilen und etwas andrücken. Das Fleischstück wieder in den Bräter legen. Bräter auf dem Rost unter den vorgeheizten Backofengrill schieben. Den Bäckerbraten 5–10 Minuten überbacken.
8. Den Bäckerbraten aus dem Bräter nehmen und warm stellen. Evtl. etwas Wasser unter den Bratensatz rühren und mit dem Gemüse in einen Topf geben und pürieren. Die Sauce nochmals kurz erhitzen, mit Salz und Pfeffer abschmecken.
9. Das Fleisch in Scheiben schneiden und mit der Sauce servieren.

Bäckerbraten

Gänsebrust mit fruchtiger Rote-Bete-Nuss-Sauce

6 Portionen (ohne Foto)

Zubereitungszeit: 45 Minuten
Garzeit: etwa 90 Minuten

Gänsebrustfilets (je etwa 600 g)
Salz, gem. Pfeffer
etwa 350 g gegarte Rote Bete (vakuumverpackt)
350 g kernlose grüne und blaue Weintrauben
4–5 Stängel Beifuß
100 g abgezogene Mandeln
1–2 TL Zucker
250 ml roter Traubensaft
200 ml Enten- oder Geflügelfond
1/2–1 EL Obstessig

Pro Portion:
E: 37 g, F: 71 g, Kh: 22 g,
kJ: 3647, kcal: 872

1. Den Backofen bei Ober-/Unterhitze auf 95 °C vorheizen. Einen feuerfesten Teller oder eine Auflaufform auf dem Rost (mittlere Schiene) miterwärmen. Die Gänsebrustfilets kurz unter fließendem kalten Wasser abspülen und trocken tupfen. Die Haut mit einem scharfen Messer einschneiden. Gänsebrustfilets mit Salz und Pfeffer würzen.
2. Eine große Pfanne ohne Fett erhitzen. Die Filets mit der Hautseite nach unten in die Pfanne legen und etwa 5 Minuten braten. Dann die Filets wenden und von der anderen Seite ebenfalls etwa 5 Minuten braten.
3. Die Gänsebrustfilets herausnehmen und auf dem vorgewärmten Teller oder in der Auflaufform auf dem Rost in den vorgeheizten Backofen schieben. Die Gänsebrustfilets etwa 90 Minuten garen.
4. In der Zwischenzeit Rote Bete in Stifte schneiden. Weintrauben abspülen, trocken tupfen, entstielen und halbieren. Beifuß abspülen, trocken tupfen, etwas kleiner zupfen.
5. Die Pfanne mit dem Bratensatz wieder erhitzen. Rote-Bete-Stifte, Mandeln und Weintraubenhälften darin unter mehrmaligem Wenden anbraten. Zucker daraufstreuen und karamellisieren lassen.
6. Traubensaft und Fond hinzugießen. Beifuß und Obstessig unterrühren, mit Salz und Pfeffer würzen. Die Zutaten zum Kochen bringen und etwa 10 Minuten einkochen lassen. Die Sauce nochmals abschmecken.
7. Die gegarten Gänsebrustfilets aus dem Backofen nehmen, in Scheiben schneiden und mit der Sauce anrichten.

Hackbraten mit Feta

4 Portionen (ohne Foto)

Zubereitungszeit: 25 Minuten, ohne Ruhezeit
Garzeit: etwa 2 Stunden

1 Brötchen (Semmel) vom Vortag
1 Zwiebel
2 Knoblauchzehen
600 g Lammgehacktes
2 Eier (Größe M)
2 EL Tomatenmark
Salz, gem. Pfeffer
Paprikapulver edelsüß
gerebelter Thymian
200 g Fetakäse
8 Scheiben durchwachsener Speck (etwa 120 g)
etwa 125 ml Gemüsebrühe

Pro Portion:
E: 47 g, F: 46 g, Kh: 9 g,
kJ: 2663, kcal: 636

1. Den Backofen bei Ober-/Unterhitze auf etwa 200 °C vorheizen.
2. Brötchen in kaltem Wasser einweichen. Zwiebel und Knoblauch abziehen, in kleine Würfel schneiden.
3. Gehacktes in eine Schüssel geben. Eingeweichtes Brötchen gut ausdrücken, mit den Zwiebel- und Knoblauchwürfeln, Eiern und Tomatenmark hinzugeben. Die Zutaten gut vermengen, mit Salz, Pfeffer, Paprika und Thymian würzen.
4. Fetakäse in kleine Würfel schneiden, unter den Hackfleischteig arbeiten. Den Fleischteig zu einem ovalen Laib formen und in einen Bräter (gefettet) legen. Die Speckscheiben leicht überlappend darauflegen.
5. Den Bräter auf dem Rost in den vorgeheizten Backofen (unteres Drittel) schieben. Den Hackbraten etwa 20 Minuten braten. Dann die Backofentemperatur bei Ober-/Unterhitze auf 95 °C herunterschalten.
6. Die Brühe zum Hackbraten in den Bräter gießen. Den Hackbraten etwa 2 Stunden garen. Während der Garzeit evtl. etwas Brühe hinzugießen.
7. Den gegarten Hackbraten aus dem Bräter nehmen und etwa 10 Minuten ruhen lassen. Hackbraten in Scheiben schneiden.

Hasenfilets mit Mairübchengemüse

4 Portionen

Zubereitungszeit: 40 Minuten, ohne Ruhezeit
Garzeit: 35–40 Minuten

600 g Hasenrückenfilets
2 Zwiebeln
2 EL Speiseöl, z. B. Sonnenblumenöl
Salz, gem. Pfeffer
1–2 TL gerebelter Rosmarin oder Thymian
250 ml Gemüse- oder Fleischbrühe
600 g Mairübchen
1 EL Butter
25 ml Gemüsebrühe
1 EL klein geschnittene Petersilie

1 EL Tomatenmark
1 EL Crème double
1–2 TL Wild-Preiselbeeren (aus dem Glas)

Pro Portion:
E: 35 g, F: 16 g, Kh: 9 g,
kJ: 1360, kcal: 326

1. Den Backofen bei Ober-/Unterhitze auf 95° C vorheizen.
2. Die Hasenrückenfilets mit Küchenpapier trocken tupfen, evtl. enthäuten. Die Zwiebeln abziehen und in Würfel schneiden.
3. Speiseöl in einem Bräter erhitzen. Die Filets darin von allen Seiten anbraten, mit Salz, Pfeffer und Rosmarin oder Thymian würzen. Zwiebelwürfel mit der Brühe zu den Filets geben und aufkochen lassen.
4. Den Bräter auf dem Rost in den vorgeheizten Backofen (unteres Drittel) schieben. Die Hasenrückenfilets 35–40 Minuten garen.
5. In der Zwischenzeit Mairübchen putzen, schälen, abspülen, abtropfen lassen und in Stifte schneiden. Die Butter in einer Pfanne zerlassen. Die Mairübchenstifte darin andünsten, Gemüsebrühe hinzugeben. Die Mairübchenstifte zugedeckt etwa 5 Minuten garen, mit Salz und Pfeffer würzen, Petersilie unterrühren.
6. Die gegarten Filets aus dem Bräter nehmen und warm stellen.
7. Den Bratenfond pürieren. Tomatenmark und Crème double unterrühren. Die Sauce mit Salz, Pfeffer und Wild-Preiselbeeren abschmecken.
8. Die Filets in Scheiben schneiden. Evtl. ausgetretenen Fleischsaft unter die Sauce rühren. Hasenfilets mit der Sauce und dem Mairübchengemüse anrichten und servieren.

Hasenfilets mit Mairübchengemüse

Kalbshaxe all' italia

6 Portionen (ohne Foto)

Zubereitungszeit: 40 Minuten
Garzeit: etwa 4 Stunden

1 Kalbshaxe (ohne Knochen, etwa 2,3 kg)
6 Tomaten
4 Zwiebeln
2 Knoblauchzehen
4 EL Olivenöl
Salz, gem. Pfeffer
3 TL Pizzagewürz
125 ml Marsala
200 ml Fleischbrühe
1–2 EL Weizenmehl
3–4 EL kaltes Wasser
4 EL Mascarpone

Pro Portion:
E: 77 g, F: 31 g, Kh: 9 g,
kJ: 2689, kcal: 641

1. Den Backofen bei Ober-/Unterhitze auf 95 °C vorheizen. Kalbshaxe mit Küchenpapier trocken tupfen, evtl. Fett und Sehnen entfernen.
2. Tomaten abspülen, abtrocknen, vierteln und die Stängelansätze herausschneiden. Zwiebeln und Knoblauch abziehen und vierteln.
3. Das Olivenöl in einem großen Bräter erhitzen. Die Kalbshaxe mit Salz, Pfeffer und Pizzagewürz würzen und in dem Bräter etwa 10 Minuten von allen Seiten anbraten.
4. Tomaten-, Zwiebel- und Knoblauchstücke um die Haxe legen, mit Salz, Pfeffer und Pizzagewürz würzen. Marsala und Fleischbrühe hinzugießen, kurz aufkochen lassen.
5. Den Bräter auf dem Rost in den vorgeheizten Backofen (unteres Drittel) schieben. Die Kalbshaxe etwa 4 Stunden garen, dabei 2–3-mal wenden.
6. Die gegarte Kalbshaxe aus dem Bräter nehmen, in Scheiben schneiden, auf einer vorgewärmten Platte anrichten und warm stellen.
7. Den Bratensud durch ein Sieb in einen Topf gießen. Das Gemüse warm stellen. Den Sud aufkochen lassen. Mehl mit Wasser anrühren, in den Bratensud rühren und unter Rühren zum Kochen bringen. Die Sauce etwa 5 Minuten unter gelegentlichem Rühren kochen lassen, dann Mascarpone unterrühren.
8. Die Sauce mit Salz, Pfeffer und Pizzagewürz abschmecken. Die Kalbshaxe mit der Sauce und dem Gemüse servieren.

Hirschrückensteak mit Gewürzgurken und Sauerrahm

Hirschrückensteak mit Gewürzgurken und Sauerrahm

4 Portionen

Zubereitungszeit: 30 Minuten
Garzeit: 40–45 Minuten

3 Schalotten
4 Hirschrückensteaks (je 170–180 g)
Salz, gem. Pfeffer
2 EL Butterschmalz
2 EL Butter
100 ml Rotwein
150 g abgetropfte Gewürzgurken (aus dem Glas)
200 ml Wildfond
100 g Schmand (Sauerrahm)
einige glatte Petersilienblättchen

Pro Portion:
E: 38 g, F: 23 g, Kh: 3 g,
kJ: 1610, kcal: 384

1. Schalotten abziehen, halbieren, zuerst in Scheiben schneiden, dann in Ringe teilen. Hirschrückensteaks mit Küchenpapier trocken tupfen, mit Salz und Pfeffer würzen.
2. Butterschmalz in einer feuerfesten Pfanne erhitzen. Steaks darin von beiden Seiten scharf anbraten und herausnehmen. Das Bratfett abgießen. Die Butter in die Pfanne zum Bratensatz geben und zerlassen.
3. Die Schalottenringe in der Butter kurz andünsten, mit Rotwein ablöschen, zum Kochen bringen und etwas einkochen lassen.
4. Den Backofen bei Ober-/Unterhitze auf 95 °C vorheizen.
5. Die Steaks auf den Schalottenringen verteilen. Die Pfanne auf dem Rost in den vorgeheizten Backofen schieben. Die Steaks 40–45 Minuten garen.
6. Inzwischen die Gewürzgurken der Länge nach in feine Streifen schneiden. Wildfond in einem Topf erhitzen.
7. Die gegarten Steaks aus der Pfanne nehmen und zugedeckt kurz ruhen lassen.
8. Den Bratensatz mit den Schalottenringen und die Gurkenstreifen zu dem Wildfond in den Topf geben, einmal aufkochen lassen.
9. Schmand auf 4 vorgewärmten Tellern verteilen. Die Steaks darauflegen und mit der Sauce übergießen. Mit abgespülten, trocken getupften Petersilienblättchen garnieren.

Gefüllter Rinderbraten in Steinpilzsauce

Gefüllter Rinderbraten in Steinpilzsauce

6–8 Portionen

Zubereitungszeit: 45 Minuten, ohne Einweich- und Abkühlzeit
Garzeit: etwa 4 Stunden

Zum Vorbereiten:
40 g getrocknete Steinpilze
600 ml Wasser

180 g Zwiebeln
2 Knoblauchzehen
150 g rote Linsen
200 ml Fleischbrühe
20 g getrocknete Tomaten
30 g ger. Parmesan
Salz, gem. Pfeffer
1 1/2 kg Rindfleisch (aus der Hüfte)
200 g Möhren
5 EL Olivenöl
1 TL gerebelter Rosmarin
500 ml Einweichflüssigkeit (von den Steinpilzen)
200 ml trockener Rotwein
2 EL Speisestärke
evtl. einige Rosmarinspitzen

Außerdem:
Küchengarn

Pro Portion:
E: 55 g, F: 14 g, Kh: 19 g,
kJ: 1855, kcal: 444

1. Zum Vorbereiten die Steinpilze in 600 ml kaltem Wasser über Nacht einweichen.
2. Zwiebeln und Knoblauch abziehen, fein würfeln. Linsen mit Brühe in einem Topf zum Kochen bringen. Etwa 50 g der Zwiebelwürfel unterrühren, dann die Linsen zugedeckt etwa 10 Minuten bei schwacher Hitze garen, dabei gelegentlich umrühren. Linsenmasse erkalten lassen.
3. Die eingeweichten Steinpilze in ein Sieb geben, dabei das Einweichwasser auffangen und 500 ml abmessen. Tomaten in feine Streifen schneiden, mit dem Parmesan unter die Linsenmasse rühren, mit Salz und Pfeffer würzen.
4. Den Backofen bei Ober-/Unterhitze auf 95 °C vorheizen. Rindfleisch mit Küchenpapier trocken tupfen. Fleisch an der Längsseite im unteren Drittel waagerecht bis fast zur Kante einschneiden (nicht durchschneiden). Das Fleisch auseinanderklappen und die dicke Seite von der Mitte aus waagerecht einschneiden (nicht durchschneiden) und aufklappen, sodass eine möglichst große, flache Fläche entsteht. Fleisch evtl. noch etwas flach klopfen.
5. Die Linsenmasse auf dem vorbereiteten Fleisch verteilen, dabei rundherum einen etwa 2 cm breiten Rand frei lassen. Das Fleisch von der schmalen Seite her aufrollen und mit Küchengarn fest umwickeln. Möhren putzen, schälen, abspülen, abtropfen lassen und in etwa 1/2 cm breite Scheiben schneiden.
6. Olivenöl in einem Bräter erhitzen. Das aufgerollte Fleisch mit Salz, Rosmarin und Pfeffer würzen und in dem erhitzten Olivenöl etwa 10 Minuten von allen Seiten anbraten. Restliche Zwiebelwürfel mit den Knoblauchwürfeln hinzufügen und mit anbraten. Möhrenscheiben ebenfalls in den Bräter geben und mitbraten lassen. Die abgemessene Steinpilzflüssigkeit und den Rotwein hinzugießen, aufkochen lassen.
7. Den Bräter auf dem Rost in den vorgeheizten Backofen (unteres Drittel) schieben. Den Rinderbraten etwa 4 Stunden garen, dabei den Braten 2–3-mal wenden.
8. Etwa 2 Stunden vor Ende der Garzeit die eingeweichten Steinpilze zum Rinderbraten in den Bräter geben und unterrühren. Den Rinderbraten fertig garen.
9. Den gegarten Rinderbraten aus dem Bräter nehmen und warm stellen. Speisestärke mit etwas kaltem Wasser anrühren, in den Bratenfond rühren und unter Rühren aufkochen lassen. Die Sauce mit Salz und Pfeffer abschmecken. Den Rinderbraten in Scheiben schneiden und mit der Sauce servieren. Nach Belieben mit abgespülten, trocken getupften Rosmarinspitzen garniert servieren.

Gefüllter Kalbsrücken

8 Portionen

Zubereitungszeit: 40 Minuten
Garzeit: etwa 4 Stunden

1,8 kg Kalbsrücken (ohne Knochen)

350 g Schweinemett
120 g Schalotten
200 g Fenchel
60 g ger. Parmesan
etwa 90 g Pesto Genovese (aus dem Glas)
5 EL Olivenöl
Salz, gem. Pfeffer
1 EL Tomatenmark
500 ml Kalbsfond
1 Bio-Zitrone (unbehandelt, ungewachst)
1 EL Speisestärke

Außerdem:
Alufolie
Küchengarn

Pro Portion:
E: 58 g, F: 28 g, Kh: 4 g,
kJ: 2088, kcal: 499

1. Den Backofen bei Ober-/Unterhitze auf 95 °C vorheizen. Den Kalbs-

rücken mit Küchenpapier trocken tupfen. Fleisch längs an der schmalen Seite mit einem scharfen Messer etwa zwei Drittel tief einschneiden, sodass eine Tasche entsteht.
2. Das Schweinemett in eine Schüssel geben. Die Schalotten abziehen. Fenchel putzen, abspülen, abtropfen lassen und halbieren. Etwas Fenchelgrün zum Garnieren beiseitelegen. Schalotten und Fenchelhälften in feine Würfel schneiden. Jeweils etwa die Hälfte der Schalotten- und Fenchelwürfel mit dem Parmesan zum Schweinemett geben. Knapp die Hälfte von dem Pesto hinzufügen. Die Zutaten gut vermengen und in die eingeschnittene Tasche des Kalbsrückens füllen.
3. Die Füllung mit einem mehrfach gefalteten Streifen Alufolie zudecken. Den Kalbsrücken mit Küchengarn verschnüren, sodass die Füllung nicht herausfallen kann.
4. Olivenöl in einem Bräter erhitzen. Den Kalbsrücken mit Salz und Pfeffer würzen und etwa 10 Minuten in dem erhitzten Olivenöl von allen Seiten anbraten. Restliche Schalotten- und Fenchelwürfel hinzufügen und kurz mitbraten lassen. Tomatenmark unterrühren, Kalbsfond hinzugießen. Zitrone heiß abwaschen, abtrocknen, halbieren, mit in den Bräter geben.
5. Den Bräter auf dem Rost in den vorgeheizten Backofen (unteres Drittel) schieben. Den Kalbsrücken etwa 4 Stunden garen.
6. Nach etwa 2 Stunden Garzeit den Kalbsrücken einmal wenden und das restliche Pesto auf den Kalbsrücken streichen. Den Kalbsrücken fertig garen.
7. Den gegarten Kalbsrücken aus dem Bräter nehmen und warm stellen. Zitronenhälften herausnehmen. Die Speisestärke mit etwas kaltem Wasser anrühren, in die Sauce rühren und unter Rühren aufkochen lassen. Mit Salz und Pfeffer abschmecken.
8. Von dem Kalbsrücken Küchengarn und Alufolie entfernen. Das Fleisch in Scheiben schneiden und mit der Sauce anrichten. Mit dem Fenchelgrün garniert servieren.

Hähnchenbrust mit Chili und Honig

4 Portionen

Zubereitungszeit: 30 Minuten, ohne Marinierzeit
Garzeit: etwa 45 Minuten

Für die Marinade:
150 ml Geflügel- oder Gemüsebrühe
4 EL flüssiger Honig
je 1 rote und grüne Chilischote
1 Schalotte

4 Hähnchenbrustfilets
(je 140–150 g)
gem. Pfeffer, Salz
40 g Butter, 1 EL Speiseöl
Chilifäden oder -flocken

Pro Portion:
E: 35 g, F: 12 g, Kh: 16 g,
kJ: 1308, kcal: 313

1. Für die Marinade Brühe und Honig in einem Topf unter Rühren leicht erwärmen und in eine flache Schale geben.
2. Chilischoten abspülen, trocken tupfen, längs halbieren, entstielen und entkernen. Schotenhälften in kleine Würfel schneiden. Schalotte abziehen, ebenfalls klein würfeln. Chili- und Schalottenwürfel unter die Honigbrühe rühren.
3. Hähnchenbrustfilets kurz unter fließendem kalten Wasser abspülen, trocken tupfen, mit Pfeffer würzen. Hähnchenbrustfilets in die Marinade legen, zugedeckt im Kühlschrank etwa 60 Minuten marinieren, dabei gelegentlich wenden.
4. Den Backofen bei Ober-/Unterhitze auf 95 °C vorheizen.
5. Die Hähnchenbrustfilets aus der Marinade nehmen, kurz abtropfen lassen und mit Salz würzen. Butter in einer hitzebeständigen Pfanne zerlassen, Speiseöl miterhitzen. Hähnchenbrustfilets darin von beiden Seiten anbraten. Die Pfanne auf dem Rost in den vorgeheizten Backofen (unteres Drittel) schieben. Hähnchenbrustfilets etwa 45 Minuten garen.
6. Die gegarten Hähnchenbrustfilets aus der Pfanne nehmen und warm stellen. Den Bratensatz mit der restlichen Marinade ablöschen, zum Kochen bringen und um die Hälfte einkochen.
7. Die Hähnchenbrustfilets auf einer vorgewärmten Platte anrichten und mit der Sauce übergießen. Mit Chilifäden oder -flocken garnieren.

Gefüllter Kalbsrücken

Hähnchenbrust mit Chili und Honig

Hirschrückenfilet mit Nusskruste

4 Portionen

Zubereitungszeit: 45 Minuten, ohne Ruhezeit
Garzeit: etwa 55 Minuten

750 g Hirschrückenfilet
Salz, gem. Pfeffer
30 g Butterschmalz

Für die Haselnusskruste:
30 g Butterschmalz (zimmerwarm)
100 g gem. Haselnusskerne
1 Prise Zucker
2 Eigelb (Größe M)
1–2 EL Semmelbrösel

250 ml Wildfond
100 ml Rotwein
5 Wacholderbeeren
1 geh. EL Weizenmehl
2 EL kaltes Wasser
2 EL Cognac
3 EL Portwein

Pro Portion:
E: 44 g, F: 40 g, Kh: 11 g,
kJ: 2576, kcal: 615

1. Den Backofen bei Ober-/Unterhitze auf 95 °C vorheizen. Einen feuerfesten Teller oder eine Auflaufform auf dem Rost (unteres Drittel) miterwärmen.
2. Hirschrückenfilet mit Küchenpapier trocken tupfen, evtl. enthäuten. Filet mit Salz und Pfeffer würzen.
3. Butterschmalz in einer Pfanne zerlassen. Das Hirschrückenfilet darin 4–5 Minuten von allen Seiten gut anbraten, herausnehmen und auf dem vorgewärmten Teller oder in der Auflaufform in den vorgeheizten Backofen (unteres Drittel) schieben. Hirschrückenfilet etwa 55 Minuten garen. Die Pfanne mit dem Bratensatz beiseitestellen.
4. Inzwischen für die Haselnusskruste Butterschmalz schaumig rühren. Haselnusskerne, Zucker und Eigelb unterrühren. Von den Semmelbröseln nur so viel unter die Masse rühren, dass eine streichfähige Masse entsteht. Die Masse mit Salz und Pfeffer würzen.
5. Die beiseitegestellte Pfanne mit dem Bratensatz erhitzen. Den Wildfond und Rotwein hinzugießen. Wacholderbeeren hinzufügen. Die Sauce zum Kochen bringen und etwas einkochen lassen.
6. Mehl mit Wasser anrühren, in die Sauce rühren und unter Rühren zum Kochen bringen. Sauce etwa 5 Minuten kochen lassen, dann mit Cognac, Portwein, Salz und Pfeffer abschmecken. Die Sauce warm stellen.
7. Das gegarte Hirschrückenfilet aus dem Backofen nehmen. Backofengrill auf etwa 240 °C einschalten.
8. Das Hirschrückenfilet mit der Haselnussmasse bestreichen, andrücken und auf ein Backblech legen. Das Backblech unter den vorgeheizten Backofengrill schieben. Das Hirschrückenfilet etwa 5 Minuten knusprig braun überbacken.
9. Das überbackene Hirschrückenfilet etwa 5 Minuten ruhen lassen, dann in Scheiben schneiden und mit der Sauce servieren.

Koteletts aus dem Backofen

4 Portionen (ohne Foto)

Zubereitungszeit: 20 Minuten
Garzeit: etwa 2 1/2 Stunden

etwa 800 g Schweinenacken (ohne Knochen)
Salz, gem. Pfeffer
2 EL Speiseöl
1 Gemüsezwiebel
1 Knoblauchzehe
1 Stängel frischer Thymian
400 g stückige Tomaten (Tetrapak)
200 ml feurige Taco-Sauce oder Mexico-Salsa (aus dem Glas)
2 Lorbeerblätter

Pro Portion:
E: 39 g, F: 33 g, Kh: 9 g,
kJ: 2043, kcal: 487

1. Den Backofen bei Ober-/Unterhitze auf 95 °C vorheizen.
2. Den Schweinenacken mit Küchenpapier trocken tupfen und in 4 gleich große Scheiben schneiden, evtl. etwas flach klopfen. Fleischscheiben mit Salz und Pfeffer kräftig würzen. Speiseöl in einem Bräter erhitzen, die Fleischscheiben darin evtl. in 2 Portionen etwa 4 Minuten von beiden Seiten anbraten.
3. Gemüsezwiebel und Knoblauch abziehen. Zwiebel zuerst in Scheiben schneiden, dann in Ringe teilen. Knoblauch in Scheiben schneiden.
4. Thymian abspülen und trocken tupfen. Die Blättchen von dem Stängel zupfen. Thymianblättchen mit den stückigen Tomaten und der Taco-Sauce oder Mexico-Salsa verrühren. Lorbeerblätter grob zerreiben und unterrühren. Die Tomatensauce mit Salz und Pfeffer würzen.
5. Die Fleischscheiben mit den Zwiebelringen, Knoblauchscheiben und der Tomatensauce bedecken.
6. Den Bräter auf dem Rost in den vorgeheizten Backofen (unteres Drittel) schieben. Die Koteletts etwa 2 1/2 Stunden garen.

Hähnchenbrust in Spinatsauce

6 Portionen (ohne Foto)

Zubereitungszeit: 40 Minuten
Garzeit: etwa 60 Minuten

900 g Hähnchenbrustfilet
1 EL Speiseöl
Salz, gem. Pfeffer
40 g Butter
20 g Weizenmehl
250 ml Gemüsebrühe
100 g Schlagsahne
225 g gehackter TK-Blattspinat
20 g ger. Meerrettich (aus dem Glas)
1 Ei (Größe M)
20 g Semmelbrösel

Pro Portion:
E: 39 g, F: 15 g, Kh: 6 g,
kJ: 1337, kcal: 320

1. Den Backofen bei Ober-/Unterhitze auf 95 °C vorheizen.
2. Hähnchenbrustfilet kurz unter fließendem kalten Wasser abspülen und trocken tupfen.
3. Speiseöl in einer Pfanne erhitzen. Die Hähnchenbrustfilets darin von beiden Seiten anbraten, mit Salz und Pfeffer würzen und aus der Pfanne nehmen.
4. Die Hälfte der Butter zum verbliebenen Bratfett in die Pfanne geben und zerlassen. Mehl darin unter Rühren so lange erhitzen, bis es hellgelb ist. Brühe und Sahne nach und nach unter Rühren hinzugießen. Mit einem Schneebesen durchschlagen, dabei darauf achten, dass keine Klümpchen entstehen. Die Sauce unter Rühren aufkochen lassen.
5. Spinat unaufgetaut in die Sauce geben und erhitzen, dabei gelegentlich umrühren. Meerrettich unterrühren. Die Spinatsauce aufkochen lassen, mit Salz und Pfeffer würzen, etwas abkühlen lassen. Dann das Ei unter die Spinatsauce rühren und die Sauce in eine Auflaufform geben.
6. Angebratenes Hähnchenbrustfilet in die Sauce legen. Die Form auf dem Rost in den vorgeheizten Backofen schieben. Die Hähnchenbrustfilets in der Spinatsauce etwa 60 Minuten garen.
7. Dann die Auflaufform aus dem Backofen nehmen und den Backofengrill auf etwa 200 °C vorheizen.
8. Das Hähnchenbrustfilet mit Semmelbröseln bestreuen. Restliche Butter in Flöckchen darauf verteilen. Die Form auf dem Rost unter den vorgeheizten Backofengrill schieben und das Hähnchenbrustfilet 3–4 Minuten goldgelb und knusprig überbacken.

Klassischer Gänsebraten

6–8 Portionen

Zubereitungszeit: 45 Minuten
Garzeit: etwa 5 1/2 Stunden

1 küchenfertige Gans (etwa 4,8 kg)
Salz, gem. Pfeffer
1 EL gerebelter Beifuß
2 säuerliche Äpfel, z. B. Boskop
180 g Zwiebeln
1 EL Tomatenmark
100 ml Apfelsaft
300 ml Hühnerbrühe
80 g Lebkuchen ohne Schokolade oder Saucenlebkuchen

Außerdem:
Holzstäbchen
Küchengarn

Pro Portion:
E: 88 g, F: 87 g, Kh: 13 g,
kJ: 4931, kcal: 1178

1. Den Backofen auf etwa 200 °C vorheizen. Die Gans innen und außen unter fließendem kalten Wasser abspülen, abtropfen lassen, inneres Fett entfernen. Die Gans innen und außen mit Salz, Pfeffer und Beifuß würzen.
2. Äpfel waschen, abtrocknen und das Kerngehäuse mit einem Apfelausstecher entfernen. Die Gans mit den Äpfeln füllen und die Öffnung mit Holzstäbchen und Küchengarn verschließen.
3. Die Gans mit der Brust nach unten in einen großen Bräter legen. Den Bräter auf dem Rost in den vorgeheizten Backofen (untere Schiene) schieben. Die Gans etwa 30 Minuten anbraten, dabei einmal wenden.
4. Zwiebeln abziehen und würfeln. Zwiebelwürfel und Tomatenmark zur Gans in den Bräter geben. Den Backofen bei Ober-/Unterhitze auf 95 °C herunterschalten. Die Gans weitere etwa 5 Stunden garen.
5. Nach etwa 3 Stunden Garzeit Apfelsaft und Hühnerbrühe erwärmen und hinzugießen. Gans fertig garen.
6. Den Backofengrill auf etwa 240 °C vorheizen. Die gegarte Gans aus dem Bräter nehmen, auf eine feuerfeste Platte legen und auf dem Rost unter den vorgeheizten Backofengrill schieben. Die Gans von beiden Seiten 5–10 Minuten knusprig grillen.
7. In der Zwischenzeit den Bratenfond entfetten, Lebkuchen etwas zerbröseln, in den Fond rühren und unter Rühren aufkochen lassen. Die Sauce mit Salz und Pfeffer abschmecken. Die Gans tranchieren, dabei Holzstäbchen und Küchengarn entfernen. Die Gans mit der Sauce servieren.

Klassischer Gänsebraten

Pute mit Pilz-Tomaten-Füllung

8 Portionen

Zubereitungszeit: 50 Minuten, ohne Einweichzeit
Garzeit: etwa 5 Stunden

40 g getrocknete Steinpilze
600 ml Wasser
1 küchenfertige Baby-Pute (etwa 3,8 kg)
250 g Grünkernschrot
250 ml Gemüsebrühe
150 g Zwiebeln
40 g getrocknete Tomaten
1 Ei (Größe M)
1 TL gerebelter Thymian
3 EL kernige Haferflocken
1 EL Paprikapulver edelsüß
2 gestr. TL Salz
1 TL frisch gem. Pfeffer
1 TL gerebelter Thymian
4 EL Speiseöl, z. B. Rapsöl
250 ml Gemüsebrühe
1 EL Speisestärke

Außerdem:
Holzstäbchen
Küchengarn

Pro Portion:
E: 70 g, F: 51 g, Kh: 27 g,
kJ: 3554, kcal: 848

Pute mit Pilz-Tomaten-Füllung

1. Die Steinpilze in 600 ml kaltem Wasser über Nacht einweichen.
2. Die Steinpilze in ein Sieb geben, dabei das Einweichwasser auffangen und 500 ml davon abmessen, evtl. mit Wasser auffüllen. Steinpilze abtropfen lassen und klein schneiden.
3. Die Pute innen und außen unter fließendem kalten Wasser abspülen, abtropfen lassen. Den Backofen bei Ober-/Unterhitze auf etwa 200 °C vorheizen.
4. Grünkernschrot mit der Brühe in einem Topf zum Kochen bringen und unter gelegentlichem Rühren bei schwacher Hitze etwa 10 Minuten quellen lassen. Zwiebeln abziehen und in kleine Würfel schneiden. Tomaten in Streifen schneiden. Etwa 50 g der Zwiebelwürfel, die Tomatenstreifen und Steinpilze unter das gequollene Grünkernschrot geben. Den Topf von der Kochstelle nehmen, die Mischung kurz abkühlen lassen.
5. Ei, Thymian und Haferflocken unter die Grünkernmischung rühren. Die Pute mit der Masse füllen. Die Bauchöffnung mit Holzstäbchen und Küchengarn verschließen. Das Hautstück vom Hals am Rücken feststecken.
6. Paprika, Salz, Pfeffer und Thymian mit dem Speiseöl verrühren und die Pute damit einstreichen. Die Pute mit der Brust nach unten in einen großen Bräter legen. Die restlichen Zwiebelwürfel hinzufügen.
7. Den Bräter auf dem Rost in den vorgeheizten Backofen (untere Schiene) schieben. Die Pute etwa 30 Minuten anbraten, dabei einmal wenden. Die abgemessene Steinpilzflüssigkeit und die Brühe aufkochen lassen und hinzugießen.
8. Den Backofen bei Ober-/Unterhitze auf 95 °C herunterschalten. Die Pute weitere etwa 4 1/2 Stunden garen.
9. Die Pute aus dem Bräter nehmen und auf eine feuerfeste Platte legen. Den Backofengrill auf etwa 240 °C vorheizen.
10. Die Platte auf dem Rost unter den vorgeheizten Backofengrill schieben. Die Pute von allen Seiten 5–10 Minuten knusprig grillen.
11. In der Zwischenzeit die Sauce entfetten und kurz aufkochen lassen. Speisestärke mit etwas kaltem Wasser anrühren, in die Sauce rühren und unter Rühren kurz aufkochen lassen. Die Sauce mit den Gewürzen abschmecken. Die Pute tranchieren, dabei Holzstäbchen und Küchengarn entfernen. Die Pute mit der Sauce und der Füllung servieren.

Hähnchenfilets in Pilz-Marsala-Sauce

4 Portionen

Zubereitungszeit: 30 Minuten
Garzeit: etwa 90 Minuten

3 Zwiebeln
250 g Pfifferlinge
400 g braune Champignons
1/2 Zitrone
2 große doppelte Hähnchenbrustfilets (mit Haut, ohne Knochen, je etwa 325 g)
Salz, gem. Pfeffer
2–3 EL Speiseöl, z. B. Rapsöl
1 TL gerebelter Thymian
125 ml halbtrockener Marsala (Süßwein)
150 g Schlagsahne

Pro Portion:
E: 38 g, F: 30 g, Kh: 5 g,
kJ: 1988, kcal: 475

1. Die Zwiebeln abziehen und in Spalten schneiden. Die Pfifferlinge und Champignons putzen, evtl. kurz abspülen und gut abtropfen lassen. Große Pilze halbieren oder vierteln.
2. Den Backofen bei Ober-/Unterhitze auf 95 °C vorheizen.
3. Die Zitronenhälfte schälen und in dünne Scheiben schneiden. Hähnchenbrustfilets kurz unter fließendem kalten Wasser abspülen, trocken tupfen, mit Salz und Pfeffer einreiben.

4. Speiseöl in einem Bräter erhitzen. Die Hähnchenbrustfilets darin 8–9 Minuten von allen Seiten gut anbraten. Die Zitronenscheiben in den Bräter geben und etwa 1 Minute mitbraten lassen. Beides herausnehmen und beiseitestellen.
5. Die Zwiebelspalten zum verbliebenen Bratfett in den Bräter geben und anbraten, dann die Pilze hinzugeben, mit Thymian würzen. Die Pilze etwa 5 Minuten bei starker Hitze unter Wenden kräftig braten, mit Salz und Pfeffer würzen. Marsala hinzugießen und kurz aufkochen lassen. Sahne ebenfalls hinzugießen und die Sauce weitere 2–3 Minuten einkochen lassen.
6. Die beiseitegestellten Hähnchenbrustfilets und die Zitronenscheiben wieder in den Bräter geben. Den Bräter auf dem Rost in den vorgeheizten Backofen (unteres Drittel) schieben. Die Filets etwa 90 Minuten garen.
7. Die gegarten Hähnchenfilets in Pilz-Marsala-Sauce auf Tellern anrichten und servieren.

Hähnchenfilets in Pilz-Marsala-Sauce

Kalbshaxe mit Laugenbrezelklößen

6 Portionen

Zubereitungszeit: 50 Minuten
Garzeit: etwa 5 1/2 Stunden

1 Kalbshaxe (mit Knochen, etwa 2 1/2 kg)
100 g Zwiebeln
250 g Möhren
200 g Knollensellerie
250 g Petersilienwurzeln
1 Stange Porree (Lauch)
4 EL Speiseöl, z. B. Rapsöl
Salz, gem. Pfeffer
1 EL Tomatenmark
700 ml Fleischbrühe
je 1 TL gerebelter Thymian und Salbei
500 g Laugenbrezeln
60 g Schalotten
1 Bund glatte Petersilie
60 g Butter
80 g Katenschinkenwürfel
250 ml Milch (3,5 % Fett)
4 Eier (Größe M)
ger. Muskatnuss
1 EL Speisestärke

Pro Portion:
E: 74 g, F: 34 g, Kh: 58 g,
kJ: 3545, kcal: 846

1. Den Backofen bei Ober-/Unterhitze auf 95 °C vorheizen. Die Kalbshaxe kurz unter fließendem kalten Wasser abspülen und trocken tupfen, evtl. Fett und Sehnen entfernen.
2. Zwiebeln abziehen und würfeln. Möhren, Sellerie und Petersilienwurzeln putzen, schälen, abspülen, abtropfen lassen und etwa 1 cm groß würfeln. Porree putzen, die Stange längs halbieren, gründlich waschen, abtropfen lassen und in etwa 1 cm große Stücke schneiden.
3. Das Speiseöl in einem Bräter erhitzen. Die Kalbshaxe mit Salz und Pfeffer würzen und in dem erhitzten Speiseöl etwa 10 Minuten von allen Seiten anbraten. Zwiebelwürfel hinzufügen und kurz mit anbraten. Nach und nach die Möhren-, Sellerie- und Petersilienwurzelwürfel hinzugeben und ebenfalls kurz mitbraten lassen. Tomatenmark unterrühren, Brühe hinzugießen und aufkochen lassen.
4. Den Bräter auf dem Rost in den vorgeheizten Backofen (unteres Drittel) schieben. Die Kalbshaxe etwa 5 1/2 Stunden garen, dabei die Haxe 2–3-mal wenden. Nach etwa 3 Stunden Garzeit Thymian, Salbei und Porreestücke unterrühren und die Haxe fertig garen.
5. Etwa 1 Stunde vor Ende der Garzeit für die Klöße die Laugenbrezeln

Kalbshaxe mit Laugenbrezelklößen

in Scheiben schneiden und in eine Schüssel geben. Schalotten abziehen und in feine Würfel schneiden. Petersilie abspülen und trocken tupfen. Die Blättchen von den Stängeln zupfen, Blättchen klein schneiden.
6. Butter in einem Topf zerlassen. Die Schinken- und Schalottenwürfel darin anbraten, Milch hinzugießen und unter Rühren aufkochen lassen. Den Topf von der Kochstelle nehmen und die Milch etwas abkühlen lassen. Dann die Eier unterrühren, die Masse zu den Brezelscheiben in die Schüssel geben. Petersilie hinzugeben und alles gut vermengen, mit Muskat würzen. Aus der Masse mit angefeuchteten Händen einen kleinen Probekloß formen.
7. Wasser in einem großen Topf zum Kochen bringen, Salz hinzufügen. Den Probekloß hineingeben, etwas ziehen lassen. Wenn der Probekloß nicht auseinanderfällt, dann aus der restlichen Kloßmasse 12 Klöße formen, in das kochende Salzwasser geben und bei schwacher Hitze etwa 15 Minuten gar ziehen lassen. Sollte der Probekloß auseinanderfallen, noch 1 Esslöffel Weizenmehl unter die Masse kneten.
8. Die gegarte Kalbshaxe aus dem Bräter nehmen und warm stellen. Die Speisestärke mit etwas kaltem Wasser anrühren, in den Bratensud rühren und unter Rühren kurz aufkochen lassen. Die Sauce mit Salz und Pfeffer abschmecken.
9. Die gegarten Klöße mit einer Schaumkelle aus dem Topf nehmen und etwas abtropfen lassen.
10. Das Fleisch vom Knochen lösen und in Scheiben schneiden, mit der Sauce und den Klößen servieren.

Lammkeule, gefüllt mit Pecorino

Lammkeule, gefüllt mit Pecorino

6 Portionen

Zubereitungszeit: 30 Minuten
Garzeit: etwa 4 Stunden

1,4 kg Lammkeule (ohne Knochen)
120 g Pecorino
Salz, gem. Pfeffer
200 g Zwiebeln
3 Knoblauchzehen
4 EL Olivenöl
1 TL Tomatenmark
250 ml Fleischbrühe
2–3 Stängel Pfefferminze

Außerdem:
Küchengarn

Pro Portion:
E: 54 g, F: 24 g, Kh: 2 g,
kJ: 1834, kcal: 438

1. Den Backofen bei Ober-/Unterhitze auf 95 °C vorheizen. Die Lammkeule mit Küchenpapier trocken tupfen, Fett und Sehnen entfernen. Die Keule auf der Arbeitsfläche ausbreiten.
2. Den Pecorino in 2 Stücke schneiden. Die Lammkeule mit Salz und Pfeffer würzen und mit den Käsestücken belegen. Die Lammkeule aufrollen und mit Küchengarn verschnüren, mit Salz und Pfeffer würzen.
3. Zwiebeln und Knoblauch abziehen, in kleine Würfel schneiden. Das Olivenöl in einem Bräter erhitzen. Die Lammkeule darin etwa 10 Minuten von allen Seiten anbraten. Zwiebel- und Knoblauchwürfel hinzufügen, kurz mitbraten lassen, Tomatenmark unterrühren. Fleischbrühe hinzugießen und zum Kochen bringen.
4. Den Bräter auf dem Rost in den vorgeheizten Backofen (unteres Drittel) schieben. Die Lammkeule etwa 4 Stunden garen, dabei die Keule 2–3-mal wenden.
5. Minzestängel abspülen und trocken tupfen. 1 Stängel kleiner zupfen und beiseitelegen. Von den restlichen Stängeln die Blättchen abzupfen und klein schneiden.
6. Die gegarte Lammkeule aus dem Bräter nehmen, in Scheiben schneiden, dabei das Küchengarn entfernen. Klein geschnittene Minzeblättchen in die Sauce rühren, die Sauce mit Salz und Pfeffer abschmecken, mit Lammscheiben und den beiseitegelegten Minzezweigen servieren.

Lammschulter auf Gurkengemüse

4 Portionen (ohne Foto)

Zubereitungszeit: 25 Minuten
Garzeit: etwa 5 Stunden

800 g Lammschulter (ohne Knochen, beim Metzger vorbestellen)
1 EL abgetropfte grüne Pfefferkörner (in Lake)
1 EL scharfer Senf
1 Bund Dill
Salz, gem. Pfeffer
2 EL Olivenöl
250 ml Fleischbrühe
3 Salatgurken
1 Zwiebel
1 Knoblauchzehe
150 g Crème fraîche
evtl. Dillspitzen

Außerdem:
Küchengarn

Pro Portion:
E: 43 g, F: 31 g, Kh: 9 g,
kJ: 2029, kcal: 486

1. Den Backofen bei Ober-/Unterhitze auf 95 °C vorheizen.
2. Lammschulter mit Küchenpapier trocken tupfen. Grüne Pfefferkörner mit einer Gabel zu einer groben Paste zerdrücken. Senf unterrühren. Dill abspülen, trocken tupfen, Spitzen abzupfen und fein hacken. 1 Esslöffel Dill unter die Pfefferpaste rühren.
3. Die Lammschulter mit der Pfefferpaste bestreichen, mit Salz würzen. Die Lammschulter zu einem Rollbraten aufrollen und mit Küchengarn verschnüren. Den Rollbraten mit Salz und Pfeffer würzen.
4. Olivenöl in einem Bräter erhitzen. Den Rollbraten darin etwa 10 Minuten von allen Seiten gut anbraten. Fleischbrühe hinzufügen und aufkochen lassen.
5. Bräter auf dem Rost in den vorgeheizten Backofen (unteres Drittel) schieben. Den Lammrollbraten etwa 5 Stunden garen, dabei den Braten 2–3-mal wenden.
6. Nach etwa 4 Stunden Garzeit die Gurken abspülen, längs vierteln, mit einem Teelöffeln entkernen und würfeln. Zwiebel und Knoblauch abziehen und ebenfalls würfeln. Gurken-, Zwiebel- und Knoblauchwürfel und Crème fraîche in einer Schüssel vermischen. Restlichen Dill unterrühren. Das Gemüse mit Salz und Pfeffer würzen.
7. Die Gurkenmischung zum Rollbraten in den Bräter geben und den Rollbraten mit dem Gemüse fertig garen.
8. Den gegarten Rollbraten aus dem Bräter nehmen und das Küchengarn entfernen. Den Rollbraten in Scheiben schneiden und mit Gurkengemüse anrichten.
9. Das Gericht nach Belieben mit abgespülten, trocken getupften Dillspitzen garnieren.

Krustenbraten in Altbiersauce

6 Portionen

Zubereitungszeit: 45 Minuten
Garzeit: etwa 5 Stunden

1 1/4 kg Schweinekrustenbraten, z. B. aus der Keule
180 g Zwiebeln
200 g Möhren
120 g Knollensellerie
4 EL Speiseöl, z. B. Rapsöl
Salz, gem. Pfeffer
1 TL gem. Kümmelsamen
1 EL Tomatenmark
2 EL mittelscharfer Senf
200 ml Altbier
300 ml Fleischbrühe
1,2 kg Spitzkohl
60 g Butter
80 g gewürfelter Schinkenspeck (aus dem Kühlregal)
100 g Lebkuchen oder Pumpernickel

Pro Portion:
E: 55 g, F: 31 g, Kh: 17 g,
kJ: 2415, kcal: 578

1. Den Backofen bei Ober-/Unterhitze auf 95 °C vorheizen. Das Fleisch mit Küchenpapier trocken tupfen.
2. Zwiebeln abziehen und fein würfeln. Möhren und Sellerie putzen, schälen, abspülen, abtropfen lassen und in etwa 1 cm groß würfeln.
3. Das Speiseöl in einem Bräter erhitzen. Das Schweinefleisch mit Salz, Pfeffer und Kümmel würzen und etwa 10 Minuten von allen Seiten darin anbraten.
4. Zwiebelwürfel hinzufügen und kurz mitbraten. Dann Sellerie- und Möhrenwürfel hinzugeben und ebenfalls kurz mit anbraten. Tomatenmark und Senf unterrühren.
5. Altbier und Fleischbrühe hinzugießen, unterrühren und aufkochen lassen. Den Bräter auf dem Rost in den vorgeheizten Backofen (unteres Drittel) schieben. Den Krustenbraten etwa 5 Stunden garen, dabei den Braten 1–2-mal wenden.
6. Etwa 30 Minuten vor Ende der Garzeit den Spitzkohl putzen und die äußeren Blätter entfernen. Den Kohl vierteln, den Strunk herausschneiden. Kohlviertel abspülen, abtropfen lassen, in dünne Streifen schneiden.
7. Butter in einem Topf zerlassen, die Schinkenwürfel darin kurz andünsten. Die Kohlstreifen hinzufügen und unter gelegentlichem Rühren etwa 5 Minuten garen. Das Kohlgemüse mit Salz und Pfeffer würzen.
8. Den Backofengrill auf etwa 240 °C vorheizen. Den gegarten Krustenbraten aus dem Bräter nehmen, auf eine feuerfeste Platte legen. Die Platte auf dem Rost unter den vorgeheizten Backofen schieben und die Schwarte 5–10 Minuten knusprig grillen.
9. Lebkuchen oder Pumpernickel etwas zerbröseln, unter den Bratenfond rühren und unter Rühren aufkochen lassen. Die Sauce mit Salz und Pfeffer abschmecken. Den Krustenbraten in Scheiben schneiden, mit dem Spitzkohlgemüse anrichten. Die Sauce dazureichen und servieren.

Kräuterfilet, mit Frankfurter Frischkäse gefüllt

4–6 Portionen (ohne Foto)

Zubereitungszeit: 20 Minuten
Garzeit: etwa 90 Minuten

2 Schweinefilets (je etwa 400 g)
4 Frühlingszwiebeln
1 Bund gemischte Kräuter für Frankfurter Sauce
150 g Frischkäse
2 EL Dijon-Senf
1 Spritzer Zitronensaft
Salz, gem. Pfeffer
3 EL Speiseöl, z. B. Rapsöl

Außerdem:
Holzstäbchen oder Küchengarn

Pro Portion:
E: 39 g, F: 17 g, Kh: 3 g,
kJ: 1346, kcal: 322

1. Den Backofen bei Ober-/Unterhitze auf 95 °C vorheizen.
2. Schweinefilets mit Küchenpapier trocken tupfen. In jedes Filets längs eine Tasche einschneiden, sodass die Filets auseinandergedrückt werden können.
3. Für die Füllung die Frühlingszwiebeln putzen, abspülen und in Streifen schneiden. Kräuter abspülen und trocken tupfen. Blättchen von den Stängeln zupfen, klein schneiden. Schnittlauch in Röllchen schneiden.
4. Frischkäse mit Senf verrühren, und Kräuter unterrühren. Frischkäsemasse mit Zitronensaft, Salz und Pfeffer würzen. Die Filets auseinanderdrücken und mit der Frischkäsemasse füllen. Die gefüllten Kräuterfilets mit Holzstäbchen feststecken oder mit Küchengarn zusammenbinden.
5. Speiseöl in einer feuerfesten Pfanne erhitzen. Die gefüllten Filets darin von allen Seiten anbraten. Die Pfanne auf dem Rost in den vorgeheizten Backofen schieben. Die Kräuterfilets etwa 90 Minuten garen.
6. Die gegarten Kräuterfilets aus dem Backofen nehmen. Holzstäbchen oder Küchengarn entfernen. Kräuterfilets in Scheiben schneiden und anrichten.

Krustenbraten in Altbiersauce

Lammschulter in Curryrahm

Lammschulter in Curryrahm

12 Portionen

Zubereitungszeit: 40 Minuten
Garzeit: etwa 5 Stunden

2 Lammschultern (ohne Knochen, etwa 3 kg)
2 rote Paprikaschoten
200 g Zwiebeln, 3 Knoblauchzehen
Salz, gem. Pfeffer
1–2 TL Pul Biber (geschrotete Pfefferschoten)
5 EL Olivenöl, 2 EL Currypulver
750 ml Fleischbrühe
650 g Möhren
2 EL Speisestärke
150 g Crème fraîche

Außerdem:
Küchengarn

Pro Portion:
E: 49 g, F: 25 g, Kh: 8 g,
kJ: 1894, kcal: 453

1. Den Backofen bei Ober-/Unterhitze auf 95 °C vorheizen. Die Lammschultern mit Küchenpapier trocken tupfen, Fett und Sehnen entfernen.
2. Paprikaschoten halbieren, entstielen, entkernen und die weißen Scheidewände entfernen. Schoten abspülen, abtropfen lassen und vierteln. Zwiebeln und Knoblauch abziehen, fein würfeln.
3. Die Lammschultern auf der Arbeitsfläche flach ausbreiten, evtl. etwas flach drücken oder flach klopfen, mit Salz, Pfeffer und Pul Biber würzen. Die Paprikaviertel auf einer Lammschulter in der Mitte verteilen.
4. Die zweite Lammschulter darauflegen, mit Küchengarn (kissenartig) zusammenbinden, von außen mit Salz, Pfeffer und Pul Biber würzen.
5. Das Olivenöl in einem Bräter erhitzen. Die Lammschulter darin etwa 10 Minuten von allen Seiten gut anbraten. Zwiebel- und Knoblauchwürfel hinzugeben und kurz mitbraten, Curry unterrühren. Fleischbrühe hinzugießen und aufkochen lassen.
6. Den Bräter auf dem Rost in den vorgeheizten Backofen (unteres Drittel) schieben. Die Lammschulter etwa 5 Stunden garen, dabei die Schulter 2–3-mal wenden.
7. Nach etwa 3 Stunden Garzeit die Möhren putzen, schälen, abspülen, abtropfen lassen und in etwa 1 cm dicke Stifte schneiden. Möhrenstifte zu der Lammschulter in den Bräter geben und unterrühren. Die Lammschulter fertig garen.
8. Die gegarte Lammschulter aus dem Bräter nehmen und warm stellen. Die Sauce evtl. entfetten. Die Speisestärke mit etwas kaltem Wasser anrühren, in die Sauce rühren und unter Rühren aufkochen lassen, Crème fraîche unterrühren. Die Sauce mit Salz, Pfeffer und Curry abschmecken. Die Lammschulter (Küchengarn entfernen) in Scheiben schneiden, mit der Sauce servieren.

Hirschkalbsmedaillons mit Haselnusskruste

4 Portionen (ohne Foto)

Zubereitungszeit: 70 Minuten
Garzeit: 35–40 Minuten

2 rote Zwiebeln
400 ml Rotwein
1 Lorbeerblatt
200 ml Wildfond
500 g Rosenkohl
Salz
1 Möhre

Für die Haselnusskruste:
je 2 Stängel Rosmarin und Thymian
80 g ganze, abgezogene Haselnusskerne
50 g Toastbrot
80 g Butter

Für die Hirschkalbsmedaillons:
500 g Hirschkalbsrücken (ohne Knochen)
gem. Pfeffer
je 2 Stängel Rosmarin und Thymian
1 EL Butterschmalz
2 Lorbeerblätter
4 Wacholderbeeren

1 Eigelb (Größe M)
2 EL flüssiger Honig
25 g Butter
ger. Muskatnuss
evtl. etwas Speisestärke

Pro Portion:
E: 35 g, F: 46 g, Kh: 23 g,
kJ: 2948, kcal: 703

1. Zwiebeln abziehen und in feine Streifen schneiden. Mit Rotwein und Lorbeerblatt in einem Topf zum Kochen bringen und langsam auf etwa die Hälfte einkochen lassen. Die Sauce durch ein Sieb gießen, wieder in den Topf geben, Wildfond hinzugeben, zum Kochen bringen und nochmals um die Hälfte einkochen lassen.
2. Rosenkohl putzen, abspülen und abtropfen lassen. Die Blätter abtrennen, den festen Innenteil in feine Streifen schneiden. Rosenkohlblätter und -streifen kurz in kochendem Salzwasser blanchieren, in kaltem Wasser abschrecken und in einem Sieb abtropfen lassen. Möhre putzen, schälen, abspülen, abtropfen lassen und in feine Würfel schneiden.
3. Für die Haselnusskruste Rosmarin und Thymian abspülen, trocken tupfen, Nadeln bzw. Blättchen von den Stängeln zupfen und klein schneiden. Haselnusskerne klein hacken, in einer Pfanne ohne Fett unter Rühren kurz rösten und herausnehmen. Das Toastbrot in kleine Würfel schneiden.

30 g Butter in der Pfanne zerlassen. Die Brotwürfel darin von allen Seiten goldgelb rösten und herausnehmen.
4. Für die Medaillons Hirschkalbsrücken mit Küchenpapier trocken tupfen, evtl. enthäuten und in 8 gleich große Medaillons schneiden. Mit Salz und Pfeffer würzen.
5. Den Backofen bei Ober-/Unterhitze auf 95 °C vorheizen.
6. Rosmarin und Thymian abspülen, trocken tupfen. Butterschmalz in einer feuerfesten Pfanne zerlassen. Hirschmedaillons darin von beiden Seiten gut anbraten. Lorbeerblätter, Wacholderbeeren, Rosmarin- und Thymianstängel hinzufügen.
7. Die Pfanne auf dem Rost in den vorgeheizten Backofen schieben. Die Medaillons 35–40 Minuten garen.
8. Für die Kruste die restliche Butter (50 g) mit einem Mixer (Rührstäbe) schaumig schlagen. Eigelb unterrühren. Die Haselnusskerne und Brotwürfel gut untermengen. Rosmarin, Thymian und Honig unterrühren, mit Salz und Pfeffer würzen.
9. Für das Gemüse die Butter zerlassen, Rosenkohlblätter, -streifen und Möhrenwürfel darin zugedeckt etwa 5 Minuten dünsten.
10. Die Pfanne mit den Medaillons kurz vor Ende der Garzeit aus dem Backofen nehmen. Den Backofengrill auf etwa 200 °C vorheizen.
11. Haselnussmasse in 8 Portionen teilen, auf die Medaillons streichen und leicht andrücken. Die Hirschkalbsmedaillons unter dem vorgeheizten Backofengrill 2–3 Minuten überbacken.
12. Das Gemüse mit Salz, Pfeffer und Muskat würzen. Die vorbereitete Rotweinsauce zum Kochen bringen, Speisestärke mit etwas Wasser anrühren, in die Sauce rühren und unter Rühren nochmals aufkochen. Die Sauce mit Salz und Pfeffer abschmecken, Lorbeerblatt entfernen.
13. Das Gemüse auf vorgewärmten Tellern anrichten. Die Medaillons darauf verteilen und etwas Sauce angießen. Restliche Sauce dazureichen. Sofort servieren.

Mariniertes Rindfleisch, sanft gegart

4 Portionen

Zubereitungszeit: 50 Minuten, ohne Marinierzeit
Garzeit: etwa 4 Stunden

1 kg Rindfleisch (aus der Hüfte)
1 Zwiebel, 1 Knoblauchzehe
Salz, gem. Pfeffer
3 Lorbeerblätter
7 Gewürznelken
1 EL mittelscharfer Senf
1 EL Tomatenmark
1/2 TL gem. Zimt
1 TL gerebelter Oregano
300 ml Rotwein
40 ml Olivenöl
200 ml heiße Fleischbrühe
60 g Schinkenwürfel
1 Stange Porree (Lauch)
600 g Möhren
400 g Knollensellerie
60 g Butter
Zucker
einige Stängel vorbereiteter Oregano

Pro Portion:
E: 60 g, F: 30 g, Kh: 14 g,
kJ: 2372, kcal: 567

1. Rindfleisch mit Küchenpapier trocken tupfen und in eine ausreichend große Schale legen. Zwiebel und Knoblauch abziehen, in kleine Würfel schneiden. Zwiebel- und Knoblauchwürfel mischen, auf dem Rindfleisch verteilen. Mit Salz und Pfeffer würzen. Lorbeerblätter und Gewürznelken hinzugeben. Senf, Tomatenmark, Zimt und Oregano mit dem Rotwein verrühren. Das Fleisch mit der Marinade übergießen und zugedeckt im Kühlschrank über Nacht marinieren.
2. Den Backofen bei Ober-/Unterhitze auf 95 °C vorheizen. Das Rindfleisch aus der Marinade nehmen und gut abtropfen lassen. Olivenöl in einem großen Bräter erhitzen. Das Rindfleisch darin 5–6 Minuten von allen Seiten anbraten. Die Marinade hinzugeben und aufkochen lassen.
3. Den Bräter auf dem Rost in den vorgeheizten Backofen (unteres Drittel) schieben. Das Rindfleisch etwa 4 Stunden garen, dabei das Fleisch 2–3-mal wenden. Nach etwa 2 Stunden Garzeit die heiße Fleischbrühe und Schinkenwürfel hinzugeben und das Rindfleisch fertig garen.
4. Nach etwa 3 1/2 Stunden Garzeit Porree putzen, die Stange längs halbieren, gründlich waschen, abtropfen lassen und in etwa 2 cm dicke Streifen schneiden. Möhren und Sellerie putzen, schälen, abspülen, abtropfen lassen, in etwa 1 cm große Würfel schneiden. Die Butter in einem Topf zerlassen. Die Möhren- und Selleriewürfel darin andünsten. Etwa 30 ml Wasser hinzugeben und zum Kochen bringen, mit Salz und Zucker würzen. Die Möhren- und Selleriewürfel etwa 8 Minuten dünsten. Porreestreifen hinzugeben und weitere etwa 2 Minuten mitdünsten lassen.
5. Das gegarte Rindfleisch aus dem Bräter nehmen, in Scheiben schneiden. Die Lorbeerblätter aus der Sauce entfernen. Die Fleischscheiben wieder in die Sauce legen und mit dem Möhren-Sellerie-Gemüse servieren. Nach Belieben mit abgespültem, trocken getupften Oregano garnieren.

Mariniertes Rindfleisch, sanft gegart

Osso Bucco

4 Portionen (ohne Foto)

Zubereitungszeit: 30 Minuten
Garzeit: etwa 3 1/2 Stunden

4 Kalbshaxenscheiben (mit Knochen, je etwa 200 g)
1 Möhre, 1 Stange Staudensellerie
1 Stange Porree (Lauch)
1 Knoblauchzehe
1 Zwiebel, 3 Fleischtomaten
100 ml Olivenöl
Salz, gem. Pfeffer
100 ml Weißwein
500 ml heiße Fleischbrühe
einige Stängel Petersilie
1/2 TL abger. Bio-Zitronenschale (unbehandelt, ungewachst)

Pro Portion:
E: 41 g, F: 35 g, Kh: 7 g,
kJ: 2105, kcal: 503

1. Den Backofen bei Ober-/Unterhitze auf 95 °C vorheizen.
2. Haxenscheiben kurz unter fließendem kalten Wasser abspülen und trocken tupfen. Möhre, Sellerie und Porree putzen. Möhre schälen, abspülen, abtropfen lassen und in Streifen schneiden. Von der Selleriestange die harten Außenfäden abziehen, abspülen und abtropfen lassen. Die Porreestange längs halbieren, gründlich waschen, abtropfen lassen. Sellerie und Porree in Stücke schneiden.
3. Knoblauch und Zwiebel abziehen, klein würfeln. Tomaten kreuzweise einschneiden und mit kochendem Wasser übergießen. Nach 1–2 Minuten herausnehmen und mit kaltem Wasser abschrecken. Tomaten häuten, halbieren und die Stängelansätze herausschneiden. Tomaten entkernen und in Würfel schneiden.
4. Olivenöl in einem Bräter erhitzen. Die Fleischscheiben darin von beiden Seiten gut anbraten, mit Salz und Pfeffer würzen. Die Zwiebelwürfel, Möhrenstreifen, Sellerie- und Porreestücke hinzufügen und kurz mit andünsten, mit Wein ablöschen.
5. Heiße Brühe hinzugießen und Tomatenwürfel hinzugeben. Den Bräter auf dem Rost in den vorgeheizten Backofen (unteres Drittel) schieben. und die Kalbshaxenscheiben etwa 3 1/2 Stunden garen.
6. Petersilie abspülen und trocken tupfen. Die Blättchen von den Stängeln zupfen, Blättchen klein schneiden. Petersilie kurz vor Ende der Garzeit mit den Knoblauchwürfeln und der Zitronenschale zum Osso Bucco in den Bräter geben. Osso Bucco mit Salz und Pfeffer abschmecken und servieren.

Mediterraner Lammrollbraten

8 Portionen

Zubereitungszeit: 40 Minuten
Garzeit: etwa 4 Stunden

1 Lammkeule (ohne Knochen, etwa 1,6 kg)
Salz, gem. Pfeffer
60 g getrocknete Tomaten
120 g Zwiebeln
2 Knoblauchzehen
140 g Petersilienwurzeln
800 g Zucchini
1 rote Chilischote
5 EL Olivenöl
1 EL Tomatenmark
500 ml Fleischbrühe
je 1 TL gerebelter Thymian und Rosmarin
2 TL Speisestärke
einige Rosmarinspitzen

Außerdem:
Küchengarn

Pro Portion:
E: 44 g, F: 16 g, Kh: 9 g,
kJ: 1465, kcal: 349

1. Den Backofen bei Ober-/Unterhitze auf 95 °C vorheizen. Die Lammkeule mit Küchenpapier trocken tupfen, Fett und Sehnen entfernen.
2. Die Lammkeule auf der Arbeitsfläche flach ausbreiten, mit Salz und Pfeffer würzen. Die Tomaten in die Mitte der Keule legen und die Keule zu einem Rollbraten aufrollen, mit Küchengarn verschnüren.
3. Zwiebeln und Knoblauch abziehen, fein würfeln. Petersilienwurzeln putzen, schälen, abspülen, abtropfen lassen und in kleine Würfel schneiden. Zucchini abspülen, abtrocknen und die Enden abschneiden, Zucchini in etwa 1 cm große Würfel schneiden.
4. Die Chilischote längs halbieren, entstielen und entkernen. Schotenhälften abspülen, abtropfen lassen und fein hacken. Das Olivenöl in einem Bräter erhitzen. Den Rollbraten außen mit Salz und Pfeffer würzen und in dem erhitzten Olivenöl etwa 10 Minuten von allen Seiten anbraten.
5. Zwiebel- und Knoblauchwürfel zum Rollbraten in den Bräter geben und mitbraten lassen. Tomatenmark unterrühren. Dann die Petersilienwurzel- und Zucchiniwürfel hinzugeben und ebenfalls kurz unter Rühren mit anbraten. Fleischbrühe hinzugießen und aufkochen lassen. Chili, Thymian und Rosmarin unterrühren.
6. Den Bräter auf dem Rost in den vorgeheizten Backofen (unteres Drittel) schieben. Den Lammrollbraten etwa 4 Stunden garen, dabei den Braten 2–3-mal wenden.
7. Den gegarten Rollbraten aus dem Bräter nehmen und warm stellen. Die Speisestärke mit etwas Wasser anrühren, in die Sauce rühren und unter Rühren aufkochen lassen, mit Salz und Pfeffer abschmecken.

Mediterraner Lammrollbraten

8. Den Braten (Küchengarn entfernen) in Scheiben schneiden und mit der Gemüsesauce auf einer vorgewärmten Platte anrichten. Mit abgespülten, trocken getupften Rosmarinspitzen garniert servieren.

Marsalahuhn

4 Portionen (ohne Foto)

Zubereitungszeit: 25 Minuten, ohne Marinierzeit
Garzeit: etwa 90 Minuten

1 küchenfertiges Huhn (etwa 1,2 kg)
1 Zwiebel
1 Knoblauchzehe
1 Bund glatte Petersilie
1 gestr. TL Salz
1/2 TL gem. Kümmelsamen
1 EL mittelscharfer Senf
2 TL Currypulver
3 EL Speiseöl
2 EL Marsala (Dessertwein)

Für den Reis:
600 ml Wasser
Salz
300 g Brühreis
30 g Butter

Pro Portion:
E: 57 g, F: 39 g, Kh: 61 g,
kJ: 3457, kcal: 827

1. Das Huhn innen und außen unter fließendem kalten Wasser abspülen, trocken tupfen und in Viertel schneiden. Zwiebel und Knoblauch abziehen, in kleine Würfel schneiden. Petersilie abspülen und trocken tupfen. Die Blättchen von den Stängeln zupfen, Blättchen klein schneiden.
2. Eine Marinade aus Salz, Kümmel, Senf, Curry und 2 Esslöffeln Speiseöl zubereiten. Die Hühnerteile damit bestreichen und zugedeckt im Kühlschrank etwa 1 Stunde marinieren.
3. Den Backofen bei Ober-/Unterhitze auf 95 °C vorheizen.
4. Das restliche Speiseöl in einem Bräter erhitzen. Die marinierten Hühnerteile darin 5–6 Minuten leicht anbraten, aus dem Bräter nehmen und kurz beiseitestellen.
5. Dann die Zwiebel- und Knoblauchwürfel in dem Bräter im verbliebenen Bratfett andünsten, mit Marsala ablöschen, Petersilie unterrühren. Die beiseitegestellten Hühnerteile wieder mit in den Bräter geben.
6. Den Bräter auf dem Rost in den vorgeheizten Backofen (unteres Drittel) schieben. Die Hühnerteile etwa 90 Minuten garen.
7. Für den Reis Wasser in einem feuerfesten Topf zugedeckt zum Kochen bringen. Dann Salz, Brühreis und Butter hinzugeben und aufkochen lassen. Den Topf zugedeckt mit auf dem Rost in den warmen Backofen schieben. Den Reis zusammen mit den Hühnerteilen fertig garen.

Perlhuhn auf Balsamico-Linsen

8 Portionen

Zubereitungszeit: 40 Minuten
Garzeit: etwa 3 1/2 Stunden

2 küchenfertige Perlhühner
(je etwa 1,3 kg)
Salz, gem. Pfeffer
90 g Zwiebeln
250 g Möhren
150 g Petersilienwurzeln
6 EL Olivenöl
120 g Schinkenwürfel
(aus dem Kühlregal)
250 ml Hühnerbrühe
500 g Beluga-Linsen oder Bio-Linsen
1 EL mittelscharfer Senf
5 EL Balsamico-Essig

Pro Portion:
E: 74 g, F: 29 g, Kh: 35 g,
kJ: 2945, kcal: 703

1. Den Backofen bei Ober-/Unterhitze auf 95 °C vorheizen. Die Perlhühner innen und außen unter fließendem kalten Wasser abspülen,

Perlhuhn auf Balsamico-Linsen

trocken tupfen, innen und außen mit Salz und Pfeffer würzen.
2. Zwiebeln abziehen und fein würfeln. Möhren und Petersilienwurzeln putzen, schälen, abspülen, abtropfen lassen und klein würfeln.
3. Das Olivenöl in einem großen Bräter erhitzen, die Perlhühner darin unter Wenden anbraten. Zwiebelwürfel hinzufügen und mitbraten lassen. Dann die Möhren-, Petersilienwurzel- und Schinkenwürfel hinzufügen, kurz mit anbraten. Hühnerbrühe hinzugießen und zum Kochen bringen.
4. Den Bräter auf dem Rost in den vorgeheizten Backofen (untere Schiene) schieben. Die Perlhühner etwa 3 1/2 Stunden garen.
5. Etwa 35 Minuten vor Ende der Garzeit die Linsen nach Packungsanleitung zubereiten.
6. Den Backofengrill auf etwa 240 °C vorheizen. Die gegarten Perlhühner aus dem Bräter nehmen, auf eine feuerfeste Platte legen und auf dem Rost unter den vorgeheizten Backofengrill schieben. Die Perlhühner 5–10 Minuten von beiden Seiten knusprig braun grillen.
7. Die vorbereiteten Linsen in den Bratensud geben, unterrühren, evtl. nochmals kurz erwärmen, mit Senf und Essig abschmecken. Die Perlhühnern mit den Balsamico-Linsen anrichten und servieren.

Perlhuhn mit Champignon-Mett-Füllung

Perlhuhn mit Champignon-Mett-Füllung

4 Portionen

Zubereitungszeit: 45 Minuten
Garzeit: etwa 3 1/2 Stunden

350 g Champignons
1 rote Zwiebel
2 EL Olivenöl
1 küchenfertiges Perlhuhn (etwa 1,1 kg)
Salz, gem. Pfeffer
250 g Kalbsbrät oder Schweinemett
3 EL Schlagsahne
2 EL Semmelbrösel
30 g Pistazienkerne
1 TL gerebelter Thymian
2 EL Olivenöl
800 g Wirsing
40 g Butter
80 g Schinkenwürfel
1 EL Crème fraîche
ger. Muskatnuss

Außerdem:
evtl. Holzstäbchen

Pro Portion:
E: 70 g, F: 59 g, Kh: 10 g,
kJ: 3544, kcal: 847

1. Champignons putzen, evtl. kurz abspülen und gut abtropfen lassen. Etwa 80 g Champignons in feine Würfel schneiden. Zwiebel abziehen und fein würfeln.
2. Olivenöl in einer Pfanne erhitzen. Zuerst die Zwiebelwürfel darin andünsten. Die Champignonwürfel hinzugeben und mitdünsten lassen. Dann die Champignon-Zwiebel-Mischung aus der Pfanne nehmen und etwas abkühlen lassen.
3. Das Perlhuhn innen und außen unter fließendem kalten Wasser abspülen, trocken tupfen, mit Salz und Pfeffer würzen.
4. Das Kalbsbrät oder Schweinemett in eine Schüssel geben. Champignon-Zwiebel-Mischung, Sahne, Semmelbrösel, Pistazienkerne und Thymian gut unterarbeiten. Die Hackfleischmasse mit Salz und Pfeffer würzen. Das Perlhuhn mit der Masse füllen. Die Öffnung evtl. mit Holzstäbchen verschließen.
5. Den Backofen bei Ober-/Unterhitze auf 95 °C vorheizen.
6. Olivenöl in einem großen Bräter erhitzen. Das Perlhuhn darin etwa 8 Minuten von allen Seiten gut anbraten. Evtl. übrig gebliebene Hackfleischmasse in Form bringen, in den Bräter geben, kurz anbraten und im Bräter mitgaren lassen.
7. Den Bräter auf dem Rost in den vorgeheizten Backofen (unteres Drittel) schieben. Das Perlhuhn etwa 3 1/2 Stunden garen.
8. Etwa 30 Minuten vor Ende der Garzeit Wirsing putzen, vierteln und den Strunk herausschneiden. Wirsingviertel abspülen, abtropfen lassen und in Streifen schneiden.
9. Wasser in einem Topf zum Kochen bringen, Salz und Wirsingstreifen hinzugeben und kurz blanchieren. In ein Sieb geben, mit kaltem Wasser abschrecken und abtropfen lassen.
10. Butter in einem Topf zerlassen. Die Schinkenwürfel darin anbraten. Wirsingstreifen hinzufügen, Crème fraîche unterrühren.
11. Die restlichen Champignons in Scheiben schneiden und unter den Wirsing rühren. Das Gemüse etwa 5 Minuten kochen lassen, dann mit Salz und Muskat abschmecken.
12. Den Backofengrill auf etwa 240 °C erhitzen. Das gegarte Perlhuhn aus dem Bräter nehmen, auf eine feuerfeste Platte oder ein Backblech legen und unter dem vorgeheizten Backofengrill 5–10 Minuten von allen Seiten knusprig braun grillen.
13. Das Perlhuhn aus dem Backofen nehmen (evtl. Holzstäbchen entfernen), in Portionsstücke teilen, mit der Füllung und dem Wirsing-Champignon-Gemüse servieren.

Gefüllte Pute mit Orangensauce

8 Portionen

Zubereitungszeit: 60 Minuten
Garzeit: etwa 5 Stunden

5 Bio-Orangen (unbehandelt, ungewachst)
2 Lorbeerblätter
1 TL gem. Zimt
2 EL grobkörniges Meersalz
1 EL Olivenöl
250 g Möhren
200 g Knollensellerie
2 Zwiebeln
2 Knoblauchzehen

Für die Füllung:
2 Stangen Porree (Lauch, etwa 230 g)
250 g Weißbrot, in Scheiben
100 g Butter
3 Eier (Größe M)
Salz, Cayennepfeffer

1 küchenfertige Pute (etwa 3,8 kg)
500 ml Gemüsebrühe
200 ml Saft von den Orangen
gem. Pfeffer

Außerdem:
Holzstäbchen
Küchengarn

Pro Portion:
E: 88 g, F: 49 g, Kh: 31 g,
kJ: 3870, kcal: 924

1. Orangen heiß abwaschen, abtrocknen und die Schale fein abreiben. Lorbeerblätter zerbröseln, mit Zimt, Orangenschale, Salz und Olivenöl zu einer Paste verarbeiten.

2. Möhren und Sellerie putzen, schälen, abspülen, abtropfen lassen und in Scheiben schneiden. Zwiebeln abziehen und würfeln. Knoblauch abziehen und klein würfeln.
3. Für die Füllung Porree putzen, die Stangen längs halbieren, gründlich waschen, abtropfen lassen und in feine Streifen schneiden.
4. Die abgeriebenen Orangen so schälen, dass die weiße Haut mitentfernt wird. Filets herausschneiden, dabei den Saft auffangen und 200 ml für die Sauce abmessen (evtl. mit Wasser auffüllen). Die Weißbrotscheiben entrinden, klein würfeln.
5. 80 g Butter in einer Pfanne zerlassen. Die Brotwürfel darin von allen Seiten goldbraun rösten, herausnehmen und abkühlen lassen. Restliche Butter in der Pfanne zerlassen. Die Porreestreifen darin bei schwacher Hitze andünsten, ebenfalls abkühlen lassen.
6. Eier mit Salz und Cayennepfeffer verschlagen. Orangenfilets, Porree und Brotwürfel untermischen.
7. Den Backofen bei Ober-/Unterhitze auf etwa 200 °C vorheizen.
8. Die Pute innen und außen unter fließendem kalten Wasser abspülen, trocken tupfen, innen und außen mit der Orangenpaste einreiben. Die Halsöffnung mit Holzstäbchen zusammenstecken. Die Pute mit der Porree-Brot-Orangen-Masse füllen, mit Holzstäbchen feststecken und mit Küchengarn verschnüren. Die Keulen zusammenbinden.
9. Die Pute in eine Fettpfanne legen. Möhren-, Selleriescheiben, Zwiebel- und Knoblauchwürfel um die Pute legen. Die Fettpfanne in den vorgeheizten Backofen (unteres Drittel) schieben. Die Pute etwa 30 Minuten anbraten. Die Gemüsebrühe aufkochen und hinzugießen.
10. Backofen bei Ober-/Unterhitze auf 95 °C herunterschalten. Die Pute weitere etwa 4 1/2 Stunden garen.
11. Backofengrill auf etwa 240 °C vorheizen. Gegarte Pute aus der Fettpfanne nehmen, auf eine feuerfeste Platte legen und unter dem vorgeheizten Backofengrill 5–10 Minuten von allen Seiten knusprig braun grillen.
12. Für die Sauce das mitgegarte Gemüse mit dem Sud aus der Fettpfanne und dem abgemessenen Orangensaft in einen Topf geben, aufkochen lassen und fein pürieren (nach Belieben durch ein Sieb streichen). Mit Salz und Pfeffer abschmecken.
13. Die Pute tranchieren, mit der Füllung und der Sauce servieren.

Gefüllte Pute mit Orangensauce

Gefüllter Schweinenacken

6 Portionen (ohne Foto)

Zubereitungszeit: 40 Minuten, ohne Durchziehzeit
Garzeit: etwa 4 Stunden

1 1/2 kg Schweinefleisch (Nacken, ohne Knochen)
Salz, gem. Pfeffer
Paprikapulver edelsüß
2–3 EL Cognac
2 Gemüsezwiebeln
etwa 125 g Schinkenspeck, in Scheiben
2 EL Olivenöl

Außerdem:
2–3 Schaschlikspieße
evtl. Küchengarn

Pro Portion:
E: 55 g, F: 30 g, Kh: 3 g,
kJ: 2165, kcal: 518

1. Schweinefleisch mit Küchenpapier trocken tupfen. Das Schweinefleisch in gleichmäßigen Abständen mit einem scharfen Messer etwa 5 cm tief einschneiden, jedoch nicht durchschneiden, sodass Scheiben entstehen.
2. Das Fleisch kräftig mit Salz, Pfeffer und Paprika würzen, mit Cognac beträufeln.
3. Gemüsezwiebeln abziehen, halbieren und in etwa 1 cm dicke Scheiben schneiden. Die Zwiebelscheiben mit jeweils 1 Scheibe Schinkenspeck umwickeln und senkrecht in die Fleischeinschnitte stecken. Das Fleisch nochmals mit Salz, Pfeffer und Paprika würzen. Nach Belieben nochmals mit Cognac beträufeln. Das Fleisch mit Schaschlikspießen zusammenstecken oder mit Küchengarn zusammenbinden.
4. Den gefüllten Schweinenacken zugedeckt im Kühlschrank über Nacht durchziehen lassen.
5. Den Backofen bei Ober-/Unterhitze auf 95 °C vorheizen.
6. Olivenöl in einem Bräter erhitzen. Den gefüllten Schweinenacken darin etwa 10 Minuten von allen Seiten anbraten.
7. Den Bräter auf dem Rost in den vorgeheizten Backofen (unteres Drittel) schieben. Den gefüllten Schweinenacken etwa 4 Stunden garen.
8. Den gefüllten Schweinenacken aus dem Bräter nehmen, Schaschlikspieße oder Küchengarn entfernen. Den Schweinenacken in Scheiben schneiden.

Putenbrust mit Erbsenrisotto

6 Portionen

Zubereitungszeit: 45 Minuten
Garzeit: etwa 2 Stunden

120 g Zwiebeln
400 g Champignons
1 1/4 kg Putenbrust
Salz, gem. Pfeffer
1–2 TL gerebelter Thymian
4 EL Speiseöl, z. B. Rapsöl
80 g Schinkenwürfel
1 EL Tomatenmark
100 ml trockener Weißwein
120 g Schlagsahne
150 ml Hühnerbrühe
40 g Butter
350 g Risottoreis, z. B. Arborio
etwa 700 ml heiße Hühnerbrühe
300 g TK-Erbsen

Pro Portion:
E: 63 g, F: 22 g, Kh: 54 g,
kJ: 2887, kcal: 691

1. Den Backofen bei Ober-/Unterhitze auf 95 °C vorheizen. Zwiebeln abziehen und in feine Würfel schneiden. Champignons putzen, evtl. kurz abspülen, gut abtropfen lassen und in Scheiben schneiden.
2. Die Putenbrust kurz unter fließendem kalten Wasser abspülen, trocken tupfen, mit Salz, Pfeffer und Thymian würzen. Speiseöl in einem Bräter erhitzen. Die Putenbrust darin etwa 10 Minuten von allen Seiten anbraten. Die Hälfte der Zwiebelwürfel hinzufügen und kurz mitbraten lassen, dann die Champignonscheiben hinzugeben und ebenfalls anbraten. Schinkenwürfel und Tomatenmark unterrühren. Wein, Sahne und Brühe hinzugießen und aufkochen lassen.
3. Den Bräter auf dem Rost in den vorgeheizten Backofen (unteres Drittel) schieben. Die Putenbrust etwa 2 Stunden garen.
4. Etwa 30 Minuten vor Ende der Garzeit die Butter in einem Topf zerlassen und die restlichen Zwiebelwürfel darin andünsten. Reis hinzufügen und kurz andünsten. Etwas von der heißen Brühe hinzugießen und zum Kochen bringen. Den Reis zugedeckt unter gelegentlichem Rühren bei schwacher Hitze etwa 20 Minuten ausquellen lassen, dabei nach und nach die restliche heiße Brühe hinzugießen. Die gefrorenen Erbsen nach etwa 15 Minuten Garzeit unterrühren und das Risotto fertig garen.
5. Die gegarte Putenbrust aus dem Backofen nehmen, in Scheiben schneiden und mit der Pilzrahmsauce auf einer Platte anrichten. Erbsenrisotto dazu servieren.

Putenbrust mit Erbsenrisotto

Putenbrust in der Kartoffelkruste

4 Portionen (ohne Foto)

Zubereitungszeit: 45 Minuten
Garzeit: etwa 2 Stunden

150 g kleine Schalotten
150 g Staudensellerie
200 g Cocktailtomaten
1 Putenbrustfilet (etwa 800 g)
Salz, gem. Pfeffer
3 EL Speiseöl
100 ml trockener Weißwein
200 ml Geflügelbrühe oder -fond
1 Schweinenetz (beim Metzger vorbestellen)
1 Ei (Größe M)
350 g große festkochende Kartoffeln

Pro Portion:
E: 53 g, F: 11 g, Kh: 14 g,
kJ: 1554, kcal: 372

1. Den Backofen bei Ober-/Unterhitze auf etwa 200 °C vorheizen.
2. Die Schalotten abziehen und evtl. halbieren. Sellerie putzen und die harten Außenfäden abziehen. Selleriestangen abspülen, abtropfen lassen und in 2–3 cm lange Stücke schneiden.
3. Die Tomaten abspülen, abtropfen lassen und evtl. die Stängelansätze herausschneiden.
4. Putenbrustfilet kurz unter fließendem kalten Wasser abspülen und trocken tupfen. Mit Salz und Pfeffer würzen. Speiseöl in einem Bräter erhitzen. Das Putenbrustfilet darin von beiden Seiten anbraten, herausnehmen und beiseitestellen.
5. Dann Schalotten, Selleriestücke und Tomaten in den Bräter geben und im verbliebenen Bratfett 3–4 Minuten andünsten. Weißwein und Brühe oder Fond hinzugießen und aufkochen lassen.
6. Schweinenetz auf einer Arbeitsfläche ausbreiten und das angebratene Putenbrustfilet darauflegen. Ei verschlagen, das Putenbrustfilet damit bestreichen.
7. Kartoffeln schälen, abspülen, abtropfen lassen und in dünne Scheiben schneiden oder hobeln. Die Kartoffelscheiben dachziegelartig auf dem Putenbrustfilet verteilen. Mit dem Schweinenetz umwickeln und auf das Gemüse in den Bräter legen.
8. Den Bräter auf dem Rost in den vorgeheizten Backofen (unteres Drittel) schieben. Das Putenbrustfilet etwa 30 Minuten goldbraun backen lassen.
9. Dann die Backofentemperatur bei Ober-/Unterhitze auf 95 °C herunterschalten. Das Putenbrustfilet mit dem Gemüse in etwa 90 Minuten fertig garen.
10. Das gegarte Putenbrustfilet aus dem Bräter nehmen, in dicke Scheiben schneiden und mit dem Gemüse servieren.

Pute in Traubensauce

6–8 Portionen

Zubereitungszeit: 40 Minuten
Garzeit: etwa 5 Stunden

1 küchenfertige Pute (etwa 4 kg)
1 EL Paprikapulver edelsüß
1 EL Currypulver
1 TL gem. Zimt
2 gestr. TL Salz
1 gestr. TL gem. Pfeffer
4 EL Speiseöl, z. B. Rapsöl
120 g Zwiebeln
120 g Schinkenwürfel
500 g kernlose grüne Weintrauben
1 Lorbeerblatt
500 ml heiße Hühnerbrühe
125 ml Maracuja-Sirup
1 EL Speisestärke
Salz, gem. Pfeffer

Pro Portion:
E: 91 g, F: 70 g, Kh: 27 g,
kJ: 4608, kcal: 1100

1. Den Backofen bei Ober-/Unterhitze auf etwa 200 °C vorheizen. Die Pute innen und außen unter fließendem kalten Wasser abspülen und trocken tupfen. Paprika, Curry, Zimt, Salz und Pfeffer mit dem Speiseöl verrühren. Die Pute mit dem Gewürzöl innen und außen bestreichen. Die Pute mit der Brust nach unten in einen großen Bräter legen. Den Bräter auf dem Rost in den vorgeheizten Backofen (untere Schiene) schieben. Die Pute etwa 30 Minuten anbraten, dabei die Pute einmal wenden.
2. Zwiebeln abziehen und in feine Würfel schneiden. Zwiebel- und Schinkenwürfel nach etwa 15 Minuten Bratzeit zu der Pute in den Bräter geben und mitbraten lassen. Weintrauben abspülen, abtropfen lassen und entstielen.
3. Die Weintrauben und das Lorbeerblatt nach etwa 30 Minuten Anbratzeit zur Pute geben. Hühnerbrühe und Maracuja-Sirup hinzugießen. Den Backofen bei Ober-/Unterhitze auf 95 °C herunterschalten. Die Pute etwa 4 1/2 Stunden garen.
4. Die gegarte Pute aus dem Bräter nehmen und warm stellen. Speisestärke mit etwas kaltem Wasser anrühren, in die Sauce rühren und unter Rühren kurz aufkochen lassen, mit Salz und Pfeffer abschmecken. Lorbeerblatt entfernen. Die Pute tranchieren, mit der Traubensauce anrichten und servieren.

Putenbrust mit Frühlingsgemüse

4 Portionen (ohne Foto)

Zubereitungszeit: 30 Minuten
Garzeit: etwa 2 Stunden

125 g Weißbrot
80 ml Milch (3,5 % Fett)
800 g Putenbrustfilet
1 Ei (Größe M)
3–4 EL Hühnerbrühe
Salz
gem. Pfeffer
100 g geräucherter, durchwachsener Speck
1–2 EL Sonnenblumenöl
100 ml heiße Hühnerbrühe
500 g Kohlrabi
500 g Möhren
1–2 TL gehackte Petersilie oder gehackter Kerbel

Außerdem:
Holzstäbchen oder Küchengarn

Pro Portion:
E: 60 g, F: 16 g, Kh: 26 g,
kJ: 2049, kcal: 490

1. Den Backofen bei Ober/-Unterhitze auf 95 °C vorheizen.
2. Weißbrot in Würfel schneiden und in einen tiefen Teller geben. Milch erhitzen, auf den Brotwürfeln verteilen und etwas abkühlen lassen. Putenbrustfilet kurz unter fließendem kalten Wasser abspülen und trocken tupfen. In die Putenbrust mit einem scharfen Messer eine längliche Tasche einschneiden.

Pute in Traubensauce

3. Ei und Hühnerbrühe mit den eingeweichten Brotwürfeln vermischen, mit Salz und Pfeffer kräftig würzen. Speck klein würfeln.
4. Das Putenbrustfilet mit der Brotmasse füllen. Die Tasche mit Holzstäbchen oder Küchengarn verschließen. Die Putenbrust von außen mit Salz und Pfeffer würzen.
5. Sonnenblumenöl in einem Bräter erhitzen. Putenbrust darin 3–4 Minuten von allen Seiten anbraten. Die Speckwürfel hinzugeben und etwa 1 weitere Minute mitbraten lassen. Die heiße Hühnerbrühe hinzugießen. Den Bräter auf dem Rost in den vorgeheizten Backofen schieben. Die Putenbrust etwa 2 Stunden garen.
6. In der Zwischenzeit Kohlrabi und Möhren putzen, schälen, abspülen, abtropfen lassen und in Würfel schneiden. Kohlrabi- und Möhrenwürfel kurz in kochendem Salzwasser blanchieren, in ein Sieb geben, mit kaltem Wasser abschrecken und abtropfen lassen.
7. Nach etwa 60 Minuten Garzeit das Gemüse zu der Putenbrust in den Bräter geben, mit Petersilie würzen. Die Putenbrust mit dem Gemüse fertig garen.
8. Die gegarte Putenbrust aus dem Bräter nehmen, Holzstäbchen oder Küchengarn entfernen. Das gegarte Frühlingsgemüse mit Salz und Pfeffer abschmecken. Putenbrust in Scheiben schneiden und mit dem Gemüse auf Tellern anrichten.

Rehkeule in Johannisbeersauce

8 Portionen

Zubereitungszeit: 45 Minuten
Garzeit: etwa 5 Stunden

1 Rehkeule, (ohne Knochen, etwa 1,8 kg)
150 g Zwiebeln
500 g Staudensellerie
30 g frischer Ingwer
4 EL Speiseöl, z. B. Rapsöl
Salz, gem. Pfeffer
100 ml Orangensaft
400 ml Fleischbrühe
150 g schwarze Johannisbeerkonfitüre
1 EL mittelscharfer Senf
1 TL Chiliflocken
2 Lorbeerblätter
300 g blaue kernlose Weintrauben
240 g abgetropfte Artischockenherzen (aus der Dose)
120 g getrocknete Aprikosen
40 g Butter, 100 ml Gemüsebrühe
1 EL flüssiger Honig
250 g abgetropfte gegarte Maronen (aus der Dose)
1 EL Weizenmehl
1 EL Speisestärke

Außerdem:
Küchengarn

Pro Portion:
E: 51 g, F: 13 g, Kh: 45 g,
kJ: 2161, kcal: 517

1. Den Backofen bei Ober-/Unterhitze auf 95 °C vorheizen. Die Rehkeule mit Küchenpapier trocken tupfen, evtl. enthäuten und entsehnen.
2. Zwiebeln abziehen und fein würfeln. Staudensellerie putzen und die harten Außenfäden abziehen. Selleriestangen abspülen, abtropfen lassen und in dünne Scheiben schneiden. Evtl. etwas Selleriegrün beiseitelegen. Ingwer schälen und in kleine Würfel schneiden.
3. Speiseöl in einem Bräter erhitzen. Die Rehkeule mit Küchengarn zu einem Päckchen zusammenbinden, mit Salz und Pfeffer würzen und in dem erhitzten Speiseöl etwa 10 Minuten von allen Seiten gut anbraten.
4. Nach und nach Zwiebel- und Ingwerwürfel hinzufügen, kurz mitbraten lassen. Orangensaft, Fleischbrühe, Johannisbeerkonfitüre und Senf unterrühren, kurz aufkochen lassen. Chili, Lorbeerblätter und 200 g von den Selleriescheiben unterrühren.
5. Den Bräter auf dem Rost in den vorgeheizten Backofen (unteres Drittel) schieben. Die Rehkeule etwa 5 Stunden garen, dabei die Keule 2–3-mal wenden.
6. Etwa 30 Minuten vor Ende der Garzeit die Weintrauben abspülen, abtropfen lassen, entstielen und halbieren. Artischockenherzen vierteln. Aprikosen ebenfalls vierteln.
7. Butter in einer Pfanne zerlassen, restlichen Sellerie darin andünsten. Aprikosenstücke und Brühe unterrühren, kurz aufkochen lassen. Honig unterrühren. Maronen, Weintraubenhälften und Artischockenherzen unterrühren, kurz miterwärmen.
8. Die gegarte Rehkeule aus dem Backofen nehmen und warm stellen. Die Bratenfond kurz aufkochen lassen. Die Lorbeerblätter entfernen. Mehl und Speisestärke mit Wasser anrühren, in die Sauce rühren und unter Rühren aufkochen lassen. Mit Salz und Pfeffer abschmecken.
9. Die Rehkeule (Küchengarn entfernen) in Scheiben schneiden, mit der Artischocken-Maronen-Mischung und der Johannisbeersauce auf Tellern anrichten. Mit beiseitegelegtem Selleriegrün garniert servieren.

Rehkeule in Johannisbeersauce

Rehkeule

4 Portionen

Zubereitungszeit: 30 Minuten, ohne Marinierzeit
Bratzeit: 5–5 1/2 Stunden

1 1/2 kg Rehkeule (mit Knochen)
3 EL Speiseöl, z. B. Sonnenblumenöl
je 1 TL gerebelter Majoran, Thymian und Rosmarin
1 Zwiebel
100 g Möhren
100 g Porree (Lauch)
2 EL Pflanzenöl, z. B. Rapsöl
Salz, gem. Pfeffer
1 EL Tomatenmark
250 ml Wildfond
80–90 g fetter Speck, in dünnen Scheiben

Für die Sauce:
100 ml Rotwein
250 ml Wildfond oder heißes Wasser
Wasser oder Fleischbrühe
60 g Schlagsahne
15 g Speisestärke
2 EL kaltes Wasser
3 EL Wild-Preiselbeeren (aus dem Glas)
einige Thymianblättchen

Pro Portion:
E: 68 g, F: 31 g, Kh: 18 g,
kJ: 2649, kcal: 633

1. Die Rehkeule kurz unter fließendem kalten Wasser abspülen, trocken tupfen und evtl. enthäuten. Speiseöl mit Majoran, Thymian und Rosmarin verrühren. Die Rehkeule damit bestreichen und mit Frisch-

haltefolie zugedeckt über Nacht im Kühlschrank marinieren.
2. Die Zwiebel abziehen. Möhren putzen, schälen, abspülen und abtropfen lassen. Porree putzen, die Stange längs halbieren, gründlich waschen und abtropfen lassen. Das vorbereitete Gemüse grob zerkleinern.
3. Den Backofen bei Ober-/Unterhitze auf etwa 200 °C vorheizen.
4. Pflanzenöl in einem Bräter erhitzen, die Rehkeule mit Salz und Pfeffer würzen und in dem erhitzten Pflanzenöl 5–6 Minuten von allen Seiten gut anbraten. Das vorbereitete Gemüse hinzufügen und weitere 4–5 Minuten mitbraten. Tomatenmark unterrühren und Wildfond hinzugießen, zum Kochen bringen. Die Rehkeule mit den Speckscheiben belegen.
5. Den Bräter auf dem Rost in den vorgeheizten Backofen (unteres Drittel) schieben. Die mit Speck belegte Rehkeule etwa 30 Minuten anbraten.
6. Dann den Backofen bei Ober-/Unterhitze auf 95 °C herunterschalten. Die Rehkeule weitere 4 1/2–5 Stunden garen.
7. Die gegarte Rehkeule aus dem Bräter nehmen und warm stellen.
8. Für die Sauce den Bratensatz mit Rotwein und Wildfond oder Wasser loskochen, mit dem Gemüse durch ein Sieb streichen. Den Bratenfond mit Wasser oder Brühe auf 300 ml auffüllen und mit der Sahne zum Kochen bringen.
9. Die Speisestärke mit Wasser anrühren, in die Sauce rühren, unter Rühren zum Kochen bringen, etwa 5 Minuten unter gelegentlichem Rühren bei schwacher Hitze kochen lassen.
10. Preiselbeeren, abgespülte, trocken getupfte Thymianblättchen und evtl. den ausgetretenen Fleischsaft unter die Sauce rühren. Die Sauce mit Salz und Pfeffer würzen. Speckscheiben von der Rehkeule entfernen. Das Fleisch vom Knochen lösen, in Scheiben schneiden und mit der Sauce servieren.

Putenkeule

4 Portionen

Zubereitungszeit: 25 Minuten
Garzeit: 3 1/2–4 Stunden

2 Knoblauchzehen
1 walnussgroßes Stück frischer Ingwer
1/2 TL grob geschroteter Chili
3 TL flüssiger Honig
1 Putenoberkeule (ohne Knochen, etwa 800 g)
Salz
gem. Pfeffer
2 Zwiebeln, 2 Möhren
1 Stange Porree (Lauch)
2 EL Sonnenblumenöl
2 EL Tomatenmark
1 Pimentkorn
1 Lorbeerblatt
2 Gewürznelken
200 ml heiße Gemüsebrühe

Außerdem:
Küchengarn

Pro Portion:
E: 45 g, F: 32 g, Kh: 12 g,
kJ: 2150, kcal: 514

1. Knoblauch abziehen, Ingwer schälen. Knoblauch und Ingwer sehr klein würfeln, in eine kleine Schüssel geben. Chili und Honig gut unterrühren.
2. Die Putenoberkeule kurz unter fließendem kalten Wasser abspülen, trocken tupfen, mit Salz und Pfeffer einreiben. Die Putenkeule von innen mit der Hälfte der Ingwer-Honig-Mischung bestreichen. Die Putenkeule mit Küchengarn zu einem Rollbraten zusammenbinden.
3. Den Backofen bei Ober-/Unterhitze auf 95 °C vorheizen.
4. Die Zwiebeln abziehen und in Spalten schneiden. Möhren putzen, schälen, abspülen, abtropfen lassen und in Scheiben schneiden. Porree putzen, die Stange längs halbieren, gründlich waschen, gut abtropfen lassen und in Streifen schneiden.
5. Das Öl in einem Bräter erhitzen. Den Putenrollbraten darin von allen Seiten kräftig anbraten, herausnehmen und kurz beiseitelegen.
6. Zwiebelspalten, Möhrenscheiben und Porreestreifen in dem Bräter in dem verbliebenen Bratfett unter mehrmaligem Rühren andünsten, Tomatenmark unterrühren. Das Gemüse mit Salz, Pfeffer, Piment, Lorbeerblatt und Gewürznelken würzen, heiße Brühe hinzugießen. Den beiseitegelegten Putenrollbraten auf das angedünstete Gemüse legen.
7. Den Bräter auf dem Rost in den vorgeheizten Backofen (unteres Drittel) schieben. Den Puterollbraten 3 1/2–4 Stunden garen, dabei den Braten 2–3-mal wenden.
8. Den Backofengrill auf etwa 240 °C vorheizen. Den gegarten Rollbraten auf ein Backblech legen und mit der restlichen Ingwer-Honig-Mischung bestreichen. Backblech unter den vorgeheizten Backofengrill schieben. Den Braten 4–5 Minuten von allen Seiten knusprig braun grillen.
9. Das Küchengarn entfernen. Den Putenrollbraten in Scheiben schneiden und mit dem Gemüse anrichten.

Rehkeule

Putenkeule

Rinderbeinscheiben in Wermut

4 Portionen

Zubereitungszeit: 20 Minuten
Garzeit: etwa 5 1/2 Stunden

4 Rinderbeinscheiben (etwa 800 g, ohne Knochen)
Salz, gem. Pfeffer
4 EL Speiseöl, z. B. Rapsöl
250 ml trockener Wermut, z. B. Noilly Prat
2 Lorbeerblätter
250 g Schalotten
2 große Kohlrabi
1 gestr. TL Salz

Pro Portion:
E: 45 g, F: 31 g, Kh: 12 g, kJ: 2328, kcal: 556

1. Den Backofen bei Ober-/Unterhitze auf 95 °C vorheizen. Rinderbeinscheiben mit Küchenpapier trocken tupfen, evtl. vorhandenes Fett und Sehnen abschneiden. Beinscheiben mit Salz und Pfeffer würzen.
2. Speiseöl in einem großen, flachen Bräter erhitzen. Die Beinscheiben darin etwa 10 Minuten von allen Seiten gut anbraten. Wermut hinzugießen, Lorbeerblätter hinzufügen und aufkochen lassen.
3. Den Bräter auf dem Rost in den vorgeheizten Backofen (unteres Drittel) schieben. Die Beinscheiben etwa 5 1/2 Stunden garen, dabei 2–3-mal wenden.
4. Etwa 3 Stunden vor Ende der Garzeit Schalotten abziehen und zu den Beinscheiben in den Bräter geben. Die Beinscheiben fertig garen.
5. Etwa 30 Minuten vor Ende der Garzeit Kohlrabi putzen, schälen, abspülen, abtropfen lassen und in etwa 1 cm dicke Scheiben schneiden. Wasser in einem Topf zugedeckt zum Kochen bringen, dann Salz und die Kohlrabischeiben hinzugeben, wieder zum Kochen bringen. Kohlrabischeiben etwa 5 Minuten garen. Anschließend in einem Sieb abtropfen lassen.
6. Die gegarten Rinderbeinscheiben aus dem Backofen nehmen. Die Lorbeerblätter aus der Schalottensauce entfernen. Die Rinderbeinscheiben mit den Kohlrabischeiben und der Schalottensauce auf Tellern anrichten und servieren.

Rehschulter

4 Portionen (ohne Foto)

Zubereitungszeit: 30 Minuten
Garzeit: etwa 4 Stunden

900 g Rehschulter (ohne Knochen)
Salz, gem. Pfeffer
1 kleiner Zweig Lorbeer
einige Wacholderbeeren
4 große Scheiben Serrano-Schinken (etwa 100 g)
3 feste Birnen (etwa 400 g)
500 g festkochende Kartoffeln
80 g Preiselbeerkonfitüre
60 g gestiftelte Mandeln
2 EL Olivenöl
350 ml Fleischbrühe oder Wildfond

Außerdem:
Küchengarn

Pro Portion:
E: 65 g, F: 24 g, Kh: 42 g, kJ: 2678, kcal: 640

1. Das Rehfleisch mit Küchenpapier trocken tupfen, evtl. enthäuten und entsehnen, mit Salz und Pfeffer würzen. Lorbeerzweig abspülen und trocken tupfen. Wacholderbeeren zerdrücken. Lorbeerzweig und Wacholderbeeren auf dem Fleisch verteilen. Das Fleisch aufrollen und den Schinken darumlegen (umhüllen). Mit Küchengarn zu einem Rollbraten zusammenbinden.
2. Birnen waschen, abtrocknen, vierteln und entkernen. Birnenviertel mit der Schale nochmals quer halbieren. Kartoffeln schälen, abspülen, abtropfen lassen und grob Würfeln.
3. Den Backofen bei Ober-/Unterhitze auf 95 °C vorheizen.
4. Die Birnenstücke, Konfitüre und Kartoffelwürfel in einer Schüssel mischen. Mandeln hinzufügen, mit Salz und Pfeffer würzen.
5. Den Rollbraten mit etwas Salz und Pfeffer würzen. Das Olivenöl in einem Bräter erhitzen. Den Rollbraten darin 5–6 Minuten von allen Seiten anbraten, herausnehmen, beiseitelegen.
6. Die Kartoffel-Birnen-Mischung in den Bräter geben und in dem erhitzten Olivenöl 2–3 Minuten unter Rühren andünsten. Brühe oder Fond hinzugießen und zum Kochen bringen. Den beiseitegelegten Rollbraten auf die Kartoffel-Birnen-Mischung in den Bräter legen.
7. Den Bräter auf dem Rost in den vorgeheizten Backofen (unteres Drittel) schieben. Den Rollbraten etwa 4 Stunden garen.
8. Den gegarten Rollbraten aus dem Backofen nehmen, Küchengarn entfernen. Den Rollbraten in Scheiben schneiden und mit der Kartoffel-Birnen-Mischung auf Tellern anrichten.

Rinderbeinscheiben in Wermut

Wildschweinrollbraten

8 Portionen (ohne Foto)

Zubereitungszeit: 30 Minuten
Garzeit: etwa 5 Stunden

1 Wildschweinkeule (ohne Knochen, etwa 1,6 kg)
2 Stangen Porree (Lauch)
2 Zwiebeln
Salz, gem. Pfeffer
300 g Thüringer Mett (gewürztes Schweinemett)
4 EL Olivenöl
1 EL Tomatenmark
400 ml heiße Fleischbrühe
300 ml Rotwein
3 Salbeiblätter
1 TL Rosmarinnadeln
1 TL gerebelter Zitronenthymian
1 EL Speisestärke
150 g Crème fraîche

Außerdem:
Küchengarn

Pro Portion:
E: 48 g, F: 38 g, Kh: 4 g,
kJ: 2285, kcal: 546

1. Die Wildschweinkeule mit Küchenpapier trocken tupfen, evtl. enthäuten und entsehnen. Die Keule nach Belieben etwas aufschneiden, sodass eine größere Fläche für die Füllung entsteht.
2. Porree putzen, die Stangen längs halbieren, gründlich waschen, abtropfen lassen und in größere Stücke schneiden. Zwiebeln abziehen und fein würfeln.
3. Die Keule mit Salz und Pfeffer würzen, mit Mett bestreichen und 2–3 Porreestücke in die Mitte des Fleischstückes legen. Das Fleisch aufrollen und mit Küchengarn fest zusammenbinden.
4. Olivenöl in einem Bräter erhitzen. Den Rollbraten darin etwa 10 Minuten von allen Seiten anbraten. Zwiebelwürfel und restliche Porreestücke hinzufügen, kurz mit anbraten, Tomatenmark unterrühren. Brühe, Rotwein, Salbeiblätter, Rosmarin und Thymian hinzugeben und alles aufkochen lassen.
5. Bräter auf dem Rost in den vorgeheizten Backofen (unteres Drittel) schieben. Den Braten etwa 5 Stunden garen, dabei 2–3-mal wenden.
6. Den gegarten Wildschweinrollbraten aus dem Bräter nehmen und warm stellen. Den Bratenfond zum Kochen bringen, Salbeiblätter entfernen. Den Bratenfond pürieren. Speisestärke mit etwas kaltem Wasser anrühren, in die Sauce rühren und unter Rühren aufkochen lassen. Crème fraîche unterrühren und mit Salz und Pfeffer abschmecken.
7. Wildschweinrollbraten (Küchengarn entfernen) in Scheiben schneiden und mit der Sauce servieren.

Roastbeef in Estragon-Rotwein-Sauce

8 Portionen

Zubereitungszeit: 50 Minuten
Garzeit: etwa 90 Minuten

1,6 kg Roastbeef
Salz, gem. Pfeffer
3 EL Estragon-Senf oder mittelscharfer Senf
2–3 EL Olivenöl
800 g Staudensellerie
10 rote Zwiebeln
3 Knoblauchzehen
1 Bund Estragon
2 EL Olivenöl
2 TL Zucker
200 ml trockener Rotwein
300 ml Rinderfond oder Fleischbrühe

Pro Portion:
E: 47 g, F: 15 g, Kh: 8 g,
kJ: 1558, kcal: 372

Roastbeef in Estragon-Rotwein-Sauce

1. Den Backofen bei Ober-/Unterhitze auf 95 °C vorheizen. Einen feuerfesten Teller oder eine Auflaufform auf dem Rost (mittlere Schiene) mitwärmen. Roastbeef mit Küchenpapier trocken tupfen, mit Salz und Pfeffer würzen, mit Senf bestreichen.
2. Olivenöl in einem Bräter erhitzen. Das Roastbeef darin etwa 10 Minuten von allen Seiten anbraten, herausnehmen und auf dem vorgewärmten Teller oder in der Auflaufform auf dem Rost in den vorgeheizten Backofen schieben. Das Roastbeef etwa 90 Minuten garen. Den Bräter mit dem Bratensatz beiseitestellen.
3. Etwa 40 Minuten vor Ende der Garzeit Sellerie putzen und die harten Außenfäden abziehen. Selleriestangen abspülen, abtropfen lassen und in etwa 3 cm lange Stücke schneiden.
4. Zwiebeln und Knoblauch abziehen, Zwiebeln vierteln, Knoblauch halbieren. Estragon abspülen und trocken tupfen. Einige Stängel zum Garnieren beiseitelegen. Die Blättchen von den restlichen Stängeln zupfen.
5. Beiseitegestellten Bräter mit dem Bratensatz erhitzen, Olivenöl hinzugeben und miterhitzen. Zwiebelviertel, Knoblauch und Selleriestücke hinzufügen, kurz anbraten und etwa 10 Minuten bei schwacher Hitze unter gelegentlichem Rühren garen.
6. Das gegarte Gemüse mit Zucker bestreuen und karamellisieren. Rotwein und Rinderfond oder Fleischbrühe hinzugießen, Estragonblättchen unterrühren, mit Salz und Pfeffer würzen. Die Sauce zum Kochen bringen und etwa 5 Minuten bei mittlerer Hitze etwas einkochen lassen.
7. Das gegarte Roastbeef aus dem Backofen nehmen, in Scheiben schneiden, mit der Estragon-Rotwein-Sauce und den beiseitegelegten Estragonstängeln garniert servieren.

Schweinebraten mit Kräuter-Senf-Hülle

Roastbeef mit Staudensellerie und Stout

4 Portionen (ohne Foto)

Zubereitungszeit: 30 Minuten
Garzeit: etwa 1 Stunde 50 Minuten

400 g Staudensellerie
1 Bund Frühlingszwiebeln (etwa 250 g)
3 Knoblauchzehen
etwa 800 g Roastbeef (küchenfertig, ohne Fettrand)
Salz, gem. Pfeffer
2 EL Speiseöl, z. B. Rapsöl
200 ml Stout (obergäriges Bier)
1 EL Dijon-Senf
etwas Selleriegrün

Pro Portion:
E: 47 g, F: 15 g, Kh: 7 g,
kJ: 1503, kcal: 359

1. Staudensellerie putzen und die harten Außenfäden abziehen. Selleriestangen abspülen, abtropfen lassen und in etwa 3 cm lange Stücke schneiden. Die Frühlingszwiebeln putzen, abspülen, abtropfen lassen und ebenfalls in etwa 3 cm lange Stücke schneiden. Knoblauch abziehen und fein würfeln.
2. Die Sellerie- und Frühlingszwiebelstücke in einer Schüssel mischen. Knoblauch hinzugeben.
3. Den Backofen bei Ober-/Unterhitze auf 95 °C vorheizen.
4. Roastbeef mit Küchenpapier trocken tupfen, mit Salz und Pfeffer würzen. Speiseöl in einem Bräter erhitzen. Roastbeef darin etwa 5 Minuten von allen Seiten anbraten und herausnehmen.
5. Die Gemüsemischung in den Bräter geben und in dem verbliebenen Bratfett 4–5 Minuten unter Rühren anbraten, mit Stout ablöschen und aufkochen lassen.
6. Das Roastbeef mit Dijon-Senf bestreichen und auf die Gemüsemischung in den Bräter legen. Den Bräter auf dem Rost in den vorgeheizten Backofen (unteres Drittel) schieben. Roastbeef etwa 1 Stunde 50 Minuten garen.
7. Selleriegrün abspülen, trocken tupfen. Das gegarte Roastbeef aus dem Backofen nehmen, in dünne Scheiben schneiden und mit dem Gemüse auf Tellern anrichten. Mit dem Selleriegrün garnieren.

Schweinebraten mit Kräuter-Senf-Hülle

4 Portionen

Zubereitungszeit: 35 Minuten
Garzeit: etwa 3 1/2 Stunden

800 g Schweinenacken (ohne Knochen)
Salz, gem. Pfeffer
2 EL Sonnenblumenöl
250 ml heiße Fleischbrühe
1 Zwiebel
1 Knoblauchzehe
2–3 EL mittelscharfer Senf
25 g TK-Kräuter der Provence
500 g Suppengrün (Sellerie, Möhren, Porree)
20 g Butter
125 ml Gemüsebrühe
evtl. 1 TL Speisestärke
evtl. 1–2 EL Wasser

Pro Portion:
E: 40 g, F: 38 g, Kh: 6 g,
kJ: 2179, kcal: 520

1. Den Backofen bei Ober-/Unterhitze auf 95 °C vorheizen.
2. Den Schweinenacken mit Küchenpapier trocken tupfen, mit Salz und Pfeffer würzen.
3. Sonnenblumenöl in einem Bräter erhitzen. Den Schweinenacken darin von allen Seiten gut anbraten, die heiße Fleischbrühe hinzugießen.
4. Den Bräter auf dem Rost in den vorgeheizten Backofen (unteres Drittel) schieben. Den Schweinenacken etwa 3 1/2 Stunden garen.
5. In der Zwischenzeit Zwiebel und Knoblauch abziehen, fein würfeln, mit Senf und den gefrorenen Kräutern verrühren und zugedeckt in den Kühlschrank stellen.
6. Das Suppengrün putzen, schälen, abspülen, abtropfen lassen. Suppengrün in dünne Streifen schneiden.
7. Etwa 15 Minuten vor Ende der Garzeit Butter in einem Topf zerlassen. Zuerst die Möhren- und Selleriestreifen darin unter gelegentlichem Rühren andünsten. Dann die Porreestreifen hinzufügen und kurz mitdünsten lassen, Gemüsebrühe hinzugießen. Das Gemüse zugedeckt etwa 5 Minuten dünsten, mit Salz und Pfeffer würzen.
8. Den gegarten Schweinenacken aus dem Backofen nehmen und auf ein vorgewärmtes Backblech legen. Den Backofengrill auf etwa 240 °C vorheizen.
9. Die Seiten und die Oberfläche des Schweinenackens mit der kalt gestellten Senf-Kräuter-Mischung bestreichen. Das Backblech unter den vorgeheizten Backofengrill schieben. Den Schweinenacken 4–5 Minuten überbacken.
10. Den Bratenfond in dem Bräter zum Kochen bringen. Nach Belieben Speisestärke mit Wasser anrühren, unter den Fond rühren und unter Rühren aufkochen lassen, mit Salz und Pfeffer abschmecken.
11. Den Schweinebraten mit Kräuter-Senf-Hülle in Scheiben schneiden, mit der Sauce und den Gemüsestreifen auf Tellern anrichten und servieren.

Schweinefilet mit Kruste

4 Portionen

Zubereitungszeit: 30 Minuten
Garzeit: 55–60 Minuten

2 Schweinefilets (je etwa 400 g)
Salz, gem. Pfeffer
3 EL Olivenöl
8 dünne Scheiben fetter Speck (je etwa 15 g)
50 g Semmelbrösel
1 Eigelb (Größe M)
40 g Butter (zimmerwarm)
2 TL mittelscharfer Senf
20 g TK-Kräuter-Mischung
125 ml Wasser
50 ml Balsamico-Essig
100 ml Fleischfond
4 EL Sojasauce
1 geh. TL Zucker
Paprikapulver edelsüß
2 TL Speisestärke

Pro Portion:
E: 53 g, F: 31 g, Kh: 17 g,
kJ: 2320, kcal: 554

1. Den Backofen bei Ober-/Unterhitze auf etwa 200 °C vorheizen.
2. Die Schweinefilets mit Küchenpapier trocken tupfen, evtl. entsehnen und enthäuten. Filets mit etwas Salz und Pfeffer würzen. Olivenöl in einer Pfanne erhitzen. Die Filets darin von allen Seiten anbraten, mit den Speckscheiben belegen und nebeneinander in einen Bräter legen.
3. Für die Kruste die Semmelbrösel mit Eigelb, Butter, Senf und den gefrorenen Kräutern verrühren, mit Salz und Pfeffer würzen. Die Masse vorsichtig auf den Speckscheiben verteilen und etwas andrücken.
4. Den Bräter auf dem Rost in den vorgeheizten Backofen schieben. Die Filets etwa 10 Minuten vorgaren.
5. In der Zwischenzeit für die Sauce Wasser mit Essig, Fond, Sojasauce, Zucker, Paprika und Pfeffer in einem kleinen Topf verrühren und zum Kochen bringen.
6. Nach etwa 10 Minuten Garzeit die Backofentemperatur auf 95 °C herunterschalten und die Sauce neben den Schweinefilets in dem Bräter verteilen. Das Schweinefilet noch weitere 45–50 Minuten garen.
7. Die gegarten Schweinefilets vorsichtig aus dem Bräter nehmen. Die Bratensauce etwas einkochen lassen. Speisestärke mit Wasser anrühren, in die Sauce rühren und unter Rühren aufkochen lassen. Die Sauce evtl. nochmals mit den Gewürzen abschmecken.
8. Die Schweinefilets in Scheiben schneiden, mit der Sauce servieren.

Schweinefilet, mit Sojasauce mariniert

4 Portionen

Zubereitungszeit: 25 Minuten, ohne Marinierzeit
Garzeit: etwa 45 Minuten

2 Schweinefilets (je etwa 350 g)
etwa 100 ml Sojasauce
gem. Pfeffer
Paprikapulver edelsüß
20 g Butterschmalz

Für die Sauce:
250 ml Fleischbrühe
1 EL Weizenmehl
2 EL kaltes Wasser
4 EL Schlagsahne

Pro Portion:
E: 40 g, F: 12 g, Kh: 5 g,
kJ: 1238, kcal: 296

1. Schweinefilets mit Küchenpapier trocken tupfen, evtl. enthäuten und entfetten. Die Filets in eine Schale legen, mit der Sojasauce übergießen und mit Frischhaltefolie zugedeckt im Kühlschrank etwa 30 Minuten marinieren, dabei die Filets 2–3-mal in der Sojasauce wenden.
2. Den Backofen bei Ober-/Unterhitze auf 95 °C vorheizen. Eine Auflaufform auf dem Rost (mittlere Schiene) miterwärmen.
3. Die Schweinefilets aus der Sojasauce nehmen, mit Küchenpapier trocken tupfen, mit Pfeffer und Paprika würzen. Butterschmalz in einer Pfanne zerlassen. Die Schweinefilets darin 5–6 Minuten von allen Seiten anbraten, herausnehmen, in die vorgewärmte Auflaufform legen und nochmals mit der Sojasaucenmarinade bestreichen. Die Form auf dem Rost in den vorgeheizten Backofen schieben. Die Schweinefilets etwa 45 Minuten garen.
4. Schweinefilets aus der Form nehmen und auf einer vorgewärmten Platte im Backofen warm stellen.
5. Für die Sauce die Fleischbrühe in die Auflaufform gießen. Den Bratensatz mit einem Pinsel vom Boden der Form lösen, anschließend in einen Topf gießen und zum Kochen bringen.
6. Mehl mit Wasser anrühren, in die Sauce rühren und unter Rühren zum Kochen bringen. Sauce etwa 5 Minuten unter gelegentlichem Rühren kochen lassen, dann Sahne unterrühren. Die Sauce mit Salz, Pfeffer und Sojasauce (von der Marinade) abschmecken. Die Schweinefilets in Scheiben schneiden und mit der Sauce anrichten.

Schweinefilet mit Kruste

Schweinefilet, mit Sojasauce mariniert

Schweinerücken mit Pumpernickelhaube

8 Portionen

Zubereitungszeit: 50 Minuten
Garzeit: etwa 3 Stunden

1,6 kg Schweinerücken (ohne Knochen)
Salz, gem. Pfeffer
100 g Zwiebeln
1 Möhre
100 g Knollensellerie
1 Stange Porree (Lauch)
2–3 EL Olivenöl
2 EL mittelscharfer Senf
1 TL Kümmelsamen
600 ml Fleischbrühe
3 Stängel Thymian
2 Stängel Majoran
450 g TK-Blattspinat
150 g Pumpernickel
80 g Doppelrahm-Frischkäse
80 g ger. Bergkäse
1 Eigelb (Größe M)
1 TL gem. Koriander
8 Radieschen

Pro Portion:
E: 52 g, F: 22 g, Kh: 10 g,
kJ: 1865, kcal: 445

1. Den Backofen bei Ober-/Unterhitze auf 95 °C vorheizen. Den Schweinerücken mit Küchenpapier trocken tupfen, mit Salz und Pfeffer würzen.

Schweinerücken mit Pumpernickelhaube

2. Zwiebeln abziehen. Möhre und Sellerie putzen, schälen, abspülen und abtropfen lassen. Das Gemüse in kleine Würfel schneiden. Porree putzen, die Stange längs halbieren, gründlich waschen, abtropfen lassen und in dünne Streifen schneiden.
3. Olivenöl in einem Bräter erhitzen. Schweinerücken darin etwa 10 Minuten von allen Seiten anbraten. Nach und nach Zwiebel-, Sellerie-, Möhrenwürfel und Porreestreifen hinzugeben und unter Rühren mitbraten lassen. Senf und Kümmelsamen unterrühren, Brühe hinzugießen und aufkochen lassen.
4. Kräuterstängel abspülen und abtropfen lassen. Die Blättchen von den Stängeln zupfen, zum Schweinerücken in den Bräter geben.
5. Den Bräter auf dem Rost in den vorgeheizten Backofen (unteres Drittel) schieben. Den Schweinerücken etwa 3 Stunden garen, dabei das Fleisch 2–3-mal wenden.
6. Etwa 20 Minuten vor Ende der Garzeit den TK-Blattspinat nach Packungsanleitung zubereiten. Pumpernickel fein zerbröseln, mit Frisch- und Bergkäse vermengen. Eigelb und Koriander unterrühren. Die Masse evtl. mit etwas Salz würzen.
7. Den gegarten Schweinerücken aus dem Backofen nehmen. Backofengrill auf etwa 240 °C vorheizen. Fleisch auf eine feuerfeste Platte legen. Die Pumpernickelmasse auf dem Fleisch verteilen und leicht andrücken.
8. Die Platte auf dem Rost unter den vorgeheizten Backofengrill schieben. Die Pumpernickelhaube 5–10 Minuten überbacken.
9. In der Zwischenzeit den Bratenfond mit dem Gemüse zum Kochen bringen und pürieren. Die Sauce mit Salz und Pfeffer abschmecken.
10. Radieschen putzen, abspülen, abtropfen lassen und in dünne Scheiben schneiden. Die Radieschenscheiben erst kurz vor dem Servieren unter den Spinat heben. Den Schweinerücken in Scheiben schneiden, mit der Sauce und dem Radieschenspinat servieren.

Tauben in Honigsauce

4 Portionen (ohne Foto)

Zubereitungszeit: 30 Minuten
Garzeit: etwa 65 Minuten

Für die Marinade:
200 ml Wildfond oder -brühe
3 EL flüssiger Honig
1 EL Balsamico-Essig
1 EL Ingwersirup
1 EL Sojasauce
einige Blättchen Koriander

4 küchenfertige Wildtauben (je etwa 250 g)
Salz, gem. Pfeffer
2 EL Speiseöl, z. B. Olivenöl
20 g Butter

Pro Portion:
E: 29 g, F: 42 g, Kh: 15 g,
kJ: 2328, kcal: 557

1. Den Backofen bei Ober-/Unterhitze auf 95 °C vorheizen.
2. Für die Marinade Wildfond oder -brühe in einen Topf gießen. Honig, Essig, Sirup, Sojasauce und abgespülte, trocken getupfte Korianderblättchen hinzugeben, unter Rühren zum Kochen bringen.
3. Tauben innen und außen unter fließendem kalten Wasser abspülen und trocken tupfen. Tauben innen und außen mit Salz und Pfeffer einreiben.
4. Das Speiseöl in einer großen Pfanne erhitzen. Die Tauben darin evtl. in 2 Portionen von allen Seiten anbraten, herausnehmen und auf ein Backblech legen. Die Tauben mit der Marinade bestreichen. Das Backblech in den vorgeheizten Backofen schieben. Die Tauben etwa 65 Minuten garen.
5. Die gegarten Tauben vom Backblech nehmen und warm stellen.
6. Den Bratenfond in einen kleinen Topf gießen, zum Kochen bringen und um die Hälfte einkochen lassen. Die Sauce mit Pfeffer würzen und Butter in Flöckchen unterschlagen. Die Tauben mit der Honigsauce servieren.

Schweinshaxen in Biersauce mit Jägerkohl

4 Portionen

Zubereitungszeit: 20 Minuten
Garzeit: 4 1/2–5 Stunden

2 Schweinshaxen (je etwa 500 g)
Salz, gem. Pfeffer
gem. Kümmelsamen
3 EL Speiseöl, z. B. Rapsöl
1 EL Tomatenmark
1 EL Paprikapulver edelsüß
250 ml Schwarzbier
250 ml Fleischbrühe
2 Zwiebeln
1/2 Kopf Weißkohl (etwa 600 g)
30 g Schweineschmalz
50 g gewürfelter, roher Schinken (aus dem Kühlregal)
80 ml Gemüsebrühe
1 EL Speisestärke
1–2 EL kaltes Wasser

Pro Portion:
E: 44 g, F: 37 g, Kh: 13 g,
kJ: 2411, kcal: 575

1. Den Backofen bei Ober-/Unterhitze auf 95 °C vorheizen.
2. Von den Haxen die Schwarte und das Fett entfernen. Die Haxen kurz unter fließendem kalten Wasser abspülen, trocken tupfen, mit Salz, Pfeffer und Kümmel einreiben.
3. Speiseöl in einem großen Bräter erhitzen. Die Haxen darin etwa 10 Minuten von allen Seiten gut anbraten. Tomatenmark und Paprika hinzugeben, kurz mit andünsten. Mit Bier und Fleischbrühe ablöschen, zum Kochen bringen. Bräter auf dem Rost in den vorgeheizten Backofen (unteres Drittel) schieben und die Haxen 4 1/2–5 Stunden garen.
4. Etwa 50 Minuten vor Ende der Garzeit die Zwiebeln abziehen und fein würfeln. Weißkohl putzen, vierteln und den Strunk herausschneiden. Kohlviertel abspülen, abtropfen lassen und in feine Streifen schneiden.
5. Das Schmalz in einem großen Topf zerlassen. Die Zwiebel- und Schinkenwürfel darin andünsten. Weißkohlstreifen hinzufügen und unter Rühren mitdünsten lassen, Gemüsebrühe hinzugießen, mit Salz, Pfeffer und Kümmel würzen. Den Weißkohl zugedeckt etwa 20 Minuten bei mittlerer Hitze unter gelegentlichem Rühren dünsten.
6. Die gegarten Haxen aus dem Backofen nehmen und warm stellen. Den Bratenfond zum Kochen bringen. Speisestärke mit Wasser anrühren, in den Fond rühren und unter Rühren aufkochen lassen. Die Biersauce mit Salz und Pfeffer abschmecken.
7. Fleisch von den Knochen lösen und in Scheiben schneiden. Schweinshaxen mit dem Jägerkohl und der Biersauce anrichten und servieren.

Schweinshaxen in Biersauce mit Jägerkohl

Putenkeule in Cidre

4 Portionen (ohne Foto)

Zubereitungszeit: 30 Minuten
Garzeit: etwa 4 1/2 Stunden

125 g Zwiebeln, 100 g Möhren
100 g Knollensellerie
1 Putenoberkeule (mit Knochen, etwa 1,3 kg)
Salz, gem. Pfeffer
2 EL Speiseöl, z. B. Rapsöl
1 EL Tomatenmark
250 ml Hühnerbrühe
300 ml trockener Cidre (franz. Apfelwein)
100 g getrocknete Apfelspalten

Pro Portion:
E: 61 g, F: 41 g, Kh: 19 g,
kJ: 3025, kcal: 725

1. Den Backofen bei Ober-/Unterhitze auf 95 °C vorheizen.
2. Zwiebeln abziehen. Möhren und Sellerie putzen, schälen, abspülen und abtropfen lassen. Zwiebeln, Möhren und Sellerie in kleine Würfel schneiden.
3. Die Putenoberkeule kurz unter fließendem kalten Wasser abspülen, trocken tupfen, mit Salz und Pfeffer einreiben.
4. Speiseöl in einem Bräter erhitzen. Putenoberkeule darin etwa 10 Minuten von allen Seiten gut anbraten. Vorbereitetes Gemüse mit Tomatenmark zum Fleisch in den Bräter geben weitere etwa 5 Minuten mitbraten lassen. Dann Brühe und Cidre hinzugießen.
5. Den Bräter auf dem Rost in den vorgeheizten Backofen (unteres Drittel) schieben. Die Putenkeule etwa 4 1/2 Stunden garen.
6. Gegarte Putenoberkeule aus dem Backofen nehmen und warm stellen.
7. Den Bratenfond mit dem Gemüse in einen hohen Topf geben und mit dem Pürierstab pürieren.
8. Getrocknete Apfelspalten in Streifen schneiden und in der Sauce kurz erhitzen. Die Sauce mit Salz und Pfeffer abschmecken.
9. Das Fleisch vom Knochen lösen, in Scheiben schneiden und mit der Sauce servieren.

Zigeunerhuhn mit Paprika

Zigeunerhuhn mit Paprika

4 Portionen

Zubereitungszeit: 40 Minuten
Garzeit: etwa 100 Minuten

1 küchenfertige Poularde (etwa 1 1/2 kg)
Salz, gem. Pfeffer
1 geh. EL Paprikapulver edelsüß
150 g Zwiebeln
2 Knoblauchzehen
je 2 große rote und gelbe Paprikaschoten
je 2 Stängel Thymian und Rosmarin
3 EL Olivenöl
2 EL Pinienkerne
125 ml Gemüsebrühe
2 EL Rosinen

Pro Portion:
E: 61 g, F: 56 g, Kh: 17 g,
kJ: 3471, kcal: 829

1. Die Poularde in 8 Stücke teilen (Brust und Keulen jeweils halbieren), kurz unter fließendem kalten Wasser abspülen und trocken tupfen. Mit Salz, Pfeffer und Paprika würzen.
2. Zwiebeln und Knoblauch abziehen. Zwiebeln in grobe Würfel schneiden, Knoblauch durch eine Knoblauchpresse drücken. Paprikaschoten halbieren, entstielen, entkernen und die weißen Scheidewände entfernen. Schoten abspülen, trocken tupfen und in mundgerechte Stücke schneiden. Thymian und Rosmarin abspülen und trocken tupfen.
3. Den Backofen bei Ober-/Unterhitze auf 95 °C vorheizen.
4. Olivenöl in einem ausreichend großen Bräter erhitzen. Die Poulardenteile darin 7–8 Minuten von allen Seiten gut anbraten, herausnehmen und kurz beiseitelegen.
5. Zwiebelwürfel, Knoblauch und Paprikastücke zum verbliebenen Bratfett in den Bräter geben und unter Rühren 3–4 Minuten anbraten, mit etwas Salz und Pfeffer würzen. Pinienkerne und Kräuterstängel hinzugeben und kurz mit andünsten, mit Gemüsebrühe ablöschen. Rosinen und die beiseitegelegten Poulardenteile zu dem Gemüse in den Bräter geben und aufkochen lassen.
6. Den Bräter auf dem Rost in den vorgeheizten Backofen (unteres Drittel) schieben. Das Zigeunerhuhn etwa 100 Minuten garen.
7. Das Zigeunerhuhn mit dem Gemüse (Kräuterstängel entfernen) anrichten und servieren.

Rehrückenfilet mit Schwarzwurzeln in Balsamico

4–6 Portionen (ohne Foto)

Zubereitungszeit: 60 Minuten
Garzeit: etwa 50 Minuten

800 g Rehrückenfilet
Salz
gem. Pfeffer
2 EL Olivenöl

Für die Kräuterhaube:
75 g Butter (zimmerwarm)
4–5 EL gemischte, klein geschnittene Kräuter, z. B. Thymian, Rosmarin, Petersilie, Schnittlauch
3 EL Semmelbrösel

Für die Schwarzwurzeln:
600 g Schwarzwurzeln
2 EL Crema di Balsamico
3 EL dunkler Balsamico-Essig
4 EL Olivenöl

400 ml Wildfond
1 TL Speisestärke
1 1/4 TL gem. Koriander

Pro Portion:
E: 38 g, F: 25 g, Kh: 9 g,
kJ: 1731, kcal: 413

1. Den Backofen bei Ober-/Unterhitze 95 °C vorheizen.
2. Das Rückenfilet mit Küchenpapier trocken tupfen, evtl. enthäuten, mit Salz und Pfeffer würzen. Das Olivenöl in einer Pfanne erhitzen. Das Filet darin 4–5 Minuten von allen Seiten anbraten, herausnehmen und in eine Auflaufform (gefettet) legen. Die Pfanne mit Bratensatz beiseitestellen.
3. Für die Kräuterhaube die Butter mit den Kräutern und Semmelbröseln verrühren. Die Kräuterbutter mit Salz und Pfeffer würzen und auf das Rückenfilet streichen.
4. Die Form auf dem Rost in den vorgeheizten Backofen schieben. Das Rückenfilet etwa 50 Minuten garen.
5. Für die Schwarzwurzeln Schwarzwurzeln unter fließendem Wasser gründlich abbürsten, dünn schälen, abspülen und abtropfen lassen. Die Stangen in etwa 5 cm lange Stücke schneiden. Salzwasser in einem großen Topf zum Kochen bringen und die Schwarzwurzelstücke darin in 10–15 Minuten bissfest garen, in einem Sieb abtropfen lassen.
6. Crema di Balsamico mit Balsamico-Essig, Olivenöl und etwas Wasser verschlagen. Die Marinade mit Salz und Pfeffer würzen und mit den Schwarzwurzelstücken vermischen. Das Ganze zugedeckt etwa 30 Minuten durchziehen lassen.
7. In der Zwischenzeit den Wildfond in die beiseitegestellte Pfanne mit dem Bratensatz geben, unter Rühren zum Kochen bringen und etwa

10 Minuten um etwa die Hälfte einkochen lassen.

8. Die Speisestärke mit etwas Wasser anrühren, in den Fond rühren und unter Rühren aufkochen lassen. Die Sauce mit Salz, Pfeffer und Koriander abschmecken.

9. Backofengrill auf etwa 200 °C vorheizen. Die Kräuterhaube des gegarten Rückenfilets 3–4 Minuten knusprig braun überbacken und anschließend etwa 5 Minuten ruhen lassen.

10. Das Rehrückenfilet in Scheiben schneiden und mit den Schwarzwurzeln in Balsamico anrichten.

Straußenfilet in Wacholdersahne mit Schwarzwurzelgemüse

10 Portionen

Zubereitungszeit: 60 Minuten
Garzeit: etwa 3 Stunden

2 1/2 kg Straußenfilet
250 g Zwiebeln
2 TL Wacholderbeeren
2 TL Pimentkörner
5 EL Speiseöl, z. B. Rapsöl
Salz, gem. Pfeffer
1 EL Tomatenmark
1 Lorbeerblatt
500 ml Hühnerbrühe

Für das Schwarzwurzelgemüse:
2 1/2 kg Schwarzwurzeln
Essigwasser (4 EL Essig in 1 l Wasser)
250 g Schlagsahne
200 ml Gemüsebrühe
Saft von 1 Limette
2 EL Dijon-Senf
ger. Muskatnuss
1 Bund Petersilie

200 g Schlagsahne
1 EL Weizenmehl

Pro Portion:
E: 59 g, F: 23 g, Kh: 7 g,
kJ: 2062, kcal: 492

1. Den Backofen bei Ober-/Unterhitze auf 95 °C vorheizen. Straußenfilet unter fließendem kalten Wasser abspülen und trocken tupfen. Die Zwiebeln abziehen und in kleine Würfel schneiden. Die Wacholderbeeren und das Piment in einem Mörser fein zerstoßen oder zerdrücken.

2. Das Öl in einem Bräter erhitzen. Das Straußenfilet mit Salz und Pfeffer würzen und darin von allen Seiten etwa 10 Minuten anbraten. Dann etwa zwei Drittel der Zwiebelwürfel mit anbraten. Tomatenmark unterrühren. Piment, Wacholderbeeren und Lorbeerblatt hinzufügen. Hühnerbrühe hinzugießen und kurz aufkochen lassen.

3. Den Bräter auf dem Rost im unteren Drittel in den vorgeheizten Backofen schieben. Das Straußenfilet etwa 3 Stunden garen, dabei 2–3-mal wenden.

4. Etwa 45 Minuten vor dem Ende der Garzeit das Schwarzwurzelgemüse zubereiten. Dazu die Schwarzwurzeln unter fließendem Wasser gründlich abbürsten, abtropfen lassen, schälen, nochmals abspülen und abtropfen lassen. Die Schwarzwurzeln kurz in Essigwasser legen, damit die Stangen weiß bleiben. Dann die Stangen abtropfen lassen und in etwa 3 cm lange Stücke schneiden.

5. Die Sahne und die Gemüsebrühe mit den restlichen Zwiebelwürfeln, Limettensaft und Senf unter gelegentlichem Rühren zum Kochen bringen. Schwarzwurzelstücke hinzufügen und darin zugedeckt bei schwacher Hitze 12–15 Minuten gar kochen. Dabei gelegentlich umrühren. Das Schwarzwurzelgemüse mit Muskatnuss abschmecken. Die Petersilie abspülen, trocken tupfen und die Blättchen von den Stängeln zupfen. Die Blättchen fein hacken und unter das Gemüse rühren.

6. Das Filet aus dem Bräter nehmen und zugedeckt warm stellen.

7. Die Sauce durch ein Sieb in einen Topf gießen. Die Sahne in die Sauce einrühren und kurz aufkochen lassen. Das Mehl in etwas kaltem Wasser anrühren, in die Sauce einrühren und nochmals kurz aufkochen lassen. Die Sauce etwa 5 Minuten köcheln lassen, dann mit Salz und Pfeffer abschmecken.

8. Das Straußenfilet in Scheiben schneiden, mit Sauce und Schwarzwurzelgemüse servieren.

Tipps: Kräuterspätzle schmecken sehr gut dazu. Das Straußenfilet mit rosa Pfefferbeeren, Wacholderbeeren und Lorbeerblättern garniert servieren.

Straußenfilet in Wacholdersahne mit Schwarzwurzelgemüse

Wildschweinrücken mit Pumpernickelklößen

6 Portionen

Zubereitungszeit: 60 Minuten
Garzeit: etwa 1 1/2 Stunden

1,2 kg Wildschweinrücken (ohne Knochen)
180 g Zwiebeln
150 g Knollensellerie
4 EL Speiseöl, z. B. Rapsöl
Salz, gem. Pfeffer
6–8 zerdrückte Wacholderbeeren
knapp 1/4 TL gem. Gewürznelken
300 ml trockener Rotwein
200 ml Gemüsebrühe

Für die Klöße:
3 Brötchen (Semmeln) vom Vortag
250 g Pumpernickel
100 g Lebkuchen ohne Schokolade oder Saucenlebkuchen
1 Bund Schnittlauch
3 Eier (Größe M)
150 ml Milch (3,5 % Fett)
60 g gehackte Mandeln
80 g Rosinen
3 EL Hartweizengrieß
evtl. 1–2 EL Semmelbrösel

80 g eiskalte Butter

Pro Portion:
E: 54 g, F: 38 g, Kh: 60 g, kJ: 3491, kcal: 834

1. Den Backofen bei Ober-/Unterhitze auf 95 °C vorheizen. Wildschweinrücken mit Küchenpapier trocken tupfen. Zwiebeln abziehen. Sellerie schälen, abspülen und abtropfen lassen. Zwiebeln und Sellerie in kleine Würfel schneiden.
2. Speiseöl in einem Bräter erhitzen. Das Fleisch mit Salz, Pfeffer, Wacholderbeeren und Gewürznelken würzen und in dem erhitzten Speiseöl etwa 5 Minuten von allen Seiten anbraten. Zwiebel- und Selleriewürfel hinzufügen, kurz mitbraten lassen. Rotwein und Brühe hinzugießen, aufkochen lassen.
3. Den Bräter auf dem Rost in den vorgeheizten Backofen (unteres Drittel) schieben. Den Wildschweinrücken etwa 1 1/2 Stunden garen.
4. Etwa 45 Minuten vor Ende der Garzeit für die Klöße die Brötchen vierteln, in dünne Scheiben schneiden und in eine Schüssel geben. Pumpernickel und Lebkuchen fein zerbröseln, hinzufügen. Schnittlauch abspülen, trocken tupfen und in feine Röllchen schneiden.
5. Eier mit Milch verschlagen. Die Eiermilch zu den Bröseln in die Schüssel geben. Schnittlauchröllchen, Mandeln, Rosinen und Grieß hinzufügen. Die Zutaten gut vermengen.
6. Aus der Masse mit angefeuchteten Händen einen kleinen Probekloß formen. Wasser in einem großen Topf zum Kochen bringen, Salz hinzugeben. Den Probekloß in dem leicht kochenden Salzwasser etwas ziehen lassen. Wenn der Probekloß nicht auseinanderfällt, aus der restlichen Kloßmasse 12 Klöße formen. Sollte der Probekloß auseinanderfallen, noch 1–2 Esslöffel Semmelbrösel unter die Masse kneten. Die Klöße in das kochende Salzwasser geben und bei schwacher Hitze etwa 20 Minuten gar ziehen lassen.
7. Den gegarten Wildschweinrücken aus dem Bräter nehmen, in Scheiben schneiden und warm stellen. Den Bratensud durch ein Sieb in einen Topf gießen und aufkochen lassen, zum Schluss mit Salz und Pfeffer abschmecken.
8. Die gegarten Klöße mit einer Schaumkelle aus dem Topf nehmen und etwas abtropfen lassen. Butter in den Bratensud geben und kurz pürieren. Fleisch mit den Klößen und der Sauce anrichten und servieren.

Wildschweinrücken mit Pastinakengemüse

4 Portionen (ohne Foto)

Zubereitungszeit: 40 Minuten
Garzeit: etwa 70 Minuten

750 g Wildschweinrücken (ohne Knochen)
Salz, gem. Pfeffer
4 EL Speiseöl, z. B. Rapsöl
2 Möhren
2 Eigelb (Größe M)
4 EL gehackte Haselnusskerne
4 EL Semmelbrösel
800 g Pastinaken
6 EL Wasser
40 g Butter
400 ml Wildfond
200 ml trockener Rotwein
60 g eiskalte Butter

Pro Portion:
E: 46 g, F: 48 g, Kh: 44 g, kJ: 3474, kcal: 830

Wildschweinrücken mit Pumpernickelklößen

1. Den Backofen bei Ober-/Unterhitze auf 95 °C vorheizen. Eine Auflaufform oder eine feuerfeste Platte mit Rand auf dem Rost (unteres Drittel) miterwärmen.
2. Wildschweinrücken mit Küchenpapier trocken tupfen, evtl. enthäuten, mit Salz und Pfeffer würzen. Speiseöl in einer Pfanne erhitzen. Den Wildschweinrücken darin 5–6 Minuten von allen Seiten gut anbraten, herausnehmen und in die vorgewärmte Auflaufform oder auf die Platte legen. Den Wildschweinrücken etwa 70 Minuten garen.
3. Möhren putzen, schälen, abspülen, abtropfen lassen und in feine Würfel schneiden. Möhrenwürfel mit Eigelb, Haselnusskernen und Semmelbröseln vermischen, mit Salz und Pfeffer würzen.
4. Etwa 15 Minuten vor Ende der Garzeit des Wildschweinrückens von den Pastinaken Grün und Spitzen abschneiden, Pastinaken schälen, abspülen, abtropfen lassen und in dünne Scheiben schneiden. Die Pastinakenscheiben mit Wasser und der Butter in einem Topf zum Kochen bringen und etwa 5 Minuten kochen lassen, mit Salz abschmecken. Das Pastinakengemüse warm stellen.
5. Den Wildfond mit Rotwein in einem Topf zum Kochen bringen und etwas einkochen lassen.
6. Die Form oder Platte mit dem gegarten Wildschweinrücken aus dem Backofen nehmen. Den Backofengrill auf etwa 240 °C vorheizen. Die Möhren-Haselnuss-Masse auf den Wildschweinrücken streichen und fest andrücken. Die Form oder Platte wieder auf dem Rost unter den vorgeheizten Backofengrill schieben. Den Wildschweinrücken 5–10 Minuten goldgelb überbacken.
7. Den Topf mit dem eingekochten Wild-Rotwein-Fond von der Kochstelle nehmen und die eiskalte Butter in Stücken unterschlagen (nicht mehr kochen lassen).
8. Den Wildschweinrücken in Scheiben schneiden, mit dem Pastinakengemüse und der Sauce servieren.

Kaninchenbraten mit Oliven

Kaninchenbraten mit Oliven

6–8 Portionen

Zubereitungszeit: 45 Minuten
Garzeit: etwa 2 Stunden

2 küchenfertige Kaninchen (oder 2 kg Kaninchenstücke)
220 g Zwiebeln
2 Knoblauchzehen
200 g Zucchini
250 g Tomaten
6 EL Olivenöl
Salz, gem. Pfeffer
500 ml Geflügelfond
180 g trocken eingelegte, entsteinte Oliven
1 Bio-Zitrone (unbehandelt, ungewachst)
je 1 TL gerebelter Thymian und Rosmarin
1 EL Weizenmehl
1 EL Speisestärke

Pro Portion:
E: 61 g, F: 29 g, Kh: 8 g,
kJ: 2289, kcal: 547

1. Den Backofen bei Ober-/Unterhitze auf 95 °C vorheizen. Kaninchen kurz unter fließendem kalten Wasser abspülen, trocken tupfen und evtl. enthäuten. Ganze Kaninchen in Portionsstücke zerlegen.
2. Zwiebeln und Knoblauch abziehen, fein würfeln. Zucchini und Tomaten abspülen und abtropfen lassen. Von der Zucchini die Enden abschneiden. Die Zucchini in etwa 1 cm große Würfel schneiden.
3. Tomaten halbieren, die Stängelansätze herausschneiden und ebenfalls in etwa 1 cm große Würfel schneiden.
4. Olivenöl in einem Bräter erhitzen. Kaninchenstücke mit Salz und Pfeffer würzen und in dem erhitzten Olivenöl von allen Seiten etwa 10 Minuten anbraten.
5. Nach und nach Zwiebel-, Knoblauch-, Zucchini- und Tomatenwürfel hinzufügen und mit anbraten.
6. Geflügelfond hinzugießen, aufkochen lassen. Oliven hinzugeben. Die Zitrone heiß abwaschen, abtrocknen und die Schale abreiben. Zitrone halbieren und den Saft auspressen. Zitronenschale, -saft, Thymian und Rosmarin in den Fond rühren.
7. Den Bräter auf dem Rost in den vorgeheizten Backofen (unteres Drittel) schieben. Das Kaninchenfleisch etwa 2 Stunden garen.
8. Die Kaninchenstücke aus dem Bräter nehmen und warm stellen. Den Bratenfond aufkochen lassen. Mehl und Speisestärke mit etwas kaltem Wasser anrühren, in die Sauce rühren und etwa 5 Minuten unter gelegentlichem Rühren kochen lassen.
9. Die Sauce mit Salz und Pfeffer abschmecken und mit dem Kaninchen servieren.

Hähnchen in Kokossauce

Hähnchen in Kokossauce

4–6 Portionen

Zubereitungszeit: 40 Minuten
Garzeit: etwa 3 Stunden

1 küchenfertiges Hähnchen (etwa 1,8 kg)
3 EL Speiseöl, z. B. Erdnussöl
1 EL Currypulver
1 gestr. TL Salz
1 gestr. TL gem. Pfeffer
120 g Zwiebeln
1 Knoblauchzehe
1 Chilischote
400 ml Kokosmilch
200 ml Hühnerbrühe
1 rote Paprikaschote
1 Mango
400 g Ananas-Fruchtfleisch (aus dem Kühlregal)
1 EL Speisestärke

Außerdem:
Küchengarn

Pro Portion:
E: 63 g, F: 49 g, Kh: 25 g,
kJ: 3339, kcal: 801

1. Den Backofen bei Ober-/Unterhitze auf etwa 200 °C vorheizen. Das Hähnchen innen und außen unter fließendem kalten Wasser abspülen, abtropfen lassen und trocken tupfen.

2. Speiseöl mit Curry, Salz und Pfeffer verrühren. Das Hähnchen innen und außen damit einstreichen. Die Keulen und Flügel mit Küchengarn zusammenbinden. Das Hähnchen mit der Brust nach unten in einen Bräter legen.

3. Zwiebeln und Knoblauch abziehen, in feine Würfel schneiden und zum Hähnchen in den Bräter geben. Den Bräter auf dem Rost in den vorgeheizten Backofen (untere Schiene) schieben. Das Hähnchen etwa 30 Minuten anbraten, dabei das Hähnchen einmal wenden.

4. Chilischote längs halbieren, entstielen und entkernen. Die Schotenhälften abspülen, abtropfen lassen und fein hacken. Kokosmilch und Hühnerbrühe zum Hähnchen in den Bräter gießen. Chilischote unterrühren.

5. Den Backofen bei Ober-/Unterhitze auf 95 °C herunterschalten. Das Hähnchen weitere etwa 2 1/2 Stunden garen.

6. Nach etwa 1 1/2 Stunden Garzeit Paprikaschote halbieren, entstielen, entkernen und die weißen Scheidewände entfernen. Schote abspülen, abtropfen lassen und in feine Streifen schneiden. Paprikastreifen zum Hähnchen in den Bräter geben und mitgaren lassen.

7. Etwa 20 Minuten vor Ende der Garzeit Mango halbieren, das Fruchtfleisch vom Stein schneiden und schälen. Ananas- und Mangofruchtfleisch in etwa 2 cm große Würfel schneiden.

8. Das gegarte Hähnchen aus dem Bräter nehmen und warm stellen. Den Bratenfond zum Kochen bringen. Die Speisestärke mit etwas kaltem Wasser anrühren, in die Sauce rühren und unter Rühren aufkochen lassen. Die Sauce mit den Gewürzen abschmecken, Ananas- und Mangowürfel unterrühren und kurz miterwärmen.

9. Das Hähnchen tranchieren, dabei das Küchengarn entfernen. Das Hähnchen mit der Kokossauce anrichten und servieren.

Frischlingsrückenfilet in der Walnusskruste mit Schupfnudeln

4 Portionen

Zubereitungszeit: 60 Minuten
Garzeit: etwa 40 Minuten

Für den Frischlingsrücken:
800 g Frischlingsrückenfilet
Salz
gem. Pfeffer
2 EL Speiseöl, z. B. Olivenöl

Für die Walnusskruste:
100 g Butter (zimmerwarm)
1 Eigelb (Größe M)
2 zerdrückte, fein gehackte Wacholderbeeren
1 TL gerebelter Thymian
60 g fein gehackte Walnusskernhälften
2 EL Semmelbrösel

Für die Wildsauce:
1 rote Zwiebel
2 Stängel Thymian
400 ml Wildfond
200 ml Rotwein
100 ml schwarzer Johannisbeernektar
2 Wacholderbeeren
2 Lorbeerblätter
2 Gewürznelken
10 Pfefferkörner
1 EL Tomatenmark
2 EL Wild-Preiselbeeren (aus dem Glas)
evtl. etwas Saucenbinder

Für die Schupfnudeln:
40 g Butter
800–1000 g Schupfnudeln (aus dem Kühlregal)
1 TL klein geschnittene Petersilie

Pro Portion:
E: 60 g, F: 53 g, Kh: 93 g,
kJ: 4692, kcal: 1116

1. Den Backofen bei Ober-/Unterhitze auf 95 °C vorheizen. Eine Auflaufform auf dem Rost miterwärmen.

2. Für den Frischlingsrücken das Filet mit Küchenpapier trocken tupfen, evtl. enthäuten, mit Salz und Pfeffer würzen. Das Speiseöl in einer feuerfesten Pfanne erhitzen. Das Fleisch darin von allen Seiten 2–3 Minuten anbraten, herausnehmen und in die vorgewärmte Auflaufform legen. Die Form auf dem Rost in den vorgeheizten Backofen schieben. Filet etwa 40 Minuten garen.
3. Für die Walnusskruste Butter mit Eigelb, Wacholderbeeren, Thymian, Walnusskernen und so viel Semmelbröseln verrühren, dass eine streichfähige Masse entsteht.
4. Für die Wildsauce die Zwiebel abziehen, grob würfeln. Thymian abspülen und trocken tupfen. Wildfond, Rotwein und Johannisbeernektar in einen Topf geben. Zwiebelwürfel, Thymianstängel, Wacholderbeeren, Lorbeerblätter, Gewürznelken und Pfefferkörner hinzugeben. Tomatenmark unterrühren.
5. Die Zutaten zum Kochen bringen, auf etwa 500 ml einkochen lassen.
6. Die Sauce durch ein feines Sieb in einen Topf gießen. Die Sauce nochmals kurz aufkochen lassen und Preiselbeeren unterrühren, mit Salz und Pfeffer abschmecken. Die Sauce nach Belieben mit etwas Saucenbinder andicken und warm stellen.
7. Die Auflaufform mit dem Frischlingsrückenfilet aus dem Backofen nehmen. Den Backofengrill auf etwa 200 °C vorheizen.
8. Die Walnussmasse auf das Filet streichen und etwas andrücken. Die Auflaufform wieder auf dem Rost unter den vorgeheizten Backofengrill schieben. Die Walnusskruste 5–6 Minuten überbacken.
9. Für die Schupfnudeln in der Zwischenzeit die Butter in einer großen Pfanne zerlassen. Die Schupfnudeln darin nach Packungsanleitung zubereiten, mit Salz und Pfeffer würzen und mit Petersilie bestreuen.
10. Das Fleisch aus der Form nehmen, kurz ruhen lassen, dann in Scheiben schneiden, mit den Schupfnudeln und der Sauce anrichten.

Lammhackbraten auf Olivengemüse

4 Portionen (ohne Foto)

Zubereitungszeit: 35 Minuten
Garzeit: etwa 90 Minuten

3 Scheiben Toastbrot (etwa 75 g)
100 g Schafskäse
2 Knoblauchzehen
650 g Lammgehacktes
3 Eier (Größe M)
Salz, gem. Pfeffer

Für das Olivengemüse:
1–2 Zweige Rosmarin
200 g Möhren
100 g Knollensellerie
2 Zwiebeln
150 g Tomaten
100 g schwarze Oliven

2 EL Speiseöl

Pro Portion:
E: 42 g, F: 39 g, Kh: 16 g,
kJ: 2467, kcal: 589

1. Die Toastbrotscheiben in kaltem Wasser einweichen. Schafskäse in kleine Würfel schneiden. Knoblauch abziehen und durch eine Knoblauchpresse drücken. Eingeweichte Brotscheiben gut ausdrücken.
2. Lammgehacktes in eine Schüssel geben. Käsewürfel, Knoblauch, Brotscheiben und Eier hinzugeben. Die Zutaten gut vermengen, mit Salz und Pfeffer würzen. Die Hackfleischmasse halbieren und mit angefeuchteten Händen jeweils zu einem ovalen Laib formen.
3. Für das Olivengemüse Rosmarinnadeln von den Stängeln zupfen. Möhren und Sellerie putzen, schälen, abspülen, abtropfen lassen und in Stücke schneiden. Zwiebeln abziehen und würfeln.
4. Tomaten kreuzweise einschneiden und mit kochendem Wasser übergießen. Nach 1–2 Minuten herausnehmen und mit kaltem Wasser abschrecken. Tomaten häuten, halbieren, die Stängelansätze herausschneiden. Die Tomaten grob zerkleinern. Oliven entsteinen und vierteln. Die vorbereiteten Gemüsezutaten mit den Oliven in einer Schüssel mischen, mit Salz und Pfeffer würzen.
5. Den Backofen bei Ober-/Unterhitze auf 95 °C vorheizen. Speiseöl in einem Bräter erhitzen. Die Fleischlaibe darin 3–4 Minuten von allen Seiten anbraten, herausnehmen und beiseitelegen. Die Gemüsemischung zum verbliebenen Bratfett in den Bräter geben und 2–3 Minuten unter gelegentlichem Rühren andünsten. Die beiseitegelegten Fleischlaibe auf das Gemüse legen.
6. Den Bräter auf dem Rost in den vorgeheizten Backofen (unteres Drittel) schieben. Die Lammhackbraten auf dem Gemüsebett etwa 90 Minuten garen.
7. Die gegarten Lammhackbraten aus dem Bräter nehmen, in Scheiben schneiden und mit dem Gemüse anrichten.

Frischlingsrückenfilet in der Walnusskruste mit Schupfnudeln

Kalbsrücken mit Pilzen
6–8 Portionen (ohne Foto)

Zubereitungszeit: 60 Minuten
Garzeit: etwa 3 1/2 Stunden

3 Brötchen (Semmeln) vom Vortag (etwa 180 g)
100 g Schlagsahne
2 Eier (Größe M)
80 g Schinken, in Streifen
je 1 EL klein geschnittene Petersilien-, Basilikumblättchen und Schnittlauchröllchen
Salz, gem. Pfeffer
1,6 kg Kalbsrücken (ohne Knochen)
3 EL Speiseöl, z. B. Rapsöl
1 TL Tomatenmark
200 ml Fleischbrühe
1 1/4 kg Champignons
2 Zwiebeln
2 Knoblauchzehen
3 EL Speiseöl, z. B. Rapsöl
100 g Schinkenwürfel
100 g Schlagsahne
100 ml Gemüsebrühe
300 ml Fleischbrühe
1 EL Speisestärke

Außerdem:
Küchengarn

Pro Portion:
E: 65 g, F: 27 g, Kh: 20 g,
kJ: 2423, kcal: 579

1. Den Backofen bei Ober-/Unterhitze auf 95 °C vorheizen.
2. Die Brötchen in sehr dünne Scheiben schneiden und in eine Schüssel geben. Sahne mit Eiern, Schinkenstreifen und Kräutern verrühren, zu den Brötchenscheiben in die Schüssel geben und gut vermengen. Mit Salz und Pfeffer würzen.
3. Kalbsrücken mit Küchenpapier trocken tupfen und waagerecht mit einem scharfen Messer etwa zwei Drittel tief eine Tasche einschneiden (evtl. bereits vom Metzger einschneiden lassen). Die Tasche aufklappen, mit Salz und Pfeffer würzen und die Brötchenmasse hineingeben. Das Fleisch aufrollen und mit Küchengarn verschnüren, mit Salz und Pfeffer würzen.
4. Speiseöl in einem großen Bräter erhitzen. Die Kalbfleischrolle darin etwa 10 Minuten von allen Seiten anbraten. Tomatenmark kurz mit anrösten. Fleischbrühe hinzugießen und kurz aufkochen lassen. Den Bräter auf dem Rost in den vorgeheizten Backofen (unteres Drittel) schieben. Den Kalbsrücken etwa 3 1/2 Stunden garen.
5. Etwa 40 Minuten vor Ende der Garzeit Champignons putzen, evtl. kurz abspülen und auf Küchenpapier gut abtropfen lassen. Zwiebeln und Knoblauch abziehen, in kleine Würfel schneiden.
6. Speiseöl in einer großen Pfanne erhitzen. Zwiebel- und Knoblauchwürfel darin anbraten. Champignons darin evtl. portionsweise etwa 5 Minuten unter gelegentlichem Rühren braten lassen. Schinkenwürfel, Sahne und Gemüsebrühe unterrühren. Die Pilzmasse zum Kochen bringen und etwa 5 Minuten bei schwacher Hitze kochen lassen.
7. Den gegarten Kalbsrücken aus dem Bräter nehmen und warm stellen. Fleischbrühe zum Bratenfond geben, unterrühren und zum Kochen bringen. Speisestärke mit etwas kaltem Wasser anrühren, in die Sauce rühren und unter Rühren kurz aufkochen lassen. Die Sauce mit Salz und Pfeffer abschmecken.
8. Das Küchengarn von dem Kalbsrücken entfernen. Den Kalbsrücken in Scheiben schneiden. Die Fleischscheiben auf den Pilzen anrichten und mit der Sauce angießen. Die restliche Sauce dazureichen.

Entenkeulen mit Ingwer-Möhren

4 Portionen

Zubereitungszeit: 30 Minuten
Garzeit: etwa 4 Stunden

4 Entenkeulen (mit Knochen, je etwa 350 g)
Salz, gem. Pfeffer
2 EL Speiseöl
1 Apfel (etwa 200 g)
1 dicke Zwiebel (etwa 200 g)
400 ml Geflügelbrühe oder Entenfond
400 g Möhren
40 g Butter
1 EL Olivenöl
etwas Zitronensaft
frisch ger. Ingwer
evtl. etwas Geflügelbrühe
evtl. einige Stängel Zitronengras oder einige Stängel Zitronenmelisse

Pro Portion:
E: 48 g, F: 74 g, Kh: 12 g,
kJ: 3772, kcal: 902

Entenkeulen mit Ingwer-Möhren

1. Den Backofen bei Ober-/Unterhitze auf 95 °C vorheizen.
2. Entenkeulen kurz unter fließendem kalten Wasser abspülen, trocken tupfen, mit Salz und Pfeffer würzen. Speiseöl in einem Bräter erhitzen. Die Entenkeulen darin von allen Seiten kross anbraten.
3. Apfel abwaschen, abtrocknen, vierteln und das Kerngehäuse herausschneiden. Apfelviertel mit der Schale in grobe Würfel schneiden. Zwiebel abziehen und ebenfalls würfeln. Apfel- und Zwiebelwürfel zu den Entenkeulen in den Bräter geben und etwa 5 Minuten mit andünsten. Brühe oder Fond hinzugießen und zum Kochen bringen.
4. Den Bräter auf dem Rost in den vorgeheizten Backofen schieben. Die Entenkeulen etwa 4 Stunden garen. Dabei sollten die Keulen mit der Hautseite nach oben liegen.
5. Möhren putzen, schälen, abspülen, abtropfen lassen und in Scheiben schneiden oder hobeln. Möhren in kochendem Salzwasser 2–3 Minuten blanchieren. Möhrenscheiben in ein Sieb geben, mit kaltem Wasser abschrecken und abtropfen lassen.
6. Butter in einer Pfanne zerlassen, Möhrenscheiben darin unter Rühren andünsten. Mit Olivenöl, Zitronensaft, etwas geriebenem Ingwer, Salz und Pfeffer würzen.
7. Die gegarten Entenkeulen aus dem Bratensud nehmen. Den Backofengrill auf etwa 240 °C vorheizen. Die Entenkeulen auf eine feuerfeste Platte legen und auf dem Rost unter dem vorgeheizten Backofengrill 3–4 Minuten knusprig überbacken.
8. In der Zwischenzeit den Bratensud mit einem Pürierstab pürieren oder durch ein Sieb streichen. Nach Belieben noch etwas Brühe hinzugeben. Die Sauce aufkochen lassen und mit den Gewürzen abschmecken.
9. Nach Belieben Zitronengras oder Melisse abspülen und trocken tupfen. Die Entenkeulen auf dem Möhrengemüse anrichten. Mit etwas Sauce umgießen. Mit Zitronengras oder Zitronenmelisse garnieren.

Lammhackbraten mit weißen Bohnen

Lammhackbraten mit weißen Bohnen

6 Portionen

Zubereitungszeit: 45 Minuten
Garzeit: 3 1/2–4 Stunden

220 g Zwiebeln
3 Knoblauchzehen
50 g getrocknete Tomaten
1 kg Lammgehacktes
2 Eier (Größe M)
Salz, gem. Pfeffer
1 TL gerebelter Thymian oder Rosmarin
1/2 TL Chiliflocken
200 g abgetropfter Schafskäse
4 EL Olivenöl
960 g abgetropfte weiße Bohnen (aus Dosen)
400 g passierte Tomaten (Tetrapak)
100 g abgetropfte schwarze Oliven, ohne Stein
2–3 Tomaten

Pro Portion:
E: 51 g, F: 42 g, Kh: 34 g,
kJ: 3007, kcal: 716

1. Den Backofen bei Ober-/Unterhitze auf 95 °C vorheizen. Zwiebeln und Knoblauch abziehen, fein würfeln. Tomaten in feine Streifen schneiden.
2. Gehacktes in eine Schüssel geben. Etwa die Hälfte der Zwiebel- und Knoblauchwürfel, Eier und Tomatenstreifen hinzufügen und gut unterarbeiten, mit Salz, Pfeffer, Thymian oder Rosmarin und Chili würzen.
3. Die Gehacktesmasse mit angefeuchteten Händen zu einem länglichen Laib formen und längs eine Vertiefung eindrücken. Schafskäse in 3 gleich große, längliche Stücke schneiden. 2 Käsestücke in die Vertiefung legen, mit der Gehacktesmasse umschließen, sodass ein etwa 7 cm dicker Laib entsteht.
4. Das Olivenöl in einem Bräter erhitzen. Den Fleischlaib darin etwa 10 Minuten von allen Seiten gut anbraten. Restliche Zwiebel- und Knoblauchwürfel hinzugeben und kurz mitbraten lassen.
5. Bohnen mit den passierten Tomaten zum Lammhackbraten in den Bräter geben. Oliven unterrühren und alles aufkochen lassen.
6. Den Bräter auf dem Rost in den vorgeheizten Backofen (unteres Drittel) schieben. Den Lammhackbraten 3 1/2–4 Stunden garen.
7. Tomaten abspülen, abtrocknen, halbieren und die Stängelansätze herausschneiden. Tomaten in Spalten schneiden. Restlichen Schafskäse in kleine Stücke schneiden. Den Lammhackbraten in Scheiben schneiden, mit der Sauce, den Käsestückchen und Tomatenspalten auf einer vorgewärmten Platte anrichten und servieren.

Entenbrust mit rotem Zwiebelgemüse

Entenbrust mit rotem Zwiebelgemüse

6 Portionen

Zubereitungszeit: 50 Minuten
Garzeit: etwa 30 Minuten

1 1/4 kg rote Zwiebeln
5 EL Rapsöl
3 Entenbrustfilets (je etwa 450 g)
Salz, gem. Pfeffer
2 EL Puderzucker
300 ml trockener Rotwein
2 EL Johannisbeergelee
3–4 EL Orangenlikör
1 TL gerebelter Thymian

Pro Portion:
E: 43 g, F: 47 g, Kh: 22 g,
kJ: 3041, kcal: 726

1. Zwiebeln abziehen und je nach Größe vierteln oder sechsteln. Rapsöl in einem Bräter erhitzen. Die Zwiebeln darin unter gelegentlichem Wenden etwa 10 Minuten anbraten.
2. In der Zwischenzeit den Backofen bei Ober-/Unterhitze auf 95 °C vorheizen. Einen feuerfesten Teller oder eine Auflaufform auf dem Rost (mittlere Schiene) miterwärmen.
3. Die Entenbrustfilets kurz unter fließendem kalten Wasser abspülen, trocken tupfen, mit Salz und Pfeffer würzen.
4. Eine große Pfanne ohne Fett erhitzen. Die Filets mit der Hautseite nach unten hineinlegen und etwa 5 Minuten braten. Dann die Filets wenden und von der anderen Seite ebenfalls etwa 5 Minuten braten. Die Filets auf dem vorgewärmten Teller oder in der Auflaufform auf dem Rost in den vorgeheizten Backofen schieben. Die Entenbrustfilets etwa 30 Minuten garen.
5. Die angebratenen Zwiebeln mit Puderzucker bestäuben, kurz karamellisieren lassen und den Rotwein hinzugießen. Johannisbeergelee unterrühren, zum Kochen bringen und etwa 20 Minuten bei schwacher Hitze kochen lassen.
6. Die gegarten Entenbrustfilets aus der Form nehmen und kurz ruhen lassen. Den Bratensatz in der Form mit Orangenlikör ablöschen und unter das Zwiebelgemüse mischen. Zwiebelgemüse mit Salz, Pfeffer und Thymian würzen.
7. Die gegarten Entenbrustfilets in Scheiben schneiden und mit dem Zwiebelgemüse servieren.

Entenbraten mit Orangensauce

4–6 Portionen (ohne Foto)

Zubereitungszeit: 30 Minuten
Garzeit: etwa 5 Stunden

1 küchenfertige Barbarie-Ente (etwa 2,4 kg)
Salz, gem. Pfeffer
1 Zwiebel
1 EL Tomatenmark
300 ml Geflügelfond
200 ml Weißwein
1 Lorbeerblatt
1 Zweig Zitronenthymian
2 Bio-Orangen (unbehandelt, ungewachst)
2 TL Speisestärke

Pro Portion:
E: 71 g, F: 66 g, Kh: 18 g,
kJ: 4017, kcal: 958

1. Den Backofen bei Ober-/Unterhitze auf 95 °C vorheizen. Die Ente innen und außen kurz unter fließendem kalten Wasser abspülen, tropfnass in einen erwärmten Bräter legen, mit Salz und Pfeffer würzen. Die Ente etwa 10 Minuten von allen Seiten gut anbraten.
2. Zwiebeln abziehen und würfeln. Zwiebelwürfel zu der Ente in den Bräter geben und kurz andünsten. Tomatenmark unterrühren. Geflügelfond und Weißwein hinzugießen und aufkochen lassen. Lorbeerblatt und abgespülten und trocken getupften Zitronenthymian hinzufügen.
3. Bräter auf dem Rost in den vorgeheizten Backofen (untere Schiene) schieben. Die Ente etwa 5 Stunden garen.
4. Etwa 30 Minuten vor Ende der Garzeit die Orange heiß abwaschen, abtrocknen, etwas Schale mit einem Zestenreißer abschälen. Die Orangen so schälen, dass die weiße Haut mitentfernt wird. Orangen filetieren.
5. Die gegarte Ente aus dem Bräter nehmen. Den Backofengrill auf etwa 240 °C vorheizen. Die Ente auf eine feuerfeste Platte legen, auf dem Rost unter den vorgeheizten Backofengrill schieben und 5–10 Minuten knusprig grillen, dabei einmal wenden.
6. Inzwischen den Bratenfond zum Kochen bringen. Speisestärke mit etwas kaltem Wasser anrühren, in den Fond rühren und unter Rühren aufkochen lassen. Lorbeerblatt und Thymian entfernen. Die Sauce mit Orangenschale, Salz und Pfeffer abschmecken, die Orangenfilets in die Sauce geben und kurz erwärmen.
7. Die Ente tranchieren und mit der Orangensauce servieren.

Burgunderbraten
6 Portionen

Zubereitungszeit: 40 Minuten, ohne Marinierzeit
Garzeit: 3 1/2 Stunden

etwa 20 frische Perlzwiebeln
100 g Knollensellerie
100 g Möhren, 100 g Porree (Lauch)
1,2 kg Rindfleisch (aus der Hüfte)
1 TL Pfefferkörner
1 Lorbeerblatt
1 TL frische Rosmarinnadeln
Salz, gem. Pfeffer
500 ml Burgunderwein
3 EL Speiseöl, z. B. Rapsöl
1 EL Tomatenmark
500 ml Rinderfond oder -brühe
50 g kalte Butter

Pro Portion:
E: 44 g, F: 16 g, Kh: 12 g,
kJ: 1793, kcal: 428

1. Perlzwiebeln abziehen. Sellerie und Möhren putzen, schälen, abspülen, abtropfen lassen und etwa in Größe der Perlzwiebeln schneiden. Porree putzen, die Stange längs halbieren, gründlich waschen, abtropfen lassen und in etwa 3 cm lange Stücke schneiden.
2. Rindfleisch mit Küchenpapier trocken tupfen, evtl. vorhandene Sehnen und Fett entfernen. Das Fleisch in eine große Schüssel legen. Das vorbereitete Gemüse und die Gewürze daraufstreuen, mit Burgunder übergießen und zugedeckt im Kühlschrank etwa 20 Stunden marinieren, dabei das Fleisch einmal wenden.
3. Am nächsten Tag das Fleisch aus der Marinade nehmen, abtropfen lassen und trocken tupfen. Die Marinade durch ein Sieb gießen, dabei die Marinade auffangen und das Gemüse beiseitestellen.
4. Den Backofen bei Ober-/Unterhitze auf 95 °C vorheizen.
5. Speiseöl in einem Bräter erhitzen. Das Fleisch darin von allen Seiten gut anbraten. Das beiseitegestellte Gemüse und Tomatenmark hinzugeben und 3–4 Minuten mitbraten lassen.
6. Mit der Rotweinmarinade und Fond oder Brühe ablöschen, aufkochen lassen.
7. Den Bräter auf dem Rost in den vorgeheizten Backofen (unteres Drittel) schieben. Den Burgunderbraten etwa 3 1/2 Stunden garen.
8. Den gegarten Burgunderbraten aus dem Bräter nehmen und zugedeckt warm stellen.
9. Die Sauce evtl. bis zur gewünschten Konsistenz einkochen lassen. Butter in Stücken unter die Sauce rühren. Sauce nochmals abschmecken. Den Burgunderbraten in Scheiben schneiden und mit der Gemüsesauce anrichten.

Burgunderbraten

Hasenfilet mit Pilz-Trauben-Sauce

4 Portionen (ohne Foto)

Zubereitungszeit: 30 Minuten
Garzeit: etwa 20 Minuten

600 g Hasenfilet
Salz, gem. Pfeffer
5 EL Speiseöl, z.B. Rapsöl
4 Schalotten
150 g Kräutersaitlinge
250 g grüne kernlose Weintrauben
250 ml Wildfond oder -brühe
1–2 Stängel Rosmarin
150 g Crème fraîche
1 EL mittelscharfer Senf
1/2 TL gerebelter Thymian

Pro Portion:
E: 36 g, F: 29 g, Kh: 14 g,
kJ: 2060, kcal: 494

1. Den Backofen bei Ober-/Unterhitze auf 95 °C vorheizen. Einen feuerfesten Teller oder eine Auflaufform mit niedrigem Rand auf dem Rost miterwärmen.
2. Das Hasenfilet mit Küchenpapier trocken tupfen, evtl. vorhandenes Fett und Sehnen abschneiden. Das Filet mit Salz und Pfeffer würzen.
3. Speiseöl in einer Pfanne erhitzen. Das Hasenfilet darin etwa 10 Minuten von allen Seiten gut anbraten, herausnehmen und auf dem vorgewärmten Teller oder in der Auflaufform in den vorgeheizten Backofen schieben. Hasenfilet etwa 20 Minuten garen. Die Pfanne mit dem Bratensatz beiseitestellen.
4. Schalotten abziehen und in Scheiben schneiden. Kräutersaitlinge putzen, evtl. kurz abspülen und gut abtropfen lassen. Pilze in Streifen schneiden. Weintrauben abspülen, abtropfen lassen, entstielen und halbieren.
5. Beiseitegestellte Pfanne mit dem Bratensatz erhitzen. Die Schalottenscheiben darin anbraten. Pilze hinzufügen und kurz mitbraten. Fond oder Brühe hinzugießen, zum Kochen bringen und etwa 10 Minuten kochen.
6. Rosmarin abspülen und trocken tupfen. Die Nadeln von den Stängeln zupfen. Die Nadeln klein schneiden.
7. Crème fraîche und Senf unter die Sauce rühren. Die Sauce mit Thymian, Salz und Pfeffer abschmecken. Weintrauben unterrühren und kurz miterwärmen.
8. Das gegarte Hasenfilet aus dem Backofen nehmen, in Scheiben schneiden und mit der Pilz-Trauben-Sauce anrichten. Mit Rosmarin bestreut servieren.

Bio-Hahn „Coq au Vin"
6 Portionen

Zubereitungszeit: 40 Minuten
Garzeit: etwa 4 Stunden

1 küchenfertiges Bio-Hähnchen (etwa 2,2 kg)
1 EL Paprikapulver edelsüß
1 TL gerebelter Thymian
1 TL Salz
1 TL gem. Pfeffer
4 EL Olivenöl
250 g Schalotten
400 g Champignons
125 g Schinkenwürfel
500 ml trockener Rotwein
4 cl Cognac oder Weinbrand
1 EL Speisestärke

Außerdem:
Küchengarn

Pro Portion:
E: 68 g, F: 38 g, Kh: 6 g,
kJ: 2932, kcal: 701

1. Den Backofen bei Ober-/Unterhitze auf etwa 200 °C vorheizen. Das Hähnchen innen und außen kurz unter fließendem kalten Wasser abspülen, abtropfen lassen und trocken tupfen. Paprika, Thymian, Salz und Pfeffer mit Olivenöl verrühren. Das Hähnchen mit der Würzmischung außen und innen einstreichen, die Keulen mit Küchengarn zusammenbinden.
2. Hähnchen mit dem Rücken nach oben in einen Bräter legen. Den Bräter auf dem Rost in den vorgeheizten Backofen (untere Schiene) schieben. Das Hähnchen etwa 30 Minuten anbraten, dabei einmal wenden.
3. Schalotten abziehen, in Spalten schneiden und nach der Hälfte der Anbratzeit mit in den Bräter geben. Champignons putzen, evtl. kurz abspülen, gut abtropfen lassen und in Scheiben schneiden. Champignonscheiben mit den Schinkenwürfeln zum Hähnchen in den Bräter geben. Rotwein und Cognac oder Weinbrand hinzugießen.
4. Den Backofen bei Ober-/Unterhitze auf 95 °C herunterschalten. Das Hähnchen etwa 3 1/2 Stunden garen.
5. Das gegarte Hähnchen aus dem Bräter nehmen und warm stellen. Den Bratenfond zum Kochen bringen. Speisestärke mit etwas kaltem Wasser anrühren, in die Sauce rühren und unter Rühren kurz aufkochen lassen, mit Salz und Pfeffer würzen. Hähnchen tranchieren, dabei das Küchengarn entfernen. Das Hähnchen mit der Sauce servieren.

Gefüllte Ente
4–6 Portionen (ohne Foto)

Zubereitungszeit: 45 Minuten
Garzeit: etwa 4 Stunden

1 küchenfertige Ente (etwa 2,4 kg)
100 g Möhren
100 g Knollensellerie
150 g Zwiebeln
1 Bund glatte Petersilie
4 Sonnenblumenbrötchen (etwa 220 g)
50 g Butter
220 ml Milch (3,5 % Fett)
2 Eier (Größe M)
2 EL Speiseöl, z. B. Rapsöl
Salz
1 TL Paprikapulver edelsüß
1 TL gem. Pfeffer
1 EL Tomatenmark
400 ml Geflügelfond
1 EL Speisestärke

Außerdem:
Holzstäbchen
Küchengarn

Pro Portion:
E: 71 g, F: 45 g, Kh: 29 g,
kJ: 3396, kcal: 812

1. Den Backofen bei Ober-/Unterhitze auf etwa 200 °C vorheizen. Die Ente innen und außen unter fließendem kalten Wasser abspülen und abtropfen lassen, evtl. inneres Fett entfernen.
2. Möhren putzen. Möhren und Sellerie schälen, abspülen, abtropfen lassen und würfeln. Zwiebeln abziehen und fein würfeln. Petersilie abspülen und trocken tupfen. Einige Stängel zum Garnieren beiseitelegen. Die Blättchen von den restlichen Stängeln zupfen und klein schneiden.

Bio-Hahn „Coq au Vin"

3. Sonnenblumenbrötchen längs halbieren, in dünne Scheiben schneiden und in eine Schüssel geben.
4. Butter in einem Topf zerlassen. Jeweils etwa die Hälfte der Zwiebel-, Möhren- und Selleriewürfel darin etwa 5 Minuten andünsten, Milch hinzugießen. Den Topf von der Kochstelle nehmen.
5. Die Eier unter die Milch-Gemüse-Masse rühren und zu den Brötchenscheiben in die Schüssel geben. Petersilie hinzufügen. Die Zutaten gut vermengen. Die Ente mit der Brötchenmasse füllen, die Öffnung mit Holzstäbchen und Küchengarn verschließen.
6. Das Speiseöl mit Salz, Paprika und Pfeffer verrühren, die Ente damit einstreichen. Die Ente mit der Brust nach unten in einen großen Bräter legen, restliche Gemüsewürfel hinzugeben. Den Bräter auf dem Rost in den vorgeheizten Backofen (untere Schiene) schieben. Die Ente etwa 30 Minuten anbraten, dabei einmal wenden.
7. Tomatenmark und Geflügelfond zu der Ente in den Bräter geben. Die Backofentemperatur bei Ober-/Unterhitze auf 95 °C herunterschalten. Die Ente weitere etwa 3 1/2 Stunden garen.
8. Die gegarte Ente aus dem Bräter nehmen. Den Backofengrill auf etwa 240 °C vorheizen. Ente auf eine feuerfeste Platte legen und auf dem Rost unter den vorgeheizten Backofengrill schieben. Die Ente 5–10 Minuten knusprig grillen, dabei die Ente einmal wenden.
9. Inzwischen die Sauce entfetten und aufkochen lassen. Die Speisestärke mit etwas kaltem Wasser anrühren, in die Sauce rühren und unter Rühren nochmals aufkochen lassen. Mit Salz und Pfeffer abschmecken.
10. Die Ente tranchieren, dabei Küchengarn und Holzstäbchen entfernen. Die Füllung in Scheiben schneiden. Entenstücke mit der Füllung und der Sauce anrichten, mit den beiseitegelegten Petersilienstängeln garniert servieren.

Scharfes Filet mit Erdnusskernen und Oliven

Scharfes Filet mit Erdnusskernen und Oliven

6 Portionen

Zubereitungszeit: 40 Minuten
Garzeit: etwa 30 Minuten

1,2 kg Schweinefilet
3 EL Olivenöl
Salz, gem. Pfeffer
etwas Cayennepfeffer
1 große Zwiebel
1 rote Chilischote
400 g Fleischtomaten
150 ungesalzene Erdnusskerne
18 abgetropfte schwarze Oliven, ohne Stein
2 Gewürznelken
1 Stange Zimt
500 ml Fleischbrühe
1 Bio-Limette (unbehandelt, ungewachst)

Pro Portion:
E: 50 g, F: 27 g, Kh: 6 g,
kJ: 1946, kcal: 465

1. Den Backofen bei Ober-/Unterhitze auf 95 °C vorheizen. Einen feuerfesten Teller oder eine Auflaufform auf dem Rost (mittlere Schiene) miterwärmen. Schweinefilet mit Küchenpapier trocken tupfen, enthäuten und entsehnen.
2. Olivenöl in einem Bräter erhitzen. Schweinefilet mit Salz, Pfeffer und Cayennepfeffer würzen und in dem erhitzten Olivenöl etwa 10 Minuten von allen Seiten anbraten. Das Filet herausnehmen und auf dem vorgewärmten Teller oder in der Auflaufform auf dem Rost in den vorgeheizten Backofen schieben. Filet etwa 30 Minuten garen. Den Bräter mit dem Bratensatz beiseitestellen.
3. Zwiebel abziehen und klein würfeln. Chilischote entstielen, entkernen, abspülen, abtropfen lassen und in feine Ringe schneiden.
4. Tomaten kreuzweise einschneiden und mit kochendem Wasser übergießen. Nach 1–2 Minuten herausnehmen und mit kaltem Wasser abschrecken. Tomaten häuten, halbieren und die Stängelansätze herausschneiden. Tomaten entkernen und in grobe Würfel schneiden.
5. Den Bräter mit dem Bratensatz erhitzen. Die Erdnusskerne darin unter Rühren bei schwacher Hitze goldbraun anrösten. Zwiebel-, Tomatenwürfel und Chiliringe zu den angerösteten Erdnusskernen geben. Oliven grob hacken, mit den Gewürznelken und der Zimtstange ebenfalls hinzufügen. Brühe hinzugießen, zum Kochen bringen und 5–8 Minuten bei schwacher Hitze ohne Deckel leicht kochen lassen.
6. Limette heiß abwaschen, abtrocknen und die Schale mit einem Zestenreißer abziehen. Limette halbieren und den Saft auspressen.
7. Die Sauce mit Salz, Pfeffer, Limettensaft und -schale abschmecken. Gewürznelken und Zimtstange entfernen. Das Schweinefilet in die Sauce legen und servieren.

Boeuf à la mode (Rindfleisch in Rotwein)

Boeuf à la mode (Rindfleisch in Rotwein)

6 Portionen

Zubereitungszeit: 40 Minuten, ohne Marinierzeit
Garzeit: etwa 4 Stunden

Für die Marinade:
100 g Zwiebeln
100 g Möhren
1 Bund Petersilie
4 Knoblauchzehen
500 ml Rotwein
50 ml Cognac
2 Lorbeerblätter
1 TL gerebelter Thymian
Salz, gem. Pfeffer

1,2 kg Rinderbraten (Schwanzrolle)
60 g Gänseschmalz
50 g Bauchspeck
1 Kalbsknochen
2 Tomaten
1 Stange Porree (Lauch)
1 Stück Speckschwarte
250 ml Fleischbrühe
20 kleine Zwiebeln (etwa 250 g)
1 Bund Möhren (etwa 500 g)
60 g Bauchspeck
40 g Butter
Zucker
2 EL klein geschnittene Petersilie

60 g kalte Butter

Pro Portion:
E: 39 g, F: 53 g, Kh: 9 g,
kJ: 3264, kcal: 779

1. Für die Marinade Zwiebeln abziehen und in Scheiben schneiden. Möhren putzen, schälen, abspülen, abtropfen lassen und grob zerkleinern. Die Petersilie abspülen, trocken tupfen und klein schneiden. Knoblauch abziehen und zerdrücken.
2. Aus Rotwein, Cognac, Zwiebelscheiben, Möhrenstücken, Petersilie, Knoblauch, Lorbeerblättern und Thymian eine Marinade zubereiten, mit Salz und Pfeffer würzen. Das Rindfleisch mit Küchenpapier trocken tupfen, in die Marinade legen und zugedeckt über Nacht im Kühlschrank marinieren.
3. Rindfleisch aus der Marinade nehmen, abtropfen lassen und etwas trocken tupfen. Gänseschmalz in einem Bräter erhitzen. Rindfleisch darin von allen Seiten anbraten. Den Bauchspeck grob würfeln, hinzugeben und kurz mitbraten lassen. Die Kalbsknochen kurz unter fließendem kalten Wasser abspülen, trocken tupfen, hinzugeben, mit anbraten.
4. Den Backofen bei Ober-/Unterhitze auf 95 °C vorheizen.
5. Die Tomaten abspülen, abtrocknen, vierteln und die Stängelansätze herausschneiden. Porree putzen. Die Stange längs halbieren, gründlich waschen, abtropfen lassen und in Stücke schneiden. Porreestücke mit den Tomaten und der Speckschwarte zum Rindfleisch in den Bräter geben.
6. Die Fleischbrühe und etwas von der durchgesiebten Marinade hinzugießen, kurz aufkochen. Den Bräter auf dem Rost in den vorgeheizten Backofen (unteres Drittel) schieben. Den Rinderbraten etwa 4 Stunden garen.
7. Etwa 30 Minuten vor Ende der Garzeit Zwiebeln abziehen, evtl. halbieren. Möhren putzen, schälen, abspülen, abtropfen lassen und in Stücke schneiden. Den Bauchspeck in Würfel schneiden.
8. Speckwürfel in einer Pfanne auslassen. Butter hinzugeben. Die Zwiebeln und Möhrenstücke darin braten, mit Salz und etwas Zucker abschmecken. Die Petersilie unterrühren.
9. Das gegarte Rindfleisch aus dem Bratenfond nehmen und zugedeckt warm stellen.
10. Sauce durch ein feines Sieb gießen und anschließend leicht sirupartig einkochen. Die Butter in Stücken unter die Sauce rühren, Sauce abschmecken. Den Rinderbraten in Scheiben schneiden, mit dem Gemüse und der Sauce servieren.

Falsches Filet in dunkler Biersauce

4 Portionen (ohne Foto)

Zubereitungszeit: 30 Minuten
Garzeit: 4 1/2 Stunden

3 Möhren (etwa 300 g)
1 kleiner Knollensellerie (etwa 250 g)
500 g festkochende Kartoffeln
250 g Frühlingszwiebeln
etwa 1 kg Falsches Filet
(Rinderrolle von der Unterschale)
Salz
gem. Pfeffer
3 EL Rapsöl
1 EL Tomatenmark
0,33 l Malzbier (1 Flasche)
400 ml Rinderbrühe
1 EL mittelscharfer Senf

Pro Portion:
E: 59 g, F: 16 g, Kh: 35 g,
kJ: 2218, kcal: 530

1. Den Backofen bei Ober-/Unterhitze auf 95 °C vorheizen.

2. Möhren und Knollensellerie putzen, schälen, abspülen und abtropfen lassen. Die Kartoffeln schälen, abspülen und abtropfen lassen. Möhren, Sellerie und Kartoffeln würfeln. Die Frühlingszwiebeln putzen, abspülen, abtropfen lassen und in feine Scheiben schneiden.
3. Das Fleisch mit Küchenpapier trocken tupfen, mit Salz und Pfeffer würzen.
4. Das Rapsöl in einem großen Bräter erhitzen. Das Fleisch darin von allen Seiten anbraten und herausnehmen.
5. Möhren-, Sellerie-, Kartoffelwürfel und Zwiebelscheiben in den Bräter geben und in dem verbliebenen Bratfett 3–4 Minuten unter Rühren anbraten, Tomatenmark unterrühren. Die Kartoffel-Gemüse-Masse mit Salz und Pfeffer würzen, mit Bier und Brühe ablöschen.
6. Das angebratene Fleisch von allen Seiten mit Senf bestreichen und auf die Kartoffel-Gemüse-Masse in den Bräter legen.
7. Den Bräter auf dem Rost in den vorgeheizten Backofen schieben. Das Fleisch etwa 4 1/2 Stunden garen.
8. Das gegarte Fleisch aus dem Bräter nehmen und in Scheiben schneiden. Das falsche Filet mit der Biersauce und dem Gemüse anrichten.

Gepökelte Gänsebrust in Rieslingkraut

4 Portionen

Zubereitungszeit: 40 Minuten
Garzeit: etwa 60 Minuten

1 kleiner Weißkohl (etwa 1 kg)
1 kleine Zwiebel
1 EL Gänseschmalz
Salz, gem. Pfeffer
Zucker
200 ml Weißwein (Riesling)
100 ml Gemüsebrühe
3 Wacholderbeeren
1 Lorbeerblatt
2 Gewürznelken
2 Gänsebrüste, gepökelt (insgesamt 800–1000 g)
125 g Pfifferlinge
1 EL Butter

Pro Portion:
E: 39 g, F: 79 g, Kh: 10 g,
kJ: 3924, kcal: 939

1. Von dem Weißkohl die äußeren schlechten Blätter entfernen. Den Kohl vierteln und den Strunk herausschneiden. Kohlviertel abspülen, abtropfen lassen und in feine Streifen schneiden oder hobeln (ergibt etwa 800 g). Zwiebel abziehen und klein würfeln.
2. Gänseschmalz in einem Bräter erhitzen. Zwiebelwürfel und Weißkohlstreifen darin unter Rühren leicht anbraten. Dabei mit wenig Salz, Pfeffer und etwas Zucker würzen. Mit Wein und Gemüsebrühe ablöschen. Wacholderbeeren, Lorbeerblatt und Gewürznelken hinzugeben. Die Zutaten zum Kochen bringen. Den Weißkohl zugedeckt 15–20 Minuten bei mittlerer Hitze kochen lassen.
3. Den Backofen bei Ober-/Unterhitze auf 95 °C vorheizen.
4. Gänsebrüste mit Küchenpapier trocken tupfen und mit der Hautseite nach unten in eine Pfanne legen, dann die Pfanne erhitzen. Sobald die Gänsebrüste anfangen zu braten, weitere etwa 6 Minuten auf der Hautseite braten. Dann die Gänsebrüste wenden und von der anderen Seite etwa 5 Minuten braten.
5. Die Gänsebrüste aus der Pfanne nehmen und auf den Weißkohl in den Bräter legen. Den Bräter auf dem Rost in den vorgeheizten Backofen (unteres Drittel) schieben. Die Gänsebrüste mit dem Rieslingkraut etwa 60 Minuten garen.
6. Die Pfifferlinge putzen, evtl. kurz abspülen und trocken tupfen. Butter in einer Pfanne zerlassen, die Pfifferlinge darin unter Rühren kurz anbraten, mit Salz und Pfeffer abschmecken.
7. Die gegarten Gänsebrüste aus dem Bräter nehmen, in Scheiben schneiden und mit dem Rieslingkraut anrichten. Die Pfifferlinge darauf verteilen und servieren.

Gepökelte Gänsebrust in Rieslingkraut

Gänsebraten mit Maronen-Lebkuchen-Füllung

6–8 Portionen

Zubereitungszeit: 50 Minuten, ohne Abkühlzeit
Garzeit: etwa 5 1/2 Stunden

1 küchenfertige Gans (etwa 4,2 kg)
250 g Zwiebeln
4 Brötchen (Semmeln) vom Vortag (etwa 250 g)
80 g Lebkuchen ohne Schokolade oder Saucenlebkuchen
100 g getrocknete Aprikosen
1 Apfel
1 Bund Schnittlauch
250 g abgetropfte gegarte Maronen (aus der Dose)
50 g Butter
125 ml Milch (3,5 % Fett)
2 Eier (Größe M)
Salz, gem. Pfeffer
1 EL Tomatenmark
2 TL gerebelter Beifuß
800 ml Geflügelfond
1 EL Weizenmehl
1 EL Speisestärke

Außerdem:
Holzstäbchen
Küchengarn

Pro Portion:
E: 86 g, F: 87 g, Kh: 51 g,
kJ: 5557, kcal: 1327

1. Die Gans innen und außen gründlich unter fließendem kalten Wasser abspülen und abtropfen lassen, inneres Fett entfernen.
2. Zwiebeln abziehen und in kleine Würfel schneiden. Brötchen und Lebkuchen halbieren, in dünne Scheiben schneiden und in eine Schüssel geben. Aprikosen vierteln. Apfel schälen, vierteln, entkernen und fein würfeln. Schnittlauch abspülen, trocken tupfen und in feine Röllchen schneiden. Maronen klein schneiden.
3. Die Butter in einem Topf zerlassen. Etwa 80 g der Zwiebelwürfel darin andünsten. Apfelwürfel und Aprikosenviertel unterrühren, Milch hinzugießen. Die Zutaten unter Rühren aufkochen lassen. Den Topf von der Kochstelle nehmen. Die Masse etwa 5 Minuten abkühlen lassen.
4. Den Backofen bei Ober-/Unterhitze auf etwa 200 °C vorheizen. Eier, Maronenstücke und Schnittlauchröllchen unter die Fruchtmasse rühren, mit Salz und Pfeffer würzen. Die Masse zu den Lebkuchen-Brötchen-Scheiben in die Schüssel geben und alles gut vermengen. Die Gans mit der Maronen-Lebkuchen-Masse füllen. Die Öffnung mit Holzstäbchen und Küchengarn verschließen, mit Salz und Pfeffer würzen. Die Gans mit der Brust nach unten in einen großen Bräter legen, restliche Zwiebelwürfel hinzugeben.
5. Den Bräter auf dem Rost in den vorgeheizten Backofen (untere Schiene) schieben. Die Gans etwa 30 Minuten anbraten, dabei einmal wenden.
6. Tomatenmark unterrühren, Beifuß hinzugeben und Geflügelfond hinzugießen. Den Backofen bei Ober-/Unterhitze auf 95 °C herunterschalten. Die Gans etwa 5 Stunden garen.
7. Die gegarte Gans aus dem Bräter nehmen und warm stellen. Die Sauce entfetten, evtl. durch ein Sieb in einen Topf gießen und zum Kochen bringen. Mehl und Speisestärke mit etwas kaltem Wasser anrühren, in die Sauce rühren, unter Rühren zum Kochen bringen und etwa 5 Minuten bei schwacher Hitze kochen lassen.
8. Die Gans tranchieren (dabei Holzstäbchen und Küchengarn entfernen), mit der Sauce und der Füllung auf einer vorgewärmten Platte anrichten und servieren.

Gänsebraten mit Maronen-Lebkuchen-Füllung

Damwild in Dijonsauce

10 Portionen

Zubereitungszeit: 60 Minuten
Garzeit: etwa 5 Stunden

2,8 kg Damwildkeule (ohne Knochen)
180 g Zwiebeln
5 EL Speiseöl, z. B. Rapsöl
Salz, gem. Pfeffer
1 EL Tomatenmark
3 EL Dijon-Senf
500 ml Fleischbrühe
1 TL Estragon in Öl oder getrockneter Estragon
2 Lorbeerblätter
250 g frische Morcheln
1 kg Pfifferlinge
150 g Zwiebeln
5 Stängel Thymian
2 Stängel Rosmarin
5 EL Olivenöl
200 ml Gemüsebrühe
2 EL Speisestärke

Pro Portion:
E: 61 g, F: 14 g, Kh: 5 g,
kJ: 1668, kcal: 399

Damwild in Dijonsauce

Kalbsroulade mit Schinken-Parmesan-Füllung

1. Den Backofen bei Ober-/Unterhitze auf 95 °C vorheizen. Keule mit Küchenpapier trocken tupfen, evtl. entfetten, entsehnen und enthäuten.
2. Zwiebeln abziehen und klein würfeln. Das Speiseöl in einem großen Bräter erhitzen. Die Keule mit Salz und Pfeffer würzen und in dem Bräter etwa 10 Minuten von allen Seiten anbraten. Zwiebelwürfel hinzufügen und mitbraten lassen, Tomatenmark und Senf unterrühren.
3. Die Fleischbrühe hinzugießen und aufkochen lassen, Estragon und Lorbeerblätter unterrühren. Den Bräter auf dem Rost in den vorgeheizten Backofen (untere Schiene) schieben. Damwildkeule etwa 5 Stunden garen, dabei die Keule 2–3-mal wenden.
4. Etwa 40 Minuten vor Ende der Garzeit die Pilze putzen, evtl. kurz abspülen und gut abtropfen lassen. Große Pilze in Stücke schneiden. Zwiebeln abziehen, halbieren und in Scheiben schneiden. Kräuter abspülen und trocken tupfen. Thymian in kleine Stängel zupfen, von den Rosmarinstängeln die Nadeln abzupfen. Jeweils einige Thymianstängel und Rosmarinspitzen zum Garnieren beiseitelegen.
5. Olivenöl in einer großen Pfanne erhitzen. Die Zwiebelscheiben darin glasig dünsten. Pilze hinzufügen, andünsten. Kräuter unterrühren, Brühe hinzugießen und aufkochen. Die Pilze bei schwacher Hitze 8–10 Minuten unter gelegentlichem Rühren garen.
6. Die gegarte Damwildkeule aus dem Bräter nehmen und warm stellen. Den Bratenfond aufkochen lassen. Die Lorbeerblätter entfernen. Speisestärke mit etwas kaltem Wasser anrühren, in den Fond rühren und unter Rühren nochmals aufkochen lassen. Die Sauce mit Salz und Pfeffer abschmecken.
7. Die Damwildkeule in Scheiben schneiden. Das Pilzgemüse mit Salz und Pfeffer würzen. Damwild mit der Sauce und dem Pilzgemüse anrichten. Mit den beiseitegelegtem Thymian und den Rosmarinspitzen garniert servieren.

Kalbsroulade mit Schinken-Parmesan-Füllung

6 Portionen

Zubereitungszeit: 40 Minuten
Garzeit: 3 1/2–4 Stunden

1 1/2 kg Kalbfleisch (aus der Oberschale)
190 g Pesto Calabrese (aus dem Glas)
100 g ger. Parmesan
250 g Kochschinken, in Scheiben
180 g Zwiebeln
5 EL Olivenöl
Salz, gem. Pfeffer
1 TL gerebelter Thymian
1 EL Tomatenmark
400 ml Kalbsfond
1–2 EL Crème fraîche

Außerdem:
Küchengarn

Pro Portion:
E: 70 g, F: 31 g, Kh: 10 g, kJ: 2521, kcal: 603

1. Den Backofen bei Ober-/Unterhitze auf 95 °C vorheizen. Kalbfleisch mit Küchenpapier trocken tupfen. Das Fleisch an der Längsseite im unteren Drittel waagerecht bis fast zur Kante einschneiden (nicht durchschneiden). Das Fleisch aufklappen und die dicke Seite von der Mitte aus waagerecht einschneiden (nicht durchschneiden) und aufklappen, sodass eine möglichst große, flache, rouladenartige Fläche entsteht. Das Fleisch nach Belieben noch etwas flach klopfen.
2. Roulade mit Pesto bestreichen, mit Parmesan bestreuen und mit Schinkenscheiben belegen. Roulade von der schmalen Seite her aufrollen und mit Küchengarn fest umwickeln (wie bei einem Rollbraten).
3. Zwiebeln abziehen und in feine Würfel schneiden. Das Olivenöl in einem Bräter erhitzen. Die Roulade mit Salz, Pfeffer und Thymian würzen und in dem erhitzten Olivenöl etwa 10 Minuten von allen Seiten anbraten. Zwiebelwürfel hinzufügen und mitbraten lassen, Tomatenmark unterrühren. Den Kalbsfond hinzugießen und aufkochen lassen.
4. Den Bräter auf dem Rost in den vorgeheizten Backofen (unteres Drittel) schieben. Die Kalbsroulade 3 1/2–4 Stunden garen, dabei die Roulade 2–3-mal wenden.
5. Die gegarte Roulade aus dem Bräter nehmen und warm stellen. Den Bratenfond kurz aufkochen lassen, Crème fraîche unterrühren. Sauce evtl. nochmals mit den Gewürzen abschmecken. Die Roulade (Küchengarn entfernen) in Scheiben schneiden und mit der Sauce servieren.

Kalbsrücken mit Kräuterkruste

Kalbsrücken mit Kräuterkruste

8 Portionen

Zubereitungszeit: 45 Minuten
Garzeit: etwa 3 Stunden

1,6 kg Kalbsrücken (ohne Knochen)
Salz
gem. Pfeffer
2 EL Butterschmalz
2 kg weißer Spargel

Für die Kräuterkruste:
1 Bund glatte Petersilie
6 Stängel Thymian
1 Bund Kerbel
1 Bund Schnittlauch
80 g Butter (zimmerwarm)
2 Eigelb (Größe M)
50 g Semmelbrösel
ger. Muskatnuss

60 g Butter
Zucker

Pro Portion:
E: 46 g, F: 27 g, Kh: 10 g,
kJ: 1948, kcal: 466

1. Den Backofen bei Ober-/Unterhitze auf 95 °C vorheizen. Den Kalbsrücken mit Küchenpapier trocken tupfen, mit Salz und Pfeffer würzen.
2. Butterschmalz in einem Bräter zerlassen. Den Kalbsrücken darin von allen Seiten gut anbraten. Den Bräter auf dem Rost in den vorgeheizten Backofen (unteres Drittel) schieben. Den Kalbsrücken etwa 3 Stunden garen.
3. Etwa 40 Minuten vor Ende der Garzeit den Spargel von oben nach unten schälen. Darauf achten, dass die Schalen vollständig entfernt, die Köpfe aber nicht verletzt werden. Die unteren Enden abschneiden, holzige Stellen vollständig entfernen. Spargel abspülen, abtropfen lassen und schräg in Stücke schneiden.
4. Für die Kräuterkruste Kräuter abspülen und trocken tupfen. Einige Kerbelstängel beiseitelegen. Restliche Kräuterblättchen von den Stängeln zupfen und klein schneiden. Schnittlauch in feine Röllchen schneiden.
5. Butter in einer Rührschüssel mit einem Mixer (Rührstäbe) schaumig schlagen. Eigelb nach und nach unterrühren. Kräuter und Semmelbrösel hinzufügen und unterarbeiten, mit Salz, Pfeffer und Muskat würzen.
6. Für den Spargel die Butter in einer Pfanne zerlassen. Spargelstücke in die Pfanne geben, mit etwas Salz und Zucker bestreuen und 5–8 Minuten bei schwacher Hitze braten, dabei gelegentlich umrühren.
7. Den gegarten Kalbsrücken aus dem Bräter nehmen und auf eine feuerfeste Platte legen. Den Backofengrill auf etwa 240 °C vorheizen.
8. Die vorbereitete Kräutermasse auf den Kalbsrücken streichen und andrücken. Die Platte mit dem Kalbsrücken auf dem Rost unter dem vorgeheizten Backofengrill so lange grillen, bis die Kruste goldbraun ist.
9. Den Spargel in den Bräter geben und unter den Bratensatz rühren. Von den beiseitegelegten Kerbelstängeln die Blättchen abzupfen. Den Kalbsrücken in Scheiben schneiden und auf dem Spargel anrichten, mit den Kerbelblättchen bestreut servieren.

Kalbsbraten, gefüllt

4 Portionen (ohne Foto)

Zubereitungszeit: 40 Minuten
Garzeit: 3–3 1/2 Stunden

800 g Kalbfleisch (vom Nacken, mit eingeschnittener Tasche, beim Metzger vorbestellen)
Salz, gem. Pfeffer

Für die Füllung:
200 g abgetropfte eingelegte Paprikaschoten
1/2 kleine Zucchini (etwa 120 g)
1 Zwiebel, 1 Knoblauchzehe
5 abgetropfte schwarze Oliven, ohne Stein
2 EL Olivenöl
1 EL Tomatenmark
40 g Semmelbrösel
1 TL Harissa (Würzpaste)
1 kleine Gemüsezwiebel
100 g abgetropfte eingelegte Paprikaschoten
1 EL Olivenöl
125 g Crème fraîche

Außerdem:
Küchengarn oder Holzstäbchen

Pro Portion:
E: 47 g, F: 24 g, Kh: 18 g,
kJ: 2009, kcal: 482

1. Kalbfleisch mit Küchenpapier trocken tupfen, innen und außen mit Salz und Pfeffer einreiben.
2. Für die Füllung die Paprikaschoten in Würfel schneiden. Zucchini abspülen, abtrocknen und die Enden abschneiden. Zucchini würfeln. Zwiebel und Knoblauch abziehen, klein würfeln. Oliven vierteln.

3. Olivenöl in einem Topf erhitzen. Zwiebel- und Knoblauchwürfel darin andünsten. Zucchiniwürfel hinzufügen, kurz mitdünsten lassen. Tomatenmark, Paprikawürfel und Olivenviertel unterrühren. Die Gemüsemasse etwas abkühlen lassen.
4. Semmelbrösel unter die Gemüsemasse rühren, mit Salz, Pfeffer und Harissa würzen. Die Gemüsemasse in die Fleischtasche füllen. Die Öffnung mit Küchengarn zunähen oder mit Holzstäbchen feststecken.
5. Den Backofen bei Ober-/Unterhitze auf 95 °C vorheizen.
6. Zwiebel abziehen und achteln. Paprikaschoten in Streifen schneiden.
7. Olivenöl in einem Bräter erhitzen. Das Kalbfleisch darin 8–10 Minuten von allen Seiten gut anbraten. Die Zwiebel- und Paprikastücke hinzugeben und 2–3 Minuten mitbraten lassen, mit etwas Wasser ablöschen.
8. Den Bräter auf dem Rost in den vorgeheizten Backofen schieben. Den Kalbsbraten 3–3 1/2 Stunden garen.
9. Den gegarten Kalbsbraten aus dem Bräter nehmen, auf einen vorgewärmten Teller legen und im Backofen warm stellen. Den Gemüsefond in einen Topf geben, nach Belieben pürieren. Crème fraîche unterrühren und kurz erwärmen. Die Sauce mit Salz und Pfeffer abschmecken. Den Kalbsbraten (Küchengarn oder Holzstäbchen entfernen) in Scheiben schneiden mit der Sauce servieren.

Lammkarree mit Hagebuttensauce

4 Portionen

Zubereitungszeit: 40 Minuten
Garzeit: etwa 45 Minuten

etwa 1–1,2 kg küchenfertiges Lammkarree
Salz, gem. Pfeffer
1/2 TL gerebelter Thymian
3–4 Knoblauchzehen
2 EL Olivenöl

Für die Sauce:
1 Schalotte
1 Knoblauchzehe
1 EL Olivenöl
75 g TK-Suppengrün
je 3 Stängel Thymian und Rosmarin
100 ml Wasser
400 ml Lammfond
3 zerdrückte Wacholderbeeren
3 Pimentkörner
1 Sternanis, 1 Lorbeerblatt
etwa 2 EL Hagebuttenkonfitüre oder Hagebuttenmark (Hiffenmark)
1 TL Speisestärke

Pro Portion:
E: 48 g, F: 25 g, Kh: 12 g,
kJ: 1953, kcal: 466

1. Den Backofen bei Ober-/Unterhitze auf 95 °C vorheizen. Das Lammkarree mit Küchenpapier trocken tupfen, evtl. enthäuten. Das Karree mit Salz, Pfeffer und Thymian würzen. Knoblauch abziehen und in dünne Scheiben schneiden.
2. Olivenöl in einer Pfanne erhitzen. Lammkarree darin 4–5 Minuten von allen Seiten anbraten. Knoblauchscheiben hinzufügen und 1–2 Minuten mitbraten. Lammkarree aus der Pfanne nehmen und in eine Auflaufform geben. Angebratenen Thymian, Rosmarin und Knoblauchscheiben auf das Lammkarree legen. Pfanne mit dem Bratensatz beiseitestellen.
3. Die Form auf dem Rost in den vorgeheizten Backofen (unteres Drittel) schieben. Das Lammkarree etwa 45 Minuten garen.
4. Für die Sauce Schalotte und Knoblauch abziehen, fein würfeln. Das Olivenöl in einem Topf erhitzen. Die Schalotten- und Knoblauchwürfel darin andünsten. Gefrorenes Suppengrün hinzugeben und unter Rühren kurz mitdünsten.
5. Die Kräuterstängel abspülen und abtropfen lassen. Wasser und Fond zum angedünsteten Suppengrün in den Topf gießen. Wacholderbeeren, Pimentkörner, Sternanis, Lorbeerblatt und je 1 Stängel Thymian und Rosmarin hinzugeben, mit Salz und Pfeffer würzen. Die Zutaten zum Kochen bringen und etwa 30 Minuten kochen lassen.
6. Den Saucenfond durch ein Sieb in einen Topf gießen. Nach Belieben das mitgegarte Gemüse durch das Sieb in den Fond streichen.
7. Den Saucenfond (es sollten etwa 300 ml sein, evtl. mit Wasser auffüllen) in der beiseitegestellten Pfanne mit dem Bratensatz zum Kochen bringen, Hagebuttenkonfitüre oder -mark unterrühren.
8. Speisestärke mit etwas Wasser anrühren, in die Sauce rühren und unter Rühren aufkochen lassen, mit Salz und Pfeffer abschmecken.
9. Das gegarte Lammkarree aus dem Backofen nehmen, Kräuter und Knoblauch entfernen. Lammkarree in 4 Portionstücke oder in einzelne Kotelettsegmente schneiden. Auf vorgewärmten Tellern zusammen mit der Hagenbuttensauce anrichten. Mit den restlichen Thymian- und Rosmarinstängeln garnieren.

Lammkarree mit Hagebuttensauce

Poularde, gefüllt mit einer böhmischen Knödelmasse

8 Portionen

Zubereitungszeit: 40 Minuten, ohne Abkühl- und Teiggehzeit
Garzeit: etwa 3 Stunden

2 Brötchen (Semmeln) vom Vortag
60 g Butter
200 g Weizenmehl
20 g frische Hefe
1 Prise Zucker
75 ml lauwarme Milch (3,5 % Fett)
2 Eier (Größe M)
1 gestr. TL Salz
14 entsteinte Backpflaumen
2 Stängel Thymian
2 küchenfertige Poularden (je etwa 1,4 kg)
Salz, gem. Pfeffer
2 EL Olivenöl

Außerdem:
Holzstäbchen
Küchengarn

Pro Portion:
E: 65 g, F: 39 g, Kh: 32 g,
kJ: 3117, kcal: 745

1. Brötchen in kleine Würfel schneiden. Butter in einer Pfanne zerlassen. Brötchenwürfel darin von allen Seiten anrösten, herausnehmen und abkühlen lassen.

Poularde, gefüllt mit einer böhmischen Knödelmasse

2. Mehl in eine Rührschüssel geben. In die Mitte eine Vertiefung drücken und die Hefe hineinbröckeln. Zucker und etwas Milch hinzufügen, mit einer Gabel mit einem Teil des Mehls verrühren und zugedeckt 10–15 Minuten gehen lassen.
3. Restliche Milch, Eier und Salz hinzufügen. Die Zutaten mit einem Mixer (Knethaken) zunächst kurz auf niedrigster, dann auf höchster Stufe in etwa 5 Minuten zu einem glatten, nicht zu festen Teig verarbeiten.
4. Die Backpflaumen in feine Streifen schneiden. Thymian abspülen und trocken tupfen. Die Blättchen von den Stängeln zupfen. Blättchen klein schneiden. Brötchenwürfel, Backpflaumenstreifen und Thymian unter den Hefeteig arbeiten. Den Teig zugedeckt nochmals so lange an einem warmen Ort gehen lassen, bis er sich sichtbar vergrößert hat (etwa 30 Minuten).
5. Den Backofen bei Ober-/Unterhitze auf 95 °C vorheizen. Die Poularden innen und außen unter fließendem kalten Wasser abspülen und gut trocken tupfen. Poularden von innen mit Salz und Pfeffer würzen.
6. Den gegangenen Teig leicht mit Mehl bestäuben, kurz durchkneten und die Poularden damit füllen. Die Bauchöffnung jeweils mit Holzstäbchen und Küchengarn verschließen. Die Poularden von außen mit Salz und Pfeffer einreiben. Die Flügel mit Küchengarn unter den Körper binden, die Keulen zusammenbinden.
7. Olivenöl in einem großen Bräter erhitzen. Die Poularden darin nacheinander etwa 10 Minuten von allen Seiten goldbraun anbraten. Beide Poularden in den Bräter legen. Den Bräter auf dem Rost in den vorgeheizten Backofen (unteres Drittel) schieben. Poularden etwa 3 Stunden garen, dabei einmal wenden.
8. Die gegarten Poularden aus dem Bräter nehmen. Holzstäbchen und Küchengarn entfernen. Die Poularden mit einer Geflügelschere in Portionsstücke schneiden und warm stellen. Die Füllung in Scheiben schneiden, mit den Poulardenstücken anrichten und mit einem Teil des Bratensaftes übergießen.

Lammrollbraten in Estragon-Rahm-Sauce

8–10 Portionen

Zubereitungszeit: 50 Minuten
Garzeit: etwa 4 Stunden

je 4 Stängel Rosmarin und Thymian
6 EL Olivenöl
2 EL mittelscharfer Senf
Salz, gem. Pfeffer
2 TL Paprikapulver rosenscharf
1 Lammkeule (etwa 1,8 kg, ohne Knochen)
1 Gemüsezwiebel
2 Möhren
300 g Knollensellerie
1 Stange Porree (Lauch)
4 EL Olivenöl
2 TL Tomatenmark
200 ml trockener Rotwein
500 ml Geflügelfond
4 Lorbeerblätter
200 g Schlagsahne
6 Stängel Estragon
2 TL Speisestärke

Außerdem:
Küchengarn

Pro Portion:
E: 43 g, F: 27 g, Kh: 6 g,
kJ: 1906, kcal: 455

1. Rosmarin und Thymian abspülen und trocken tupfen. Die Nadeln bzw. Blättchen von den Stängeln zupfen. Nadeln und Blättchen klein schneiden, mit 2 Esslöffeln Olivenöl, Senf, Salz, Pfeffer und Paprika verrühren.
2. Den Backofen bei Ober-/Unterhitze auf 95 °C vorheizen. Die Lammkeule mit Küchenpapier trocken tupfen, Fett und Sehnen entfernen. Die

Lammkeule auf der Arbeitsfläche flach ausbreiten, mit einem Fleischklopfer etwas flacher klopfen und mit der Kräuterpaste bestreichen. Das Lammfleisch zu einem Rollbraten aufrollen und mit Küchengarn verschnüren.

3. Zwiebel abziehen und halbieren. Möhren und Sellerie putzen, schälen, abspülen und abtropfen lassen. Zwiebelhälften, Möhren und Sellerie in grobe Würfel schneiden. Porree putzen, die Stange längs halbieren, gründlich waschen, abtropfen lassen und in Stücke schneiden.

4. Olivenöl in einem Bräter erhitzen. Den Rollbraten darin etwa 10 Minuten von allen Seiten anbraten. Zwiebelwürfel hinzufügen und kurz mitbraten. Tomatenmark unterrühren. Rotwein und Geflügelfond hinzugießen, zum Kochen bringen, Lorbeerblätter unterrühren.

5. Den Bräter auf dem Rost in den vorgeheizten Backofen (unteres Drittel) schieben. Den Lammrollbraten etwa 4 Stunden garen, dabei den Braten 2–3-mal wenden.

6. Nach etwa 2 Stunden Garzeit Sellerie- und Möhrenwürfel zum Rollbraten in den Bräter geben. Den Rollbraten fertig garen.

7. Den gegarten Rollbraten aus dem Bräter nehmen und warm stellen. Den Bratenfond aufkochen und das Gemüse darin pürieren, Sahne unterrühren. Die Sauce nochmals aufkochen lassen.

8. Estragon abspülen und trocken tupfen. Einige Stängel Estragon zum Garnieren beiseitelegen. Von den restlichen Stängeln die Blättchen abzupfen, klein schneiden und unter die Sauce rühren.

9. Speisestärke mit 1–2 Esslöffeln kaltem Wasser anrühren, in die Sauce rühren und unter Rühren kurz aufkochen lassen. Die Sauce mit Salz und Pfeffer abschmecken. Das Küchengarn vom Rollbraten entfernen. Den Rollbraten in Scheiben schneiden, mit der Sauce im Bräter anrichten, mit den beiseitegelegten Estragonstängeln garnieren.

Lammrollbraten in Estragon-Rahm-Sauce

Lammhaxen mit Auberginengemüse und Polentastreifen

Lammhaxen mit Auberginengemüse und Polentastreifen

6 Portionen

Zubereitungszeit: 40 Minuten, ohne Abkühlzeit
Garzeit: etwa 3 1/2 Stunden

6 Lammhaxen (etwa 2,2 kg)
220 g Zwiebeln
3 Knoblauchzehen
75 g getrocknete Tomaten
1 rote Chilischote
4 EL Olivenöl
Salz, gem. Pfeffer
je 1–2 TL gerebelter Thymian und Rosmarin
500 g Auberginen
130 g abgetropfte schwarze Oliven, ohne Stein
600–700 ml Fleischbrühe
100 ml Milch
40 g Butter
200 g Maisgrieß
60 g Parmesan
ger. Muskatnuss
60 g Butter

Pro Portion:
E: 61 g, F: 42 g, Kh: 37 g,
kJ: 3247, kcal: 776

1. Den Backofen bei Ober-/Unterhitze auf 95 °C vorheizen. Die Lammhaxen kurz unter fließendem kalten Wasser abspülen, trocken tupfen, Fett und Sehnen entfernen.

2. Zwiebeln und Knoblauch abziehen, klein würfeln. Tomaten in feine Streifen schneiden. Die Chilischote längs halbieren, entstielen und entkernen. Die Schote abspülen, abtropfen lassen und fein hacken.

3. Das Olivenöl in einem Bräter erhitzen. Die Lammhaxen mit Salz, Pfeffer, Thymian, Rosmarin und Chili würzen, in den Bräter legen und etwa 10 Minuten von allen Seiten gut anbraten. Zwiebel- und Knoblauchwürfel hinzugeben und kurz mitbraten.

4. Auberginen abspülen, abtrocknen und die Stängelansätze entfernen. Auberginen in etwa 2 cm große Würfel schneiden, zu den Lammhaxen in den Bräter geben und unter gelegentlichem Rühren mitbraten lassen. Tomatenstreifen und Oliven unterrühren.

5. Den Bräter auf dem Rost in den vorgeheizten Backofen (unteres Drittel) schieben. Die Lammhaxen etwa 3 1/2 Stunden garen, dabei die Haxen 2–3-mal wenden.

6. Etwa 40 Minuten vor Ende der Garzeit Fleischbrühe mit Milch und Butter in einem Topf unter gelegentlichem Rühren aufkochen lassen. Den Grieß unter Rühren einstreuen, zum Kochen bringen und etwa 3 Minuten unter Rühren kochen lassen, Parmesan unterrühren, mit Muskat abschmecken.

7. Die Grießmasse in eine flache Form (gefettet, etwa 20 x 30 cm) geben und glatt streichen. Die Grießmasse erkalten lassen (etwa 20 Minuten) und dann in Streifen schneiden.

8. Die Butter in einer Pfanne zerlassen, die Polentastreifen darin von beiden Seiten goldbraun braten. Die gegarten Lammhaxen aus dem Bräter nehmen, mit dem Auberginengemüse und den Polentastreifen anrichten und servieren.

Räuberhackbraten mit Steckrüben

Räuberhackbraten mit Steckrüben

6–8 Portionen

Zubereitungszeit: 40 Minuten
Garzeit: etwa 4 Stunden

1 Brötchen (Semmel) vom Vortag
100 g Zwiebeln
2 Knoblauchzehen
1 1/4 kg Gehacktes (halb Rind-, halb Schweinefleisch)
80 g gewürfelter Schinkenspeck (aus dem Kühlregal)
2 Eier (Größe M)
1 EL mittelscharfer Senf
1 EL ger. Meerrettich
Salz, gem. Pfeffer
5 EL Speiseöl, z. B. Rapsöl
250 ml Barbecue-Sauce
200 ml Fleischbrühe
250 g rote Paprikaschoten
1 1/4 kg Steckrübe
150 ml Wasser
1/2 gestr. TL Salz
1 EL Zucker
60 g Butter
1 Bund glatte Petersilie

Pro Portion:
E: 41 g, F: 46 g, Kh: 24 g,
kJ: 2855, kcal: 682

1. Brötchen in kaltem Wasser einweichen.
2. Den Backofen bei Ober-/Unterhitze auf 95 °C vorheizen.
3. Zwiebeln und Knoblauch abziehen, in feine Würfel schneiden. Eingeweichtes Brötchen gut ausdrücken. Gehacktes in eine Schüssel geben. Brötchen, Zwiebel-, Knoblauch-, Speckwürfel, Eier, Senf und Meerrettich hinzufügen. Die Zutaten gut vermengen, mit Salz und Pfeffer würzen.
4. Aus der Hackfleischmasse mit angefeuchteten Händen 2 längliche Laibe (je etwa 9 cm dick) formen. Speiseöl in einem Bräter erhitzen. Die Fleischlaibe darin (evtl. nacheinander) etwa 10 Minuten von allen Seiten gut anbraten.
5. Barbecue-Sauce und Fleischbrühe zu den Hackbraten in den Bräter geben und aufkochen lassen. Dann den Bräter auf dem Rost in den vorgeheizten Backofen (unteres Drittel) schieben. Die Hackbraten etwa 4 Stunden garen.
6. Etwa 2 Stunden vor Ende der Garzeit die Paprikaschoten halbieren, entstielen, entkernen und die weißen Scheidewände entfernen. Schoten abspülen, abtropfen lassen und in feine Streifen schneiden. Paprikastreifen auf die Hackbraten legen und mitgaren lassen. Räuberhackbraten fertig garen.
7. Etwa 30 Minuten vor Ende der Garzeit Steckrübe putzen, schälen, abspülen, abtropfen lassen und in etwa 2 cm große Würfel schneiden. Steckrübenwürfel mit Wasser, Salz, Zucker und Butter in einem Topf zum Kochen bringen und zugedeckt etwa 10 Minuten bei schwacher Hitze garen.
8. Petersilie abspülen und trocken tupfen. Die Blättchen von den Stängeln zupfen. Blättchen fein schneiden. Das Gemüse mit Salz und Pfeffer abschmecken und die Petersilie unterrühren.
9. Die gegarten Räuberhackbraten aus dem Backofen nehmen, in Scheiben schneiden, mit der Sauce und dem Steckrübengemüse auf Tellern anrichten und servieren.

Rinderbraten in asiatischer Marinade

8 Portionen

Zubereitungszeit: 45 Minuten, ohne Marinierzeit
Garzeit: etwa 4 Stunden

1,6 kg Rinderhüfte

Für die Marinade:
20 g frischer Ingwer
4 EL Speiseöl, z. B. Erdnussöl
1 EL Sesamöl
2 EL Currypulver
1 TL gem. Zitronengras
2 gestr. TL Salz
1 EL Rohrzucker
2 EL Oyster Sauce (Austernsauce)

1 EL Speiseöl, z. B. Erdnussöl
180 g Zwiebeln
2 Knoblauchzehen
2 EL Sojasauce
400 ml Rindfleischbrühe
300 g Möhren
300 g Pastinaken
1 Stange Porree (Lauch)
1–2 EL Crème fraîche
200 g Mungobohnensprossen

Pro Portion:
E: 45 g, F: 14 g, Kh: 9 g,
kJ: 1459, kcal: 349

1. Das Rindfleisch mit Küchenpapier trocken tupfen und in eine Schale legen. Für die Marinade Ingwer schälen und fein würfeln, mit Erdnussöl, Sesamöl, Curry, Zitronengras, Salz, Rohrzucker und Oyster Sauce verrühren.
2. Rindfleisch mit der Marinade bestreichen, zugedeckt etwa 24 Stunden im Kühlschrank marinieren, dabei das Fleisch 2–3-mal wenden.
3. Den Backofen bei Ober-/Unterhitze auf 95 °C vorheizen.
4. Das Rindfleisch aus der Marinade nehmen, die Marinade abstreifen und beiseitestellen.

5. Erdnussöl in einem Bräter erhitzen. Das Fleisch darin etwa 10 Minuten von allen Seiten gut anbraten.
6. Zwiebeln und Knoblauch abziehen, in feine Würfel schneiden. Zwiebel- und Knoblauchwürfel zum Rindfleisch in den Bräter geben und mitbraten lassen. Die beiseitegestellte Marinade, Sojasauce und Rindfleischbrühe hinzugießen, aufkochen lassen.
7. Den Bräter auf dem Rost in den vorgeheizten Backofen (unteres Drittel) schieben. Den Rinderbraten etwa 4 Stunden garen, dabei den Braten 2–3-mal wenden.
8. Etwa 1 Stunde vor Ende der Garzeit Möhren und Pastinaken putzen, schälen, abspülen, abtropfen lassen und in etwa 1/2 cm dicke Scheiben schneiden. Möhren- und Pastinakenscheiben zum Rindfleisch in den Bräter geben und mit dem Fleisch fertig garen.
9. Porree putzen, die Stange längs halbieren, gründlich waschen, abtropfen lassen und in etwa 1 cm breite Stücke schneiden. Mungobohnensprossen verlesen, in ein Sieb geben, mit kaltem Wasser abspülen und abtropfen lassen.
10. Den gegarten Rinderbraten aus dem Bräter nehmen und warm stellen. Porreestücke in den Gemüsefond geben und aufkochen lassen, Crème fraîche unterrühren. Die Sauce mit Salz abschmecken. Mungobohnensprossen unterrühren und kurz miterwärmen. Den Rinderbraten in dünne Scheiben schneiden und mit der Gemüsesauce servieren.

Pute mit Kürbis-Ingwer-Gemüse

10 Portionen

Zubereitungszeit: 40 Minuten
Garzeit: etwa 7 Stunden

1 große küchenfertige Pute (etwa 5 1/2 kg)
3 EL Grill-Barbecue-Würzmischung
3 EL Olivenöl, Salz
200 g Zwiebeln
150 g Möhren
750 ml Geflügelbrühe
200 ml Tomatenketchup
1,8 kg Kürbis, z. B. Hokkaido
30 g frischer Ingwer
300 ml Orangensaft
1/2 gestr. TL Salz
60 g Butter
2 TL Estragon in Öl oder gerebelter Estragon

Außerdem:
Küchengarn
Alufolie

Pro Portion:
E: 75 g, F: 58 g, Kh: 15 g,
kJ: 3723, kcal: 889

1. Den Backofen bei Ober-/Unterhitze auf etwa 200 °C vorheizen. Die Pute innen und außen unter fließendem kalten Wasser abspülen und trocken tupfen.
2. Die Würzmischung mit Olivenöl verrühren, die Pute damit innen und außen bestreichen, anschließend innen und außen mit etwas Salz würzen. Putenkeulen mit Küchengarn zusammenbinden. Pute mit der Brust nach unten in einen großen Bräter legen. Den Bräter auf dem Rost in den vorgeheizten Backofen (untere Schiene) schieben. Die Pute etwa 30 Minuten anbraten, dabei die Pute einmal wenden.
3. Zwiebeln abziehen und fein würfeln. Möhren putzen, schälen, abspülen, abtropfen lassen und klein würfeln. Zwiebel- und Möhrenwürfel zur Pute in den Bräter geben.
4. Nach dem Anbraten den Backofen bei Ober-/Unterhitze auf 95 °C herunterschalten. Geflügelbrühe mit Ketchup in einem Topf verrühren, kurz aufkochen lassen und zur Pute in den Bräter gießen. Die Pute weitere etwa 6 1/2 Stunden garen. Nach etwa 2 Stunden Garzeit die Putenbrust mit Alufolie zudecken.
5. Etwa 30 Minuten vor Ende der Garzeit den Kürbis vierteln und entkernen. Kürbis nach Belieben schälen, abspülen, abtropfen lassen und in etwa 2 cm große Würfel schneiden. Ingwer schälen, abspülen, abtropfen lassen und fein würfeln. Kürbiswürfel mit Orangensaft, Ingwerwürfeln, Salz und Butter in einem Topf zum Kochen bringen und zugedeckt etwa 8 Minuten bei schwacher Hitze garen.
6. Die gegarten Pute aus dem Bräter nehmen. Die Sauce entfetten. Estragon in die Sauce rühren, evtl. nochmals mit Salz und Pfeffer abschmecken. Die Pute tranchieren, dabei das Küchengarn entfernen. Die Pute mit dem Kürbis-Ingwer-Gemüse und der Sauce servieren.

Rinderbraten in asiatischer Marinade

Pute mit Kürbis-Ingwer-Gemüse

Roastbeef mit Kräuter-Senf-Kruste

Roastbeef mit Kräuter-Senf-Kruste

4 Portionen

Zubereitungszeit: 20 Minuten
Garzeit: etwa 90 Minuten

1 kg Roastbeef (küchenfertig, ohne Fettrand)
Salz, gem. Pfeffer
2–3 EL Speiseöl

Für die Kräuter-Senf-Kruste:
1 Bund Petersilie
je 1 kleines Bund Majoran, Thymian, Basilikum
4 EL mittelscharfer Senf

Pro Portion:
E: 56 g, F: 15 g, Kh: 2 g,
kJ: 1539, kcal: 367

1. Den Backofen bei Ober-/Unterhitze auf 95 °C vorheizen. Eine Auflaufform mit niedrigem Rand auf dem Rost miterwärmen. Roastbeef mit Küchenpapier trocken tupfen, mit Salz und Pfeffer würzen.
2. Speiseöl in einer Pfanne erhitzen. Das Roastbeef darin etwa 10 Minuten von allen Seiten anbraten, herausnehmen und in die vorgewärmte Auflaufform legen.
3. Die Form auf dem Rost in den vorgeheizten Backofen schieben. Das Roastbeef etwa 90 Minuten garen.
4. Für die Kräuter-Senf-Kruste Kräuter abspülen und trocken tupfen. Die Blättchen von den Stängeln zupfen, Blättchen klein schneiden und mit dem Senf vermengen.
5. Nach etwa 90 Minuten Garzeit die Auflaufform aus dem Backofen nehmen und den Backofengrill auf etwa 240 °C vorheizen.
6. Das Roastbeef mit der Kräuter-Senf-Mischung bestreichen. Die Form auf dem Rost unter den vorgeheizten Backofengrill schieben. Die Kräuter-Senf-Mischung 3–4 Minuten überbacken.
7. Die Form aus dem Backofen nehmen und das Roastbeef etwa 5 Minuten ruhen lassen. Roastbeef in Scheiben schneiden und servieren.

Perlhuhnröllchen mit glasierten Kartoffeln

4 Portionen (ohne Foto)

Zubereitungszeit: 45 Minuten
Garzeit: etwa 55 Minuten

1 Stange Porree (Lauch)
2 Möhren
6 EL Speiseöl
1 EL Zuckerrübensirup
4 Perlhuhnbrustfilets (je etwa 150 g)
Salz, gem. Pfeffer
200 ml trockener Weißwein
750 g Kartoffeln
3 EL Speiseöl
5 EL Schlagsahne
2 EL Sojasauce
2 EL Zuckerrübensirup

Außerdem:
Holzstäbchen

Pro Portion:
E: 42 g, F: 25 g, Kh: 43 g,
kJ: 2610, kcal: 622

1. Den Backofen bei Ober-/Unterhitze auf 95 °C vorheizen.
2. Porree putzen, die Stange längs halbieren, gründlich waschen, abtropfen lassen und in ganz feine Streifen schneiden. Möhren putzen, schälen, abspülen, abtropfen lassen und ebenfalls in ganz feine Streifen schneiden.
3. Einen Esslöffel des Speiseöls in einer Pfanne erhitzen, Porree- und Möhrenstreifen darin knapp gar dünsten, Sirup unterrühren.
4. Perlhuhnbrustfilets kurz unter fließendem kalten Wasser abspülen, trocken tupfen und zwischen Frischhaltefolie leicht flach klopfen. Perlhuhnbrustfilets dünn mit 2 Esslöffeln des restlichen Speiseöls beträufeln, mit Salz und Pfeffer würzen.
5. Je 1 Esslöffel der Gemüsestreifen auf den Perlhuhnbrustfilets verteilen, von der schmalen Seite her aufrollen und mit je 2 Holzstäbchen sorgfältig feststecken.
6. Restliches Speiseöl in einem Bräter erhitzen. Die Fleischröllchen darin von allen Seiten anbraten, Wein hinzugießen und zum Kochen bringen. Den Bräter auf dem Rost in den vorgeheizten Backofen (unteres Drittel) schieben. Die Fleischröllchen etwa 55 Minuten garen.
7. In der Zwischenzeit die Kartoffeln schälen, abspülen, abtropfen lassen und mit einem Kugelausstecher kleine Kugeln ausstechen.
8. Das Speiseöl in einer feuerfesten Pfanne erhitzen, die Kartoffelkugeln darin unter ständigem Wenden etwa 15 Minuten braten.
9. Die gegarten Perlhuhnröllchen aus dem Bräter nehmen, warm stellen. Die Backofentemperatur auf Ober-/Unterhitze etwa 180 °C einstellen.
10. Sahne unter den Bratenfond rühren, zum Kochen bringen und etwas einkochen lassen. Die Sauce mit Pfeffer und Sojasauce abschmecken.
11. Zuckerrübensirup auf den gebratenen Kartoffelkugeln verteilen, gut durchschütteln, damit alle Kartoffelkugeln mit Sirup überzogen sind. Pfanne auf dem Rost in den vorgeheizten Backofen schieben, Kartoffeln etwa 3 Minuten karamellisieren.
12. Die Perlhuhnröllchen (Holzstäbchen entfernen) mit den glasierten Kartoffeln und der Sauce auf Tellern anrichten.

Rindfleisch in Weinsauce

4 Portionen (ohne Foto)

Zubereitungszeit: 20 Minuten
Garzeit: etwa 3 1/2 Stunden

250 g Schalotten
800 g Tafelspitz
Salz, gem. Pfeffer
30 g Butterschmalz oder Pflanzenöl, z. B. Rapsöl
1 EL brauner Zucker
150 ml Rotwein
250 ml roter Portwein
100 g Cranberrys, gem. Piment
ger. Muskatnuss
1 Bio-Orange (unbehandelt, ungewachst)

Pro Portion:
E: 44 g, F: 13 g, Kh: 22 g,
kJ: 1856, kcal:443

1. Die Schalotten abziehen und halbieren. Das Fleisch mit Küchenpapier trocken tupfen, mit Salz und Pfeffer einreiben.
2. Den Backofen bei Ober-/Unterhitze auf 95 °C vorheizen.
3. Butterschmalz oder Pflanzenöl in einem Bräter erhitzen. Das Fleisch darin etwa 5 Minuten von allen Seiten anbraten. Schalottenhälften und braunen Zucker hinzugeben und 1–2 Minuten mitbraten lassen.
4. Mit Rot- und Portwein ablöschen, die Cranberrys hinzugeben und alles aufkochen lassen.
5. Den Bräter auf dem Rost in den vorgeheizten Backofen (unteres Drittel) schieben. Das Rindfleisch etwa 3 1/2 Stunden garen.
6. Das gegarte Rindfleisch aus dem Backofen nehmen und zugedeckt warm stellen.
7. Die Sauce mit Salz, Pfeffer, Piment und Muskat abschmecken.
8. Die Orange heiß abwaschen, abtrocknen und in Scheiben schneiden. Das Rindfleisch in dünne Scheiben schneiden, mit der Weinsauce und den Orangenscheiben anrichten.

Wildschweinkeule

4 Portionen

Zubereitungszeit: 40 Minuten
Garzeit: etwa 4 1/2 Stunden

60 g Zwiebeln
3 Stangen Staudensellerie
500 g braune Champignons
50 g abgetropfte, getrocknete Tomaten, in Öl
1 Wildschweinkeule (ohne Knochen, 1–1,2 kg)
Salz
gem. Pfeffer
2 EL Olivenöl
50 g gewürfelter Katenschinken (aus dem Kühlregal)
250 ml Fleischbrühe
100 g Crème fraîche

Außerdem:
Küchengarn

Pro Portion:
E: 64 g, F: 41 g, Kh: 7 g,
kJ: 2732, kcal: 653

1. Zwiebeln abziehen und in grobe Würfel schneiden. Staudensellerie putzen und die harten Außenfäden abziehen. Selleriestangen abspülen, abtropfen lassen, in etwa 1 cm große Stücke schneiden. Champignons putzen, evtl. kurz abspülen, gut abtropfen lassen und halbieren. Die Tomaten in feine Streifen schneiden.
2. Den Backofen bei Ober-/Unterhitze auf 95 °C vorheizen.
3. Wildschweinkeule mit Küchenpapier trocken tupfen, evtl. von Fett und Sehnen befreien, das Fleisch mit Küchengarn zu einem Rollbraten verschnüren. Den Rollbraten mit Salz und Pfeffer einreiben.
4. Olivenöl in einem Bräter erhitzen. Den Rollbraten darin 5–6 Minuten von allen Seiten anbraten. Zwiebelwürfel, Selleriestücke, Schinkenwürfel und Champignonhälften evtl. portionsweise hinzufügen, 3–4 Minuten unter Rühren mitbraten lassen. Tomatenstreifen hinzugeben und die Fleischbrühe hinzugießen. Die Zutaten aufkochen lassen.
5. Den Bräter auf dem Rost in den vorgeheizten Backofen (unteres Drittel) schieben. Den Rollbraten etwa 4 1/2 Stunden garen, dabei den Braten 2–3-mal wenden.
6. Den gegarten Rollbraten aus dem Backofen nehmen und warm stellen. Die Sauce mit der Gemüse-Schinken-Mischung kurz aufkochen lassen, Crème fraîche unterrühren.
7. Den Rollbraten (Küchengarn entfernen) in Scheiben schneiden. Evtl. ausgetretenen Fleischsaft unter das Gemüse rühren. Die Wildschweinkeule mit dem Gemüse servieren.

Wildschweinkeule

Schweinebraten „Asia-Style" mit buntem Kohlgemüse

Schweinebraten „Asia-Style" mit buntem Kohlgemüse

6 Portionen

Zubereitungszeit: 50 Minuten
Garzeit: etwa 3 Stunden

1 1/4 kg Schweinekotelett (am Stück, ohne Knochen)
220 g Zwiebeln
2 Knoblauchzehen
4 EL Sesamöl
Salz, gem. Pfeffer
1 EL Currypulver
1 TL gem. Kreuzkümmel (Cumin)
3 EL Sambal Sauce, feurig scharf
120 ml Tomatenketchup
3 EL Sojasauce
2 EL Fischsauce
300 ml Fleischbrühe

Für das Kohlgemüse:
1 kg Weißkohl
120 g Zwiebeln
30 g frischer Ingwer
4 EL Erdnussöl
2 EL ungeschälte Sesamsamen
1 EL Rohrzucker
250 ml Hühnerbrühe
220 g rote Paprikaschoten
1 Mango

Pro Portion:
E: 51 g, F: 28 g, Kh: 28 g,
kJ: 2397, kcal: 572

1. Den Backofen bei Ober-/Unterhitze auf 95 °C vorheizen. Das Schweinefleisch mit Küchenpapier trocken tupfen.
2. Zwiebeln und Knoblauch abziehen, klein würfeln. Das Sesamöl in einem Bräter erhitzen. Das Schweinefleisch mit Salz und Pfeffer würzen und in dem erhitzten Sesamöl etwa 10 Minuten von allen Seiten anbraten.
3. Zwiebel- und Knoblauchwürfel hinzufügen und mitbraten lassen. Curry, Kreuzkümmel, Sambal Sauce, Ketchup, Soja-, Fischsauce und Brühe unterrühren, aufkochen lassen.
4. Den Bräter auf dem Rost in den vorgeheizten Backofen (unteres Drittel) schieben. Den Schweinebraten etwa 3 Stunden garen, dabei den Braten 2–3-mal wenden.
5. Etwa 45 Minuten vor Ende der Garzeit für das Gemüse von dem Weißkohl die äußeren schlechten Blätter entfernen. Den Kohl vierteln, abspülen, abtropfen lassen und den Strunk herausschneiden. Kohlviertel in feine Streifen schneiden. Zwiebeln abziehen, Ingwer schälen. Beides fein würfeln.
6. Erdnussöl in einem Topf erhitzen. Die Zwiebelwürfel darin andünsten. Ingwerwürfel, Sesamsamen, Rohrzucker und Weißkohlstreifen unterrühren, mit Salz würzen. Brühe hinzugießen und zum Kochen bringen. Weißkohl 10–12 Minuten garen.
7. Paprikaschoten halbieren, entstielen, entkernen und die weißen Scheidewände entfernen. Schoten abspülen, abtropfen lassen und klein würfeln. Paprikawürfel unter das Kohlgemüse rühren.
8. Mango halbieren, das Fruchtfleisch vom Stein schneiden und schälen. Fruchtfleisch würfeln, zuletzt unter das Kohlgemüse rühren und miterwärmen.
9. Den gegarten Schweinebraten aus dem Bräter nehmen und in Scheiben schneiden. Die Sauce evtl. nochmals mit den Gewürzen abschmecken. Den Schweinebraten mit dem bunten Kohlgemüse und der Sauce servieren.

Schweinebraten mit Kohlrabigemüse

8 Portionen (ohne Foto)

Zubereitungszeit: 45 Minuten
Garzeit: etwa 5 Stunden

1,7 kg magere Schweineschulter (mit Schwarte, die Schwarte vom Metzger einritzen lassen)
1 Bio-Orange (unbehandelt, ungewachst)
4 Wacholderbeeren
2–3 Zwiebeln
Salz
gem. Pfeffer
5 EL Olivenöl
1 EL Tomatenmark
250 ml Fleischbrühe
Orangensaft (von der Orangenhälfte)

Für das Kohlrabigemüse:
2 kg junger Kohlrabi
125 ml Wasser
2 gestr. TL Salz
80 g Butter

1–2 EL Crème fraîche
ger. Muskatnuss

Pro Portion:
E: 40 g, F: 44 g, Kh: 7 g,
kJ: 2493, kcal: 596

1. Den Backofen bei Ober-/Unterhitze auf 95 °C vorheizen. Schweineschulter mit Küchenpapier trocken tupfen.

2. Orange heiß abwaschen, abtrocknen, die Hälfte der Schale abreiben. Orange halbieren, von einer Hälfte den Saft auspressen. Wacholderbeeren grob zerdrücken. Zwiebeln abziehen und fein würfeln.
3. Schweineschulter mit Salz, Pfeffer, Orangenschale und Wacholderbeeren würzen. Olivenöl in einem Bräter erhitzen. Die Schweineschulter darin etwa 10 Minuten von allen Seiten anbraten. Zwiebeln hinzugeben und mitbraten lassen. Tomatenmark unterrühren. Brühe und den Orangensaft hinzugießen, aufkochen lassen.
4. Den Bräter auf dem Rost in den vorgeheizten Backofen (unteres Drittel) schieben. Die Schweineschulter etwa 5 Stunden garen.
5. Etwa 35 Minuten vor Ende der Garzeit für das Gemüse vom Kohlrabi die zarten Blätter abschneiden. Kohlrabiblätter abspülen, abtropfen lassen, in feine Streifen scheiden.
6. Kohlrabi schälen, abspülen und abtropfen lassen. Kohlrabi zuerst in Scheiben, dann in Stifte schneiden. Wasser in einem Topf zum Kochen bringen, dann Salz und Butter hinzugeben. Die Kohlrabistifte darin etwa 10 Minuten bei schwacher Hitze garen.
7. Die gegarte Schweineschulter aus dem Bräter nehmen. Den Backofengrill auf etwa 240 °C vorheizen. Die Schweineschulter auf eine feuerfeste Platte legen und auf dem Rost unter den vorgeheizten Backofengrill schieben. Schweineschulter 8–10 Minuten grillen, sodass die Schwarte knusprig braun wird.
8. Crème fraîche unter das Kohlrabigemüse rühren, das Gemüse mit Salz und Muskat abschmecken. Die geschnittenen Kohlrabiblätter unter das Kohlrabigemüse heben.
9. Von der Orange die restliche Schale mit einem Zestenreißer abziehen. Das Fleisch in Scheiben schneiden, mit dem Kohlrabigemüse auf Tellern anrichten, mit den Orangenstreifen garnieren und mit Pfeffer bestreut servieren.

Straußensteaks mit Pfeffersauce und Polenta

4 Portionen

Zubereitungszeit: 40 Minuten, ohne Abkühlzeit
Garzeit: 20–30 Minuten

4 Straußensteaks (je etwa 180 g)
Salz, gem. Pfeffer
4 EL Olivenöl

Für die Pfeffersauce:
100 ml Madeira (Dessertwein)
200 g Schlagsahne
2 EL abgetropfte grüne Pfefferkörner (in Lake)

Für die Polenta:
400 ml Milch (3,5 % Fett)
150 g Hartweizengrieß
2 Eigelb (Größe M)
80 g geraspelter Mozzarella
ger. Muskatnuss

1 kg Rosenkohl
20 g Butter
50 g Butter

Pro Portion:
E: 71 g, F: 55 g, Kh: 42 g,
kJ: 4117, kcal: 1010

1. Den Backofen bei Ober-/Unterhitze auf 95 °C vorheizen. Einen feuerfesten Teller auf einem Rost (mittlere Schiene) miterwärmen. Straußensteaks kurz unter fließendem kalten Wasser abspülen, trocken tupfen, mit Salz und Pfeffer würzen.
2. Olivenöl in einer Pfanne erhitzen. Die Steaks darin von jeder Seite etwa 3 Minuten anbraten und herausnehmen. Die Steaks auf dem vorgewärmten Teller auf dem Rost in den vorgeheizten Backofen schieben. Die Steaks 20–30 Minuten garen.
3. Für die Sauce Madeira, Sahne und Pfefferkörner in den Bratensatz rühren, unter Rühren zum Kochen bringen und etwas einkochen lassen.
4. Für die Polenta die Milch in einem Topf zum Kochen bringen. Grieß mit einem Schneebesen einrühren und unter Rühren etwa 1 Minute kochen lassen. Den Topf von der Kochstelle nehmen. Eigelb und Mozzarella unter die Grießmasse arbeiten, mit Salz und Muskat würzen.
5. Eine flache Auflaufform (etwa 15 x 20 cm) mit Frischhaltefolie auslegen. Die Grießmasse darin etwa 1 cm hoch verstreichen und etwa 5 Minuten abkühlen lassen.
6. Rosenkohl putzen, abspülen und abtropfen lassen. Wasser in einem Topf zum Kochen bringen. Dann Salz und Rosenkohl hinzufügen, wieder zum Kochen bringen. Rosenkohl etwa 6 Minuten garen. Anschließend in ein Sieb geben, mit kaltem Wasser abschrecken und abtropfen lassen, 20 g Butter unterrühren. Rosenkohl mit Muskat würzen und warm stellen.
7. Polenta in rautenförmige Stücke schneiden. 50 g Butter in einer Pfanne zerlassen. Polentastücke darin von jeder Seite kurz anbraten.
8. Die Pfeffersauce mit Salz und Pfeffer abschmecken. Die gegarten Straußensteaks aus dem Backofen nehmen, mit Polenta, Rosenkohl und der Pfeffersauce auf vorgewärmten Tellern anrichten und servieren.

Straußensteaks mit Pfeffersauce und Polenta

Brathähnchen

4 Portionen

Zubereitungszeit: 20 Minuten
Bratzeit: etwa 2 1/2 Stunden

1 Zwiebel
2 Möhren
2 Tomaten
1 küchenfertiges Hähnchen (etwa 900 g)
Salz
gem. Pfeffer
Paprikapulver edelsüß
2–3 EL Speiseöl
125 ml Hühnerbrühe
2 Lorbeerblätter
evtl. etwas Hühnerbrühe

Pro Portion:
E: 39 g, F: 25 g, Kh: 5 g,
kJ: 1650, kcal: 395

1. Zwiebel abziehen und fein würfeln. Möhren putzen, schälen, abspülen, abtropfen lassen und in Scheiben schneiden. Tomaten kreuzweise einschneiden und mit kochendem Wasser übergießen. Nach 1–2 Minuten herausnehmen und mit kaltem Wasser abschrecken. Tomaten häuten, halbieren und die Stängelansätze herausschneiden. Tomaten entkernen und vierteln.
2. Den Backofen bei Ober-/Unterhitze auf 95 °C vorheizen.
3. Das Hähnchen innen und außen kurz unter fließendem kalten Wasser abspülen, trocken tupfen, mit Salz, Pfeffer und Paprika einreiben.
4. Speiseöl in einem Bräter erhitzen. Das Hähnchen darin etwa 5 Minuten von allen Seiten goldbraun anbraten und herausnehmen. Das vorbereitete Gemüse in den Bräter geben und im verbliebenen Bratfett 2–3 Minuten andünsten. Dann Hühnerbrühe, Lorbeerblätter und das angebratene Hähnchen zum Gemüse in den Bräter geben.
5. Den Bräter auf dem Rost in den vorgeheizten Backofen (unteres Drittel) schieben. Das Hähnchen etwa 2 1/2 Stunden garen.
6. Das gegarte Hähnchen aus dem Bräter nehmen und warm stellen. Oder das Hähnchen auf eine feuerfeste Platte legen. Diese auf dem Rost unter den vorgeheizten Backofengrill (etwa 240 °C) schieben. Das Hähnchen 6–8 Minuten knusprig grillen, dabei einmal wenden.
7. In der Zwischenzeit den Bratensud evtl. mit etwas Hühnerbrühe verlängern und zum Kochen bringen, Lorbeerblätter entfernen. Die Sauce pürieren oder durch ein Sieb passieren, mit Salz, Pfeffer und Paprika abschmecken. Das Hähnchen mit einer Geflügelschere in Stücke teilen und mit der Sauce servieren.

Brathähnchen

Straußenmedaillons mit Rotweinsauce

4 Portionen

Zubereitungszeit: 45 Minuten
Garzeit: 20–30 Minuten

1 kg gleich große, neue Kartoffeln
1 gestr. TL Salz
750 g Straußenfilet
Salz
gem. Pfeffer
3 EL Olivenöl
250 ml Wildfond
250 ml trockener Rotwein
3 zerdrückte Wacholderbeeren
3 Pimentkörner
1 Gewürznelke
150 g Schalotten
4 Knoblauchzehen
4 EL Olivenöl
1 EL frische Rosmarinnadeln
1 EL Weizenmehl
2 EL kaltes Wasser
3 TL Wild-Preiselbeeren (aus dem Glas)
Cayennepfeffer

Pro Portion:
E: 56 g, F: 22 g, Kh: 38 g,
kJ: 2558, kcal: 639

1. Kartoffeln gründlich waschen, in einem Topf knapp mit Wasser bedeckt, zugedeckt zum Kochen bringen, Salz hinzufügen. Kartoffeln etwa 15 Minuten garen, abgießen, abdämpfen und etwas abkühlen lassen. Kartoffeln längs vierteln.

Straußenmedaillons mit Rotweinsauce

Boeuf bourguignon

2. Den Backofen bei Ober-/Unterhitze auf 95 °C vorheizen. Einen feuerfesten Teller auf dem Rost (mittlere Schiene) miterwärmen.
3. Filet kurz unter fließendem kalten Wasser abspülen, trocken tupfen und in 4 Medaillons schneiden, mit Salz und Pfeffer würzen.
4. Olivenöl in einer Pfanne erhitzen. Die Medaillons darin von jeder Seite etwa 3 Minuten anbraten, herausnehmen und auf dem vorgewärmten Teller in den vorgeheizten Backofen schieben. Die Medaillons 20–30 Minuten garen. Die Pfanne mit dem Bratensatz beiseitestellen.
5. Wildfond mit Rotwein, Wacholderbeeren, Pimentkörnern und Gewürznelke in einem Topf zum Kochen bringen und auf etwa 375 ml Flüssigkeit einkochen lassen.
6. Schalotten und Knoblauch abziehen. Knoblauch in Scheiben schneiden. Olivenöl in einer zweiten Pfanne erhitzen. Kartoffelviertel, Schalotten und Knoblauchscheiben darin etwa 10 Minuten unter mehrmaligem Wenden goldbraun braten. Mit Rosmarinnadeln, Salz und Pfeffer würzen.
7. Den eingekochten Fond durch ein Sieb gießen und in die beiseitegestellte Pfanne mit dem Bratensatz rühren. Mehl mit Wasser anrühren, in die Sauce rühren und unter Rühren aufkochen lassen. Die Sauce mit Salz, Pfeffer, Preiselbeeren und Cayennepfeffer würzen. Den ausgetretenen Bratensaft von den Medaillons in die Sauce rühren.
8. Die gegarten Medaillons mit den Kartoffeln anrichten, die Sauce dazureichen.

Boeuf bourguignon

8 Portionen

Zubereitungszeit: 45 Minuten
Garzeit: etwa 4 1/2 Stunden

1,8 kg Rindfleisch (aus der Keule)
250 g Zwiebeln
2 Knoblauchzehen
250 g Möhren
400 g Champignons
60 g getrocknete Tomaten
5 EL Olivenöl
Salz
gem. Pfeffer
120 g geräucherte Schinkenwürfel
600 ml trockener Rotwein,
z. B. Burgunder oder Bordeaux
1 EL Weizenmehl
1 EL Speisestärke

Pro Portion:
E: 53 g, F: 17 g, Kh: 12 g,
kJ: 1893, kcal: 452

1. Den Backofen bei Ober-/Unterhitze auf 95 °C vorheizen. Rindfleisch mit Küchenpapier trocken tupfen, evtl. Sehnen und Fett entfernen.
2. Zwiebeln und Knoblauch abziehen, in kleine Würfel schneiden. Möhren putzen, schälen, abspülen, abtropfen lassen und in etwa 1 cm dicke Scheiben schneiden. Champignons putzen, evtl. kurz abspülen und gut abtropfen lassen. Champignons vierteln. Tomaten in Stücke schneiden.
3. Olivenöl in einem Bräter erhitzen. Rindfleisch mit Salz und Pfeffer würzen und in dem erhitzten Olivenöl etwa 10 Minuten von allen Seiten gut anbraten. Nach und nach Zwiebel-, Knoblauchwürfel, Möhrenscheiben, Champignonviertel, Tomatenstücke und Schinkenwürfel hinzugeben und kurz mit anbraten. Rotwein hinzugießen und aufkochen lassen.
4. Bräter auf dem Rost in den vorgeheizten Backofen (unteres Drittel) schieben. Den Rinderbraten etwa 4 1/2 Stunden garen, dabei 2–3-mal wenden.
5. Den gegarten Rinderbraten aus dem Bräter nehmen und warm stellen. Die Bratenfond kurz aufkochen lassen. Mehl und Speisestärke in etwas kaltem Wasser anrühren, in den Bratenfond rühren und unter Rühren nochmals kurz aufkochen lassen. Die Sauce mit Salz und Pfeffer abschmecken. Den Rinderbraten in Scheiben schneiden und mit der Sauce servieren.

Wachteln im Weinlaub

4 Portionen

Zubereitungszeit: 50 Minuten
Garzeit: etwa 60 Minuten

8 küchenfertige Wachteln (je etwa 150 g)
1 Frühlingszwiebel
1 kleiner Apfel (etwa 150 g)
Salz, gem. Pfeffer
2 EL Speiseöl
4 große Weinblätter (erhältlich in türkischen oder griechischen Lebensmittelläden)
200 ml Wildfond oder -brühe
je 200 g blaue und grüne kernlose Weintrauben
40 g Butter
1 EL Zucker

Außerdem:
Rouladennadeln und Küchengarn

Pro Portion:
E: 49 g, F: 34 g, Kh: 24 g,
kJ: 2505, kcal: 599

1. Den Backofen bei Ober-/Unterhitze auf 95 °C vorheizen.
2. Wachteln innen und außen unter fließendem kalten Wasser abspülen und trocken tupfen.
3. Frühlingszwiebel putzen, abspülen, abtropfen lassen und in sehr kleine Stücke schneiden. Apfel waschen, abtrocknen, vierteln und das Kerngehäuse herausschneiden. Die Apfelviertel sehr klein würfeln.
4. Frühlingszwiebelstücke und Apfelwürfel mischen. Die Wachteln damit füllen und die Öffnungen jeweils mit Rouladennadeln verschließen. Die Schenkel mit Küchengarn zusammenbinden. Wachteln mit Salz und Pfeffer würzen.
5. Speiseöl in einem Bräter erhitzen. Die Wachteln darin 7–8 Minuten von allen Seiten leicht anbraten und herausnehmen.
6. Die Weinblätter abspülen und trocken tupfen. Die Wachteln mit jeweils 1 Weinblatt umwickeln und mit Rouladennadeln feststecken. Wildfond oder -brühe zum verbliebenen Bratfett in den Bräter gießen und aufkochen. Die Wachteln wieder in den Bräter legen. Den Bräter auf dem Rost in den vorgeheizten Backofen (unteres Drittel) schieben. Die Wachteln etwa 60 Minuten garen.
7. Die gegarten Wachteln aus dem Backofen nehmen und warm stellen.
8. Weintrauben abspülen, trocken tupfen, entstielen und halbieren.
9. Butter in einer Pfanne zerlassen, Zucker einstreuen und braun karamellisieren. Mit dem Bratenfond aus dem Bräter ablöschen, zum Kochen bringen und 2–3 Minuten unter Rühren einkochen lassen. Weintraubenhälften hinzugeben, wieder zum Kochen bringen und weitere etwa 2 Minuten leicht kochen lassen.
10. Von den Wachteln die Rouladennadeln, Weinblätter und das Küchengarn entfernen. Die Wachteln auf dem Weintraubenragout anrichten.

Putenkeulen im Gemüsebett

8 Portionen (ohne Foto)

Zubereitungszeit: 50 Minuten
Garzeit: etwa 5 Stunden

2 Putenoberkeulen (mit Knochen, je etwa 1 kg)
Salz, gem. Pfeffer
2 EL Olivenöl
1 EL klein gehackte Rosmarinnadeln

500 g zarte grüne Bohnen
4 große Möhren
2 gelbe Paprikaschoten
2 Bund Frühlingszwiebeln
250 g Zuckerschoten
4 EL Olivenöl
400 ml abgemessene Gemüseflüssigkeit
2 Stängel Rosmarin
1 TL rosa Pfefferbeeren

1–2 EL frischer Oregano

Außerdem:
Küchengarn

Pro Portion:
E: 42 g, F: 26 g, Kh: 13 g,
kJ: 1911, kcal: 457

1. Den Backofen bei Ober-/Unterhitze auf 95 °C vorheizen.
2. Die Putenoberkeulen kurz unter fließendem kalten Wasser abspülen, trocken tupfen und jeweils den Knochen herausschneiden. Das Putenfleisch mit Salz und Pfeffer würzen, anschließend mit Küchengarn zu 2 etwa gleich großen Rollen zusammenbinden.
3. Olivenöl in einem großen Bräter erhitzen. Die Rollbraten darin etwa 10 Minuten von allen Seiten gut anbraten. Rosmarin mit in den Bräter geben.
4. Den Bräter auf dem Rost in den vorgeheizten Backofen (unteres Drittel) schieben. Die Putenrollbraten etwa 5 Stunden garen.

Schweinebraten in Bier

5. Etwa 1 1/2 Stunden vor Ende der Garzeit das Gemüse putzen, abspülen und abtropfen lassen. Die Möhren schräg in etwa 3 mm breite Scheiben, die Paprikaschoten in Rauten und die Frühlingszwiebeln in etwa 6 cm lange Stücke schneiden.
6. Salzwasser in einem großen Topf zum Kochen bringen. Die Bohnen darin etwa 7 Minuten garen, die Möhrenscheiben nach etwa 4 Minuten Garzeit zu den Bohnen geben und etwa 3 Minuten mitgaren lassen. Bohnen und Möhrenscheiben mit einer Schaumkelle herausnehmen, abtropfen lassen. Paprikarauten, Frühlingszwiebelstücke und Zuckerschoten in das kochende Salzwasser geben, etwa 1 Minute blanchieren, dann mit einer Schaumkelle herausnehmen, mit kaltem Wasser abschrecken und abtropfen lassen. Etwa 400 ml von der Gemüseflüssigkeit abmessen.
7. Olivenöl in einer Pfanne erhitzen. Das vorbereitete Gemüse darin kurz anbraten, mit Salz und Pfeffer würzen. Gemüseflüssigkeit hinzugießen und kurz aufkochen lassen. Das Gemüse mit der Flüssigkeit zu den Rollbraten in den Bräter geben. Rosmarin abspülen, trocken tupfen und mit den Pfefferbeeren hinzufügen. Die Rollbraten fertig garen.
8. Die Rollbraten aus dem Bräter nehmen und das Küchengarn entfernen. Die Rollbraten in Scheiben schneiden. Das Gemüse mit Oregano bestreuen und mit den Fleischscheiben servieren.

Schweinebraten in Bier

6 Portionen

Zubereitungszeit: 45 Minuten
Garzeit: etwa 4 Stunden

1,2 kg Schweinerollbraten
(aus der Schulter)
Salz, gem. Pfeffer
2 EL Speiseöl,
z. B. Sonnenblumenöl
1 Zwiebel
2 Möhren
3 Knoblauchzehen
1 EL Weizenmehl
100 ml Apfel- oder Obstessig
0,33 l helles Bier (1 Flasche)
150 ml Fleisch- oder Gemüsefond
3 EL mittelscharfer Senf
2 EL Semmelbrösel
50 g kalte Butter

Pro Portion:
E: 37 g, F: 44 g, Kh: 10 g,
kJ: 2511, kcal: 600

1. Den Rollbraten mit Küchenpapier trocken tupfen, mit Salz und Pfeffer würzen.
2. Speiseöl in einem Bräter erhitzen. Den Rollbraten darin etwa 5 Minuten von allen Seiten anbraten, herausnehmen und beiseitelegen.
3. Zwiebel abziehen, zuerst in Scheiben schneiden, dann in Ringe teilen. Möhren putzen, schälen, abspülen, abtropfen lassen und in Würfel schneiden. Knoblauch abziehen.
4. Den Backofen bei Ober-/Unterhitze auf 95 °C vorheizen.
5. Zwiebelringe, Möhrenwürfel und Knoblauch in dem verbliebenen Bratfett im Bräter unter mehrmaligem Rühren bei mittlerer Hitze anbraten. Mit Mehl bestäuben und mit einem Kochlöffel gut durchrühren, damit das Mehl das Gemüse bedeckt. Nochmals etwa 2 Minuten unter gelegentlichem Rühren weiterbraten, mit Essig und Bier ablöschen. Die Zutaten aufkochen lassen und bei mittlerer Hitze auf die Hälfte einkochen lassen. Dann den Fleisch- oder Gemüsefond hinzugießen und wieder zum Kochen bringen.
6. Anschließend den beiseitegelegten Rollbraten (mit dem Saft, der aus dem Braten herausgetreten ist) wieder in den Bräter legen. Bräter auf dem Rost in den vorgeheizten Backofen (unteres Drittel) schieben. Rollbraten etwa 4 Stunden garen, dabei den Braten 1–2-mal wenden.
7. Den gegarten Rollbraten aus dem Backofen nehmen. Die Backofentemperatur auf Ober-/Unterhitze: etwa 240 °C heraufschalten.
8. Von dem Rollbraten das Netz bzw. Küchengarn entfernen. Rollbraten auf ein Backblech (gefettet) legen.
9. Den entstandenen Bratenfond durch ein Sieb in einen Topf gießen und etwa 15 Minuten leicht einkochen lassen.
10. In der Zwischenzeit den Rollbraten gleichmäßig mit der Hälfte des Senfs bestreichen und mit Semmelbröseln bestreuen. Dabei die Semmelbrösel vorsichtig andrücken. Die Panade mit hauchdünn geschnittenen Butterscheiben belegen.
11. Das Backblech in den vorgeheizten Backofen schieben. Die Panade 10–15 Minuten überbacken, bis eine feste, braune Kruste entstanden ist.
12. Den restlichen Senf mit einem Schneebesen unter den leicht eingekochten Bratenfond rühren. Die Sauce nochmals mit Salz und Pfeffer abschmecken.
13. Den Rollbraten vom Backblech nehmen, in Scheiben schneiden, auf einer vorgewärmten Platte anrichten und mit der Sauce servieren.

Rollbraten mit Hackfüllung

4 Portionen

Zubereitungszeit: 20 Minuten
Garzeit: etwa 5 Stunden

1 große doppelte Rinderroulade (etwa 25 x 30 cm, vom Metzger zuschneiden lassen)
1 Zwiebel
200 g Rindergehacktes
1 Ei (Größe M)
2 EL Semmelbrösel
1 TL mittelscharfer Senf
Salz, gem. Pfeffer
1 gestr. TL Paprikapulver edelsüß
1/4 TL Chilipulver
1 rote Paprikaschote (etwa 200 g)
4 EL Speiseöl, z. B. Rapsöl
400 ml Fleischbrühe
400 g passierte Tomaten (Tetrapak)

Außerdem:
Küchengarn oder Rouladennadeln

Pro Portion:
E: 35 g, F: 23 g, Kh: 12 g,
kJ: 1667, kcal: 398

1. Den Backofen bei Ober-/Unterhitze auf 95 °C vorheizen. Rinderroulade mit Küchenpapier trocken tupfen, evtl. vorhandenes Fett und Sehnen abschneiden.
2. Zwiebel abziehen und fein würfeln. Gehacktes in eine Schüssel geben, Zwiebelwürfel, Ei und Semmelbrösel hinzugeben und gut unterarbeiten. Mit Salz, Pfeffer, Paprika und Chili würzen.
3. Paprikaschote halbieren, entstielen, entkernen und die weißen Scheidewände entfernen. Die Schote abspülen, abtropfen lassen und vierteln.
4. Die Rinderroulade mit Salz und Pfeffer würzen. Die Hackfleischmasse mittig darauf verteilen und mit den Paprikastücken belegen. Das Fleisch von der schmalen Seite her fest aufrollen und mit Küchengarn zusammenbinden oder mit Rouladennadeln feststecken.
5. Speiseöl in einem großen, flachen Bräter erhitzen. Die Fleischrolle darin etwa 10 Minuten von allen Seiten gut anbraten. Brühe und passierte Tomaten unterrühren, aufkochen lassen. Den Bräter auf dem Rost in den vorgeheizten Backofen (unteres Drittel) schieben. Den Rollbraten etwa 5 Stunden garen, dabei den Braten 2–3-mal wenden.
6. Den gegarten Rollbraten aus dem Backofen nehmen, Küchengarn oder Rouladennadeln entfernen. Den Braten in Scheiben schneiden und mit der Sauce servieren.

Rollbraten mit Hackfüllung

Türkische Beinscheibe

4 Portionen (ohne Foto)

Zubereitungszeit: 30 Minuten
Garzeit: etwa 3 Stunden

4 Lammkeulenscheiben (je etwa 200 g, mit Knochen)
2 Gemüsezwiebeln
5 EL Olivenöl
Salz, gem. Pfeffer
2 Fleischtomaten
1 Aubergine
250 g Kürbisfruchtfleisch
2 Knoblauchzehen
400 g abgetropfte weiße Bohnen (aus der Dose)
gerebelter Thymian
1 EL Tomatenmark
200 ml Lammfond

Pro Portion:
E: 43 g, F: 21 g, Kh: 30 g,
kJ: 2024, kcal: 482

1. Lammscheiben kurz unter fließendem kalten Wasser abspülen und trocken tupfen. Gemüsezwiebeln abziehen, halbieren und in Scheiben schneiden.
2. Den Backofen bei Ober-/Unterhitze auf 95 °C vorheizen. 2 Esslöffel Olivenöl in einem Bräter erhitzen, die Lammscheiben evtl. portionsweise darin von beiden Seiten etwa 6 Minuten gut anbraten, mit Salz und Pfeffer würzen. Die Lammscheiben aus dem Bräter nehmen und warm stellen.
3. Ein Esslöffel Olivenöl in dem Bräter erhitzen. Die Hälfte der Zwiebelscheiben darin unter Rühren andünsten. Die angebratene Lamm-

scheiben auf den Zwiebelscheiben in den Bräter legen. Den Bräter auf dem Rost in den vorgeheizten Backofen schieben. Die Lammscheiben mit den Zwiebelscheiben etwa 3 Stunden garen.

4. Etwa 60 Minuten vor Ende der Garzeit Tomaten und Aubergine abspülen, abtrocknen und die Stängelansätze herausschneiden. Tomaten, Aubergine und Kürbisfruchtfleisch in Würfel schneiden. Knoblauch abziehen und zerdrücken.

5. Restliches Olivenöl in einer großen Pfanne erhitzen. Die restlichen Zwiebelscheiben darin anbraten, Tomaten-, Auberginen-, Kürbiswürfel und Bohnen hinzufügen, mit Thymian würzen und unter Wenden mitbraten lassen.

6. Tomatenmark und Lammfond unterrühren, mit Salz und Pfeffer würzen, zum Kochen bringen und zugedeckt etwa 30 Minuten garen, dabei 2–3-mal umrühren.

7. Die gegarten Lammscheiben aus dem Backofen nehmen, die Zwiebeln ebenfalls herausnehmen und unter die Gemüsemischung geben. Die Lammscheiben anschließend mit der Gemüsemischung anrichten und sofort servieren.

Schweinebauch mit Senffrüchten

Schweinebauch mit Senffrüchten

6–8 Portionen

Zubereitungszeit: 40 Minuten
Garzeit: etwa 4 Stunden

1,6 kg Schweinebauch (mit Schwarte, ohne Knochen)
120 g Zwiebeln
220 g Möhren
150 g Knollensellerie
1 Stange Porree (Lauch)
4 EL Speiseöl, z. B. Rapsöl
Salz
gem. Pfeffer
50 ml Weißweinessig
400 ml Fleischbrühe
120 g abgetropfte Senffrüchte (aus dem Glas)
1 EL flüssiger Honig
1 EL mittelscharfer Senf

Pro Portion:
E: 34 g, F: 93 g, Kh: 7 g,
kJ: 4130, kcal: 986

1. Den Backofen bei Ober-/Unterhitze auf 95 °C vorheizen. Das Schweinefleisch mit Küchenpapier trocken tupfen. Die Schwarte rautenförmig etwa 1 cm tief einschneiden.

2. Zwiebeln abziehen und fein würfeln. Möhren und Sellerie putzen, schälen, abspülen, abtropfen lassen und in kleine Würfel schneiden.

3. Porree putzen, die Stange längs halbieren, gründlich waschen, abtropfen lassen und in etwa 1 cm große Stücke schneiden.

4. Speiseöl in einem Bräter erhitzen. Den Schweinebauch mit Salz und Pfeffer würzen und in dem erhitzten Speiseöl etwa 10 Minuten von allen Seiten anbraten.

5. Zwiebelwürfel hinzufügen und kurz mitbraten lassen. Dann Sellerie- und Möhrenwürfel hinzugeben und ebenfalls kurz anbraten. Zuletzt Porreestücke unterrühren. Essig und Fleischbrühe hinzugießen. Senffrüchte evtl. in kleine Stücke schneiden, mit Honig und Senf unterrühren. Die Zutaten aufkochen lassen.

6. Den Bräter auf dem Rost in den vorgeheizten Backofen (unteres Drittel) schieben. Den Schweinebauch etwa 4 Stunden garen, dabei das Fleisch 2–3-mal wenden.

7. Den Backofengrill auf 240 °C vorheizen. Den gegarten Schweinebauch aus dem Backofen nehmen, auf eine hitzebeständige Platte legen und auf dem Rost unter den vorgeheizten Backofengrill schieben. Die Schwarte 5–10 Minuten knusprig braun grillen.

8. Den Gemüsefond evtl. nochmals kurz aufkochen lassen, mit Salz und Pfeffer abschmecken. Den Schweinebauch in Scheiben schneiden und mit der Gemüsesauce auf einer vorgewärmten Platte anrichten.

Kapitel 08

Rezepte 701–800

Aufläufe

Frikadellenauflauf

Frikadellenauflauf

4 Portionen

Zubereitungszeit: 20 Minuten
Garzeit: etwa 30 Minuten

500 g Bratkartoffeln in Scheiben (aus dem Kühlregal)
450 g TK-Rosenkohl
4 Frikadellen (400 g, aus dem Kühlregal)
4 Eier (Größe M)
100 ml Milch (3,5 % Fett)
150 g geraspelter Mozzarella
Salz, gem. Pfeffer
ger. Muskatnuss
125 g Frühstücksspeck in Scheiben (Bacon)

Pro Portion:
E: 34 g, F: 26 g, Kh: 32 g,
kJ: 2114, kcal: 503

1. Den Backofen vorheizen.
Ober-/Unterhitze: etwa 220 °C
Heißluft: etwa 200 °C
2. Die Bratkartoffeln in eine große, flache Auflaufform (gefettet) geben. Die Form auf dem Rost in den vorgeheizten Backofen schieben. Die Bratkartoffeln etwa 10 Minuten garen, dabei gelegentlich wenden.
3. In der Zwischenzeit Wasser in einem Topf zum Kochen bringen. Den unaufgetauten Rosenkohl hinzugeben, wieder zum Kochen bringen und etwa 6 Minuten garen. Rosenkohl in ein Sieb geben, mit kaltem Wasser abschrecken und abtropfen lassen.
4. Die Form aus dem Backofen nehmen und die Backofentemperatur um etwa 20 °C herunterschalten.
5. Die Frikadellen waagerecht durchschneiden und mit dem Rosenkohl auf den Bratkartoffeln verteilen.
6. Eier mit Milch und Mozzarella verschlagen. Mit Salz, Pfeffer und Muskat würzen. Den Auflauf mit der Eiermilch übergießen. Speckscheiben halbieren, den Auflauf damit belegen. Die Form wieder auf dem Rost in den heißen Backofen (untere Schiene) schieben. Den Auflauf in etwa 20 Minuten fertig garen.

Fisch-Shrimps-Auflauf

4–6 Portionen

Zubereitungszeit: 30 Minuten, ohne Auftauzeit
Garzeit: etwa 20 Minuten

6 TK-Schollenfilets (je etwa 80 g)
3 Scheiben TK-Lachsfilet (etwa 400 g)
200 g TK-Shrimps
100 ml Weißwein
etwas Zitronensaft
295 g abgetropfte Champignons (aus dem Glas)

Für die Dillsauce:
75 g Butter (zimmerwarm)
1 EL Weizenmehl
250 g Schlagsahne
1 TL mittelscharfer Senf
etwas Zitronensaft
Salz, gem. Pfeffer
1 Prise Zucker
1 Bund Dill

Pro Portion:
E: 42 g, F: 31 g, Kh: 5 g,
kJ: 2544, kcal: 608

1. Schollenfilets, Lachsfiletscheiben und Shrimps nach Packungsanleitung auftauen lassen. Fischfilets und Shrimps kurz unter fließendem kalten Wasser abspülen und trocken tupfen.
2. Den Backofen vorheizen.
Ober-/Unterhitze: etwa 200 °C
Heißluft: etwa 180 °C
3. Die Schollenfilets längs halbieren und so aufrollen, dass die Hautseite innen liegt. Die Fischröllchen in eine Auflaufform (leicht gefettet) setzen. Weißwein hinzugießen.
4. Lachsfiletscheiben im Stück in die Auflaufform geben oder in große Würfel (etwa 3 cm) schneiden und mit den Shrimps zwischen den Schollenfiletröllchen verteilen. Alles mit Zitronensaft beträufeln. Champignons halbieren oder vierteln und mit in die Auflaufform geben.
5. Für die Dillsauce Butter in einem Rührbecher mit einem Mixer (Rührstäbe) geschmeidig rühren. Mehl unterarbeiten. Sahne, Senf, Zitronensaft, Salz, Pfeffer und Zucker hinzufügen und unterrühren.
6. Dill abspülen und trocken tupfen. Die Spitzen von den Stängeln zupfen, Dill fein schneiden und unter die Sauce rühren. Die Dillsauce auf dem Auflauf verteilen. Die Form auf dem Rost in den vorgeheizten Backofen schieben. Den Fisch-Shrimps-Auflauf etwa 20 Minuten garen.

Bunter Nudelauflauf mit Schinken

4 Portionen

Zubereitungszeit: 25 Minuten
Garzeit: etwa 40 Minuten

2 1/2 l Wasser
2 1/2 gestr. TL Salz
250 g Nudeln, z. B. Penne
250 ml Fleisch- oder Gemüsebrühe
300 g italienisches TK-Pfannengemüse
2 Fleischtomaten
200 g Kochschinken
125 ml Milch (3,5 % Fett)
3 Eier (Größe M)
Salz, gem. Pfeffer
100 g abgetropfter Mozzarella

Pro Portion:
E: 33 g, F: 24 g, Kh: 54 g,
kJ: 2498, kcal: 596

1. Wasser in einem großen Topf zugedeckt zum Kochen bringen. Dann Salz und Nudeln hinzugeben. Die Nudeln im geöffneten Topf bei mittlerer Hitze nach Packungsanleitung bissfest kochen, dabei gelegentlich umrühren.
2. Den Backofen vorheizen.
Ober-/Unterhitze: etwa 200 °C
Heißluft: etwa 180 °C
3. Anschließend die Nudeln in ein Sieb geben, mit heißem Wasser abspülen und abtropfen lassen.
4. Brühe in einem Topf zum Kochen bringen. Das gefrorene Pfannengemüse hinzugeben, Brühe wieder zum Kochen bringen und das Gemüse etwa 2 Minuten garen.
5. Nach Belieben Tomaten häuten. Dazu Tomaten kreuzweise einschneiden und mit kochendem Wasser übergießen. Nach 1–2 Minuten herausnehmen und mit kaltem Wasser abschrecken. Tomaten häuten, halbieren und die Stängelansätze herausschneiden. Tomaten würfeln. Schinken ebenfalls würfeln.
6. Milch mit Eiern verschlagen, mit Salz und Pfeffer würzen. Tomaten-, Schinkenwürfel und das Pfannengemüse mit der Brühe hinzugeben.
7. Die Masse abwechselnd mit den Nudeln in eine Auflaufform (gefettet) geben. Mozzarella fein würfeln und daraufstreuen. Die Form auf dem Rost in den vorgeheizten Backofen schieben. Den Auflauf etwa 40 Minuten garen.

Fisch-Shrimps-Auflauf

Bunter Nudelauflauf mit Schinken

Frühlingszwiebel-Hähnchen-Auflauf

Gnocchi-Sauerkraut-Auflauf

Frühlingszwiebel-Hähnchen-Auflauf

4 Portionen

Zubereitungszeit: 25 Minuten
Garzeit: etwa 20 Minuten

4 Hähnchenbrustfilets (je etwa 150 g)
1 Bund Frühlingszwiebeln
200 g Shiitakepilze oder Champignons
2 EL Sonnenblumenöl
Salz, gem. Pfeffer

Für die Sauce:
250 ml Béchamelsauce (Tetrapak)
50 ml Milch (3,5 % Fett)
Currypulver
175 g ger. Käse, z. B. Cheddar
150 g Erbsen (frisch oder TK)
250 g vorgegarter Basmatireis (vakuumverpackt, aus dem Nährmittelregal)

Pro Portion:
E: 53 g, F: 38 g, Kh: 35 g,
kJ: 2899, kcal: 694

1. Den Backofen vorheizen.
Ober-/Unterhitze: etwa 220 °C
Heißluft: etwa 200 °C
2. Hähnchenbrustfilets kurz unter fließendem kalten Wasser abspülen und trocken tupfen. Frühlingszwiebeln putzen, abspülen, abtropfen lassen, in Stücke schneiden. Pilze putzen, evtl. kurz abspülen und trocken tupfen. Große Pilze halbieren.
3. Sonnenblumenöl in einer Pfanne erhitzen. Die Hähnchenbrustfilets darin rundherum anbraten, mit Salz und Pfeffer würzen. Die Hähnchenfilets nebeneinander in eine große, flache Auflaufform (gefettet) legen.
4. Die Pilze in der Pfanne in dem verbliebenen Bratfett unter Rühren etwa 2 Minuten anbraten.
5. Frühlingszwiebelstücke hinzufügen, etwa 1 Minute mit anbraten, mit Salz und Pfeffer würzen.
6. Für die Sauce Béchamelsauce mit Milch verrühren, mit Curry würzen und 50 g von dem geriebenen Käse unterrühren.
7. Pilz-Frühlingszwiebel-Mischung, Erbsen und Reis um die Filets herum verteilen. Die Sauce daraufgeben und den restlichen Käse daraufstreuen.
8. Die Form auf dem Rost in den vorgeheizten Backofen schieben. Den Auflauf etwa 20 Minuten garen.

Gnocchi-Sauerkraut-Auflauf

8–10 Portionen

Zubereitungszeit: 30 Minuten
Garzeit: etwa 30 Minuten

2 Zwiebeln
3 rote Paprikaschoten (je etwa 150 g)
600 g Schweinefilet
4 EL Speiseöl
Salz, gem. Pfeffer
1,3 kg mildes Weinsauerkraut (aus Dosen)
1 EL getrockneter Rosmarin
800 g Gnocchi (aus dem Kühlregal)

Für den Guss:
500 g saure Sahne
400 g ger. Gouda
Paprikapulver edelsüß

Pro Portion:
E: 31 g, F: 25 g, Kh: 30 g,
kJ: 2078, kcal: 496

1. Zwiebeln abziehen und klein würfeln. Paprikaschoten halbieren, entstielen, entkernen und die weißen Scheidewände entfernen. Schoten abspülen, abtropfen lassen und in Streifen schneiden. Schweinefilet mit Küchenpapier trocken tupfen und in mundgerechte Würfel schneiden.
2. Den Backofen vorheizen.
Ober-/Unterhitze: etwa 180 °C
Heißluft: etwa 160 °C
3. Speiseöl in einem großen Topf erhitzen. Fleischwürfel darin portionsweise von allen Seiten braun anbraten, mit Salz und Pfeffer würzen, herausnehmen.
4. Zwiebelwürfel und Paprikastreifen im verbliebenen Bratfett andünsten. Sauerkraut mit der Flüssigkeit aus den Dosen und Rosmarin hinzugeben, zum Kochen bringen und etwa 5 Minuten mitdünsten lassen.
5. Das Sauerkraut mit Salz und Pfeffer würzen. Gnocchi direkt aus der Packung zum Sauerkraut geben und zugedeckt 1–2 Minuten garen. Dann den Deckel abnehmen und kurz weitergaren, bis fast keine Flüssigkeit mehr vorhanden ist.
6. Die Fleischwürfel unterheben. Die Masse in eine große, flache Auflaufform (gefettet) geben.
7. Für den Guss saure Sahne mit Käse verrühren, mit Paprika, Salz und

Pfeffer würzen. Den Guss auf dem Auflauf verteilen. Die Form auf dem Rost in den vorgeheizten Backofen schieben. Den Gnocchi-Sauerkraut-Auflauf etwa 30 Minuten garen.

Gebackene Käsesteaks

4–5 Portionen

Zubereitungszeit: 30 Minuten
Garzeit: etwa 45 Minuten

4–5 Schweinerückensteaks (je etwa 170 g)
Salz, gem. Pfeffer
1 TL Pul Biber (geschrotete Pfefferschoten)
150 g Schlagsahne
100 g Sahne-Schmelzkäse
75 ml trockener Weißwein
250 g Staudensellerie
125 g geraspelter Gouda
125 g rote Zwiebeln

Pro Portion:
E: 45 g, F: 54 g, Kh: 5 g,
kJ: 3123, kcal: 747

1. Die Steaks mit Küchenpapier trocken tupfen, mit Salz, Pfeffer und Pul Biber würzen. Die Steaks in einer Auflaufform (gefettet) verteilen.
2. Den Backofen vorheizen.
Ober-/Unterhitze: etwa 200 °C
Heißluft: etwa 180 °C
3. Sahne mit Schmelzkäse und Wein mit einem Pürierstab zu einer glatten Masse verrühren und auf den Steaks verteilen.
4. Staudensellerie putzen und die harten Außenfäden abziehen. Selleriestangen abspülen, abtropfen lassen, in etwa 1 cm große Stücke schneiden und auf den Steaks verteilen. Alles mit den Käseraspeln bestreuen.
5. Zwiebeln abziehen, in Scheiben schneiden und auf den Käse legen. Die Form zugedeckt auf dem Rost in den vorgeheizten Backofen schieben. Die Käsesteaks etwa 45 Minuten garen.
6. Nach etwa 30 Minuten Garzeit den Deckel abnehmen und die Käsesteaks fertig garen.

Gefüllte Zucchini mit Hackfleisch

8–10 Portionen

Zubereitungszeit: 45 Minuten
Garzeit: etwa 60 Minuten

10 Zucchini (etwa 2 kg)
650 g Rindergehacktes
3 Zwiebeln
2 Eier (Größe M)
3 EL gemischte, klein geschnittene Kräuter
3 TL mittelscharfer Senf
8 EL Tomatenketchup
Salz
gem. Pfeffer
Paprikapulver edelsüß

Für die Sauce:
960 g stückige Tomaten (aus Dosen)
400 ml Gemüsebrühe
3 EL Tomatenmark
Paprikapulver edelsüß
Cayennepfeffer
3 TL gerebelter Oregano
2 EL heller Saucenbinder

Pro Portion:
E: 21 g, F: 14 g, Kh: 11 g,
kJ: 1135, kcal: 271

1. Die Zucchini abspülen, abtrocknen und die Enden abschneiden. Von den Zucchini jeweils einen flachen Deckel abschneiden. Mit einem Küchenmesser das Fruchtfleisch etwa 1/2 cm vom Rand entfernt einschneiden. Das Fruchtfleisch mit einem Teelöffel herauslösen und klein würfeln.
2. Den Backofen vorheizen.
Ober-/Unterhitze: etwa 180 °C
Heißluft: etwa 160 °C
3. Gehacktes mit den Zucchiniwürfeln in eine Schüssel geben. Zwiebeln abziehen, klein würfeln, mit Eiern, Kräutern, Senf und Ketchup zum Gehackten geben. Die Zutaten gut vermengen und kräftig mit Salz, Pfeffer und Paprika würzen.
4. Die Hackfleischmasse in die Zucchini füllen. Sollte etwas Füllung übrig bleiben, kann sie unter die Sauce gerührt werden.
5. Für die Sauce die Zucchinideckel in kleine Würfel schneiden, mit den stückigen Tomaten, Gemüsebrühe, Tomatenmark, Salz, Pfeffer, Paprika, Cayennepfeffer, Oregano und Saucenbinder verrühren und in eine große Auflaufform (gefettet) geben. Die Zucchini hineinsetzen. Die Form auf dem Rost in den vorgeheizten Backofen schieben. Gefüllte Zucchini etwa 60 Minuten garen.

Gebackene Käsesteaks

Gefüllte Zucchini mit Hackfleisch

Hack-Auberginen-Auflauf

8–10 Portionen

Zubereitungszeit: 60 Minuten
Garzeit: 30–35 Minuten

etwa 1 1/2 kg Auberginen
500 g abgetropfte weiße Cannellini-Bohnen (aus Dosen)
9 EL Olivenöl, Salz
2 große Zwiebeln
2–3 Knoblauchzehen
1 1/2 kg Gehacktes (halb Rind-, halb Schweinefleisch)
100 g TK-Suppengrün
gem. Pfeffer
Paprikapulver edelsüß
1 EL gem. Zimt

Für die Quarkhaube:
600 g Speisequark (40 % Fett)
140 g Tomatenmark (aus der Dose)
220 g fein ger. Parmesan

einige Stängel glatte Petersilie

Pro Portion:
E: 55 g, F: 54 g, Kh: 17 g,
kJ: 3233, kcal: 772

1. Auberginen abspülen, abtrocknen und die Enden abschneiden. Die Auberginen längs in dünne Scheiben schneiden (evtl. mit einer Aufschnittmaschine). Bohnen in ein Sieb geben, mit kaltem Wasser abspülen und gut abtropfen lassen.
2. Den Backofen vorheizen.
Ober-/Unterhitze: etwa 200 °C
Heißluft: etwa 180 °C
3. Jeweils etwas Olivenöl in einer großen Pfanne erhitzen. Auberginenscheiben darin portionsweise unter Wenden goldbraun braten, mit Salz würzen, herausnehmen und auf Küchenpapier abtropfen lassen.
4. Zwiebeln und Knoblauch abziehen und in kleine Würfel schneiden. Restliches Olivenöl (etwa 2 Esslöffel) in der Pfanne erhitzen. Gehacktes hinzufügen und unter Rühren anbraten (evtl. in 2 Portionen). Dabei die Fleischklümpchen mit einer Gabel zerdrücken.
5. Zwiebel-, Knoblauchwürfel und gefrorenes Suppengrün hinzufügen, kurz mitbraten lassen. Mit Salz, Pfeffer, Paprika und Zimt würzen. Bohnen untermengen. Die Hackfleisch-Bohnen-Mischung in eine große Auflaufform (gefettet) oder Fettpfanne (gefettet) geben. Auberginenscheiben darauf verteilen.
6. Für die Quarkhaube Quark mit Tomatenmark und Parmesan glatt rühren. Die Quarkmasse auf die Auberginenscheiben streichen. Die Form auf dem Rost oder die Fettpfanne in den vorgeheizten Backofen schieben. Den Auflauf 30–35 Minuten garen.
7. Petersilie abspülen und trocken tupfen. Die Blättchen von den Stängeln zupfen. Den Auflauf mit Petersilienblättchen bestreut servieren.

Hähnchenauflauf

4 Portionen (ohne Foto)

Zubereitungszeit: 20 Minuten
Garzeit: etwa 60 Minuten

1 küchenfertiges Fleischhähnchen (Poularde, etwa 1 1/4 kg)
Salz, gem. Pfeffer
3 EL Speiseöl
350 g Kartoffeln
450 g Möhren
150 g Schlagsahne
150 g ger. Gouda
1 TL gerebelter Thymian

Pro Portion:
E: 61 g, F: 50 g, Kh: 22 g,
kJ: 3321, kcal: 793

1. Das Fleischhähnchen innen und außen kurz unter fließendem kalten Wasser abspülen, trocken tupfen und in etwa 12 Teile zerlegen. Mit Salz und Pfeffer würzen.
2. Speiseöl in einer großen Pfanne erhitzen. Die Hähnchenteile darin von allen Seiten knusprig anbraten und in eine große, flache Auflaufform (gefettet) legen.
3. Den Backofen vorheizen.
Ober-/Unterhitze: etwa 200 °C
Heißluft: etwa 180 °C
4. Kartoffeln schälen, abspülen, abtropfen lassen und in etwa 1 cm große Würfel schneiden. Möhren putzen, schälen, abspülen, abtropfen lassen und in etwa 2 cm lange Stücke schneiden. Kartoffelwürfel und Möhrenstücke zu den Hähnchenteilen in die Auflaufform geben.
5. Sahne und Käse verrühren. Mit Thymian, Salz und Pfeffer würzen und auf dem Auflauf verteilen.
6. Die Form auf dem Rost in den vorgeheizten Backofen (unteres Drittel) schieben. Den Hähnchenauflauf etwa 60 Minuten garen.
7. Nach etwa 30 Minuten Garzeit die Backofentemperatur um etwa 20 °C herunterschalten.

Hack-Auberginen-Auflauf

Kartoffel-Matjes-Auflauf

Gnocchi-Auflauf mit Hähnchenbrust

Kartoffel-Matjes-Auflauf

2 Portionen

Zubereitungszeit: 25 Minuten
Garzeit: etwa 35 Minuten

500 g Pellkartoffeln (vom Vortag)
1 dicke Zwiebel (etwa 100 g)
50 g durchwachsener Speck
2 Matjes-Doppelfilets (etwa 175 g)
2–3 Stängel Dill
1 EL Rapsöl
Salz, gem. Pfeffer
100 g Schlagsahne
einige Dillspitzen

Pro Portion:
E: 26 g, F: 46 g, Kh: 47 g,
kJ: 2975, kcal: 711

1. Den Backofen vorheizen.
Ober-/Unterhitze: etwa 200 °C
Heißluft: etwa 180 °C
2. Die Kartoffeln pellen und in Scheiben schneiden. Zwiebel abziehen und klein würfeln. Den Speck ebenfalls in Würfel schneiden. Matjesfilets quer in Streifen schneiden. Dill abspülen und trocken tupfen. Spitzen von den Stängeln zupfen, klein schneiden.
3. Rapsöl in einer Pfanne erhitzen. Zwiebel- und Speckwürfel darin glasig dünsten.
4. Die Hälfte der Kartoffelscheiben, mit etwas Salz und Pfeffer gewürzt, und die Hälfte der Zwiebel-Speck-Masse in eine Auflaufform (gefettet) geben. Matjesstreifen darauf verteilen und mit Dill bestreuen.
5. Restliche Kartoffelscheiben und restliche Zwiebel-Speck-Masse daraufgeben. Mit etwas Salz und Pfeffer würzen. Den Auflauf mit der Sahne übergießen.
6. Die Form auf dem Rost in den vorgeheizten Backofen schieben. Den Auflauf etwa 35 Minuten garen.
7. Den Auflauf mit abgespültem und trocken getupftem Dill garnieren.

Gnocchi-Auflauf mit Hähnchenbrust

4 Portionen

Zubereitungszeit: 30 Minuten
Garzeit: 15–18 Minuten

1 Zwiebel
1 EL Butter
500 g TK-Brokkoli
Salz, gem. Pfeffer
ger. Muskatnuss
100 g Schlagsahne
200 ml Milch (3,5 % Fett)
100 ml Gemüsebrühe
200 g Cocktailtomaten
250 g gegarte, geräucherte Hähnchenbrust (am Stück)
400 g fertige Gnocchi (aus dem Kühlregal)

Für die Sauce:
400 ml Brokkoli-Kochflüssigkeit
2 TL Weizenmehl
1 EL Butter
75 g Schmelzkäse-Zubereitung, z. B. Champignon oder Kräuter
2 EL Semmelbrösel
75 g ger. Käse, z. B. Emmentaler

Pro Portion:
E: 33 g, F: 32 g, Kh: 53 g,
kJ: 2673, kcal: 637

1. Den Backofen vorheizen.
Ober-/Unterhitze: etwa 200 °C
Heißluft: etwa 180 °C
2. Zwiebel abziehen und klein würfeln. Butter in einem Topf zerlassen, die Zwiebelwürfel darin andünsten. Brokkoli unaufgetaut hinzugeben, mit Salz, Pfeffer und Muskat würzen. Sahne, Milch und Brühe hinzugießen und zum Kochen bringen. Brokkoli zugedeckt bei schwacher Hitze etwa 8 Minuten garen.
3. In der Zwischenzeit Tomaten abspülen, trocken tupfen und halbieren. Hähnchenbrust in feine Streifen schneiden.
4. Den garen Brokkoli mit einer Schaumkelle aus der Brühe nehmen, abtropfen lassen und mit Tomatenhälften, Hähnchenbruststreifen und Gnocchi in eine große Auflaufform (gefettet) geben.
5. Für die Sauce 400 ml Kochflüssigkeit von dem Brokkoli abmessen und in einem Topf aufkochen lassen. Mehl mit Butter verkneten, in Flöckchen in die Flüssigkeit rühren und bei schwacher Hitze etwas kochen lassen. Käse unter Rühren in der Sauce schmelzen. Die Sauce auf dem Auflauf verteilen. Semmelbrösel und Käse daraufstreuen. Die Form auf dem Rost in den vorgeheizten Backofen schieben, Auflauf 15–18 Minuten garen.

Kartoffelauflauf mit Cabanossi und Zucchini

Lammhaxenauflauf

Kartoffelauflauf mit Cabanossi und Zucchini

4 Portionen

Zubereitungszeit: 40 Minuten, ohne Abkühlzeit
Garzeit: 30–40 Minuten

1 kg Kartoffeln
300 g Zucchini
1 gestr. TL Salz
300 g Cabanossi (Knoblauchwurst)
Salz, gem. Pfeffer
300 g saure Sahne
2 Eier (Größe M)
30 g Semmelbrösel
50 g Butter

Pro Portion:
E: 22 g, F: 45 g, Kh: 43 g,
kJ: 2793, kcal: 667

1. Die Kartoffeln gründlich waschen, in einem Topf knapp mit Wasser bedeckt, zugedeckt zum Kochen bringen und 20–30 Minuten garen.
2. In der Zwischenzeit Zucchini abspülen, abtrocknen und die Enden abschneiden. Zucchini in Scheiben schneiden, mit Salz bestreuen und etwa 10 Minuten stehen lassen.
3. Die gegarten Kartoffeln abgießen, abdämpfen und heiß pellen. Kartoffeln erkalten lassen.
4. Cabanossi in Scheiben schneiden. Zucchinischeiben mit Küchenpapier trocken tupfen.
5. Den Backofen vorheizen.
Ober-/Unterhitze: etwa 200 °C
Heißluft: etwa 180 °C
6. Kartoffel-, Zucchini- und Cabanossischeiben dachziegelartig in eine Auflaufform (gefettet) schichten, dabei Kartoffeln mit Salz und Pfeffer und Zucchini nur mit Pfeffer würzen.
7. Die Saure Sahne und Eier verschlagen, mit Salz und Pfeffer würzen. Den Auflauf mit der Eiersahne übergießen und mit Semmelbröseln bestreuen. Butter in Flöckchen daraufsetzen.
8. Die Form auf dem Rost in den vorgeheizten Backofen schieben. Den Auflauf 30–40 Minuten garen.

Lammhaxenauflauf

4 Portionen

Zubereitungszeit: 40 Minuten
Garzeit: etwa 115 Minuten

4 Lammhaxen (etwa 1,2 kg)
Salz, gem. Pfeffer
500 g Kartoffeln
300 g Möhren
150 g Zwiebeln
3 Knoblauchzehen
4 Stängel Rosmarin
2 Eier (Größe M)
100 g Schlagsahne
100 g Joghurt (3,5 % Fett)
1 TL gerebelter Thymian

Pro Portion:
E: 54 g, F: 19 g, Kh: 22 g,
kJ: 2025, kcal: 484

1. Den Backofen vorheizen.
Ober-/Unterhitze: etwa 180 °C
Heißluft: etwa 160 °C
2. Lammhaxen kurz unter fließendem kalten Wasser abspülen und trocken tupfen. Das Fleisch von den Knochen lösen, dabei Fett und Sehnen entfernen. Das Fleisch in große Stücke schneiden und in eine große, flache Auflaufform (gefettet) legen. Mit Salz und Pfeffer würzen. Die Form auf dem Rost in den vorgeheizten Backofen schieben. Das Lammfleisch etwa 60 Minuten garen.
3. In der Zwischenzeit Kartoffeln schälen, abspülen, abtropfen lassen und in etwas größere Stücke schneiden. Möhren putzen, schälen, abspülen, abtropfen lassen und in Scheiben schneiden. Zwiebeln und Knoblauch abziehen. Zwiebeln vierteln und Knoblauch in Scheiben schneiden.
4. Kartoffelstücke, Möhrenscheiben, Zwiebelspalten und Knoblauchscheiben nach etwa 60 Minuten Garzeit zum Lammfleisch geben und bei gleicher Backofentemperatur weitere etwa 40 Minuten mitgaren lassen.
5. Rosmarin abspülen und trocken tupfen. 2 Rosmarinstängel beiseitelegen. Von den restlichen Stängeln die Nadeln abzupfen und klein schneiden. Eier mit Sahne und Joghurt verschlagen. Mit Salz, Pfeffer und Thymian würzen, klein geschnittenen Rosmarin unterrühren. Die Eiermasse auf dem Auflauf verteilen. Den Auflauf bei gleicher Backofeneinstellung in weiteren etwa 15 Minuten fertig garen.
6. Den Auflauf anrichten und mit den beiseitegelegten Rosmarinstängeln garniert servieren.

Kohlrabi-Schinken-Auflauf

4 Portionen

Zubereitungszeit: 40 Minuten
Garzeit: etwa 30 Minuten

1 kg Kohlrabi
250 ml Salzwasser
1 EL Weizenmehl
1 EL Butter (zimmerwarm)
Kohlrabi-Kochflüssigkeit
1 geh. EL Crème fraîche
Salz, gem. Pfeffer
200 g Kochschinken
3 Eier (Größe M)
ger. Muskatnuss

Pro Portion:
E: 20 g, F: 16 g, Kh: 9 g,
kJ: 1150, kcal: 275

1. Kohlrabi schälen, abspülen, abtropfen lassen und in etwa 1/2 cm breite Stifte schneiden. Kohlrabistifte in kochendem Salzwasser etwa 10 Minuten bissfest garen. Kohlrabistifte in einem Sieb abtropfen lassen und die Flüssigkeit dabei auffangen.
2. Den Backofen vorheizen.
Ober-/Unterhitze: etwa 220 °C
Heißluft: etwa 200 °C
3. Mehl und Butter mit einer Gabel verkneten. Die Kohlrabi-Kochflüssigkeit zum Kochen bringen. Das Mehl-Butter-Gemisch unter ständigem Rühren hinzufügen. Mit einem Schneebesen durchschlagen. Dabei darauf achten, dass keine Klümpchen entstehen. Die Sauce aufkochen und etwa 5 Minuten kochen.
4. Crème fraîche unterrühren. Kohlrabistifte unterheben. Mit Salz und Pfeffer würzen. Schinken in Streifen schneiden, abwechselnd mit der Kohlrabimasse in eine Auflaufform (gefettet) schichten.
5. Eier verschlagen, mit etwas Muskat, Salz und Pfeffer würzen und auf dem Auflauf verteilen. Die Form mit einem Deckel oder Alufolie verschließen und auf dem Rost in den vorgeheizten Backofen schieben. Den Auflauf etwa 30 Minuten garen.

Kartoffel-Porree-Auflauf

6 Portionen

Zubereitungszeit: 45 Minuten, ohne Abkühlzeit
Garzeit: etwa 60 Minuten

1 1/2 kg Kartoffeln
1 kg Porree (Lauch)
200 g durchwachsener, geräucherter Speck
3 reife Birnen (etwa 700 g)
2 EL Zitronensaft
300 g Crème fraîche
10 Eier (Größe M)
500 ml Milch (3,5 % Fett)
Salz
gem. Pfeffer
ger. Muskatnuss
250 g Camembert
3 Stängel Thymian

Pro Portion:
E: 30 g, F: 51 g, Kh: 53 g,
kJ: 3497, kcal: 835

1. Kartoffeln gründlich waschen, knapp mit Wasser bedeckt, zugedeckt zum Kochen bringen und 20–25 Minuten garen.
2. Inzwischen Porree putzen, die Stangen längs halbieren, gründlich waschen, abtropfen lassen, in Streifen schneiden. Speck klein würfeln.
3. Speckwürfel in einer Pfanne ohne Fett auslassen und knusprig braten. Die Porreestreifen hinzugeben und unter Wenden etwa 5 Minuten dünsten, die Pfanne beiseitestellen.
4. Die gegarten Kartoffeln abgießen, mit kaltem Wasser abschrecken, abtropfen lassen, heiß pellen und etwas abkühlen lassen.
5. Birnen schälen, vierteln, entkernen, in dünne Scheiben schneiden und mit Zitronensaft beträufeln.
6. Kartoffeln in Scheiben schneiden und auf den Boden einer großen Auflaufform (gefettet) geben. Porree-Speck-Masse und Birnenscheiben darauf verteilen.
7. Crème fraîche mit Eiern und Milch verschlagen. Mit Salz, Pfeffer und Muskat würzen. Die Eiermilch auf dem Auflauf verteilen. Die Form auf dem Rost in den vorgeheizten Backofen schieben.
Ober-/Unterhitze: etwa 200 °C
Heißluft: etwa 180 °C
8. Auflauf etwa 60 Minuten garen.
9. In der Zwischenzeit Camembert in dünne Scheiben schneiden. Die Käsescheiben etwa 20 Minuten vor Ende der Garzeit auf den Auflauf legen. Den Auflauf fertig garen.
10. Thymian abspülen und trocken tupfen. Einen Stängel Thymian beiseitelegen. Von dem restlichen Thymian die Blättchen abzupfen. Den Kartoffel-Porree-Auflauf mit den Thymianblättchen bestreuen und mit dem Thymianstängel garnieren.

Kohlrabi-Schinken-Auflauf

Kartoffel-Porree-Auflauf

Farfalle-Auflauf mit Spinat

4 Portionen

Zubereitungszeit: 35 Minuten, ohne Auftauzeit
Überbackzeit: etwa 25 Minuten

300 g TK-Blattspinat
2 1/2 l Wasser
2 1/2 gestr. TL Salz
250 g Farfalle (Schmetterlingsnudeln)
200 g Kochschinken
2 Fleischtomaten
Salz
gem. Pfeffer
ger. Muskatnuss
250 g Schlagsahne
50 g ger. Käse, z. B. Gouda

Pro Portion:
E: 26 g, F: 27 g, Kh: 48 g,
kJ: 2325, kcal: 556

1. TK-Blattspinat nach Packungsanleitung auftauen.
2. Wasser in einem Topf zugedeckt zum Kochen bringen. Dann Salz und Nudeln hinzugeben. Die Nudeln im geöffneten Topf bei mittlerer Hitze nach Packungsanleitung bissfest kochen, dabei gelegentlich umrühren.
3. Anschließend die Nudeln in ein Sieb geben, mit heißem Wasser abspülen und abtropfen lassen.
4. Den Backofen vorheizen.
Ober-/Unterhitze: etwa 200 °C
Heißluft: etwa 180 °C
5. Schinken in Streifen schneiden. Tomaten kreuzweise einschneiden und mit kochendem Wasser übergießen. Nach 1–2 Minuten herausnehmen und mit kaltem Wasser abschrecken. Tomaten häuten, halbieren und die Stängelansätze herausschneiden. Tomaten in Würfel schneiden.
6. Spinat mit Nudeln, Schinkenstreifen und Tomatenwürfeln vermengen und in eine große Auflaufform (gefettet) oder in 4 kleine Auflaufförmchen (gefettet) geben, mit Salz, Pfeffer und Muskat würzen. Sahne darauf verteilen und mit Käse bestreuen.
7. Die Form oder Förmchen auf dem Rost in den vorgeheizten Backofen schieben. Den Auflauf etwa 25 Minuten überbacken.

Knöpfliauflauf mit Wirsing

4 Portionen

Zubereitungszeit: 40 Minuten
Garzeit: etwa 30 Minuten

800 g Wirsing
1 Zwiebel
3 EL Speiseöl
Salz
gem. Pfeffer
1 TL Kümmelsamen
1/2 TL Currypulver
2 1/2 l Wasser
2 1/2 gestr. TL Salz
250 g Nudeln, z. B. „Knöpfli"
3–4 Mettwürstchen (Rauchenden)

Für die Sauce:
50 g Butter
1 geh. EL Weizenmehl
250 g Schlagsahne
150 ml Gemüsebrühe
150 g ger. mittelalter Gouda

20 g Butter
1 EL Schnittlauchröllchen

Pro Portion:
E: 49 g, F: 67 g, Kh: 56 g,
kJ: 4500, kcal: 1075

1. Von dem Wirsing die groben, äußeren Blätter lösen. Den Wirsing halbieren. Den Strunk herausschneiden. Wirsinghälften in Streifen schneiden, abspülen und in einem Sieb abtropfen lassen.
2. Zwiebel abziehen und in kleine Würfel schneiden. Speiseöl in einem

Farfalle-Auflauf mit Spinat

Knöpfliauflauf mit Wirsing

Kürbis-Kokosmilch-Auflauf mit Hähnchen

Topf erhitzen, Zwiebelwürfel darin andünsten. Wirsingstreifen hinzufügen, mit Salz, Pfeffer, Kümmel und Curry würzen. Etwas Wasser hinzugeben. Wirsingstreifen zugedeckt etwa 10 Minuten garen.

3. Den Backofen vorheizen.
Ober-/Unterhitze: etwa 200 °C
Heißluft: etwa 180 °C

4. Wasser in einem großen Topf zugedeckt zum Kochen bringen. Dann Salz und Nudeln hinzugeben. Die Nudeln im geöffneten Topf bei mittlerer Hitze nach Packungsanleitung kochen lassen, dabei gelegentlich umrühren. Die Nudeln in ein Sieb geben, mit heißem Wasser abspülen und abtropfen lassen.

5. Die Mettwürstchen in Scheiben schneiden, mit den Wirsingstreifen vermischen und abwechselnd mit den Nudeln in eine flache Auflaufform (gefettet) geben.

6. Für die Sauce Butter in einem Topf zerlassen. Mehl darin unter Rühren so lange erhitzen, bis es hellgelb ist. Nach und nach Sahne und Brühe hinzugießen und mit einem Schneebesen durchschlagen. Dabei darauf achten, dass keine Klümpchen entstehen. Zwei Drittel von dem Käse unterrühren, mit Salz und Pfeffer würzen und auf dem Auflauf verteilen. Butter in Flöckchen daraufsetzen. Mit restlichem Käse bestreuen.

7. Die Form auf dem Rost in den vorgeheizten Backofen schieben. Den Knöpfliauflauf etwa 30 Minuten garen.

8. Den Auflauf vor dem Servieren mit Schnittlauchröllchen bestreuen.

Kürbis-Kokosmilch-Auflauf mit Hähnchen

4 Portionen

Zubereitungszeit: 35 Minuten
Garzeit: etwa 25 Minuten

750 g Kürbis, z. B. Hokkaido
1 Zwiebel
2 Knoblauchzehen
1 EL Rapsöl
Salz, gem. Pfeffer
1/4 TL Cayennepfeffer
400 ml Kokosmilch
250 g Tomaten
4 Hähnchenbrustfilets (je etwa 150 g)
2 EL Rapsöl
1 Bund Frühlingszwiebeln
1 TL gem. Ingwer
1 1/2 EL Semmelbrösel
2 EL Butter (zimmerwarm)
35 g gesalzene Erdnusskerne

Pro Portion:
E: 43 g, F: 37 g, Kh: 19 g,
kJ: 2424, kcal: 582

1. Den Kürbis vierteln. Kerne und faserigen Innenteil entfernen. Kürbis abspülen, abtropfen lassen und in etwa 1 cm dicke Spalten schneiden, evtl. schälen. Zwiebel und Knoblauch abziehen, fein würfeln. Das Rapsöl in einer Pfanne erhitzen. Die Zwiebel- und Knoblauchwürfel darin andünsten. Die Kürbisspalten hinzugeben, kurz mitdünsten lassen, mit Salz, Pfeffer und Cayennepfeffer würzen. Die Kokosmilch unterrühren. Die Zutaten ohne Deckel etwa 5 Minuten garen, dabei gelegentlich umrühren.

2. Den Backofen vorheizen.
Ober-/Unterhitze: etwa 220 °C
Heißluft: etwa 200 °C

3. Tomaten abspülen, trocken tupfen, halbieren und die Stängelansätze herausschneiden. Tomaten würfeln. Kürbisspalten mit einem Schaumlöffel aus der Pfanne nehmen und mit den Tomatenwürfeln in eine große, flache Auflaufform (gefettet) geben. Den Kokosfond kräftig einkochen lassen, dabei gelegentlich umrühren.

4. In der Zwischenzeit die Hähnchenbrustfilets kurz unter fließendem kalten Wasser abspülen und trocken tupfen. Rapsöl in einer Pfanne erhitzen. Die Hähnchenbrustfilets darin rundherum goldbraun anbraten.

5. Die Frühlingszwiebeln putzen, abspülen, abtropfen lassen und in etwa 1 cm breite Scheiben schneiden. Die Frühlingszwiebelscheiben in die Pfanne geben und etwa 1/2 Minute mitbraten lassen, mit Salz und Pfeffer würzen. Die Hähnchen-Frühlingszwiebel-Mischung gleichmäßig auf der Gemüsemischung verteilen.

6. Den eingekochten Kokosfond daraufträufeln. Ingwer, Semmelbrösel, Butter und etwas Cayennepfeffer vermischen, auf den Hähnchenbrustfilets verstreichen. Die Erdnusskerne hacken und daraufstreuen.

7. Die Form auf dem Rost in den vorgeheizten Backofen schieben. Den Auflauf etwa 25 Minuten garen. Der Auflauf ist fertig, wenn die Kruste auf den Filets knusprig braun ist.

Leberkäserouladen auf Sauerkraut

Linsen-Fisch-Auflauf

Leberkäserouladen auf Sauerkraut

6 Portionen

Zubereitungszeit: 40 Minuten
Garzeit: 15–20 Minuten

2 Zwiebeln, 2 EL Speiseöl
1 kg Sauerkraut (aus Dosen)
125 ml Fleischbrühe
4–5 Wacholderbeeren
1 Lorbeerblatt
Salz, gem. Pfeffer
etwas Zucker
12 dünne (etwa 1/2 cm dicke) Leberkäsescheiben (je etwa 100 g)
etwa 50 g mittelscharfer Senf
6 abgetropfte Gewürzgurken
100 g frisch ger. mittelalter Gouda

Außerdem:
Holzstäbchen

Pro Portion:
E: 30 g, F: 66 g, Kh: 5 g,
kJ: 3059, kcal: 731

1. Zwiebeln abziehen, klein würfeln. Speiseöl in einem Topf erhitzen. Die Zwiebelwürfel darin andünsten.
2. Sauerkraut etwas auseinanderzupfen, zu den Zwiebelwürfeln geben und unter mehrmaligem Rühren mitdünsten lassen, Brühe hinzugießen. Wacholderbeeren, Lorbeerblatt, Salz, Pfeffer und Zucker hinzufügen und zum Kochen bringen. Das Sauerkraut zugedeckt etwa 25 Minuten garen.
3. Inzwischen Backofen vorheizen.
Ober-/Unterhitze: etwa 200 °C
Heißluft: etwa 180 °C
4. Das Sauerkraut evtl. nochmals mit den Gewürzen abschmecken, in eine große Auflaufform (gefettet) geben.
5. Leberkäsescheiben mit Senf (etwa 1 Teelöffel je Scheibe) bestreichen. Gewürzgurken halbieren und jeweils eine Hälfte quer auf die Leberkäsescheiben legen.
6. Die Leberkäsescheiben zusammenrollen, mit je einem Holzstäbchen zusammenstecken und mit dem Stäbchen nach unten auf das Sauerkraut legen, mit Käse bestreuen.
7. Die Form auf dem Rost in den vorgeheizten Backofen schieben. Die Leberkäserouladen 15–20 Minuten garen.

Linsen-Fisch-Auflauf

4 Portionen

Zubereitungszeit: 25 Minuten
Garzeit: etwa 30 Minuten

2 Stangen Porree (Lauch)
3 EL Speiseöl
800 g Linsen mit Suppengrün (aus der Dose)
4 Scheiben Weizentoastbrot (je etwa 25 g)
100 g Schinkenwürfel
30 g Butter
1 Pck. Dr. Oetker Finesse Geriebene Zitronenschale
2 EL klein geschnittene, gemischte Kräuter, z. B. Petersilie, Thymian und Schnittlauch
600 g Fischfilet
2 EL Zitronensaft
Salz, gem. Pfeffer
150 g Crème fraîche
evtl. vorbereitete Dillspitzen
evtl. einige Spalten von 1 Bio-Zitrone (unbehandelt, ungewachst)

Pro Portion:
E: 52 g, F: 36 g, Kh: 60 g,
kJ: 3422, kcal: 818

1. Den Porree putzen, die Stangen längs halbieren, gründlich waschen, abtropfen lassen und in Streifen schneiden. Speiseöl in einer Pfanne erhitzen. Porreestreifen darin andünsten. Linsen mit der Flüssigkeit untermischen und erhitzen.
2. Den Backofen vorheizen.
Ober-/Unterhitze: etwa 200 °C
Heißluft: etwa 180 °C
3. Toastbrotscheiben entrinden und zerbröseln. Schinkenwürfel in einer erhitzten Pfanne ohne Fett knusprig braten, Butter darin zerlassen. Die Brotbrösel hinzugeben unter Rühren goldbraun rösten, Zitronenschale und Kräuter unterrühren.
4. Fischfilet kurz unter fließendem kalten Wasser abspülen, trocken tupfen und in 4 Portionsstücke schneiden. Mit Zitronensaft beträufeln, mit Salz und Pfeffer würzen.
5. Crème fraîche unter die Linsen-Porree-Masse rühren, mit Salz würzen und in eine flache Auflaufform (gefettet) geben. Fischfiletstücke darauf verteilen und mit dem Brot-Schinken-Gemisch bestreuen. Die Form auf dem Rost in den vorgeheizten Backofen schieben. Den Auflauf etwa 30 Minuten garen.
6. Den Auflauf evtl. mit Dillspitzen und Zitronenspalten garnieren.

Würstchenauflauf

4 Portionen

Zubereitungszeit: 25 Minuten
Garzeit: etwa 35 Minuten

500 g gekochte Pellkartoffeln
2 lange Wiener Würstchen (je etwa 125 g)
2–3 grobe ungebrühte Bratwurst
185 g abgetropfte Champignonscheiben (aus dem Glas)
150 g TK-Erbsen
3 Eier (Größe M)
125 ml Milch (3,5 % Fett)
125 g Schlagsahne
Salz, gem. Pfeffer
ger. Muskatnuss
100 g ger. Gouda
2 EL Semmelbrösel
2 EL Butter

Pro Portion:
E: 65 g, F: 56 g, Kh: 35 g,
kJ: 4021, kcal: 961

1. Den Backofen vorheizen.
Ober-/Unterhitze: etwa 200 °C
Heißluft: etwa 180 °C
2. Die Kartoffeln pellen. Kartoffeln und Wiener Würstchen in Scheiben schneiden und abwechselnd in eine Auflaufform (gefettet) schichten.
3. Die Bratwurstmasse aus der Pelle drücken und Klößchen daraus formen. Champignonscheiben, gefrorene Erbsen und die Klößchen in den Zwischenräumen und auf den Kartoffeln und Würstchen verteilen.
4. Eier mit Milch und Sahne verschlagen, mit Salz, Pfeffer und Muskat würzen. Auflauf mit der Eier-Sahne-Milch übergießen. Den Auflauf mit Gouda und Semmelbröseln bestreuen und die Butter in Flöckchen daraufsetzen. Die Form auf dem Rost in den vorgeheizten Backofen schieben. Den Auflauf etwa 35 Minuten garen.
5. Den Auflauf auf Tellern anrichten und servieren.

Würstchenauflauf

Maisauflauf mit Hackfleisch

4 Portionen (ohne Foto)

Zubereitungszeit: 40 Minuten
Garzeit: etwa 20 Minuten

1 große Zwiebel
4 Knoblauchzehen
4 EL Olivenöl
750 g Gehacktes (halb Rind-, halb Schweinefleisch)
Salz, gem. Pfeffer
gem. Kreuzkümmel (Cumin)
Cayennepfeffer
Kräuter der Provence
2 grüne Paprikaschoten
570 g Gemüsemais (aus Dosen)
400 g pürierte Tomaten (Tetrapak)
125 g abgetropfter Mozzarella
100 g ger. Mozzarella
einige Stängel Kerbel
2–3 Chilischoten

Pro Portion:
E: 52 g, F: 53 g, Kh: 22 g,
kJ: 3246, kcal: 775

1. Den Backofen vorheizen.
Ober-/Unterhitze: etwa 200 °C
Heißluft: etwa 180 °C
2. Zwiebel und Knoblauch abziehen, in kleine Würfel schneiden. Olivenöl in einer großen Pfanne erhitzen, Zwiebel- und Knoblauchwürfel darin glasig dünsten. Gehacktes hinzugeben und unter Rühren anbraten, dabei die Fleischklümpchen mit einer Gabel zerdrücken. Mit Salz, Pfeffer, Kreuzkümmel, Cayennepfeffer und Kräutern der Provence würzen.
3. Paprikaschoten halbieren, entstielen, entkernen und die weißen Scheidewände entfernen. Die Schoten abspülen, abtropfen lassen und in grobe Würfel schneiden.
4. Mais mit der Flüssigkeit, pürierte Tomaten und Paprikawürfel zu der Hackfleischmasse in die Pfanne geben, unter Rühren aufkochen lassen. Die Mais-Hackfleisch-Masse in eine Auflaufform (gefettet) geben. Mozzarella in Scheiben schneiden und auf der Mais-Hackfleisch-Masse verteilen, geriebenen Mozzarella daraufstreuen. Die Form auf dem Rost in den vorgeheizten Backofen schieben. Den Auflauf etwa 20 Minuten garen.
5. Kerbel abspülen, trocken tupfen und in kleinere Stängel zupfen. Chilischoten abspülen und trocken tupfen. Eine Chilischote in kleine Röllchen schneiden. Den Auflauf mit Kerbel, Chilischoten und -röllchen garniert servieren.

Maultaschen-Rosenkohl-Auflauf

4 Portionen

Zubereitungszeit: 50 Minuten
Garzeit: etwa 15 Minuten

600 g Rosenkohl
6–8 Maultaschen mit Fleischfüllung (300–400 g, aus dem Kühlregal)
1 EL Instant-Gemüsebrühe
150 g Pfifferlinge, 2 EL Butter
Salz, gem. Pfeffer
ger. Muskatnuss
200 g Schlagsahne
150 ml Gemüsebrühe
1 EL Weizenmehl
1/2 Bund glatte Petersilie
3 EL Röstzwiebeln (Fertigprodukt)
125 g frisch ger. Bergkäse

Pro Portion:
E: 22 g, F: 47 g, Kh: 34 g,
kJ: 2730, kcal: 651

1. Rosenkohl von den schlechten Blättern befreien, etwas vom Strunk abschneiden. Die Rosenkohlröschen am Strunk kreuzförmig einschneiden, abspülen und abtropfen lassen.
2. Maultaschen in leicht siedendem Wasser mit Instant-Brühe 3–5 Minuten erhitzen. Anschließend in einem Sieb abtropfen lassen.
3. Den Backofen vorheizen.
Ober-/Unterhitze: etwa 200 °C
Heißluft: etwa 180 °C
4. Pfifferlinge putzen, evtl. kurz abspülen und trocken tupfen. Große Pfifferlinge halbieren. Butter in einer Pfanne zerlassen, Pfifferlinge darin unter Rühren kräftig anbraten. Mit Salz, Pfeffer und Muskat würzen. Sahne und Brühe hinzugießen, aufkochen lassen. Mehl mit etwas kaltem Wasser anrühren, unter die Pfifferlinge rühren und bei starker Hitze etwas einkochen lassen.
5. Maultaschen in eine Auflaufform (leicht gefettet) geben. Petersilie abspülen und trocken tupfen. Die Blättchen von den Stängeln zupfen. Blättchen klein schneiden.
6. Rosenkohlröschen halbieren, mit Pfifferlingen und Petersilie mischen und in die Zwischenräume der Maultaschen geben. Mit Röstzwiebeln bestreuen und Käse darauf verteilen. Die Form auf dem Rost in den vorgeheizten Backofen schieben. Den Auflauf etwa 15 Minuten garen.

Maritimer Spaghettiauflauf

4 Portionen

Zubereitungszeit: 25 Minuten, ohne Auftauzeit
Garzeit: etwa 35 Minuten

200 g TK-Muscheln (ohne Schale)
2 1/2 l Wasser
2 1/2 gestr. TL Salz
250 g Spaghetti
200 g Lachsfilet
150 g grüner Spargel
Salz
1 Bund glatte Petersilie
gem. Pfeffer
2 EL Zitronensaft
400 g Schlagsahne
3 Eier (Größe M)
2 EL ger. Parmesan
4 EL Semmelbrösel
40 g Butter

Pro Portion:
E: 32 g, F: 52 g, Kh: 61 g,
kJ: 3581, kcal: 856

1. Muscheln nach Packungsanleitung auftauen lassen. Wasser in einem großen Topf zugedeckt zum Kochen bringen. Dann Salz und Spaghetti hinzugeben. Die Spaghetti im geöffneten Topf bei mittlerer Hitze nach Packungsanleitung kochen lassen, dabei gelegentlich umrühren.
2. Den Backofen vorheizen.
Ober-/Unterhitze: etwa 180 °C
Heißluft: etwa 160 °C
3. In der Zwischenzeit Lachsfilet kurz unter fließendem kalten Wasser abspülen, trocken tupfen und in Würfel schneiden. Von dem Spargel das untere Drittel schälen und die unteren Enden abschneiden. Spargel in kochendem Salzwasser etwa 4 Minuten garen. Anschließend in ein Sieb geben und abtropfen lassen.

Maultaschen-Rosenkohl-Auflauf

Maritimer Spaghettiauflauf

4. Die gegarten Spaghetti in ein Sieb geben, mit heißem Wasser abspülen und abtropfen lassen.
5. Petersilie abspülen und trocken tupfen. Die Blättchen von den Stängeln zupfen. Blättchen klein schneiden. Aufgetautes Muschelfleisch kurz unter fließendem kalten Wasser abspülen und trocken tupfen.
6. Spaghetti, Lachswürfel, Spargel, Muschelfleisch und Petersilie in einer Schüssel gut vermengen und in eine Auflaufform (gefettet) geben. Mit Salz, Pfeffer und Zitronensaft gut würzen.
7. Die Sahne mit Eiern verschlagen, mit Salz und Pfeffer würzen. Die Eiersahne auf dem Auflauf verteilen. Parmesan mit Semmelbröseln mischen. Den Auflauf damit bestreuen. Butter in Flöckchen daraufsetzen. Die Form auf dem Rost in den vorgeheizten Backofen schieben. Den Auflauf etwa 35 Minuten garen.

Ravioliauflauf mit Blattspinat

4 Portionen (ohne Foto)

Zubereitungszeit: 15 Minuten, ohne Auftauzeit
Garzeit: etwa 20 Minuten

250 g TK-Blattspinat
30 g abgetropfte getrocknete Tomaten, in Öl
75 g Kochschinken
1 Zwiebel
1 Knoblauchzehe
20 g Butter
250 g Ravioli (aus dem Kühlregal)
100 ml Gemüsebrühe
100 g Schlagsahne
200 g passierte Tomaten (aus der Dose)
Salz, gem. Pfeffer
60 g ger. Pecorino-Käse

Pro Portion:
E: 32 g, F: 44 g, Kh: 46 g,
kJ: 2984, kcal: 713

1. Blattspinat nach Packungsanleitung auftauen lassen. Getrocknete Tomaten in feine Streifen schneiden. Schinken in kleine Würfel schneiden.
2. Zwiebel und Knoblauch abziehen, klein würfeln.
3. Den Backofen vorheizen.
Ober-/Unterhitze: etwa 200 °C
Heißluft: etwa 180 °C
4. Butter in einer Pfanne zerlassen, Zwiebel- und Knoblauchwürfel darin andünsten. Ravioli und abgetropften Blattspinat in eine flache Auflaufform (gefettet) geben. Zwiebel-, Knoblauchwürfel, Tomatenstreifen und Schinkenwürfel darauf verteilen.
5. Brühe und Sahne mit den passierten Tomaten verrühren. Mit Salz und Pfeffer würzen. Die Tomatenmasse auf dem Auflauf verteilen und mit Käse bestreuen. Die Form auf dem Rost in den vorgeheizten Backofen schieben. Den Auflauf etwa 20 Minuten garen.

Reisauflauf mit Spargel und Geflügel

4 Portionen

Zubereitungszeit: 20 Minuten
Garzeit: 25–30 Minuten

2 Hähnchenbrustfilets (etwa 300 g)
2 EL Speiseöl, z. B. Rapsöl
Salz, gem. Pfeffer
250 g weißer Spargel
3 Frühlingszwiebeln
Saft von 1/2 Limette
250 g gekochter Basmatireis oder 1 Beutel (250 g) Express Reis (vorgegarter Reis)
100 ml Hühnerbrühe
50 ml trockener Weißwein
100 g Schlagsahne
Zucker
50 g ger. Parmesan
1–2 Stängel glatte Petersilie

Pro Portion:
E: 50 g, F: 29 g, Kh: 41 g,
kJ: 2698, kcal: 644

Reisauflauf mit Spargel und Geflügel

1. Hähnchenbrustfilets kurz unter fließendem kalten Wasser abspülen, trocken tupfen und längs halbieren. Speiseöl in einer großen Pfanne erhitzen. Die Hähnchenbrustfilets darin von allen Seiten gut anbraten. Filets mit Salz und Pfeffer würzen.
2. Den Backofen vorheizen.
Ober-/Unterhitze: etwa 200 °C
Heißluft: etwa 180 °C
3. Den Spargel von oben nach unten schälen. Darauf achten, dass die Schalen vollständig entfernt, die Köpfe aber nicht verletzt werden, die unteren Enden abschneiden (holzige Stellen vollkommen entfernen). Spargel abspülen, abtropfen lassen und in etwa 3 cm lange Stücke schneiden.
4. Frühlingszwiebeln putzen, abspülen, abtropfen lassen und in etwa 2 cm lange Stücke schneiden.
5. Hähnchenbrustfilets in eine flache Auflaufform (gefettet) legen und mit Limettensaft beträufeln. Reis mit Spargel- und Frühlingszwiebelstücken mischen, auf den Hähnchenbrustfilets verteilen.
6. Brühe mit Wein und Sahne verrühren. Mit Salz, Pfeffer und 1 Prise Zucker würzen und auf dem Auflauf verteilen. Käse daraufstreuen. Die Form auf dem Rost in den vorgeheizten Backofen schieben. Den Auflauf 25–30 Minuten garen.
7. Petersilie abspülen und trocken tupfen. Die Blättchen von den Stängeln zupfen. Blättchen klein schneiden. Den Auflauf mit Petersilie bestreut servieren.

Kohlrabiauflauf

Rosenkohl-Hackfleisch-Auflauf

Kohlrabiauflauf

4 Portionen

Zubereitungszeit: 30 Minuten
Garzeit: etwa 30 Minuten

etwa 1 kg Kohlrabi
40 g Butter
125 ml Gemüsebrühe

Für die Sauce:
1 kleine Zwiebel
30 g Butter oder Margarine
30 g Weizenmehl
125 ml Milch (3,5 % Fett)

375 g Thüringer Mett
(gewürztes Schweinemett)
1 Ei (Größe M)
ger. Muskatnuss
Salz
gem. Pfeffer
40 g ger. Gouda
30 g Butter

Pro Portion:
E: 26 g, F: 42 g, Kh: 12 g,
kJ: 2220, kcal: 530

1. Den Backofen vorheizen.
Ober-/Unterhitze: etwa 200 °C
Heißluft: etwa 180 °C

2. Kohlrabi schälen, abspülen, abtropfen lassen und in Stifte schneiden. Butter in einem Topf zerlassen, Kohlrabistifte darin andünsten. Gemüsebrühe hinzugießen und zum Kochen bringen. Kohlrabistifte etwa 5 Minuten bissfest garen. Kohlrabistifte in einem Sieb abtropfen lassen, dabei die Flüssigkeit auffangen.

3. Für die Sauce Zwiebel abziehen und in kleine Würfel schneiden. Butter oder Margarine in einem Topf zerlassen, Zwiebelwürfel und Mehl darin unter Rühren so lange erhitzen, bis das Mehl hellgelb ist. Die aufgefangene Kohlrabiflüssigkeit mit der Milch nach und nach hinzugießen und mit einem Schneebesen durchschlagen. Dabei darauf achten, dass keine Klümpchen entstehen. Die Sauce zum Kochen bringen und etwa 2 Minuten unter gelegentlichem Rühren kochen lassen.

4. Thüringer Mett mit dem Ei verkneten, mit Muskat würzen und mit der Sauce vermengen, evtl. mit Salz und Pfeffer abschmecken.

5. Die Kohlrabistifte und die Hackfleischmasse abwechselnd in eine Auflaufform (gefettet) schichten. Mit Käse bestreuen und Butter in Flöckchen daraufsetzen. Die Form auf dem Rost in den vorgeheizten Backofen schieben. Den Kohlrabiauflauf etwa 30 Minuten garen.

Rosenkohl-Hackfleisch-Auflauf

8 Portionen

Zubereitungszeit: 40 Minuten, ohne Auftauzeit
Garzeit: etwa 25 Minuten je Form

1 kg TK-Rosenkohl
4 EL Speiseöl
1,2 kg Rindergehacktes
etwa 100 g Tomatenmark
(aus Tube oder Glas)
2 Pck. Gemüsecremesuppe
(für insgesamt 1 l Flüssigkeit)
1 Pck. Kartoffelpüree
(für 500 ml Flüssigkeit)
Salz, gem. Pfeffer
100 g Semmelbrösel
100 g Butter
150 g durchwachsener Speck
1 Stängel Majoran

Pro Portion:
E: 39 g, F: 39 g, Kh: 27 g,
kJ: 2568, kcal: 613

1. Rosenkohl nach Packungsanleitung auftauen lassen.

2. Speiseöl in einer großen Pfanne erhitzen. Gehacktes darin evtl. in 2 Portionen unter ständigem Rühren anbraten, dabei die Fleischklümpchen mit einer Gabel zerdrücken. Tomatenmark unterrühren. Gemüsecremesuppe nach Packungsanleitung zubereiten und hinzufügen.

3. Den Backofen vorheizen.
Ober-/Unterhitze: etwa 180 °C
Heißluft: etwa 160 °C

4. Aufgetauten Rosenkohl zur Hackfleischmasse geben und unter Rühren etwa 10 Minuten garen. Pürreepulver hinzufügen und unter Rühren aufkochen lassen. Mit Salz und Pfeffer würzen. Die Hackfleisch-Rosenkohl-Masse in 2 große, flache Auflaufformen (gefettet) geben und mit Semmelbröseln bestreuen. Butter in Flöckchen daraufsetzen.

5. Die Formen nacheinander (bei Heißluft zusammen) auf dem Rost in

den vorgeheizten Backofen schieben. Den Rosenkohl-Hackfleisch-Auflauf etwa 25 Minuten je Form garen.
6. Speck in kleine Würfel schneiden und in einer Pfanne knusprig ausbraten. Majoran abspülen, trocken tupfen und evtl. in Stücke zupfen.
7. Die Speckwürfel vor dem Servieren auf dem Auflauf verteilen und mit Majoran garnieren.

Rosenkohl-Reis-Auflauf

8–10 Portionen (ohne Foto)

Zubereitungszeit: 50 Minuten
Garzeit: 25–30 Minuten

1 1/2 kg Rosenkohl
Salz
450 g Langkornreis-Wildreis-Mischung

Für die Sauce:
3 Beutel Currysauce (für je 250 ml Wasser)
600 ml kaltes Wasser
250 g Crème double

600 g Kasseler (ohne Knochen)
300 g Äpfel
250 g Gouda

Pro Portion:
E: 34 g, F: 32 g, Kh: 50 g,
kJ: 2730, kcal: 653

1. Den Rosenkohl von den äußeren schlechten Blättern befreien, etwas vom Strunk abschneiden. Größere Rosenkohlröschen halbieren, restliche Röschen am Strunk kreuzförmig einschneiden. Rosenkohl abspülen, abtropfen lassen und in kochendem Salzwasser etwa 15 Minuten garen. Rosenkohl in ein Sieb geben und gut abtropfen lassen.
2. Reis in kochendem Salzwasser nach Packungsanleitung garen. Den gegarten Reis in einem Sieb abtropfen lassen.
3. Für die Sauce das Saucenpulver nach Packungsanleitung zubereiten. Den Topf von der Kochstelle nehmen. Die Sauce etwas abkühlen lassen, dann Crème double unterrühren.
4. Den Backofen vorheizen.
Ober-/Unterhitze: etwa 200 °C
Heißluft: etwa 180 °C
5. Kasseler mit Küchenpapier trocken tupfen und in Würfel schneiden. Äpfel schälen, vierteln, entkernen und klein würfeln.
6. Die Reismischung auf den Boden einer großen, flachen Auflaufform (gefettet) geben. Rosenkohl, Kasseler- und Apfelwürfel daraufgeben. Die Sauce darauf verteilen.
7. Käse reiben, den Auflauf damit bestreuen. Die Form auf dem Rost in den vorgeheizten Backofen schieben. Den Auflauf 25–30 Minuten garen.

Sauerkrautauflauf mit Kasseler

4–6 Portionen

Zubereitungszeit: 25 Minuten
Garzeit: etwa 35 Minuten

600 g gekochte Pellkartoffeln
770 g Ananas-Weinsauerkraut (aus der Dose)
1 kleine grüne Paprikaschote
400 g Kasseler Rippenspeer (ohne Knochen)
Salz, gem. Pfeffer
etwas Zucker

Für die Sauce:
1 schwach geh. EL Weizenmehl
200 g Schmand (Sauerrahm)
125 g Schlagsahne
125 ml Gemüsebrühe

2 EL Semmelbrösel
2 EL ger. Gouda
25 g Butter

Pro Portion:
E: 22 g, F: 33 g, Kh: 36 g,
kJ: 2244, kcal: 536

1. Den Backofen vorheizen.
Ober-/Unterhitze: etwa 200 °C
Heißluft: etwa 180 °C
2. Kartoffeln pellen und in nicht zu dünne Scheiben schneiden. Die Hälfte der Kartoffelscheiben in eine flache Auflaufform (gefettet) legen.
3. Sauerkraut etwas auseinanderzupfen und in eine Schüssel geben. Paprikaschote halbieren, entstielen, entkernen und die weißen Scheidewände entfernen. Die Schote abspülen, abtropfen lassen und in Streifen schneiden.
4. Kasseler mit Küchenpapier trocken tupfen und ebenfalls in Streifen schneiden.
5. Paprika- und Kasselerstreifen mit dem Sauerkraut vermischen, mit Salz, Pfeffer und Zucker würzen. Die Hälfte der Sauerkraut-Mischung auf die Kartoffelscheiben geben.
6. Für die Sauce Mehl mit Schmand, Sahne und Gemüsebrühe verrühren, mit Salz, Pfeffer und Zucker würzen. Die Hälfte der Sauce auf die Sauerkraut-Mischung geben und mit den restlichen Kartoffelscheiben belegen. Restliches Sauerkraut darauf verteilen und mit der restlichen Sauce übergießen, sodass alle Zutaten gut mit der Sauce bedeckt sind.
7. Den Auflauf mit Semmelbröseln und Käse bestreuen. Butter in Flöckchen daraufsetzen. Die Form auf dem Rost in den vorgeheizten Backofen schieben und den Auflauf etwa 35 Minuten garen.

Sauerkrautauflauf mit Kasseler

Gemüseauflauf mit Kichererbsen

8–10 Portionen (ohne Foto)

Zubereitungszeit: 50 Minuten
Garzeit: etwa 50 Minuten

1 kg Brokkoli
Salz
1 kg Kürbisfleisch (geputzt, ohne faserigen Innenteil)
3 rote Paprikaschoten (je etwa 150 g)
4 EL Speiseöl
gem. Pfeffer
480 g abgetropfte Kichererbsen (aus der Dose)
400 g Schafskäse

Für den Guss:
8 Eier (Größe M)
4 EL Tomatenmark
2 TL Harissa (afrikanische Würzpaste)
2 EL gem. Kreuzkümmel (Cumin)
500 ml Milch (3,5 % Fett)

Pro Portion:
E: 23 g, F: 23 g, Kh: 20 g,
kJ: 1676, kcal: 399

1. Brokkoli putzen und in Röschen teilen. Brokkoliröschen abspülen, abtropfen lassen und in kochendem Salzwasser etwa 2 Minuten blanchieren. Brokkoliröschen in ein Sieb geben, mit kaltem Wasser abschrecken und abtropfen lassen.
2. Das Kürbisfleisch in 2–3 cm große Würfel schneiden. Die Paprikaschoten halbieren, entstielen, entkernen und die weißen Scheidewände entfernen. Die Schoten abspülen, abtropfen lassen und in breite Streifen schneiden.
3. Speiseöl in einer großen Pfanne erhitzen. Die Kürbiswürfel darin evtl. in 2 Portionen in etwa 5 Minuten von allen Seiten anbraten. Die Kürbiswürfel dann aus der Pfanne nehmen.
4. Den Backofen vorheizen.
Ober-/Unterhitze: etwa 200 °C
Heißluft: etwa 180 °C
5. Paprikastreifen in dem verbliebenen Brattfett unter Rühren kurz anbraten. Die Kürbiswürfel wieder hinzufügen, alles mit Salz und Pfeffer würzen.
6. Kichererbsen in ein Sieb geben, mit kaltem Wasser abspülen und abtropfen lassen. Schafskäse sehr klein würfeln, mit dem Gemüse und den Kichererbsen mischen und in eine große, flache Auflaufform (gefettet) geben.
7. Für den Guss Eier mit Tomatenmark, Harissa und Kreuzkümmel verschlagen. Milch, Salz und Pfeffer gut unterrühren. Den Guss auf der Gemüse-Schafskäse-Mischung verteilen. Die Form auf dem Rost in den vorgeheizten Backofen schieben. Den Gemüseauflauf etwa 50 Minuten garen. Falls die Oberfläche zu braun werden sollte, den Auflauf mit Alufolie zudecken.

Schneller Ravioliauflauf

8–10 Portionen

Zubereitungszeit: 20 Minuten
Garzeit: etwa 40 Minuten

4 Zwiebeln
100 g Butter
250 ml Milch (3,5 % Fett)
250 g Schlagsahne
8 Eigelb (Größe M)
Salz
gem. Pfeffer
2,4 kg Ravioli in Tomatensauce (aus Dosen)
150 g ger. Gruyère-Käse
2 EL klein geschnittene Kräuter, z. B. Petersilie, Schnittlauchröllchen

Pro Portion:
E: 18 g, F: 32 g, Kh: 21 g,
kJ: 1960, kcal: 468

1. Zwiebeln abziehen und in kleine Würfel schneiden. Butter in einer Pfanne zerlassen. Zwiebelwürfel darin andünsten. Milch und Sahne hinzugießen, zum Kochen bringen und etwas einkochen lassen. Leicht abkühlen lassen.
2. Den Backofen vorheizen.
Ober-/Unterhitze: etwa 200 °C
Heißluft: etwa 180 °C
3. Eigelb unter die Sahnemilch rühren. Mit etwas Salz und Pfeffer abschmecken.
4. Ravioli in eine große, feuerfeste Form (gefettet) oder Fettpfanne (gefettet) geben, die Eigelb-Sahne-Milch darauf verteilen und mit Käse bestreuen. Die Form auf dem Rost oder die Fettpfanne in den vorgeheizten Backofen schieben. Den Auflauf etwa 40 Minuten garen.
5. Den Auflauf mit den Kräutern bestreuen und sofort servieren.

Schneller Ravioliauflauf

Versunkener Spargel

Schneckenauflauf

Versunkener Spargel

4 Portionen

Zubereitungszeit: 20 Minuten
Garzeit: etwa 25 Minuten

750 g weißer Spargel
2 Eier (Größe M)
100 g Schlagsahne
2 EL Semmelbrösel
1 EL Zitronensaft
1 TL Zucker
1/2 gestr. TL Salz
gem. Pfeffer
100 g Kochschinken
1/2 Bund Schnittlauch

Pro Portion:
E: 26 g, F: 27 g, Kh: 17 g,
kJ: 1740, kcal: 414

1. Den Spargel von oben nach unten schälen. Darauf achten, dass die Schalen vollständig entfernt, die Köpfe aber nicht verletzt werden. Die unteren Enden abschneiden (holzige Stellen vollkommen entfernen). Spargelstangen abspülen und abtropfen lassen.
2. Den Backofen vorheizen.
Ober-/Unterhitze: etwa 180 °C
Heißluft: etwa 160 °C
3. Eier mit Sahne, Semmelbröseln, Zitronensaft, Zucker, Salz und Pfeffer verrühren. Schinken in Würfel schneiden. Schnittlauch abspülen, trocken tupfen und in feine Röllchen schneiden.
4. Die Spargelstangen in eine flache Auflaufform (gefettet) schichten. Die Eiersahne daraufgeben. Schinkenwürfel und Schnittlauchröllchen darauf verteilen. Die Form auf dem Rost in den vorgeheizten Backofen schieben. Den versunkenen Spargel etwa 25 Minuten garen.

Schneckenauflauf

4 Portionen

Zubereitungszeit: 40 Minuten
Garzeit: etwa 45 Minuten

1 kg Kartoffeln
800 g Kohlrabi
Salz
250 g Schlagsahne
250 ml Milch (3,5 % Fett)
100 g frisch ger. Parmesan
gem. Pfeffer
ger. Muskatnuss
2 EL Speiseöl
4 Bratwurstschnecken
(je etwa 150 g)
2 Stängel glatte Petersilie

Pro Portion:
E: 39 g, F: 93 g, Kh: 39 g,
kJ: 4826, kcal: 1160

1. Die Kartoffeln schälen, abspülen, abtropfen lassen und in Scheiben schneiden. Kohlrabi schälen, abspülen, abtropfen lassen, vierteln und ebenfalls in Scheiben schneiden. Wasser in einem Topf zum Kochen bringen, dann Salz hinzugeben.
2. Den Backofen vorheizen.
Ober-/Unterhitze: etwa 200 °C
Heißluft: etwa 180 °C
3. Zuerst die Kohlrabischeiben in das kochende Salzwasser geben und etwa 4 Minuten blanchieren. Kohlrabischeiben mit einer Schaumkelle herausnehmen, mit kaltem Wasser abschrecken und in einem Sieb abtropfen lassen. Die Kartoffelscheiben in dem kochenden Salzwasser etwa 6 Minuten blanchieren, mit der Schaumkelle herausnehmen, mit kaltem Wasser abschrecken und in einem Sieb abtropfen lassen.
4. Sahne mit Milch und Parmesan in einem Topf unter Rühren zum Kochen bringen und unter Rühren etwas einkochen lassen. Mit Salz, Pfeffer und Muskat würzen.
5. Die Kartoffel- und Kohlrabischeiben abwechselnd dachziegelartig in eine flache Auflaufform (gefettet) schichten. Die Käse-Sahne-Milch darauf verteilen. Die Form auf dem Rost in den vorgeheizten Backofen schieben. Den Auflauf etwa 30 Minuten garen.
6. Speiseöl in einer Pfanne erhitzen. Die Bratwurstschnecken darin von beiden Seiten anbraten und herausnehmen. Nach etwa 30 Minuten Garzeit die Form aus dem Backofen nehmen. Den Auflauf mit den Bratwurstschnecken belegen und wieder auf dem Rost in den heißen Backofen schieben. Den Schneckenauflauf bei gleicher Backofentemperatur in weiteren etwa 15 Minuten fertig garen.
7. Petersilie abspülen und trocken tupfen. Die Blättchen von den Stängeln zupfen. Den Auflauf mit den Petersilienblättchen bestreuen und servieren.

Rigatoniauflauf „Quattro Formaggio“

Tortilla-Auflauf

Rigatoniauflauf „Quattro Formaggio“

4 Portionen

Zubereitungszeit: 50 Minuten
Garzeit: etwa 25 Minuten

2 1/2 l Wasser
2 1/2 gestr. TL Salz
250 g Rigatoni (Röhrennudeln)
1 Zwiebel
2 Knoblauchzehen
50 g Butter
25 g Weizenmehl
125 ml Weißwein
200 g Schlagsahne
125 g abgetropfter Mozzarella
100 g Höhlenkäse
75 g ger. Parmesan
250 g Mascarpone (ital. Frischkäse)
Salz
gem. Pfeffer
Paprikapulver edelsüß
1 Topf Basilikum
250 g Cocktailtomaten
250 g Zucchini

Pro Portion:
E: 34 g, F: 73 g, Kh: 58 g,
kJ: 4564, kcal: 1091

1. Wasser in einem großen Topf zugedeckt zum Kochen bringen. Dann Salz und Nudeln hinzugeben. Die Nudeln im geöffneten Topf bei mittlerer Hitze nach Packungsanleitung bissfest kochen, dabei gelegentlich umrühren.
2. Anschließend die Nudeln in ein Sieb geben, mit heißem Wasser abspülen, abtropfen lassen und warm stellen.
3. Zwiebel und Knoblauch abziehen, in kleine Würfel schneiden. Butter in einem Topf zerlassen. Zwiebel- und Knoblauchwürfel darin andünsten. Mehl hinzufügen und unter Rühren so lange erhitzen, bis es hellgelb ist.
4. Den Backofen vorheizen.
Ober-/Unterhitze: etwa 200 °C
Heißluft: etwa 180 °C
5. Wein und Sahne hinzugießen, mit einem Schneebesen durchschlagen. Dabei darauf achten, dass keine Klümpchen entstehen. Die Zutaten unter Rühren zum Kochen bringen.
6. Den Mozzarella in Stücke schneiden. Höhlenkäse ebenfalls in Stücke schneiden. Mozzarella-, Höhlenkäsestücke, Parmesan und Mascarpone unter die Wein-Sahne-Sauce rühren, bis alle Käsesorten geschmolzen sind. Die Sauce mit Salz, Pfeffer und Paprika würzen.
7. Basilikum abspülen und trocken tupfen. Die Blättchen von den Stängeln zupfen. Tomaten abspülen, abtropfen lassen und die Stängelansätze herausschneiden. Größere Tomaten halbieren.
8. Zucchini abspülen, abtrocknen und die Enden abschneiden. Zucchini längs halbieren und in Scheiben schneiden.
9. Nudeln mit Zucchinischeiben, Tomaten und Basilikumblättchen (einige Blättchen zum Garnieren beiseitelegen) mischen und in eine flache Auflaufform (gefettet) geben. Die Käsesauce darauf verteilen. Die Form auf dem Rost in den vorgeheizten Backofen schieben. Den Auflauf etwa 25 Minuten garen.
10. Den Auflauf vor dem Servieren mit den beiseitegelegten Basilikumblättchen garnieren.

Tortilla-Auflauf

(Römertopf® 6-Liter-Inhalt)
8 Portionen

Zubereitungszeit: 50 Minuten, ohne Abkühlzeit
Garzeit: 55–60 Minuten

2 Eisbergsalate (etwa 600 g)
600 g Tomaten
8 Hähnchenbrustfilets
(je etwa 140 g)
Salz, gem. Pfeffer
Knoblauchpulver
4 EL Speiseöl
4 Avocados (etwa 700 g)
570 g abgetropfter Gemüsemais
(aus Dosen)
160 g Röstzwiebeln

Für die Marinade:
2 Bund glatte Petersilie
500 g Magerquark
500 g Crème fraîche
200 g Joghurt (3,5 % Fett)
Saft von 4 Limetten

8 Tortillas (240 g)
240 g ger. Mozzarella

Pro Portion:
E: 60 g, F: 55 g, Kh: 56 g,
kJ: 4097, kcal: 982

1. Von den Eisbergsalaten die äußeren Blätter entfernen. Eisbergsalate halbieren und in Streifen schneiden. Salatstreifen abspülen und abtropfen lassen. Tomaten abspülen, trocken tupfen, halbieren und die Stängelansätze herausschneiden.
2. Hähnchenbrustfilets kurz unter fließendem kalten Wasser abspülen, trocken tupfen und in Streifen schneiden. Mit Salz, Pfeffer und Knoblauch würzen.
3. Speiseöl in einer großen Pfanne erhitzen. Fleischstreifen darin evtl. in 2 Portionen von allen Seiten anbraten, herausnehmen und etwas abkühlen lassen.
4. Avocados halbieren und das Fruchtfleisch vom Stein schneiden. Das Fruchtfleisch schälen und in Würfel schneiden. Salatstreifen mit Tomatenhälften, Mais, Fleischstreifen, Avocadowürfeln und Röstzwiebeln in einer Schüssel mischen.
5. Für die Marinade Petersilie abspülen und trocken tupfen. Die Blättchen von den Stängeln zupfen. Blättchen klein schneiden. Quark mit Crème fraîche und Joghurt verrühren, mit etwas Salz und Pfeffer würzen. Limettensaft und Petersilie unterrühren. Ein Drittel der Marinade unter die Salat-Fleisch-Tomaten-Mischung heben.
6. Einen gewässerten Römertopf® mit 6 Tortillaböden auslegen. Die Salat-Fleisch-Tomaten-Mischung daraufgeben. Die restlichen 2 Tortillaböden darauflegen. Restliche Marinade darauf verteilen und mit Mozzarella bestreuen. Den Römertopf® mit dem Deckel verschließen und auf dem Rost in den kalten Backofen schieben.
Ober-/Unterhitze: etwa 220 °C (untere Schiene)
Heißluft: etwa 200 °C
7. Den Tortilla-Auflauf 55–60 Minuten garen.
8. Nach etwa 40 Minuten Garzeit die Backofentemperatur um etwa 20 °C erhöhen. Den Deckel von dem Römertopf® entfernen. Den Tortilla-Auflauf ohne Deckel fertig garen.

Ungarischer Sauerkrautauflauf

6 Portionen

Zubereitungszeit: 35 Minuten
Garzeit: etwa 30 Minuten

5 EL Speiseöl, z. B. Sonnenblumenöl
500 g Sauerkraut
125 ml Gemüsebrühe
2 kleine Lorbeerblätter
Salz, gem. Pfeffer
1 Prise Zucker
250 ml Wasser
125 g Langkornreis (Parboiled)
1 Zwiebel
500 g Gehacktes (halb Rind-, halb Schweinefleisch)
2 Mettwürstchen (Rauchenden)
200 g Schmand (Sauerrahm) oder saure Sahne
200 g Schlagsahne
20 g Semmelbrösel
25 g Butter

Pro Portion:
E: 26 g, F: 53 g, Kh: 23 g,
kJ: 2816, kcal: 672

1. Drei Esslöffel Speiseöl in einem Topf erhitzen. Das Sauerkraut auseinanderzupfen, hinzugeben und unter Rühren kurz andünsten. Gemüsebrühe und Lorbeerblätter hinzufügen, mit Salz, Pfeffer und Zucker würzen.
2. Das Sauerkraut zugedeckt bei schwacher Hitze etwa 25 Minuten dünsten. Zuletzt evtl. vorhandene Flüssigkeit ohne Deckel verdampfen lassen. Das Sauerkraut mit Salz, Pfeffer und Zucker abschmecken, Lorbeerblätter entfernen.
3. Wasser in einem Topf zugedeckt zum Kochen bringen. Dann 1/4 Teelöffel Salz und Reis hinzugeben, umrühren und wieder zum Kochen bringen. Den Reis zugedeckt bei schwacher Hitze etwa 12 Minuten garen. Den Reis in ein Sieb geben und abtropfen lassen.
4. Den Backofen vorheizen.
Ober-/Unterhitze: etwa 200 °C
Heißluft: etwa 180 °C
5. Zwiebel abziehen und in kleine Würfel schneiden. Restliches Speiseöl in einer Pfanne erhitzen. Gehacktes und Zwiebelwürfel darin unter Rühren anbraten. Dabei die Fleischklümpchen mit einer Gabel grob zerdrücken. Gehacktes mit Salz und Pfeffer würzen, Reis unterheben.
6. Die Mettwürstchen in Scheiben schneiden. Sauerkraut, Gehacktes-Reis-Masse und Würstchenscheiben abwechselnd lagenweise in eine Auflaufform (gefettet) schichten. Die oberste Schicht sollte aus Sauerkraut bestehen.
7. Schmand oder saure Sahne mit Schlagsahne verrühren und auf dem Auflauf verteilen. Mit Semmelbröseln bestreuen und Butter in Flöckchen daraufsetzen. Die Form ohne Deckel auf dem Rost in den vorgeheizten Backofen schieben. Den Sauerkrautauflauf etwa 30 Minuten garen.

Ungarischer Sauerkrautauflauf

Kohlrabi-Hack-Auflauf

4 Portionen

Zubereitungszeit: 30 Minuten
Garzeit: 35–40 Minuten

2–3 Kohlrabi (je etwa 350 g)
Salz
2 Zwiebeln
2 EL Speiseöl, z. B. Sonnenblumenöl
600 g Gehacktes (halb Rind-, halb Schweinefleisch)
evtl. 2 TL gerebelter Estragon
gem. Pfeffer
30 g Butter oder Margarine
40 g Weizenmehl
750 ml Milch (3,5 % Fett)
ger. Muskatnuss
2 Eigelb (Größe M)
200 g ger. Mozzarella
1/2 Bund glatte Petersilie

Pro Portion:
E: 50 g, F: 56 g, Kh: 24 g,
kJ: 3348, kcal: 799

1. Kohlrabi schälen, abspülen, abtropfen lassen und in etwa 1/2 cm dicke Scheiben schneiden. Kohlrabischeiben portionsweise in kochendem Salzwasser etwa 5 Minuten vorgaren. Kohlrabischeiben in ein Sieb geben und abtropfen lassen.
2. Zwiebeln abziehen und in kleine Würfel schneiden. Speiseöl in einer Pfanne erhitzen. Zwiebelwürfel und Gehacktes darin unter Rühren kräftig anbraten. Dabei die Fleischklümpchen mit einer Gabel fein zerdrücken. Mit Estragon, Salz und Pfeffer würzen. Gehacktes krümelig braun braten.
3. Den Backofen vorheizen.
Ober-/Unterhitze: etwa 200 °C
Heißluft: etwa 180 °C
4. Butter oder Margarine in einem Topf zerlassen. Mehl hinzufügen und unter Rühren so lange erhitzen, bis es hellgelb ist. Die Milch hinzugießen und mit einem Schneebesen durchschlagen. Dabei darauf achten, dass keine Klümpchen entstehen. Sauce etwa 5 Minuten bei schwacher Hitze kochen lassen, dabei gelegentlich umrühren.
5. Die Sauce mit Salz, Pfeffer und Muskat kräftig würzen. Den Topf von der Kochstelle nehmen. Eigelb mit etwas von der Sauce verrühren und unter die restliche Sauce rühren (nicht mehr kochen lassen).
6. Den Boden einer großen, flachen Auflaufform (gefettet) mit etwas Sauce bestreichen. Dann die Kohlrabischeiben, Hackfleischmasse und Sauce abwechselnd in die Form schichten. Mit Mozzarella bestreuen. Die Form auf dem Rost in den vorgeheizten Backofen schieben. Den Auflauf 35–40 Minuten garen.
7. Petersilie abspülen und trocken tupfen. Die Blättchen von den Stängeln zupfen. Den Auflauf mit Petersilienblättchen bestreut servieren.

Ungarischer Frühlingszwiebelauflauf

4 Portionen

Zubereitungszeit: 50 Minuten
Garzeit: etwa 30 Minuten

1 Bund Frühlingszwiebeln
250 g gegarte Kartoffeln
je 1/2 große rote, gelbe und grüne Paprikaschote
200 g ungarische Salami
1 Bund glatte Petersilie
2 Eier (Größe M)
150 g saure Sahne
200 g Schlagsahne
Paprikapulver edelsüß
Salz, gem. Pfeffer
etwas Tabasco
100 g Schafskäse
30 g Butter

Pro Portion:
E: 26 g, F: 50 g, Kh: 16 g,
kJ: 2707, kcal: 646

1. Den Backofen vorheizen.
Ober-/Unterhitze: etwa 180 °C
Heißluft: etwa 160 °C
2. Frühlingszwiebeln putzen, abspülen, abtropfen lassen und in feine Scheiben schneiden. Kartoffeln in Würfel schneiden.
3. Paprikaschotenhälften entstielen, entkernen und die weißen Scheidewände entfernen. Schotenhälften

Kohlrabi-Hack-Auflauf

Ungarischer Frühlingszwiebelauflauf

abspülen, abtropfen lassen und in Streifen schneiden. Salami in kleine Würfel schneiden. Petersilie abspülen und trocken tupfen. Die Blättchen von den Stängeln zupfen. Blättchen in Streifen schneiden.
4. Die Frühlingszwiebelscheiben mit Kartoffel-, Salamiwürfeln und Petersilie mischen und in eine Auflaufform (gefettet) geben.
5. Eier mit saurer Sahne und Schlagsahne verschlagen, mit Paprika, Salz, Pfeffer und Tabasco würzen. Die Eiersahne auf dem Auflauf verteilen. Schafskäse zerbröseln. Den Auflauf damit bestreuen und Butter in Flöckchen daraufsetzen.
6. Die Form auf dem Rost in den vorgeheizten Backofen schieben. Den Frühlingszwiebelauflauf etwa 30 Minuten garen.

Rosenkohlauflauf mit Klößchen

8–10 Portionen (ohne Foto)

Zubereitungszeit: 60 Minuten
Garzeit: etwa 25 Minuten

1 1/2 kg Rosenkohl
250 g kleine Zwiebeln oder Schalotten
Salz
50 g Butter oder Margarine
2 TL Zucker
125 ml Gemüsebrühe
gem. Pfeffer
ger. Muskatnuss
150 g abgetropfte Tomatenpaprika (aus dem Glas)
5 frische Kalbsbratwürste (etwa 600 g)
250 g ger. mittelalter Gouda

Pro Portion:
E: 20 g, F: 30 g, Kh: 9 g,
kJ: 1662, kcal: 398

1. Rosenkohl von den schlechten äußeren Blättern befreien und etwas vom Strunk abschneiden. Die Rosenkohlröschen am Strunk kreuzförmig einschneiden, abspülen und abtropfen lassen. Zwiebeln oder Schalotten abziehen und je nach Größe evtl. halbieren.
2. Rosenkohl und die Zwiebeln oder Schalotten in kochendem Salzwasser 10–15 Minuten garen. Das Gemüse in ein Sieb geben und abtropfen lassen.
3. Butter oder Margarine in einem Topf zerlassen. Zucker hinzufügen und leicht karamellisieren lassen. Zwiebeln und Rosenkohl darin andünsten. Gemüsebrühe hinzugießen, mit Salz, Pfeffer und Muskat würzen. Die Zutaten einmal aufkochen lassen.
4. Den Backofen vorheizen.
Ober-/Unterhitze: etwa 200 °C
Heißluft: etwa 180 °C
5. Tomatenpaprika klein würfeln. Die Bratwurstmasse aus der Pelle drücken und mit den Paprikawürfeln mischen. Aus der Masse mithilfe von 2 Teelöffeln kleine Klößchen abstechen. Die Klößchen in kochendes Salzwasser geben und etwa 5 Minuten garen. Die Klößchen mit einer Schaumkelle herausnehmen und in einem Sieb abtropfen lassen.
6. Das gegarte Gemüse mit der Kochbrühe in eine große Auflaufform (gefettet) geben und mit den Bratwurstklößchen mischen. Gouda daraufstreuen. Die Form auf dem Rost in den vorgeheizten Backofen schieben. Den Auflauf in etwa 25 Minuten goldbraun garen.

Würziger Pilzauflauf
4 Portionen

Zubereitungszeit: 20 Minuten
Garzeit: etwa 30 Minuten

150 g Champignons
150 g Pfifferlinge
150 g Austernpilze
150 g Steinpilze
2 EL Olivenöl
Salz
gem. Pfeffer

Würziger Pilzauflauf

Für den Guss:
1 Bund Schnittlauch
5 Eier (Größe M)
400 g Schlagsahne
200 g ger. mittelalter Gouda

Pro Portion:
E: 25 g, F: 63 g, Kh: 4 g,
kJ: 2879, kcal: 688

1. Den Backofen vorheizen.
Ober-/Unterhitze: etwa 200 °C
Heißluft: etwa 180 °C
2. Die Pilze putzen, evtl. kurz abspülen, gut trocken tupfen und in grobe Stücke schneiden. Jeweils etwas Olivenöl in einer großen Pfanne erhitzen, die Pilzstücke darin portionsweise unter Rühren andünsten, herausnehmen, mit Salz und Pfeffer würzen. Die Pilzstücke in einer Auflaufform (gefettet) verteilen.
3. Für den Guss Schnittlauch abspülen, trocken tupfen und in Röllchen schneiden. Eier mit Sahne verschlagen, Schnittlauchröllchen unterrühren. Den Guss auf den Pilzstücken verteilen. Den Auflauf mit Käse bestreuen.
4. Die Form auf dem Rost in den vorgeheizten Backofen schieben. Den Pilzauflauf etwa 30 Minuten garen.

Röstiauflauf

Nudel-Würstchen-Auflauf

Röstiauflauf

8–10 Portionen

Zubereitungszeit: 30 Minuten
Backzeit: etwa 35 Minuten

150 g Schalotten
600 g rosé Champignons
1 kg Roastbeef
6 EL Speiseöl
Salz, gem. Pfeffer
gerebelter Thymian
150 ml Rotwein
600 g Schlagsahne
3 EL körniger Senf
4–6 EL heller Saucenbinder
1,2 kg Rösti nach Schweizer Art (pfannenfertige Kartoffelzubereitung, aus Päckchen)

Pro Portion:
E: 31 g, F: 43 g, Kh: 46 g,
kJ: 3041, kcal: 727

1. Schalotten abziehen, klein würfeln. Die Champignons putzen, evtl. kurz abspülen, trocken tupfen und in Stücke schneiden. Roastbeef mit Küchenpapier trocken tupfen und in feine Streifen schneiden.
2. Speiseöl in einer großen Pfanne erhitzen. Die Fleischstreifen darin portionsweise von allen Seiten kräftig anbraten, herausnehmen und in eine große, flache Auflaufform (gefettet) geben. Mit Salz, Pfeffer und Thymian würzen.
3. Den Backofen vorheizen.
Ober-/Unterhitze: etwa 200 °C
Heißluft: etwa 220 °C
4. Schalottenwürfel und Champignonstücke in dem verbliebenen Bratfett unter Rühren andünsten, mit Salz, Pfeffer und Thymian würzen. Rotwein hinzugießen, zum Kochen bringen und etwas einkochen lassen.
5. Sahne und Senf unterrühren, zum Kochen bringen. Saucenbinder einrühren und unter Rühren einmal aufkochen lassen. Die Masse zu den Fleischstreifen in die Form geben und gut vermengen.
6. Die Röstimasse direkt aus den Packungen auf dem Geschnetzelten verteilen. Die Form auf dem Rost in den vorgeheizten Backofen schieben. Den Auflauf etwa 35 Minuten backen, bis die Röstimasse gebräunt ist.

Nudel-Würstchen-Auflauf

4 Portionen

Zubereitungszeit: 25 Minuten
Garzeit: 35–45 Minuten

2 1/2 l Wasser
2 1/2 gestr. TL Salz
250 g Penne (Röhrennudeln)
300 g Wiener Würstchen
300 g feine ungebrühte Bratwurst
200 g Cocktailtomaten
150 g TK-Erbsen
3 Eier (Größe M)
125 ml Milch (3,5 % Fett)
125 g Schlagsahne
Salz, gem. Pfeffer
ger. Muskatnuss
100 g frisch ger. Gouda
2 EL Butter

Pro Portion:
E: 44 g, F: 73 g, Kh: 53 g,
kJ: 4384, kcal: 1047

1. Wasser in einem großen Topf zugedeckt zum Kochen bringen. Dann Salz und Nudeln hinzugeben. Die Nudeln im geöffneten Topf bei mittlerer Hitze nach Packungsanleitung bissfest kochen, dabei gelegentlich umrühren.
2. Anschließend die Nudeln in ein Sieb geben, mit heißem Wasser abspülen und abtropfen lassen.
3. Den Backofen vorheizen.
Ober-/Unterhitze: etwa 180 °C
Heißluft: etwa 160 °C
4. Würstchen in Scheiben schneiden, abwechselnd mit den Nudeln in eine Auflaufform (gefettet) schichten.
5. Die Bratwurstmasse jeweils aus der Pelle drücken und daraus mit angefeuchteten Händen kleine Klößchen formen, evtl. in einer beschichteten Pfanne kurz anbraten. Tomaten abspülen, trocken tupfen und die Stängelansätze herausschneiden. Tomaten evtl. halbieren.
6. Die gefrorenen Erbsen und Klößchen auf den Nudeln und Würstchenscheiben verteilen. Die Eier mit Milch und Sahne verschlagen. Mit Salz (Vorsicht: Würstchen, Brätmasse und Käse enthalten bereits Salz!), Pfeffer und Muskat würzen. Die Eier-Sahne-Milch auf dem Auflauf verteilen. Tomaten dazwischensetzen.
7. Den Auflauf mit Käse bestreuen und Butter in Flöckchen daraufsetzen. Die Form auf dem Rost in den vorgeheizten Backofen schieben. Den Auflauf 35–45 Minuten garen.

Nudel-Mett-Auflauf

4 Portionen

Zubereitungszeit: 20 Minuten
Garzeit: etwa 35 Minuten

2 1/2 l Wasser
2 1/2 gestr. TL Salz
250 g Spiralnudeln
500 g Thüringer Mett (gewürztes Schweinemett)
400 g Tomatenstücke mit Kräutern (aus der Dose)
250 ml Texicana-Salsa (aus der Flasche)
300 g TK-Balkangemüse
Salz, gem. Pfeffer
Kräuter der Provence
50 g ger. Parmesan
25 g Semmelbrösel

Pro Portion:
E: 40 g, F: 35 g, Kh: 73 g, kJ: 3214, kcal: 767

1. Das Wasser in einem großen Topf zugedeckt zum Kochen bringen. Dann Salz und Nudeln hinzugeben. Die Nudeln im geöffneten Topf bei mittlerer Hitze nach Packungsanleitung bissfest kochen, dabei gelegentlich umrühren.
2. Den Backofen vorheizen.
Ober-/Unterhitze: etwa 200 °C
Heißluft: etwa 180 °C
3. Anschließend die Nudeln in ein Sieb geben, mit heißem Wasser abspülen, abtropfen lassen und in eine große, flache Auflaufform (gefettet) geben. Aus dem Mett mit angefeuchteten Händen kleine Klößchen formen. Mettklößchen zwischen den Nudeln verteilen.
4. Tomatenstücke mit Texicana-Salsa und dem gefrorenen Balkangemüse vermengen. Mit Salz, Pfeffer und Kräutern der Provence würzen.
5. Das Gemüse auf der Nudel-Mettklößchen-Masse verteilen. Mit Käse und Semmelbröseln bestreuen. Die Form auf dem Rost in den vorgeheizten Backofen schieben. Den Auflauf etwa 35 Minuten garen.

Nudel-Porree-Auflauf

6 Portionen

Zubereitungszeit: 35 Minuten
Garzeit: etwa 25 Minuten

4 l Wasser
4 gestr. TL Salz
400 g Bandnudeln
1 1/2 kg Porree (Lauch)
40 g Butter
125 ml Weißwein
Salz
Porree-Kochflüssigkeit
250 ml Milch (3,5 % Fett)
200 g Crème fraîche
125 g Gorgonzola
1 EL Speisestärke
1–2 EL Wasser
gem. Pfeffer

Pro Portion:
E: 14 g, F: 19 g, Kh: 55 g, kJ: 2029, kcal: 483

1. Wasser in einem großen Topf zugedeckt zum Kochen bringen. Dann Salz und Nudeln hinzugeben. Die Nudeln im geöffneten Topf bei mittlerer Hitze nach Packungsanleitung kochen lassen, dabei gelegentlich umrühren. Anschließend die Nudeln in ein Sieb geben, mit heißem Wasser abspülen und abtropfen lassen.
2. Den Backofen vorheizen.
Ober-/Unterhitze: etwa 200 °C
Heißluft: etwa 180 °C
3. Porree putzen, die Stangen längs halbieren, gründlich waschen, abtropfen lassen und in etwa 1 cm breite Stücke schneiden. Die Butter in einem Topf zerlassen, Porreestücke darin portionsweise andünsten, Wein hinzugießen, mit Salz würzen. Porreescheiben etwa 3 Minuten garen. Anschließend in ein Sieb geben, dabei die Flüssigkeit auffangen.
4. Porree-Kochflüssigkeit mit Milch und Crème fraîche unter Rühren erhitzen. Den Gorgonzola zerbröseln, hinzugeben und unter Rühren langsam schmelzen lassen.
5. Speisestärke mit kaltem Wasser anrühren, in die Gorgonzola-Milch-Flüssigkeit rühren und unter Rühren kurz aufkochen lassen. Die Gorgonzolasauce mit Pfeffer abschmecken.
6. Jeweils die Hälfte der Nudeln, Porreestücke und Gorgonzolasauce in eine Auflaufform (gefettet) schichten. Restliche Nudeln, Porreescheiben und zuletzt die Gorgonzolasauce daraufgeben. Die Form auf dem Rost in den vorgeheizten Backofen schieben. Auflauf etwa 25 Minuten garen.

Nudel-Mett-Auflauf

Nudel-Porree-Auflauf

Anglertopf
4 Portionen

Zubereitungszeit: 45 Minuten, ohne Abkühlzeit
Garzeit: etwa 30 Minuten

1 kg festkochende Kartoffeln
Salz
1 TL Kümmelsamen
500 g Möhren
125 ml Gemüsebrühe
500 g gekochtes Fischfilet, z. B. Wolfsbarsch, Karpfen
gem. Pfeffer
3 Eier (Größe M)
250 ml Milch (3,5 % Fett) oder
250 g Schlagsahne
Paprikapulver edelsüß
gerebelter Thymian
klein geschnittene Petersilie
20 g Semmelbrösel
20 g Butter
1 Stängel Thymian

Pro Portion:
E: 13 g, F: 25 g, Kh: 56 g,
kJ: 2179, kcal: 521

1. Kartoffeln gründlich waschen, in einem Topf knapp mit Wasser bedeckt, zugedeckt zum Kochen bringen, Salz und Kümmel hinzufügen. Die Kartoffeln etwa 20 Minuten garen. Kartoffeln abgießen, mit kaltem Wasser abspülen, abtropfen lassen und heiß pellen. Kartoffeln erkalten lassen und in Würfel schneiden.
2. Möhren putzen, schälen, abspülen, abtropfen lassen und in Scheiben schneiden. Brühe in einem Topf zum Kochen bringen. Möhrenscheiben darin zugedeckt etwa 10 Minuten garen. Möhrenscheiben in einem Sieb abtropfen lassen.
3. Fischfilet kurz unter fließendem kalten Wasser abspülen, trocken tupfen und in Stücke schneiden. Mit Salz und Pfeffer würzen.
4. Den Backofen vorheizen.
Ober-/Unterhitze: etwa 200 °C
Heißluft: etwa 180 °C
5. Abwechselnd die Kartoffelwürfel, Möhrenscheiben und Fischfiletstücke in eine Auflaufform mit hohem Rand (gefettet) schichten.
6. Die Eier mit Milch oder Sahne verschlagen. Mit Salz, Pfeffer, Paprika, Thymian und Petersilie würzen. Die Eiermilch oder -sahne auf dem eingeschichteten Auflauf verteilen. Mit Semmelbröseln bestreuen und Butter in Flöckchen daraufsetzen.
7. Die Form auf dem Rost in den vorgeheizten Backofen schieben. Den Auflauf etwa 30 Minuten garen.
8. Den Anglertopf mit einem abgespülten und trocken getupften Stängel Thymian garniert servieren.

Bauernpastete
4–5 Portionen

Zubereitungszeit: 50 Minuten
Garzeit: 50–60 Minuten

500 g Äpfel
25 g Butter
500 g grobe ungebrühte Bratwurst
500 g gekochte Pellkartoffeln
1 mittelgroße Zwiebel
2 Eier (Größe M)
125 ml Milch (3,5 % Fett)
1/2 gestr. TL Salz
gem. Pfeffer
Paprikapulver edelsüß

Pro Portion:
E: 39 g, F: 23 g, Kh: 32 g,
kJ: 2239, kcal: 534

1. Äpfel schälen, achteln und entkernen. Butter in einem Topf zerlassen. Apfelspalten darin zugedeckt kurz andünsten, evtl. etwas Wasser hinzufügen.
2. Die Bratwurstmasse aus der Pelle in eine erhitzte Pfanne drücken und unter ständigem Wenden gut durchbraten, dabei die Fleischklümpchen mit dem Pfannenwender etwas zerdrücken. Die Bratwurstmasse aus der Pfanne nehmen und beiseitestellen.
3. Den Backofen vorheizen.
Ober-/Unterhitze: etwa 180 °C
Heißluft: etwa 160 °C
4. Kartoffeln pellen und in Würfel schneiden. Zwiebel abziehen und fein würfeln. Kartoffelwürfel in dem verbliebenen Bratfett von allen Seiten anbraten, Zwiebelwürfel hinzugeben und kurz mitbraten lassen.
5. Nacheinander Kartoffel-Zwiebel-Mischung, Apfelspalten und beiseitegestellte Bratwurstmasse in eine Auflaufform (gefettet) schichten.
6. Die Eier mit Milch verschlagen, mit Salz, Pfeffer und Paprika würzen und über die eingeschichteten Zutaten gießen. Die Form mit dem Deckel verschließen oder mit Alufolie zudecken und auf dem Rost in den vorgeheizten Backofen schieben und die Bauernpastete 50–60 Minuten garen.
7. Die Form auf einen Rost stellen. Die Bauernpastete etwa 10 Minuten in der Form ruhen lassen und dann in der Form servieren.

Anglertopf

Bauernpastete

Hähnchenauflauf mit Zuckerschoten

Brokkoli mit Kasseler und Käse

4 Portionen (ohne Foto)

Zubereitungszeit: 25 Minuten
Garzeit: etwa 20 Minuten

750 g Brokkoli, Salz
1 Pck. Kartoffelpüree mit Milch (3 Portionen)
500 ml Wasser (oder Flüssigkeit nach Packungsanleitung)
30 g Butter
200 g Gouda, in Scheiben
200 g Kasseler, in Scheiben

Pro Portion:
E: 30 g, F: 23 g, Kh: 17 g,
kJ: 1681, kcal: 404

1. Von dem Brokkoli die Blätter entfernen. Den Brokkoli in Röschen teilen, abspülen und abtropfen lassen. Die Brokkoliröschen in kochendem Salzwasser zugedeckt etwa 5 Minuten garen. Anschließend in ein Sieb geben, mit kaltem Wasser abschrecken und abtropfen lassen.
2. Den Backofen vorheizen.
Ober-/Unterhitze: etwa 200 °C
Heißluft: etwa 180 °C
3. Kartoffelpüree mit Wasser nach Packungsanleitung zubereiten. Butter unterrühren. Das Kartoffelpüree in eine große, flache Auflaufform (gefettet) geben und glatt streichen.
4. Käse- und Kasselerscheiben in gleich große Streifen schneiden. Die Brokkoliröschen zuerst mit einem Käsestreifen, dann mit einem Kasselerstreifen umwickeln. Die Brokkoliröschen nebeneinander auf das Kartoffelpüree setzen und etwas hineindrücken. Die Form ohne Deckel auf dem Rost in den vorgeheizten Backofen schieben. Den Auflauf etwa 20 Minuten garen.

Hähnchenauflauf mit Zuckerschoten

4 Portionen

Zubereitungszeit: 40 Minuten
Garzeit: 30–40 Minuten

400 g Hähnchenfleisch
3 EL Speiseöl
200 g Zuckerschoten
1 mittelgroße Zwiebel
200 g Zucchini
Salz, gem. Pfeffer
ger. Muskatnuss
1 abgezogene, zerdrückte Knoblauchzehe
125 g Doppelrahm-Frischkäse
200 g Schlagsahne
2 Eier (Größe M)
1 EL klein geschnittener Kerbel
1 EL klein geschnittene Petersilie
1 EL Schnittlauchröllchen
40 g ger. Greyerzer Käse
30 g Butter

Pro Portion:
E: 32 g, F: 60 g, Kh: 10 g,
kJ: 3132, kcal: 748

1. Hähnchenfleisch kurz unter fließendem kalten Wasser abspülen, trocken tupfen und in grobe Würfel schneiden.
2. Speiseöl in einer Pfanne erhitzen, Hähnchenfleischwürfel darin von allen Seiten kräftig anbraten und herausnehmen.
3. Den Backofen vorheizen.
Ober-/Unterhitze: etwa 180 °C
Heißluft: etwa 160 °C
4. Von den Zuckerschoten die Enden abschneiden, evtl. abfädeln. Zuckerschoten abspülen, abtropfen lassen und in kochendem Wasser etwa 2 Minuten blanchieren. Zuckerschoten in eiskaltem Wasser abschrecken und in einem Sieb abtropfen lassen.
5. Zwiebel abziehen, in kleine Würfel schneiden und in dem verbliebenen Bratfett andünsten.
6. Zucchini abspülen, abtrocknen und die Enden abschneiden. Zucchini in Scheiben schneiden, zu den Zwiebelwürfeln geben und mit andünsten. Mit Salz, Pfeffer, Muskat und Knoblauch würzen.
7. Frischkäse mit Sahne, Eiern, Kerbel, Petersilie und Schnittlauchröllchen verrühren. Eine flache Auflaufform (gefettet) mit Fleischwürfeln, Zuckerschoten und angedünsteten Zucchinischeiben füllen.
8. Eiersahne darauf verteilen. Den Auflauf mit Käse bestreuen, Butter in Flöckchen daraufsetzen. Die Form auf dem Rost in den vorgeheizten Backofen schieben.
9. Den Hähnchenauflauf 30–40 Minuten garen.

Ofentomaten mit Couscous-Füllung

4 Portionen

Zubereitungszeit: 35 Minuten
Garzeit: etwa 15 Minuten

30 g Pinienkerne
1 gelbe Paprikaschote
4 Fleischtomaten
325 ml Gemüsebrühe
150 g Couscous
einige Stängel Koriander
100 g Doppelrahm-Frischkäse
100 ml Milch (3,5 % Fett)
1 Msp. gem. Kreuzkümmel (Cumin)
Salz
gem. Pfeffer
100 g Sucuk (Rohwurst aus der Türkei) oder 100 g Chorizo (spanische Knoblauch-Paprika-Wurst)
3–4 EL Kartoffelchips (orientalisch gewürzt)

Pro Portion:
E: 18 g, F: 26 g, Kh: 40 g,
kJ: 1954, kcal: 466

1. Die Pinienkerne in einer Pfanne ohne Fett leicht anrösten, dann aus der Pfanne nehmen und auf einen Teller geben.
2. Paprikaschote halbieren, entstielen, entkernen und die weißen Scheidewände entfernen. Schote abspülen, abtropfen lassen und in kleine Würfel schneiden.
3. Tomaten abspülen, abtrocknen und jeweils den Deckel abschneiden (dabei den Stängelansatz mit abschneiden). Die Deckel in kleine Würfel schneiden, dabei die Stängelansätze herausschneiden. Tomaten vorsichtig aushöhlen und das Fruchtfleisch beiseitestellen.
4. Von der Gemüsebrühe 200 ml abmessen und in einem Topf zum Kochen bringen. Die Paprikawürfel hinzugeben und etwa 2 Minuten kochen lassen. Dann Couscous hinzufügen und alles weitere etwa 3 Minuten bei schwacher Hitze ziehen lassen.

Ofentomaten mit Couscous-Füllung

5. Koriander abspülen und trocken tupfen. Die Blättchen von den Stängeln zupfen. Einige Blättchen zum Garnieren beiseitelegen. Restliche Blättchen klein schneiden.
6. Frischkäse mit Milch verrühren. Nach und nach Tomatenwürfel, klein geschnittenen Koriander und Kreuzkümmel hinzufügen.
7. Die Frischkäsemasse unter den Couscous heben, mit Salz und Pfeffer würzen.
8. Die Wurst in kleine Würfel schneiden. Eine Pfanne ohne Fett erhitzen, Wurstwürfel darin kurz von allen Seiten anbraten. Wurstwürfel aus der Pfanne nehmen und mit den Pinienkernen zum bunten Couscous geben. Die Masse in die Tomaten füllen.
9. Den Backofen vorheizen.
Ober-/Unterhitze: etwa 200 °C
Heißluft: etwa 180 °C
10. Das beiseitegestellte Tomatenfruchtfleisch mit 125 ml Wasser in einem Topf kurz aufkochen lassen. Die restliche Brühe unterrühren, mit Salz und Pfeffer würzen.
11. Die Tomatensauce in eine Auflaufform (gefettet) geben. Die gefüllten Tomaten darauf verteilen.
12. Die Form auf dem Rost in den vorgeheizten Backofen (unteres Drittel) schieben. Die Ofentomaten etwa 10 Minuten garen.
13. Die Kartoffelchips vorsichtig zerbröseln und auf den gefüllten Tomaten verteilen. Die Ofentomaten bei gleicher Backofentemperatur weitere etwa 5 Minuten garen.
14. Die Ofentomaten mit den beiseitegelegten Korianderblättchen garnieren und servieren.

Nudelauflauf mit Putenschnecken

4 Portionen

Zubereitungszeit: 60 Minuten
Garzeit: etwa 45 Minuten

5 l Wasser, 5 gestr. TL Salz
500 g kurze, gedrehte Nudeln
1 kg abgetropfte stückige Tomaten (Tetrapak oder Dosen)
450 g TK-Farmergemüse
6 dünne Putenschnitzel (je etwa 130 g)
6 TL Tomatenmark
50 g TK-8-Kräuter
Salz, gem. Pfeffer
6 EL Sonnenblumenöl

Für den Guss:
8 Eier (Größe M)
200 g Schlagsahne
300 ml Tomatensaft (von den stückigen Tomaten)

400 g Butterkäse oder Edamer

Außerdem:
12 Holzstäbchen

Pro Portion:
E: 49 g, F: 34 g, Kh: 45 g,
kJ: 3051, kcal: 729

1. Wasser in einem großen Topf zugedeckt zum Kochen bringen. Danach Salz und Nudeln hinzugeben. Die Nudeln im geöffneten Topf bei mittlerer Hitze nach Packungsanleitung bissfest kochen, dabei gelegentlich umrühren.

2. Anschließend die Nudeln in ein Sieb geben, mit heißem Wasser abspülen und abtropfen lassen.
3. Von den stückigen Tomaten den Saft auffangen und 300 ml abmessen. Farmergemüse nach Packungsanleitung garen und evtl. in einem Sieb abtropfen lassen.
4. Putenschnitzel kurz unter fließendem kalten Wasser abspülen, trocken tupfen und nach Belieben etwas flach klopfen. Eine Schnitzelseite mit Tomatenmark bestreichen und mit den tiefgefrorenen Kräutern (1–2 Esslöffel beiseitelegen) bestreuen. Die Schnitzel aufrollen, mit Holzstäbchen feststecken, mit Salz und Pfeffer würzen.
5. Den Backofen vorheizen.
Ober-/Unterhitze: etwa 180 °C
Heißluft: etwa 160 °C
6. Sonnenblumenöl in einer Pfanne erhitzen. Die Schnitzelröllchen darin von allen Seiten 10–12 Minuten goldbraun braten. Die Schnitzelröllchen herausnehmen und etwas abkühlen lassen. Die Holzstäbchen herausziehen. Schnitzelröllchen in 1 1/2–2 cm dicke Scheiben schneiden.
7. Tomatenstücke mit dem Farmergemüse und den Nudeln mischen, in eine große, flache Auflaufform (gefettet) geben. Die Putenschnecken darauf verteilen.
8. Für den Guss Eier mit Sahne und Tomatensaft verschlagen, mit Salz und Pfeffer würzen. Den Guss auf dem Auflauf verteilen. Käse grob reiben und daraufstreuen. Die Form auf dem Rost in den vorgeheizten Backofen schieben. Den Nudelauflauf etwa 45 Minuten garen.

Paprika-Lasagne

8–10 Portionen

Zubereitungszeit: 60 Minuten
Garzeit: etwa 30 Minuten

Für die Sauce:
3 Zwiebeln
4 Knoblauchzehen
2 grüne Chilischoten
6 EL Olivenöl
1 l Gemüsebrühe
500 ml Milch (3,5 % Fett)
150 g Grünkernschrot
60 g Weizenmehl
1 EL Pul Biber
(geschrotete Pfefferschoten)
Salz
3 Eigelb (Größe M)

1,2 kg rote Paprikaschoten
2 Bund glatte Petersilie
500 g Lasagneplatten
(ohne Vorgaren)
200 g ger. Pizzakäse
etwas Pul Biber

Pro Portion:
E: 20 g, F: 18 g, Kh: 67 g,
kJ: 2145, kcal: 510

1. Für die Sauce Zwiebeln und Knoblauch abziehen, in feine Würfel schneiden. Die Chilischoten halbieren, entstielen, entkernen, abspülen, abtropfen lassen und klein würfeln.
2. Olivenöl in einem großen Topf erhitzen. Zwiebel- und Knoblauchwürfel darin andünsten. Brühe, Milch, Grünkernschrot und Mehl hinzugeben. Die Zutaten mit einem Schneebesen unter ständigem Rühren aufkochen lassen. Mit Chiliwürfeln, Pul Biber und Salz kräftig würzen.
3. Eigelb mit etwas von der Sauce verschlagen und unter die Sauce rühren (nicht mehr kochen lassen).
4. Den Backofen vorheizen.
Ober-/Unterhitze: etwa 220 °C
Heißluft: etwa 200 °C
5. Paprikaschoten halbieren, entstielen, entkernen und die weißen Scheidewände entfernen. Schoten abspülen, abtropfen lassen und in etwa 1 cm große Würfel schneiden. Paprikawürfel in kochendem Salzwasser etwa 5 Minuten kochen lassen. Anschließend in einem Sieb abtropfen lassen. Petersilie abspülen, trocken tupfen. Blättchen von den Stängeln zupfen, klein schneiden.
6. Auf den Boden einer großen, flachen Auflaufform (gefettet) zuerst etwas Sauce geben, darauf ein Drittel der Lasagneplatten verteilen, dann die Hälfte der Paprikawürfel, der Petersilie und etwas Sauce daraufgeben. Wieder ein Drittel der Lasagneplatten darauflegen. Restliche Paprikawürfel, restliche Petersilie und etwas Sauce darauf verteilen. Mit den restlichen Lasagneplatten belegen und die restliche Sauce daraufgeben.
7. Die Lasagne mit Käse und Pul Biber bestreuen. Die Form auf dem Rost in den vorgeheizten Backofen schieben. Die Lasagne etwa 30 Minuten garen.
8. Die Form aus dem Backofen nehmen und auf einen Rost stellen. Lasagne noch etwa 10 Minuten ruhen lassen. Anschließend in Stücke schneiden und servieren.

Nudelauflauf mit Putenschnecken

Paprika-Lasagne

Gebackener Sommer

Gebackener Sommer
4 Portionen

Zubereitungszeit: 35 Minuten
Garzeit: etwa 45 Minuten

150 g Frühstücksspeck in Scheiben (Bacon), 600 g Kartoffeln
500 g Blattspinat, Salz
500 g Tomaten
1 kleine Gemüsezwiebel
gem. Pfeffer
ger. Muskatnuss
3 Knoblauchzehen
200 g Schafskäse
5 EL Olivenöl

Pro Portion:
E: 21 g, F: 50 g, Kh: 31 g,
kJ: 2875, kcal: 687

1. Den Backofen vorheizen.
Ober-/Unterhitze: etwa 200 °C
Heißluft: etwa 180 °C
2. Speckscheiben halbieren und eine feuerfeste, flache Auflaufform damit auslegen.
3. Kartoffeln schälen, abspülen, abtropfen lassen, in dünne Scheiben schneiden und auf den Speckscheiben verteilen. Form auf dem Rost in den vorgeheizten Backofen schieben. Kartoffeln etwa 20 Minuten garen.
4. In der Zwischenzeit Spinat verlesen, dicke Stiele entfernen. Spinat gründlich waschen, abtropfen lassen, kurz in kochendem Salzwasser blanchieren, in ein Sieb geben, mit kaltem Wasser abschrecken und gut abtropfen lassen. Tomaten abspülen, trocken tupfen und die Stängelansätze herausschneiden. Tomaten in Scheiben schneiden. Gemüsezwiebel abziehen, halbieren und ebenfalls in feine Scheiben schneiden.
5. Die Form aus dem Backofen nehmen. Die Kartoffelscheiben mit Salz und Pfeffer würzen. Spinat daraufgeben, mit Salz, Pfeffer und Muskat würzen. Knoblauch abziehen, durch eine Knoblauchpresse drücken und auf dem Spinat verteilen. Zuerst die Zwiebelscheiben, dann die Tomatenscheiben dachziegelartig darauflegen. Schafskäse zerbröseln, die Tomatenscheiben damit bestreuen und mit Olivenöl beträufeln.
6. Die Form wieder auf dem Rost in den heißen Backofen schieben. Das Gericht bei gleicher Backofentemperatur in weiteren etwa 25 Minuten fertig garen.

Maisauflauf auf amerikanische Art

4 Portionen (ohne Foto)

Zubereitungszeit: 50 Minuten
Garzeit: etwa 25 Minuten

250 g Champignons
125 g geräucherter, durchwachsener Speck
2 EL Sojaöl
2 Scheiben Toastbrot
200 g Shrimps (aus dem Kühlregal)
285 g abgetropfter Gemüsemais (aus der Dose)
20 g Butter
1 geh. EL Weizenmehl
250 ml Milch (3,5 % Fett)
Salz, gem. weißer Pfeffer
1 TL mittelscharfer Senf
50 g ger. mittelalter Gouda
1 Bund Petersilie

Pro Portion:
E: 22 g, F: 38 g, Kh: 25 g,
kJ: 2336, kcal: 558

1. Champignons putzen, evtl. kurz abspülen, trocken tupfen und in Scheiben schneiden. Speck in Würfel schneiden und in einer erhitzten Pfanne ohne Fett knusprig braun braten. Speckwürfel aus der Pfanne nehmen und beiseitestellen.
2. Champignonscheiben in die Pfanne geben und in dem Speckfett etwa 5 Minuten unter Rühren dünsten. Champignonscheiben herausnehmen und ebenfalls beiseitestellen.
3. Das Sojaöl in der Pfanne erhitzen. Toastbrotscheiben entrinden, in Würfel schneiden, in die Pfanne geben, von allen Seiten goldbraun rösten und herausnehmen.
4. Beiseitegestellte Speckwürfel und Champignonscheiben mit den Toastbrotwürfeln, Shrimps und Mais in einer Schüssel mischen und in eine Auflaufform (gefettet) geben.
5. Den Backofen vorheizen.
Ober-/Unterhitze: etwa 200 °C
Heißluft: etwa 180 °C
6. Butter in einem Topf zerlassen, Mehl hinzugeben und unter Rühren so lange erhitzen, bis es hellgelb ist. Milch hinzugießen und mit einem Schneebesen durchschlagen. Dabei darauf achten, dass keine Klümpchen entstehen. Die Sauce unter Rühren zum Kochen bringen und etwa 2 Minuten bei schwacher Hitze unter gelegentlichem Rühren kochen lassen, mit Salz, Pfeffer und Senf würzen. Die Sauce auf dem Auflauf verteilen und mit Käse bestreuen.
7. Die Form auf dem Rost in den vorgeheizten Backofen schieben. Den Maisauflauf etwa 25 Minuten garen.
8. In der Zwischenzeit die Petersilie abspülen und trocken tupfen. Die Blättchen von den Stängeln zupfen, Blättchen klein schneiden.
9. Den Maisauflauf vor dem Servieren mit Petersilie bestreuen.

Gefüllte Rotkohlröllchen mit Rotwein

4 Portionen

Zubereitungszeit: 60 Minuten, ohne Quellzeit
Garzeit: etwa 30 Minuten

Salz
1 Rotkohl (1–1 1/2 kg)
3 Brötchen (Semmeln) vom Vortag
50 g durchwachsener Speck
1 Zwiebel
80 g Butter
100 g getrocknete Apfelringe
125 g Schlagsahne
125 ml Rotwein
gem. Pfeffer
gem. Gewürznelken
gem. Piment
gem. Macis (Muskatblüte)
200 ml Gemüsebrühe
30 g Butter
einige Petersilienblättchen

Pro Portion:
E: 7 g, F: 35 g, Kh: 37 g,
kJ: 2157, kcal: 515

1. In einem großen Topf reichlich Wasser zum Kochen bringen. Salz hinzufügen (auf 1 Liter Wasser 1 Teelöffel Salz). In der Zwischenzeit von dem Rotkohl die äußeren, welken Blätter entfernen. Den Rotkohl abspülen und den Strunk unten keilförmig herausschneiden. Rotkohl so lange in das kochende Wasser legen, bis sich die äußeren Blätter lösen. Diesen Vorgang wiederholen, bis etwa 8 Blätter sich lösen lassen und etwas weich sind. Die Blätter abtropfen lassen und mit Küchenpapier trocken tupfen. Die dicken Blattrippen flach schneiden.
2. Brötchen und Speck in kleine Würfel schneiden. Zwiebel abziehen und ebenfalls in kleine Würfel schneiden. Butter in einer Pfanne zerlassen. Speckwürfel darin auslassen, Brot- und Zwiebelwürfel hinzufügen und unter mehrmaligem Wenden knusprig braun rösten. Apfelringe klein schneiden und hinzufügen. Sahne und Rotwein hinzugießen.
3. Den Backofen vorheizen.
Ober-/Unterhitze: etwa 200 °C
Heißluft: etwa 180 °C
4. Die Pfanne von der Kochstelle nehmen, die Zutaten etwa 15 Minuten quellen lassen. Dann mit Salz, Pfeffer, Nelken, Piment und Macis kräftig würzen.
5. Jeweils 2 Rotkohlblätter aufeinanderlegen. Die Füllung darauf verteilen. Die Blätter seitlich einschlagen und aufrollen. Röllchen nebeneinander mit der Nahtseite nach unten in eine flache Auflaufform (gefettet) legen. Die Brühe hinzugießen. Butter in Flöckchen daraufsetzen. Die Form auf dem Rost in den vorgeheizten Backofen schieben. Die Rotkohlröllchen etwa 30 Minuten garen.
6. Die Rotkohlröllchen auf Tellern anrichten und mit abgespülten, trocken getupften Petersilienblättchen garniert servieren.

Minirouladen-Auflauf

8 Portionen

Zubereitungszeit: 30 Minuten
Garzeit: 35–40 Minuten

8 dünne Rumpsteaks (je etwa 70 g)
1 EL mittelscharfer Senf
Salz, gem. Pfeffer
120 g Schweinemett
8 Scheiben Frühstücksspeck (Bacon)
650 g Apfel-Rotkohl (aus dem Glas)
150 ml Apfelsaft
60 g Zwiebeln
400 g festkochende Kartoffeln
30 g zerlassenes Butterschmalz

Außerdem:
evtl. Holzstäbchen

Pro Portion:
E: 45 g, F: 17 g, Kh: 35 g,
kJ: 2004, kcal: 477

1. Den Backofen vorheizen.
Ober-/Unterhitze: etwa 200 °C
Heißluft: etwa 180 °C
2. Rumpsteaks mit Küchenpapier trocken tupfen. Die Rumpsteaks etwas flach drücken, mit Senf bestreichen, mit Salz und Pfeffer würzen. Das Mett gleichmäßig darauf verteilen. Die Rumpsteaks von der schmalen Seite her fest aufrollen und mit je 1 Scheibe Frühstücksspeck umwickeln, evtl. mit einem Holzstäbchen feststecken.
3. Rotkohl in eine große, flache Auflaufform (gefettet) geben und den Apfelsaft hinzugießen. Zwiebeln abziehen, zuerst in Scheiben schneiden, dann in Ringe teilen.
4. Kartoffeln schälen, abspülen und abtropfen lassen. Kartoffeln zuerst in dünne Scheiben, dann in schmale Stäbchen schneiden. Mit den Zwiebelringen vermengen. Mit Salz und Pfeffer würzen. Kartoffel-Mischung als Nester auf den Rotkohl setzen und mit Butterschmalz beträufeln.
5. Die Fleischröllchen zwischen den Nestern auf dem Rotkohl verteilen und etwas eindrücken. Die Form auf dem Rost (unteres Drittel) in den vorgeheizten Backofen schieben. Den Auflauf 35–40 Minuten garen.

Gefüllte Rotkohlröllchen mit Rotwein

Minirouladen-Auflauf

Arabischer Kichererbsen-Lamm-Auflauf

6 Portionen

Zubereitungszeit: 45 Minuten
Garzeit: etwa 60 Minuten

4–5 Zwiebeln
3 Knoblauchzehen
1 kg Lammgulasch,
z. B. aus der Keule
3 EL Olivenöl
Salz, gem. Pfeffer
Chilipulver
400 g stückige Tomaten
(aus der Dose)
400 g Paprikaschoten (rot und grün)
350 g Zucchini
400 g Kichererbsen (aus der Dose)

Für den Guss:
4–5 Stängel frische Minze
3 Eier (Größe M)
250 g Joghurt (3,5 % Fett)

300 g Schafskäse
evtl. einige Minzeblättchen

Pro Portion:
E: 54 g, F: 33 g, Kh: 21 g,
kJ: 2494, kcal: 595

Arabischer Kichererbsen-Lamm-Auflauf

1. Zwiebeln und Knoblauch abziehen. Zwiebeln in Spalten, Knoblauch in kleine Würfel schneiden.
2. Den Backofen vorheizen.
Ober-/Unterhitze: etwa 200 °C
Heißluft: etwa 180 °C
3. Gulasch mit Küchenpapier trocken tupfen. Jeweils die Hälfte des Olivenöls in einem Bräter erhitzen. Gulasch darin in 2 Portionen von allen Seiten kräftig anbraten. Zwiebelspalten und Knoblauchwürfel hinzugeben, kurz mit anbraten. Gulasch mit Salz, Pfeffer und Chili würzen. Stückige Tomaten untermischen. Die Masse in einer großen Auflaufform (gefettet) verteilen.
4. Die Form mit dem Deckel verschließen und auf dem Rost in den vorgeheizten Backofen schieben. Den Auflauf etwa 30 Minuten vorgaren.
5. In der Zwischenzeit Paprikaschoten halbieren, entstielen, entkernen und die weißen Scheidewände entfernen. Schoten abspülen, abtropfen lassen und in Stücke schneiden. Zucchini abspülen, abtrocknen und die Enden abschneiden. Zucchini in dicke Scheiben schneiden. Kichererbsen in ein Sieb geben, mit kaltem Wasser abspülen, abtropfen lassen.
6. Für den Guss Minze abspülen und trocken tupfen. Die Blättchen von den Stängeln zupfen, Blättchen in feine Streifen schneiden. Eier mit Joghurt verschlagen, Minze unterrühren. Mit Salz und Pfeffer würzen.
7. Die Form aus dem Backofen nehmen und auf einen Rost stellen.
8. Paprikastücke, Zucchinischeiben und Kichererbsen zum vorgegarten Lammgulasch geben und gut untermischen. Den Guss darauf verteilen. Schafskäse fein zerbröseln und daraufstreuen.
9. Die Form wieder auf dem Rost in den heißen Backofen schieben. Den Auflauf bei gleicher Backofentemperatur weitere etwa 30 Minuten goldbraun backen.
10. Den arabischen Kichererbsen-Lamm-Auflauf auf Tellern anrichten und mit abgespülten, trocken getupften Minzeblättchen garnieren.

Champignon-Rahm-Hähnchen mit Preiselbeerfüllung

4 Portionen (ohne Foto)

Zubereitungszeit: 40 Minuten
Garzeit: etwa 30 Minuten

375 g Champignons
4 Hähnchenbrustfilets
(je etwa 150 g)
Salz, gem. Pfeffer
100 g Emmentaler
200 g Wild-Preiselbeer-Dessert
(aus dem Glas)
200 g Doppelrahm-Frischkäse
200 ml Geflügelbrühe
Paprikapulver edelsüß
1 EL gehobelte Mandeln

Pro Portion:
E: 53 g, F: 27 g, Kh: 24 g,
kJ: 2285, kcal: 547

1. Den Backofen vorheizen.
Ober-/Unterhitze: etwa 200 °C
Heißluft: etwa 180 °C
2. Champignons putzen, evtl. kurz abspülen, trocken tupfen und in Scheiben schneiden. Champignonscheiben in eine Auflaufform (gefettet) geben.
3. Die Hähnchenbrustfilets kurz unter fließendem kalten Wasser abspülen, trocken tupfen und mit einem Messer jeweils längs eine Tasche einschneiden. Die Taschen von innen mit Salz und Pfeffer würzen.
4. Emmentaler mit Preiselbeeren verrühren. Die Hähnchenbrustfilets damit füllen und auf die Champignonscheiben legen.
5. Frischkäse mit Brühe verrühren, mit Salz, Pfeffer und Paprika würzen und auf den Hähnchenbrustfilets in der Form verteilen. Mit Mandeln bestreuen. Die Form auf dem Rost in den vorgeheizten Backofen schieben. Die Champignon-Rahm-Hähnchen etwa 30 Minuten garen. Die Hähnchenbrustfilets nach Belieben von außen mit Salz und Pfeffer bestreuen.

Frühlingszwiebelauflauf

Bunter Nudelauflauf

Frühlingszwiebel-auflauf

4 Portionen

Zubereitungszeit: 30 Minuten
Garzeit: etwa 20 Minuten

200 g kleine Kartoffeln
1/2 gestr. TL Salz
1 Bund Frühlingszwiebeln
150 g Cocktailtomaten
200 g Kasseler-Aufschnitt
3 EL Joghurt (3,5 % Fett)
100 g Schlagsahne
2 Eier (Größe M)
Salz
gem. Pfeffer
100 g Havarti-Käse, in Scheiben

Pro Portion:
E: 45 g, F: 53 g, Kh: 23 g,
kJ: 3143, kcal: 750

1. Kartoffeln schälen, abspülen, abtropfen lassen. Kartoffeln knapp mit Wasser bedeckt, zugedeckt zum Kochen bringen, Salz hinzufügen. Die Kartoffeln etwa 20 Minuten garen. Kartoffeln in einem Sieb abtropfen lassen.
2. Den Backofen vorheizen.
Ober-/Unterhitze: etwa 200 °C
Heißluft: etwa 180 °C
3. Frühlingszwiebeln putzen, abspülen, abtropfen lassen, in etwa 5 cm lange Stücke schneiden. Die Kartoffeln mit den Frühlingszwiebelstücken in eine kleine, flache Auflaufform (gefettet) geben.
4. Tomaten abspülen, trocken tupfen, halbieren und evtl. die Stängelansätze herausschneiden. Kasseler-Aufschnitt in Würfel schneiden, mit den Tomaten zu den Kartoffeln und Frühlingszwiebelstücken in die Form geben.
5. Joghurt mit Sahne und Eiern verschlagen, mit Salz und Pfeffer würzen. Den Auflauf damit übergießen. Käsescheiben in Streifen schneiden und darauf verteilen. Die Form auf dem Rost in den vorgeheizten Backofen schieben. Den Auflauf etwa 20 Minuten garen, bis die Eiermasse gestockt ist.

Bunter Nudelauflauf

4 Portionen

Zubereitungszeit: 30 Minuten
Garzeit: etwa 30 Minuten

2 1/2 l Wasser
2 1/2 gestr. TL Salz
250 g Makkaroni

2 Zwiebeln
1 Knoblauchzehe
1 grüne Paprikaschote
2 Möhren (etwa 200 g)
1 EL Butter
200 g Kochschinken
150 g Crème fraîche
2 Eier (Größe M)
Salz
gem. Pfeffer
100 g frisch ger. Emmentaler

Pro Portion:
E: 32 g, F: 33 g, Kh: 49 g,
kJ: 2710, kcal: 647

1. Wasser in einem großen Topf zugedeckt zum Kochen bringen. Salz und Nudeln hinzugeben. Die Nudeln im geöffneten Topf bei mittlerer Hitze nach Packungsanleitung bissfest garen, dabei gelegentlich umrühren.
2. In der Zwischenzeit Zwiebeln und Knoblauch abziehen, in kleine Würfel schneiden. Paprikaschote halbieren, entstielen, entkernen und die weißen Scheidewände entfernen. Schote abspülen, abtropfen lassen und in Streifen schneiden. Möhren putzen, schälen, abspülen, abtropfen lassen und in Scheiben schneiden.
3. Den Backofen vorheizen.
Ober-/Unterhitze: etwa 200 °C
Heißluft: etwa 180 °C
4. Butter in einem Topf zerlassen. Zwiebel- und Knoblauchwürfel darin andünsten. Paprika und Möhren zufügen, etwa 6 Minuten unter gelegentlichem Rühren dünsten.
5. Die garen Nudeln in ein Sieb geben, mit heißem Wasser abspülen und abtropfen lassen.
6. Schinken in Streifen schneiden. Crème fraîche und Eier in einer großen Schüssel verschlagen, mit Salz und Pfeffer würzen. Nudeln, gedünstetes Gemüse und Schinken untermischen und in eine Auflaufform (gefettet) geben. Mit Käse bestreuen.
7. Die Form auf dem Rost in den vorgeheizten Backofen schieben. Den Auflauf etwa 30 Minuten garen.

Porree-Kasseler-Auflauf mit Wasabi-Kartoffel-Kruste

Mittelmeer-Auflauf

Porree-Kasseler-Auflauf mit Wasabi-Kartoffel-Kruste

4 Portionen

Zubereitungszeit: 25 Minuten
Garzeit: etwa 20 Minuten

500 g Porree (Lauch)
1 säuerlicher Apfel,
z. B. Boskop (etwa 200 g)
2 EL Butter
Salz, gem. Pfeffer
150 g Crème fraîche
1 Pck. Kartoffelpüree
(für 3 Portionen)
375 ml Wasser
125 ml Milch (3,5 % Fett)
etwa 3 TL Wasabipulver (ersatzweise ger. Meerrettich, aus dem Glas)
4 Scheiben Kasseler Lachsfleisch
(etwa 350 g)
2 EL Butter

Pro Portion:
E: 20 g, F: 31 g, Kh: 23 g,
kJ: 1888, kcal: 455

1. Den Backofen vorheizen.
Ober-/Unterhitze: etwa 220 °C
Heißluft: etwa 200 °C
2. Porree putzen, die Stangen längs halbieren, gründlich waschen, abtropfen lassen und in etwa 1 cm breite Stücke schneiden. Den Apfel abwaschen, abtrocknen, vierteln, entkernen und mit der Schale in Spalten schneiden.
3. Butter in einer Pfanne zerlassen. Die Apfelspalten darin unter Wenden goldbraun anbraten, herausnehmen und beiseitelegen. Die Porreestücke in dem verbliebenen Bratfett etwa 5 Minuten unter Wenden anbraten, mit Salz und Pfeffer würzen. 100 g Crème fraîche unterrühren.
4. Kartoffelpüree nach Packungsanleitung mit Wasser und Milch zubereiten. Restliche Crème fraîche unter das Püree rühren. Kartoffelpüree mit Salz, Pfeffer und Wasabipulver würzen.
5. Kasselerscheiben trocken tupfen, mit dem Porree und den Apfelspalten in eine große, flache Auflaufform (gefettet) schichten. Kartoffelpüree darauf verteilen oder in Nocken daraufsetzen. Die Butter in Flöckchen darauf verteilen.
6. Die Form auf dem Rost in den vorgeheizten Backofen schieben. Den Auflauf etwa 20 Minuten garen.

Mittelmeer-Auflauf

4 Portionen

Zubereitungszeit: 40 Minuten
Garzeit: etwa 20 Minuten

1 Gemüsezwiebel
5 Knoblauchzehen
je 2 rote und grüne Paprikaschoten
2 kleine Zucchini (etwa 400 g)
1 Aubergine (etwa 250 g)
6 EL Olivenöl
Salz, gem. Pfeffer
Zitronenpfeffer
Paprikapulver edelsüß
1 TL gerebelter Oregano
400 g abgetropfter Tunfisch in Öl
(aus Dosen)
4 Tomaten
200 g Schafskäse
40 g schwarze Oliven
1 Bio-Limette
(unbehandelt, ungewachst)

Pro Portion:
E: 39 g, F: 74 g, Kh: 18 g,
kJ: 3763, kcal: 898

1. Zwiebel und Knoblauch abziehen. Zwiebel halbieren und in Scheiben schneiden. Knoblauch fein würfeln.
2. Paprikaschoten halbieren, entstielen, entkernen und die weißen Scheidewände entfernen. Die Schoten abspülen, abtropfen lassen und in Streifen schneiden. Zucchini und Auberginen abspülen, abtrocknen und die Enden bzw. Stängelansätze abschneiden. Zucchini und Aubergine in dünne Scheiben schneiden.
3. Den Backofen vorheizen.
Ober-/Unterhitze: etwa 180 °C
Heißluft: etwa 160 °C
4. Olivenöl in einer großen Pfanne erhitzen. Zwiebelscheiben und Knoblauchwürfel darin andünsten. Die Zucchini- und Auberginenscheiben evtl. in 2 Portionen hinzugeben und mitdünsten lassen. Mit Salz, Pfeffer, Zitronenpfeffer, Paprika und Oregano würzen.
5. Tunfisch mit einer Gabel etwas zerpflücken. Das angedünstete Gemüse in eine flache Auflaufform (gefettet) geben. Den Tunfisch darauf verteilen. Mit Pfeffer und Oregano bestreuen.
6. Tomaten abspülen, abtrocknen und die Stängelansätze herausschneiden. Die Tomaten in Scheiben schneiden und auf den Tunfisch legen. Schafskäse zerbröseln und mit den Oliven auf dem Auflauf verteilen.
7. Limette heiß abwaschen, abtrocknen und dünn schälen. Die Limette in schmale Scheiben schneiden und auf den Auflauf legen. Die Form auf dem Rost in den vorgeheizten Backofen schieben. Den Auflauf etwa 20 Minuten garen.

Radicchio-Nudel-Auflauf

4 Portionen

Zubereitungszeit: 60 Minuten
Garzeit: etwa 35 Minuten

500 g Radicchio
Salz, gem. Pfeffer
250 g Schlagsahne
2 1/2 l Wasser, 2 1/2 gestr. TL Salz
250 g Bandnudeln
40 g Butter
150 g Kochschinken, in Scheiben
150 g ger. Parmesan

Pro Portion:
E: 32 g, F: 44 g, Kh: 46 g,
kJ: 3126, kcal: 747

1. Den Backofen vorheizen.
Ober-/Unterhitze: etwa 220 °C
Heißluft: etwa 200 °C
2. Von dem Radicchio die welken Blätter entfernen und die Wurzelenden abschneiden. Radicchioköpfe achteln, abspülen, gut abtropfen lassen und in eine Auflaufform (gefettet) legen. Mit Salz und Pfeffer würzen, Sahne hinzugießen. Die Form zugedeckt auf dem Rost in den vorgeheizten Backofen schieben. Radicchio etwa 15 Minuten vorgaren.
3. In der Zwischenzeit Wasser in einem großen Topf zugedeckt zum Kochen bringen. Dann Salz und Nudeln hinzugeben. Die Nudeln im geöffneten Topf bei mittlerer Hitze nach Packungsanleitung bissfest kochen, dabei gelegentlich umrühren.
4. Anschließend die Nudeln in ein Sieb geben, mit heißem Wasser abspülen und abtropfen lassen. Butter in einem Topf zerlassen. Die Nudeln darin schwenken.
5. Schinkenscheiben in Streifen schneiden. Nudeln, Schinkenstreifen und Käse mit dem vorgegarten Radicchio vermengen. Die Form wieder auf dem Rost in den heißen Backofen schieben und den Auflauf ohne Deckel bei gleicher Backofentemperatur weitere etwa 20 Minuten garen.

Radicchio-Nudel-Auflauf

Getreide-Gemüse-Auflauf

4 Portionen (ohne Foto)

Zubereitungszeit: 60 Minuten
Garzeit: etwa 25 Minuten

800 g Blumenkohl
1 Bund Frühlingszwiebeln
150 g Knollensellerie
200 g Möhren, 2 Zwiebeln
40 g Butter oder Margarine
200 g 7-Korn-Getreidemischung
1/2 TL gerebelter Thymian
1 TL Senfkörner
Salz, gem. Pfeffer
400 ml Gemüsebrühe
500 ml Wasser
2 EL klein geschnittene Petersilie oder Kerbel
200 g Schmand (Sauerrahm)
4 EL Milch (3,5 % Fett)
50 g frisch ger. mittelalter Gouda
30 g frisch ger. Parmesan

Pro Portion:
E: 18 g, F: 27 g, Kh: 49 g,
kJ: 2154, kcal: 512

1. Von dem Blumenkohl Blätter und schlechte Stellen entfernen, den Strunk abschneiden. Blumenkohl in Röschen teilen, abspülen und abtropfen lassen. Frühlingszwiebeln putzen, abspülen, abtropfen lassen und in etwa 3 cm lange Stücke schneiden.
2. Sellerie schälen und schlechte Stellen herausschneiden. Sellerie abspülen, abtropfen lassen und in kleine Würfel schneiden. Möhren putzen, schälen, abspülen, abtropfen lassen und ebenfalls in kleine Würfel schneiden. Zwiebeln abziehen und würfeln.
3. Butter oder Margarine in einem Topf zerlassen. Die Getreidemischung darin unter Rühren andünsten. Thymian, Senfkörner, Möhren-, Sellerie- und Zwiebelwürfel hinzufügen, mit Salz und Pfeffer würzen. Brühe hinzugießen, zum Kochen bringen und zugedeckt bei schwacher Hitze etwa 20 Minuten garen.
4. Den Backofen vorheizen.
Ober-/Unterhitze: etwa 200 °C
Heißluft: etwa 180 °C
5. In der Zwischenzeit Wasser in einem Topf zum Kochen bringen. Etwas Salz und die Blumenkohlröschen hinzufügen, wieder zum Kochen bringen. Blumenkohlröschen zugedeckt etwa 5 Minuten garen. Anschließend in ein Sieb geben, mit kaltem Wasser abschrecken und abtropfen lassen.
6. Petersilie oder Kerbel unter die Getreide-Gemüse-Mischung rühren und in eine flache Auflaufform (gefettet) füllen. Blumenkohlröschen und Frühlingszwiebelstücke darauf verteilen.
7. Schmand mit Milch verrühren und auf dem Gemüse in der Form verteilen. Mit beiden Käsesorten bestreuen. Die Form ohne Deckel auf dem Rost in den vorgeheizten Backofen schieben. Den Getreide-Gemüse-Auflauf etwa 25 Minuten garen.

Moussaka

6 Portionen (ohne Foto)

Zubereitungszeit: 60 Minuten
Garzeit: etwa 35 Minuten

1 1/2 kg Auberginen
Salz
500 g Tomaten
2 Zwiebeln
150 ml Olivenöl
600 g Gehacktes (Lamm- oder Rindfleisch)
gem. Pfeffer
je etwa 1 TL Oregano, Thymian und Basilikum, alles gerebelt
2 Knoblauchzehen
1 EL gehackte Petersilie
300 g Joghurt (3,5 % Fett)
125 ml Milch (3,5 % Fett)
2 Eier (Größe M)
150 g ger. mittelalter Gouda

Pro Portion:
E: 33 g, F: 56 g, Kh: 12 g,
kJ: 2832, kcal: 676

1. Auberginen abspülen, abtrocknen und die Enden abschneiden. Auberginen in 1/2–1 cm dicke Scheiben schneiden, mit Salz bestreuen und etwa 15 Minuten stehen lassen.
2. In der Zwischenzeit Tomaten kreuzweise einschneiden und mit kochendem Wasser übergießen. Nach 1–2 Minuten herausnehmen und mit kaltem Wasser abschrecken. Die Tomaten häuten, halbieren und die Stängelansätze herausschneiden. Tomaten in Scheiben schneiden. Den Zwiebeln abziehen und klein würfeln.
3. Den Backofen vorheizen.
Ober-/Unterhitze: etwa 200 °C
Heißluft: etwa 180 °C
4. Etwas Olivenöl in einer Pfanne erhitzen. Die Auberginenscheiben mit Küchenpapier trocken tupfen, portionsweise in dem erhitzten Olivenöl von beiden Seiten anbraten, herausnehmen und auf Küchenpapier abtropfen lassen.
5. Das restliche Olivenöl in der Pfanne erhitzen. Die Zwiebelwürfel darin andünsten. Gehacktes hinzufügen und unter Rühren anbraten, dabei die Fleischklümpchen mit einer Gabel zerdrücken. Gehacktes mit Salz, Pfeffer, Oregano, Thymian und Basilikum würzen, etwa 5 Minuten schmoren. Knoblauch abziehen, durch eine Knoblauchpresse drücken und unterrühren.
6. Die Hälfte der Auberginenscheiben in eine große, flache Auflaufform (etwa 30 x 25 cm, gefettet) geben. Mit Salz, Pfeffer und Petersilie bestreuen. Die Hälfte der Tomatenscheiben darauflegen. Gehacktesmasse darauf verteilen. Nacheinander die restlichen Auberginen- und Tomatenscheiben daraufgeben.
7. Joghurt mit Milch und Eiern verschlagen, die eingeschichteten Zutaten damit übergießen. Mit Käse bestreuen. Die Form auf dem Rost in den vorgeheizten Backofen schieben. Die Moussaka etwa 35 Minuten garen.

Putenauflauf „Schwäbische Art"

6 Portionen

Zubereitungszeit: 30 Minuten
Garzeit: etwa 60 Minuten

200 g Zuckerschoten
3 Möhren (etwa 300 g)
Salz
500 g Putenbrustfilet
2–3 EL Speiseöl
600 g Schupfnudeln (aus dem Frischeregal) oder TK-Schupfnudeln
500 g Schlagsahne
5 Eier (Größe M)
25 g TK-Küchenkräuter
gem. Pfeffer
evtl. Kräuterblättchen

Pro Portion:
E: 33 g, F: 34 g, Kh: 42 g,
kJ: 2558, kcal: 609

1. Von den Zuckerschoten die Enden abschneiden, evtl. abfädeln. Zuckerschoten abspülen, abtropfen lassen und quer halbieren. Möhren putzen, schälen, abspülen, abtropfen lassen und in dünne Scheiben schneiden oder hobeln. Zuckerschoten und Möhrenscheiben in kochendem Salzwasser etwa 2 Minuten blanchieren, in ein Sieb geben, mit kaltem Wasser abschrecken und gut abtropfen lassen.
2. Den Backofen vorheizen.
Ober-/Unterhitze: etwa 180 °C
Heißluft: etwa 160 °C
3. Das Putenbrustfilet kurz unter fließendem kalten Wasser abspülen, trocken tupfen und in Streifen schneiden. Jeweils etwas Speiseöl in einer Pfanne erhitzen. Putenbruststreifen darin portionsweise von allen Seiten anbraten.

Putenauflauf „Schwäbische Art"

Rosenkohl mit Quarkhaube

Westernauflauf

4. Schupfnudeln, Zuckerschoten, Möhrenscheiben und Putenbruststreifen gut vermengen, in eine flache Auflaufform (gefettet) geben.
5. Die Sahne mit Eiern verschlagen, Kräuter unterrühren. Mit Salz und Pfeffer leicht würzen. Die Eiersahne auf dem Auflauf verteilen. Die Form auf dem Rost in den vorgeheizten Backofen schieben. Den Putenauflauf etwa 60 Minuten garen.
6. Den Putenauflauf nach Belieben mit abgespülten und trocken getupften Kräuterblättchen garnieren.

Rosenkohl mit Quarkhaube

4 Portionen

Zubereitungszeit: 50 Minuten
Garzeit: etwa 20 Minuten

1 kg Rosenkohl
Salz, gem. Pfeffer
400 g Fleischwurst
200 g Frühlingsquark
2 Eier (Größe M)
1 EL Semmelbrösel
2 EL ger. Parmesan

Pro Portion:
E: 34 g, F: 34 g, Kh: 14 g,
kJ: 2195, kcal: 526

1. Rosenkohl von den schlechten äußeren Blättern befreien und etwas vom Strunk abschneiden. Rosenkohlröschen am Strunk kreuzförmig einschneiden, abspülen, abtropfen lassen und in kochendem Salzwasser zugedeckt etwa 15 Minuten garen. Rosenkohl in einem Sieb abtropfen lassen, in eine Auflaufform (gefettet) geben und mit Pfeffer würzen.
2. Den Backofen vorheizen.
Ober-/Unterhitze: etwa 200 °C
Heißluft: etwa 180 °C
3. Von der Fleischwurst die Pelle abziehen, Fleischwurst würfeln und auf dem Rosenkohl verteilen.
4. Frühlingsquark mit Eiern gut verrühren und daraufgeben. Semmelbrösel mit Käse mischen, die Quark-Eier-Masse damit bestreuen. Die Form auf dem Rost in den vorgeheizten Backofen schieben und Rosenkohl etwa 20 Minuten garen.

Westernauflauf

4 Portionen

Zubereitungszeit: 30 Minuten
Garzeit: etwa 40 Minuten

500 g Rindergulasch
100 g durchwachsener Speck
1 Gemüsezwiebel
1 grüne Paprikaschote
3 EL Speiseöl
Salz, gem. Pfeffer
Paprikapulver edelsüß
Cayennepfeffer
2 EL Tomatenmark
240 g abgetropfter Gemüsemais (aus der Dose)
250 g abgetropfte Kidneybohnen (aus der Dose)
215 g abgetropfte Champignonscheiben (aus der Dose)
400 g stückige Tomaten (aus der Dose)
125 ml Fleischbrühe
75 g ger. Käse, z. B. Emmentaler
40 g Butter

Pro Portion:
E: 48 g, F: 58 g, Kh: 37 g,
kJ: 3811, kcal: 911

1. Den Backofen vorheizen.
Ober-/Unterhitze: etwa 180 °C
Heißluft: etwa 160 °C
2. Rindergulasch mit Küchenpapier trocken tupfen und etwas kleiner schneiden. Den Speck in Würfel schneiden.
3. Gemüsezwiebel abziehen, halbieren und in feine Streifen schneiden. Paprikaschote halbieren, entstielen, entkernen und die weißen Scheidewände entfernen. Schote abspülen, abtropfen lassen und in feine Streifen schneiden.
4. Speiseöl in einer großen Pfanne oder in einem großen Topf erhitzen, die Speckwürfel darin auslassen. Gulasch hinzugeben und von allen Seiten kurz und kräftig anbraten. Zwiebel- und Paprikastreifen hinzufügen und unter Rühren andünsten. Alles mit Salz, Pfeffer, Paprika und Cayennepfeffer würzen.
5. Tomatenmark unterrühren. Mais, Kidneybohnen, Champignonscheiben, stückige Tomaten und Brühe untermischen.
6. Die Zutaten in eine große, flache Auflaufform (gefettet) geben und mit Käse bestreuen. Butter in Flöckchen daraufsetzen. Die Form auf dem Rost in den vorgeheizten Backofen schieben. Den Westernauflauf etwa 40 Minuten garen.

Überbackener Pfannkuchen-Auflauf

4 Portionen

Zubereitungszeit: 50 Minuten, ohne Ruhezeit
Überbackzeit: etwa 30 Minuten

Für den Pfannkuchenteig:
250 g Weizenmehl
4 Eier (Größe M)
1 gestr. TL Zucker
1 Prise Salz
375 ml Milch (3,5 % Fett)
125 ml Mineralwasser mit Kohlensäure
8 EL Speiseöl

1 Zwiebel
3 EL Speiseöl
600 g TK-Blattspinat
Salz
gem. Pfeffer
ger. Muskatnuss
200 g geräucherter Lachs, in Scheiben
500 g Sauce hollandaise (Tetrapak)
evtl. rosa Pfefferbeeren

Pro Portion:
E: 33 g, F: 68 g, Kh: 58 g, kJ: 4066, kcal: 975

1. Für den Teig Mehl in eine Rührschüssel geben. Eier mit Zucker, Salz, Milch und Mineralwasser verschlagen. Nach und nach unter Rühren zum Mehl geben. Darauf achten, dass keine Klümpchen entstehen. Den Teig etwa 15 Minuten ruhen lassen.
2. Den Backofen vorheizen.
Ober-/Unterhitze: etwa 200 °C
Heißluft: etwa 180 °C
3. Den Teig nochmals gut umrühren. Jeweils etwas von dem Speiseöl in einer beschichteten Pfanne (Ø 26 cm) erhitzen. Eine dünne Teiglage mit einer drehenden Bewegung gleichmäßig auf dem Boden der Pfanne verteilen. Den Pfannkuchen von beiden Seiten bei mittlerer Hitze goldbraun backen und herausnehmen. Bevor der Pfannkuchen gewendet wird, wieder etwas Speiseöl in die Pfanne geben. Aus dem Teig insgesamt 8 Pfannkuchen backen.
4. Für die Füllung Zwiebel abziehen und in kleine Würfel schneiden. Speiseöl in einer Pfanne erhitzen. Zwiebelwürfel darin andünsten. Gefrorenen Blattspinat hinzufügen und nach Packungsanleitung garen. Mit Salz, Pfeffer und Muskat würzen.
5. Die Pfannkuchen mit den Lachsscheiben belegen, den Blattspinat daraufgeben und den Pfannkuchen fest aufrollen. Jeden Pfannkuchen in 4 gleich große Stücke schneiden, mit der Schnittfläche nach oben in eine große, flache Auflaufform (gefettet) setzen. Die Sauce darauf verteilen.
6. Die Form auf dem Rost in den vorgeheizten Backofen schieben. Den Auflauf in etwa 30 Minuten hellgelb überbacken.
7. Die Form aus dem Backofen nehmen. Den Auflauf anrichten, nach Belieben mit rosa Pfefferbeeren bestreuen, sofort servieren.

Tomaten-Hirse-Auflauf

4 Portionen

Zubereitungszeit: 35 Minuten
Garzeit: 12–15 Minuten

1 Zwiebel
20 g Butter
200 g Hirse
500 ml heiße Gemüsebrühe
700 g Tomaten
10 abgetropfte schwarze Oliven
Salz, gem. Pfeffer

Für den Guss:
150 g Schlagsahne
150 g Joghurt (3,5 % Fett)
1 Knoblauchzehe
ger. Muskatnuss
gerebeltes Basilikum

Pro Portion:
E: 5 g, F: 8 g, Kh: 38 g, kJ: 1077, kcal: 258

1. Zwiebel abziehen und fein würfeln. Butter in einem Topf zerlassen, Zwiebelwürfel darin andünsten. Hirse in einem Sieb unter fließendem kalten Wasser abspülen, gut abtropfen lassen und zu den Zwiebelwürfeln in den Topf geben.
2. Heiße Brühe hinzugießen, zum Kochen bringen. Die Hirse etwa 20 Minuten garen.
3. Den Backofen vorheizen.
Ober-/Unterhitze: etwa 200 °C
Heißluft: etwa 180 °C
4. Tomaten kreuzweise einschneiden und mit kochendem Wasser übergießen. Nach 1–2 Minuten herausnehmen und mit kaltem Wasser abschrecken. Tomaten häuten, halbieren und die Stängelansätze herausschneiden. Tomaten in Scheiben schneiden. Oliven halbieren.
5. Die Hälfte der Hirse in eine Auflaufform (gefettet) geben, die Hälfte der Tomatenscheiben darauf verteilen, mit Salz und Pfeffer würzen, restliche Hirse mit der Flüssigkeit daraufgeben, mit den restlichen Tomatenscheiben und Olivenhälften belegen.

6. Für den Guss Sahne mit Joghurt, Knoblauch, Muskat, Salz, Pfeffer und Basilikum verrühren und auf dem Auflauf verteilen. Die Form auf dem Rost in den vorgeheizten Backofen schieben. Den Tomaten-Hirse-Auflauf 12–15 Minuten garen.

Spinat-Lasagne

4 Portionen (ohne Foto)

Zubereitungszeit: 20 Minuten, ohne Auftauzeit
Garzeit: etwa 30 Minuten

600 g TK-Blattspinat
9 Lasagneplatten (ohne Vorgaren)
3 EL Speiseöl
200 g Frühstücksspeck
Salz, gem. Pfeffer
ger. Muskatnuss
450 g Crème fraîche
125 g abgetropfter Mozzarella

Pro Portion:
E: 26 g, F: 65 g, Kh: 33 g,
kJ: 3427, kcal: 825

1. Spinat nach Packungsanleitung auftauen lassen.
2. Drei Lasagneplatten in eine rechteckige oder quadratische Form (gefettet) legen.
3. Speiseöl in einer Pfanne erhitzen. Frühstücksspeck in dünne Streifen schneiden und in dem erhitzten Speiseöl andünsten. Aufgetauten Spinat evtl. etwas ausdrücken und hinzugeben, kurz mitdünsten lassen. Mit Salz, Pfeffer und Muskat würzen.
4. Den Backofen vorheizen.
Ober-/Unterhitze: etwa 180 °C
Heißluft: etwa 160 °C
5. Etwas von der Speck-Spinat-Masse auf den Lasagneplatten verteilen, 3 Esslöffel Crème fraîche darauf verstreichen.
6. Wieder 3 Lasagneplatten, eine Portion Speck-Spinat-Masse und 3 Esslöffel Crème fraîche daraufgeben. Restliche Lasagneplatten, restliche Speck-Spinat-Masse und restliche Crème fraîche darauf verteilen.
7. Mozzarella in dünne Scheiben schneiden und auf den Auflauf legen. Die Form auf dem Rost in den vorgeheizten Backofen schieben. Die Lasagne etwa 30 Minuten garen.

Tortellini-Mangold-Auflauf

8–10 Portionen

Zubereitungszeit: 40 Minuten
Garzeit: etwa 40 Minuten

1 1/2 kg Mangold
Salz
4 l Wasser
4 gestr. TL Salz
500 g getrocknete Tortellini mit Käsefüllung
400 g Cocktailtomaten
100 g Walnusskerne
250 g abgetropfter Mozzarella
125 g Frühstücksspeck (Bacon)

Für den Guss:
6 Eier (Größe M)
200 g Schlagsahne
200 ml Milch (3,5 % Fett)
3 TL Thymian in Pflanzenöl (aus dem Glas)
gem. weißer Pfeffer

Pro Portion:
E: 26 g, F: 37 g, Kh: 41 g,
kJ: 2617, kcal: 627

1. Mangold putzen, gründlich waschen und abtropfen lassen. Die weißen Blattrippen in schmale, das Blattgrün in breite Streifen schneiden. Mangold in reichlich kochendem Salzwasser etwa 3 Minuten vorgaren. Mit einer Schaumkelle herausnehmen und in einem Sieb abtropfen lassen.
2. Wasser in einem großen Topf zugedeckt zum Kochen bringen. Dann Salz und Tortellini hinzugeben. Die Tortellini im geöffneten Topf bei mittlerer Hitze nach Packungsanleitung bissfest kochen, dabei gelegentlich umrühren. Anschließend die Tortellini in ein Sieb geben, mit heißem Wasser abspülen und abtropfen lassen.
3. Den Backofen vorheizen.
Ober-/Unterhitze: etwa 180 °C
Heißluft: etwa 160 °C
4. Tomaten abspülen, trocken tupfen, halbieren. Walnusskerne grob hacken. Mozzarella in Scheiben schneiden. Speckscheiben in einer erhitzten Pfanne ohne Fett kross braten, herausnehmen und auf Küchenpapier abtropfen lassen.
5. Mangold mit Tortellini und Walnusskernen mischen, in eine große, flache Auflaufform (gefettet) geben. Tomatenhälften und Mozzarella darauf verteilen und mit den Speckscheiben belegen.
6. Für den Guss Eier mit Sahne, Milch und Thymianpaste verschlagen. Mit Pfeffer und evtl. Salz würzen. Die Eier-Sahne-Milch auf dem Auflauf verteilen. Die Form auf dem Rost in den vorgeheizten Backofen schieben. Den Auflauf etwa 40 Minuten garen.

Tortellini-Mangold-Auflauf

Vegetarischer Wirsing-rouladen-Auflauf

8–10 Portionen

Zubereitungszeit: 60 Minuten
Garzeit: etwa 25 Minuten

etwa 2 l Gemüsebrühe
150 g Grünkern
150 g Vollkornreis
24 Wirsingblätter (etwa 600 g)
Salz
200 g Schafskäse
50 g gestiftelte Mandeln
60 g Sultaninen
gem. Pfeffer, Garam Masala (indische Gewürzmischung)
500 ml Gemüsebrühe
5 EL Tomatenmark

Für den Guss:
3 Stängel Minze
300 g Crème fraîche
300 g Joghurt (3,5 % Fett)

250 g mittelalter Gouda

Pro Portion:
E: 19 g, F: 29 g, Kh: 34 g,
kJ: 2067, kcal: 493

1. Brühe in einem Topf zum Kochen bringen. Grünkern und Reis hinzufügen, wieder zum Kochen bringen und zugedeckt bei schwacher Hitze 30–40 Minuten garen.
2. In der Zwischenzeit die Wirsingblätter putzen, abspülen, abtropfen lassen und jeweils den Strunk flacher schneiden. Die Wirsingblätter portionsweise in kochendem Salzwasser 8–10 Minuten blanchieren, herausnehmen, mit kaltem Wasser abschrecken und abtropfen lassen.
3. Den Backofen vorheizen.
Ober-/Unterhitze: etwa 180 °C
Heißluft: etwa 160 °C
4. Die Grünkern-Reis-Mischung in einem Sieb gut abtropfen lassen. Schafskäse zerbröseln oder in Würfel schneiden, mit Mandeln und Sultaninen unter die Grünkern-Reis-Mischung mischen. Mit Salz, Pfeffer und Garam Masala würzen.
5. Je 2 Esslöffel der Masse auf jeweils 1 Wirsingblatt geben und aufrollen. Die Rouladen mit der Nahtseite nach unten dicht an dicht nebeneinander in eine große, flache Auflaufform (gefettet) legen. Brühe mit Tomatenmark verrühren und auf den Rouladen verteilen.
6. Für den Guss Minze abspülen und trocken tupfen. Die Blättchen von den Stängeln zupfen. Blättchen in Streifen schneiden. Crème fraîche mit Joghurt und Minzestreifen verrühren und auf den Wirsingrouladen verteilen. Käse reiben, den Auflauf damit bestreuen. Die Form auf dem Rost in den vorgeheizten Backofen schieben. Den Wirsingrouladen-Auflauf etwa 25 Minuten garen.

Champignonauflauf

4 Portionen

Zubereitungszeit: 30 Minuten
Garzeit: etwa 45 Minuten

300 g Staudensellerie
400 g Champignons
1 rote Paprikaschote
1 Bund Frühlingszwiebeln
Salz, gem. Pfeffer
gerebelter Thymian
5 Eier (Größe M)
200 g Schlagsahne
gem. Muskatblüte (Macis)
120 g frisch ger. Pecorino-Käse
60 g Sonnenblumenkerne
Paprikapulver edelsüß

Pro Portion:
E: 29 g, F: 46 g, Kh: 9 g,
kJ: 2464, kcal: 588

1. Staudensellerie putzen und die harten Außenfäden abziehen. Die Selleriestangen abspülen, abtropfen lassen und in nicht zu dünne Scheiben schneiden. Champignons putzen, evtl. kurz abspülen, gut abtropfen lassen und vierteln.
2. Den Backofen vorheizen.
Ober-/Unterhitze: etwa 180 °C
Heißluft: etwa 160 °C
3. Paprikaschote halbieren, entstielen, entkernen und die weißen Scheidewände entfernen. Schote abspülen, abtropfen lassen und in Würfel

Vegetarischer Wirsingrouladen-Auflauf

Champignonauflauf

schneiden. Frühlingszwiebeln putzen, abspülen, abtropfen lassen und in etwa 1 cm große Stücke schneiden.

4. Selleriescheiben mit Champignonstücken, Paprikawürfeln und Frühlingszwiebelstücken mischen. Mit Salz, Pfeffer und Thymian würzen und in eine Auflaufform (gefettet) geben.

5. Eier mit Sahne verschlagen. Mit Salz und Macis würzen. Die Eiersahne auf dem Auflauf verteilen.

6. Auflauf mit Käse, Sonnenblumenkernen und Paprika bestreuen. Die Form auf dem Rost in den vorgeheizten Backofen schieben. Champignonauflauf etwa 45 Minuten garen.

Wirsing-Hack-Auflauf

2 Portionen (ohne Foto)

Zubereitungszeit: 35 Minuten
Garzeit: etwa 25 Minuten

400 g Wirsing
100 g Tatar (Rindergehacktes)
1 EL Magerquark
1 Ei (Größe M)
2 EL Zwiebelwürfel
Meersalz
gem. Pfeffer
gerebelter Majoran
100 ml Gemüsebrühe
20 g ger. Emmentaler

Pro Portion:
E: 23 g, F: 15 g, Kh: 8 g,
kJ: 1153, kcal: 275

1. Von dem Wirsing die äußeren schlechten Blätter entfernen. Den Wirsing zerlegen und die einzelnen Blätter kurz unter fließendem kalten Wasser abspülen und abtropfen lassen. Wirsingblätter in kochendem Wasser etwa 3 Minuten blanchieren, mit einer Schaumkelle herausnehmen, mit kaltem Wasser abspülen und in einem Sieb abtropfen lassen.

2. Den Backofen vorheizen.
Ober-/Unterhitze: etwa 200 °C
Heißluft: etwa 180 °C

3. Das Tatar in eine Schüssel geben. Quark, Ei und Zwiebelwürfel hinzugeben. Die Zutaten gut verkneten, mit Salz, Pfeffer und Majoran würzen.

4. Die Hälfte der Wirsingblätter in eine Auflaufform (gefettet) legen, Hackfleischmasse daraufgeben und mit den restlichen Wirsingblättern bedecken. Gemüsebrühe darübergießen und den Käse daraufstreuen.

5. Die Form auf dem Rost in den vorgeheizten Backofen schieben. Den Auflauf etwa 25 Minuten garen.

Taco-Auflauf mit Putenbrust

Taco-Auflauf mit Putenbrust

4 Portionen

Zubereitungszeit: 40 Minuten, ohne Einweichzeit
Garzeit: etwa 30 Minuten

150 g getrocknete schwarze Bohnen (erhältlich im Asialaden)
je 1 grüne und rote Paprikaschote
500 g Putenbrustfilet
3 EL Speiseöl
140 g gut abgetropfter Gemüsemais (aus der Dose)
255 g gut abgetropfte Kidneybohnen (aus der Dose)
150 g saure Sahne
100 ml Milch (3,5 % Fett)
2 Eier (Größe M)
Salz, gem. Pfeffer
Paprikapulver rosenscharf
Cayennepfeffer
125 g grob zerbröselte Taco-Kräcker

Pro Portion:
E: 56 g, F: 26 g, Kh: 57 g,
kJ: 2901, kcal: 694

1. Schwarze Bohnen über Nacht in kaltem Wasser einweichen. Die eingeweichten Bohnen in kochendem Wasser etwa 30 Minuten weich kochen, anschließend in ein Sieb geben und gut abtropfen lassen.

2. Den Backofen vorheizen.
Ober-/Unterhitze: etwa 180 °C
Heißluft: etwa 160 °C

3. Paprikaschoten halbieren, entstielen, entkernen und die weißen Scheidewände entfernen. Schoten abspülen, abtropfen lassen und in Streifen schneiden.

4. Das Putenbrustfilet kurz unter fließendem kalten Wasser abspülen, trocken tupfen, in Streifen schneiden. Speiseöl in einer großen Pfanne erhitzen, die Fleischstreifen darin evtl. portionsweise von allen Seiten anbraten und herausnehmen.

5. Die Fleischstreifen mit Mais, den schwarzen und roten Bohnen und Paprikastreifen vermischen.

6. Saure Sahne mit Milch und Eiern verschlagen, mit Salz, Pfeffer, Paprika und Cayennepfeffer würzen. Die Gemüse-Fleisch-Mischung in eine Auflaufform (gefettet) schichten und mit der Eier-Sahne-Milch übergießen. Die Form auf dem Rost in den vorgeheizten Backofen schieben. Den Taco-Auflauf etwa 30 Minuten garen.

7. Den Auflauf kurz vor Ende der Garzeit mit Taco-Kräckern bestreuen und fertig garen.

Paprika-Reis-Auflauf

Steckrübenauflauf mit geräucherter Putenbrust

Paprika-Reis-Auflauf

6–8 Portionen

Zubereitungszeit: 55 Minuten
Garzeit: etwa 35 Minuten

2 Zwiebeln
2 Knoblauchzehen
4 EL Olivenöl
1,2 kg stückige Tomaten (aus Dosen)
6 Stängel Oregano
Salz
gem. Pfeffer
gem. Kreuzkümmel (Cumin)
je 2 rote, grüne und gelbe Paprikaschoten
1 gestr. TL Salz
250 g Langkornreis
2 EL Speiseöl
800 g Gehacktes (halb Rind-, halb Schweinefleisch)
200 g ger. Gouda

Zum Garnieren:
einige Stängel Basilikum

Pro Portion:
E: 35 g, F: 37 g, Kh: 39 g,
kJ: 2658, kcal: 634

1. Zwiebeln und Knoblauch abziehen, fein würfeln. Olivenöl in einer großen Pfanne erhitzen. Zwiebel- und Knoblauchwürfel darin glasig dünsten. Tomatenstücke mit dem Saft hinzugeben und unter Rühren etwas einkochen lassen. Oregano abspülen und trocken tupfen. Die Blättchen von den Stängeln zupfen, Blättchen klein schneiden. Die Sauce mit Salz, Pfeffer, Oregano und Kreuzkümmel würzen.

2. Paprikaschoten halbieren, entstielen, entkernen und die weißen Scheidewände entfernen. Die Schoten abspülen und abtropfen lassen. Wasser in einem großen Topf zum Kochen bringen. Paprikaschoten darin 10–15 Minuten garen. Anschließend in ein Sieb geben, mit kaltem Wasser abschrecken und gut abtropfen lassen. Die Haut von den Paprikaschoten abziehen.

3. Wasser und Salz in einem Topf zum Kochen bringen. Den Reis hinzugeben und nach Packungsanleitung garen. Den Reis in einem Sieb abtropfen lassen.

4. Den Backofen vorheizen.
Ober-/Unterhitze: etwa 200 °C
Heißluft: etwa 180 °C

5. Speiseöl in einer Pfanne erhitzen. Gehacktes hinzufügen und unter Rühren 5–10 Minuten anbraten. Dabei die Fleischklümpchen mit einer Gabel zerdrücken. Mit Salz, Pfeffer, Oregano und Kreuzkümmel würzen.

6. Zuerst die Paprikaschoten, dann den Reis und die Hackfleischmasse in eine flache Auflaufform (gefettet) schichten. Sauce darauf verteilen und mit Käse bestreuen. Die Form auf dem Rost in den vorgeheizten Backofen schieben und den Auflauf etwa 35 Minuten garen.

7. Zum Garnieren Basilikum abspülen, trocken tupfen und in kleine Stücke zupfen. Den Auflauf auf Tellern anrichten und mit Basilikum garnieren.

Steckrübenauflauf mit geräucherter Putenbrust

4 Portionen

Zubereitungszeit: 30 Minuten
Garzeit: 25–30 Minuten

600 g Steckrübe
600 g festkochende Kartoffeln
20 g Butter
Salz, gem. Pfeffer
1 TL gerebelter Majoran
200 g Schlagsahne
100 ml heiße Gemüsebrühe
150 g Porree (Lauch)
250 g geräucherter Putenbrustaufschnitt
70 g Frühstücksspeck in Scheiben (Bacon)
50 g ger. Parmesan

Pro Portion:
E: 27 g, F: 30 g, Kh: 27 g,
kJ: 2044, kcal: 488

1. Steckrübe und Kartoffeln schälen, abspülen, abtropfen lassen und in 1/2 cm dicke Scheiben schneiden. Butter einem weiten Topf zerlassen. Die Steckrübenscheiben in Stifte schneiden und darin andünsten. Die Kartoffelscheiben zu den Steckrübenstiften geben, untermischen und alles weitere etwa 2 Minuten dünsten. Das Ganze mit Salz, Pfeffer und Majoran würzen.

2. Sahne mit Brühe verrühren, zu dem Gemüse gießen und unterrühren. Das

Ganze aufkochen und bei schwacher Hitze etwa 12 Minuten zugedeckt köcheln lassen, dabei gelegentlich umrühren.
3. Den Backofen vorheizen.
Ober-/Unterhitze: etwa 200 °C
Heißluft: etwa 180 °C
4. In der Zwischenzeit den Porree putzen. Die Stange längs einschneiden, gründlich waschen, abtropfen lassen und in dünne Stücke schneiden. Etwa 2 Minuten vor dem Ende der Garzeit die Porreestücke zu dem Steckrüben-Kartoffel-Gemüse geben und unterrühren.
5. Putenbrust in etwa 1 cm dicke Streifen schneiden. Die Gemüse-Kartoffel-Mischung abwechselnd mit den Putenbruststreifen in eine große, flache Auflaufform (gefettet) schichten. Frühstücksspeck in feine Streifen schneiden und mit dem Parmesan darauf verteilen.
6. Form auf dem Rost in den vorgeheizten Backofen schieben. Den Auflauf 25–30 Minuten garen.

Porree-Burgunderschinken-Auflauf

4 Portionen (ohne Foto)

Zubereitungszeit: 30 Minuten
Garzeit: 15–20 Minuten

400 g Porree (Lauch)
1 EL Butter
Salz, gem. Pfeffer
6 EL Gemüsebrühe
250 g kleine Pfifferlinge
1 EL Butter
250 g Burgunderschinken-Aufschnitt (6–8 große Scheiben)
125 g Kräuter-Crème-fraîche
2 EL Butter
6–8 Scheiben Weizenbaguette
3–4 EL Pesto rosso (aus dem Glas)
125 g Raclette-Käse, in Scheiben

Pro Portion:
E: 34 g, F: 47 g, Kh: 20 g,
kJ: 2697, kcal: 654

1. Den Backofen vorheizen.
Ober-/Unterhitze: etwa 200 °C
Heißluft: etwa 180 °C
2. Porree putzen, die Stangen längs halbieren, gründlich waschen, abtropfen lassen und in feine Streifen schneiden. Butter in einer Pfanne zerlassen. Porreestreifen darin unter Rühren andünsten, mit Salz und Pfeffer würzen. Gemüsebrühe unterrühren und die Flüssigkeit bei mittlerer Hitze verdampfen lassen.
3. Die Pfifferlinge putzen, evtl. kurz abspülen und gut trocken tupfen. Die Butter in einer Pfanne zerlassen, die Pfifferlinge darin kurz andünsten. Die Schinkenscheiben auf der Arbeitsfläche nebeneinanderlegen. Die Pfifferlinge aus der Pfanne nehmen, mit Crème fraîche vermischen, mit Salz und Pfeffer würzen. Die Pilzmasse gleichmäßig längs in der Mitte der Schinkenscheiben verteilen.
4. Schinken aufrollen und in eine große, flache Auflaufform (gefettet) legen. Porreestreifen darauf verteilen. Die Form auf dem Rost in den vorgeheizten Backofen schieben. Den Auflauf 8–10 Minuten garen.
5. In der Zwischenzeit die Butter in einer Pfanne zerlassen. Die Baguettescheiben darin von beiden Seiten knusprig anrösten, dann auf einen Teller legen, mit Pesto bestreichen und Käsescheiben darauf verteilen.
6. Die Auflaufform auf einen Rost stellen. Die Baguettescheiben mit dem Belag nach oben auf den Auflauf legen. Die Form wieder auf dem Rost in den heißen Backofen schieben. Den Auflauf bei gleicher Backofentemperatur weitere 7–10 Minuten goldbraun überbacken.

Schlemmertopf

Schlemmertopf

4 Portionen

Zubereitungszeit: 40 Minuten
Garzeit: 20–25 Minuten

600 g gegarte Pellkartoffeln
4 EL Butterschmalz
Salz, gem. Pfeffer
1 mittelgroße Zwiebel
150 g Kochschinken
1 EL Butter oder Margarine
1 Stange Porree (Lauch)
150 g Crème fraîche
3 Eier (Größe M)
Kümmelsamen

Pro Portion:
E: 19 g, F: 30 g, Kh: 30 g,
kJ: 2036, kcal: 486

1. Kartoffeln pellen und in Scheiben schneiden. Butterschmalz in einer Pfanne erhitzen. Kartoffelscheiben hinzufügen und unter mehrmaligem Wenden goldbraun braten. Mit Salz und Pfeffer würzen. Zwiebel abziehen, in kleine Würfel schneiden, kurz vor Ende der Bratzeit zu den Kartoffeln geben und mitbraten lassen.
2. Den Backofen vorheizen.
Ober-/Unterhitze: etwa 200 °C
Heißluft: etwa 180 °C
3. Schinken in kleine Würfel schneiden. Butter oder Margarine in einer Pfanne zerlassen. Schinkenwürfel darin anbraten. Porree putzen, die Stange längs halbieren, gründlich waschen, abtropfen lassen, in kleine Stücke schneiden, zu den Schinkenwürfeln geben und kurz mit andünsten.
4. Die Bratkartoffeln in eine feuerfeste Form oder Auflaufform (gefettet) geben. Die Schinken-Porree-Masse gleichmäßig darauf verteilen. Mit Salz und Pfeffer würzen. Crème fraîche mit Eiern verschlagen, mit Salz, Pfeffer und Kümmel verrühren und auf dem Schlemmertopf verteilen. Die Form zugedeckt auf dem Rost in den vorgeheizten Backofen schieben und den Schlemmertopf 20–25 Minuten garen.

Penne-Auflauf mit Brokkoli und Tomaten

4 Portionen

Zubereitungszeit: 30 Minuten
Garzeit: 30–35 Minuten

2 1/2 l Wasser
2 1/2 gestr. TL Salz
250 g Penne (Röhrennudeln)
500 g Brokkoli
Salz
1 Zwiebel
30 g Butter
30 g Weizenmehl
125 ml Brokkoli-Kochflüssigkeit
250 g Schlagsahne
2 Eier (Größe M)
125 g ger. Emmentaler
Kräutersalz, gem. Pfeffer
150 g Cocktailtomaten

Pro Portion:
E: 25 g, F: 39 g, Kh: 54 g,
kJ: 2837, kcal: 678

1. Wasser in einem großen Topf zugedeckt zum Kochen bringen. Dann Salz und Nudeln hinzugeben. Die Nudeln im geöffneten Topf bei mittlerer Hitze nach Packungsanleitung kochen lassen, dabei gelegentlich umrühren.
2. In der Zwischenzeit von dem Brokkoli die Blätter entfernen. Brokkoli in Röschen teilen, abspülen, abtropfen lassen und in kochendem Salzwasser etwa 5 Minuten bissfest garen.
3. Die Brokkoliröschen in ein Sieb geben, dabei die Kochflüssigkeit auffangen und 125 ml abmessen. Brokkoliröschen mit kaltem Wasser abschrecken und abtropfen lassen.
4. Die gegarten Nudeln in ein Sieb geben, mit heißem Wasser abspülen und abtropfen lassen.
5. Den Backofen vorheizen.
Ober-/Unterhitze: etwa 200 °C
Heißluft: etwa 180 °C
6. Zwiebel abziehen und klein würfeln. Butter in einem Topf zerlassen. Zwiebelwürfel darin glasig dünsten. Mehl hinzufügen und unter Rühren so lange erhitzen, bis es hellgelb ist. Brokkoli-Kochflüssigkeit und die Sahne hinzugießen, mit einem Schneebesen durchschlagen. Dabei darauf achten, dass keine Klümpchen entstehen. Die Sauce unter Rühren gut aufkochen lassen. Den Topf von der Kochstelle nehmen. Eier und Käse unterrühren. Die Sauce mit Kräutersalz und Pfeffer würzen.
7. Tomaten abspülen, abtrocknen, halbieren und evtl. die Stängelansätze herausschneiden.
8. Die Nudeln mit Brokkoliröschen, Tomatenhälften und der Sauce vermengen, in eine Auflaufform (gefettet) geben.
9. Die Form auf dem Rost in den vorgeheizten Backofen schieben. Den Auflauf 30–35 Minuten garen.

Penne-Auflauf mit Brokkoli und Tomaten

Hack-Gemüse-Auflauf

4–6 Portionen

Zubereitungszeit: 40 Minuten
Garzeit: etwa 25 Minuten

Für das Gemüse:
500 g Kartoffeln
Salz
300 g Möhren
400 g Brokkoli
250 ml Gemüsebrühe

Für die Hackfleischmasse:
1 Zwiebel
2 EL Speiseöl
400 g Gehacktes (halb Rind-, halb Schweinefleisch)
gem. Pfeffer
Paprikapulver edelsüß
2 EL Tomatenketchup

Für die Sauce:
50 g Butter
25 g Weizenmehl
250 ml Gemüse-Kochflüssigkeit
250 g Schlagsahne
geriebene Muskatnuss
50 g ger. Käse,
z. B. Gouda

Pro Portion:
E: 23 g, F: 35 g, Kh: 27 g,
kJ: 2303, kcal: 550

1. Für das Gemüse Kartoffeln waschen, in Salzwasser zum Kochen bringen und in 20–25 Minuten gar kochen.
2. In der Zwischenzeit Möhren putzen, schälen, waschen und schräg oder längs in dünne Scheiben schneiden. Vom Brokkoli die Blätter entfernen, Brokkoli waschen und in kleine Röschen teilen. Strunk schälen und in Würfel schneiden.
3. Brühe zum Kochen bringen. Zuerst Möhren hineingeben und 3–4 Minuten kochen, dann Brokkoli hinzufügen und alles weitere 3–4 Minuten kochen lassen. Das Gemüse abgießen, dabei die Kochflüssigkeit auffangen und evtl. mit Wasser auf 250 ml auffüllen.

Hack-Gemüse-Auflauf

Reisauflauf mit Mangold und Zuckerschoten

4. Den Backofen vorheizen.
Ober-/Unterhitze: etwa 200 °C
Heißluft: etwa 180 °C

5. Für die Hackfleischmasse Zwiebel abziehen und würfeln. Öl in einer Pfanne erhitzen. Die Zwiebelwürfel darin andünsten. Gehacktes hinzufügen und anbraten, dabei die Fleischklümpchen mit einer Gabel zerdrücken.

6. Alles mit Salz, Pfeffer und Paprika würzen und Tomatenketchup unterrühren.

7. Die garen Kartoffeln abgießen, abdämpfen, pellen, in Scheiben schneiden und dachziegelartig in eine Auflaufform (leicht gefettet) schichten. Die Kartoffelscheiben mit Salz bestreuen.

8. Für die Sauce die Butter zerlassen. Mehl unter Rühren darin erhitzen, bis es hellgelb ist. Gemüse-Kochflüssigkeit und Sahne unter Rühren hinzugießen und mit einem Schneebesen durchschlagen, dabei darauf achten, dass keine Klümpchen entstehen. Die Sauce unter Rühren zum Kochen bringen, mit Salz, Pfeffer und Muskat abschmecken und den geriebenen Käse unterrühren.

9. Die Hackfleischmasse auf den Kartoffeln verteilen, darauf das Gemüse geben und alles gleichmäßig mit der Sauce bedecken. Die Form auf dem Rost in den vorgeheizten Backofen schieben.

10. Den Auflauf etwa 25 Minuten garen.

Reisauflauf mit Mangold und Zuckerschoten

4 Portionen

Zubereitungszeit: 50 Minuten
Garzeit: etwa 30 Minuten

1 EL Butter
1 gestr. TL Kurkuma (Gelbwurz)
150 g Langkornreis
375 ml Gemüsebrühe
200 g Zuckerschoten
750 g Mangold, Salz
2 Bund glatte Petersilie
gem. Pfeffer
3 Eier (Größe M)
200 g Schlagsahne
125 g Magerquark
ger. Muskatnuss
50 g ger. Parmesan
40 g Butter in Flöckchen

Pro Portion:
E: 23 g, F: 39 g, Kh: 39 g,
kJ: 2547, kcal: 609

1. Butter in einem Topf zerlassen. Kurkuma unterrühren. Dann den Reis hinzugeben und andünsten. Die Gemüsebrühe hinzugießen und zum Kochen bringen. Den Reis zugedeckt bei schwacher Hitze etwa 20 Minuten garen, bis die gesamte Flüssigkeit vom Reis aufgenommen wurde.

2. Den Backofen vorheizen.
Ober-/Unterhitze: etwa 200 °C
Heißluft: etwa 180 °C

3. In der Zwischenzeit von den Zuckerschoten die Enden abschneiden, evtl. abfädeln. Zuckerschoten abspülen und abtropfen. Mangold putzen, gründlich waschen und abtropfen lassen. Die Mangoldblätter von den Stielen schneiden. Die Stiele abziehen. Die Mangoldblätter und -stiele in Streifen schneiden.

4. Salzwasser in einem Topf zum Kochen bringen, darin nacheinander die Mangoldstiele 3–4 Minuten, die Mangoldblätter etwa 1 Minute und die Zuckerschoten 2–3 Minuten blanchieren. Das Gemüse in ein Sieb geben, mit kaltem Wasser abschrecken und gut abtropfen lassen.

5. Die Petersilie abspülen und trocken tupfen. Die Blättchen von den Stängeln zupfen. Einige Blättchen zum Garnieren beiseitelegen. Die restlichen Blättchen klein schneiden.

6. Reis, Mangold, Zuckerschoten und Petersilie nacheinander in eine Auflaufform (gefettet) schichten, mit Salz und Pfeffer würzen.

7. Die Eier mit Sahne verschlagen, Quark unterrühren. Die Eiersahne mit Salz, Pfeffer und Muskat würzen und auf den eingeschichteten Zutaten verteilen. Den Auflauf mit Parmesan bestreuen. Butter daraufsetzen.

8. Die Form auf dem Rost in den vorgeheizten Backofen schieben. Den Auflauf etwa 30 Minuten garen.

9. Den Auflauf mit den beiseitegelegten Petersilienblättchen bestreuen und servieren.

Mediterraner Gemüse-Fisch-Auflauf

Mediterraner Gemüse-Fisch-Auflauf

4 Portionen

Zubereitungszeit: 30 Minuten
Garzeit: etwa 20 Minuten

1 Gemüsezwiebel
500 g Auberginen
500 g Zucchini
4 EL Olivenöl
evtl. 2 EL Wasser
4 Tomaten
Salz, gem. Pfeffer
600 g Lachsforellen- oder Seelachsfilet
2 EL Zitronensaft
geschrotete, rosa Pfefferbeeren
1/2 TL gerebelter Oregano
1/2 TL gerebeltes Basilikum
40 g Butter

Pro Portion:
E: 32 g, F: 23 g, Kh: 10 g,
kJ: 1579, kcal: 376

1. Gemüsezwiebel abziehen, vierteln und in Streifen schneiden. Die Auberginen und Zucchini abspülen, abtrocknen und die Stängelansätze bzw. Enden abschneiden. Auberginen und Zucchini längs halbieren und in halbe Scheiben schneiden.
2. Den Backofen vorheizen.
Ober-/Unterhitze: etwa 200 °C
Heißluft: etwa 180 °C
3. Das Olivenöl in einer großen Pfanne erhitzen. Zwiebelstreifen, Auberginen- und Zucchinischeiben darin evtl. in 2 Portionen unter Rühren andünsten. Evtl. 2 Esslöffel Wasser hinzugeben. Das gedünstete Gemüse in eine große, flache Auflaufform (gefettet) geben.
4. Die Tomaten kreuzweise einschneiden und mit kochendem Wasser übergießen. Nach 1–2 Minuten herausnehmen und mit kaltem Wasser abschrecken. Tomaten häuten, halbieren und die Stängelansätze herausschneiden. Die Tomaten in Scheiben schneiden. Die Tomatenscheiben auf dem Gemüse verteilen, mit Salz und Pfeffer würzen.
5. Lachsforellen- oder Seelachsfilet kurz unter fließendem kalten Wasser abspülen, trocken tupfen und evtl. in Portionsstücke schneiden. Fischfiletstücke mit Zitronensaft beträufeln und mit Salz würzen.
6. Fischfiletstücke auf das Gemüse legen, mit Pfefferbeeren, Oregano und Basilikum bestreuen. Die Butter in Flöckchen daraufsetzen. Die Form auf dem Rost in den vorgeheizten Backofen schieben. Den Auflauf etwa 20 Minuten garen.

Mediterraner Gemüse-Quark-Auflauf

Mediterraner Gemüse-Quark-Auflauf

4 Portionen

Zubereitungszeit: 35 Minuten
Garzeit: 10–15 Minuten

1 Gemüsezwiebel
2 Knoblauchzehen
600 g Zucchini
je 1 rote, grüne und gelbe Paprikaschote
2 Tomaten
5 EL Olivenöl
Salz, gem. Pfeffer
50 g TK-Kräuter der Provence
250 g Magerquark
3 Eier (Größe M)

2 EL klein geschnittene Petersilie

Pro Portion:
E: 19 g, F: 20 g, Kh: 17 g,
kJ: 1350, kcal: 323

1. Zwiebel und Knoblauch abziehen. Zwiebel halbieren und klein würfeln, Knoblauch ebenfalls in feine Würfel schneiden. Zucchini abspülen, abtrocknen und die Enden abschneiden. Zucchini evtl. längs halbieren und in Scheiben schneiden.
2. Paprikaschoten halbieren, entstielen, entkernen und die weißen Scheidewände entfernen. Schoten abspülen, abtropfen lassen und in Stücke schneiden. Tomaten abspülen, trocken tupfen, halbieren und die Stängelansätze herausschneiden. Die Tomaten klein schneiden.
3. Olivenöl in einer großen Pfannen erhitzen. Zwiebelwürfel und Paprikastücke unter Rühren bei mittlerer Hitze etwa 5 Minuten braten. Dann Zucchinischeiben mit dem Knoblauch hinzugeben und 3–4 Minuten unter Rühren mitbraten, dann die Tomatenstücke hinzugeben und ebenfalls kurz mitbraten lassen.
4. Den Backofen vorheizen.
Ober-/Unterhitze: etwa 180 °C
Heißluft: etwa 160 °C
5. Die Gemüsezutaten in einer großen Auflaufform (gefettet) mischen, mit Salz, Pfeffer und Kräutern der Provence würzen.
6. Quark und Eier verschlagen, mit Salz und Pfeffer würzen. Die Quarkmasse auf dem Gemüse verteilen.
7. Die Form auf dem Rost in den vorgeheizten Backofen schieben. Den Auflauf 10–15 Minuten garen, bis die Quark-Eier-Masse gestockt ist.
8. Vor dem Servieren den Gemüse-Quark-Auflauf mit Petersilie bestreuen.

Sauerkraut-Kartoffel-Auflauf mit Cabanossi

4–6 Portionen (ohne Foto)

Zubereitungszeit: 40 Minuten
Garzeit: etwa 35 Minuten

2 Zwiebeln
3 EL Speiseöl
770 g Sauerkraut (aus der Dose)
125 ml Gemüsebrühe
Salz, gem. Pfeffer
etwas Zucker
2 Pck. Kartoffelpüree (für Wasser und Milch)
700 ml Wasser
500 ml Milch (3,5 % Fett)
3–4 Cabanossi (Knoblauchwurst, etwa 500 g)
2–3 EL Semmelbrösel
40 g Butter

Pro Portion:
E: 31 g, F: 75 g, Kh: 33 g,
kJ: 3344, kcal: 798

1. Zwiebeln abziehen und in kleine Würfel schneiden. Speiseöl in einem Topf erhitzen, Zwiebelwürfel darin andünsten. Sauerkraut etwas auseinanderzupfen, hinzugeben und mit andünsten. Brühe hinzugießen, mit Salz, Pfeffer und Zucker würzen. Sauerkraut zum Kochen bringen und zugedeckt etwa 25 Minuten garen.
2. Den Backofen vorheizen.
Ober-/Unterhitze: etwa 200 °C
Heißluft: etwa 180 °C
3. Kartoffelpüree nach Packungsanleitung – aber mit 700 ml Wasser und 500 ml Milch – zubereiten. Cabanossi in Scheiben schneiden.
4. Abwechselnd lagenweise je einen Teil des Sauerkrauts, der Wurstscheiben und des Kartoffelpürees in eine Auflaufform (gefettet) schichten. Die oberste Schicht sollte aus Kartoffelpüree bestehen.
5. Semmelbrösel daraufstreuen und Butter in Flöckchen daraufsetzen. Die Form auf dem Rost in den vorgeheizten Backofen schieben. Den Auflauf etwa 35 Minuten garen.

Mozzarella-Spinat-Spätzle

3 Portionen

Zubereitungszeit: 30 Minuten, ohne Abkühl- und Ruhezeit
Überbackzeit: etwa 20 Minuten

1 Zwiebel
1 EL Butter oder Margarine
200 g TK-Rahmspinat (portionierbar)
50 ml Wasser
300 g Weizenmehl, z. B. Spätzlemehl
Salz
3 Eier (Größe M)
2 l Wasser
1 EL Speiseöl
250 g Cocktailtomaten
150 g abgetropfter Mozzarella
gem. Pfeffer
2 EL Semmelbrösel

Pro Portion:
E: 31 g, F: 28 g, Kh: 85 g,
kJ: 3017, kcal: 721

1. Zwiebel abziehen und sehr fein würfeln. Butter oder Margarine in einem Topf zerlassen, Zwiebelwürfel darin andünsten. Den gefrorenen Spinat und Wasser hinzugeben und zugedeckt bei schwacher Hitze unter gelegentlichem Rühren knapp gar dünsten. Spinat etwas abkühlen lassen.
2. Mehl in eine große Rührschüssel geben, 1 Teelöffel Salz, Eier und den Spinat hinzugeben. Die Zutaten mit einem Mixer (Knethaken) zu einem dickflüssigen, glatten Teig verschlagen. So lange weiterschlagen, bis der Teig Blasen wirft. Den Teig zugedeckt etwa 1 Stunde ruhen lassen.
3. Wasser in einem Topf zugedeckt aufkochen lassen, 1 Esslöffel Salz und Speiseöl hinzugeben. Den Spätzleteig portionsweise durch eine Spätzlepresse ins kochende Wasser geben. Die Spätzle ohne Deckel bei schwacher bis mittlerer Hitze garen. Spätzle sind gar, wenn sie an der Oberfläche schwimmen.
4. Spätzle mit einer Schaumkelle herausheben, kurz unter kaltem Wasser abspülen und in einem Sieb abtropfen lassen.
5. Den Backofen vorheizen.
Ober-/Unterhitze: etwa 200 °C
Heißluft: etwa 180 °C
6. Tomaten abspülen, trocken tupfen, halbieren und die Stängelansätze herausschneiden. Mozzarella in dünne Scheiben schneiden. Spätzle und Tomatenhälften in eine große Auflaufform (gefettet) geben. Mit etwas Salz und Pfeffer würzen und mit den Mozzarellascheiben belegen, Semmelbrösel daraufstreuen.
7. Die Form auf dem Rost in den vorgeheizten Backofen schieben. Spätzle etwa 20 Minuten goldbraun überbacken.

Mozzarella-Spinat-Spätzle

Asiatischer Auflauf

4 Portionen

Zubereitungszeit: 35 Minuten, ohne Auftauzeit
Garzeit: 10–15 Minuten

350 g TK-Garnelen (ohne Schale, mit Schwanz, entdarmt)
250 g China-Reisnudeln
2 Zwiebeln
2 Knoblauchzehen
1 rote Paprikaschote
200 g Mungobohnensprossen
200 g Zuckerschoten
1 Stange Porree (Lauch)
3 EL Keimöl
2 EL Sojasauce
1 TL Sambal Oelek
1 TL gem. Kreuzkümmel (Cumin)
2 EL chinesische Austernsauce (Spezialitätenregal von Supermärkten)
1 EL Currypulver
2 EL Sesamsamen
2 EL Keimöl

Pro Portion:
E: 27 g, F: 16 g, Kh: 68 g,
kJ: 2214, kcal: 530

1. Garnelen nach Packungsanleitung auftauen lassen. In der Zwischenzeit Wasser in einem Topf zum Kochen bringen. Reisnudeln hinzugeben und nach Packungsanleitung garen. Dann die Reisnudeln in ein Sieb geben, mit kaltem Wasser abschrecken und abtropfen lassen.
2. Zwiebeln und Knoblauch abziehen, in feine Würfel schneiden. Paprikaschote halbieren, entstielen, entkernen und die weißen Scheidewände entfernen. Die Schote abspülen, abtropfen lassen und in kleine Würfel schneiden. Mungobohnensprossen in ein Sieb geben, unter fließendem kalten Wasser abspülen, gut abtropfen lassen, evtl. mit Küchenpapier trocken tupfen.
3. Von den Zuckerschoten die Enden abschneiden, evtl. abfädeln. Zuckerschoten abspülen und abtropfen lassen. Die Zuckerschoten halbieren. Porree putzen, die Stange längs halbieren, gründlich waschen und abtropfen lassen. Die Porreestange in etwa 2 cm lange Stücke schneiden.
4. Den Backofen vorheizen.
Ober-/Unterhitze: etwa 200 °C
Heißluft: etwa 180 °C
5. Keimöl in einer großen Pfanne erhitzen. Zuerst die Zwiebel- und Knoblauchwürfel darin andünsten. Dann die Paprikawürfel und Porreestücke hinzugeben und etwa 8 Minuten mitdünsten lassen. Sprossen mit den Zuckerschoten in die Pfanne geben und kurz mit andünsten.
6. Aufgetaute Garnelen kurz unter fließendem kalten Wasser abspülen, gut trocken tupfen und mit den Reisnudeln mischen. Mit Sojasauce, Sambal Oelek, Kreuzkümmel, Austernsauce und Curry würzen. Die Garnelen-Reisnudel-Mischung in eine große, flache Auflaufform (gefettet) geben. Das angedünstete Gemüse unterheben.
7. Den Auflauf mit Sesam bestreuen und mit Keimöl beträufeln. Die Form auf dem Rost in den vorgeheizten Backofen (untere Schiene) schieben. Den Auflauf 10–15 Minuten garen.

Asiatischer Auflauf

Herbstlicher Auflauf mit Schweinefilet

6 Portionen

Zubereitungszeit: 45 Minuten
Garzeit: etwa 60 Minuten

300 g Schalotten
1 1/2 kg vorwiegend festkochende Kartoffeln
1 1/2 EL (30 g) Butter
5 Stängel frischer Thymian oder Majoran
Salz, gem. Pfeffer

Für den Guss:
300 g Schlagsahne
375 ml Gemüsebrühe
2 TL abgeriebene Schale von 1 Bio-Zitrone (unbehandelt, ungewachst)

2 säuerliche Äpfel, z. B. Boskop
600 g Schweinefilet
1–2 EL Butterschmalz
200 g milder Edelpilzkäse, z. B. junger Gorgonzola

Pro Portion:
E: 35 g, F: 34 g, Kh: 38 g,
kJ: 2532, kcal: 608

1. Den Backofen vorheizen.
Ober-/Unterhitze: etwa 200 °C
Heißluft: etwa 180 °C
2. Schalotten abziehen und in Spalten schneiden. Kartoffeln schälen, abspülen, abtropfen lassen und

Herbstlicher Auflauf mit Schweinefilet

Auflauf mit Speck und dicken Bohnen

ebenfalls in Spalten schneiden. Butter in einer großen Pfanne zerlassen. Schalottenspalten darin anbraten.
3. Thymian oder Majoran abspülen, trocken tupfen. Blättchen von den Stängeln zupfen. Kartoffelspalten und Kräuterblättchen evtl. in 2 Portionen zu den Schalottenspalten geben, kurz mit andünsten. Mit Salz und Pfeffer würzen. Die Kartoffel-Schalotten-Masse in eine große Auflaufform (gefettet) geben.
4. Für den Guss Sahne mit Brühe und Zitronenschale verrühren, mit Salz und Pfeffer würzen. Den Guss auf dem Auflauf verteilen. Die Form auf dem Rost in den vorgeheizten Backofen schieben. Den Auflauf etwa 35 Minuten vorgaren.
5. Äpfel waschen, abtrocknen, halbieren, entkernen und mit der Schale in Spalten schneiden. Apfelspalten nach etwa 35 Minuten Garzeit vorsichtig unter den Auflauf mischen. Die Form wieder auf dem Rost in den heißen Backofen schieben. Den Auflauf bei gleicher Backofentemperatur weitere etwa 15 Minuten garen.
6. Schweinefilet mit Küchenpapier trocken tupfen, evtl. entsehnen und enthäuten. Filet in etwa 2 1/2 cm dicke Scheiben schneiden. Butterschmalz in einer großen Pfanne zerlassen. Filetscheiben darin von beiden Seiten kurz und kräftig anbraten. Mit Salz und Pfeffer würzen, herausnehmen und kurz ruhen lassen.
7. Die Backofentemperatur um etwa 20 °C erhöhen. Die Filetscheiben auf dem Auflauf verteilen. Den Edelpilzkäse in kleine Würfel schneiden und daraufstreuen.
8. Die Form wieder auf dem Rost in den heißen Backofen schieben. Den Auflauf etwa 10 Minuten überbacken.

Auflauf mit Speck und dicken Bohnen

4–6 Portionen

Zubereitungszeit: 25 Minuten
Garzeit: etwa 30 Minuten

1 kg TK-Bohnen (dicke Bohnen)
2 große Zwiebeln
100 g durchwachsener Speck
1/2 Bund Petersilie
125 g gewürfelter roher Schinken

Für die Sauce:
3 Eier (Größe M)
150 g saure Sahne
150 g Crème fraîche
100 g ger. Käse, z. B. Gratin-Käse
Salz, gem. Pfeffer
Paprikapulver edelsüß

50 g ger. Käse, z. B. Gratin-Käse
20 g Butter in Flöckchen
einige glatte Petersilienblättchen

Pro Portion:
E: 44 g, F: 36 g, Kh: 27 g,
kJ: 2574, kcal: 616

1. Bohnen in einem Topf nach Packungsanleitung bissfest kochen. Anschließend die Bohnen in einem Sieb abtropfen lassen.
2. Den Backofen vorheizen.
Ober-/Unterhitze: etwa 200 °C
Heißluft: etwa 180 °C
3. In der Zwischenzeit Zwiebeln abziehen und fein würfeln. Speck in Würfel schneiden und in einer Pfanne ohne Fett bei mittlerer Hitze auslassen. Zwiebelwürfel hinzugeben und andünsten. Petersilie abspülen und trocken tupfen. Die Blättchen von den Stängeln zupfen, Blättchen klein schneiden und unter die Speck-Zwiebel-Masse rühren. Bohnen mit der Speck-Zwiebel-Masse und den Schinkenwürfeln mischen und in eine Auflaufform (gefettet) geben.
4. Für die Sauce die Eier mit saurer Sahne, Crème fraîche und Käse verrühren, mit Salz, Pfeffer und Paprika würzen. Die Sauce auf der Bohnen-Schinken-Mischung verteilen. Käse daraufstreuen. Butter daraufsetzen. Die Form auf dem Rost in den vorgeheizten Backofen schieben. Den Auflauf etwa 30 Minuten garen.
5. Den Auflauf auf Tellern anrichten und nach Belieben mit abgespülten, trocken getupften Petersilienblättchen garnieren.

Minifrikadellen-Auflauf

Minifrikadellen-Auflauf

8–10 Portionen

Zubereitungszeit: 75 Minuten
Backzeit: etwa 25 Minuten

1 kg Gehacktes (halb Rind-, halb Schweinefleisch)
2 Eier (Größe M)
2 Beutel Zwiebelsauce (für je 250 ml Wasser)
6 EL Speiseöl
1 kg Möhren
660 g abgetropfte feine junge Schnittbohnen (aus Gläsern)
Salz, gem. Pfeffer
gerebeltes Bohnenkraut
250 g Kräuter-Crème-fraîche
6 EL Schlagsahne
200 g ger. Gratin-Käse

Pro Portion:
E: 32 g, F: 52 g, Kh: 13 g, kJ: 2855, kcal: 682

1. Gehacktes in eine Schüssel geben, mit Eiern und Zwiebelsaucen-Pulver verkneten. Aus der Hackfleischmasse mit angefeuchteten Händen kleine Frikadellen formen (etwa 40 Stück).
2. Speiseöl portionsweise in einer großen Pfanne erhitzen. Die Minifrikadellen darin portionsweise von beiden Seiten knusprig braten. Aus der Pfanne nehmen und auf Küchenpapier abtropfen lassen.
3. Den Backofen vorheizen.
Ober-/Unterhitze: etwa 200 °C
Heißluft: etwa 180 °C
4. Möhren putzen, schälen, abspülen, abtropfen lassen und schräg in dünne Scheiben schneiden. Die Möhrenscheiben portionsweise in dem verbliebenen Bratfett unter Wenden einige Minuten garen (evtl. etwas Wasser hinzufügen).
5. Bohnen mit den Möhrenscheiben mischen. Mit Salz, Pfeffer und Bohnenkraut würzen und in eine große, flache Auflaufform (gefettet) geben. Die Minifrikadellen darauf verteilen.
6. Crème fraîche mit Sahne verrühren und als Kleckse auf den Auflauf geben. Gratin-Käse daraufstreuen. Die Form auf dem Rost in den vorgeheizten Backofen schieben. Auflauf etwa 25 Minuten backen.

Hähnchenauflauf „Arabisch"

4 Portionen (ohne Foto)

Zubereitungszeit: 40 Minuten, ohne Abkühlzeit
Garzeit: Huhn 1 1/2–2 Stunden
Backzeit: 25–30 Minuten

1,2 kg küchenfertiges Suppenhuhn
1 Bund Suppengrün (Sellerie, Möhren, Porree)
etwa 2 l Salzwasser
2 Zwiebeln
2 Knoblauchzehen
20 g Weizenmehl
4 EL Speiseöl
4 Eier (Größe M)
150 g Crème fraîche
Salz, gem. Pfeffer
etwas Zucker
3 EL Zitronensaft
2 TL gem. Zimt
125 ml Hühnerbrühe (von dem Huhn)
40 g Rosinen
20 g Butter
30 g Pinienkerne

Pro Portion:
E: 50 g, F: 48 g, Kh: 16 g, kJ: 2909, kcal: 696

1. Das Suppenhuhn innen und außen kurz unter fließendem kalten Wasser abspülen und trocken tupfen. Suppengrün putzen, evtl. schälen, abspülen, abtropfen lassen und in kleine Stücke schneiden. Das Huhn und vorbereitetes Suppengrün zugedeckt in leicht kochendem Salzwasser 1 1/2–2 Stunden garen.
2. Gegartes Suppenhuhn mit einer Schaumkelle aus der Brühe nehmen und etwas abkühlen lassen. Hühnerbrühe entfetten. Zwiebeln und Knoblauch abziehen, in kleine Würfel schneiden. Von dem Huhn das Fleisch von den Knochen lösen, Haut und Sehnen entfernen. Das Fleisch in etwa 2 cm große Würfel schneiden und mit Mehl bestäuben. Die Brühe durch ein Sieb gießen und 125 ml abmessen.
3. Den Backofen vorheizen.
Ober-/Unterhitze: etwa 180 °C
Heißluft: etwa 160 °C
4. Speiseöl in einer Pfanne erhitzen, Fleischwürfel darin von allen Seiten kurz anbraten und herausnehmen. Zwiebel- und Knoblauchwürfel in dem verbliebenen Bratfett anbraten und zu den Fleischwürfeln geben.
5. Eier mit Crème fraîche verschlagen, mit Salz, Pfeffer, Zucker, Zitronensaft, Zimt und Hühnerbrühe verrühren, mit den Rosinen zu den Fleischwürfeln geben und gut untermengen. Die Fleischmasse in eine große, flache Auflaufform (gefettet) geben, Butter in Flöckchen daraufsetzen und mit Pinienkernen bestreuen.

6. Die Form auf dem Rost in den vorgeheizten Backofen schieben. Den Hähnchenauflauf in 25–30 Minuten goldgelb backen.

Schupfnudeln mit Sauerkraut

4 Portionen

Zubereitungszeit: 30 Minuten
Garzeit: etwa 25 Minuten

1 große Zwiebel
3 EL Sonnenblumenöl
2 TL Zucker
810 g Sauerkraut (aus der Dose)
1 Lorbeerblatt
4 Wacholderbeeren
1 TL Instant-Gemüsebrühe
Salz, gem. Pfeffer
4 Mettenden (etwa 300 g)
500 g Schupfnudeln
(aus dem Kühlregal)
25 g Semmelbrösel
40 g Butter

Pro Portion:
E: 19 g, F: 45 g, Kh: 56 g,
kJ: 2963, kcal: 711

1. Zwiebel abziehen und klein würfeln. Sonnenblumenöl in einer großen Pfanne erhitzen. Die Zwiebelwürfel darin andünsten. Zucker hinzugeben, karamellisieren lassen.
2. Sauerkraut etwas auseinanderzupfen, mit Lorbeerblatt, Wacholderbeeren und Gemüsebrühe zu den Zwiebelwürfeln in die Pfanne geben, mit Salz und Pfeffer würzen. Die Zutaten etwa 10 Minuten ohne Deckel garen.
3. Den Backofen vorheizen.
Ober-/Unterhitze: etwa 200 °C
Heißluft: etwa 180 °C
4. Die Mettenden in Scheiben schneiden und mit dem Sauerkraut vermischen. Schupfnudeln in eine große, flache Auflaufform (gefettet) geben. Die Sauerkraut-Mettenden-Mischung darauf verteilen.
5. Den Auflauf mit Semmelbröseln bestreuen. Butter in Flöckchen daraufsetzen. Die Form auf dem Rost in den vorgeheizten Backofen schieben. Den Auflauf etwa 25 Minuten garen.

Maultaschen-Sauerkraut-Auflauf

4–6 Portionen

Zubereitungszeit: 30 Minuten
Garzeit: etwa 30 Minuten

1 Zwiebel
1 rote Paprikaschote (etwa 150 g)
2 EL Speiseöl
810 g mildes Weinsauerkraut
(aus der Dose)
1 EL klein geschnittene Rosmarinnadeln
Salz, gem. Pfeffer
600 g Schwäbische Maultaschen mit Fleischfüllung (aus dem Kühlregal)
600 g Crème fraîche
200 g frisch ger. Gouda
1 TL Paprikapulver edelsüß

Pro Portion:
E: 24 g, F: 45 g, Kh: 37 g,
kJ: 2767, kcal: 665

1. Zwiebel abziehen, klein würfeln. Paprikaschote halbieren, entstielen, entkernen und die weißen Scheidewände entfernen. Schote abspülen, trocken tupfen und in Streifen schneiden.
2. Speiseöl in einem Topf erhitzen. Zwiebelwürfel und Paprikastreifen darin andünsten. Sauerkraut etwas auseinanderzupfen und mit der Flüssigkeit und Rosmarin hinzugeben, etwa 5 Minuten mitdünsten lassen.
3. Den Backofen vorheizen.
Ober-/Unterhitze: etwa 180 °C
Heißluft: etwa 160 °C
4. Sauerkraut mit Salz und Pfeffer würzen. Maultaschen aus der Packung nehmen, auf das Sauerkraut legen und zugedeckt 1–2 Minuten garen. Den Deckel abnehmen. Sauerkraut so lange weiterdünsten lassen, bis fast keine Flüssigkeit mehr vorhanden ist. Die Sauerkraut-Maultaschen-Masse in eine große, flache Auflaufform (gefettet) geben.
5. Crème fraîche und Käse mit einem Schneebesen verrühren. Mit Paprika, Salz und Pfeffer würzen. Den Guss auf der Maultaschen-Masse verteilen. Die Form auf dem Rost in den vorgeheizten Backofen schieben. Den Auflauf etwa 30 Minuten garen.

Schupfnudeln mit Sauerkraut

Maultaschen-Sauerkraut-Auflauf

Chicorée-Apfel-Auflauf mit Kartoffeln

4 Portionen

Zubereitungszeit: 45 Minuten, ohne Abkühlzeit
Garzeit: 15–20 Minuten

750 g–1 kg vorwiegend festkochende Kartoffeln
Salz
2 säuerliche Äpfel
1/2 Bund Thymian
125 g Chorizo (spanische Paprikawurst)
600 g Chicorée
1 EL Butter
gem. Pfeffer

Für die Sauce:
2 EL Butter oder Margarine
2 leicht geh. EL Weizenmehl
125 ml Milch (3,5 % Fett)
375 ml Gemüsebrühe
150 g frisch ger. Hart- oder Bergkäse

30 g gehackte Haselnusskerne

Pro Portion:
E: 26 g, F: 41 g, Kh: 46 g,
kJ: 2810, kcal: 671

1. Die Kartoffeln gründlich waschen, in einem Topf knapp mit Wasser bedeckt, zugedeckt zum Kochen bringen, Salz hinzugeben. Die Kartoffeln zugedeckt 20–25 Minuten garen. Kartoffeln abgießen, mit kaltem Wasser abspülen und heiß pellen. Kartoffeln etwas abkühlen lassen und in Spalten schneiden.
2. Den Backofen vorheizen.
Ober-/Unterhitze: etwa 200 °C
Heißluft: etwa 180 °C
3. Äpfel waschen (evtl. schälen), abtrocknen, halbieren, entkernen und in breite Spalten schneiden. Thymian abspülen und trocken tupfen. Die Blättchen von den Stängeln zupfen. Chorizo in dünne Scheiben schneiden. Vorbereitete Zutaten in einer großen Auflaufform (gefettet) mischen.
4. Chicorée putzen, abspülen, abtropfen lassen und längs vierteln. Den bitteren Strunk keilförmig herausschneiden. Butter in einer Pfanne zerlassen. Chicorée darin unter Wenden etwa 4 Minuten anbraten, mit Salz und Pfeffer würzen. Chicorée auf den Auflaufzutaten verteilen.
5. Für die Sauce Butter oder Margarine im verbliebenen Bratfett zerlassen. Mehl hinzufügen und unter Rühren so lange erhitzen, bis es hellgelb ist. Milch und Brühe hinzugießen und mit einem Schneebesen durchschlagen. Dabei darauf achten, dass keine Klümpchen entstehen. Die Sauce etwa 2 Minuten kochen lassen. 50 g von dem Käse hinzugeben und unter Rühren schmelzen. Die Sauce mit Salz und Pfeffer abschmecken.
6. Zuerst die Sauce, dann Haselnusskerne und restlichen Käse auf dem Auflauf verteilen. Die Form auf dem Rost in den vorgeheizten Backofen schieben. Auflauf 15–20 Minuten garen.

Chicorée-Apfel-Auflauf mit Kartoffeln

Kartoffelauflauf auf skandinavische Art

4 Portionen

Zubereitungszeit: 30 Minuten
Garzeit: etwa 25 Minuten

300 g Zucchini
1 EL Butter
1 große Zwiebel
Salz, gem. Pfeffer
600 g festkochende Kartoffeln
75 ml Gemüsebrühe
150 g Schlagsahne
150 g Höhlenkäse
1 Bund Dill
3–4 TL Meerrettich (aus dem Glas)
200 g Erbsen (frisch oder TK)
350 g Tiefseegarnelen (gegart und geschält)

Pro Portion:
E: 35 g, F: 30 g, Kh: 29 g,
kJ: 2236, kcal: 535

1. Die Zucchini abspülen, abtrocknen und die Enden abschneiden. Zucchini längs halbieren und in etwa 1/2 cm dicke Scheiben schneiden.
2. Die Butter in einem Topf zerlassen. Die Zwiebel abziehen, fein würfeln und in der Butter kurz andünsten.
3. Die Zucchinischeiben hinzugeben und unter Wenden etwa 2 Minuten mitdünsten lassen, mit Salz und Pfeffer würzen.

Kartoffelauflauf auf skandinavische Art

Semmelrührei mit Stampfkartoffeln

4. Die Zucchinischeiben mit einem Schaumlöffel aus der Pfanne nehmen und in eine große, flache Auflaufform (gefettet) geben. Die Pfanne mit dem verbliebenen Bratfett für die Kartoffeln beiseitestellen.
5. Den Backofen vorheizen.
Ober-/Unterhitze: etwa 200 °C
Heißluft: etwa 180 °C
6. Kartoffeln schälen, abspülen, abtropfen lassen und in etwa 1/2 cm dicke Scheiben schneiden. Brühe und Sahne zum verbliebenen Bratfett in die Pfanne gießen, verrühren und zum Kochen bringen. Die Kartoffelscheiben hinzugeben und etwa 6 Minuten vorgaren. In der Zwischenzeit den Käse raspeln.
7. Dill abspülen und trocken tupfen. Die Spitzen von den Stängeln zupfen. Einige Spitzen zum Garnieren beiseitelegen, restliche Dillspitzen klein schneiden.
8. Die Kartoffelscheiben mit Salz, Pfeffer und Meerrettich würzen. Dill unterrühren. Die Kartoffelmasse zu den Zucchinischeiben in die Auflaufform geben. Die Erbsen und Garnelen hinzufügen. Die Zutaten in der Auflaufform gut vermischen. Geraspelten Käse darauf verteilen.
9. Die Form auf dem Rost in den vorgeheizten Backofen schieben. Den Auflauf etwa 25 Minuten garen.
10. Den Auflauf vor dem Servieren mit den beiseitegelegten Dillspitzen garnieren.

Semmelrührei mit Stampfkartoffeln

4–6 Portionen

Zubereitungszeit: 45 Minuten
Garzeit: etwa 45 Minuten

1 Doppelsemmel vom Vortag (Doppelbrötchen oder 2 Brötchen)
500 ml Milch (3,5 % Fett)
8 Eier (Größe M)
Salz, evtl. ger. Muskatnuss
2 EL Schnittlauchröllchen

Für die Stampfkartoffeln:
1 kg mehligkochende Kartoffeln
150 g geräucherter Bauchspeck
gem. Pfeffer

Für den Salat:
1 Kopfsalat
125 g Buttermilch
125 g Schmand (Sauerrahm)
3 EL Zitronensaft
Zucker

Pro Portion:
E: 26 g, F: 27 g, Kh: 48 g,
kJ: 2304, kcal: 550

1. Den Backofen vorheizen.
Ober-/Unterhitze: etwa 180 °C
Heißluft: etwa 160 °C
2. Die Semmel in kleine Stücke schneiden. Milch mit den Eiern verschlagen, mit Salz würzen und die Semmelstücke unterrühren. Semmel-Eier-Mischung in eine Auflaufform (gefettet) geben.
3. Die Form auf dem Rost in den vorgeheizten Backofen schieben. Das Semmelrührei etwa 45 Minuten garen, bis die Masse gestockt ist.
4. In der Zwischenzeit für die Stampfkartoffeln Kartoffeln schälen, abspülen, abtropfen lassen und in Stücke schneiden. Kartoffelstücke in einem Topf knapp mit Wasser bedeckt, zugedeckt zum Kochen bringen, in etwa 15 Minuten gar kochen.
5. Den Speck in kleine Würfel schneiden und in einer Pfanne ohne Fett auslassen (ausbraten). Die gegarten Kartoffelstücke abgießen.
6. Ausgelassenen Speck zu den Kartoffeln geben, alles mit einem Kartoffelstampfer etwas zerstampfen.
7. Für den Salat Salat putzen und die äußeren, welken Blätter entfernen. Salatblätter vom Strunk zupfen, gründlich waschen, aber nicht drücken. Salat in einem Sieb gut abtropfen lassen oder in einer Salatschleuder trocken schleudern. Blätter in mundgerechte Stücke zupfen.
8. Buttermilch und Schmand mit Zitronensaft verrühren, mit Salz, Pfeffer und Zucker abschmecken. Salat mit dem Dressing vermischen.
9. Stampfkartoffeln mit Pfeffer und evtl. noch etwas Salz abschmecken, mit dem Semmelrührei und dem Salat servieren.

Gewürzhähnchen-Auflauf

Chilenischer Maisauflauf

Gewürzhähnchen-Auflauf

(Römertopf® 3-Liter-Inhalt)
4 Portionen

Zubereitungszeit: 40 Minuten
Garzeit: etwa 60 Minuten

4 Hähnchenbrustfilets (etwa 600 g)
200 g asiatische Weizennudeln (Mie-Nudeln)
Salz
500 g Brokkoli
2 rote Paprikaschoten (etwa 400 g)
190 g abgetropfte Maiskölbchen (aus dem Glas)
2 Knoblauchzehen
4 EL Speiseöl
3 EL Sojasauce
gem. Pfeffer
5-Gewürze-Pulver (asiatische Gewürzmischung)

Für die Sauce:
300 ml Gemüse- oder Geflügelbrühe
2 EL flüssiger Bienenhonig
4 EL Sojasauce
1 TL Speisestärke
rote Chiliflocken

Pro Portion:
E: 47 g, F: 13 g, Kh: 57 g,
kJ: 2255, kcal: 537

1. Hähnchenbrustfilets kurz unter fließendem kalten Wasser abspülen und trocken tupfen. Die Hähnchenbrustfilets in je 6 Stücke schneiden.
2. Mie-Nudeln in kochendem Salzwasser nach Packungsanleitung 5–10 Minuten garen. Nudeln in ein Sieb geben und abtropfen lassen.
3. Brokkoli putzen und in Röschen teilen. Brokkoliröschen abspülen und abtropfen lassen.
4. Paprikaschoten halbieren, entstielen, entkernen und die weißen Scheidewände entfernen. Schoten abspülen, abtropfen lassen und in Spalten schneiden. Maiskölbchen evtl. halbieren. Knoblauch abziehen und in kleine Würfel schneiden.
5. Speiseöl in einer Pfanne erhitzen. Hähnchenfleischstücke darin von allen Seiten anbraten und herausnehmen. Brokkoliröschen, Paprikaspalten und Maiskölbchen evtl. portionsweise in dem verbliebenen Bratfett andünsten. Fleischstücke und das angedünstete Gemüse in einer Schüssel mischen. Mit Sojasauce, Salz, Pfeffer, Gewürzmischung und Knoblauch würzen. Die Fleisch-Gemüse-Mischung in einen gewässerten Römertopf® geben.
6. Für die Sauce Brühe mit Honig und Sojasauce in einem Topf zum Kochen bringen. Speisestärke mit Wasser anrühren, in die Brühe rühren und unter Rühren aufkochen lassen. Die Sauce mit Chiliflocken und Pfeffer würzen.
7. Die Sauce auf der Fleisch-Gemüse-Mischung verteilen. Den Römertopf® mit dem Deckel verschließen und auf dem Rost in den kalten Backofen schieben.
Ober-/Unterhitze: etwa 220 °C (untere Schiene)
Heißluft: etwa 200 °C
8. Gewürzhähnchen-Auflauf etwa 60 Minuten garen.

Chilenischer Maisauflauf

4 Portionen

Zubereitungszeit: 40 Minuten
Garzeit: etwa 45 Minuten

2 EL Olivenöl
500 g Rindergehacktes
2 Zwiebeln
1–2 Knoblauchzehen
50 g Rosinen
1 getrocknete rote Chilischote
1 TL gem. Kreuzkümmel (Cumin)
1/2 TL Paprikapulver rosenscharf
1 gestr. TL Salz
gem. schwarzer Pfeffer
250 ml Fleischbrühe oder Wasser
500 g Hähnchenbrustfilet
Salz, Paprikapulver edelsüß
2 EL Olivenöl
100 g abgetropfte schwarze Oliven
570 g abgetropfter Gemüsemais (aus Dosen)
50 g saure Sahne oder Milch (3,5 % Fett)
gem. weißer Pfeffer
1 TL Zucker

Pro Portion:
E: 61 g, F: 36 g, Kh: 33 g,
kJ: 2960, kcal: 708

1. Olivenöl in einer großen Pfanne erhitzen. Gehacktes darin unter Rühren krümelig braun braten. Dabei die Fleischklümpchen mit einer Gabel zerdrücken. Zwiebeln und Knoblauch abziehen, in kleine Würfel schneiden, hinzugeben und mitdünsten lassen.

Rosinen und zerbröselte Chilischote unterrühren.
2. Die Hackfleischmasse mit Kreuzkümmel, Paprika, Salz und Pfeffer würzen. Brühe oder Wasser hinzugießen, zum Kochen bringen und etwa 10 Minuten dünsten. Die Hackfleischmasse in eine Auflaufform (gefettet) geben.
3. Hähnchenbrustfilet kurz unter fließendem kalten Wasser abspülen, trocken tupfen und halbieren. Mit Salz, Pfeffer und Paprika würzen.
4. Den Backofen vorheizen.
Ober-/Unterhitze: etwa 200 °C
Heißluft: etwa 180 °C
5. Olivenöl in der gesäuberten Pfanne erhitzen. Hähnchenbrustfilets darin von beiden Seiten 4–5 Minuten anbraten, herausnehmen und auf die Hackfleischmasse legen. Oliven in den Zwischenräumen verteilen.
6. Mais mit der sauren Sahne oder Milch im Mixer oder mit einem Pürierstab pürieren, mit Salz und Pfeffer würzen. Maispüree auf den Hähnchenbrustfilets verteilen und mit Zucker bestreuen.
7. Die Form auf dem Rost in den vorgeheizten Backofen schieben. Den Maisauflauf etwa 45 Minuten garen.

Eierkuchenauflauf

4–6 Portionen

Zubereitungszeit: 45 Minuten
Backzeit: etwa 20 Minuten

Für den Teig:
250 g Weizenmehl
4 Eier (Größe M)
1/2 gestr. TL Salz
375 ml Milch (3,5 % Fett)
125 ml Mineralwasser
1 Bund Frühlingszwiebeln

6 EL Speiseöl

Für die Füllung:
500 g gemischte Pilze, z. B. Pfifferlinge, Champignons, Austernpilze
1 Bund Frühlingszwiebeln
3 EL Speiseöl
Salz
gem. Pfeffer
1 geh. TL Weizenmehl
150 g Crème fraîche

100 g geraspelter Gratin-Käse

Pro Portion:
E: 21 g, F: 42 g, Kh: 50 g,
kJ: 2771, kcal: 664

Eierkuchenauflauf

1. Für den Teig das Mehl in eine Rührschüssel geben. Eier mit Salz, Milch und dem Mineralwasser verschlagen. Nach und nach unter Rühren zum Mehl geben. Darauf achten, dass keine Klümpchen entstehen.
2. Frühlingszwiebeln putzen, abspülen, abtropfen lassen, in schmale Scheiben schneiden und unter den Teig rühren.
3. Etwas von dem Speiseöl in einer beschichteten Pfanne erhitzen. Den Teig gut durchrühren und eine dünne Teiglage mit einer drehenden Bewegung auf dem Boden der Pfanne verteilen. Den Eierkuchen von beiden Seiten goldgelb backen. Bevor der Eierkuchen gewendet wird, wieder etwas Speiseöl in die Pfanne geben. Aus dem Teig etwa 6 Eierpfannkuchen backen und übereinander auf einen flachen Teller legen.
4. Den Backofen vorheizen.
Ober-/Unterhitze: etwa 180 °C
Heißluft: etwa 160 °C
5. Für die Füllung Pilze putzen, evtl. kurz abspülen, trocken tupfen und in Stücke schneiden. Die Frühlingszwiebeln putzen, abspülen, abtropfen lassen und in schmale Scheiben schneiden (einige Frühlingszwiebelscheiben in Ringe teilen und zum Garnieren beiseitelegen).
6. Das Speiseöl in der Pfanne erhitzen. Die Pilzstücke darin unter Rühren anbraten, mit Salz und Pfeffer würzen, mit Mehl bestäuben. Crème fraîche unterrühren. Die Frühlingszwiebelscheiben zu den Pilzstücken in die Pfanne geben und einmal aufkochen lassen.
7. Die Eierkuchen auf einer Arbeitsfläche ausbreiten. Jeweils etwas von der Pilzmasse auf die Eierkuchen geben. Die Eierkuchen aufrollen, nebeneinander in eine flache Auflaufform (gefettet) legen und mit Käse bestreuen. Die Form auf dem Rost in den vorgeheizten Backofen schieben. Den Auflauf etwa 20 Minuten backen.
8. Den Eierkuchenauflauf mit den beiseitegelegten Frühlingszwiebelringen auf Tellern anrichten.

Gratinierter Maibockrücken

Gratinierter Maibockrücken

4–6 Portionen

Zubereitungszeit: 60 Minuten
Garzeit: etwa 40 Minuten

800 g Maibockrückenfilet
Salz, gem. Pfeffer
2 EL Olivenöl

Für die Kräuterhaube:
75 g Butter (zimmerwarm)
4–5 EL gemischte, klein geschnittene Kräuter, z. B. Thymian, Rosmarin, Petersilie, Schnittlauch
3 EL Semmelbrösel

Für den Spargel:
1–1 1/4 kg weißer Spargel
1 Prise Zucker
1 TL Butter

400 ml Wildfond
20 g Butter
1 TL Speisestärke
1 1/4 TL gem. Koriander
1 EL klein geschnittene Petersilie oder Kerbel

Pro Portion:
E: 38 g, F: 25 g, Kh: 9 g,
kJ: 1731, kcal: 413

1. Den Backofen vorheizen.
Ober-/Unterhitze: etwa 120 °C
Heißluft: etwa 100 °C
2. Das Filet mit Küchenpapier trocken tupfen, evtl. enthäuten, mit Salz und Pfeffer würzen. Das Olivenöl in einer Pfanne erhitzen. Das Filet darin von allen Seiten in 1–2 Minuten anbraten. Anschließend das Filet aus der Pfanne nehmen und in eine Auflaufform (gefettet) legen. Pfanne beiseitestellen.
3. Für die Kräuterhaube die Butter mit den Kräutern und Semmelbröseln verrühren. Die Buttermasse mit Salz und Pfeffer würzen und auf das Maibockfilet streichen.
4. Die Form auf dem Rost in den vorgeheizten Backofen schieben. Das Filet etwa 40 Minuten garen.
5. Für den Spargel in der Zwischenzeit den Spargel von oben nach unten schälen. Darauf achten, dass die Schalen vollständig entfernt, die Köpfe aber nicht verletzt werden. Die unteren Enden abschneiden (holzige Stellen vollkommen entfernen).
6. Den Spargel abspülen, abtropfen lassen und in etwa 3 cm lange Stücke schneiden. Salzwasser mit Zucker und Butter in einem Topf zum Kochen bringen. Spargelstücke hinzugeben, wieder zum Kochen bringen und zugedeckt etwa 8 Minuten garen.
7. Den Wildfond zum Bratensatz in die beiseitegestellte Pfanne geben und unter Rühren zum Kochen bringen. Die Sauce in etwa 10 Minuten um etwa die Hälfte einkochen.
8. Die Spargelstücke in einem Sieb abtropfen lassen. Die Butter in einer Pfanne zerlassen. Die Spargelstücke darin anbraten, mit Salz und Pfeffer würzen und warm stellen.
9. Die Speisestärke mit etwas Wasser anrühren und unter die Sauce rühren. Die Sauce unter Rühren aufkochen

lassen, mit Salz, Pfeffer und Koriander abschmecken.
10. Das Filet in Scheiben schneiden, mit der Sauce und den gebratenen Spargelstücken auf Tellern anrichten. Spargelstücke mit Petersilie oder Kerbel bestreuen und servieren.

Minzekartoffeln, überbacken

4 Portionen

Zubereitungszeit: 20 Minuten, ohne Abkühlzeit
Gar- und Überbackzeit: etwa 70 Minuten

8 dicke Kartoffeln
120 g magerer, durchwachsener Speck
100 g Zwiebelwürfel
80 g Butter
Salz, gem. Pfeffer
2 Stängel klein geschnittene Minze
1–2 EL Semmelbrösel
40 g Butter

Pro Portion:
E: 8 g, F: 44 g, Kh: 34 g,
kJ: 2425, kcal: 579

1. Den Backofen vorheizen.
Ober-/Unterhitze: etwa 180 °C
Heißluft: etwa 160 °C
2. Kartoffeln unter fließendem kalten Wasser gut abbürsten, trocken tupfen und auf ein Backblech (gefettet) legen. Das Backblech in den vorgeheizten Backofen schieben. Kartoffeln etwa 60 Minuten garen.
3. Das Backblech auf einen Rost stellen. Die gegarten Kartoffeln erkalten lassen, dann einen Deckel abschneiden. Die Kartoffeln mit einem Löffel aushöhlen, dabei einen Rand stehen lassen.
4. Speck in Würfel schneiden. Die Kartoffelmasse mit Zwiebel-, Speckwürfeln, Butter, Salz, Pfeffer und Minze zu einer glatten Masse verrühren und in die ausgehöhlten Kartoffeln füllen.
5. Semmelbrösel daraufstreuen und Butter in Flöckchen daraufsetzen. Das Backblech wieder in den heißen Backofen schieben. Die Kartoffeln bei gleicher Backofentemperatur etwa 10 Minuten überbacken.

Auberginen-Hackfleisch-Gratin

8 Portionen

Zubereitungszeit: 40 Minuten
Backzeit: 25–30 Minuten

1 kg Auberginen
12 EL Speiseöl
2 TL gerebelter Oregano
Paprikapulver edelsüß
Salz, gem. Pfeffer
4 Zwiebeln
6 EL Speiseöl
500 g Rindergehacktes
4 Knoblauchzehen
4 EL klein geschnittene Petersilie
6 Fleischtomaten
250 g abgetropfter Mozzarella
einige Basilikumblättchen

Pro Portion:
E: 21 g, F: 38 g, Kh: 7 g,
kJ: 1888, kcal: 450

1. Auberginen abspülen, abtrocknen und die Stängelansätze abschneiden. Auberginen längs in etwa 1/2 cm dicke Scheiben schneiden. Speiseöl in einer Pfanne erhitzen. Die Auberginenscheiben darin von beiden Seiten anbraten. Mit Oregano, Paprika, Salz und Pfeffer würzen. Auberginenscheiben nebeneinander (in 2–3 Lagen) in eine große, flache Gratinform (gefettet) legen.
2. Den Backofen vorheizen.
Ober-/Unterhitze: etwa 200 °C
Heißluft: etwa 180 °C
3. Zwiebeln abziehen und in kleine Würfel schneiden. Speiseöl in einer Pfanne erhitzen. Zwiebelwürfel darin glasig dünsten. Gehacktes hinzugeben und unter Rühren anbraten. Dabei die Fleischklümpchen mit einer Gabel zerdrücken. Mit Oregano, Paprika, Salz und Pfeffer würzen. Knoblauch abziehen und zerdrücken. Knoblauch und Petersilie unter die Hackfleischmasse rühren.
4. Tomaten kreuzweise einschneiden und mit kochendem Wasser übergießen. Nach 1–2 Minuten herausnehmen und mit kaltem Wasser abschrecken. Tomaten häuten, halbieren, entkernen und die Stängelansätze herausschneiden. Tomatenhälften in kleine Würfel schneiden und mit der Hackfleischmasse vermengen.
5. Die Hackfleischmasse auf den Auberginenscheiben in der Form verteilen. Mozzarella in Scheiben schneiden und darauflegen. Die Form auf dem Rost in den vorgeheizten Backofen schieben. Das Gratin 25–30 Minuten backen.
6. Basilikumblättchen abspülen und trocken tupfen. Auberginen-Hackfleisch-Gratin mit Basilikumblättchen garnieren und sofort servieren.

Minzekartoffeln, überbacken

Auberginen-Hackfleisch-Gratin

Gemüse-Kartoffel-Fächer

4 Portionen

Zubereitungszeit: 40 Minuten
Backzeit: etwa 30 Minuten

1 Bund gemischte italienische Kräuter, z. B. Thymian, Basilikum, Majoran, Rosmarin
3 Frühlingszwiebeln
600 g mittelgroße festkochende Kartoffeln
400 g Zucchini
6 mittelgroße Tomaten
10 große braune Champignons
Salz, gem. Pfeffer
Knoblauchpulver
6 EL Olivenöl
einige Basilikumblättchen

Pro Portion:
E: 6 g, F: 18 g, Kh: 29 g,
kJ: 1322, kcal: 316

1. Die Kräuter abspülen und trocken tupfen. Die Blättchen bzw. Nadeln von den Stängeln zupfen. Blättchen und Nadeln grob zerkleinern. Frühlingszwiebeln putzen, abspülen, abtropfen lassen, in Stücke schneiden.
2. Den Backofen vorheizen.
Ober-/Unterhitze: etwa 180 °C
Heißluft: etwa 160 °C
3. Kartoffeln schälen, abspülen, abtropfen lassen. Zucchini abspülen, abtrocknen und die Enden abschneiden. Tomaten abspülen, abtropfen lassen und die Stängelansätze herausschneiden. Champignons putzen, evtl. kurz abspülen und gut abtropfen lassen. Kartoffeln, Zucchini, Tomaten und Champignons in etwa 1/2 cm dicke Scheiben schneiden.
4. Den Boden einer großen, flachen Auflaufform (gefettet) mit einem Teil der klein geschnittenen Kräuter und den Frühlingszwiebelstücken bestreuen, darauf fächerartig die Kartoffel- und Gemüsescheiben schichten.
5. Die restlichen klein geschnittenen Kräuter und Frühlingszwiebelstücke darauf verteilen. Mit Salz, Pfeffer und Knoblauch würzen, mit dem Olivenöl beträufeln. Die Form auf dem Rost in den vorgeheizten Backofen schieben. Die Gemüse-Kartoffel-Fächer etwa 30 Minuten backen.
6. Gemüse-Kartoffel-Fächer anrichten und mit abgespülten, trocken getupften Basilikumblättchen garniert servieren.

Gemüse-Kartoffel-Fächer

Gratinierte Feigen mit Ziegenfrischkäsefüllung

12 Stück

Zubereitungszeit: 35 Minuten
Überbackzeit: etwa 8 Minuten

50 g Pistazienkerne
500 ml roter Traubensaft
8 TL flüssiger Akazienhonig
5 Stängel Thymian
250 g Ziegenfrischkäse
gem. Pfeffer
6 große frische Feigen

Pro Stück:
E: 2 g, F: 8 g, Kh: 16 g,
kJ: 596, kcal: 143

1. Pistazienkerne in einer Pfanne ohne Fett unter Rühren goldbraun rösten, herausnehmen, auf einem Teller erkalten lassen, klein hacken.
2. Traubensaft mit 5 Teelöffeln des Honigs in einem Topf verrühren und bei mittlerer Hitze sirupartig einkochen (etwa 15 Minuten).
3. Den Backofen vorheizen.
Ober-/Unterhitze: etwa 240 °C
Heißluft: etwa 220 °C
4. Thymian abspülen und trocken tupfen. Von 3 Stängeln die Blättchen abzupfen. Restliche Thymianstängel beiseitelegen.
5. Frischkäse mit einer Gabel zerdrücken. Restlichen Honig, Thymianblättchen und etwa die Hälfte der Pistazienkerne untermengen, mit Pfeffer würzen.
6. Die Feigen vorsichtig abspülen, trocken tupfen und halbieren. Mit einem Teelöffel kleine Vertiefungen in das Fruchtfleisch drücken. Die Frischkäsemasse in Häufchen hineinsetzen. Die Feigen in eine flache, große Auflaufform (gefettet) setzen. Die Form auf dem Rost in den vorgeheizten Backofen schieben. Die Feigen etwa 8 Minuten überbacken, bis der Käse leicht gebräunt ist.
7. Beiseitegelegte Thymianstängel etwas kleiner zupfen. Die heißen

Gratinierte Feigen mit Ziegenfrischkäsefüllung

Gratinierte gefüllte Tomaten

Feigen mit Traubensirup auf Tellern anrichten, mit Thymianspitzen und restlichen Pistazienkernen garnieren.

Getrüffeltes Kartoffelgratin

4 Portionen (ohne Foto)

Zubereitungszeit: 20 Minuten
Garzeit: etwa 45 Minuten

1,2 kg Kartoffeln,
z. B. Secura, Granola, Quarta
15 g Trüffel
100 ml Gemüsebrühe
250 g Crème fraîche
2 Schalotten
1 Knoblauchzehe
Salz, gem. Pfeffer
75 g ger. Butterkäse

Pro Portion:
E: 13 g, F: 24 g, Kh: 51 g,
kJ: 1991, kcal: 475

1. Kartoffeln schälen, abspülen, abtropfen lassen, in dünne Scheiben schneiden und schuppenförmig in eine große, flache Gratinform (gefettet) schichten.
2. Den Backofen vorheizen.
Ober-/Unterhitze: etwa 200 °C
Heißluft: etwa 180 °C
3. Trüffel fein hobeln und zwischen den Kartoffelscheiben verteilen. Die Gemüsebrühe und Crème fraîche in einem Topf verrühren.
4. Schalotten und Knoblauch abziehen, klein würfeln und unter die Créme-fraîche-Brühe rühren, mit Salz und Pfeffer würzen. Die Mischung auf den Kartoffelscheiben verteilen und mit Butterkäse bestreuen. Die Form auf dem Rost in den vorgeheizten Backofen schieben. Das Gratin etwa 45 Minuten garen.

Gratinierte gefüllte Tomaten

6 Stück

Zubereitungszeit: 45 Minuten, ohne Auftauzeit
Gratinierzeit: 5–10 Minuten

450 g TK-Blattspinat
8 Fleischtomaten (je etwa 150 g)
1 Zwiebel
2 Knoblauchzehen
250 g abgetropfter Mozzarella
75 g Kräuterbutter
Salz, gem. Pfeffer
1 Bund Petersilie
50 g Semmelbrösel
2 EL Olivenöl

Pro Stück:
E: 12 g, F: 21 g, Kh: 11 g,
kJ: 1183, kcal: 283

1. Für die Füllung Spinat nach Packungsanleitung auftauen lassen.
2. Von den Tomaten 6 schöne Tomaten auswählen, abspülen, abtrocknen und jeweils einen Deckel abschneiden. Tomaten mit einem Löffel aushöhlen. Restliche Tomaten kreuzweise einschneiden und mit kochendem Wasser übergießen. Nach 1–2 Minuten herausnehmen und mit kaltem Wasser abschrecken. Tomaten häuten, halbieren und die Stängelansätze herausschneiden. Tomaten in Würfel schneiden.
3. Den Backofen vorheizen.
Ober-/Unterhitze: etwa 200 °C
Heißluft: etwa 180 °C
4. Zwiebel und Knoblauch abziehen, klein würfeln. Mozzarella ebenfalls in Würfel schneiden. Die Hälfte der Kräuterbutter in einer großen Pfanne zerlassen. Zwiebel- und Knoblauchwürfel darin glasig dünsten. Aufgetauten Spinat etwas abtropfen lassen, hinzufügen und kurz mit andünsten. Mit Salz und Pfeffer kräftig würzen. Tomaten- und Mozzarellawürfel vorsichtig unterheben.
5. Petersilie abspülen und trocken tupfen. Die Blättchen von den Stängeln zupfen. Blättchen klein schneiden. Ausgehöhlte Tomaten innen mit Pfeffer bestreuen und mit der Spinat-Mozzarella-Masse füllen. Semmelbrösel mit Petersilie mischen. Die gefüllten Tomaten damit bestreuen. Olivenöl daraufträufeln. Restliche Kräuterbutter in kleine Stücke schneiden und auf die Füllung legen.
6. Die Tomaten in eine große Gratinform (gefettet) setzen. Die Form auf dem Rost in den vorgeheizten Backofen schieben. Die Tomaten 5–10 Minuten gratinieren.

Grüne Bandnudeln, mit Quark überbacken

Hackbraten auf Kartoffelgratin

Grüne Bandnudeln, mit Quark überbacken

4 Portionen

Zubereitungszeit: 40 Minuten
Überbackzeit: etwa 20 Minuten

500 g Magerquark
200 ml Milch (3,5 % Fett)
Salz
ger. Muskatnuss
2 EL gemischte Kräuter, z. B. Kerbel, Petersilie, Schnittlauch
4 l Wasser
4 gestr. TL Salz
400 g grüne Bandnudeln
50 g Butter
50 g ger. Parmesan

Pro Portion:
E: 33 g, F: 35 g, Kh: 74 g,
kJ: 3277, kcal: 782

1. Quark mit Milch in eine Rührschüssel geben und mit einem Schneebesen zu einer lockeren Creme verrühren. Mit Salz und Muskat würzen, Kräuter unterheben.
2. Wasser in einem großen Topf zugedeckt zum Kochen bringen. Dann Salz und Nudeln hinzugeben. Die Nudeln im geöffneten Topf bei mittlerer Hitze nach Packungsanleitung bissfest kochen, dabei gelegentlich umrühren.
3. Den Backofen vorheizen.
Ober-/Unterhitze: etwa 200 °C
Heißluft: etwa 180 °C
4. Anschließend die Nudeln in ein Sieb geben, mit heißem Wasser abspülen und abtropfen lassen.
5. Bandnudeln und die Quark-Kräuter-Creme abwechselnd in eine feuerfeste Form oder Auflaufform (mit einem Teil der Butter gefettet) schichten. Die oberste Schicht sollte aus der Quark-Kräuter-Creme bestehen. Mit Käse bestreuen und die restliche Butter in Flöckchen darauf verteilen.
6. Die Form auf dem Rost in den vorgeheizten Backofen schieben. Die Bandnudeln mit der Quark-Kräuter-Creme etwa 20 Minuten goldbraun überbacken.

Hackbraten auf Kartoffelgratin

4 Portionen

Zubereitungszeit: 30 Minuten
Garzeit: etwa 60 Minuten

1 Brötchen (Semmel) vom Vortag
500 g Gehacktes (halb Rind-, halb Schweinefleisch)
1 Ei (Größe M)
1 TL mittelscharfer Senf
Salz
gem. Pfeffer
1 kg mehligkochende Kartoffeln
ger. Muskatnuss
200 ml Milch (3,5 % Fett)
1 geh. TL Kräuter der Provence

Pro Portion:
E: 33 g, F: 25 g, Kh: 41 g,
kJ: 2209, kcal: 527

1. Brötchen in kaltem Wasser einweichen und gut ausdrücken. Gehacktes in eine Schüssel geben. Brötchen, Ei und Senf gut unterkneten. Mit Salz und Pfeffer kräftig würzen. Den Hackfleischteig mit angefeuchteten Händen zu einem flachen, länglichen Laib formen.
2. Den Backofen vorheizen.
Ober-/Unterhitze: etwa 180 °C
Heißluft: etwa 160 °C
3. Für das Gratin die Kartoffeln schälen, abspülen, abtropfen lassen und in dünne Scheiben hobeln. Die Kartoffelscheiben mit Salz, Pfeffer und Muskat kräftig würzen.
4. Die Kartoffelscheiben in eine große Auflaufform (gefettet) schichten und mit der Milch übergießen. Die Form auf dem Rost in den vorgeheizten Backofen schieben. Das Gratin etwa 15 Minuten vorgaren.
5. Dann in die Mitte des Gratins eine leichte, längliche Vertiefung eindrücken. Den Fleischlaib in die Vertiefung legen und mit Kräutern der Provence bestreuen. Die Form wieder auf dem Rost in den heißen Backofen schieben. Den Hackbraten bei gleicher Backofentemperatur weitere etwa 45 Minuten garen.
6. Den Hackbraten aus der Form nehmen und in Scheiben schneiden. Die Fleischscheiben wieder auf das Gratin legen, in der Form servieren.

Gratiniertes Spargelgemüse

(Römertopf® 3-Liter-Inhalt)
4 Portionen (ohne Foto)

Zubereitungszeit: 35 Minuten
Garzeit: etwa 70 Minuten

1 1/2 kg Spargel
500 g Kartoffeln
100 g Petersilienwurzel
Salz
200 ml Gemüsefond (aus dem Glas)
50 g Greyerzer Käse
3 EL Olivenöl
etwa 40 g Pesto (aus dem Glas)
6 Scheiben Toastbrot
(etwa 140 g)
gem. Pfeffer

Pro Portion:
E: 16 g, F: 22 g, Kh: 43 g,
kJ: 1900, kcal: 453

1. Den Spargel von oben nach unten schälen, dabei darauf achten, dass die Schalen vollständig entfernt, die Köpfe aber nicht verletzt werden. Die unteren Enden abschneiden (holzige Stellen vollkommen entfernen). Spargel abspülen, abtropfen lassen und in etwa 3 cm lange Stücke schneiden.
2. Die Kartoffeln schälen, abspülen, abtropfen lassen und in dünne Scheiben schneiden. Petersilienwurzel schälen, abspülen, abtropfen lassen, längs halbieren und in dünne Scheiben schneiden.
3. Vorbereitetes Gemüse mit den Kartoffeln in einem gewässerten Römertopf® vorsichtig vermischen, mit Salz würzen. Gemüsefond darauf verteilen. Den Römertopf® mit dem Deckel verschließen, auf dem Rost in den kalten Backofen schieben.
Ober-/Unterhitze: etwa 200 °C
Heißluft: etwa 180 °C
4. Das Spargelgemüse etwa 70 Minuten garen.
5. In der Zwischenzeit Käse sehr fein reiben, in eine Schüssel geben, mit Olivenöl und Pesto verrühren. Toastbrot in kleine Würfel schneiden und unterheben.
6. Nach etwa 50 Minuten Garzeit das Spargelgemüse vorsichtig umrühren, mit Salz und Pfeffer abschmecken. Die Pesto-Brotwürfel-Masse auf dem Gemüse verteilen.
7. Das Spargelgemüse ohne Deckel etwa 20 Minuten überbacken.

Gratinierte Möhren mit Quinoa und Schafskäse

4 Portionen

Zubereitungszeit: 45 Minuten
Gratinierzeit: etwa 15 Minuten

170 g Quinoa
2 Schalotten (etwa 70 g)
200 g Staudensellerie
20 g getrocknete Tomaten
5 EL Olivenöl
500 ml Gemüsebrühe
1 1/2 kg kleine Möhren
Salz, gem. Pfeffer
200 g Schafskäse

Pro Portion:
E: 19 g, F: 25 g, Kh: 41 g,
kJ: 1943, kcal: 464

1. Quinoa gründlich waschen und in einem Sieb abtropfen lassen. Die Schalotten abziehen, zuerst in Scheiben schneiden, dann in Ringe teilen.
2. Staudensellerie putzen und die harten Außenfäden abziehen. Selleriestangen abspülen, abtropfen lassen und in schmale Scheiben schneiden. Selleriegrün beiseitelegen. Die Tomaten in Streifen schneiden.
3. Zwei Esslöffel des Olivenöls in einem Topf erhitzen. Schalottenringe, Quinoa und die Tomatenstreifen darin unter Rühren andünsten. 375 ml von der Brühe hinzugießen, zum Kochen bringen und zugedeckt etwa 12 Minuten bei mittlerer Hitze vorgaren. Selleriescheiben hinzugeben und weitere etwa 5 Minuten mitgaren lassen.
4. In der Zwischenzeit Möhren putzen, schälen, dabei etwa 1 cm von den Stängelansätzen stehen lassen. Möhren abspülen und abtropfen lassen. Dicke Möhren der Länge nach halbieren oder vierteln.
5. Zwei weitere Esslöffel Olivenöl in einem großen, flachen Topf erhitzen. Die Möhren darin portionsweise andünsten. Die restliche Brühe hinzugießen und zum Kochen bringen. Möhren zugedeckt etwa 12 Minuten bei mittlerer Hitze dünsten.
6. Den Backofen vorheizen.
Ober-/Unterhitze: etwa 200 °C
Heißluft: etwa 180 °C
7. Das Quinoa-Gemüse mit Salz und Pfeffer würzen und in eine flache Auflaufform (etwa 2 1/2-Liter-Inhalt, gefettet) geben. Möhren darauf verteilen.
8. Den Schafskäse trocken tupfen, in kleine Stücke teilen und auf die Möhren legen. Mit restlichem Olivenöl beträufeln. Die Form auf dem Rost in den vorgeheizten Backofen schieben. Die Möhren mit Quinoa etwa 15 Minuten goldbraun überbacken.
9. Beiseitegelegtes Selleriegrün klein zupfen. Die gratinierten Möhren mit dem Selleriegrün garnieren.

Gratinierte Möhren mit Quinoa und Schafskäse

Nudelgratin mit Hähnchen

6 Portionen

Zubereitungszeit: 40 Minuten
Überbackzeit: 30–40 Minuten

5 l Wasser
5 gestr. TL Salz
500 g Spirelli (Spiralnudeln)
3 Zwiebeln
2 Knoblauchzehen
300 g Möhren
1 Blumenkohl
Salz
600 g Hähnchenbrustfilet
4 EL Rapsöl
90 g Schinkenwürfel
gem. Pfeffer
90 g Sonnenblumenkerne
150 g geraspelter Mozzarella
1 Bund glatte Petersilie

Pro Portion:
E: 48 g, F: 22 g, Kh: 68 g,
kJ: 2801, kcal: 670

1. Wasser in einem großen Topf zugedeckt zum Kochen bringen. Dann Salz und Nudeln hinzugeben. Die Nudeln im geöffneten Topf bei mittlerer Hitze nach Packungsanleitung bissfest kochen, dabei gelegentlich umrühren. Anschließend die Nudeln in ein Sieb geben, mit heißem Wasser abspülen und abtropfen lassen.

2. Zwiebeln und Knoblauch abziehen, in kleine Würfel schneiden. Möhren putzen, schälen, abspülen, abtropfen lassen und ebenfalls klein würfeln. Von dem Blumenkohl die Blätter und schlechten Stellen entfernen, den Strunk abschneiden. Blumenkohl in Röschen teilen, abspülen, abtropfen lassen und in kochendem Salzwasser etwa 5 Minuten blanchieren. Blumenkohlröschen mit kaltem Wasser abschrecken und in einem Sieb abtropfen lassen.

3. Den Backofen vorheizen.
Ober-/Unterhitze: etwa 180 °C
Heißluft: etwa 160 °C

4. Hähnchenbrustfilet kurz unter fließendem kalten Wasser abspülen, trocken tupfen und in etwa 1 x 2 cm große Stücke schneiden. Etwas von dem Rapsöl in einer großen Pfanne erhitzen. Die Hähnchenbrustfiletstücke darin evtl. in 2 Portionen von allen Seiten anbraten und herausnehmen.

5. Restliches Rapsöl zu dem verbliebenen Bratfett in die Pfanne geben und erhitzen. Die Zwiebel- und Knoblauchwürfel darin glasig dünsten. Die Nudeln mit den Möhrenwürfeln, Blumenkohlröschen, Schinkenwürfeln und Hähnchenbrustfiletstücken mischen. Zwiebel- und Knoblauchwürfel untermischen. Mit Salz und Pfeffer kräftig würzen. Die vorbereiteten Zutaten in eine große Auflaufform (gefettet) geben, mit Sonnenblumenkernen und Käse bestreuen. Die Form auf dem Rost in den vorgeheizten Backofen schieben. Nudelgratin 30–40 Minuten garen.

6. Petersilie abspülen und trocken tupfen. Blättchen von den Stängeln zupfen. Blättchen grob zerschneiden. Nudelgratin anrichten und mit Petersilie bestreut servieren.

Nudelgratin mit Hähnchen

Gemüsegratin

4 Portionen

Zubereitungszeit: 45 Minuten
Überbackzeit: etwa 5 Minuten

150 g grüne Bohnen
Salz
1 Knoblauchzehe
1 kleine Zwiebel
1 kleine rote Paprikaschote (etwa 150 g)
200 g Zucchini
150 g Cocktailtomaten
6 große Basilikumblätter
125 g abgetropfter Mozzarella (vorzugsweise Büffelmozzarella)
75 g Baguette oder Ciabatta
3 EL Olivenöl
1 TL Fenchelsamen
150 ml Tomatensaft, ungewürzt
gem. schwarzer Pfeffer
1 TL fein abgeriebene Bio-Zitronenschale (unbehandelt, ungewachst)
3 EL Olivenöl
20 g fein ger. Parmesan

Pro Portion:
E: 12 g, F: 24 g, Kh: 19 g,
kJ: 1422, kcal: 340

1. Von den Bohnen die Enden abschneiden. Die Bohnen evtl. abfädeln, abspülen, abtropfen lassen und halbieren. Die Bohnen in kochendes Salzwasser geben und in etwa 5 Minuten noch leicht bissfest kochen. Die Bohnen in ein Sieb geben, mit kaltem Wasser abschrecken und gut abtropfen lassen.

2. Knoblauch und Zwiebel abziehen, fein würfeln. Paprikaschote halbie-

ren, entstielen, entkernen und die weißen Scheidewände entfernen. Schote abspülen, abtropfen lassen, in etwa 2 cm große Stücke schneiden. Zucchini abspülen, abtrocknen und die Enden abschneiden. Die Zucchini in etwa 1 1/2 cm große Würfel schneiden. Tomaten abspülen, abtrocknen und halbieren, evtl. die Stängelansätze herausschneiden.

3. Den Backofengrill auf höchster Stufe vorheizen.

4. Die Basilikumblätter abspülen, trocken tupfen und grob schneiden. Mozzarella leicht ausdrücken. Baguette oder Ciabatta in kleine Stücke zupfen oder schneiden.

5. Olivenöl in einem weiten Topf erhitzen. Zwiebel-, Knoblauchwürfel, Paprikastücke, Zucchiniwürfel und Fenchelsamen darin unter Rühren etwa 3 Minuten kräftig andünsten.

6. Tomatenhälften, Bohnen und Tomatensaft hinzugeben. Die Gemüsemischung mit Salz und Pfeffer würzen, zum Kochen bringen und noch etwa 3 Minuten bei schwacher Hitze kochen lassen. Zuletzt das Basilikum untermischen.

7. Gemüse mit dem Sud in 6 kleinen Auflaufförmchen (gefettet) verteilen. Mozzarella in Stücke zupfen, mit Zitronenschale, Brotstücken und Olivenöl mischen, auf dem Gemüse verteilen und mit Parmesan bestreuen.

8. Die Auflaufförmchen auf ein Backblech stellen. Das Backblech unter den vorgeheizten Backofengrill schieben.

9. Gemüsegratin in etwa 5 Minuten goldbraun überbacken. Das Gemüsegratin sofort servieren.

Sattmachergratin

4 Portionen

Zubereitungszeit: 60 Minuten
Garzeit: etwa 30 Minuten

1 kg weißer Spargel
375 ml Wasser
1 1/2 gestr. TL Salz
20 g Butter
1 gestr. TL Zucker
750 g neue Kartoffeln
1 Bund kleine Möhren
1 mittelgroße Kohlrabi
300 g Brokkoli
100 g Zuckerschoten
Salz
500 g Schweinefilet
gem. Pfeffer
30 g Butterschmalz
400 g Schlagsahne
250 g grob ger. Gouda

Pro Portion:
E: 56 g, F: 61 g, Kh: 39 g,
kJ: 3909, kcal: 934

1. Den Spargel von oben nach unten schälen, darauf achten, dass die Schalen vollständig entfernt, die Köpfe aber nicht verletzt werden. Die unteren Enden abschneiden (holzige Stellen vollkommen entfernen). Spargelstangen dritteln, abspülen und abtropfen lassen.

2. Wasser mit Salz, Butter und Zucker in einem großen Topf zum Kochen bringen. Spargelstücke hinzufügen, wieder zum Kochen bringen und etwa 8 Minuten garen.

3. Kartoffeln schälen, abspülen, abtropfen lassen und halbieren. Kartoffelhälften in 3 Spalten schneiden. Möhren putzen, schälen, abspülen und abtropfen lassen. Möhren längs vierteln (je nach Länge nochmals halbieren).

4. Kohlrabi schälen, abspülen, trocken tupfen, halbieren und in Scheiben schneiden. Von dem Brokkoli die Blätter entfernen. Brokkoli abspülen, abtropfen lassen und in Röschen teilen. Von den Zuckerschoten die Enden abschneiden, evtl. abfädeln, abspülen und abtropfen lassen.

5. Den Backofen vorheizen.
Ober-/Unterhitze: etwa 200 °C
Heißluft: etwa 180 °C

6. Salzwasser in einem Topf zum Kochen bringen. Kartoffelspalten und Möhrenstreifen hinzugeben und in etwa 8 Minuten bissfest garen. Brokkoliröschen und Zuckerschoten hinzufügen und weitere etwa 2 Minuten mitgaren lassen.

7. Das vorgegarte Gemüse in einem Sieb abtropfen lassen und in eine große, flache Auflaufform (gefettet) geben.

8. Schweinefilet mit Küchenpapier trocken tupfen und in etwa 2 cm dicke Scheiben schneiden. Butterschmalz in einer Pfanne zerlassen. Filetscheiben darin von beiden Seiten anbraten. Mit Salz und Pfeffer würzen. Filetscheiben herausnehmen und auf das Gemüse legen.

9. Sahne zum Bratenfond geben und gut verrühren. Mit Salz und Pfeffer würzen. Die Sauce zwischen dem Gemüse verteilen. Mit Käse bestreuen. Die Form auf dem Rost in den vorgeheizten Backofen schieben. Das Gratin etwa 30 Minuten garen.

Schweinefilet, überbacken

Spitzkohlgratin

Schweinefilet, überbacken

4 Portionen

Zubereitungszeit: 55 Minuten
Überbackzeit: etwa 15 Minuten

500 g Schweinefilet
50 g Pflanzenfett
Salz, gem. Pfeffer
200 g Champignons
1 EL Weizenmehl
125 ml Wasser
125 ml Weißwein
150 g Crème fraîche
mittelscharfer Senf
Worcestersauce
100 g Emmentaler (am Stück)

Pro Portion:
E: 37 g, F: 32 g, Kh: 6 g,
kJ: 2055, kcal: 490

1. Vom Schweinefilet evtl. Fett und Sehnen entfernen. Filet enthäuten, mit Küchenpapier trocken tupfen und in Streifen schneiden.
2. Jeweils die Hälfte des Pflanzenfettes in einer Pfanne erhitzen. Die Fleischstreifen darin in 2 Portionen von beiden Seiten anbraten. Mit Salz und Pfeffer würzen, in eine Auflaufform (gefettet) oder in kleine Gratinformen (gefettet) geben.
3. Den Backofen vorheizen.
Ober-/Unterhitze: etwa 200 °C
Heißluft: etwa 180 °C
4. Champignons putzen, evtl. kurz abspülen, trocken tupfen und in Scheiben schneiden. Champignonscheiben in dem verbliebenen Bratfett unter Rühren anbraten. Mit Salz und Pfeffer würzen, mit Mehl bestäuben und etwas bräunen lassen. Wasser und Wein hinzugießen, unter Rühren erhitzen. Crème fraîche unterrühren. Mit Senf und Worcestersauce abschmecken. Die Champignonmasse auf den Fleischstreifen verteilen.
5. Käse reiben und daraufstreuen. Die Form oder Formen auf dem Rost in den vorgeheizten Backofen schieben. Schweinefilet etwa 15 Minuten überbacken.

Spitzkohlgratin

8–10 Portionen

Zubereitungszeit: 40 Minuten
Garzeit: 25–30 Minuten

4–5 Köpfe Spitzkohl (2–2 1/2 kg)
3 Zwiebeln
4–5 Knoblauchzehen
200 g abgetropfte getrocknete Tomaten, in Öl
200 g Frühstücksspeck (Bacon)
6 EL Olivenöl
4 EL Öl (von den Tomaten)
8 Eier (Größe M)
400 g Schlagsahne
500 g Ricotta (ital. Frischkäse)
Salz, gem. Pfeffer
80 g Pinienkerne

Pro Portion:
E: 26 g, F: 58 g, Kh: 18 g,
kJ: 3053, kcal: 730

1. Von dem Spitzkohl die äußeren Blätter entfernen. Kohlköpfe halbieren und längs in Spalten schneiden. Die Strünke so weit abschneiden, dass die Spalten noch gut zusammenhängen. Kohlspalten vorsichtig abspülen und abtropfen lassen.
2. Zwiebeln und Knoblauch abziehen, klein würfeln. Von den Tomaten das Öl auffangen und 4 Esslöffel abmessen. Tomaten und Frühstücksspeck in Streifen schneiden.
3. Den Backofen vorheizen.
Ober-/Unterhitze: etwa 200 °C
Heißluft: etwa 180 °C
4. Jeweils etwas Olivenöl in einer Pfanne erhitzen. Die Spitzkohlspalten darin portionsweise unter Wenden etwa 8 Minuten braten. Spitzkohlspalten aus der Pfanne nehmen und auf den Boden einer großen, flachen Auflaufform (gefettet) oder in eine Fettpfanne (gefettet) legen.
5. Das aufgefangene Tomatenöl in der Pfanne in dem verbliebenen Bratfett erhitzen, Speckstreifen darin knusprig braten.
6. Zwiebel- und Knoblauchwürfel hinzufügen, kurz mit anbraten. Die Tomatenstreifen unterrühren. Speck-Tomaten-Masse auf den Spitzkohlspalten verteilen.
7. Eier mit Sahne und Ricotta verschlagen. Mit Salz und Pfeffer kräftig würzen. Eiersahne auf den Kohlspalten verteilen und mit Pinienkernen bestreuen.
8. Die Form auf dem Rost oder die Fettpfanne in den vorgeheizten Backofen schieben. Das Gratin 25–30 Minuten garen.

Schwarzwurzel-Gratin

(Römertopf® 3-Liter-Inhalt)
4 Portionen

Zubereitungszeit: 20 Minuten
Garzeit: 45–50 Minuten

2 Bund Frühlingszwiebeln
4 Eier (Größe M)
300 g Crème fraîche
Salz
gem. Pfeffer
ger. Muskatnuss
640 g abgetropfte Schwarzwurzeln (aus Gläsern)
40 g Pinienkerne

Pro Portion:
E: 15 g, F: 35 g, Kh: 22 g,
kJ: 2012, kcal: 480

1. Frühlingszwiebeln putzen, abspülen, abtropfen lassen und in dünne Scheiben schneiden. Eier und Crème fraîche verschlagen, mit Salz, Pfeffer und Muskat würzen.
2. Schwarzwurzeln mit den Frühlingszwiebelscheiben mischen und in einen gewässerten Römertopf® geben. Die Eier-Crème-fraîche-Masse darauf verteilen und mit Pinienkernen bestreuen.
3. Den Römertopf® mit dem Deckel verschließen, auf dem Rost in den kalten Backofen schieben.
Ober-/Unterhitze: etwa 220 °C
Heißluft: etwa 200 °C
4. Gratin etwa 30 Minuten garen.
5. Nach etwa 30 Minuten Garzeit den Deckel abnehmen, das Gemüse weitere 15–20 Minuten überbacken.

Spätzle-Hähnchen-Gratin

4 Portionen

Zubereitungszeit: 25 Minuten
Garzeit: 30–35 Minuten

2 1/2 l Wasser
2 1/2 gestr. TL Salz
250 g Spätzle
600 g Hähnchenbrustfilet
1 EL Weizenmehl
4 EL Speiseöl
Salz, gem. Pfeffer
490 g abgetropfte Pfirsichhälften (aus der Dose)
1 EL Currypulver
Pfirsichsaft (aus der Dose)
200 g Schmand (Sauerrahm)
200 g Schlagsahne
2 Bananen
100 g frisch ger. Gouda

Pro Portion:
E: 54 g, F: 51 g, Kh: 84 g,
kJ: 1099, kcal: 263

1. Wasser in einem großen Topf zugedeckt zum Kochen bringen. Dann Salz und Spätzle hinzugeben. Die Spätzle im geöffneten Topf bei mittlerer Hitze nach Packungsanleitung kochen lassen, dabei gelegentlich umrühren.
2. Anschließend die Spätzle in ein Sieb geben, mit heißem Wasser abspülen, abtropfen lassen und in eine flache Auflaufform (gefettet) geben.
3. Hähnchenbrustfilet kurz unter fließendem kalten Wasser abspülen, trocken tupfen, in Streifen schneiden und mit Mehl bestäuben.
4. Den Backofen vorheizen.
Ober-/Unterhitze: etwa 200 °C
Heißluft: etwa 180 °C
5. Speiseöl in einer großen Pfanne erhitzen. Die Fleischstreifen darin evtl. portionsweise von beiden Seiten etwa 5 Minuten braten. Mit Salz und Pfeffer würzen. Fleischstreifen aus der Pfanne nehmen und auf die Spätzle geben.
6. Von den Pfirsichhälften den Saft auffangen. Pfirsichhälften würfeln.
7. Curry zu dem verbliebenen Bratfett in die Pfanne geben. Den aufgefangenen Pfirsichsaft hinzugießen. Schmand und Sahne unterrühren. Die Zutaten unter Rühren zum Kochen bringen. Bananen schälen, in Scheiben schneiden und mit den Pfirsichwürfeln unterrühren. Mit Salz, Pfeffer und Curry abschmecken. Die Frucht-Curry-Sauce auf dem Gratin verteilen und mit Käse bestreuen.
8. Die Form auf dem Rost in den vorgeheizten Backofen schieben. Das Gratin 30–35 Minuten garen.

Schwarzwurzel-Gratin

Spätzle-Hähnchen-Gratin

Zwiebelgratin

4 Portionen

Zubereitungszeit: 25 Minuten, ohne Quellzeit
Garzeit: etwa 45 Minuten

200 g Grünkerngrütze
500 ml Gemüsebrühe
75 g durchwachsener Speck
40 g Butterschmalz
500 g kleine weiße Zwiebeln
800 g pürierte Tomaten (aus der Dose)
Salz
frisch gem. Pfeffer
1 EL frische Basilikumblättchen

Pro Portion:
E: 9 g, F: 26 g, Kh: 47 g,
kJ: 2021, kcal: 482

1. Grütze mit kochender Brühe übergießen und etwa 15 Minuten quellen lassen.
2. Den Backofen vorheizen.
Ober-/Unterhitze: etwa 200 °C
Heißluft: etwa 180 °C
3. Die Grütze in eine flache Gratinform (gefettet) geben und glatt streichen.
4. Speck in kleine Würfel schneiden. Butterschmalz in einer Pfanne zerlassen. Speckwürfel darin auslassen.
5. Zwiebeln abziehen, halbieren und in dem Speckfett unter Rühren in etwa 2 Minuten kräftig anbraten.
6. Zwiebeln mit der Schnittfläche nach unten auf der Grütze verteilen.
7. Tomatenpüree kräftig mit Salz und Pfeffer würzen, Basilikumblättchen unterrühren. Tomatenpüree auf den Zwiebelhälften verteilen.
8. Die Form auf dem Rost in den vorgeheizten Backofen schieben. Zwiebelgratin etwa 45 Minuten garen.

Gratinierte Crêpes mit Spargel und Nusskäsesauce

4 Portionen

Zubereitungszeit: 50 Minuten, ohne Quellzeit
Gratinierzeit: 15–18 Minuten

2 EL Butter
150 g Weizenmehl
2 Eier (Größe M)
1 Eigelb (Größe M)
250 ml Milch (3,5 % Fett)
1/2 gestr. TL Salz
750 g grüner Spargel
250 ml Salzwasser
75 ml Milch (3,5 % Fett)
125 g Frischkäse-Zubereitung mit Walnusskernen
gem. Pfeffer
250 g Tomaten
125 g abgetropfter Mozzarella
50 ml Mineralwasser mit Kohlensäure
etwas Butter
125 g Crème légère
Salz

Pro Portion:
E: 25 g, F: 40 g, Kh: 38 g,
kJ: 2607, kcal: 624

1. Die Butter zerlassen. Mehl in eine Rührschüssel geben, mit Eiern und Eigelb gut verrühren. Milch, Salz und zerlassene Butter gut unterschlagen. Darauf achten, dass keine Klümpchen entstehen. Den Teig zugedeckt etwa 15 Minuten quellen lassen.
2. In der Zwischenzeit von dem Spargel nur das untere Drittel schälen und die Enden abschneiden. Spargelstangen abspülen, abtropfen lassen und in kochendem Salzwasser zugedeckt 7–8 Minuten garen. Spargelstangen mit einer Schaumkelle herausnehmen und abtropfen lassen. Spargel-Kochflüssigkeit mit Milch auffüllen und aufkochen lassen.
3. Die Walnusskerne von dem Frischkäse abnehmen und klein hacken. Frischkäse zerkleinern und unter

Zwiebelgratin

Gratinierte Crêpes mit Spargel und Nusskäsesauce

Zuccinigratin

Rühren in der Spargel-Milch-Flüssigkeit schmelzen lassen. Die Sauce mit Pfeffer abschmecken, gehackte Walnusskerne unterrühren.

4. Die Tomaten abspülen, trocken tupfen und die Stängelansätze herausschneiden. Tomaten in Würfel schneiden. Mozzarella in feine Scheiben schneiden.

5. Den Backofen vorheizen.
Ober-/Unterhitze: etwa 200 °C
Heißluft: etwa 180 °C

6. Mineralwasser unter den Crêpeteig rühren. Etwas Butter in einer beschichteten Pfanne (Ø etwa 24 cm) zerlassen. Eine dünne Teiglage mit einer drehenden Bewegung gleichmäßig auf dem Boden der Pfanne verteilen. Crêpe von beiden Seiten goldbraun backen. Bevor der Crêpe gewendet wird, wieder etwas Butter in die Pfanne geben. Aus dem Crêpeteig insgesamt 8 Crêpes backen.

7. Spargelstangen auf den Crêpes verteilen. Tomatenwürfel mit Crème légère mischen. Mit Salz und Pfeffer würzen, auf den Spargelstangen verteilen.

8. Crêpes fest aufrollen und in eine Auflaufform (gefettet) geben. Die Käsesauce darauf verteilen und mit Mozzarellascheiben belegen. Die Form auf dem Rost in den vorgeheizten Backofen schieben. Die Crêpes 15–18 Minuten gratinieren.

Zucchinigratin

4 Portionen

Zubereitungszeit: 50 Minuten
Garzeit: 30–35 Minuten

1,2 kg Zucchini
4 Zwiebeln
200 g Kochschinken
4 EL Weizenmehl
Salz, gem. Pfeffer
ger. Muskatnuss
250 g abgetropfter Mozzarella
150 g geraspelter Greyerzer Käse

Pro Portion:
E: 41 g, F: 45 g, Kh: 24 g,
kJ: 2912, kcal: 696

1. Den Backofen vorheizen.
Ober-/Unterhitze: etwa 180 °C
Heißluft: etwa 160 °C

2. Zucchini abspülen, abtrocknen und die Enden abschneiden. Zucchini in Würfel schneiden und in eine Schüssel geben. Zwiebeln abziehen und klein würfeln. Schinken ebenfalls in Würfel schneiden.

3. Die Zwiebel- und Schinkenwürfel mit dem Mehl zu der Zucchinimasse geben und untermengen. Mit Salz, Pfeffer und Muskat würzen. Mozzarella in Scheiben schneiden.

4. Die Zucchinimasse in eine große Gratinform (gefettet) geben. Käseraspel und Mozzarellascheiben darauf verteilen.

5. Die Form auf dem Rost in den vorgeheizten Backofen schieben. Das Gratin 30–35 Minuten garen.

Tunfisch-Tomaten-Gratin

4 Portionen (ohne Foto)

Zubereitungszeit: 30 Minuten
Überbackzeit: etwa 15 Minuten

750 g kleine Tomaten
280 g abgetropfter Tunfisch, naturell (aus Dosen)
Salz, grob gem. schwarzer Pfeffer
einige frische Rosmarinnadeln
50 g abgetropfte schwarze Oliven, ohne Stein
150 g ger. Gouda
1 EL Schnittlauchröllchen

Pro Portion:
E: 25 g, F: 18 g, Kh: 6 g,
kJ: 1265, kcal: 303

1. Den Backofen vorheizen.
Ober-/Unterhitze: etwa 200 °C
Heißluft: etwa 180 °C

2. Tomaten kreuzweise einschneiden, mit kochendem Wasser übergießen. Nach 1–2 Minuten herausnehmen und mit kaltem Wasser abschrecken. Tomaten häuten und die Stängelansätze herausschneiden. Tomaten in eine Gratinform (gefettet) setzen.

3. Tunfisch auseinanderzupfen und zwischen den Tomaten verteilen. Mit Salz, Pfeffer und Rosmarinnadeln würzen.

4. Oliven darauf verteilen und mit Käse bestreuen. Die Form auf dem Rost in den vorgeheizten Backofen schieben. Tunfisch-Tomaten-Gratin etwa 15 Minuten überbacken.

5. Das Gratin mit Schnittlauchröllchen bestreut servieren.

Tipp: Dazu schmeckt knuspriges, frisches Brot.

Apfelgratin mit Fenchel

Chicorée-Hähnchen-Gratin

Apfelgratin mit Fenchel

4 Portionen

Zubereitungszeit: 25 Minuten
Überbackzeit: etwa 35 Minuten

300 g Kartoffeln
Salz
600 g Äpfel
Saft von 1 Zitrone
500 g Fenchelknollen
2 Zwiebeln
200 g Doppelrahm-Frischkäse
150 g Joghurt (3,5 % Fett)
100 ml Milch (3,5 % Fett)
gem. Pfeffer
ger. Muskatnuss
Zucker
40 g Rosinen
120 g frisch ger. mittelalter Gouda
50 g frisch ger. Parmesan
30 g Butter

Pro Portion:
E: 25 g, F: 27 g, Kh: 48 g,
kJ: 2347, kcal: 561

1. Kartoffeln schälen, abspülen, abtropfen lassen, in einem Topf knapp mit Wasser bedeckt, zugedeckt zum Kochen bringen, dann Salz hinzugeben. Die Kartoffeln zugedeckt etwa 15 Minuten garen. Kartoffeln abgießen, in ein Sieb geben, mit kaltem Wasser abschrecken und etwas abkühlen lassen. Kartoffeln in dünne Scheiben schneiden.
2. Die Äpfel schälen, vierteln und entkernen. Apfelviertel in Spalten schneiden und mit Zitronensaft beträufeln.
3. Den Backofen vorheizen.
Ober-/Unterhitze: etwa 200 °C
Heißluft: etwa 180 °C
4. Fenchelknollen putzen, abspülen, abtropfen lassen, halbieren und in Streifen schneiden.
5. Abwechselnd Kartoffelscheiben, Apfelspalten und Fenchelstreifen in eine Gratinform (gefettet) schichten. Zwiebeln abziehen, klein würfeln, mit Frischkäse, Joghurt und Milch verrühren. Mit Salz, Pfeffer, Muskat und Zucker würzen.
6. Die Frischkäse-Joghurt-Masse auf dem Gratin verteilen. Rosinen daraufgeben, mit Gouda und Parmesan bestreuen. Butter in Flöckchen daraufsetzen. Die Form auf dem Rost in den vorgeheizten Backofen schieben. Das Gratin etwa 35 Minuten überbacken.

Gratinierte Gemüsekartoffeln

4 Portionen (ohne Foto)

Zubereitungszeit: 25 Minuten
Gratinierzeit: 3–5 Minuten

4 große Kartoffeln (je etwa 200 g)
300 g geschälte Kartoffeln
Salz
4 EL feine Möhrenwürfel
4 EL feine Porreewürfel
4 EL feine Knollenselleriewürfel
3–4 EL Milch (3,5 % Fett)
ger. Muskatnuss
1 Ei (Größe M)
2 EL Schlagsahne

Pro Portion:
E: 8 g, F: 4 g, Kh: 45 g,
kJ: 1073, kcal: 255

1. Die 4 großen Kartoffeln unter fließendem kalten Wasser gründlich abbürsten, abtropfen lassen, längs halbieren, aushöhlen und in kochendem Salzwasser 10–15 Minuten kochen lassen.
2. Das ausgehöhlte Kartoffelfleisch mit den geschälten, klein geschnittenen Kartoffeln in kochendem Salzwasser etwa 20 Minuten garen. Nach etwa 10 Minuten Garzeit die Gemüsewürfel hinzugeben und mitgaren lassen.
3. Den Backofengrill vorheizen.
4. Kartoffeln mit dem Gemüse abgießen und anschließend durch eine Kartoffelpresse drücken, Milch unterrühren. Das Püree mit Salz und Muskat würzen und in einen Spritzbeutel mit Sterntülle füllen.
5. Das Püree in die ausgehöhlten Kartoffelhälften spritzen. Kartoffelhälften auf ein Backblech (mit Backpapier belegt) setzen.
6. Das Ei mit der Sahne verschlagen, das Püree damit beträufeln. Das Backblech unter den vorgeheizten Backofengrill schieben, die Gemüsekartoffeln 3–5 Minuten gratinieren.

Chicorée-Hähnchen-Gratin

8 Portionen

Zubereitungszeit: 45 Minuten
Garzeit: 25–30 Minuten

4 doppelte Hähnchenbrustfilets (je etwa 300 g)
4 EL Olivenöl
Salz, gem. Pfeffer
1 1/2 kg Chicorée (6–8 Stück)
300 ml Hühnerbrühe
800 g Tomaten
1 kg Schmand (Sauerrahm)
10 EL Orangensaft
2 EL Currypulver
500 g Cheddar-Käse

Pro Portion:
E: 59 g, F: 73 g, Kh: 12 g,
kJ: 4074, kcal: 975

1. Hähnchenbrustfilets kurz unter fließendem kalten Wasser abspülen und trocken tupfen. Die doppelten Filets in der Mitte halbieren. Die Hälften jeweils einmal der Länge nach durchschneiden.
2. Olivenöl in einer großen Pfanne erhitzen. Das Hähnchenfleisch darin portionsweise unter mehrmaligem Wenden kräftig anbraten, mit Salz und Pfeffer würzen. Das Hähnchenfleisch aus der Pfanne nehmen.
3. Den Backofen vorheizen.
Ober-/Unterhitze: etwa 200 °C
Heißluft: etwa 180 °C
4. In der Zwischenzeit Chicorée putzen, längs halbieren, abspülen, abtropfen lassen und die Strünke keilförmig so herausschneiden, dass die Blätter noch zusammenhalten. Die Chicoréehälften mit der Schnittfläche nach unten in eine große oder zwei kleine, flache Gratinformen (gefettet) legen. Die Hähnchenfleischstücke dazwischen verteilen.
5. Hühnerbrühe zum Bratensatz in die Pfanne geben und aufkochen lassen. Die Brühe auf dem Hähnchenfleisch und Chicorée verteilen. Tomaten kreuzweise einschneiden und mit kochendem Wasser übergießen. Nach 1–2 Minuten herausnehmen und mit kaltem Wasser abschrecken. Tomaten enthäuten, halbieren, entkernen und die Stängelansätze herausschneiden. Tomatenhälften in Spalten schneiden und auf dem Hähnchenfleisch verteilen.
6. Schmand mit Orangensaft verrühren, mit Salz und Curry würzen. Die Schmandmasse als Kleckse auf das Gratin geben.
7. Den Käse fein reiben und auf der Schmandmasse verteilen. Die Form oder Formen auf dem Rost in den vorgeheizten Backofen schieben. Das Gratin 25–30 Minuten garen.

Auberginengratin auf Kartoffeln

4 Portionen

Zubereitungszeit: 50 Minuten, ohne Abkühlzeit
Garzeit: 30–35 Minuten

500–600 g vorwiegend festkochende Kartoffeln
2 mittelgroße Auberginen
5–6 EL Speiseöl
3 Fleischtomaten
Salz, gem. Pfeffer
150 g Crème fraîche
250 g Schlagsahne
100 g ger. Emmentaler
Kräuter der Provence

Pro Portion:
E: 14 g, F: 57 g, Kh: 29 g,
kJ: 2326, kcal: 701

1. Kartoffeln gründlich waschen, in einem Topf knapp mit Wasser bedeckt, zugedeckt zum Kochen bringen und 20–25 Minuten garen. Kartoffeln abgießen, abdämpfen und heiß pellen. Die Kartoffeln etwas abkühlen lassen und in Scheiben schneiden.
2. Auberginen abspülen, abtrocknen und die Stängelansätze abschneiden. Auberginen in Scheiben schneiden. Speiseöl in einer großen Pfanne erhitzen. Auberginenscheiben darin in 2–3 Portionen von beiden Seiten leicht anbraten, herausnehmen und auf Küchenpapier abtropfen lassen.
3. Den Backofen vorheizen.
Ober-/Unterhitze: etwa 180 °C
Heißluft: etwa 160 °C
4. Tomaten abspülen, trocken tupfen und die Stängelansätze herausschneiden. Tomaten in Scheiben schneiden.
5. Zuerst Kartoffel-, dann Tomaten- und zuletzt Auberginenscheiben in eine Gratinform (gefettet) schichten. Dabei die einzelnen Schichten jeweils mit Salz und Pfeffer würzen.
6. Crème fraîche mit Sahne und Käse verrühren. Mit Salz, Pfeffer und Kräutern der Provence würzen. Den Guss auf dem Gratin verteilen. Die Form auf dem Rost in den vorgeheizten Backofen schieben. Das Auberginengratin 30–35 Minuten garen.

Auberginengratin auf Kartoffeln

Buntes Gemüsegratin
4 Portionen

Zubereitungszeit: 30 Minuten
Backzeit: etwa 50 Minuten

500 g gegarte Pellkartoffeln
je 1 rote und grüne Paprikaschote
200 g Champignons
1 Stange Porree (Lauch)
150 g abgetropfter Gemüsemais (aus der Dose)
Salz, gem. Pfeffer
250 g Schlagsahne
4 Eier (Größe M)
1 EL Basilikum, in Streifen
75 g ger. Gouda
3 EL Schnittlauchröllchen

Pro Portion:
E: 21 g, F: 33 g, Kh: 36 g,
kJ: 2298, kcal: 548

1. Kartoffeln pellen und in Scheiben schneiden. Paprikaschoten halbieren, entstielen, entkernen und die weißen Scheidewände entfernen. Schoten abspülen, abtropfen lassen und in Stücke schneiden.
2. Den Backofen vorheizen.
Ober-/Unterhitze: etwa 180 °C
Heißluft: etwa 160 °C
3. Champignons putzen, evtl. kurz abspülen, trocken tupfen und in Scheiben schneiden. Porree putzen, die Stange längs halbieren, gründlich waschen, abtropfen lassen und in Streifen schneiden.
4. Die vorbereiteten Zutaten in einer Schüssel mischen, mit Salz und Pfeffer würzen und in eine Auflaufform (gefettet) geben. Sahne und Eier verschlagen, mit Salz und Pfeffer würzen, Basilikumstreifen und den Käse unterrühren. Die Eier-Käse-Sahne auf dem Gratin verteilen.
5. Die Form auf dem Rost in den vorgeheizten Backofen schieben. Das Gratin etwa 50 Minuten backen.
6. Das Gemüsegratin mit Schnittlauchröllchen bestreut servieren.

Blumenkohl-Grünkern-Gratin

2–4 Portionen

Zubereitungszeit: 20 Minuten
Gar- und Überbackzeit: etwa 60 Minuten

1 l Gemüsebrühe
180 g Grünkern
1 Blumenkohl (etwa 600 g)
Salz
Zitronensaft
100 ml Gemüsebrühe (von dem Blumenkohl)
1 Bund Schnittlauch
250 g Magerquark
2 Eier (Größe M)
6 EL Schlagsahne
gem. Pfeffer
ger. Muskatnuss

Pro Portion:
E: 26 g, F: 16 g, Kh: 45 g,
kJ: 1813, kcal: 433

1. Gemüsebrühe in einem Topf zum Kochen bringen. Grünkern hinzugeben, wieder zum Kochen bringen und zugedeckt etwa 40 Minuten garen.
2. Den Backofen vorheizen.
Ober-/Unterhitze: etwa 200 °C
Heißluft: etwa 180 °C
3. In der Zwischenzeit von dem Blumenkohl die Blätter und schlechten Stellen entfernen. Den Strunk abschneiden. Blumenkohl in Röschen teilen, abspülen und abtropfen lassen. Blumenkohlröschen in etwas Wasser mit Salz und Zitronensaft etwa 8 Minuten bissfest garen.
4. Grünkern und Blumenkohlröschen getrennt in je einem Sieb abtropfen lassen, dabei die Blumenkohlbrühe auffangen und 100 ml abmessen. Beides mit der Brühe in eine flache Auflaufform (gefettet) geben.
5. Schnittlauch abspülen, trocken tupfen und in Röllchen schneiden. Quark mit Eiern und Sahne verrühren, mit Salz, Pfeffer und Muskat würzen, drei Viertel der Schnittlauchröllchen unterrühren. Quark-Eier-Masse auf der Grünkern-Mischung verteilen.
6. Die Form auf dem Rost in den vorgeheizten Backofen schieben. Das Gratin etwa 20 Minuten überbacken.
7. Das Gratin mit den restlichen Schnittlauchröllchen bestreut servieren.

Buntes Gemüsegratin

Blumenkohl-Grünkern-Gratin

Chicorée im Schinkenmantel

Gratinierte Kartoffelscheiben auf Tomatenragout

Chicorée im Schinkenmantel

4 Portionen

Zubereitungszeit: 30 Minuten
Garzeit: etwa 20 Minuten

4 große Chicorée
25 g Butter
1 EL Speiseöl,
z. B. Sonnenblumenöl
4 Scheiben Kochschinken
150 g Crème légère
150 g Joghurt (3,5 % Fett)
200 g Schmelzkäse
Salz, gem. Pfeffer
50 g geraspelter Gratin-Käse
oder Gouda

Pro Portion:
E: 25 g, F: 38 g, Kh: 7 g,
kJ: 1959, kcal: 467

1. Den Backofen vorheizen.
Ober-/Unterhitze: etwa 180 °C
Heißluft: etwa 160 °C
2. Vom Chicorée die äußeren, welken Blätter entfernen. Chicorée längs halbieren, abspülen und abtropfen lassen. Die bitteren Strünke keilförmig so herausschneiden, dass die Blätter noch zusammenhalten.
3. Die Butter in einer Pfanne zerlassen, Speiseöl miterhitzen. Chicorée mit der Schnittseite nach unten in die Pfanne legen und bei schwacher Hitze etwa 10 Minuten dünsten.
4. Die Schinkenscheiben längs halbieren. Jeweils 1 Schinkenhälfte um je 1 Chicoréehälfte legen und in eine flache Gratinform (gefettet) geben.
5. Crème légère und Joghurt in der Pfanne unter Rühren zum Kochen bringen. Schmelzkäse darin unter Rühren schmelzen.
6. Die Sauce mit Salz und Pfeffer würzen, auf den Chicoréehälften verteilen. Den geraspelten Käse daraufstreuen. Die Form auf dem Rost in den vorgeheizten Backofen (unteres Drittel) schieben. Den Chicorée etwa 20 Minuten überbacken.

Gratinierte Kartoffelscheiben auf Tomatenragout

6 Portionen

Zubereitungszeit: 45 Minuten
Garzeit: etwa 40 Minuten

1,2 kg festkochende Kartoffeln
Salz
1 kg Fleischtomaten
1 Bund Frühlingszwiebeln
1 Bund Majoran
2 1/2 EL Olivenöl
gem. schwarzer Pfeffer
300 g ger. Emmentaler

Pro Portion:
E: 20 g, F: 20 g, Kh: 38 g,
kJ: 1814, kcal: 433

1. Kartoffeln schälen, abspülen und abtropfen lassen. Kartoffeln in nicht zu dünne Scheiben schneiden und in kochendem Salzwasser etwa 5 Minuten vorgaren. Kartoffelscheiben in einem Sieb gut abtropfen lassen.
2. Tomaten kreuzweise einschneiden und mit kochendem Wasser übergießen. Nach 1–2 Minuten herausnehmen und mit kaltem Wasser abschrecken. Tomaten häuten, halbieren und die Stängelansätze herausschneiden. Die Tomatenhälften in Stücke schneiden.
3. Frühlingszwiebeln putzen, abspülen, abtropfen lassen und in dünne Scheiben schneiden. Majoran abspülen und trocken tupfen. Die Blättchen von den Stängeln zupfen.
4. Den Backofen vorheizen.
Ober-/Unterhitze: etwa 180 °C
Heißluft: etwa 160 °C
5. Olivenöl in einem Topf erhitzen. Frühlingszwiebelscheiben und Tomatenstücke darin andünsten. Mit Salz und Pfeffer würzen, Majoranblättchen unterrühren.
6. Tomatenragout in einer Auflaufform (gefettet) verteilen. Kartoffelscheiben dachziegelartig darauflegen. Die Form auf dem Rost in den vorgeheizten Backofen schieben. Die Kartoffelscheiben auf Tomatenragout etwa 40 Minuten garen.
7. Die Form aus dem Backofen nehmen. Kartoffelscheiben mit Käse bestreuen. Die Form wieder auf dem Rost in den heißen Backofen schieben. Die Kartoffelscheiben bei gleicher Backofentemperatur so lange gratinieren, bis der Käse zerlaufen ist.

Überbackene Schnitzel in Currysauce

Überbackene Schnitzel in Currysauce

8–10 Portionen

Zubereitungszeit: 50 Minuten
Überbackzeit: etwa 60 Minuten

Für die Currysauce:
240 g abgetropfte Aprikosenhälften (aus der Dose)
1 große Zwiebel
2 Knoblauchzehen
2 EL Speiseöl
1 geh. EL Weizenmehl
250 ml Rindfleischbrühe
100 ml Kokosmilch (aus der Dose)
250 g Schlagsahne
250 ml Currysauce (aus der Flasche)
Salz, gem. Pfeffer
Paprikapulver edelsüß
2 EL Mango-Chutney
etwas Aprikosensaft (aus der Dose)

8 dünne Putenschnitzel (je etwa 150 g, vom Metzger jeweils eine Tasche einschneiden lassen)
Currypulver
200 g Doppelrahm-Frischkäse
1 kleine rote Paprikaschote
1 Banane
1/2 Bund Estragon
4 EL Speiseöl
einige Estragonblättchen

Außerdem:
Holzstäbchen

Pro Portion:
E: 34 g, F: 26 g, Kh: 16 g,
kJ: 1829, kcal: 437

1. Für die Sauce von den Aprikosenhälften den Saft auffangen. Zwiebel und Knoblauch abziehen, in kleine Würfel schneiden. Speiseöl in einem Topf erhitzen. Zwiebel- und Knoblauchwürfel darin glasig dünsten. Mehl darüberstäuben. Brühe, Kokosmilch und Sahne nach und nach hinzugießen, mit einem Schneebesen durchschlagen. Dabei darauf achten, dass keine Klümpchen entstehen. Currysauce unterrühren. Mit Salz, Pfeffer, Paprika, Mango-Chutney und etwas Aprikosensaft würzen.
2. Schnitzel evtl. kurz abspülen und mit Küchenpapier trocken tupfen. Mit Salz, Pfeffer, Paprika und Curry würzen. Die Schnitzeltaschen (innen) mit Frischkäse bestreichen.
3. Den Backofen vorheizen.
Ober-/Unterhitze: etwa 200 °C
Heißluft: etwa 180 °C
4. Paprikaschote halbieren, entstielen, entkernen und die weißen Scheidewände entfernen. Schote abspülen, trocken tupfen und in Würfel schneiden. Banane schälen und ebenfalls in Würfel schneiden. Estragon abspülen und trocken tupfen. Die Blättchen von den Stängeln zupfen. Die Schnitzeltaschen jeweils mit Aprikosenhälften, Paprika-, Bananenwürfeln und Estragonblättchen füllen. Die Öffnungen mit je einem Holzstäbchen zusammenstecken. Restliche Schnitzelfüllung in die Sauce geben.
5. Jeweils die Hälfte des Speiseöls in einer großen Pfanne erhitzen. Die Schnitzel darin in 2 Portionen von beiden Seiten gut anbraten, herausnehmen und in eine große, flache Auflaufform (gefettet) legen. Die Currysauce auf den Schnitzeln verteilen. Die Form auf dem Rost in den vorgeheizten Backofen schieben. Die Schnitzel etwa 60 Minuten überbacken.
6. Die Schnitzel mit abgespülten und trocken getupften Estragonblättchen garniert servieren.

Überbackene Nudeln mit Lammhack auf maurische Art

4 Portionen

Zubereitungszeit: 45 Minuten
Überbackzeit: etwa 6 Minuten

2 1/2 l Wasser
2 1/2 gestr. TL Salz
250 g Fadennudeln (Suppennudeln)
100 g Zwiebeln
500 g rote Paprikaschoten
40 g getrocknete Aprikosen
8 Stängel Minze
2 EL Olivenöl
500 g Lammgehacktes
0,2 g Safranfäden (aus dem Döschen)
1 TL gem. Zimt
2 EL gem. Kreuzkümmel (Cumin)
30 g Sultaninen
50 g Pinienkerne
Salz
fein abgeriebene Schale von 1 Bio-Zitrone (unbehandelt, ungewachst)
50 g Manchego-Käse (ohne Rinde)

Pro Portion:
E: 38 g, F: 42 g, Kh: 65 g,
kJ: 3333, kcal: 797

1. Das Wasser in einem großen Topf zugedeckt zum Kochen bringen. Dann Salz und Nudeln hinzugeben. Die Nudeln im geöffneten Topf bei mittlerer Hitze nach Packungsanleitung bissfest kochen, dabei gelegentlich umrühren. Anschließend die Nudeln in ein Sieb geben, mit heißem Wasser abspülen und abtropfen lassen.
2. Die Zwiebeln abziehen und klein würfeln. Paprikaschoten vierteln, entstielen, entkernen und die weißen Scheidewände entfernen. Schoten abspülen, trocken tupfen und in etwa 1 cm breite Streifen schneiden. Aprikosen in etwa 1/2 cm dicke Streifen schneiden. Minze abspülen und trocken tupfen. Die Blättchen von den Stängeln zupfen. Die Hälfte grob zerschneiden. Restliche Minzeblättchen beiseitelegen.
3. Den Backofen vorheizen.
Ober-/Unterhitze: etwa 240 °C
Heißluft: etwa 220 °C
4. Olivenöl in einer großen, hohen Pfanne oder einem weiten Topf erhitzen. Das Lammgehackte darin bei starker Hitze etwa 5 Minuten unter Rühren kräftig anbraten. Dabei die Fleischklümpchen mit einer Gabel zerdrücken. Safran, Zimt, Kreuzkümmel, Zwiebelwürfel, Paprika-, Aprikosenstreifen, Sultaninen und Pinienkerne hinzugeben. Die Zutaten gut untermischen, mit Salz würzen.
5. Die Hackfleischmasse weitere etwa 6 Minuten unter gelegentlichem Rühren braten, sodass die Paprikastreifen noch leicht knackig sind. Zitronenschale unterrühren. Die Pfanne oder den Topf von der Kochstelle nehmen.
6. Die Nudeln und die klein geschnittene Minze untermischen, evtl. nochmals mit Salz würzen. Die noch heiße Nudel-Hackfleisch-Masse in einer runden, feuerfesten Form (Ø etwa 28 cm, gefettet) verteilen. Den Käse fein darüberreiben.
7. Die Form auf dem Rost in den vorgeheizten Backofen schieben. Die Nudel-Hackfleisch-Masse etwa 6 Minuten goldbraun überbacken. Mit den beiseitegelegten Minzeblättchen bestreuen und sofort servieren.

Walliser Gratin

4 Portionen

Zubereitungszeit: 40 Minuten
Garzeit: etwa 35 Minuten

700 g Knollensellerie
Salz
2 mittelgroße rote Zwiebeln
300 g Wirsing
500 g Staudensellerie
200 g Frühstücksspeck in Scheiben (Bacon)
Salz, gem. Pfeffer
ger. Muskatnuss
250 g Schlagsahne

4 EL frisch ger. Gruyère-Käse

Pro Portion:
E: 16 g, F: 57 g, Kh: 25 g,
kJ: 2823, kcal: 675

1. Knollensellerie putzen, schälen, abspülen, abtropfen lassen und in dünne Scheiben schneiden. Selleriescheiben in kochendem Salzwasser etwa 6 Minuten garen, in ein Sieb geben und abtropfen lassen.
2. Den Backofen vorheizen.
Ober-/Unterhitze: etwa 200 °C
Heißluft: etwa 180 °C
3. Zwiebeln abziehen und in Scheiben schneiden. Von dem Wirsing die schlechten äußeren Blätter entfernen. Den Wirsing halbieren und den Strunk herausschneiden. Wirsinghälften abspülen, abtropfen lassen und in feine Streifen schneiden. Staudensellerie putzen und die harten Außenfäden abziehen. Selleriestangen abspülen, abtropfen lassen und in kleine Stücke schneiden.
4. Die Zwiebelscheiben, Wirsingstreifen und Staudenselleriestücke in kochendem Salzwasser etwa 4 Minuten blanchieren, anschließend in ein Sieb geben, mit kaltem Wasser abschrecken und gut abtropfen lassen.
5. Die vorbereiteten Zutaten abwechselnd lagenweise in eine Auflaufform (gefettet) geben. Die unterste Schicht sollte aus Selleriescheiben und die oberste Schicht aus Selleriescheiben und Speckscheiben bestehen.
6. Die einzelnen Schichten mit Salz, Pfeffer und Muskat bestreuen. Das Gratin mit Sahne übergießen und mit Käse bestreuen. Die Form auf dem Rost in den vorgeheizten Backofen schieben. Das Gratin etwa 35 Minuten garen.

Überbackene Nudeln mit Lammhack auf maurische Art

Walliser Gratin

Bohnen-Kartoffel-Gratin

6 Portionen

Zubereitungszeit: 50 Minuten, ohne Auftauzeit
Überbackzeit: etwa 15 Minuten

600 g TK-Brechbohnen
600 g kleine Kartoffeln, Salz
2 Knoblauchzehen
1 kleines Bund Thymian
50 g Butter oder Margarine
gem. Pfeffer
500 g Schafskäse
1–2 EL Sesamsamen

Pro Portion:
E: 19 g, F: 22 g, Kh: 26 g,
kJ: 1602, kcal: 382

1. Brechbohnen nach Packungsanleitung auftauen lassen.
2. Die Kartoffeln gründlich waschen, in einem Topf knapp mit Wasser bedeckt, zugedeckt zum Kochen bringen, Salz hinzugeben. Die Kartoffeln 15–20 Minuten garen. Kartoffeln abgießen, abdämpfen und noch warm pellen.
3. Den Backofen vorheizen.
Ober-/Unterhitze: etwa 180 °C
Heißluft: etwa 160 °C
4. Knoblauch abziehen und in kleine Würfel schneiden. Thymian abspülen und trocken tupfen. Die Blättchen von den Stängeln zupfen, Blättchen klein schneiden.
5. Jeweils etwas Butter oder Margarine in einer großen Pfanne zerlassen. Kartoffeln und Brechbohnen darin portionsweise andünsten, Knoblauch und Thymian hinzufügen. Mit Salz und Pfeffer würzen.
6. Schafskäse in Würfel schneiden, mit Brechbohnen und Kartoffeln mischen, in eine Gratinform (gefettet) füllen und mit Sesam bestreuen. Die Form auf dem Rost in den vorgeheizten Backofen schieben. Das Gratin etwa 15 Minuten überbacken.

Cannelloni mit Ricotta-Spinat-Füllung

4 Portionen

Zubereitungszeit: 35 Minuten, ohne Auftauzeit
Garzeit: 35–40 Minuten

120 g Zwiebeln
4 Knoblauchzehen
50 g gestiftelte Mandeln
2 EL Olivenöl
700 g TK-Blattspinat
500 g Ricotta (ital. Frischkäse)
Salz, gem. Pfeffer
ger. Muskatnuss
250 g Cannelloni (ohne Vorgaren)
50 g Butter oder Margarine
40 g Weizenmehl
500 ml Milch (3,5 % Fett)
375 ml Gemüsebrühe
2 Eigelb (Größe M)
100 g frisch ger. Parmesan

Pro Portion:
E: 42 g, F: 64 g, Kh: 61 g,
kJ: 4153, kcal: 992

1. Zwiebeln und Knoblauch abziehen, in kleine Würfel schneiden. Mandeln in einer Pfanne ohne Fett hellbraun rösten, herausnehmen und auf einen Teller legen.
2. Olivenöl in einem großen Topf erhitzen. Zwiebel- und Knoblauchwürfel darin glasig dünsten. Blattspinat hinzufügen und nach Packungsanleitung auftauen lassen.
3. Den Backofen vorheizen.
Ober-/Unterhitze: etwa 180 °C
Heißluft: etwa 160 °C
4. Mandeln mit 250 g Ricotta gut vermengen und unter den Spinat rühren. Mit Salz, Pfeffer und Muskat kräftig würzen.
5. Die Spinatmasse in einen Spritzbeutel ohne Tülle geben, in die Cannelloni spritzen und in eine Auflaufform (gefettet) geben.
6. Butter oder Margarine in einem Topf zerlassen. Mehl hinzufügen und unter Rühren so lange erhitzen, bis es hellgelb ist. Milch und Brühe hinzugießen, mit einem Schneebesen durchschlagen. Dabei darauf ach-

Bohnen-Kartoffel-Gratin

Cannelloni mit Ricotta-Spinat-Füllung

Champignonköpfe mit Grünkern-Kräuter-Füllung

Fächerkartoffeln

ten, dass keine Klümpchen entstehen. Die Sauce unter Rühren zum Kochen bringen. Den Topf von der Kochstelle nehmen, Eigelb unterrühren. Mit Salz, Pfeffer und Muskat würzen. Restlichen Ricotta unterrühren.

7. Die Sauce auf den Cannelloni verteilen. Käse daraufstreuen. Die Form auf dem Rost in den vorgeheizten Backofen schieben. Cannelloni mit Ricotta 35–40 Minuten garen.

Champignonköpfe mit Grünkern-Kräuter-Füllung

4 Portionen

Zubereitungszeit: 55 Minuten
Überbackzeit: etwa 20 Minuten

800 g große Champignons
3 EL geschroteter Grünkern
125 ml Gemüsebrühe
200 g Scheibletten-Schmelzkäse
1 fein gewürfelte Zwiebel
je 2 EL glatte Petersilie, Basilikum, Minze, alles klein geschnitten
Salz
gem. Pfeffer
200 g Crème fraîche
1 TL mittelscharfer Senf
1 TL Weizenmehl
5 EL Weißwein

einige Basilikumblättchen

Pro Portion:
E: 19 g, F: 29 g, Kh: 13 g,
kJ: 1722, kcal: 410

1. Champignons putzen, evtl. kurz abspülen, trocken tupfen und die Stiele abschneiden, die Stiele fein hacken.

2. Grünkern in einem Topf ohne Fett unter Rühren anrösten, bis er nussig duftet. Brühe hinzugießen und etwa 10 Minuten quellen lassen. Grünkern etwas abkühlen lassen.

3. Schmelzkäse in Scheiben teilen, die Käsescheiben entsprechend der Anzahl der Champignonköpfe mit einem Glas in Größe der Champignonköpfe ausstechen, die Käsereste fein würfeln.

4. Den Backofen vorheizen.
Ober-/Unterhitze: etwa 200 °C
Heißluft: etwa 180 °C

5. Käsewürfel mit Grünkern, Pilzwürfeln, Zwiebelwürfeln, Petersilie, Basilikum und Minze verrühren. Mit Salz und Pfeffer kräftig würzen.

6. Champignonköpfe innen mit Salz und Pfeffer bestreuen, mit der Grünkern-Kräuter-Masse füllen und mit den ausgestochenen Schmelzkäsescheiben belegen. Die gefüllten Champignonköpfe nebeneinander in eine flache Auflaufform (gefettet) setzen. Crème fraîche mit Senf, Mehl und Wein verrühren, mit Salz und Pfeffer würzen.

7. Die Sauce zu den Champignonköpfen in die Form geben und auf dem Rost in den vorgeheizten Backofen schieben. Champignonköpfe etwa 20 Minuten überbacken.

8. Sobald der Käse zerlaufen ist, die Form aus dem Backofen nehmen. Die Champignonköpfe mit abgespülten und trocken getupften Basilikumblättchen garnieren und das Gericht sofort servieren.

Fächerkartoffeln

4 Portionen

Zubereitungszeit: 30 Minuten
Gar- und Überbackzeit:
etwa 45 Minuten

800 g vorwiegend mehligkochende, mittelgroße Kartoffeln
1 TL gerebelter Majoran
Salz, gem. Pfeffer
50 g zerlassene Butter
2 EL ger. Parmesan

Pro Portion:
E: 5 g, F: 13 g, Kh: 24 g,
kJ: 1011, kcal: 241

1. Die Kartoffeln schälen, abspülen und abtropfen lassen. Die Kartoffeln in schmalen Abständen mit einem Messer so tief einschneiden, dass die Unterseiten noch zusammenhalten (dazu kann die Kartoffel auf einen großen Löffel gelegt werden).

2. Den Backofen vorheizen.
Ober-/Unterhitze: etwa 200 °C
Heißluft: etwa 180 °C

3. Die Kartoffeln mit den Einschnitten nach oben nebeneinander in eine flache Auflaufform (gefettet) setzen. Fächerkartoffeln mit Majoran, Salz und Pfeffer würzen. Die Butter daraufträufeln. Die Form auf dem Rost in den vorgeheizten Backofen schieben und die Fächerkartoffeln etwa 30 Minuten garen.

4. Die Form aus dem Backofen nehmen. Die Fächerkartoffen mit Parmesan bestreuen. Die Form wieder auf dem Rost in den heißen Backofen schieben. Die Fächerkartoffeln weitere etwa 15 Minuten überbacken.

Gratinierte Ricotta-Spinat-Ravioli mit Daikonkresse

Gratinierte Ricotta-Spinat-Ravioli mit Daikonkresse

4 Portionen

Zubereitungszeit: 30 Minuten
Überbackzeit: etwa 20 Minuten

500 g Ravioli mit Ricotta-Spinat-Füllung (aus dem Kühlregal)
Salz
2 Fleischtomaten
20 g Butter
1 Ei (Größe M)
150 g Schlagsahne
gem. Pfeffer
75 g frisch ger. Parmesan oder Pecorino
2 Schalen Daikonkresse

Pro Portion:
E: 17 g, F: 33 g, Kh: 42 g,
kJ: 2258, kcal: 540

1. Ravioli in kochendem Salzwasser nach Packungsanleitung al dente kochen. Ravioli in ein Sieb geben, kurz mit kaltem Wasser abspülen und gut abtropfen lassen. Tomaten abspülen, trocken tupfen, halbieren, entkernen und die Stängelansätze herausschneiden. Tomaten würfeln.
2. Den Backofen vorheizen.
Ober-/Unterhitze: etwa 200 °C
Heißluft: etwa 180 °C
3. Ravioli in eine Auflaufform (etwa 20 x 30 cm, gefettet) schichten. Dabei jeweils die einzelnen Schichten mit einigen Butterflöckchen belegen.
4. Ei mit Sahne verschlagen. Die Ravioli damit übergießen. Tomatenwürfel darauf verteilen, mit Salz und Pfeffer würzen und mit Käse bestreuen.
5. Die Form auf dem Rost in den vorgeheizten Backofen schieben. Die Ravioli etwa 20 Minuten überbacken.
6. In der Zwischenzeit Daikonkresse abspülen, trocken tupfen und abschneiden.
7. Ravioli mit Daikonkresse bestreut servieren.

Chinakohl mit Käsekruste

4 Portionen (ohne Foto)

Zubereitungszeit: 40 Minuten
Überbackzeit: 20–25 Minuten

1 großer Chinakohl (etwa 1,2 kg)
250 ml Salzwasser
3 rote Paprikaschoten
1 grüne Peperoni
2 Scheiben Vollkorn-Toastbrot
80 g Butter
1/2 Bund Petersilie
Chinakohl-Kochflüssigkeit
125 ml Gemüsebrühe
75 g Kräuter-Frischkäse
Salz, gem. Pfeffer
Paprikapulver edelsüß
100 g ger. Gouda
30 g Butter

Pro Portion:
E: 13 g, F: 33 g, Kh: 12 g,
kJ: 1750, kcal: 419

1. Chinakohl putzen und den mittleren Strunk keilförmig herausschneiden. Chinakohl längs vierteln, abspülen und gut abtropfen lassen. Evtl. die Kohlviertel nochmals quer halbieren. Die Kohlstücke zugedeckt in kochendem Salzwasser etwa 5 Minuten garen.
2. Die Kohlstücke in einem Sieb gut abtropfen lassen, dabei die Kochflüssigkeit auffangen.
3. Paprikaschoten halbieren, entstielen, entkernen und die weißen Scheidewände entfernen. Schoten abspülen, abtropfen lassen und in Würfel schneiden. Peperoni halbieren, entstielen, entkernen und die weißen Scheidewände entfernen. Peperoni abspülen, abtropfen lassen und in feine Streifen schneiden.
4. Toastbrotscheiben würfeln. Butter in einer Pfanne zerlassen, Toastbrotwürfel darin von allen Seiten rösten und herausnehmen. Paprikawürfel und Peperonistreifen in dem verbliebenen Bratfett unter Rühren andünsten.
5. Den Backofen vorheizen.
Ober-/Unterhitze: etwa 200 °C
Heißluft: etwa 180 °C
6. Petersilie abspülen und trocken tupfen. Die Blättchen von den Stängeln zupfen und Blättchen klein schneiden.
7. Die Kochflüssigkeit mit Brühe, Frischkäse und Petersilie glatt rühren. Mit Salz, Pfeffer und Paprika würzen und in eine Auflaufform (gefettet) gießen.
8. Die Chinakohlstücke in die Form setzen, Paprikawürfel, Peperonistreifen und Brotwürfel darauf verteilen und mit Käse bestreuen. Butter in Flöckchen daraufsetzen. Die Form auf dem Rost in den vorgeheizten Backofen schieben. Den Chinakohl 20–25 Minuten überbacken.

Überbackene Basilikumtomaten

4 Portionen

Zubereitungszeit: 30 Minuten
Garzeit: etwa 20 Minuten

8 Fleischtomaten (je etwa 180 g)
Salz, gem. Pfeffer
6 Scheiben Vollkorn-Toastbrot
2 Töpfe Basilikum
4 EL Olivenöl, 1 Knoblauchzehe
200 g Schafskäse

Pro Portion:
E: 17 g, F: 25 g, Kh: 43 g,
kJ: 2044, kcal: 489

1. Die Fleischtomaten abspülen, abtrocknen und die Stängelansätze herausschneiden. Von den Tomaten jeweils einen Deckel abschneiden. Tomaten mit einem Teelöffel aushöhlen, von innen mit Salz und Pfeffer bestreuen und beiseitelegen.
2. Den Backofen vorheizen.
Ober-/Unterhitze: etwa 180 °C
Heißluft: etwa 160 °C
3. Brotscheiben toasten. Basilikum abspülen und trocken tupfen. Die Blättchen von den Stängeln zupfen. Blättchen in Streifen schneiden.
4. Olivenöl in eine Schüssel geben, mit der Hälfte des ausgehöhlten Tomatenfleisches pürieren. Knoblauch abziehen, klein schneiden und hinzugeben. Getoastete Brotscheiben klein würfeln, mit dem Tomatenpüree und den Basilikumstreifen mischen, mit Salz und Pfeffer würzen.
5. Schafskäse in Würfel schneiden, mit der Tomaten-Brot-Masse in die ausgehöhlten Tomaten füllen und in eine Auflaufform (gefettet) setzen. Restliches Tomatenfleisch mit in die Form geben. Die Form auf dem Rost in den vorgeheizten Backofen schieben und die Basilikumtomaten etwa 20 Minuten überbacken.

Frühlingsgemüse-Gratin

6 Portionen

Zubereitungszeit: 40 Minuten
Garzeit: etwa 20 Minuten

600 g kleine neue Kartoffeln
Salz, Kümmelsamen
300 g grüner Spargel
300 g weißer Spargel
300 g junge Möhren mit Grün
300 g junge Kohlrabi
50 g Butter
gem. Pfeffer
2 Pck. Sauce hollandaise (Fertigprodukt, je 250 ml)
3–4 Stängel Kerbel
50 g ger. Parmesan

Pro Portion:
E: 8 g, F: 30 g, Kh: 23 g,
kJ: 1651, kcal: 397

1. Kartoffeln gründlich waschen, abtropfen lassen und in einem Topf knapp mit Wasser bedeckt, zugedeckt zum Kochen bringen, Salz und etwas Kümmel hinzugeben. Kartoffeln zugedeckt in 15–20 Minuten gar kochen. Kartoffeln abgießen, abdämpfen und warm stellen.
2. In der Zwischenzeit von dem grünen Spargel das untere Drittel schälen und die Enden abschneiden. Den weißen Spargel von oben nach unten schälen, dabei darauf achten, dass die Schalen vollständig entfernt, die Köpfe aber nicht verletzt werden. Die unteren Enden abschneiden (holzige Stellen vollkommen entfernen). Spargel abspülen und abtropfen lassen. Möhren und Kohlrabi putzen, schälen, abspülen und abtropfen lassen. Von den Möhren bis auf 2 cm das Grün abschneiden.
3. Den Backofen vorheizen.
Ober-/Unterhitze: etwa 200 °C
Heißluft: etwa 180 °C
4. Spargel, Möhren und Kohlrabi in mundgerechte Stücke schneiden und in kochendem Salzwasser etwa 8 Minuten bissfest garen. Dann das Gemüse in einem Sieb abtropfen lassen.
5. Butter in einer großen Pfanne zerlassen. Gemüse und warm gestellte Kartoffeln darin portionsweise andünsten, mit Salz und Pfeffer würzen. Gemüse und Kartoffeln in eine große Auflaufform (gefettet) geben. Sauce hollandaise darauf verteilen. Die Form auf dem Rost in den vorgeheizten Backofen schieben und das Gratin etwa 20 Minuten garen.
6. Kerbel abspülen und trocken tupfen. Die Blättchen von den Stängeln zupfen. Das Frühlingsgemüse-Gratin mit Kerbelblättchen und Parmesan bestreuen und servieren.

Überbackene Basilikumtomaten

Frühlingsgemüse-Gratin

Kartoffel-Gemüse-Gratin

4–5 Portionen

Zubereitungszeit: 40 Minuten, ohne Abkühlzeit
Garzeit: etwa 25 Minuten

600 g Kartoffeln
1–2 Zucchini (etwa 600 g)
4 mittelgroße Tomaten
1 Knoblauchzehe
Salz
gem. Pfeffer
150 g ger. Gratin-Käse
einige Stängel Majoran

Pro Portion:
E: 15 g, F: 11 g, Kh: 28 g,
kJ: 1182, kcal: 282

1. Kartoffeln gründlich waschen, in einem Topf knapp mit Wasser bedeckt, zugedeckt zum Kochen bringen und 20–25 Minuten garen. Kartoffeln abgießen, abdämpfen, heiß pellen und abkühlen lassen.
2. Den Backofen vorheizen.
Ober-/Unterhitze: etwa 200 °C
Heißluft: etwa 180 °C
3. Zucchini abspülen, abtrocknen und die Enden abschneiden. Tomaten abspülen, abtrocknen und die Stängelansätze herausschneiden. Zucchini und Tomaten in Scheiben schneiden.
4. Knoblauch abziehen und durchschneiden. Eine große Gratinform (gefettet) damit ausreiben.
5. Die Gemüse- und Kartoffelscheiben abwechselnd dachziegelartig in die Gratinform schichten. Mit Salz und Pfeffer würzen. Gratin-Käse darauf verteilen.
6. Die Form auf dem Rost in den vorgeheizten Backofen schieben. Das Kartoffel-Gemüse-Gratin etwa 25 Minuten garen.
7. Majoran abspülen und trocken tupfen. Die Blättchen von den Stängeln zupfen. Das Kartoffel-Gemüse-Gratin mit Majoranblättchen bestreut servieren.

Gratiniertes Wintergemüse im Kartoffelpüreekranz

4 Portionen

Zubereitungszeit: 60 Minuten
Überbackzeit: etwa 12 Minuten

750 g Rosenkohl
300 g Möhren
1 Zwiebel, 50 g Butter
250 ml Gemüsebrühe
Salz, ger. Muskatnuss
100 g grobe Mettwurst (am Stück)
1 Pck. Kartoffelpüree mit Milch (für 3 Portionen)
500 ml Wasser
150 g Gouda (am Stück)

Pro Portion:
E: 22 g, F: 40 g, Kh: 20 g,
kJ: 2214, kcal: 529

1. Rosenkohl von den schlechten äußeren Blättchen befreien, etwas vom Strunk abschneiden, Röschen am Strunk kreuzförmig einschneiden, abspülen und abtropfen lassen. Möhren putzen, schälen, abspülen, abtropfen lassen und schräg in Scheiben schneiden.
2. Zwiebel abziehen und klein würfeln. 30 g Butter in einem Topf zerlassen, Zwiebelwürfel darin glasig dünsten. Rosenkohl hinzugeben und die Brühe hinzugießen, zum Kochen bringen. Rosenkohl zugedeckt etwa 10 Minuten garen. Möhrenscheiben hinzugeben und weitere etwa 5 Minuten mitgaren lassen. Gemüse mit Salz und Muskat würzen.
3. Den Backofen vorheizen.
Ober-/Unterhitze: etwa 220 °C
Heißluft: etwa 200 °C
4. Von der Mettwurst die Pelle abziehen. Wurst in etwa 1/2 cm dicke Scheiben, dann in Streifen schneiden und unter das Gemüse mischen.
5. Kartoffelpüreepulver nach Packungsanleitung mit Wasser zubereiten und kurz stehen lassen. Restliche Butter unterrühren, das Püree mit Muskatnuss würzen und in einen Spritzbeutel mit großer Sterntülle (Ø 14 mm) füllen. Als Kranz in eine runde, flache Auflaufform (leicht gefettet) spritzen.
6. Käse in Würfel schneiden, mit dem Gemüse vermischen und in die Mitte des Püreekranzes füllen. Die Form auf dem Rost in den vorgeheizten Backofen schieben. Das Ganze etwa 12 Minuten überbacken.

Kartoffel-Gemüse-Gratin

Gratiniertes Wintergemüse im Kartoffelpüreekranz

Gratinierte Putenstreifen Provençal

Hügelgratin

Gratinierte Putenstreifen Provençal

4 Portionen

Zubereitungszeit: 40 Minuten
Garzeit: etwa 20 Minuten

250 g Putenbrustfilet
2 EL Speiseöl
1 Knoblauchzehe
1 gestr. TL Salz
gem. Pfeffer
Kräuter der Provence
2 Tomaten (etwa 200 g)
180 g abgetropfte Artischockenherzen (aus der Dose)
2 EL Olivenöl
2 EL Zitronensaft
30 g ger. Emmentaler
2 EL klein geschnittene Basilikumblättchen

Pro Portion:
E: 17 g, F: 18 g, Kh: 5 g,
kJ: 1077, kcal: 257

1. Den Backofen vorheizen.
Ober-/Unterhitze: etwa 200 °C
Heißluft: etwa 180 °C
2. Das Putenbrustfilet kurz unter fließendem kalten Wasser abspülen, trocken tupfen und in Streifen schneiden. Speiseöl in einer Pfanne erhitzen. Putenbrustfiletstreifen darin von allen Seiten kurz anbraten.
3. Knoblauch abziehen, in kleine Würfel schneiden, mit Salz zu einer Paste zerreiben und auf den Putenbrustfiletstreifen verteilen. Das Ganze mit Pfeffer und Kräutern der Provence würzen.
4. Tomaten kreuzweise einschneiden und mit kochendem Wasser übergießen. Nach 1–2 Minuten herausnehmen und mit kaltem Wasser abschrecken. Tomaten häuten, halbieren und die Stängelansätze herausschneiden. Tomaten in Scheiben schneiden.
5. Die Putenbruststreifen mit Artischockenherzen und Tomatenscheiben in eine Auflaufform (gefettet) schichten. Mit Olivenöl und Zitronensaft beträufeln. Mit Käse bestreuen.
6. Die Form auf dem Rost in den vorgeheizten Backofen schieben. Das Gratin etwa 20 Minuten garen.
7. Die gratinierten Putenstreifen mit Basilikum bestreut servieren.

Hügelgratin

4 Portionen

Zubereitungszeit: 40 Minuten
Garzeit: 50–60 Minuten

1 kg Rosenkohl
1 kg kleine festkochende Kartoffeln
50 g Butter
Salz
gem. Pfeffer
ger. Muskatnuss
1 Zwiebel
500 g Rindergehacktes
200 g Magerquark
1 Ei (Größe M)
1 Knoblauchzehe
300 g Crème fraîche
125 ml Milch (3,5 % Fett)
1 EL Currypulver

Pro Portion:
E: 52 g, F: 58 g, Kh: 53 g,
kJ: 4111, kcal: 982

1. Rosenkohl von den äußeren Blättern befreien und etwas vom Strunk abschneiden. Rosenkohlröschen am Strunk kreuzförmig einschneiden, abspülen und abtropfen lassen.
2. Die Kartoffeln schälen, abspülen, abtropfen lassen, evtl. in Größe der Rosenkohlröschen schneiden.
3. Butter in einer großen Pfanne zerlassen. Rosenkohl und Kartoffeln darin evtl. in 2 Portionen etwa 15 Minuten unter mehrmaligem Wenden dünsten. Mit Salz, Pfeffer und etwas Muskat würzen.
4. Den Backofen vorheizen.
Ober-/Unterhitze: etwa 200 °C
Heißluft: etwa 180 °C
5. Zwiebel abziehen und in kleine Würfel schneiden. Gehacktes in eine Schüssel geben. Quark, Ei und Zwiebelwürfel hinzugeben und gut unterkneten. Knoblauch abziehen und klein würfeln. Die Hälfte davon unter den Hackfleischteig mischen. Mit Salz und Pfeffer kräftig würzen.
6. Aus dem Hackfleischteig mit angefeuchteten Händen Bällchen in Größe des Rosenkohls formen.
7. Crème fraîche mit Milch, Curry und restlichem Knoblauch verrühren.
8. Kartoffeln, Rosenkohl und Fleischbällchen dicht an dicht in buntem Wechsel in eine flache Gratinform (gefettet) setzen. Crème-fraîche-Milch darauf verteilen.
9. Die Form auf dem Rost in den vorgeheizten Backofen schieben. Das Gratin 50–60 Minuten garen.

Kabeljau-Spinat-Gratin

4 Portionen

Zubereitungszeit: 45 Minuten, ohne Auftauzeit
Garzeit: etwa 20 Minuten

400 g TK-Blattspinat
8 Kabeljaufilets (je 70–80 g)
1–2 EL Zitronensaft
600 g festkochende Kartoffeln
Salz
30 g Butter oder Margarine
1 Knoblauchzehe
gem. Pfeffer
250 ml Sauce hollandaise (Fertigprodukt, Tetrapak)

Pro Portion:
E: 36 g, F: 24 g, Kh: 27 g,
kJ: 2262, kcal: 540

1. Spinat nach Packungsanleitung auftauen lassen. Fischfilets kurz unter fließendem kalten Wasser abspülen, trocken tupfen und mit Zitronensaft beträufeln. Fischfilets mit Küchenpapier wieder trocken tupfen.
2. Kartoffeln schälen, abspülen, abtropfen lassen und in kleine Stücke schneiden. Kartoffelstücke in einem Topf knapp mit Wasser bedeckt, zugedeckt zum Kochen bringen, Salz zugeben. Die Kartoffeln zugedeckt etwa 15 Minuten garen. Kartoffelstücke abgießen und abdämpfen.
3. Den Backofen vorheizen.
Ober-/Unterhitze: etwa 200 °C
Heißluft: etwa 180 °C
4. Butter oder Margarine in einem Topf zerlassen. Spinat ausdrücken, mit den Kartoffelstücken darin evtl. portionsweise andünsten.
5. Knoblauch abziehen, fein schneiden oder durch eine Knoblauchpresse drücken und zu der Kartoffel-Spinat-Masse geben. Mit Salz und Pfeffer würzen.
6. Die Kartoffel-Spinat-Masse in eine Auflaufform (gefettet) geben. Die Fischfilets mit Salz und Pfeffer würzen und darauflegen. Sauce hollandaise darauf verteilen. Die Form auf dem Rost in den vorgeheizten Backofen schieben. Kabeljau-Spinat-Gratin etwa 20 Minuten garen.

Gefüllte Champignonköpfe

4 Portionen

Zubereitungszeit: 60 Minuten
Überbackzeit: etwa 20 Minuten

12 große rosa oder weiße Champignons (etwa 600 g)
1 mittelgroße Zwiebel
500 g Mangold
70 g Pinienkerne
2 Fleischtomaten (etwa 300 g)
2 Knoblauchzehen
100 ml Pflanzenöl
40 g Butter
Salz
gem. Pfeffer
ger. Muskatnuss
100 g frisch ger. Parmesan

Pro Portion:
E: 21 g, F: 52 g, Kh: 7 g,
kJ: 2386, kcal: 570

1. Champignons putzen, evtl. kurz abspülen und gut trocken tupfen. Die Stiele herausdrehen und klein schneiden. Zwiebel abziehen und in kleine Würfel schneiden.
2. Mangold putzen und die großen Blattstiele entfernen. Den Mangold gründlich waschen, abtropfen lassen und in kleine Würfel schneiden. Pinienkerne in einer Pfanne ohne Fett hellbraun rösten, herausnehmen und auf einem Teller erkalten lassen. Tomaten abspülen, abtrocknen und die Stängelansätze herausschneiden. Tomaten vierteln, entkernen und in kleine Würfel schneiden. Knoblauch abziehen und klein schneiden.
3. Öl in einer Pfanne erhitzen. Knoblauch und Champignonköpfe darin andünsten. Champignonköpfe herausnehmen, beiseitelegen.
4. Den Backofen vorheizen.
Ober-/Unterhitze: etwa 200 °C
Heißluft: etwa 180 °C
5. Butter in einer großen Pfanne zerlassen. Zwiebelwürfel darin glasig dünsten. Mangold und die klein geschnittenen Champignonstiele hinzugeben und etwa 5 Minuten unter Rühren mitdünsten lassen. Mit Salz, Pfeffer und Muskatnuss würzen. Das Knoblauchöl (aus der Pfanne) unterrühren.
6. Die beiseitegelegten Champignonköpfe mit Salz und Pfeffer würzen, mit der Gemüsemasse füllen und in eine flache Gratinform (gefettet) setzen. Tomatenwürfel und Pinienkerne darauf verteilen. Mit Käse bestreuen. Die Form auf dem Rost in den vorgeheizten Backofen schieben. Die Champignonköpfe etwa 20 Minuten überbacken.

Brokkoli, sizilianisch

4–6 Portionen

Zubereitungszeit: 30 Minuten
Gratinierzeit: 3–5 Minuten

50 g abgetropfte schwarze Oliven, ohne Stein
5 Sardellenfilets
1 kleine Zwiebel
1–2 Knoblauchzehen
1 kg Brokkoli
Salz
4 EL Olivenöl
50–100 g pikanter Käse (am Stück)

Pro Portion:
E: 8 g, F: 17 g, Kh: 3 g,
kJ: 812, kcal: 194

1. Oliven in Scheiben schneiden. Sardellenfilets klein hacken. Zwiebel und Knoblauch abziehen, in kleine Würfel schneiden.
2. Von dem Brokkoli die Blätter entfernen. Den Brokkoli in Röschen teilen. Die Stängel von den Röschen abschneiden. Brokkoliröschen und -stängel abspülen, abtropfen lassen und in kochendem Salzwasser etwa 5 Minuten garen. Brokkoli in ein Sieb geben und abtropfen lassen.
3. Olivenöl in einer Pfanne erhitzen. Zwiebel- und Knoblauchwürfel darin glasig dünsten. Die Pfanne von der Kochstelle nehmen, Olivenscheiben und Sardellenstückchen hinzufügen.
4. Die Hälfte der Brokkoliröschen und -stängel in eine Gratinform (gefettet) geben, mit etwas Salz würzen. Die Hälfte der Oliven-Sardellen-Mischung darauf verteilen. Dann den restlichen Brokkoli daraufgeben und zuletzt die restliche Oliven-Sardellen-Mischung darauf verteilen.
5. Den Backofengrill vorheizen.
6. Den Käse in kleine Würfel schneiden und auf den eingeschichteten Brokkoli streuen. Die Form auf dem Rost unter den vorgeheizten Backofengrill schieben. Den Käse 3–5 Minuten gratinieren, bis er leicht gebräunt ist. Brokkoli sofort servieren.

Dorsch-Kartoffel-Gratin

4 Portionen

Zubereitungszeit: 65 Minuten
Garzeit: etwa 30 Minuten

900 g Kartoffeln
3 EL Olivenöl
2 rote Zwiebeln
70 g geräucherter Bauchspeck
1 rote Paprikaschote
1 Bund Rucola (Rauke)
1 Bund Petersilie
125 g Krabben
Salz, gem. Pfeffer
800 g Dorschfilet
120 g frisch ger. Käse, z. B. Comte

Pro Portion:
E: 57 g, F: 40 g, Kh: 38 g,
kJ: 3241, kcal: 733

1. Die Kartoffeln schälen, abspülen, abtropfen lassen und in etwa 1 cm große Würfel schneiden. Kartoffelwürfel evtl. trocken tupfen.
2. Olivenöl in einer Pfanne erhitzen. Kartoffelwürfel hinzugeben und von allen Seiten etwa 10 Minuten knusprig braun braten.
3. Den Backofen vorheizen.
Ober-/Unterhitze: etwa 180 °C
Heißluft: etwa 160 °C
4. Zwiebeln abziehen. Zwiebeln und Speck klein würfeln. Zwiebel- und Speckwürfel gegen Ende der Bratzeit zu den Kartoffelwürfeln geben und kurz mit andünsten.
5. Paprikaschote halbieren, entstielen, entkernen und die weißen Scheidewände entfernen. Schote abspülen, abtropfen lassen und in Würfel schneiden. Rucola putzen und die harten Stiele herausschneiden. Rucola abspülen, trocken tupfen (einige Rucolablätter beiseitelegen) und klein schneiden. Petersilie abspülen und trocken tupfen. Die Blättchen von den Stängeln zupfen (einige Blättchen beiseitelegen). Blättchen ebenfalls klein schneiden.
6. Paprikawürfel, Rucola und Krabben unter die Kartoffelwürfel mischen, mit Salz und Pfeffer würzen, in eine flache Auflaufform (30 x 20 cm, gefettet) füllen.
7. Dorschfilet kurz unter fließendem kalten Wasser abspülen, gut trocken tupfen und auf die Kartoffelwürfelmischung legen, mit etwas Salz würzen. Mit Petersilie und Käse bestreuen. Die Form auf dem Rost in den vorgeheizten Backofen schieben. Das Gratin etwa 30 Minuten garen.
8. Die Form aus dem Backofen nehmen. Das Gratin mit den beiseitegelegten Rucola- und Petersilienblättchen garnieren und sofort servieren.

Brokkoli, sizilianisch

Dorsch-Kartoffel-Gratin

Asiatisches Geflügel-Champignon-Gratin

4 Portionen

Zubereitungszeit: 35 Minuten, ohne Marinierzeit
Überbackzeit: 10–12 Minuten

400 g Hähnchen- oder Putenbrustfilet
1 Knoblauchzehe
1 Stück frischer Ingwer (etwa 4 cm)
2–3 EL Sojasauce
2 Bund Frühlingszwiebeln
200 g Shiitakepilze
400 g Möhren
2 EL Soja- oder Erdnussöl
Sojasauce
1/2 Flasche Asia-Sauce süßsauer (125 ml)
100 g geröstete, gesalzene Erdnusskerne
1 kleine rote Chilischote
2 EL flüssiger Honig
1 EL Speiseöl

Pro Portion:
E: 26 g, F: 29 g, Kh: 37 g,
kJ: 2110, kcal: 504

1. Hähnchen- oder Putenbrustfilet kurz unter fließendem kalten Wasser abspülen, trocken tupfen, in etwa 2 cm dicke Scheiben schneiden und in eine Schale legen. Knoblauch abziehen und Ingwer schälen. Beides fein würfeln, mit Sojasauce mischen und auf die Fleischscheiben träufeln. Die Fleischscheiben etwa 30 Minuten marinieren.
2. Den Backofen vorheizen.
Ober-/Unterhitze: etwa 200 °C
Heißluft: etwa 180 °C
3. In der Zwischenzeit Frühlingszwiebeln putzen, abspülen, abtropfen lassen und schräg in breite Scheiben schneiden. Pilze putzen und die Stängel abschneiden, Pilze evtl. kurz abspülen und gut trocken tupfen. Große Pilze halbieren. Möhren putzen, abspülen, abtropfen lassen und in feine Stifte schneiden.
4. Soja- oder Erdnussöl in einer großen Pfanne erhitzen, die marinierten Fleischscheiben darin von jeder Seite 3–4 Minuten hellbraun braten und herausnehmen. Möhrenstifte in dem verbliebenen Bratfett etwa 2 Minuten unter Rühren andünsten, Pilze und Frühlingszwiebelscheiben hinzugeben und alles unter gelegentlichem Rühren weitere etwa 3 Minuten braten. Das Gemüse mit Sojasauce würzen und die Asia-Sauce untermischen. Das Gemüse in eine große Auflaufform (gefettet) füllen, die Fleischscheiben darauf verteilen.
5. Erdnusskerne grob hacken. Die Chilischote entstielen, längs aufschneiden und entkernen. Chili abspülen, trocken tupfen und fein hacken. Erdnusskerne mit Chili, Honig und Speiseöl mischen und auf den Fleischscheiben verteilen. Die Form auf dem Rost in den vorgeheizten Backofen schieben und das Geflügel-Champignon-Gratin 10–12 Minuten überbacken.

Asiatisches Geflügel-Champignon-Gratin

Variante: **Asiatisches Gratin mit Tofu und Pilzen.** Alternativ können Sie dieses Gericht statt mit Hähnchenbrust- oder Putenbrustfilet auch mit Tofu zubereiten. Tofu wie das Fleisch in Scheiben schneiden, marinieren und anbraten. Anstelle von Shiitakepilzen können Sie auch Champignons verwenden.

Möhren-Mangold-Zucchini-Gratin

4 Portionen

Zubereitungszeit: 45 Minuten, ohne Abkühlzeit
Garzeit: etwa 20 Minuten

500 g festkochende Kartoffeln
Salz
400 g Möhren
400 g Zucchini
300 g Mangold
1 Gemüsezwiebel
1 kleines Stück frischer Ingwer
200 g geraspelter Käse, z. B. Edamer
gem. Pfeffer
200 ml Gemüsebrühe

Pro Portion:
E: 19 g, F: 17 g, Kh: 27 g,
kJ: 1442, kcal: 344

1. Die Kartoffeln schälen, abspülen, abtropfen lassen. Die Hälfte der Kartoffeln in einem Topf knapp mit Wasser bedeckt, zugedeckt zum Kochen bringen, Salz hinzugeben. Die Kartoffeln etwa 20 Minuten garen. Dann die Kartoffeln abgießen, abdämpfen und erkalten lassen. Restliche Kartoffeln mit Wasser bedeckt beiseitestellen.
2. Möhren putzen, schälen, abspülen, abtropfen lassen und in Scheiben schneiden. Zucchini abspülen,

Möhren-Mangold-Zucchini-Gratin

Dorsch-Spitzkohl-Gratin mit Blätterteigkruste

abtrocknen und die Enden abschneiden. Die Zucchini längs halbieren und in Scheiben schneiden.

3. Den Mangold putzen. Die Stiele aus den Blättern schneiden. Mangoldblätter und -stiele getrennt voneinander abspülen und abtropfen lassen. Mangoldstiele abziehen. Mangoldblätter und -stiele jeweils in feine Streifen schneiden. Gemüsezwiebel abziehen und klein würfeln.

4. Die beiseitegestellten, rohen Kartoffeln abtropfen lassen und in dünne Scheiben schneiden. Ingwer schälen und klein würfeln.

5. Salzwasser in einem Topf zum Kochen bringen. Nacheinander die Möhren- und Kartoffelscheiben sowie die Mangoldstiele je etwa 7 Minuten, die Zwiebelwürfel etwa 5 Minuten und die Zucchinischeiben und Mangoldblätter je etwa 2 Minuten vorgaren. Das Gemüse jeweils mit einer Schaumkelle aus dem Topf nehmen, mit kaltem Wasser abschrecken und in einem Sieb abtropfen lassen.

6. Den Backofen vorheizen.
Ober-/Unterhitze: etwa 180 °C
Heißluft: etwa 160 °C

7. Die gegarten Kartoffeln raspeln und mit den Käseraspeln vermischen.

8. Das vorgegarte Gemüse in eine große Gratin- oder Auflaufform (gefettet) geben. Ingwer unterrühren, mit Salz und Pfeffer würzen. Gemüsebrühe hinzugießen. Das Gemüse mit der Kartoffel-Käse-Mischung bestreuen. Die Form auf dem Rost in den vorgeheizten Backofen schieben. Das Gratin etwa 20 Minuten garen.

Dorsch-Spitzkohl-Gratin mit Blätterteigkruste

4 Portionen

Zubereitungszeit: 30 Minuten, ohne Auftauzeit
Überbackzeit: etwa 30 Minuten

3 rechteckige Platten TK-Blätterteig (je 75–80 g)
1,2 kg Spitzkohl
1 Zwiebel
1 EL Butter
Salz, gem. Pfeffer
ger. Muskatnuss
100 g Schlagsahne
100 ml Gemüsebrühe
500–600 g Dorschfilet
etwas abgeriebene Schale und Saft von 1 Bio-Zitrone (unbehandelt, ungewachst)
4 kleine Tomaten
1 Eiweiß (Größe M)
1 Eigelb (Größe M)
75 g ger. Käse, z. B. Emmentaler
1 EL gehobelte Mandeln

Pro Portion:
E: 42 g, F: 37 g, Kh: 33 g,
kJ: 2675, kcal: 639

1. Blätterteigplatten nebeneinander nach Packungsanleitung auftauen lassen. Von dem Kohl die äußeren, welken Blätter entfernen. Kohl vierteln und den Strunk herausschneiden. Kohlviertel abspülen, abtropfen lassen, in feine Streifen schneiden. Zwiebel abziehen und klein würfeln.

2. Den Backofen vorheizen.
Ober-/Unterhitze: etwa 200 °C
Heißluft: etwa 180 °C

3. Butter in einer großen Pfanne zerlassen, Zwiebelwürfel darin glasig dünsten. Kohlstreifen hinzugeben, mit Salz, Pfeffer und Muskat würzen. Die Kohlstreifen unter mehrmaligem Wenden etwa 5 Minuten dünsten. Sahne und Brühe hinzugießen und zum Kochen bringen, Kohlstreifen etwa 8 Minuten bei mittlerer bis starker Hitze kochen lassen. Die Kohlmasse in eine flache Auflaufform (gefettet) geben.

4. Dorschfilets kurz unter fließendem kalten Wasser abspülen, trocken tupfen und auf dem Kohl verteilen. Dorschfilets mit Salz, Pfeffer und Zitronenschale würzen, mit Zitronensaft beträufeln. Tomaten abspülen, abtrocknen und die Stängelansätze herausschneiden. Tomaten in Scheiben schneiden und auf den Dorschfilets verteilen, mit Salz und Pfeffer würzen.

5. Blätterteigplatten übereinanderlegen und vorsichtig auf der bemehlten Arbeitsfläche etwas größer als die Auflaufform ausrollen. Die Innenränder der Form mit verschlagenem Eiweiß bestreichen. Die Teigplatte auf das Gratin legen und an den Rändern leicht andrücken.

6. Eigelb mit 1 Esslöffel Wasser verschlagen. Die Teigplatte damit bestreichen, mit Käse und Mandeln bestreuen. Die Form auf dem Rost in den vorgeheizten Backofen schieben. Das Gratin etwa 30 Minuten überbacken.

Nudelgratin mit Erbsen, Tomaten und Mozzarella

Rouladengratin

Nudelgratin mit Erbsen, Tomaten und Mozzarella

2 Portionen

Zubereitungszeit: 30 Minuten
Garzeit: etwa 20 Minuten

2 l Wasser
2 gestr. TL Salz
200 g Nudeln, z. B. Spirelli
125 abgetropfter Mozzarella
1/2 Bund Schnittlauch
100 g Schlagsahne
1 TL gekörnte Gemüsebrühe
200 g stückige Tomaten (aus der Dose)
150 g TK-Erbsen
Salz
gem. Pfeffer

Pro Portion:
E: 32 g, F: 33 g, Kh: 86 g,
kJ: 3238, kcal: 774

1. Wasser in einem großen Topf zugedeckt zum Kochen bringen. Dann Salz und Nudeln hinzugeben. Die Nudeln im geöffneten Topf bei mittlerer Hitze nach Packungsanleitung knapp bissfest kochen, dabei gelegentlich umrühren. Anschließend die Nudeln in ein Sieb geben, mit heißem Wasser abspülen und abtropfen lassen.
2. Mozzarella in kleine Würfel schneiden. Schnittlauch abspülen, trocken tupfen und in Röllchen schneiden.
3. Den Backofen vorheizen.
Ober-/Unterhitze: etwa 200 °C
Heißluft: etwa 180 °C
4. Die Sahne in einem Topf erwärmen. Gemüsebrühe hinzugeben und unter Rühren auflösen. Die Nudeln in eine kleine Auflaufform (gefettet) geben. Stückige Tomaten mit der Sahnebrühe verrühren und auf den Nudeln verteilen.
5. Anschließend gefrorene Erbsen, zwei Drittel der Mozzarellawürfel und die Schnittlauchröllchen daraufgeben, gut mit den Nudeln vermengen. Mit Salz und Pfeffer würzen. Die restlichen Mozzarellawürfel darauf verteilen.
6. Die Form auf dem Rost in den vorgeheizten Backofen schieben. Das Nudelgratin etwa 20 Minuten garen.

Rouladengratin

4 Portionen

Zubereitungszeit: 40 Minuten
Garzeit: etwa 25 Minuten

500 g geschnittene Rumpsteak- oder Hüftsteakscheiben (je etwa 1/2 cm dick, Rouladenfleisch)
3 EL Speiseöl
100 ml Wasser
1 TL mittelscharfer Senf
Salz, gem. Pfeffer
2 Tomaten
2 kleine Gewürzgurken
1 Zwiebel
6 Scheiben Frühstücksspeck (Bacon)
150 g Magerquark
2 EL Kräuter-Frischkäse
3 Eigelb (Größe M)
3 Eiweiß (Größe M)

Pro Portion:
E: 44 g, F: 23 g, Kh: 4 g,
kJ: 1655, kcal: 395

1. Die Fleischscheiben mit Küchenpapier gut trocken tupfen. Jeweils etwas Speiseöl in einer großen Pfanne erhitzen. Die Fleischscheiben darin portionsweise bei starker Hitze von jeder Seite etwa 2 Minuten braten, herausnehmen, etwas abkühlen lassen und in etwa 1/2 cm breite Streifen schneiden. Die Fleischstreifen in eine Schale geben.
2. Den Backofen vorheizen.
Ober-/Unterhitze: etwa 200 °C
Heißluft: etwa 180 °C
3. Den Bratenansatz mit Wasser loskochen, mit dem beim Abkühlen der Fleischscheiben entstandenen Bratensaft und Senf verrühren, mit Salz und Pfeffer kräftig würzen und auf den Fleischstreifen verteilen.
4. Die Tomaten abspülen, trocken tupfen, vierteln, entkernen und die Stängelansätze herausschneiden. Tomatenviertel in Streifen schneiden. Gurken ebenfalls in Streifen schneiden. Zwiebel abziehen, in kleine Würfel schneiden. Tomaten-, Gurkenstreifen und Zwiebelwürfel gut unter die Fleischstreifen mischen.
5. Eine flache Auflaufform (gefettet) mit Speckscheiben auslegen, die Fleisch-Mischung darauf verteilen.
6. Quark mit Frischkäse und Eigelb cremig rühren, mit Salz und Pfeffer würzen. Eiweiß steif schlagen und unterheben. Die Quarkcreme auf die Fleisch-Gemüse-Mischung geben und verstreichen. Die Form auf dem Rost in den vorgeheizten Backofen schieben. Das Rouladengratin etwa 25 Minuten garen.
7. Sollte das Gratin zu stark bräunen, es nach zwei Drittel der Garzeit mit Alufolie zudecken.

Kartoffel-Pastinaken-Gratin

2 Portionen (ohne Foto)

Zubereitungszeit: 20 Minuten
Garzeit: etwa 35 Minuten

400 g festkochende Kartoffeln
250 g Möhren
300 g Pastinaken
500 ml Wasser
1 gestr. TL Salz
gem. Pfeffer
1 TL gerebelter Thymian
1 TL getrockneter Rosmarin
200 g Schlagsahne
100 ml Gemüsebrühe
100 g ger. Parmesan oder
Gratin-Käse

Pro Portion:
E: 23 g, F: 51 g, Kh: 35 g,
kJ: 2928, kcal: 699

1. Kartoffeln schälen, abspülen und abtropfen lassen. Möhren und Pastinaken putzen, schälen, abspülen und abtropfen lassen. Kartoffeln, Möhren und Pastinaken in dünne Scheiben schneiden.
2. Den Backofen vorheizen.
Ober-/Unterhitze: etwa 200 °C
Heißluft: etwa 180 °C
3. Wasser in einem Topf zum Kochen bringen, Salz hinzugeben. Die Kartoffel- und Gemüsescheiben darin nacheinander 2–3 Minuten blanchieren, mit kaltem Wasser abschrecken und in einem Sieb kurz abtropfen lassen.
4. Die Kartoffel- und Gemüsescheiben dachziegelartig in eine flache Auflauf- oder Gratinform (gefettet) schichten. Mit Salz, Pfeffer, Thymian und Rosmarin würzen.
5. Sahne mit Gemüsebrühe verrühren und darauf verteilen. Das Gratin mit Käse bestreuen.
6. Die Form auf dem Rost in den vorgeheizten Backofen (unteres Drittel) schieben.
7. Das Kartoffel-Pastinaken-Gratin etwa 35 Minuten garen.

Schwarzwurzeln, überbacken

4 Portionen

Zubereitungszeit: 50 Minuten
Überbackzeit: 20–25 Minuten

1 kg Schwarzwurzeln
1 l kaltes Wasser
2 gestr. EL Weizenmehl
2 EL Weißweinessig
375 ml Wasser
2 EL Weißweinessig
1 gestr. TL Salz
4–8 Scheiben Rindersaftschinken
(etwa 400 g)

Für die Sauce:
40 g Butter oder Margarine
40 g Weizenmehl
375 ml Gemüsesud
(von den Schwarzwurzeln)
125 ml Milch (3,5 % Fett)
oder 125 g Schlagsahne
Salz, gem. Pfeffer
ger. Muskatnuss
2–3 EL gehackter Dill
50 g frisch ger. mittelalter Gouda

Pro Portion:
E: 32 g, F: 17 g, Kh: 32 g,
kJ: 1845, kcal: 441

1. Die Schwarzwurzeln unter fließendem kalten Wasser abbürsten, schälen, abspülen und abtropfen lassen. Damit die Stangen weiß bleiben, kaltes Wasser mit Mehl und Essig verrühren. Schwarzwurzeln sofort hineinlegen. Stangen abtropfen lassen (dicke Stangen längs halbieren) und in Stücke schneiden.
2. Wasser mit Essig und Salz in einem Topf zum Kochen bringen. Schwarzwurzelstücke hinzugeben, wieder zum Kochen bringen und etwa 10 Minuten kochen lassen. Anschließend mit einer Schaumkelle herausnehmen. Von dem Kochsud 375 ml abmessen.
3. Schwarzwurzelstücke in Schinkenscheiben wickeln und in eine feuerfeste Form (gefettet) legen.
4. Den Backofen vorheizen.
Ober-/Unterhitze: etwa 200 °C
Heißluft: etwa 180 °C
5. Für die Sauce Butter oder Margarine in einem Topf zerlassen. Mehl hinzufügen und unter Rühren so lange erhitzen, bis es hellgelb ist. Gemüsesud, Milch oder Sahne hinzugießen, mit einem Schneebesen durchschlagen. Dabei darauf achten, dass keine Klümpchen entstehen. Die Sauce unter Rühren zum Kochen bringen und etwa 5 Minuten unter gelegentlichem Rühren kochen lassen. Mit Salz, Pfeffer und Muskat würzen, Dill unterrühren. Die Sauce auf den Schwarzwurzeln verteilen und mit Käse bestreuen.
6. Die Form auf dem Rost in den vorgeheizten Backofen schieben. Das Gemüse 20–25 Minuten überbacken.

Schwarzwurzeln, überbacken

Gratiniertes Kalbskotelett

4 Portionen (ohne Foto)

Zubereitungszeit: 20 Minuten
Überbackzeit: etwa 25 Minuten

200 g gegarte Pellkartoffeln
200 g ger. Emmentaler
1 Eigelb (Größe M)
1 Bund Schnittlauch
1 Bund Kerbel
Salz
gem. Pfeffer
4 Kalbskoteletts
(je etwa 200 g)
50 ml Olivenöl

Pro Portion:
E: 46 g, F: 31 g, Kh: 9 g,
kJ: 2073, kcal: 495

1. Kartoffeln pellen und auf einer Haushaltsreibe reiben, mit dem geriebenen Käse vermischen und das Eigelb unterrühren.
2. Schnittlauch und Kerbel abspülen, trocken tupfen. Schnittlauch in feine Röllchen schneiden. Von dem Kerbel die Blättchen von den Stängeln zupfen, Blättchen klein schneiden. Die Kräuter unter die Kartoffel-Käse-Masse rühren, mit Salz und Pfeffer würzen.
3. Den Backofen vorheizen.
Ober-/Unterhitze: etwa 200 °C
Heißluft: etwa 180 °C
4. Die Kalbskoteletts kurz unter fließendem kalten Wasser abspülen und trocken tupfen. Olivenöl in einer großen Pfanne erhitzen. Die Koteletts darin kurz von beiden Seiten anbraten, mit Salz und Pfeffer würzen. Die Koteletts aus der Pfanne nehmen und in eine große, flache Gratinform (gefettet) oder auf ein Backblech (mit Backpapier belegt) legen. Die Kartoffel-Käse-Masse auf den Koteletts verteilen.
5. Die Form auf dem Rost oder das Backblech in den vorgeheizten Backofen schieben. Die Koteletts etwa 25 Minuten goldbraun überbacken.

Gratinierte Nudeln mit Cocktailtomaten

6 Portionen

Zubereitungszeit: 60 Minuten
Backzeit: etwa 45 Minuten

2 Stangen Porree (Lauch)
5 l Wasser
5 gestr. TL Salz
500 g dünne Bandnudeln (Linguine)
250 g Cocktailtomaten
1 gelbe Paprikaschote
1/2 Bund glatte Petersilie

Für den Sahneguss:
3 Eier (Größe M)
200 g Schlagsahne
150 g Crème fraîche
100 ml Gemüsebrühe
100 g ger. mittelalter Gouda
Salz, gem. Pfeffer

Pro Portion:
E: 20 g, F: 30 g, Kh: 64 g,
kJ: 2568, kcal: 615

1. Porree putzen, die Stangen längs halbieren, gründlich waschen, abtropfen lassen und in dicke Streifen schneiden.
2. Wasser in einem großen Topf zugedeckt zum Kochen bringen. Dann Salz und Nudeln hinzugeben. Die Nudeln im geöffneten Topf bei mittlerer Hitze nach Packungsanleitung kochen lassen, dabei gelegentlich umrühren.
3. Die Porreestreifen etwa 3 Minuten vor Ende der Garzeit zu den Nudeln geben und mitgaren lassen.
4. Den Backofen vorheizen.
Ober-/Unterhitze: etwa 200 °C
Heißluft: etwa 180 °C
5. Porree-Nudel-Mischung in ein Sieb geben, mit heißem Wasser abspülen und abtropfen lassen.
6. Tomaten abspülen, abtropfen lassen, halbieren und die Stängelansätze herausschneiden. Paprikaschote halbieren, entstielen, entkernen und die weißen Scheidewände entfernen. Schote abspülen, abtropfen lassen und in Streifen schneiden. Petersilie abspülen und trocken tupfen. Die Blättchen von den Stängeln zupfen. Blättchen klein schneiden.
7. Für den Sahneguss Eier mit Sahne, Crème fraîche und Brühe verschlagen, Käse unterrühren. Mit Salz und Pfeffer würzen.
8. Die Porree-Nudel-Mischung auf einem Backblech (gefettet) oder in einer großen, flachen Auflaufformen (gefettet) verteilen. Tomatenhälften, Paprikastreifen und Petersilie daraufgeben. Den Sahneguss darauf verteilen. Das Backblech oder die Form auf dem Rost in den vorge-

Gratinierte Nudeln mit Cocktailtomaten

Maisgratin

Gratinierte Blattnudeln „Mamma mia"

heizten Backofen schieben. Die Nudeln etwa 45 Minuten backen.
9. Die Nudeln nach etwa 25 Minuten Garzeit mit Backpapier belegen.

Maisgratin

4 Portionen

Zubereitungszeit: 40 Minuten
Garzeit: etwa 40 Minuten

je 1 rote und grüne Paprikaschote
1 Stange Porree (Lauch)
5 Eier (Größe M)
Salz, gem. Pfeffer
Macis (Muskatblüte)
1 EL grob zerstoßener Koriander
5 EL Maisgrieß
550 g abgetropfter Gemüsemais (aus der Dose)
80 g frisch ger. Pecorino

Pro Portion:
E: 24 g, F: 21 g, Kh: 42 g,
kJ: 1992, kcal: 476

1. Den Backofen vorheizen.
Ober-/Unterhitze: etwa 180 °C
Heißluft: etwa 160 °C
2. Die Paprikaschoten halbieren, entstielen, entkernen und die weißen Scheidewände entfernen. Schoten abspülen, trocken tupfen und in Würfel schneiden. Den Porree putzen, die Stange längs halbieren, gründlich waschen, abtropfen lassen und in etwa 1 cm lange Stücke schneiden.
3. Eier verschlagen, mit Salz, Pfeffer, Macis und Koriander würzen. Maisgrieß unterrühren. Mais und Paprikawürfel untermischen.
4. Die Maismasse in einer flachen Auflaufform (gefettet) verteilen und mit Käse bestreuen. Die Form auf dem Rost in den vorgeheizten Backofen schieben. Das Maisgratin etwa 40 Minuten garen.

Gratinierte Blattnudeln „Mamma mia"

4–5 Portionen

Zubereitungszeit: 40 Minuten
Garzeit: 40–45 Minuten

200 g Kohlrabi
200 g Möhren
100 g Porree (Lauch), 1 Zwiebel
50 g Butter oder Margarine
25 g Weizenmehl
250 ml Milch (3,5 % Fett)
Salz, gem. Pfeffer
250 g Lasagneplatten (ohne Vorgaren)
200 g ger. Käse, z. B. Gouda

Pro Portion:
E: 24 g, F: 26 g, Kh: 52 g,
kJ: 2379, kcal: 568

1. Den Backofen vorheizen.
Ober-/Unterhitze: etwa 200 °C
Heißluft: etwa 180 °C
2. Kohlrabi und Möhren putzen, schälen, abspülen und abtropfen lassen. Porree putzen, die Stange längs halbieren, gründlich waschen und abtropfen lassen. Zwiebel abziehen. Kohlrabi, Möhren, Porree und Zwiebel in kleine Würfel schneiden.
3. Butter oder Margarine in einem Topf zerlassen. Die Gemüsewürfel darin evtl. in 2 Portionen unter Rühren andünsten. Mit Mehl bestäuben und unterrühren. Milch hinzugießen, unter Rühren zum Kochen bringen und unter gelegentlichem Rühren zu einer sämigen Sauce einkochen lassen. Mit Salz und Pfeffer würzen.
4. Den Boden einer Auflaufform (gut gefettet) mit einem Drittel der Lasagneplatten auslegen. Die Hälfte der Gemüsesauce daraufgeben und mit einem Drittel des Käses bestreuen. Wieder mit einigen Lasagneplatten belegen. Ein Drittel der restlichen Gemüsesauce darauf verteilen und wieder mit einem Drittel des Käses bestreuen.
5. Restliche Lasagneplatten darauflegen. Restliche Gemüsesauce darauf verteilen. Die Form auf dem Rost in den vorgeheizten Backofen schieben und die Blattnudeln etwa 25 Minuten garen.
6. Die Form aus dem Backofen nehmen, restlichen Käse auf die obers te Schicht streuen. Die Form wieder auf dem Rost in den heißen Backofen schieben und die Blattnudeln bei gleicher Backofentemperatur 15–20 Minuten gratinieren.

Kartoffel-Möhren-Gratin

Gratinierte Nudeln mit Brokkoli

Kartoffel-Möhren-Gratin

4–5 Portionen

Zubereitungszeit: 25 Minuten
Garzeit: etwa 60 Minuten

600 g kleine Kartoffeln
600 g Möhren
Salz, gem. Pfeffer

Für den Guss:
3–4 Stängel Thymian
200 g Schlagsahne
125 ml Milch (3,5 % Fett)
ger. Muskatnuss

100 g ger. mittelalter Gouda

Pro Portion:
E: 11 g, F: 21 g, Kh: 29 g,
kJ: 1524, kcal: 364

1. Kartoffeln schälen, abspülen und abtropfen lassen. Möhren putzen, schälen, abspülen, abtropfen lassen. Kartoffeln und Möhren in dünne Scheiben schneiden oder hobeln.
2. Den Backofen vorheizen.
Ober-/Unterhitze: etwa 200 °C
Heißluft: etwa 180 °C
3. Die Kartoffel- und Möhrenscheiben dachziegelartig in eine Gratin- oder flache Auflaufform (gefettet) schichten, sodass ein Streifenmuster entsteht. Mit Salz und Pfeffer würzen.
4. Für den Guss Thymian abspülen und trocken tupfen. Die Blättchen von den Stängeln zupfen. Einige Blättchen zum Bestreuen beiseitelegen. Sahne mit Milch und Thymianblättchen verrühren. Mit Salz, Pfeffer und Muskat kräftig würzen. Die Sahnemilch auf den Kartoffel- und Möhrenscheiben verteilen. Käse daraufstreuen. Die Form auf dem Rost in den vorgeheizten Backofen schieben. Das Gratin etwa 20 Minuten garen.
5. Danach die Backofentemperatur um 20–30 °C herunterschalten. Das Gratin noch weitere etwa 40 Minuten garen.
6. Das Gratin mit dem beiseitegelegten Thymian bestreut servieren.

Gratinierte Nudeln mit Brokkoli

4 Portionen

Zubereitungszeit: 25 Minuten
Überbackzeit: etwa 10 Minuten

4 l Wasser
4 gestr. TL Salz
400 g Penne (Röhrennudeln)
500 g Brokkoli
Salz
2 Frühlingszwiebeln
2 EL Olivenöl
100 g abgetropfte Oliven, mit Paprika gefüllt
1 EL Kräuter der Provence
gem. Pfeffer
1 abgezogene, zerdrückte Knoblauchzehe
50 g Pinienkerne
2–EL Semmelbrösel
60 g Butter

Pro Portion:
E: 19 g, F: 29 g, Kh: 79 g,
kJ: 2759, kcal: 659

1. Wasser in einem großen Topf zugedeckt zum Kochen bringen. Dann Salz und Nudeln hinzugeben. Die Nudeln im geöffneten Topf bei mittlerer Hitze nach Packungsanleitung bissfest kochen, dabei gelegentlich umrühren. Anschließend die Nudeln in ein Sieb geben, mit heißem Wasser abspülen und abtropfen lassen.
2. Von dem Brokkoli die Blätter entfernen. Brokkoli in Röschen teilen, abspülen und abtropfen lassen. Die Brokkoliröschen in kochendem Salzwasser 6–8 Minuten garen. Anschließend in kaltem Wasser abschrecken und in einem Sieb abtropfen lassen. Frühlingszwiebeln putzen, abspülen, abtropfen lassen und in Scheiben schneiden.
3. Den Backofen vorheizen.
Ober-/Unterhitze: etwa 240 °C
Heißluft: etwa 220 °C
4. Olivenöl in einem großen Topf erhitzen. Die Nudeln, Brokkoliröschen, Frühlingszwiebelscheiben und Oliven darin unter häufigem Schwenken 3–4 Minuten anbraten. Mit Kräutern der Provence, Salz, Pfeffer und Knoblauch würzen.
5. Die Nudel-Gemüse-Mischung in eine Auflaufform (gefettet) geben. Mit Pinienkernen und Semmelbröseln bestreuen. Butter in Flöckchen daraufsetzen. Die Form auf dem Rost in den vorgeheizten Backofen schieben. Die Nudeln etwa 10 Minuten hellbraun überbacken.

Kartoffel-Zucchini-Gratin

4 Portionen

Zubereitungszeit: 40 Minuten, ohne Abkühlzeit
Garzeit: 20–25 Minuten

250 g Kartoffeln
250 g Zucchini
2 Knoblauchzehen
250 g Schlagsahne
Meersalz
gem. Pfeffer
klein geschnittene Estragonblättchen
50 g ger. Emmentaler
20 g Butter

Pro Portion:
E: 7 g, F: 28 g, Kh: 15 g,
kJ: 1467, kcal: 351

1. Die Kartoffeln gründlich waschen, in einem Topf knapp mit Wasser bedeckt, zugedeckt zum Kochen bringen und in 20–25 Minuten gar kochen. Kartoffeln abgießen, abdämpfen und heiß pellen. Die Kartoffeln abkühlen lassen und in Scheiben schneiden.
2. Den Backofen vorheizen.
Ober-/Unterhitze: etwa 220 °C
Heißluft: etwa 200 °C
3. Zucchini abspülen, abtrocknen und die Enden abschneiden. Zucchini in Scheiben schneiden. Kartoffel- und Zucchinischeiben dachziegelartig in eine Gratin- oder flache Auflaufform (gefettet) schichten.
4. Knoblauch abziehen, durch eine Knoblauchpresse geben und mit der Sahne verrühren, mit Salz und Pfeffer würzen. Estragon unterrühren.
5. Die Sahnesauce auf dem Gratin verteilen und mit Käse bestreuen. Butter in Flöckchen daraufsetzen. Die Form auf dem Rost in den vorgeheizten Backofen schieben. Das Gratin 20–25 Minuten garen.

Gefüllte Zucchinitaler mit Polenta

4 Portionen

Zubereitungszeit: 45 Minuten
Überbackzeit: 10–15 Minuten

3 große Zucchini (je etwa 400 g)
1 Schalotte
1 Bund glatte Petersilie
2 EL Olivenöl
100 g Polenta (Maisgrieß)
600 ml Gemüsebrühe
Salz, gem. Pfeffer
120 g ger. Parmesan
Salzwasser
(auf 1 l Wasser 1 TL Salz)

etwas gehobelter Parmesan

Pro Portion:
E: 16 g, F: 17 g, Kh: 24 g,
kJ: 1326, kcal: 316

1. Zucchini abspülen, abtrocknen und die Enden abschneiden. Zucchini leicht schräg in 16 Scheiben (etwa 3 cm dick) schneiden. Jeweils aus den Zucchinischeiben mit einem Teelöffel eine Vertiefung aushöhlen. Ausgehöhltes Fruchtfleisch in kleine Würfel schneiden.
2. Schalotte abziehen und ebenfalls in kleine Würfel schneiden. Petersilie abspülen und trocken tupfen. Die Blättchen von den Stängeln zupfen (einige Blättchen zum Garnieren beiseitelegen). Blättchen klein schneiden.
3. Olivenöl in einem Topf erhitzen, Schalotten- und Zucchiniwürfel darin andünsten. Maisgrieß hinzugeben und unter Rühren etwa 2 Minuten anrösten, Brühe hinzugießen. Die Zutaten zum Kochen bringen und unter Rühren etwa 5 Minuten kochen lassen. Den Topf von der Kochstelle nehmen. Polentamasse mit Salz und Pfeffer würzen. Petersilie und etwas von dem Parmesan unterrühren. Die Polentamasse etwas abkühlen lassen.
4. Den Backofen vorheizen.
Ober-/Unterhitze: etwa 200 °C
Heißluft: etwa 180 °C
5. Salzwasser in einem Topf zum Kochen bringen. Die ausgehöhlten Zucchinischeiben darin etwa 2 Minuten blanchieren. Anschließend in ein Sieb geben, mit kaltem Wasser abschrecken, abtropfen lassen, in eine große, flache Auflaufform (gefettet) legen. Zucchinischeiben mit der Polentamasse füllen. Restlichen Käse daraufstreuen. Die Form auf dem Rost in den vorgeheizten Backofen schieben. Die Zucchinitaler 10–15 Minuten überbacken.
6. Die gefüllten Zucchinitaler mit den beiseitegelegten Petersilienblättchen garnieren und mit Parmesan bestreut servieren.

Kartoffel-Zucchini-Gratin

Gefüllte Zucchinitaler mit Polenta

Gratinierte Cannelloni mit Zucchini-Mett-Füllung

4 Portionen

Zubereitungszeit: 40 Minuten
Garzeit: etwa 40 Minuten

350 g Zucchini
1 Zwiebel, 1 Knoblauchzehe
25 g gemischte TK-Kräuter
400 g Thüringer Mett (gewürztes Schweinemett)
gem. Pfeffer
20–24 Nudelröllchen (Cannelloni ohne Vorgaren, etwa 250 g)
400 g rosé Champignons
1 geh. EL Butter
150 ml Gemüsebrühe
250 ml Milch (3,5 % Fett)
1/2 EL Butter
1 leicht geh. EL Weizenmehl
150 g Schmelzkäse-Zubereitung, z. B. Champignon, oder Kräuter
abgeriebene Schale und Saft von 1/2 Bio-Zitrone (unbehandelt, ungewachst)
evtl. Salz
50 g ger. Parmesan

Pro Portion:
E: 44 g, F: 46 g, Kh: 56 g,
kJ: 3414, kcal: 816

1. Den Backofen vorheizen.
Ober-/Unterhitze: etwa 200 °C
Heißluft: etwa 180 °C
2. Zucchini abspülen, abtrocknen und die Enden abschneiden. Zucchini auf der Küchenreibe grob raspeln. Zwiebel und Knoblauch abziehen, in kleine Würfel schneiden. Zucchiniraspel mit Zwiebel- und Knoblauchwürfeln, Kräutern und Mett gut vermengen. Mit etwas Pfeffer würzen.
3. Die Mett-Zucchini-Masse in die Cannelloni füllen und in eine Auflaufform (leicht gefettet) legen.
4. Für die Sauce Champignons putzen, evtl. kurz abspülen, trocken tupfen und klein schneiden. Butter in einer Pfanne zerlassen. Champignonstücke darin unter Wenden etwa 2 Minuten andünsten. Brühe und Milch hinzugießen.
5. Butter mit Mehl verkneten, in die Sauce rühren und zerlassen, etwa 1 Minute unter Rühren kochen lassen. Schmelzkäse unterrühren und schmelzen lassen. Die Sauce mit Zitronenschale, -saft, Pfeffer und evtl. etwas Salz abschmecken.
6. Die Champignonsauce auf den Cannelloni verteilen und mit Käse bestreuen.
7. Die Form auf dem Rost in den vorgeheizten Backofen schieben. Cannelloni etwa 40 Minuten garen.

Gratinierte Cannelloni mit Zucchini-Mett-Füllung

Gratiniertes Zwiebelpüree mit Lammfleisch

4 Portionen (ohne Foto)

Zubereitungszeit: 25 Minuten
Garzeit: etwa 45 Minuten

800 g Zwiebeln
2 Knoblauchzehen
60 g Butter
600 ml Apfelwein
2 Äpfel
500 g Lammfilet
125 g Butterkäse
250 g Patnareis (Langkornreis)
Salz
gem. Pfeffer
2 getrocknete Chilischoten
gerebelter Thymian

Pro Portion:
E: 40 g, F: 25 g, Kh: 71 g,
kJ: 3116, kcal: 745

1. Zwiebeln und Knoblauch abziehen, in feine Würfel schneiden. Butter in einer großen Pfanne zerlassen, die Zwiebel- und Knoblauchwürfel darin bei schwacher Hitze etwa 12 Minuten glasig dünsten.
2. Mit Apfelwein ablöschen und aufkochen lassen.
3. Äpfel schälen, vierteln, entkernen und in Scheiben schneiden. Lammfilet mit Küchenpapier trocken tupfen und in Stücke schneiden. Käse würfeln.
4. Den Backofen vorheizen.
Ober-/Unterhitze: etwa 180 °C
Heißluft: etwa 160 °C
5. Reis, Lammfleischstücke und Apfelscheiben zu den angedünsteten Zwiebeln geben, zum Kochen bringen und etwa 5 Minuten bei schwacher Hitze kochen lassen.
6. Die Masse in eine Auflaufform (gefettet) füllen. Die Käsewürfel unterheben. Mit Salz, Pfeffer, Chili und Thymian würzen.
7. Die Form auf dem Rost in den vorgeheizten Backofen schieben. Das Zwiebelpüree mit Lammfleisch etwa 45 Minuten garen.

Gefüllte Champignons, gratiniert

Kartoffelgratin

Gefüllte Champignons, gratiniert

4 Portionen

Zubereitungszeit: 40 Minuten
Gratinierzeit: etwa 12 Minuten

12 große Champignons (je etwa 70 g)
1 kleine Zwiebel
1 Knoblauchzehe
1 rote Paprikaschote (etwa 150 g)
1 EL Speiseöl, z. B. Olivenöl
Salz
gem. Pfeffer
Paprikapulver edelsüß
1 gestr. TL Instant-Steinpilz-Hefebrühe (erhältlich im Reformhaus) oder Instant-Gemüsebrühe
150 ml warmes Wasser
100 g Fetakäse (45 % Fett)
2–3 Stängel frischer oder 1/2 TL gerebelter Thymian
1 Ciabatta-Brot (etwa 300 g)

Pro Portion:
E: 19 g, F: 9 g, Kh: 40 g,
kJ: 1286, kcal: 307

1. Champignons putzen, evtl. kurz abspülen und gut trocken tupfen. Die Stiele vorsichtig herausdrehen, Stiele klein würfeln. Zwiebel und Knoblauch abziehen, in kleine Würfel schneiden. Paprikaschote halbieren, entstielen, entkernen und die weißen Scheidewände entfernen. Schote abspülen, abtropfen lassen und ebenfalls klein würfeln.

2. Den Backofen vorheizen.
Ober-/Unterhitze: etwa 200 °C
Heißluft: etwa 180 °C

3. Das Speiseöl in einer Pfanne erhitzen, Zwiebel- und Knoblauchwürfel darin glasig dünsten. Champignonwürfel (von den Stielen) hinzugeben und unter Wenden dünsten, bis die Flüssigkeit ganz verdampft ist. Paprikawürfel hinzufügen. Mit Salz, Pfeffer und Paprika würzen. Brühe in 150 ml warmem Wasser auflösen, hinzugießen und kurz aufkochen lassen. Die Champignon-Paprika-Masse in ein Sieb geben, dabei die Brühe auffangen.

4. Champignonköpfe mit der Öffnung nach oben in eine große, flache Auflaufform (gefettet) setzen. Die aufgefangene Brühe hinzugießen.

5. Fetakäse auf einer Küchenreibe grob raspeln. Thymian abspülen und trocken tupfen. Die Blättchen von den Stängeln zupfen. Käseraspel und Thymianblättchen mit der Champignon-Paprika-Masse vermengen. Die Champignonköpfe damit füllen. Die Form auf den Rost in den vorgeheizten Backofen schieben. Die gefüllten Champignons etwa 12 Minuten gratinieren.

6. Jeweils 3 gefüllte Champignonköpfe mit etwas von dem entstandenen Sud und Ciabatta-Brotscheiben auf Tellern anrichten.

Kartoffelgratin

4 Portionen

Zubereitungszeit: 40 Minuten
Backzeit: 45–55 Minuten

1 Knoblauchzehe
800 g festkochende Kartoffeln
Salz, gem. Pfeffer
ger. Muskatnuss
125 ml Milch (3,5 % Fett)
125 g Schlagsahne
2 EL ger. Parmesan

Pro Portion:
E: 7 g, F: 15 g, Kh: 28 g,
kJ: 1184, kcal: 282

1. Den Backofen vorheizen.
Ober-/Unterhitze: etwa 180 °C
Heißluft: etwa 160 °C

2. Den Knoblauch abziehen, durchschneiden und eine Auflaufform (gefettet) damit ausreiben.

3. Kartoffeln schälen, abspülen, trocken tupfen und in dünne Scheiben schneiden.

4. Die Kartoffelscheiben dachziegelartig in die vorbereitete Form schichten, kräftig mit Salz, Pfeffer und Muskat würzen.

5. Milch mit Sahne verrühren und über die Kartoffelscheiben gießen, mit Parmesan bestreuen. Die Form auf dem Rost in den vorgeheizten Backofen schieben. Das Gratin in 45–55 Minuten goldbraun backen.

Kartoffelgratin mit Blattspinat

Gefüllte Tomaten, überbacken

Kartoffelgratin mit Blattspinat

4 Portionen

Zubereitungszeit: 60 Minuten, ohne Abkühlzeit
Garzeit: etwa 25 Minuten

750 g Kartoffeln
50 g Butter
750 g Blattspinat
50 g durchwachsener Speck
1–2 Zwiebeln, 50 g Butter
Salz, gem. Pfeffer
ger. Muskatnuss
125 ml Fleisch- oder Hühnerbrühe
75 g ger. Käse, z. B. Emmentaler

Pro Portion:
E: 17 g, F: 36 g, Kh: 36 g,
kJ: 2363, kcal: 565

1. Kartoffeln gründlich waschen, in einem Topf knapp mit Wasser bedeckt, zugedeckt zum Kochen bringen und etwa 20 Minuten garen. Kartoffeln abgießen, abdämpfen und heiß pellen. Kartoffeln erkalten lassen und in etwa 1/2 cm dicke Scheiben schneiden. Butter in einer Pfanne zerlassen, Kartoffelscheiben hinzugeben, kurz durchschwenken.
2. Blattspinat verlesen, dicke Blattstiele entfernen. Spinat gründlich waschen und gut abtropfen lassen. Speck in kleine Würfel schneiden und in einer Pfanne ohne Fett auslassen.
3. Den Backofen vorheizen.
Ober-/Unterhitze: etwa 200 °C
Heißluft: etwa 180 °C
4. Zwiebeln abziehen, ebenfalls klein würfeln, zu den Speckwürfeln geben und andünsten. Die Hälfte der Butter und den Spinat hinzufügen, Spinat zusammenfallen lassen. Mit Salz, Pfeffer und Muskat würzen.
5. Abwechselnd Kartoffelscheiben und Spinat in eine Gratinform (gefettet) schichten. Brühe zugießen.
6. Restliche Butter zerlassen, das Gratin damit beträufeln und mit Käse bestreuen. Die Form auf dem Rost in den vorgeheizten Backofen schieben. Das Gratin etwa 25 Minuten garen.

Gefüllte Tomaten, überbacken

6 Portionen

Zubereitungszeit: 65 Minuten
Überbackzeit: etwa 15 Minuten

6 mittelgroße Fleischtomaten
(oder 12 mittelgroße Tomaten)
Salz, gem. Pfeffer

Für die Staudensellerie-Füllung:
100 g Berg- oder Blauschimmelkäse
3 kleine Stangen Staudensellerie
etwas Currypulver

Für die Tunfischfüllung:
150 g abgetropfter Tunfisch
(aus der Dose)
100 g gekochter Reis
(50 g Rohgewicht)
2 mittelgroße rote Zwiebeln
1 Bund Schnittlauch
1–2 EL Olivenöl

50 g geraspelter Emmentaler

Pro Portion:
E: 13 g, F: 18 g, Kh: 9 g,
kJ: 1114, kcal: 266

1. Tomaten abspülen, trocken tupfen und quer halbieren. Die Tomatenhälften aushöhlen und das Tomatenfleisch etwas zerkleinern. Die Tomatenhälften innen mit Salz und Pfeffer bestreuen und in eine flache Auflaufform (gefettet) setzen.
2. Für die Staudensellerie-Füllung Käse fein würfeln und mit der Hälfte des Tomatenfleisches mischen.
3. Sellerie putzen und die harten Außenfäden abziehen. Selleriestangen abspülen, abtropfen lassen, in sehr feine Streifen schneiden und mit der Käse-Tomaten-Mischung vermengen. Mit Salz, Pfeffer und Curry würzen und bergartig in 6 Tomatenhälften füllen.
4. Für die Tunfischfüllung Tunfisch etwas zerzupfen, mit Reis und dem restlichen Tomatenfleisch mischen.
5. Den Backofen vorheizen.
Ober-/Unterhitze: etwa 180 °C
Heißluft: etwa 160 °C
6. Zwiebeln abziehen, halbieren und in Streifen schneiden. Schnittlauch abspülen, trocken tupfen und in feine Röllchen schneiden.
7. Olivenöl in einer Pfanne erhitzen. Die Zwiebelstreifen darin andünsten. Die Tunfisch-Reis-Mischung mit den Zwiebelstreifen und Schnittlauchröllchen vermengen, mit Salz und Pfeffer abschmecken und bergartig in die restlichen Tomatenhälften füllen. Tomaten mit Käse bestreuen. Die Form auf dem Rost in den vorgeheizten Backofen schieben. Tomaten etwa 15 Minuten überbacken.

Käsespätzle
4 Portionen

Zubereitungszeit: 30 Minuten
Backzeit: 15–20 Minuten

5 l Wasser
5 gestr. TL Salz
500 g getrocknete Spätzle
200 g ger. Emmentaler
3 Zwiebeln
50 g Butter
1 EL Schnittlauchröllchen

Pro Portion:
E: 30 g, F: 30 g, Kh: 87 g,
kJ: 3160, kcal: 755

1. Wasser in einem großen Topf zugedeckt zum Kochen bringen. Dann Salz und Spätzle hinzufügen. Die Spätzle im geöffneten Topf nach Packungsanleitung bei mittlerer Hitze kochen, dabei gelegentlich umrühren.
2. Den Backofen vorheizen.
Ober-/Unterhitze: etwa 200 °C
Heißluft: etwa 180 °C
3. Die gegarten Spätzle in ein Sieb geben, mit kaltem Wasser abschrecken und abtropfen lassen. Spätzle abwechselnd mit dem Käse in eine Auflaufform (gefettet) schichten (die oberste Schicht sollte aus Käse bestehen).
4. Die Form auf dem Rost in den vorgeheizten Backofen schieben. Die Käsespätzle 15–20 Minuten backen.
5. Die Zwiebeln abziehen, zuerst in Scheiben schneiden, dann in Ringe teilen. Butter in einer Pfanne zerlassen. Die Zwiebelringe darin unter Rühren goldbraun braten. Die Käsespätzle mit Zwiebelringen und Schnittlauchröllchen bestreut servieren.

Fischgratin
4 Portionen

Zubereitungszeit: 30 Minuten
Garzeit: 15–20 Minuten

180 g Naturreis
750 ml Salzwasser
700 g Brokkoli
Salz
4 Stücke Kabeljaufilets (küchenfertig, etwa 500 g)
Saft von 1 Zitrone
2 Tomaten (etwa 150 g)
1 EL Weizenmehl (Type 1050)
200 ml Gemüsebrühe
150 ml Milch (3,5 % Fett)
2 EL mittelscharfer Senf
gem. weißer Pfeffer
etwas frische Petersilie, Dill und Liebstöckel oder 25 g TK-Kräuter

Pro Portion:
E: 34 g, F: 8 g, Kh: 43 g,
kJ: 1592, kcal: 380

1. Den Reis in kochendes Salzwasser geben, zugedeckt zum Kochen bringen und bei schwacher Hitze etwa 30 Minuten ausquellen lassen.
2. In der Zwischenzeit von dem Brokkoli die Blätter entfernen. Brokkoli abspülen, abtropfen lassen und in kleine Röschen teilen. Brokkolistängel schälen und in Würfel schneiden. Brokkoliröschen und -würfel in einem Topf mit etwas Salzwasser zugedeckt etwa 5 Minuten dünsten. Reis und Brokkoli getrennt in je einem Sieb gut abtropfen lassen.
3. Die Kabeljaufilets kurz unter fließendem kalten Wasser abspülen und trocken tupfen. Filets mit Zitronensaft beträufeln und in Stücke schneiden. Tomaten abspülen, abtrocknen, halbieren und die Stängelansätze herausschneiden. Tomaten in kleine Würfel schneiden.
4. Den Backofen vorheizen.
Ober-/Unterhitze: etwa 200 °C
Heißluft: etwa 180 °C
5. Mehl in einem Topf unter Rühren bei mittlerer Hitze so lange erhitzen, bis es goldgelb ist. Die Brühe und Milch nach und nach hinzugießen und mit einem Schneebesen kräftig durchschlagen. Dabei darauf achten, dass keine Klümpchen entstehen. Die Sauce kurz aufkochen lassen, mit Senf und Pfeffer würzen.
6. Frische Kräuter abspülen und trocken tupfen. Die Blättchen von den Stängeln zupfen, klein schneiden und unter die Sauce rühren.
7. Reis, Kabeljaufiletstücke, Brokkoli und Tomatenwürfel in eine flache Auflaufform (gefettet) schichten. Mit Salz und Pfeffer würzen. Die Sauce darauf verteilen. Die Form auf dem Rost in den vorgeheizten Backofen schieben. Das Gratin 15–20 Minuten garen.

Käsespätzle

Fischgratin

Schweinerückensteaks mit Kräuter-Pilz-Auflage

8–10 Portionen

Zubereitungszeit: 40 Minuten
Garzeit: etwa 20 Minuten

800 g Champignons
3 EL Olivenöl
150 g Zwiebeln
3 Knoblauchzehen
120 g abgetropfte getrocknete Tomaten, in Öl
200 g Katenschinkenwürfel
1 Bund Petersilie
200 g geraspelter Pizzakäse mit Mozzarella
3 EL Semmelbrösel
Salz, gem. Pfeffer
400 ml Wasser
1 Pck. Champignoncremesuppe (für 500 ml Flüssigkeit)
250 g Crème fraîche
10 Schweinerückensteaks (je etwa 170 g)

Pro Portion:
E: 47 g, F: 55 g, Kh: 14 g,
kJ: 3333, kcal: 797

1. Die Champignons putzen, evtl. kurz abspülen, trocken tupfen und in kleine Würfel schneiden. Olivenöl in einer großen Pfanne erhitzen, Pilzwürfel darin unter Rühren andünsten. Zwiebeln und Knoblauch abziehen, fein würfeln, zu den Pilzwürfeln in die Pfanne geben und mitdünsten.
2. Tomaten in Streifen schneiden. Wenn die Flüssigkeit von den Pilzen verdampft ist, Katenschinkenwürfel und Tomatenstreifen hinzugeben und kurz mit andünsten. Die Pilz-Schinken-Masse etwas abkühlen lassen.
3. Den Backofen vorheizen.
Ober-/Unterhitze: etwa 200 °C
Heißluft: etwa 180 °C
4. Petersilie abspülen und trocken tupfen. Die Blättchen von den Stängeln zupfen, Blättchen klein schneiden, mit dem geraspelten Käse und den Semmelbröseln zur Pilz-Schinken-Masse geben und untermischen, mit Salz und Pfeffer würzen.
5. Wasser in einem Topf zum Kochen bringen, Champignoncremesuppe einrühren und kurz aufkochen lassen. Den Topf von der Kochstelle nehmen, die Cremesuppe mit Crème fraîche verrühren.
6. Steaks mit Küchenpapier trocken tupfen, mit Salz und Pfeffer würzen und in eine Fettpfanne legen. Die Pilz-Schinken-Masse auf den Steaks verteilen und die Cremesuppe hinzugießen. Die Fettpfanne in den vorgeheizten Backofen schieben. Die Steaks etwa 20 Minuten überbacken.

Topinambur-Gratin

4 Portionen

Zubereitungszeit: 30 Minuten
Garzeit: etwa 30 Minuten

1 1/4 kg Topinambur
Salz, gem. Pfeffer
1 TL Kümmelsamen
400 g Schlagsahne
3 Eier (Größe M)
200 g ger. Gouda
1 EL gehackte Petersilie

Pro Portion:
E: 25 g, F: 54 g, Kh: 16 g,
kJ: 2742, kcal: 656

1. Topinambur unter fließendem kalten Wasser gründlich abbürsten, abtropfen lassen, evtl. dünn schälen. Topinambur in dünne Scheiben schneiden.
2. Salzwasser in einem großen Topf zum Kochen bringen, die Topinambur-Scheiben darin kurz blanchieren. Anschließend in ein Sieb geben, mit kaltem Wasser abschrecken und gut abtropfen lassen.
3. Den Backofen vorheizen.
Ober-/Unterhitze: etwa 200 °C
Heißluft: etwa 180 °C
4. Die Topinambur-Scheiben in eine große, flache Auflaufform (gefettet) oder 4 feuerfeste, flache Portions-

Schweinerückensteaks mit Kräuter-Pilz-Auflage

Topinambur-Gratin

förmchen (gefettet) geben, mit Salz, Pfeffer und Kümmel würzen.

5. Die Sahne mit den Eiern verschlagen und mit Salz würzen. Die Eiersahne auf den Topinambur-Scheiben verteilen. Den Käse daraufstreuen.

6. Die Form oder Formen auf dem Rost in den vorgeheizten Backofen schieben. Das Gratin etwa 30 Minuten garen.

7. Das Gratin mit Petersilie bestreut servieren.

Kartoffelplätzchen, mit Käse überbacken

Gratinierte Schleifchennudeln

6 Portionen (ohne Foto)

Zubereitungszeit: 40 Minuten
Backzeit: etwa 30 Minuten

3 1/2 l Wasser
3 1/2 gestr. TL Salz
375 g bunte Farfalle (Schleifchennudeln)
150 g mittelalter Gouda oder Edamer
75 g Butter (zimmerwarm)
2 Eier (Größe M)
150 g saure Sahne
100 g Schlagsahne
20 g Weizenmehl
Salz, gem. weißer Pfeffer
ger. Muskatnuss
75 g ger. Gouda
1 EL Schnittlauchröllchen

Pro Portion:
E: 20 g, F: 34 g, Kh: 48 g,
kJ: 2445, kcal: 585

1. Wasser in einem großen Topf zugedeckt zum Kochen bringen. Dann Salz und Nudeln hinzugeben. Die Nudeln im geöffneten Topf bei mittlerer Hitze nach Packungsanleitung bissfest kochen, dabei gelegentlich umrühren.

2. Anschließend die Nudeln in ein Sieb geben, mit heißem Wasser abspülen, abtropfen und etwas abkühlen lassen.

3. Den Backofen vorheizen.
Ober-/Unterhitze: etwa 200 °C
Heißluft: etwa 180 °C

4. In der Zwischenzeit Käse reiben. Die Butter in einer Rührschüssel geschmeidig rühren. Eier, saure Sahne, Schlagsahne und Mehl unterrühren. Die Hälfte des Käses untermischen. Mit Salz, Pfeffer und Muskat pikant würzen. Nudeln untermengen. Die Nudelmasse in einer großen, flachen Gratinform (gefettet) verteilen. Den restlichen Käse daraufstreuen.

5. Die Form auf dem Rost in den vorgeheizten Backofen schieben. Die Nudeln etwa 30 Minuten gratinieren.

6. Die gratinierten Schleifchennudeln mit Schnittlauchröllchen bestreut servieren.

Kartoffelplätzchen, mit Käse überbacken

4 Portionen

Zubereitungszeit: 40 Minuten, ohne Kühlzeit
Überbackzeit: etwa 10 Minuten

750 g Kartoffeln
Salz
100 g Weizenmehl
1 Ei (Größe M)
gem. Pfeffer
ger. Muskatnuss
175 g ger. Parmesan
40 g Semmelbrösel
50 g Butter

Pro Portion:
E: 22 g, F: 30 g, Kh: 52 g,
kJ: 2386, kcal: 570

1. Kartoffeln gründlich waschen, in einem Topf knapp mit Wasser bedeckt, zugedeckt zum Kochen bringen, Salz hinzugeben. Die Kartoffeln 20–25 Minuten garen. Kartoffeln abgießen, abdämpfen, heiß pellen und durch eine Kartoffelpresse in eine Schüssel drücken.

2. Mehl, Ei, Salz, Pfeffer und Muskat hinzugeben, gut unterarbeiten und etwa zwei Drittel des Käses untermischen.

3. Den Backofen vorheizen.
Ober-/Unterhitze: etwa 220 °C
Heißluft: etwa 200 °C

4. Die Kartoffelmasse auf einem Backblech (gefettet) etwa 1/2 cm dick mit dem Messer auftragen. Das Backblech etwa 30 Minuten in den Kühlschrank stellen.

5. Anschließend aus der Kartoffelmasse mit einem Ausstecher (Ø etwa 3 cm) Plätzchen ausstechen.

6. Die Kartoffelreste, die beim Ausstechen übrig geblieben sind, unten in eine feuerfeste Form (gefettet) geben, die Kartoffelplätzchen schuppenförmig darauflegen. Mit dem restlichen Parmesan und Semmelbröseln bestreuen und mit zerlassener Butter übergießen.

7. Die Form auf dem Rost in den vorgeheizten Backofen schieben. Die Kartoffelplätzchen etwa 10 Minuten überbacken, bis eine goldbraune Kruste entstanden ist.

Spaghettigratin mit Hähnchenfilet und Gemüse

Spaghettigratin mit Hähnchenfilet und Gemüse

4–5 Portionen

Zubereitungszeit: 30 Minuten
Garzeit: 40–45 Minuten

2 1/2 l Wasser
2 1/2 gestr. TL Salz
250 g Spaghetti
250 g Zuckerschoten
300 g junge Möhren
Salz
65 g Butterschmalz
500 g Hähnchenbrustfilet
gem. Pfeffer
1 Bund Frühlingszwiebeln

Für den Guss:
1/2 Bund gemischte Kräuter, z. B. Petersilie, Dill, Estragon, Kerbel, Schnittlauch
2–3 Eier (Größe M)
125 g Schlagsahne
100 ml Gemüsebrühe
ger. Muskatnuss

75 g ger. Parmesan
20 g Butter

Pro Portion:
E: 47 g, F: 37 g, Kh: 50 g,
kJ: 3126, kcal: 747

1. Wasser in einem großen Topf zugedeckt zum Kochen bringen. Dann Salz und Spaghetti hinzugeben. Die Spaghetti im geöffneten Topf bei mittlerer Hitze nach Packungsanleitung bissfest kochen, dabei gelegentlich umrühren. Spaghetti in ein Sieb geben, mit heißem Wasser abspülen und abtropfen lassen.
2. Zuckerschoten putzen und die Enden abschneiden, evtl. abfädeln. Zuckerschoten abspülen und abtropfen lassen. Möhren putzen, schälen, abspülen, abtropfen lassen und in Scheiben schneiden. Zuckerschoten in kochendem Salzwasser etwa 5 Minuten blanchieren, mit kaltem Wasser abschrecken und in einem Sieb abtropfen lassen.
3. Den Backofen vorheizen.
Ober-/Unterhitze: etwa 200 °C
Heißluft: etwa 180 °C
4. Die Hälfte des Butterschmalzes in einer Pfanne zerlassen. Die Möhrenscheiben darin etwa 4 Minuten unter mehrmaligem Wenden dünsten und herausnehmen.
5. In der Zwischenzeit Hähnchenbrustfilet kurz unter fließendem kalten Wasser abspülen, trocken tupfen und in Streifen schneiden. Restliches Butterschmalz in der Pfanne zerlassen. Die Fleischstreifen darin portionsweise von allen Seiten anbraten. Mit Salz und Pfeffer würzen.
6. Frühlingszwiebeln putzen, abspülen, abtropfen lassen und in kleine Stücke schneiden. Die vorbereiteten Gemüsezutaten mit den Fleischstreifen und Spaghetti mischen, in eine große, flache Auflaufform (gefettet) geben.
7. Für den Guss Kräuter abspülen und trocken tupfen. Blättchen bzw. Spitzen von den Stängeln zupfen. Blättchen bzw. Spitzen klein schneiden.
8. Eier mit Sahne und Gemüsebrühe verschlagen. Mit Salz, Pfeffer und Muskat würzen, Kräuter unterrühren. Die Eier-Kräuter-Sauce auf dem Gratin verteilen. Mit Parmesan bestreuen und Butter in Flöckchen daraufsetzen.
9. Die Form auf dem Rost in den vorgeheizten Backofen schieben. Das Gratin 40–45 Minuten garen.

Pastinaken-Möhren-Gratin

4 Portionen (ohne Foto)

Zubereitungszeit: 20 Minuten
Garzeit: etwa 50 Minuten

1 kg Pastinaken
600 g Möhren
150 g Joghurt (3,5 % Fett)
4 Eier (Größe M)
250 g Schlagsahne
Salz, gem. Pfeffer
ger. Muskatnuss
1 Bund glatte Petersilie
100 g ger. Gouda
80 g grob gehackte Haselnusskerne

Pro Portion:
E: 24 g, F: 53 g, Kh: 35 g,
kJ: 3102, kcal: 742

1. Den Backofen vorheizen.
Ober-/Unterhitze: etwa 200 °C
Heißluft: etwa 180 °C
2. Pastinaken und Möhren putzen, schälen, abspülen, abtropfen lassen und in Scheiben schneiden. Die Möhren- und Pastinakenscheiben in eine flache Gratinform (Ø etwa 30 cm, gefettet) schichten.
3. Joghurt mit Eiern und Sahne verschlagen, mit Salz, Pfeffer und Mus-

kat kräftig würzen. Die Petersilie abspülen und trocken tupfen, die Blättchen von den Stängeln zupfen. Blättchen sehr klein schneiden und unter die Eier-Joghurt-Sahne rühren.
4. Die Eier-Joghurt-Sahne auf dem eingeschichteten Gemüse verteilen und den Käse daraufgeben. Mit Haselnusskernen bestreuen. Die Form auf dem Rost in den vorgeheizten Backofen schieben. Das Gratin etwa 50 Minuten garen.

Pastinakengratin
4 Portionen

Zubereitungszeit: 30 Minuten
Garzeit: etwa 40 Minuten

1,2 kg Pastinaken
2 Eier (Größe M)
150 g Joghurt (3,5 % Fett)
100 g Magerquark
100 ml Milch (3,5 % Fett)
ger. Muskatnuss
Salz, gem. Pfeffer
120 g ger. Höhlenkäse
1 Bund Frühlingszwiebeln
60 g gehackte Haselnusskerne

Pro Portion:
E: 24 g, F: 25 g, Kh: 34 g,
kJ: 2030, kcal: 486

1. Den Backofen vorheizen.
Ober-/Unterhitze: etwa 180 °C
Heißluft: etwa 160 °C
2. Pastinaken putzen, schälen, abspülen, abtropfen lassen und in etwa 2 mm dicke Scheiben schneiden. Die Pastinakenscheiben in eine runde Gratinform (Ø etwa 30 cm, gefettet) schichten.
3. Eier mit Joghurt, Quark und Milch verschlagen, mit Muskat, Salz und Pfeffer würzen. Die Masse auf den Pastinakenscheiben verteilen und mit Käse bestreuen. Die Form auf dem Rost in den vorgeheizten Backofen schieben und das Gratin etwa 40 Minuten garen.
4. Frühlingszwiebeln putzen, abspülen, abtropfen lassen und in Scheiben schneiden. Die Frühlingszwiebeln und Haselnusskerne etwa 10 Minuten vor Ende der Garzeit auf das Gratin streuen und fertig garen.

Staudenselleriegratin
4 Portionen

Zubereitungszeit: 20 Minuten
Garzeit: etwa 20 Minuten

3 Knoblauchzehen
2 Zwiebeln, 1 EL Butter
125 ml Weißwein
2 Fleischtomaten (etwa 400 g)
Salz, gem. Pfeffer
etwa 600 g Staudensellerie
50 g frisch ger. Parmesan

Pro Portion:
E: 6 g, F: 9 g, Kh: 7 g,
kJ: 662, kcal: 159

1. Den Backofen vorheizen.
Ober-/Unterhitze: etwa 200 °C
Heißluft: etwa 180 °C
2. Knoblauch und Zwiebeln abziehen, in kleine Würfel schneiden. Butter in einem Topf zerlassen, Zwiebel- und Knoblauchwürfel darin weich dünsten lassen, Wein hinzugießen, zum Kochen bringen und etwas einkochen lassen.
3. Tomaten abspülen, abtropfen lassen und die Stängelansätze herausschneiden. Tomaten klein schneiden, zu der Zwiebel-Knoblauch-Masse geben, mit Salz und Pfeffer würzen.
4. Staudensellerie putzen und die harten Außenfäden abziehen. Stangen abspülen, abtropfen lassen und in Stücke schneiden.
5. Selleriestücke in einer Gratinform (gefettet) verteilen und mit der Tomatensauce übergießen. Mit Parmesan bestreuen. Die Form auf dem Rost in den vorgeheizten Backofen schieben. Das Gratin etwa 20 Minuten garen.

Pastinakengratin

Staudenselleriegratin

Polenta, mit Gorgonzola überbacken

4 Portionen

Zubereitungszeit: 35 Minuten
Überbackzeit: etwa 30 Minuten

1 l Wasser
200 ml Milch (3,5 % Fett)
2 gestr. TL Salz
ger. Muskatnuss
300 g Polenta (Maisgrieß)
6 Eier (Größe M)
100 g Butter (zimmerwarm)
250 g Gorgonzola
100 g frisch ger. Parmesan

Pro Portion:
E: 39 g, F: 62 g, Kh: 58 g,
kJ: 3972, kcal: 948

1. Wasser mit Milch, Salz und Muskat in einem Topf zum Kochen bringen. Maisgrieß einstreuen und unter ständigem Rühren bei schwacher Hitze etwa 20 Minuten kochen lassen. Den Topf von der Kochstelle nehmen. Die Eier nach und nach unterrühren.
2. Den Backofen vorheizen.
Ober-/Unterhitze: etwa 180 °C
Heißluft: etwa 160 °C
3. Den Boden einer Auflaufform (gefettet) mit etwas von der Polentamasse bestreichen. Etwas Butter daraufstreichen. Gorgonzola etwas zerkleinern. Jeweils etwas von dem Gorgonzola und Parmesan darauf verteilen. Diesen Vorgang so lange wiederholen, bis alle Zutaten aufgebraucht sind. Die letzte Schicht sollte aus Polenta bestehen. Restliche Butter in Flöckchen darauf verteilen. Die Form auf dem Rost in den vorgeheizten Backofen schieben. Polenta etwa 30 Minuten überbacken.

Gefüllte Kartoffeln mit Paprikakraut

4 Portionen

Zubereitungszeit: 40 Minuten, ohne Abkühlzeit
Überbackzeit: etwa 30 Minuten

8 große festkochende Kartoffeln, z. B. Hansa (je etwa 200 g)
1 Zwiebel
2 EL Speiseöl
430 g Sauerkraut (aus der Dose)
1 TL Paprikapulver edelsüß
Salz, gem. Pfeffer
120 g Fetakäse
1 Bund Schnittlauch

Pro Portion:
E: 15 g, F: 11 g, Kh: 61 g,
kJ: 1767, kcal: 422

1. Kartoffeln gründlich unter fließendem kalten Wasser abbürsten. Kartoffeln in einem Topf knapp mit Wasser bedeckt, zugedeckt zum Kochen bringen und etwa 25 Minuten garen. Die garen Kartoffeln abgießen, mit kaltem Wasser abschrecken, abtropfen und abkühlen lassen.
2. Den Backofen vorheizen.
Ober-/Unterhitze: etwa 180 °C
Heißluft: etwa 160 °C
3. Von den Kartoffeln einen länglichen Deckel abschneiden. Die Kartoffeln mit einem Kugelausstecher oder mit einem Teelöffel so aushöhlen, dass ein etwa 1/2 cm breiter Rand stehen bleibt. Das ausgehöhlte Fruchtfleisch und den Deckel der Kartoffeln grob zerkleinern.
4. Für die Füllung Zwiebel abziehen und in kleine Würfel schneiden. Das Speiseöl in einer Pfanne erhitzen. Zwiebelwürfel darin glasig dünsten. Kartoffelstücke hinzugeben und mit andünsten. Sauerkraut auseinanderzupfen und untermischen. Mit Paprika, Salz und Pfeffer würzen.
5. Den Fetakäse in sehr kleine Würfel schneiden oder fein zerbröseln. Die ausgehöhlten Kartoffeln in eine große, flache Auflaufform (gefettet) legen und mit der Sauerkraut-Kartoffel-Masse füllen. Käsewürfel oder -brösel darauf verteilen. Die Form auf dem Rost in den vorgeheizten Backofen schieben. Die gefüllten Kartoffeln etwa 30 Minuten überbacken.
6. Schnittlauch abspülen, trocken tupfen und in Röllchen schneiden. Die gefüllten Kartoffeln mit Schnittlauchröllchen bestreut servieren.

Polenta, mit Gorgonzola überbacken

Gefüllte Kartoffeln mit Paprikakraut

Spargel-Garnelen-Gratin

Kartoffelgratin mit Schinken

Spargel-Garnelen-Gratin

4 Portionen

Zubereitungszeit: 50 Minuten
Überbackzeit: 2–3 Minuten

750 g weißer Spargel
375 ml Wasser
1 gestr. TL Salz
1 Prise Zucker
40 g Butter
25 g Weizenmehl
250 ml Spargelflüssigkeit
1 Eigelb (Größe M)
1 EL Schlagsahne
Salz
1 Prise Zucker
2 TL Zitronensaft
150 g Garnelen (frisch oder TK)
3 EL ger. Butterkäse oder Emmentaler
1 Bio-Zitrone (unbehandelt, ungewachst)
einige Stängel Dill

Außerdem:
Jakobsmuschelschalen

Pro Portion:
E: 13 g, F: 14 g, Kh: 9 g,
kJ: 938, kcal: 224

1. Den Spargel von oben nach unten schälen. Darauf achten, dass die Schalen vollständig entfernt, die Köpfe aber nicht verletzt werden. Die unteren Enden abschneiden (holzige Stellen vollständig entfernen). Spargel abspülen, abtropfen lassen und in Stücke schneiden.
2. Wasser mit Salz, Zucker und 1 Esslöffel der Butter in einem Topf zum Kochen bringen. Spargelstücke hinzugeben, wieder zum Kochen bringen und 10–15 Minuten garen.
3. Die Spargelstücke vorsichtig mit einem Schaumlöffel herausnehmen und in einem Sieb gut abtropfen lassen. Dicke Spargelstücke längs halbieren. Von der Spargelflüssigkeit 250 ml abmessen.
4. Den Backofengrill vorheizen.
5. Restliche Butter in einem Topf zerlassen. Mehl darin unter Rühren so lange erhitzen, bis es hellgelb ist. Die Spargelflüssigkeit hinzugießen, mit einem Schneebesen gut durchschlagen. Dabei darauf achten, dass keine Klümpchen entstehen. Die Sauce zum Kochen bringen und etwa 5 Minuten bei schwacher Hitze kochen lassen, dabei gelegentlich umrühren.
6. Eigelb und Sahne verschlagen und unter die Sauce rühren (Sauce nicht mehr kochen lassen), mit Salz, Zucker und Zitronensaft abschmecken.
7. Garnelen kurz unter fließendem kalten Wasser abspülen, trocken tupfen und den Darm entfernen (TK-Garnelen vorher nach Packungsanleitung auftauen lassen). Garnelen in die Sauce geben und unterrühren.
8. Spargelstücke in Jakobsmuschelschalen (gefettet) legen. Die Garnelensauce darauf verteilen und mit Käse bestreuen.
9. Die Förmchen auf ein Backblech setzen und unter dem vorgeheizten Grill 2–3 Minuten überbacken, bis der Käse zerlaufen und leicht gebräunt ist.
10. Zitrone heiß abwaschen, abtrocknen und in Scheiben schneiden. Dill abspülen, trocken tupfen und in kleine Zweige zupfen. Spargel-Garnelen-Gratin mit Zitronenscheiben und Dillzweigen garniert servieren.

Kartoffelgratin mit Schinken

4 Portionen

Zubereitungszeit: 45 Minuten
Garzeit: etwa 30 Minuten

500 g gegarte Pellkartoffeln
200 g Kochschinken
2 Eier (Größe M)
200 g Knoblauchquark
20 g Butter

Pro Portion:
E: 23 g, F: 16 g, Kh: 21 g,
kJ: 1424, kcal: 340

1. Kartoffeln pellen und in Scheiben schneiden. Schinken würfeln.
2. Den Backofen vorheizen.
Ober-/Unterhitze: etwa 200 °C
Heißluft: etwa 180 °C
3. Eier trennen. Quark mit Eigelb verrühren. Eiweiß steif schlagen unter den Quark heben.
4. Abwechselnd Kartoffelscheiben, Schinkenwürfel und Quarkcreme in eine Gratinform (gefettet) schichten. Butter in Flöckchen daraufsetzen. Die Form auf dem Rost in den vorgeheizten Backofen schieben. Gratin etwa 30 Minuten garen.

Ravioli-Gratin

Überbackene Käsespätzle

Ravioli-Gratin

4 Portionen

Zubereitungszeit: 25 Minuten
Garzeit: etwa 20 Minuten

300 g Tomaten
1 Zucchini (etwa 300 g)
500 g Ravioli mit Käsefüllung (aus dem Kühlregal)
1 Bund Basilikum
740 g Tomatenpüree mit Knoblauch (Tetrapak)
250 g Schlagsahne
100 g frisch ger. Greyerzer Käse
Salz
gem. Pfeffer

Pro Portion:
E: 28 g, F: 42 g, Kh: 74 g,
kJ: 3315, kcal: 789

1. Die Tomaten abspülen, trocken tupfen, vierteln, entkernen und die Stängelansätze herausschneiden. Zucchini abspülen, abtrocknen und die Enden abschneiden. Zucchini in dünne Scheiben schneiden.
2. Den Backofen vorheizen.
Ober-/Unterhitze: etwa 200 °C
Heißluft: etwa 180 °C
3. Ravioli nach Packungsanleitung zubereiten. Ein Drittel der Ravioli in eine flache Auflaufform (gefettet) geben. Die Hälfte der Tomatenviertel und die Hälfte der Zucchinischeiben darauf verteilen.
4. Basilikum abspülen und trocken tupfen. Die Blättchen von den Stängeln zupfen. Blättchen in feine Streifen schneiden. Tomatenpüree mit den Basilikumstreifen mischen, auf den Tomatenvierteln und Zucchinischeiben verteilen. Wieder ein Drittel der Ravioli daraufgeben, dann die restlichen Tomatenviertel und Zucchinischeiben darauf verteilen. Mit den restlichen Ravioli belegen.
5. Sahne in einem Topf zum Kochen bringen. Die Hälfte des Käses hinzufügen und unter Rühren schmelzen, mit Salz und Pfeffer würzen. Das Gratin mit der Käse-Sahne-Sauce übergießen. Restlichen Käse daraufstreuen. Die Form auf dem Rost in den vorgeheizten Backofen schieben. Ravioli-Gratin etwa 20 Minuten garen.

Überbackene Käsespätzle

4 Portionen

Zubereitungszeit: 45 Minuten, ohne Teigruhezeit
Überbackzeit: 10–15 Minuten

400 g Weizenmehl
4 Eier (Größe M)
1 gestr. TL Salz
125 ml Wasser
4 l Wasser
4 gestr. TL Salz
250 g ger. mittelalter Käse, z. B. Gouda oder Emmentaler
evtl. 300 g Zwiebeln
evtl. 75 g Butter

Pro Portion:
E: 29 g, F: 32 g, Kh: 71 g,
kJ: 2903, kcal: 694

1. Mehl in eine Rührschüssel geben und in die Mitte eine Vertiefung drücken. Eier mit Salz und Wasser verschlagen. Etwas von der Eierflüssigkeit in die Vertiefung gießen und mit einem Mixer (Knethaken) von der Mitte aus mit dem Mehl verrühren. Restliche Eierflüssigkeit nach und nach hinzugießen. Dabei darauf achten, dass keine Klümpchen entstehen.
2. Den Teig so lange rühren, bis er Blasen wirft. Anschließend etwa 15 Minuten ruhen lassen.
3. Den Backofen vorheizen.
Ober-/Unterhitze: etwa 220 °C
Heißluft: etwa 200 °C
4. Wasser in einem großen Topf zum Kochen bringen, Salz hinzugeben. Den Teig portionsweise mit einem Spätzlehobel oder durch eine Spätzlepresse in das kochendes Salzwasser geben.
5. Die Spätzle in 3–5 Minuten gar kochen (die Spätzle sind gar, wenn sie an der Oberfläche schwimmen).
6. Die Spätzle in ein Sieb geben, kurz mit kaltem Wasser abspülen und abtropfen lassen. Spätzle abwechselnd mit dem Käse in eine große, flache Auflaufform (gefettet) schichten (die oberste Schicht soll aus Käse

bestehen). Die Form auf dem Rost in den vorgeheizten Backofen schieben. Die Käsespätzle 10–15 Minuten überbacken.
7. Nach Belieben Zwiebeln abziehen, zuerst in Scheiben schneiden, dann in Ringe teilen.
8. Butter in einer Pfanne zerlassen, Zwiebelringe darin goldbraun braten, herausnehmen und auf den Spätzle verteilen.

Kartoffelgratin mit Champignons

4 Portionen

Zubereitungszeit: 40 Minuten
Backzeit: 45–55 Minuten

1 Knoblauchzehe
650 g festkochende Kartoffeln
150 g Champignons
Salz
gem. Pfeffer
ger. Muskatnuss
125 ml Milch (3,5 % Fett)
125 g Schlagsahne
2 EL ger. Parmesan

Pro Portion:
E: 8 g, F: 16 g, Kh: 23 g,
kJ: 1116, kcal: 266

1. Den Backofen vorheizen.
Ober-/Unterhitze: etwa 180 °C
Heißluft: etwa 160 °C
2. Den Knoblauch abziehen, durchschneiden und eine Auflaufform (gefettet) damit ausreiben.
3. Kartoffeln schälen, abspülen, trocken tupfen und in dünne Scheiben schneiden. Die Champignons putzen, evtl. kurz abspülen, trocken tupfen und in dünne Scheiben schneiden.
4. Die Kartoffelscheiben dachziegelartig abwechselnd mit den Champignonscheiben in die vorbereitete Form schichten, kräftig mit Salz, Pfeffer und Muskat würzen.
5. Milch mit Sahne verrühren und über die Kartoffel-Champignon-Scheiben gießen. Parmesan daraufstreuen. Die Form auf dem Rost in den vorgeheizten Backofen schieben. Das Kartoffelgratin in 45–55 Minuten goldbraun backen.

Pfifferlingsschnitzel, überbacken

4 Portionen

Zubereitungszeit: 35 Minuten
Überbackzeit: 3–4 Minuten

1 kleine Zwiebel
1 EL Butter, 200 g Pfifferlinge
Salz, gem. Pfeffer
1 EL klein geschnittene Petersilie
4 Schweineschnitzel (je etwa 125 g)
Worcestersauce
2 EL Margarine oder Butterschmalz
4 Scheiben mittelalter Gouda

Pro Portion:
E: 39 g, F: 19 g, Kh: 1 g,
kJ: 1386, kcal: 331

1. Zwiebel abziehen und in kleine Würfel schneiden. Butter in einer Pfanne zerlassen, Zwiebelwürfel darin andünsten.
2. Pfifferlinge putzen, evtl. kurz abspülen, trocken tupfen und zu den Zwiebelwürfeln in die Pfanne geben. Mit Salz und Pfeffer würzen. Pfifferlinge etwas 6 Minuten unter gelegentlichem Wenden gar dünsten, Petersilie hinzufügen.
3. Schnitzel mit Küchenpapier trocken tupfen, mit Pfeffer würzen und mit Worcestersauce beträufeln.
4. Den Backofengrill vorheizen.
5. Margarine oder Butterschmalz in einer großen Pfanne zerlassen. Schnitzel darin 8–10 Minuten von beiden Seiten braten, herausnehmen und auf einer vorgewärmten, feuerfesten Platte anrichten.
6. Pfifferlinge auf den Schnitzeln verteilen und mit je 1 Scheibe Käse belegen.
7. Die Platte auf dem Rost unter den vorgeheizten Backofengrill schieben. Die Pfifferlingsschnitzel 3–4 Minuten überbacken.

Tipp: Falls kein Backofengrill vorhanden ist, können Sie die Pfifferlingsschnitzel auch bei Ober-/Unterhitze: etwa 220 °C in 5–10 Minuten überbacken, bis der Käse zerlaufen ist.

Kartoffelgratin mit Champignons

Pfifferlingsschnitzel, überbacken

Überbackenes Kabeljaufilet

4 Portionen

Zubereitungszeit: 45 Minuten
Überbackzeit: 10–12 Minuten

300 g Staudensellerie
Salz
125 g abgetropfter Mozzarella
4 Kabeljaufilets (je etwa 150 g)
gem. Pfeffer
2 EL Speiseöl
240 g stückige Tomaten
(aus der Dose)

Pro Portion:
E: 33 g, F: 10 g, Kh: 3 g,
kJ: 988, kcal: 237

1. Staudensellerie putzen und die harten Außenfäden abziehen. Selleriestangen abspülen, abtropfen lassen und in dünne Scheiben schneiden. Selleriescheiben in kochendem Salzwasser etwa 5 Minuten blanchieren, mit einer Schaumkelle herausnehmen, in ein Sieb geben, mit kaltem Wasser abschrecken und abtropfen lassen.
2. Den Backofen vorheizen.
Ober-/Unterhitze: etwa 200 °C
Heißluft: etwa 180 °C
3. Mozzarella in Würfel schneiden.
4. Die Kabeljaufilets kurz unter fließendem kalten Wasser abspülen, trocken tupfen, mit Salz und Pfeffer würzen. Speiseöl in einer Pfanne erhitzen. Kabeljaufilets darin von beiden Seiten anbraten, herausnehmen und in eine flache, feuerfeste Form (gefettet) geben.
5. Kabeljaufilets mit Selleriescheiben, stückigen Tomaten und Mozzarellawürfeln belegen. Form auf dem Rost in den vorgeheizten Backofen schieben. Kabeljau 10–12 Minuten überbacken (bis der Käse zerlaufen ist bzw. leicht Farbe angenommen hat).

Überbackene Enchiladas

4 Portionen

Zubereitungszeit: 60 Minuten, ohne Ruhezeit
Überbackzeit: etwa 25 Minuten

100 g Maisgrieß
200 g Weizenmehl
1 gestr. TL Salz
200 ml Wasser
200 g Doppelrahm-Frischkäse
250 g Joghurt (3,5 % Fett)
1 Bund Frühlingszwiebeln
250 g Tomaten
1 Bund glatte Petersilie
285 g abgetropfter Gemüsemais
(aus der Dose)
Salz, gem. Pfeffer, Chilipulver
120 g geraspelter Emmentaler

Pro Portion:
E: 31 g, F: 27 g, Kh: 110 g,
kJ: 3573, kcal: 854

1. Maisgrieß, Mehl, Salz und Wasser in einer Rührschüssel zu einem glatten Teig verkneten. Den Teig zugedeckt etwa 30 Minuten ruhen lassen.
2. Den Teig auf einer bemehlten Arbeitsfläche zu einer Rolle formen und in 12 gleich große Portionen teilen. Die Teigportionen je zu einer Kugel formen. Teigkugeln jeweils zwischen einem aufgeschnittenen Gefrierbeutel zu einer runden Platte (Ø etwa 12 cm) ausrollen.
3. Eine große, schwere Pfanne erhitzen. Die Teigplatten nacheinander bei schwacher bis mittlerer Hitze von beiden Seiten backen, bis sich braune Punkte bilden. Tortillas zugedeckt übereinanderstapeln, sie sollen weich bleiben.
4. Den Backofen vorheizen.
Ober-/Unterhitze: etwa 200 °C
Heißluft: etwa 180 °C
5. Frischkäse mit Joghurt verrühren. Frühlingszwiebeln putzen, abspülen, abtropfen lassen und in Stücke schneiden. Die Tomaten abspülen, trocken tupfen, halbieren und die Stängelansätze herausschneiden. Tomatenhälften in Würfel schneiden. Petersilie abspülen und trocken tupfen. Blättchen von den Stängeln zupfen, klein schneiden.
6. Frühlingszwiebelstücke, Mais, Tomatenwürfel und Petersilie unter die

Überbackenes Kabeljaufilet

Überbackene Enchiladas

Ricottaklößchen mit Spinat

Überbackene Brokkolinudeln

Frischkäsemasse heben. Mit Salz, Pfeffer und Chili würzen. Tortillas einzeln auf einer Arbeitsfläche ausbreiten. Je 1 Esslöffel der Frischkäsemasse in die Mitte der Tortillas geben, zusammenklappen und in eine große, flache Auflaufform (gefettet) schichten.

7. Restliche Frischkäsemasse auf den Enchiladas verteilen und mit Käse bestreuen. Die Form auf dem Rost in den vorgeheizten Backofen schieben. Enchiladas etwa 25 Minuten überbacken.

Ricottaklößchen mit Spinat

6 Portionen

Zubereitungszeit: 35 Minuten
Gratinierzeit: 5–10 Minuten

1 kg frischer Blattspinat, Salz
300 g Ricotta (ital. Frischkäse)
1 Ei (Größe M)
50 g ger. Parmesan
ger. Muskatnuss
250 g Béchamelsauce (Tetrapak)
400 g Pizza-Tomaten (aus der Dose)

Pro Portion:
E: 13 g, F: 21 g, Kh: 4 g,
kJ: 1080, kcal: 259

1. Spinat verlesen, dicke Stiele entfernen. Spinat gründlich waschen, abtropfen lassen und in kochendem Salzwasser 1–2 Minuten blanchieren, bis er zusammengefallen ist. Spinat in einem Sieb gut abtropfen lassen, ausdrücken, in eine Schüssel geben.

2. Ricotta, Ei und 30 g des Käses hinzufügen. Die Zutaten zu einem Teig verarbeiten. Mit Salz und Muskat würzen.

3. Den Backofen vorheizen.
Ober-/Unterhitze: etwa 180 °C
Heißluft: etwa 160 °C

4. Aus der Ricotta-Spinat-Masse mit angefeuchteten Händen etwa 24 tischtennisballgroße Klößchen formen und in eine große, flache Gratin- oder Auflaufform (gefettet) geben. Béchamelsauce darauf verteilen, sodass die Klößchen bedeckt sind. Die Pizza-Tomaten in den Zwischenräumen verteilen. Restlichen Käse daraufstreuen.

5. Die Form auf dem Rost in den vorgeheizten Backofen schieben. Die Ricottaklößchen 5–10 Minuten gratinieren, bis sich eine leichte Kruste gebildet hat.

Überbackene Brokkolinudeln

4 Portionen

Zubereitungszeit: 35 Minuten
Überbackzeit: etwa 35 Minuten

2 1/2 l Wasser
2 1/2 gestr. TL Salz
250 g Fettuccine verdi mit Spinat (grüne Bandnudeln)
500 g Brokkoli
125 ml Gemüsebrühe
250 g Schlagsahne
3 Eier (Größe M)
100 g ger. mittelalter Gouda
Salz, ger. Muskatnuss

Pro Portion:
E: 20 g, F: 34 g, Kh: 47 g,
kJ: 2445, kcal: 584

1. Wasser in einem großen Topf zugedeckt zum Kochen bringen. Dann Salz und Nudeln hinzugeben. Die Nudeln im geöffneten Topf bei mittlerer Hitze nach Packungsanleitung kochen lassen, dabei gelegentlich umrühren.

2. Anschließend die Nudeln in ein Sieb geben, mit heißem Wasser abspülen und abtropfen lassen.

3. Den Backofen vorheizen.
Ober-/Unterhitze: etwa 180 °C
Heißluft: etwa 160 °C

4. Von dem Brokkoli die Blätter entfernen. Brokkoli abspülen, abtropfen lassen und in Röschen teilen. Brühe in einem Topf zum Kochen bringen. Brokkoliröschen hinzufügen und etwa 8 Minuten garen. Brokkoliröschen in einem Sieb abtropfen lassen und dabei die Brühe auffangen.

5. Brokkoliröschen mit den Nudeln mischen. Sahne mit Eiern, geriebenem Käse und der aufgefangenen Brühe verschlagen. Mit Salz und Muskat würzen. Zwei Drittel davon unter die Brokkoli-Nudel-Mischung geben und in einer Auflaufform (gefettet) verteilen. Die restliche Eier-Käse-Sahne-Mischung daraufgeben.

6. Die Form auf dem Rost in den vorgeheizten Backofen schieben. Die Brokkolinudeln etwa 35 Minuten überbacken.

Gemüse-Reis-Gratin

Kartoffel-Sellerie-Gratin

Gemüse-Reis-Gratin

8 Portionen

Zubereitungszeit: 40 Minuten, ohne Quellzeit
Überbackzeit: 8–10 Minuten je Form

500 g Naturreis (ungeschälter Reis)
1 1/2 l kochendes Salzwasser
60 g Butter
Salz, gem. Pfeffer
Paprikapulver edelsüß
4–6 Zucchini (etwa 800 g)
2–4 Zwiebeln, 2 Knoblauchzehen
6 EL kalt gepresstes Olivenöl
2 EL italienische Kräutermischung
8 Tomaten
250 g abgetropfter Mozzarella

Pro Portion:
E: 13 g, F: 24 g, Kh: 52 g,
kJ: 2029, kcal: 485

1. Reis in das kochende Salzwasser geben, wieder zum Kochen bringen und etwa 45 Minuten ausquellen lassen. Reis in ein Sieb geben, mit lauwarmem Wasser übergießen und abtropfen lassen.
2. Reis in eine Schüssel geben, die Butter unterrühren. Mit Salz, Pfeffer und Paprika würzen. Den Reis in eine oder 2 große Gratinformen (gefettet) geben und glatt streichen.
3. Zucchini abspülen, abtrocknen und die Enden abschneiden. Zucchini in etwa 1/2 cm dicke Scheiben schneiden. Zwiebeln und Knoblauch abziehen, in kleine Würfel schneiden.
4. Den Backofengrill vorheizen.
5. Olivenöl in einer großen Pfanne erhitzen. Zwiebel- und Knoblauchwürfel darin andünsten. Zucchinischeiben in 2 Portionen hinzufügen und mitdünsten lassen. Mit Salz, Pfeffer und Kräutermischung würzen.
6. Tomaten abspülen, trocken tupfen, halbieren, die Stängelansätze herausschneiden. Tomatenhälften in Scheiben schneiden. Tomatenscheiben dachziegelartig auf den äußeren Reisrand legen. Mit Salz, Pfeffer und Kräutermischung bestreuen.
7. Zucchinischeiben in die Mitte der Gratinform legen. Mozzarella in kleine Stücke schneiden, auf den Tomaten- und Zucchinischeiben verteilen. Die Form bzw. Formen auf dem Rost unter den vorgeheizten Grill schieben. Das Gratin jeweils 8–10 Minuten überbacken, bis der Käse zerläuft.

Kartoffel-Sellerie-Gratin

4 Portionen

Zubereitungszeit: 30 Minuten
Gar- und Gratinierzeit: 28–30 Minuten

250 g Knollensellerie
400 g festkochende Kartoffeln
Salz
125 ml Fleischbrühe
gem. Pfeffer
gerebelter Thymian
75 ml Olivenöl
40 g ger. Parmesan
einige Stängel Thymian

Pro Portion:
E: 6 g, F: 24 g, Kh: 13 g,
kJ: 1202, kcal: 287

1. Den Backofen vorheizen.
Ober-/Unterhitze: etwa 180 °C
Heißluft: etwa 160 °C
2. Sellerie putzen, schälen, abspülen, abtropfen lassen und in Scheiben schneiden. Kartoffeln schälen, abspülen, abtropfen lassen und evtl. mit einem Gemüsehobel in dünne Scheiben hobeln. Kartoffelscheiben in kochendem Salzwasser 2–3 Minuten blanchieren, anschließend mit kaltem Wasser abschrecken und in einem Sieb abtropfen lassen.
3. Kartoffel- und Selleriescheiben abwechselnd fächerartig in eine große, flache Auflaufform (gefettet) schichten. Mit Brühe übergießen, mit Salz, Pfeffer und Thymian würzen, mit Olivenöl beträufeln.
4. Die Form auf dem Rost in den vorgeheizten Backofen schieben. Das Gratin etwa 25 Minuten garen.
5. Die Form aus dem Backofen nehmen. Die Backofentemperatur um etwa 20 °C erhöhen. Die Kartoffel- und Selleriescheiben mit Käse bestreuen. Die Form wieder auf dem Rost in den heißen Backofen schieben. Alles 3–5 Minuten gratinieren.
6. Thymian abspülen, trocken tupfen und in kleine Zweige zupfen. Das Gratin mit den Thymianzweigen garniert servieren.

Kürbisgratin

4 Portionen

Zubereitungszeit: 25 Minuten, ohne Abkühlzeit
Überbackzeit: etwa 35 Minuten

Für das Gratin:
50 g Semmelbrösel
50 g abgezogene, gem. Mandeln
4 EL brauner Zucker (Rohrzucker)
700 g Kürbisfleisch (geputzt, ohne faserigen Innenteil)

Zum Bestreichen und Bestreuen:
50 g Margarine
3 EL brauner Zucker (Rohrzucker)
2 EL Puderzucker
1 EL gehackte Pistazienkerne

Pro Portion:
E: 7 g, F: 22 g, Kh: 49 g,
kJ: 1761, kcal: 421

1. Für das Gratin Semmelbrösel und Mandeln in einer Pfanne ohne Fett unter Rühren goldbraun rösten. Zucker unterrühren. Masse abkühlen lassen.
2. Den Backofen vorheizen.
Ober-/Unterhitze: etwa 200 °C
Heißluft: etwa 180 °C
3. Kürbisfleisch in lange, dünne Scheiben schneiden.
4. Die Semmelbrösel-Mandel-Masse in eine Tarteform (Ø 28 cm, gut gefettet) geben. Die Kürbisscheiben rosettenförmig darauf verteilen.
5. Zum Bestreichen und Bestreuen Margarine zerlassen, die Kürbisscheiben damit bestreichen und mit Zucker bestreuen. Die Form auf dem Rost in den vorgeheizten Backofen schieben. Das Gratin etwa 35 Minuten überbacken.
6. Die Form auf einen Kuchenrost stellen. Das Gratin sofort mit Puderzucker bestäuben und mit Pistazienkernen bestreuen.

Seefischgratin auf dem Gemüsebett

4 Portionen

Zubereitungszeit: 40 Minuten
Garzeit: etwa 15 Minuten

600 g Seelachsfilet
Saft von 1 Zitrone
Salz
gem. Pfeffer
2 EL Delikatess-Senf
125 ml Milch (3,5 % Fett)
125 ml Fischfond
heller Saucenbinder
Zucker
4 Möhren (etwa 400 g)
2 Stangen Porree (Lauch, etwa 300 g)
1/2 Bund glatte Petersilie
2 EL Crème fraîche

Pro Portion:
E: 32 g, F: 15 g, Kh: 13 g,
kJ: 1348, kcal: 323

1. Fischfilet kurz unter fließendem kalten Wasser abspülen und trocken tupfen. Fischfilet in Stücke schneiden und mit Zitronensaft beträufeln. Mit Salz und Pfeffer würzen.
2. Senf, Milch und Fischfond in einem Topf erhitzen, Saucenbinder unterrühren und unter Rühren kurz aufkochen lassen. Mit Salz, Pfeffer und Zucker würzen, Sauce warm stellen.
3. Den Backofen vorheizen.
Ober-/Unterhitze: etwa 220 °C
Heißluft: etwa 200 °C
4. Möhren putzen, schälen, abspülen, abtropfen lassen und in feine Scheiben schneiden. Porree putzen, die Stangen längs halbieren, gründlich waschen, abtropfen lassen und in dünne Streifen schneiden.
5. Zuerst Möhrenscheiben in kochendem Wasser etwa 2 Minuten blanchieren. Dann Porreestreifen hinzugeben und weitere etwa 2 Minuten blanchieren. Möhrenscheiben und Porreestreifen in einem Sieb mit kaltem Wasser abschrecken, abtropfen lassen und in eine längliche Auflaufform (gefettet) geben. Fischfilet auf dem Gemüse verteilen.
6. Petersilie abspülen und trocken tupfen. Die Blättchen von den Stängeln zupfen. Blättchen klein schneiden und unter die warm gestellte Sauce rühren. Das Gratin mit der Sauce übergießen. Crème fraîche auf den Fischfiletstücken verteilen. Die Form auf dem Rost in den vorgeheizten Backofen schieben. Das Gratin etwa 15 Minuten garen.

Kürbisgratin

Seefischgratin auf dem Gemüsebett

Kartoffelnocken, gratiniert

4 Portionen

Zubereitungszeit: 40 Minuten
Überbackzeit: etwa 30 Minuten

750 g mehligkochende Kartoffeln
1/2 gestr. TL Salz
1/2 Bund frische Kräuter,
z. B. Petersilie oder Basilikum
150 g Schmand (Sauerrahm)
Salz, gem. Pfeffer
ger. Muskatnuss
150 g ger. Hartkäse, z. B. Parmesan, Greyerzer, alter Gouda

Pro Portion:
E: 15 g, F: 23 g, Kh: 25 g,
kJ: 1549, kcal: 370

1. Kartoffeln schälen, abspülen und in einem Topf knapp mit Wasser bedeckt, zugedeckt, zum Kochen bringen, Salz hinzugeben. Die Kartoffeln in etwa 20 Minuten gar kochen.
2. In der Zwischenzeit die Kräuter abspülen und trocken tupfen. Die Blättchen von den Stängeln zupfen. Blättchen klein schneiden.
3. Den Backofen vorheizen.
Ober-/Unterhitze: etwa 180 °C
Heißluft: etwa 160 °C
4. Die gegarten Kartoffeln abgießen, gut abdämpfen und durch eine Kartoffelpresse drücken oder mit einem Kartoffelstampfer fein zerdrücken. Kräuter und Schmand kurz unterrühren, die Kartoffelmasse mit Salz, Pfeffer und Muskat würzen.
5. Aus der Kartoffelmasse mit einem großen Löffel Nocken abstechen, diese nebeneinander in eine große, flache Auflaufform (gefettet) setzen. Käse darüberstreuen. Die Form auf dem Rost in den vorgeheizten Backofen schieben. Kartoffelnocken etwa 30 Minuten überbacken.

Frühlingsgratin

4 Portionen

Zubereitungszeit: 30 Minuten
Garzeit: 20–30 Minuten

etwa 1 1/2 kg gemischtes Gemüse, z. B. Kohlrabi, Möhren, Brokkoli, Blumenkohl, grüner und weißer Spargel
1 l Wasser, 1 gestr. TL Salz
1 Knoblauchzehe
200 g Schlagsahne
2 Eier (Größe M)
Salz, gem. Pfeffer
ger. Muskatnuss
100 g ger. Emmentaler
50 g ger. Parmesan

Pro Portion:
E: 21 g, F: 33 g, Kh: 10 g,
kJ: 1793, kcal: 428

1. Den Backofen vorheizen.
Ober-/Unterhitze: etwa 180 °C
Heißluft: etwa 160 °C
2. Kohlrabi und die Möhren putzen, schälen, abspülen, abtropfen lassen. Kleine zarte Kohlrabiblätter beiseitelegen. Kohlrabi in Scheiben, Möhren in Stücke schneiden. Brokkoli und Blumenkohl putzen, abspülen und in kleine Röschen teilen.
3. Den weißen Spargel von oben nach unten schälen, darauf achten, dass die Schalen vollständig entfernt, die Köpfe aber nicht verletzt werden. Die unteren Enden abschneiden (holzige Stellen vollkommen entfernen). Den grünen Spargel im unteren Drittel schälen und die Enden abschneiden. Spargel abspülen, abtropfen lassen und in Stücke schneiden.
4. Wasser in einem Topf zum Kochen bringen, Salz hinzugeben. Das Gemüse darin evtl. in 2 Portionen 2–3 Minuten blanchieren, mit kaltem Wasser abschrecken und in einem Sieb abtropfen lassen. Das Gemüse in eine große, flache Auflaufform (gefettet) schichten.
5. Knoblauch abziehen, durch eine Knoblauchpresse drücken oder fein hacken. Sahne mit Eiern verschlagen. Knoblauch unterrühren, mit Salz, Pfeffer und Muskat würzen. Die Eiersahne auf dem Gemüse verteilen. Beide Käse daraufstreuen.
6. Die Form auf dem Rost in den vorgeheizten Backofen schieben. Das Gratin 20–30 Minuten garen.
7. Die beiseitegelegten Kohlrabiblättchen abspülen, trocken tupfen und klein schneiden. Das Gratin damit bestreuen und servieren.

Kartoffelnocken, gratiniert

Frühlingsgratin

Kohlrabi-Kartoffel-Gratin

Kartoffel-Tunfisch-Gratin

Kohlrabi-Kartoffel-Gratin

4 Portionen

Zubereitungszeit: 25 Minuten
Garzeit: 50–60 Minuten

500–600 g Kohlrabi
500–600 g Kartoffeln
4 Zwiebeln
Salz, gem. Pfeffer
150–200 g ger. Emmentaler
250 ml Milch (3,5 % Fett)
125 g Schlagsahne
2 Eier (Größe M)
Paprikapulver edelsüß
2–3 EL Semmelbrösel
1–2 EL zerlassene Butter

Pro Portion:
E: 24 g, F: 37 g, Kh: 35 g,
kJ: 2374, kcal: 567

1. Kohlrabi putzen, schälen, abspülen und abtropfen lassen. Kartoffeln schälen, abspülen, abtropfen lassen. Zwiebeln abziehen. Kohlrabi, Kartoffeln und Zwiebeln in dünne Scheiben schneiden.
2. Den Backofen vorheizen.
Ober-/Unterhitze: etwa 200 °C
Heißluft: etwa 180 °C
3. Die vorbereiteten Gemüse- und Kartoffelscheiben abwechselnd in eine flache Gratinform (gefettet) schichten (die untere und obere Schicht sollte aus Kartoffelscheiben bestehen). Dabei Kohlrabi- und Kartoffelscheiben mit Salz und Pfeffer würzen und jeweils mit etwas Käse bestreuen.
4. Milch mit Sahne und Eiern verschlagen, mit Salz und Paprika würzen und auf den eingeschichteten Zutaten verteilen.
5. Den restlichen Käse mit Semmelbröseln vermischen und auf das Gratin streuen, die Butter daraufträufeln. Die Form auf dem Rost in den vorgeheizten Backofen schieben. Das Gratin 50–60 Minuten garen.
6. Wenn das Gratin zu dunkel wird, es nach etwa zwei Drittel der Garzeit mit Alufolie zudecken.

Kartoffel-Tunfisch-Gratin

4 Portionen

Zubereitungszeit: 45 Minuten, ohne Abkühlzeit
Garzeit: etwa 30 Minuten

500 g Kartoffeln
150 g Zuckerschoten
Salz
2 Tomaten
300 g abgetropfter Tunfisch im eigenen Saft (aus Dosen)
Saft von 1/2 Zitrone
300 g saure Sahne
gem. weißer Pfeffer
100 g TK-Erbsen
100 g ger. Emmentaler
etwas glatte Petersilie
25 g abgetropfte schwarze Oliven

Pro Portion:
E: 26 g, F: 39 g, Kh: 28 g,
kJ: 2517, kcal: 601

1. Kartoffeln gründlich waschen, in einem Topf knapp mit Wasser bedeckt, zugedeckt zum Kochen bringen und etwa 15 Minuten garen. Kartoffeln abgießen, abdämpfen und heiß pellen. Kartoffeln etwas abkühlen lassen, dann in etwa 1/2 cm dicke Scheiben schneiden.
2. Zuckerschoten putzen und die Enden abschneiden, evtl. abfädeln. Zuckerschoten abspülen, abtropfen lassen und in kochendem Salzwasser 1–2 Minuten blanchieren. Zuckerschoten in eiskaltem Wasser abschrecken und in einem Sieb gut abtropfen lassen.
3. Den Backofen vorheizen.
Ober-/Unterhitze: etwa 200 °C
Heißluft: etwa 180 °C
4. Tomaten abspülen, trocken tupfen, halbieren, entkernen und die Stängelansätze herausschneiden. Tomaten in Spalten schneiden.
5. Kartoffelscheiben in eine Auflaufform (gefettet) schichten. Die einzelnen Lagen mit etwas Salz würzen.
6. Den Tunfisch mit Zitronensaft und saurer Sahne pürieren, mit Salz und Pfeffer kräftig würzen. Die Hälfte der Tunfischsauce auf den Kartoffelscheiben verteilen.
7. Zuckerschoten mit den gefrorenen Erbsen mischen und daraufgeben. Mit restlicher Tunfischsauce übergießen. Tomatenspalten darauf verteilen. Mit Käse bestreuen. Die Form auf dem Rost in den vorgeheizten Backofen schieben und das Gratin etwa 30 Minuten garen.
8. Petersilie abspülen und trocken tupfen. Die Blättchen von den Stängeln zupfen. Die Blättchen in feine Streifen schneiden. Oliven in Ringe schneiden.
9. Kartoffel-Tunfisch-Gratin mit Petersilienstreifen und Olivenringen bestreut sofort servieren.

Kapitel 10

Rezepte 901–1000

Süße Mahlzeiten

Fruchtiger Zwiebackauflauf

Fruchtiger Zwiebackauflauf

4 Portionen

Zubereitungszeit: 25 Minuten
Backzeit: etwa 35 Minuten

2 säuerliche Äpfel, z. B. Elstar
2 EL Zitronensaft
200 g Sauerkirschen
2 EL Zucker
1 Pck. Dr. Oetker Vanillin-Zucker
2 EL Rum-Rosinen
8 Anis-Zwiebäcke
150 g Joghurt (3,5 % Fett)
125 g Schlagsahne
3 Eier (Größe M)
gem. Zimt
Zucker

2 EL gehackte Haselnusskerne
2 EL ger. Schokolade

Pro Portion:
E: 13 g, F: 26 g, Kh: 51 g,
kJ: 2158, kcal: 515

1. Äpfel schälen, vierteln, entkernen, in Scheiben schneiden und mit Zitronensaft beträufeln. Kirschen abspülen, abtropfen lassen, entstielen, entsteinen und zu den Apfelscheiben geben. Mit Zucker und Vanillin-Zucker bestreuen. Die Rum-Rosinen untermischen.
2. Den Backofen vorheizen.
Ober-/Unterhitze: etwa 180 °C
Heißluft: etwa 160 °C
3. Die Hälfte der Zwiebäcke in eine Auflaufform (gefettet) legen. Joghurt mit Sahne und Eiern in einer Schüssel verschlagen. Mit etwas Zimt und Zucker abschmecken. Etwas von der Eiercreme auf den Zwiebäcken verteilen.
4. Die vorbereitete Apfel-Kirsch-Mischung auf die Eiercreme geben. Restliche Zwiebäcke darauflegen und mit der restlichen Eiercreme bestreichen. Die Form auf dem Rost in den vorgeheizten Backofen schieben. Den Auflauf etwa 35 Minuten backen.
5. Den Auflauf mit Nusskernen und Schokolade bestreut servieren.

Auflauf vom Kaiserschmarren

6 Portionen

Zubereitungszeit: 30 Minuten
Backzeit: etwa 35 Minuten

Für den Kaiserschmarren:
150 ml Milch (3,5 % Fett)
2 Eier (Größe M)
1 Pck. Kaiserschmarren nach klassischer Art (Süße Mahlzeit)
25 g Margarine

185 g abgetropfte, entsteinte Pflaumen (aus dem Glas)
125 g Magerquark
40 g Zucker

25 ml Milch (3,5 % Fett)
1 Eigelb (Größe M)
1 Eiweiß (Größe M)
25 g gehobelte Mandeln

Für die Sauce:
125 ml Pflaumensaft (aus dem Glas)
125 ml Apfelsaft
1 geh. TL Speisestärke
etwas gem. Zimt

1 EL Puderzucker

Pro Portion:
E: 11 g, F: 12 g, Kh: 42 g,
kJ: 1332, kcal: 317

1. Für den Kaiserschmarren die Milch mit den Eiern und dem Kaiserschmarrenpulver nach Packungsanleitung verrühren. Margarine in einer Pfanne zerlassen, den Kaiserschmarren nach Packungsanleitung zubereiten.
2. Den Backofen vorheizen.
Ober-/Unterhitze: etwa 200 °C
Heißluft: etwa 180 °C
3. Von den Pflaumen den Saft auffangen und 125 ml Saft abmessen.
4. Den fertigen Kaiserschmarren mit den Pflaumen in eine flache Auflaufform (gefettet) geben.
5. Für den Belag Quark mit Zucker, Milch und Eigelb verrühren. Eiweiß steif schlagen und vorsichtig unter die Quarkmasse ziehen, auf dem Kaiserschmarren verteilen. Den Auflauf mit Mandeln bestreuen. Die Form auf dem Rost in den vorgeheizten Backofen schieben. Den Auflauf etwa 35 Minuten backen.
6. Für die Sauce Pflaumen- und Apfelsaft in einem Topf mit der Speisestärke anrühren und unter ständigem Rühren kurz aufkochen lassen. Die Sauce mit Zimt abschmecken.
7. Den Auflauf nach dem Backen mit Puderzucker bestäuben und mit der Sauce sofort servieren.

Berg und Tal

6 Portionen

Zubereitungszeit: 30 Minuten, ohne Abkühlzeit
Backzeit: etwa 15 Minuten

500 g gemischte Beeren (frisch oder TK)
3 EL Zucker
125 ml Apfelsaft
1 Stange Zimt
1/2 Pck. Dr. Oetker Pudding-Pulver Vanille-Geschmack
50 g Butter oder Margarine
250 g Weizenmehl
25 g Zucker
1 Prise Salz
500 ml Milch (3,5 % Fett)
4 Eier (Größe M)

Zum Bestäuben:
etwas Puderzucker

Pro Portion:
E: 12 g, F: 16 g, Kh: 55 g,
kJ: 1752, kcal: 418

1. Frische Beeren abspülen, abtropfen lassen und entstielen. Frische oder gefrorene Beeren mit Zucker und 100 ml Apfelsaft und in einem Topf verrühren, Zimtstange hinzufügen. Die Beeren unter vorsichtigem Rühren zum Kochen bringen. Das Pudding-Pulver mit restlichem Apfelsaft anrühren.
2. Angerührtes Pudding-Pulver in die von der Kochstelle genommene Beerenmasse rühren und unter vorsichtigem Rühren kurz aufkochen lassen. Das Beerenkompott in eine Schüssel geben und erkalten lassen, Zimtstange entfernen.
3. Den Backofen vorheizen.
Ober-/Unterhitze: etwa 240 °C
Heißluft: etwa 220 °C
4. Butter oder Margarine zerlassen und etwas abkühlen lassen. Mehl, Zucker und Salz in einer großen Rührschüssel mischen. Zerlassene Butter oder Margarine, Milch und Eier hinzugeben. Die Zutaten mit einem Mixer (Rührstäbe) kurz zu einem glatten Teig verrühren. Den Teig in einer Fettpfanne (30 x 40 cm, gefettet) verteilen. Die Fettpfanne in den vorgeheizten Backofen schieben. Das Gebäck in etwa 15 Minuten goldbraun backen. Während der Backzeit die Backofentür nicht öffnen!
5. Die Fettpfanne aus dem Backofen nehmen. Das Gebäck leicht abkühlen lassen, in Portionsstücke schneiden und auf einer Platte anrichten. Die Gebäckstücke mit Puderzucker bestäuben und sofort mit dem Beerenkompott servieren.

Auflauf vom Kaiserschmarren

Berg und Tal

Gefächerter Apfelauflauf

6 Portionen

Zubereitungszeit: 30 Minuten
Backzeit: 50–60 Minuten

1 1/2 kg Äpfel, z. B. Boskop
1–2 EL Zitronensaft
1 EL Wasser
1 heller Biskuitboden (Wiener Boden, etwa 400 g, fertig gekauft)
500 ml Milch (3,5 % Fett)
5 Eier (Größe M), 60 g Zucker
einige Tropfen Bittermandel-Aroma (aus dem Röhrchen)
100 g Amarettini (ital. Mandelmakronen)
100 g gestiftelte Mandeln
40 g Butter

Pro Portion:
E: 12 g, F: 24 g, Kh: 94 g,
kJ: 2709, kcal: 647

1. Äpfel schälen, vierteln, entkernen und in Spalten schneiden. Zitronensaft und Wasser verrühren und unter die Apfelspalten mischen.
2. Den Backofen vorheizen.
Ober-/Unterhitze: etwa 180 °C
Heißluft: etwa 160 °C
3. Danach eine runde Auflaufform (Ø 28–30 cm, gefettet) mit einem Wiener Boden (3 Lagen) auslegen.
4. Milch mit Eiern verschlagen. Zucker und Aroma unterrühren. Amarettini in einen Gefrierbeutel geben, den Beutel fest verschließen. Amarettini mit einer Teigrolle grob zerbröseln.
5. Apfelspalten dachziegelartig auf dem Biskuitboden in der Form verteilen, Mandeln daraufgeben und mit Amarettinibröseln bestreuen. Die Eiermilch darübergießen. Butter in Flöckchen daraufsetzen. Die Form auf dem Rost in den vorgeheizten Backofen schieben. Den Apfelauflauf 50–60 Minuten backen.

Erdbeeren mit Apfel-Zabaione

12 Portionen

Zubereitungszeit: 30 Minuten
Backzeit: etwa 10 Minuten je Form

2 1/2 kg Erdbeeren
4–5 EL Hagelzucker
100 g gehobelte Mandeln
2 helle Biskuitböden (je etwa 200 g)
6 EL Apfelsaft
4 Eier (Größe M)
3 Eigelb (Größe M)
200 g Zucker
375 ml naturtrüber Apfelsaft
6 EL Zitronensaft
einige Minzeblättchen
etwas Puderzucker

Pro Portion:
E: 9 g, F: 11 g, Kh: 58 g,
kJ: 1579, kcal: 378

1. Erdbeeren putzen, abspülen, abtropfen lassen, entstielen und evtl. halbieren (einige Erdbeeren mit Grün beiseitelegen). Erdbeeren mit Hagelzucker und Mandeln mischen.
2. Den Backofen vorheizen.
Ober-/Unterhitze: etwa 200 °C
Heißluft: etwa 180 °C
3. Die Biskuitböden in 2 große Gratinformen (gefettet) legen und mit etwas Apfelsaft beträufeln. Erdbeeren darauf verteilen.
4. Eier, Eigelb, Zucker, Apfel- und Zitronensaft in einem Topf im Wasserbad bei schwacher Hitze schaumig schlagen, bis die Masse dicklich wird (etwa 8 Minuten).
5. Die Sauce auf den Erdbeeren in den Formen verteilen. Die Formen nacheinander (bei Heißluft zusammen) in den vorgeheizten Backofen schieben. Die Erdbeeren mit Apfel-Zabaione etwa 10 Minuten je Form überbacken.
6. Minzeblättchen abspülen und trocken tupfen. Das Gericht mit Puderzucker bestäuben, mit den beiseitegelegten Erdbeeren und Minzeblättchen garnieren.

Gefächerter Apfelauflauf

Erdbeeren mit Apfel-Zabaione

Cannelloni mit Topfenfüllung und Kirschen

Crêpes-Auflauf mit Sauerkirschen

Cannelloni mit Topfenfüllung und Kirschen

4 Portionen

Zubereitungszeit: 25 Minuten
Garzeit: etwa 50 Minuten

500 g Magerquark (Topfen)
2 Eier (Größe M)
3 EL Zucker
1 EL Speisestärke
1 EL Zitronensaft
1 Pck. Dr. Oetker Bourbon-Vanille-Zucker
100 g Rosinen
250 g Cannelloni (ohne Vorgaren)
370 g abgetropfte Sauerkirschen (aus dem Glas)
500 g Joghurt (3,5 % Fett)
150 ml Milch (3,5 % Fett)
2 EL flüssiger Kastanienhonig
2 EL gehobelte Mandeln

Pro Portion:
E: 33 g, F: 25 g, Kh: 66 g,
kJ: 2754, kcal: 657

1. Den Backofen vorheizen.
Ober-/Unterhitze: etwa 180 °C
Heißluft: etwa 160 °C
2. Quark mit Eiern, Zucker, Speisestärke, Zitronensaft und Vanille-Zucker geschmeidig rühren, Rosinen unterheben.
3. Die Quarkmasse in einen Spritzbeutel ohne Tülle geben und in die Cannelloni spritzen. Cannelloni in eine Auflaufform (gefettet) legen. Die Sauerkirschen gleichmäßig daraufgeben.
4. Joghurt mit Milch und Honig verrühren und auf den Cannelloni verteilen. Mit Mandeln bestreuen. Die Form auf dem Rost in den vorgeheizten Backofen schieben. Cannelloni etwa 50 Minuten garen.

Crêpes-Auflauf mit Sauerkirschen

4 Portionen

Zubereitungszeit: 40 Minuten, ohne Ruhezeit
Backzeit: etwa 40 Minuten

Für die Crêpes:
50 g Weizenmehl
1 Prise Salz
1 Ei (Größe M)
125 ml Flüssigkeit (halb Milch, halb Mineralwasser)

20 g Butter zum Backen
50 g Butter (zimmerwarm)
40 g Zucker
4 Eier (Größe M)
125 ml Milch (3,5 % Fett)
125 g Schlagsahne
700 g abgetropfte Sauerkirschen (aus Gläsern)
1 EL Puderzucker

Pro Portion:
E: 13 g, F: 36 g, Kh: 58 g,
kJ: 2635, kcal: 629

1. Für die Crêpes Mehl mit Salz in einer Rührschüssel mischen. Das Ei mit dem Milch-Wasser-Gemisch verschlagen und nach und nach zum Mehl geben. Darauf achten, dass keine Klümpchen entstehen. Teig etwa 1 Stunde ruhen lassen.
2. Etwas Butter in einer Pfanne zerlassen. Den Teig gut durchrühren und eine dünne Teiglage hineingeben. Crêpe von beiden Seiten goldgelb backen. Bevor der Crêpe gewendet wird, wieder etwas Butter in die Pfanne geben. Aus dem restlichen Teig auf die gleiche Weise 3 weitere Crêpes backen.
3. Butter mit Zucker in einer Schüssel verrühren, die Eier nach und nach unterrühren. Milch und Sahne unter Rühren zu der Masse geben. Die Crêpes in Streifen schneiden.
4. Den Backofen vorheizen.
Ober-/Unterhitze: etwa 180 °C
Heißluft: etwa 160 °C
5. Die Kirschen (evtl. einige Kirschen zum Garnieren beiseitelegen) mit den Crêpesstreifen in eine Auflaufform (gefettet) geben, die Milch-Sahne-Masse darauf verteilen.
6. Anschließend die Form auf dem Rost in den vorgeheizten Backofen schieben. Den Auflauf etwa 40 Minuten backen.
7. Evtl. den Auflauf nach etwa 30 Minuten Backzeit mit Backpapier zudecken.
8. Den Auflauf nach Belieben mit den beiseitegelegten Kirschen garnieren, mit Puderzucker bestäuben und sofort servieren.

Kaiserschmarren mit Pinienkernen und Rosinen

Gefüllte Hörnchen

Kaiserschmarren mit Pinienkernen und Rosinen

2 Portionen

Zubereitungszeit: 25 Minuten
Backzeit: etwa 10 Minuten

80 g Weizenmehl
125 ml Milch (3,5 % Fett)
2 Eigelb (Größe L), Salz
2 Eiweiß (Größe L)
1 EL Dr. Oetker Bourbon-Vanille-Zucker
30 g Rosinen
30 g Pinienkerne
2 EL Butter
25 g Puderzucker

Pro Portion:
E: 17 g, F: 33 g, Kh: 62 g,
kJ: 2607, kcal: 623

1. Den Backofen vorheizen.
Ober-/Unterhitze: etwa 180 °C
Heißluft: etwa 160 °C
2. Mehl in eine Rührschüssel geben. Milch, Eigelb und 1 Prise Salz hinzugeben. Die Zutaten zu einem glatten Teig verrühren. Eiweiß mit Vanille-Zucker steif schlagen.
3. Eischnee mit den Rosinen und Pinienkernen unter den Teig heben.
4. Butter in einer großen, feuerfesten Pfanne zerlassen. Den Teig hineingeben und kurz auf der Unterseite backen lassen.
5. Dann die Pfanne auf dem Rost in den vorgeheizten Backofen schieben. Den Kaiserschmarren etwa 10 Minuten backen.
6. Den Kaiserschmarren anschließend mit 2 Gabeln in Stücke zupfen und dick mit Puderzucker bestäuben.

Gefüllte Hörnchen

24 Stück

Zubereitungszeit: 40 Minuten, ohne Teiggeh- und Abkühlzeit
Backzeit: etwa 15 Minuten je Backblech

Für die Füllung:
3 Zwiebäcke
75 g gem. Haselnusskerne
50 g Zucker
1 Pck. Dr. Oetker Vanillin-Zucker
75 ml Milch (3,5 % Fett)

Für den Teig:
1 Pck. Grundmischung Hefeteig (357 g)
1 Ei (Größe M)
50 g Butter oder Margarine
150 ml Milch (3,5 % Fett)
1 Pck. Dr. Oetker Finesse Geriebene Zitronenschale

100 g Puderzucker
1–2 EL Zitronensaft

Pro Stück:
E: 3 g, F: 4 g, Kh: 19 g,
kJ: 539, kcal: 128

1. Für die Füllung die Zwiebäcke reiben und in eine Rührschüssel geben. Die Haselnusskerne, Zucker, Vanillin-Zucker und Milch hinzufügen. Die Zutaten gut verrühren.
2. Für den Teig die Grundmischung nach Packungsanleitung mit Ei, Butter oder Margarine, Milch und Zitronenschale zubereiten. Den Teig zugedeckt so lange an einem warmen Ort gehen lassen, bis er sich sichtbar vergrößert hat (etwa 30 Minuten). Den Teig halbieren. Jeweils eine Teighälfte auf der bemehlten Arbeitsfläche zu einer runden Platte (Ø etwa 30 cm) ausrollen.
3. Die Teigplatten wie eine Torte mit einem Messer in je 12 Stücke einteilen. Auf jedes Stück etwa 1 Teelöffel von der Füllung geben und von der breiten Seite aus zu Hörnchen aufrollen.
4. Die Hörnchen auf Backbleche (mit Backpapier belegt) legen und nochmals zugedeckt so lange an einem warmen Ort gehen lassen, bis sie sich sichtbar vergrößert haben (etwa 25 Minuten).
5. In der Zwischenzeit den Backofen vorheizen.
Ober-/Unterhitze: etwa 200 °C
Heißluft: etwa 180 °C
6. Die Backbleche nacheinander (bei Heißluft zusammen) in den vorgeheizten Backofen schieben. Die Hörnchen etwa 15 Minuten je Backblech backen.
7. Die Hörnchen mit dem Backpapier von den Backblechen auf Kuchenroste ziehen. Hörnchen erkalten lassen.
8. Puderzucker mit Zitronensaft zu einer dickflüssigen Masse verrühren, in ein Pergamentpapiertütchen geben und eine kleine Ecke abschneiden. Die Hörnchen damit verzieren. Guss trocknen lassen.

Kabinettpudding
4 Portionen

Zubereitungszeit: 30 Minuten
Garzeit: etwa 80 Minuten

200 g süßes Weißbrot oder Biskuit
80 g Rosinen
200 g Schlagsahne
200 ml Milch (3,5 % Fett)
6 Eier (Größe M)
2 EL Zucker
1 Pck. Dr. Oetker Vanillin-Zucker
1 1/2 EL brauner Rum
evtl. 2 EL geröstete, gehobelte Mandeln

Pro Portion:
E: 19 g, F: 35 g, Kh: 66 g,
kJ: 2828, kcal: 675

1. Den Backofen vorheizen.
Ober-/Unterhitze: etwa 180 °C
Heißluft: etwa 160 °C
2. Weißbrot oder Biskuit in kleine Würfel schneiden und mit Rosinen vermischen.
3. Sahne, Milch und Eier verschlagen, mit Zucker, Vanillin-Zucker und Rum würzen.
4. Die Brot-Rosinen-Mischung unter die Eier-Milch-Masse rühren, in eine kleine rechteckige Backform (gefettet) geben und in eine Fettpfanne setzen. Die Fettpfanne in den vorgeheizten Backofen schieben und die Fettpfanne zur Hälfte mit Wasser füllen. Den Kabinettpudding in dem Wasserbad (80–90 °C Wassertemperatur) etwa 80 Minuten stocken lassen.
5. Den Pudding aus der Form stürzen, in Scheiben schneiden und evtl. mit Mandeln bestreut servieren.

Mandelfladen
8 Stück

Zubereitungszeit: 30 Minuten, ohne Abkühlzeit
Backzeit: 20–25 Minuten je Backblech

Für den Brandteig:
125 ml Wasser
30 g Butter oder Margarine
80 g Weizenmehl
2–3 Eier (Größe M)

Für den Belag:
5 EL Schlagsahne
50 g Butter
50 g Zucker
100 g gestiftelte Mandeln
50 g Früchtemix

Pro Stück:
E: 5 g, F: 19 g, Kh: 15 g,
kJ: 1039, kcal: 248

1. Für den Teig Wasser mit Butter oder Margarine am besten in einem Stieltopf zum Kochen bringen. Mehl auf einmal in die von der Kochstelle genommene Flüssigkeit geben, zu einem glatten Kloß rühren und unter Rühren etwa 1 Minute erhitzen.
2. Den heißen Kloß sofort in eine Rührschüssel geben. Nach und nach Eier mit einem Mixer (Knethaken) auf höchster Stufe unterarbeiten, die Eiermenge hängt von der Beschaffenheit des Teiges ab, er muss stark glänzen und so von einem Löffel abreißen, dass lange Spitzen hängen bleiben. Teig abkühlen lassen.
3. Den Backofen vorheizen.
Ober-/Unterhitze: etwa 200 °C
Heißluft: etwa 180 °C
4. Zwei Backbleche mit Backpapier belegen. Jeweils 4 Kreise (Ø etwa 10 cm) aufzeichnen. Den Teig mit einem angefeuchteten Teelöffel so in den Kreisen verstreichen, dass der Rand etwas dicker ist.
5. Für den Belag Sahne, Butter, Zucker und Mandeln in einem Topf unter Rühren zum Kochen bringen und unter Rühren etwa 1 Minute kochen lassen. Den Topf von der Kochstelle nehmen, Mandelmasse etwas abkühlen lassen. Früchtemix unterrühren. Die Mandel-Früchtemix-Masse auf den Teigfladen verteilen. Die Backbleche nacheinander (bei Heißluft zusammen) in den vorgeheizten Backofen schieben. Mandelfladen 20–25 Minuten je Backblech backen.
6. Die Mandelfladen mit dem Backpapier von den Backblechen auf Kuchenroste ziehen. Mandelfladen erkalten lassen.

Kabinettpudding

Mandelfladen

Moderner Scheiterhaufen

4 Portionen

Zubereitungszeit: 30 Minuten
Backzeit: etwa 30 Minuten

500 g Kirschgrütze (aus dem Kühlregal)
250 g Mascarpone (ital. Frischkäse)
3 Eier (Größe M)
100 ml Milch (3,5 % Fett)
75 g Zucker
1 Pck. Dr. Oetker Finesse Orangenschalen-Aroma
8–10 Scheiben Baguette
1 Pck. Saucen-Pulver Vanille-Geschmack zum Kochen
40 g Kokosraspel

Pro Portion:
E: 13 g, F: 39 g, Kh: 55 g,
kJ: 2683, kcal: 641

1. Kirschgrütze in eine flache Auflaufform (gefettet) geben. Die Hälfte des Mascarpone mit 1 Ei, Milch, Zucker und Aroma gut verrühren.
2. Den Backofen vorheizen.
Ober-/Unterhitze: etwa 200 °C
Heißluft: etwa 180 °C
3. Die Baguettescheiben kurz durch die Mascarpone-Milch-Mischung ziehen und nebeneinander auf die Kirschgrütze legen.
4. Saucen-Pulver mit dem restlichen Mascarpone verrühren. Restliche Eier verschlagen und mit der restlichen Mascarpone-Milch-Mischung unter die Mascarpone-Saucen-Mischung rühren. Die Masse auf den Baguettescheiben verteilen und mit Kokosraspeln bestreuen.
5. Die Form auf dem Rost in den vorgeheizten Backofen schieben. Das Gericht etwa 30 Minuten backen.

Maracuja-Quark-Strudel

4–6 Portionen

Zubereitungszeit: 20 Minuten
Backzeit: etwa 25 Minuten

1/2 Bio-Zitrone (unbehandelt, ungewachst)
50 g Butter oder Margarine (zimmerwarm)
40 g Zucker
1 Ei (Größe M)
1 Eigelb (Größe M)
250 g Magerquark
50 ml Maracujanektar
2 Vollkorn- oder Kokos-Zwiebäcke
100 g fertiger Strudelteig (Kühlregal oder TK)
2 EL gehobelte Mandeln

Pro Portion:
E: 12 g, F: 15 g, Kh: 26 g,
kJ: 1240, kcal: 296

1. Zitrone heiß abwaschen, abtrocknen, die Schale abreiben und den Saft auspressen.
2. Den Backofen vorheizen.
Ober-/Unterhitze: etwa 180 °C
Heißluft: etwa 160 °C
3. 40 g der Butter oder Margarine, Zucker und Zitronenschale in einer Rührschüssel mit einem Schneebesen sehr cremig rühren. Ei und Eigelb gut unterrühren.
4. Quark, Zitronensaft und Maracujanektar hinzugeben und unterrühren. Zwiebäcke in einen Gefrierbeutel geben, Beutel fest verschließen. Zwiebäcke mit einer Teigrolle fein zerbröseln und unter die Quarkmasse heben.
5. Ein Backblech (30 x 40 cm, mit Backpapier belegt) mit dem Strudelteig (TK-Strudelteig vorher auftauen lassen) auslegen. Die Maracuja-Quark-Masse darauf verteilen, dabei rundherum einen etwa 3 cm breiten Rand frei lassen. Die Teigränder über die Quarkmasse schlagen. Den Teig von der längeren Seite aus aufrollen.
6. Restliche Butter oder Margarine zerlassen. Den Strudel damit bestreichen, mit Mandeln bestreuen.
7. Das Backblech in den vorgeheizten Backofen schieben. Den Strudel etwa 25 Minuten backen.
8. Den Strudel mit dem Backpapier vom Backblech auf einen Kuchenrost ziehen. Den Strudel leicht abkühlen lassen, in 4–6 Stücke schneiden und servieren.

Moderner Scheiterhaufen

Maracuja-Quark-Strudel

Heidelbeermuffins

Mohr im Hemd

Heidelbeermuffins
12 Stück

Zubereitungszeit: 30 Minuten
Backzeit: etwa 30 Minuten

250 g frische oder
200 g TK-Heidelbeeren

Für den All-in-Teig:
300 g Weizenmehl
3 gestr. TL Dr. Oetker Backin
140 g Zucker
1 Pck. Dr. Oetker Bourbon-Vanille-Zucker
1 Prise Salz
1 Ei (Größe M)
250 ml Milch (3,5 % Fett)
4 EL (etwa 50 ml) geschmacksneutrales Speiseöl, z. B. Rapsöl

Außerdem:
12 Muffin-Papierbackförmchen

Pro Stück:
E: 4 g, F: 6 g, Kh: 33 g,
kJ: 837, kcal: 200

1. Den Backofen vorheizen.
Ober-/Unterhitze: etwa 180 °C
Heißluft: etwa 160 °C
2. Frische Heidelbeeren verlesen, abspülen, sehr gut abtropfen lassen, mit Küchenpapier trocken tupfen.
3. Für den Teig Mehl mit Backpulver in einer Rührschüssel mischen. Zucker, Vanille-Zucker, Salz, Ei, Milch und Speiseöl hinzufügen. Die Zutaten mit einem Mixer (Knethaken) zunächst kurz auf niedrigster, dann auf höchster Stufe in etwa 2 Minuten zu einem glatten Teig verarbeiten. Heidelbeeren (TK-Heidelbeeren unaufgetaut) vorsichtig mit einem Teigschaber unterheben (nicht zu stark rühren, die Früchte färben sonst den Teig lila).
4. Den Teig in eine Muffinform (für 12 Muffins, mit Papierbackförmchen ausgelegt) füllen. Die Form auf dem Rost in den vorgeheizten Backofen schieben. Die Muffins etwa 30 Minuten backen.
5. Die Form auf einen Kuchenrost stellen. Die Muffins etwa 10 Minuten in der Form stehen lassen, dann jeweils aus der Form heben (evtl. vorsichtig mithilfe eines Messers herausheben) und auf einem Kuchenrost erkalten lassen.

Mohr im Hemd
4 Portionen

Zubereitungszeit: 45 Minuten
Backzeit: 20–30 Minuten

80 g Butter (zimmerwarm)
4 Eigelb (Größe M)
60 g Zucker
70 g geröstete, ganze Mandeln
Mark von 1 Vanilleschote
80 g Zartbitter-Schokolade
4 Eiweiß (Größe M)
20 g Zucker
etwas Zucker
200 g Schlagsahne (mind. 30 % Fett)

Außerdem:
4 Förmchen (Ø 8 cm, 250 ml Inhalt)

Pro Portion:
E: 13 g, F: 53 g, Kh: 33 g,
kJ: 2880, kcal: 688

1. Butter und Eigelb in einer Rührschüssel mit einem Mixer (Rührstäbe) schaumig schlagen. Zucker hinzugeben und so lange weiterschlagen, bis der Zucker gelöst ist.
2. Den Backofen vorheizen.
Ober-/Unterhitze: etwa 200 °C
Heißluft: etwa 180 °C
3. Mandeln fein mahlen und mit dem Vanillemark zu der Butter-Eigelb-Masse geben.
4. Schokolade in Stücke brechen, in einem kleinen Topf im Wasserbad bei schwacher Hitze unter Rühren schmelzen. Schokolade unter die Butter-Eigelb-Masse unterrühren.
5. Eiweiß steif schlagen. Den Zucker kurz unterschlagen. Ein Drittel des Eischnees unter die Schokoladenmasse rühren. Restlichen Eischnee vorsichtig unterheben.
6. Vier Förmchen (gefettet) mit etwas Zucker ausstreuen. Die Schokoladencreme in die Förmchen (die Förmchen dürfen nur bis zu zwei Drittel gefüllt sein) füllen.
7. Die Förmchen in eine Auflaufform setzen. So viel Wasser hinzugießen, dass die Form bis zu einem Drittel im Wasser steht. Die Form auf dem Rost in den vorgeheizten Backofen schieben. Die Küchlein 20–30 Minuten backen.
8. In der Zwischenzeit Sahne steif schlagen. Die Küchlein jeweils auf einen Teller stürzen, mit der Sahne anrichten und sofort servieren.

Quarkcreme-Auflauf mit Sauerkirschen

Quarkcreme-Auflauf mit Sauerkirschen

(Römertopf® 4-Liter-Inhalt)
4 Portionen

Zubereitungszeit: 35 Minuten
Garzeit: etwa 45 Minuten

700 g abgetropfte Sauerkirschen (aus Gläsern)
1 Pck. Dr. Oetker Pudding-Pulver Vanille-Geschmack
125 g Zucker
250 ml Milch (3,5 % Fett)
2 Eigelb (Größe M)
2 Tropfen Zitronen-Aroma (aus dem Röhrchen)
500 g Magerquark
2 Eiweiß (Größe M)
500 ml Kirschsaft (aus den Gläsern, mit Rotwein aufgefüllt)
20 g Speisestärke
15 g Zucker

Pro Portion:
E: 23 g, F: 6 g, Kh: 94 g,
kJ: 2434, kcal: 580

1. Von den Sauerkirschen den Saft auffangen.
2. Pudding-Pulver mit 80 g des Zuckers, der Hälfte der Milch und dem Eigelb anrühren. Restliche Milch in einem Topf zum Kochen bringen. Angerührtes Pudding-Pulver in die von der Kochstelle genommene Milch rühren und unter Rühren einmal aufkochen lassen.
3. Zitronen-Aroma und Quark unterrühren. Eiweiß steif schlagen, nach und nach restlichen Zucker unterschlagen. Den Eischnee unter den Pudding heben.
4. Die Kirschen in einen gewässerten Römertopf® geben. Die Puddingmasse darauf verteilen und glatt streichen. Den Römertopf® mit dem Deckel verschließen und auf dem Rost in den kalten Backofen schieben.
Ober-/Unterhitze: etwa 200 °C
Heißluft: etwa 180 °C
5. Auflauf etwa 45 Minuten garen.
6. Den aufgefangenen Kirschsaft mit Rotwein auf 500 ml auffüllen. Die Speisestärke mit dem Zucker und 2 Esslöffeln von dem Kirsch-Rotwein-Saft anrühren. Den restlichen Kirsch-Rotwein-Saft in einem kleinen Topf zum Kochen bringen. Angerührte Speisestärke in den von der Kochstelle genommenen Saft rühren und unter Rühren aufkochen lassen. Die Sauce heiß zu dem Auflauf reichen.

Mohn-Topfen-Auflauf
4 Portionen (ohne Foto)

Zubereitungszeit: 25 Minuten
Backzeit: 40–45 Minuten

5 Eigelb (Größe M)
70 g Zucker
750 g Magerquark (Topfen)
1 Pck. Dr. Oetker Vanillin-Zucker
250 g backfertige Mohnfüllung
5 Eiweiß (Größe M)
1/2 EL Zitronensaft
2 EL Zucker
480 g abgetropfte Aprikosenhälften (aus der Dose)

Zum Bestäuben:
etwas Puderzucker

Pro Portion:
E: 38 g, F: 21 g, Kh: 88 g,
kJ: 2938, kcal: 701

1. Den Backofen vorheizen.
Ober-/Unterhitze: etwa 180 °C
Heißluft: etwa 160 °C
2. Eigelb und Zucker in einer Rührschüssel mit einem Mixer (Rührstäbe) schaumig rühren. Den Quark, Vanillin-Zucker und Mohnfüllung vorsichtig unterheben.
3. Eiweiß mit Zitronensaft mit dem Mixer (Rührstäbe) sehr steif schlagen, Zucker unterschlagen. Den Eischnee vorsichtig unter die Quark-Mohn-Masse heben.
4. Aprikosenhälften in einer Auflaufform (gefettet) verteilen. Die Quark-Mohn-Masse daraufgeben und glatt streichen. Die Form auf dem Rost in den vorgeheizten Backofen schieben und den Auflauf in 40–45 Minuten goldbraun backen.
5. Den Auflauf mit Puderzucker bestäubt servieren.

Nektarinen-Johannisbeer-Crumble

(Römertopf® 3-Liter-Inhalt)
4 Portionen

Zubereitungszeit: 25 Minuten
Garzeit: etwa 40 Minuten

150 g rote und schwarze Johannisbeeren
3–4 Nektarinen (etwa 550 g)
100 g Zucker
70 g kernige Haferflocken
70 g Weizenmehl
1/2 TL gem. Zimt
1 Prise Salz
70 g Butter

Pro Portion:
E: 6 g, F: 16 g, Kh: 68 g,
kJ: 1910, kcal: 456

1. Johannisbeeren und Nektarinen abspülen und gut abtropfen lassen. Johannisbeeren von den Rispen streifen. Nektarinen halbieren, entsteinen und in Spalten schneiden.
2. Johannisbeeren, Nektarinenspalten und 50 g Zucker in einen gewässerten Römertopf® geben und vermischen. Den restlichen Zucker mit Haferflocken, Mehl, Zimt, Salz und Butter zu einer krümeligen Masse verkneten und auf den Früchten verteilen.
3. Den Römertopf® mit dem Deckel verschließen und auf dem Rost in den kalten Backofen schieben.
Ober-/Unterhitze: etwa 200 °C
Heißluft: etwa 180 °C
4. Crumble etwa 40 Minuten garen.
5. Nach etwa 25 Minuten Garzeit den Deckel vom Römertopf® nehmen und den Nektarinen-Johannisbeer-Crumble ohne Deckel fertig garen.

Orangen-Mandel-Auflauf

4 Portionen

Zubereitungszeit: 25 Minuten
Garzeit: etwa 25 Minuten

900 g Orangen (etwa 4 Stück)
2 Eier (Größe M)
375 g Speisequark (40 % Fett)
50 g Zucker
1 Pck. Dr. Oetker Bourbon-Vanille-Zucker
1 EL Weichweizengrieß
100 g Zwieback
3 EL gehobelte Mandeln

Pro Portion:
E: 20 g, F: 23 g, Kh: 53 g,
kJ: 2143, kcal: 512

1. Orangen so dick schälen, dass die weiße Haut mitentfernt wird. Orangenfilets mit einem scharfen Messer zwischen den Trennhäuten herausschneiden, dabei den Saft auffangen. Die Trennhäute ausdrücken und ebenfalls den Saft auffangen.
2. Den Backofen vorheizen.
Ober-/Unterhitze: etwa 200 °C
Heißluft: etwa 180 °C
3. Eier mit Quark, aufgefangenem Orangensaft, Zucker und Vanille-Zucker verrühren. Weichweizengrieß gut unterrühren.
4. Eine große, flache Auflaufform (gefettet) mit etwa der Hälfte der Zwiebäcke auslegen. Die Hälfte der Quark-Grieß-Creme und die Hälfte der Orangenfilets darauf verteilen, mit den restlichen Zwiebäcken belegen. Restliche Creme und Orangenfilets darauf verteilen. Die Mandeln daraufstreuen.
5. Die Form auf dem Rost in den vorgeheizten Backofen schieben. Den Orangen-Mandel-Auflauf etwa 25 Minuten garen.
6. Die Form auf einen Kuchenrost stellen. Orangen-Mandel-Auflauf etwa 5 Minuten in der Form ruhen lassen, in Schälchen anrichten und servieren.

Karamellauflauf „Schweizer Art"

4 Portionen (ohne Foto)

Zubereitungszeit: 20 Minuten, ohne Abkühlzeit
Garzeit: etwa 50 Minuten

100 g feinster Zucker
400 g Schlagsahne
6 Eigelb (Größe M)
6 Eiweiß (Größe M)
8 Birnenhälften, geschält oder blanchiert (aus der Dose)
100 g Biskuitwürfel

Pro Portion:
E: 16 g, F: 44 g, Kh: 64 g,
kJ: 3073, kcal: 735

1. Den Backofen vorheizen.
Ober-/Unterhitze: etwa 180 °C
Heißluft: etwa 160 °C
2. Zucker in einem Topf bei schwacher Hitze karamellisieren. Sahne hinzugießen, zum Kochen bringen und unter Rühren so lange kochen lassen, bis der Karamell gelöst ist. Den Topf von der Kochstelle nehmen, die Karamellsahne abkühlen lassen.
3. Mit Eigelb verrühren. Eiweiß steif schlagen und unterheben.
4. Die Birnenhälften fächerartig einschneiden und mit den Biskuitwürfeln in eine Auflaufform (gefettet) geben. Die Karamellsahne darauf verteilen. Die Form auf dem Rost in den vorgeheizten Backofen schieben. Auflauf etwa 50 Minuten garen.

Nektarinen-Johannisbeer-Crumble

Orangen-Mandel-Auflauf

Grießauflauf mit Obst
6 Portionen

Zubereitungszeit: 15 Minuten
Garzeit: etwa 35 Minuten

500 ml Milch (3,5 % Fett), Salz
125 g Weichweizengrieß
1 Pck. Dr. Oetker Pudding-Pulver Vanille-Geschmack
75 g Butter, 60 g Zucker
1 Pck. Dr. Oetker Vanillin-Zucker
3 Eier (Größe M)
1 gestr. TL Dr. Oetker Backin
500 g abgetropfte Mirabellen (aus dem Glas)
1 EL Puderzucker

Pro Portion:
E: 10 g, F: 20 g, Kh: 55 g,
kJ: 1865, kcal: 445

1. Den Backofen vorheizen.
Ober-/Unterhitze: etwa 180 °C
Heißluft: etwa 160 °C
2. Von der Milch 3 Esslöffel abnehmen und beiseitestellen. Restliche Milch mit Salz in einem Topf zum Kochen bringen.
3. Grieß in die von der Kochstelle genommene Milch rühren und zum Quellen stehen lassen. Das Pudding-Pulver mit der beiseitegestellten Milch anrühren.
4. Butter schaumig rühren, nach und nach Zucker, Vanillin-Zucker, Eier, Backpulver und den noch warmen Grießbrei mit dem angerührten Pudding-Pulver unterrühren.
5. Mirabellen unter die Grießmasse heben und in eine Auflaufform (gefettet) oder 6 Portionsauflaufförmchen (gefettet) geben. Die Form oder Förmchen auf dem Rost in den vorgeheizten Backofen schieben. Den Auflauf etwa 35 Minuten garen.
6. Den Auflauf mit Puderzucker bestäuben und sofort servieren.

Hefebuchteln mit Backobst

(Römertopf® 3-Liter-Inhalt)
6 Portionen

Zubereitungszeit: 40 Minuten, ohne Marinier- und Teiggehzeit
Garzeit: etwa 60 Minuten

500 g Ananas (aus dem Kühlregal)
1 Bio-Limette (unbehandelt, ungewachst)
200 g gemischtes Backobst
50 g brauner Zucker

Für den Hefeteig:
300 g Weizenmehl
21 g frische Hefe
125 ml lauwarme Milch (3,5 % Fett)
40 g Zucker
75 g zerlassene, abgekühlte Butter

125 ml Wasser
2 EL Puderzucker
einige Minzeblättchen

Pro Portion:
E: 8 g, F: 12 g, Kh: 87 g,
kJ: 2093, kcal: 500

1. Ananas-Fruchtfleisch in Stücke schneiden. Die Limette heiß abwaschen, abtrocknen und die Schale dünn abreiben. Limette halbieren und den Saft auspressen. Backobst mit den Ananasstücken, Zucker, Limettenschale und 3 Esslöffeln Limettensaft vermischen und etwa 30 Minuten marinieren.
2. Für den Teig Mehl in eine Rührschüssel geben. In die Mitte eine Vertiefung drücken und die Hefe hineinbröckeln. 6 Esslöffel von der Milch und etwas Zucker hinzufügen. Mit einem kleinen Teil des Mehls mit einer Gabel vorsichtig verrühren und etwa 10 Minuten gehen lassen.
3. Butter, restlichen Zucker und restliche Milch hinzufügen. Die Zutaten mit einem Mixer (Knethaken) zunächst kurz auf niedrigster, dann auf höchster Stufe in etwa 5 Minuten zu einem glatten Teig verarbeiten. Den Teig mit Mehl bestäuben und zugedeckt so lange an einem warmen Ort gehen lassen, bis er sich sichtbar vergrößert hat (etwa 40 Minuten).
4. In der Zwischenzeit das marinierte Obst mit der Marinade und Wasser in einen gewässerten Römertopf® füllen. Den Topf mit dem Deckel verschließen und auf dem Rost in den kalten Backofen schieben.
Ober-/Unterhitze: etwa 200 °C
Heißluft: etwa 180 °C

Grießauflauf mit Obst

Hefebuchteln mit Backobst

Früchte-Clafoutis

Geschichteter Obstauflauf

5. Backobst etwa 60 Minuten garen.
6. Nach etwa 40 Minuten Garzeit von dem Obst den gegangenen Teig leicht mit Mehl bestäuben, aus der Schüssel nehmen und auf einer bemehlten Arbeitsfläche nochmals gut durchkneten. Aus dem Teig walnussgroße Kugeln formen.
7. Die Teigkugeln nebeneinander auf das Obst in den Römertopf® setzen. Die Buchteln mit dem Backobst zugedeckt in weiteren etwa 20 Minuten fertig garen.
8. Die gegarten Buchteln mit Puderzucker bestäuben und unter dem vorgeheizten Backofengrill (oder bei Ober-/Unterhitze: etwa 240 °C) karamellisieren lassen.
9. Die Buchteln mit dem Backobst anrichten und mit abgespülten, trocken getupften Minzeblättchen garnieren.

Früchte-Clafoutis

6 Portionen

Zubereitungszeit: 20 Minuten
Backzeit: etwa 30 Minuten

100 g Weizenmehl
40 g Puderzucker
200 ml Milch (3,5 % Fett)
4 Eier (Größe M)
1 Pck. Dr. Oetker Vanillin-Zucker
175 g abgetropfte Mandarinen (aus der Dose)
300 g TK-Beerenobst
1–2 geh. EL Puderzucker

Pro Portion:
E: 8 g, F: 7 g, Kh: 33 g,
kJ: 950, kcal: 227

1. Den Backofen vorheizen.
Ober-/Unterhitze: etwa 200 °C
Heißluft: etwa 180 °C
2. Mehl mit Puderzucker in einer Rührschüssel mischen. Milch hinzufügen und mit einem Mixer (Rührstäbe) glatt rühren. Eier und Vanillin-Zucker unterrühren.
3. Einen Backrahmen in der Größe von 15 x 20 cm in eine Fettpfanne (gefettet) stellen.
4. Die Mandarinen mit dem gefrorenen Beerenobst in dem Backrahmen verteilen. Den Teig daraufgeben und glatt streichen. Die Fettpfanne in den vorgeheizten Backofen schieben. Früchte-Clafoutis etwa 30 Minuten goldbraun backen.
5. Den Clafoutis mit Puderzucker bestäuben, lauwarm servieren.

Geschichteter Obstauflauf

(Römertopf® 3-Liter-Inhalt)
4–6 Portionen

Zubereitungszeit: 30 Minuten
Garzeit: etwa 60 Minuten

240 g abgetropfte Aprikosenhälften (aus der Dose)
4 Eigelb (Größe M)
400 g Doppelrahm-Frischkäse
130 g Zucker
80 ml Milch (3,5 % Fett)
2–3 EL Zitronensaft
etwas Speiseöl für den Römertopf
4 Eiweiß (Größe M)
50 g Hartweizengrieß
30 g gem. Mohn (erhältlich im Reformhaus)
370 g abgetropfte Sauerkirschen (aus dem Glas)
30 g Weizenmehl
100 g gestiftelte Mandeln

Pro Portion:
E: 23 g, F: 45 g, Kh: 68 g,
kJ: 3385, kcal: 808

1. Die Aprikosenhälften in Würfel schneiden. Eigelb, Frischkäse, 100 g des Zuckers und Milch in einer Rührschüssel mit einem Mixer (Rührstäbe) glatt rühren. Anschließend auf höchster Stufe in etwa 8 Minuten zu einer dicken Creme aufschlagen. Mit Zitronensaft abschmecken.
2. Einen gewässerten Römertopf® mit Speiseöl ausstreichen. Die Frischkäsecreme halbieren. Eiweiß steif schlagen.
3. Grieß, Mohn und Aprikosenwürfel unter eine Hälfte der Creme rühren. Die Hälfte des Eischnees unterheben. Die Aprikosencreme als erste Schicht in den Römertopf® geben und glatt streichen.
4. Sauerkirschen im Mehl wälzen und unter die restliche Frischkäsecreme heben. Restlichen Eischnee unterheben. Die Kirschcreme als zweite Schicht in den Römertopf® geben und glatt streichen.
5. Den Obstauflauf mit Mandeln und restlichem Zucker bestreuen. Den Römertopf® mit dem Deckel verschließen und auf dem Rost in den kalten Backofen schieben.
Ober-/Unterhitze: etwa 200 °C
Heißluft: etwa 180 °C
6. Auflauf etwa 60 Minuten garen.
7. Nach etwa 50 Minuten Garzeit den Deckel abnehmen und den Auflauf fertig garen.

Haselnuss-Soufflé mit Altbier-Sabayon

Falsche Kartoffeln

Haselnuss-Soufflé mit Altbier-Sabayon

4 Portionen

Zubereitungszeit: 30 Minuten
Backzeit: etwa 20 Minuten

Für das Haselnuss-Soufflé:
1 Bio-Orange (unbehandelt, ungewachst)
80 g Butter
80 g Zucker
3 Eigelb (Größe M)
20 g Speisestärke
100 g gem. geröstete Haselnusskerne
3 Eiweiß (Größe M)
1 Prise Salz

Für das Altbier-Sabayon:
1 Bio-Orange (unbehandelt, ungewachst)
3 Eigelb (Größe M)
60 g Zucker
125 ml Altbier
1 TL gem. Zimt
1 Prise gem. Piment

Außerdem:
4 Soufflēförmchen (Ø etwa 8 cm)

Pro Portion:
E: 13 g, F: 50 g, Kh: 55 g,
kJ: 3057, kcal: 730

1. Für das Soufflé Orange heiß abwaschen, abtrocknen und die Schale abreiben. Butter und die Hälfte des Zuckers in einer Rührschüssel mit einem Mixer (Rührstäbe) schaumig schlagen. Eigelb nach und nach unterrühren, sodass eine gebundene Masse entsteht. Orangenschale unterrühren. Speisestärke mit der Hälfte der Haselnusskerne verrühren, zur Eigelb-Creme geben, unterrühren.
2. Den Backofen vorheizen.
Ober-/Unterhitze: etwa 180 °C
Heißluft: etwa 160 °C
3. Eiweiß mit Salz steif schlagen, restlichen Zucker kurz unterschlagen. Die Hälfte des Eischnees unter die Butter-Eigelb-Creme rühren. Restliche Haselnusskerne und restlichen Eischnee vorsichtig mit einem Schneebesen unterheben.
4. Die Soufflémasse in Soufflēförmchen (gefettet, mit Zucker ausgestreut) füllen. Die Förmchen in eine Fettpfanne stellen. So viel Wasser hinzugießen, dass die Förmchen bis zu einem Drittel im Wasser stehen. Die Fettpfanne in den vorgeheizten Backofen schieben. Das Haselnuss-Soufflé etwa 20 Minuten backen.
5. In der Zwischenzeit für das Altbier-Sabayon Orange heiß abwaschen, abtrocknen und die Schale abreiben. Orange beiseitelegen.
6. Eigelb, Zucker, Orangenschale, Altbier, Zimt und Piment in einer Schüssel im Wasserbad schaumig schlagen.
7. Beide abgeriebenen Orangen so dick schälen, dass die weiße Haut mitentfernt wird. Die Fruchtfilets herausschneiden.
8. Die gebackenen Soufflés aus den Förmchen auf Teller stürzen. Altbier-Sabayon dazugeben und mit den Orangenfilets garnieren.

Falsche Kartoffeln

12 Stück

Zubereitungszeit: 35 Minuten, ohne Teiggeh- und Abkühlzeit
Backzeit: 25–30 Minuten je Backblech

Für den Hefeteig:
150 g mehligkochende Kartoffeln
170 g Dinkel-Vollkornmehl
100 g Weizenmehl (Type 550)
21 g frische Hefe
2 EL Zucker
150 ml lauwarme Milch (3,5 % Fett)
50 g zerlassene, abgekühlte Butter oder Margarine
1/2 gestr. TL Salz
50 g Rosinen

Für den Belag:
1 Eiweiß (Größe M)
1 TL Wasser
3 EL brauner Zucker
1–2 TL gem. Zimt

Pro Stück:
E: 4 g, F: 4 g, Kh: 25 g,
kJ: 658, kcal: 157

1. Für den Teig Kartoffeln gründlich waschen, knapp mit Wasser bedeckt, zugedeckt zum Kochen bringen und in 20–25 Minuten gar kochen. Die Kartoffeln abgießen, heiß pellen und sofort durch eine Kartoffelpresse drücken, abkühlen lassen.
2. Beide Mehlsorten in eine Rührschüssel geben. In die Mitte eine Vertiefung drücken. Hefe hineinbröckeln, 1 Esslöffel Zucker und etwas von der Milch hinzufügen. Mit einem kleinen Teil des Mehls mit einer Gabel vorsichtig verrühren und zugedeckt etwa 10 Minuten gehen lassen.
3. Die Kartoffelmasse, restlichen Zucker, restliche Milch, Butter oder Margarine und Salz hinzufügen. Die Zutaten mit einem Mixer (Knethaken) kurz auf niedrigster, dann auf höchster Stufe in etwa 5 Minuten zu einem glatten Teig verarbeiten. Rosinen unterarbeiten. Den Teig zugedeckt so lange an einem warmen Ort gehen lassen, bis er sich sichtbar vergrößert hat (etwa 30 Minuten).
4. Den gegangenen Teig leicht mit Mehl bestäuben, aus der Schüssel nehmen, auf einer bemehlten Arbeitsfläche zu einer Rolle formen, diese in 12 Portionen teilen. Aus den Teigportionen mit angefeuchteten Händen insgesamt 12 längliche „Kartoffeln" formen, dabei hervorstehende Rosinen in den Teig drücken. Die „Kartoffeln" auf zwei Backbleche (mit Backpapier belegt) legen.
5. Für den Belag Eiweiß mit Wasser verschlagen. Zucker und Zimt mischen. Die „Kartoffeln" mit dem Eiweiß bestreichen und mit einem Teil der Zucker-Zimt-Mischung bestreuen. Nochmals zugedeckt so lange an einem warmen Ort gehen lassen, bis sie sich sichtbar vergrößert haben (etwa 25 Minuten).
6. In der Zwischenzeit den Backofen vorheizen.
Ober-/Unterhitze: etwa 200 °C
Heißluft: etwa 180 °C
7. Restliche Zucker-Zimt-Mischung auf die „Kartoffeln" streuen. Die Backbleche nacheinander (bei Heißluft zusammen) in den vorgeheizten Backofen schieben. Die „Kartoffeln" 25–30 Minuten backen.
8. Die „Kartoffeln" mit dem Backpapier von den Backblechen auf Kuchenroste ziehen. „Kartoffeln" erkalten lassen.

Crème brûlée

4 Portionen

Zubereitungszeit: 35 Minuten, ohne Kühlzeit
Garzeit: etwa 25 Minuten

Für die Creme:
60 g Zucker
125 ml Milch (3,5 % Fett)
1/2 Vanilleschote
250 g Schlagsahne
1 Prise Salz
5 Eigelb (Größe M)

1–2 Orangen
1 rosa Grapefruit
40 g brauner Zucker (Rohrzucker)
einige Minzeblättchen

Pro Portion:
E: 7 g, F: 28 g, Kh: 39 g,
kJ: 1912, kcal: 457

1. Für die Creme die Hälfte des Zuckers in einem Topf goldbraun karamellisieren, mit Milch ablöschen. Vanilleschote aufschneiden und das Mark herauskratzen. Vanilleschote, -mark, Sahne und Salz zur karamellisierten Milch geben, zum Kochen bringen und so lange bei schwacher Hitze unter gelegentlichem Rühren kochen lassen, bis der Karamell gelöst ist.
2. Den Backofen vorheizen.
Ober-/Unterhitze: etwa 160 °C
Heißluft: etwa 140 °C
3. Eigelb mit dem restlichen Zucker mit einem Schneebesen gut verrühren (nicht schaumig schlagen), die Karamellflüssigkeit (Vanilleschote entfernen) nach und nach unterrühren. Die Masse durch ein feines Sieb in 4 Förmchen oder kleine Suppenteller füllen (die Masse sollte etwa 3 cm hoch sein).
4. Die Förmchen in eine Fettpfanne stellen, so viel heißes Wasser hinzugießen, dass die Förmchen (Teller) zu 1/3–1/2 im Wasser stehen. Die Fettpfanne in den vorgeheizten Backofen schieben. Die Creme etwa 25 Minuten garen.
5. Die Förmchen (Teller) herausnehmen, abkühlen lassen und dann im Kühlschrank gut durchkühlen lassen.
6. Orangen und Grapefruit mit einem Messer so schälen, dass die weiße Haut ganz entfernt wird. Die Filets aus den Trennhäuten schneiden.
7. Den Backofengrill vorheizen.
8. Oberfläche der gekühlten Creme mit Rohrzucker bestreuen und unter dem vorgeheizten Backofengrill überbacken, bis der Zucker karamelisiert. Die Fruchtfilets auf der Oberfläche anrichten, mit abgespülten und trocken getupften Minzeblättchen garnieren, sofort servieren.

Crème brûlée

Bread-and-Butter-Pudding

4 Portionen

Zubereitungszeit: 30 Minuten
Backzeit: 45–55 Minuten

200 g Baguettebrot
(oder einfache Brötchen)
150 g Rosinen
1 EL Semmelbrösel
50 g Butter
350 ml Milch (3,5 % Fett)
1 EL Zucker
1 Pck. Dr. Oetker Vanillin-Zucker
1/2 TL gem. Zimt
1/2 TL Dr. Oetker Finesse
Orangenschalen-Aroma
4 Eier (Größe M)
2 Eigelb (Größe M)

Pro Portion:
E: 17 g, F: 25 g, Kh: 65 g,
kJ: 2444, kcal: 584

1. Baguettebrot oder Brötchen in sehr dünne Scheiben schneiden und im Wechsel mit den Rosinen in eine rechteckige Terrinenfom (etwa 1-Liter-Inhalt, mit Deckel, gefettet, mit Semmelbröseln ausgestreut) schichten. Die letzte Schicht sollte aus Brotscheiben bestehen.
2. Den Backofen vorheizen.
Ober-/ Unterhitze: etwa 200 °C
Heißluft: etwa 180 °C
3. Butter in einem Topf zerlassen. Milch, Zucker, Vanillin-Zucker, Zimt und Aroma unterrühren. Topf von der Kochstelle nehmen, die gewürzte Milch etwas abkühlen lassen.
4. Eier und Eigelb verschlagen, unter die gewürzte, lauwarme Milch rühren und auf den eingeschichteten Zutaten verteilen. Die Brotscheiben in die Form drücken. Die Form mit dem Deckel verschließen.
5. Eine Fettpfanne in den heißen Backofen schieben. 2 Liter heißes Wasser hinzugießen. Die Terrinenform in das Wasserbad stellen und den Pudding in 45–55 Minuten fertig backen.
6. Die Form auf einen Rost stellen. Den Pudding etwa 5 Minuten in der Form stehen lassen, aus der Form stürzen und in Scheiben schneiden.

Bratäpfel (Puttäpfel, gebackene Äpfel)

8 Portionen

Zubereitungszeit: 20 Minuten, ohne Einweichzeit
Garzeit: etwa 40 Minuten

1 EL Rosinen
etwa 100 ml Rum
8 Äpfel, z. B. Holsteiner Cox
20 g Butter (zimmerwarm)
20 g Zucker
1 Pck. Dr. Oetker Vanillin-Zucker
2 EL abgezogene, gem. Mandeln
2 EL gestiftelte Mandeln

Pro Portion:
E: 2 g, F: 7 g, Kh: 23 g,
kJ: 814, kcal: 194

1. Rosinen in 2 Esslöffeln von dem Rum über Nacht einweichen.
2. Den Backofen vorheizen.
Ober-/Unterhitze: etwa 200 °C
Heißluft: etwa 180 °C
3. Äpfel entstielen, waschen, abtrocknen. Von der Blütenseite her mit einem Apfelausstecher das Kerngehäuse ausstechen, aber nicht ganz durchstechen. Die Äpfel in eine Auflaufform (gefettet) setzen.
4. Butter mit Zucker, Vanillin-Zucker, gemahlenen Mandeln und eingeweichten Rosinen mit einem Löffel verrühren und mit einem Teelöffel in die Äpfel füllen. Mandelstifte darauf verteilen und leicht andrücken. Restlichen Rum zu den Äpfeln in die Form gießen.
5. Die Form auf dem Rost in den vorgeheizten Backofen (unteres Drittel) schieben. Die Bratäpfel etwa 40 Minuten garen.
6. Die Bratäpfel in der Form heiß servieren.

Tipp: Bratäpfel mit Vanillesauce servieren.

Bread-and-Butter-Pudding

Bratäpfel (Puttäpfel, gebackene Äpfel)

Buttermilchpudding

Cannelloni mit Mohnfüllung

Buttermilchpudding

4 Portionen

Zubereitungszeit: 30 Minuten, ohne Abkühlzeit
Garzeit: etwa 50 Minuten

100 g entsteinte Backpflaumen
200 g Butterkekse
1 gestr. TL Dr. Oetker Finesse Geriebene Zitronenschale
50 g Weizenmehl
1 gestr. TL Dr. Oetker Backin
3 Eier (Größe M)
1–2 TL Zitronensaft
50 g Zucker, 300 g Buttermilch
1–2 EL Semmelbrösel

Pro Portion:
E: 14 g, F: 12 g, Kh: 79 g,
kJ: 2053, kcal: 490

1. Den Backofen vorheizen.
Ober-/Unterhitze: etwa 200 °C
Heißluft: etwa 180 °C
2. Pflaumen in Streifen schneiden. Butterkekse in einen Gefrierbeutel geben, den Beutel fest verschließen. Kekse mit einer Teigrolle zerbröseln und in eine Rührschüssel geben. Pflaumenstreifen, Zitronenschale, Mehl und Backpulver untermischen.
3. Eier trennen. Eiweiß steif schlagen. Eigelb, Zitronensaft und Zucker zu einer dicklichen Creme aufschlagen, Buttermilch unterrühren, zur Bröselmasse geben und unterrühren. Eischnee unterheben. Den Teig in eine Wasserbadform (Ø 6 cm, etwa 1 1/2-Liter-Inhalt, gefettet, mit Semmelbröseln ausgestreut) füllen und die Form verschließen.
4. Die Form in eine mit heißem Wasser gefüllte Auflaufform stellen (die Puddingform sollte mindestens zu einem Drittel im Wasser stehen). Die Form auf dem Rost in den vorgeheizten Backofen schieben. Den Pudding bei gleicher Backofentemperatur etwa 50 Minuten garen.
5. Die Form aus der Auflaufform nehmen und auf einen Kuchenrost stellen. Den Pudding etwa 5 Minuten in der Form stehen lassen, dann aus der Form auf eine Platte stürzen.

Cannelloni mit Mohnfüllung

6 Portionen

Zubereitungszeit: 30 Minuten
Garzeit: etwa 35 Minuten

Für die Füllung:
250 g backfertige Mohnfüllung
20 g Hartweizengrieß
2 Eier (Größe M)
300 g Doppelrahm-Frischkäse
350 g abgetropfte Mandarinen (aus der Dose)

20 Cannelloni (etwa 200 g, ohne Vorgaren)

Für den Guss:
3 Eier (Größe M)
250 ml Milch (3,5 % Fett)
200 g Schlagsahne
30 g Zucker
1 Msp. Dr. Oetker Finesse Geriebene Zitronenschale

Für die Sauce:
2 gestr. EL Speisestärke
500 ml Orangensaft
100 g Orangenmarmelade
2–3 EL Zitronensaft
1–2 EL Zucker

Pro Portion:
E: 23 g, F: 41 g, Kh: 87 g,
kJ: 3455, kcal: 825

1. Den Backofen vorheizen.
Ober-/Unterhitze: etwa 200 °C
Heißluft: etwa 180 °C
2. Für die Füllung die Mohnmasse mit Grieß, Eiern und Frischkäse in eine Rührschüssel geben und mit einem Mixer (Rührstäbe) verrühren, Mandarinen unterheben.
3. Die Masse in einen Spritzbeutel ohne Tülle geben, in die Cannelloni spritzen und in eine flache Auflaufform (etwa 2 1/2-Liter-Inhalt) legen.
4. Für den Guss Eier mit Milch, Sahne, Zucker und Zitronenschale verrühren. Die Cannelloni damit übergießen, Cannelloni sollten mit dem Guss bedeckt sein. Die Form auf dem Rost in den vorgeheizten Backofen schieben. Die Cannelloni etwa 35 Minuten garen.
5. Für die Sauce die Speisestärke mit 100 ml Orangensaft anrühren. Marmelade mit restlichem Orangen- und Zitronensaft in einem Topf zum Kochen bringen. Angerührte Speisestärke in den von der Kochstelle genommenen Saft rühren und unter Rühren aufkochen lassen. Mit Zucker abschmecken.
6. Die Sauce heiß oder kalt zu den Cannelloni servieren.

Arabische Strudeltaschen

Apple-Crumble

Arabische Strudeltaschen

16 Stück

Zubereitungszeit: 60 Minuten, ohne Ruhezeit
Backzeit: 25–30 Minuten

Für den Teig:
125 g Weizenmehl
1 Eigelb (Größe M)
1 Prise Salz
3–4 EL warmes Wasser
2 EL Speiseöl

Für die Füllung:
200 g Marzipan-Rohmasse
50 g flüssiger Honig
1 Eiweiß (Größe M)
25 g gehackte Pistazienkerne
100 g gehackte Walnusskerne
1/2 TL Rosenwasser (erhältlich in türkischen Geschäften oder in Apotheken)

20 g Butterschmalz

Für den Sirup:
250 ml Wasser
150 g Zucker
4 EL Zitronensaft
2–3 TL Rosenwasser

Pro Stück:
E: 4 g, F: 12 g, Kh: 22 g,
kJ: 875, kcal: 209

1. Für den Teig das Mehl in eine Rührschüssel geben, Eigelb, Salz, Wasser und Speiseöl hinzufügen. Die Zutaten mit einem Mixer (Knethaken) zunächst kurz auf niedrigster, dann auf höchster Stufe gut durcharbeiten, anschließend auf der Arbeitsfläche zu einem glatten Teig verkneten. Den Teig auf Backpapier in einen heißen, trockenen Kochtopf (vorher Wasser darin kochen) legen, mit einem Deckel verschließen und etwa 30 Minuten ruhen lassen.
2. Für die Füllung Marzipan-Rohmasse, Honig und Eiweiß mit einem Mixer (Rührbesen) zu einer glatten Masse verarbeiten. Die restlichen Zutaten unterrühren.
3. Den Teig auf der bemehlten Arbeitsfläche zu einem Quadrat (etwa 50 x 50 cm) ausrollen. Mit einem Ringausstecher 16 runde Platten (Ø etwa 12 cm) ausstechen. Auf die Mitte jeder Platte etwas Füllung geben. Den Backofen vorheizen.
Ober-/Unterhitze: etwa 200 °C
Heißluft: etwa 180 °C
4. Die Ränder der Platten dünn mit Wasser bestreichen. Jede Platte wie einen Beutel über der Füllung zusammendrehen. Beutel auf ein Backblech (mit Backpapier belegt) legen. Butterschmalz zerlassen, Beutel damit bestreichen. Das Backblech in den vorgeheizten Backofen schieben und die Strudeltaschen 25–35 Minuten backen.
5. Für den Sirup Wasser, Zucker und Zitronensaft etwa 20 Minuten offen kochen lassen, bis ein dickflüssiger Sirup entstanden ist. Abkühlen lassen und mit Rosenwasser würzen. Die Strudeltaschen mit lauwarmem Sirup beträufeln und servieren.

Apple-Crumble

(Römertopf® 4-Liter-Inhalt)
4 Portionen

Zubereitungszeit: 20 Minuten
Backzeit: etwa 50 Minuten

1 kg Äpfel, z. B. Elstar
Saft von 1 Zitrone
3 Pck. Dr. Oetker Bourbon-Vanille-Zucker
1 gestr. TL gem. Zimt
60 g Rosinen
1 Pck. Grundmischung Streuselteig (400 g)
125 g Butter (zimmerwarm)
1 Ei (Größe M)

Pro Portion:
E: 10 g, F: 29 g, Kh: 123 g,
kJ: 3382, kcal: 803

1. Äpfel schälen, vierteln, entkernen und achteln. Apfelstücke mit Zitronensaft, Vanille-Zucker und Zimt mischen, in einen gewässerten Römertopf® geben. Rosinen auf den Apfelstücken verteilen.
2. Den Streuselteig mit Butter und Ei nach Packungsanleitung zubereiten. Streusel gleichmäßig auf die Apfelstücke streuen.
3. Den Römertopf® mit dem Deckel verschließen und auf dem Rost in den kalten Backofen schieben.
Ober-/Unterhitze: etwa 200 °C
Heißluft: etwa 180 °C
4. Crumble etwa 50 Minuten garen.
5. Nach etwa 35 Minuten Backzeit den Deckel vom Römertopf® abnehmen und Crumle fertig backen.

Apfellasagne
6 Portionen

Zubereitungszeit: 30 Minuten
Garzeit: etwa 45 Minuten

2 Eier (Größe M)
500 g Speisequark (20 % Fett)
150 g Crème fraîche
125 ml Milch (3,5 % Fett)
70 g Zucker
3 Äpfel (etwa 400 g)
250 g Lasagneplatten
(ohne Vorgaren)
360 g Apfelmus (aus dem Glas)
30 g Hagelzucker, 1 Msp. gem. Zimt
30 g Butter

Pro Portion:
E: 20 g, F: 20 g, Kh: 64 g,
kJ: 2270, kcal: 542

1. Den Backofen vorheizen.
Ober-/Unterhitze: etwa 180 °C
Heißluft: etwa 160 °C
2. Eier, Quark, Crème fraîche, Milch und Zucker in einer Rührschüssel verrühren. Äpfel heiß abwaschen, abtrocknen und die Kerngehäuse mit einem Apfelausstecher ausstechen. Äpfel in Scheiben schneiden.
3. Lasagneplatten und die Quark-Eier-Masse in je 4 Portionen, Apfelmus und Apfelscheiben in je 3 Portionen teilen. Abwechselnd je eine Schicht Lasagneplatten, Quark-Eier-Masse, Apfelmus und Apfelscheiben in eine Auflaufform (gefettet) schichten.
4. Diesen Vorgang noch zweimal wiederholen. Restliche Lasagneplatten und die restliche Quark-Eier-Masse daraufgeben.
5. Hagelzucker mit Zimt mischen und auf die Quark-Eier-Masse streuen. Butter in Flöckchen daraufsetzen. Die Form auf dem Rost in den vorgeheizten Backofen schieben. Die Lasagne etwa 45 Minuten garen.

Arabische Datteltütchen

10 Stück

Zubereitungszeit: 45 Minuten, ohne Durchzieh- und Abkühlzeit
Backzeit: etwa 25 Minuten

150 g entsteinte Datteln
5 EL Orangensaft
100 g nicht abgezogene, ganze Mandeln
4 grüne Kardamomkapseln
1 TL Zucker
25 g gehackte Pistazienkerne
1/2 gestr. TL gem. Zimt
50 g Butterschmalz
200 g dreieckige Yufka-Blätter (10 Stück)
70 g Puderzucker, 1 EL Zitronensaft

Pro Stück:
E: 4 g, F: 12 g, Kh: 26 g,
kJ: 962, kcal: 230

1. Datteln zuerst in dünne Scheiben schneiden, dann fein hacken und in eine Schüssel geben. Dattelstückchen mit Orangensaft mischen und etwa 15 Minuten durchziehen lassen. Mandeln fein hacken. Kardamomkapseln aufschneiden, Samen herausnehmen und mit Zucker in einem Mörser fein zerstoßen (mahlen). Mandeln, Pistazienkerne, Zimt und Kardamom-Zucker unter die Dattelmasse heben.
2. Den Backofen vorheizen.
Ober-/Unterhitze: etwa 180 °C
Heißluft: etwa 160 °C
3. Butterschmalz zerlassen. Die Yufka-Blätter der Länge nach halbieren. Zwei Teighälften mit Butterschmalz bestreichen und aufeinanderlegen. Bestrichene Blätter je von der langen Seite aus zu einer Tüte formen.
4. Die Füllung auf eine Arbeitsfläche geben und mit angefeuchteten Händen zu einer Rolle formen, diese in 10 Scheiben schneiden, zu kleinen Ovalen formen und in die Tütchen stecken. Das offene Ende der Tütchen einschlagen. Die Tütchen mit dem restlichen Butterschmalz bestreichen.
5. Das Backblech in den vorgeheizten Backofen schieben. Die Datteltütchen etwa 25 Minuten backen.
6. Die Datteltütchen mit dem Backpapier vom Backblech auf einen Kuchenrost ziehen, erkalten lassen.
7. Puderzucker und Zitronensaft zu einer dickflüssigen Masse verrühren, in einen kleinen Gefrierbeutel füllen und eine kleine Ecke abschneiden. Den Guss streifenartig auf die Datteltütchen spritzen. Guss trocknen lassen.

Apfellasagne

Arabische Datteltütchen

Ananas, überbacken

4 Portionen

Zubereitungszeit: 20 Minuten
Überbackzeit: etwa 10 Minuten

8 abgetropfte Ananasscheiben (aus der Dose)
2 EL Orangenmarmelade
50 g Butter
100 g kernige Haferflocken
50 g Zucker
50 g gehackte Mandeln
1 Bio-Orange (unbehandelt, ungewachst)

Pro Portion:
E: 7 g, F: 19 g, Kh: 50 g,
kJ: 1750, kcal: 418

1. Den Backofen vorheizen.
Ober-/Unterhitze: etwa 200 °C
Heißluft: etwa 180 °C
2. Die Hälfte der Ananasscheiben in eine feuerfeste, runde Form (gefettet) legen und mit Orangenmarmelade bestreichen. Die restlichen Ananasscheiben halbieren und darauflegen.
3. Butter in einer Pfanne zerlassen. Haferflocken, Zucker und Mandeln hinzugeben und unterrühren.
4. Die Haferflockenmasse auf den Ananasscheiben verteilen. Die Form auf dem Rost in den vorgeheizten Backofen schieben. Ananasscheiben etwa 10 Minuten überbacken.
5. In der Zwischenzeit Orange heiß abwaschen, abtrocknen und von der Schale mit einem Zestenreißer dünne Streifen abziehen. Anschließend die Orange so schälen, dass die weiße Haut mitentfernt wird. Die Orange filetieren.
6. Überbackene Ananas mit Orangenschalenstreifen und Orangenspalten garnieren, warm oder kalt servieren.

Kirschmichel

4–6 Portionen

Zubereitungszeit: 15 Minuten
Backzeit: etwa 40 Minuten

2 Brötchen (Milchbrötchen oder Croissants) vom Vortag
125 ml Milch (3,5 % Fett)
370 g abgetropfte Sauerkirschen (aus dem Glas)
125 g Zucker
3 Eigelb (Größe M)
2 EL Butter
abgeriebene Schale von 1/2 Bio-Zitrone (unbehandelt, ungewachst)
3 Eiweiß (Größe M)
1 Prise Salz
50 g gehobelte Mandeln
etwas Puderzucker oder Zucker

Pro Portion:
E: 9 g, F: 20 g, Kh: 46 g,
kJ: 1697, kcal: 405

1. Die Brötchen in dünne Scheiben schneiden, in eine Schüssel legen und mit Milch übergießen. Die Sauerkirschen mit der Hälfte des Zuckers mischen.
2. Den Backofen vorheizen.
Ober-/Unterhitze: etwa 200 °C
Heißluft: etwa 180 °C
3. Eigelb mit 1 Esslöffel Butter und restlichem Zucker schaumig schlagen. Die eingeweichten Brötchenscheiben mit der Milch und die Zitronenschale unterrühren, bis die eingeweichten Brötchenscheiben zerfallen sind.
4. Eiweiß mit Salz steif schlagen und vorsichtig mit den Kirschen unter die Brötchen-Eier-Masse heben. Die Masse in eine Auflaufform (gefettet) geben. Die restliche Butter in Flöckchen darauf verteilen und mit Mandeln bestreuen.
5. Die Form auf dem Rost in den vorgeheizten Backofen schieben. Den Auflauf etwa 40 Minuten backen.
6. Den Kirschmichel mit Puderzucker bestäuben oder noch warm mit Zucker bestreuen und servieren.

Ananas, überbacken

Kirschmichel

Erdbeer-Rädchen

Erdbeer-Rädchen
12 Stück

Zubereitungszeit: 50 Minuten, ohne Abkühlzeit
Backzeit: etwa 20 Minuten je Backblech

Für den Quark-Öl-Teig:
300 g Weizenmehl
3 gestr. TL Dr. Oetker Backin
150 g Magerquark
100 ml Milch (3,5 % Fett)
100 ml Speiseöl
1 Pck. Dr. Oetker Vanillin-Zucker
50 g Puderzucker
1 Prise Salz

Für die Füllung:
150 g Erdbeer-Fruchtquark
100 g Magerquark

1 Eigelb
1 EL Milch
2 EL Hagelzucker
250 g Erdbeeren
120 g Erdbeerkonfitüre
1 EL Wasser

Pro Stück:
E: 7 g, F: 10 g, Kh: 35 g,
kJ: 1075, kcal: 257

1. Für den Teig Mehl mit Backpulver mischen und in eine Rührschüssel geben. Quark, Milch, Speiseöl, Vanillin-Zucker, Puderzucker und Salz hinzufügen. Die Zutaten mit einem Mixer (Rührstäbe) zunächst kurz auf niedrigster, dann auf höchster Stufe in etwa 1 Minute zu einem glatten Teig verarbeiten (nicht zu lange, Teig klebt sonst).
2. Den Backofen vorheizen.
Ober-/Unterhitze: etwa 180 °C
Heißluft: etwa 160 °C
3. Anschließend auf einer bemehlten Arbeitsfläche zu einem Rechteck (etwa 48 x 36 cm) ausrollen, dann in 12 Quadrate von etwa 12 x 12 cm rädeln, auf zwei Backbleche (mit Backpapier belegt) legen.
4. Für die Füllung Frucht- und Magerquark verrühren. Jeweils etwas von dem Quark mit einem Teelöffel in die Mitte der Teigquadrate geben. Die Ecken etwa 5 cm bis zur Mitte einschneiden. Jeweils 2 gegenüberliegende Teigzipfel über die Quarkfüllung legen.
5. Das Eigelb mit Milch verschlagen. Den Teig damit bestreichen und mit Hagelzucker bestreuen. Die Backbleche nacheinander (bei Heißluft zusammen) in den vorgeheizten Backofen schieben. Das Gebäck etwa 20 Minuten je Backblech backen.
6. Das Gebäck mit dem Backpapier von den Backblechen auf Kuchenroste ziehen. Gebäck erkalten lassen.
7. Erdbeeren abspülen, abtropfen lassen, entstielen und in Viertel schneiden. Die Gebäckrädchen mit den Erdbeervierteln garnieren. Die Erdbeerkonfitüre mit Wasser verrühren, durch ein Sieb streichen und in einem kleinen Topf unter Rühren aufkochen lassen. Erdbeerviertel und die Gebäckspitzen damit bestreichen. Konfitüre fest werden lassen.

Gestockte Mandelcreme

(Römertopf® 3-Liter-Inhalt)
4 Portionen (ohne Foto)

Zubereitungszeit: 20 Minuten
Gar- und Gratinierzeit:
43–44 Minuten

1 Vanilleschote
200 g Schlagsahne
400 ml Milch (3,5 % Fett)
100 g abgezogene, gem. Mandeln
4 Eier (Größe M), 140 g Zucker
einige Tropfen Bittermandel-Aroma (aus dem Röhrchen)

Pro Portion:
E: 17 g, F: 39 g, Kh: 44 g,
kJ: 2611, kcal: 623

1. Vanilleschote längs aufschneiden und das Mark mit einem Messerrücken herausschaben. Vanilleschote, -mark, Sahne, Milch und Mandeln in einem Topf verrühren, zum Kochen bringen und etwa 1 Minute unter gelegentlichem Rühren kochen lassen.
2. Durch ein Sieb in eine Schüssel gießen. Mandeln im Sieb ausdrücken. Eier mit der Hälfte des Zuckers und Aroma verrühren. Das Milch-Sahne-Gemisch (Vanilleschote entfernen) nach und nach unterrühren.
3. Die Masse in einen gewässerten Römertopf® gießen und mit dem Deckel verschließen. Den Römertopf® auf dem Rost in den kalten Backofen schieben.
Ober-/Unterhitze: etwa 180 °C
Heißluft: etwa 160 °C
4. Die Mandelcreme etwa 40 Minuten garen (stocken) lassen.
5. Die ausgedrückten Mandeln mit dem restlichen Zucker mischen und nach Ende der Garzeit auf die Mandelcreme streuen. Den Backofengrill einschalten. Den Römertopf® ohne Deckel auf dem Rost unter den heißen Backofengrill schieben. Mandelcreme in 3–4 Minuten goldbraun gratinieren. Die Creme im Römertopf® abkühlen lassen.

Scheiterhaufen mit Glühwein

Krokant-Reis-Auflauf

Scheiterhaufen mit Glühwein

6 Portionen

Zubereitungszeit: 35 Minuten
Backzeit: etwa 10 Minuten

2 EL Butterschmalz
6 Scheiben Weißbrot
100 g Preiselbeerkonfitüre (aus dem Glas)
250 ml heißer Glühwein
4 Eier (Größe M)
50 g Puderzucker
1 EL Weizenmehl
1 EL Puderzucker

Pro Portion:
E: 8 g, F: 10 g, Kh: 39 g,
kJ: 1318, kcal: 315

1. Schmalz in einer Pfanne zerlassen. Die Brotscheiben darin von beiden Seiten goldgelb backen.
2. Drei Brotscheiben in eine Auflaufform (gefettet) legen, die Preiselbeerkonfitüre auf den Brotscheiben verteilen, dann die restlichen Brotscheiben darauflegen.
3. Glühwein darübergießen, bis die Brotscheiben vollgesogen sind.
4. Den Backofen vorheizen.
Ober-/Unterhitze: etwa 180 °C
Heißluft: etwa 160 °C
5. Eier trennen, Eiweiß und Puderzucker mit einem Mixer (Rührstäbe) steif schlagen. Eigelb in einer Rührschüssel mit dem Mixer (Rührstäbe) aufschlagen. Eischnee vorsichtig unter die Eigelbmasse rühren. Mehl unterheben.
6. Mit einem Teigschaber kleine Häufchen auf die Brotscheiben geben, sodass sie ganz bedeckt sind. Die Form auf dem Rost in den vorgeheizten Backofen schieben. Den Auflauf etwa 10 Minuten backen.
7. Den Scheiterhaufen mit Puderzucker bestäuben und servieren.

Krokant-Reis-Auflauf

4 Portionen

Zubereitungszeit: 45 Minuten, ohne Abkühlzeit
Garzeit: etwa 35 Minuten

150 g Puderzucker
150 g gehobelte Mandeln
70 g Butter
750 ml Milch (3,5 % Fett)
0,2 g gem. Safran (aus dem Döschen)
1 Prise Salz
2 EL flüssiger Honig
100 g Rundkornreis
3 EL Amaretto (Mandellikör)
4 Eigelb (Größe M)
4 Eiweiß (Größe M)
1 EL Puderzucker

Pro Portion:
E: 23 g, F: 49 g, Kh: 83 g,
kJ: 3784, kcal: 903

1. Puderzucker in einer Pfanne bei mittlerer Hitze unter Rühren schmelzen und goldbraun karamellisieren lassen. Die Pfanne sofort von der Kochstelle nehmen. Mandeln und 1 Esslöffel Butter unterrühren. Die Karamellmasse in eine Schüssel geben und abkühlen lassen.
2. Milch mit Safran, Salz und Honig in einem Topf zum Kochen bringen. Reis hinzugeben und etwa 25 Minuten bei schwacher Hitze ausquellen lassen, dabei gelegentlich umrühren.
3. Den Backofen vorheizen.
Ober-/Unterhitze: etwa 200 °C
Heißluft: etwa 180 °C
4. Restliche Butter und Amaretto unter den gegarten Reis heben und etwas abkühlen lassen. Eigelb unterrühren. Die Karamellmasse zerbröseln und ebenfalls unterrühren.
5. Eiweiß steif schlagen und unter die Reismasse heben. Die Reismasse in eine Auflaufform (gefettet) geben. Die Form auf dem Rost in den vorgeheizten Backofen schieben. Den Auflauf etwa 35 Minuten garen.
6. Den heißen Krokant-Reis-Auflauf mit Puderzucker bestäuben und sofort servieren.

Italienische Kürbistorte

12 Stücke

Zubereitungszeit: 45 Minuten
Backzeit: etwa 60 Minuten

Für den Knetteig:
200 g Weizenmehl
1 gestr. TL Dr. Oetker Backin
50 g Zucker
1 Prise Salz
1 Ei (Größe M)
75 g Butter oder Margarine

1 gestr. EL Weizenmehl

Für die Füllung:
400 g abgetropfter eingelegter Kürbis (süßsauer, aus dem Glas)
100 g Butter
125 g Zucker
6 Eier (Größe M)
125 g Schlagsahne
100 g abgezogene, gem. Mandeln
50 g Speisestärke
1 Pck. Dr. Oetker Finesse Geriebene Zitronenschale
Saft von 1 Zitrone
1 Msp. gem. Gewürznelken

25 g abgezogene, gem. Mandeln

Pro Stück:
E: 9 g, F: 25 g, Kh: 33 g,
kJ: 1728, kcal: 413

1. Den Backofen vorheizen.
Ober-/Unterhitze: etwa 200 °C
Heißluft: etwa 180 °C
2. Für den Teig Mehl mit Backpulver mischen, in eine Rührschüssel geben. Zucker, Salz, Ei und Butter oder Margarine hinzufügen. Die Zutaten mit einem Mixer (Knethaken) zunächst kurz auf niedrigster, dann auf höchster Stufe gut durcharbeiten. Anschließend auf einer Arbeitsfläche kurz zu einem glatten Teig verkneten. Sollte er kleben, ihn in Frischhaltefolie gewickelt eine Zeit lang in den Kühlschrank stellen.
3. Gut zwei Drittel des Teiges auf dem Boden einer Springform (Ø 26 cm, Boden gefettet) ausrollen. Den Teigboden mehrmals mit einer Gabel einstechen und ohne Springformrand auf dem Rost in den vorgeheizten Backofen schieben, etwa 10 Minuten vorbacken.
4. Restlichen Teig mit Mehl verkneten und zu einer Rolle formen. Den Springformrand um den vorgebackenen Springformboden legen. Die Teigrolle auf den vorgebackenen Teigboden legen und so an die Form drücken, dass ein etwa 3 cm hoher Rand entsteht.
5. Für die Füllung Kürbis mit einem Pürierstab pürieren. Butter mit einem Mixer (Rührstäbe) auf höchster Stufe geschmeidig rühren, Zucker unterrühren. Eier nach und nach unterrühren. Sahne, Mandeln, Speisestärke, Zitronenschale, -saft, Nelken und Kürbismus zur Butter-Eier-Masse geben und unterrühren.
6. Die Kürbismasse auf dem vorgebackenen Boden verteilen. Die Form wieder auf dem Rost in den heißen Backofen schieben. Die Kürbistorte bei gleicher Backofentemperatur in weiteren etwa 50 Minuten fertig backen.
7. Etwa 10 Minuten vor Ende der Backzeit die Torte mit Mandel bestreuen und fertig backen.
8. Die Form auf einen Kuchenrost stellen. Die Torte etwas abkühlen lassen, dann aus der Form lösen und auf dem Kuchenrost erkalten lassen.

Italienische Kürbistorte

Obstkompott mit Baiserhaube

(Römertopf® 3-Liter-Inhalt)
4 Portionen (ohne Foto)

Zubereitungszeit: 20 Minuten
Gar- und Überbackzeit: etwa 40 Minuten

650 g Ananas-Fruchtfleisch (aus dem Kühlregal)
2 Birnen (etwa 440 g)
100 g getrocknete, gewürfelte Papaya (Reformhaus)
30 g brauner Zucker
3 EL Zitronensaft
2 Eiweiß (Größe M)
1 Prise Salz
80 g Puderzucker
abgeriebene Schale von 1 Bio-Zitrone (unbehandelt, ungewachst)

Pro Portion:
E: 5 g, F: 2 g, Kh: 68 g,
kJ: 1358, kcal: 324

1. Ananas-Fruchtfleisch in Stücke schneiden. Birnen schälen, vierteln, entkernen und ebenfalls in Stücke schneiden.
2. Ananas-, Birnenstücke, Papayawürfel, Zucker und Zitronensaft in einen gewässerten Römertopf® geben und vermischen. Den Römertopf® mit dem Deckel verschließen und auf dem Rost in den kalten Backofen schieben.
Ober-/Unterhitze: etwa 200 °C
Heißluft: etwa 180 °C
3. Obstkompott etwa 40 Minuten garen.
4. In der Zwischenzeit Eiweiß mit Salz mit einem Mixer (Rührstäbe) steif schlagen. Nach und nach Puderzucker unterschlagen, Zitronenschale unterheben.
5. Nach etwa 30 Minuten Garzeit den Deckel vom Römertopf® abnehmen. Den Eischnee auf dem Obstkompott verteilen, die Baiserhaube ohne Deckel in etwa 10 Minuten goldbraun backen.

Schichtkäsestrudel

Schoko-Kirsch-Crumble

Schichtkäsestrudel

8 Portionen

Zubereitungszeit: 45 Minuten, ohne Ruhe- und Abkühlzeit
Backzeit: 45–55 Minuten

Für den Teig:
250 g Weizenmehl
1 Prise Salz
125 ml lauwarmes Wasser
5 EL neutrales Speiseöl

Für die Füllung:
130 g Butter
1 Pck. Dr. Oetker Vanillin-Zucker
120 g brauner Zucker (Kandisfarin)
1/2 TL gem. Zimt
30 g Hartweizengrieß
100 g Semmelbrösel
100 g gestiftelte Mandeln
800 g Schichtkäse oder Speisequark (20 % Fett)

20 g Butter (zimmerwarm)

Pro Portion:
E: 19 g, F: 34 g, Kh: 54 g, kJ: 2511, kcal: 600

1. Für den Teig das Mehl in eine Rührschüssel geben und Salz, Wasser und Speiseöl hinzufügen. Die Zutaten mit einem Mixer (Knethaken) zunächst kurz auf niedrigster, dann auf höchster Stufe gut durcharbeiten. Anschließend auf einer bemehlten Arbeitsfläche zu einem glatten Teig verkneten. Den Teig auf Backpapier in einen heißen, trockenen Kochtopf (vorher Wasser darin kochen) legen, mit einem Deckel verschließen. Den Teig etwa 30 Minuten ruhen lassen.
2. Für die Füllung 70 g Butter zerlassen und etwas abkühlen lassen. Vanillin-Zucker, Zucker, Zimt, Grieß, Semmelbrösel und Mandeln mischen, lauwarme Butter hinzugeben und untermischen.
3. Den Backofen vorheizen.
Ober-/Unterhitze: etwa 200 °C
Heißluft: etwa 180 °C
4. Den Teig auf einem bemehlten großen Tuch (Geschirrtuch) ausrollen und dünn mit etwas von der restlichen Butter bestreichen. Den Teig anheben und über den Handrücken zu einem Rechteck (etwa 50 x 70 cm) ausziehen. Teig muss durchsichtig sein. Restliche Butter zerlassen und lauwarm auf den Teig streichen. Die Semmelbrösel-Zucker-Mischung auf das untere Teigdrittel streuen, dabei an den Kanten einen etwa 2 cm breiten Rand frei lassen. Schichtkäse oder Quark mit einem Teelöffel abstechen und darauf verteilen.
5. Den Strudel mithilfe des Tuches von der gefüllten, kurzen Seite aus aufrollen. Strudel auf ein Backblech (mit Backpapier belegt) legen. Teigenden unter den Strudel legen. Butter zerlassen und auf den Strudel streichen. Das Backblech in den vorgeheizten Backofen schieben. Den Strudel 45–55 Minuten backen.
6. Den Strudel mit dem Backpapier vom Backblech auf einen Kuchenrost ziehen. Den Strudel warm oder kalt servieren.

Schoko-Kirsch-Crumble

4 Portionen

Zubereitungszeit: 30 Minuten, ohne Kühlzeit
Backzeit: 35–40 Minuten

Für die Streusel:
100 g Butter, 20 g gem. Mandeln
125 g Weizenmehl
75 g brauner Zucker
1/4 gestr. TL Salz

500 g Sauerkirschen
30 g Zartbitter-Schokolade (etwa 50 % Kakaoanteil)
125 ml Kirschsaft
1 TL gem. Piment
1 gestr. EL Speisestärke
1 TL Puderzucker

Außerdem:
4 feuerfeste Förmchen (je etwa 250 ml Inhalt)

Pro Portion:
E: 6 g, F: 28 g, Kh: 62 g, kJ: 2229, kcal: 533

1. Für die Streusel Butter zerlassen. Mandeln, Mehl, 25 g des Zuckers, Salz und die zerlassene Butter in eine Rührschüssel geben. Die Zutaten mit einem Mixer (Rührstäbe) zu Streuseln von gewünschter Größe verarbeiten. Die Streusel etwa 30 Minuten in den Kühlschrank stellen.
2. Die Kirschen abspülen, abtropfen lassen, entstielen und entsteinen. Schokolade fein hacken.

3. Den Backofen vorheizen.
Ober-/Unterhitze: etwa 180 °C
Heißluft: etwa 160 °C
4. Kirschsaft mit Piment und restlichem Zucker in einem Topf zum Kochen bringen. Speisestärke mit etwas Wasser anrühren und in den von der Kochstelle genommenen Kirschsaft rühren. Saft unter Rühren aufkochen lassen. Dann den Topf von der Kochstelle nehmen. Klein gehackte Schokolade hinzugeben und unter Rühren schmelzen. Die Kirschen unterrühren.
5. Das Kirschkompott in 4 feuerfeste Förmchen (gefettet) bis etwa 2 cm unter dem Rand füllen. Die Streusel darauf verteilen. Die Förmchen auf dem Rost in den vorgeheizten Backofen schieben. Crumbles 35–40 Minuten goldbraun backen.
6. Crumbles mit Puderzucker bestäuben und servieren.

Schokoladen-Früchte-Auflauf

(Römertopf® 3-Liter-Inhalt)
4 Portionen

Zubereitungszeit: 30 Minuten
Gar- und Überbackzeit: 42–47 Minuten

500 g Rhabarber
180 g Zucker
300 g Erdbeeren
4 Eigelb (Größe M)
1 Pck. Dr. Oetker Vanillin-Zucker
50 g Speisestärke
20 g gesiebtes Kakaopulver
100 g abgezogene, gem. Mandeln
4 Eiweiß (Größe M)
30 g gehobelte Mandeln

Pro Portion:
E: 15 g, F: 24 g, Kh: 62 g,
kJ: 2336, kcal: 558

1. Den Rhabarber putzen, abspülen (nicht abziehen), abtropfen lassen, Stiel- und Blütenansätze entfernen. Rhabarberstangen in Stücke schneiden. Rhabarberstücke mit 40 g des Zuckers in einem Topf gut aufkochen lassen. Anschließend die Rhabarberstücke in einem Sieb abtropfen lassen, dabei den Saft auffangen.
2. Erdbeeren putzen, abspülen, abtropfen lassen, entstielen, halbieren oder vierteln und mit etwa 20 g des restlichen Zuckers bestreuen.
3. Eigelb mit 5 Esslöffeln Rhabarbersaft, 100 g des restlichen Zuckers und Vanillin-Zucker in einer Rührschüssel mit einem Mixer (Rührstäbe) etwa 3 Minuten schaumig schlagen. Die Speisestärke mit Kakao mischen, unter die Eigelbcreme rühren, Mandeln untermischen. 2 Eiweiß steif schlagen und unterheben.
4. Die Creme in einen gewässerten Römertopf® geben. Rhabarber- und Erdbeerstücke darauf verteilen. Den Römertopf® mit dem Deckel verschließen und auf dem Rost in den kalten Backofen schieben.
Ober-/Unterhitze: etwa 200 °C
Heißluft: etwa 180 °C
5. Den Auflauf 40–45 Minuten garen.
6. Den Römertopf® aus dem Backofen nehmen und den Deckel abnehmen. Den Backofengrill einschalten.
7. Das restliche Eiweiß mit dem restlichen Zucker steif schlagen, auf dem Auflauf verteilen, dabei am Rand etwas freilassen, Mandeln daraufstreuen. Den Römertopf® ohne Deckel auf dem Rost unter den vorgeheizten Grill schieben. Auflauf etwa 2 Minuten goldgelb überbacken.

Quark-Ofenschlupfer

4 Portionen

Zubereitungszeit: 20 Minuten
Garzeit: etwa 45 Minuten

4 Brötchen (Semmeln) vom Vortag
50 g Rosinen
250 g Speisequark (20 % Fett)
2 Eier (Größe M), 375 g Buttermilch
3 EL Zucker, 1 EL Butter

Pro Portion:
E: 19 g, F: 9 g, Kh: 52 g,
kJ: 1616, kcal: 385

1. Den Backofen vorheizen.
Ober-/Unterhitze: etwa 200 °C
Heißluft: etwa 180 °C
2. Brötchen in Scheiben schneiden. Abwechselnd die Brötchenscheiben mit Rosinen und Quark in eine Auflaufform (gefettet) schichten. Die erste und die letzte Schicht sollte aus Brötchenscheiben bestehen.
3. Eier mit Buttermilch und Zucker verschlagen und auf dem Auflauf verteilen. Butter in Flöckchen daraufsetzen. Die Form auf dem Rost in den vorgeheizten Backofen schieben, etwa 45 Minuten garen.

Schokoladen-Früchte-Auflauf

Quark-Ofenschlupfer

Zitrusfrüchte-Auflauf
4 Portionen

Zubereitungszeit: 45 Minuten
Garzeit: 10–15 Minuten

4 Orangen
4 Mandarinen
4 Grapefruits
1 Limette oder 1 Zitrone
1 EL gewürfeltes Zitronat
1 EL gewürfeltes Orangeat
4–5 EL Hagelzucker
1 dünnen Biskuitboden (etwa 200 g)
4 cl Orangenlikör
4 Eigelb (Größe M)
200 ml Weißwein (lieblich)
etwas Zucker
1–2 TL Puderzucker

Pro Portion:
E: 9 g, F: 8 g, Kh: 93 g,
kJ: 2364, kcal: 564

1. Die Orangen, Mandarinen, Grapefruits, Limette oder Zitrone so schälen, dass die weiße Haut mitentfernt wird. Früchte filetieren, dabei die weißen Trennwände entfernen. Die Fruchtfilets mit Zitronat, Orangeat und Hagelzucker mischen.
2. Den Backofen vorheizen.
Ober-/Unterhitze: etwa 200 °C
Heißluft: etwa 180 °C
3. Den Boden einer flachen Auflaufform (gefettet) mit dem Biskuitboden auslegen und mit Orangenlikör beträufeln, Fruchtfilets darauf verteilen.
4. Das Eigelb mit Wein und etwas Zucker im heißen Wasserbad so lange schlagen, bis die Masse durch und durch schaumig ist.
5. Die Schaumcreme auf den Fruchtfilets verteilen. Die Form auf dem Rost in den vorgeheizten Backofen schieben. Den Auflauf 10–15 Minuten garen.
6. Den gegarten Auflauf mit Puderzucker bestäubt servieren.

Wiener Törtchen
6 Portionen

Zubereitungszeit: 40 Minuten, ohne Abkühlzeit
Backzeit: etwa 30 Minuten

200 g Butter oder Margarine (zimmerwarm)
125 g Zucker
2 Pck. Dr. Oetker Vanillin-Zucker
1 EL brauner Rum
4 Eier (Größe M)
250 g Weizenmehl
125 g Brotaufstrich Aprikose
6 kleine Stückchen Schokolade
1–2 TL Puderzucker

Außerdem:
6 kleine Napfkuchenförmchen
(Ø etwa 10 cm)

Pro Portion:
E: 6 g, F: 34 g, Kh: 72 g,
kJ: 2773, kcal: 663

1. Den Backofen vorheizen.
Ober-/Unterhitze: etwa 180 °C
Heißluft: etwa 160 °C
2. Butter oder Margarine mit einem Mixer (Rührstäbe) auf höchster Stufe geschmeidig rühren. Nach und nach Zucker, Vanillin-Zucker und Rum unterrühren. So lange rühren, bis eine gebundene Masse entstanden ist.
3. Eier nach und nach unterrühren (jedes Ei etwa 1/2 Minute). Mehl in 2 Portionen kurz auf mittlerer Stufe unterrühren.
4. Jeweils 2 Esslöffel von dem Teig in 6 kleine Napfkuchenförmchen (gefettet) geben. In die Mitte jeweils eine kleine Vertiefung drücken. Etwas von dem Brotaufstrich und je 1 Stückchen Schokolade hineingeben. Den restlichen Teig darauf verteilen und glatt streichen. Die Förmchen auf dem Rost in den vorgeheizten Backofen schieben. Die Wiener Törtchen etwa 30 Minuten backen.
5. Die Förmchen auf einen Kuchenrost stellen. Die Törtchen etwa 5 Minuten in den Förmchen stehen lassen, dann aus der Form lösen und auf einen Kuchenrost stürzen.
6. Anschließend die Wiener Törtchen sofort mit Puderzucker bestäuben und erkalten lassen.

Zitrusfrüchte-Auflauf

Wiener Törtchen

Süßer Spätzleauflauf

Süßer Brotauflauf

Süßer Spätzleauflauf
6 Portionen

Zubereitungszeit: 20 Minuten
Backzeit: etwa 60 Minuten

5 l Wasser
5 gestr. TL Salz
500 g Spätzle
720 g abgetropfte Sauerkirschen, ohne Stein (aus Gläsern)
500 g Schlagsahne
5 Eier (Größe M)
60 g Zucker
gem. Zimt

Pro Portion:
E: 12 g, F: 36 g, Kh: 45 g,
kJ: 2426, kcal: 579

1. Wasser in einem großen Topf zugedeckt zum Kochen bringen. Dann Salz und Spätzle hinzugeben. Die Spätzle im geöffneten Topf bei mittlerer Hitze nach Packungsanleitung kochen lassen, dabei gelegentlich umrühren.
2. Anschließend die Spätzle in ein Sieb geben, mit heißem Wasser abspülen und abtropfen lassen.
3. Den Backofen vorheizen.
Ober-/Unterhitze: etwa 180 °C
Heißluft: etwa 160 °C
4. Spätzle mit den Sauerkirschen vermischen. Die Sahne und Eier verschlagen. Zucker und etwas Zimt unterrühren.
5. Die Spätzle-Sauerkirsch-Mischung in einer großen, flachen Auflaufform (gefettet) verteilen und mit der Eiersahne übergießen. Die Form auf dem Rost in den vorgeheizten Backofen schieben. Den Auflauf etwa 60 Minuten backen.

Süßer Brotauflauf
4 Portionen

Zubereitungszeit: 15 Minuten
Garzeit: etwa 20 Minuten

150 g Marzipan-Rohmasse
2 Eiweiß (Größe M)
1 Prise Salz
1 EL Zucker
1 Pck. Dr. Oetker Vanillin-Zucker
2 Eigelb (Größe M)
100 g Schlagsahne
3 Eier (Größe M)
1 TL Dr. Oetker Finesse Geriebene Zitronenschale
6–8 Scheiben Rosinen-Hefebrot (etwa 300 g)
2 EL gehobelte Mandeln

Für die Sauce:
1 geh. TL Speisestärke
100 ml Aprikosen-Pfirsich-Mehrfruchtsaft
300 g TK-Himbeeren
2–3 EL Zucker

Pro Portion:
E: 22 g, F: 42 g, Kh: 73 g,
kJ: 3219, kcal: 769

1. Den Backofen vorheizen.
Ober-/Unterhitze: etwa 200 °C
Heißluft: etwa 180 °C
2. Marzipan-Rohmasse auf einer groben Küchenreibe raspeln. Eiweiß mit Salz mit einem Mixer (Rührstäbe) steif schlagen. Zucker mit Vanillin-Zucker mischen und unterschlagen. Marzipanraspel, Eigelb und 1 Esslöffel von der Sahne mit dem Mixer (Rührstäbe) glatt rühren.
3. Eier mit restlicher Sahne und Zitronenschale in einer großen, flachen Schale verschlagen. Die Brotscheiben nacheinander in der Eiersahne wenden. Die Eiersahne soll dabei ganz von den Brotscheiben aufgesaugt werden. Die Brotscheiben dachziegelartig in eine große, flache Auflaufform (gefettet) legen.
4. Eischnee unter die Marzipancreme heben. Die Creme gleichmäßig auf den Brotscheiben verteilen. Die gehobelten Mandeln daraufstreuen.
5. Die Form auf dem Rost in den vorgeheizten Backofen schieben. Den süßen Brotauflauf etwa 20 Minuten garen.
6. Für die Sauce in der Zwischenzeit Speisestärke mit 4 Esslöffeln von dem Saft anrühren. Gefrorene Himbeeren, Zucker und restlichen Saft in einem Topf unter Rühren zum Kochen bringen. Angerührte Speisestärke in die von der Kochstelle genommene Himbeermasse rühren und unter Rühren kurz aufkochen lassen. Den Auflauf mit der Sauce servieren.

Maisgrießauflauf

(Römertopf® 3-Liter-Inhalt)
4 Portionen

Zubereitungszeit: 40 Minuten, ohne Durchziehzeit
Garzeit: etwa 75 Minuten

1 l Milch (3,5 % Fett)
40 g Butter
1 Pck. Dr. Oetker Vanillin-Zucker
170 g Maisgrieß
1 Bio-Orange (unbehandelt, ungewachst)
200 g getrocknete, entsteinte Pflaumen
6 EL brauner Rum
3 Eiweiß (Größe M)
80 g Zucker
3 Eigelb (Größe M)
etwas Puderzucker

Pro Portion:
E: 20 g, F: 22 g, Kh: 103 g,
kJ: 3207, kcal: 765

1. Die Milch mit Butter und Vanillin-Zucker in einem Topf zum Kochen bringen. Maisgrieß unter Rühren einstreuen, unter Rühren etwa 3 Minuten kochen lassen. Den Topf von der Kochstelle nehmen und die Grießmasse abkühlen lassen.
2. Orange heiß abwaschen, abtrocknen und die Schale abreiben. Pflaumen mit Rum und Orangenschale vermischen, zugedeckt etwa 40 Minuten durchziehen lassen.
3. Eiweiß mit 30 g Zucker steif schlagen. Eigelb mit dem restlichen Zucker zu einer weißen Creme aufschlagen. Die Grießmasse nach und nach unter die Eigelbcreme rühren. Den Eischnee unterheben.
4. Die Hälfte der Grießcreme in einen gewässerten Römertopf® füllen. Die marinierten Pflaumen mit der Flüssigkeit daraufgeben und die restliche Grießcreme darauf verteilen. Den Römertopf® mit dem Deckel verschließen und auf dem Rost in den kalten Backofen schieben.
Ober-/Unterhitze: etwa 200 °C
Heißluft: etwa 180 °C
5. Auflauf etwa 75 Minuten garen.
6. Den Maisgrießauflauf auf Tellern anrichten, mit Puderzucker bestäuben und servieren.

Ofenschlupfer

(Römertopf® 3-Liter-Inhalt)
4 Portionen

Zubereitungszeit: 35 Minuten
Garzeit: etwa 60 Minuten

600 g frische gemischte Beeren, z. B. Heidelbeeren, Johannisbeeren, Himbeeren, Brombeeren, Erdbeeren
5 Brötchen (Semmeln) vom Vortag
250 ml heiße Milch (3,5 % Fett)
75 g Butter (zimmerwarm)
100 g Zucker
1 Pck. Dr. Oetker Vanillin-Zucker
4 Eigelb (Größe M)
40 g gem. Haselnusskerne
abgeriebene Schale von 1/2 Bio-Zitrone (unbehandelt, ungewachst)
4 Eiweiß (Größe M)
1 EL Semmelbrösel
40 g Butter
etwas Puderzucker

Pro Portion:
E: 17 g, F: 39 g, Kh: 84 g,
kJ: 3260, kcal: 779

1. Die Beeren putzen, abspülen, abtropfen lassen und entstielen (einige Beeren zum Garnieren beiseitelegen). Die Brötchen in feine Scheiben schneiden, in eine Schale legen, mit Milch übergießen und einweichen.
2. Die Butter in einer Rührschüssel mit dem Mixer (Rührstäbe) geschmeidig rühren. Zucker, Vanillin-Zucker und Eigelb nach und nach unterrühren. Haselnusskerne und Zitronenschale untermischen.
3. Eiweiß steif schlagen und unterheben. Die eingeweichten Brötchen zur Butter-Nuss-Masse geben und gut vermengen. Die Masse mit den Beeren abwechselnd in den gewässerten Römertopf® schichten, die letzte Schicht sollte aus Brötchen-Nuss-Masse bestehen.
4. Semmelbrösel darauf verteilen und die Butter in Flöckchen daraufsetzen. Den Römertopf® mit dem Deckel verschließen und auf dem Rost in den kalten Backofen schieben.
Ober-/Unterhitze: etwa 200 °C
Heißluft: etwa 180 °C
5. Ofenschlupfer etwa 60 Minuten garen.
6. Den garen Ofenschlupfer auf Tellern verteilen, mit den beiseitegelegten Beeren garnieren und mit Puderzucker bestäubt servieren.

Pfirsichauflauf

(Römertopf® 3-Liter-Inhalt)
4 Portionen (ohne Foto)

Zubereitungszeit: 15 Minuten
Garzeit: etwa 45 Minuten

200 g Amarettini
(ital. Mandelmakronen)
2 Eier (Größe M)
1 EL Zitronensaft
1 Pck. Dr. Oetker Vanillin-Zucker
1–2 EL Hartweizengrieß
500 g abgetropfte Pfirsichhälften
(aus der Dose)

Pro Portion:
E: 8 g, F: 7 g, Kh: 71 g,
kJ: 1630, kcal: 387

1. Die Amarettini in einen Gefrierbeutel geben, den Beutel fest verschließen. Amarettini mit einer Teigrolle zerbröseln.
2. Eier in eine Rührschüssel geben, Zitronensaft und Vanillin-Zucker hinzugeben und mit einem Mixer (Rührstäbe) zu einer hellen Creme aufschlagen. Drei Viertel der Amarettinibrösel mit dem Grieß vermischen und unter die Eiercreme heben.
3. Die restlichen Amarettinibrösel in einem gewässerten Römertopf® verteilen. Die Eier-Brösel-Masse daraufgeben und mit den Pfirsichhälften belegen. Den Römertopf® mit dem Deckel verschließen und auf dem Rost in den kalten Backofen schieben.
Ober-/Unterhitze: etwa 200 °C
Heißluft: etwa 180 °C
4. Auflauf etwa 45 Minuten garen.
5. Den Römertopf® auf einen Rost stellen. Den gegarten Auflauf etwa 5 Minuten abkühlen lassen, dann mit einem Messer vorsichtig vom Rand lösen. Den Pfirsichauflauf nach Belieben kalt oder warm servieren.

Palatschinken-Auflauf

4 Portionen

Zubereitungszeit: 50 Minuten
Garzeit: etwa 40 Minuten

Für den Teig:
200 g Weizenmehl
3 Eigelb (Größe M)
1 Prise Salz
375 ml Milch (3,5 % Fett)
3 Eiweiß (Größe M)
100 g Butter

50 g Butter (zimmerwarm)
75 g Zucker
1 Pck. Dr. Oetker Vanillin-Zucker
2 Eigelb (Größe M)
1/2 Bio-Zitrone
(unbehandelt, ungewachst)
250 g Magerquark
50 g Rosinen
2 Eiweiß (Größe M)
1 Pck. Dr. Oetker Vanillin-Zucker
125 g Schlagsahne
2 Eigelb (Größe M
etwas Puderzucker

Pro Portion:
E: 26 g, F: 61 g, Kh: 77 g,
kJ: 4173, kcal: 996

1. Für den Teig Mehl in eine Rührschüssel geben, mit Eigelb und Salz gut verrühren. Milch unterrühren. Darauf achten, dass keine Klümpchen entstehen. Eiweiß steif schlagen und unterheben.
2. Etwas Butter in einer Pfanne zerlassen. Jeweils eine dünne Teiglage mit einer drehenden Bewegung auf dem Boden der Pfanne verteilen. Palatschinken von beiden Seiten etwa 2 Minuten goldbraun backen und herausnehmen. Bevor der Palatschinken gewendet wird, wieder etwas Butter in die Pfanne geben. Aus dem Teig insgesamt 6–8 Palatschinken backen.
3. Den Backofen vorheizen.
Ober-/Unterhitze: etwa 200 °C
Heißluft: etwa 180 °C
4. Butter mit einem Mixer (Rührstäbe) auf höchster Stufe geschmeidig rühren. Nach und nach Zucker, Vanillin-Zucker und Eigelb unterrühren. Die Zitrone heiß abwaschen, abtrocknen und die Schale abreiben. Von der Zitronenhälfte den Saft auspressen. Zitronenschale, -saft, Quark und Rosinen zur Butter-Eier-Masse geben, gut unterrühren.
5. Die Palatschinken gleichmäßig mit der Füllung bestreichen, aufrollen und mit der Nahtseite nach unten in eine ovale Auflaufform (gefettet) legen.
6. Eiweiß steif schlagen, Vanillin-Zucker kurz unterschlagen. Sahne steif schlagen und mit dem verschlagenen Eigelb unter den Eischnee heben. Die Masse auf den Palatschinkenrollen verteilen.
7. Die Form auf dem Rost in den vorgeheizten Backofen schieben. Den Auflauf etwa 40 Minuten garen.
8. Den Palatschinken-Auflauf mit Puderzucker bestäubt servieren.

Palatschinken-Auflauf

Streusel-Calzone

16 Stück

Zubereitungszeit: 65 Minuten, ohne Ruhezeit
Backzeit: etwa 25 Minuten je Backblech

Für die Streusel:
100 g Weizenmehl
50 g Zucker
1/2 gestr. TL gem. Zimt
75 g Butter

Für den Hefeteig:
300 g Weizenmehl
1 Pck. Hefeteig Garant
50 g Zucker
1 Pck. Dr. Oetker Vanillin-Zucker
1/2 Röhrchen Butter-Vanille-Aroma
75 ml Milch (3,5 % Fett)
75 ml Speiseöl
125 g Crème Double

Zum Bestreichen:
125 g Crème Double
1 Pck. Dr. Oetker Bourbon-Vanille-Zucker

Für die Obstfüllung:
500 g vorbereitetes Obst, z. B. Äpfel, Bananen, Weintrauben, Pflaumen

Für die Nussfüllung:
200 g gem. Haselnusskerne
100 g Zucker
1 Ei (Größe M)
3–4 EL Wasser

Pro Stück (Obstfüllung):
E: 4 g, F: 16 g, Kh: 32 g,
kJ: 1193, kcal: 286
Pro Stück (Nussfüllung):
E: 5 g, F: 24 g, Kh: 34 g,
kJ: 1556, kcal: 372

1. Für die Streusel Mehl in eine Rührschüssel geben, mit Zucker und Zimt mischen, Butter hinzufügen. Die Zutaten mit einem Mixer (Rührbesen) zu Streuseln von gewünschter Größe verarbeiten.
2. Für den Hefeteig das Mehl in eine Rührschüssel geben, mit Hefeteig Garant sorgfältig vermischen. Zucker, Vanillin-Zucker, Aroma, Milch, Speiseöl und Crème Double hinzufügen.
3. Die Zutaten mit dem Mixer (Knethaken) zunächst kurz auf niedrigster, dann auf höchster Stufe in etwa 2 Minuten zu einem glatten Teig verarbeiten. Den Teig in 2 Portionen teilen, jeweils eine Portion auf einer leicht bemehlten Arbeitsfläche ausrollen und je 8 runde Platten (Ø etwa 12 cm) ausstechen.
4. Zum Bestreichen Crème Double mit Vanille-Zucker verrühren.
5. Für die Obstfüllung das vorbereitete Obst klein schneiden. Für die Nussfüllung Haselnusskerne, Zucker, Ei und Wasser zu einer geschmeidigen Masse verrühren.
6. Die ausgestochenen Teigplatten jeweils zur Hälfte mit Crème Double bestreichen. Die Obstfüllung und die Nussfüllung auf jeweils 8 Teigplattenhälften verteilen. Jeweils die nicht belegte Teighälfte darüberschlagen und den Rand etwas andrücken. Die Teigtaschen mit Wasser bestreichen. Die Streusel darauf verteilen. Teigtaschen zugedeckt etwa 15 Minuten ruhen lassen.
7. Den Backofen vorheizen.
Ober-/Unterhitze: etwa 200 °C
Heißluft: etwa 180 °C
8. Die Teigtaschen auf Backbleche (mit Backpapier belegt) legen. Die Backbleche nacheinander (bei Heißluft zusammen) in den vorgeheizten Backofen schieben. Streusel-Calzone etwa 25 Minuten je Backblech backen.
9. Das Gebäck mit dem Backpapier von den Backblechen auf Kuchenroste ziehen. Streusel-Calzone lauwarm oder kalt servieren.

Spiegeleierfladen

8 Stück

Zubereitungszeit: 35 Minuten, ohne Abkühlzeit
Backzeit: 20–25 Minuten je Backblech

Für den Brandteig:
125 ml Wasser
30 g Butter oder Margarine
80 g Weizenmehl
2–3 Eier (Größe M)

Für den Belag:
250 ml Milch (3,5 % Fett)
70 g Butter
30 g Zucker
50 g Hartweizengrieß
240 g abgetropfte Aprikosenhälften (aus der Dose)
50 g Rosinen, 1–2 EL Rum
2 Eiweiß (Größe M)
1 Pck. Dr. Oetker Vanillin-Zucker

100 g Aprikosenkonfitüre

Pro Stück:
E: 6 g, F: 13 g, Kh: 36 g,
kJ: 1218, kcal: 291

Streusel-Calzone

Spiegeleierfladen

Savarin mit Beeren

1. Für den Teig Wasser mit Butter oder Margarine am besten in einem Stieltopf zum Kochen bringen. Mehl auf einmal in die von der Kochstelle genommene Flüssigkeit schütten, zu einem glatten Kloß rühren und unter Rühren etwa 1 Minute erhitzen.
2. Den heißen Kloß sofort in eine Rührschüssel geben. Nach und nach Eier mit einem Mixer (Knethaken) auf höchster Stufe unterarbeiten, die Eiermenge hängt von der Beschaffenheit des Teiges ab, er muss stark glänzen und so von einem Löffel abreißen, dass lange Spitzen hängen bleiben. Teig abkühlen lassen.
3. Den Backofen vorheizen.
Ober-/Unterhitze: etwa 200 °C
Heißluft: etwa 180 °C
4. Für den Belag Milch mit Butter und Zucker in einem Topf zum Kochen bringen. Grieß unter Rühren einstreuen und unter Rühren etwa 1 Minute kochen lassen. Den Topf von der Kochstelle nehmen.
5. Von den Aprikosenhälften den Saft auffangen und 2 Esslöffel abmessen. Den abgemessenen Saft mit Rosinen und Rum unter den Grieß rühren. Eiweiß steif schlagen, Vanillin-Zucker unterschlagen, den Eischnee vorsichtig unter den Grieß heben. Abkühlen lassen.
6. Zwei Backbleche mit Backpapier belegen. Je 4 Ovale (etwa 8 x 12 cm) aufzeichnen. Den Teig mit einem angefeuchteten Teelöffel so auf die Ovale streichen, dass der Rand etwas dicker ist. Die Grießmasse daraufgeben. Jeweils 3 Aprikosenhälften darauf verteilen.
7. Die Backbleche nacheinander (bei Heißluft zusammen) in den vorgeheizten Backofen schieben. Die Spiegeleierfladen 20–25 Minuten je Backblech backen.
8. Die Spiegeleierfladen mit dem Backpapier von den Backblechen auf Kuchenroste ziehen. Spiegeleierfladen erkalten lassen.
9. Konfitüre durch ein Sieb streichen und in einem kleinen Topf erhitzen. Die Spiegeleierfladen damit bestreichen und erkalten lassen.

Savarin mit Beeren

8 Portionen

Zubereitungszeit: 30 Minuten, ohne Kühlzeit
Backzeit: etwa 25 Minuten

Für den Biskuitteig:
2 Eier (Größe M)
2 EL heißes Wasser
70 g Zucker
1 Pck. Dr. Oetker Vanillin-Zucker
120 g Dinkelmehl (Type 630)
1/2 gestr. TL Dr. Oetker Backin

125 ml Wasser, 60 g Zucker
1 Pck. Dr. Oetker Vanillin-Zucker
375 ml Apfelsaft
250 g Himbeeren
250 g Brombeeren
1 TL Puderzucker

Pro Portion:
E: 4 g, F: 2 g, Kh: 38 g,
kJ: 817, kcal: 195

1. Den Backofen vorheizen.
Ober-/Unterhitze: etwa 200 °C
Heißluft: etwa 180 °C
2. Für den Teig Eier und Wasser in einer Rührschüssel mit einem Mixer (Rührstäbe) auf höchster Stufe in 1 Minute schaumig schlagen. Zucker mit Vanillin-Zucker mischen, in 1 Minute einstreuen, dann noch etwa 2 Minuten schlagen. Dinkelmehl mit Backpulver mischen, auf die Eiercreme geben und kurz auf niedrigster Stufe unterrühren.
3. Den Teig in eine Savarinform (Ø 24 cm, gefettet, gemehlt) füllen und glatt streichen. Die Form auf dem Rost in den vorgeheizten Backofen schieben. Etwa 25 Minuten backen.
4. Die Form auf einen Kuchenrost stellen. Savarin etwa 5 Minuten in der Form stehen lassen, dann aus der Form lösen und auf einen mit Backpapier belegten Kuchenrost stürzen. Savarin erkalten lassen.
5. Etwa 3 Stunden vor dem Servieren Wasser mit Zucker und Vanillin-Zucker in einem Topf zum Kochen bringen. Den Topf von der Kochstelle nehmen, Apfelsaft unterrühren.
6. Etwa ein Drittel der heißen Flüssigkeit in die gesäuberte Savarinform gießen. Savarin hineinlegen, vorsichtig mit der restlichen Flüssigkeit begießen und in den Kühlschrank stellen. Savarin gut durchziehen lassen. Savarin auf einen Teller stürzen.
7. Beeren verlesen. Brombeeren und evtl. Himbeeren vorsichtig abspülen, gut trocken tupfen. Die Beeren in die Mitte des Savarins geben und mit Puderzucker bestäuben.

Krokantkörbchen, mit Mirabellengrütze gefüllt

Krokantkörbchen, mit Mirabellengrütze gefüllt

6 Portionen

Zubereitungszeit: 40 Minuten, ohne Abkühl- und Quellzeit
Backzeit: etwa 15 Minuten

50 g Butter
100 g kernige Haferflocken
100 g brauner Zucker (Rohrzucker)
125 g Schlagsahne
500 g Mirabellen
100 ml Aprikosensaft
30 g Perlsago (gekörnte Stärke)
evtl. steif geschlagene Schlagsahne

Außerdem:
6 Briocheförmchen
Alufolie

Pro Portion:
E: 5 g, F: 23 g, Kh: 64 g,
kJ: 2092, kcal: 500

1. Den Backofen vorheizen.
Ober-/Unterhitze: etwa 200 °C
Heißluft: etwa 180 °C
2. Butter in einer Pfanne zerlassen, Haferflocken hinzugeben und unter Rühren kurz rösten. Rohrzucker hinzugeben, unter Rühren erhitzen, bis der Zucker karamellisiert ist. Nach und nach die Sahne unterrühren, zum Kochen bringen und so lange kochen lassen, bis die Krokantmasse anfängt fest zu werden.
3. Sechs Briocheförmchen mit Alufolie – blanke Seite nach innen – auslegen, die Krokantmasse hineingeben und mithilfe eines Löffels an den Wänden zu einem Körbchen hochdrücken. Die Förmchen auf dem Rost in den vorgeheizten Backofen schieben. Körbchen etwa 15 Minuten backen.
4. In der Zwischenzeit die Mirabellen abspülen, abtropfen lassen und entsteinen. Mirabellen mit Aprikosensaft in einem Topf zum Kochen bringen. Perlsago unterrühren, aufkochen und bei schwacher Hitze etwa 10 Minuten unter gelegentlichem Rühren ausquellen lassen. Die Grütze erkalten lassen.
5. Die Förmchen auf einen Kuchenrost setzen. Die gebackenen Körbchen in den Förmchen erkalten lassen und erst vor dem Füllen aus den Förmchen nehmen.
6. Die Körbchen vor dem Servieren mit der Mirabellengrütze füllen. Nach Belieben mit steif geschlagener Sahne verzieren.

Kirsch-Marzipan-Taler

Kirsch-Marzipan-Taler

12 Stück

Zubereitungszeit: 65 Minuten
Backzeit: etwa 20 Minuten je Backblech

Für den Belag:
400 g Marzipan-Rohmasse
80 g Butter oder Margarine

Für den Quark-Öl-Teig:
250 g Weizenmehl
2 gestr. TL Dr. Oetker Backin
100 g Magerquark
5 EL Milch
6 EL Speiseöl
75 g Zucker
1 Pck. Dr. Oetker Vanillin-Zucker
1 Prise Salz
350 g abgetropfte Sauerkirschen (aus dem Glas)
1 EL Speisestärke
4 EL Sauerkirschkonfitüre

Pro Stück:
E: 8 g, F: 23 g, Kh: 44 g,
kJ: 1731, kcal: 413

1. Für den Belag Marzipan in kleine Stücke schneiden und in eine Rührschüssel geben. Butter oder Margarine hinzufügen. Die Zutaten mit einem Mixer (Rührstäbe) zu einer geschmeidigen Masse verrühren.
2. Für den Teig Mehl mit Backpulver mischen und in eine Rührschüssel geben. Quark, Milch, Speiseöl, Zucker, Vanillin-Zucker und Salz hinzufügen. Die Zutaten mit dem Mixer (Knethaken) zunächst kurz auf niedrigster, dann auf höchster Stufe in etwa 1 Minute zu einem glatten Teig verarbeiten (nicht zu lange, Teig klebt sonst).
3. Den Backofen vorheizen.
Ober-/Unterhitze: etwa 180 °C
Heißluft: etwa 160 °C
4. Anschließend auf einer bemehlten Arbeitsfläche etwa 1/2 cm dick ausrollen. Aus dem Teig mit einem Ausstecher 12 Taler (Ø etwa 12 cm) ausstechen, dabei die Teigreste immer wieder ausrollen.
5. Die Teigtaler auf zwei Backbleche (mit Backpapier belegt) legen. Marzipan-Butter-Masse in einen Spritzbeutel mit Loch- oder Sterntülle (Ø 10 mm) füllen. Jeweils einen Ring auf je 1 Teigtaler spritzen.
6. Sauerkirschen in eine Schüssel geben. Speisestärke mit Konfitüre verrühren und unter die Kirschen rühren. Die Kirschmasse in je einen Ring füllen.
7. Die Backbleche nacheinander (bei Heißluft zusammen) in den vorgeheizten Backofen schieben. Die Kirsch-Marzipan-Taler etwa 20 Minuten je Backblech backen.
8. Die Taler mit dem Backpapier von den Backblechen auf Kuchenroste ziehen. Kirsch-Marzipan-Taler erkalten lassen.

Nusspudding mit Aprikosensauce

4 Portionen

Zubereitungszeit: 40 Minuten
Garzeit: etwa 50 Minuten

125 g Haselnusskerne
125 g Zwieback
100 g Butter (zimmerwarm)
50 g Zucker
2 Eier (Größe M)
3 Eigelb (Größe M)
abgeriebene Schale von
1 Bio-Zitrone
(unbehandelt, ungewachst)
1 Prise Salz
125 g Schlagsahne
3 Eiweiß (Größe M)
50 g Zucker
einige Semmel- oder Zwieback-
brösel

Für die Aprikosensauce:
480 g gut abgetropfte Aprikosen-
hälften (aus der Dose)
2 EL Aprikosengeist

Pro Portion:
E: 17 g, F: 61 g, Kh: 76 g,
kJ: 3960, kcal: 946

1. Den Backofen vorheizen.
Ober-/Unterhitze: etwa 200 °C
Heißluft: etwa 180 °C
2. Haselnusskerne auf einem Backblech verteilen und in den vorgeheizten Backofen schieben. Die Haselnusskerne etwa 10 Minuten rösten, bis die Haut der Nusskerne aufplatzt.
3. Die Haselnusskerne auf ein Geschirrtuch geben und die Haut mithilfe des Tuches abreiben, anschließend Haselnusskerne fein mahlen.
4. Zwiebäcke in einen Gefrierbeutel geben, den Beutel fest verschließen. Zwiebäcke mit einer Teigrolle zerbröseln.
5. Butter in einer Rührschüssel mit einem Mixer (Rührstäbe) geschmeidig rühren. Nach und nach Zucker, Eier und Eigelb unterrühren, Zitronenschale und Salz hinzufügen, Sahne hinzugießen und unterrühren. Zwiebackbrösel und gemahlene Nusskerne untermischen.
6. Eiweiß mit Zucker sehr steif schlagen und unter die Nussmasse heben. Die Masse in eine Puddingform (gefettet, mit Semmel- oder Zwiebackbröseln ausgestreut) füllen.
7. Die Form mit dem Deckel verschließen, in eine mit heißem Wasser gefüllte Auflaufform stellen (die Puddingform sollte mindestens zu einem Drittel im Wasser stehen). Die Form auf dem Rost in den heißen Backofen schieben. Den Nusspudding bei gleicher Backofentemperatur etwa 50 Minuten garen.
8. Für die Aprikosensauce in der Zwischenzeit Aprikosenhälften mit einem Pürierstab pürieren. Aprikosengeist unterrühren.
9. Den gegarten Pudding auf eine Platte stürzen. Die Sauce über den Nusspudding gießen und servieren.

Clafoutis (Französischer Kirschauflauf)

4 Portionen

Zubereitungszeit: 20 Minuten
Backzeit: etwa 35 Minuten

3 EL Weizenmehl
2 EL Puderzucker
200 ml Milch (3,5 % Fett)
4 Eier (Größe M)
1 Pck. Dr. Oetker Vanillin-Zucker
400 g Süßkirschen
2 EL Zucker

Pro Portion:
E: 11 g, F: 8 g, Kh: 96 g,
kJ: 2207, kcal: 525

1. Den Backofen vorheizen.
Ober-/Unterhitze: etwa 180 °C
Heißluft: etwa 160 °C
2. Mehl mit Puderzucker in einer Rührschüssel mischen, Milch hinzugießen und zu einer glatten Masse verrühren. Eier und Vanillin-Zucker unterrühren.
3. Kirschen abspülen, abtropfen lassen, entstielen und entsteinen. Kirschen in einer großen, flachen Auflaufform (Ø 28 cm, gefettet) verteilen. Den Teig daraufgeben und glatt streichen. Die Form auf dem Rost in den vorgeheizten Backofen schieben. Clafoutis etwa 35 Minuten backen.
4. Clafoutis mit Zucker bestreut servieren.

Nusspudding mit Aprikosensauce

Clafoutis (Französischer Kirschauflauf)

Ananas-Feigen-Auflauf

(Römertop® 3-Liter-Inhalt)
4 Portionen

Zubereitungszeit: 30 Minuten, ohne Abkühlzeit
Garzeit: etwa 60 Minuten

60 g Pinienkerne
1 Bio-Limette (unbehandelt, ungewachst)
200 g Soft-Feigen
4 Eigelb (Größe M)
50 g Zucker
6 EL Schlagsahne
4 Eiweiß (Größe M)
1 Pck. Dr. Oetker Vanillin-Zucker
250 g gut abgetropfte Ananasstücke (aus der Dose)
50 g Weizenmehl
evtl. 1 Bio-Limette (unbehandelt, ungewachst)

Pro Portion:
E: 17 g, F: 22 g, Kh: 60 g,
kJ: 2241, kcal: 536

1. Pinienkerne fein hacken, in einer Pfanne ohne Fett unter Rühren rösten, herausnehmen und auf einem Teller abkühlen lassen.

Ananas-Feigen-Auflauf

2. Limette heiß abwaschen, abtrocknen und die Schale dünn abreiben. Limette halbieren und den Saft auspressen. Von den Feigen die Stiele abschneiden und Feigen in Streifen schneiden.
3. Eigelb und Zucker in einer Schüssel mit einem Mixer (Rührstäbe) zu einer dicklichen Creme aufschlagen, Sahne unterrühren. Das Eiweiß mit Vanillin-Zucker steif schlagen.
4. Ananasstücke in Mehl wenden und unter die Eigelbcreme heben. Pinienkerne, Limettenschale, -saft und Feigenstreifen vorsichtig unterrühren. Eischnee unterheben. Die Masse in einen gewässerten Römertopf® geben. Den Römertopf® mit dem Deckel verschließen und auf dem Rost in den kalten Backofen schieben.
Ober-/Unterhitze: etwa 200 °C
Heißluft: etwa 180 °C
5. Den Auflauf etwa 60 Minuten garen.
6. Nach Belieben Limette heiß abwaschen, abtrocknen und in sehr dünne Scheiben schneiden.
7. Ananas-Feigen-Auflauf in Schalen anrichten und mit Limettenscheiben garniert servieren.

Buttermilch-Mirabellen-Soufflé

6 Portionen (ohne Foto)

Zubereitungszeit: 35 Minuten
Backzeit: etwa 20 Minuten

125 g vorbereitete, entsteinte Mirabellen
125 g Buttermilch
3 Eigelb (Größe M)
50 g Zucker
40 g Weizenmehl
20 g Speisestärke
4 Eiweiß (Größe M)
1 Prise Salz
gem. Haselnusskerne

Außerdem:
4 Souffléförmchen

Pro Portion:
E: 9 g, F: 6 g, Kh: 30 g,
kJ: 906, kcal: 216

1. Mirabellen in einem Topf mit wenig Wasser zum Kochen bringen und in etwa 5 Minuten weich kochen, anschließend fein pürieren und mit Buttermilch verrühren.
2. Den Backofen vorheizen.
Ober-/Unterhitze: etwa 180 °C
Heißluft: etwa 160 °C
3. Eigelb und Zucker mit einem Mixer (Rührstäbe) schaumig rühren. Mehl mit Speisestärke mischen und mit dem Buttermilch-Mirabellen-Püree unter die Eigelbcreme rühren. Das Eiweiß mit Salz sehr steif schlagen. Ein Drittel des Eischnees unter die Masse rühren, restlichen Eischnee mit einem Schneebesen vorsichtig unterheben.
4. Die Soufflémasse bis etwa 1/2 cm unter den Rand in 4 Souffléförmchen (gefettet, mit Haselnusskernen ausgestreut) füllen. Die Förmchen auf dem Rost in den vorgeheizten Backofen schieben. Die Soufflés in etwa 20 Minuten goldbraun backen (den Backofen während der Backzeit nicht öffnen!).
5. Die garen Soufflés aus dem Backofen nehmen und sofort servieren, sie fallen sonst zusammen.

Apfel-Knödel-Auflauf
4 Portionen

Zubereitungszeit: 20 Minuten
Garzeit: etwa 25 Minuten

500 g säuerliche Äpfel, z. B. Boskop
1 EL Butter
2 EL Zucker
1 Prise gem. Zimt
3 EL Zitronensaft
400 g Mini-Kartoffel-Knödel (Frischepack aus dem Nährmittelregal)
4–5 TL Wild-Preiselbeerdessert (aus dem Glas)
2 Eier (Größe M)

Apfel-Knödel-Auflauf

Apfel im Schlafrock

Salz
1 Pck. Dr. Oetker Bourbon-Vanille-Zucker
150 g Schlagsahne
25 g Amarettini
(ital. Mandelmakronen)
3 EL gestiftelte Mandeln

Pro Portion:
E: 12 g, F: 33 g, Kh: 68 g,
kJ: 2570, kcal: 609

1. Äpfel abspülen, abtrocknen, vierteln, entkernen und in Spalten schneiden. Butter in einer Pfanne zerlassen, Zucker und Zimt unterrühren. Apfelspalten hinzugeben und unter Schwenken darin karamellisieren, Zitronensaft hinzugeben.
2. Apfelspalten und Mini-Knödel in eine große, flache Auflaufform (gefettet) schichten. Preiselbeeren in Klecksen darauf verteilen.
3. Den Backofen vorheizen.
Ober-/Unterhitze: etwa 220 °C
Heißluft: etwa 200 °C
4. Eier mit Salz und Vanille-Zucker mit einem Mixer (Rührstäbe) schaumig schlagen, Sahne unterschlagen. Die Eiersahne auf dem Apfel-Knödel-Auflauf verteilen.
5. Amarettini zerbröseln und mit den Mandelstiften vermischen. Den Auflauf damit bestreuen.
6. Die Form auf dem Rost in den vorgeheizten Backofen schieben. Den Auflauf etwa 25 Minuten garen.

Apfel im Schlafrock

6 Stück

Zubereitungszeit: 25 Minuten, ohne Abkühlzeit
Backzeit: 35–40 Minuten

Für den Knetteig:
375 g Weizenmehl
1 Msp. Dr. Oetker Backin
200 g kalte Butter oder Margarine
100 g Puderzucker
1 Prise Salz
1 Ei (Größe M)

Für die Füllung:
50 g Butter
50 g gehackte Mandeln
30 g Zucker
100 g Sultaninen

6 mittelgroße säuerliche Äpfel, z. B. Boskop (je etwa 150 g)
1 Ei (Größe M)
2 EL Puderzucker

Pro Stück:
E: 12 g, F: 42 g, Kh: 105 g,
kJ: 3551, kcal: 849

1. Für den Teig Mehl mit Backpulver in einer Rührschüssel mischen. Butter oder Margarine, Puderzucker, Salz und Ei hinzufügen. Die Zutaten mit einem Mixer (Knethaken) zunächst kurz auf niedrigster, dann auf höchster Stufe gut durcharbeiten. Anschließend auf einer bemehlten Arbeitsfläche kurz zu einem Teig verkneten. Sollte er kleben, ihn in Frischhaltefolie gewickelt eine Zeit lang in den Kühlschrank stellen.
2. Für die Füllung Butter in einer Pfanne zerlassen. Mandeln und Zucker hinzufügen, unter Rühren goldbraun rösten, Sultaninen unterrühren. Masse abkühlen lassen. Äpfel schälen, mit einem Apfelausstecher das Kerngehäuse ausstechen.
3. Den Backofen vorheizen.
Ober-/Unterhitze: etwa 180 °C
Heißluft: etwa 160 °C
4. Den Teig in 6 Portionen teilen und jeweils auf einer bemehlten Arbeitsfläche etwa 3 mm dick ausrollen. Dann die Äpfel auf die Teigstücke setzen. Mandel-Sultaninen-Masse in die Äpfel geben.
5. Das Ei verschlagen. Die Teigränder etwa 2 cm breit mit dem verschlagenen Ei bestreichen.
6. Den Teig vorsichtig hochheben und jeweils an den Apfel drücken. Die Äpfel müssen von dem Teig ganz umhüllt sein. Den Teig mit dem restlichen verschlagenen Ei bestreichen.
7. Die Äpfel auf ein Backblech (mit Backpapier belegt) setzen. Das Backblech in den vorgeheizten Backofen schieben. Die Äpfel 35–40 Minuten backen.
8. Die Äpfel im Schlafrock lauwarm mit Puderzucker bestäubt servieren.

Apfelstrudel

Pfirsich-Kirsch-Gratin

Apfelstrudel

12 Stücke

Zubereitungszeit: 50 Minuten, ohne Ruhezeit
Backzeit: etwa 50 Minuten

Für den Strudelteig:
200 g Weizenmehl
1 Prise Salz
75 ml lauwarmes Wasser
50 g zerlassene Butter
oder Margarine oder 3 EL Speiseöl,
z. B. Sonnenblumenöl

Für die Füllung:
1–1 1/2 kg Äpfel, z. B. Cox Orange
3 Tropfen Zitronen-Aroma
(aus dem Röhrchen)
75 g Butter oder Margarine
50 g Semmelbrösel
50 g Rosinen
100 g Zucker
1 Pck. Dr. Oetker Vanillin-Zucker
50 g gehackte Mandeln

etwas Puderzucker

Pro Stück:
E: 3 g, F: 12 g, Kh: 28 g,
kJ: 1141, kcal: 273

1. Für den Teig das Mehl in eine Rührschüssel geben. Restliche Teigzutaten hinzufügen und mit einem Mixer (Knethaken) zunächst kurz auf niedrigster, dann auf höchster Stufe zu einem glatten Teig verarbeiten. In einem kleinen Topf Wasser kochen, das Wasser ausgießen und den Topf abtrocknen.
2. Den Teig auf Backpapier in den heißen Topf legen. Den Topf mit dem Deckel verschließen und den Teig etwa 30 Minuten ruhen lassen.
3. Den Backofen vorheizen.
Ober-/Unterhitze: etwa 180 °C
Heißluft: etwa 160 °C
4. Für die Füllung Äpfel schälen, vierteln, entkernen und in feine Stifte schneiden. Aroma untermischen. Butter oder Margarine zerlassen. Den Teig halbieren und jede Teighälfte auf einem großen, bemehlten Geschirrtuch ausrollen.
5. Die Teige dünn mit etwas von dem Fett bestreichen, dann mit den Händen zu je einem Rechteck (etwa 35 x 25 cm) ausziehen. Die Ränder, wenn sie dicker sind, abschneiden. Zwei Drittel des Fettes auf den Teigplatten verstreichen, Semmelbrösel daraufstreuen, dabei an den Seiten etwa 2 cm frei lassen.
6. Nacheinander Apfelstifte, Rosinen, Zucker, Vanillin-Zucker und Mandeln darauf verteilen. Die frei gelassenen Teigränder der kurzen Seiten auf die Füllung klappen. Die Teigplatten mithilfe des Tuches von der längeren Seite aus aufrollen und an den Enden gut zusammendrücken.
7. Die Strudel mit der Naht nach unten auf ein Backblech (mit Backpapier belegt) legen. Das Backblech in den vorgeheizten Backofen (unteres Drittel) schieben. Die Strudel etwa 50 Minuten backen.
8. Nach etwa 30 Minuten Backzeit die Strudel mit dem restlichen Fett bestreichen.
9. Das Backblech auf einen Kuchenrost stellen, die Strudel mit Puderzucker bestäuben.
10. Die Apfelstrudel warm oder kalt servieren.

Pfirsich-Kirsch-Gratin

4 Portionen

Zubereitungszeit: 40 Minuten
Überbackzeit: etwa 10 Minuten

500 g Schattenmorellen
50 g Zucker
100 g abgezogene, gem. Mandeln
3 Pfirsiche
3 Eiweiß (Größe M)
100 g Zucker

Pro Portion:
E: 9 g, F: 14 g, Kh: 60 g,
kJ: 1785, kcal: 426

1. Die Schattenmorellen abspülen, abtropfen lassen, entstielen und in einem Topf bei schwacher Hitze zum Kochen bringen. Schattenmorellen etwa 10 Minuten kochen lassen. Anschließend durch ein grobes Sieb geben, sodass die Steine zurückbleiben. Kirschmus mit Zucker und 50 g der Mandeln vermengen, in eine flache, rechteckige Auflaufform (gefettet) geben.
2. Den Backofen vorheizen.
Ober-/Unterhitze: etwa 240 °C
Heißluft: etwa 220 °C
3. Pfirsiche kurze Zeit in kochendes Wasser legen (nicht kochen lassen), in kaltem Wasser abschrecken, enthäuten, halbieren, entsteinen und in Spalten schneiden. Pfirsichspalten dekorativ auf das Kirschmus legen.
4. Eiweiß mit Zucker steif schlagen. Der Schnee muss so fest sein, dass ein Messerschnitt sichtbar bleibt. Restliche Mandeln unterheben. Die Eischneemasse in einen Spritzbeutel mit Sterntülle (Ø etwa 5 mm) füllen

und in die Zwischenräume der Pfirsichspalten spritzen.
5. Die Form auf dem Rost in den vorgeheizten Backofen (oberste Schiene) schieben. Pfirsich-Kirsch-Gratin etwa 10 Minuten überbacken.

Bratäpfel mit Rumsauce

6 Portionen

Zubereitungszeit: 45 Minuten, ohne Abkühlzeit
Garzeit: 30–45 Minuten

Für die Rumsauce:
500 ml Milch (3,5 % Fett)
500 g Schlagsahne
200 g Zucker
5 Eigelb (Größe M)
25 g Speisestärke
125 ml Rum

12 Äpfel, z. B. Boskop
200 g Marzipan-Rohmasse
80 g Rosinen
6 EL Calvados
1 gestr. TL gem. Zimt
50 g Zucker
50 g Butter
200 ml Apfelsaft
200 g steif geschlagene Schlagsahne (mind. 30 % Fett)

Pro Portion:
E: 6 g, F: 31 g, Kh: 48 g,
kJ: 2323, kcal: 554

1. Für die Sauce Milch, die Hälfte der Sahne und Zucker in einem Topf zum Kochen bringen.
2. Eigelb, restliche Sahne und Speisestärke verrühren, in die Milch-Sahne-Flüssigkeit rühren, unter ständigem Rühren kurz aufkochen lassen. Rum unterrühren.
3. Die Sauce in eine Schüssel geben und mit Frischhaltefolie zudecken. Die Sauce erkalten lassen.
4. Den Backofen vorheizen.
Ober-/Unterhitze: etwa 180 °C
Heißluft: etwa 160 °C
5. Die Äpfel entstielen, waschen, abtrocknen. Von der Blütenseite her mit einem Apfelausstecher das Kerngehäuse ausstechen, aber nicht ganz durchstechen.
6. Marzipan mit Rosinen, Calvados und etwas Zimt verkneten. Die ausgehöhlten Äpfel damit füllen.
7. Zucker, Butter, restlichen Zimt und Apfelsaft in eine große Auflaufform (gefettet) geben. Die gefüllten Äpfel hineinsetzen.
8. Die Form auf dem Rost in den vorgeheizten Backofen schieben. Die Bratäpfel 30–45 Minuten je nach Apfelsorte garen.
9. Die Äpfel während der Garzeit ab und zu mit dem Sud begießen.
10. Die Sauce vor dem Servieren nochmals schaumig rühren und danach die geschlagene Sahne vorsichtig unterheben.
11. Je einen Apfel in die Mitte eines Tellers setzen und mit etwas Rumsauce begießen. Restliche Rumsauce dazureichen.

Birnen-Ananas-Auflauf

6 Portionen

Zubereitungszeit: 35 Minuten
Garzeit: etwa 60 Minuten

450 g abgetropfte Birnenhälften (aus der Dose)
500 g abgetropfte Ananasscheiben (aus der Dose)
500 g Schlagsahne
5 Eier (Größe M)
60 g brauner Zucker (Rohrzucker)
1 Fläschchen Rum-Aroma
125 g Rosinen
50 g Kokosraspel

Pro Portion:
E: 10 g, F: 40 g, Kh: 42 g,
kJ: 2453, kcal: 586

1. Den Backofen vorheizen.
Ober-/Unterhitze: etwa 180 °C
Heißluft: etwa 160 °C
2. Die Birnenhälften jeweils längs in 3 Spalten schneiden. Die Ananasscheiben halbieren.
3. Sahne und Eier verschlagen. Zucker und Aroma hinzufügen. Rosinen und Kokosraspel unterrühren.
4. Die Birnenspalten und Ananashälften abwechselnd in Reihen in eine große, flache Auflaufform (gefettet) schichten. Die Eier-Rosinen-Sahne-Mischung darauf verteilen. Die Form auf dem Rost in den vorgeheizten Backofen schieben. Den Auflauf etwa 60 Minuten garen.

Bratäpfel mit Rumsauce

Birnen-Ananas-Auflauf

Birnen im Blätterteig
4 Portionen

Zubereitungszeit: 40 Minuten, ohne Auftauzeit
Backzeit: 20–25 Minuten

300 g TK-Blätterteig
4 kleine Birnen, am besten Butterbirnen
2 EL Preiselbeerkonfitüre
1 Eigelb (Größe M)
1 EL Wasser

Pro Portion:
E: 4 g, F: 24 g, Kh: 39 g,
kJ: 1711, kcal: 409

1. Blätterteig nach Packungsanleitung auftauen lassen.

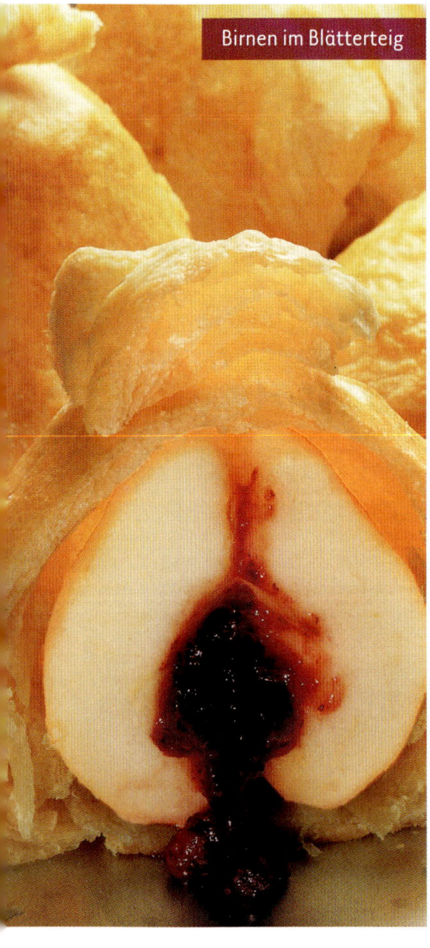

Birnen im Blätterteig

2. Butterbirnen schälen, längs halbieren, Stiele und Kerngehäuse entfernen. Die Birnenhälften mit verrührter Preiselbeerkonfitüre füllen und wieder zusammensetzen.
3. Den Backofen vorheizen.
Ober-/Unterhitze: etwa 220 °C
Heißluft: etwa 200 °C
4. Den Blätterteig auf einer bemehlten Arbeitsfläche zu einem Quadrat (etwa 40 x 40 cm) ausrollen und in 4 gleich große Teigquadrate (etwa 10 x 10 cm) schneiden. Die gefüllten Birnen auf jeweils 1 Teigplatte setzen. Den Teig darüber zusammenschlagen und die Ränder zusammendrücken.
5. Eigelb mit Wasser verschlagen, den Teig damit bestreichen. Die Blätterteigbirnen auf ein Backblech (mit Backpapier) setzen. Das Backblech in den vorgeheizten Backofen schieben und die Birnen im Blätterteig 20–25 Minuten backen.

Brombeerpfannkuchen mit weißer Schokoladensauce
4 Portionen (ohne Foto)

Zubereitungszeit: 25 Minuten
Backzeit: etwa 15 Minuten

Für die Schokoladensauce:
50 g weiße Kuvertüre
100 g Schlagsahne

Für den Pfannkuchen:
125 g Brombeeren
125 ml Milch (3,5 % Fett)
2 Eigelb (Größe M)
30 g zerlassene, abgekühlte Butter
80 g Weizenmehl
1/2 Vanilleschote
2 Eiweiß (Größe M)
1 Prise Salz
1 EL Zucker

1 geh. EL Butter

Zum Bestäuben:
etwas Puderzucker

Zum Garnieren:
etwas Zitronenverbene oder Minze

Pro Portion:
E: 8 g, F: 26 g, Kh: 30 g,
kJ: 1651, kcal: 394

1. Für die Sauce Kuvertüre in grobe Stücke hacken. Die Sahne in einem kleinen Topf bei mittlerer Hitze erwärmen (nicht kochen). Den Topf von der Kochstelle nehmen. Die Kuvertürestücke in der Sahne unter Rühren schmelzen.
2. Den Backofen vorheizen.
Ober-/Unterhitze: etwa 180 °C
Heißluft: etwa 160 °C
3. Für den Pfannkuchen Brombeeren abspülen, trocken tupfen und evtl. entstielen. Milch mit Eigelb und Butter verrühren. Das Mehl nach und nach mit einem Schneebesen unter die Eigelbmilch rühren. Die Vanilleschote aufschneiden, das Mark herauskratzen und unterrühren.
4. Eiweiß mit Salz steif schlagen. Zucker nach und nach unter den Eischnee schlagen und so lange schlagen, bis der Eischnee stark glänzt. Den Eischnee vorsichtig unter den Teig heben.
5. Butter in einer ofenfesten Pfanne (Ø etwa 28 cm) zerlassen. Den Teig hineingeben und die Brombeeren (einige Brombeeren zum Garnieren beiseitelegen) darauf verteilen. Die Pfanne auf dem Rost in den vorgeheizten Backofen schieben und den Pfannkuchen etwa 15 Minuten backen.
6. Die Pfanne aus dem Backofen nehmen. Den Pfannkuchen vorsichtig auf einen großen Teller stürzen, sofort in gleich große Tortenstücke schneiden und auf Desserttellern anrichten. Die Pfannkuchenstücke mit Puderzucker bestäuben.
7. Die warme oder kalte Schokoladensauce an oder auf den Pfannkuchen gießen. Den Pfannkuchen mit den beiseitegelegten Brombeeren und mit abgespülten, trocken getupften Zitronenverbene- oder Minzeblättchen garnieren.

Apfel-Zimt-Schnecken

Birnen in Rotwein

Apfel-Zimt-Schnecken
14 Stück

Zubereitungszeit: 65 Minuten, ohne Teiggeh- und Abkühlzeit
Backzeit: etwa 20 Minuten je Backblech

Für den Quark-Hefeteig:
400 g Weizenmehl
1 Pck. Dr. Oetker Trockenbackhefe
80 g Zucker
100 ml Milch (3,5 % Fett)
100 ml Speiseöl
200 g Magerquark

Für die Füllung:
400 g Äpfel
50 g Zucker
1/2 TL gem. Zimt
1 EL Zitronensaft

30 g zerlassene Butter
Kondensmilch

Pro Portion:
E: 6 g, F: 10 g, Kh: 34 g,
kJ: 1020, kcal: 244

1. Für den Teig Mehl in eine Rührschüssel geben, mit Trockenbackhefe sorgfältig vermischen. Zucker, Milch, Speiseöl und Quark hinzufügen. Die Zutaten mit einem Mixer (Knethaken) zunächst kurz auf niedrigster, dann auf höchster Stufe in etwa 5 Minuten zu einem Teig verarbeiten. Den Teig zugedeckt so lange an einem warmen Ort gehen lassen, bis er sich sichtbar vergrößert hat (etwa 30 Minuten).
2. Für die Füllung in der Zwischenzeit Äpfel schälen, vierteln, entkernen und in kleine Würfel schneiden. Apfelwürfel mit Zucker, Zimt und Zitronensaft mischen, in einem Topf bei schwacher Hitze etwas andünsten. Apfelwürfel etwas abkühlen lassen.
3. Den gegangenen Teig leicht mit Mehl bestäuben, aus der Schüssel nehmen und auf einer bemehlten Arbeitsfläche nochmals kurz durchkneten. Den Teig zu einem Rechteck (etwa 30 x 40 cm) ausrollen und mit Butter bestreichen. Apfelwürfel darauf verteilen.
4. Den Teig von der längeren Seite aus aufrollen. Die Rolle in etwa 3 cm dicke Scheiben schneiden. Teigscheiben auf Backbleche (mit Backpapier belegt) legen und nochmals zugedeckt so lange an einem warmen Ort gehen lassen, bis sie sich sichtbar vergrößert haben (etwa 30 Minuten).
5. Den Backofen vorheizen.
Ober-/Unterhitze: etwa 180 °C
Heißluft: etwa 160 °C
6. Teigscheiben mit Butter und Kondensmilch bestreichen. Backbleche nacheinander (bei Heißluft zusammen) in den vorgeheizten Backofen schieben. Gebäck etwa 20 Minuten je Backblech backen.
7. Die Apfel-Zimt-Schnecken vom Backpapier lösen und auf Kuchenrosten erkalten lassen.

Birnen in Rotwein
6 Portionen

Zubereitungszeit: 20 Minuten
Garzeit: etwa 60 Minuten

12 kleine saftige Birnen
500 ml Rotwein
200 g Zucker
einige Gewürznelken

Pro Portion:
E: 1 g, F: 1 g, Kh: 64 g,
kJ: 1300, kcal: 310

1. Den Backofen vorheizen.
Ober-/Unterhitze: etwa 200 °C
Heißluft: etwa 180 °C
2. Birnen waschen und trocken tupfen. Mit einem spitzen Messer die Blütenansätze der Birnen entfernen, die Stängel aber nicht abschneiden.
3. Die ungeschälten Birnen nebeneinander in eine große, hohe Auflaufform (gefettet) setzen.
4. So viel Rotwein hinzugießen, dass die Stängelansätze bedeckt sind.
5. Zucker und Gewürznelken hinzufügen.
6. Die Form auf dem Rost in den vorgeheizten Backofen schieben. Die Birnen in etwa 60 Minuten weich dünsten lassen. Der Rotwein sollte in der angegebenen Garzeit sirupartig eingedickt sein.
7. Die Form auf einen Rost stellen und die Birnen in dem Saft erkalten lassen.

Schokoladenauflauf

Erdbeeren in Krokantblätterteig

Schokoladenauflauf

4 Portionen

Zubereitungszeit: 35 Minuten, ohne Abkühlzeit
Garzeit: etwa 40 Minuten

70 g Zartbitter-Schokolade
125 ml Milch (3,5 % Fett)
40 g Butter (zimmerwarm)
80 g Zucker, 4 Eigelb (Größe M)
20 g Speisestärke
4 Eiweiß (Größe M)

Pro Portion:
E: 14 g, F: 22 g, Kh: 35 g,
kJ: 1691, kcal: 404

1. Schokolade grob raspeln, mit der Milch in einem kleinen Topf erwärmen, bis die Schokolade geschmolzen ist. Schokoladenmilch abkühlen lassen, dabei gelegentlich umrühren.
2. Den Backofen vorheizen.
Ober-/Unterhitze: etwa 200 °C
Heißluft: etwa 180 °C
3. Butter schaumig rühren, Zucker unterrühren. Nach und nach Eigelb und Speisestärke unterrühren. Dann die Schokoladenmilch hinzufügen und mit einem Schneebesen durchschlagen. Eiweiß steif schlagen und unter die Schokoladenmasse heben.
4. Die Schokoladenmasse in eine Auflaufform (gefettet) füllen. Die Form in eine Fettpfanne stellen und in den vorgeheizten Backofen schieben, die Fettpfanne etwa 2 cm hoch mit heißem Wasser füllen.
5. Den Schokoladenauflauf etwa 40 Minuten garen.

Erdbeeren in Krokantblätterteig

6 Portionen

Zubereitungszeit: 50 Minuten, ohne Auftau- und Abkühlzeit
Backzeit: 10–12 Minuten

250 g TK-Blätterteig
80 g Puderzucker

Für die Creme:
100 g Schlagsahne
40 g Zucker
3 Eigelb (Größe M)
2 Blatt weiße Gelatine
100 g Schlagsahne (mind. 30 % Fett)
20 ml Orangenlikör
1 TL Zitronensaft
350–400 g Erdbeeren

einige Minzeblättchen
1 EL Puderzucker

Pro Portion:
E: 6 g, F: 24 g, Kh: 43 g,
kJ: 1750, kcal: 418

1. Blätterteig zugedeckt nach Packungsanleitung auftauen lassen.
2. In der Zwischenzeit den Backofen vorheizen.
Ober-/Unterhitze: etwa 220 °C
Heißluft: etwa 200 °C
3. Die Blätterteigplatten aufeinanderlegen und auf einer leicht bemehlten Arbeitsfläche etwa 3 mm dick ausrollen, auf ein Backblech (30 x 40 cm, mit Backpapier belegt) legen und mit einem Kuchenrost beschweren, damit der Teig nicht stark aufgeht. Das Backblech in den vorgeheizten Backofen schieben. Die Blätterteigplatte 10–12 Minuten backen.
4. Das Backblech auf einen Kuchenrost stellen. Den Backofengrill vorheizen.
5. Die Blätterteigplatte erkalten lassen und anschließend in Rechtecke (etwa 5 x 10 cm) schneiden.
6. Blätterteigrechtecke dick mit Puderzucker bestäuben und unter dem vorgeheizten Backofengrill goldgelb karamellisieren, abkühlen lassen.
7. Wenn die Blätterteigrechtecke abgekühlt sind, Blätterteigrechtecke umdrehen, mit dem restlichen Puderzucker bestäuben, ebenfalls goldbraun karamellisieren und abkühlen lassen.
8. Für die Creme Sahne und Zucker in einem Topf unter Rühren aufkochen lassen und anschließend mit Eigelb zur Rose abziehen (d. h. einen Rührlöffel mit der heißen Creme überziehen, beim Darüberblasen entsteht ein rosenartiges Muster, dann ist die richtige Konsistenz erreicht).
9. Gelatine nach Packungsanleitung einweichen, leicht ausdrücken und in der heißen Creme unter Rühren vollständig auflösen. Die Creme erkalten lassen.
10. Sahne steif schlagen. Wenn die Creme anfängt zu gelieren, Orangenlikör und Zitronensaft unterrühren, Sahne unterheben.
11. Erdbeeren putzen, abspülen, trocken tupfen, entstielen und danach halbieren.

12. Jeweils ein Blätterteigrechteck in die Mitte eines flachen Tellers legen, etwas Orangen-Sahne-Creme daraufgeben. Erdbeerhälften vorsichtig in die Creme drücken. Nochmals etwas Creme daraufgeben und ein zweites karamellisiertes Blätterteigrechteck daraufsetzen.
13. Die Erdbeeren in Krokant mit abgespülten und trocken getupften Minzeblättchen garnieren und den äußeren Tellerrand mit Puderzucker bestäuben.

Buchweizen-Clafoutis

6 Portionen (ohne Foto)

Zubereitungszeit: 30 Minuten
Backzeit: etwa 45 Minuten

600 g Süßkirschen
100 g Buchweizenmehl
2 Eier (Größe M)
400 ml Kefir
50 g Zucker
1 Prise Salz
125 ml Kirschsaft (von den Kirschen)
75 g Zucker

Pro Portion:
E: 7 g, F: 5 g, Kh: 49 g,
kJ: 1180, kcal: 281

1. Die Kirschen abspülen, abtropfen lassen und entstielen. Kirschen entsteinen, dabei den Saft auffangen und 125 ml abmessen (evtl. mit etwas Wasser auffüllen).
2. Den Backofen vorheizen.
Ober-/Unterhitze: etwa 200 °C
Heißluft: etwa 180 °C
3. Das Mehl in eine Rührschüssel geben. Eier, Kefir, Zucker und Salz hinzufügen. Die Zutaten zu einem glatten Teig verrühren und in eine runde Auflaufform (gefettet) gießen. Die Kirschen darauf verteilen.
4. Die Form auf dem Rost in den vorgeheizten Backofen schieben. Buchweizen-Clafoutis etwa 45 Minuten backen.
5. Kirschsaft mit Zucker in einem Topf erwärmen, bis der Zucker gelöst ist. Den Kirschsaft nach der angegebenen Backzeit über den Clafoutis gießen und im ausgeschalteten, heißen Backofen noch etwa 15 Minuten ziehen lassen.
6. Den Clafoutis auf eine Platte stürzen und heiß servieren.

Salzburger Kreisel

12 Stück

Zubereitungszeit: 50 Minuten, ohne Abkühlzeit
Backzeit: 25–30 Minuten je Backblech

Für den All-in-Teig:
250 g Weizenmehl
2 gestr. TL Dr. Oetker Backin
120 g Zucker
1 Pck. Dr. Oetker Vanillin-Zucker
1/2 gestr. TL Salz
3 Eier (Größe M)
2 EL Milch
100 g Butter oder Margarine
100 g Nuss-Nougat
100 g Marzipan-Rohmasse
35 g sehr fein gehackte oder gem. Pistazienkerne

30 g Kuchenglasur dunkel

Pro Stück:
E: 6 g, F: 17 g, Kh: 34 g,
kJ: 1311, kcal: 313

1. Für den Teig Mehl mit Backpulver mischen und in eine Rührschüssel geben. Zucker, Vanillin-Zucker, Salz, Eier, Milch und Butter oder Margarine hinzufügen. Die Zutaten mit einem Mixer (Rührstäbe) zunächst kurz auf niedrigster, dann auf höchster Stufe in etwa 2 Minuten zu einem glatten Teig verarbeiten. Den Teig halbieren.
2. Den Backofen vorheizen.
Ober-/Unterhitze: etwa 180 °C
Heißluft: etwa 160 °C
3. Nuss-Nougat in kleine Stücke schneiden, in einer kleinen Schüssel im Wasserbad bei schwacher Hitze unter Rühren schmelzen. Eine Teighälfte mit der Nuss-Nougat-Masse verrühren. Marzipan auf der groben Seite der Haushaltsreibe raspeln. Zwei Drittel des restlichen Teiges mit den Marzipanraspeln verrühren. Restlichen Teig mit Pistazienkernen (1 Teelöffel gehackte Pistazienkerne beiseitelegen) verrühren.
4. Drei Backbleche mit Backpapier belegen. Jeweils 4 Kreise (Ø etwa 8 cm) aufzeichnen. Den Nougatteig in einen Spritzbeutel mit glatter Tülle (Ø 12 mm) geben und einen Ring auf die Kreise spritzen. Den Marzipanteig in die Mitte der Teigringe geben, dabei mit einem angefeuchteten Teelöffel eine Mulde in die Mitte drücken. Den Pistazienteig jeweils in die Mulde geben und mit den beiseitegelegten Pistazienkernen bestreuen.
5. Die Backbleche nacheinander (bei Heißluft zusammen) in den vorgeheizten Backofen schieben. Kreisel 25–30 Minuten je Backblech backen.
6. Die Kreisel mit dem Backpapier von den Backblechen auf Kuchenroste ziehen. Kreisel erkalten lassen.
7. Kuchenglasur nach Packungsanleitung schmelzen. Die Kreisel mithilfe eines Teelöffels damit besprenkeln. Glasur trocknen lassen.

Salzburger Kreisel

Weihnachtspudding

4–6 Portionen

Zubereitungszeit: 45 Minuten, ohne Abkühlzeit
Garzeit: etwa 35 Minuten

80 g Butter
100 g Gewürzspekulatius
200 g Honigkuchen
100 g rote Belegkirschen
3 Eier (Größe M)
1 EL Zucker
25 g gehackte Pistazienkerne
1–2 EL Semmelbrösel

Für die Sauce:
250 ml Apfelsaft
20 g Speisestärke
1–2 EL Zucker
1–2 EL Zitronensaft
250 ml Glühwein (Fertigprodukt)

etwas Puderzucker

Außerdem:
4–6 kleine Metall- oder Puddingformen
evtl. Alufolie

Pro Portion:
E: 9 g, F: 27 g, Kh: 79 g,
kJ: 2614, kcal: 625

1. Butter zerlassen und abkühlen lassen. Spekulatius und Honigkuchen im Mixer fein zerbröseln. Einige Belegkirschen zum Garnieren beiseitelegen. Restliche Belegkirschen halbieren.

2. Den Backofen vorheizen.
Ober-/Unterhitze: etwa 160 °C
Heißluft: etwa 140 °C

3. Die Eier trennen. Das Eiweiß steif schlagen. Eigelb und Zucker in einer Rührschüssel mit einem Mixer (Rührstäbe) dicklich aufschlagen.

4. Gebäckbrösel mit der abgekühlten Butter, Belegkirschen und 2/3 der Pistazienkerne vermischen. Eigelbcreme und Eischnee nacheinander unterheben. Den Teig in 4–6 kleine Metallformen oder Puddingformen (gefettet, mit Semmelbröseln ausgestreut) füllen. Die Formen mit Alufolie oder Deckeln verschließen.

5. Die Formen in die Fettpfanne des Backofens setzen. Die Fettpfanne in den vorgeheizten Backofen schieben. So viel heißes Wasser hinzugießen, dass die Formen 1–2 cm hoch im Wasser stehen. Weihnachtspudding etwa 35 Minuten garen.

6. Für die Sauce in der Zwischenzeit die Hälfte des Apfelsafts mit der Speisestärke anrühren. Restlichen Apfelsaft mit Zucker, Zitronensaft und Glühwein in einem Topf zum Kochen bringen. Angerührte Speisestärke in die von der Kochstelle genommene Flüssigkeit rühren und unter Rühren aufkochen lassen.

7. Die Formen aus dem Backofen nehmen und auf einem Kuchenrost etwa 5 Minuten stehen lassen. Dann die Puddinge aus den Formen stürzen, mit Puderzucker bestäuben, mit restlichen Pistazienkernen und Belegkirschen garnieren. Weihnachtspudding mit der Sauce servieren.

Schokoladenauflauf mit Aprikosen

6 Portionen

Zubereitungszeit: 25 Minuten
Garzeit: etwa 10 Minuten

100 g Zartbitter-Schokolade
1 Pck. Gala Schokoladen-Pudding-Pulver
2 Eigelb (Größe M)
etwa 65 g Zucker
500 ml Milch (3,5 % Fett)
2 Eiweiß (Größe M)
480 g abgetropfte Aprikosenhälften (aus der Dose)
einige abgezogene, gehobelte Mandeln

Pro Portion:
E: 7 g, F: 14 g, Kh: 32 g,
kJ: 1223, kcal: 292

1. Den Backofen vorheizen.
Ober-/Unterhitze: etwa 200 °C
Heißluft: etwa 180 °C

2. Schokolade grob raspeln. Pudding-Pulver mit Eigelb, 50 g Zucker und etwas von der Milch anrühren.

3. Restliche Milch in einem Topf zum Kochen bringen. Angerührtes Pudding-Pulver in die von der Kochstelle genommene Milch rühren und unter Rühren gut aufkochen lassen. Den Topf von der Kochstelle nehmen. Geraspelte Schokolade sofort unterrühren und schmelzen lassen. Eiweiß steif schlagen und unter den heißen Pudding heben.

Weihnachtspudding

Schokoladenauflauf mit Aprikosen

Schokoauflauf mit Amarettini

Vanillecreme, abgebrannt mit Zitrusfrüchten (Crème brûlée)

4. Die Hälfte der Aprikosenhälften in eine große Auflaufform (gefettet) oder mehrere kleine Auflaufformen (gefettet) geben. Die Puddingmasse darauf verteilen. Restliche Aprikosenhälften, Mandeln und restlichen Zucker daraufgeben.
5. Die Form oder Formen auf dem Rost in den vorgeheizten Backofen schieben. Den Schokoladenauflauf etwa 10 Minuten garen.

Schokoauflauf mit Amarettini

(Römertopf® 3-Liter-Inhalt)
4 Portionen

Zubereitungszeit: 30 Minuten, ohne Abkühlzeit
Backzeit: etwa 45 Minuten

200 g Zartbitter-Schokolade
100 g Amarettini
(ital. Mandelmakronen)
4 Eier (Größe M)
50 g Zucker, 100 g Schlagsahne
1 Prise Salz
30 g gehobelte Mandeln

Pro Portion:
E: 15 g, F: 36 g, Kh: 58 g,
kJ: 2686, kcal: 641

1. Schokolade in Stücke brechen, in einem kleinen Topf im Wasserbad bei schwacher Hitze unter Rühren schmelzen. Schokolade abkühlen lassen.
2. Amarettini in einen Gefrierbeutel geben, den Beutel fest verschließen. Amarettini mit der Teigrolle grob zerbröseln.
3. Eier trennen. Eigelb und 25 g Zucker mit einem Mixer (Rührstäbe) zu einer dicken Creme aufschlagen. Sahne unterrühren. Eiweiß mit Salz steif schlagen, restlichen Zucker kurz unterschlagen.
4. Die abgekühlte, flüssige Schokolade unter die Eigelbcreme rühren. Eischnee und Amarettinibrösel vorsichtig unterheben. Die Masse in einen gewässerten Römertopf® geben und mit Mandeln bestreuen. Den Römertopf® mit dem Deckel verschließen und auf dem Rost in den kalten Backofen schieben.
Ober-/Unterhitze: etwa 200 °C
Heißluft: etwa 180 °C
5. Auflauf etwa 45 Minuten backen.

Vanillecreme, abgebrannt mit Zitrusfrüchten (Crème brûlée)

4 Portionen

Zubereitungszeit: 50 Minuten, ohne Abkühlzeit
Garzeit: etwa 20 Minuten

Für die Vanillecreme:
60 g Zucker
100 ml Milch (3,5 % Fett)
1/2 aufgeschnittene Vanilleschote
200 g Schlagsahne, 1 Prise Salz
5 Eigelb (Größe M)

je 1 Orange, Limette und rosa Grapefruit
80 g brauner Zucker (Rohrzucker)

Pro Portion:
E: 6 g, F: 23 g, Kh: 44 g,
kJ: 1749, kcal: 418

1. Für die Vanillecreme die Hälfte des Zuckers in einem Topf karamellisieren lassen und mit der Milch ablöschen. Vanilleschote, Sahne und Salz hinzugeben und aufkochen lassen. Den Topf von der Kochstelle nehmen.
2. Den Backofen vorheizen.
Ober-/Unterhitze: etwa 150 °C
Heißluft: etwa 130 °C
3. Eigelb mit dem restlichen Zucker schaumig rühren, unter die heiße Vanillemilch rühren und auf maximal 85 °C erhitzen. Die Masse durch ein Sieb geben und in 4 feuerfesten Schalen (gefettet) verteilen.
4. Die Schalen in die Fettpfanne des Backofens setzen. Die Fettpfanne in den vorgeheizten Backofen schieben. So viel heißes Wasser hinzugießen, dass die Schalen 1–2 cm hoch im Wasser stehen. Die Creme in etwa 20 Minuten stocken lassen.
5. Die Schalen aus dem Backofen nehmen. Die Creme abkühlen lassen und anschließend in den Kühlschrank stellen.
6. Orange, Limette und Grapefruit so schälen, dass auch die weiße Haut mitentfernt wird. Die Fruchtfilets herausschneiden.
7. Den Backofengrill vorheizen.
8. Jeweils die Oberfläche der gekühlten Creme mit Rohrzucker bestreuen. Die Schalen auf dem Rost unter den vorgeheizten Backofengrill schieben. Den Zucker 3–5 Minuten hellbraun karamellisieren lassen.
9. Die knusprige Oberfläche mit den Zitrusfilets belegen, sofort servieren.

Saure Zitronen-Kanten

Saure Zitronen-Kanten

12 Stück

Zubereitungszeit: 20 Minuten, ohne Abkühlzeit
Backzeit: 25–30 Minuten je Backblech

Für den Rührteig:
50 g Butter oder Margarine
100 g Zucker
1 Pck. Dr. Oetker Finesse Geriebene Zitronenschale
1 Ei (Größe M)
70 g Schmand (Sauerrahm)
250 g Weizenmehl
2 gestr. TL Dr. Oetker Backin

50 g Zucker
180 g Schmand (Sauerrahm)
einige saure Stäbchen oder saure Pommes (Weingummi)

Pro Stück:
E: 3 g, F: 9 g, Kh: 29 g,
kJ: 883, kcal: 211

1. Für den Teig Butter oder Margarine mit einem Mixer (Rührstäbe) auf höchster Stufe geschmeidig rühren. Nach und nach Zucker und Zitronenschale unterrühren, bis eine gebundene Masse entstanden ist.
2. Ei in etwa 1/2 Minute unterrühren, Schmand hinzufügen. Mehl mit Backpulver mischen, in 2 Portionen kurz auf mittlerer Stufe unterrühren. Den Teig halbieren.
3. Den Backofen vorheizen.
Ober-/Unterhitze: etwa 180 °C
Heißluft: etwa 160 °C
4. Eine Teighälfte auf einer mit Zucker bestreuten Arbeitsfläche mit angefeuchteten Händen zu einer quadratischen, etwa 24 cm langen Stange (etwa 4 x 4 cm) formen. Diese in 6 Würfel schneiden. Teigwürfel in dem Zucker wälzen und mit großem Abstand zueinander auf ein Backblech (mit Backpapier belegt) legen. Zweite Teighälfte ebenso verarbeiten und die Teigwürfel auf ein zweites Backblech (mit Backpapier belegt) legen.
5. Die Backbleche nacheinander (bei Heißluft zusammen) in den vorgeheizten Backofen schieben. Das Gebäck 25–30 Minuten je Backblech backen.
6. Die Zitronen-Kanten mit dem Backpapier von den Backblechen auf Kuchenroste ziehen. Zitronen-Kanten etwa 5 Minuten abkühlen lassen.
7. Auf jedes warme Gebäckstück einen Klecks Schmand geben. Gebäck erkalten lassen und mit sauren Stäbchen garnieren.

Salzburger Nockerln

4 Portionen

Zubereitungszeit: 20 Minuten
Backzeit: etwa 10 Minuten

4 Eigelb (Größe M)
2 EL Weizenmehl
1 Prise Salz
3 Tropfen Butter-Vanille-Aroma
4 Eiweiß (Größe M)
2 EL feiner Zucker
2 EL Puderzucker

Pro Portion:
E: 7 g, F: 10 g, Kh: 16 g,
kJ: 782, kcal: 187

1. Den Backofen vorheizen.
Ober-/Unterhitze: etwa 200 °C
Heißluft: etwa 180 °C
2. Eigelb mit Mehl, Salz und Butter-Vanille-Aroma in einer Rührschüssel verrühren. Eiweiß steif schlagen, nach und nach kurz Zucker unterschlagen. Zuerst 1 Esslöffel des Eischnees mit der Eigelbmasse verrühren, dann die Eigelbmasse vorsichtig unter den restlichen Eischnee ziehen.
3. Die Teigmasse in vier Hügeln in eine flache, feuerfeste Form (gefettet) geben. Die Form auf dem Rost in den vorgeheizten Backofen schieben.
4. Salzburger Nockerln etwa 10 Minuten backen.
5. Salzburger Nockerln mit Puderzucker bestäuben und sofort servieren.

Rhabarber-Aprikosen-Auflauf

12 Portionen (ohne Foto)

Zubereitungszeit: 55 Minuten, ohne Teiggehzeit
Backzeit: 35–40 Minuten

Für den Hefeteig:
400 g Weizenmehl
2 Pck. Dr. Oetker Trockenbackhefe
1 Prise Salz
1 Pck. Dr. Oetker Finesse Geriebene Zitronenschale
4 EL Zucker
600 ml lauwarme Milch (3,5 % Fett)
4 Eier (Größe M)

1,8–2 kg Rhabarber
2 EL Zucker
2 Pck. Dr. Oetker Vanillin-Zucker
720 g abgetropfte Aprikosenhälften (aus Dosen)
100 ml Aprikosensaft (aus den Dosen)
300 g Marzipan-Rohmasse
100 g gehackte Mandeln

Pro Portion:
E: 14 g, F: 18 g, Kh: 62 g,
kJ: 2062, kcal: 492

1. Für den Teig Mehl in eine Rührschüssel geben und mit der Trockenbackhefe sorgfältig vermischen. Salz, Zitronenschale, Zucker, Milch und Eier hinzugeben. Die Zutaten mit einem Schneebesen zu einem flüssigen Teig verrühren. Den Teig zugedeckt etwa 30 Minuten an einem warmen Ort gehen lassen.
2. Den Backofen vorheizen.
Ober-/Unterhitze: etwa 200 °C
Heißluft: etwa 180 °C
3. Rhabarber putzen, abspülen, abtropfen lassen, die Stiel- und Blattansätze abschneiden. Dickere Stangen längs durchschneiden, dann in längliche Stücke schneiden und in einer Fettpfanne (30 x 40 cm, gefettet) verteilen. Zucker mit Vanillin-Zucker mischen und daraufstreuen.
4. Von den Aprikosenhälften den Saft auffangen und 100 ml Saft abmessen. Marzipan klein würfeln und mit dem abgemessenen Aprikosensaft pürieren.
5. Den gegangenen Hefeteig nochmals durchrühren. Die Rhabarberstücke damit übergießen. Aprikosenhälften mit der Wölbung nach unten in den Teig setzen. Marzipancreme als kleine Häufchen in die Aprikosenhälften setzen und zwischen den Rhabarberstücken auf dem Teig verteilen. Mandeln daraufstreuen.
6. Die Fettpfanne in den vorgeheizten Backofen schieben. Den Auflauf 35–40 Minuten backen.

Strudelhörnchen
18 Stück

Zubereitungszeit: 65 Minuten, ohne Ruhe- und Einweichzeit
Backzeit: 10–15 Minuten

Für den Strudelteig:
200 g Weizenmehl
1 Prise Salz
75 ml lauwarmes Wasser
3 EL Speiseöl

50 g zerlassene Butter

Für die Füllung:
100 g gehackte Mandeln
50 g fein gehackte Walnusskerne
100 g Korinthen, 2 EL Weinbrand
4 EL Zucker, 4 Eigelb (Größe M)
1/2 Pck. Dr. Oetker Finesse Geriebene Zitronenschale
1 gestr. TL gem. Zimt

2 Eigelb
4 EL Hagelzucker

Pro Stück:
E: 4 g, F: 11 g, Kh: 16 g,
kJ: 762, kcal: 182

1. Für den Teig Mehl in eine Rührschüssel geben. Salz, Wasser und Speiseöl hinzufügen. Die Zutaten mit einem Mixer (Knethaken) zunächst kurz auf niedrigster, dann auf höchster Stufe gut durcharbeiten.
2. Anschließend auf einer Arbeitsfläche zu einem glatten Teig verkneten, ihn auf Backpapier in einen heißen, trockenen Kochtopf (vorher Wasser darin kochen) legen, mit einem Deckel verschließen und etwa 30 Minuten ruhen lassen.
3. Den Strudelteig auf einem bemehlten großen Tuch (Geschirrtuch) dünn ausrollen, ihn dann mit den Händen zu einem Quadrat von etwa 60 x 60 cm ausziehen (er muss durchsichtig sein). Die Ränder, wenn sie dicker sind, abschneiden. Den Teig dünn mit etwas von der Butter bestreichen. Aus dem Teigquadrat mithilfe eines Lineals und eines Messers 9 Quadrate (je 20 x 20 cm) schneiden. Jedes Quadrat diagonal durchschneiden, sodass 18 Dreiecke entstehen.
4. Den Backofen vorheizen.
Ober-/Unterhitze: etwa 180 °C
Heißluft: etwa 160 °C
5. Für die Füllung Mandeln, Walnusskerne und Korinthen in eine Schüssel geben, mit Weinbrand beträufeln und etwas einweichen lassen. Zucker, Eigelb, Zitronenschale und Zimt unter die Nuss-Korinthen-Masse rühren.
6. Die Füllung gleichmäßig auf den Teigdreiecken verteilen. Von der breiten Seite aus aufrollen und zu Hörnchen formen. Die Hörnchen auf ein Backblech (gefettet, mit Backpapier belegt) legen.
7. Eigelb mit etwas Wasser verschlagen, die Hörnchen damit bestreichen und mit Hagelzucker bestreuen. Das Backblech in den vorgeheizten Backofen schieben und die Hörnchen 10–15 Minuten backen.
8. Die Hörnchen vom Backpapier lösen, auf einen Kuchenrost legen. Hörnchen warm oder kalt servieren.

Salzburger Nockerln

Strudelhörnchen

Rhabarberstrudel
10 Portionen

Zubereitungszeit: 50 Minuten, ohne Ruhezeit
Backzeit: 45–55 Minuten

Für den Strudelteig:
100 g Weizenmehl
1 Prise Salz
3 EL lauwarmes Wasser
2 EL Speiseöl

Für die Füllung:
60 g Butter
90 g Semmelbrösel
400 g Rhabarber
60 g Zucker
1 Pck. Dr. Oetker Vanillin-Zucker
gem. Zimt
60 g gehobelte Mandeln

60 g zerlassene, abgekühlte Butter

Pro Portion:
E: 4 g, F: 16 g, Kh: 22 g,
kJ: 1075, kcal: 257

1. Für den Teig Mehl in eine Rührschüssel geben, Salz, Wasser und Speiseöl hinzufügen. Die Zutaten mit einem Mixer (Knethaken) zunächst kurz auf niedrigster, dann auf höchster Stufe gut durcharbeiten. Anschließend auf einer bemehlten Arbeitsfläche zu einem glatten Teig verkneten.
2. Den Teig auf Backpapier in einen heißen, trockenen Kochtopf legen (vorher Wasser darin kochen), mit einem Deckel verschließen und etwa 30 Minuten ruhen lassen.
3. Für die Füllung Butter in einer Pfanne zerlassen, Semmelbrösel darin unter Rühren goldgelb rösten.
4. Rhabarber abspülen, abtropfen lassen, Stielenden und Blattansätze entfernen. Stangen in etwa 2 cm lange Stücke schneiden. Rhabarberstücke mit Zucker, Vanillin-Zucker, etwas Zimt und Mandeln vermengen.
5. Den Teig auf einem bemehlten, großen Geschirrtuch dünn ausrollen, ihn dann mit den Händen zu einem Rechteck (etwa 25 x 35 cm) ausziehen (er muss durchsichtig sein). Die Ränder, wenn sie etwas dicker sind, abschneiden.
6. Den Backofen vorheizen.
Ober-/Unterhitze: etwa 180 °C
Heißluft: etwa 160 °C
7. Den Teig mit der Hälfte der Butter bestreichen, zunächst die Semmelbrösel, dann die Rhabarbermasse auf zwei Dritteln des Teiges verteilen (an den kürzeren Seiten etwa 3 cm am Rand frei lassen). Die frei gebliebenen Teigränder über die Füllung schlagen.
8. Den Teig mithilfe des Tuches von der längeren Seite aus, bei der Füllung beginnend, aufrollen, an den Enden gut zusammendrücken. Die Teigrolle auf ein Backblech (gefettet, mit Backpapier belegt) legen und mit einem Teil der restlichen Butter bestreichen. Das Backblech in den vorgeheizten Backofen schieben. Den Strudel 45–55 Minuten backen.
9. Strudel während des Backens mit der restlichen Butter bestreichen.
10. Den Strudel mit dem Backpapier vom Backblech auf einen Kuchenrost ziehen und erkalten lassen.

Kirschstrudel mit Pudding

10 Portionen

Zubereitungszeit: 45 Minuten, ohne Abkühl- und Ruhezeit
Backzeit: 45–55 Minuten

1 Pck. Dr. Oetker Pudding-Pulver Vanille-Geschmack
40 g Zucker
500 ml Milch (3,5 % Fett)
1 Ei (Größe M)

Für den Strudelteig:
250 g Weizenmehl
1 Prise Salz
125 ml lauwarmes Wasser
5 EL Speiseöl

50 g zerlassene Butter
740 g abgetropfte Sauerkirschen (aus Gläsern)
100 g Kokosraspel
100 g Zucker
4 EL Semmelbrösel

Pro Portion:
E: 6 g, F: 18 g, Kh: 54 g,
kJ: 1762, kcal: 420

Rhabarberstrudel

Kirschstrudel mit Pudding

Saarländischer Apfelkuchen

1. Pudding-Pulver mit Zucker mischen, mit 6 Esslöffeln von der Milch und dem Ei glatt rühren. Restliche Milch in einem Topf zum Kochen bringen. Angerührtes Pudding-Pulver in die von der Kochstelle genommene Milch rühren und unter Rühren mindestens 1 Minute kochen lassen. Den Pudding in eine Schüssel geben, die Oberfläche sofort mit Frischhaltefolie belegen. Pudding erkalten lassen.
2. Für den Teig Mehl in eine Rührschüssel geben, Salz, Wasser und Speiseöl hinzufügen. Die Zutaten mit einem Mixer (Knethaken) zunächst kurz auf niedrigster, dann auf höchster Stufe gut durcharbeiten.
3. Anschließend auf der leicht bemehlten Arbeitsfläche zu einem glatten Teig verkneten. Den Teig auf Backpapier in einen heißen, trockenen Kochtopf (vorher Wasser darin kochen) legen. Den Topf mit einem Deckel verschließen, den Teig etwa 30 Minuten ruhen lassen.
4. Den Teig auf einem großen bemehlten Geschirrtuch ausrollen, dünn mit etwas von der Butter bestreichen, ihn dann mit den Händen zu einem Rechteck (etwa 70 x 50 cm) ausziehen. Die Ränder, wenn sie dicker sind, abschneiden.
5. Den Backofen vorheizen.
Ober-/Unterhitze: etwa 200 °C
Heißluft: etwa 180 °C
6. Kirschen, Kokosraspel und Zucker mischen. 2/3 des Teiges mit Semmelbröseln bestreuen und mit dem Pudding bestreichen. Dabei einen etwa 3 cm breiten Rand frei lassen. Die Kirschmasse auf dem Pudding verteilen.
7. Den Teig mithilfe des Tuches von der kurzen Seite aus aufrollen. Die Rolle an den Enden gut zusammendrücken. Den Strudel auf ein Backblech (gefettet, mit Backpapier belegt) legen. Die Hälfte der restlichen Butter auf den Strudel streichen. Das Backblech in den vorgeheizten Backofen schieben und den Strudel 45–55 Minuten backen. Den Strudel während des Backens mit der restlichen Butter bestreichen.
8. Das Backblech auf einen Kuchenrost stellen. Den Strudel erkalten lassen.

Saarländischer Apfelkuchen

16 Stücke

Zubereitungszeit: 30 Minuten, ohne Auftau- und Abkühlzeit
Backzeit: etwa 25 Minuten

225 g TK-Blätterteig
(5 quadratische Platten)

Für den Belag:
500 g Äpfel, z. B. Boskop
2 EL Zucker
1/2 TL Dr. Oetker Vanillin-Zucker
50 g gehobelte Mandeln

150 g Aprikosenkonfitüre
1 EL Wasser

Pro Stück:
E: 2 g, F: 5 g, Kh: 16 g,
kJ: 503, kcal: 120

1. Blätterteigplatten nebeneinander zugedeckt nach Packungsanleitung auftauen lassen.
2. Die Teigplatten wieder aufeinanderlegen, auf einer bemehlten Arbeitsfläche ausrollen und eine runde Platte (Ø etwa 30 cm) ausschneiden. Die Teigplatte auf den Boden einer Springform (Ø 26 cm, gefettet) legen und am Formrand etwas hochziehen. Blätterteig etwa 10 Minuten ruhen lassen, dabei zieht sich der Teig etwas zusammen.
3. Den Backofen vorheizen.
Ober-/Unterhitze: etwa 200 °C
Heißluft: etwa 180 °C
4. Für den Belag in der Zwischenzeit Äpfel schälen, vierteln und entkernen. Apfelviertel der Länge nach in dünne Scheiben schneiden.
5. Den Teigboden mehrmals mit einer Gabel einstechen. Die Apfelscheiben dachziegelartig auf dem Teigboden verteilen. Zucker mit Vanillin-Zucker und Mandeln mischen und gleichmäßig auf die Apfelscheiben streuen.
6. Die Form auf dem Rost in den vorgeheizten Backofen schieben und den Apfelkuchen etwa 25 Minuten backen.
7. Die Form auf einen Kuchenrost stellen. Den Kuchen etwa 10 Minuten in der Form stehen lassen, dann aus der Form lösen, auf den Kuchenrost legen und etwas abkühlen lassen.
8. Die Aprikosenkonfitüre und Wasser in einem kleinen Topf unter Rühren zum Kochen bringen. Den Kuchen damit bestreichen (stückige Konfitüre nach dem Aufkochen durch ein Sieb streichen). Den Kuchen lauwarm servieren.

Topfenpalatschinken, überbacken

Topfenpalatschinken, überbacken

6 Stück

Zubereitungszeit: 45 Minuten, *ohne Ruhezeit*
Überbackzeit: 20–25 Minuten

Für die Palatschinken:
180 g Weizenmehl
2 Eier (Größe L)
200 ml Milch (3,5 % Fett)
100 ml Mineralwasser mit Kohlensäure
1 TL Zucker
1 Prise Salz

50 g Butter
300 g Magerquark (Topfen)
60 g Zucker
1 Ei (Größe L)
2–3 gestr. EL Weichweizengrieß
175 g abgetropfte Mandarinen (aus der Dose)
150 g saure Sahne
100 g Schlagsahne
1 Pck. Dr. Oetker Bourbon-Vanille-Zucker

1–2 TL Puderzucker

Pro Stück:
E: 16 g, F: 20 g, Kh: 48 g,
kJ: 1849, kcal: 442

1. Für die Palatschinken Mehl in eine Rührschüssel geben. Eier mit Milch, Mineralwasser, Zucker und Salz verschlagen. Die Eiermilch nach und nach unter Rühren zum Mehl geben. Darauf achten, dass keine Klümpchen entstehen. Den Teig etwa 20 Minuten ruhen lassen.
2. Etwas von der Butter in einer beschichteten Pfanne zerlassen. Den Teig nochmals durchrühren und eine dünne Teiglage mit einer drehenden Bewegung gleichmäßig auf dem Boden der Pfanne verteilen.
3. Sobald die Ränder goldgelb sind, den Pfannkuchen vorsichtig mit einem Pfannenwender wenden oder auf einen Teller gleiten lassen, umgedreht wieder in die Pfanne geben. Die zweite Seite ebenfalls goldgelb backen. Bevor der Pfannkuchen gewendet wird, wieder etwas Butter in die Pfanne geben.
4. Aus dem restlichen Teig ebenso weitere 5 Palatschinken backen.
5. Den Backofen vorheizen.
Ober-/Unterhitze: etwa 200 °C
Heißluft: etwa 180 °C
6. Quark mit Zucker, Ei und Grieß verrühren. Die Mandarinen unterheben. Die Quarkfüllung auf den Palatschinken verteilen. Die Palatschinken aufrollen und dicht nebeneinander in eine flache Auflaufform (gefettet) einschichten.
7. Die saure Sahne mit Schlagsahne und Vanille-Zucker verrühren, die Palatschinken damit bestreichen. Die Form auf dem Rost in den vorgeheizten Backofen schieben. Topfenpalatschinken 20–25 Minuten überbacken.
8. Die Topfenpalatschinken mit Puderzucker bestäuben und servieren.

Rhabarberkompott mit Spätzlehaube

(Römertopf® 3-Liter-Inhalt)
4 Portionen (ohne Foto)

Zubereitungszeit: 30 Minuten
Garzeit: etwa 50 Minuten

750 g Rhabarber
1 Pck. Dr. Oetker Pudding-Pulver Vanille-Geschmack
170 g Zucker
2–3 EL Erdbeerkonfitüre
200 g Spätzle
Salz
1/2 TL gem. Zimt
40 g Butter

Pro Portion:
E: 8 g, F: 10 g, Kh: 93 g,
kJ: 2130, kcal: 508

1. Rhabarber abziehen, abspülen, abtropfen lassen, Stielenden und Blattansätze entfernen. Die Stangen in etwa 2 cm lange Stücke schneiden. Rhabarberstücke, Pudding-Pulver und 100 g des Zuckers mit der Erdbeerkonfitüre verrühren und in einen gewässerten Römertopf® füllen.
2. Den Römertopf® mit dem Deckel verschließen und auf dem Rost in den kalten Backofen schieben.
Ober-/Unterhitze: etwa 200 °C
Heißluft: etwa 180 °C
3. Rhabarberkompott etwa 40 Minuten garen.
4. In der Zwischenzeit Spätzle leicht brechen und in kochendem Salzwasser nach Packungsanleitung gar kochen. Spätzle in ein Sieb geben, mit heißem Wasser abspülen und gut abtropfen lassen.
5. Restlichen Zucker mit Zimt mischen. Spätzle mit der Butter und einem Drittel des Zimt-Zuckers vermengen.
6. Nach Ende der Garzeit das Rhabarberkompott durchrühren. Die Spätzle darauf verteilen und mit dem restlichen Zimt-Zucker bestreuen. Den Römertopf® ohne Deckel wieder auf dem Rost in den heißen Back-

ofen schieben. Rhabarberkompott mit Spätzlehaube bei gleicher Backofentemperatur in etwa 10 Minuten fertig garen.

Schupfnudel-Auflauf

6 Portionen

Zubereitungszeit: 30 Minuten
Garzeit: etwa 60 Minuten

750 g Schupfnudeln (aus dem Kühlregal)
600 g abgetropfte Zwetschen, ohne Stein (aus Gläsern)
100 g gehackte Haselnusskerne
500 ml Milch (3,5 % Fett)
5 Eier (Größe M)
50 g Zucker
1 Pck. Dr. Oetker Vanillin-Zucker

Pro Portion:
E: 15 g, F: 26 g, Kh: 52 g,
kJ: 2187, kcal: 522

1. Den Backofen vorheizen.
Ober-/Unterhitze: etwa 180 °C
Heißluft: etwa 160 °C
2. Schupfnudeln mit den Zwetschen in einer Schüssel vermischen.
3. Haselnusskerne in einer Pfanne ohne Fett unter Rühren goldbraun anrösten, leicht abkühlen lassen.
4. Milch und Eier in einer Schüssel verschlagen. Zucker und Vanillin-Zucker unterschlagen, Haselnusskerne unterheben.
5. Die Zwetschen-Nudel-Mischung in eine Auflaufform (gefettet) geben. Die Eier-Nuss-Milch darauf verteilen. Die Form auf dem Rost in den vorgeheizten Backofen schieben.
6. Den Schupfnudel-Auflauf etwa 60 Minuten garen.

Topfenkipferl

12 Stück

Zubereitungszeit: 40 Minuten, ohne Abkühlzeit
Backzeit: 20–25 Minuten

Für den Knetteig:
200 g Weizenmehl
25 g Zucker
1 Prise Salz
100 g Magerquark (Topfen)
100 g Butter oder Margarine

etwas Milch (3,5 % Fett)
180 g abgetropfter Beerencocktail (aus der Dose)
50 g Puderzucker
2 TL Fruchtsaft (von dem Beerencocktail)

Pro Stück:
E: 3 g, F: 7 g, Kh: 21 g,
kJ: 682, kcal: 163

1. Für den Teig Mehl in eine Rührschüssel geben. Zucker, Salz, Quark und Butter oder Margarine hinzufügen. Die Zutaten mit einem Mixer (Knethaken) zunächst kurz auf niedrigster, dann auf höchster Stufe gut durcharbeiten.
2. Anschließend auf einer bemehlten Arbeitsfläche zu einem glatten Teig verkneten. Sollte er kleben, ihn in Frischhaltefolie gewickelt eine Zeit lang in den Kühlschrank legen.
3. Den Backofen vorheizen.
Ober-/Unterhitze: etwa 180 °C
Heißluft: etwa 160 °C
4. Den Teig auf der bemehlten Arbeitsfläche zu einem Rechteck (etwa 27 x 36 cm) ausrollen. 12 Quadrate (etwa 9 x 9 cm) daraus ausschneiden. Die Teigränder mit Milch bestreichen.
5. Den Saft von dem Beerencocktail auffangen und 2 Teelöffel zum Verzieren abmessen.
6. Die Beeren auf den Teigquadraten verteilen und den Teig zu Dreiecken zusammenschlagen. Die Teigränder gut andrücken. Die Teigkipferl auf ein Backblech (gefettet, mit Backpapier belegt) legen. Das Backblech in den vorgeheizten Backofen schieben und die Kipferl 20–25 Minuten backen.
7. Die Kipferl mit dem Backpapier vom Backblech auf einen Kuchenrost ziehen. Die Topfenkipferl erkalten lassen.
8. Puderzucker mit Fruchtsaft zu einer dickflüssigen Masse verrühren. Die Masse in ein Pergamentpapiertütchen füllen und eine kleine Ecke abschneiden. Die Kipferl damit verzieren. Guss fest werden lassen.

Schupfnudel-Auflauf

Topfenkipferl

Buchteln, klassisch
12 Stück

Zubereitungszeit: 25 Minuten, ohne Teiggehzeit
Backzeit: etwa 25 Minuten

Für den Hefeteig:
250 ml Milch (3,5 % Fett)
75 g Butter oder Margarine
500 g Weizenmehl
1 Pck. Dr. Oetker Trockenbackhefe
50 g Zucker
1 Pck. Dr. Oetker Vanillin-Zucker
4 Tropfen Zitronen-Aroma
1 Prise Salz, 1 Ei (Größe M)

Zum Bestreichen und Bestäuben:
50 g Butter
etwas Puderzucker

Pro Portion:
E: 6 g, F: 11 g, Kh: 39 g,
kJ: 1165, kcal: 278

1. Für den Teig die Milch in einem kleinen Topf erwärmen. Die Butter oder Margarine darin zerlassen.
2. Das Mehl in eine Rührschüssel geben und mit Trockenbackhefe sorgfältig vermischen. Zucker, Vanillin-Zucker, Aroma, Salz, Ei und die warme Milch-Fett-Mischung hinzufügen. Die Zutaten mit einem Mixer (Knethaken) zunächst kurz auf niedrigster, dann auf höchster Stufe in etwa 5 Minuten zu einem glatten Teig verarbeiten. Den Teig zugedeckt so lange an einem warmen Ort gehen lassen, bis er sich sichtbar vergrößert hat (etwa 30 Minuten).
3. Den Backofen vorheizen.
Ober-/Unterhitze: etwa 200 °C
Heißluft: etwa 180 °C
4. Den gegangenen Teig leicht mit Mehl bestäuben, aus der Schüssel nehmen, auf der leicht bemehlten Arbeitsfläche nochmals kurz durchkneten und dann zu einer Rolle formen. Die Teigrolle in 12 gleich große Stücke schneiden.
5. Die Teigstücke zu Bällchen formen und nicht zu dicht nebeneinander in eine Auflaufform (gefettet) setzen.
6. Zum Bestreichen die Butter zerlassen. Die Teigbällchen damit bestreichen und nochmals so lange an einem warmen Ort gehen lassen, bis sie sich sichtbar vergrößert haben (etwa 20 Minuten). Die Form auf dem Rost in den vorgeheizten Backofen schieben. Die Buchteln etwa 25 Minuten backen.
7. Die Buchteln mit Puderzucker bestäuben und warm servieren.

Rhabarber-Ofenschlupfer

4 Portionen

Zubereitungszeit: 20 Minuten, ohne Trockenzeit
Backzeit: etwa 20 Minuten

300 g Brioche oder Hefezopf
250 g Rhabarber
120 g Zucker
50 g Rosinen oder Korinthen
5 cl Rum
50 g gehobelte Mandeln
1 Vanilleschote
4 Eier (Größe M)
200 g Schlagsahne
300 ml Milch (3,5 % Fett)
1/2 TL gem. Zimt
1 Prise Salz
Semmelbrösel

Pro Portion:
E: 20 g, F: 41 g, Kh: 84 g,
kJ: 3411, kcal: 815

1. Brioche oder Hefezopf in etwa 1 cm große Würfel schneiden und über Nacht (z. B. auf einem Backblech ausgebreitet) trocknen lassen.
2. Rhabarber abziehen, abspülen, abtropfen lassen, Stielenden und Blattansätze entfernen. Die Stangen in kleine Stücke schneiden und in eine Schüssel geben, Zucker untermischen.
3. Die Rosinen oder Korinthen mit Rum in einen Topf geben und kurz aufkochen lassen. Den Topf von der Kochstelle nehmen.
4. Mandeln in einer Pfanne ohne Fett unter Rühren leicht bräunen, herausnehmen und auf einen Teller legen.
5. Die Vanilleschote der Länge nach halbieren, das Mark herauskratzen.
6. Den Backofen vorheizen.
Ober-/Unterhitze: etwa 200 °C
Heißluft: etwa 180 °C
Gleichzeitig eine Fettpfanne etwa 1 cm hoch mit Wasser füllen und im unteren Drittel in den Backofen schieben.
7. Eier mit Sahne und Milch verschlagen. Vanillemark unterrühren. Die Eiersahne mit Zimt und Salz würzen.
8. Die Brioche- oder Hefezopfwürfel, Rhabarberstücke und Rumrosinen oder -korinthen vermischen und in

Buchteln, klassisch

Rhabarber-Ofenschlupfer

Mohnsoufflé mit Aprikosenkompott

eine Auflaufform (etwa 25 x 30 cm, gefettet, mit Semmelbröseln ausgestreut) füllen. Die Eiersahne gleichmäßig über die vorbereitete Masse gießen.

9. Die Form in das erwärmte Wasser der Fettpfanne stellen und in den vorgeheizten Backofen schieben. Ofenschlupfer etwa 20 Minuten backen.

10. Rhabarber-Ofenschlupfer mit den gebräunten Mandeln bestreuen und sofort servieren.

Mohnsoufflé mit Aprikosenkompott

8 Stück

Zubereitungszeit: 35 Minuten, ohne Abkühlzeit
Backzeit: etwa 20 Minuten

Zum Vorbereiten:
16 reife Aprikosen

Für die Soufflés:
50 g Weizenmehl
50 g Butter (zimmerwarm)
250 ml Milch (3,5 % Fett)
50 g gem. Mohn
1 Prise Salz
5 Eier (Größe M)
75 g Zucker

Für das Aprikosenkompott:
50 g Zucker
300 ml Orangensaft
2 cl Aprikosenschnaps oder -likör, z. B. Grand Marnier
1 Vanilleschote
1 TL Speisestärke

1 Bio-Orange (unbehandelt, ungewachst)
etwas Puderzucker

Außerdem:
8 kleine Souffléförmchen (Ø etwa 8 cm)

Pro Stück:
E: 8 g, F: 13 g, Kh: 39 g, kJ: 1355, kcal: 324

1. Zum Vorbereiten die Aprikosen an der Unterseite einritzen, kurz in kochendes Wasser legen, in kaltem Wasser abschrecken. Die Aprikosenhaut abziehen. Aprikosen vierteln und entsteinen. Aprikosen zugedeckt in den Kühlschrank stellen.

2. Für die Soufflés das Mehl in eine Schüssel geben, Butter hinzugeben und alles mit einer Gabel verkneten. Milch mit Mohn und Salz in einem Topf erhitzen. Die Mehlbutter nach und nach mit einem Schneebesen unterrühren. Den Topf von der Kochstelle nehmen.

3. Den Backofen vorheizen.
Ober-/Unterhitze: etwa 200 °C
Heißluft: etwa 180 °C

4. Eier trennen. Eigelb mit 25 g des Zuckers verrühren und unter die heiße Mohnmilch rühren, etwas abkühlen lassen.

5. Eiweiß steif schlagen, restlichen Zucker kurz unterschlagen. Ein Viertel des Eischnees unter die Milch-Mohn-Masse rühren. Restlichen Eischnee vorsichtig unterheben. Die Soufflémasse bis kurz unter den Rand in die Förmchen (gefettet, mit Zucker ausgestreut) füllen.

6. Die Förmchen in eine Fettpfanne stellen. So viel Wasser hinzugießen, dass die Förmchen bis zu einem Drittel im Wasser stehen. Die Fettpfanne in den vorgeheizten Backofen schieben. Soufflés etwa 20 Minuten backen.

7. Die Backofentür während des Backens nicht öffnen, da die Soufflés sonst zusammenfallen und nicht mehr aufgehen.

8. Inzwischen für das Kompott Aprikosenviertel in Spalten schneiden.

9. Zucker in einem Topf karamellisieren, Orangensaft und Schnaps oder Likör hinzugießen. Vanilleschote längs aufschneiden und das Mark herauskratzen. Vanilleschote und -mark unter die Saftmischung rühren, zum Kochen bringen und um ein Drittel einkochen lassen. Vanilleschote entfernen.

10. Speisestärke mit 1 Esslöffel Wasser anrühren, in die von der Kochstelle genommene Saftmischung rühren und unter Rühren gut aufkochen lassen. Aprikosenspalten hinzugeben, nochmals kurz aufkochen, etwas durchziehen und abkühlen lassen.

11. Die Orange heiß abwaschen, abtrocknen und die Schale mit einem Zestenreißer in dünnen Streifen abziehen. Das Kompott auf Tellern verteilen und mit den Orangenschalenstreifen bestreuen. Die Soufflés aus den Förmchen auf die Teller geben, mit Puderzucker bestäuben und sofort servieren.

Buchteln mit Nougat-Aprikosen

Pflaumen-Crumble

Buchteln mit Nougat-Aprikosen

6 Portionen

Zubereitungszeit: 35 Minuten, ohne Teiggehzeit
Backzeit: etwa 35 Minuten

Für den Hefeteig:
250 g Weizenmehl
21 g frische Hefe
4 EL Zucker
etwa 180 ml lauwarme Milch
50 g zerlassene, leicht abgekühlte Butter
3 Eigelb (Größe M)

etwa 18 kleine Aprikosen
150 g Nuss-Nougat-Creme
100 g Butter

Pro Portion:
E: 10 g, F: 33 g, Kh: 67 g,
kJ: 2580, kcal: 617

1. Für den Teig Mehl in eine Rührschüssel geben. In die Mitte eine Vertiefung drücken und die Hefe hineinbröckeln. Zucker und etwas Milch hinzufügen. Mit einem kleinen Teil des Mehls mit einer Gabel vorsichtig verrühren und etwa 10 Minuten gehen lassen.
2. Butter, Eigelb und restliche Milch hinzufügen. Die Zutaten mit einem Mixer (Knethaken) zunächst kurz auf niedrigster, dann auf höchster Stufe in etwa 5 Minuten zu einem glatten Teig verarbeiten. Den Teig mit Mehl bestäuben und zugedeckt so lange an einem warmen Ort gehen lassen, bis er sich sichtbar vergrößert hat (etwa 30 Minuten).
3. Den gegangenen Teig leicht mit Mehl bestäuben, aus der Schüssel nehmen, auf einer bemehlten Arbeitsfläche nochmals gut durchkneten und etwa 1/2 cm dick ausrollen.
4. Aprikosen abspülen, trocken tupfen und entstielen. Aprikosen an einer Seite einschneiden und die Steine herausnehmen. Die Aprikosen mit der Nuss-Nougat-Creme füllen und zusammendrücken.
5. Die Teigplatte in etwa 18 Rechtecke schneiden, die groß genug für die Aprikosen sind. Die gefüllten Aprikosen jeweils auf ein Teigrechteck legen und mit Teig umhüllen.
6. Den Backofen vorheizen.
Ober-/Unterhitze: etwa 200 °C
Heißluft: etwa 180 °C
7. Butter zerlassen, jede Buchtel in Butter wälzen und dicht nebeneinander in eine Springform (Ø 26 cm, gefettet) legen. Buchteln zugedeckt 15–20 Minuten an einem warmen Ort gehen lassen, bis sie sich sichtbar vergrößert haben. Die Form auf dem Rost in den vorgeheizten Backofen schieben. Die Buchteln etwa 35 Minuten backen.
8. Die Form auf einen Kuchenrost stellen. Die Buchteln in der geöffneten Springform abkühlen lassen.

Pflaumen-Crumble

4 Portionen

Zubereitungszeit: 40 Minuten
Garzeit: etwa 50 Minuten

800 g Pflaumen
3 EL Wasser
3 EL Zucker
2 EL Zitronensaft
gem. Zimt
150 g Rosinen

Für den Streuselteig:
350 g Weizenmehl
1 gestr. TL Dr. Oetker Backin
140 g brauner Zucker
1 Pck. Dr. Oetker Vanillin-Zucker
140 g Butter (zimmerwarm)
2 Eier (Größe M)

einige Minzeblättchen

Pro Portion:
E: 15 g, F: 34 g, Kh: 165 g,
kJ: 4467, kcal: 1067

1. Pflaumen abspülen, abtropfen lassen, entstielen, halbieren und entsteinen. Die Pflaumenhälften mit Wasser, Zucker, Zitronensaft, Zimt und Rosinen in einen Topf geben, zum Kochen bringen und zugedeckt etwa 5 Minuten dünsten. Pflaumenhälften etwas abkühlen lassen.
2. Den Backofen vorheizen.
Ober-/Unterhitze: etwa 180 °C
Heißluft: etwa 160 °C

3. Für den Teig Mehl und Backpulver in einer Rührschüssel mischen. Zucker, Vanillin-Zucker, Zimt, Butter und Eier hinzufügen. Die Zutaten mit einem Mixer (Rührbesen) zu Streuseln von gewünschter Größe verarbeiten.
4. Etwa die Hälfte der Streusel in eine Auflaufform (gefettet) geben und zu einem Boden und Rand andrücken.
5. Die Pflaumenhälften auf dem Streuelboden verteilen. Die restlichen Streusel daraufstreuen. Die Form auf dem Rost in den vorgeheizten Backofen schieben. Pflaumen-Crumble etwa 50 Minuten garen.
6. Pflaumen-Crumble auf Tellern anrichten und mit abgespülten, trocken getupften Minzeblättchen garnieren.

Quarksoufflé

4 Portionen (ohne Foto)

Zubereitungszeit: 45 Minuten
Backzeit: etwa 35 Minuten

3 Eier (Größe M)
40 g Puderzucker
125 g Magerquark
10 g Zucker
abgeriebene Schale von
1 Bio-Limette
(unbehandelt, ungewachst)

Zum Bestäuben:
etwas Puderzucker

Außerdem:
4 Souffléförmchen
(Ø etwa 8 cm)

Pro Portion:
E: 8 g, F: 10 g, Kh: 17 g,
kJ: 819, kcal: 196

1. Den Backofen vorheizen.
Ober-/Unterhitze: etwa 180 °C
Heißluft: etwa 160 °C
2. Eier trennen. Eigelb mit Puderzucker gut schaumig rühren. Quark vorsichtig unterheben.
3. Eiweiß steif schlagen, Zucker unterschlagen. Eischnee mit der Limettenschale unter die Quarkmasse heben.
4. Die Quarkmasse in 4 Souffléförmchen (gefettet, mit Zucker ausgestreut) verteilen. Die Förmchen bis zur Hälfte in eine mit Wasser gefüllte Fettpfanne stellen. Die Fettpfanne in den vorgeheizten Backofen (untere Schiene) schieben. Quarksoufflé etwa 35 Minuten backen.
5. Die Förmchen herausnehmen, Soufflés mit Puderzucker bestäuben und sofort servieren.

Pfannkuchen-Quark-Auflauf

4 Portionen

Zubereitungszeit: 20 Minuten
Garzeit: etwa 30 Minuten

500 g Apfelkompott (aus dem Glas)
2 Eiweiß (Größe M)
1 Prise Salz
1 EL Zucker
2 Eigelb (Größe M)
15 g Zucker
1 Pck. Dr. Oetker Vanillin-Zucker
500 g Magerquark
25 g Weichweizengrieß
Apfelsaft (von dem Apfelkompott)
8 fertige Pfannkuchen (oder Palatschinken, aus dem Kühlregal, etwa 480 g)
25 g Butter
35 g flüssiger Honig
60 g gestiftelte Mandeln

Pro Portion:
E: 29 g, F: 30 g, Kh: 89 g,
kJ: 3125, kcal: 743

1. Den Backofen vorheizen.
Ober-/Unterhitze: etwa 180 °C
Heißluft: etwa 160 °C
2. Apfelkompott in einem Sieb abtropfen lassen, dabei den Saft auffangen.
3. Eiweiß mit Salz mit einem Mixer (Rührstäbe) steif schlagen, dabei nach und nach den Zucker unterschlagen.
4. Eigelb mit Zucker, Vanillin-Zucker, Quark, Weizengrieß und aufgefangenem Apfelsaft verrühren. Den Eischnee unterheben. Die Quarkcreme in einer großen, flachen Auflaufform (gefettet) verteilen.
5. Pfannkuchen auf der Arbeitsfläche ausbreiten. Das Apfelkompott gleichmäßig darauf verteilen, dabei jeweils einen Rand frei lassen. Die Pfannkuchen locker aufrollen, nebeneinander auf die Quarkcreme legen und etwas eindrücken.
6. Butter mit Honig in einem kleinen Topf unter Rühren schmelzen, gestiftelte Mandeln unterrühren. Die Mandel-Honig-Masse gleichmäßig auf den Pfannkuchenrollen und der Quarkcreme verteilen.
7. Die Form auf dem Rost in den vorgeheizten Backofen schieben. Den Pfannkuchen-Quark-Auflauf etwa 30 Minuten garen.

Pfannkuchen-Quark-Auflauf

Alphabetisches Register

G

L

M

N

Bildnachweis

Bei mehreren Bildern auf einer Seite geben die Abkürzungen hinter der Seitenzahl die Position des Bildes an: l. = links, m. = mittig, r. = rechts, u= unten, o. = oben.

Titelfoto

Thomas Diercks, Hamburg

Innenfotos

Walter Cimbal, Hamburg (S. 24 r., 219 r., 466, 512 r.)

Thomas Diercks, Kai Boxhammer, Christiane Krüger, Hamburg (S. 4, 8, 8 l./m., 10, 11 r., 14 r., 16, 17 l., 19, 24 l., 25, 28, 29, 30, 31 r., 33 l., 36 r., 37 r., 38, 39, 42 l., 43, 44 l., 45 l., 46, 47, 48 l., 51 r., 53 l., 55 l., 56 r., 59 r., 60 l. o., 61 l., 66, 67 r., 68, 69 r., 70 l., 71 l., 72, 73 r., 75 r., 77 r., 79 r., 81, 82 l., 83, 85 l., 87 r., 90 r., 92, 94, 95 l., 97, 98, 99 l., 100 r., 101, 102, 108 r., 109, 116 l., 117, 119 l., 121, 122, 123 l., 127 r., 130 l., 131 l., 133 r., 134 l., 137, 138 r., 140 l., 141, 142 r., 143, 144, 145 l., 147, 149 l., 150 l., 153 r., 154, 155, 159 l., 162, 163, 164, 165, 166, 167, 169, 171, 172, 173 l., 174, 175 r., 176, 176 l. u., 177 r., 178 r., 181 r., 182 l., 183 l., 185 l., 188, 189 r., 190 r., 192, 193 r., 201, 209, 210, 218, 222, 224, 225 l., 226, 231 l., 233, 235 r., 236, 236 l./u., 238–244, 246, 248 l., 250, 252, 253 l., 255, 256, 257 l., 258 r., 260– 262, 263 r., 265, 266 l., 268 l., 269, 270, 271, 272 l., 274, 275 l., 277, 278, 280 r., 281 l., 282, 285 l., 286 l., 287 l., 289–293, 299 r., 301 l., 306 l., 308 l., 311., 318, 323 r., 325, 327 l., 337 l., 338, 343, 346 l., 348, 350 l./o, 352, 353, 358,363, 366, 371 r., 373, 376, 379, 387, 389, 391, 394–397 l., 400, 404, 408, 410 l./m., 412 l., 419, 420 r., 427 l., 430 l., 431, 432 r., 433 l., 436, 441 r., 442 l., 449, 450 r., 452, 454 r., 457 r., 461, 464 l./u., 464 r., 468 l., 470, 477, 479 l., 482 r.–484, 487 l., 488, 489 l., 491 l., 493, 494, 499 l., 501, 502 r., 505, 506 l., 508, 510 l., 511 l., 513 l., 514 r., 515 r., 516 l./u., 517 r., 520 l., 521, 522 r., 525 r., 526 l., 527 l., 528, 530 r., 533 r., 535, 536 l., 541 r., 544–547 l., 549 l., 552, 553 r., 554 l., 555, 556 r., 558, 559 l., 561, 562, 564–567)

Ulli Hartmann, Halle/ Westf. (S. 15, 23 l., 26 l., 27, 35 l., 41 l., 49, 53 r., 55 r., 59 l., 60, 61 r., 64, 70 r., 78, 95 r., 103 l., 113, 114, 115, 122, 123 r., 131 r., 135, 145 r., 159 r., 160 r., 168 l., 185 r., 190 l., 208 r., 215, 219 l., 227, 229 r., 236 l./m., 247 r., 249, 273, 295 l., 309 l., 330, 349 l., 355 r., 357, 359 l., 384, 386, 406, 411 l., 416 l., 417 r., 420 l., 421, 424 r., 425, 428 l., 438, 444, 445 r., 453, 454 l., 455, 463, 465 r., 467 r., 473 r., 476 r., 478 l., 479 r., 480, 482 l., 485 r., 495 r., 497 r., 500 r., 506 r., 513 r., 514 l., 518, 522 l., 524, 532 r., 541 l., 551, 563 l.)

Bela Hoche, Hamburg (S. 65, 71 r., 74, 90 l., 99 r., 125 l., 133 l., 136, 149 r., 153 l., 160 l., 161, 173 r., 180, 184, 195, 198 l., 200 r., 206 r., 208 r., 212 r., 216, 234, 280 l.)

Ulrich Kopp, Sindelfingen (S. 22, 32 r., 50, 63 l., 87 l., 116 r., 129 r., 140 r., 191 r., 197 r., 214, 221 r., 267, 486)

Bernd Lippert (S. 20, 42 r., 130 r., 171, 200 l., 204, 217 r., 232 l., 405 l., 413 r., 462 r., 471 r., 520 r., 540 r., 553 l., 563 r.)

Herbert Maas, Hamburg (S. 107 l., 275 r., 433 r., 445 l., 464 l./m., 474 l., 487 r., 496 l., 497 l., 507 r., 536 r.)

Janne Peters, Hamburg (S. 76, 80, 86, 88, 106, 110, 127 l., 138 l., 407, 439 l., 469, 471 l., 481 l., 516 l./m., 523 l., 534 r., 538 r.)

Antje Plewinski, Berlin (S. 8 l./u., 13 r., 45 r., 63 r., 67 l., 79 l., 89, 91 r., 96 l., 104 l., 107 r., 108 l., 118, 132, 156, 157, 158, 175 l., 176 l./u., 176 l. m., 177 l., 181 l., 182 r., 194 l., 198 r., 202, 207, 212 l., 213, 220, 221 l., 225 r., 230, 231 r., 232 r., 350 l./m., 354, 355 l., 359 r.–362, 364, 365, 368–371 l., 374, 375 r., 380–382, 385, 388, 392, 393, 397–399, 402, 405 r., 409, 410 l./m., 415 l., 459 r., 464 l./o., 468 r., 473 l., 492 l., 499 r.)

Christiane Pries, Borgholzhausen (S. 17 r., 36 l., 37 l., 69 l., 77 l., 96 r., 100 l., 237 l., 266 r., 472 l., 481 r., 515 l.)

Hans-Joachim Schmidt, Hamburg (S. 8 l./o., 9 r., 12, 14 l., 18 r., 21 r., 23 r., 26 r., 33 r., 34, 35 r., 40, 41 r., 48 r., 52, 54, 57, 58, 60 l./m., 62, 105, 111, 112, 126, 142 l., 146 l., 148, 151 r., 152, 170, 183 r., 186 r., 191 l., 194 r., 205 r., 211 l., 235 l., 248 r., 251 l., 264, 268 r., 281 r., 294, 310, 351, 367, 375 l., 378, 401, 410 r., 412 r., 414, 415 r., 416 r., 417 l., 418, 422 l., 423, 424 l., 427 r., 428 r., 432 l., 437 l., 439 r., 440, 441 l., 442 r., 443, 446 l., 447, 448 l., 450 l., 451, 456, 457 l., 458, 459 l., 460, 462 l., 467 l., 472 r., 474 r., 489 r., 490, 491 r., 498, 504, 516 l./o., 523 r., 525 l., 526 r., 527 r., 530 l., 531, 532 l., 533 l., 538 l., 542 l., 548, 556 l., 557 l.)

Axel Struwe, Bielefeld (S. 18 l., 60 l. u., 91 l., 120, 199 r., 236 l. o., 251 r., 258 l., 283, 286 r., 295 r., 296, 294 l./o., 294 l./m., 297, 298, 299 l., 300, 301 r., 302–305, 306 r., 307, 308 r., 309 r., 312–315, 316 l., 317, 319–322, 323 l., 324, 326, 327 r., 328–330, 332–336, 337 r., 339, 340, 342, 344 r., 345, 346 r., 347, 349 r., 350 l./u., 372, 377, 403, 549 r.)

Norbert Toelle, Bielefeld (S. 11 l., 13 l., 51 l., 73 l., 124, 125 r., 128, 151 l., 178 l., 193 l., 196, 197, 199 l., 203, 205 l., 217 l., 237 r., 240, 247 l., 253 r., 254, 272 r., 279, 284, 285 r., 288, 344 l., 356, 383, 411 r., 426, 446 r., 475, 478 r., 503, 507 l., 509 r., 512 l., 529, 534 l., 539 r., 550 r., 554 r.)

Brigitte Wegner, Bielefeld (S. 9 l., 44 r., 56 l., 75 l., 84, 93, 103 r., 119 r., 139, 146 r., 150 r., 163 r., 168 r., 179, 187 l., 189 l., 206 l., 228, 229 l., 245, 263 l., 276, 350 r., 390, 413 l., 429, 434, 435 l., 437 r., 448 r., 465 l., 476 l., 485 l., 492 r., 495 l., 496 r., 502 l., 510 r., 511 r., 516 r., 517 l., 519, 537, 547 r., 550 l., 557 r., 559 r., 560)

Winkler-Studios, Bremen (S. 287 r.)

Bernd Wohlgemuth, Hamburg (S. 21 l., 31 l., 32 l., 82 r., 85 r., 104 r., 129 l., 134 r., 186 l., 187 r., 208 l., 211 r., 223, 257 r., 422 r., 430 r., 435 r., 500 l., 539 l., 540 l., 542 r., 543)

Abkürzungen

EL	=	Esslöffel
TL	=	Teelöffel
Msp.	=	Messerspitze
Pck.	=	Packung/Päckchen
g	=	Gramm
kg	=	Kilogramm
ml	=	Milliliter
l	=	Liter
evtl.	=	eventuell
geh.	=	gehäuft
gem.	=	gemahlen
ger.	=	gerieben
gestr.	=	gestrichen
TK	=	Tiefkühlprodukt
°C	=	Grad Celsius
Ø	=	Durchmesser

Kalorien-/Nährwertangaben

E	=	Eiweiß
F	=	Fett
Kh	=	Kohlenhydrate
kJ	=	Kilojoule
kcal	=	Kilokalorien

Bei den Nährwertangaben in den Rezepten handelt es sich um auf- bzw. abgerundete ganze Werte. Aufgrund von ständigen Rohstoffschwankungen und/oder Rezepturveränderungen bei Lebensmitteln, kann es zu Abweichungen kommen. Die Nährwertangaben dienen daher lediglich Ihrer Orientierung und eignen sich nur bedingt für die Berechnung eines Diätplans, zum Beispiel bei Krankheiten wie Diabetes.
Bei krankheitsbedingten Diäten richten Sie sich daher bitte nach den Anweisungen Ihres Diätassistenten bzw. Ihres Arztes.

Allgemeine Hinweise

Lesen Sie bitte vor der Zubereitung – besser noch vor dem Einkauf – das Rezept einmal vollständig durch. Oft werden Arbeitsabläufe oder -zusammenhänge dann klarer.

Zutatenliste

Die Zutaten sind in der Reihenfolge ihrer Verarbeitung aufgeführt.

Arbeitsschritte

Die Arbeitsschritte sind einzeln hervorgehoben, in der Reihenfolge, in der sie von uns ausprobiert wurden.

Zubereitungszeit

Die Zubereitungszeit dient Ihrer Orientierung. Sie ist ein Richtwert und abhängig von Ihrer Koch- und Backerfahrung. Die Zubereitungszeit beinhaltet die Zeit der tatsächlichen Zubereitung. Längere Wartezeiten, wie Kühl- oder Abkühlzeiten, Auftau- und Durchziehzeiten sind, sofern parallel keine weitere Tätigkeit erfolgt, nicht in der Zubereitungszeit enthalten. Die Garzeit ist gesondert ausgewiesen.

Backofeneinstellung und Backzeiten

Die in den Rezepten angegebenen Backtemperaturen und Backzeiten sind Richtwerte, die je nach individueller Hitzeleistung Ihres Backofens über- oder unterschritten werden können. Gegen Ende der angegebenen Backzeit sollten die Gebäcke genau beobachtet werden. Machen Sie nach Beendigung der angegebenen Backzeit eine Garprobe.
Die Temperaturangaben in diesem Buch beziehen sich auf Elektrobacköfen. Die Temperatureinstellmöglichkeiten für Gasbacköfen variieren je nach Hersteller sehr stark, sodass wir keine allgemeingültigen Angaben machen können. Bitte beachten Sie deshalb bei der Einstellung des Backofens die Gebrauchsanleitung des Herstellers. Ein Backofenthermometer eignet sich dabei gut, um die Backofentemperatur im Blick zu haben.

Einschubhöhe bei Backrezepten

Hohe und halbhohe Formen werden im Allgemeinen auf dem Rost im unteren Drittel des Backofens eingeschoben, flache Formen auf dem Rost in die mittlere Einschubleiste. Blechkuchen, Klein- und Eiweißgebäck gelingen am besten in der Mitte des Backofens. Abweichungen sind möglich und von der Ausführung Ihres Backofens abhängig (Herstellerangaben beachten).

Nur frische Eier verwenden

Bei der Zubereitung von Speisen, Torten oder Tortenfüllungen mit frischen Eiern, die später nicht gegart bzw. gebacken werden, nur Eier verwenden, die nicht älter als 5 Tage sind (Legedatum beachten!). Ei bzw. Eier in eine Rühr- oder Edelstahlschüssel geben und im heißen Wasserbad mit einem Mixer (Rührstäbe) bei mittlerer Hitze aufschlagen, bis eine Temperatur von etwa 70 °C entstanden ist. Die Speisen und Torten im Kühlschrank aufbewahren und innerhalb von 24 Stunden verzehren.

Für Fragen, Vorschläge oder Anregungen stehen Ihnen der Verbraucherservice der Dr. Oetker Versuchsküche
Telefon: 00800 71 72 73 74 Mo.–Fr. 8:00–18:00 Uhr,
Sa. 9:00–15:00 Uhr (gebührenfrei in Deutschland)
oder die Mitarbeiter des Dr. Oetker Verlages
Telefon: +49 (0) 521 52 06 50 Mo.–Fr. 9:00–15:00 Uhr
zur Verfügung.

Oder schreiben Sie uns:
Dr. Oetker Verlag KG, Am Bach 11, 33602 Bielefeld.
Oder besuchen Sie uns online unter www.oetker-verlag.de, www.facebook.com/Dr.OetkerVerlag oder www.oetker.de.

Umwelthinweis Dieses Buch und der Einband wurden auf chlorfrei gebleichtem Papier gedruckt. Die Einschrumpffolie – zum Schutz vor Verschmutzung – ist aus umweltfreundlichem und recyclingfähigem PE-Material.

Redaktion Carola Reich, Annette Riesenberg

Lektorat no:vum, Susanne Noll, Leinfelden-Echterdingen

Nährwertberechnungen Nutri Service, Hennef

Grafisches Konzept und Gestaltung MDH Haselhorst
Titelgestaltung kontur:design, Bielefeld
Satz und Layout MDH Haselhorst

Druck und Bindung Mohn media Mohndruck GmbH, Gütersloh

ISBN: 978-3-7670-1018-5